Le Grand Livre du BOUDDHISME

Alain Grosrey

Le Grand Livre du BOUDDHISME

Le Grand Livre du Mois

© Éditions Albin Michel, 2007

À mes maîtres.

Merci également à Marc de Smedt et Patrice van Eersel
pour leur soutien et leur confiance.

Ô clarté et lumière de l'éveil,
Libérez nos pensées, nos paroles et nos actes de leurs ombres.
Faites que nos vies soient comme un grand jardin où tout s'épanouit.
Ouvrez-nous le monde des merveilles.
Que notre cœur se détende dans la présence au silence.
Que tout soit pour la paix et la plénitude de chacun.

Sommaire

Avant-propos	13
Douze points de repère	19
Première partie. Le bouddhisme en Inde	37
1. Le contexte indien du vi^e siècle av. notre ère	41
2. La vision du cosmos et de ses habitants	59
3. Le bouddha Shakyamuni et ses œuvres	91
4. Déploiement de l'enseignement du Bouddha	127
5. Déclin et renaissance du Dharma	231
Deuxième partie. Le bouddhisme dans le monde	247
6. Le chemin du Sud et de l'Asie du Sud-Est	253
7. Le chemin du Nord	273
8. Le chemin du soleil couchant	334
Troisième partie. Parole, encre, silence	351
9. Le langage et son envers	355
10. Les chemins de la parole	372
11. Le miroir d'encre	386
12. L'ondée de silence	496
Quatrième partie. Principales notions et pratiques	517
13. La carte de notre expérience	521
14. L'apprentissage	630
Épilogue	753
Annexes	761
ANNEXE 1 - Les 37 auxiliaires de l'éveil en relation avec les cinq voies du bodhisattva	763

ANNEXE 2 - Les 49 facteurs mentaux mentionnés
    dans le « Compendium de l'Abhidharma » 765
ANNEXE 3 - Lodjong, l'entraînement de l'esprit 768
ANNEXE 4 - Stupas et statues du Bouddha 772
ANNEXE 5 - Passerelles : 794
    bouddhisme et philosophie 794
    bouddhisme et religion 804
    bouddhisme et psychothérapie 813

Glossaire 821
Bibliographie 879
Index des noms propres 901
Index des notions 909
Liste des tableaux 929
Table des illustrations 931
Table des matières 935

☙

Note liminaire

Termes sanskrits

Pour ne pas alourdir la lecture, les mots sanskrits ne portent aucun signe diacritique. Eu égard à la cohérence orthographique, la marque du pluriel a été adoptée bien que le pluriel des noms sanskrits ne soit pas toujours le « s ». Les mots sanskrits apparaissent entre parenthèses quand leur emploi n'est pas courant. Le titre « bouddha » (skt. *buddha*) étant entré dans la langue, la graphie francisée a été conservée.

	PRONONCIATION	EXEMPLES
u	ou	s*u*tra = s*ou*tra
e	é	V*e*da = V*é*da
c	tch (devant toute voyelle)	*c*ittamatra = *tch*ittamatra
g	g dur	*g*ita = *gu*ita
j	dj	Pen*j*ab = Pen*dj*ab
n	sonore après une voyelle	atma*n* = atma*ne*
s	s	sa*m*sara
sh	ch	*sh*ila = *ch*ila

Termes chinois

L'orthographe des termes chinois respecte la transcription retenue par les traducteurs des œuvres mentionnées. Le lecteur ne s'étonnera donc pas de trouver certains termes en pinyin, le système de transcription officiel et international du chinois, et d'autres transcrits conformément au système EFEO (École française d'Extrême-Orient).

Termes tibétains

Les mots tibétains apparaissent dans une transcription phonétique simplifiée.

Abréviations

skt. = sanskrit	tib. = tibétain	chap. = chapitre
jap. = japonais	ch. = chinois	v. = vers

Renvoi au glossaire

Les notions et termes importants, signalés par un astérisque, font l'objet d'une entrée dans le glossaire. Lorsqu'il s'agit d'expressions (les *six yogas de Naropa**, par exemple), elles figurent en italique, l'entrée étant établie à partir du premier mot.

Références des ouvrages cités dans les notes de bas de page

Les références aux ouvrages cités concernant le bouddhisme figurent dans la bibliographie, p. 879.

Avant-propos

> « Le véritable livre est en nous.
> Si nous tournons et lisons ses pages,
> elles révéleront des vues insoupçonnées
> qui nous conduiront aux joies infinies du bonheur. »
> Ramana Maharshi

Objectif de ce livre

Le bouddhisme reste encore associé à de nombreux clichés et représentations tenaces. Pour les clichés, je pense aux images des fastueux temples d'Asie qui ornent les catalogues des agences de voyages, à l'utilisation abusive du mot « zen » – la « Zen attitude » des publicités ou le « Restez Zen » des panneaux d'autoroute –, aux *Bouddha bars*, au sourire légendaire du Dalaï-Lama dans les revues, à ces moines mis en scène dans des publicités pour des voitures ou du thé, ou transformés en acteurs le temps d'un film en rapport avec le football.

Pour les représentations, il suffit d'ouvrir un dictionnaire : « Doctrine religieuse d'Asie fondée en Inde sur les enseignements du bouddha Shakyamuni. » « Doctrine religieuse »… Expression surprenante car le Bouddha n'a pas élaboré un dogme pour que les hommes « deviennent bouddhistes ». Il n'a jamais prôné un absolu insaisissable et transcendant, ni fait appel à aucune forme de croyance, ni vanté les rites, ni même agi de sorte que sa personne devienne objet d'une pieuse dévotion. Au fond, mis à part l'importance accordée au développement de l'amour altruiste et de la compassion – valeurs communes à toutes les traditions spirituelles –, le bouddhisme n'a que peu de rapport avec la vision qui nous est familière de la religion.

Toutefois, on ne peut nier que les élans de piété, les attitudes parfois bigotes, les institutions monastiques, les cérémonies funéraires, le culte des reliques, les pèlerinages, le vaste marché des objets rituels, sa reconnaissance en tant que religion d'État dans certains pays d'Asie, la présence d'aumôniers bouddhistes dans l'armée britannique, les titres[1] et tout un décorum lui confèrent un caractère religieux. Mais cette tonalité religieuse n'est qu'un développement secondaire peu visible en Occident où le bouddhisme s'est fortement laïcisé.

On assimile aussi volontiers la tradition* du Bouddha à une mystique athée, un humanisme, un ésotérisme ou une philosophie. Pourtant, le bouddhisme demeure étranger à tout esprit de système et à toute démarche qui se cantonnerait à un discours théorique. Les médias en font parfois une discipline du corps et de l'esprit, un remède à la difficulté d'exister, un outil de bien-être. Clichés et représentations nous montrent combien il est difficile de le définir. La multiplicité des écoles bouddhiques voile aussi sa lisibilité et l'unité foncière de son message. La diversité est telle que certains se demandent s'il n'existe pas un « bouddhisme authentique » à côté d'expressions dérivées.

Il existe beaucoup d'ouvrages sur le bouddhisme dont des œuvres grand public, des encyclopédies savantes et des textes écrits par des maîtres de renom. Qu'est-ce qui justifie alors un tel livre ? Je crois que c'est son approche médiane, ni trop grand public ni trop érudite. J'ai essayé, humblement, de rappeler que le bouddhisme est un mode de vie qui englobe tous les aspects de l'existence. Avec un regard panoramique et un esprit de synthèse, je me suis efforcé de rendre perceptibles l'unité de son message et la riche diversité de ses expressions. Entreprise « rêvée » plus que réaliste tant le bouddhisme forme un ensemble trop complexe et hétérogène pour oser prétendre le circonscrire dans un discours.

Le lecteur, qui étudie et met en pratique les enseignements du Bouddha, sans être un « spécialiste du domaine », disposera d'un support lui évitant d'effectuer de fastidieuses recherches. Sur cette base, il aura tout loisir d'approfondir ce qui lui parle et s'avère utile à son expérience. Cette somme pourra aussi venir en aide à quiconque souhaiterait ramasser et ordonner des connaissances éparses. C'est d'ailleurs ce que j'ai moi-même effectué pour avoir entre les mains un outil de formation favorisant une certaine autonomie et un esprit critique. N'ayant aucune prétention à l'érudition savante, il s'adresse aussi au lecteur désireux de se familiariser avec la tradition du Bouddha dans une approche où la compréhension intellectuelle peut accompagner une pratique authentique.

---

1. Sa Sainteté, pour le XIVe Dalaï-Lama, en lieu et place du titre honorifique tibétain « Kundun » qui signifie « présence » ; « Son Éminence » attribué à de grands lamas.

Il devrait permettre à ceux qui souhaiteraient embrasser cette voie de réfléchir en profondeur afin d'acquérir la certitude qu'elle leur correspond et qu'ils font ce choix en pleine connaissance. Tentant de mettre en évidence les valeurs universelles que véhicule cette tradition, ce livre s'adresse également à toute personne aspirant à se connaître et à développer une vision éveillée de la vie. Plus simplement, le lecteur curieux et soucieux d'étendre sa culture éprouvera de grandes joies à découvrir le bouddhisme, et ce, peut-être, en vue de rencontrer « l'autre » : son voisin ou ses « autres » que l'on côtoie au cours d'un voyage en Asie.

Dans tous les cas, ce que vous tenez entre les mains n'est qu'une présentation du bouddhisme. Un fossé existe entre le dire et l'expérience. Ce fossé ne saurait être comblé par la lecture d'un tel ouvrage. Si l'on a faim, on ne peut être rassasié en lisant les menus d'un restaurant. Si l'on veut cuisiner, on ne peut se contenter de consulter des fiches de recette. Certes, en lisant, on peut acquérir des connaissances, développer des intuitions, mais pour que la compréhension ne soit pas qu'intellectuelle, une expérience s'avère indispensable. D'où la nécessité, pour qui souhaiterait aller plus avant, de recevoir des instructions sur la pratique méditative ou toute autre forme d'enseignement dispensée par des personnes qualifiées et compétentes. Il existe aujourd'hui beaucoup de centres où l'on peut recevoir ce genre d'instructions.

Lire un ouvrage général sur la voie du Bouddha n'est donc qu'un minuscule prélude. Kyabjé Trichang Dorjéchang, tuteur du XIVe Dalaï-Lama, disait à propos du pouvoir des livres : « Un livre ne peut rien faire par lui-même. Les gens n'en tirent profit que par une pratique sincère. » Jack Kornfield, un célèbre enseignant américain, rapporte l'histoire d'une femme qui donnait des conférences très pointues sur la psychologie bouddhique à Bangkok. Un jour, elle rencontra Lao, le maître de Jack. Elle lui demanda si son travail, qu'elle jugeait fondamental, avait une réelle valeur pour ses étudiants. Il répondit par l'affirmative. Satisfaite, elle s'empressa de lui demander quels étaient selon lui les meilleurs ouvrages sur le bouddhisme. « Ici, dit-il en désignant son cœur, ici seulement[1]. »

Plan et organisation

Le plan n'impose pas une lecture nécessairement linéaire. Comme un marcheur jette de temps en temps un coup d'œil sur sa carte, on peut aller et venir dans le texte en s'appuyant sur la table des matières,

---

1. *Dharma vivant*, p. 48.

le glossaire, les index et les vues générales placées au début de chaque partie. Si l'on veut garder à l'esprit la globalité de l'architecture, une promenade régulière dans la table des matières peut se révéler très utile. Le contenu est réparti en douze points de repère, quatre parties, un épilogue, cinq annexes et un glossaire. Le plan des quatre parties suit une progression, partant du plus extérieur pour aller vers le plus intérieur.

Les douze points de repère

Douze clés de lecture qui font office d'introduction et forment l'assise de cet ouvrage.

Première partie : Le bouddhisme en Inde (chap. 1 à 5)

Elle traite du contexte historique, culturel et spirituel dans lequel s'inscrit le bouddhisme, depuis l'époque védique jusqu'à aujourd'hui. C'est l'occasion de découvrir le climat mental indien et d'aborder la vision ancienne du cosmos afin de mieux comprendre la vie du Bouddha, comment il a été perçu et ce que signifie sa manifestation en ce monde. On verra également quelles sont les différentes lectures qui ont été faites de ses enseignements.

Deuxième partie : Le bouddhisme dans le monde (chap. 6 à 8)

Comme son titre l'indique, cette partie couvre la diffusion du bouddhisme hors de son sol natal. L'acclimatation du bouddhisme aux civilisations qui l'ont accueilli s'est toujours produite dans le respect du principe de non-violence. On voit comment, au contact de cultures diverses, une multiplicité d'expressions de l'enseignement est apparue. Les contextes géopolitiques permettent également de distinguer la transmission spirituelle effective et les phénomènes d'instrumentalisation au nom de l'intérêt des États. On trouvera dans cette deuxième partie plusieurs fiches sur les principales écoles bouddhiques.

Troisième partie : Parole, encre, silence (chap. 9 à 12)

Elle comprend une importante réflexion sur la place du langage, de la parole et de la pensée dans le bouddhisme. Le Bouddha a beaucoup parlé, comme en témoignent les nombreux corpus où sont consignés ses enseignements, sans oublier les multiples commentaires dont ils ont fait l'objet. Cette partie comporte aussi un panorama de la tradition scripturaire et une anthologie des principaux textes bouddhiques. Chaque extrait fait l'objet d'une présentation. Une réflexion sur l'expérience poétique et sur l'aspect didactique et curatif du silence vient clore ce parcours.

Quatrième partie : Principales notions et pratiques
(chap. 13 et 14)

Elle rend compte des caractéristiques essentielles de l'enseignement bouddhique. L'approche théorique dresse « la carte de notre expérience ». Elle concerne l'examen de notre situation de sorte que nous puissions développer une première compréhension de l'esprit et de sa nature. L'approche pratique rend compte des différentes méthodes qui forment l'apprentissage spirituel proprement dit.

Annexes

Les trois premières annexes sont des condensés d'enseignements fondamentaux, qui peuvent faire office d'aide-mémoire. La quatrième donne les clés indispensables pour déchiffrer les deux éléments essentiels du langage monumental bouddhiste.

L'annexe 5 revient sur deux interrogations courantes (Le bouddhisme est-il une philosophie ? une religion ?) et relate quelques affinités avec la philosophie antique, la phénoménologie et la mystique du dominicain Maître Eckhart (v. 1260-1328). Il aurait peut-être été souhaitable que soit abordé le dialogue entre les traditions et qu'il ne soit pas seulement question des analogies avec l'œuvre d'un mystique chrétien. De tels développements dépassent le cadre de ce projet et comprennent le risque de saisir, au cœur des monothéismes, les notions et les visions « les plus bouddhiques » en omettant le contexte dans lequel elles s'inscrivent. En revanche, les références de plusieurs ouvrages se rapportant au dialogue inter-traditions figurent dans la bibliographie.

೦೩

Douze points de repère

> QUESTION : *Vous faites sans cesse référence au Bouddha. Enseignez-vous le bouddhisme ?*
> S. N. GOENKA : Les « ismes » ne m'intéressent pas. J'enseigne le Dharma, c'est-à-dire ce qu'a enseigné le Bouddha. Il n'a jamais enseigné d'« isme » ou de doctrine sectaire. Il a enseigné quelque chose dont peuvent profiter les personnes de tous horizons : un art de vivre. (...) Comment devenir un bon être humain – voilà le plus important.
>
> <div align="right"><i>L'art de vivre. Méditation Vipassana enseignée par S. N. Goenka</i> de William Hart.</div>

En regardant le monde avec l'œil du Bouddha, tout est Bouddha. (...) Tous les êtres, sensibles et insensibles, sont la Voie : l'herbe, l'arbre, le pays, la planète, tout est Bouddha. Notre corps tel qu'il est est Bouddha. (...) Découvrir la nature vraie de la réalité, c'est embrasser d'un seul regard le panorama de l'univers. Quand on a compris cette vision, on a compris l'enseignement du Bouddha.

Sômon Kôdô Sawaki (1880-1965), Le Chant de l'Éveil.

Une fois que nous aurons compris que nous n'existons pas comme nous le concevons, que nos vies passées n'ont été que des illusions, nous ne penserons pas que le moi puisse être heureux ou que notre devoir soit de le rendre heureux. Nous nous libérerons aussi de la voie, du bouddhisme lui-même.

Jorge Luis Borges, Conférences.

1. L'OCCIDENT : UN TERREAU FAVORABLE

L'essor récent du Dharma* en Occident est la suite logique d'une perméabilité naturelle. Elle s'inscrit dans la continuité des recherches que nous menons depuis le XVIIIe siècle pour trouver un salut à l'extérieur de l'Europe. Au siècle des Lumières, les intellectuels ont tourné leur regard vers l'Inde. Le phénomène n'a cessé de s'amplifier avec ce que Nietzsche a appelé la « mort de Dieu » : le fait, écrit-il, « que la foi dans le Dieu chrétien a été dépouillée de sa plausibilité ». Dans le fracas des guerres, la conscience chaotique de l'Occident moderne n'a pas toujours trouvé en elle les ressources suffisantes pour étancher la soif d'un bonheur et d'une paix que les contingences de la vie ne sauraient altérer. Fatiguée par l'épuisante confrontation avec le sentiment de l'absurde, elle s'est intéressée une nouvelle fois à la grande civilisation indienne pour voir si elle n'avait pas des modèles à offrir à ses aspirations.

L'Europe a rencontré en la personne du Bouddha* un homme délivré des maux de la condition humaine. Après l'intérêt intellectuel du XIXe siècle, ce modèle de santé est devenu si probant qu'aujourd'hui des millions d'Occidentaux mettent en pratique un enseignement dénué de prosélytisme, foncièrement tolérant et respectueux des convictions et des traditions spirituelles de chacun[1].

Parmi les causes de son succès, certaines paraissent assez superficielles : fascination de l'exotisme et d'un « Tibet magique », tentative pour concilier une pensée rationnelle et scientifique et une vie contemplative où l'imaginaire et le symbolique ont leur place, rejet de

---

1. En France, on compte environ 5 millions de personnes qui se disent « proches » du bouddhisme et 600 000 personnes engagées dans la voie.

la religion dans laquelle on est né et espoir que le bouddhisme réponde à des attentes déçues, matraquage médiatique qui transforme le sourire du Dalaï-Lama en produit marketing.

Son essor repose aussi sur la richesse des pays où il s'implante. Parce que nous ne souffrons pas de la faim, de la soif et du froid, parce que nous bénéficions des bienfaits liés aux avancées techniques et médicales, nous pouvons rechercher la félicité. Épicure le disait en son temps. Mais si la libération de la nécessité matérielle est un gage de liberté, elle n'est pas suffisante. Et le philosophe grec d'ajouter que les richesses ne sauraient dissiper l'agitation intérieure et produire la vraie joie.

L'accroissement des richesses matérielles a d'ailleurs ses revers. La mystique de l'argent, les énormes tensions sur le marché des compétences, la mondialisation des échanges, la guerre économique, mais aussi le chômage et le temps gaspillé ne font qu'appauvrir de plus en plus la qualité de la vie privée. Plus terrible sans doute est ce constat de l'échec partiel de l'effort civilisateur qui génère autant de souffrances qu'il en guérit, détruisant l'édifice de la nature, hypothéquant dans la foulée les conditions indispensables à l'existence humaine. Les efforts de surproduction ne sont pas venus à bout du malheur. Quelles conséquences attendre de la révolution biologique (génomique, clonage, transgénèse), de l'emballement du « tout technologique », de l'exigence accrue de vitesse ? La somme gigantesque des savoirs ne nous a pas rendus plus sages et n'a pas fait non plus reculer les dogmatismes religieux. Acculés à la finitude, de plus en plus conscients de notre vulnérabilité, vivant presque sans rapport au sacré et à l'absolu, voués à la dissonance, nous courons après l'idée d'un bonheur improbable, récoltant de-ci de-là quelques instants de grâce. Dans ces conditions, comment pouvons-nous déployer le potentiel de vie heureuse dont nous sommes investis ?

Nombre d'Occidentaux se tournent vers le bouddhisme pour surmonter le climat anxiogène, la détresse existentielle, le nihilisme ambiant ou la simple stupeur devant le fait d'exister. Ils perçoivent en la voie du Bouddha une vision très positive des possibilités humaines. Elle ne dramatise pas l'existence. Ce n'est pas vivre qui est le malaise mais ce que l'on fait de la vie. Ce sont nos états de conscience qui engendrent la souffrance* ou le bien-être. De ce point de vue, sa démarche expérimentale cohérente, son approche méthodique et élaborée du fonctionnement de l'esprit trouvent un écho très favorable. Le bouddhisme serait garant d'un triple espoir : espoir de trouver des moyens efficaces pour combiner le besoin d'une harmonie intérieure et les difficultés de la vie ; espoir d'un réenchantement du monde motivé par le respect et l'amour des êtres vivants ; espoir de renouer avec un absolu impersonnel au cœur de l'expérience humaine. Ainsi le bouddhisme apparaît comme une voie où se trouvent conjugués harmonieusement connaissance et amour, réflexion et foi.

Dans ce contexte, l'essentiel ne consiste pas à « devenir bouddhiste » en parodiant les moines tibétains ou du Sud-Est asiatique. Avec le recul, on sait bien qu'introduire le bouddhisme tel quel en Occident débouche sur des caricatures. Ceux qui se rapprochent du bouddhisme ont avantage à incorporer le message du Bouddha au sein même de leur culture. Grâce aux efforts des traducteurs et commentateurs érudits, ils disposent désormais de plusieurs trésors spirituels. Ils peuvent aussi pratiquer et recevoir directement des enseignements car les centres bouddhistes se sont multipliés. L'opération d'assimilation ne signifie pas bricolage et déformation au nom d'un quelconque syncrétisme nébuleux, encore moins « bouddhamania », mais bien mise en pratique effective d'un mode de vie permettant de libérer l'esprit des tensions et des peines qui l'entravent. En gagnant en paix et en sagesse, chacun peut devenir un meilleur être humain et contribuer ainsi positivement au bien commun. Mais si on considère le bouddhisme comme une religion d'Asie, un tout achevé et figé, alors se pose la question de sa conformité avec le milieu ambiant et bien sûr de sa pérennité.

2. L'EXPÉRIENCE PRIMORDIALE

Le bouddhisme ne repose pas sur une parole révélée, un texte sacré, mais sur une expérience, celle que fit Siddhartha Gautama* au VIe siècle avant notre ère.

Siddhartha Gautama naît au pied de l'Himalaya, dans l'actuel territoire népalais, aux environs de −560. Fils du souverain Shuddhodana, du clan des Shakyas, et de la reine Mayadevi, il reçoit une éducation à la hauteur des ambitions paternelles et mène une existence fastueuse. Insatisfait de cette situation dorée, profondément troublé par la souffrance des êtres et ne parvenant pas à résoudre l'énigme de la vie et de la mort, il renonce aux richesses matérielles et quitte sa famille. Il arpente les chemins de la vallée du Gange en quête d'une réponse. L'Inde est en pleine mutation. Gouvernée par des rois ambitieux à la tête de confédérations et parcourue de marchands entreprenants, elle s'urbanise peu à peu.

Après des années de réflexion, d'études et de pratiques ascétiques, Siddhartha décide de s'asseoir à l'ombre d'un arbre et de ne pas quitter cet abri tant qu'aucune solution ne se sera levée en lui. Là, il regarde au plus profond de son esprit et fait corps avec le monde vivant. Apaisé, il découvre la claire lucidité et la plénitude de l'ultime équilibre : une expérience nue, libre de tout questionnement, de tout jugement, libre de la mémoire et de l'anticipation, riche de plénitude et de qualités. Pour témoigner de l'inséparabilité de l'homme et de la nature au moment même où se produit l'expérience décisive de l'éveil*, il a ce mot : « Lorsque est apparue l'étoile du matin, j'ai réalisé la voie avec la vaste terre et tous les vivants. » Ses premiers disciples l'appelèrent Bouddha, l'Éveillé : la présence globale exempte de dualité* et de conflit, rayonnante de compréhension et de compassion*. Compte tenu de ses origines claniques, on a associé le titre « Bouddha » au vocable Shakyamuni*, le « sage du clan des Shakyas ».

Durant presque quarante ans, il parcourt le nord de l'Inde, exposant au gré de la demande la voie libératrice qu'il a découverte. Sans avoir désigné de successeur, il quitte ce monde à l'âge de quatre-vingts ans (v. 480 avant notre ère). Ses principaux disciples vont procéder à une classification précise d'un enseignement transmis jusque-là oralement. Ils distingueront, par exemple, les propos sur la discipline des dialogues, discours et exposés circonstanciés de nature plus philosophique. Compte tenu de la diversité des vues et des pratiques, on discernera aussi différents cheminements spirituels appelés *yana* en sanskrit. Apparaîtront ainsi les termes Hinayana* ou petit véhicule, Mahayana* ou grand véhicule et Vajrayana* ou véhicule de diamant. La tradition indo-tibétaine différenciera également trois cycles d'enseignement, chacun correspondant à une pédagogie spécifique. Cycles et véhicules représentent les aspects complémentaires d'une seule et même transmission adaptée à la diversité des êtres et à la multiplicité de leurs besoins.

L'enseignement du Bouddha sera largement diffusé en Inde avant d'essaimer dans le monde entier. Malgré la pluralité des traditions bouddhiques et leur caractère parfois institutionnel, l'expérience fondatrice demeure le cœur de la transmission. Toutes les lignées* s'efforcent de perpétuer l'expérience de l'éveil, d'en dévoiler le sens et les implications, dans un esprit de tolérance respectueux de la diversité des êtres et de leurs cultures.

3. Bouddha : vide d'illusions, plein de qualités éveillées

Le terme « bouddha », forme francisée du sanskrit* *buddha*, est un titre honorifique. Formé sur la racine *budh* (« s'éveiller » ou « s'épanouir »), cette épithète signifie « connaissant » ou « éveillé ». Alors que nous demeurons absorbés dans le rêve de la vie, le Bouddha a obtenu la connaissance de la véritable nature des phénomènes, celle qui libère de la torpeur et du sommeil de l'ignorance*. Dans l'imaginaire indien, on dit aussi que son intelligence s'est pleinement épanouie comme s'épanouit la fleur de lotus au-dessus des eaux sombres d'un étang. En ce sens, il a réalisé l'éveil (bodhi) et repose en la paix du nirvana*. Pour souligner cet état de grande quiétude, on l'appelle aussi le Bienheureux (Bhagavat*).

Lorsque la confusion se dissipe, la nature claire et spacieuse de l'esprit transparaît, semblable à un ciel d'azur. Les imperfections sont des aspects secondaires qui ne peuvent en aucun cas l'affecter, comme les nuages ne peuvent détruire la clarté, la transparence et l'immensité de l'espace. Vide d'illusions, l'esprit d'un bouddha resplendit des qualités inhérentes à l'état d'éveil, dont l'amour inconditionnel pour tous les êtres et la capacité de leur venir en aide.

4. Le Bouddha, homme et perfection

Aujourd'hui, nous avons acquis de vastes connaissances dans de nombreux domaines. D'aucuns diront que nous sommes plus érudits et plus savants que le Bouddha. De ce fait, si l'occasion se présentait de le rencontrer, forts de notre savoir, nous ne parviendrions sans doute pas à discerner l'étendue de ses qualités spirituelles. De ce point de vue, le Bouddha apparaît comme un simple être humain, certes doté de capacités exceptionnelles, mais qui, comme nous, vieillit, souffre dans sa chair et meurt. Par ses efforts, il a réussi à éviter tous les errements pour finalement incarner une humanité accomplie. À ce titre, les faits marquants de sa vie relatent la dernière existence d'un être destiné à devenir ce sage remarquable plongé au cœur des affres de l'histoire.

Mais s'il a réalisé l'éveil insurpassable, c'est qu'il n'est pas différent de cette perfection qui s'exprime à travers lui dans le monde. Une perfection inconcevable, atemporelle et dans le même temps omniprésente. Le bouddha Shakyamuni* la rend clairement manifeste. Selon cette vision, il a atteint l'éveil au cours d'une vie antérieure et se manifeste sur terre au moment le plus opportun. Dès lors, l'ampleur de ses qualités spirituelles révèle des aptitudes qui, même si elles échappent à l'entendement habituel, ont l'avantage d'amplifier notre compréhension de l'esprit et de sa nature.

L'approche historique et la vision de la perfection indicible sont complémentaires. La première nous renvoie à une lecture chronologique des actes qui ponctuent la vie du Bouddha. La seconde concerne l'expérience spirituelle la plus profonde. La perspective historique a une portée limitée. Elle ne peut embrasser l'étendue universelle et atemporelle de la bouddhéité*. Cependant, elle nous apprend que le Bouddha a vécu, comme nous, dans un monde soumis à la convoitise, à la jalousie* et à la haine. Il a connu ce que nous avons presque tous expérimenté un jour : le doute stérile, la peur, la maladie, le découragement mais aussi la joie, l'amitié, l'amour et la chaleur du foyer. En cela, le Bouddha est très proche de nous. Comme le dit Thoubtèn Djigmé Norbou, frère du XIVe Dalaï-Lama : « Que pourrions-nous bien apprendre, au fond, d'un homme né différent de nous ? »

5. Le Bouddha, les bouddhas

Le bouddhisme considère que le Bouddha historique n'est pas le seul bouddha dans l'univers. Il postule que d'autres éveillés se manifestèrent dans le passé et que d'autres enseigneront dans le futur pour venir en aide à tous les êtres. Tous suivent le même parcours ponctué, comme on le verra, de douze événements principaux appelés les « douze œuvres ». Tous ont actualisé l'éveil au prix de nombreux efforts s'échelonnant sur d'innombrables vies.

La vision d'une pluralité de bouddhas au sein de cycles cosmiques s'étendant sur d'immenses périodes de temps évite aux apprentis* du bouddhisme de se focaliser sur la personnalité de son fondateur. S'ils lui vouent une grande dévotion, c'est en tant que guide suprême et manifestation de l'ultime réalisation spirituelle. Ils n'oublient pas que la compréhension et la pratique de son enseignement demeurent les facteurs essentiels.

6. Venez-et-voyez

Ehi passika, « Venez-et-voyez ». Telle est l'expression en langue palie* qui sert à qualifier l'enseignement du bouddha Shakyamuni.

« Voyez » appelle un effort personnel. « Si je veux savoir ce qu'est la lune, dit un texte indien, il faut que je la voie de mes propres yeux. Tout ce que d'autres m'en diront ne me la fera jamais connaître. » Le Bouddha prodigue à ce titre deux précieux conseils. Il dit tout d'abord : « Vous êtes vous-même votre propre maître, c'est de vous que tout dépend. En tant que professeur, à titre de docteur, je peux vous prescrire le remède efficace, mais c'est à vous de le prendre et de vous soigner. » Dans d'autres circonstances, il précise : « Lorsque vous savez par vous-mêmes que certaines choses sont défavorables, (...) et que, lorsqu'on les met en pratique, ces choses conduisent au mal et au malheur, alors, à ce moment-là, abandonnez-les. (...) Cependant, lorsque vous savez par vous-mêmes que certaines choses sont favorables, que telles choses louables sont pratiquées par les sages, et que lorsqu'on les met en pratique, ces choses conduisent au bien et au bonheur, pénétrez-vous de telles choses et pratiquez-les[1]. »

On peut comparer l'enseignement à une carte. Celui qui consulte la carte ne la confond pas avec le terrain, sa propre expérience. Le Bouddha dit d'ailleurs que celui qui regarde uniquement le doigt qui pointe vers la lune et le confond avec celle-ci ne verra jamais la vraie lune. Les conseils proposés permettent d'improviser au cœur de notre propre expérience. Ils doivent être examinés et éprouvés de manière directe à la lumière de notre propre intelligence. Rien ne devrait être accepté sous le couvert d'une foi naïve et aveugle. L'intelligence critique et le libre examen empêchent de développer des attitudes rigides. En appliquant les conseils du Bouddha, il se peut que les facteurs perturbateurs – absence de discernement, appétence de l'ego*, fierté, névroses, etc. – fléchissent d'eux-mêmes. Si au cours de cette opération, nous gagnons en compréhension et en sérénité, et trouvons la manière la plus fructueuse de mener notre vie, les conseils s'avèrent dès lors fondés en vérité. Le processus expérimental permet de vérifier en situation la justesse des enseignements et de fortifier le courage indispensable pour surmonter les épreuves de l'existence en transmutant notre confusion en sagesse inconditionnelle.

D'où l'importance capitale de la pratique méditative. Elle relie le méditant à la qualité merveilleuse de la vie ordinaire. En la simplicité de l'*état naturel**, les crampes mentales se relâchent. La méditation permet de revenir aux sources de l'expérience la plus profonde, avant la grande marée des élaborations conceptuelles. C'est l'expérience la plus dépouillée : celle du réel dans l'immédiat d'un regard, l'instant d'une expiration, une présence non interprétée ni manipulée par l'ego et ses passions. Nous portons en nous cette expérience et la joie qu'elle abrite. Sans pratique assise, le contenu de la transmission demeure inopérant. Sans méditation, point de bouddha, point d'enseignement sur l'art de s'éveiller ; au final, point de bouddhisme...

7. La bonté fondamentale

Reconnaissant l'universalité du malheur, le bouddhisme admet que la cruauté des hommes n'est que le symptôme d'un égoïsme* dévasta-

---

[1]. Extrait du *Kalamasutta* (« L'accès aux libres examens »). Cf. Môhan Wijayaratna, *Sermons du Bouddha. La traduction intégrale de 20 textes du canon bouddhique*, p. 33 et 35.

teur. Cet égoïsme plonge ses racines dans l'ignorance de notre condition réelle. Sur ce terreau fertile, se développe le « mal radical », celui qui détruit l'harmonie de la vie.

Selon la tradition du Bouddha, le cœur de la nature humaine est un état sain et bienheureux. On l'appelle volontiers « bonté fondamentale » ou « pureté primordiale ». On objectera que les tragédies et les atrocités qui jalonnent le cours de l'histoire nous montrent un tout autre visage. Le bouddhisme nous enseigne que le mal n'est pas inhérent au monde. Les guerres sont le résultat des pensées, des jugements et des comportements souillés par la cupidité et l'obscurantisme. Même dans les situations les plus intolérables, là où le mépris des êtres humains est à son comble, l'état sain et bienheureux peut encore transparaître parce qu'il est l'état naturel des hommes. L'écrivain italien Primo Levi, emprisonné à Auschwitz, en porte témoignage dans *Si c'est un homme*. Rendant hommage à Lorenzo, un « homme à l'humanité pure et intacte », il écrit : « C'est justement à Lorenzo que je dois d'être encore vivant aujourd'hui, non pas tant pour son aide matérielle que pour m'avoir constamment rappelé, par sa présence, par sa façon si simple et si facile d'être bon, qu'il existait encore, en dehors du nôtre, un monde juste, des choses et des êtres encore purs et intègres que ni la corruption ni la barbarie n'avaient contaminés, qui étaient demeurés étrangers à la haine et à la peur ; quelque chose d'indéfinissable, comme une lointaine possibilité de bonté, pour laquelle il valait la peine de se conserver vivant. »

Cette bonté, nous l'avons tous ressentie en contemplant un paysage, en découvrant une œuvre d'art, en aimant, en goûtant la chaleur de l'amitié. Nous savons tous que l'affection et la tendresse sont inscrites en notre esprit et sont même des nécessités biologiques. Le nouveau-né et sa mère éprouvent viscéralement cet élan naturel du cœur. Qui ne se précipiterait spontanément secourir un enfant sur le point de se noyer ? Tout au long de notre développement et parce que nous dépendons les uns des autres, nous avons besoin de manifester un amour altruiste. L'affection de nos parents, de nos enfants, de nos amis nourrit également notre vie. Si nous atteignons un grand âge ou devenons invalides, cet amour nous sera d'un grand secours. Au moment de notre mort, il saura peut-être nous apaiser.

Mais parce que nous sommes des êtres d'oubli, facilement emportés par des vagues d'*émotions négatives** et le besoin de satisfaire notre bien-être personnel, l'éducation à la paix et à l'amour se montre indispensable. L'enseignement du Bouddha porte en lui les moyens propres à développer une culture de la non-violence et de la justice. Ainsi, la bonté fondamentale est indisssociable d'une exigence de vertu, de responsabilité, de générosité, de ferveur et de grandeur intérieure. Elle ne saurait être identifiée à un sentiment naïf et puéril.

8. Déployer notre potentiel de vie

Un jour, alors qu'il partage de la nourriture avec des enfants, le Bouddha expose le sens profond de sa démarche. Il vient de manger une mandarine qu'une jeune fille appelée Nandabala lui a donnée. « La mandarine que Nandabala m'a offerte, dit-il, avait neuf sections. J'en ai mangé chaque morceau consciemment en appréciant combien chacun d'entre eux était précieux et délicieux. J'étais conscient de l'existence de la mandarine, aussi elle est devenue très réelle pour moi. Si la mandarine est réelle, la personne qui la mange est aussi réelle. Voilà ce que veut dire manger une mandarine consciemment[1]. »

Lorsqu'on agit ainsi, les distractions disparaissent. Dans le même temps, se développe le sens de la relation sacrée avec le monde vivant. La sensation de vie augmente. Celui qui consomme le fruit sans attention ne discernera pas en lui le mandarinier, la fleur d'où procède la mandarine, sa croissance, la pluie, la lumière et la terre qui l'ont nourri. Il ne distinguera pas les milliers d'éléments merveilleux qui entrent dans sa composition et interagissent.

Le Bouddha conclut par ces paroles : « Mes enfants, votre vie est à l'image d'une mandarine divisée en sections. Vivre les vingt-quatre heures d'une journée revient à manger toutes les parties d'une mandarine. La voie que j'ai trouvée permet de vivre chaque heure du jour en *pleine conscience**, le corps et l'esprit en permanence dans l'instant présent. Le chemin opposé consiste à vivre dans la distraction. Vous ne savez alors pas vraiment que vous êtes en vie. Vous ne jouissez pas pleinement de la vie parce que votre corps et votre esprit ne sont pas fermement dans l'ici et le maintenant. »

Le bouddhisme enseigne comment accueillir la vie avec une attention libre d'attachement et de désinvolture pour que la vie féconde notre élan vital. En retour, en déployant le potentiel de vie dont nous sommes investis, nos actions épousent le mouvement harmonieux de l'énergie vitale telle qu'elle irradie autour de nous. Accueillir et déployer, un seul mouvement conforme à l'alternance de la respiration et qui laisse advenir notre authenticité.

Cette attitude est parfaitement compatible avec la conscience de la souffrance et de la misère humaines. Nous savons que les change-

---

1. Traduction de Thich Nhat Hanh dans *Sur les traces de Siddharta*, p. 108-109.

ments bénéfiques auxquels nous aspirons ne dépendent pas uniquement d'une réforme des modèles économiques, des structures politiques et sociales, des débats sur les grandes idées. D'un point de vue bouddhique, le meilleur service que nous puissions rendre au monde est de gagner en sagesse. C'est fondamentalement une attitude de compassion, car celui qui reste prisonnier des sables mouvants ne peut en sortir les autres. Si nous n'avons pas approfondi notre connaissance de nous-mêmes et développé notre capacité à aimer, nous aurons peu de chose à offrir aux autres. En revanche, nous risquons de leur communiquer nos blocages, nos tensions, nos préjugés et notre insatisfaction.

9. Le bouddhisme comme mode de vie

Le bouddhisme comprend des méthodes qui éveillent à la simplicité, la beauté, l'amour et la sagesse. Reposant sur un examen de nos comportements et de leurs mobiles, elles conduisent à une transformation profonde de la manière d'envisager l'existence et notre présence au monde. Elles nous aident à découvrir nos failles et les blessures que nous cachons dans un tissu d'habitudes et de non-dits. Elles nous aident surtout à découvrir nos possibilités intérieures et à les cultiver au cœur des activités quotidiennes, de sorte que nous puissions mener une existence harmonieuse. La transformation qui s'opère a pour but de nous faire passer d'un état d'inconscience et d'insatisfaction à un état de lucidité et de quiétude caractérisé par le contentement, la joie et l'altruisme.

Lorsque nous commençons à comprendre les mobiles qui nous animent, nous voyons clairement combien notre état mental est déterminant. Sous l'emprise de la colère* ou de la jalousie, par exemple, notre vision de la vie perd son éclat et se restreint. En revanche, si nous parvenons à éviter que de telles émotions se lèvent en nous, notre esprit demeure détendu, clair et ouvert sur le monde. En étant le plus possible maîtres de nous, nous sommes plus à même de faire face aux difficultés que nous rencontrons. Si nous expérimentons une réelle tranquillité intérieure, les paroles outrageantes, le cynisme et autres bassesses ne nous blesseront pas. Si nous comprenons que rien ne dure et que tout se transforme, les accidents de la vie seront plus supportables. Si nous pratiquons le contentement, nos désirs faibliront, nous serons moins envieux et nous saurons nous réjouir du bonheur d'autrui. Si nous avons conscience de la valeur infinie du moment présent, la crainte du futur et le désappointement à l'évocation de souvenirs douloureux s'estomperont d'eux-mêmes. Peu à peu, nous nous ouvrirons à la beauté du monde vivant, l'amour altruiste retrouvera sa spontanéité et l'esprit demeurera en paix.

Cette aptitude suppose de nombreux efforts à renouveler chaque jour. À l'instar des formules de mieux-être immédiat qui promettent un résultat sans rien changer à nos habitudes, la pratique du bouddhisme requiert un engagement à discipliner notre comportement, à dépasser l'intérêt particulier et égoïste, à observer une alimentation respectueuse de la vie, à étudier pour maîtriser l'enseignement et la pensée, à méditer pour apprendre à laisser vivre notre état naturel. C'est là toute l'exigence d'une démarche traditionnelle où se mêlent éthique du désintéressement, connaissance de soi et souci des autres. Pareille exigence ne suppose pas une crispation. L'entraînement doit se faire sans tension, sans heurt, dans la sérénité. D'où l'importance de la détente, de la joie, de la douceur à l'égard de soi et d'autrui, de la gratitude envers la précieuse existence – bonheur enfin de prendre conscience des merveilles de l'esprit éveillé.

Comme l'écrit Thich Nhat Hanh, un maître vietnamien contemporain : « Il importe ici de se demander : "Les enseignements du Bouddha ont-ils quelque chose à voir avec ma vie quotidienne ?" Les idées abstraites peuvent assurément être superbes, mais si elles n'ont rien à voir avec notre vie, quel peut bien être leur intérêt ? Aussi ne manquez jamais de vous demander : "Ces mots ont-ils quelque chose à voir avec le fait de se nourrir, de boire du thé, de couper du bois ou de porter de l'eau ?"[1] » Les mots devraient nous conduire au monde, aux autres. Ils devraient nous aider à mener une vie de beauté, à avoir le courage d'aimer et de célébrer la vie.

10. Base, voie, fruit

Le processus de transformation intérieure tient compte de trois niveaux appelés la *base*, la *voie* et le *fruit*.

La base

La *base*, c'est l'expérience concrète de la vie : ce que nous sommes là où nous sommes à l'instant présent. Vivre nous conduit à faire des expériences pénibles, plaisantes ou neutres. Dans cette situation, nous avons l'impression de former une entité relativement stable et indépendante, au milieu d'un univers infiniment vaste. La *base*, c'est aussi ce paradoxe que nous ressentons quand nous voyons les merveilles

---

1. *Le silence foudroyant*, p. 95.

que l'homme peut accomplir au regard du saccage du monde vivant, de la multiplication des états dépressifs, du mépris des valeurs humaines fondamentales. La *base*, c'est donc cette situation à la fois claire et confuse : claire lorsque la bonté fondamentale rayonne, confuse et douloureuse lorsque nous perdons le contact avec l'état sain et bienheureux.

La voie

La *voie* consiste pour l'essentiel à s'ouvrir avec attention et lucidité au riche potentiel des situations quotidiennes, de sorte à laisser vivre la sagesse qui est en nous. La *voie* ne promet rien. Elle explique simplement comment les illusions dualistes viennent troubler la clarté et la transparence de l'état naturel. Elle présente surtout les remèdes à appliquer afin de résoudre les problèmes cruciaux de la condition humaine. Ces remèdes permettent de pacifier l'esprit. Du coup, l'inquiétude décroît et le calme vient ; la connaissance et l'amour se développent. La voie comprend les moyens adéquats qui favorisent spontanément l'actualisation du *fruit*. À l'image du vent invisible qui couche les herbes, les efforts entrepris consistent à faire de notre mieux pour infléchir le cours de notre vie dans le sens de l'éveil.

La *voie* repose sur la transmission des richesses scripturaires (via l'étude des textes dans lesquels sont consignés les enseignements

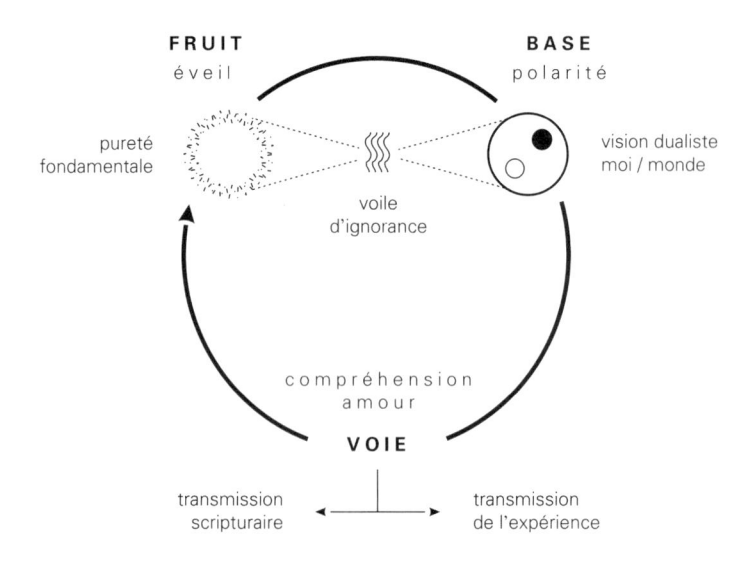

Figure 1. L'unité de la tripartition base-voie-fruit.

du Bouddha) et la transmission de l'expérience (via la pratique de la méditation). L'étude des enseignements ne consiste pas en l'acquisition d'un savoir théorique mais en la formation de dispositions intérieures capables d'élever le niveau de conscience par-delà le point de vue partial et limité de l'ego, en vue de renforcer la transmission de l'expérience. Même s'ils exercent l'intelligence, ouvrent des perspectives plus vastes à l'esprit, se montrent donc indispensables, les discours ne suffisent pas à transformer la personne et ils ne se suffisent pas en eux-mêmes. Il faut donc pratiquer les méthodes, s'exercer en particulier à la méditation, pour laisser advenir l'expérience fondamentale, seule capable d'opérer une guérison complète.

Le fruit

Le *fruit* est l'éveil, la bouddhéité, cet instant où le sommeil de l'ignorance prend fin, cédant la place à une compréhension infinie, ouverte, claire et compatissante. L'esprit comprend directement et spontanément sa nature. Le *fruit* est simplement le *réel que nous sommes*, présent à chaque instant.

11. SE RELIER AUX TROIS JOYAUX DU REFUGE

« Qu'est-ce qu'être bouddhiste ? » entend-on souvent. Sur le fond, « être bouddhiste » c'est se sentir en résonance avec l'enseignement du Bouddha. C'est ressentir en soi sa profonde vérité, la vivre dans le déroulement de notre existence quotidienne. Au niveau le plus essentiel, l'expérience spirituelle la plus profonde est commune à toutes les traditions. Cette expérience révèle la perfection de notre humanité. De ce point de vue, nous sommes tous des êtres humains avant d'être bouddhistes, chrétiens, musulmans, taoïstes, shintoïstes, athées... L'appartenance à telle ou telle tradition spirituelle ou humaniste demeure secondaire. Nous pouvons revêtir toute sorte d'étiquettes au cours de notre existence alors que nous garderons le statut d'être humain jusqu'à notre mort.

Toutefois, on peut « devenir bouddhiste », comme on dit « devenir chrétien ou musulman », par une adhésion du cœur et donc un engagement. L'adhésion du cœur se concrétise par « l'entrée en refuge ». Le refuge repose sur une résolution intérieure : abandonner les actes négatifs qui intensifient la douleur existentielle et tourner son esprit vers la clarté de l'éveil.

En sanskrit, le refuge* se dit *sharana*, ce qui signifie « protection » ou « secours ». Les personnes cherchant à se protéger contre les méfaits de la souffrance s'en remettent aux *trois joyaux** en lesquels elles ont toute confiance et avec lesquels elles établissent une connexion spirituelle. Ces trois joyaux se nomment : Bouddha, Dharma, Sangha. On les nomme « joyaux » parce qu'ils sont exempts de toute passion égoïste et ne sont pas affectés par les changements dus au temps.

- *Le Bouddha*. Selon les véhicules, ce peut être le Bouddha historique (le guide accompli), l'éveil qui est le but de la voie, la *nature de bouddha** au cœur de tous les êtres vivants, mais aussi la nature ultime de tous les phénomènes : le chant d'un oiseau, les rivières, les nuages, la terre, le cosmos...
- *Le Dharma*. Le remède aux maux dont nous souffrons, la voie de compréhension et d'amour qui permet d'actualiser l'éveil.
- *Le Sangha*. La communauté des personnes engagées dans la voie et soucieuses d'incarner son idéal du bien. Cœur de la transmission dans sa dimension personnelle, interpersonnelle et atemporelle, le Sangha* est le lieu où se vit la continuité de la base, de la voie et du fruit. C'est là que prennent forme les différents canaux de la transmission : les lignées spirituelles et les écoles. Dans une vision holiste, le Sangha ne se limite pas à l'harmonie que manifeste la communauté des disciples du Bouddha. Il englobe tous les êtres vivants dans la formidable danse de l'interdépendance.

Les joyaux désignent la triple dimension de l'éveil. Lorsque notre esprit et notre cœur sont libres d'illusions, nous actualisons l'ultime réalisation spirituelle, Bouddha. Lorsque notre parole reflète la compréhension la plus profonde, exhale la bienveillance et se montre éveillante, elle exprime la réalité de la voie, Dharma. Lorsque nous agissons sous l'influence de ces belles dispositions, notre présence au monde via notre corps rend manifeste le sentier d'éveil et le réalise. Cette présence est alors le reflet du Sangha. Au niveau essentiel, la confiance en la pureté primordiale de l'esprit est le refuge unique.

Un rituel entérine la décision de vivre à la lumière de la bonté fondamentale. Il confère à cette résolution une force particulière qui fera décroître la domination aveugle de l'ego. La cérémonie de l'entrée en refuge comprend un hommage rendu au Bouddha et la récitation des préceptes que le postulant devra s'efforcer de respecter. Elle se vit dans un état de compassion pour tous les êtres vivants, et plus particulièrement pour les plus faibles et les plus démunis. Le rituel ordonne le corps et la parole à la nouvelle posture de l'esprit en établissant une connexion positive avec la pureté primordiale. Selon les écoles, la formule de l'entrée en refuge varie quelque peu dans la forme. Sur le fond, tout reste identique.

En les Bouddha, Dharma et Sangha,
Jusqu'à l'éveil j'entre en refuge,
Par les bienfaits des dons et vertus,
Que je m'éveille pour le bien des êtres.

Celui qui entre dans la quête sacrée accueille dans le même temps l'inspiration d'une tradition millénaire de bonté et d'harmonie. Il en devient l'héritier. Le nom qu'il reçoit à ce moment-là est le reflet de ses engagements et des nouvelles aptitudes qui vont lui permettre de découvrir sa condition réelle dans les actions de la vie quotidienne.

12. L'emploi du mot Dharma

Le terme « bouddhisme » est un néologisme apparu aux alentours de 1825. Les indianistes du XIXe siècle ont essayé de classifier un enseignement perçu alors comme un système de pensée, une lointaine religion d'Orient. L'emploi du suffixe « -isme » a l'inconvénient de situer l'enseignement du Bouddha dans une perspective théologique, métaphysique, philosophique et dogmatique qui n'est pas du tout celle de son esprit ni de sa nature. Les maîtres de toutes les écoles emploient plutôt le mot sanskrit Dharma*. Connaître les principales significations de *Dharma* laisse entendre les résonances profondes qui se cachent sous le néologisme.

Ces significations se déclinent traditionnellement en trois catégories essentielles :

- *La réalité authentique ou ultime.* Le Dharma, dont la racine *dhri-* (tenir, maintenir) exprime une idée de stabilité et de constance, est l'harmonie suprême.
- *L'enseignement.* L'enseignement du Bouddha qui propose une voie de compréhension et d'amour permettant de nous libérer des illusions et d'accéder à notre nature profonde, en apportant à l'esprit contentement et sérénité. À ce titre, l'enseignement exprime l'harmonie suprême.
- *Les phénomènes ou les données de l'expérience.* Tout ce qui se manifeste à la conscience par l'intermédiaire des sens ainsi que les contenus psychiques et notionnels. Finalement, tout ce qui est objet de connaissance.

Ces trois aspects sont en totale continuité. L'enseignement du Bouddha reflète le mode d'existence véritable des choses et des êtres. De l'expérience de la réalité telle qu'elle est, non déformée par le désir* égoïste, procède une vision qui s'organise en un enseignement. Cet enseignement satisfait tous ceux qui ont besoin de concepts, d'images, de gestes et de silences pour tenter d'apaiser la triple interrogation qui nous hante parfois jusqu'à la fin de notre vie : *D'où venons-nous ? Qui sommes-nous ? Où allons-nous ?*

Gakhyil ou « spirale de joie ».
Représente les trois joyaux enlacés (Bouddha, Dharma, Sangha)
et symbolise la plénitude inhérente à la nature ultime de l'esprit.
Dans le Dzogchèn* ou Grande Perfection, il représente aussi l'unité fondamentale
de la base, de la voie et du fruit en l'état primordial.

PREMIÈRE PARTIE

Le bouddhisme en Inde

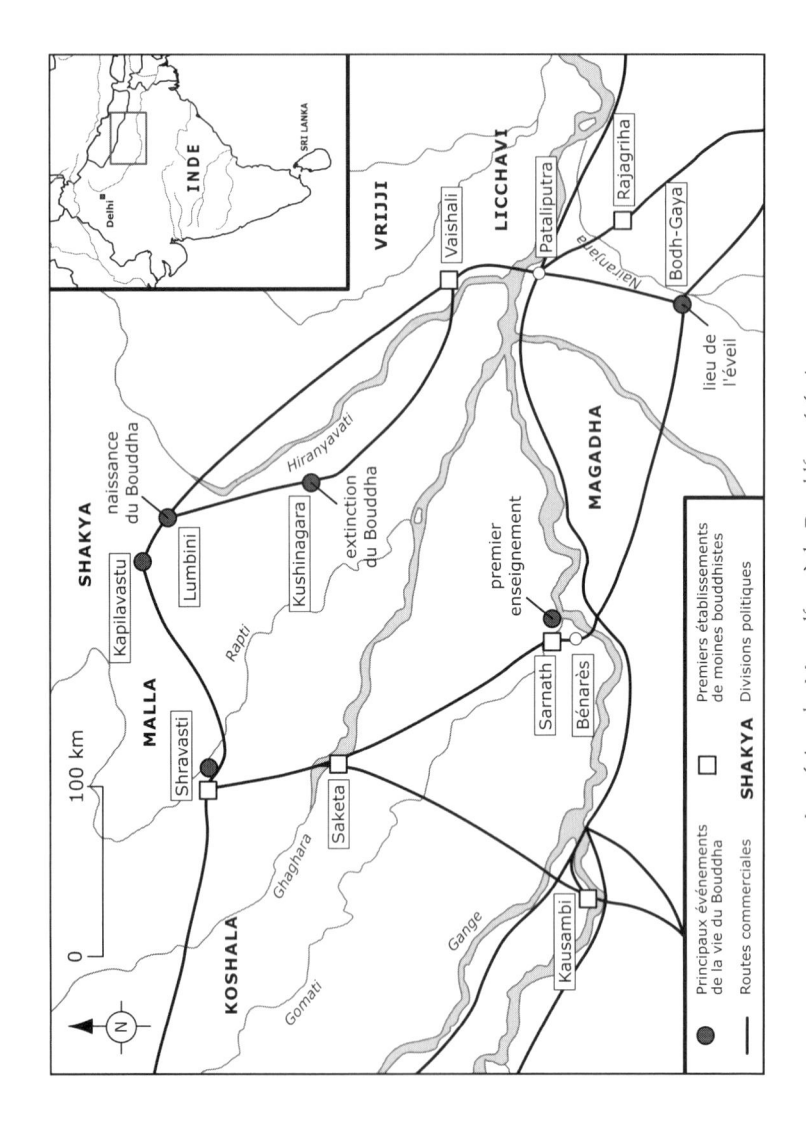

La région du Magadha où le Bouddha pérégrina.

Vue générale

Siddhartha Gautama naît à une époque déterminante dans l'évolution des modes de pensée. De la Grèce à l'Extrême-Orient, l'état idéal de sagesse et les exercices destinés à assurer le progrès spirituel préoccupent les grands esprits. Certains laisseront une empreinte profonde dans l'histoire : Pythagore, Parménide, Empédocle, Héraclite en Grèce ; Confucius et Lao-tseu en Chine ; Zarathoustra en Perse ; Mahavira, fondateur du jaïnisme*, en Inde. Chacun s'interroge sur la façon de concilier une vie conforme à l'idéal de sagesse et la vision conventionnelle de la réalité sur laquelle reposent les sociétés humaines.

Comme beaucoup d'aspirants à la sérénité et à la joie suprême, Siddhartha Gautama renonce à la manière habituelle de conduire sa vie. L'exigence de rupture s'impose à lui comme une évidence tant les activités quotidiennes sont empreintes de passions destructrices, d'inconscience et d'ignorance de la réalité. Il adopte un mode de vie simple offrant les conditions favorables à la découverte de la nature véritable de toute chose. Alors qu'en Grèce la sagesse est un état idéal presque inaccessible et le sage un quasi-étranger au monde, le Bouddha montre par l'exemple de sa vie que la sagesse est de ce monde et le sage, celui qui peut apporter des solutions à la souffrance et à la misère humaines.

Dans la vaste péninsule, le bouddhisme ne tarde pas à devenir une tradition parmi d'autres, parfois soutenue par les puissants, parfois délaissée. Il a connu plusieurs âges d'or. Puis le déclin s'est amorcé au XIe siècle, annonçant sa disparition. Il faut attendre le XXe siècle pour qu'il commence à refleurir sur son sol natal. Contrairement à ce que l'on pense habituellement, le bouddhisme ne s'est pas opposé de manière radicale au brahmanisme*. Le Bouddha n'a pas brandi l'étendard de la rébellion et n'a jamais prétendu conduire un projet révolutionnaire. Au contraire, il a favorisé des échanges féconds avec les voies spirituelles spécifiquement hindoues.

Aujourd'hui, ses grands représentants ne sont pas indiens mais tibétains, japonais, sri-lankais, thaïlandais, taïwanais... et désormais américains ou européens. Le caractère universel et transculturel de la voie du Bouddha occulte souvent son profond enracinement dans l'indianité. Pour essayer de cerner la figure complexe du Bouddha, décrire l'évolution de la lecture qui a été faite de ses enseignements, on ne peut négliger le terreau fertile au sein duquel la tradition du Bouddha s'est épanouie. C'est là qu'un regard sur le contexte indien du VIe siècle avant notre ère et la vision bouddhique du cosmos nous sont utiles.

☙

1
Le contexte indien du VIᵉ siècle avant notre ère

1. L'HÉRITAGE VÉDIQUE

L'Inde du VIᵉ siècle avant notre ère est l'héritière de la civilisation védique. Cette civilisation encore fort mal connue nous aura transmis le *Veda**, son livre sacré, rédigé dans un sanskrit dit védique que l'on distingue du sanskrit classique dont les règles ont été fixées par le grammairien Panini au Vᵉ siècle avant notre ère.

Le *Veda* est le Livre des Aryas[1], des peuplades de type pastoral venues d'Asie centrale. Grâce à l'*Avesta*, le recueil des textes sacrés de la religion mazdéenne (Iran antique), on sait que ces groupes nomades ont occupé les plateaux de l'Iran nord-oriental et l'Afghanistan, vers la fin du troisième millénaire avant notre ère.

Dans leur progression vers l'est, les Aryas rencontrent les peuples qui ont édifié les cités de briques de Mohenjo-Daro et Harappa, deux grandes représentantes de la civilisation de l'Indus[2]. Au deuxième millénaire, ils pénètrent en Inde par le nord-est et atteignent le Cachemire puis le Penjab aux alentours de − 1500. C'est à cette époque d'ailleurs que l'on date les premiers textes du *Veda*.

Les Aryas gagnent les hautes vallées du Gange aux alentours du Xᵉ siècle. Forts de leur organisation sociale, de leur culture et de leur religion, ils s'imposent sur les peuples de culture dravidienne qui, eux-mêmes, avaient repoussé des tribus autochtones vers la chaîne himalayenne ou en direction du Dekkan, vaste plateau qui s'étend au sud

---

1. Le terme *arya* servira ultérieurement à désigner les êtres « nobles » dignes d'un grand respect.
2. La civilisation de l'Indus se serait déployée dès − 3500 avant de disparaître aux environs de − 1500.

de la rivière Narmada. Le centre de la civilisation védique ne tarde pas à se déplacer vers le Kurukshetra[1], au sud de l'actuelle Delhi, avant que des royaumes aryens ne se développent dans le bassin gangétique dès le VIIIe siècle avant notre ère.

• Le *Veda*, un livre non écrit

Le *Veda* est la « parole sacrée et éternelle » révélée aux *rishis*, les voyants de l'aube des temps. Ils ont « entendu » la parole des dieux et l'ont retranscrite en des hymnes, des chants, des incantations, des formules sacrificielles et magiques, des visions cosmologiques. L'importance de l'audition initiale justifie le pouvoir incommensurable de la parole dans la transmission spirituelle. Le *Veda* a été mis en mots par les voyants, mais il doit être transmis oralement de génération en génération. Les enchaînements sonores qui constituent mots et phrases ont dès lors une importance capitale par rapport aux signes graphiques.

Immense édifice composé de quatre textes fondamentaux, le *Veda* est la pierre angulaire de toute l'architecture du monde hindou ultérieur. L'énergie divine, créatrice de l'univers, s'est ainsi incarnée dans la langue. Cependant, parce qu'il repose sur la révélation et l'audition des mélodies imperceptibles aux êtres ordinaires, on dit que le *Veda* est un livre non écrit.

Son contenu n'est pas théorique, doctrinal ou théologique. Le mot *Veda* signifie littéralement « savoir ». Il témoigne à lui seul de l'ambition d'une telle somme : consigner de manière encyclopédique les règles et devoirs qui incombent à la communauté des Aryas dans sa quête pour se maintenir au cœur de l'ordre cosmique et social appelé *dharma*[2]. Pour autant, le *Veda* ne se veut pas exhaustif. Un livre ne saurait circonscrire le sens ultime qu'il exprime. Cette vision souligne encore une fois l'importance de la transmission orale et permet de comprendre pourquoi l'Indien continue d'accorder une place prépondérante aux maîtres spirituels, fussent-ils parfois de tradition non védique.

La religion qui émane directement du *Veda* est un polythéisme qui accorde une place capitale à la langue védique, au rituel d'offrandes,

---

1. Le Kurukshetra deviendra la terre sainte du brahmanisme.
2. Terme qui sera repris ensuite par le bouddhisme mais recouvrira d'autres significations et implications bien que le sens d'« harmonie » se maintiendra.

aux sacrifices et au système d'observances propres à chaque classe d'individus. L'homme védique passe sa vie à s'acquitter de la dette qu'il a envers les dieux, les ancêtres, la communauté et le *Veda*. En se pliant à des interdits et en se conformant à des règles immuables, il s'efforce de maintenir l'équilibre harmonieux entre le monde humain et les puissances divines. Si, au moment de mourir, son esprit repose dans le sentiment du devoir accompli, il pourra satisfaire le dieu de la mort qui viendra reprendre la vie qu'il lui avait confiée

• L'évolution de la société védique

Alors que l'économie des migrateurs aryas repose sur l'élevage, celle de la grande majorité des peuples autochtones de la vallée indo-gangétique s'articule essentiellement autour de la chasse et de la cueillette. Ces divers groupes ethniques sont dispersés sur de vastes territoires et possèdent chacun leur propre dialecte. Bien qu'encore méconnue, leur religion semble liée à la nature. Des présences habitent les arbres, la végétation, les cours d'eau, les pierres, les montagnes et les grottes.

Le culte rendu à la terre s'articule autour de l'image divine de la déesse mère, archétype féminin qui va féconder l'imaginaire indien. Devant l'importance de la civilisation védique, qui apporte non seulement une nouvelle religion, une nouvelle langue, mais aussi une formidable cosmogonie et une science traditionnelle très sophistiquée, les populations de souche indienne ne tardent pas à être assimilées ou refoulées au-delà des fertiles vallées du Gange. Le culte de la déesse mère décline quand les Aryas introduisent leurs divinités masculines qui peuplent le ciel. Bien que prépondérante, la culture védique reçoit néanmoins l'influence des croyances et des coutumes aborigènes.

Dans un souci d'intégration à un système unique de populations, les membres d'ethnies aborigènes vaincues et assimilées vont constituer la classe servile, celle des serviteurs (shudras). Exclus du sacrifice et des initiations, ils sont attachés aux trois autres classes (varnas*) :

■ Les brahmanes*, les gardiens du *Veda* qui ont la charge du rituel, mais occupent également des fonctions d'enseignants et de commerçants.

- Les guerriers et les souverains (kshatriyas) chargés de défendre et de gouverner la communauté. Ils peuvent être aussi agriculteurs ou éleveurs. Le père de Siddhartha appartient à ce groupe de haut rang.
- Les vaishyas s'occupent des troupeaux, travaillent la terre et exercent souvent le métier d'artisan.

L'élite de la société védique, c'est-à-dire les groupes qui appartiennent au substrat indo-européen, va peu à peu accentuer l'organisation sociale ancestrale fondée sur la profession ou la fonction exercée par ses membres. Elle mettra en avant le caractère exclusif de la langue védique. À partir du VIIe-VIe siècle avant notre ère, les brahmanes acquièrent un pouvoir religieux de plus en plus important et leur influence s'étend sur l'ensemble du bassin du Gange.

Naissance des confédérations

Les terres fertiles et propices à l'élevage poussent les Aryas à se sédentariser. L'exploitation du minerai de fer permet le développement de pratiques agricoles plus élaborées favorisant de meilleurs rendements. Ainsi, du Penjab au Bengale, naissent une multiplicité de petites confédérations divisées en lignées claniques rendues perméables par la règle de l'exogamie.

La division du groupe arya en plusieurs clans n'autorise pas l'établissement d'un pouvoir unifié. Les confédérations semi-autonomes vont tenter d'affirmer leur position. Parmi celles-ci, on compte le clan des Shakyas auquel appartient Shuddhodana, le père du prince Siddhartha Gautama. Il semble que coexistent alors deux grandes tendances politiques. L'une de type monarchiste qui accorde un poids considérable au pouvoir royal de droit divin ; l'autre plus « démocratique » et « républicaine ». Ce modèle politique, adopté par les Vrijjis, une confédération de huit clans voisine des Shakyas, aurait inspiré le Bouddha lorsqu'il s'efforça d'organiser la communauté monastique.

L'importance du Magadha

Le père de Siddhartha va devenir le chef du clan des Shakyas qui dépend alors étroitement du Koshala, un petit empire princier au nord-est de l'actuel Bihar. Du vivant même du Bouddha, le Koshala va tisser des alliances avec le Magadha, un véritable État fondé aux environs de la fin du VIe siècle avant notre ère par le roi Bimbisara qui deviendra l'un des plus fervents disciples laïcs du Bouddha. Grâce aux richesses acquises dans l'exploitation des minerais, le Magadha va connaître un essor très rapide et s'étendre de la vallée du Gange au Bihar. C'est dans le Magadha que Siddhartha Gautama atteint l'éveil et effectue la majorité de ses pérégrinations. À cette époque, la civilisation pastorale a disparu suite au développement des activités commerciales et de la vie urbaine.

• L'avènement du brahmanisme

Au temps du Bouddha, la structure sociale commence à se rigidifier mais il n'existe pas réellement de cloisons étanches entre les trois premières classes de l'édifice social. Le mariage, par exemple, peut permettre de changer de statut. Les transformations de l'organisation védique interviennent quand les brahmanes, soucieux d'asseoir définitivement leur autorité, renforcent la doctrine de l'acte rituel et s'imposent comme les seuls médiateurs entre les hommes et les dieux. La civilisation indienne entre alors dans sa phase appelée brahmanisme.

Des rites à la liturgie

Dans le védisme* ancien, les rites avaient pour but de préserver la bonne entente avec les dieux de sorte qu'ils protègent les hommes. L'un des plus importants était l'*agnihotra*, l'oblation dans le feu (agni) que les brahmanes et les vaishyas devaient accomplir chaque jour, soir et matin. Ce rituel était destiné à aider le soleil à se lever et à parcourir le ciel jusqu'à son coucher. On versait dans le feu des substances sacrées, en particulier le lait et le soma, un breuvage sacré sans doute issu d'une plante psychotrope. On a vu dans cette opération une imitation de l'acte d'amour qui s'accomplit sans fin dans la nature : le lait ou le soma figurant le sperme ; le feu d'un autel (l'agni) figurant une matrice.

Accompagné de sacrifices d'animaux, le rituel acquiert maintenant une dimension symbolique et se complexifie au point de ressembler à une véritable liturgie censée nourrir la vigueur des divinités. En vertu d'une correspondance entre l'homme et l'univers, il reproduit aussi le déroulement de la cosmogenèse. La manifestation de l'infinie diversité des phénomènes, avec son lot d'imperfections, procède du déséquilibre qui affecte l'unité primordiale. Le but du rituel consiste à rétablir l'harmonie fondamentale préexistant à l'apparition du cosmos. La moindre erreur dans les procédures rend les rites obsolètes ou risque d'entraîner des conséquences graves pour la communauté des fidèles. Les souverains dépensaient beaucoup d'argent en organisant de vastes sacrifices dans l'espoir d'obtenir une renaissance dans les états célestes. Les riches commerçants et les chefs militaires faisaient appel eux aussi aux brahmanes dans l'espoir de conforter leur position.

Dans ce cadre très strict, les brahmanes officiants deviennent des techniciens dotés d'une responsabilité si capitale que les dieux se trouvent désormais dans une situation de quasi-dépendance à leur égard. Conscients de leur rôle éminent au sein de la société, les brahmanes vont faire peser le poids du rite sacrificiel sur le reste de la communauté, s'accaparant du même coup un nombre important de privilèges. Ainsi constitué, le brahmanisme va s'étendre à l'ensemble de la péninsule indienne et contribuer à unifier le pays.

Trois changements notoires

Le mot « brahmanisme » traduit également un changement capital dans le panthéon des dieux. Après la mort du Bouddha, aux alentours de – 480, les divinités védiques s'effacent au profit de la triade du panthéon brahmanique (Brahma, Vishnu et Shiva), de leurs épouses et des dieux secondaires comme Hanuman, le dieu-singe, ou Ganesh, le dieu à tête d'éléphant, fils de Shiva et de sa parèdre Parvati. Brahma, Vishnu et Shiva représentent le triple aspect du Principe suprême, Brahman*. Avec l'avènement de l'hindouisme*, au cours des premiers siècles de notre ère, ce sont essentiellement les cultes de Vishnu* et de Shiva* qui vont être mis au premier plan.

Cette vision de l'unité dans la multiplicité que constitue la triade remonte aux *Upanishads**, des textes de nature mystique et philosophique rattachés au *Veda*, dont les plus anciens dateraient du VIIIe siècle avant notre ère. Pour les *Upanishads*, l'indicible et intangible Brahman réside au plus secret de la personne sous l'aspect de l'*atman*[1], le « soi », l'âme éternelle. Les *Upanishads* rejettent ainsi toute notion objective de Dieu. En parallèle à une religion officielle de plus en plus ritualiste, se développe une pratique spirituelle très subtile qui consiste à découvrir l'atman « caché dans la caverne du cœur » (*Katha Upanishad*). Cette découverte qui libère des chaînes de l'existence conditionnée s'exprime dans la célèbre formule de la *Chandogya Upanishad* : « tat tvam asi », « tu es Cela ». Le maître Uddalaka Aruni dit à son fils Shvetaketu : « L'univers tout entier s'identifie à cette essence subtile, l'atman. Et toi aussi, *tu es Cela*, Shvetaketu ! »

---

1. Ce vocable sanskrit est un pronom réfléchi qui équivaut au français « soi ». C'est la raison pour laquelle les traducteurs emploient la forme substantivée du pronom personnel réfléchi de la troisième personne du singulier : le « soi ». Voir l'entrée *Soi* dans le Glossaire.

Sans doute est-ce la pression très forte exercée par une vie spirituelle fondée sur le respect des devoirs de classe et une vision déterministe du monde qui a favorisé l'avènement d'une démarche plus intérieure et plus personnelle. À celle-ci s'ajoute la pratique de la dévotion pour une divinité d'élection. La technicité et la complexité des rites brahmaniques restent hermétiques à la dimension émotionnelle qui s'exprime dans la simplicité de la *bhakti*, la participation d'amour à la perfection divine. Déjà très présente dans les traditions autochtones, cette « voie affective » va s'inscrire en profondeur dans le paysage indien en devenant accessible au plus grand nombre.

L'apport de la société marchande

Ces nouvelles approches de la vie spirituelle résultent de la volonté des castes non brahmaniques qui aspirent à s'affranchir du poids des brahmanes dont ils ne reconnaissent pas tous les privilèges. L'avènement d'une société marchande va leur venir en aide. À l'époque védique, la circulation des biens suit le trajet du flux migratoire arya : de l'Iran, voire même de l'actuel Afghanistan, au bassin du Bengale. Cette trajectoire d'ouest en est annonce d'autres grands axes commerciaux : plus au nord, la route de la soie ouverte au IIe siècle avant notre ère et celle qui, au Ier siècle, longera les rives du golfe du Bengale en direction du Sud-Est asiatique.

Au temps du Bouddha, nombre de vaishyas, anciennement éleveurs nomades ou artisans, deviennent de grands commerçants. Des villes du Magadha connaissent un essor économique considérable mais le fossé qui sépare les plus riches des plus pauvres ne cesse de s'accentuer. Les facilités matérielles de certains négociants vont leur permettre de déléguer leur autorité à des personnes de confiance. Ils vont ainsi avoir du temps pour se consacrer à la quête spirituelle. Dans ce contexte, on ne s'étonnera pas d'apprendre que les premiers disciples du Bouddha sont issus, pour la grande majorité, des milieux favorisés.

L'augmentation des richesses matérielles et l'esprit de profit qui l'accompagne, la croissance urbaine et le monopole que les brahmanes souhaitent conserver et renforcer dans le domaine spirituel, provoquent l'émergence de plusieurs contre-courants. Des esprits plus indépendants, soucieux de trouver de nouvelles voies et désireux de prendre en charge leur propre vie spirituelle, prônent le renoncement à l'égard des mondanités. Siddhartha Gautama et son contemporain Mahavira, fondateur du jaïnisme, tous deux issus de la caste des kshatriyas, seront des renonçants.

En résumé, la pression de l'idéologie brahmanique, la vision plus spirituelle des *Upanishads*, le développement de la pratique de la dévotion et l'accroissement des richesses vont créer les conditions favorables au développement de l'idéal du renoncement.

2. Les « sans demeure » et la voie de la connaissance

Les modes de vie érémitiques ne sont pas étrangers à l'Inde mais tiennent peu de place dans le védisme traditionnel. Il semblerait que les ethnies autochtones qui peuplaient le nord du pays avant l'arrivée des Aryas comptaient déjà dans leurs rangs des yogis*. L'idéal du renoncement s'intensifie au VIe siècle avant notre ère et il est vrai que les conditions matérielles le permettent. Impliquant une dépendance matérielle, la pratique de l'aumône ne peut être vécue que dans une société qui jouit d'une certaine abondance de biens.

● Un groupe hétérogène

Les renonçants ou *samanas* n'appartiennent plus à aucune des classifications traditionnelles. Ils abandonnent généralement leur famille, leur habitation, leur devoir de classe, échappant ainsi à l'hyperstructure brahmanique. Ils forment un groupe totalement hétérogène et il serait vain de vouloir les classifier avec rigueur, car on trouve parmi eux de purs mystiques, des ascètes qui se mortifient, des yogis qui développent des techniques méditatives subtiles, des sophistes, des déterministes, des nihilistes, des éternalistes, mais aussi des matérialistes sceptiques et hédonistes qui font des sens l'unique source de connaissance. Lorsque le Bouddha commence à enseigner, on dénombre plus de cinquante théories philosophico-religieuses dans le nord de l'Inde. Les points de vue religieux et philosophiques opposés à l'enseignement du Bouddha sont appelés *tirthikas*. Ce terme désigne les visions théistes, éternalistes et nihilistes, et plus généralement les approches qui reconnaissent l'existence d'une entité immuable et éternelle (le soi ou atman).

L'isolement sylvestre

Plusieurs renonçants se retirent dans la solitude d'ermitages reculés, là où les jungles ne sont pas hostiles et dans des régions où le peuple vit en paix. En se vouant à la contemplation, ils ne se désintéressent pas du sort du monde. Ils fuient simplement son tourbillon d'activités qui ne permet pas d'accumuler les forces indispensables pour guérir les blessures de l'esprit et vaincre ses poisons. La séparation géographique soutient les efforts nécessaires pour se délivrer des souillures intérieures. Dès qu'il aura recouvré la santé, le renonçant sera plus à même d'aider au mieux ses semblables. Cet isolement n'est donc pas un repli sur soi ou une fin en soi. Il n'a de sens que si la compréhension du fonctionnement de l'esprit aboutit à une réelle quiétude. Et cette quiétude n'est véritable que si elle résiste à l'adversité du monde et devient utile aux autres. En bref, la valeur thérapeutique de l'isolement sylvestre repose sur une motivation altruiste.

Une demeure de poussière et de vent

Les « sans demeure » sont rarement sédentaires. Ils errent sur les chemins poussiéreux de l'Inde en quête d'une connaissance libératrice. Ils côtoient les autres renonçants, débattent avec les uns, suivent pour un temps les enseignements des autres, tentent finalement de trouver leur propre voie. Libres comme l'air, les samanas inspireront le futur Bouddha qui partira lui aussi sur les sentiers pour « aller jusqu'à la fin », ce point où cesse la vision entre intérieur et extérieur, pur et impur, où se dissipe la distance entre ce que nous croyons être et ce que nous sommes véritablement.

On dit que les renonçants sont des « sans demeure » parce qu'ils n'ont pas de foyer. En réalité, ils habitent la maison désertée par les hommes. Et cette maison est immense. Son plancher est la terre que leurs pieds nus caressent. En guise de murs, les forêts ; en guise de plafond, l'espace sans fin. Ils ne sont nulle part, en aucun lieu séparé de la célébration de la vie. Ils sont partout, communiant avec l'immensité du monde. Les autres hommes, coupés des glaises, des argiles, des cascades, des eaux dormantes, des cendres mourant dans les feux du petit matin, ces autres hommes habitent en des lieux isolés et perdus. Ils errent dans un monde discordant façonné à la hauteur de leurs illusions.

• L'arrêt du sacrifice

En quête d'une réalisation spirituelle effective, les renonçants n'accordent guère d'importance aux pratiques rituelles, et rejettent pour la plupart les sacrifices de sang. Le Bouddha se prononcera même ouvertement en faveur du végétarisme, estimant qu'il est louable d'étendre la pratique de la non-violence à tous les domaines de l'activité humaine.

▫ *La vision des Upanishads*

Comme en témoignent les *Upanishads*, les renonçants manifestent un intérêt croissant pour la dimension purement intérieure du cheminement spirituel. On ne saurait découvrir la véritable nature de la personne humaine dans des pratiques qui visent essentiellement à préserver l'ordre naturel et social, à entretenir la force des dieux en versant le sang des animaux. De plus, les rites védiques ont atteint un tel niveau de complexité que leur réalisation contraint l'esprit dans la technicité de fastidieuses gestuelles, de multiples manipulations d'objets qu'accompagne la récitation de poèmes, de prières et formules votives.

Une approche spirituelle

L'homme est invité à transférer le centre de gravité de son esprit vers les zones les plus profondes et les moins tangibles. C'est dans la présence à soi, l'analyse de soi et par le biais des pratiques yogiques que l'homme se reconnaît tel qu'il est. S'opère une distinction très marquée entre la « voie du sacrifice et du rite » (karma-marga) et la « voie de la connaissance » (jnana-marga). Voilà également toute la différence entre un védisme devenu religieux et une approche fondamentalement spirituelle. Cette distinction rapproche très nettement la vision des *Upanishads* et celle de la tradition du Bouddha. L'une et l'autre louent la compréhension ainsi que la transformation intérieure.

Se délivrer de l'illusion

Comme on l'a vu, les *Upanishads* enseignent l'identité foncière du Brahman (l'Absolu) et de l'atman inconditionné, le « soi suprême », l'agent immortel, le connaisseur. De la même façon que le beurre est secrètement présent dans le lait ou le parfum dans la fleur, le renonçant aspire à reconnaître la présence de l'Absolu en lui. Il souhaite le délivrer d'une existence illusoire affligée de toutes sortes de maux et lui restituer son état de plénitude originelle.

L'ancien concept védique d'illusion (maya*) prend ici une importance capitale. Ce monde et notre corps sont des effets de maya. Maya est la cause qui rend possible notre expérience du monde. Cette cause comporte un niveau universel et un niveau individuel. Au niveau universel, l'illusion est la puissance créatrice qui donne forme à la danse du vivant avec ses apparences infiniment variées et éphémères. Au niveau individuel, l'illusion consiste en un état d'esprit qui nous pousse à nous identifier avec notre corps, nos sensations, nos perceptions et nos pensées. Or, ce ne sont que des attributs surimposés au « soi suprême ». Cet état de confusion nous empêche de comprendre que le monde n'est qu'un spectacle. Les textes recourent aux illusions d'optique pour illustrer la distorsion dans la perception : une corde prise pour un serpent ou un fragment de nacre pris pour une pièce d'argent.

Cette erreur de discrimination n'affecte pas seulement l'état de veille. L'une des contributions majeures des *Upanishads* est d'avoir étendu l'analyse de l'expérience humaine au rêve et au sommeil profond. L'examen des rêves montre que le mental façonne un monde de formes sans que le rêveur ne se rende compte qu'il s'agit de simples projections. Cette obnubilation ne doit son existence qu'à son propre maintien. Lorsque le rêve prend fin, son caractère purement imaginaire devient évident. Dès que le fragment de nacre est reconnu, le mirage de la pièce d'argent disparaît.

Le renonçant s'efforce d'écarter l'ignorance qui surimpose à chaque être l'idée qu'il n'est pas l'Absolu (Brahman). Pour s'en délivrer, il recourt à la pratique du yoga*, discipline de l'union suprême du moi limité et transitoire et du « soi infini », non né et éternel. Il existe toute une thématique de l'union spirituelle autour de la notion de délivrance* (moksha). Elle sera magnifiquement symbolisée dans les aventures amoureuses de Krishna et des vachères, ou dans les pratiques tantriques qui scellent l'union du tantrika avec la *Shakti*, le principe actif de la divinité à laquelle il se consacre.

Siddhartha Gautama, réalisant pleinement le caractère insatisfaisant de l'existence habituelle, part lui aussi en quête de la délivrance. Il rejoint plusieurs maîtres reconnus, pratique à leur côté les exercices yogiques, expérimente des états de recueillement, avant de poursuivre seul son cheminement.

□ *Le recentrage sur la nature humaine*

Le paysage spirituel indien connaît ainsi un véritable renouveau. Les mouvements de renoncement rompent avec une tradition purement brahmanique pour qui l'immortalité n'est acquise qu'en respectant son devoir de classe : créer des objets fonctionnels et beaux si l'on est artisan, élever avec soin son bétail si l'on est éleveur, etc. Le devoir individuel est ordonné au bien collectif, de sorte que dans ce système, seule la classe sociale est porteuse de valeur. On comprend dès lors l'immobilisme et le conservatisme que va connaître une telle organisation peu avant notre ère, au moment où le concept de « caste » fera son apparition.

A contrario, les mouvements de renoncement, et en particulier la tradition du yoga, placent en position centrale la personne humaine. L'être humain est supérieur à la classe sociale ; le mérite surpasse la naissance. Le renonçant prend en charge son devenir en recourant aux méthodes qui vont l'aider à se délivrer. Les pratiques s'effectuent dans la solitude d'un ermitage et nécessitent des efforts strictement personnels. La nature humaine, qui jusque-là n'interpellait pas les Indiens, devient le fondement de la liberté et de la responsabilité.

Si la voie du Bouddha s'inscrit historiquement dans les nombreux mouvements de renoncement, elle se démarque de tous ceux qui prétendent transmettre aux hommes un message divin. Le Bouddha a simplement énoncé des réalités spirituelles universelles et le bouddhisme, issu culturellement du fond védique, s'en démarque tout en conservant quelque chose en commun avec lui, qui justifie d'ailleurs les similitudes que l'on trouve de part et d'autre.

Sans tenir compte des nuances qui s'imposent, trois paraissent essentielles : 1. l'homme est en quête de la libération, soit la délivrance ou l'éveil ; 2. il est une réalité ultime différente des multiples apparences illusoires ; 3. en l'absence d'une réalisation effective de cette réalité ultime, l'homme demeure sous le joug des conditionnements qui affligent l'existence.

● **Le samsara : le cycle des existences conditionnées**

Soumis au devenir, l'Indien est convaincu que tant qu'il ne s'est pas uni à Brahman, l'atman (le soi) transmigre de vie en vie. Selon sa nature et son degré d'évolution, il renaîtra dans le monde humain ou animal, dans celui des dieux, des génies bons ou mauvais, des enfers. Ces mondes hiérarchiquement organisés correspondent à des conditions de la conscience plus ou moins tourmentées. La succession d'existences au sein de ces diverses conditions de la conscience est appelée *samsara**.

Si nous pouvons passer d'un état à un autre, c'est parce qu'ils sont reliés les uns aux autres, formant ainsi un vaste réseau. De ce fait, notre mémoire n'est pas seulement humaine. Elle porte la trace subliminale de nos expériences dans les mondes qu'il nous a fallu franchir dans le processus de l'évolution spirituelle.

Deux facteurs déterminent l'enchaînement des renaissances : l'ignorance et le karma. L'ignorance est un état de confusion qui affecte l'esprit. Elle l'empêche de distinguer la véritable nature de ses expériences et le maintient prisonnier du corps et des passions qu'il occasionne. Dans ce contexte, la mort ne détruit que le corps mais ne peut mettre un terme à l'illusion. Le karma* est, comme on va le voir maintenant, un processus inexorable de cause à effet qui tisse la trame de nos expériences habituelles et détermine notre condition future.

● Le karma : l'acte, sa cause et ses conséquences

L'Indien pense que nous renaissons parce que tous nos actes, pensées, paroles et intentions laissent des empreintes au niveau le plus profond de la conscience. Elles travaillent en secret pendant des périodes parfois extrêmement longues. Puis, au moment opportun et en fonction de leur nature, elles s'actualisent en un résultat plus ou moins heureux ou malheureux. Notre état de conscience habituel et tout notre vécu sont les fruits de ce processus de cause à effet appelé karma. Le karma comprend donc deux aspects :

- Une force continue qui nous pousse à penser et à agir.
- Les empreintes laissées dans le tréfonds de la conscience par les intentions initiales. Ces empreintes s'accumulent pour former des tendances à agir (les *formations karmiques** ou samskaras) qui infléchissent le cours de nos actions futures.

Satisfaire des créanciers

Beaucoup d'Indiens pensent qu'en commettant de bonnes actions, ils auront l'espoir d'obtenir une renaissance favorable. En revanche, s'ils agissent de façon négative leur devenir en sera terni. Par « actions négatives », ils désignent les actions qui ne sont pas conformes à la vision védique de la vie. Souvenons-nous que l'homme védique a le sentiment que son existence consiste à combler la dette qu'il a envers les dieux, les ancêtres, la communauté et le *Veda*. Le programme de rites auquel il s'astreint a pour but de satisfaire ses créanciers. La culpabilité ou l'idée d'un péché originel sont absentes de cette orchestration de l'existence.

Récolter ce que l'on sème

Pour la plupart des renonçants du VIe siècle avant notre ère, concevoir le karma en termes de rétribution reste très superficiel. Une telle conception aboutit à une lecture déterministe de l'existence. Couplée à la vision védique de l'ordre universel et de la dette congénitale, elle a un impact considérable sur les mentalités parce qu'elle permet d'élaborer l'arrière-plan idéologique du système des castes en ce qu'il a de plus sombre. C'est justement à cette époque que les clivages sociaux commencent à se figer de manière plus radicale[1].

Pour certains renonçants, le karma ne saurait être associé à la notion de destin ou de fatalité. Nous récoltons simplement ce que nous semons. La force d'une action ou d'une pensée entraîne le résultat qui lui correspond. D'un point de vue bouddhique, il ne faudrait pas envisager ce processus avec une rigueur toute mathématique au risque d'affirmer de manière péremptoire et grossière : « Untel est dans le tourment, c'est son karma ! » La situation présente de tout un chacun se réduirait au résultat exclusif du passé. La grossièreté de ce jugement est proportionnelle à la part indicible du processus de cause à effet. Il est plus important d'insister sur la liberté considérable dont dispose l'être humain. À chaque instant, il a l'opportunité de réorienter ses actes vers une finalité positive, la libération.

On comprend mieux dès lors le sens et la portée des mouvements de renoncement. En cessant de participer à l'agitation croissante du monde habituel, les renonçants développent une éthique de la non-action. Évitant la sollicitation et les situations favorables à l'épanouissement des désirs, ils échappent du même coup aux comportements et aux pensées qui risqueraient de devenir pathogènes. Ils amenuisent ainsi la production de nouvelles empreintes karmiques. Quant à leur

---

1. Aujourd'hui, nous connaissons les méfaits de ce travestissement d'une organisation initialement spirituelle lorsqu'il s'agit de soustraire les « intouchables » de toute assistance médicale, de céder à une passivité psychologique et politique en validant le fossé qui sépare les exclus du système et les « élus », ou, plus prosaïquement, de justifier de manière radicale les maladies et autres désagréments de l'existence.

ascèse, aux méthodes de concentration et aux techniques de méditation, elles ont une fonction purgative parce qu'elles brûlent les fruits du karma venant des vies passées.

Les positions extrémistes

Lorsqu'on examine la position des communautés de renonçants face au karma, on voit vraiment à quel point elles forment un ensemble hétérogène. Pour certains, les efforts spirituels sont inutiles parce qu'ils ne permettent pas d'atteindre la libération en cette vie ou dans les suivantes. Cette libération surviendra une fois que sera épuisée la série programmée des renaissances. Le parcours de l'homme étant parfaitement déterminé, on ne peut changer les circonstances. D'autres défendent une doctrine annihiliste (réduction de tout au néant), réfutant toute idée de renaissance, de progrès spirituel et de libération. Quant aux nihilistes, ils soutiennent que les êtres demeurent par nature inchangés au cours de leur existence. Il ne saurait donc exister de voie permettant de s'affranchir des diverses afflictions. Lorsque la mort survient, le corps retourne aux quatre éléments constitutifs de la matière et les sens se dissolvent dans l'espace. Quant à l'esprit, il disparaît définitivement avec le corps. Selon cette vue, croire en des vies passées ou à venir n'a aucun sens.

• La vision bouddhique du karma

Le Bouddha admet les deux aspects du karma (intention, empreinte). Il considère aussi que lorsque le karma a atteint sa maturité, ses résultats sont inévitables. Il reconnaît que l'on récolte ce que l'on sème. Par conséquent, rien n'est fortuit. En revanche, croire que la vie des êtres humains est régie par une puissance transcendante et unique, satisfaire des créanciers, affirmer que le karma est associé aux notions de déterminisme ou de fatalité, ou plus simplement refuser le processus de cause à effet, tout cela ne correspond pas à ses vues.

Croire en un destin immuable ne laisse aucune place au libre arbitre et dévalorise l'intérêt d'une éducation spirituelle qui s'efforce de libérer l'homme de la souffrance. Sous l'effet persistant des thèses déterministes et fatalistes, on entend encore en Inde qu'il ne faut pas aider les handicapés ou les malades parce qu'une œuvre de bienfaisance ne fait que retarder la dette qu'ils ont à régler. Dans la tradition du Bouddha, la notion de karma est aux antipodes d'une justification de la situation tragique vécue par des millions d'êtres humains et d'une passivité psychologique dénuée de compassion. On ne saurait confondre le karma avec la notion de « justice immanente ». Il ne s'agit pas de blâmer l'homme, pas plus que de le déresponsabiliser en croyant finalement en un fatalisme moralisateur, en un pessimisme ou en un déterminisme extrême. Karma et samsara se présentent comme des réalités au service d'une vue sage, pragmatique et réaliste de la condition humaine.

Même lorsque le Bouddha parle expressément de rétribution pour justifier l'existence des mendiants, des infirmes, des sots et, de l'autre côté, des nobles, des braves, des êtres doués d'une intelligence supérieure, c'est pour mettre en relief l'importance qu'il accorde à l'idéal du bien. Il est profondément désolé quand il constate que des êtres vivants « se complaisent à faire beaucoup de mal. (...) Le fort opprime le faible. On se vole mutuellement. On se fait du tort et on s'entretue. On s'entre-dévore et on est incapable de cultiver le bien[1] ». Il ajoute que l'on se complaît dans les actions négatives parce qu'on oublie combien la vie est courte et que les effets des actes ne se perdent jamais. Ces remarques rehaussent la valeur de sa conclusion : « Si quelqu'un, en son sein, était capable, avec un cœur unifié et une volonté ferme, de se maîtriser lui-même et de rectifier sa pensée, d'harmoniser entre elles sa parole et sa conduite, d'agir conformément à la vérité et de parler de telle manière que son cœur et sa bouche ne soient pas en contradiction, d'accomplir seulement de bonnes actions en évitant les mauvaises, il se sauverait au moins lui-même. (...) C'est là le premier grand bien ! »

Enfin, en plus du karma, et comme l'atteste le *Sivakasutta*[2] (« Les actions et leurs résultats »), quatre autres facteurs naturels conditionnent la vie des individus : l'état de santé dépendant de l'équilibre des humeurs dans le corps, le changement des saisons, les lois psychologiques et les lois physiques qui comprennent divers incidents et accidents fortuits. Si le processus de cause à effet (karma) joue un rôle central dans l'explication des différentes conditions d'existence, les quatre autres facteurs introduisent un aspect nettement plus contingent qui vient rompre les interprétations par trop rigides.

---

1. Extrait du « Sutra des ornements de la terre bienheureuse » ou grand *Sukhavativyuhasutra* dans *Trois soûtras et un traité sur la Terre pure*, p. 185 et 187 pour la citation qui suit.
2. Voir Môhan Wijayaratna, *Sermons du Bouddha*, p. 123-127.

Comment est générée l'énergie du karma ?

La notion de karma ne saurait être comprise sans celle de conscience. La conscience est toujours « conscience de quelque chose ». Elle naît avec l'objet qu'elle saisit, qu'il s'agisse d'une pensée ou d'un phénomène extérieur. Lorsque nous pensons, nous savons que c'est nous qui pensons. Lorsque nous croisons quelqu'un dans la rue, nous nous positionnons par rapport à cet inconnu comme une personne consciente de son identité propre. Nous prenons conscience de nous-mêmes, des autres et des phénomènes qui nous entourent au sein d'une détermination réciproque. L'énergie du karma est générée au cœur de la polarité moi-monde.

Le karma est l'information qui modèle la conscience. Sous l'effet de son action, nous sommes amenés à vivre l'impermanence* et à souffrir des changements incessants qui émaillent le cours de notre existence.

Le bouddhisme distingue trois types de karma :

- *Le karma négatif*, constitué par les actes et leurs conséquences nuisibles pour autrui et pour nous-mêmes. Ces actes sont accomplis sous l'emprise d'un égarement qui voile la lucidité et le véritable intérêt de nos agissements. De ce fait, on ne peut que plaindre les êtres malveillants parce que leurs actes sont pour eux la cause de souffrances futures.
- *Le karma positif* procédant du dépassement des attitudes égotiques, et se fondant sur l'altruisme et la bienveillance. Résultant d'actes méritoires, il induit une renaissance favorable.
- *Le karma d'immobilité* engendré par différents états de l'esprit en recueillement méditatif, et ne dépendant donc pas d'activités physiques, verbales ou mentales, positives ou négatives.

Karma et liberté

En tant que potentiel, les résultats de nos actions et pensées (les empreintes karmiques) imprègnent le courant continu de la *conscience fondamentale**, appelé *continuum de conscience**. Ce continuum forme un flot ininterrompu qui s'actualise de vie en vie jusqu'à l'éveil. Tant que des empreintes persistent, l'éveil complet ne peut se produire.

Le Bouddha a enseigné comment purifier ces empreintes et éviter de semer de nouvelles graines. Il existe plusieurs méthodes de purification. Au niveau comportemental, par exemple, il s'agit d'éprouver un remords sincère lorsque nous n'avons pas agi conformément à l'idéal du bien, d'être résolu à ne plus recommencer et d'accomplir des actes positifs au service d'autrui. C'est dans ce cadre que l'altruisme prend tout son sens, car pour que cesse le flux du karma, il convient d'avoir renoncé à soi pour le bien du monde.

Nous devons réaliser qu'à chaque instant nous nous trouvons dans une situation ouverte. Nous pouvons orienter nos actions et nos pensées vers la liberté foncière de l'éveil. Nous pouvons aussi nous murer dans l'indifférence, la haine et les relations conflictuelles. À chaque instant, dans les situations les plus anodines de la vie comme dans les actes qui engagent pleinement notre responsabilité, nous avons donc la possibilité de nous alléger de nos conditionnements ou de nous alourdir. Notre liberté réside dans notre capacité à agir sur le cours de notre vie.

○✗

2

La vision du cosmos et de ses habitants

Les corpus bouddhiques nous apprennent que les premiers disciples voyaient en le Bouddha un être humain exceptionnel auquel ils vouaient une grande dévotion. Nul doute que la vénération dont il a fait l'objet après sa disparition prouve qu'ils le percevaient aussi comme la manifestation d'une perfection indicible et atemporelle. C'est ainsi que l'on en vint à considérer qu'il était déjà accompli avant même sa manifestation en ce monde. Cette vision est capitale pour celui qui lit les biographies traditionnelles comme le *Buddhacarita** (« La carrière du Bouddha ») ou le *Lalitavistarasutra** (« Le jeu en déploiement »). Dans les récits hagiographiques, la dernière existence du Bouddha est le point culminant d'une « carrière » consacrée à cultiver des qualités positives. Elle est précédée d'existences multiples qui s'échelonnent sur de vastes périodes cosmiques.

Pour comprendre cette double dimension du Bouddha, à la fois historique et merveilleuse, et avoir une idée de l'immense sillon que ses efforts et ses mérites ont tracé dans l'épaisseur du temps, il faut se plonger dans la vision bouddhique du cosmos la plus ancienne.

Refléter les états multiples de la conscience

Le Bouddha n'a pas enseigné à proprement parler une cosmologie « bouddhique ». S'inspirant de la cosmologie védique et brahmanique, le modèle cosmologique le plus ancien met l'accent sur la crainte de la souffrance, le mécanisme de la renaissance et l'impression d'enfermement au cœur du samsara. Ici, l'univers est une réalité substantielle ou une entité spatiale, fruit de particules insécables dont l'agrégation forme la matière visible constituée des quatre éléments : terre, eau, feu et vent. Cette vision coïncide avec la conception de la séparation entre un espace souillé au sein duquel nous demeurons et un espace pur exempt de toute ignorance et de tout désir. C'est dans cet espace pur, auquel nous n'avons pas accès, que « disparaît » le Bouddha après sa mort. Le monde souillé est peuplé d'une infinitude d'êtres. Il comprend l'univers physique à portée de nos sens et d'autres dimensions impalpables, seulement accessibles à l'intuition, aux rêves ou à certains états méditatifs. Notre karma limitant nos perceptions, nous ne pouvons percevoir dans ce vaste ensemble que nos semblables et les animaux.

Les facteurs culturels, la situation géographique et les connaissances topographiques ont exercé une influence considérable sur la représentation du cosmos. Le monde dans lequel nous vivons, appelé Jambudvipa (« l'île du jambosier »), est plat et a la forme de l'Inde. Le caractère sacré de l'Himalaya sert également de modèle à la configuration des chaînes montagneuses et du mont Meru qui constitue l'axe de l'univers. On voit d'emblée qu'une telle vision n'entretient que des rapports lointains avec ce que nous appelons l'univers tel que nous le percevons avec l'aide des télescopes. La cosmologie bouddhique repose sur des représentations symboliques et reflète les états multiples de la conscience.

Cette vision est exposée dans le « Trésor de l'Abhidharma » (*Abhidharmakosha*[1]) de Vasubandhu. Ce texte du IVe siècle fait partie du troisième volet du corpus bouddhique appelé Abhidharma ou corbeille de « l'enseignement supérieur ». Considérée comme la cosmologie la plus classique, elle offre de nombreuses et complexes données sur le temps, les mesures mathématiques, les rythmes d'apparition et de disparition de l'univers et dresse une géographie spatiale des conditions de la conscience dans le samsara.

Bien sûr, il existe d'autres cosmologies. Lorsque j'aborderai le contenu des différentes approches de l'enseignement – ce que l'on appelle généralement les véhicules (voir chap. 4) –, on découvrira le modèle cosmologique du « Sutra de l'ornementation fleurie des bouddhas » (environ IIIe s. de notre ère). J'évoquerai aussi succinctement le modèle exposé dans le « Tantra de Kalacakra » (*Kalacakratantra*[2]) et enfin la vision du Dzogchèn.

Bien que différents, ces modèles ne se contredisent pas. Ils expriment les nuances de sensibilité et de compréhension de la réalité apparues au sein de la communauté au fur et à mesure de son évolu-

---

1. Cf. trad. et notes de Louis de La Vallée Poussin, *l'Abhidharmakohsa de Vasubandhu*, tome II, chap. 3, p. 139 et suivantes. Voir également l'entrée *Abhidharma** dans le Glossaire et les explications figurant dans le chap. 11.
2. Tantra le plus tardif (Xe s.), particulièrement ésotérique, comprenant aussi des éléments eschatologiques et astrologiques. Cf. l'entrée *Kalacakra** dans le Glossaire et l'extrait accompagné d'une présentation de ce tantra dans le chap. 11.

tion. Chacun répond aux besoins spécifiques des apprentis au cours du processus de maturation spirituelle. On ne perdra pas de vue leur signification fondamentalement symbolique. Ils servent pour l'essentiel de support pour élargir la perception, sans jamais prétendre représenter l'indicible et l'inconcevable.

L'absence de cause ultime et immuable

Le monde dans lequel nous vivons et l'ensemble du samsara sont le résultat du karma. L'apparence de l'univers que nous percevons est conditionnée par lui. Le processus du samsara se maintient et disparaîtra sous l'effet de son action. Le karma a donc le pouvoir d'agir sur l'expérience personnelle de chacun et de produire l'environnement dans lequel nous vivons. Voilà un phénomène extraordinaire qui nous interpelle. Comment des forces impalpables, immatérielles, peuvent-elles donner forme à une brise légère dont les effets conduiront à la manifestation d'un vaste univers ?

Dans ce scénario qui conduit du subtil au dense, où tout se construit et se dissout dans un flux incessant, où tout phénomène est le fruit de causes et de conditions, la question d'une cause ultime et immuable (un dieu créateur) ne se pose pas. Selon le Bouddha, une cause immuable ne saurait produire un univers qui change. Ensuite, aucune cause ne peut rester immuable du fait même qu'elle se trouve incluse dans le processus de causalité. Tout processus de cause à effet implique un changement, non seulement au niveau de l'effet qui apparaît, mais aussi au niveau de la cause qui se transforme, ou disparaît. Tout phénomène engendre d'autres phénomènes, eux-mêmes produisent d'autres effets en cascade, qui deviennent à leur tour causes d'autres phénomènes. Une cause est en même temps un effet et chaque effet est la cause d'autres phénomènes. Ces enchaînements participent du vaste processus de changement continu. Enfin, la conscience qui tente de se représenter l'origine de l'univers ne peut se placer en marge du processus de causalité auquel elle participe. Plus simplement, la conscience et l'univers ne sont pas deux entités séparables. Bien que la première puisse élaborer une description de ce qu'elle appelle le cosmos, l'une et l'autre sont imbriquées. D'un point de vue bouddhique, on ne peut donc pas affirmer que le cosmos soit extérieur à la conscience et que la conscience soit plongée en lui.

1. LA RESPIRATION DE L'UNIVERS

• Apparition des mondes réceptacles

Dans le « Trésor de l'Abhidharma » (*Abhidharmakosha*), l'univers est appelé monde réceptacle. Il est le produit du karma des êtres dont la puissance parvient à assembler les atomes des quatre éléments (terre, eau, feu, air). La structure se complexifie pour prendre la forme de trois disques superposés qui s'étagent en plusieurs plans distincts (voir figure 2).

Le monde réceptacle apparaît sous l'action d'une brise légère issue des quatre points cardinaux. Elle gagne en puissance et se transforme en un vent violent qui remplit l'espace vide pour donner naissance au disque de vent. Les nuages s'amoncellent et une pluie diluvienne entraîne la formation du disque d'eau. Le vent poursuit son œuvre et provoque une houle immense à la surface de cet océan primordial. Tel du lait que l'on baratterait, se forme une substance jaunâtre. En se solidifiant, elle se transforme en un disque d'or, la croûte terrestre. Simultanément, des nuages se condensent dans l'atmosphère et des chutes de pluies provoquent l'apparition du grand océan d'eau salée. Sous l'effet d'une cristallisation de minéraux et métaux précieux, émergent au centre de l'édifice le mont Meru entouré de sept chaînes de montagnes d'or abritant sept lacs d'eau douce. À la périphérie, naissent les quatre continents accompagnés chacun de deux îlots puis vient la ceinture de montagnes de fer qui retient le grand océan d'eau salée.

Le mont Meru s'enfonce dans les profondeurs du disque d'eau et s'élève dans l'espace. Traversé de part en part par un arbre fabuleux qui exauce les souhaits, il sert de pivot au mouvement du soleil, de la lune et des autres astres. Il possède quatre faces : la face orientale se compose de cristal, la face ouest de rubis, la face nord d'or ou d'émeraude, la face sud de lapis-lazuli. Des êtres aux durées de vie et aux morphologies variées peuplent chaque continent. « Notre » monde correspond au continent situé au sud. Faisant face à la paroi composée de lapis-lazuli, le ciel a la couleur bleue que nous lui connaissons. Toutes nos perceptions et nos expériences se situent dans ce monde. Les autres continents ne sont accessibles qu'aux êtres doués de pouvoirs spirituels exceptionnels.

Un milliard de mondes réceptacles ainsi constitués se manifestent simultanément dans l'espace. Cette gigantesque structure s'appelle un trichiliocosme. Selon le bouddhisme pré-Mahayana, elle correspond à l'image la plus vaste du cosmos accessible à l'entendement. Vu d'en haut, ce modèle laisse apparaître une architecture concentrique qui l'apparente à la figure du mandala[1].

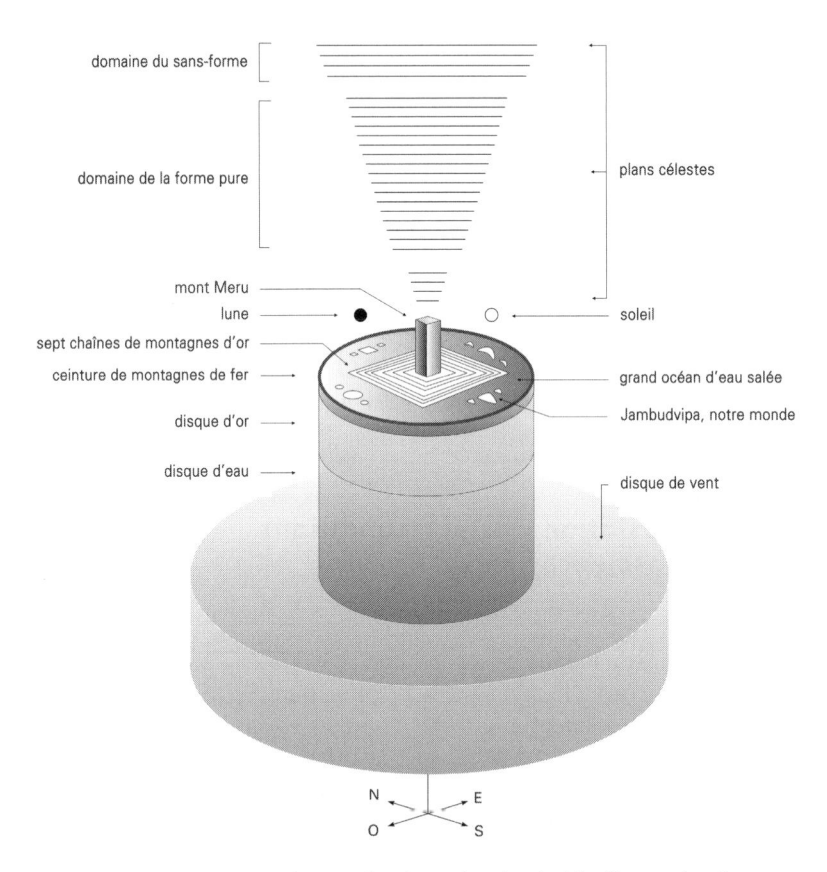

Figure 2. *Structure du monde réceptacle selon l'Abhidharmakosha. (Les dimensions et les proportions sont approximatives. La circonférence du disque de vent est gigantesque. La partie émergée du mont Meru atteindrait 560 000 km environ.)*

---

1. Le terme *mandala** signifie littéralement « centre et périphérie ». Il désigne généralement les figures géométriques représentant l'esprit pur et son déploiement périphérique selon une disposition concentrique. Voir l'entrée *Mandala* dans le Glossaire et le développement sur le principe du mandala dans la section concernant le Vajrayana (chap. 4).

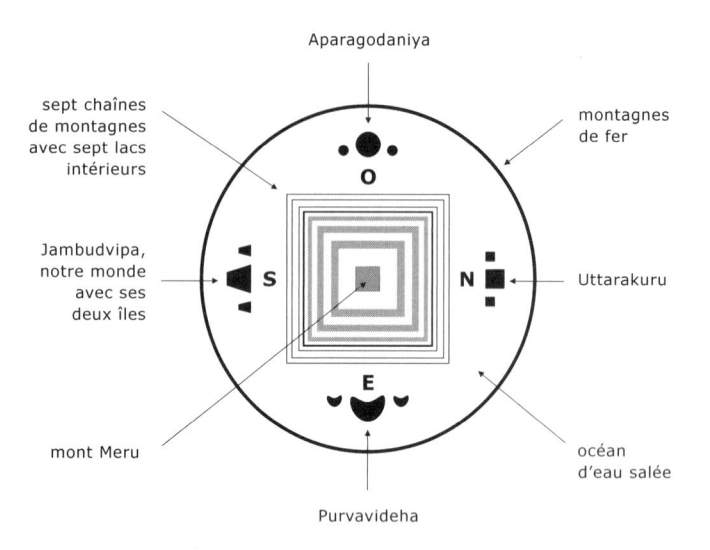

Figure 3. Vue plongeante du grand océan avec le mont Meru au centre.

• La manifestation des six conditions de la conscience

La structure du monde réceptacle comprend trois grands domaines : le domaine du désir, le domaine de la forme pure, le domaine du sans-forme. Ils correspondent à la répartition de *six conditions* majeures *de la conscience** dans le samsara : enfers, esprits avides, monde animal, monde humain, titans, séjours divins. Parmi les autres conditions de la conscience figurant dans le domaine du désir, mais non mentionnées dans la classification générale (voir tableau 1), il faut citer dans l'ordre où ils s'étagent le long des quatre premiers niveaux du mont Meru : les *nagas** (êtres des régions souterraines et aquatiques dont ils gardent les trésors), les demi-dieux, les quatre grands rois gardiens de l'univers. Viennent ensuite les premiers séjours divins. Il ressort de cette présentation que le bouddhisme n'adopte pas une vision anthropocentrique de l'univers. Les êtres humains font partie d'un vaste complexe d'êtres vivants. Ainsi, lorsqu'on parle de la souffrance dans le samsara, on désigne le mal-être qui accable l'ensemble des êtres vivants.

Ces différents états sont le produit du karma des êtres qui les vivent. La structure hiérarchique illustre les variations d'intensité de la souffrance. Plus l'intensité est importante, plus les possibilités de s'en libérer sont restreintes. Compte tenu du karma négatif accumulé, les trois premières conditions sont considérées comme des états défavorables ; les trois autres comme des situations fortunées engendrées par un karma positif.

Il est important de comprendre que ces différents mondes vivent en nous à travers le jeu des émotions conflictuelles. Lorsque, par exemple, la colère et la haine contaminent notre conscience, nous faisons l'expérience des enfers. Étant aussi porteurs des graines d'orgueil*, de jalousie, de désir, d'opacité mentale et d'avidité, si nous les laissons germer en nous abandonnant à leur domination, nous faisons l'expérience des conditions de la conscience qui en sont les fruits. De ce point de vue, la structure traditionnelle des six mondes dresse la cartographie de schémas mentaux qui résultent de la forte intensité des émotions négatives.

Comment s'effectue la répartition des six conditions de la conscience ?

Au cours de la période de formation du monde réceptacle puis dans la phase de maintien, un phénomène de dégénérescence se produit, ponctué par les différents âges de l'humanité. Le premier est l'âge de la perfection, équivalant à la période paradisiaque de nombreuses traditions. Certains êtres qui peuplent les séjours divins partent coloniser les continents vides. Ces êtres asexués et nourris de leur expérience méditative sont exempts de maladie et leur corps lumineux les éclaire si bien qu'il n'y a ni jour ni nuit. En goûtant la surface de la terre, ils se densifient. Leur durée de vie qui était incalculable décroît pour atteindre 84 000 ans. Ils deviennent sexués et se multiplient. Le désir, à l'origine des émotions aliénantes, se lève en eux, le sens de la propriété se développe, la prospérité et la splendeur déclinent. Au terme de ce deuxième âge, les êtres connaissent la maladie, la vieillesse et la mort. Certains d'entre eux se tournent vers la pratique spirituelle. D'autres s'agitent dans les passions et commettent des actes négatifs qui les font renaître dans les plans inférieurs. Apparaissent ainsi le monde des esprits affamés et des enfers.

La dégradation se poursuit avec la dévastation plus prononcée du monde vivant. On dit qu'au cours du troisième âge, la splendeur de la terre et la prospérité ont décliné de moitié. Vient enfin l'âge des conflits et des aberrations nommé Kali-Yuga. Il se caractérise par la

Domaines	Conditions de la conscience	Caractéristiques	Lieu
Domaine du sans-forme	4 séjours divins	États qui résultent de la pratique méditative et de l'attachement subtil aux plaisirs spirituels. *Voir plus loin les caractéristiques détaillées de ces séjours divins.*	Dans l'espace au-dessus du mont Meru.
Domaine de la forme pure	17 séjours divins		
Domaine du désir	6 séjours divins	*Fruit de l'orgueil et de l'autosatisfaction.* Attachement aux plaisirs des sens et à la quiétude. Durée de vie très longue qui se chiffre en millions d'années humaines. Certains dieux sont très avancés dans le renoncement au désir. — Favorables	Les deux premiers, dont le ciel des trente-trois dieux[1], occupent la partie supérieure du mont. Les quatre derniers, dont le ciel de Tushita[2], s'étagent dans l'espace au-dessus du mont.
Domaine du désir	Titans ou dieux jaloux	*Fruit de la jalousie et de la convoitise.* Souffrances liées à des querelles violentes et à des conflits incessants.	Océan qui entoure le mont Meru.
	Monde humain	*Fruit de l'attachement et du désir.* Le mal-être lié à la vieillesse, à la maladie et à la crainte de la mort attise le souhait de se libérer du samsara.	Surface des quatre continents. Notre monde est Jambudvipa.
	Monde animal	*Fruit de l'opacité mentale.* Privation de liberté, souffrances liées à la faim, au froid, à la maladie, à l'exploitation humaine.	Surface des quatre continents et dans le grand océan.
	Esprits avides	*Fruit de l'avidité et de l'avarice.* Privations extrêmes, famine et soif continuelle.	Sous Jambudvipa.
	Enfers	*Fruit de la colère, de la haine, de la violence et du meurtre.* Souffrances atroces par le feu, le froid et divers supplices. — Défavorables	Profondeurs de l'univers, sous Jambudvipa.

Tableau 1. Répartition et caractéristiques générales des six conditions de la conscience dans les trois domaines du samsara.

1. Deuxième paradis du domaine du désir qui se trouve au sommet du mont Meru. Le plus grand des « trente-trois dieux » est Indra. Principal dieu des temps védiques et du panthéon brahmanique, il représente la source de la vie cosmique. On a ici l'illustration de la perméabilité de la culture bouddhique qui emprunte des éléments au brahmanisme en retravaillant leur dimension symbolique. On retrouvera une référence à Indra dans la présentation du monde réceptacle en forme de lotus selon le « Sutra de l'ornementation fleurie des bouddhas » (chap. 4), dans le récit traditionnel de la vie du Bouddha (chap. 3) et dans la présentation du *Kalacakratantra* (chap. 11).
2. Quatrième paradis du domaine du désir, le ciel de Tushita, ou « Demeure céleste des satisfaits », est le plan où résident les bouddhas avant leur manifestation dans le monde humain.

multiplication des actions négatives dont les conséquences deviennent irréversibles. Apparaissent également famines, épidémies et guerres.

Que faut-il entendre par « enfers » et « séjours divins » ?

Les enfers – L'*Abhidharmakosha* mentionne l'existence d'enfers chauds et froids, et une grande variété d'enfers créés par « la force d'actes individuels, les actes d'un être, de deux êtres, de plusieurs êtres ». On en compte au total plus d'une centaine qui s'étagent sous notre monde, dans les profondeurs du disque d'eau. Ils portent des noms inquiétants[1]. Leurs descriptions évoquent les pires cauchemars et les plus effroyables supplices : corps perforés et lacérés par des épées tranchantes, démembrés par des bêtes sauvages, décapités, bains de cuivre fondu, cuissons dans des chaudrons d'huile bouillante, corps jetés dans des brasiers, etc. L'histoire de l'humanité fournit à elle seule un lot cuisant de situations suffisamment épouvantables pour se faire une idée précise des conditions d'existence dans les enfers. Ces états particulièrement douloureux se caractérisent par la cristallisation de la conscience duelle qui se trouve ici à son paroxysme. On imagine l'impact que devaient avoir de telles représentations. Leur propos n'est pas de répandre la terreur mais d'inciter les disciples du Bienheureux à se détourner des attitudes agressives en abandonnant les émotions aliénantes qui conduisent à l'état de misère. Ils sont invités à cultiver les *émotions positives** et un comportement sain qui favorisera la joie et le bonheur.

Les séjours divins – Les séjours divins représentent le pôle opposé puisqu'ils se caractérisent par une expérience de félicité. Chögyam Trungpa Rinpoché en parle comme d'états subtils de matérialisme spirituel où se cultivent les délices et les raffinements des plaisirs spirituels. Au fur et à mesure que l'on s'élève jusqu'au sommet des plans divins, la conscience devient de moins en moins duelle. Cependant, même si les durées de vie se chiffrent en millions d'années humaines, les êtres qui vivent à ce niveau de conscience font eux aussi l'expérience de l'impermanence. Ceux qui, par exemple, peuplent les séjours divins du domaine du désir connaissent une fin de vie particulièrement difficile. Leur corps splendide se dégrade et ils se trouvent privés du bien-être et de la quiétude qu'ils chérissaient. Ils se mettent à souffrir atrocement en voyant la renaissance dans laquelle ils vont chuter. Les séjours divins des domaines de la forme pure et du sans-forme résultent de la pratique de la méditation, en particulier de la pratique favorisant la paix de l'esprit (shamatha*).

---

1. À titre d'exemple : enfer de l'extrême chaleur, enfer des écrasements, marécage de cadavres en putréfaction, enfer des pustules purulentes.

Tous les états au sein du samsara demeurent transitoires et conditionnés par le karma : négatif pour les états les plus bas, négatif mêlé de positif pour les états médians et d'immobilité pour les plans les plus élevés. L'immobilité dont il est ici question concerne l'engourdissement et la torpeur qui risquent d'apparaître au cours du recueillement méditatif si le méditant s'attache à l'expérience de la quiétude. Cet attachement atténue la lucidité et la clarté nécessaires à l'actualisation du plein éveil.

Enfers et séjours divins forment donc deux pôles distincts qui encadrent la condition humaine, position médiane en laquelle alternent sans cesse satisfactions, souffrances ou états neutres. Position jugée la plus favorable parce que les difficultés jouent le rôle d'un aiguillon. Elles incitent les êtres à s'interroger sur leur véritable nature, à réaliser le caractère impermanent de toute chose, à prendre conscience de la situation chaotique propre à l'existence dans le samsara, pour qu'ils tentent de la surmonter en s'engageant dans une pratique libératrice.

Comparativement, dans les états infra-humains, la souffrance demeure si intense qu'il est impossible de s'intéresser à cette démarche. Dans les états supra-humains, le bonheur des dieux est si plaisant qu'ils l'oublient. Ces deux extrêmes éclairent très bien le cheminement bouddhiste et notre condition au quotidien. Une agitation trop forte, des souffrances psychologiques et physiques trop intenses constituent un obstacle au calme de l'esprit. De même, se complaire dans la facilité risque de murer l'esprit dans la tour d'ivoire de l'autosatisfaction, puis d'atténuer sa dynamique et sa clarté.

Caractéristiques des séjours divins du domaine de la forme pure

Le domaine de la forme pure comprend quatre mondes. Chacun comporte plusieurs plans. Au total, on en dénombre dix-sept. Créée par l'esprit, la forme corporelle est lumineuse. Libérée des désirs et pouvant expérimenter quatre formes de recueillement méditatif, la conscience vit encore en dépendance de la quiétude. Pour le bouddhisme, même les états méditatifs font partie de l'expérience de la souffrance parce que le méditant les ressent souvent comme des havres de paix auxquels il s'attache, aspirant à demeurer à jamais dans la douceur de ce repos. Instaurant le clivage entre ce qui est « bon-pour-soi » et « mauvais-pour-soi », l'esprit ne parvient pas à s'affranchir de toute dualité, de toute distinction entre positif et négatif. Conservant à l'état subtil le souci de son être propre, il appréhende le caractère impermanent de sa condition. Convaincu de retomber dans les états plus denses du samsara, une sourde inquiétude le perturbe.

Dans le tableau 2, les quatre états de recueillement ont été mis en relation avec les différents types de séjour divin.
Le Bienheureux a connu ces expériences. Il a enseigné les méthodes permettant de se familiariser avec la tranquillité naturelle pour dissoudre les émotions conflictuelles, cause de souffrance. Cependant, il n'a jamais encouragé ses disciples à rechercher ni à cultiver les pouvoirs spirituels supérieurs. Ces pouvoirs expriment la maîtrise de l'esprit sur la matière, sa capacité à transcender les limites de l'espace-temps et du moi illusoire. Bien qu'ils résultent de la pratique méditative, ils ne constituent pas une fin en soi. En réalité, ils représentent un frein voire un obstacle à l'éveil, car le moi peut les récupérer pour asseoir son hégémonie. En les examinant, il est aisé de constater que seul le sixième revêt une réelle importance dans le cheminement spirituel.

17 SÉJOURS DIVINS	SPÉCIFICITÉ DES 4 ÉTATS MÉDITATIFS (DHYANAS*)
17. Ciel d'Akanishtha 16. Très voyant 15. Beau à voir 14. Sans peine 13. Rien de plus grand 12. Fruits abondants 11. Né du mérite 10. Sans nuées	**4ᵉ recueillement** État de pure attention né du parachèvement de la quiétude et de l'équanimité. Les processus cognitifs qui alimentent le puissant sentiment d'identité et toute forme de dualité fléchissent et s'estompent. C'est à ce stade que se manifestent les six pouvoirs spirituels supérieurs : 1. dons miraculeux (marcher sur l'eau, traverser des corps solides, voler, etc.), 2. la clairaudience, 3. la connaissance de l'esprit des autres, 4. la clairvoyance, 5. la mémoire des existences antérieures, 6. la destruction des quatre obstacles majeurs à l'éveil (le désir pour les objets des sens, le désir du devenir, la jungle des opinions et des spéculations, l'ignorance).
9. Vertu vaste 8. Vertu infinie 7. Vertu moindre	**3ᵉ recueillement** Le méditant réalise que le transport joyeux peut perturber l'esprit. Il l'abandonne. L'attention, la lucidité, l'équanimité, l'unité de l'esprit et le bien-être corporel atteignent un niveau supérieur.
6. Claire lumière 5. Splendeur incommensurable 4. Splendeur limitée	**2ᵉ recueillement** État extatique et joyeux, fruit d'une attention soutenue. L'investigation et l'analyse disparaissent au profit d'un mode intuitif de connaissance. La quiétude et l'équanimité se renforcent dans l'expérience de bien-être.
3. Grand Brahma 2. Face à Brahma 1. Suite de Brahma	**1ᵉʳ recueillement** L'absence de désirs sensuels et de pensées négatives s'accompagne d'une expérience de félicité et de ravissement. La stabilité de l'attention se mêle au flux d'une pensée apaisée, non dispersée et éclairée par le discernement.

Tableau 2. Les 17 séjours divins du domaine de la forme pure (rupadhatu), fruits des 4 recueillements correspondants (dhyanas).

Caractéristiques des séjours divins du domaine du sans-forme

Dans le domaine du sans-forme, les consciences sont dépourvues de forme corporelle. Le sommeil profond ou un évanouissement nous donnent une idée de ces conditions particulières de la conscience. Mais ici, c'est encore d'expériences méditatives dont il est question, expériences cette fois plus profondes, appelées *samapattis*. Ces états de recueillement correspondent à quatre séjours divins. Comme précédemment, leurs caractéristiques figurent dans le tableau 3.

4 SÉJOURS DIVINS	SPÉCIFICITÉ DES 4 ÉTATS MÉDITATIFS (SAMAPATTIS)
4. Dieux dont l'état de conscience manifeste l'expérience en regard	4ᵉ recueillement Expérience approfondie de l'absence de représentation, sans perception ni non-perception, libre de toute référence à une félicité subtile.
3. Idem	3ᵉ recueillement Expérience en laquelle il n'y a aucun témoin à tout ce qui se lève en l'esprit. L'esprit est vécu comme vide de toute représentation, en présence d'une félicité subtile.
2. Idem	2ᵉ recueillement Les capacités réflexives de l'esprit lui permettent de comprendre que l'expérience de l'espace infini lui révèle sa propre nature illimitée. Il en réalise pleinement la condition et demeure en l'expérience de la vastitude.
1. Idem	1ᵉʳ recueillement L'expérience de l'espace infini se déploie sans que le méditant en soit témoin. Cela signifie qu'il ne perçoit aucune forme et ne développe pas l'idée d'espace illimité.

Tableau 3. Les 4 séjours divins du domaine du sans-forme (arupadhatu), fruits des 4 états méditatifs correspondants.

• La forme humaine : rareté, urgence et chance

En dressant la répartition des états dans le samsara, le bouddhisme montre qu'il est rare d'obtenir une forme humaine. Cette rareté justifie les enseignements qui insistent sur la prise de conscience du caractère hautement précieux de l'existence humaine et de l'environnement qui la rend possible. Pour donner une idée de ce fait exceptionnel, le grand maître Nagarjuna (IIᵉ s.) reprend une parabole qui figure dans les corpus bouddhiques : « Il est plus difficile pour un animal d'obtenir un état humain que pour une tortue [aveugle] de passer la tête dans l'ouverture d'un joug de bois flottant sur l'océan[1]. » Selon le bouddhisme des origines, la rareté s'applique également à la réalisation spirituelle et à la manifestation d'un bouddha. Dans le tourbillon des milliards de naissances et de morts, face au flot d'incompréhension et de souffrances, exceptionnels sont les êtres qui parviennent à se libérer du samsara. Presque uniques sont ceux qui atteignent l'état de bouddha.

Dans la tradition des origines, le bouddha Shakyamuni fait donc figure de héros. Un héros dont la mission semble gigantesque quand on sait qu'il apparaît au cours d'une période très courte au sein des immenses phases qui rythment la vie d'un milliard de ces mondes réceptacles. C'est donc une chance immense de rencontrer un éveillé, ou de suivre son enseignement une fois qu'il a disparu. La présentation des rythmes de l'univers (voir ci-après) permet aux bouddhistes de réaliser avec une plus grande acuité combien ils vivent dans une époque fortunée.

• Les cycles cosmiques

Les cycles d'apparition et de disparition des mondes réceptacles sont sans début ni fin. Un cycle cosmique s'étale sur de gigantesques périodes de temps qui comportent 64 phases appelées mahakalpas. Un mahakalpa ou « grand kalpa » comprend quatre kalpas moyens : formation, maintien, dissolution, période de repos. Chacun se subdivise en vingt petits intervalles ou petits kalpas. Un mahakalpa se compose donc de 80 subdivisions.

1 cycle cosmique	1 mahakalpa	1 kalpa moyen
64 mahakalpas	4 kalpas moyens – formation – maintien – dissolution – période de repos	20 mini-kalpas

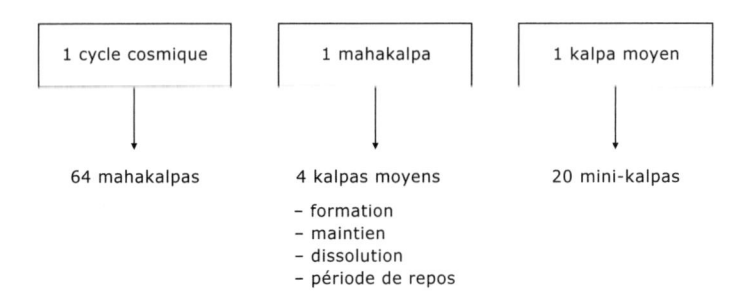

Figure 4. Les subdivisions d'un cycle cosmique.

---

1. *La lettre à un ami*, stance 59, p. 98.

Pour tenter de rendre intelligible l'unité de mesure qu'est le kalpa, les textes recourent à des allégories. L'une présente un château d'un volume de 7,4 kilomètres cubes rempli de graines de moutarde. Un kalpa représente le temps requis pour retirer toutes les graines en n'enlevant qu'une graine tous les cent ans. Une autre allégorie fait état d'un mur de seize mille mètres de haut que l'on effleurerait tous les six cents ans avec une étoffe de soie. Quand l'étoffe aura érodé le mur, le premier jour d'un kalpa aura passé.

En expliquant la manifestation des six conditions de la conscience dans le samsara, nous avons vu qu'au cours du kalpa de formation, les êtres qui peuplent les séjours divins partent coloniser les continents vides. En goûtant la surface de la terre, ces êtres dotés d'un corps de lumière se densifient et leur durée de vie, auparavant incalculable, décroît pour atteindre 84 000 ans. Dans la période suivante, c'est-à-dire le kalpa de maintien, dans lequel nous nous trouvons, alternent des phases positives et d'autres moins fortunées. La durée de vie commence à décroître jusqu'à dix ans lors du premier petit kalpa. Elle alterne entre 10 et 84 000 ans dans les dix-huit petites périodes suivantes, pour croître de nouveau jusqu'à 84 000 ans dans le vingtième et dernier mini-kalpa de cette période (voir figure 5).

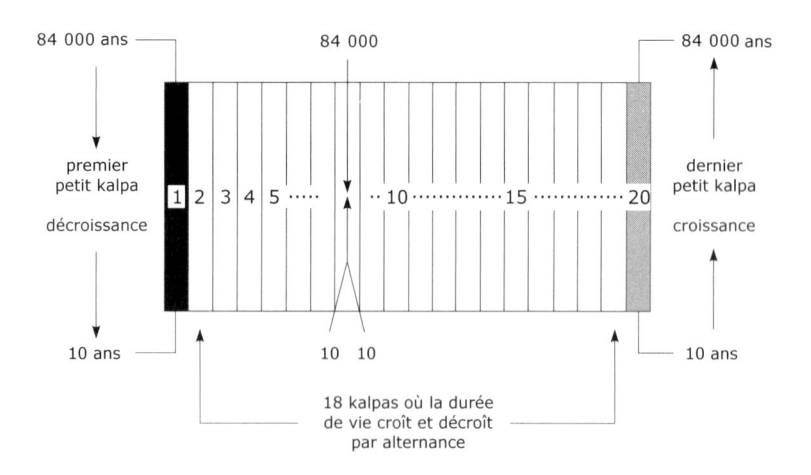

Figure 5. Rythmes spécifiques au kalpa de maintien dans lequel nous nous trouvons.

Deux caractéristiques déterminent ce kalpa de maintien : trois catastrophes (famines, épidémies, guerres) et l'apparition des bouddhas. Les catastrophes se produisent chaque fois que la durée de vie tombe à trente ans. C'est aussi au cours d'une phase de décroissance que les bouddhas se manifestent. Mais ils ne prennent pas part à ce monde quand l'existence se limite à quelques années. Les êtres sont alors si confus qu'ils ne recherchent que les satisfactions immédiates.

Les bouddhas n'apparaissent pas non plus durant le dernier petit kalpa caractérisé par une phase de croissance. Cette fois, la prospérité est telle et la durée de vie si importante que les êtres ne se préoccupent guère de la transformation intérieure. En pareille condition, la présence d'un éveillé serait vaine. L'époque où les bouddhas interviennent est donc judicieusement choisie. Elle correspond à une durée de vie qui s'échelonne entre 84 000 et 100 ans.

Au sein de notre kalpa, les prédécesseurs du bouddha Shakyamuni furent : Krakuccandra, Kanakumi et Kasyapa[1]. Ils apparurent respectivement quand la durée de la vie humaine équivalait à 40 000, 30 000 et 20 000 ans. Elle n'est plus que de 100 ans au moment où le bouddha Shakyamuni intervient dans un monde où la confusion s'intensifie.

Représentation tibétaine du bouddha Krakuccandra.

Si l'univers se manifeste sous l'effet du karma des êtres, vient un moment où ce karma s'épuise. Alors sept brasiers successifs consument l'univers visible qui se résorbe dans l'espace. L'*Abhidharmakosha* précise :

> En raison de l'épuisement de l'acte collectif (karma) qui a créé le monde réceptacle, en raison de la vacuité du monde, sept soleils apparaissent successivement, et le monde est entièrement consumé depuis cette terre à

---

1. Selon certaines sources palies, on en dénombre six ou dix-huit qui précèdent le bouddha Shakyamuni.

continents (notre monde) jusqu'au mont Meru. (...) Il n'y a plus que l'espace là où était le monde[1].

La destruction de l'univers suit un mouvement de bas en haut. Les êtres qui occupent les plans inférieurs aspirent à changer de condition. Ils renaissent dans les plans supérieurs. La destruction commence lorsque les êtres cessent de renaître dans les enfers. Alors les enfers disparaissent. La destruction se poursuit jusqu'aux états les plus subtils du domaine du sans-forme. L'*Abhidharmakosha* indique que les êtres qui occupaient les enfers ne doivent pas se réjouir trop vite de leur nouveau statut. Il en va de même des hommes qui s'appliquent à commettre des actions nuisibles, croyant être préservés par la disparition des plans inférieurs. Le karma négatif des uns comme des autres les transférera dans les enfers du prochain univers.

La phase de destruction entraîne la disparition de tous les atomes des quatre éléments qui se sont agglomérés pour donner forme au monde des apparences. Vient ensuite une longue période de repos au cours de laquelle le monde reste dissous. Puis sous la pression du karma persistant, les premiers signes du futur univers apparaissent. Des vents légers se lèvent dans l'espace. Ils s'amplifient pour constituer le disque de vent, et ainsi de suite jusqu'à ce qu'une nouvelle structure se mette en place.

• Implications spirituelles de ces descriptions et de ces mesures

Il va de soi que ces descriptions et ces mesures ne concordent pas avec ce que nous savons aujourd'hui de l'univers. Cependant, le caractère complexe et sophistiqué de cette représentation symbolique met en relief une dynamique parfois proche de phénomènes connus comme l'entropie, l'expansion-épuisement, les gigantesques explosions et le rayonnement gamma qui stérilise toute forme de vie possible. En découvrant les mécanismes de transformation des composants de l'univers, la cosmologie moderne a mis un terme à l'univers statique de Newton et à la vision aristotélicienne de cieux immuables.

---

1. *Op. cit.*, p. 184-185.

L'impermanence et la vision systémique

L'impermanence de toute chose s'inscrit dans un processus de résonances harmonieuses qui garantit l'équilibre de l'ensemble. On en relève des traces dans les effets de symétrie et d'équivalence. Ce que nous observons à l'échelle de l'infiniment grand est, par symétrie inverse, tout à fait compatible avec ce qui se produit à l'échelle de l'infiniment petit. Les propriétés à l'œuvre dans la série des quatre kalpas moyens agissent également au niveau de la succession des instants de conscience. Une pensée naît, se développe, se maintient et se dissout avant une période de repos. Ce que nous voyons à l'échelle de notre existence suit ce rythme : naissance, croissance, vieillissement et finalement mort. Il en va de même dans l'écoulement des saisons. Par analogie, la renaissance pourrait être comprise comme une pulsation de vie récurrente où seule la continuité de la transformation ferait sens. Cette approche ouvre l'intelligence à la vision systémique[1] qui nous propose d'intégrer l'homme dans le vaste contexte du monde vivant. Ces observations nous incitent également à relier la thématique de l'impermanence à la méditation sur la mort, qui permet de prendre conscience de la finitude de l'existence et de la valeur infinie de chaque instant.

Questionner la notion d'identité

Suivant ce cycle d'apparitions et de dissolutions, le temps ne s'épuise jamais, collant à l'infinie transformation des apparences. Nous entrons ainsi dans une autre fluidité de temps. Ce que nous imaginons consistant et stable s'avère en réalité continuellement vidé de sa substance. La cosmologie nous présente un jeu de non-équilibres continus. Le non-équilibre n'est pas un désordre mais un processus d'interactions et de corrélations entre une diversité d'éléments – les éléments fondamentaux de la matière ou les émotions, par exemple. Ce sont ces interactions et ces corrélations qui rendent la complexité possible et constituent la matrice même de la vie. Nous savons bien que si nous n'interagissions pas avec l'environnement, si nous n'étions pas partie intégrante d'un réseau de phénomènes mutuellement dépendants, notre existence serait impossible. Dans cette situation, comment pouvons-nous

---

1. On parle aussi de vision holiste. Deux belles formules la caractérisent : « Le tout est englobé dans ses composants et ceux-ci sont répartis dans le tout » ; « les propriétés essentielles d'un organisme ou d'un système vivant sont des propriétés qui appartiennent au tout et qu'aucune des parties ne possède. » Voir en particulier Fritjof Capra, *La toile de la vie. Une nouvelle interprétation scientifique des systèmes vivants*.

être convaincus de la réalité substantielle de notre identité et de celle du monde dans lequel nous nous trouvons alors que tout s'écoule et se défait sans cesse ? La construction de cette identité a-t-elle ultimement un sens ? Ne sommes-nous pas plutôt un ensemble de possibles fluctuant et en devenir ?

Notre part de liberté

Une autre interrogation cette fois plus abyssale surgit. La cosmologie nous apprend que nous sommes partie prenante de cycles qui se reproduisent indéfiniment tant que le karma des êtres demeure opérant. Se lève ainsi une profonde réflexion sur la possibilité de la liberté. En effet, comment inclure notre part de liberté individuelle dans un déroulement global qui, apparemment, la tarit irrémédiablement ?

Le propos du modèle cosmologique n'est pas de placer l'homme dans une situation d'inconfort et de lui donner simplement le vertige devant l'inconcevable. En insistant sur le caractère mouvant et instable du flux naturel de vie, la prise de conscience de l'immense fragilité inhérente au grain minuscule de l'individualité ne peut que croître. Dans le même temps, en réalisant combien l'existence humaine est rare et précieuse, le sens de la responsabilité se développe. À ce titre, les images de l'enfer devaient produire leur effet chez les disciples à l'imagination fertile. La crainte d'un avenir peu radieux jouait certainement son rôle de garde-fou. On peut même affirmer que la vision des mondes réceptacles met l'accent sur l'impression d'enfermement et la peur qui en résulte. Mais ce n'est pas pour souscrire à une position pessimiste qui ferait l'apologie de la misère humaine. La misère de la condition humaine sert de révélateur aux possibilités de libération qui s'ouvrent à l'homme. Le choix d'orienter sa vie dans telle ou telle direction fonde donc sa liberté et contribue à sa grandeur. Ici, l'homme recouvre parfois les traits du « roseau pensant » de Pascal[1]. L'homme est grand et en partie libre, non seulement par ses vertus d'amour, de compassion et d'actions, mais parce qu'il a conscience de tout cela. Et parce qu'il a conscience de tout cela, il peut penser et agir de sorte à s'élever en dignité et gagner en liberté.

Maintenant face aux événements inéluctables, comme la mort, le bouddhisme nous dit que si l'homme résiste et se révolte contre la nature même de l'écoulement des choses, il ne fera qu'attiser des ten-

---

1. « L'homme n'est qu'un roseau, le plus faible de la nature ; mais c'est un roseau pensant. Il ne faut pas que l'univers entier s'arme pour l'écraser : une vapeur, une goutte d'eau, suffit pour le tuer. Mais, quand l'univers l'écraserait, l'homme serait encore plus noble que ce qui le tue, parce qu'il sait qu'il meurt, et l'avantage que l'univers a sur lui, l'univers n'en sait rien », *Pensées*, section VI, 347.

sions qui n'offriront aucune solution. Ces tensions se nourrissent du souci de notre être propre, de l'importance que nous accordons à la fixation égocentrique. Or, le bouddhiste sait que sa vraie liberté, il ne la doit pas à l'individualité refermée sur elle-même mais à son dépassement. Ainsi, consentir et se préparer à l'inéluctable, renoncer à la clôture du moi, s'efforcer de ne plus dépendre des émotions conflictuelles, c'est se placer dans une disposition favorable, se fondre dans le flux de vie au lieu de s'ériger en obstacle. Quoi qu'il en soit, toutes les postures adoptées face aux événements inéluctables sont le signe de la possibilité de la liberté. Comme un marin au milieu d'une tempête, l'homme a le choix de se laisser gagner par la terreur, de lutter ou d'essayer de s'accorder à la situation sans jugement de valeur, sans se demander si cela est « bon pour soi » ou « mauvais pour soi ».

Se situer pour mieux agir

L'utilité de la vision holiste du cosmos devait paraître flagrante aux Indiens qui avaient besoin de se situer dans l'immense courant de vie. Cette carte précise faisait sens et paraissait cohérente. Mettons-nous à leur place. Une fois que l'on sait précisément où l'on se trouve et où l'on peut aller, on peut agir en conséquence. On ne s'étonnera donc pas que la tradition ne se soit pas cantonnée à indiquer la voie qui dissipe les égarements intérieurs. Elle a pris aussi grand soin de mentionner les cinq domaines en cause dans la dégénérescence : la perception du temps (accélération, impression que le temps est comprimé), les vues philosophiques (vision erronée de la nature humaine et des phénomènes), l'amenuisement des ressources vitales, le niveau mental des êtres et les émotions (opacité, excès de passions, conflits). Connaître ces domaines permet d'adopter les mesures nécessaires pour éviter de se laisser entraîner dans leur sillage. Le développement de l'attention et la culture du discernement jouent ici un rôle capital. Tous deux apparaissent comme des mises en acte du principe de liberté.

2. Naître dans un monde ordinaire

Dans son premier enseignement (voir p. 117), le Bouddha indique que le monde humain a pour cause principale le désir. Ultérieurement, il mentionne une autre cause essentielle : la croyance au moi. « La naissance dans un monde ordinaire, dit-il, est un effet de la croyance au moi. Sans cette croyance, on ne peut renaître nulle part. » Et il ajoute : « Les êtres ordinaires manquent de sagesse et s'accrochent à la croyance au moi en se fixant sur l'existence ou l'inexistence de ce dernier. Cette pensée incorrecte les pousse à agir incorrectement. Ils empruntent de fausses voies où ils produisent des actes positifs, négatifs et immuables. S'accumulant, ces actes croissent et se multiplient, et dans chacun s'est implantée une graine d'esprit. Suivent pollution et appropriation qui provoqueront l'existence-devenir, la naissance, la vieillesse et la mort[1]. »

● Les quatre voiles

Nous naissons et renaissons dans le samsara parce que nous sommes fascinés par cette construction fragile et transitoire que nous appelons le moi. Cette fascination apparaît parce que nous ne discernons pas la véritable nature de l'esprit qui est beaucoup plus vaste, plus spacieuse et plus lumineuse. Sous la pression de la fixation égotique s'ensuit l'émergence de la dualité : la conscience se positionne face à un monde qu'elle perçoit comme extérieur. Dans le jeu de relations qui s'instaure entre elle et ses objets, une multitude d'émotions interviennent. Certaines sont positives, d'autres neutres, d'autres reflètent les *trois poisons** fondamentaux de l'esprit confus : le désir, la colère et l'ignorance. Ainsi le « moi » peut ressentir de l'attirance, de la répulsion ou de l'indifférence pour les objets avec lesquels il entre en contact. En cherchant à satisfaire ses nombreux besoins, il ne cesse d'alimenter la force motrice du karma.

De l'ignorance primordiale, naissent la dualité, les émotions négatives et le karma. L'ensemble forme quatre voiles* qui masquent la véritable nature de l'esprit, appelée parfois « état naturel ». À chaque naissance, à chaque moment de conscience dualiste, l'efficacité des quatre voiles se maintient. La figure 6 rend compte de cette situation.

---

1. *Soûtra des dix terres*, chap. 6, § 3, p. 126.

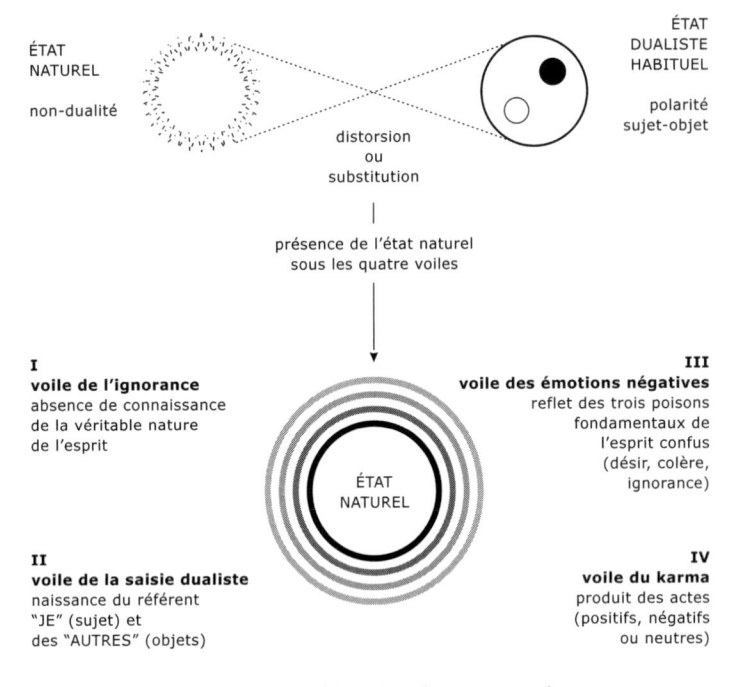

```
     ÉTAT                                              ÉTAT
    NATUREL                                          DUALISTE
                                                     HABITUEL
  non-dualité                                          polarité
                        distorsion                   sujet-objet
                            ou
                        substitution

                  présence de l'état naturel
                    sous les quatre voiles

I                                                          III
voile de l'ignorance                   voile des émotions négatives
absence de connaissance                     reflet des trois poisons
de la véritable nature                            fondamentaux de
de l'esprit                                        l'esprit confus
                                                  (désir, colère,
                            ÉTAT                       ignorance)
                           NATUREL

II                                                          IV
voile de la saisie dualiste                       voile du karma
naissance du référent                            produit des actes
"JE" (sujet) et                                 (positifs, négatifs
des "AUTRES" (objets)                                 ou neutres)
```

Figure 6. Le phénomène des quatre voiles.

• Une conjonction de causes et de conditions

En mentionnant plusieurs causes, le Bouddha a montré que l'on ne pouvait ramener l'expérience du samsara à une cause unique. Il semble plus juste de parler d'une conjonction de causes et de conditions en interaction. Cela évite de concevoir le désir ou l'ignorance, par exemple, comme des entités ou des fonctions indépendantes. Il n'y a pas d'Ignorance, de Désir ou de Colère, mais des manifestations tangibles de l'ignorance, des preuves de désir et de colère. Nos actes et nos pensées dépendent de la nature des relations que nous entretenons avec les autres et tous les objets de la perception. Dans cette optique, la conscience n'existe qu'en relation avec d'autres facteurs qui, en se conditionnant les uns les autres, constituent notre existence.

Selon le Bouddha, la multiplicité de ces facteurs peut se réduire à un modèle composé de douze liens interdépendants : [1] l'ignorance, [2] les formations karmiques, [3] la conscience, [4] le nom et la forme (composé psychophysique), [5] les six domaines (cinq sens et le mental), [6] le contact (entre l'organe et son objet), [7] la sensation, [8] la soif ou le désir, [9] l'appropriation, [10] le devenir, [11] la naissance, [12] la vieillesse et la mort. L'ensemble forme une cascade de causes et d'effets simultanés qui s'enchaînent et interagissent. L'ignorance conditionne les formations karmiques qui conditionnent à leur tour la conscience, et ainsi de suite… La conscience est simplement un phénomène conditionné et conditionnant parmi d'autres. Il est assez difficile pour nous de comprendre que les phénomènes puissent se manifester en étant imbriqués les uns dans les autres parce que nous ne cessons de leur attribuer une certaine indépendance.

Le processus dynamique des interconditionnements est appelé production conditionnée ou interdépendance. Le modèle des douze liens interdépendants illustre en particulier la façon dont l'esprit s'enferre dans les conditions d'existence insatisfaisantes et douloureuses, celles du samsara. Il nous montre ainsi comment se constitue, se dissout et se renouvelle l'expérience de la fixation égocentrique. Ce modèle est aussi très pertinent pour comprendre qu'il n'existe pas d'entité autonome dans la personne et dans les phénomènes[1].

Plus concrètement, pour que l'existence humaine se produise, une structure psychophysique est nécessaire. Le Bouddha la décrit comme étant la conjonction de cinq agrégats* (skandhas) : la forme (le corps), les sensations, les perceptions/notions, les formations karmiques et la conscience. Ce second modèle décrit l'organisation des phénomènes qui composent notre expérience. Il est sans doute plus accessible que celui des douze liens interdépendants.

• Les cinq agrégats

Les cinq agrégats ou constituants psychophysiques (forme [corps], sensations, perceptions/notions, formations karmiques et conscience) englobent tous les phénomènes physiques et mentaux de l'existence conditionnée. Conditions indispensables à une nouvelle existence, ils représentent les cinq caractéristiques par le moyen desquels l'idée d'un soi (atman) autonome et permanent se manifeste. Le soi est

---

1. Comme il s'agit d'un enseignement clé du Bouddha, la présentation détaillée de ces douze liens interdépendants figure dans le chap. 13 consacré aux principales notions bouddhiques (v. p. 549).

appréhendé comme corps, comme expériences sensibles, comme représentations, comme facteur de toute action positive ou négative et comme base de cet ensemble[1]. Selon le bouddhisme, cet ensemble n'est qu'une succession de configurations changeantes qui apparaissent et se dissipent. Ce processus fluctuant et transitoire ne forme pas une entité unitaire centrale et immuable. Quant aux diverses configurations, elles n'abritent elles-mêmes aucune entité éternelle.

Le corps et la conscience ont un rôle capital. Sans le support du corps, la conscience ne peut pas se produire. Elle naît en interagissant avec une substance matérielle comme le cerveau. On dit également que sans la présence continue d'un flux de conscience, la vie d'un être ne peut être assurée. La conscience joue un rôle essentiel dans l'interaction et la recomposition incessante des agrégats parce qu'elle exerce une fonction centralisatrice. Nous sommes conscients de notre corps, de nos sensations, etc., et développons ainsi la « conscience de soi ». Elle établit également la polarité sujet-objet puisque la conscience est toujours « conscience de quelque chose ». Lorsque naît la conscience de soi émerge donc simultanément la conscience des autres et du monde extérieur.

Le souci de notre être propre est tel que nous ne cessons de nous approprier les agrégats. Nous regardons, par exemple, notre corps dans une glace en nous disant : « Ce corps est le mien. » Même si nous souffrons d'une infirmité ou que l'un de nos membres a été amputé, demeure face à ce corps amoindri le sentiment « ce corps est le mien ». Parfois, nous nous identifions totalement au corps au point de le confondre avec le « moi ».

Cet attachement renforce la dualité et provoque une crispation sur le moi égoïste conçu comme une entité inaltérable. Pour le Bouddha, cet attachement est une cause de grande souffrance parce que les agrégats étant eux-mêmes impermanents, nous nous attachons à des apparences inconsistantes. Cela a souvent pour conséquence de nous enferrer dans les émotions perturbatrices, surtout lorsque l'ego se sent menacé.

Chaque agrégat peut être décrit sommairement comme suit en relation avec le développement de l'ego :

---

1. L'embryologie tibétaine donne une explication intéressante quant aux conditions nécessaires à l'émergence des cinq agrégats (voir le développement sur les douze liens interdépendants, p. 549).

1. Forme (rupa)

Ce premier agrégat désigne le corps physique des individus mais aussi l'ensemble des phénomènes physiques du monde extérieur tels que les quatre éléments (terre, eau, feu, air), les formes, les couleurs, les odeurs, les sons, etc. Quand on dit cela, on sous-entend que l'observation des cinq agrégats fournit une vision globale du réel.

L'agrégat de la forme désigne également les contenus de la sensibilité dépendants de la conscience qui en témoigne. Le mot « forme » est aussi une métaphore pour désigner nos expériences habituelles que nous considérons comme parfaitement réelles. Dans son acception plus générale, la forme est la condition par laquelle se définit l'individualité comme telle. En voyant le corps de quelqu'un, nous savons que ce n'est pas notre corps.

L'agrégat de la forme est la première étape du développement de l'ego, celle où le corps sert de point d'appui à la conscience d'*être quelque chose de solide*.

2. Sensations (vedanas)

Les sensations sont des effets modificateurs produits sur la conscience. Nous savons qu'elles peuvent être plaisantes, désagréables ou neutres. *Vedanas* est généralement traduit par « sensations » si l'on entend que les sensations sont déliées de l'émotivité. On peut donc distinguer la « sensation brute » et les affects, les états élémentaires associés à l'émotivité. Résultant du contact entre la conscience et ses objets, ces expériences sensibles sont d'ordinaire étroitement associées à la dénomination (« je suis en pleine forme », « j'ai mal à la tête »), à l'appropriation et à toutes les opérations mentales qui s'ensuivent. C'est pourquoi la sensation comprend deux aspects : physique et mental. Sans la présence de la conscience, le corps ne peut rien ressentir. De même, lorsque notre corps est anesthésié, les sensations s'éteignent. Les sensations se produisent en fonction de facteurs internes et externes. Parmi les facteurs internes, on compte le karma, la proportion et l'union des humeurs dans le corps ainsi que les processus psychologiques. Parmi les facteurs externes, on dénombre le changement des saisons, la contrainte des lois physiques et les accidents fortuits.

Cette seconde étape du développement de l'ego marque l'avènement d'une complexité grandissante. En ressentant, l'organisme se positionne par rapport à son milieu. La subjectivité s'intensifie en se différenciant des phénomènes qui l'entourent. La conscience assemble toutes ces expériences en fonction de la polarité moi-monde. Elle finit par entériner la dualité comme étant son mode de fonctionnement.

3. Perceptions/notions (samjnas)

On entend ici les représentations ou conceptions des expériences sensibles qui viennent d'être examinées. Cela implique la contribution de facultés comme la mémoire, l'imagination ou le jugement. Dans cette perspective, *samjna* peut avoir le sens de « notion ». À ce stade, l'ego prend appui sur le langage qui permet à l'individu de se percevoir comme sujet indépendant. Les sensations atteignent le sujet et sont immédiatement nommées dans un contexte de significations intellectuelles progressivement acquises au cours de notre éducation. Nous sommes capables de dire : « c'est un arbre », « c'est un chien », etc. Se forme ainsi peu à peu une connaissance des objets par différenciation. La dualité moi-monde devient de plus en plus consistante.

4. Formations karmiques (samskaras)

Cet agrégat englobe quarante-neuf facteurs mentaux[1] qui lient la conscience aux objets qu'elle perçoit. Ils sont associés à la volition, aux impulsions, aux habitudes et automatismes psychiques subconscients qui orientent nos réactions en nous incitant à commettre des actes positifs, négatifs ou neutres. Ces forces issues du karma passé conditionnent notre présent qui à son tour conditionne notre avenir. À ce niveau, l'ego devient très complexe parce qu'il s'enrichit de réflexes, d'impulsions incontrôlées et de diverses imprégnations psychologiques. En fonction justement de l'imprégnation dominante, il va étiqueter les expériences vécues en leur attribuant des qualificatifs comme « c'est un *bel* arbre », « ce chien est *laid* », « ce livre est *intéressant* », etc.

Les formations karmiques sont dotées d'un caractère intentionnel. Elles déterminent la relation qui se développe avec l'objet perçu. On distingue ainsi trois types de formation : les propensions négatives ; les propensions positives qui correspondent aux expériences d'ouverture dans lesquelles existe une participation plus ou moins immédiate à la réalité et qui se traduit en termes de beauté, d'harmonie, de compassion, d'amitié et de confiance ; et une disposition à la neutralité. Le bouddhisme a compris que l'état de la personne avait plus de poids sur la réaction que le stimulus lui-même. Prenons l'exemple d'un chevreuil croisé dans une forêt. Certains, sous le couvert d'une propension

---

1. Voir annexe 2, p. 765.

agressive, ne verront qu'un gibier. D'autres, sous le couvert d'une propension non violente, s'éblouiront devant la beauté et la douceur de l'animal. D'autres enfin, indifférents à la situation, n'éprouveront aucun sentiment particulier.

5. Conscience (vijnana)

Dans *vijnana*, le préfixe *vi* marque le duel. La conscience étant toujours « conscience de quelque chose », nous avons vu qu'elle naît avec l'objet qu'elle saisit. C'est pourquoi elle est l'instance qui conçoit la dualité moi-monde.

Couplé à des facteurs mentaux et doté d'une activité réflexive, ce processus cognitif permet d'accéder à une connaissance de soi et des phénomènes extérieurs. Elle prend connaissance des expériences faites par les sens et assure la continuité des opérations intérieures. Selon la nature du phénomène appréhendé, elle peut adopter un des six modes suivants : conscience visuelle, auditive, gustative, olfactive, tactile et conscience mentale (manovijnana). La conscience mentale identifie l'objet perçu et l'étiquette en projetant un nom sur la perception brute que nous en avons.

Ces six consciences dépendent de leur objet et s'éteignent avec leur disparition. La conscience visuelle qui se manifeste lorsque nous percevons une fleur, par exemple, dépend non seulement de la fleur elle-même, mais aussi de l'œil, de la faculté visuelle, de la conscience mentale qui l'identifie en tant que végétal en lui attribuant le nom de « fleur », etc. Si la fleur vient à disparaître, l'ensemble du processus cesse. La conscience visuelle peut elle-même se désactiver en cas d'évanouissement, par exemple. Par conséquent, les six consciences ne sont pas véritablement continues puisqu'elles dépendent de causes et de conditions elles-mêmes transitoires. La conscience est donc constituée d'une combinaison d'éléments qui apparaît, se maintient et disparaît pour laisser place à une nouvelle combinaison. L'impression d'un flux régulier, comparable à l'effet que produit la succession accélérée des images d'un film, provient de l'enchaînement très rapide de ces associations.

Nous nous situons ici au dernier stade du développement de l'ego. La certitude du « je suis » semble parfaitement établie. L'acuité est insuffisante pour réaliser que ce « je suis » n'est qu'un assemblage transitoire et aléatoire de causes et de conditions, un produit de la pensée.

L'ordre de présentation des agrégats

Les agrégats sont classés dans cet ordre parce qu'il existe entre eux un rapport qui instaure une chronologie évidente. Les apparences sensibles servent de support aux sensations. Elles sont le premier niveau de la dualité. Elles correspondent au passage de la qualité spacieuse de l'état primordial à la rigidité de la fixation dualiste.

L'apparition de la forme coïncide avec l'émergence du sujet qui la perçoit. Sujet et objet se manifestent dans une détermination réciproque. Lorsqu'on entend une musique, on peut demeurer dans l'expérience d'ouverture : écouter simplement des vibrations qui circulent dans l'espace. Mais habituellement, on se positionne par rapport à ce que l'on entend. La simple opération mentale qui consiste à dire « j'entends une musique » est le signe de la conscience de soi. La séparation avec l'espace ouvert a eu lieu. Les notions de « moi » et « autre », d'« intérieur » et d'« extérieur » deviennent consistantes.

Supposons que la musique nous réjouisse parce que nous la trouvons plaisante. Nous nous disons alors : « J'aime vraiment bien cet air. » Des notions et des images mentales peuvent aussi apparaître en cascade : le souvenir d'un paysage, d'une rencontre, etc. Nous aimons cette musique parce qu'elle répond certainement à des impulsions karmiques.

Dans l'opération de construction mentale, la conscience est présente dans toutes ces phases. On voit en même temps qu'intervient l'effet d'agglutination qui justifie le sens premier de *skandha* (« pile » ou « tas »). Cet effet souligne bien à quel point les agrégats se soutiennent mutuellement, aidant la personne à structurer le jeu de son monde et à s'autodéterminer avec lui.

● La roue de la vie

La *roue de la vie** (bhavacakra) est un portrait ou une cartographie du samsara qui intègre les notions qui viennent d'être examinées. *Bhava* signifie « devenir » et *cakra**, « roue ». Ce diagramme (voir figure 7) ressemble à une bande dessinée qui résume les relations de cause à effet et les conditionnements successifs qui maintiennent les êtres dans la dysharmonie du samsara.

*Figure 7. La roue de la vie (bhavacakra).
Représentation tibétaine. Musée ethnographique de Genève.*

Fidèle aux textes relatifs à la discipline (le Vinaya*) qui recommande d'en dessiner une image à titre d'aide-mémoire, l'iconographie a opté pour un symbole fondamental : la roue. La roue s'impose ici comme une figure totalisante où tout se tient sans que l'on puisse distinguer un début ou une fin. Le rapport entre le centre et la périphérie attire l'attention. Il introduit le principe du mandala : un centre à partir duquel rayonne une périphérie et où tous les éléments demeurent dans un rapport de continuité. Cette roue comprend vingt et un tableautins répartis sur quatre cercles concentriques (voir figure 8).

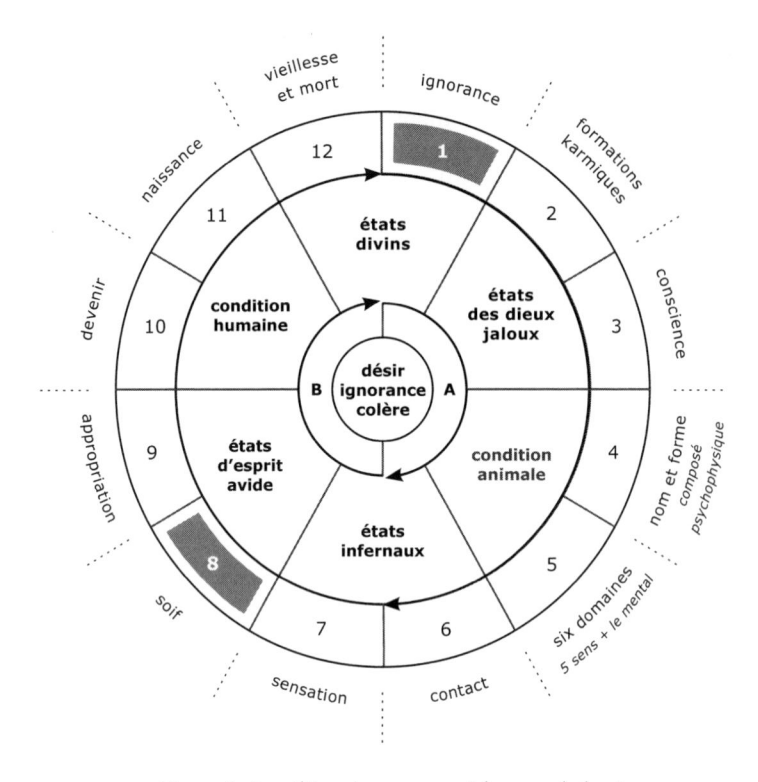

Figure 8. Les éléments composant la roue de la vie.

La représentation graphique est un arrêt sur image. Il faut imaginer qu'elle tourne dans le sens des aiguilles d'une montre, emprisonnant les êtres dans la ronde des renaissances. Cette figure édifiante a une dimension éminemment pédagogique puisqu'elle rappelle de manière condensée comment fonctionne le processus du karma. Elle stimule également ceux qui la méditent, les incitant à diriger leur vie à la lumière de l'idéal du bien. On comprend dès lors pourquoi elle ornait l'entrée des monastères indiens. Il ne reste à ce jour qu'une peinture en piteux état dans les grottes d'Ajanta. Les réalisations les plus abouties sont l'œuvre de l'iconographie tibétaine.

Éléments de la composition

L'arrière-plan : le monstre Yama et la présence du Bouddha – Un monstre au regard courroucé, la tête auréolée d'une couronne de crânes, tient fermement la roue dans ses griffes et sa mâchoire aux crocs acérés. Ce monstre, c'est Yama*, le seigneur de la mort, symbole du temps dévorant et de l'impermanence. Son allure effrayante contraste avec le regard et le geste doux du Bouddha, debout sur des nuages dans l'angle supérieur droit. Totalement extérieur au processus du devenir, il symbolise la présence continue de l'éveil. Dans le prolongement de son regard, on distingue un soleil, symbole de la sagesse que les hommes doivent cultiver pour atteindre le nirvana libérateur. Faisant un geste d'apaisement avec la main droite, le Bouddha semble montrer la lune située dans le coin supérieur gauche. Métaphore de l'éveil, elle symbolise la pureté. Selon les représentations, elle est remplacée par une roue à huit rayons, symbole du Dharma. Par la taille imposante et les traits agressifs de Yama, on a voulu souligner avec force la puissance écrasante de la confusion et des passions dévorantes. Mais dans le même temps, la présence du Bouddha, flottant au-dessus de l'abîme des tourments, nous rappelle que le cycle insatisfaisant des naissances et des morts n'est pas une prison définitive.

Premier cercle : les trois poisons – Au niveau du moyeu, trois animaux dessinent une ronde : un porc, un serpent et un coq. Chacun symbolise l'un des trois poisons fondamentaux de l'esprit confus. Le coq représente le désir ; le serpent, la colère et le porc, l'ignorance de notre véritable nature. Une triade que l'on peut décliner également en attraction / répulsion / indifférence. Ces animaux se mordent la queue parce que les poisons interagissent. Ils vont servir de base au développement de six émotions perturbatrices. Comme cela a été mentionné dans le tableau 1, chaque émotion perturbatrice correspond à l'une des six conditions de la conscience. La colère ou la haine induisent un état infernal ; l'avidité et l'avarice, un état d'esprit avide ; la stupidité et l'ignorance, la condition animale ; le désir-attachement, la condition humaine ; la jalousie et l'envie, l'état de titan ou dieu jaloux ; l'orgueil et l'autosatisfaction, les états divins. À leur tour, ces six passions-racines conflictuelles constituent les couleurs primaires qui teintent la grande majorité de nos relations.

Deuxième cercle : progression, régression – Ce cercle se compose de deux scènes en regard qui représentent l'état intermédiaire entre la mort et la renaissance à venir. Par un effet de symétrie, il représente un processus ascendant et descendant, symbole de l'enchaînement (A) ou de la libération (B). En (A), des personnages sur fond noir sont tirés par un démon et chutent en direction des états infernaux. Leur esprit, contaminé par le karma négatif, se destine à renaître vers les mondes défavorables (animaux, esprits avides, enfers). À l'inverse en (B), des personnages vertueux et bienveillants, riches d'un karma positif, s'élèvent vers les mondes favorables (séjours divins, titans, humains). Si la conscience doit se manifester dans un monde défavorable, elle se percevra comme dense, lourde et sombre. Elle éprouvera l'impression de tomber dans un gouffre. Dans le cas d'une manifestation dans un monde favorable, elle disposera des qualités de la lumière et aura l'impression de flotter dans l'espace.

Troisième cercle : les six conditions de la conscience – La peinture des six conditions de la conscience, fruits du karma des êtres, constitue une cartographie précise de la psychologie humaine. Chaque cartouche est un cliché de l'esprit lorsqu'il s'enferre dans tel ou tel type d'émotion conflictuelle. Dans chaque domaine, on trouve la représentation d'un bodhisattva* venant en aide aux êtres, ou celle d'un bouddha, symbole aussi de la présence inaltérée de l'éveil.

Quatrième cercle : les douze liens interdépendants – Les douze liens interdépendants tracent le domaine clos dans lequel fonctionne l'esprit dualiste prisonnier de l'illusion. Le karma est la force motrice qui assure la dynamique de l'enchaînement. L'ignorance et la soif insatiable ne cessent de nourrir le processus. En tant que premier maillon, l'ignorance est une cause racine. Elle joue un rôle crucial puisque sans elle le processus ne se produirait pas. Le désir l'épaule en créant de nouvelles causes qui viendront prolonger et amplifier l'énergie cinétique de tout le mécanisme du conditionnement.

Le traitement graphique des douze liens sous la forme de tableautins varie en fonction du choix de l'artiste. La représentation de la sensation, par exemple, peut faire l'objet de thématiques très différentes. On voit parfois un homme faisant la cour à une femme ou un homme blessé à l'œil par une flèche.

Enseignement général de la roue de la vie

La roue de la vie est une mise à plat très concrète et imagée de quelques-unes des données figurant dans la représentation hiérarchique plus abstraite du modèle cosmologique. Elle permet de situer avec plus de précision les causes qui entraînent la manifestation des six conditions de la conscience.

Pour peu que l'on cesse de la voir comme un arrêt sur image, la structure de la roue est analogique à la constitution même de l'individualité, un kaléidoscope de sensations, perceptions, pensées, états de conscience. Rien n'échappe au mouvement et à la recomposition incessante. On se demande encore une fois comment les cinq agrégats pourraient être le refuge d'un soi stable et permanent (atman). En vertu des conditionnements mutuels et de l'interdépendance, si les maillons de la soif et de l'ignorance cèdent sous le poids de la connaissance, les autres liens ne peuvent se maintenir. La force motrice du karma disparaît. Le mouvement de la roue s'interrompt. Cette cessation est l'extinction du samsara, l'entrée dans la paix du nirvana. Il est donc souhaitable de lire la roue dans le sens des aiguilles d'une montre pour comprendre comment opère le mécanisme du conditionnement, sans oublier le mouvement inverse au devenir qui signe la fin du temps dévorant, l'arrêt de la ronde incessante.

La vision bouddhique du cosmos et la présentation rapide des causes et conditions de la naissance en ce monde situent le devenir des êtres dans l'immense flux de vie. Par un jeu de contrastes et de clairs-obscurs, elles font surtout ressortir l'ampleur de la figure du Bouddha historique, en révélant simultanément sa dimension atemporelle.

☙

3
Le bouddha Shakyamuni
et ses œuvres

Les premiers monuments qui attestent l'existence du Bouddha datent du IIIe siècle avant notre ère. Quant aux premiers textes qui relatent sa présence en ce monde, ils n'atteignent leur forme définitive que deux siècles plus tard, soit presque quatre cents ans après la disparition du Bienheureux. Dans ce laps de temps, la mémoire, l'imaginaire et la dévotion ont nourri les écrits qui rapportent sa parole. Tout passé, reconstruit par des personnes qui ne l'on pas vécu, subit des distorsions involontaires. Le souci d'exactitude des historiens se heurte à des territoires encore flous. Les recherches archéologiques ont permis de s'accorder sur les lieux où vécut le Bouddha, mais il faudra encore attendre de nombreuses années avant que l'examen approfondi des textes anciens ne révèle un portrait réellement plus précis. Ainsi, les dates qui figurent dans la chronologie événementielle placée à la fin de ce chapitre restent approximatives. Elles le sont d'autant plus que les érudits ne s'entendent pas sur la date de naissance du Bienheureux. Certains proposent – 483, – 475, – 400 voire – 380. La date retenue ici par commodité (– 560) coïncide presque avec la vision du Theravada* qui situe l'événement en – 543.

1. Un puzzle difficile à reconstituer

En ce VIe siècle avant notre ère, les hommes qui suivent l'enseignement du Bouddha ne se soucient guère de la datation. Ils n'idolâtrent pas le temps. Et même si Upali, un des nombreux disciples, donne quelques repères temporels, ils n'ont pas aux yeux des savants une valeur définitive. De plus, aucun moine ne ressemble à Guillaume de Saint-Thierry ou à ses continuateurs, rédacteurs de la *Vita sancti Bernadi*, la vie de saint Bernard de Clairvaux. Aucun moine ou laïc ne consigne l'enseignement du maître comme l'a fait au XIIIe siècle Kôun Ejô, le disciple de maître Dôgen, à l'origine du Zen* Sôtô au Japon.

Les langues vernaculaires, supports de la transmission, auraient été exclusivement orales. Les disciples lettrés, nés brahmanes, maîtrisaient sans doute le sanskrit liturgique, mais disposaient-ils des moyens nécessaires à la transcription des paroles du Bienheureux ? Alors que la rédaction du *Veda* était presque aboutie, l'écriture n'était pas entrée en usage dans l'Inde gangétique du VIe siècle avant notre ère. Elle le sera au Ve ou IVe siècle sans jamais connaître le même prestige qu'en Chine ou dans la tradition juive, par exemple. N'oublions pas la prééminence de la parole dans une Inde où le *Veda* est transmis de la bouche d'un maître et appris par cœur. Devant le poids de la tradition orale, les savants procèdent par estimation, s'appuyant sur des dates connues : celles du règne d'un roi ou de la construction de monuments, par exemple. Ainsi, le sacre de l'empereur Ashoka, situé habituellement aux alentours de – 268, a-t-il servi de référence pour baliser le parcours du Bouddha sur l'axe du temps.

Il en va tout autrement de sa personne : les traits saillants et les principaux faits de son existence sont éparpillés dans un océan de documents. Depuis plusieurs années, l'objectif des savants est de parvenir à assembler le puzzle en s'efforçant d'extraire les pièces de la « brume dorée de la légende[1] ». Il est vrai que la figure du Bouddha historique se mêle aux visions qu'en ont eues ses disciples. Mais l'on peut se demander si dans le contexte d'une société traditionnelle, où la pratique spirituelle tient une place essentielle, ces visions ne participent pas à rendre plus lisible la dimension authentique d'un homme dont la vie et l'enseignement dépassent de loin sa propre historicité. Il y a chez l'historien le souci de faire du bouddha Shakyamuni un personnage unique. On verra que l'exploitation du merveilleux dans les récits légendaires en fait un modèle inspirant atemporel, tout aussi réel pour les bouddhistes que la figure historique.

---

1. Expression d'André Bareau. Cf. *La voix du Bouddha*.

2. Un réformateur au cœur de l'Inde brahmanique

L'influence qu'exerça le Bouddha sur le tissu social indien est indéniable mais relativement limitée. Bien que son enseignement ait inspiré de grands rois et des brahmanes influents dans les diverses confédérations de l'Inde, il n'a pas entraîné de réformes radicales et profondes dans un pays où l'imprégnation hindoue est restée très forte. Le Bienheureux n'a jamais cherché à peser sur le devenir économique et politique de la péninsule indienne. Il n'a jamais souhaité établir des institutions. C'est peut-être l'une des raisons du déclin du bouddhisme sur son sol natal.

Dans une société qui demeure ancrée dans des valeurs de conquête et d'intolérance à l'égard de ceux qui n'appartiennent pas à la civilisation des Aryas, le Bouddha a recentré l'activité spirituelle sur la nature humaine, la notion de bienfait, le sens de la responsabilité et la liberté foncière. Comme on va le voir, sa définition du véritable brahmane et ses propos en faveur de la non-violence font de lui un réformateur soucieux de réagir contre les déviations. En aucun cas il ne peut être qualifié de révolutionnaire même si son enseignement se démarque de l'héritage védique.

Le véritable brahmane

Au temps du Bouddha, les pratiques védiques se figent dans une vision purement rituelle et sacrificielle. Les membres de la caste sacerdotale, les brahmanes, prétendent qu'elles accordent des récompenses terrestres ou garantissent une renaissance favorable. La voie spirituelle s'égare dans la grammaire complexe des incantations, des chants, des fumigations et des ruisseaux de sang.

Bien que certains brahmanes accordent à l'attitude intérieure une valeur bien supérieure aux prescriptions du rituel, bon nombre d'entre eux ont une foi naïve, pratiquent d'une façon mécanique ou accomplissent les rites dans le seul but de s'enrichir. Évoquant le bain dans le Gange sacré, une nonne exprime sur un ton humoristique la position bouddhiste sur la question :

> Seul un ignorant peut t'avoir expliqué, à toi l'ignorant, que le bain libère des mauvaises actions. S'il en était ainsi, alors les poissons, les tortues, les grenouilles, les serpents d'eau et les crocodiles – tout ce qui vit dans l'eau – iraient directement au ciel. Tous ceux qui font de mauvaises actions (ou suivent un commerce impur) comme les égorgeurs de moutons et de cochons, les chasseurs, les pêcheurs, les voleurs et les assassins seraient

délivrés du mauvais karma en s'aspergeant d'eau. De plus, si ces fleuves devaient laver le mal que tu as commis, ils laveraient aussi tes mérites religieux, te laissant derrière, creux et vide[1] !

Pour le Bouddha, le véritable brahmane n'est pas celui qui pratique avec cet état d'esprit, ni celui qui doit son statut à sa naissance, à sa famille, mais celui qui est parvenu à contrôler ses sens et son mental, à se libérer du souci de son être propre (atman), à se défaire du désir pour les objets des sens, de la malveillance, de la torpeur physique et mentale, de l'inquiétude et du doute. Il a cultivé la confiance, le contentement, l'effort énergique, l'attention, la compréhension de l'impermanence, du non-soi* et des *quatre nobles vérités**. Ce faisant, il demeure en paix, en simplicité, l'esprit établi dans l'amour bienveillant. Le véritable brahmane est le disciple pleinement accompli, l'arahant* (skt. *arhat**). Le *Dhammapada*[2] consacre le chapitre 26 à préciser les obstacles qu'il a surmontés et à définir ses qualités. Le Bouddha souligne entre autres :

> 391. Celui qui ne fait aucun mal par le corps, la parole ou le mental, celui qui est contrôlé en ces trois modes, celui-là, je l'appelle un Brahmane.
> 392. Ce n'est pas par le tressage des cheveux, ni par la famille, ni par la naissance que l'on devient Brahmane. Mais celui en qui existe à la fois l'essentiel et le Dharma, il est pur, il est Brahmane.
> 406. Celui qui est amical parmi les hostiles, celui qui est paisible parmi les violents, celui qui n'est pas attaché, lui, je l'appelle un Brahmane.
> 407. Celui en qui la convoitise, la haine, l'orgueil, le dénigrement sont tombés comme une graine de moutarde de la pointe d'une aiguille, lui, je l'appelle un Brahmane.
> 408. Celui qui prononce des paroles aimables, instructives et vraies, celui qui ne fait offense à personne, lui, je l'appelle un Brahmane.
> 411. Celui qui n'a pas de désir, celui qui par connaissance est libre de doutes, celui qui a plongé dans le sans-mort (le nirvana), lui, je l'appelle, un Brahmane.
> 412. Celui qui a transcendé et le bon et le mauvais aussi bien que les peines, celui qui est sans chagrin, sans taches et pur, lui, je l'appelle un Brahmane.

Ne se préoccupant pas des castes, le Bouddha détourne le sens usuel du mot « brahmane » pour renvoyer ses auditeurs à son fondement spirituel. Dans un sutta du corpus pali, il éclaire avec précision sa position vis-à-vis de la notion de « caste ». Alors qu'il médite sur la berge d'une rivière, un brahmane lui demande : « À quelle caste appartenez-vous ? » Le Bouddha répond :

---

1. Extrait des *Stances des anciennes* (*Therigatha*), cf. H. W. Schumann, *Le Bouddha historique*, p. 95-96.
2. Ouvrage appartenant au corpus pali, le *Dhammapada* se présente sous la forme d'un condensé de l'enseignement du Bouddha, une compilation de ses propos mémorables.

Je ne suis ni brahmane, ni guerrier, ni paysan, ni d'aucune autre caste. Je suis celui qui comprend comment l'existence vient à être. Ta question sur les castes est hors de propos. (...) Puisque tu veux comprendre, écoute bien. Ne te pose pas de question sur la caste ou la fortune des gens, mais plutôt sur leur conduite. Regarde les flammes d'un feu. D'où viennent-elles ? D'un morceau de bois – et peu importe de quelle essence de bois. De même un sage peut être fait de n'importe quel bois. C'est par la force de caractère, la mesure et le souci de la vérité, que l'on devient noble, et non par la caste[1].

Cette position vis-à-vis de l'ordre social en vigueur s'affirmera de façon déterminante avec l'entrée des femmes dans la communauté monastique. C'est une nouveauté importante puisque dans la culture brahmanique les femmes ne peuvent être ascètes compte tenu en particulier de leur rôle au sein de la cellule familiale (voir p. 133). Cette orientation égalitariste deviendra flagrante avec l'enseignement sur la nature de bouddha, le potentiel d'éveil présent en tout être.

Alimentation végétarienne et non-violence

Au VIe siècle avant notre ère, les Indiens consomment la chair d'animaux sacrifiés ou décédés de mort naturelle. La viande est un produit de luxe. Comme on l'a vu, les brahmanes sacrifient parfois des milliers d'animaux. Deux raisons majeures poussent le Bouddha à s'élever contre ce genre de pratique ancestrale. Tout d'abord, les animaux innocents n'ont pas à payer de leur vie les actes commis par des hommes en quête d'un rachat. La délivrance ne s'achète pas et chaque homme étant responsable de ses propres actes, c'est à chacun d'en assumer les conséquences. Deuxièmement, la volonté supposée des dieux de réclamer des sacrifices de sang ne doit pas occulter l'élan de compassion à l'égard d'êtres vivants qui ont autant de droit à la vie que les hommes qui les assassinent.

Dans le chapitre VIII du « Sutra de l'entrée à Lanka » (*Lankavatarasutra*), un important sutra du Mahayana, le Bouddha reprend cette argumentation et l'amplifie avec une grande sévérité. Il précise que « manger de la viande est un crime ». Agir ainsi, sans prendre conscience de la gravité d'un tel acte, est lié à un karma négatif. Il ajoute surtout que le régime carné génère beaucoup de souffrances et contrevient à la libération. Parce qu'elle contribue à terroriser les êtres animés, cette habitude néfaste n'est pas compatible avec la culture de la bienveillance qui se trouve au cœur de l'éthique bouddhique.

---

1. *Sutta Nipata*. Cf. A. Bancroft, *Le Bouddha parle*, p. 11-12. On lira également le *Tevijjasuttra* (« Où sont les vrais brahmanes ? ») dans Môhan Wijayaratna, *Sermons du Bouddha*, p. 141-161.

Dans le corpus pali, on trouve également une discussion entre le médecin Jivaka et le Bouddha sur cette question. Du vivant du Bienheureux, les moines se devaient d'accepter toute offrande, sauf l'argent et la viande provenant d'un animal sacrifié à leur intention. Il n'était pas question d'offenser les généreux donateurs, même ceux qui, mettant de la chair animale dans le bol d'aumône, ignoraient que les moines étaient végétariens. Quiconque tue intentionnellement un animal pour nourrir la communauté, dit le Bouddha, pensant finalement agir positivement, commet un quadruple méfait : en attirant l'animal, en le tourmentant, en le tuant et en traitant le sangha d'une manière impropre. Un jour arrivera, dit-il, où tous les gens comprendront que les moines souhaitent que l'on ne tue pas les animaux. Et, en guise de conclusion, le médecin vante les bienfaits du végétarisme sur la santé du corps et le développement de la compassion.

Nul doute que les bouddhistes ont été inspirés par l'idéal de pureté du jaïnisme fondé sur le rejet de toute forme de violence. Non seulement le jaïnisme considère le sacrifice comme un meurtre mais estime qu'il est également criminel de tuer par négligence. D'où l'usage d'un balai de brins de coton pour écarter avec douceur et bienveillance le moindre insecte que les jaïns pourraient fouler du pied ou écraser en s'asseyant. C'est sur la question de l'intention que le bouddhisme se démarque du jaïnisme. Le Bouddha insiste sur le sens de la responsabilité, estimant que tuer sans intention négative n'est pas un acte criminel.

Reconsidérer le sacrifice

Dans le *Kutadantasutta*[1], le Bouddha s'adresse à un brahmane venu requérir auprès de lui de précieux conseils pour accomplir un grand sacrifice au cours duquel plus de deux mille animaux seront abattus. En guise de réponse, le Bienheureux lui confie qu'il fut dans une vie passée le principal conseiller d'un roi nommé Mahavijita. Celui-ci souhaitait également organiser un grand sacrifice, pensant qu'il serait utile au bien-être de son peuple et à son bonheur. Il raconte comment il a invité le roi à réorienter sa quête en attirant son attention sur deux points essentiels : soulager son peuple de la pauvreté plutôt que dilapider l'argent dans des cérémonies coûteuses ; réaliser que le véritable sacrifice est celui qui engage l'homme sur la voie de la connaissance et de la non-violence fondamentale.

---

1. Sur le principe de non-violence. Cf. Môhan Wijayaratna, *Les entretiens du Bouddha*, p. 133-162.

La référence aux expériences passées devient un tremplin qui conduit le brahmane Kutadanta à questionner le Bouddha sur le sens ultime du sacrifice. Lui révélant les arcanes majeurs du cheminement, le Bienheureux aide Kutadanta à pacifier et clarifier son esprit afin qu'il s'éveille au sens véritable de son existence. Finalement, le renvoi aux conditions antérieures de la conscience n'est qu'anecdotique. Il sert de tremplin pour centrer la réflexion sur l'épuisement de l'ignorance et la valeur très précieuse de l'instant présent.

L'exemple du *Kutadantasutta* est très parlant et pourrait servir de modèle pour comprendre l'action du Bienheureux. En changeant son attitude, Kutadanta préserve des vies et se soustrait à des pratiques génératrices d'innombrables souffrances. Il comprend qu'il est important de venir en aide aux êtres de manière concrète. Compte tenu de son statut social, son comportement bienveillant peut servir d'exemple à tous ceux qui l'entourent.

L'*Aggisutta*[1] narre une histoire semblable. Le brahmane Uggatasarira a organisé un sacrifice sanglant et vient chercher conseil auprès du Bienheureux. Le Bouddha lui dit que le massacre de tant d'animaux n'a rien d'avantageux ni de très fructueux, et n'apportera pas le bonheur et le bien-être qu'il recherche. Il donne ensuite un enseignement sur les feux intérieurs malfaisants, causes des actes négatifs du corps, de la parole et de l'esprit. Ces feux qu'il convient d'éteindre sont les trois poisons de l'esprit : l'ignorance, le désir et la colère. Le sutta se termine par ces belles paroles d'Uggatasarira : « Honorable Gautama, je laisse en liberté ces cinq cents taureaux, je leur donne la vie ; je laisse en liberté ces cinq cents jeunes bœufs, je leur donne la vie ; je laisse en liberté ces cinq cents génisses, je leur donne la vie ; je laisse en liberté ces cinq cents béliers, je leur donne la vie. Que ces animaux mangent de l'herbe comme ils veulent. Qu'ils boivent l'eau fraîche comme ils veulent. Que la douceur du vent souffle sur leur corps. »

Le *Kutadantasutta* et l'*Aggisutta* illustrent le premier précepte du bouddhisme (préserver la vie en s'abstenant de tuer des êtres vivants) et font écho à la stance 270 du *Dhammapada* : « Il n'est pas non plus un Arya celui qui blesse les êtres vivants. Par la non-violence envers tous les êtres vivants, on est appelé un Arya (un "être noble"). »

Se nourrir est une pratique

L'alimentation fait partie intégrante de la pratique parce qu'elle est un facteur essentiel à la vie contemplative. Nous verrons que la période d'ascèse du Bouddha l'a affaibli au point d'altérer sa lucidité et de

---

1. Cf. Môhan Wijayaratna, *Sermons du Bouddha*, p. 41-49.

démultiplier ses souffrances. A contrario, une suralimentation ou une alimentation inappropriée alourdit l'esprit et attise les émotions douloureuses. Une juste mesure s'avère nécessaire de sorte que le corps soit maintenu dans un état paisible et soutienne l'entraînement de l'esprit. En Inde, on parle parfois de nourriture-médicament quand il s'agit de consommer des aliments qui vont corriger les déséquilibres du corps et améliorer la distribution des substances nutritives.

Les considérations sur l'alimentation ont été consignées dans l'*Ayurveda*, le « Veda de longue vie ». On y apprend que les aliments exercent des effets subtils sur les états de conscience et influent sur les trois humeurs principales, les *doshas* : l'air (*vayu*) lié au système nerveux ; la bile (*pitta*) liée au système métabolique ; le mucus (*kapha*) lié au système sécrétoire. Les trois humeurs interagissent avec les cinq éléments (terre, eau, feu, air, espace) et les trois principes de la nature appelés *gunas* : la pureté et l'harmonie (*sattva*) ; le changement, l'activité et la passion (*rajas*) ; l'inertie et la torpeur (*tamas*). Tous les phénomènes, y compris bien sûr les aliments, possèdent ces trois qualités. L'une d'entre elles se trouve toujours en dominante. La proportion varie en fonction de l'état de l'aliment. Un plat composé de légumes frais, par exemple, est à dominante sattvique lorsqu'il est juste servi. Il devient tamasique une fois réchauffé. Les associations de couleurs, de textures, d'épices et d'aromates ont aussi leur importance.

Les yogis s'efforcent d'adopter un régime sattvique qui permet de maintenir la santé des fonctions corporelles, de ne pas altérer le corps subtil et de pacifier le mental. Il serait trop long d'entrer dans les détails d'un tel régime mais il comprend en gros les céréales, les légumes et les fruits frais, les légumineuses, les oléagineux, le lait et le beurre. La viande, les oignons, l'ail, les légumes et les fruits trop mûrs, les aliments fermentés et l'alcool, considérés comme tamasiques, sont proscrits. Ces précisions figurent également dans le « Sutra de l'entrée à Lanka » (*Lankavatarasutra*), en particulier dans le poème qui clôt le chapitre VIII et qui se termine par ces mots : « Ceux qui s'abstiennent de viande et d'alcool renaîtront parmi les sages et les saints ; ils connaîtront l'abondance et la richesse, et ils jouiront de toute connaissance. »

Se nourrir participe au processus méditatif. L'histoire de la mandarine (p. 29) l'illustre bien. Manger calmement et en pleine conscience est d'ailleurs considéré comme une activité méditative. Le Bouddha enseigne aussi qu'on se nourrit pour apprendre le sens de l'offrande et du remerciement. Prendre un repas est une prise de conscience de la transformation de la nourriture en nectar de conscience éveillée. Ressentir la réciprocité profonde et la participation commune à une force-de-vie universelle renforce la compassion. Cette force-de-vie anime tous les êtres. Elle les relie en une même fraternité. Compte tenu de leur position et de leur impact sur le monde vivant, les êtres humains sont responsables de sa pérennité. En protégeant et respectant la vie, dit en substance le Bienheureux, elle se développe en l'homme. En négligeant le monde et les êtres, elle s'affaiblit. C'est dans ce cadre et dans le respect de la non-violence que l'alimentation végétarienne se justifie pleinement.

La non-violence appliquée au domaine de l'alimentation s'inscrit dans les résolutions concernant la conduite du corps : éviter de tuer, éviter de voler et éviter l'inconduite sexuelle ou l'usage erroné des sens. Elle aura un profond retentissement en Inde. En relatant l'expansion de l'enseignement du Bouddha, nous verrons que le grand empereur bouddhiste Ashoka (IIIe s. avant notre ère) renia les habitudes alimentaires de sa caste en devenant végétarien. Sa conduite fit des émules à tel point que, sous son influence, la population indienne est devenue massivement végétarienne.

3. L'actualisation du « hors temps » de l'éveil

La vie du Bienheureux actualise à un moment « x » la présence du *hors temps* de l'éveil. Le temps relatif paraît subitement se fondre dans l'atemporalité de l'expérience éveillée. Lorsque le bouddha Shakyamuni quitte ce monde, c'est un corps qui meurt, mais son activité se poursuit. Le « véritable » Bouddha, c'est l'éveil atemporel. Dans une Inde où la conscience temporelle se vit en dépendance d'une spatialité intérieure, la figure historique du bouddha Shakyamuni devient floue lorsqu'elle rend évident le lien impalpable qui unit le temps linéaire à l'espace indicible de l'esprit éveillé.

Le moment n'est pas encore venu d'examiner la notion d'éveil. Il en sera question dans le chapitre 13. Le premier point de repère au début du livre rappelle que le bouddhisme en son entier repose sur l'expérience primordiale. Cette expérience n'est pas de l'ordre du surnaturel et ne s'oppose pas à la condition temporelle. Elle est simplement délivrée des conditions négatives inhérentes au samsara.

Les limites de l'approche historique

L'approche historique nous enferme dans la succession temporelle et nous pousse à envisager toute chose en termes de devenir. La vision

99

des historiens nous conduit généralement à envisager le bouddhisme comme une voie en constante évolution sous l'effet des commentaires de maîtres comme Nagarjuna ou Shantideva. Pour un bouddhiste, il en va tout autrement parce que le Bouddha rend manifeste une réalité dans son entier. Il n'y a rien à soustraire, rien à ajouter. En ce sens, l'expérience de l'éveil est une expérience plénière. Elle ne dépend pas de circonstances particulières. En revanche, son résultat – l'activité éveillée – s'adapte aux besoins spécifiques d'une époque déterminée.

Si l'approche purement historique demeure capitale, elle a le défaut de restreindre l'ampleur de la transmission en écartant le caractère sacré des événements au profit de leur dimension socioculturelle. Elle finit même par oblitérer, par exemple, les pouvoirs extraordinaires du Bouddha que les corpus bouddhiques ont recensés. Or l'évocation de ces pouvoirs permet de mieux connaître la sensibilité indienne d'avant notre ère, et délivre un enseignement important sur le traitement réservé à l'expérience spirituelle. Dans la perspective traditionnelle, la dimension fabuleuse, enchanteresse et inspirante qui entoure le récit de la vie du Bouddha peut permettre de développer le « sens du caractère intemporel de la bouddhéité », sans que l'on puisse l'expliquer dans une opération intellectuelle limitée à l'ordre de la raison habituelle. En écartant ce riche matériau, on ne conserve que les faits historiquement plausibles. Or ces faits ne constituent en réalité que le noyau résiduel.

L'importance du merveilleux

Les récits hagiographiques qui vont user de la louange et du merveilleux sont en partie le fruit de l'atmosphère dévotionnelle qui se répand en Inde dès le début du Ier siècle avant notre ère. Les bouddhistes portent alors un intérêt croissant à la personne du Bouddha. Mais ils manquent de données biographiques car les richesses scripturaires, comme les suttas et le Vinaya, rapportent essentiellement les enseignements du Bouddha. En s'appuyant sur les éléments biographiques disséminés dans les textes, on décide de rédiger de « véritables » biographies. Mais les rédacteurs ne se contentent pas de compiler des références. Ils procèdent à des embellissements et recourent à des récits légendaires qui rendent floue la figure historique du bouddha Shakyamuni. Prenons quelques exemples. Selon la légende, son père était un grand roi particulièrement riche et puissant, alors qu'en réalité il n'était qu'un modeste souverain. Nous savons aujourd'hui que la région où est né le Bouddha n'avait rien de comparable avec les riches plaines fertiles du Gange. Les royaumes brahmaniques la considéraient comme un territoire semi-barbare où les conditions d'élevage et de culture n'étaient guère propices. Il en va de même de ses funérailles qui revêtent un caractère fastueux. On sait maintenant que la cérémonie fut certainement beaucoup plus sobre. Quelques savants soutiennent que les restes de son corps n'ont pas été placés dans des tumulus mais simplement enterrés en quelque coin de la jungle et rapidement oubliés.

La préoccupation des hagiographes n'est pas de fausser la réalité. Peut-être ont-ils cherché à rendre compte de principes relevant d'une tradition sacrée dont l'intelligence a sombré peu à peu dans l'oubli. Les embellissements littéraires dépendent étroitement de la conception de la bouddhéité mais aussi d'une dévotion qui nous est devenue étrangère. Pour parler en termes occidentaux, Siddhartha Gautama a reçu l'initiation chevaleresque conformément à sa caste. En renonçant au monde, il renonce obligatoirement à ses devoirs. Pour autant, il ne va pas contre un ordre établi, mais le transcende. Il est « l'initié véritable », c'est-à-dire et avant tout un bouddha, un éveillé, et par conséquent un être qui échappe au système des castes et à toute classification sociale. On saisit mieux pourquoi il manifeste au plus haut degré les valeurs d'amour et de compassion propres à toute chevalerie sacrée.

En parcourant le *Lalitavistarasutra* (« Le jeu en déploiement ») ou le *Buddhacarita* (« La carrière du Bouddha »), deux biographies qui débutent par le récit des existences antérieures de Siddhartha Gautama, « cent mille ères cosmiques auparavant », on serait tenté de croire que ce genre littéraire se limite à une compilation de légendes et d'affabulations. Il en va de même du *Jataka-atthavannana*, une compilation de contes intégrée au corpus pali, et du *Jatakamala*[1] (« La guirlande des naissances »), un recueil de 547 contes très populaires dans toute l'Asie. Dans ce dernier, le Bouddha apparaît sous de multiples formes tant animales qu'humaines ou divines, mais il est avant tout un bodhisattva, un être vouant sa vie à l'éveil pour le bien de tous les vivants, un modèle de générosité. Le propos de cette littérature narrative n'est pas de soutenir l'existence de la renaissance, mais d'illustrer le processus du karma. En relatant les étapes successives de son cheminement, on voit que le Bouddha maîtrise le temps et prouve son inconsistance en l'anticipant ou en le parcourant à rebours. Les souvenirs biographiques authentiques sont à chaque fois noyés sous une pluie de traits féeriques. Dans le cas du *Lalitavistarasutra*, ce procédé répond à l'orientation même de l'œuvre qui vise à présenter la dimension cosmique du Bouddha dans le formidable jeu de ses apparences et de ses œuvres.

---

1. Du poète indien Arya Shura qui aurait vécu au IVe siècle. Cf. *Les contes de Jataka*.

Dans ces cas précis, on voit bien que le merveilleux a été utilisé comme source d'inspiration. Il possède toutefois un aspect véridique si l'on parvient à saisir la dimension universelle du Bouddha rendue au travers d'une riche expression symbolique. Le récit mythique peut alors rendre compte en images d'une réalité indicible.

Comprenons que dans une société traditionnelle, le merveilleux est un élément constitutif du réel et non un phénomène qui lui est extérieur. Lorsque les rédacteurs attribuent un aspect miraculeux aux événements qui ponctuent la vie du Bouddha, ce n'est pas par pure invention poétique ou volonté de répondre au besoin d'une population assoiffée d'histoires extraordinaires, mais bien pour dessiner un espace imaginaire qui puisse rendre palpable la riche texture de l'expérience spirituelle. Cet espace évite d'enfermer une telle expérience dans les structures verbales et mentales habituelles. Il révèle aussi le fossé qui sépare souvent le savoir et l'expérience.

Pendant des siècles, les biographies traditionnelles inspireront les artistes indiens, sri-lankais et les sculpteurs de l'Asie du Sud-Est. Le temple de Borobodur sur l'île de Java, par exemple, l'un des plus importants monuments bouddhiques, érigé au VIIIe siècle, consacre les cent vingt bas-reliefs de la première balustrade au récit du parcours du Bienheureux. L'immense sculpture narrative relate des étapes clés, depuis son intention de naître parmi les hommes jusqu'au premier enseignement donné dans le parc des Gazelles à Sarnath. Elle constitue une formidable source d'inspiration populaire. Le comportement exemplaire du Bouddha devient un enseignement sur la liberté dont disposent les êtres humains pour orienter le cours de leur existence vers l'horizon d'un bonheur véritable.

Dans le contexte de la transmission des enseignements, le merveilleux est une voie parmi d'autres. Il ne consiste pas à modifier ou transfigurer le réel, mais à exercer notre sensibilité de sorte que nous parvenions à comprendre que l'expérience spirituelle véritable dépasse nos capacités de compréhension habituelles. Ainsi, sous l'effet du merveilleux, la figure du Bouddha devient plus éclatante. Le merveilleux nous décale des représentations que nous avons de nous-mêmes et du monde ; il nous extrait du langage « concret » et « utile » dans lequel nous sommes enfermés. Ce décalage ouvre notre regard. Nous cessons momentanément d'être pour nous-mêmes et les autres des anonymes de l'histoire humaine.

4. L'EXPOSÉ DES DOUZE ŒUVRES DU BOUDDHA

Toutes les écoles bouddhiques considèrent que le bouddha Shakyamuni n'est pas un cas unique mais qu'il fait partie d'une lignée d'éveillés appelés à se manifester en ce monde. Les plus anciennes mentionnent six bouddhas avant le bouddha Shakyamuni. Le Mahayana considère que le Bouddha historique est le quatrième de notre ère qui en comptera mille deux. Dans cette perspective, il est admis que chaque bouddha rouvre une voie ancestrale que l'humanité a oubliée. Les douze œuvres représentent les étapes de la redécouverte d'une vérité atemporelle et relatent sa transmission au moyen de méthodes variées adaptées à la diversité des êtres.

Comme nous l'avons vu, la cosmologie bouddhique ancienne nous apprend que les bouddhas apparaissent dans certaines phases précises des cycles cosmiques. Compte tenu du processus de dissolution universelle, les enseignements des éveillés ne persistent donc qu'un certain laps de temps. À l'époque du bouddha Dipamkara[1], vivait un ascète du nom de Sumedha. Celui-ci formula le vœu de tout mettre en œuvre pour atteindre l'éveil. Dipamkara, usant de ses dons de clairvoyant, confirma devant tous ses disciples que Sumedha deviendrait effectivement un bouddha pleinement éveillé portant le nom de Shakyamuni. C'est ainsi que Sumedha franchit le seuil de la voie des bodhisattvas.

Les douze faits marquants de la vie du Bouddha Shakyamuni constituent la structure archétypale qu'adopte la tradition indo-tibétaine pour exprimer le schéma de manifestation d'un bouddha. On les appelle des « œuvres » pour rendre compte de leur nature sublime. La tradition considère que toutes les actions de l'Éveillé sont accomplies, pures et non affectées par le processus du karma. Ce modèle récapitule également de manière didactique l'ensemble de la voie et s'apparente ainsi à un véritable parcours initiatique. À ce titre, son importance est considérable.

Les lecteurs intéressés par la symbolique des nombres prêteront attention au chiffre 12. Signe d'un accomplissement, du grand œuvre – au sens alchimique –, le 12 exprime la fin d'un cycle : mort initiatique (extinction de l'ignorance) et renaissance en l'état de bouddha. Il exprime la symétrie inverse des douze liens interdé-

---

1. Selon certains textes palis, il est le premier d'une série de dix-huit bouddhas précédant le bouddha Shakyamuni.

pendants[1]. Il renvoie également à l'unité du macrocosme et du microcosme : la continuité entre le déroulement cyclique de l'univers et le processus de transformation qui conduit l'homme à son renouveau. Trace intelligible de ce cycle, les douze mois de l'année en sont l'expression « humaine » et le zodiaque l'expression cosmique.

• La descente du ciel de Tushita

Après avoir passé de nombreuses existences à se parfaire, le futur bouddha Shakyamuni atteint le ciel de Tushita, quatrième séjour divin du domaine du désir. Ayant acquis une compréhension et une sagesse qui lui permettent désormais de venir en aide aux êtres, il œuvre à l'instruction des dieux et des bodhisattvas, attendant les circonstances propices à sa manifestation dans notre monde. Le moment venu, il donne un dernier enseignement et désigne son successeur en la personne du bodhisattva Maitreya*. Lorsque toutes les conditions sont réunies pour son départ (choix du lieu de naissance, de la famille, de la caste, etc.), des phénomènes extraordinaires se produisent dans le palais de Shuddhodana. Ils annoncent la venue d'un être exceptionnel.

• L'entrée dans la matrice de Mayadevi

Dix mois lunaires avant la naissance de son fils, Mayadevi, l'épouse de Shuddhodana, observant alors un jeûne accompagné d'une période de chasteté, rêva qu'un éléphanteau blanc à six défenses, la tête décorée de rouge, pénétrait son corps par le flanc droit. La reine ressentit une paix immense et demanda au roi d'entrer en retraite durant toute sa grossesse pour se consacrer à la pratique méditative. La vision de l'éléphant à six défenses emprunte à la mythologie védique qui en a fait la monture d'Indra, l'un des principaux dieux du panthéon brahmanique. Au VIe siècle avant notre ère, l'éléphant est un symbole de royauté. Sa blancheur signale son haut degré de pureté et la couleur rouge symbolise la vie.

---

1. [1] L'ignorance, [2] les formations karmiques, [3] la conscience, [4] le nom et la forme (composé psychophysique), [5] les six domaines (cinq sens et le mental), [6] le contact (entre l'organe et son objet), [7] la sensation, [8] la soif ou le désir, [9] l'appropriation, [10] le devenir, [11] la naissance, [12] la vieillesse et la mort.

Les devins aussitôt consultés annoncèrent à Shuddhodana la naissance d'un fils doté de qualités exceptionnelles. Ils prédirent que le prince nouveau-né atteindra l'éveil insurpassable et fera tourner la roue du Dharma pour venir en aide aux êtres vivants. Sa renommée s'étendra dans l'Inde entière. Ils précisèrent que s'il restait au côté de son père, accomplissant ses devoirs de caste et ses obligations familiales, il deviendrait un roi cakravartin*.

Pour le bouddhisme, le cakravartin est l'équivalent séculier d'un bouddha. Dans l'Inde védique, ce terme désigne un titre attribué aux souverains ayant réalisé de vastes conquêtes. Ils sont alors consacrés au terme d'un rite culminant dans le sacrifice d'un cheval blanc, symbole du soleil. Associé à cet astre, le cakravartin compte, parmi ses emblèmes, la roue (cakra). Il devient donc le « souverain à la roue », l'archétype de la royauté : roi au-dessus des rois, cœur du royaume terrestre, image du centre par excellence.

La prédiction veut qu'une distinction très nette soit établie entre le devenir séculier et l'avènement d'une autorité sacrée. Voici un fait nouveau propre au bouddhisme. En effet, comme dans la plupart des sociétés traditionnelles, la fonction spirituelle et politique repose sur un principe commun qu'incarne le « prêtre-roi ». On comprend que le bouddhisme, s'opposant aux sacrifices comme à la célébration des exploits guerriers, ait cherché à se démarquer de ce modèle. Cependant, lorsqu'on perçoit le Bouddha dans sa dimension d'absolu intemporel et universel, s'opère, au niveau purement spirituel, une analogie entre le cakravartin et l'Éveillé, le souverain de tous les mondes.

La tradition rapporte que le futur bouddha Shakyamuni à l'état fœtal réside dans un palais immatériel fait de santal, situé dans le flanc de sa mère. Il repose en état méditatif et brille d'une lumière éclatante, comme un joyau dans un écrin de cristal. L'enfant n'est donc pas le fruit d'une union charnelle. À aucun moment il n'entre en contact avec le sang ou d'autres matières grossières. Lors de sa naissance, il n'empruntera pas les voies naturelles. Symboliquement, il échappe au désir et au devenir qui frappent les êtres ordinaires prisonniers du samsara. Ce fait majeur lui donne d'emblée un double statut : ayant l'apparence d'un être humain, il subit la loi de l'entropie universelle et s'inscrit donc dans le cours de l'histoire humaine. Mais dans le même temps, il demeure « l'infiniment autre », expression d'une dimension inaltérable et inconcevable qui échappe à la perception habituelle. Une telle dimension trouve sa plus belle expression dans la notion de trikaya, la vision des *trois corps d'un bouddha** comme manifestation du principe d'éveil[1].

---

1. Voir chap. 4, *Le Mahayana*.

• La naissance en ce monde

En – 560, le futur Bouddha vient au monde dans le parc de Lumbini, un jardin d'agrément situé non loin de la capitale Kapilavastu, aujourd'hui Tilaurakot, en territoire népalais. L'accouchement est indolore. La tradition rapporte que Mayadevi se tint debout, appuyant sa main droite à la branche d'un figuier. L'enfant sortit de son flanc, se mit immédiatement debout et fit sept pas dans les quatre directions. Sous chacun d'eux, apparut une fleur de lotus. L'enfant s'adressant ensuite aux quatre points cardinaux proclama : « Je suis né pour l'éveil, c'est ma dernière naissance en ce monde. »

Il est difficile aujourd'hui de réaliser la splendeur du paysage d'antan. S'il ne reste du bois de sala de Lumbini que quelques arbres, les vastes plaines verdoyantes du Teraï s'adossent toujours au pied des premiers contreforts himalayens, les monts Sivalik. Sur le site, trois monuments commémorent la manifestation du Bouddha en ce monde : un pilier élevé par l'empereur Ashoka au IIIe siècle avant notre ère, les vestiges d'un temple construit en l'honneur de Mayadevi et l'étang des Shakyas.

Shuddhodana accueille le nouveau-né dans l'un de ses trois palais dont les soubassements en pierres et en briques auraient été retrouvés dans le village de Piprahwa à la frontière indo-népalaise. Bien que très satisfait de la naissance de cet unique enfant mâle, il porte le deuil sept jours après l'heureux événement : une fièvre mortelle emporte son épouse Mayadevi. L'enfant sera donc élevé par Mahaprajapati Gotami, sœur cadette de Mayadevi et seconde épouse de Shuddhodana.

Le caractère extraordinaire du jeune enfant se traduit par des coïncidences merveilleuses. Le jour de sa naissance, les jardins du souverain connaissent une abondance de fruits inhabituelle. Les richesses se multiplient sans cause apparente. Lorsque le souverain s'empresse de conduire le nouveau-né dans les ruelles des villages avoisinants, les personnes en proie à la colère ou à la haine s'apaisent. La simple vue de cet enfant transforme les intentions négatives en intentions positives. Alors qu'il est encore très jeune, Asita, un sage de renom, reconnaît sur son corps les *trente-deux marques majeures et les quatre-vingts signes mineurs** d'un grand être. Il renouvelle la prophétie des devins selon laquelle il deviendra monarque universel s'il demeure au palais ou bouddha s'il renonce aux affaires du monde.

• La maîtrise des arts et des métiers mondains

Le jeune homme reçoit une éducation conforme à son rang et à sa caste. Parallèlement à l'apprentissage de la poésie, de la grammaire ou des mathématiques, on l'initie aux arts de la guerre qui comprennent alors le maniement des armes, la conduite des éléphants et l'équitation. Très rapidement, il excelle dans tous ces domaines. Mais si la légende est prompte encore une fois à l'hyperbole, faisant du jeune garçon un athlète hors pair doublé d'un érudit maîtrisant plus de cinq cents types d'alphabets, il semblerait qu'il accorde peu d'intérêt aux choses militaires. Il s'adonne à la rêverie et développe très tôt une propension à l'intériorisation. Cette attitude inquiète d'ailleurs son père. Aura-t-il l'étoffe d'un souverain pour ce petit royaume constitué pour une très grande part d'agriculteurs et d'éleveurs ? Saura-t-il préserver la semi-indépendance de la petite confédération vis-à-vis du royaume de Koshala ? Saura-t-il maintenir la paix, arbitrer les contestations, s'assurer du bon entretien des voies de communication, faire entrer l'impôt ?

• La vie de plaisirs

Se remémorant la prophétie et craignant de voir son fils unique se détourner de l'avenir qu'il entend lui réserver, Shuddhodana lui organise une vie exclusivement voluptueuse. Afin de l'ancrer davantage dans la vie mondaine, il arrange un mariage. Nous sommes en – 544. À seize ans, Siddhartha épouse la princesse Gopa.

Siddhartha adopte alors un mode de vie princier et passe son temps à se prélasser dans les bras de ses épouses secondaires et concubines. Il convient encore une fois de noter que l'image d'une vie livrée aux plaisirs est en grande partie le fruit de cet imaginaire indien prompt à dessiner des archétypes. Cette image désigne l'esprit dévoré par le désir et les délices de la jouissance. La réalité historique est plus nuancée. S'il est vrai que le couple ne manque de rien et se complaît un temps dans les ravissements des sens, il faut se rappeler que les Shakyas sont pour la grande majorité des éleveurs et des agriculteurs. Et bien que Siddhartha n'apprécie guère le travail des champs et se montre en définitive plus citadin, il est probable qu'il participe aux activités agricoles et qu'il est initié aux activités politiques et économiques qui incombent à son rang. Il ne vit pas non plus reclus, mais arpente les rues et les parcs de Kapilavastu, la capitale de la confédération. C'est justement dans ces parcs, lieux de villégiature pour les personnes de haute caste, qu'il observe les renonçants se reposant à l'ombre des grands arbres. Au cours de ces sorties, il a tout loisir d'évaluer l'ampleur du pouvoir acquis par les brahmanes sacrificateurs. Il entend les prières des prêtres officiants qui suivent les volutes des fumées. Il voit les gerbes de lait et les bouquets d'herbes sèches que l'on offre au feu. Son regard ne peut guère ignorer la multiplicité des rituels pas plus que les grandes cérémonies sacrificielles qui se tenaient sur commande.

La vie raffinée au palais se poursuit et, en – 531, Gopa donne naissance à un garçon appelé Rahula. Avec l'arrivée de cet enfant, les événements se précipitent. Alors que Shuddhodana se réjouit de voir sa descendance assurée sur deux générations, Siddhartha aspire à une tout autre existence.

• Le départ du palais

Les récits légendaires font de Siddhartha un adolescent élevé dans l'insouciance. Il ne connaît rien de la souffrance et des méfaits causés par le temps. Un jour, désireux de voir le monde tel qu'il est vraiment, il ordonne à son cocher de l'emmener visiter un parc situé en bordure de Kapilavastu. En route, il remarque un vieil homme à bout de forces. Devant son étonnement, le cocher lui explique que nous sommes tous condamnés à la décrépitude. Les deux sorties suivantes, il croise un homme atteint d'une maladie incurable et remarque un cadavre étendu au bord du chemin. Pris de stupeur et d'effroi, il se met à réfléchir au caractère tragique et terrifiant de l'existence. Le bonheur douillet du palais lui paraît désormais illusoire. Il sait que rien ne viendra le soustraire à la précarité de la condition humaine. Lors d'une quatrième sortie, il croise cette fois un renonçant au visage serein. En un instant, l'image de cet homme apaisé ruine tous les avatars du désir, le laissant face à son aspiration la plus profonde.

Cette ultime vision annonce l'esquisse d'une solution aux maux inhérents aux cycles des existences : renoncer à la vie habituelle et rejoindre les ascètes errants qui foulent les chemins poudreux du bassin gangétique en quête de la délivrance. Ni le respect des devoirs de sa caste, ni l'amour de son épouse, ni le sourire de son enfant Rahula ne le retiendront. Siddhartha Gautama a vingt-neuf ans. Il a bu jusqu'à la lie la coupe de la vie ordinaire et a perdu toute illusion à son sujet.

Une nuit, alors que tout le monde est endormi, il réveille Khanda, son plus fidèle serviteur, lui demande de seller son cheval et tous deux quittent promptement le palais. Arrivés dans une forêt, non loin de Kapilavastu, Siddhartha retire ses vêtements et ses bijoux. Il les confie à Khanda pour qu'il les rapporte à son père et lui annonce que son fils est désormais un renonçant. Il se rase ensuite le crâne et revêt la modeste pièce d'étoffe de couleur ocre pour signifier sa mort au monde habituel et son entrée dans la vie spirituelle. Commence ainsi une grande pérégrination en direction du Gange.

• L'ascèse

Il se rend tout d'abord à Vaishali. La capitale de la confédération vrijji jouit d'une forte activité économique. Siddhartha sait qu'il a toutes les chances d'y rencontrer des sages susceptibles de l'aider dans sa démarche. Les groupes qui se constituent autour d'un maître vivent en parfaite amitié. S'opère une véritable émulation entre des communautés qui se respectent. C'est dans cette atmosphère conviviale que Siddhartha rencontre Arada Kalama, un brahmane, sans doute hardi défenseur du Samkhya*. Siddhartha devient son disciple et apprend à maîtriser les chants védiques et des techniques certainement proches du yoga classique : attention soutenue sur un seul point qui permet d'unifier et d'égaliser le flux de l'esprit en évitant toute dispersion ; retrait des sens et recueillement silencieux en l'état où toutes les activités du mental discursif se dissolvent. Ces méthodes constituent une véritable catharsis. Sous l'effet de l'épurement, l'agitation et la complexité s'estompent. L'esprit repose alors en la clarté de sa simplicité naturelle.

Arada Kalama remarque que Siddhartha dispose de capacités exceptionnelles et lui offre de partager avec lui l'autorité spirituelle du groupe. Déclinant la proposition et réalisant le caractère limité de ces états d'absorption, il repart sur les chemins et décide de se rendre à Rajagriha, capitale du Magadha, pour y recevoir les enseignements d'un maître en yoga, Rudraka Ramaputra. Là encore, Siddhartha fait preuve d'une maîtrise hors du commun, mais se rend compte que même s'il est parvenu à des niveaux de conscience extrêmement subtils, il n'a pas réalisé le véritable éveil. Rudraka Ramaputra, stupéfait par les facilités et le degré d'avancement spirituel de son disciple, lui propose de devenir le maître de son école. Siddhartha refuse et décide alors de poursuivre seul sa recherche.

Il part en direction du sud-est, longe la rivière Nairanjana et gagne les forêts de figuiers et de manguiers qui bordent l'actuelle Bodh-Gaya. Nous sommes en − 531. Là débute une période d'ascèse qui va durer six longues années. Il s'adonne aux pratiques yogiques de rétention du souffle et de fixation volontaire de la pensée, mais aucun résultat positif ne vient récompenser ses efforts. Il ressent plutôt des désagréments physiques et décide alors de pratiquer les mortifications et l'ascèse alimentaire. Cinq brahmanes renonçants, admiratifs devant sa volonté indéfectible, le rejoignent. Une statue, intitulée *Siddhartha se livrant à l'ascèse*, exprime les souffrances qu'endure le futur Bouddha. On le voit en posture assise, le visage émacié, les orbites et l'abdomen caverneux. Le corps dans son entier ressemble à un squelette sur lequel court le réseau veineux saillant. Cette effigie fait écho à la description que le Bouddha a lui-même donnée de son état :

> Depuis que je prenais si peu à chaque fois, mon corps devenait d'une extrême maigreur. Mes membres devinrent comme les jointures noueuses et sèches du bambou, mes fesses comme le sabot d'un buffle, mon rachis, avec ses vertèbres proéminentes et enfoncées, comme une corde à nœuds. Mes côtes étaient visibles comme les chevrons d'une maison en ruine. (…) Si je voulais toucher la peau de mon ventre, je rencontrais, tant l'une était proche de l'autre, ma colonne vertébrale. Si je voulais vider mon urine ou mes excréments, je tombais de faiblesse sur ma face et si je frottais mes membres, les poils, pourris jusqu'à la racine, me venaient dans la main (*Majjhima-Nikaya*, 36).

À l'époque, l'ascèse et les mortifications passent pour délivrer l'esprit du pouvoir des sens. Aujourd'hui encore, en plein cœur d'une Inde occidentalisée, il existe des reliquats de telles pratiques. Certains renonçants ont fait le vœu de garder un bras dressé au-dessus de leur tête ou de demeurer des années debout sur une seule jambe. D'autres encore s'enterrent pendant quelques heures ou s'assoient dans un cercle de feu, sous un soleil de plomb, portant sur leur tête une jarre emplie de cendres incandescentes.

Au cours de l'année − 525, Siddhartha, âgé de trente-cinq ans, constate que l'affaiblissement de son énergie vitale obscurcit sa conscience. Les mortifications ne font qu'accroître sa souffrance et ne mènent pas à l'éveil. Il décide alors d'abandonner ces pratiques et de s'alimenter convenablement, laissant derrière lui ses compagnons mécontents de sa décision. Sujata, une jeune laitière, lui offre un bol de riz au lait. Il se sustente, puis prend un bain dans la rivière Nairanjana. Son teint doré et les trente-deux marques de prééminence, altérés par les privations, réapparaissent. Un jour, jugeant cette période de sa vie, il prononça ces paroles consignées dans le 311e verset du *Dhammapada* :

Exactement comme l'herbe kusha qui, cueillie maladroitement, coupe la main de qui la cueille, de même la vie ascétique, maladroitement menée, mène à l'état infernal.

Remarque sur les implications du reniement des plaisirs et de l'ascèse morbide

La quête des plaisirs et l'ascèse morbide reposent sur la dichotomie corps/esprit. D'un côté, la vie de l'esprit est délaissée au profit du corps devenu l'objet de toutes les attentions parce qu'il est le support des délices sensuels. De l'autre, en tentant d'abolir la puissance du corps, on s'efforce de tarir la soif du plaisir des sens, pensant découvrir la vie réelle de l'esprit. Dans les deux cas, enseigne le Bouddha, c'est l'échec. La dichotomie dresse l'esprit contre le corps. Quand bien même on réduirait le corps à une peau de chagrin, son empreinte psychique demeurerait toujours aussi profonde. Quand bien même on souhaiterait refouler la vie de l'esprit, son empreinte corporelle n'en serait pas moins effacée. À chaque fois, la préoccupation du corps demeure ; seule change la représentation que l'on s'en fait.

Pour bien comprendre l'ardeur de cette soif, on peut se référer à l'état contraire : le détachement. Il n'est pas question de nier la valeur du plaisir des sens, mais de se soustraire à la préoccupation mentale qu'il provoque une fois que l'on s'y est attaché. Dans le *Dhammapada*, définissant les qualités du brahmane, l'homme accompli, le Bouddha retient le détachement vis-à-vis des plaisirs. Et pour nous éclairer sur ce qu'il entend par détachement, il emploie deux jolies images : une goutte d'eau sur une feuille de lotus, une graine de moutarde sur la pointe d'une aiguille. L'esprit détaché n'adhère à rien et pourtant il demeure dans une présence subtile aux choses. Conservant sa fluidité naturelle, il glisse sans retenue à la surface des apparences dans un équilibre extraordinaire, au-delà du goût et du dégoût.

L'ascèse bouddhique n'est donc pas un combat contre soi-même mais un renoncement aux pesanteurs, aux grossièretés, aux complications des passions, de sorte que l'esprit demeure en la simplicité et s'établisse dans l'harmonie du bien. Arrivé à un certain degré de pureté intérieure, l'esprit, vivant en la présence pure de sa nature, n'en devient que plus présent aux autres. Cette présence simultanée peut s'appeler la bienveillance. En veillant au bien pour lui-même, l'ascète bouddhiste répand autour de lui la douceur sous la forme d'une attention affectueuse pour le monde et les êtres vivants.

● Le recueillement sous l'arbre de l'éveil

Siddhartha se rappelle un souvenir de jeunesse. Assis à l'ombre d'un arbre, il contemple un cultivateur en train de labourer son champ. Il ressent une compassion immense pour les vers et les insectes qui meurent sous le poids de la charrue, pour les bœufs qui la tirent et le laboureur harassé par sa besogne. Une quiétude incomparable le gagne. Le corps léger, l'esprit exempt de tensions, il est plongé dans les délices de la félicité. « N'est-ce pas cette expérience qui doit désormais me servir de guide, se demande-t-il ? Ne devrais-je pas la revivre et l'approfondir ? »

Il part alors à la rencontre de sa vision, là où la réalité n'est plus inventée, où la parole se confond avec les bruissements des eaux, les murmures du vent, les cris des singes et les chants des oiseaux. Attiré par un arbre pippala[1], il décide de s'installer à son pied et confectionne un petit coussin avec l'herbe kusha[2] que lui a donnée un fermier. Là, sous l'ombre protectrice du feuillage, après quarante-neuf jours de pratique méditative, l'éveil s'actualise. Aujourd'hui, à côté du grand stupa* de Bodh-Gaya, trône un descendant de l'arbre originel.

Les arbres ont été les premiers éléments de la nature à faire l'objet d'une dévotion. Lien entre le ciel et la terre, l'arbre demeure un symbole de fertilité que renforce la présence des dryades qui les habitent. Ces nymphes, représentées sur la façade des temples sous l'apparence de jeunes femmes sensuelles au corps ondoyant comme des lianes, incarnent la vitalité de la nature. Selon une croyance répandue, il était imprudent de passer la nuit sous un arbre. On risquait de tomber sous le charme des dryades et de sombrer dans la démence. En entrant en amitié avec l'arbre pippala, en communiant avec sa force vitale, le Bouddha ne subjugue pas les superstitions. Il rend compte de la relation sacrée qui unit l'homme à une nature « animée ».

---

1. Un *ficus religiosa* ou banyan, appelé également figuier des pagodes en Asie où il est vénéré pour sa longévité. Son bois sert à alimenter le feu des rituels.
2. Cette herbe sacrée est utilisée dans les rituels védiques où elle symbolise l'eau.

● La victoire sur Mara

Juste avant d'actualiser l'éveil, Siddhartha Gautama subit l'attaque des armées de Mara, le prince des démons. Personnification de l'ignorance, du désir, de l'attachement, de la colère et de la jalousie, il représente toutes les passions qui divisent. Dans le corpus pali, le récit si coloré et si expressif de ce dernier combat intérieur fit la joie des artistes qui y ont puisé des sources d'inspiration considérables : femmes désirables, incarnant la convoitise, la concupiscence et le désir, accompagnés de Kama, le dieu védique de la sensualité, monstres difformes, gnomes, serpents, jets de haches, de flèches, d'arbres déracinés ou de rocs...

Mara est le grand magicien, maître du monde, qui maintient les êtres dans le mirage du samsara. Se sentant menacé par celui qui risque de renverser son pouvoir, il prépare ses armées et lance ses hordes farouches de démons à l'assaut de Siddhartha. Il cherche à le déstabiliser en suscitant en lui la crainte de la mort. Simultanément, des cohortes de femmes splendides, incarnant l'avidité insatiable, l'insatisfaction et la luxure, essaient de le séduire dans l'espoir de stimuler un désir enfoui qui ne demanderait qu'à se réveiller. Mara s'efforce en vain d'attiser l'attachement au corps périssable.

Dans l'iconographie la plus ancienne, cet épisode est traité avec un lyrisme subtil. Aucune représentation du corps du futur Bouddha. Sa présence n'est que symbolique. Autour d'un trône vide sous l'arbre de la Bodhi (l'arbre de l'éveil), tourbillonnent des guerriers monstrueux et de jeunes femmes dans des postures lascives. En l'absence physique du méditant, on réalise combien leur assaut est totalement dérisoire. L'absence symbolise le non-attachement. Lorsqu'il n'y a ni corps ni mental, il n'existe pas de place pour le désir assoiffé. Ultérieurement, sur les bas-reliefs de Borobodur, par exemple, Siddhartha nimbé est paisiblement assis, méditant sur l'amour et la compassion. Son auréole, signe de sa dimension sacrée et du rayonnement de son énergie spirituelle, fait barrage à tous les projectiles. Et pour illustrer le pouvoir merveilleux de la bienveillance, la peinture tibétaine place Siddhartha au cœur d'une aura lumineuse qui transforme épées, pics et flèches en une pluie de fleurs.

Sentant la victoire toute proche, Siddhartha touche le sol de sa main droite, prenant ainsi la terre à témoin des mérites accomplis au cours de ses multiples existences. En signe d'approbation, elle se met à trembler. On dit que la déesse terre apparaît alors sous les traits d'une jeune fille à la longue chevelure mouillée. Prenant soin de la tordre, l'eau glisse le long de ses cheveux et se répand à grands flots, anéantissant les armées du prince des démons. L'anecdote a son importance. Le Bouddha n'invoque pas le ciel et ne se place pas sous la protection d'une puissance transcendante. Il affirme la présence de l'éveil en ce monde et son enseignement découlera tout naturellement de sa propre expérience.

● L'éveil

« C'était une nuit extraordinaire. Il y avait eu du vent, il avait cessé, et les étoiles avaient éclaté comme de l'herbe. Elles étaient en touffes avec des racines d'or, épanouies, enfoncées dans les ténèbres et qui soulevaient des mottes luisantes de nuit. » Giono débute ainsi *Que ma joie demeure*. On ose penser que telle était l'ultime nuit avant l'éveil. Au cours de celle-ci, Siddhartha expérimente les huit niveaux de recueillement méditatif. Nous avons noté que ces expériences méditatives coïncident avec différents séjours divins (voir tableaux 2 et 3, p. 69 et p. 70). Les stimuli mentaux et physiques se sont évanouis. L'esprit est pleinement là, parfaitement incorporé. Il perçoit les phénomènes, mais ils ne le préoccupent plus. Il demeure en son propre foyer, pleinement ouvert à cette expérience. Semblable à un lac dont les eaux demeurent paisibles et pures, l'esprit fait l'expérience de sa tranquillité, de sa transparence et de sa profonde lucidité.

Ce processus graduel conduit le bodhisattva à acquérir successivement les trois connaissances supramondaines. Au cours des trois veilles de la nuit, il revoit défiler ses existences antérieures, comprend le mécanisme du karma qui emprisonne les êtres dans la ronde samsarique et, alors que l'aube commence tout juste à poindre, il réalise la nature impermanente et conditionnée de tous les phénomènes. Thich Nhat Hanh donne à ces événements cruciaux une tournure lyrique particulièrement inspirante :

> Il perçut la présence de plusieurs êtres dans son propre corps : des vies organiques et inorganiques, des minéraux, des mousses, des herbes, des insectes, des animaux et aussi des humains. Il vit qu'au même instant d'autres êtres le contenaient également et eut la vision de ses propres vies passées, de toutes ses naissances et de toutes ses morts. Il assista à la création et à la destruction de milliers de mondes et d'autant d'étoiles. Il ressentit les joies et les peines de chaque être vivant – nés d'une mère, d'un œuf, de la fission... se divisant eux-mêmes à leur tour en de nouvelles créatures. Chaque cellule de son corps contenait le Ciel et la Terre, et voyageait à travers les trois temps : le passé, le présent et le futur. (…)

Il vit d'innombrables mondes naître et s'évanouir, de multiples êtres connaître des milliards de naissances et de morts. Il réalisa que ces événements n'étaient que des apparences extérieures et irréelles, semblables aux millions de vagues se formant et disparaissant à la surface de la mer éternelle. Si les vagues comprenaient qu'elles ne sont que de l'eau, elles dépasseraient les notions de naissance et de mort et connaîtraient la véritable paix intérieure, se débarrassant ainsi de toute peur. Cette révélation permit à Gautama de transcender le cycle de la naissance et de la mort, et il sourit. Son sourire était pareil à une fleur s'épanouissant dans cette nuit profonde qui s'illumina d'un halo de lumière. C'était le sourire de la compréhension sublime, l'intuition de la purification de toutes les souillures[1].

En cette nuit de l'an – 525, la lumière de la sagesse ayant dissipé les ombres de l'ignorance, Siddhartha Gautama fait l'expérience du plein éveil. Il a trente-cinq ans. Le Theravada, seul représentant du bouddhisme des origines, date cet événement dans la première nuit de la pleine lune du mois de vesaka[2] (avril/mai).

Durant une semaine, l'Éveillé examine le sens et la portée de sa découverte. L'iconographie relate cet épisode en le représentant assis en posture de méditation au sommet des anneaux repliés du cobra Mucilinda, le roi des nagas, qui le protège d'un orage en déployant son capuchon à sept têtes en guise de parapluie.

• Les années d'enseignement

Durant six autres semaines, l'Éveillé demeure en la profondeur de son recueillement et s'interroge pour savoir s'il doit faire part de sa réalisation. Il pense que personne ne pourra consentir à effectuer les efforts nécessaires pour atteindre une telle expérience. La plupart des gens, se dit-il, restent attachés aux biens de ce monde et ne voient pas que tout phénomène, y compris nous-mêmes, dépend de tous les autres et n'existe pas en soi. Selon lui, les conditions ne sont pas remplies pour qu'il puisse être compris.

Le voyant en proie au doute, Brahma* et d'autres divinités du panthéon brahmanique interviennent en le suppliant d'agir pour le bien du monde comme l'ont fait les bouddhas du passé. Devant leur insistance, l'Éveillé acquiesce. Il se dit alors que ses cinq anciens compagnons d'ascèse pourraient être des auditeurs de choix. Cet épisode

---

1. *Sur les traces de Siddharta*, p. 101-102.
2. *Vesak* est la principale fête bouddhiste dans le Theravada. Elle célèbre la naissance, l'éveil et la mort du Bouddha.

relate un point capital dans la transmission. On dit qu'en l'absence d'une requête, la parole du Bouddha ne peut être transmise, ni assimilée et encore moins réalisée. Le Vajrayana insiste sur cet impératif. Tout enseignement est précédé d'un rituel. Le disciple offre à l'enseignant le mandala de l'univers, « lui-même et son monde », sous la forme d'un support matériel symbolique. Il témoigne ainsi de l'authenticité de sa démarche et de sa dimension primordiale.

Le Bouddha se rend à Sarnath[1], près de la ville sainte de Bénarès, dans un parc célèbre pour ses essences et peuplé de biches, daims et gazelles. C'est là, dans ce qui deviendra le parc des Gazelles, que les cinq ascètes ont trouvé refuge. Dès qu'ils voient le Bienheureux, ils sont ébahis par la prestance et la majesté de son allure. Ils remarquent d'emblée qu'une transformation profonde s'est opérée en lui et ne tardent pas à lui demander quelles en sont les causes.

En réponse, le Bouddha dispense son premier enseignement. L'événement se situe quarante-neuf jours après l'éveil. On dit traditionnellement que la roue du Dharma se met en mouvement. L'image indique que le Bouddha n'agit pas sous le couvert de sa seule volonté. La rotation de la roue – la transmission – résulte de la force produite par la rencontre entre les besoins des êtres et l'infinie compassion de l'Éveillé.

Figure 9. La roue symbole de l'enseignement du Bouddha. Composée de huit rayons, elle représente les huit aspects de la voie (le noble octuple sentier).

---

1. Anciennement Isipatana, « le séjour des sages ».

❏ Le premier enseignement[1] : les quatre nobles vérités

En premier lieu, le Bouddha explique aux cinq ascètes qu'il faut éviter deux attitudes extrêmes : s'adonner aux mortifications et cultiver les plaisirs des sens. Se mortifier cache une peur de la vie. Se complaire dans les plaisirs des sens exprime le souci excessif que nous prenons du corps. Ces extrêmes symbolisent surtout une double usure. En négligeant le corps et en délaissant les préoccupations extérieures au profit d'une vie purement intérieure, l'ascète épuise du dehors la force-de-vie. Il oublie que les choses sensibles et le corps ne sont pas négatifs en eux-mêmes. Il ne comprend pas que l'éveil ne résulte pas de la négation de l'existence. A contrario, en se livrant à la seule satisfaction des plaisirs des sens, on cesse de prêter attention à la vie de l'esprit et la vitalité s'épuise. On attache trop d'importance à son bien-être et à sa propre existence.

Ayant fait l'expérience des plaisirs des sens et de l'ascèse morbide, le Bouddha précise qu'il a emprunté un chemin médian. Ce chemin, dit-il, « conduit à la tranquillité, à la connaissance suprême, à l'éveil, au nibbana (nirvana)[2] ». On l'appelle le noble octuple sentier :

1. compréhension juste
2. pensée juste
3. parole juste
4. action juste

5. moyens d'existence justes
6. effort juste
7. attention juste
8. concentration juste

Ces pratiques sont menées conjointement et se nourrissent mutuellement. L'adjectif « juste » souligne qu'elles servent le bien parce qu'elles vont dans le sens de l'harmonie et de la non-violence. Mais « juste » n'est pas le contraire de « faux », ni « bien » le contraire de « mal ». « Juste » et « bien » s'emploient dans le sens de « ce qui est » avant que l'ego ne pollue le comportement.

Parcourir le sentier, c'est appliquer les remèdes qui guérissent du désir avide et des émotions négatives découlant de l'ignorance de notre véritable nature. Voilà pourquoi l'octuple sentier est le *noble* octuple sentier. Noble parce qu'il permet à celui qui l'emprunte de devenir un *arya*, un homme établi dans le bien, un homme qui mène une vie bienheureuse, libérée du fardeau de la fixation égocentrique.

---

1. On ne trouvera ici qu'une esquisse de ce premier enseignement. Sa présentation détaillée se trouve dans la quatrième partie consacrée aux principales notions et pratiques (voir chap. 13, p. 563).
2. *Dhammacakkasutta* (extrait de Dr Rewata Dhamma, *Le premier enseignement du Bouddha. Le sermon de Bénarès*, p. 43).

En écoutant ces propos sur la voie médiane, les ascètes comprennent que le chemin qu'ils ont emprunté conduit à une impasse. Le Bouddha poursuit en énonçant un enseignement capital qui sera le fondement de tous ceux qu'il prononcera ultérieurement.

Suivant un schéma médical traditionnel, il dresse un constat sur la souffrance qui affecte les êtres vivants, présente ses causes, soutient la possibilité d'une guérison complète et prescrit le remède. Cet enseignement est appelé l'enseignement sur les quatre nobles vérités :

- *la vérité de la souffrance* : le diagnostic
- *la vérité sur l'origine de la souffrance* : le désir insatiable et les émotions négatives nées de l'incompréhension de notre véritable nature
- *la vérité de la cessation de la souffrance* : la guérison, la réalisation du bien-être
- *la vérité de la voie (le noble octuple sentier)* : la thérapie

Le mot « vérité » n'a pas une connotation dogmatique. Il met simplement en évidence le caractère objectif de ces constats. On pourrait très bien le remplacer par « réalité ». De même, l'adjectif « noble » ne

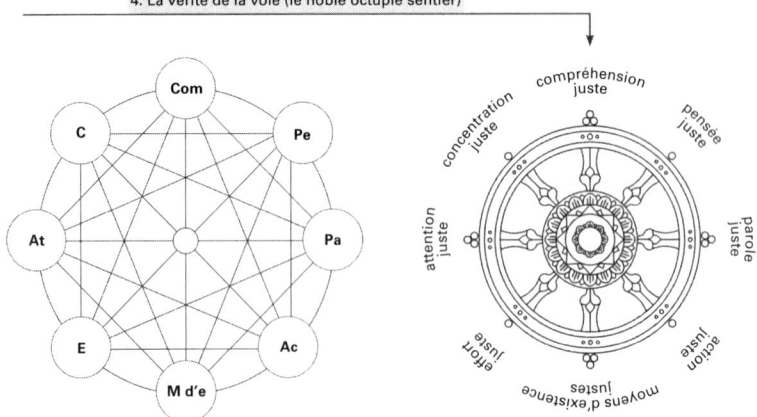

Figure 10. Les quatre nobles vérités et l'octuple sentier constitué des huit pratiques interdépendantes symbolisées par la roue à huit rayons. Les rayons convergent vers un moyeu vide, symbole de l'expérience d'éveil au-delà des noms et des formes.

118

qualifie pas ces réalités mais ceux qui, grâce à l'acuité de leur discernement, parviennent à réaliser leur caractère véridique. Ainsi l'expression exacte est les « quatre vérités des êtres nobles ». C'est par commodité que l'expression les « quatre nobles vérités » a été adoptée.

À l'audition de ce premier enseignement, les anciens compagnons d'ascèse réalisent l'état d'arhat, l'état dépourvu de toute souillure mentale. Peu à peu, d'autres personnes se joignent au petit groupe qui ne tarde pas à compter plus de soixante disciples. Ils attribuent à leur maître le titre de Bouddha, l'Éveillé, en reconnaissance de son haut degré de sagesse et de compréhension.

◻ *Les autres cycles d'enseignement*

De – 525 à – 480, le Bouddha ne cesse d'enseigner. Soutenu par les rois du Magadha et du Koshala, il fait souvent le trajet (plus de 400 km) entre les deux capitales royales Rajagriha et Shravasti, une ville située aux pieds de l'Himalaya dans l'actuel Uttar Pradesh, à l'ouest de Lumbini. Il marche jusqu'à 20 km par jour sur les routes commerciales de l'Inde du Nord. De son vivant, l'enseignement atteint les côtes occidentales grâce à son disciple Purna, un riche armateur originaire de l'actuelle Sopara, une ville située au nord de Bombay.

S'il s'adresse aux gens les plus simples, il souhaite aussi interpeller des intelligences aiguisées, estimant, sans être présomptueux, que son enseignement requiert une grande capacité de compréhension. Il sait que dans les grands centres urbains et leurs abords, il va rencontrer une population plus instruite et réceptive. Dans un climat spirituel en pleine mutation, on ne s'étonnera donc pas que la caste des brahmanes soit la plus représentée dans la communauté masculine.

Après l'événement fondamental qui eut lieu au parc des Gazelles à Sarnath, le Mahayana indo-tibétain considère que le Bouddha tourne encore à deux reprises la roue du Dharma. S'il est difficile de dater avec précision les enseignements ultérieurs, ces transmissions ont abouti à ce que nous connaissons aujourd'hui des différentes écoles et traditions bouddhiques.

Le deuxième tour de la roue du Dharma

Ainsi, en – 522 (la date demeure approximative), il se rend à Rajagriha, capitale du roi Bimbisara. Là, au pic des Vautours, il donne un deuxième cycle d'enseignements. Ce pic offre une vue panoramique sur la cité avec son mur d'enceinte et la vaste plaine entourée de collines rocailleuses. Il s'adresse aux bodhisattvas et aux disciples aptes à recevoir les enseignements de la *prajnaparamita*, littéralement la *connaissance transcendante** qui a trait à la vacuité* des phénomènes. Le Bouddha considéra que le plus grand nombre n'était pas prêt à comprendre ces enseignements avancés. Ils furent donc cachés jusqu'à ce que la situation devienne favorable à leur transmission.

La *connaissance supérieure** (prajna) est le processus qui conduit l'esprit à se libérer des apparences illusoires et des représentations conceptuelles. S'ouvre alors une perspective entièrement nouvelle. L'existence d'entités indépendantes s'avère illusoire. Certes les êtres sont dotés d'une identité propre et les choses possèdent des caractéristiques spécifiques, mais là n'est pas leur véritable nature. Fondamentalement, nous participons tous d'un même courant de vie : nos semblables, les animaux, les pierres, les plantes, les fleuves, les nuages, le vent, l'espace. Lorsque nous commençons à le comprendre, prajna s'éveille. Prajna atteint sa perfection lorsque la compréhension de l'interdépendance se vit pleinement dans un état d'ouverture, de clarté et de lucidité extraordinaire.

Le troisième tour de la roue du Dharma

Peut-être en – 521, mais certainement plus tardivement, et principalement à Vaishali, à Shravasti et sur le mont Malaya au Sri Lanka, apparaissant simultanément en divers lieux, le Bouddha fait tourner une troisième fois la roue du Dharma. Ce troisième cycle opère une synthèse des enseignements précédents et les dépasse. Il développe les enseignements sur la nature de bouddha (*tathagatagarbha*, la vraie nature de l'esprit de tout vivant), les *trois natures** et la vision du « tout est l'esprit un[1] ».

La transmission de la vue du Vajrayana

Ensuite, à une date indéterminée et sous une forme que seuls les êtres d'un haut niveau spirituel peuvent percevoir[2], le Bouddha a transmis la vue du Vajrayana, le « véhicule de diamant » considéré comme le niveau ultime de la transmission. Ce véhicule est une dimension du Mahayana. Il se caractérise par la place capitale qu'il accorde aux tantras*. Ces textes exposent la continuité de tous les aspects de l'existence et présentent les moyens habiles permettant de transmuter les émotions aliénantes en sagesses, leur véritable nature. Pour les mêmes raisons que les enseignements de la prajnaparamita, ces instructions ont été secrètement préservées jusqu'à une période jugée

---

1. Tout ce que nous percevons et concevons n'est autre que l'esprit.
2. Il s'agit du *sambhogakaya*, le corps d'expérience parfaite (cf. chap. 4).

propice à leur divulgation. Ainsi, les tantras bouddhiques n'apparaissent sous forme écrite que dans le courant du VIIe siècle. Entre le VIIIe et le XIIe siècle, le Vajrayana va largement se répandre en Inde et recevoir le soutien des puissants.

▫ *Celui qui vient de nulle part et ne va nulle part*

À deux reprises, l'Éveillé annonce aux cinq anciens compagnons d'ascèse qu'il est désormais le Tathagata*. Le sens originel de ce terme s'est perdu. Il signifierait « parvenu ainsi », « celui qui est désormais cela » (cela étant l'éveil) ou « celui qui est allé ainsi », c'est-à-dire celui qui a suivi une voie déjà ouverte par d'autres bouddhas du passé. Dans le « Sutra du diamant coupeur » (*Vajracchedika prajnaparamitasutra*), un sutra de la tradition mahayaniste, le Bouddha précise une synonymie importante : « Quiconque prétend que le Tathagata va, vient, se lève, s'assoit ou se couche, celui-là ne comprend pas le sens de mon enseignement. Pourquoi ? Parce que le terme "Tathagata" signifie "Qui vient de nulle part et ne va nulle part", si bien qu'on l'appelle Tathagata, Arhat, Bouddha authentiquement et parfaitement éveillé[1]. » Ne venant de « nulle part » et « n'allant nulle part », le Bouddha est sans origine, sans devenir, au-delà de la tripartition temporelle, foncièrement non né, présent pur, éternel présent.

• Le parinirvana

En – 480, le Bouddha, âgé de quatre-vingts ans, montre des signes de grande faiblesse. Il tombe gravement malade, mais les soins et les remèdes de son médecin personnel s'avèrent inefficaces. La tradition signale qu'à la demande de ses disciples un bouddha peut prolonger sa vie et circonscrire les maux qui devraient l'emporter. À plusieurs reprises, il en informe son fidèle serviteur Ananda qui ne semble pas l'entendre. Ne recevant aucune requête, le Bouddha décide de quitter ce monde. Il prend soin alors de résumer son enseignement en trente-sept points[2] et de rappeler que n'ayant désigné aucun successeur, la

---

1. Traduit du tibétain par Philippe Cornu, *Soûtra du Diamant*, p. 68.
2. Il s'agit des facteurs nécessaires à l'actualisation de l'éveil. On les appelle les « 37 auxiliaires de l'éveil ». Cf. annexe 1, p. 763.

communauté dépend exclusivement de l'enseignement. S'adressant à Ananda, il dit :

> Ainsi, Ananda, chacun de vous doit être une île pour soi-même, doit demeurer en soi-même comme en un refuge et sans autre refuge que celui-là ; chacun de vous doit faire du Dharma son île, doit demeurer avec le Dharma comme refuge et sans autre refuge que celui-là[1].

Cependant, il est dit que le Bouddha confia à seize arhats[2] la tâche de protéger le Dharma contre sa totale disparition en ce monde. Parmi ceux-ci, figure son propre fils Rahula. La tradition soutient qu'au moment où les êtres se désintéresseront complètement de l'enseignement, ces arhats rassembleront les textes qui auront été enfouis dans la terre. Le Dharma ne sera « réactualisé » qu'au moment de la manifestation de Maitreya, le futur bouddha. Ces protecteurs du Dharma ont fait l'objet d'une importante tradition iconographique, particulièrement en Chine et au Japon.

La vie du Bouddha en quelques dates

560	544	532	531	531-525	525
Naissance de Siddhartha Gautama dans les jardins de Lumbini.	**Mariage** avec Gopa à Kapilavastu.	**Les 4 rencontres** aux environs de Kapilavastu (un vieillard, un moribond, un cadavre, puis un renonçant au visage serein).	**Départ du palais** Après la naissance de son fils Rahula, Siddhartha renonce à la vie mondaine et aux délices voluptueux.	**Pratique du renoncement** Il suit deux maîtres en yoga avant de se soumettre à une terrible ascèse en compagnie de cinq autres renonçants. Réalisant ensuite son caractère inopérant, il pratique alors la méditation en solitaire.	**Éveil** sous l'arbre de la Bodhi, à Bodh-Gaya, près du fleuve Nairanjana. **Première mise en mouvement de la roue du Dharma,** 49 jours après l'éveil, au parc des Gazelles à Sarnath, au nord de Bénarès. Transmission des quatre nobles vérités et du non-soi.

Tableau 4. Principaux événements de la vie

---

1. Extrait du *Mahaparinibbanasutta* qui relate les derniers instants du Bouddha. Cf. la traduction de Môhan Wijayaratna dans *Le dernier voyage du Bouddha.*
2. En Chine, ce nombre a été porté à dix-huit.

Revenons aux dernières étapes de la vie du Bouddha. Sa santé se dégrade chaque jour davantage. Pourtant, il parvient à poursuivre ses pérégrinations en direction du nord. En chemin, accompagné d'un groupe de moines, il répond à l'invitation d'un généreux forgeron nommé Cunda. Pour ne pas décevoir son hôte, il consomme la nourriture qui lui est offerte, mais demande que l'on ne serve pas les moines. Il semblerait que le plat à base de viande et de champignons ait été avarié. Le Bouddha sait le risque qu'il encourt. En un sens, il se sacrifie, préférant honorer son hôte que de suivre scrupuleusement l'hygiène de vie qu'il avait toujours suivie. Atteint d'une grave dysenterie, il demande à ses disciples de ne pas accuser le forgeron car ses intentions, dit-il, étaient nobles et positives.

Cet épisode révèle deux enseignements. Même si la situation paraît absurde parce que le Bouddha sait ce qui l'attend, il montre combien il est important de répandre la joie et l'amitié autour de soi. Par ce sacrifice, il s'adresse directement au généreux Cunda et à ses proches

524	523	Indéterminé	523-480	480
Deuxième mise en mouvement de la roue du Dharma, au pic des Vautours, non loin de Rajagriha. Transmission des enseignements sur l'interdépendance et la vacuité.	**Troisième mise en mouvement de la roue du Dharma,** en divers endroits dont Vaishali et le mont Malaya au Sri Lanka. Transmission des enseignements sur la nature de bouddha présente en tout être, les trois natures et la vision du « tout est l'esprit un ».	**Transmission du Vajrayana,** sous l'aspect du corps d'expérience parfaite. Le Bouddha transmet la vue des tantras et les moyens habiles de transmutation.	43 ans d'enseignement. Pérégrinations dans le nord de l'Inde.	Parinirvana (mort du Bouddha) à Kushinagara.

du bouddha Shakyamuni (dates approximatives).

Principaux sites sacrés bouddhiques de l'Inde

Lumbini	Près de Kapilavastu.	Lieu de naissance du Bouddha.
Kapilavastu	Aujourd'hui, Tilaurakot, au pied des montagnes népalaises.	Ville où le Bouddha passa sa jeunesse.
Le descendant de l'arbre de l'éveil	À côté du grand stupa de Bodh-Gaya, à l'est du fleuve Nairanjana.	L'arbre sous lequel le Bouddha actualisa l'éveil.
Parc des Gazelles	À Sarnath, au nord de Bénarès.	Lieu du premier enseignement.
Rajagriha	Capitale du Magadha.	Ville où le Bouddha a souvent enseigné.
Forêt de bambous	(Venuvana), parc dans Rajagriha offert au Bouddha par le roi Bimbisara.	Lieu de retraite et d'enseignement.
Vaishali	Capitale des Vrijjis.	Ville où le Bouddha a souvent enseigné.
Pic des Vautours	Non loin de Rajagriha, à l'ouest du fleuve Nairanjana.	Le Bouddha y enseigna la prajnaparamita.
Shravasti	Ville située aux pieds de l'Himalaya dans l'actuel Uttar Pradesh, à l'ouest de Lumbini.	Site du premier monastère fixe appelé Jetavana. Le Bouddha y passa de nombreuses années.
Kushinagara	Au sud de Lumbini.	Dans une forêt d'arbres sala, le Bouddha entra en parinirvana.

Ne sont mentionnés que les sites en relation avec la vie du Bouddha. Les sites bouddhiques sont nombreux, en particulier dans le Maharashtra (côte ouest) et l'Andhra (côte est). Se reporter à la carte, p. 38.

disciples qui avaient tendance à le vénérer tel un dieu vivant. Il leur demande de renoncer à cette représentation comme il renonce lui-même à son corps.

Très affaibli, le Bouddha réussit à gagner Kushinagara, au sud de Lumbini. Les moines aménagent en hâte une couche dans un bois d'arbres sala en pleine floraison. Sitôt installé, le Bouddha annonce qu'il se repose en sa dernière demeure. La nouvelle se répand. Moines et laïcs se rassemblent auprès de lui. Le Bouddha leur demande d'exprimer leur doute quant au Dharma, mais tous restent silencieux, ne manifestant aucune inquiétude. Il donne ensuite ses dernières instructions, insistant sur le caractère impermanent de toute chose : « Tous les phénomènes conditionnés sont transitoires. Efforcez-vous d'atteindre l'éveil grâce à une pratique diligente. » Allongé sur le flanc droit, la main droite sous la tête, il entre dans un état de profonde méditation et quitte ce monde. La terre se met à trembler, rapporte la légende, et des musiques célestes résonnent pour témoigner de son parfait accomplissement. Le Bouddha a atteint le parinirvana*, le « nirvana complet », parce qu'à sa mort l'Éveillé a délaissé toutes les structures vitales et tous les agrégats qui le maintenaient encore en ce monde.

Des funérailles sont organisées. Selon la tradition, les cendres sont divisées en huit parts pour répondre à la demande des différents souverains. Chacun fait ériger dans son royaume des tumulus funéraires pour préserver les reliques. Deux urnes ont été découvertes et continuent d'alimenter la controverse savante autour des véritables funérailles du Bouddha. L'une, exposée au Musée national indien de Calcutta, a été trouvée à Pripawa, anciennement Kapilavastu, non loin de Lumbini. Une inscription sur le couvercle indique qu'elle aurait effectivement contenu des cendres du Bienheureux. La question des reliques est capitale pour la tradition des Anciens. L'enseignement, soigneusement consigné, et les pouvoirs des reliques manifestent encore la présence d'un maître définitivement coupé de ce monde.

● Les niveaux de lecture des douze œuvres

Ces douze œuvres récapitulent l'ensemble de la voie et servent de modèle pour décrire le parcours libérateur. Parmi les différents niveaux de lecture, quatre paraissent prépondérants : les niveaux historique, symbolique, analogique et spirituel.

Le premier se rapporte à la dimension historique du bouddha Shakyamuni. Les traits merveilleux qui émaillent sa vie dissipent les repères tangibles dans une nuée de symboles. Les lieux, les rencontres, les anecdotes, les pratiques apparaissent comme des signes qui balisent le cheminement. Le Bouddha traverse la nuit de la confusion, démasque les illusions, descend dans la caverne du cœur et découvre le trésor qu'elle abrite. Éclairées par la clarté lumineuse de la condition éveillée, les apparences se manifestent alors dans leur véritable nature. La lecture symbolique dévoile la dimension alchimique du parcours. Purifier, dissoudre pour régénérer la perception : réaliser l'illusion du dualisme. L'enseignement est la pierre philosophale, l'instrument de la régénération.

Vient ensuite le niveau analogique. La vie du Bouddha est le modèle de lecture de notre propre existence. Le Bienheureux nous apprend que la liberté se conquiert par la responsabilisation. Il s'est défait d'une vie déterminée par ses origines et son clan. Il a su démystifier les consensus sociaux et les modèles de vie qui lui ont été présentés comme étant le réel. Tel un miroir, il nous aide à réaliser que le germe d'éveil est en nous. En accueillant nos qualités positives, nous renforçons notre potentiel de vie, notre présence au monde, notre confiance et notre bienveillance.

Enfin, le niveau proprement spirituel qui correspond au plan de l'expérience. Cela consiste à vivre réellement l'aventure spirituelle en s'engageant à établir l'harmonie en soi pour le bien du monde.

ɔʒ

4
Déploiement de l'enseignement du Bouddha

1. LA COMMUNAUTÉ OU SANGHA

• Un sacrement

La communauté des apprentis du Dharma constitue ce que l'on appelle le sangha, l'« assemblée vertueuse ». Elle est l'un des trois joyaux du refuge, avec le Bouddha et le Dharma. Le sangha est l'ensemble de ceux qui pratiquent et transmettent les enseignements.

La communauté ne se limite pas aux moines et nonnes mais englobe tous les laïcs qui reconnaissent en la personne du Bouddha. C'est une fraternité, un corps dont chaque membre est indispensable. Comme l'explique Raimon Panikkar : « Le sangha est un des trois joyaux de la vie, il est nécessaire pour atteindre la libération. (...) On n'entre pas dans une famille, on est né en son sein. La totalité a la priorité sur les parties. Si je m'en vais, je tue mon propre être et je cause un mal irréparable à l'*ecclesia*, au sangha. Pour moi, ce serait l'enfer, et pour l'organisme une blessure inguérissable. La main ne peut pas vivre séparée du corps et elle ne peut être remplacée par l'œil[1]. »

S'il existe au temps du Bouddha une exigence de retrait physique, sa motivation repose sur la nécessité de se placer dans les meilleures dispositions pour éliminer les émotions négatives. Certes, la société humaine est dominée par l'égoïsme, la cupidité et la méchanceté. Pour autant, le monde n'est pas la source de la dysharmonie. La source de la dysharmonie réside en l'esprit indiscipliné, ignorant sa véritable

---

1. *Éloge du simple. Le moine comme archétype universel*, p. 113-114.

nature. Si le mode de vie du renonçant représente un idéal de comportement, l'exigence de la séparation d'avec le monde séculier n'est pas une obligation ; nombre de disciples du Bienheureux sont des laïcs. Il existe un lien vital entre la communauté des moines et la population. La communauté bouddhiste ne répond donc pas tout à fait aux mêmes exigences qui prévalent dans les communautés chrétiennes anciennes fondées sur la tradition de la séparation telle qu'elle s'est développée avec les monachismes égyptien et syrien au IVe siècle.

Le Bouddha ne cherche pas à fonder un ordre. Sa simple présence concourt à la mise en place d'un environnement favorable à la réception et à la diffusion de son enseignement. Le sangha se met donc en place au gré des circonstances, au fur et à mesure que le nombre de personnes souhaitant recevoir et vivre l'enseignement s'est accru. Les cinq anciens compagnons d'ascèse sont les premiers moines à constituer le noyau de base qui ne tarde pas à prendre de l'importance au cours des pérégrinations du Bouddha. La tradition rapporte qu'un jeune homme nommé Yasa, fils d'un banquier de Bénarès, qui deviendra d'ailleurs l'un des premiers bienfaiteurs du Bouddha, rejoint le sangha en compagnie d'un grand nombre d'amis. Et lorsque des maîtres brahmanes se rangent à la vision du Bienheureux, tous leurs disciples s'y conforment. La communauté compte très rapidement des centaines de moines.

Le mot que l'on rencontre dans les textes palis pour désigner les moines est *bhikkhus*. Il signifie « ceux qui mendient leur nourriture ». Soulignant leur statut de renonçant, ce vocable contient également un enseignement profond sur l'attitude intérieure adoptée par celui qui embrasse la vie sans foyer. Ayant renoncé au luxe et au superflu, ne produisant aucune richesse, ne disposant d'aucun argent, dépendant de la générosité des donateurs, le moine est convié à vivre la plus grande humilité, celle qui a su vaincre l'orgueil, la fierté et l'arrogance. Il envisage la complexité humaine sous l'angle d'une bienheureuse simplicité. Tous ces efforts constituent une tentative sans cesse renouvelée pour apaiser la brûlure des passions dévorantes afin qu'à chaque instant l'esprit s'éveille à sa simplicité foncière qui est aussi paix, clarté, immense plénitude. Dans le *Dhammapada*, le Bouddha a défini les qualités qui confèrent à une personne le statut de bhikkhu :

> Celui qui est contrôlé quant à la main, au pied, au langage, et au plus haut – la tête ; celui qui se réjouit en méditation, et qui est composé ; celui qui est seul et satisfait ; celui-là je l'appelle un *bhikkhu*.
> Celui qui n'a (aucune conception) de « moi et mien », que ce soit envers le corps ou la psyché, celui qui ne se chagrine pas pour ce qu'il n'a pas, celui-là, en vérité, est appelé un *bhikkhu*[1].

---

1. 362e et 367e versets des *Versets sur le bhikkhu*, p. 197 et 199.

Dans *Les enseignements du maître zen Dôgen*, on trouve également une belle et éclairante définition. Insistant sur l'attitude de détachement et la liberté foncière qui en découle, Maître Dôgen dit à ses disciples : « On appelle moine du Bouddha le disciple en robe de loques qui, comme les nuages, n'a pas de demeure fixe, et comme l'eau, poursuit son cours sans retenue[1]. » C'est dire qu'il ne s'attache à rien. Il est enveloppé d'espace et de vent. Il ne refuse pas la vie, il ne la rejette pas ; il la ressent au centre de lui-même, il se fond en elle.

Le monachisme est un état de profonde communion. La vie du moine a rencontré la Vie et dans ces retrouvailles il commence à entrevoir le réel tel quel. Sa vie coule dans la Vie en réponse à un appel simple et une évidence naturelle. Au fond, le moine ne renonce à rien. C'est pourquoi il faut se méfier du terme « renonçant » (samana ou sannyasin). Pour celui qui a *vu* l'indispensable, le reste devient illusoire, diaphane, inexistant. Le moine ne va donc nulle part et n'écarte rien sur son chemin. Il demeure simplement aimanté par sa découverte. Elle le porte et il repose en sa présence. La Vie le conduit à toujours plus de vie. Les règles, les vœux sont des balises au cas où…, au cas où les yeux se détournent, où le contact s'étiole… Vœux et règles sont nécessaires à l'organisation. Ils sont sa chair, le moyen de partager un idéal commun et une même vision. Au plus intime du moine, ils ne représentent rien. Là où le souffle de la plénitude offre sa chaleur, nul besoin de contrainte ou de rappel. L'état se suffit à lui-même. Le moine sait qu'en s'abandonnant à ce souffle, il renaît à l'essentiel.

◻ Le statut du moine

Dès le départ, le statut de moine revêt une grande importance. La vie monacale offre en effet les conditions favorables à la pratique et donc au succès dans le cheminement. Au VIe siècle avant notre ère, nombre d'Indiens ont soif d'une vie spirituelle authentique et partent à la recherche de maîtres aptes à les aider dans leur quête. L'avènement du Bouddha est une nouvelle qui se répand comme le parfum de la sève dans une forêt de pins. Le Bouddha n'a jamais fait de prosélytisme, ni manifesté la volonté d'instaurer et de diriger une communauté. Sa profonde réalisation spirituelle est à elle seule un facteur de ralliement. Ramana Maharshi compare l'effet de la transformation intérieure au soleil qui se contente de briller, et « parce qu'il brille, dit-il, le monde entier est plein de lumière ».

---

1. *Les enseignements du maître zen Dôgen (Shôbôgenzô Zuimonki)*, p. 211.

Par compassion pour le monde, le Bouddha considère qu'il ne doit pas rester l'unique enseignant et convie les moines les plus avancés à transmettre ce qu'ils ont reçu. Il leur accorde également l'autorisation de conférer l'ordination. La petite cérémonie comprend le rasage des cheveux et de la barbe, le port de la robe de couleur ocre, la salutation au moine chargé de l'ordination et la récitation de l'entrée en refuge. Elle prend ultérieurement une tournure plus solennelle lorsque les moines reçoivent l'ordination majeure. Le rituel initial a un caractère essentiel. Le simple fait, par exemple, d'abandonner des vêtements porteurs d'une identité sociale consacre une nouvelle naissance.

□ *La robe monacale et son symbolisme*

Au tout début, la robe monacale se réduit à une pièce de tissu faite d'un assemblage de loques. Des morceaux d'étoffe abandonnés faute d'utilité, souvent sur les lieux de crémation, sont récupérés, lavés, teints à l'aide d'une terre de couleur ocre ou safran, avant d'être cousus ensemble. Dans leur très modeste paquetage[1], les moines disposent par la suite de trois robes (pagne, toge et robe-manteau) qui permettent de faire face aux variations climatiques.

La couleur safran teinte les robes monacales des moines du Theravada, au Sri Lanka et en Asie du Sud-Est. Sous l'influence culturelle des autres pays qui accueillent la transmission, l'habit monastique change d'aspect et de couleur. Au Tibet, il combine le rouge lie-de-vin et le jaune d'or. Comparativement au rouge vif, qui représente la brûlure vive du désir et des passions, le rouge lie-de-vin caractérise la transmutation des émotions négatives en leur nature véritable, la sagesse. Le jaune d'or symbolise l'éveil. On dit que le teint du Bouddha avait la couleur de l'or. La tradition veut qu'à la fin de sa vie, son fidèle disciple et serviteur Ananda lui ait dit que son visage était plus étincelant que la lumière émanant d'une robe tissée de fils d'or. Le Bienheureux aurait répondu que le corps du Bouddha rayonne de cette façon à deux occasions, lors de son éveil et quelques jours avant sa mort. Les statues du Bouddha sont généralement dorées pour suggérer l'immanence de l'éveil au sein du monde des apparences.

Au Japon, les moines et les nonnes portent le kesa, symbole de la transmission du Zen. Il est un rappel de la toge originelle. De couleur ocre, il est simplement noué sur l'épaule. Le kesa orne le kolomo, une

---

1. On parle des huit « nécessités » : un bol d'aumônes, un rasoir, une aiguille à coudre, une ceinture, un filtre à eau, une brosse à dents, un bâton de pèlerin et la robe monacale.

robe de couleur noire, aux manches très longues. Cette tenue d'origine chinoise est utilisée pour les cérémonies et la pratique du recueillement méditatif. En guise de sous-vêtement, on porte généralement le traditionnel kimono japonais. Le pagne des origines est devenu le rakusu ou petit kesa, une pièce de tissu au format très réduit agrémentée de bretelles. Ne couvrant que la poitrine, le rasuku est plus pratique pour les activités courantes et les voyages. Il est intéressant de noter que la tenue du moine et de la nonne rappelle les étapes géographiques de la transmission : l'Inde pour le kesa, la Chine pour le kolomo et le Japon pour le kimono.

L'habit monastique est à lui seul porteur d'un enseignement très profond. Ces pièces d'étoffes rapiécées et cousues ensemble sont à l'image de l'assemblage des différents agrégats qui constituent la personne humaine. Dans le même temps, si la robe est le symbole de la pauvreté du moine, elle reflète l'une des significations de la transformation spirituelle. Ce que les hommes rejettent peut être la chose la plus belle et la plus sacrée. De même, ce qui semble souillé peut être régénéré et retrouver sa pureté première.

Toute relative qu'elle soit, l'apparence révèle le profond renversement intérieur. En la pauvreté, le moine et la nonne se rendent disponibles à ce qui est plus élevé que tout. Vivant le plus grand détachement, rien ne retient l'homme voué à l'humilité et n'aspirant qu'à l'essentiel. Échappant à ce qui nous enchaîne, il se rend totalement disponible à l'enseignement.

C'est en ce sens qu'il convient de comprendre l'acte initial du renonçant : se retirer du monde. Il ne le condamne pas. Le moine entre en solitude pour se délivrer des *huit préoccupations mondaines**, se simplifier et se recueillir. Aujourd'hui encore, la tenue gomme les singularités dans un environnement où prolifèrent les variations de couleurs et de style. Suggérant la nudité de l'esprit naturel et actualisant sur un mode allusif la présence de l'éveil dans le monde des formes, elle révèle partiellement ce qu'elle ne parvient pas à voiler : la simplicité bienheureuse du cœur. Chaque jour, elle rappelle aux moines et aux nonnes qu'ils sont riches de ce que la vie mondaine ne pourra jamais leur donner. Elle leur rappelle aussi leur engagement et les incite à agir de façon appropriée.

◻ *Le code de conduite monastique*

La multiplication des enseignants favorise grandement l'expansion géographique du sangha. La conduite demandée aux nouveaux venus prend pour modèle la manière d'agir du Bouddha. Elle va s'enrichir de nombreux préceptes en réponse aux difficultés rencontrées dans la vie quotidienne. Après la mort du Bienheureux, les multiples règles énoncées oralement servent de base à une codification plus rigoureuse. Elle aboutit aux vœux de *pratimoksha** ou vœux de « libération individuelle par élimination des facteurs engendrant la souffrance », constituant eux-mêmes l'essence des règles du Vinaya, un corps d'enseignements traitant exclusivement de la discipline. La pratique de ces enseignements vise à éliminer les actions et les pensées néfastes, causes de souffrances personnelles et interpersonnelles, et génératrices d'un karma négatif.

Le code de comportement a pour fondement les règles en vigueur dans les corporations de renonçants : célibat, vie itinérante, pauvreté et pratique de l'aumône. À cela, s'ajoutent les prescriptions, nombreuses et minutieuses, utiles à l'éducation des nouveaux moines parfois turbulents ou grossiers, et dont les attitudes risquent de nuire à la bonne image de la communauté. Mais elles doivent également servir à l'épanouissement spirituel des plus anciens. Selon le Bouddha lui-même, peu de membres du sangha incarnent véritablement un idéal de sainteté. Ainsi lit-on dans le *Dhammapada* :

> Beaucoup, qui portent à leur cou la robe jaune, sont de mauvaise nature, incontrôlés et mauvais. À cause de leurs mauvaises actions, ils renaissent dans l'état malheureux (307e verset).

On distingue les vœux de moines novices et ceux réservés aux bhikkhus, les moines pleinement ordonnés. Quatre prohibitions majeures sont en vigueur et leur transgression entraîne l'exclusion immédiate et définitive du sangha : le meurtre, le vol, les relations sexuelles et l'affirmation intéressée des pouvoirs spirituels. Le novice dépend d'un précepteur qui juge le moment opportun pour présenter son élève à l'ordination majeure. Après dix ans de pratiques monastiques, il peut recevoir le titre d'« Ancien », soit *thera* en pali, radical du mot « Theravada », l'école des Anciens.

En marge de l'ordination monastique, il existe une autre forme d'admission au sein de la communauté. Elle s'adresse cette fois aux laïcs. Après avoir pris refuge en les trois joyaux, la personne se doit de respecter cinq préceptes éthiques : ne pas tuer (y compris les animaux), ne pas voler, ne pas commettre l'adultère, ne pas mentir et ne pas prendre d'intoxicants. Ces deux voies d'admission au sein du sangha coexistent toujours. Elle se recoupent puisqu'elles visent le même objectif – l'éveil – et ont le même fondement – l'octuple sentier.

On comprend d'autant mieux l'importance du code de conduite monastique lorsqu'on sait qu'en Inde les renonçants sont quotidiennement en contact avec les activités sociales et économiques des laïcs.

Lorsqu'ils entrent dans les villes ou les villages pour pratiquer l'aumône, les moines doivent faire preuve d'une grande maîtrise de soi. C'est pourquoi le Bouddha accorde une importance capitale au contrôle des sens. Les monastères comme nous les connaissons en Occident n'existent pas. Ce sont au départ des installations provisoires faites de huttes en bois et construites en des zones protégées de la mousson. Les parcs et les bois offerts et entretenus par de généreux donateurs accueillent également des habitations sommaires. Les imposantes grottes excavées faisant office de monastère n'apparaissent qu'aux alentours du IIe siècle avant notre ère.

□ *Naissance du sangha féminin et vision démocratique*

L'importance de la maîtrise des sens devint flagrante avec la naissance du sangha féminin. À la mort de Shuddhodana, sa seconde épouse Mahaprajapati Gotami, qui a élevé le jeune Siddhartha, souhaite rejoindre la vie monastique. Dans le contexte de l'Inde brahmanique, la femme occupe un rôle central au sein de la cellule familiale et il n'est pas envisageable qu'elle puisse l'abandonner pour embrasser la vie d'ascète. En tant que brahmane, elle se doit d'assister son mari dans sa quête spirituelle et assurer l'intendance s'il décide de se retirer dans un ermitage de forêt pour consacrer les dernières années de sa vie à la pratique. Ainsi, dans un premier temps, le Bouddha refuse de prendre en compte sa requête. Mais sous la pression d'Ananda, son cousin et serviteur, il cède à la demande. Mahaprajapati Gotami entre dans la communauté accompagnée de plusieurs femmes. Il faut alors ajouter de nouveaux préceptes les concernant directement.

Le code de conduite régule également la cohérence du sangha. Avec l'expansion géographique, la communauté devient hétérogène. Une organisation plus structurée s'impose. La retraite de la saison des pluies réunit l'ensemble des moines répartis dans une diversité de groupes qui arpentent les routes et chemins de l'Inde du Nord. Moments propices pour recevoir des enseignements, cette retraite permet également de faire le point sur les questions de conduite. On débat jusqu'à atteindre un consensus. Le Bouddha s'est familiarisé dans sa jeunesse avec l'administration. Comme il loue le modèle de « constitution démocratique » mis en place par la confédération vrijjie, on a tout lieu de penser que les assemblées publiques et les décisions prises de manière collégiale influencent le mode d'organisation interne au sangha. Le corpus pali mentionne les sept vertus que le Bouddha relève dans le mode d'administration des Vrijjis, les considérant comme sept conditions indispensables à l'équilibre d'une fédération « démocratique » :

- Tenir des réunions régulières qui soient bien représentées.
- Prendre toutes les décisions par consensus.
- Se tenir aux lois et traditions en vigueur.
- Respecter et vénérer les aînés.
- Protéger jeunes filles et femmes.
- Prendre soin des lieux sacrés et pratiquer les offrandes.
- Venir en aide aux sages et yogis, dont on souhaite l'installation sur le territoire.

La grande nouveauté est sans conteste l'extension du principe de fraternité aux femmes et surtout aux gens de basses castes. Le Bouddha insiste pour que le Dharma appartienne à tous les êtres sans exception. Non que le Bienheureux soit délibérément contre le système des castes, mais il pointe du doigt son caractère purement culturel et dénonce surtout le dédain de certains brahmanes à l'égard de ceux qui ne le sont pas. On a vu qu'à ses yeux le véritable brahmane est le disciple pleinement accompli, l'arahant.

☐ *Fonctions des grands disciples*

La souplesse de vue n'entache pas la structure traditionnelle qui veut que les anciens et les êtres les plus avancés spirituellement exercent un poids plus important sur le sangha. Dans cette mouvance, de grandes figures apparaissent dans l'entourage du Bouddha.

Ainsi le Mahayana mentionne : Shariputra, Maudgalyayana, Mahakashyapa, Katyayana, Ananda, Anirudha, Purna, Upali, Subhuti, Rahula, le propre fils de l'Éveillé. Ils ont acquis un haut degré de réalisation spirituelle grâce aux nombreux efforts consentis toute leur vie durant. En chacun domine une qualité qui le caractérise aux yeux de la communauté. Shariputra, par exemple, est le modèle de l'enseignant accompli tant sa compréhension et ses capacités d'analyse sont épanouies ; Maudgalyayana incarne la réalisation des pouvoirs spirituels supérieurs ; Mahakashyapa, la rigueur dans le respect des vœux monastiques ; Ananda, l'humilité et l'écoute accomplie. Ces êtres valeureux occupent trois fonctions essentielles : aider le Bouddha à consolider le Dharma afin d'en faire un véhicule de transformation spirituelle profitable au plus grand nombre, servir d'exemple aux autres membres du sangha et les soutenir dans leurs efforts, et enfin, seconder le maître dans la direction de la communauté, surtout en son absence.

Cette hiérarchie spirituelle naturelle n'est pas uniquement masculine. Les textes de la tradition palie mentionnent plusieurs femmes de renom dont Khujjutara, reconnue pour son niveau d'étude ; la reine Samavati, manifestation de l'amour et de la compassion ; Khema, un modèle de sagesse ; Ambapali, une généreuse courtisane.

• Un organisme vivant

La vie des grands disciples contraste avec celle du triste personnage qu'est le moine Devadatta, un cousin du Bouddha. Extrêmement ambitieux, il juge que le maître vieillissant n'est plus à même de diriger le sangha et souhaite prendre sa place. Il trahit ses vœux, veut instaurer sa propre communauté et va même jusqu'à attenter à la vie du Bienheureux.

Cette situation va de pair avec une dégradation des relations entre les aînés et les jeunes moines qui, aux dires du Bouddha lui-même, font preuve d'irrespect et manquent souvent de profondeur. Dans ces conditions, on cerne mieux le rôle éminent que tiennent les grands disciples dont la renommée leur permet d'influer sur l'atmosphère qui règne au sein de la communauté.

La personne qui devient membre du sangha se relie à la fraternité qui l'anime. On ne retire rien ; le superflu s'élimine de lui-même. Il s'agit de laisser naturellement s'épanouir une simplicité plus grande en laquelle les illusions et les complications de l'existence conditionnée se défont. Ainsi le véritable renonçant n'est pas celui ou celle qui porte une robe et suit des vœux formels, mais l'homme ou la femme qui va réellement de la multiplicité à l'unité, suivant un chemin qui conduit la personne humaine vers sa plénitude.

Replacée dans le contexte du VIe siècle avant notre ère, la communauté monastique ne semble avoir que peu de rapport avec ce que nous voyons aujourd'hui. Si l'on souhaite avoir une idée plus précise de ce que pouvait être le sangha à ses débuts, sans doute faudrait-il se rendre en Inde et observer les communautés de sadhus, les moines hindous héritiers du patrimoine spirituel védique. Au temps du Bouddha, les personnes qui rejoignent le sangha disposent d'un statut propice pour consacrer leur vie à la pratique et s'engager à aider le plus grand nombre d'êtres. Leurs devoirs envers la société restent à certains égards comparables à ceux des sadhus : guider les personnes dans leur cheminement spirituel, aider les défavorisés, les malades et les indigents, rappeler par leur présence au cœur de la cité que le but premier de l'homme est l'éveil, créer finalement une atmosphère spirituelle au sein du monde séculier.

• Une communauté universelle

Avec le développement effectif du Mahayana au Ier siècle de notre ère, la communauté ne se limite plus aux moines et nonnes. La signification du mot *sangha* s'élargit à la mesure d'une vision plus vaste d'un cosmos aux dimensions gigantesques. Dans le premier chapitre des « Enseignements de Vimalakirti » (*Vimalakirtinirdeshasutra*), le Bouddha, usant de ses pouvoirs exceptionnels, brandit un parasol sous lequel ses visiteurs entrevoient l'immensité d'un univers composé d'un milliard de mondes, peuplés d'êtres en nombre infini. C'est sur cet univers que le bouddha Shakyamuni exerce son influence en tentant de venir en aide au plus grand nombre. En sa compassion infinie, le Bouddha accueille toutes les conditions d'existence.

À côté du bodhisattva Maitreya, déjà reconnu par la tradition des origines, un grand nombre de bouddhas et bodhisattvas célestes font leur apparition. Ils magnifient les trois joyaux (Bouddha, Dharma, Sangha) et renforcent l'idéal de l'« être d'éveil » vouant sa vie à libérer autrui de la dysharmonie et de ses causes.

Dès l'ouverture du *Vimalakirtinirdeshasutra*, la scène illustre l'ampleur que prend désormais le sangha. Le Bouddha est assis dans le parc d'Amrapali à Vaishali, « en compagnie de huit mille grands moines mendiants et trente-deux mille bodhisattvas ». Après avoir énuméré une quarantaine de bodhisattvas, le sutra recense, non sans un certain lyrisme, toutes les classes d'êtres qui se sont jointes à l'assemblée : dieux, empereurs célestes, êtres semi-divins, nagas qui règnent sur les mondes souterrains et les eaux, et titans. À la fin de l'énumération, en un style plus épuré, cette phrase brève : « Les moines, les nonnes et les adeptes laïcs des deux sexes avaient fait de même. »

Le sangha devient l'assemblée de tous les vivants conscients de l'éveil atemporel et de la valeur suprême de l'Éveillé, révélateur de la bouddhéité en chacun d'eux. Il existe ainsi un rapport très subtil entre ces deux joyaux : ultimement, le sangha est le pendant féminin d'un Bouddha conçu comme « amant divin ». Dans une vision enveloppante et essentielle, la communauté dépasse les clivages. Elle englobe tous les êtres sans distinction. Nous devons pour cela ressentir la présence de l'harmonie dans les interrelations qui nous placent dans une situation de mutuelle dépendance.

À l'opposé des immensités insondables, de l'interpénétration des mondes et des cohortes d'êtres invisibles au commun des mortels, le sens du mot *sangha* suggère aussi des dimensions plus intimistes qui nous sont cette fois familières. Rappelant l'amitié que le

Bouddha ressentit à l'égard de l'arbre de la Bodhi, de la jeune laitière, de la rivière et des oiseaux qui l'entouraient, le maître vietnamien Thich Nhat Hanh aime à dire que des amis, des enfants, des arbres, des animaux, un cours d'eau peuvent constituer notre communauté : celle qui vit dans l'harmonie et finalement aide à pratiquer. Une fois que l'on a la vision de l'omniprésence de l'éveil, l'environnement immédiat devient sangha. C'est pourquoi le moine, en quête de sa propre unité, la retrouve en tout. Point de centre, point de périphérie.

• Les conciles et la diversification du sangha

Après le parinirvana du Bouddha, la communauté court le risque de se diviser, chaque groupe pouvant donner naissance à des interprétations variées du Dharma. Le Bouddha n'a nommé aucun successeur. En l'absence d'une hiérarchie effective, tous les moines ont une responsabilité cruciale dans le bon fonctionnement du sangha. Comme dans toute organisation traditionnelle, on place à la tête de la communauté celui qui, par son ancienneté et sa grandeur spirituelle, incarne le plus l'idéal communautaire. Mahakashyapa, dont le Bouddha a reconnu les extraordinaires capacités en présence des autres moines, est ainsi désigné.

Préserver les enseignements

La communauté prend conscience qu'il faut impérativement procéder au regroupement des enseignements afin de les préserver et de fixer une référence commune à tous. En – 479, Mahakashyapa décide d'un vaste rassemblement de moines accomplis à Rajagriha, la capitale du Magadha. Appelée le concile de Rajagriha, cette réunion consiste en la récitation des paroles du Bouddha que certains disciples ont mémorisées. La transmission demeurant essentiellement orale, la récitation tient un rôle essentiel dans la perpétuation de la mémoire. Il est difficile pour nous qui avons confié une bonne partie de notre mémoire à des machines de réaliser pleinement les capacités prodigieuses de mémorisation dont disposent les arhats. La formule « Ainsi, une fois ai-je entendu » qui introduit les sutras nous le rappelle et souligne l'importance accordée à l'art d'écouter avec justesse.

On demande à Ananda, le serviteur du Bouddha, de réciter fidèlement les paroles du maître. Ainsi naissent les sutras dont l'une des particularités est de relater les épisodes de la vie du Bienheureux.

Upali, qui est d'origine modeste et a appartenu à la caste des serviteurs, récite les règles du Vinaya en sa qualité de spécialiste des préceptes monastiques. Pour chaque type de prescription, il indique où le Bouddha l'a énoncée et les circonstances qui en sont la cause. Enfin, Mahakashyapa prend la parole pour énoncer les prémices de l'Abhidharma, la présentation de l'enseignement dans sa quintessence ainsi que dans son organisation et son analyse.

Les effets de la sédentarisation et de l'expansion géographique

Après le premier concile, on assiste à un début de réelle sédentarisation des communautés. Différents groupes s'établissent dans les lieux offerts par des bienfaiteurs. Ce phénomène, qui émerge du vivant même du Bouddha, favorise l'élaboration de présentations diverses et variées de l'enseignement. Les groupes se sont formés selon des critères géographiques et certainement linguistiques. On parle d'un groupe « occidental » placé sous l'autorité d'Ananda, qui remplace alors Mahakashyapa à la tête du sangha, et d'un groupe « oriental » apparemment plus enclin à assouplir la discipline.

De passage chez les moines Vajjiputtakas qui résident à Vaishali, un moine du groupe « occidental » constate dix transgressions aux règles du Vinaya. Le contentieux le plus sensible porte sur le fait d'accepter ou non de l'or ou de l'argent en aumônes. Les moines errants ont pour règle de prendre un repas quotidien, et, avant midi, de se présenter devant la porte de bienfaiteurs. En certaines circonstances, ils acceptent des pièces d'étoffe pour l'habillement, mais généralement il n'est jamais question d'argent. Au cours des périodes consacrées au jeûne et à la confession des fautes commises, les Vajjiputtakas réclament officiellement de l'argent et de l'or aux généreux donateurs. Le litige entraîne l'organisation d'un deuxième concile à Vaishali, un peu plus d'un siècle après la mort du Bouddha, soit aux alentours de – 370. Les moines fautifs sont expulsés de la communauté. À la même époque, le Dharma commence à gagner le Cachemire qui, après le Magadha, va devenir un foyer important de transmission.

La remise en cause du statut de l'arhat

L'expansion géographique de la communauté, l'absence progressive d'une autorité centrale, la diversité linguistique et des sensibilités divergentes ne favorisent pas l'homogénéité. De nouveaux points de litige apparaissent.

L'un remet en cause la pureté spirituelle de certains arhats, les moines pleinement accomplis du bouddhisme des origines. Entre autres critiques, le moine Mahadeva, fer de lance de la contestation, prétend que les arhats peuvent être sujets aux doutes et à des formes subtiles de désir sexuel et d'ignorance. Par conséquent, ils sont susceptibles de recevoir des enseignements d'arhats plus accomplis. L'introduction de niveaux de réalisation implique une divergence de vues sur la nature de la réalisation spirituelle. Les moines qui se rangent du côté de Mahadeva considèrent que l'on peut être affranchi du samsara mais être susceptible de régresser.

La communauté se scinde alors en deux groupes : les Mahasanghikas (« Ceux de la grande assemblée ») et les Sthaviras (pali, *Theras*), les « Anciens ». Le premier groupe, représenté par Mahadeva, va jouer un rôle prédominant dans la vallée du Gange avant d'essaimer à Java et à Sumatra. Les Sthaviras, à l'origine de l'école Theravada actuelle, seront très influents au Sri Lanka et dans l'Asie du Sud-Est.

Débat sur le statut des apprentis laïcs et litiges philosophiques

Parallèlement, on pressent la nécessité de prendre en compte le statut spirituel des apprentis laïcs. On sous-entend implicitement que parvenir à l'état d'arhat, l'état de celui « qui a vaincu les passions », n'est plus considéré comme réservé aux seuls moines. Autrement dit, et avec les nuances qui s'imposent, la différence entre le monde purement séculier et l'univers monastique s'estompe quelque peu. Les traces de cette polémique se relèvent aisément aujourd'hui dans les différences de vue qu'il est possible d'établir entre le Therevada et les autres écoles, en particulier celles du Vajrayana. Le Theravada, représentant actuel du bouddhisme des origines, reste fidèle à l'idée qu'il faut impérativement être moine ou nonne pour espérer atteindre l'état d'arhat. À ce titre, la tradition des Anciens est considérée comme une voie à forte dominante monastique.

La polémique est à l'origine d'un troisième concile qui se tient, selon les sources palies, à Pataliputra (actuel Patna), aux alentours de – 250. Toutefois, et pour nous rappeler que la chronologie bouddhique n'est pas uniforme, la plupart des écoles du Mahayana considèrent que ce concile n'a pas eu lieu à Pataliputra mais au Cachemire, dans le courant du Ier siècle de notre ère, sous le règne du roi Kanishka de la dynastie Kushana. Les diverses versions de cet événement font apparaître que la communauté se répartit désormais en plusieurs tendances dont les Sthaviravadins, qui continuent d'adhérer aux anciens principes, et les Mahasanghikas (« Ceux de la grande assemblée »), les « contestataires » qui remettent en cause l'apparente uniformité du statut d'arhat et souhaitent ouvrir le sangha aux laïcs. Ces différents courants vont se subdiviser à leur tour en plusieurs écoles que l'on ramène généralement au nombre de dix-huit[1].

Il semblerait que ce troisième concile se soit également préoccupé de la résolution des litiges philosophiques au sein des Sthaviravadins. Deux vues s'opposent : celle de l'école Sarvastivadin (nommée Vaibhashika par les Tibétains) et celle de l'école Vibhajyavadin. La première, dite « réaliste », soutient que tous les phénomènes passés, présents et futurs sont réels. La seconde, dite « distinctionniste », considère que les phénomènes du passé n'ont pas d'existence réelle parce qu'ils ont donné leur fruit.

Abordés d'une façon très superficielle, ces débats paraissent sans grande importance. En réalité, ils ont une incidence profonde sur l'hétérogénéité du sangha et sur la constitution de nouveaux points de vue philosophiques. Ashoka va défendre la position des « distinctionnistes », obligeant l'école Sarvastivadin à quitter le Magadha pour s'installer au Cachemire et au Gandhara*. Sur le plan philosophique, ces débats vont contraindre les membres du sangha à réfléchir sur la réalité ou l'irréalité atomique de la matière et la constitution de la conscience. On va se demander, par exemple, si l'aspect absolu de la matière n'est pas l'atome infiniment petit, insécable et indestructible, ou si l'aspect absolu de la conscience et du temps n'est pas les instants atomiques et indivisibles qui les composent. On va donc tenter de définir la « brique fondamentale » qui serait le constituant premier, ultime et finalement seul réel.

2. LES SOUTIENS POLITIQUES

Simonide de Céos, poète grec contemporain du Bouddha, constatait : « Je ne sais ce qui de la richesse ou de la sagesse est préférable : je vois seulement que les sages se pressent aux portes des riches. » Hormis le phénomène de la mendicité, pareil constat ne s'applique guère à la tradition du Bouddha ni aux autres traditions indiennes. Les puissants cherchèrent au contraire auprès des sages ce que leur richesse jamais ne leur donna. Mais il faudrait faire la part entre l'aspiration sincère et l'usage qui voulait que l'on rende visite aux renonçants. L'Occident chrétien a connu, surtout au XIIe siècle, ces rencontres entre chevalerie terrestre et chevalerie céleste – la seconde, transfigu-

---

1. Voir tableau 5, p. 152.

rant la lance et l'épée, rappelle à la première sa vraie vocation spirituelle. Pourtant, de l'extérieur, l'écart entre les deux mondes, tels deux pôles contradictoires, semble irréductible. Au vrai, la frontière reste artificielle. Qui est subordonné à l'autre ? Qui est le véritable initié ? Le récit des devins qui annoncèrent à Shuddhodana que son fils aurait à choisir entre devenir monarque universel (cakravartin) ou parfait bouddha est, comme nous l'avons vu, la réponse d'un bouddhisme qui rend parfois incompatible la fonction du monarque universel et le statut d'éveillé. Il convient cependant de nuancer ce jugement. Avec le Mahayana ou grand véhicule, l'écart se restreint considérablement et la lecture que l'on peut avoir du cakravartin devient alors foncièrement spirituelle. Symboliquement, le monarque universel est l'image du centre, le moyeu vide et immobile de la roue, la constance, qui rend possible sa rotation. Il ordonne le mouvement sans jamais y être impliqué. En établissant la paix et la justice, il demeure le garant de l'harmonie au sein d'un monde sans cesse fluctuant.

Analogiquement, le Bouddha tourne la « roue des enseignements », la « roue du Dharma » ou « roue de l'harmonie ». Le Bouddha ne modifie pas la course des choses. Sa parole dit le réel tel qu'il est, en son équilibre fondamental. Magnifier son origine constitue certainement un moyen habile pour que nous comprenions mieux sa fonction qui est de rétablir l'harmonie oubliée. D'ailleurs son enseignement est la forme que revêt l'harmonie suprême permettant à l'homme de découvrir le centre en lui, source de la véritable santé et de tout équilibre.

Le Bouddha n'est donc pas différent de l'absolu qui s'exprime par lui dans le monde. Sa dimension historique se mêle au caractère universel et atemporel de son éveil. Le Bouddha est alors, sur un plan hautement symbolique, le « Seigneur de l'univers » ou le « roi du monde ». Cette parenté[1] apparaît de manière très frappante si l'on observe les *huit symboles de bon augure** qui servent à souligner la grandeur du Bouddha : la conque blanche dextrogyre, le parasol, la bannière de victoire, les poissons d'or, le vase aux trésors, la fleur de lotus, le nœud sans fin et la roue. Ces symboles appartiennent à l'indianité la plus ancienne. Dans la mythologie indienne, ils font justement partie des emblèmes associés au monarque universel.

Sur le plan relatif, il ne peut y avoir qu'un seul centre, qu'un pôle unique, reflet de l'harmonie et de l'équilibre dans le monde manifesté. Cependant, les ordres cohabitent, se chevauchent et se répondent dans le monde de l'artifice. Ils ont besoin l'un de l'autre. Lorsque le

---

1. Cf. René Guénon, *Le roi du monde*, Gallimard, 1958.

roi va à la rencontre du renonçant, n'est-ce pas pour renouer avec le centre véritable, celui que la période de confusion et d'obscurcissement se plaît à cacher ? Et face à la simplicité suprême ne vient-il pas se convaincre que la couronne royale n'appartient pas aux hommes ?

Deux œuvres du grand maître Nagarjuna[1], *La lettre à un ami* et *Conseils au roi*, témoignent du climat d'échanges fructueux entre les souverains et les sages. En Inde, la coutume s'est perpétuée tant bien que mal jusqu'à l'époque moderne. Proches de nous, des dirigeants politiques tels Indira Gandhi et son fils Rajiv ont tout fait pour obtenir la bénédiction d'un sadhu vénéré de son vivant, l'ascète Devaraha.

C'est au Cambodge, dès le début du IXe siècle, que la juxtaposition du Bouddha avec le principe de royauté sacrée a trouvé une expression significative mais en même temps quelque peu pervertie. Si elle a donné lieu à de splendides édifices, comme le célèbre temple du Bayon où s'établit un bouddha à l'effigie du roi, elle a été à l'origine de graves injustices sociales résultant de la mobilisation de toutes les forces vives au service de la construction et de l'entretien des temples. Jusqu'au XIVe siècle, le bouddhisme cambodgien, essentiellement Mahayana, était profondément mêlé au brahmanisme. Dans ce contexte, le culte des rois d'Angkor, assimilés à des « rois divins » (devaraja), ne saurait correspondre terme à terme à la dimension symbolique du « roi du monde ».

En Inde, certains rois avaient une double préoccupation : asseoir leur puissance, généralement en étendant leur territoire, et se développer spirituellement pour se libérer du samsara. Du côté des sages, la protection d'un souverain donnait les moyens d'être pleinement inséré dans le tissu social, ce qui favorisait la pérennité matérielle d'une communauté et offrait un environnement favorable à la transmission des enseignements. Mais chacun remplissait son rôle et occupait les fonctions qui lui revenaient en propre.

Ainsi, la communauté bouddhique n'est pas intervenue dans les affaires des républiques, respectant l'équilibre qui existait entre les moines, les autorités politiques et le peuple sans qui le sangha n'aurait pu subsister. Il est assez remarquable de constater à quel point les corporations des « sans demeure » (samanas) étaient parfaitement solubles dans les confédérations qui les accueillaient. La communauté bouddhiste a bénéficié de ce contexte propice : les dirigeants étaient parfois sympathisants de l'enseignement ou disciples du Bouddha ; la population considérait le don d'aumônes comme un moyen d'acquérir des mérites spirituels.

---

1. IIe siècle de notre ère. Cf. chap. 11, p. 463.

Du VIe siècle avant notre ère jusqu'à l'ère moghole (1526-1707), l'Inde ne connaît pas moins de quarante-sept dynasties. La sensibilité spirituelle de chacune d'entre elles est bien sûr déterminante dans l'émancipation du Dharma sur le sol de l'Inde. Ces dynasties voient se succéder de nombreux rois. Certains d'entre eux, forts de leur engagement dans la tradition brahmanique, se montrent hostiles envers la tradition du Bouddha. Bien que les preuves formelles manquent, les textes font état du rôle néfaste tenu par Pushyamitra, le fondateur de la dynastie Shunga (de – 182 à – 72), qui aurait commis de nombreux pillages dans les monastères et persécuté les moines. Ne sont mentionnés ici que les souverains qui ont soutenu l'activité du Bouddha et ont défendu son enseignement de sorte à le pérenniser sans pour autant créer un État bouddhique.

• Bimbisara et Ajatashatru (VIe s. avant notre ère)

Le cas du roi Bimbisara, fondateur de l'empire du Magadha et contemporain du Bouddha, est exemplaire. L'histoire veut que les souverains s'enquièrent des ascètes arrivés sur leur territoire. Très jeune, Bimbisara aurait émis le vœu de rencontrer un éveillé. Il aurait ainsi discuté avec Siddhartha Gautama de passage dans sa région et lui aurait demandé de lui transmettre son enseignement une fois qu'il aurait réalisé l'éveil. Le Bouddha tint sa promesse et les textes rapportent que le dirigeant du Magadha se prosterna à ses pieds avant d'embrasser la voie et d'offrir son soutien à la communauté. Il fit don du parc des Bambous à Rajagriha, qui devint un lieu de retraite durant la saison des pluies. L'engagement de ce roi est capital. En offrant son soutien, il va permettre au Dharma de rayonner sur une grande partie du Magadha. Le phénomène fut identique avec le roi Pasedani du Koshala qui devint lui aussi disciple laïc du Bouddha. L'enseignement s'implanta dans son royaume avant de gagner les républiques vassales dont celle des Shakyas.

L'osmose entre l'organisation interne du sangha et les lois qui régissaient les diverses confédérations et le Magadha était d'une importance vitale. En respectant les règles en vigueur dans une république, la communauté ne dérogeait pas à l'ordre établi et se plaçait sous la protection d'une autorité politique qui garantissait sa sécurité. Au temps du Bouddha, les plaines du Gange formaient un cadre propice aux pérégrinations parce qu'elles étaient sous le contrôle des souverains. En revanche, les monts Vindhya au sud et la chaîne himalayenne au nord étaient peuplés de clans très attachés à leur indépendance et certainement peu enclins à respecter la liberté de mouvement dont jouissaient les samanas. Bien entendu, lorsqu'un roi comme Bimbisara suivait l'enseignement du Bouddha, il entraînait généralement avec lui les membres de sa cour et incarnait aux yeux du peuple un modèle de comportement qu'il était bon de suivre. On peut penser que son attitude joua un rôle décisif dans l'image que les laïcs se firent de la communauté bouddhiste. L'interaction entre le sangha et la société civile contribuait à l'unité du Magadha.

Après avoir soutenu pendant des années le sangha, Bimbisara fut trahi par son propre fils, Ajatashatru. Ayant pris le pouvoir, ce dernier jeta son père en prison où il mourut d'inanition. Ce prince ambitieux ne rêvait que d'accroître le territoire du Magadha. Même si l'histoire veut qu'il se soit repenti devant le Bouddha d'avoir assassiné son père, emprisonné sa mère et participé à un complot contre le Bienheureux, son attitude met en évidence le climat délétère dans lequel se trouvait le Bouddha à la fin de son existence. Des jalousies et des conflits latents existaient entre les confédérations. Peu avant le parinirvana, ils aboutirent à la destruction de Kapilavastu, la ville où le Bouddha passa sa jeunesse, et à la chute de la confédération vrijji dont le modèle de « constitution démocratique » aurait inspiré, rappelons-le, l'organisation du sangha.

• Ashoka (IIIe s. avant notre ère)

Avec l'empereur Ashoka, troisième souverain de la dynastie Maurya (de env. – 320 à – 185), s'ouvrit une période qui constitua un immense tremplin pour la diffusion du Dharma. Ashoka monta sur le trône aux alentours de – 268. Il hérita d'un immense empire qui s'étendait sur la quasi-totalité du continent indien, allant de l'actuel Afghanistan jusqu'au golfe du Bengale et descendant pratiquement jusqu'au sud de l'Inde. Son grand-père Chandragupta avait récupéré de larges domaines conquis par Alexandre le Grand (de – 356 à – 323), qui avait réussi à franchir les vallées de l'Indus et à atteindre le nord-ouest de l'Inde, ouvrant ainsi la route entre les Indes et le monde grec.

Après la conquête particulièrement sanglante du Kalinga, une province sud-orientale (actuelle Orissa), Ashoka, pris de remords, se tourna vers Dharma. Il devint un *upasaka*, un laïc qui a pris refuge dans les trois joyaux et respecte les cinq préceptes des laïcs[1]. Son contact avec l'enseignement du Bouddha lui fit réaliser à quel point l'expansion territoriale était source de souffrances et de malheurs. Un édit qu'il fit graver dans le roc témoigne de sa nouvelle orientation. Il précise que la véritable conquête est intérieure. Elle vise à cultiver ce qui est bon pour toute société humaine : la non-violence, l'amitié, la compréhension, la sérénité, la maîtrise de soi et la douceur. L'attitude de ce grand empereur est exemplaire dans l'histoire. Elle révèle combien les valeurs que véhicule le bouddhisme ont un écho particulièrement favorable dans l'établissement d'organisations humaines plus justes et plus saines.

Ouvert d'esprit, Ashoka protégea les autres traditions spirituelles et fit ériger plusieurs piliers sur lesquels ont été gravés en plusieurs langues, dont le grec et l'araméen, des conseils visant à promouvoir la justice et la tolérance. Sur l'un d'eux, on peut lire :

> On ne devrait pas honorer seulement sa propre tradition et condamner celle des autres, mais on devrait honorer les traditions des autres pour cette raison-ci et cette raison-là. En agissant ainsi, on aide à grandir sa propre voie et on rend aussi service à celle des autres. Quiconque honore sa propre tradition et condamne celle des autres le fait bien entendu par dévotion à la sienne en pensant « je glorifierai ma propre religion ». Mais, au contraire, en agissant ainsi, il lui nuit gravement. Ainsi la concorde est bonne : que tous écoutent et veuillent bien écouter les enseignements des autres traditions.

À ces piliers gravés, précieux éléments archéologiques de l'histoire de l'Inde antique, viennent s'ajouter les nombreux stupas qu'Ashoka fit ériger, dont celui de Sanci, le premier grand monument bouddhique. L'empereur se consacra également à des travaux d'intérêt public, faisant creuser des puits et planter des arbres le long des routes. Il installa aussi en plusieurs endroits de son empire des réserves de médicaments. Les mesures prises par Ashoka prouvent à quel point il était soucieux du bien-être de son peuple. Il manifesta aussi sa compassion à l'égard des animaux, appliquant d'une manière rigoureuse l'enseignement sur la non-violence inhérent au premier précepte « ne pas tuer ». D'origine brahmane, il renia les habitudes alimentaires de sa caste en adoptant un régime végétarien et invita son peuple à faire de même. Si la population indienne est massivement végétarienne, c'est à Ashoka qu'elle le doit. À ce titre, il se montra beaucoup plus strict que les moines qui consommaient de la viande et du poisson reçus en

---

1. Ne pas tuer, ne pas voler, ne pas commettre l'adultère, ne pas mentir et ne pas prendre d'intoxicants.

aumône, à condition, rappelons-le, que ces animaux n'aient pas été sacrifiés à leur intention.

Lors du concile de Pataliputra (v. − 250), Ashoka soutint le point de vue des Sthaviravadins ou « Anciens ». À cette époque, il encouragea l'envoi de missions à travers tout l'empire et même au-delà. Le moine Mahinda, que la tradition considère comme son fils, atteignit le Sri Lanka où il fonda une importante communauté avec le soutien du roi Devanampiya-tissa. Ashoka demeure l'une des grandes figures de la vie politique et spirituelle indienne. À sa mort (v. − 227), l'immense royaume mis en place par le souverain ne tarda pas à se disloquer sous l'effet de dissensions familiales. Le bouddhisme n'en poursuivit pas moins son implantation. Dans l'actuel Maharashtra (Inde de l'Ouest) apparurent les imposantes grottes monastiques creusées à même la roche : Bhaja, Karla, Junnar, Kanheri, Nasik et Ajanta.

- **Les rois grecs Démétrios et Ménandre (IIe s. avant notre ère)**

Au IIe siècle avant notre ère, les régions du nord-ouest de l'Inde, et plus particulièrement la vallée de l'Indus, font l'objet de changements profonds avec l'arrivée d'Iraniens et de Grecs chassés par les Parthes[1]. De l'empire d'Alexandre le Grand, il ne reste qu'une colonie grecque en Bactriane (actuel Pakistan) qui se déclare indépendante du successeur d'Alexandre. Avec Démétrios Ier, qui en devient l'empereur et envahit l'Afghanistan, le nord-ouest de l'Inde et crée différents royaumes gréco-indiens, l'hellénisme connaît un renouveau. Démétrios aurait également établi un empire grec dans le Gandhara*, une région qui va jouer un rôle essentiel dans la rencontre du Dharma et du monde grec. C'est ici que naît l'art gréco-bouddhique appelé art du Gandhara. Le Bouddha est sans doute pour la première fois représenté sous forme humaine. Les sculptures mêlent harmonieusement les canons et les thèmes hellénistiques à l'art indien de Mathura*, ville de l'Uttar Pradesh, sur les rives de la Yamuna.

Ménandre fut le sixième successeur de Démétrios. Dans les sources palies, il est appelé Milinda et incarne le plus célèbre des souverains indo-grecs de Bactriane. Il régna au Penjab entre − 168 et − 145. En pro-

---

1. Peuple apparenté aux Scythes, de langue iranienne et établi entre le Danube et le Don, qui disparut au IIe siècle avant notre ère.

tégeant le philosophe bouddhiste Nagasena, Ménandre montra que certains envahisseurs grecs soutenaient le Dharma. Ses dialogues avec ce moine l'ont rendu populaire. Ils ont été consignés dans un ouvrage parvenu jusqu'à nous, le *Milinda-panha* (*Entretiens de Milinda et Nagasena*) dans le corpus pali. Ces entretiens suivent le modèle socratique et se présentent sous la forme d'un manuel concis soulignant les grandes lignes de l'enseignement du Bouddha.

Ce texte atteste des échanges qu'il y eut à cette époque entre le monde grec et le monde bouddhique. L'attitude très ouverte de Ménandre permet de supposer que des Grecs de haut rang soutenaient le bouddhisme. S'il est très difficile de mesurer le poids des influences réciproques, il n'est pas faux d'affirmer qu'elles ont sans doute été plus importantes qu'on ne l'imagine communément.

• Kanishka et l'empire Kushana (Ier-IIIe s.)

À la fin du IIe siècle avant notre ère, des nomades indo-européens originaires du nord-ouest de la Chine, les Yue-Tche, migrèrent vers le Cachemire et mirent un terme à la domination grecque. Les Kushanas, un des clans Yue-Tche, se fixèrent dans le Gandhara et la Bactriane, avant de contrôler progressivement la moyenne vallée du Gange. Leur empire, qui fut le deuxième grand empire indien après celui des Mauryas, comprenait le nord-ouest de l'Inde et plusieurs provinces du Turkestan oriental. Il déclina à la fin du IIIe siècle de notre ère.

Parmi les souverains de la dynastie Kushana, on retiendra le nom de Kanishka qui régna de 78 à 110. Sous son influence, l'empire Kushana devint prospère et le Dharma connut une réelle expansion. L'école Sarvastivadin, l'une des écoles anciennes, prit un essor considérable au Cachemire. Le souverain fit élever de nombreux monuments bouddhiques, notamment à Peshawar (anciennement Purusapura), à Taxila et à Mathura. On lui doit également l'aménagement de routes commerciales vers les territoires romains et surtout vers la Chine. Elles permirent à des moines bouddhistes d'atteindre la route de la soie et de transmettre le Dharma dans les oasis qui jalonnent le bassin du Tarim et les monts Tien-shan, au nord des hauts plateaux du Tibet.

• La dynastie Gupta (v. 320-510)

Avec la fin de l'empire Kushana, l'Inde se retrouvait de nouveau morcelée. Cependant, vers 320, le Magadha vit naître la dynastie Gupta, une dynastie très favorable au bouddhisme. Elle entreprit d'unifier le nord de l'Inde et tenta de reconstituer le grand empire des Mauryas.

En cette période de paix et de prospérité qui permit un développement considérable de la peinture et de la sculpture, le système des castes se mit en place de manière définitive. Parallèlement, la littérature sanskrite atteignit son plein développement et les diverses tendances philosophiques, tant hindoues que bouddhistes, se précisèrent, permettant au Mahayana de mieux dessiner ses contours. Sous son influence, la vie mendiante et communautaire, telle qu'elle s'était organisée dès l'origine, cessa d'être considérée comme un modèle unique et parfait. Dans le courant du Ve siècle, la grande université bouddhique de Nalanda, fondée au IIe siècle non loin de Rajagriha, connut un développement important. Son rôle dans la transmission du Dharma fut considérable. Elle contribua à former des milliers de moines et sa réputation attira de nombreux étudiants étrangers. L'un de ces abbés fut le célèbre Nagarjuna. Sa renommée alla croissant bien que concurrencée par les universités d'Odantapuri et de Vikramashila fondées au VIIIe siècle.

Dès le Ve siècle, le bouddhisme souffrit de la violence de peuples belliqueux. Les Hephthalites, les « Huns blancs », venus d'Asie centrale, ravagèrent le nord-ouest de l'Inde et détruisirent des centres bouddhiques dont ceux de Taxila. De passage dans cette ville située entre le Cachemire et le Gandhara, le célèbre pèlerin chinois Xuanzang constate au VIIe siècle que les nombreux stupas et temples ne sont plus que ruines. Cet événement annonça la chute progressive de l'empire Gupta vers 510 et l'éclatement de l'Inde en une diversité de royaumes.

• Harshavardhana (VIIe s.)

Au début du VIIe siècle, de nombreuses factions divisaient le nord de l'Inde. Mais après plusieurs conquêtes et fort d'une puissante armée, le roi Harshavardhana parvint à asseoir sa souveraineté et à organiser un vaste empire. Durant son règne (606-647), il protégea le Mahayana, fit ériger plusieurs stupas et monastères, et rédigea des hymnes en l'honneur du Bouddha.

Dans son récit de voyage, Xuanzang rend hommage au souverain devenu son ami et révèle également l'état du bouddhisme en Inde. Il semblerait que les moines aient eu tendance à se regrouper vers les grands centres, tel Nalanda. La grande université accueillait alors quelque 10 000 étudiants et 1 500 enseignants. Disciple de Shilabhadra, qu'il rencontra justement à Nalanda, Xuanzang retourna en Chine où son *Voyage vers l'Occident* connut un succès considérable. Il consacra les dix-neuf dernières années de sa vie à traduire en chinois des ouvrages importants du Mahayana. Au cours de cette période, l'université de Nalanda joua un rôle capital dans le développement du Vajrayana. Elle forma de grands maîtres, comme Shubhakarasimha (637-735), Vajrabodhi (671-741) et Amoghavajra (705-774), qui participèrent grandement à la diffusion du Vajrayana en Chine grâce à leur traduction de nombreux textes tantriques.

• Gopala, Dharmapala et Devapala (VIIIe-IXe s.)

L'avènement de la dynastie Pala à partir de 750 environ marqua la dernière grande époque de mécénat royal en faveur du Dharma. Les souverains Pala assirent leur pouvoir dans le Bihar et au Bengale. Fervents bouddhistes, ils œuvrèrent en faveur du Dharma. Gopala, son fils Dharmapala et Devapala furent les trois grandes figures d'un royaume qui sera finalement morcelé dès le XIe siècle sous l'action de tribus tibéto-birmanes. Affaibli par une succession de souverains sans envergure, il se réduisit à une peau de chagrin au moment où les Senas, une dynastie hindoue du Bengale, s'accaparèrent toutes ses possessions, avant de disparaître avec les invasions musulmanes à la fin du XIIe siècle.

Gopala, à l'origine de la dynastie, fonda le monastère d'Odantapuri, à l'est de Nalanda. Cette université monastique fut un important centre du Mahayana et du Vajrayana. Dharmapala (v. 770-816) étendit le territoire de son père et fit ériger une cinquantaine de monastères dont Vikramashila à l'est d'Odantapuri. Il fut également le protecteur et le disciple d'Haribhadra, lui-même disciple du grand Shantarakshita, introducteur au Tibet de la discipline monastique et du Madhyamaka*, la voie du Milieu, l'une des deux perspectives philosophiques du Mahayana. Haribhadra fut l'un des maîtres illustres de Vikramashila, un grand centre du Mahayana et du Vajrayana où était transmis l'enseignement sur la vacuité tel qu'il est exposé dans les *Prajnaparamitasutras*. Quant à Devapala (v. 816-855), cousin de Dharmapala, il contribua lui aussi à l'édification de nombreux monastères et s'attacha à développer des relations cordiales avec les royaumes bouddhiques de Java.

3. La floraison du Dharma

Habituellement, on utilise le terme « véhicule » pour décrire la diversité des vues et pratiques bouddhiques. On distingue ainsi trois grands ensembles : le Hinayana ou petit véhicule, le Mahayana ou grand véhicule et le Vajrayana ou véhicule de diamant. Ce dernier fait partie intégrante du grand véhicule mais se caractérise par l'importance accordée aux pratiques tantriques.

Les véhicules expriment l'exposition progressive du Dharma. Ils traduisent également l'évolution de la lecture qui a été faite des enseignements du Bouddha : reformulation de notions essentielles, accent porté sur tel ou tel aspect, perception nouvelle de la discipline monastique et de la place des laïcs, interprétation plus vaste de la vacuité et nouvelles formes de pratiques méditatives témoignent de développements de plus en plus élaborés. La diversité des approches proposées reflète une richesse pédagogique qui répond à la diversité des êtres et aux différentes phases de l'évolution spirituelle.

Au vrai, les distinctions entre les véhicules demeurent très artificielles. Le Bouddha enseigne que la voie est fondamentalement une. Il invite ses disciples à garder comme horizon l'unique réalité de l'éveil et précise à ce titre : « Comme l'immense océan n'a qu'un seul goût, celui du sel, de même en va-t-il de mon enseignement. Il a une seule saveur, celle de la libération[1]. »

Le sanskrit *yana* qui a été traduit par « véhicule » ou « moyen de progression » désigne littéralement un bac ou un radeau. L'image est très parlante dans un contexte où les déplacements imposent parfois la traversée de vastes cours d'eau. On imagine la lenteur des pérégrinations et tout le symbolisme associé à l'écoulement des eaux. Ce contexte donne tout son sens à la patience et à la vigilance qu'il est nécessaire de développer dans le cheminement spirituel. La fragilité du radeau en fait une demeure provisoire. Instable et précieuse embarcation, surtout au milieu d'un fleuve quand l'équilibre mérite grande attention et

---

1. *Udana (Versets d'élévation)*, v, 5, The Pali Texts Society.

que le doute gagne ses occupants. L'irremplaçable expérience de l'entre-deux stimule des capacités insoupçonnées. Dans l'*Alagaddupamasutta*, le Bouddha précise enfin : « J'ai enseigné une voie semblable à un radeau, afin de traverser, mais non pas de s'en saisir. Seul un fou s'embarrasserait de l'embarcation une fois sur l'autre rive, celle de la libération. »

Cette section débute avec la présentation du bouddhisme des origines de sorte à situer l'apparition de la notion de « véhicule ». Les pratiques propres aux Hinayana, Mahayana et Vajrayana n'y figurent pas car l'exposé de ces méthodes d'accomplissement forme le contenu du chapitre 14.

• Le bouddhisme des origines

Plus d'un siècle après le parinirvana du Bouddha, au moment du troisième concile dit de Pataliputra (v. − 250), plusieurs sensibilités coexistent au sein du sangha. Chaque congrégation monastique suit des règles de conduite légèrement distinctes et adopte une vue philosophique particulière. Deux grandes tendances se dessinent : les Sthaviravadins et les Mahasanghikas. Si des divergences philosophiques les opposent, nous avons vu que le point crucial des débats s'articule certainement autour du statut de l'apprenti laïc et de celui de l'arhat, le disciple pleinement accompli du bouddhisme des origines. Outre la volonté d'ouvrir le sangha aux apprentis laïcs, les Mahasanghikas (« ceux de la grande assemblée ») remettent en question le statut de l'arhat. Ils estiment qu'il existe des niveaux d'accomplissement. Certains arhats n'ont pas encore atteint le degré de perfection qu'on leur prête. Les Sthaviravadins ou « Anciens » rejettent ce jugement et considèrent l'état d'arhat comme l'aboutissement du cheminement.

Ces deux grandes tendances[1] donnent naissance à une diversité d'écoles au nombre desquelles dix-huit font office de courants principaux caractéristiques du bouddhisme indien des premiers siècles (voir tableau 5). On sait peu de chose de l'origine exacte de ces écoles dont le nombre et les noms varient en fonction des classifications.

---

1. Selon d'autres versions, on parle d'une classification en quatre groupes : Sthaviravada, Mahasanghika, Sarvastivada et Sammitiya.

STHAVIRAVADA École des Anciens	MAHASANGHIKA École de la « Grande Assemblée »
Mulasthaviravada Sarvastivada Vatsiputriya Dharmottariya Bhadrayaniya Sammitiya Mahishasaka Dharmaguptaka Suvarshaka Uttariya	Mulamahasanghika Ekavyavaharika Lokottaravada Bahushrutiya Prajnaptivada Caityaka Purvashaila Aparashaila

Tableau 5. Les dix-huit écoles du bouddhisme indien selon le point de vue des « Anciens ».

Les diverses branches s'étiolent assez rapidement. Au VIIe siècle, on n'en compte plus que sept. Certaines, comme les écoles Sammitiya et Vatsiputriya appelées Pudgalavada[1], défendaient des thèses « personnalistes » qui les rapprochaient quelque peu des vues hindoues sur la notion d'atman (le « soi suprême », l'agent immortel). Compte tenu de cette parenté, elles auraient été progressivement absorbées par un hindouisme de plus en plus florissant dès le VIIIe siècle. Malgré cela, les pèlerins chinois Xuanzang et Yijing, qui ont parcouru l'Inde au cours des VIIe et VIIIe siècles, font état de la grande vitalité des écoles anciennes. Selon les monastères, elles comptent parfois plus de la moitié des bouddhistes indiens.

Il apparaît clairement, comme on le verra ultérieurement avec le déclin du Dharma en Inde, que la fourchette VIIIe-XIe siècle constitue une période charnière quant à la pérennité des écoles anciennes. Bien que le Theravada, la seule école issue du courant Sthaviravadin à s'être perpétuée jusqu'à aujourd'hui, ne soit pas mentionnée dans la classification ci-dessus, elle ne saurait être confondue avec sa source[2]. En effet, elle n'a cessé d'évoluer au fil de l'expansion du Dharma, recevant des influences mahayanistes et même tantriques, en particulier au Cambodge.

---

1. Seuls bouddhistes qui admettent l'existence d'un « soi » ni permanent ni impermanent, ni inclus dans les agrégats ni différents d'eux. S'ils ont été critiqués pour leur position, celle-ci a été souvent mal comprise car la différence est de taille avec le soi hindou. Cette vue d'un soi indéterminé, au-delà de toutes les catégories conceptuelles, a préparé le terrain à l'émergence des sutras du troisième cycle d'enseignement qui développent la notion de nature de bouddha (tathagatagarbha).
2. Sthaviravadin est l'équivalent sanskrit de Theravadin. Le Theravada que nous connaissons aujourd'hui est issu de la branche Sthaviravada du bouddhisme des origines.

▫ L'idéal monastique

Sans être totalement manichéen, le bouddhisme des origines envisage la vie dans le monde avec une certaine méfiance. Selon ses adeptes, elle n'offre pas les conditions optimales au développement des qualités positives en l'homme et favorise la propension à s'égarer dans des distractions futiles ou à commettre des actes négatifs. Un travail et une vie de famille impliquent aussi du temps, des responsabilités et des préoccupations qui laissent peu de place à un engagement spirituel approfondi. En revanche, le mode de vie monastique offre un cadre et un rythme évitant toute forme de dispersion. L'esprit parvient ainsi plus facilement à renoncer aux désirs mondains et à se consacrer aux efforts d'introspection. D'où la place privilégiée que le bouddhisme des origines accorde au statut de moine et à la stricte observance de la conduite éthique.

Très tôt déjà, la forêt était le lieu privilégié pour se consacrer à la méditation et mener une vie de pauvreté. Même lorsque les grottes excavées commencent à faire office de monastères, aux alentours du IIe siècle avant notre ère, et que l'on construit des bâtiments pour loger les moines, la tradition de la forêt perdure et gagne les pays de l'Asie du Sud-Est.

L'idéal monastique se couple à l'idéal de moralité. Échappant aux bruits du monde, aux pièges de la sensualité, et bénéficiant des moyens pour se réformer intérieurement, les moines sont les seuls à même de réaliser l'éveil de l'arahant (arhat), le disciple pleinement accompli. Ainsi, les fidèles laïcs n'ont d'autre espoir que de réduire le nombre de leurs futures renaissances. De ce fait, leur rôle va consister essentiellement à assister les moines dans leur tâche.

En réalité, cette distinction s'avère plus sociologique que spirituelle. Les moines comme les laïcs sont disciples du Bouddha. Tous ont confiance dans sa réalisation et s'efforcent de suivre la voie qu'il a réouverte. Le statut de disciple gomme des distinctions que le Mahayana mettra en évidence ultérieurement. Comme l'explique Bikkhu Bodhi : « Les premiers écrits bouddhiques ignorent pareille distinction et appliquent le mot *savaka* à tous ceux qui acceptent le Bouddha pour maître. Le terme dérive du causatif *saveti*, "informer, proclamer", et qualifie ceux qui proclament avoir pour maître le Bouddha (ou, peut-être, ceux à qui le Dhamma [skt. *Dharma*] a été proclamé). Dans les textes primitifs, *savaka* qualifie non seulement les disciples du Bouddha mais aussi les adeptes d'autres systèmes spirituels dans leur relation à leur propre guide[1]. »

---

1. Cf. Nyanaponika Thera et Hellmuth Hecker, *Les grands disciples du Bouddha*, tome I, p. 17.

On aurait certainement tort de croire que les moines, qui désirent peu, ne produisent rien, ne procréent pas, sont délibérément coupés de la société. En réalité, il existe des échanges très fertiles entre le sangha et les laïcs. À elle seule, la conduite éthique du moine rappelle l'importance de la vie spirituelle au sein du monde séculier. Elle est parfois comparée à un parfum qui se répand dans tout l'univers. On peut difficilement comprendre aujourd'hui que l'apparente passivité du moine puisse devenir un exemple pour les hommes. Cependant, il en fut ainsi en Inde puis au Sri Lanka et dans bien d'autres pays où le bouddhisme a laissé une empreinte profonde. Ce qui est au cœur de cet échange est le don réciproque : le moine inspire la sagesse dans l'esprit des laïcs et leur offre des biens spirituels ; le laïc à l'écoute reçoit des mérites et offre en retour au moine les biens matériels qui lui sont nécessaires.

L'importance des vœux de pratimoksha

En plus de l'étude et de la pratique de la méditation, une grande importance est accordée aux vœux de *pratimoksha* ou vœux de « libération par élimination des facteurs engendrant la souffrance ». Ces vœux de « libération individuelle » constituent l'essence des enseignements concernant l'autodiscipline (shila). Ils comportent plusieurs niveaux et se répartissent ainsi[1] :

- Les vœux que prennent les laïcs pour une journée : ne pas tuer, ne pas voler, ne pas avoir de rapports sexuels, ne pas mentir, ne pas prendre d'intoxicants, ne pas chanter ni danser, ne pas manger après midi, ne pas utiliser de siège élevé ou de lit luxueux.
- Les cinq préceptes des laïcs (hommes et femmes) : ne pas tuer, ne pas voler, ne pas commettre l'adultère, ne pas mentir et ne pas prendre d'intoxicants.
- L'ordination monastique mineure (hommes et femmes novices). Elle comprend 36 vœux. En voici quelques-uns : ne pas tuer un être humain, ne pas blesser les êtres vivants, ne pas utiliser de l'eau non filtrée et pouvant donc contenir des êtres vivants, ne pas tuer d'animaux, ne pas voler, ne pas déprécier un moine ou un novice par insinuation, ne pas jouer d'instrument, ne pas chanter ou danser, ne pas utiliser de parfum.
- Un niveau d'ordination intermédiaire pour les femmes : les 36 vœux précédents en plus de dix préceptes-racines.
- L'ordination monastique majeure concernant les bhikkhus ou moines pleinement ordonnés. Le nombre des préceptes varie en fonc-

---

1. Je m'appuie sur le clair exposé de Philippe Cornu. Cf. *Dictionnaire encyclopédique du bouddhisme*, p. 438-439.

tion des corps d'enseignements consacrés à la discipline (les Vinayas). Dans le Vinaya que suivent les moines theravada, ces préceptes sont au nombre de 227. Parmi ces préceptes, il est fait mention de fautes pouvant entraîner l'exclusion du moine ou l'expiation. Voici celles qui entraînent l'exclusion immédiate : fornication, meurtre, vol, prétendre détenir des pouvoirs spirituels que l'on n'a pas.

- L'ordination monastique majeure concernant les bhikkunis ou nonnes pleinement ordonnées comprend 311 préceptes dans le Theravada.

Il existe des conditions à remplir pour prendre ces vœux. L'une des plus importantes est de ne pas avoir commis de parricide, ne pas avoir tué un disciple accompli du Bouddha ou un bouddha lui-même. Comme on l'a vu, l'origine sociale n'a aucune importance. Lorsqu'un homme ou une femme devient membre du sangha, il cesse d'appartenir au système des castes. Si des sanctions disciplinaires s'appliquent à ceux qui enfreignent les vœux, moines et nonnes ont toute latitude pour renoncer à leur ordination sans que cela soit une cause de préjudice. Une certaine souplesse est donc de mise, dont la forme la plus apparente concerne bien évidemment les disciples laïcs.

L'importance accordée à la conduite éthique et à la pureté morale qui en résulte pourrait caractériser les écoles formant le bouddhisme des origines. La discipline d'abstention comporte l'entrée en refuge et l'engagement à renoncer aux comportements nuisibles afin de se purifier et, pourrait-on dire, de se « recréer » sur des bases positives en vue de maîtriser les appétits de l'ego et de tarir le flux de l'existence conditionnée.

Le corps est comparé à une plaie dont il faut prendre soin en faveur de la vie spirituelle dont il est l'instrument. Ainsi le moine est-il invité à le traiter avec bienveillance mais sans s'y attacher. Pour limiter son importance, les textes en dressent parfois un portrait peu reluisant. Ainsi lit-on dans le *Dhammapada* : « Vois ce corps paré, masse de souffrances, masse d'infirmités (...). D'os est faite cette cité, habillée de chair et de sang. Là dedans sont déposés le déclin, la mort, la suffisance, le dénigrement[1]. »

Évoquer l'idéal monastique, c'est aussi revenir à la notion de « monarque universel » (cakravartin) comme modèle de comportement. Dans les *Entretiens de Milinda et Nagasena*, le roi Milinda demande au moine : « Combien de qualités un moine doit-il posséder afin de parvenir à la perception directe de l'état d'Arahant ? » Nagasena répond qu'il doit en posséder cent cinq. Pour les énumérer, il use de plusieurs comparaisons. L'une d'elles fait appel au monarque universel.

---

1. 147e et 150e versets.

Le monarque universel visite chaque jour la vaste terre qui borde l'océan, et passe en revue les choses nobles et viles ; de même, le moine qui se voue à l'effort de l'ascèse doit faire chaque jour l'examen de ses actes physiques, verbaux et mentaux : « Passerai-je vraiment la journée sans encourir de blâme sur ces trois points ? » (...)
Et puis, le monarque universel est dûment protégé à l'intérieur et hors du palais ; de même, le moine qui se voue à l'effort de l'ascèse doit préposer l'huissier de l'attention à la protection contre les souillures morales intérieures et externes[1].

▫ *Le statut du disciple pleinement accompli*

Dans un souci pédagogique, le Bouddha a déterminé avec précision les fruits de la pratique. Il a distingué quatre « degrés de libération » qui constituent des points de repère sur la voie. Cette cartographie pourrait se comprendre à la lumière du symbolisme de la montagne. Les moines partent en quête du centre intérieur, qui est aussi un centre de gravité, où règne l'immense paix du nirvana. Au fur et à mesure de la progression, ils surmontent les obstacles, gagnent en harmonie. À chaque étape, l'expérience de leur véritable nature devient de plus en plus intense. L'ascension est une opération d'ouverture graduelle de l'esprit à sa véritable nature. Le sommet correspond à la condition de l'arahant, le disciple pleinement accompli.

Les quatre degrés de libération

Le parcours ressemble à un jeu de piste. Le disciple doit abandonner des attachements, franchir des obstacles et cultiver des tendances positives pour progresser de degré en degré jusqu'au nirvana. La cartographie de la voie permet de se faire une idée plus précise des conditions à remplir pour obtenir un résultat probant. À l'arrière-plan, se profile le souci constant de l'efficacité.

Bien que cette systématisation ait un caractère relatif, elle permet de fixer des repères clairs. Ainsi parle-t-on de :

- « celui qui est entré dans le courant »
- « celui qui ne revient qu'une fois »
- « celui qui ne revient pas »
- l'arahant, le disciple pleinement accompli

Pour comprendre ces quatre degrés de libération, il convient d'énumérer ce qui doit être abandonné et ce qui doit être cultivé. Dans le chapitre 25 du *Dhammapada*, consacré à la définition du statut de moine

---

1. *Entretiens de Milinda et Nagasena*, p. 304.

(bhikkhu), le Bouddha précise que le moine demeure en amour bienveillant, contrôle ses sens et son esprit. L'amour bienveillant est l'un des *quatre états sublimes** avec la compassion, la joie et l'équanimité. Ces quatre aspects de la bonté fondamentale constituent un apprentissage à l'amour universel[1]. Ensuite, le moine cherche à briser cinq liens qui entravent l'existence phénoménale, à abandonner cinq attitudes et quatre souillures mentales. Et pour dissoudre liens et entraves, il développe cinq facultés qui jouent le rôle d'antidote[2]. Par souci de clarté, cet ensemble figure dans le tableau 6.

« *Celui qui est entré dans le courant* » – Le courant, c'est celui de l'esprit éveillé que ressent le moine dans une première expérience du non-soi (anatman). Il comprend qu'il n'existe pas d'entité autonome et indépendante en la personne. Il cesse ainsi de se percevoir comme une île séparée de l'ensemble du monde vivant. Il s'abandonne à cette reliaison. Dans cet abandon, qui s'accompagne d'une maîtrise de soi et d'un grand bien-être, il se laisse conduire jusqu'à la paix infinie du nirvana (niveau

	OBSTACLES À ABANDONNER	CINQ FACULTÉS À DÉVELOPPER
Cinq liens	▪ La croyance en l'atman, le soi indépendant et permanent ▪ Le doute stérile ▪ L'attachement aux règles éthiques et aux rites ▪ Le désir pour les objets des sens ▪ L'agressivité, la malveillance	▪ La confiance en la voie et en la possibilité de se libérer. ▪ L'énergie nécessaire pour soutenir la motivation.
Cinq attitudes	▪ Le désir d'exister dans la sphère de la forme pure ▪ Le désir d'exister dans la sphère du sans-forme ▪ L'orgueil ▪ L'agitation ▪ L'ignorance	▪ La vigilance qui permet de cultiver ce qui est positif et de bannir pensées et comportements nuisibles. ▪ Le recueillement qui ordonne, polit et unit le flux de l'esprit.
Quatre souillures mentales	▪ Le désir avide, source principale de la dysharmonie ▪ La soif du devenir ▪ Les opinions et les élaborations mentales purement spéculatives ▪ L'ignorance des quatre nobles vérités	▪ La compréhension des quatre nobles vérités et du non-soi.

Tableau 6. Les différents obstacles à surmonter et les facultés permettant d'y parvenir.

---

1. Cf. chap. 14.
2. Cf. annexe 1, p. 764, et le Glossaire, p. 822.

du quatrième degré de libération). Fruit d'efforts considérables, l'« entrée dans le courant » correspond donc à un changement d'état de conscience. Le moine a la vision intuitive de l'impermanence et du caractère insatisfaisant de l'existence au sein du samsara. Il aborde avec justesse la conduite éthique et les rites, car il sait qu'ils ne peuvent conduire au fruit ultime de la pratique. Désormais, l'intelligence des quatre nobles vérités fait sens en son esprit. Le fruit de cette entrée se produit lorsque le disciple a brisé les trois premiers liens (voir tableau 6).

« *Celui qui ne revient qu'une fois* » – Lorsque le désir sensuel et l'agressivité/malveillance, soit le quatrième et le cinquième lien, sont délaissés dans leur forme grossière, on dit que le moine devient « celui qui ne revient qu'une fois », autrement dit il n'aura plus qu'une renaissance avant d'être libéré du samsara. Lorsqu'on parle de rompre le lien du désir sensuel, on ne restreint pas l'activité du désir sensuel au seul domaine de la sexualité. On entend par désir sensuel l'attente d'une expérience sensible qui met en cause la vue, l'odorat ou le toucher, etc. Un méditant peut très bien être « emporté » par la vision de lumières chatoyantes qui ondulent devant lui, apparaissant et disparaissant au gré de différents jeux d'ombres. Son esprit va être accaparé par cette vision au point d'éprouver le désir de revoir au plus vite ce joli phénomène. Son esprit peut aussi être attiré par un agréable parfum d'encens. Mémorisant cette douce expérience, l'esprit peut espérer qu'elle se renouvelle au plus vite. C'est ainsi qu'il se fixe et demeure dans un état de tension, fût-il apparemment plaisant. Désormais, comme son expérience directe de l'anatman est plus intense et plus profonde, que son attention est plus soutenue, la tendance à s'attacher ou à éprouver une aversion pour les émotions, les objets et les pensées décroît. De ce fait, les souffrances qui accompagnent généralement ces comportements s'atténuent. Le moine comprend mieux à quel point la colère et la malveillance s'enracinent dans l'attachement, l'aversion ou l'indifférence. Le déclin du désir sensuel prive la haine et l'avidité de toute ressource. Ainsi au lieu d'éprouver, par exemple, une vive colère à l'encontre de quelqu'un qui l'a blessé, il ne ressentira qu'une irritation. Cette irritation est la forme subtile de la colère.

« *Celui qui ne revient pas* » – Lorsque la forme subtile du désir sensuel et de l'agressivité est totalement annihilée, le moine goûte les fruits de « celui qui ne revient pas ». Dans cette condition, demeure une trace de la référence antérieure au soi et un certain attachement aux expériences positives. L'orgueil, l'agitation et l'ignorance ont décliné, laissant la place à la joie, à la tranquillité et au contentement.

L'arahant, le disciple pleinement accompli – L'arahant, le disciple pleinement accompli du bouddhisme des origines, est allé encore plus loin. Il a brisé non seulement les cinq liens et abandonné les cinq attitudes, mais il a aussi dissous les quatre souillures mentales et a parfait les cinq facultés à développer. L'attachement subtil aux expériences positives a disparu. Les expériences insatisfaisantes ne provoquent pas d'insatisfaction. L'esprit repose désormais dans la paix qui est sa nature. Au terme du parcours, l'arahant a donc dépassé toutes les afflictions et désirs. Il réalise le fruit ultime du cheminement : le nirvana. On dit qu'il est alors au-delà de la naissance et de la mort.

Les trois types d'éveil

Soucieux de déterminer le statut de l'arahant avec une précision encore plus grande, le bouddhisme des origines distingue également trois types d'éveil : l'éveil atteint par l'auditeur (pali, *savaka bodhi* ; skt., *shravaka bodhi*), l'éveil d'un bouddha-par-soi (pali, *pacceka bodhi* ; skt., *pratyeka bodhi*) et l'éveil d'un bouddha parfait (pali, *samma sambodhi* ; skt. *samyak sambodhi*).

L'éveil atteint par l'auditeur – Après avoir écouté la parole d'un bouddha et mis en pratique son enseignement, l'auditeur* (shravaka) atteint le fruit du noble octuple sentier. Il devient arahant, celui qui a vaincu les émotions conflictuelles et demeure dans la paix du nirvana. Toutefois, l'état d'arahant n'est pas considéré comme le terme idéal de la vie spirituelle. La tradition des Anciens estime que devenir bodhisattva est une aspiration beaucoup plus noble. On aurait tort de penser que la notion de bodhisattva avec tout ce qu'elle implique est le propre du Mahayana (voir la fiche sur le Theravada, p. 269). Mais dédier sa vie à l'éveil et manifester les qualités de l'état d'esprit éveillé en vue de venir en aide à tous les êtres supposent des capacités et des dispositions hors de portée de la grande majorité des moines. Nombre d'entre eux souhaitent simplement suivre les enseignements du Bouddha afin de se délivrer de la souffrance.

L'éveil d'un bouddha-par-soi – Le bouddha-par-soi* (pratyekabuddha) est un apprenti solitaire qui, généralement sans l'aide d'un maître et sans même, selon le Theravada, avoir entendu les enseignements d'un bouddha dans une vie antérieure, est parvenu à réaliser le nirvana grâce à la pratique méditative et aux mérites qu'il a accumulés. Comme l'auditeur, il a l'expérience de la paix du nirvana. Comme lui, il a compris qu'il n'existait pas en la personne d'entité autonome et indépendante, mais sa réalisation est plus profonde parce qu'il sait que le sujet et les objets appréhendés ne sont pas deux entités distinctes.

L'éveil d'un bouddha parfait – On le distingue de l'éveil de l'auditeur et du bouddha-par-soi parce que ce bouddha est l'omniscient. Ses facultés extraordinaires lui permettent d'aider les êtres à se libérer. Capable d'accorder son enseignement aux besoins de chacun, il est un maître spirituel inégalé. À la différence des arahants, ces bouddhas parfaits se sont éveillés sans l'aide d'aucun maître mais par le seul pouvoir de leur compréhension. Le bouddha Shakyamuni est un bouddha parfaitement accompli, un *samyaksambuddha*. Selon les écoles anciennes, l'apparition de tels bouddhas est un phénomène extrêmement rare. D'où l'importance accordée à la réalisation de l'état d'arahant.

◻ *Le Bouddha : homme parmi les hommes*

Le Bouddha n'est pas né différent de nous. Comme nous, il naît et meurt. Ces deux assertions résument partiellement la façon dont le bouddhisme des origines perçoit le Bienheureux. S'inscrivant dans la temporalité, le Bouddha n'a de cesse de rappeler qu'il s'efface devant son enseignement. « Même si vous êtes très loin, dit-il, vous êtes près de moi si vous suivez l'enseignement. » À sa mort, il ne reste donc que le Dharma. Cette approche permet de mieux comprendre les encouragements qu'il prodiguait à ses disciples et que l'on peut résumer en ces termes : « Soyez votre propre lumière. »

Percevoir le Bouddha Shakyamuni dans sa dimension historique a aussi une incidence considérable sur le tissu social. Par son humanité exemplaire, il a initié un mode de vie simple fondé sur la non-violence. Il a montré que l'accomplissement de la personne humaine se tenait au plus près de la condition humaine douloureuse. Son exemple a favorisé des conduites respectueuses de la vie. Sage libéré du carcan de l'égoïsme, le Bouddha a révélé au monde un idéal de comportement et de civisme.

• Le Mahayana

Le Mahayana n'est pas un mouvement au sein du sangha. Il s'agit plutôt d'une sensibilité nouvelle dénuée de fondateur. Elle ne dépend d'aucune communauté monastique unique, ni d'une ère géographique spécifique. On peut avancer que le grand véhicule apparaît dans le paysage indien sous l'influence des disciples laïcs, au sein d'un environnement favorable à une nouvelle interprétation de la bouddhéité.

Peu à peu, conscients d'être prisonniers des préoccupations mondaines et sans doute influencés par le fort développement du courant dévotionnel hindou au Ier siècle avant notre ère, les fidèles laïcs voient en la figure du Bienheureux un modèle merveilleux. Avec les contes recueillis dans le *Jatakamala* qui narrent les vies antérieures du Bouddha, ils découvrent un bodhisattva, un être promis au samma sambodhi (l'éveil d'un bouddha parfait), qui s'engage dans le processus de l'éveil tout en se consacrant au bien et à la libération de tous les êtres. Les laïcs se reconnaissent davantage dans cette image du Bouddha que dans celle des moines contemplatifs protégés des contingences de la vie habituelle.

Ayant consacré une grande part de leur vie à servir le sangha, sans doute ont-ils trouvé dans la figure d'un Bouddha vouant sa vie au bien du monde un idéal plus puissant que celui de la vie monastique et de la pureté morale de l'arahant. Ainsi la frontière qui séparait précédemment les moines des laïcs devient plus diaphane. La lecture du « Sutra des enseignements de Vimalakirti » va même jusqu'à montrer un véritable renversement. Ce texte est fondé sur les enseignements d'un laïc compatissant qui a acquis une compréhension de la vacuité bien supérieure à celle de certains disciples ordonnés. L'idéal du bodhisattva va désormais tenir une place centrale et s'accompagner d'une vision plus universelle de l'éveil. Cet idéal vient concilier les contraintes de la vie séculière et l'aspiration à atteindre l'éveil d'un bouddha parfait.

Selon le Mahayana, la réalisation de l'éveil insurpassable nécessite des millions d'existences consacrées à l'étude, à la réflexion, à la méditation et à l'aide à autrui. Mais même si le chemin est particulièrement long et fastidieux, tous les êtres sont destinés à y parvenir. Avec cette vision très positive du devenir, le Mahayana se démarque d'un bouddhisme des origines dont les ambitions paraissent se limiter à la seule réalisation du nirvana.

Dans le contexte des écoles anciennes, l'émergence du Mahayana a été progressive et n'est pas le fait exclusif des laïcs. Elle est le produit de plusieurs facteurs inhérents à l'hétérogénéité de la communauté monastique. On ne saurait affirmer qu'il s'agit d'un mouvement de réforme fondé sur une réinterprétation des enseignements du Bouddha. Les mahayanistes eux-mêmes considèrent qu'ils puisent à la source en se référant aux enseignements directs du bouddha Shakyamuni.

L'expression « bouddhisme des origines » peut dès lors paraître impropre. Elle laisse penser que le Mahayana est réellement postérieur. La réalité est moins linéaire et plus complexe. En s'intéressant à la datation des textes, on remarque le caractère aléatoire de toute chronologie stricte. En effet, la rédaction en sanskrit des premiers sutras dits « mahayanistes » s'est effectuée, à quelques années près, au même moment que les sutras palis, soit au cours du Ier siècle avant notre ère. En bref, le Mahayana émerge graduellement sous l'effet d'un changement de mentalité et de la mise en valeur d'aspects déjà présents dans le bouddhisme des origines. Bien que la sensibilité mahayaniste prenne en compte les aspirations des laïcs, le grand véhicule demeure une tendance profondément monastique.

☐ L'idéal du bodhisattva

La voie du bodhisattva conduit à l'actualisation de l'état de bouddha. Elle repose sur une conscience aiguë de la souffrance d'autrui et la volonté de lui venir en aide. Comparativement, la voie qui conduit à l'état d'arhat paraît plus limitée, relevant d'une motivation plus individualiste : se délivrer de sa propre souffrance. En réalité, cette distinction est quelque peu artificielle, car pour être pleinement efficace dans ses actions en faveur des autres, l'intention ne suffit pas au bodhisattva. Il doit avoir pacifié et maîtrisé son esprit. Un accomplissement personnel s'avère donc indispensable pour parvenir à libérer les êtres vivants. Ainsi la voie du renoncement et du discernement qui conduit à la libération individuelle constitue le fondement du grand véhicule, mais elle s'intègre à une vision où la distinction entre soi et les autres revêt un caractère illusoire.

Sous l'effet de la pratique, les voiles qui masquent la réalisation de la nature ultime de l'esprit se dissipent. Au cours de ce processus, la capacité d'œuvrer pour l'éveil de tous les êtres se révèle spontanément. Bien que les qualités suprêmes du bodhisattva lui permettent de réaliser le nirvana, il décide alors de demeurer dans le samsara tant que son activité bienfaisante et libératrice ne s'est pas étendue au plus grand nombre. Fondée sur l'amour, le partage de l'expérience éveillée, l'activité du bodhisattva exprime l'union de la vacuité (shunyata) et de la compassion (karuna). Étant libéré de tout désir, de toute peur, de l'illusion de l'ego et de la dualité, ayant réalisé la nature interdépendante de toute chose, rien ne vient altérer l'ampleur de ses actions compatissantes.

Les textes se plaisent à désigner la compassion et la bienveillance comme deux signes de la distinction entre le véhicule des bodhisattvas (Bodhisattvayana) et celui des auditeurs (Shravakayana) et des pratyekabuddhas (Pratyekabuddhayana). Toutefois, la compassion n'est pas le propre du bodhisattva tel que l'envisage le Mahayana. Dans le bouddhisme des origines, la compassion est ordonnée aux pratiques de renoncement et de purification. Le moine adopte un comportement sain en vue d'abolir les attitudes pathogènes. En éliminant progressivement les poisons de son propre esprit, il devient moins égocentré et par là même plus ouvert à la réalité d'autrui.

La discipline du bodhisattva, dédiant sa vie à l'éveil pour le bonheur du monde, se développe dans la seule aspiration à servir le bien des êtres vivants. Cet altruisme fonde et nourrit sa démarche. Il éclaire la portée capitale d'une conduite visant à modérer et à suspendre toutes les activités physiques et verbales nuisibles pour soi et la communauté. La compassion se manifeste comme une réponse spontanée du cœur face à la souffrance des êtres. Enveloppant la totalité du monde tourmenté, son pouvoir rend secondaire toute attente personnelle. Consciente de l'étendue de ses vues altruistes, la nouvelle tendance qui anime le sangha en vient à nommer la voie des bodhisattvas Mahayana ou grand véhicule. Les approches shravaka et pratyekabuddha, dont le fruit se limite à la cessation personnelle de la dysharmonie, passent au second rang et sont qualifiées de Hinayana (petit véhicule)[1]. Reconnaissant que sans les bases du Hinayana, les autres véhicules n'auraient pu se développer, les enseignants de toutes les traditions rejettent aujourd'hui la formulation péjorative de « petit véhicule » pour adopter l'expression « véhicule fondamental ».

Les cinq voies

La voie du bodhisattva va faire l'objet d'une description savante qui détermine le déroulement de la progression spirituelle en cinq étapes : [1] la voie du développement ou de l'accumulation, [2] la voie de la jonction, [3] la voie de la vision, [4] la voie de la méditation, [5] la voie de l'accomplissement final. Ces cinq voies existent également dans certaines écoles anciennes et rythment le parcours du futur arhat. La structure est ici similaire mais la motivation initiale et l'objectif diffèrent quelque peu. Celui qui a orienté son esprit vers l'éveil pour le bien du monde va cultiver la *bodhicitta** ou l'esprit d'éveil (voir p. 675). L'apprenti du Mahayana se rappelle continûment que la finalité de l'existence humaine est l'actualisation de la bouddhéité pour le bien du monde. Il s'engage ainsi à suivre un chemin qui rend possibles l'abandon des complications et l'épanouissement des comportements sains, mobilisant l'énergie de la joie et du bonheur. Il pratique les quatre états sublimes (l'équanimité, l'amour bienveillant, la compassion et la joie) et les six perfections ou *paramitas** (la générosité, l'éthique, la patience, l'énergie, la concentration et la connaissance transcendante). L'énergie investie dans ces pratiques le conduit de l'état habituel à l'éveil d'un parfait bouddha. Au cours du déroulement, l'apprenti mène à maturité les trente-sept auxiliaires de l'éveil[2] transmis par le Bouddha avant son parinirvana. Les cinq voies susmentionnées se présentent comme suit :

---

1. Selon le grand érudit Môhan Wijayaratna, le caractère dépréciatif du terme Hinayana tiendrait essentiellement au fait que certains moines de la tradition des origines se soient complu dans la paresse en menant une vie sédentaire, se contentant de profiter des dons faits par de généreux donateurs. « C'est cette sorte d'approche, écrit-il, qui est considérée comme égoïste et "inférieure" (*hina*) par les écoles tardives. » Cf. *Les entretiens du Bouddha*, p. 37, note 56.
2. La correspondance entre ces 37 auxiliaires de l'éveil et les cinq voies figure dans l'annexe 1.

La voie du développement ou de l'accumulation – Étape du débutant qui, ayant fait le vœu de libérer tous les êtres de la dysharmonie, fait l'apprentissage du bien-agir. Il renonce à l'attachement au corps par l'exercice de l'attention et substitue aux actes négatifs les actes positifs du corps, de la parole et de l'esprit. Ainsi, les émotions conflictuelles se dissipent et les qualités s'épanouissent. Pratiquant shamatha-vipashyana* (l'état de calme et de vision claire), sa compréhension et son expérience de la vacuité se développent. Il entre alors dans la deuxième voie.

La voie de la jonction – Étape au cours de laquelle s'opère la jonction avec l'expérience de la réalité fondamentale. La motivation compatissante s'accroît et les tendances karmiques ne peuvent plus mûrir.

La voie de la vision – Expérience véritable de l'absence d'existence indépendante, autonome et perdurante dans la personne et les phénomènes. La sagesse de la vacuité est établie. Cette étape correspond à une première expérience d'éveil authentique. Libéré des perturbations mentales douloureuses[1] qui contrecarrent les six perfections, le bodhisattva est désormais en mesure de venir en aide aux autres de manière efficace. À ce stade de la progression, débutent les dix niveaux du bodhisattva que la tradition nomme les dix terres* (bhumis). Ces étapes correspondent à des degrés de sagesse et de maîtrise des moyens permettant l'épanouissement des qualités éveillées. Ces qualités rayonnent de plus en plus au fur et mesure que s'estompent toutes les formes de souillures. Les dix terres coïncident avec une liste de dix perfections qui inclut les six précédemment présentées (voir tableau 7). Le bodhisattva pratique conjointement ces dix perfections, mais à chaque niveau du cheminement il met l'accent sur l'une d'entre elles.

La voie de la méditation – Étape qui consiste à stabiliser l'expérience de la vacuité qui devient de plus en plus familière. Cette méditation continue sur la vacuité permet de dissoudre les conditionnements mentaux innés. Ces conditionnements ont pour cause les états d'esprit erronés entretenus depuis la nuit des temps.

La voie de l'accomplissement final – Les dix niveaux du bodhisattva ont été accomplis. L'expérience de la vacuité est stabilisée et permanente. Les obstacles subtils à l'omniscience sont surmontés. La réalisation arrivant à maturité, il n'y a plus rien à comprendre. La connaissance supérieure (prajna) est devenue pleine sagesse* (jnana). Le bodhisattva est désormais un bouddha parfaitement accompli.

---

1. Avarice, immoralité, colère, paresse, distraction, vue erronée de la réalité.

CINQ VOIES			
Voie du développement		Tableau 7. Symétrie des dix terres et des dix perfections.	
Voie de la jonction		**DIX TERRES DES BODHISATTVAS**	**DÉVELOPPEMENT D'UNE PERFECTION**
Voie de la vision		1. « **Joyeuse** » – correspond à la réalisation de la double vacuité (de la personne et des phénomènes).	Générosité
Voie de la méditation		2. « **Immaculée** » – niveau où s'effectue l'accomplissement des actes positifs.	Éthique
		3. « **Éclatante** » – l'esprit du bodhisattva gagne en lumière grâce à la dissipation des émotions négatives et à sa volonté altruiste d'aider les êtres.	Patience
		4. « **Radieuse** » – le bodhisattva a mené à son accomplissement les 37 auxiliaires de l'éveil et sa sagesse rayonne.	Énergie
		5. « **Invincible** » – le bodhisattva approfondit sa compréhension des quatre nobles vérités et des deux réalités (la *réalité relative** et la *réalité ultime**)	Concentration
		6. « **En vue de la réalité** » – la connaissance transcendante (prajnaparamita) s'est épanouie pleinement grâce à la réalisation de l'enseignement des causes et des effets ou « production interdépendante » (le fait que tout existe en dépendance).	Connaissance transcendante
		7. « **Loin Allée** » – le bodhisattva est très avancé dans sa compréhension et sa réalisation. Il est relié directement au chemin conduisant à la bouddhéité sans risque de faire marche arrière.	Habileté dans les moyens permettant de réaliser l'éveil et d'aider autrui à se libérer
		8. « **Inébranlable** » – la quiétude du bodhisattva est parfaitement stable. Ce niveau correspond à l'état d'arhat.	Le vœu parfait pour atteindre l'éveil et venir en aide aux êtres
		9. « **Discernement parfait** » – le bodhisattva est capable de tout discerner avec clarté, son intelligence étant parfaitement épanouie.	La force accomplie qui mêle réflexion et pratique méditative
		10. « **Nuage de Dharma** » – ainsi nommée parce que le bodhisattva est pareil à un nuage répandant en pluie sur les êtres le Dharma guérisseur.	La sublime sagesse
→		Voie de l'accomplissement final —— éveil	

◻ L'omniprésence de la bouddhéité

Si l'homme peut réaliser l'éveil insurpassable, cela suppose qu'en lui réside le potentiel à cet accomplissement. En sanskrit, ce potentiel est appelé *tathagatagarbha*, « embryon de bouddha » ou « nature de bouddha ». Impliqué dans toutes nos expériences, il demeure voilé par l'ignorance et les illusions subséquentes. Sans cet état fondamentalement sain, personne ne parviendrait à réaliser que le samsara n'est pas une fin. Personne n'aspirerait à la paix du nirvana. Prendre conscience de la présence de la nature de bouddha stimule la volonté de s'affranchir du mal-être.

Le bouddha Shakyamuni est l'expression ultime de la bouddhéité. Tant que nous ne l'avons pas réalisée, elle ne nous est intelligible qu'à la lumière du bonheur que nous recherchons en vain. Ce bonheur reste limité parce que notre quête suit confusément le cours des désirs qui s'animent dans les passions transitoires. Cette quête révèle la ligne d'un horizon naturel et essentiel vers lequel nous nous dirigeons. Nous l'entrevoyons d'une manière incertaine, comme un appel. Nous pressentons la réalité d'un bonheur cette fois inconditionné, à la fois proche et lointain, présent et dans le même temps absent, parce qu'il ne s'est pas encore pleinement manifesté en nous.

La notion de « nature de bouddha » figure dans le corpus pali à l'état de prémices. Elle est développée pour la première fois aux alentours du IIIe siècle de notre ère dans plusieurs sutras que le Mahayana indo-tibétain classe dans le troisième cycle d'enseignements : citons en particulier le *Tathagatagarbhasutra*, le *Shrimaladevisimhanadasutra*, le « Sutra de la reine Shrimala sur le rugissement du lion », et l'*Avatamsakasutra*, le « Sutra de l'ornementation fleurie des bouddhas ». Dans le chapitre 13, nous verrons que cette nature de bouddha peut être conçue comme une « graine » qu'il faut faire fructifier pour qu'advienne la parfaite bouddhéité. Elle est alors la cause première de l'éveil, et la voie, le moyen de faire croître ce potentiel. On peut aussi considérer qu'elle est parfaite depuis toujours et que toutes les qualités de la bouddhéité sont déjà présentes en nous. Selon cette vision, la voie consiste à écarter les souillures accidentelles qui la voilent.

L'omniprésence de la bouddhéité modifie la représentation que l'on peut avoir du Bouddha. Dans la tradition des origines, le Bouddha apparaît en ce monde, enseigne et disparaît définitivement lors du parinirvana. D'où cette question métaphysique posée au Bienheureux : l'être libéré, autrement dit l'Éveillé lui-même, existe-t-il après la mort ?

Pour la tradition des Anciens, le Bouddha devient inopérant et inactif en ce monde dès sa disparition. Le Mahayana ne s'arrête pas à cette interprétation. Sans renier sa dimension historique, il affirme que le Bouddha est l'univers illimité. L'univers n'est plus une entité spatiale manifestée sous l'effet du karma généré par les êtres. Tous les phénomènes sont reliés les uns aux autres en participant tous les uns des autres. L'esprit émerge avec le monde qu'il perçoit. D'historique, le Bouddha est devenu cosmique dans sa dimension atemporelle et universelle. Dans le même temps, cette vision holiste et holographique, où le tout est dans les parties et celles-ci sont réparties dans le tout, annule la différenciation entre le monde illusionné et le monde éveillé que rend le Bouddha manifeste. L'enjeu est considérable en termes de renouvellement et d'amplification de la perception. Voyons maintenant quelques-unes des implications d'une telle approche.

◻ *La plurimanifestation de l'éveil :*
une multitude de bouddhas et de bodhisattvas

Les écoles pré-Mahayana ne mentionnaient qu'un nombre restreint de bouddhas. Selon le Mahayana, notre ère cosmique considérée comme positive verra l'avènement de mille deux bouddhas, Shakyamuni n'étant que le quatrième.

Ces phénomènes d'amplification correspondent à une vision élargie du cosmos et de la perception qui prolonge l'intuition de l'omniprésence de la bouddhéité. La réalité est multiforme et la manifestation de l'éveil est multiple car l'éveil participe de tout l'univers. Les bouddhas révèlent la diffraction d'une lumière fondamentalement une dont ils sont l'expression et le reflet. Il serait erroné de croire qu'ils constituent un véritable panthéon d'entités supra-humaines et de considérer dès lors le bouddhisme comme une forme de théisme.

Lorsque le bouddha Shakyamuni quitte ce monde, c'est un corps qui meurt, mais son activité se poursuit. Le « véritable » Bouddha, c'est l'éveil atemporel et universel. Le bouddha Shakyamuni est donc à la fois homme et absolu – absolu au sens de perfection et de complétude. Bien que son éveil se soit produit en Akanishtha, le domaine divin le plus élevé de la sphère de la forme pure, cet éveil est sans commencement ni fin. Quant à ses enseignements, ils dépassent le domaine spatio-temporel habituel et ne constituent finalement qu'une fraction d'une transmission qui perdure dans la sphère extra-temporelle. C'est pourquoi, comme on l'a précisé dans le chapitre 3, une perspective historique n'a qu'une portée limitée et n'est pas en mesure de rendre compte de l'étendue multidimensionnelle de la « bouddhéité universelle ».

Certains bouddhas ont acquis une forte popularité. C'est le cas d'Amitabha*, le bouddha « Lumière Infinie », d'Akshobhya, « l'Immuable », et de Bhaisajyaguru, le « bouddha de médecine ». Ils sont accompagnés de grands bodhisattvas dits transcendantaux qui diffèrent leur réalisation du parfait éveil pour venir en aide aux êtres. Pour situer leur niveau de sagesse et leur pouvoir, la tradition les place au-delà de la huitième terre dans la classification des dix bhumis. Ils jouent le rôle d'assistants hors pair car ils sont affranchis de toutes les souillures du samsara et peuvent ainsi intervenir directement sans jamais être affectés par les affres de l'existence conditionnée. Trois sont fondamentaux parce qu'ils symbolisent les trois qualités essentielles de tous les bodhisattvas : Avalokiteshvara[1]*, le bodhisattva qui incarne la compassion universelle (karuna) ; Manjushri*, le bodhisattva personnifiant la connaissance supérieure (prajna) ; et Vajrapani, le bodhisattva de l'énergie.

Dans certaines cultures asiatiques, bouddhas et bodhisattvas vont être l'objet d'une grande dévotion. La pratique d'Amitabha, par exemple, se constituera en une véritable tradition appelée l'école de la Terre pure* ou amidisme. Elle se répandra en Chine, au Japon, en Corée, au Vietnam puis en Occident. Cette foi s'explique par le vœu que fit Amitabha alors qu'il n'était encore que le bodhisattva Dharmakara. Il affirma que lorsqu'il serait bouddha, il refuserait le parfait éveil si les êtres vivants ne renaissaient pas en sa *terre pure** (Sukhavati) après en avoir fait le souhait, entendu son nom et cultivé les actions positives. Une terre pure est un lieu de manifestation mis en place par l'esprit d'un bouddha ou d'un grand bodhisattva pour accueillir les êtres du samsara qui se consacrent à la pratique spirituelle. Ces êtres peuvent renaître dans un tel monde et se voient offertes les conditions les plus favorables à leur progrès rapide vers l'éveil.

Si, à l'exemple de Vimalakirti dans le « Sutra des enseignements de Vimalakirti », des laïcs parviennent à atteindre des niveaux élevés de réalisation spirituelle, d'autres, voyant qu'ils ne parviendront pas à l'éveil en cette vie, se tournent vers les bouddhas dans l'espoir de recevoir leur aide et de renaître dans une terre pure. Ceux qui y accèdent sont affranchis des souffrances que nous éprouvons. Pour autant, ils n'ont pas encore réalisé la non-dualité ultime et continuent ainsi à recevoir des enseignements et à pratiquer.

Même si les manifestations de la foi et de la dévotion peuvent laisser penser le contraire, il importe de bien comprendre que bouddhas et bodhisattvas transcendantaux ne sont pas des entités. Ce sont des mani-

---

1. Tchènrézi en tibétain.

festations spécifiques de l'éveil, une énergie éveillée à laquelle on attribue une qualité et des formes particulières. À la prolifération des bouddhas et bodhisattvas correspond également une multiplicité de nouveaux textes où leur rôle est manifeste. C'est le cas, par exemple, du « Sutra des enseignements de Vimalakirti » où entre en scène Manjushri et du « Sutra du cœur » (*Prajnaparamitahridayasutra*), où intervient Avalokiteshvara, le bodhisattva de la compassion infinie.

▫ Les trois corps d'un bouddha

Dans les écoles pré-Mahayana, on trouve déjà la représentation d'un Bouddha possédant plusieurs dimensions. Dans le Theravada, on parle aussi de son corps périssable, de son corps mental qui lui permet de se rendre dans des séjours divins et de son enseignement qui rayonne et perdure après le parinirvana. À l'autre bout, chez les Lokottaravadins issus de la branche Mahasanghika (cf. tableau 5), le Bouddha est purement spirituel ou de nature supramondaine (lokottara). Son corps et sa parole sont la manifestation de son essence. L'école Sarvastivadin de la branche Sthaviravada (Anciens) élabore une conception médiane. Appelée « théorie des trois corps » (trikaya), elle va être fortement développée par les mahayanistes aux environs des IIe-IIIe siècles de notre ère. Cette conception permet de rendre plus intelligible la multiplication des bouddhas et donne accès à la compréhension de l'éveil dans ses trois dimensions simultanées : corps absolu (dharmakaya), corps d'expérience parfaite (sambhogakaya), corps d'émanation (nirmanakaya). Ces corps désignent les trois qualités essentielles de la bouddhéité : l'ouverture ou l'intelligence de la vacuité, la clarté, la compassion fondamentale. On les répartit en deux catégories : [1] le corps absolu qui est accomplissement de soi et concerne notre bien propre ; [2] le corps formel (sambhogaka et nirmanakaya), voué au bien d'autrui.

Du point de vue de la tradition tibétaine, cette présentation ne doit pas nous faire perdre de vue qu'il ne s'agit pas réellement de « conception » ou de « théorie », mais bien plutôt d'expérience subtile. Le Dalaï-Lama* dit d'ailleurs que cette approche historique est plutôt universitaire[1]. Selon la tradition, tout cela émane de l'expérience et des enseignements du Bouddha, non comme personne humaine mais comme manifestation de l'éveil atemporel. Le Dalaï-Lama ajoute que si de grands maîtres comme Nagarjuna ou les grands érudits accomplis du Tibet ont fait l'expérience des *trois corps**, cette réalité est véridique et digne de confiance.

---

1. Cf. *Pacifier l'esprit*, p. 54 et suivantes.

Le dharmakaya, le corps absolu ou corps de la réalité

Le *dharmakaya** correspond à la nature ultime de l'esprit, la vacuité. C'est le corps informel, non manifesté et omniprésent des bouddhas, expression de leur sagesse sublime. Il embrasse et pénètre tout. Pour une personne qui actualise l'éveil, le corps-esprit et l'univers ne sont pas différenciés. Le sens de dharmakaya recouvre cette expérience. Dépourvu de toute caractéristique et de toute détermination, transcendant toutes les catégories intellectuelles, il est inconcevable et perceptible aux seuls bouddhas. C'est pourquoi il n'est évoqué que par l'intermédiaire de symboles comme le stupa (tib. *tcheutèn*) ou par l'archétype de l'éveil primordial et atemporel appelé le *bouddha primordial**. Gampopa Seunam Rinchèn, disciple du célèbre yogi et poète tibétain Milarépa (XIe siècle), écrit à propos du dharmakaya : « Le terme de "corps absolu" n'est qu'un mot qui désigne l'épuisement de toutes les erreurs, ou encore le renversement des perceptions égarées, une fois réalisé le sens de l'espace absolu, la vacuité[1]. »

Le dharmakaya possède une énergie dynamique qui s'exprime sous la forme d'un corps formel, le rupakaya[2]. Comme on l'a vu plus haut, il comprend deux dimensions : le sambhogakaya et le nirmanakaya. Toutes deux émanent de la félicité inhérente à l'expérience d'éveil, dans le but d'aider tous les êtres à vivre pleinement la paix bienheureuse et libératrice.

Le sambhogakaya, le corps d'expérience parfaite ou corps de béatitude

Le *sambhogakaya** est le corps en lequel se vit la plénitude des qualités éveillées (*sambhoga*, litt. « la totalité de l'expérience »). Il se manifeste en particulier dans les champs purs pour aider les êtres d'un haut niveau spirituel. Seuls ceux qui ont atteint la huitième terre de bodhisattva le perçoivent. C'est sous l'aspect du sambhogakaya que le Bouddha a transmis les tantras. Dans l'iconographie, un bouddha sous l'apparence du corps d'expérience parfaite est paré de précieux ornements, dont des bijoux et des soieries. Accompagnés des trente-deux marques majeures et des quatre-vingts signes mineurs, ils symbolisent le sublime bien-être émanant de l'expérience plénière de toutes les

---

1. *Le précieux ornement de la libération*, p. 317.
2. Dans le contexte de la voie du bodhisattva, l'actualisation du dharmakaya est le fruit du développement de la connaissance supérieure (prajna), alors que l'actualisation du rupakaya est le résultat de la multiplication des actes positifs.

qualités éveillées. C'est la raison pour laquelle les traducteurs optent parfois pour l'expression « corps de jouissance ».

Le nirmanakaya, le corps de manifestation de l'esprit éveillé ou corps d'émanation

Un bouddha utilise le corps d'émanation pour entrer en relation avec les êtres qui ne parviennent pas à percevoir la présence enveloppante du corps d'expérience parfaite. Le nirmanakaya* peut apparaître sous forme humaine ou sous toute autre forme, s'adaptant ainsi aux différentes conditions de la conscience qui caractérisent le samsara. Le bouddha Shakyamuni en est un bon exemple. L'iconographie et la statuaire se sont plues à représenter cette forme visible en revêtant son corps de la tenue monastique.

Bien que le dharmakaya soit unique, chacun des trois corps participe de la nature des deux autres. Ils sont les trois modes de manifestation de l'éveil ou les trois modalités d'une réalité unique. Pour désigner cette unité fondamentale et rappeler que les trois corps ne sont pas des réalités séparées, la tradition emploie le vocable *svabhavakaya*[1] ou corps d'unité essentielle. Il désigne l'expression de la suprême félicité liée à l'union des trois corps.

La vision du trikaya se trouve à l'origine d'une littérature traditionnelle qui donne une coloration mythique au Bouddha. Des miracles extraordinaires viennent rythmer son existence. Un cadre de vie qui devait être finalement relativement simple acquiert un caractère resplendissant. Il s'agit en réalité d'une expression symbolique qui met en avant la dimension merveilleuse de l'Éveillé et insiste sur l'interpénétration des trois corps. « Le jeu en déploiement » (*Lalitavistarasutra*) est l'un des récits les plus marquants de ce genre littéraire.

▫ Les Prajnaparamitasutras ou l'émergence effective du Mahayana

L'émergence effective du Mahayana coïncide avec l'apparition de nouveaux textes entre le Ier siècle avant notre ère et le Ier siècle de notre ère : les *Prajnaparamitasutras* ou « Sutras de la connaissance transcendante ». Ils recueillent les enseignements du Bouddha sur la vacuité. Ces textes rédigés en sanskrit comprennent plusieurs versions, courtes et longues. Parmi les versions courtes, l'une des plus célèbres est le « Sutra du cœur » (*Prajnaparamitahridayasutra*), véritable condensé de ces enseignements.

---

1. Cf. Kalou Rinpotché, *Instructions fondamentales. Introduction au bouddhisme Vajrayana*.

Dans l'approche du véhicule fondamental (Hinayana), la notion de vacuité est suggérée de façon indirecte dans l'enseignement consacré au non-soi (anatman). En examinant les composants de l'existence (les cinq agrégats) et leur combinaison, on remarque qu'ils n'abritent aucune entité autonome, indépendante et permanente (le soi, atman). Cet enseignement aide l'apprenti à réaliser qu'il se méprend lorsqu'il projette un soi sur un ensemble transitoire. Cette insubstantialité du sujet peut être nommée « vacuité de la personne » (pudgalashunyata).

Le Mahayana prolonge cette vue en constatant que dans l'expérience dualiste, qui est celle d'un sujet percevant autour de lui un monde extérieur, la vacuité est aussi du côté des objets. On parle alors de la vacuité des phénomènes (dharmashunyata). Les phénomènes composés existent en apparence et conformément à la réalité objective que nous leur attribuons. Mais au niveau ultime, ce ne sont pas des entités autonomes existant par elles-mêmes. Ils existent suivant un processus de cause à effet au sein d'une interdépendance globale.

À cette vue exposée dans les « Sutras de la connaissance transcendante », il faut ajouter celle développée dans le troisième tour de la roue du Dharma[1]. On se souviendra que le Bouddha affirme alors que la vacuité n'est pas seulement l'absence d'entité indépendante mais la fondation qui rend possible la manifestation de tous les phénomènes. Ce troisième cycle contient également les enseignements sur la présence en toute personne des qualités infinies de la nature de bouddha (tathagatagarbha). Mais alors que les *Prajnaparamitasutras* prennent soin de bien distinguer réalité relative et réalité ultime, l'approche du troisième cycle va s'efforcer d'intégrer les phénomènes relatifs au sein d'une vision unifiée où les apparences sont des projections de l'esprit. Les sutras qui vont présenter cette approche apparaissent au début du IIIe siècle.

Ces nouveaux textes vont donner lieu à des commentaires savants qui recourront à tout l'appareillage logique et dialectique indien, en le renouvelant, l'assouplissant et le dépassant pour chanter l'ultime discernement. Deux grandes visions de la réalité voient le jour : le Madhyamaka (la voie du Milieu) et le Cittamatra* (l'école de l'Esprit seul). Le Madhyamaka s'appuie sur les enseignements consignés dans les *Prajnaparamitasutras* et considère la vacuité comme une vision qui libère l'esprit des extrêmes de l'être et du non-être, de l'éternalisme et du nihilisme. Le Cittamatra privilégie les sutras du troisième cycle d'enseignements, considérant la vacuité comme l'absence de toute dualité sujet-objet.

---

1. Rappelons que le Mahayana indo-tibétain distingue dans l'enseignement du Bouddha trois cycles, traditionnellement appelés les « trois tours de la roue du Dharma ». Cf. chap. 11, p. 400.

◻ Le modèle cosmologique du « Sutra de l'ornementation fleurie des bouddhas »

Selon le modèle cosmologique du « Trésor de l'Abhidharma », l'univers est une réalité substantielle ou une entité spatiale, fruit de particules insécables dont l'agrégation forme la matière visible constituée des quatre éléments : terre, eau, feu et vent. Cette vision reprend et retravaille les grandes lignes de la cosmologie prébouddhique en mettant l'accent sur la crainte de la souffrance.

Avec le Mahayana, la représentation change considérablement. L'univers n'est pas indépendant de la conscience qui le perçoit et tous les phénomènes se trouvent dans une relation de mutuelle dépendance. Le modèle de l'univers ressemble désormais à un gigantesque filet. Chaque nœud des mailles réfléchit tous les autres. Chaque objet du monde n'est pas simplement lui-même, mais il *contient* tous les autres objets. Dans cette perspective, une problématique comme « la conscience existe-t-elle avant le monde ou le monde avant la conscience ? » ne se pose pas.

Alors que le modèle cosmologique du bouddhisme des origines s'inspire de la cosmologie védique et brahmanique, la vision merveilleuse exposée dans le « Sutra de l'ornementation fleurie des bouddhas » (*Avatamsakasutra*, environ IIIe siècle) est plus spécifiquement bouddhique. Le titre souligne le style très lyrique de ce texte qui chante les splendeurs de l'univers dont les éléments sont parés de pierres précieuses, enveloppés de parfums exquis et ornés d'innombrables fleurs. Mais c'est surtout la présence de bouddhas en nombre infini qui constitue l'ornement le plus inestimable.

Dans l'approche pré-Mahayana, le Bouddha, libéré des trois domaines du samsara, disparaît définitivement à la fin de son passage en ce monde. Il n'appartient plus à l'espace (loka) en lequel se déploie un milliard de mondes réceptacles. On peut dire qu'« il est » littéralement *aloka*, en dehors de toute détermination spatiale, encore qu'il faille être prudent sur ce genre d'affirmation qui réifie sa personne. Avec le Mahayana, nous intégrons une vision en laquelle le bouddha Shakyamuni est l'une des manifestations de l'éveil atemporel, l'un des multiples bouddhas. Ces bouddhas disposent de leurs propres terres pures et œuvrent continûment pour que les êtres plongés dans le samsara actualisent l'éveil ou renaissent dans l'un de leurs domaines pour parfaire leur éducation spirituelle et ainsi se libérer. L'« espace » où « ils demeurent », et « où se trouvent » des royaumes fabuleux tels que Shambhala*, échappe à l'entendement et à la vision de l'espace-temps qui nous est familière. On peut simplement dire qu'il existe une perméabilité entre l'espace contingent au sein duquel nous vivons et l'espace *aloka*, puisque les bouddhas et bodhisattvas se manifestent en ce monde. D'ailleurs, les rituels et les prières s'adressent à ces « êtres » libres du karma.

La question se pose de savoir si les êtres invisibles comme les titans, les nagas, les êtres vivants dans les enfers, etc., existent comme tels. En examinant le modèle cosmologique du « Trésor de l'Abhidharma », je me suis efforcé d'éluder la question ou de considérer certains aspects (les séjours divins, par exemple) sous l'angle de la tradition méditative. Pour bon nombre d'Indiens, ces êtres existent bel et bien. En Occident, nous avons tendance à les considérer comme des projections d'états psychologiques ou des puissances psychiques. C. G. Jung parle entre autres des « puissances majeures de l'âme humaine, dénommées "dieux" ». Dans la perspective du Mahayana, il convient d'envisager une autre posture. Les êtres invisibles et d'une façon générale ceux qui peuplent le monde réceptacle, et avec eux tous les phénomènes qui composent l'environnement, tous ces êtres et phénomènes donc existent au niveau relatif des apparences. Au niveau ultime, ce sont des aspects de l'esprit. L'un des propos du « Sutra de l'ornementation fleurie des bouddhas » consiste à découvrir le monde des phénomènes sans qu'opère la distorsion provoquée par la vision duelle sujet-objet.

Le monde réceptacle en forme de lotus

Le monde réceptacle en forme de lotus[1] serait le résultat des pratiques effectuées pendant des milliers de kalpas par le bouddha Vairocana, le « bouddha Resplendissant ».

En Inde, le lotus est depuis des millénaires la plante sacrée par excellence. Dans l'iconographie, les divinités hindoues, les bouddhas et bodhisattvas sont représentés assis sur le réceptacle floral. Plante aquatique vivace, la base de sa tige comporte des rhizomes spongieux et ramifiés, portant des tubercules qui se fixent dans la vase. Sa fleur en forme de coupe, composée d'une vingtaine de pétales de couleur blanc rosé, se déploie à la surface des eaux sombres ou se dresse dans l'espace au-dessus des feuilles arrondies et peltées qui tapissent la surface. Les pétales entourent un fruit charnu qui ressemble à une pomme d'arrosoir. Ce réceptacle floral est parsemé de coupelles. Chacune renferme une graine qui peut germer plus de deux cents ans après sa libération.

---

1. Cet exposé s'inspire en partie des travaux du professeur Akira Sadakata, *Cosmologie bouddhique. Origines et philosophie.*

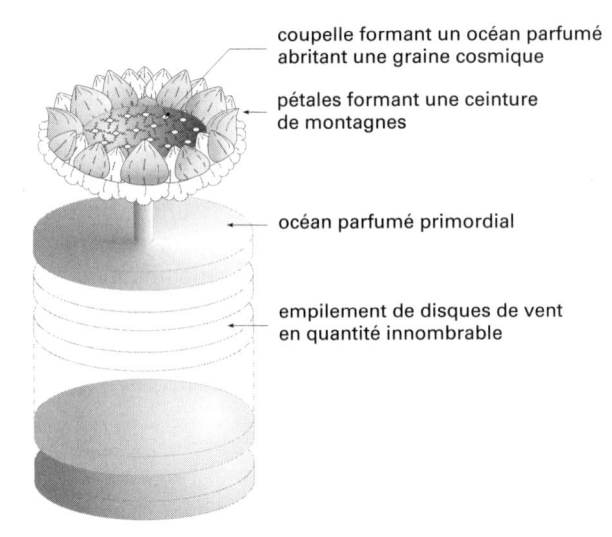

Figure 11. Structure de l'univers selon le « Sutra de l'ornementation fleurie des bouddhas », avec au sommet le monde réceptacle en forme de fleur de lotus.

La fleur de lotus est un symbole solaire. Elle symbolise l'esprit pur libre de la confusion du samsara. Mais sa tige, qui assure la continuité entre la noirceur des eaux et la lumière de l'espace, nous rappelle que le monde de l'illusion et le monde éveillé ne sont pas différents en essence. L'éveil s'actualise en tout et les bouddhas rendent sa présence éclatante.

Dans la représentation du cosmos, la fleur de lotus, entourée d'un océan parfumé primordial, s'élève au sommet d'un empilement de disques de vent en quantité innombrable (voir figure 11). Le sutra attribue un nom aux dix premiers disques et en offre une description détaillée.

Le réceptacle floral est le monde réceptacle en forme de lotus. La partie charnue et plate représente la terre. Les coupelles, elles aussi en nombre incalculable, forment des océans parfumés où viennent se déverser des fleuves aux rives de pierres précieuses. Dans chaque océan se trouve une graine cosmique. La graine qui occupe la coupelle centrale comprend vingt mondes répartis le long de l'axe central. Chacun possède son bouddha et d'innombrables bodhisattvas. Notre monde nommé Saha (« le territoire où l'on subit la souffrance et le mal-être ») est le treizième. Tous ces mondes hiérarchiquement répartis sont eux-mêmes entourés d'innombrables petits mondes. Chaque graine cosmique contient ainsi une pluralité de petits univers sous forme de grappes. Le pouvoir de reproduction d'une seule graine, et donc des systèmes cosmiques eux-mêmes, s'avère par conséquent gigantesque.

Structure gigogne, fractale et approche holographique

Par des séries d'imbrications successives et un effet de démultiplication, le « Sutra de l'ornementation fleurie des bouddhas » nous offre une image de l'infini. Chaque petit cosmos est un atome appartenant à un univers d'un ordre supérieur. Une structure de base qui forme un tout se reproduit ainsi à des niveaux plus vastes selon une hiérarchie gigogne (voir figure 12). Ce qui semble apparemment fini contient l'infini. Avec le milliard de mondes réceptacles qui forme le trichiliocosme dans la vision du « Trésor de l'Abhidharma », nous trouvons déjà les prémices de cette représentation.

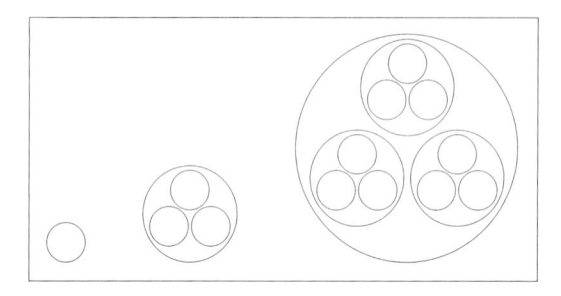

Figure 12. Les trois premiers niveaux d'une hiérarchie gigogne.

Le « Sutra de l'ornementation fleurie des bouddhas » présente un modèle particulièrement intéressant. On reconnaîtra, ne serait-ce que dans la présentation des océans parfumés en nombre incalculable ou des couches innombrables de mondes dans une seule graine, une structure qui n'est pas sans rappeler les fractales, telles que les a mises en évidence dans les années 60 le mathématicien français Benoît Mandelbrot. Un objet fractal se caractérise par la répétition de structures géométriques similaires à des échelles différentes. La nature est passée maître dans l'élaboration de ces formes qui reposent sur l'autosimilarité. Qu'il s'agisse du flocon de neige ou de la fougère, on retrouve la figure complète en réduction dans chacun des éléments de l'ensemble.

Le modèle complexe du cosmos proposé par le « Sutra de l'ornementation fleurie des bouddhas » corrobore ce qu'on observe avec les fractales. L'effet de démultiplication et d'autosimilarité peut justifier la vision mahayaniste de l'omniprésence des bouddhas à tous les niveaux de la structure. Ce qui s'applique à l'espace s'appliquant au temps, on comprend aussi pourquoi l'omniprésence dépasse les limites de notre vision linéaire de la temporalité. Ainsi les bouddhas, et le bouddha Shakyamuni lui-même, pourront être présents simultanément en différents endroits. Leur amour et leur compassion imprégneront le moindre recoin du monde des apparences. Le « Sutra de l'ornementation fleurie des bouddhas » dit même que dans chaque particule de poussière se trouve un nombre illimité de bouddhas.

De ce fait, l'omniprésence des éveillés ne repose pas seulement sur leur capacité à occuper simultanément tous les points de l'espace mais à demeurer dans une fluidité de temps où le présent semble éternel, comme un moment de « permanence » et d'harmonie, un curseur parfaitement mobile sur les deux directions du temps habituel. C'est pourquoi, comme l'écrit le maître tibétain Gampopa Seunam Rinchèn (1079-1153) dans son *Précieux ornement de la libération*[1], « les bouddhas apparaissent et enseignent à ceux qui ont la foi », quels que soient l'époque et le lieu.

Le temps devient aussi malléable ou inconsistant que l'espace. Il existe ainsi une pluralité d'espaces parallèles et imbriqués, une pluralité de temps, des mondes multiples qui forment une trame complexe rendue merveilleuse par l'abondance et la richesse des objets qui la constituent. Il n'y a donc pas de réalité unique, pas plus que de réalité « en soi », mais des descriptions d'une nature fluctuante qui échappe à toute objectivation.

Ainsi, précise l'*Avatamsakasutra*, celui qui est doté de la vision pure des êtres éveillés voit en particulier « d'infinis déploiements de réflexions dans les miroirs, des réflexions d'assemblées de bouddhas, de cercles de héros de l'esprit d'éveil (bodhisattvas), (...) des terres impures, des terres pures, des terres à la fois pures et impures, des réflexions de tous les bouddhas dans un seul monde, des mondes avec des bouddhas, des mondes minuscules, des mondes gigantesques, des mondes subtils, des mondes grossiers, des mondes dans le filet cosmique d'Indra, des mondes à l'envers, des mondes nivelés, des mondes infernaux, d'animaux et d'esprits, des mondes peuplés d'êtres célestes et humains »

Le filet cosmique d'Indra

Le modèle cosmologique s'approfondit considérablement et devient encore plus élaboré avec l'approche holographique telle qu'elle s'exprime dans la fabuleuse image du filet cosmique d'Indra[2] dont il est fait mention dans la citation ci-dessus.

---

1. P. 54.
2. Ce filet porte le nom d'Indra parce qu'il se trouve dans son palais. Il a déjà été question de ce dieu dans le modèle cosmologique du « Trésor de l'Abhidharma », cf. tableau 1, note 1, p. 66.

Ce filet est constitué de joyaux disposés de telle manière que lorsqu'on regarde l'un d'entre eux, on voit en lui le reflet de tous les autres. Le filet cosmique fournit une métaphore adéquate d'une réalité inconcevable. Il englobe des séries de mondes qui se réfléchissent les uns dans les autres, parce que leurs reflets sont comme imbriqués les uns dans les autres. Agir sur un monde de ce réseau, c'est agir sur tous les mondes qui le constituent. Nous sommes très proches du nouvel aspect holistique de l'univers qui considère que « le tout est englobé dans ses composants et que ceux-ci sont répartis dans le tout[1] ». Cette métaphore subtile de l'indifférenciation montre que dans la réalité tout se tient. Enlever un seul joyau, c'est faire disparaître la totalité du filet.

Ce système de correspondances, de résonances harmonieuses et d'interconnexions révèle la nature interdépendante de tous les phénomènes. La vision holiste et l'approche holographique renouvellent aussi notre compréhension de l'omniprésence des bouddhas. Puisque tous les joyaux ne font qu'un, demeurer dans un joyau sans jamais le quitter, c'est demeurer simultanément dans tous les autres. Ainsi, comme on peut le constater dans plusieurs sutras, les bouddhas ne viennent pas vers ceux qui réclament leur aide. Ils apparaissent spontanément puisqu'il n'y a aucune rupture dans l'espace et les sphères dimensionnelles. Cependant, les bouddhas ne sont pas des entités devenues apparentes mais des manifestations atemporelles de l'esprit pur.

□ *Implications spirituelles de ces constatations*

Ce modèle cosmologique permet au « Sutra de l'ornementation fleurie des bouddhas » d'introduire la vision du *dharmadhatu**, le domaine de la vacuité immuable tel que le perçoivent les bouddhas. Comme le fait le modèle cosmologique des Abhidharmas, cette présentation amène inévitablement l'apprenti à questionner une nouvelle fois la notion d'identité. Ce questionnement l'invite à reconsidérer sa relation avec le monde vivant.

Préparation à la vision du domaine de la vacuité immuable

Dans l'organisation interne du sutra, la présentation du monde réceptacle et du filet cosmique d'Indra figure avant la vision du dharmadhatu, le domaine de la vacuité immuable. Les structures gigognes, les images fractales et l'approche holographique préparent le lecteur

---

1. *La mutation du futur (colloque de Tokyo)*, présenté par M. Random.

à suivre avec grande attention le récit d'un pèlerinage. Nous sommes dans la partie finale du sutra, au moment où le jeune pèlerin Sudhana va être introduit à cet espace non duel par le bodhisattva Maitreya.

Sudhana pénètre dans une grande tour ornée d'innombrables joyaux. Elle ressemble à un monde merveilleux et luxuriant avec ses milliers d'oiseaux bigarrés, ses étangs de lotus, ses bananiers dorés, ses statues de bodhisattvas, ses réseaux de chambres au décor chatoyant, ses tourelles, ses escaliers sans fin, ses encensoirs qui répandent leurs effluves suavement parfumées parmi des pluies de poudre d'or. À peine en a-t-il franchi le seuil qu'il remarque qu'au-dedans se dressent des centaines de milliers d'autres tours. Toutes se distinguent les unes des autres. Pourtant, comme sous l'effet d'une démultiplication et d'une autosimilarité, le reflet de chacune apparaît sur tous les objets contenus dans toutes les autres. Cette tour, qui contient toutes les tours et se trouve présente en chacune d'elles, représente le dharmadhatu. Elle corrobore la vision holographique de l'univers telle que l'exprime l'image du filet cosmique d'Indra.

Pour obtenir une compréhension intellectuelle de la dimension globale de la réalité absolue, on l'oppose à la perception dualiste du monde phénoménal (lokadhatu). Nous concevons les phénomènes composés comme des entités propres, dotées de caractéristiques spécifiques. Nous pensons ainsi qu'ils existent en eux-mêmes. Dans l'espace non duel du dharmadhatu, ces mêmes phénomènes, en situation d'interaction et d'omnipénétrabilité, sont libres de causes et d'effets. Le récit de la vision de Sudhana nous introduit pleinement à la voie médiane qui caractérise la tradition du Bouddha. En parlant du monde et des éléments qui le constituent, on ne peut pas dire qu'il n'y ait *rien* (nihilisme) ni affirmer qu'il y ait *quelque chose* (réalisme matérialiste). Existant en dépendance les uns des autres, les phénomènes n'ont pas d'existence propre : telle est leur véritable nature. Cependant, ils ne disparaissent pas les uns dans les autres. L'unité du dharmadhatu n'altère en rien la richesse et la splendeur de leurs détails. L'unité n'exclut pas la diversité. Cela donne une vision particulièrement lyrique qui rend compte de la splendeur du monde vivant[1].

Bien évidemment, cette situation un peu paradoxale défie le sens commun. On voit très bien que l'intellect discursif ne parvient pas à appréhender la nature de la réalité. C'est la raison pour laquelle le bodhisattva Maitreya ne se lance pas dans de fastidieuses explications. Il laisse le pèlerin réaliser sa propre expérience. La thématique de la vision en souligne l'importance. L'œil est comme une porte grande

---

1. Cf. chap. 11, 2.

ouverte, un vide qui dissipe la différence entre l'extérieur et l'intérieur, le monde perçu et la conscience qui le conçoit. Dans l'expérience directe, les notions de sujet et d'objet n'ont plus aucune signification. Libre des concepts, la vision pure ne dépend pas des processus mentaux qui font de la réalité une création sémantique. Les poètes sont parvenus parfois à exprimer cette vision. Je pense à Walt Whitman qui écrivait dans *Feuilles d'herbe* : « Je crois qu'une feuille d'herbe est à la mesure du labeur des étoiles » ou William Blake dans *Augures d'innocence* :

> Voir un Monde dans un Grain de sable
> Un Ciel dans une Fleur sauvage
> Tenir l'Infini dans la paume de la main
> Et l'éternité dans une heure.

Nouveau questionnement sur l'identité

Par un effet miroir, le modèle cosmologique du « Sutra de l'ornementation fleurie des bouddhas », fondé sur l'intelligence de complexes imbrications interdépendantes en une totalité infinie et dynamique, interpelle notre propre expérience. Le monde se façonnant en dépendance de la conscience qui le perçoit, ce qui s'applique à lui s'applique à nous-mêmes.

Comment puis-je concevoir que *je suis* le centre du réseau d'expériences qui me constitue ? Qu'est-ce que ce « *je* » ? Affirmer l'existence d'un référent ou d'un noyau-témoin existant séparément de tous les phénomènes que nous percevons, n'est-ce pas une hypothèse étrange ? Selon l'*Avatamsakasutra*, la vision de Sudhana est analogue à ce qui se produit dans la conscience. Chaque moment de conscience, fût-il le plus infime, contient en puissance tous les autres. Chaque pensée contient toutes les autres. Dans ce tissu de dépendances mutuelles, le monde et la conscience sont un même continuum. Dès lors, où trouverions-nous une identité stable, autonome et indépendante ?

L'entrelacement infini

Le dharmadhatu n'est pas un ailleurs lointain. La vision de Sudhana invite les apprentis du Dharma à effectuer un saut qualitatif dans la perception. Le domaine de la réalité absolue est ici. Ni espace extérieur, ni espace intérieur. Un seul et même espace où il n'existe pas de ligne tracée entre les êtres et les choses. En cette continuité, l'esprit s'émerveille en ressentant les entrelacements infinis.

Le filet d'Indra est la trame de la vie qui se tisse sans début ni fin. Il nous montre que l'unité ne peut exister sans la diversité. L'une est dans l'autre, et réciproquement. Là repose le fond du message d'amour des bouddhas et bodhisattvas. Le développement de l'intelligence altruiste révèle l'évidence du tissage qui enlace les êtres dans un même flux d'amour. La bonté relie et unit à jamais. La haine et les actions égoïstes sont une *déliaison*.

Un symbole capital, le nœud, représentera la signification profonde du réseau d'entrelacs. Dans l'univers tibétain, on dessinera le nœud sans fin, symbole de l'interdépendance. Ailleurs, on reprendra cet archétype extraordinaire. On le retrouvera, par exemple, dans les nœuds celtes qui constituent, avec les spirales et les croix, le fond ornemental du fabuleux *Livre de Kells*[1].

Figure 13. À gauche, nœud sans fin (tradition tibétaine).
À droite, nœud circulaire figurant dans le Livre de Kells.

La prise de conscience de la trame continue de la vie fonde la dimension « écologique » du Dharma. Suivant la vue du « Sutra de l'ornementation fleurie des bouddhas », le maître contemporain Thich Nhat Hanh l'a rendue très pertinente en enseignant l'*inter-être**, formule expressive pour traduire la notion d'interdépendance.

> Lorsque nous comprendrons que nous *inter-sommes* avec les arbres, dit-il, nous saurons qu'il ne tient qu'à nous de faire un effort pour sauvegarder les arbres. (...) Le sentiment de respect pour toutes les espèces nous aidera à reconnaître la noble nature en nous-mêmes. (...) Dans l'ordre explicite, les choses existent les unes hors des autres – la table hors de la fleur, le rayon de soleil hors du cyprès. Dans l'ordre implicite, on les voit l'une dans l'autre – le rayon de soleil dans le cyprès. L'*inter-être* est l'ordre implicite. Pratiquer avec attention et regarder profondément en la nature des choses c'est découvrir la véritable nature de l'*inter-être*. Là nous trouvons la paix et développons la force d'être en contact avec toute chose. Avec cette compréhension, nous pouvons facilement soutenir l'effort d'aimer et prendre soin de la Terre et chacun de nous pendant très longtemps[2].

---

1. Fruit de la créativité irlandaise, ce manuscrit grand format, somptueusement enluminé du texte latin des Évangiles, remonte probablement au IXe siècle.
2. Extrait d'un enseignement paru dans *Dharma Rain Sources of Buddhist Environmentalism*, Shambhala (trad. de Jean-Éric Wysocki). Sur la notion d'inter-être qui émane directement du « Sutra de l'ornementation fleurie des bouddhas », voir, de Thich Nhat Hanh, *Interbeing* et *La paix, un art, une pratique. Approche bouddhique*, chap. 6.

Finalement, le terme « Mahayana » ressemble à une forme d'hyperbole traduisant l'impression très vive que les apprentis ont ressenti le jour où ils ont réalisé que la voie était plus immense qu'ils ne le soupçonnaient. Comme si d'un coup ils découvraient un paysage encore plus vaste et un horizon plus étendu. Dans le même temps, ils ont vu qu'un plus grand nombre d'êtres pourraient se lancer dans une aventure spirituelle qui les conduirait encore plus loin. Un second point s'avère également capital. La tradition des Anciens met l'accent sur la maîtrise de soi et la discipline, estimant que l'obstacle majeur au nirvana est le désir. Le Mahayana, et en particulier les madhyamikas, insistent sur l'ignorance et, de ce fait, privilégient la compréhension comme instrument d'éveil.

Au fur et à mesure de son évolution, et en l'absence d'un dogme central et d'une orthodoxie chargée de le préserver, le sangha s'apparente à une juxtaposition de sensibilités plus conscientes de leur parenté commune que de ce qui les différencie. D'autant plus que le Mahayana n'a pas triomphé sur les autres courants, comme on aurait tendance à le croire. Les recensements effectués au VIIe siècle par le pèlerin chinois Xuanzang montrent qu'il ne concerne que la moitié de la communauté. Parmi les moines mahayanistes, nombreux sont ceux qui étudient conjointement les enseignements du véhicule fondamental et ceux du grand véhicule. Le Mahayana ne fait qu'amplifier des vues potentiellement présentes dans les approches antérieures en mettant l'accent sur des notions et des pratiques nouvelles.

Pour accomplir son œuvre, le grand véhicule s'appuie sur l'union de la compassion (karuna) et de la connaissance supérieure (prajna). Cette union se manifeste en particulier dans les *moyens habiles** (upayas) qu'un bouddha ou un bodhisattva utilise pour venir en aide à la diversité des êtres prisonniers du samsara. Issue de sa profonde mansuétude, l'efficacité de ces méthodes repose sur la réalisation de la vacuité. Celle-ci développe le discernement nécessaire à une transmission adaptée à chacun et emplie de sollicitude.

● Le Vajrayana

Le Mahayana se répand avec l'appui des grandes universités monastiques. L'étude, la logique et l'analyse dialectique y tiennent une place capitale. L'essor de ces grands centres monastiques attire de nombreux yogis qui vivaient jusque-là dans les forêts et les jungles. La vie au cœur de la nature sauvage représentait le contexte idéal pour mener à bien la pratique de la méditation. Au VIIe siècle, ceux qui vivent encore dans les jungles sont essentiellement des apprentis du Tantra. Ce courant de nature ésotérique trace son sillon au Bengale, au Cachemire, dans le nord-ouest et au sud du sous-continent.

En réaction à l'évolution scolastique et à l'attachement aux formulations intellectuelles, le Tantra va amplifier les vues du Mahayana sur la vacuité et apporter des méthodes habiles susceptibles de développer rapidement la compréhension. Selon le Tantra, la réalisation de la vacuité ne met pas seulement en évidence les limites des élaborations conceptuelles et le caractère interdépendant de toute chose. Elle permet de découvrir la richesse inhérente à l'expérience des sens une fois libre de l'ego. Le Tantra remet en valeur le monde des formes et la relation que nous pouvons entretenir avec elles, une fois la perception régénérée par l'expérience de la vacuité. Quant aux méthodes proposées, elles s'appuient sur la richesse de l'état d'éveil et l'identification avec les qualités de la bouddhéité. Elles font appel aux déités et aux rituels, dans un contexte où l'archétype féminin joue un rôle symbolique essentiel.

Dans la continuité des principaux aspects du Mahayana, le Vajrayana ou véhicule de diamant s'est constitué autour de pratiques tantriques fondamentales. C'est pourquoi le Tantra constitue le cœur de cette transmission. Le terme Vajrayana comprend le mot *vajra** que l'on traduit par « foudre » pour insister sur la fulgurance des méthodes tantriques ou par « adamantin » pour rappeler la nature pure, indestructible et très précieuse de l'esprit, semblable ainsi au diamant[1].

▫ *Prolongement du Hinayana et du Mahayana*

Selon la tradition indo-tibétaine, véhicule fondamental (Hinayana), Mahayana et Vajrayana sont des disciplines complémentaires qui s'épanouissent conjointement au sein d'une progression intégrée. Les principes essentiels du véhicule fondamental se développent dans le grand véhicule, lequel prend son expression la plus forte dans la pratique des tantras. Cette vision d'un processus spirituel ininterrompu permet de comprendre la tradition du Vajrayana comme étant celle du Mahayana dans sa totalité, avec ses aspects Paramitayana (véhicule des six perfections) et Tantrayana, et ses trois niveaux d'autodiscipline (voir tableau 8).

Dans son mode de vie, l'apprenti du Vajrayana suit donc les vœux de libération individuelle et développe la discipline d'attention (niveau Hinayana). Il sait combien l'existence humaine est précieuse. Il a aussi

---

1. La transparence du diamant apparente l'esprit à la lumière qui le traverse et qu'il peut diffracter. On notera également la présence d'un morceau de cristal ou d'une boule de cristal sur les autels. Diamant et cristal symbolisent l'esprit du Bouddha, dans son double aspect d'indétermination et de transparence.

CLASSIFICATION D'APRÈS LA TRADITION LA PLUS ANCIENNE
(Trois types d'éveil)

Savaka bodhi	Pacceka bodhi	Samma sambodhi
l'éveil de l'arahant	*l'éveil d'un bouddha-par-soi*	*l'éveil d'un bouddha parfait*

CLASSIFICATION D'APRÈS LE MAHAYANA INITIAL

Hinayana

Shravakayana	Pratyekabuddhayana	**Bodhisattvayana**
véhicule des Auditeurs	*véhicule des bouddhas-par-soi*	*véhicule des bodhisattvas*

VISION DE LA COMPLÉMENTARITÉ DANS LE VAJRAYANA

Deux aspects — **Trois niveaux d'autodiscipline**

Paramitayana
véhicule des six perfections (s'appuie sur les sutras du Mahayana)

Hinayana
vœux de libération individuelle

Mahayana
vœux de bodhisattva

Tantrayana
véhicule des tantras (la dimension tantrique de la voie)

Vajrayana
lien sacré

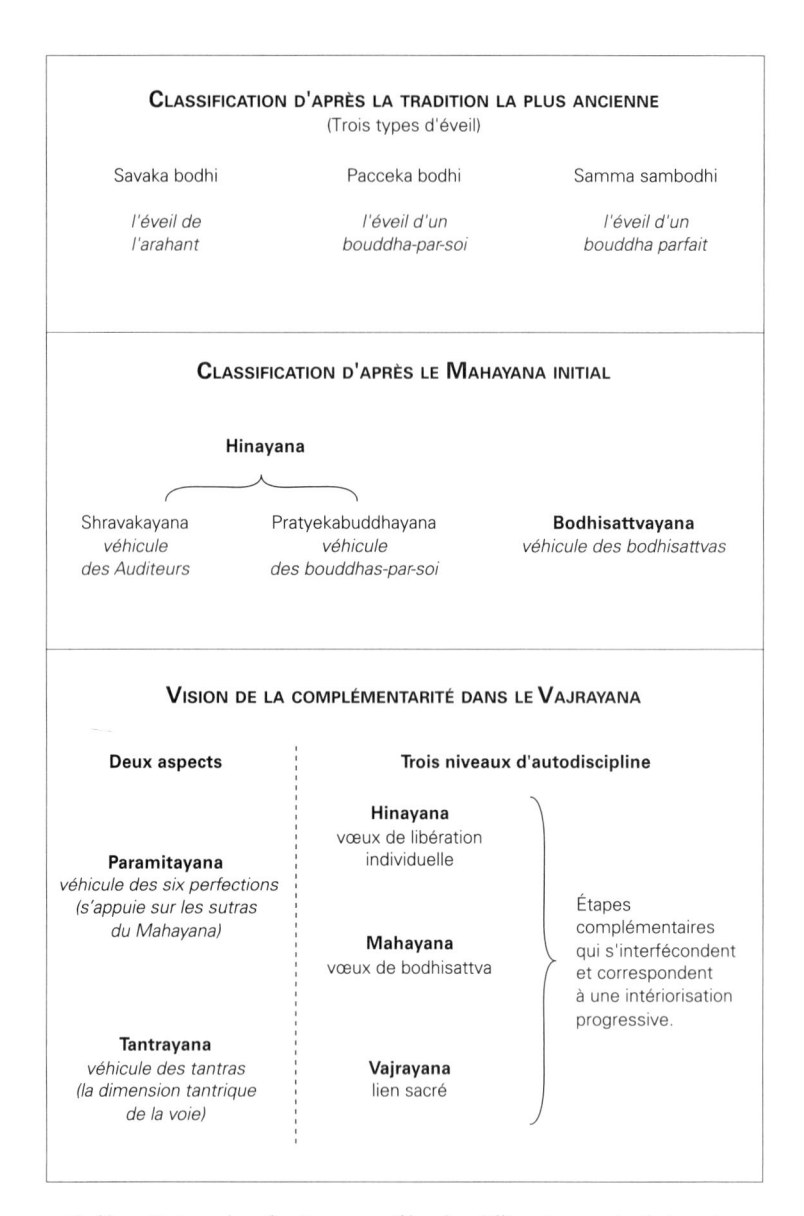

Étapes complémentaires qui s'interfécondent et correspondent à une intériorisation progressive.

Tableau 8. Les classifications possibles des différents aspects de la voie.

une conscience aiguë de la mort et de l'impermanence ; il connaît les méfaits du karma et les désagréments du samsara. Il comprend que le mal-être découle de la fixation sur l'illusion d'un soi solide et permanent (atman). En abandonnant la référence au soi, il s'efforce de réaliser conjointement la vacuité des phénomènes et la présence de la nature de bouddha en tous les êtres. Il découvre que la vacuité n'est pas simplement une absence d'illusion ou un remède pour apaiser l'esprit, mais un prélude à l'expérience authentique des situations et des phénomènes : découverte de leur extraordinaire richesse et de leur formidable potentiel.

En agissant ainsi, se développe l'attitude ouverte et compatissante du Mahayana : la bodhicitta, l'esprit d'éveil. Aspirant à se libérer des conditionnements douloureux et cherchant à actualiser l'état de bouddha pour le bien de tous les vivants, il se dote des moyens habiles unis indissociablement à la connaissance supérieure. Ces moyens habiles intègrent la totalité des expériences habituelles. Ils recourent aux sensations, aux perceptions, à la parole, à l'intellect comme à la sensibilité, aux sentiments et aux émotions pour les transformer en qualités éveillées. Leur cadre principal est le *sadhana** ou moyen d'accomplissement. Centré sur une déité* d'élection et son mandala, le sadhana recourt à divers procédés rituels visant à transmuter les aspects impurs de l'esprit en leurs aspects purs.

Cette activité alchimique n'a guère de sens si l'apprenti du Vajrayana n'a pas la vision de la perfection primordiale de tous les phénomènes et la certitude que l'état de bouddha est déjà présent. Elle est inopérante, s'il n'a pas reçu une transmission initiatique dans le cadre d'une lignée spirituelle et ne pratique pas sous la direction d'un maître vajra parfaitement qualifié. Car le maître transmet l'initiation, la lecture rituelle des textes, les instructions pratiques et l'influence spirituelle de la lignée.

L'engagement du disciple revêt un caractère secret qui s'exprime en particulier dans les engagements sacrés (samaya*) qui l'unissent au maître et à la voie. Comme le souligne Chögyam Trungpa, « la notion de secret ne signifie pas que le tantra puisse se comparer à une langue étrangère. Ce n'est pas comme l'histoire de ces parents qui parlent deux langues et n'enseignent à leurs enfants que le français, de manière à converser en chinois ou en yiddish lorsqu'ils veulent leur cacher quelque chose. Le tantra, au contraire, donne accès à la réalité du monde phénoménal[1] ». La notion de secret souligne la nécessité d'un engagement dont le caractère confidentiel et personnel revêt une grande importance. Le cadre et le moment de la transmission sont également déterminants. Ces différents paramètres rappellent que les méthodes employées sont si puissantes que leur usage nécessite une grande prudence. Pour souligner l'importance du secret comme garde-fou, le Dalaï-Lama prend simplement l'exemple des exercices mettant en jeu les énergies subtiles :

---

1. *Voyage sans fin. La sagesse tantrique du Bouddha*, p. 33.

« L'exercice correct du yoga du vent interne – ou yoga du souffle – est complexe et non sans danger. Aussi est-il dit que la pratique du tantra doit être tenue secrète[1]. » Chögyam Trungpa précise que « travailler avec l'énergie du Vajrayana, c'est comme manipuler un fil sous tension. (...) Il est très périlleux de s'occuper de son état d'esprit. C'est une opération extrêmement dangereuse, tout aussi dangereuse que productive[2] ».

Par conséquent, la double formation Hinayana/Mahayana s'avère indispensable. Elle développe l'amour et la compassion pour tous les vivants, et permet de réaliser la vacuité de toute chose. Dans la tradition bouddhique tibétaine, il est dit que sans compassion, sans amour et sans compréhension de la vacuité, l'apprenti des tantras s'expose à renaître dans les mondes infrahumains.

Cette formation prépare aussi à la vision sacrée du monde et à la reconnaissance de l'état naturel et pur de l'esprit. Elle permet ainsi de substituer à la vision terne du samsara la vision merveilleuse du nirvana. Comme il est rare d'avoir d'emblée une expérience accomplie de l'état éveillé, ce cheminement reste incontournable. L'agitation et la confusion dualiste sont telles qu'il s'avère nécessaire de cultiver la confiance en l'état éveillé inné. Il s'agit aussi d'éviter l'écueil du « tout est égal » en croyant naïvement que « tout est sagesse ». Même si, comme le souligne Chögyam Trungpa, « la continuité coule à travers la vérité et la confusion[3] », le nirvana n'est pas égal au samsara.

L'apprenti du Vajrayana doit donc répondre à de nombreuses exigences. Déroger à l'une d'entre elles rend le cheminement stérile. Pour préserver l'efficacité de la transmission, il se place sous la protection des *trois racines** :

- *Le maître* qui incarne le cœur de la transmission au cours des initiations et avec lequel s'établit le lien sacré (samaya). La filiation spirituelle ininterrompue est essentielle au même titre que la préparation du disciple. Le maître représente également la force intérieure du méditant qui le guide vers la sagesse.
- *La déité d'élection* est l'expression de l'esprit éveillé du méditant.
- *La dakini* de sagesse* et les *protecteurs** sont la racine de l'activité éveillée. Les *dakinis* sont des manifestations féminines de l'éveil. Les protecteurs sont des divinités courroucées chargées d'écarter les obstacles à la pratique du Dharma. Ils représentent aussi l'énergie inflexible, inhérente à la sagesse du méditant.

---

1. *Cent éléphants sur un brin d'herbe*, p. 122.
2. *Voyage sans fin. La sagesse tantrique du Bouddha*, p. 41-42.
3. *L'aube du Tantra*, p. 22.

En résumé, on assiste avec le Vajrayana à une triple amplification des fondements du Hinayana et du Mahayana : amplification de la compassion ; amplification de la vacuité avec la vision énergétique de la relation entre la forme et le vide ; amplification des trois joyaux (Bouddha, Dharma, Sangha) avec la protection des trois racines.

□ *L'apparition de la tradition tantrique*

La tradition tantrique bouddhique apparaît de manière diffuse aux alentours du IVe siècle. Véhiculée dans des communautés informelles de yogis laïcs, elle est tout d'abord essentiellement orale. Il faut attendre le VIIe siècle pour constater l'ampleur de ce mouvement qui va imprégner et renouveler les voies existantes, qu'elles soient bouddhistes, hindoues ou jaïns. C'est au cours de cette période que les traités (tantras) vont être mis en forme.

Dans le cadre du Dharma, les sutras du troisième tour de roue qui posent la présence de la nature de bouddha (tathagatagarbha) en tous les êtres, ainsi que les thèses du Madhyamaka et du Yogacara[1] ont favorisé l'avènement de la vision tantrique. Ils lui ont offert une assise spéculative permettant de justifier le bien-fondé de ses pratiques opératives.

Sous la dynastie Pala, fondée aux environs de 750, la tradition tantrique se répand très largement en Inde. Elle prend une forme plus élaborée en même temps que certaines écoles hindoues, en particulier les écoles shivaïtes. Se développe au Bengale et dans le royaume semi-mythique d'Oddiyana* le courant Sahajayana* auquel se rattache le yogi Saraha*. La particularité du Sahajayana repose sur son approche fondamentalement non duelle et son rejet des spéculations philosophiques. Elle se détourne de la complexité des pratiques tantriques enseignées dans d'autres lignées pour mettre l'accent sur l'expérience dépouillée de la nature ultime de l'esprit. L'enseignement du Sahajayana est véhiculé au sein de petites communautés de yogis informelles où la relation maître-disciple constitue le cœur de la transmission. Leur mode d'organisation rudimentaire les distingue très nettement des structures institutionnelles que représentent les grandes universités monastiques du Magadha (Nalanda, Odantapuri, Vikramashila).

À partir du IXe siècle, celles-ci intègrent peu à peu à leur cursus l'étude et la pratique du tantrisme. Jusqu'au XIIe siècle, date de leur destruction par les Turco-Afghans de religion musulmane, elles vont jouer

---

1. « Ceux qui pratiquent le yoga ». Yogacara est synonyme de Cittamatra. On l'emploie pour désigner les cittamatrins lorsqu'ils mettent l'accent sur la pratique yogique permettant la réalisation de la vacuité.

un rôle déterminant dans le développement du Vajrayana en formant de très grands maîtres. Certains, issus de Nalanda, comme Shubhakarasimha, Vajrabodhi et Amoghavajra, vont favoriser sa diffusion en Chine, en traduisant de nombreux textes tantriques en langue chinoise. D'autres, comme Atisha, Buddhaguhya et Naropa, enseignants à Vikramashila, vont transmettre les enseignements du Vajrayana à leurs disciples venus du Tibet. Pour les Tibétains, la vue du Vajrayana deviendra le cœur de tous les enseignements qui auront été transmis en Inde. Le Vajrayana se développera également en Birmanie, en Indonésie et au Japon.

Anhistoricité du Tantra

Selon la tradition indo-tibétaine, le Tantra n'a pas réellement d'origine historique. Le Bouddha n'a pas transmis les tantras sous sa forme humaine mais en se manifestant sous l'aspect du bouddha primordial (Adibuddha), appelé Vajradhara* ou Samantabhadra* selon la classification des tantras. Personnification du dharmakaya ou corps absolu, le bouddha primordial est l'archétype de l'éveil suprême. De ce fait, les enseignements sont révélés non pas aux hommes ordinaires qui ne peuvent le percevoir, mais à des bodhisattvas transcendantaux ou des dakinis, des manifestations féminines de l'éveil. Ils sont transmis ultérieurement dans le monde humain aux « grands accomplis », les *mahasiddhas** qui se manifestèrent entre le VIIe et le XIIe siècle. La tradition indo-tibétaine en compte quatre-vingt-quatre. Parmi eux figurent Saraha, Tilopa (988-1069), Naropa (1016-1100 ?) et Maitripa (1010-1087).

Vajradhara, le bouddha primordial.

Les mahasiddhas ont eu souvent une existence difficile avant de recevoir de la bouche d'un maître les transmissions tantriques. Pour eux, la vie dans le monde ne pouvait apporter aucune satisfaction durable. Ils ont médité des années dans la solitude des forêts avec pour seuls compagnons les arbres et les animaux sauvages. Leurs maîtres les ont mis à l'épreuve en les soumettant à des conditions d'existence extrêmes pour leur enseigner le renoncement au confort et à la sécurité. En regagnant le monde, ils ont exercé des activités professionnelles ordinaires et se sont servi des situations de la vie quotidienne pour véhiculer leur enseignement et pérenniser ainsi la filiation spirituelle à laquelle ils appartenaient. On imagine souvent que les plus hautes transmissions sont réservées à des êtres exceptionnels. Les mahasiddhas nous montrent au contraire que le cheminement spirituel est ouvert à tous.

Yogis laïcs, la plupart d'entre eux n'ont entretenu aucune relation avec les institutions monastiques. Il est probable que ces institutions les ont regardés avec une certaine hostilité tant leur mode de vie, parfois irrévérencieux devant toute convention établie, était éloigné des règles strictes du monachisme. Mais eux aussi regardaient avec méfiance les savants des grandes universités, les *pandits*, certains moines et yogis. On trouve dans les chants de Saraha, par exemple, quelques remarques acerbes qui leur sont adressées.

À partir du VIIe siècle, le Vajrayana est l'unique représentant du bouddhisme dit « de forêt ». Les traditions purement monastiques comprennent les survivants des premières écoles et les adeptes du Mahayana. Aux environs du IXe siècle, les enseignements tantriques pénètrent les institutions monastiques sous une forme plus conventionnelle. Durant toute cette période et en marge de la rigueur des structures monastiques, des yogis laïcs continuent de perpétuer les transmissions les plus profondes et les pratiques les plus avancées du Vajrayana.

▫ *Les sources possibles du Tantra*

Les origines de la tradition tantrique sont très mal connues. Elle plonge ses racines dans des âges reculés. On sait, par exemple, que le tantrisme shivaïte remonterait aux alentours du Ve millénaire avant notre ère. Dans l'épais brouillard, on distingue deux sources possibles. La première coïnciderait avec une transmission secrète liée sans doute au culte de la Grande Mère (la *Magna Mater*, symbole de la fertilité) dont on a retrouvé des traces dans les civilisations de la vallée de l'Indus (Mohenjo-Daro et Harappa). La seconde serait en relation avec l'utilisation très ancienne d'incantations, des supports sonores sous l'aspect de formules sacrées ayant une fonction protectrice et parfois de conjuration. Toutefois, eu égard à la tradition indo-tibétaine, il est presque inopportun de chercher une origine historique au Tantra. Les textes tantriques apparaissent dans un contexte étranger à notre représentation habituelle de l'histoire et du monde.

Le culte de la déesse mère ou grande déesse

En relatant la migration des Aryas (chap. 1), on a vu que les peuples autochtones de la vallée indo-gangétique avaient une religion liée à la nature. Ils rendaient un culte à la terre qui s'articulait autour de l'image divine de la déesse mère ou grande déesse (Devi). Malgré la domination des Aryas, ce culte serait resté vivant dans les milieux populaires avant d'être revitalisé et de se coupler à des aspects beaucoup plus savants, comme en témoigne le contenu très élaboré des tantras. Dans la sphère hindoue, le Tantra est donc parfois considéré comme un système de redécouverte de l'« éternel féminin » conçu comme principe vital, force-de-vie ou conscience active auquel on attribue le nom de Shakti.

Shakti, manifestation de l'énergie divine sous son aspect féminin, est inséparable du principe passif, le masculin, la pure conscience nommée Shiva. Toute la manifestation rend compte de l'omniprésence de cette polarité, ultimement une. Cette vision de la dualité dans la non-dualité fondamentale est à l'origine d'un très riche symbolisme sexuel et, entre autres, de pratiques d'« accouplements mystiques » qui sont un éveil à l'amour et à la liberté absolus et inconditionnels[1].

Dans la tradition tantrique bouddhique, le symbolisme sexuel est retravaillé et dépouillé de son caractère érotique. Dans nombre de représentations figuratives, on voit en effet un bouddha assis en posture de lotus en union intime avec sa parèdre*. Surmontant d'apparentes contradictions, le Tantra masque dans un langage symbolique le sens profond de l'union spirituelle.

Ici, contrairement au tantrisme hindou, le principe masculin (tib. *yab*, père) est le pôle actif solaire. Il représente les moyens habiles (upayas) de transmutation des énergies et la compassion. Le principe féminin (tib. *yum*, mère), le pôle passif lunaire, symbolise la connaissance supérieure (prajna) et la vacuité essentielle des phénomènes.

Les représentations figuratives de l'enlacement, de l'union père-mère, signalent à quel point la réalisation spirituelle surgit de la conjonction de facteurs complémentaires. Cette conjonction anime la

---

1. Dans le tantrisme dit « hindou », on distingue les pratiques de la voie de la main gauche et celles de la voie de la main droite. C'est dans les premières que les passions et les désirs sublimés participent au cheminement spirituel.

dynamique inhérente à la voie tantrique. Elle prend un caractère très apparent dans les rituels qui recourent à l'usage simultané du vajra (tib. *dordjé*), le diamant qui forme un double sceptre tenu dans la main droite, et de la ghanta* (tib. *drilbu*), la clochette tenue dans la main gauche. Le premier symbolise les moyens habiles et la compassion ; la seconde, la connaissance et la vacuité.

Le Tantra adapte à sa vision le couplage des méthodes salvifiques et la réalisation de la vacuité. Le Mahayana avait déjà largement esquissé cette approche, mais la voie tantrique renouvelle la méthodologie à la lumière d'une réalité conçue comme pure depuis toujours. Ne rejetant rien, utilisant le corps, la parole et l'esprit, les passions et les émotions, la sensibilité comme l'intelligence, pour en reconnaître les qualités éveillées sous-jacentes, le Tantra se dote de procédés alchimiques particulièrement puissants et efficaces.

L'utilisation ancienne de formules sacrées

L'énergie de la parole a été découverte dès les temps védiques. Depuis, tous les rites indiens ont pour base les « paroles parfaites » ou mantras*. Avant l'avènement du Tantra, les mantras sont des énoncés intelligibles qui correspondent parfois à un vers du *Veda*. Ensuite, ils se réduisent à des syllabes ou à des groupes de phonèmes à valeur purement symbolique. On parle alors de syllabes-germes (bijamantras), la plus connue étant AUM, généralement graphiée OM (ॐ). Les trois phonèmes (AUM) correspondent chacun à l'état de veille (A), de rêve (U) et de sommeil profond (M). Ces trois états instables et éphémères demeurent suspendus à leur substrat inaltérable appelé *turiya*, la seule et unique réalité toujours présente. Le yogi qui récite AUM s'entraîne à rester en l'état de conscience pure et sans objet (turiya) qu'exprime la résonance des trois sons ensembles.

Très tôt a été élaborée en Inde une véritable métaphysique et « science » du son sacré liée à une vision traditionnelle de l'univers et de la perception. On n'en trouvera ici qu'une esquisse très succincte.

L'univers est la manifestation de l'Absolu indifférencié. Le processus, allant du non-manifesté au manifesté, de la lumière aux phénomènes, suit une gradation où le son joue une grande importance. L'Absolu devient le son primordial inaudible (amritanada) qui lui-même prend l'aspect de la parole éternelle (shabdabrahman) correspondant à la syllabe-germe OM. Celle-ci entre dans la composition des « trois graines » OM AH HUM, les trois syllabes-germes les plus connues dans le Vajrayana. Elles symbolisent respectivement l'essence du corps, de la parole et de l'esprit des bouddhas.

L'état vibratoire – la « grande vibration », dit le shivaïsme cachemirien – est à l'origine des êtres et des formes que nous percevons. Toute chose, depuis les pensées jusqu'aux objets les plus denses, résulte de l'agencement de combinaisons vibratoires. Tout vit, tout est animé et d'une certaine façon le monde vivant parle à ceux qui savent l'entendre. C'est ce qu'exprime Kûkai (Kôbô Daishi), le fondateur du Shingon*, une école tantrique japonaise :

> Les cinq éléments fondamentaux de l'univers (terre, eau, feu, vent, éther) produisent des sons au moindre contact. Cela signifie qu'il existe des langages en tout. Dans ce cas-là, tout ce qu'on voit, entend, sent, goûte et pense sont également des mots. On peut ainsi dire que tous les phénomènes de l'univers sont tous des mots qui enseignent la vérité. Les chants des oiseaux, le courant de l'eau, les bruits du vent, tous disent constamment la vérité éternelle[1].

À partir de cette vision, ont été formalisées les techniques qui mettent en œuvre le pouvoir éveillant des syllabes sonores.

Les incantations ou dharanis : portes d'accès à l'éveil

Il existe également des incantations ou dharanis* qui appartiennent en propre au bouddhisme. Elles font l'objet de recueils répertoriés dans la section des tantras du corpus chinois et tibétain. On en trouve également dans les sutras du Mahayana.

Les dharanis (de la racine sanskrite *dhr*, tenir, transmettre) sont associées à la mémoire et à la protection de l'esprit. Daisetz Teitaro Suzuki explique qu'« une dharani est censée contenir un pouvoir magique ou une signification profonde. Lorsqu'elle est chantée, les esprits mauvais, toujours prêts à entraver l'effet spirituel d'un rite*, sont éloignés. (...) La traduction [des dharanis] n'est pas intelligible. Car elles consistent surtout en invocations et en exclamations. Invocations pour attirer les pouvoirs élevés, exclamations destinées à effrayer et à chasser les mauvais esprits. Il est bien évident que les résultats pratiques de ces récitations ne doivent pas être jugés sur le plan objectif[2] ».

> *Dharani pour écarter les calamités*
>
> Adoration à tous les bouddhas !
> Adoration à la Doctrine sans obstructions !
> Ainsi : Om ! Khya Khya Khyahi Khyahi (parle, parle) !
> Hum hum !

---

1. Paroles de Kôbô Daishi extraites du site internet consacré au temple shingon Komyo-In. Cf. www.komyo-in.org.
2. *Manuel de bouddhisme zen*, p. 19-20. La dharani citée ensuite est extraite du même ouvrage. Voir aussi le chap. IX du « Sutra de l'entrée à Lanka » (*Lankavatarasutra*) intitulé « Les dharanis ».

Jvala jvala prajvala prajvala (embrase-toi, embrase-toi) !
Tistha tistha (debout, debout) !
Stri stri (étoile, étoile) !
Sphata (éclate, éclate) ! Celui qui est en repos ! Au glorieux, hail !

La formation des disciples comportait des exercices de mémorisation visant à retenir l'enseignement du Bouddha transmis oralement. Des phonèmes renvoyaient à des formules précises que l'on prenait soin de répéter, de sorte à les imprimer dans la mémoire pour ensuite en pénétrer le sens. Le système associatif permettait de juxtaposer un son élémentaire au rythme d'une formule. À partir d'un phonème initial, le moine était capable de dérouler la dharani. Celle-ci travaillait dans son esprit de sorte que l'enseignement demeurait vivant et opérant par l'exercice de la souvenance.

La lettre A[1], par exemple, représente le concept *adyanutpanna* (sans commencement) qui renvoie à l'enseignement du Bouddha sur l'absence d'une origine ultime à tous les phénomènes. Cet enseignement est contenu dans la formule où domine l'assonance en [a] : « sarvadharmanam *adyanutpanna*tvam », soit « tous les phénomènes sont, dès le début, non nés ».

On a donc l'enchaînement suivant :

a ⟶ **a**dyanutpanna ⟶ sarvadharmanam *adyanutpanna*tvam.

Le Mahayana va porter aux nues la souvenance. Dans *L'enseignement d'Akshayamati*[2], elle est présentée comme une des facultés merveilleuses des bodhisattvas capables de retenir les enseignements de tous les bouddhas. Elle demeure non affectée par le changement et donne accès à la connaissance de la nature des phénomènes.

Ramenée à une vision plus réaliste, la mémorisation des paroles du Bouddha constitue une forme de greffe qui met en évidence la fonction d'attraction-répulsion d'une dharani. La dharani retient et condense l'énergie des paroles éveillées. « Elle est comparable à un bon ustensile rempli d'eau, dont l'eau ne s'écoule pas », dit un commentaire[3] des « Sutras de la connaissance transcendante » (*Prajnaparamitasutras*). Au cours de la récitation et de la mémorisation, l'énergie atemporelle va se substituer à la force inhérente au langage habituel qui divise et juge.

---

1. Première lettre de l'alphabet sanskrit, elle est le symbole du son primordial dans le Shingon. Au sein de cette école japonaise, elle revêt une grande importance dans l'un des recueillements méditatifs. Cf. p. 727.
2. Cf. « La souvenance et l'audacieuse intelligence », dans *La perfection de sagesse*, p. 336-337.
3. *Le traité de la grande vertu de sagesse*, p. 317.

D'où le pouvoir merveilleux de ces syllabes qui consiste à écarter les tendances néfastes de l'esprit duel.

Les dharanis sont ainsi des portes d'accès à l'éveil. En les utilisant, le méditant dispose de deux outils : le rappel et la vigilance. Elles rappellent à l'esprit l'enseignement et actualisent sa présence. Dans le même temps, elles développent la vigilance de sorte que le méditant ne quitte pas le recueillement méditatif. Rappel et vigilance assurent l'intensité et la continuité de l'expérience.

La véritable compréhension des formules est au-delà du sens des mots, au-delà de la formule elle-même. En se familiarisant avec ces syllabes et en les contemplant, l'apprenti découvre, comme l'expose le *Bodhisattvabhumi*, qu'elles n'ont « aucune valeur significative ; elles sont purement et simplement sans signification ; leur sens à elles, c'est l'insignifiance[1] ». La réduction des formules à de simples phonèmes invite également à réaliser la fonction subtile des sons qui forment la chair de la langue. Une dharani se compose de syllabes, elles-mêmes constituées de phonèmes qui sont des sons. Ces éléments sonores reposent sur des souffles reliés aux rythmes vibratoires qui habitent le corps. Ces rythmes sont corrélés à la nature vibratoire du macrocosme.

La vision du « tout » comme continuum homogène, condensé dans une de ses parties – qui est aussi son point d'émergence –, est très prégnante dans les « Sutras de la connaissance transcendante ». Il existe une version des enseignements de la prajanaparamita en une seule lettre, le A. Ce phonème, quintessence de la connaissance transcendante, est le symbole de l'état primordial de l'esprit. Il est aussi le son immanent qui court dans tout l'alphabet sanskrit et tibétain. Le Bouddha dit un jour à Ananda : « Accepte, pour la joie et le profit des êtres, la perfection de sagesse en une lettre : A[2]. »

Avec les dharanis, on revient à la notion de syllabe-germe, au sens d'un potentiel libérateur dépouillé de signification propre : un « langage » minimaliste et symbolique qui introduit une nouvelle logique en atteignant une réalité inaccessible à la parole habituelle. Cette parole, usée dans la dualité, disperse l'esprit et le cloisonne dans le monde des concepts. La dharani, comme structure vibratoire en relation avec les souffles subtils, rétablit l'esprit en la plénitude de sa source. Là réside la portée fondamentale de la magie curative, entendue comme capacité à maîtriser l'esprit et à travailler sur lui[3].

---

1. *Ibid.*, p. 1858-1859.
2. *La perfection de sagesse*, p. 153.
3. Cf. « À propos de la magie », dans Chögyam Trungpa, *Voyage sans fin. La sagesse tantrique du Bouddha*, p. 144-153.

Mantras et syllabes-germes

Bien qu'il existe une parenté entre dharanis et mantras, ces derniers conservent ici une position centrale. D'ailleurs, le tantrisme bouddhique est parfois appelé Mantrayana ou « véhicule des mantras ». Si ces clés vibratoires apparaissent déjà dans les sutras du Mahayana, leur nombre va s'accroître et leur usage va être systématisé, en particulier dans la tradition tibétaine et dans les deux écoles tantriques japonaises, le Tendai* et le Shingon.

Le mot *mantra* comporte deux segments : *man* est la racine de manas, le mental ; *tra* véhicule l'idée de protection. Littéralement, le mantra protège le mental de son bavardage incessant. Il a un pouvoir de guérison parce qu'il réorchestre des énergies désaccordées ou inertes en faisant fléchir la domination des émotions conflictuelles. Il rétablit un état harmonieux qui permet d'entrer en contact avec la nature la plus profonde de l'esprit. De là, se manifestent ses qualités inhérentes de compréhension, de clarté, de paix et de douceur. À force de pratique, ces qualités se répandent dans tout l'édifice de la personne humaine. C'est ainsi que le yogi se transforme.

La racine *man* signifie également « penser ». Cette racine est aussi celle du mot sanskrit désignant l'« homme » qui seul dispose d'une pensée développée. Le pouvoir créateur de la pensée étant sous-entendu dans le vocable *mantra*, on a souvent dit que le mantra est une manifestation sonore de la force-de-vie libératrice[1]. La capacité de créer un mantra repose donc sur une expérience effective de l'éveil. Seuls des bouddhas ou des bodhisattvas de la huitième à la dixième terre en sont capables. Cela explique qu'il en existe de très nombreux en des langues inconnues.

Le pouvoir d'un mantra ne dépend pas d'une signification dont il est d'ailleurs souvent dépourvu. Réciter un mantra ou contempler sa représentation figurative consiste à libérer de la gangue sonore ou visuelle l'énergie atemporelle qui l'habite. Cette énergie émane directement de la nature ultime de l'esprit éveillé dont l'expression est appelée « déité ». Une déité est la manifestation de l'énergie dynamique inhérente au corps absolu (dharmakaya) sous l'aspect subtil du corps d'expérience parfaite (sambhogakaya). Les multiples déités qui caractérisent le Vajrayana ne sont pas des entités extérieures à notre

---

1. Cf. « Le Mantra », dans Arthur Avalon, *La puissance du serpent. Introduction au tantrisme*, Dervy-Livres, 1985.

esprit. Elles correspondent simplement aux aspects infinis que peut revêtir la vacuité dans sa dimension de sagesse et de compassion.

Chaque déité est associée à une syllabe-germe et à une formule sacrée. Les mantras des déités et les syllabes-germes sont deux des nombreuses catégories de mantras que compte le Vajrayana. Il est dit que les mantras des déités sont les déités elles-mêmes sous une forme sonore. L'un des plus célèbres est le OM MANI PADME HUM (Aum ma ni pé mé houng), le mantra d'Avalokiteshvara, le bodhisattva de la compassion infinie. Sa syllabe-germe est HRI.

Les syllabes-germes sont d'une grande importance, car elles constituent le fondement de tous les mantras. Elles recèlent le pouvoir de rendre visible l'invisible, en « donnant naissance » aux déités. Dès que la déité « apparaît », la syllabe-germe vient reposer dans son cœur. Elle symbolise alors la nature ultime de son esprit.

L'art sacré s'est plu à représenter les déités en leur attribuant un corps sublimé auréolé d'un riche symbolisme. Si tant est que l'on puisse parler ici d'une esthétique, le beau s'efforce de traduire la splendeur de l'expérience non duelle qui est union de la vacuité et de l'apparence : la forme visuelle et la forme sonore demeurant deux reflets purs de la réalité ultime.

Le mantra « om mani padme hum » en écriture tibétaine.

« Om » en écriture sanskrite. Mantra / syllabe-germe capital dans la tradition yogique indienne.

Il existe parfois une relation étroite entre une syllabe-germe et un mantra. Prenons l'exemple de OM qui inaugure le mantra d'Avalokiteshvara. OM est constitué des trois phonèmes A, U, M. En sa partie finale, il est une pure nasalisation que le sanskrit transcrit sous la forme d'un point. Ce point indivisible est la goutte (bindu) en laquelle se dissout toute dualité. Elle est aussi l'épanouissement d'un son silencieux ou son pur de la réalité absolue des phénomènes (dharmata), correspondant à l'impulsion initiale permettant leur déploiement.

Dans le cas du mantra d'Avalokiteshvara, OM renvoie aux trois corps dans leur possibilité de sublimation. Le corps, la parole et l'esprit portent en germe l'éveil en ces trois dimensions ou corps d'un bouddha : nirmanakaya, sambhogakaya et dharmakaya.

*Avalokiteshvara à quatre bras (Tchènrézi Cha Shipa).
Représentation tibétaine.*

PADME, la fleur de lotus blanche flottant au-dessus des eaux sombres et de la vase, symbolise l'esprit pur libre des confusions du samsara. Le Dalaï-Lama, considéré comme l'émanation d'Avalokiteshvara*, porte aussi le titre de « Seigneur du Lotus blanc ». Le blanc, qui totalise toutes les couleurs, symbolise à son tour la perfection spirituelle du Bouddha. Quant à la syllabe HUM, elle exprime l'union indissociable du double sceptre (vajra) et de la clochette (ghanta), l'union de la compassion et de la compréhension, des moyens habiles et de la vacuité.

OM MANI PADME HUM est porteur de l'influence spirituelle d'Avalokiteshvara, un pouvoir à même de purifier l'esprit en associant la dissolution des voiles qui masquent sa nature fondamentale à la réalisation de la sagesse et des six perfections (paramitas). Les six syllabes du mantra sont également associées aux six bodhisattvas ou bouddhas que les peintres représentent dans la roue de la vie, au cœur des six conditions de la conscience plongées dans le samsara. Réciter OM MANI PADME HUM, c'est obtenir pour soi-même que les portes des six conditions restent closes.

Les apprentis utilisent un *mala*, le rosaire bouddhique à cent huit perles, pour compter le nombre de mantras qu'ils récitent[1]. La récitation

---

1. Il existe plusieurs hypothèses quant au nombre des perles. La plus répandue se rapporte à des données de l'astrologie traditionnelle indienne. Cent huit est le résultat de la multiplication des douze signes du zodiaque par les neuf planètes du système cosmologique hindou (Soleil, Lune, Mars, Mercure, Jupiter, Vénus, Saturne, Rahu et Ketu). Rahu et Ketu sont les deux démons responsables des éclipses. Rahu représente le nœud nord ascendant de la Lune et Ketu, le nœud sud descendant.

du mantra intervient au cours du sadhana, la pratique qui permet au yogi de réaliser la nature de la déité. Un maître vajra (vajracarya*) introduit le méditant à la méditation qui correspond à sa déité d'élection (tib. *yidam*). L'initiation confère les autorisations permettant d'utiliser les méthodes qui vont purifier le corps, la parole et l'esprit. Fondamentalement, elle dépose en la personne le germe de l'influence spirituelle du yidam*. Au cours de la méditation, ce germe d'éveil révèle au yogi sa propre nature de bouddha qu'il réalise à travers la vision de la déité et de son environnement. La pratique culmine en la dissolution de toute représentation et la réalisation de la vacuité.

◻ *La vision tantrique*

La signification du mot « tantra »

Le mot *tantra* a pour racine *tan* : étendre, prolonger, étirer. Littéralement, *tantra* signifie « fil »[1], « trame » ou « toile ». À l'origine, le terme est employé dans le domaine du tissage et désigne les fils tendus, soigneusement entrelacés pour former un tissu.

Les notions de « trame » ou « toile » peuvent s'avérer préférables à celle de « fil » parce que le mot « fil » suppose un début et une fin. Or le mot « tantra » désigne un processus ininterrompu et sans origine : la continuité de la pureté primordiale de l'esprit. Que l'esprit vive un état de calme, une émotion vive ou un état régi par le mouvement des pensées, sa pureté naturelle n'est jamais altérée. L'état de calme correspond à la manifestation de la vacuité ; l'état régi par le mouvement des pensées correspond à la manifestation de la clarté ininterrompue. La continuité souligne également l'inséparabilité de ces deux aspects, pure vacuité et clarté essentielle. La notion de « toile » permet de comprendre que toutes nos expériences, des plus simples aux plus complexes, se déroulent dans un contexte unifié. L'univers matériel nous en fournit une image significative au travers des réseaux indivisibles de relations qui garantissent l'harmonie du monde vivant.

Dans cette perspective, la notion de continuité est une amplification de l'interdépendance. Pour les tantras, l'interdépendance s'exprime de manière dynamique et énergétique sous la forme d'interconnexions qui révèlent l'indissociabilité des expériences habituelles et des expériences éveillées. Au niveau ultime, il n'est pas de distinction. La texture de la réalité reste inchangée dans le samsara comme dans le nir-

---

1. C'est aussi la signification de « sutra » comme « fil du discours ».

vana. Cela revient à dire que la nature de bouddha est déjà présente dans notre expérience actuelle quel que soit notre degré de confusion ou de compréhension.

Le principe de continuité et ses principaux aspects

La continuité relie le monde phénoménal, l'apprenti, la pratique et l'éveil. Pour le Tantra, l'expérience d'éveil est la forme pure de l'expérience habituelle. La déclinaison base-voie-fruit expose cette vision :

- *La base*, c'est la nature de bouddha omniprésente qui s'exprime en les trois qualités : ouverture, clarté et réceptivité. C'est aussi la vue de la nature pure de tous les phénomènes, l'état primordial. Nous ne vivons pas pleinement cet état parce que l'ignorance et les émotions négatives le voilent.

- *La voie* correspond à la transformation de la vie sous l'effet de la pratique : continuité de la réalité relative (l'expérience dualiste) et de la réalité ultime (l'expérience éveillée). La *voie* conduit à la réalisation du *fruit*.

- *Le fruit* est l'actualisation de la nature de bouddha, l'expérience ultime de l'ouverture, de la clarté et de la réceptivité. Cette expérience est nommée « les trois corps d'un bouddha » (trikaya), les trois aspects de l'expérience d'éveil.

Une compréhension linéaire de la déclinaison base-voie-fruit masque la réalité de leurs interrelations. La base du chemin spirituel, le chemin lui-même et le fruit du cheminement sont inextricablement reliés.

On peut citer en vrac d'autres formes de continuité :

- Continuité de la vie que l'on remarque dans le caractère homogène des courants événementiels du corps, de la parole et de l'esprit, dans la continuité de nos traits de caractère, de nos caractéristiques personnelles qui nous distinguent de nos semblables.
- Continuité entre deux univers, au cours de la période de repos où le nouvel univers se trouve à l'état potentiel.
- Continuité dans le fait qu'une graine de courge donne une courge ; continuité dans la substance même de ce fruit qui se transforme sans cesse de son apparition à sa disparition.
- Continuité de la transmission des enseignements, de génération en génération. C'est la filiation spirituelle qui se manifeste sous la forme des lignées.
- Continuité des triades : corps-parole-esprit au niveau habituel qui, sous l'effet de la pratique, devient nirmanakaya-sambhogakaya-dharmakaya, les trois dimensions simultanées de l'éveil, les trois corps d'un bouddha.

- Continuité de la pratique depuis l'expérience de l'assise jusqu'aux expériences de la vie quotidienne, depuis l'expérience de l'écoute des enseignements à la réalisation directe de leur sens. L'idée finalement que tout est pratique.
- Continuité des enseignements du Hinayana au Vajrayana.
- La réalité de l'interdépendance : le fait que tous les phénomènes sont reliés entre eux et participent tous à la réalité des uns et des autres.
- La présence ininterrompue du continuum de conscience qui s'actualise de vie en vie jusqu'au plein éveil.
- Continuité de l'éveil : l'éveil peut s'actualiser à tout moment du fait de son caractère atemporel.

On peut maintenant développer quelques aspects particuliers de la continuité afin d'en percevoir la profonde intelligence. Ces aspects sont les suivants : le mandala, l'unité des trois mandalas, la continuité des cinq émotions négatives aux cinq sagesses, les cinq familles de bouddhas (expression de la vision totalisante), les cosmogrammes (la continuité des cinq lumières hyper-subtiles aux cinq éléments).

Le mandala

Les différents aspects de la continuité sont clairement illustrés par le mandala : un centre (skt. *manda*, tib. *khyil*) enclos par des éléments qui forment une périphérie (skt. *la*, tib. *kor*). Le prototype graphique du mandala est donc un point et son déploiement, le cercle. Mandala

*Mandala éphémère réalisé avec du sable coloré
et qui fit office d'offrande pour la paix des êtres vivants.
Au centre du lotus, et sur les pétales adjacents, est dessiné un HRI,
syllabe-germe à partir de laquelle se manifeste Avalokiteshvara
(tib. Tchènrézi). Photo de l'auteur.*

a également le sens de société, entendu comme ensemble d'éléments reliés les uns aux autres et dont le principe central assure la cohésion.

L'iconographie tantrique s'est plu à représenter ce principe en une géographie complexe et géométriquement ordonnée. Au centre, trône la déité principale, symbole du principe d'éveil. Elle se trouve au cœur d'un palais quadrangulaire entouré de murs d'enceinte. Cette position centrale signifie que le mandala représente la nature de bouddha telle qu'elle se manifeste en ses divers aspects. Le cœur et la structure quadrangulaire sont associés au chiffre cinq : les cinq familles de bouddhas dont il sera bientôt question, la perfection des cinq agrégats (corps, sensations, perceptions/notions, formations karmiques, conscience), la transmutation des cinq émotions principales (l'ignorance, l'avarice, l'attachement, l'envie, la colère) en leur nature pure (les cinq sagesses), les cinq couleurs directionnelles (bleu, vert, jaune, rouge, blanc). Une série de cercles périphériques protègent l'ensemble de la confusion : cercles de flammes, de vajras, parfois de charniers et de lotus. Ce symbolisme opératif est en relation avec le rituel et la pratique méditative dans lesquels le mandala prend tout son sens. De ce fait, il ne saurait être considéré comme une œuvre d'art, au sens où nous concevons l'art en Occident. De même, un discours théorique sur le mandala ne fait que rendre sensible à une expérience que l'on ne peut décrire en mots.

Dans un langage symbolique, le mandala exprime comment toutes nos expériences s'ordonnent à la nature pure dont elles procèdent. Ces

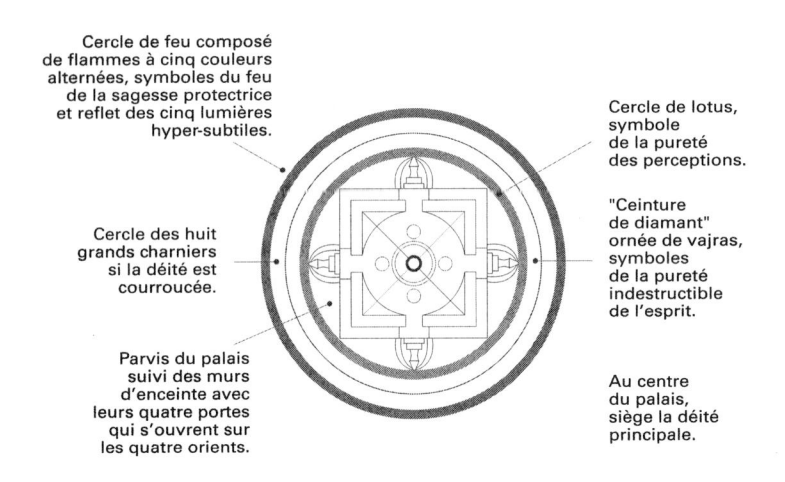

Cercle de feu composé de flammes à cinq couleurs alternées, symboles du feu de la sagesse protectrice et reflet des cinq lumières hyper-subtiles.

Cercle des huit grands charniers si la déité est courroucée.

Parvis du palais suivi des murs d'enceinte avec leurs quatre portes qui s'ouvrent sur les quatre orients.

Cercle de lotus, symbole de la pureté des perceptions.

"Ceinture de diamant" ornée de vajras, symboles de la pureté indestructible de l'esprit.

Au centre du palais, siège la déité principale.

Structure de base du mandala.

expériences sont en continuité les unes avec les autres du fait même que toutes les choses sont reliées entre elles. De ce fait, le mandala représente symboliquement la trame des énergies de l'éveil omniprésentes en toute expérience. C'est pourquoi cette trame, fondamentalement fluide, vivante et dynamique, constitue le fondement du samsara et du nirvana.

Un regard extérieur ne capte qu'une diversité d'éléments statiques et de couleurs géométriquement disposés. Le ressenti rend palpable la trame comme si le mandala était une porte de perception. Le mandala, œil du monde éveillé qui nous regarde et nous aide à ressentir que nous sommes inclus dans sa vision. Cette compréhension établit un lien entre notre expérience habituelle, soumise à la dualité et à la confusion, et la vision tantrique qui est celle de la totalité et de la pureté primordiale.

L'unité des trois mandalas

La vision de la continuité est vécue par le tantrika dans l'expérience de l'unité des trois mandalas[1] : le mandala externe, le mandala interne et le mandala secret.

Le mandala externe — Il désigne l'univers constitué des cinq éléments : terre, eau, feu, air, espace. Ce mandala intègre aussi les perceptions qui agencent de manière cohérente toutes les situations avec lesquelles nous entrons en relation.

Le mandala interne — C'est notre corps, semblable à un réceptacle des forces en jeu dans l'univers. Il comprend les cinq éléments, chacun étant corrélé aux constituants corporels, aux organes et aux agrégats qui constituent la personne humaine. Le mandala interne concerne aussi le rapport fondamental que nous entretenons avec le corps. La tradition tantrique l'envisage d'emblée comme un instrument sacré au service de l'éveil. « J'ai visité beaucoup de lieux saints, écrit le grand accompli Saraha, certains importants, d'autres secondaires, mais aucun n'est aussi sacré que mon corps[2]. » Le Tantra enseigne que nous n'avons pas un corps mais que nous sommes ce corps. Il n'a jamais été question de bâillonner les cinq sens pour prétendre à l'éveil. Pour paraphraser le « Sutra de l'entrée à Lanka » (*Lankavatarasutra*), le monde des sens est un miracle quand on ne s'y attache pas.

---

1. La présentation de ces trois mandalas s'appuie sur un enseignement du maître tibétain Kalou Rinpotché.
2. *L'essence lumineuse de l'esprit*, p. 73. On lit aussi dans l'*Hevajratantra* (dans *Le bouddhisme*, sous la dir. de Lilian Silburn) : « Sans corps, comment y aurait-il félicité ? On ne pourrait même en parler. Le monde est tout entier pénétré de félicité qui elle-même est pénétrée par lui. Comme le parfum se trouve dans la fleur et n'existerait pas sans elle, ainsi sans la forme corporelle, la félicité ne pourrait être perçue. »

Le mandala secret – Il correspond au corps subtil qui se compose de souffles-énergies (vayus), de canaux (nadis) dans lesquels circule la force-de-vie (prana) portant en elle l'essence des cinq éléments, de « roues » (cakras) et de gouttes principielles (bindus).

- *Les vayus (souffles-énergies)* : au nombre de cinq, ils sont la diffraction harmonieuse de la force-de-vie. L'un d'eux occupe une place centrale : le souffle vital lié à l'activité respiratoire et à la conscience. Les quatre autres sont périphériques : le souffle du métabolisme qui régule la digestion, le souffle ascendant associé à la parole, le souffle descendant lié à l'excrétion et le souffle omni-pénétrant associé à la circulation. Supports des différentes expériences de l'esprit et de son dynamisme, les souffles-énergies permettent aussi le fonctionnement du corps de chair. Ces derniers revêtent une très grande importance dans la voie tantrique parce qu'ils contiennent la semence d'éveil. Une fois purifiés par le yoga du corps subtil, ils sont transmutés en leur aspect éveillé et la semence d'éveil est libérée.

- *Les 72 000 nadis (canaux subtils)* : ils innervent le corps et en eux circule la force-de-vie. La terminaison de chacun de ces canaux est associée aux trente consonnes et aux seize voyelles de l'alphabet sanskrit. Ces terminaisons forment la base qui permet le fonctionnement de la parole. Parmi ces 72 000 nadis, trois d'entre eux sont primordiaux. Le canal central autour duquel s'enroulent le « canal de la méthode » situé à gauche et le « canal de la sagesse » situé à droite. Selon une projection physique, ces trois canaux partent du milieu du front, remontent au sommet de la tête pour redescendre le long de la face interne de la colonne, passant ensuite par le coccyx avant d'atteindre les organes génitaux.

Le « canal de la méthode », de couleur blanche, est associé à l'élément eau et aux énergies féminines. Le « canal de la sagesse », de couleur rouge, est associé à l'élément feu et aux énergies masculines. Le yoga du corps subtil agit sur les deux canaux latéraux. Le yogi transfère les souffles périphériques dans le canal central où ils se dissolvent. Cette dissolution correspond à la transformation des souffles dualistes en souffles de sagesse et rend possible l'expérience de la *claire lumière**, le niveau hyper-subtil de l'esprit. Les énergies de la dispersion se fondent dans la vacuité et sont transmuées en l'énergie d'éveil annonciatrice de l'expérience primordiale, celle de la nature ultime de l'esprit.

- *Les cakras (carrefours de canaux subtils)* : leur nombre varie selon les présentations et les textes. Ce nombre renvoie à une description symbolique qui n'est pas à prendre à la lettre. Systématiser une telle description entraverait la perception en la conditionnant. On risquerait de développer une certaine idée du corps subtil et de l'univers, et l'on finirait par s'y attacher. Cette indétermination prouve que la géographie subtile n'est pas figée. Elle exprime un ressenti pouvant varier selon les individus.

Selon Kalou Rinpotché, on dénombre cinq cakras le long du canal central. Ils relient la multiplicité des canaux subtils. Le maître tibétain précise qu'« au cakra du sommet de la tête, sont les six canaux de l'ouverture des facultés sensorielles, blancs ; au cakra de la gorge, sont les cinq canaux de l'énonciation, rouges ; au cakra du cœur, sont les huit canaux des conceptions saisissant les objets, bleus ; au cakra du nombril, sont les six canaux de l'attachement existentiel, jaunes ; au cakra secret, sont les trois canaux du transit et de la quintessence et des résidus, verts[1] ». Kalou Rinpotché ajoute que « dans nos deux bras et jambes, se trouvent respectivement les trois cakras de l'activité et de la mobilité ».

- *Les bindus (gouttes principielles)* : elles sont le support de l'énergie subtile. Semblables à des graines lumineuses, elles se reproduisent et imprègnent l'ensemble du corps avant de se dégrader dès l'âge de trente-cinq ans. Elles circulent ou résident dans les nadis. Elles représentent la dimension la plus subtile du corps auquel correspond l'aspect lumineux et hyper-subtil de l'esprit, la claire lumière. La « lumière » désigne la capacité qu'a l'esprit à produire des expériences de connaissance. L'adjectif « claire » souligne sa qualité de transparence, de limpidité et de lucidité parfaite.

Quatre gouttes revêtent une grande importance parce qu'une fois activée elles deviennent les supports de quatre états de conscience : la goutte située au niveau du cakra du front correspond à l'état de veille, la goutte de la gorge au rêve, la goutte du cœur au sommeil profond, et la goutte du nombril à l'expérience de la félicité. En purifiant chaque goutte au cours des pratiques et rituels, le yogi purifie les états de conscience en rapport.

Dans le « Tantra de Kalacakra », l'attention se porte essentiellement sur les gouttes blanche et rouge appelées bodhicittas blanche et rouge. La première est lunaire, la seconde solaire. Elles correspondent à des substances issues respectivement du sperme du père et de l'ovule de la mère, au moment de la conception. Au cours de l'évolution de l'état fœtal, une partie de la goutte de bodhicitta blanche se retire dans le canal central du corps subtil et gagne le cakra du sommet de la tête d'où elle peut se répandre dans l'ensemble du corps. Une partie de la

---

1. *Yoga tibétain, Nangpé-yoga ou « Yoga de l'intériorité »*, p. 51.

goutte de bodhicitta rouge gagne le canal central pour se stabiliser au niveau du cakra du nombril. Le tantrika utilise essentiellement ces deux gouttes en s'efforçant de les rendre mobiles de sorte à provoquer, par des exercices appropriés, l'écoulement de la goutte blanche vers le bas du canal central et l'ascension de la goutte rouge, jusqu'à leur conjonction. Ces déplacements répétés maintes et maintes fois purifient le yogi de toutes les souillures et entraînent des états de béatitude à chaque fois qu'une goutte passe l'un des cakras. Ces états culminent dans l'expérience d'union de la félicité et de la vacuité, et l'actualisation de la bouddhéité.

L'anatomie subtile joue un rôle déterminant dans la formation des expériences habituelles. Comme le précise Kalou Rinpotché :

> Les canaux (nadis) sont comme des chemins que les souffles (vayus) parcourent comme un cheval, l'esprit étant alors le cavalier (qui le chevauche) et les gouttes principielles (bindus) sont comme ses biens, richesses et ornements. Dans leur mouvement, ces souffles nous font faire l'expérience du sujet en relation avec ses objets et nous font éprouver les différentes sensations de bonheur et de souffrance qui constituent notre situation actuelle[1].

Cette anatomie subtile témoigne surtout de la présence continue de la nature ultime de l'esprit. Elle justifie à elle seule l'importance que revêt le corps dans le processus d'éveil. En agissant sur cette structure, on agit directement sur l'esprit. C'est le propos du yoga du « feu intérieur » (tib. *toumo*), une pratique qui opère le transfert des souffles-énergies dans le canal central où ils se dissolvent. Cette dissolution conduit à l'expérience de la claire lumière et à la réalisation de Mahamudra*, la véritable nature de tous les phénomènes. Les pratiques qui rendent sensibles à l'existence du mandala secret ne visent donc pas à induire des états de conscience particuliers. C'est bien là le propre du Tantra que de laisser s'épancher une réalité déjà présente et non fabriquée.

Dans une approche plus « psychologique », Chögyam Trungpa envisage le mandala secret comme étant relié au corps des émotions et à la manière d'y faire face. Ces émotions ont un caractère sacré car elles représentent la nature de bouddha au niveau de la confusion : la version égotique des cinq sagesses.

Les trois mandalas ne sont pas trois niveaux distincts d'expérience mais différents degrés de ressentis inclus les uns dans les autres. Leur unité illustre l'interdépendance entre les niveaux les plus grossiers de la personne humaine et les niveaux les plus subtils.

---

1. *Ibid.*, p. 53.

MANDALA EXTERNE corps de l'univers perceptions externes	MANDALA INTERNE corps grossier perceptions internes	MANDALA SECRET corps subtil expériences méditatives
terre	os, chair	cakra qui préserve la félicité *zone des organes génitaux*
eau	fluides corporels (sang, salive, etc.)	cakra d'émanation *nombril*
feu	température, digestion	cakra des phénomènes *cœur*
air	respiration	cakra de la jouissance *gorge*
espace	orifices et espace où logent les organes	cakra de la grande félicité *sommet de la tête*

Tableau 9. Les trois mandalas et leurs composants.

La continuité des cinq émotions négatives aux cinq sagesses

De même que la lumière traversant un cristal de roche translucide produit un jeu de couleurs, la sagesse primordiale inhérente à la nature de bouddha se manifeste en cinq aspects appelés les cinq sagesses : la sagesse de la vacuité immuable, la sagesse semblable au miroir, la sagesse de l'égalité ou de l'équanimité, la sagesse du discernement et la sagesse tout-accomplissante.

En fonction de la puissance ou de l'amenuisement de l'ego, tous les aspects de la vie prennent la nature du samsara ou celle du nirvana. Lorsque nos expériences procèdent de l'ego, les cinq sagesses se manifestent obscurément sous la forme de cinq émotions négatives : l'ignorance, la colère, l'orgueil, le désir et la jalousie. Ces émotions perturbent la clarté et la paix de l'esprit, et distordent les relations que nous entretenons avec le monde et autrui. La pratique tantrique va consister à apprendre à reconnaître qu'émotions, pensées, représentations mentales portent les qualités des trois corps : corps absolu (dharmakaya), corps d'expérience parfaite (sambhogakaya) et corps de manifestation (nirmanakaya).

Prenons l'exemple de la jalousie. Lorsque nous sentons s'élever cette émotion, essayons de ne pas nous identifier à elle. Observons-la avec un certain détachement comme quelque chose d'extérieur à notre expérience. Demandons-nous : où est-elle ? quelle forme a-t-elle ? Aucune réponse ne surgit parce que cette émotion n'existe pas en tant que telle. Elle est dénuée de toute substance. On constate qu'elle est intermittente parce qu'elle apparaît en fonction de causes et de conditions. En affinant l'observation, on découvre qu'elle dépend de notre insatisfaction, de notre agitation intérieure et surtout de notre fixation égotique. Elle n'existe donc qu'en dépendance d'un sujet qui se l'approprie et s'investit en elle. En poussant l'analyse plus avant et en méditant régulièrement, la fixation égotique se relâche. La puissance de la jalousie s'atténue. La nature vide de la jalousie est son état naturel. Cette vacuité est le dharmakaya de la jalousie. Maintenant, lorsque nous ressentons l'absence effective de la jalousie telle que nous la concevons habituellement et telle qu'elle colore parfois notre humeur, nous reconnaissons sa transparence. Cette transparence signale la présence claire qui l'anime, son énergie non duelle qui est le sambhogakaya de la jalousie. Faire l'expérience de l'inséparabilité de sa vacuité et de sa clarté, c'est réaliser le nirmanakaya de la jalousie.

Si l'énergie qui sous-tend cette émotion n'est pas reconnue, elle devient un sentiment douloureux. Dans le cas contraire, elle se convertit en sagesse tout-accomplissante. Il en va de même avec les quatre autres émotions négatives qui conditionnent l'esprit habituel. Une fois transmutées en leur nature pure, ces émotions douloureuses deviennent des expressions de l'intelligence éveillée. Le processus de reconnaissance de la pureté intrinsèque de toute chose consiste à transmuter l'esprit habituel en libérant son énergie de la fixation égotique qui le possède. La transmutation s'opère depuis l'expérience qui nous est commune, celle de sujet-relation-objet, esprit-parole-corps, jusqu'à l'expérience éveillée fondamentalement une en son essence : dharmakaya-sambhogakaya-nirmanakaya. Apprendre à maîtriser puis à transmuter nos émotions est une façon de se familiariser avec l'infini pouvoir de transformation de l'esprit. Cela nécessite du temps, de l'application et de la patience, car nos habitudes comportementales sont très anciennes et très ancrées.

L'enseignement sur les cinq sagesses a été élaboré par l'école de l'Esprit seul (Cittamatra). Selon cette école du Mahayana, elles sont présentes dans la conscience fondamentale sous forme de semences. Sous l'effet des actes favorables et du développement de la connaissance supérieure (prajna), elles mûrissent et s'épanouissent. La tradition tantrique voit les choses un peu différemment. Les cinq sagesses n'ont pas à mûrir car elles sont d'emblée cinq expressions de l'intelligence éveillée présente en tout être. Mais dans l'expérience habituelle, qui est celle de la dualité et de la confusion, elles sont perverties par notre égoïsme, nos blocages et nos attitudes de fermeture. C'est pourquoi nous agissons sous l'emprise d'une version altérée et douloureuse des cinq sagesses qui est celle des émotions négatives. Vouloir les éliminer ou les remplacer par des qualités opposées n'a guère de sens. Selon l'approche tantrique, et comme on vient de le voir avec la jalousie, il s'agit de travailler avec ces émotions en les transmutant en leur véritable nature.

Figure 14. Mandala des cinq sagesses[1].

Brève présentation des cinq sagesses

- La *sagesse de la vacuité immuable*, transmutation de l'ignorance en sa nature réelle. Elle désigne la qualité inhérente à la véritable nature des phénomènes, telle que la perçoivent les bouddhas. Elle correspond à l'actualisation du dharmakaya, le corps absolu, qui pénètre tout. Sa particularité est d'activer les quatre autres sagesses qui en dépendent.
- La *sagesse semblable au miroir*, transmutation de la colère. Elle est dite *semblable au miroir* parce qu'elle est libre de tout voile et reflète toute chose. Le miroir est l'image de l'esprit apaisé. Il est semblable à un océan exempt de tourbillons internes. Sa surface parfaitement lisse laisse se réfléchir l'immensité du ciel, sans que jamais les reflets ne ternissent sa clarté naturelle. On dit ainsi que les qualités inhérentes à l'expérience du nirvana s'y manifestent. La *sagesse semblable au miroir* reflète l'image des quatre autres sagesses.

---

1. Extrait de Chögyam Trungpa, *Le mythe de la liberté et la voie de la méditation*, p. 157. Les correspondances symboliques sont les suivantes : roue/sagesse de la vacuité immuable, sceptre (ou vajra)/sagesse semblable au miroir, trois joyaux/sagesse de l'égalité, fleur de lotus/sagesse du discernement, sceptres croisés (ou double vajra)/sagesse tout-accomplissante.

- La *sagesse de l'égalité* ou *de l'équanimité*, transmutation de l'orgueil. Elle perçoit la richesse intrinsèque de la vie, sa plénitude fondamentale, qui se manifeste dans les relations entre tous les phénomènes et leur mutuelle dépendance. Lorsque l'esprit perd le sens de cette richesse, il s'appauvrit et se crispe, attribuant aux phénomènes une existence propre. Sous l'effet de la dualité moi/monde, la sagesse de l'égalité se transforme en un sentiment d'insatisfaction ou d'orgueil. L'orgueil fait naître le sentiment de fierté mais aussi la crainte de l'échec. L'expérience de la non-dualité va abolir les oppositions et transformer l'angoisse de l'autoconservation en un puissant sentiment de fraternité. C'est pourquoi la *sagesse de l'égalité* est liée à la compassion et se manifeste pour le bien des êtres.
- La *sagesse du discernement*, transmutation du désir avide. Elle donne accès à la réalisation de la vacuité du sujet et des phénomènes. Le discernement permet de distinguer les caractéristiques propres des phénomènes et celles qu'ils ont en commun. Lorsque nous partageons un moment agréable avec une personne, par exemple, nous l'admettons telle qu'elle est et nous respectons la communication qui s'installe entre nous. Le respect grandit parce que nous restons libres de tout désir de possession. Dans l'ouverture qui se crée, nous devenons plus sensibles à la réalité de l'autre, au point de ressentir que notre semblable est un autre nous-mêmes.
- La *sagesse tout-accomplissante* est la nature pure de la jalousie. La jalousie nous place dans une situation de conflit. Cette émotion est liée à l'attachement et à l'esprit de compétitivité. Nous savons à quel point elle érige des barrières entre nous et les autres. Elle nous conduit à les déprécier, à les haïr et à nous dévaloriser. Nous ne pouvons supporter, par exemple, la réussite de notre voisin. Elle nous irrite et parfois nous inquiète lorsque le sentiment d'avoir manqué notre vie nous envahit. Perdant confiance en nous-mêmes, nous avons tendance à nous refermer de plus en plus. L'énergie qui sous-tend cette émotion est très vive et tranchante. Sa transmutation ne soustrait pas le vif et le tranchant. Mais, alors que la jalousie n'amène que l'aridité et la stérilité, la *sagesse tout-accomplissante* engendre la luxuriance. Lorsque l'esprit se détend, s'ouvre, éprouve de la joie et fait l'expérience du contentement, l'énergie est réorientée au service du bien d'autrui. L'action devient équilibrée, juste et déterminée. La confiance et le puissant sentiment de vie ne cessent de croître.

Les cinq familles de bouddhas, expression de la vision totalisante

Au cours de la méditation, il est possible d'avoir une expérience des cinq sagesses en utilisant une forme. Cette forme correspond à l'une des cinq qualités essentielles de la nature de bouddha appelées les Cinq Victorieux* : Vairocana, Akshobhya, Ratnasambhava, Amitabha, Amoghasiddhi. Selon nos propensions et les qualités qui dominent en nous, nous allons nous relier à un ou plusieurs de ces cinq principes d'éveil.

Ces Cinq Victorieux constituent le principe central des cinq familles de bouddhas (Bouddha, Karma, Vajra, Ratna, Padma) que l'on représente sous l'aspect d'un diagramme orienté (voir figure 15). Ces cinq familles permettent de regrouper et classifier tous les phénomènes, purs et impurs, en fonction des cinq qualités essentielles de la nature de bouddha. Cette organisation met en évidence la continuité des aspects purs et impurs en soulignant l'importance du principe de transmutation caractéristique du Tantra : la nature réelle des aspects impurs correspondant aux cinq « bouddhas victorieux » ou principes d'éveil, aux cinq bouddhas féminins (parèdres) et aux cinq sagesses (voir tableau 10).

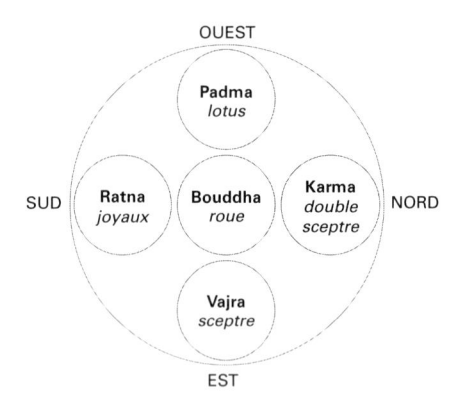

```
              OUEST
            ┌────────┐
            │ Padma  │
            │ lotus  │
     ┌──────┴────────┴──────┐
     │ Ratna  Bouddha  Karma │
SUD  │ joyaux  roue   double │ NORD
     │                sceptre│
     └──────┬────────┬──────┘
            │ Vajra  │
            │sceptre │
            └────────┘
              EST
```

Figure 15. Diagramme simplifié des cinq familles de bouddhas disposées sous la forme d'un mandala orienté. Les symboles-attributs associés à chaque famille sont représentés dans le mandala des cinq sagesses (figure 14).

La structure quinaire est une géographie symbolique qui rend compte du déploiement d'un principe unique. Cette géographie complexe dresse une synthèse de l'activité éveillée. Elle met au jour les liens qui expriment l'homologie du macrocosme et du microcosme, du samsara et du nirvana, la continuité de la confusion et de la sagesse. Comme l'exprime l'*Hevajratantra* :

> La grande conscience est une, mais elle a un quintuple aspect. De là viennent les cinq familles de bouddhas, de qui naissent des milliers d'autres. Cet Un existant par lui-même, parfait et éternel, est la Grande Félicité (Mahasukha), mais il devient quintuple en se divisant en attraction, etc. Aussi nombreux que les grains de sable de dix Ganges sont les groupes de Tathagata de chacune de ces familles. Dans ces groupes il y a des clans, et dans ces clans des centaines d'autres clans. Tous ces milliers de clans deviennent ainsi des millions et tous ceux-ci se subdivisent encore. Mais tous ils proviennent de l'unique famille de la Suprême Béatitude[1].

Sans entrer dans de longs développements, on peut simplement mettre en évidence quelques séries de correspondances telle qu'elles apparaissent dans le tableau 10.

Dans le processus de substitution ou de distorsion, la transparence de la claire lumière se déploie en cinq souffles-lumières hyper-subtils qui sont aussi des couleurs-lumières : bleu, rouge, vert, blanc, jaune. Elles correspondent aux cinq qualités fondamentales de l'esprit : vacuité, luminosité, mobilité, continuité et solidité. Ces cinq qualités ont aussi la nature des cinq principes élémentaires : espace, feu, air, eau et terre. Indéterminable, vaste comme l'espace en qui tout peut apparaître, l'esprit est vacuité. Semblable au feu qui éclaire, il possède la capacité de connaître et de comprendre. En lui vont et viennent les pensées. Cette inconstance l'apparente à l'élément air. La dynamique incessante qui l'anime, tel un fleuve ne connaissant jamais d'interruption, le rend semblable à l'eau. Enfin, il est aussi la base de laquelle jaillit tout ce qui est connaissable. Cette qualité de fondement a la nature de la terre.

La naissance dans le samsara est le résultat des productions et des mutations de l'esprit. Celles-ci sont soutenues par les cinq souffles-lumières hyper-subtils qui donnent les apparences des cinq éléments que nous percevons sous forme grossière, à la fois comme monde extérieur et existence intérieure. Kalou Rinpotché précise :

> Toutes les apparences illusoires qu'expérimente la conscience sont ainsi fondamentalement l'irradiation même de l'esprit, la manifestation de ses cinq principes élémentaires, présents d'abord comme qualités essentielles de l'esprit, puis dans les souffles et les luminosités, et comme apparences. Chacun de ces niveaux a la nature des différents éléments : espace, air, feu, eau et terre[2].

---

1. Cf. *Le bouddhisme* (sous la direction de Lilian Silburn), p. 317.
2. *La voie du Bouddha selon la tradition tibétaine*, p. 113.

CINQ FAMILLES DE BOUDDHAS

	BOUDDHA	VAJRA	RATNA	PADMA	KARMA
CINQ VICTORIEUX	Vairocana Resplendissant	Akshobhya Immuable	Ratnasambhava Source de joyaux	Amitabha Lumière Infinie	Amoghasiddhi Auteur du Bien
PARÈDRE	Dhatvishvaritara	Mamaki	Locana	Pandaravasini	Samayatara
SAGESSE	de la vacuité immuable	semblable au miroir	de l'égalité	du discernement	tout-accomplissante
POISON TRANSMUTÉ	ignorance	colère	orgueil	désir	jalousie
QUALITÉ DE L'ESPRIT PUR	vacuité	continuité	solidité	luminosité	mobilité
TERRE PURE	Ghanavyuha	Abhirati	Shrimat	Sukhavati	Prakuta
AGRÉGAT	forme/corps	conscience	sensations	perceptions/notions	formations karmiques
DIRECTION	centre	est	sud	ouest	nord
COULEUR	bleu	blanc	jaune	rouge	vert
ÉLÉMENT	espace	eau	terre	feu	air
SYMBOLE	roue	sceptre	trois joyaux	fleur de lotus	double sceptre
ANIMAL EMBLÉMATIQUE	lion	éléphant	cheval	paon	oiseau
SYLLABE-GERME	OM	HUM	TRAM	HRI	AH

Tableau 10. Principales correspondances dans la classification des cinq familles de bouddhas.

La continuité du développement assure la structuration de la conscience dualiste. Elle se déploie de sorte à élaborer l'expérience que nous avons en tant que sujet entouré d'objets perçus en mode illusoire comme monde extérieur. Rappelons que dès lors l'expérience de l'individualité est la coalescence éphémère des cinq agrégats (formes, sensations, perceptions/notions, formations karmiques, conscience).

Les facteurs karmiques interviennent pour donner ce que nous sommes, en correspondance avec l'espèce à laquelle nous appartenons. Notre durée de vie, par exemple, est fonction du karma accumulé antérieurement. Lorsque notre individualité est fixée, homogène et continue, autrement dit lorsque l'illusion est particulièrement opérante, les relations qui se tissent entre le sujet et les objets qu'il perçoit sont colorées par les cinq émotions négatives, versions altérées des cinq sagesses.

Le principe de continuité qui sous-tend l'ensemble du développement fait que chaque agrégat est relié à un souffle-lumière, à une couleur-lumière, à un élément et à une qualité de l'esprit pur. Ce qui signifie que tous les phénomènes que nous percevons sous leur forme grossière ont pour source la claire lumière fondamentale de l'état primordial.

Cette vision des quintuples aspects a une valeur profondément didactique, mais en aucun cas définitive. Son caractère opératif repose essentiellement sur l'expérience de son pouvoir transformateur. Le symbolisme qui est en jeu ne se réduit donc pas à des modèles ou à des schémas.

Ces familles sont des expressions variées de la santé fondamentale et non pas des principes doctrinaux et abstraits. Les multiples combinaisons de ces cinq énergies constituent l'infinie variété des apparences et les singularités propres à chacun d'entre nous. Nous sommes reliés à l'une ou l'autre d'entre elles, ou à plusieurs à la fois. « Lorsqu'on associe quelqu'un à une famille de bouddha, ou à plusieurs, dit Chögyam Trungpa, on dépeint le style fondamental de cette personne, sa perspective intrinsèque ou sa position face au monde, ainsi que la manière dont elle y travaille[1]. »

Cette vision permet d'accéder à l'intelligence du Tantra – base fondamentale de tout engagement dans les pratiques elles-mêmes. Elle forme aussi « un pont entre l'expérience tantrique et la vie quotidienne » dans la mesure où elle permet de reconnaître dans sa propre existence les qualités qui nous libèrent et surtout les névroses qui

---

1. *Voyage sans fin. La sagesse tantrique du Bouddha*, p. 105.

nous conditionnent. Ces névroses « représentent le seul potentiel dont on dispose, et lorsqu'on commence à mettre la main à la pâte, on s'aperçoit qu'elles peuvent servir de tremplins[1] ».

Les cosmogrammes : la continuité des cinq lumières hyper-subtiles aux cinq éléments

La continuité ininterrompue de la pureté primordiale conduit à une vision totalisante de la réalité. Tout est lié, tout se tient : inséparabilité du microcosme (l'homme) et du macrocosme (l'univers). Kalou Rinpotché écrit à ce propos : « Tout est interconnecté, le microcosme est relié au macrocosme et réciproquement. Ainsi, notre esprit a pour demeure notre corps, et notre corps a pour demeure l'univers. L'esprit influence le corps, le corps influence l'esprit. Le corps influence l'univers, l'univers influence le corps[2]. » Fondamentalement, l'homme comme microcosme n'est pas un monde en lui-même enfoui dans le gigantesque corps de l'univers. Il est l'univers à l'échelle humaine.

Selon un mode hautement symbolique et des proportions mathématiques rigoureuses, les cosmogrammes ou représentations graphiques du cosmos rendent compte de ces interconnexions. Ils se sont multipliés en particulier en Inde, au Tibet et au Bhoutan.

Les cosmogrammes expriment le monde dans sa structure, tel qu'il s'incorpore dans l'expérience de notre nature subtile. Un méditant peut ressentir l'univers à partir des énergies qui s'animent en lui. Il découvre l'univers en lui et se découvre dans l'univers. En contemplant un cosmogramme, on dispose d'un arrêt sur image qui relate la transformation de la nature hyper-subtile de l'esprit en éléments denses offrant les conditions optimales à l'émergence du samsara. Le cercle de feu, les vents tourbillonnants, les planètes, les orbes stellaires et le monde en position centrale sont aussi des métaphores des processus qui se produisent en l'esprit à tout instant. Ils traduisent l'avènement de la complexité. Le mouvement étant réversible, ils expriment aussi la présence sous-jacente de la simplicité fondamentale.

En contemplant un cosmogramme, on fait face à un « portrait de l'esprit » après que le vent du karma s'est levé et a donné forme à des séries d'agrégations. Que s'est-il passé avant ? En amont, l'esprit est comparable à un espace primordial indifférencié et dénué de caractéristique. Extraordinairement spacieux, il est éclairé de toute part par une douce et chaude lumière solaire. La luminosité radieuse représente l'intelligence profonde ; la chaleur, la compassion fondamentale.

---
1. *Ibid.*, p. 115.
2. *Le Bouddha de la médecine et son mandala*, p. 132.

Sous l'effet du souffle du karma, un potentiel de manifestation est activé. Cinq lumières hyper-subtiles ou couleurs-lumières apparaissent en l'esprit : le jaune, le bleu, le blanc, le rouge, le vert. Ces lumières sont tellement subtiles que nous ne pouvons pas les concevoir. Elles représentent cinq aspects de la luminosité cardinale.

Par manque de discernement de sa nature claire et lumineuse, un courant violent se forme en l'esprit, transformant l'expérience ouverte en conscience dualiste. Les lumières hyper-subtiles sont alors perçues de manière dense et prennent la forme des cinq éléments : le jaune correspond à la terre, le blanc à l'eau, le rouge au feu, le vert à l'air, le bleu à l'espace[1]. Leurs interactions donnent naissance aux différentes planètes, aux continents, aux diverses catégories d'êtres et aux phénomènes que nous percevons. La notion d'un intérieur et d'un extérieur, d'un sujet et d'un objet, prend alors forme. Les cinq lumières sont devenues les apparences du monde extérieur. Le processus de matérialisation va de pair avec la structuration de la conscience. Les cinq consciences des sens, les différents membres et organes de notre corps ainsi que les émotions nées sur la base du contact avec le monde extérieur s'actualisent. Le samsara est devenu consistant.

Figure 16. Schéma cosmologique (tantrisme hindou, Rajasthan, v. XVIIIe s.). Le point central est notre monde avec ses zones atmosphériques et ses champs énergétiques qui le relient à l'ensemble de l'univers.

Figure 17. Vue plongeante du cosmos selon le Kalacakratantra. La trame formée par les cercles internes représente les douze orbes stellaires. Elles forment une coupole autour du mont Meru.

Ramenant l'ensemble de la manifestation à une unité apparente, ces structures concentriques dissipent la polarisation intérieur/extérieur

---

1. L'association couleur-élément varie pour ce qui concerne l'espace et l'eau. Selon les représentations, l'eau est associée au bleu et l'espace au blanc.

ou moi/monde. Cette tendance à tout séparer limite nos capacités cognitives en nous rendant insensibles aux interrelations entre le macrocosme et le microcosme humain. Les tantras explorent en détail ces interrelations et proposent des méthodes permettant de les reconnaître. Cette reconnaissance consiste à réaliser l'expérience des cinq lumières en étant délivré de la dualité. Dès lors, les apparences et les états de conscience apparaissent de manière indifférenciée, comme le déploiement de la clarté lumineuse primordiale.

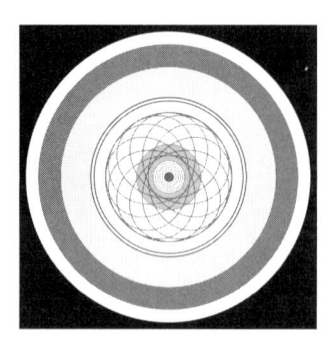

*Schéma cosmologique conformément à la tradition du « Tantra de Kalacakra ».
Le point central est le mont Meru. Après les douze orbes stellaires, viennent les disques de la terre, de l'eau, du feu et du vent.*

◻ *Le cosmos selon le Kalacakratantra*

Après le modèle cosmologique du « Trésor de l'Abhidharma » et celui du « Sutra de l'ornementation fleurie des bouddhas », voici maintenant celui du « Tantra de Kalacakra » (*Kalacakratanta*) qui illustre la non-différenciation entre l'homme et l'univers. Ce qui suit est purement informatif et constitue un encouragement à consulter la traduction de ce tantra et les commentaires qui l'entourent[1]. Sans une transmission et une pratique sincère, ces données demeurent inopérantes.

Transmis oralement pendant des siècles, le *Kalacakratantra* n'a été consigné par écrit qu'au Xe siècle. Le terme sanskrit *kalacakra* possède plusieurs sens. Il signifie littéralement « roue du temps » – dans

---

1. Dans le chapitre 11, on trouvera une brève présentation de ce tantra capital.

ce tantra, la roue étant le symbole de la vacuité. Kalacakra est aussi le nom de la déité à laquelle est consacré ce tantra. Au centre du mandala de Kalacakra, dans la chambre centrale du palais, Kalacakra se trouve en état d'union avec sa parèdre Vishvamata, la Mère de l'univers. Kalacakra est associé à la lune et Vishvamata au soleil. Cette union symbolise l'alliance indissociable de la compassion – le pôle masculin représenté par Kalacakra – et de la connaissance supérieure – le pôle féminin représenté par Vishvamata.

Pour souligner la portée de ce tantra dans le monde d'aujourd'hui, le Dalaï-Lama a précisé que « l'initiation du Kalacakra est l'une des plus importantes du bouddhisme car elle prend tout en compte : le corps et l'esprit humain, l'aspect extérieur total – cosmique et astrologique. Par sa pratique complète, il est possible de réaliser l'éveil en une seule vie ».

Ce tantra d'une grande subtilité et complexité comprend trois sections : le Kalacakra externe, le Kalacakra interne et le Kalacakra secret ou alternatif. Le Kalacakra externe décrit l'univers et les cycles temporels qui régissent les mouvements planétaires et stellaires. Le Kalacakra interne traite du corps subtil. Quant au Kalacakra secret ou alternatif, il expose les pratiques permettant de purifier les deux premiers de sorte que s'opère la re-liaison à notre nature de bouddha. Ces pratiques concernent en particulier la transmutation des souffles dualistes en souffles éveillés. Elles reposent, entre autres, sur un rituel très complexe qui prend en compte la multiplicité des déités figurant dans le mandala de Kalacakra.

Figure 18. Kalacakra en union avec sa parèdre Vishvamata.

Cosmogenèse

Comme pour le modèle cosmologique du « Trésor de l'Abhidharma », le *Kalacakratantra* considère que le cosmos « respire », alternant entre des phases de manifestation et des phases de dissolution. Mais ici, tous les atomes constitutifs des cinq éléments fondamentaux (air, feu, eau, terre, espace) ne disparaissent pas totalement à la fin d'un cycle. Ils sont dissociés les uns des autres et séparés par des atomes d'espace. Sous l'effet de la persistance des résidus karmiques, les atomes sont assemblés en de nouvelles combinaisons pour donner naissance à un nouveau système cosmique.

La naissance d'un monde commence avec les atomes d'air qui, comme sous l'effet d'un aimant, se rapprochent les uns des autres. Leur proximité génère des vents violents qui unissent les atomes de feu. De cette union naît la foudre. Après l'apparition de l'électricité, entrent en scène les atomes d'eau qui amènent la pluie. La pluie porte en elle les arcs-en-ciel, considérés comme la première manifestation des atomes de la terre. La luminosité subtile se densifie pour produire une substance solide qui est celle que nous foulons. Quant aux atomes d'espace, ils remplissent les interstices laissés entre les autres atomes et flottent à la fois sous et au-dessus du système cosmique qui vient de se manifester.

Structure de l'univers

Le modèle cosmologique du *Kalacakratantra* est aussi celui d'un cosmos organisé autour du mont Meru[1]. Plusieurs éléments de sa structure se démarquent de la représentation du « Trésor de l'Abhidharma ». Tout d'abord, le mont Meru n'est pas quadrangulaire et s'effile à la base. À son sommet, il est coiffé par une sorte de goutte inversée dont le tracé ressemble aux contours de la tête d'un bouddha (voir figure 19). Cette analogie souligne la relation entre l'univers et l'homme (voir figure 23). En outre, les fondations du cosmos sont constituées de quatre disques géants représentant respectivement le vent, le feu, l'eau et la terre. Une montagne de feu encercle le disque de l'eau. La taille de ces disques est gigantesque. Il n'est pas très utile ici de développer ces questions de mesure qui se rapportent à un système métrique fort distinct de celui que nous connaissons en Occident. On retiendra simplement que le diamètre du disque du vent (le premier disque) avoisine les 3 millions de kilomètres.

---

1. Ces remarques s'appuient sur l'étude réalisée par Martin Brauen, *Mandala. Cercle sacré du bouddhisme tibétain*, à qui nous empruntons plusieurs graphiques.

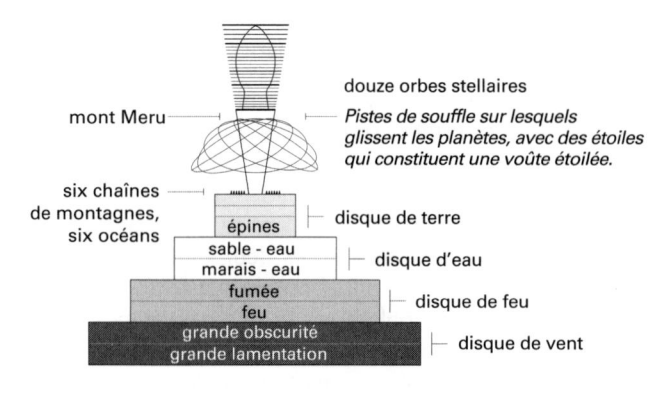

Figure 19. Modélisation informatique du cosmos selon le Kalacakratantra.

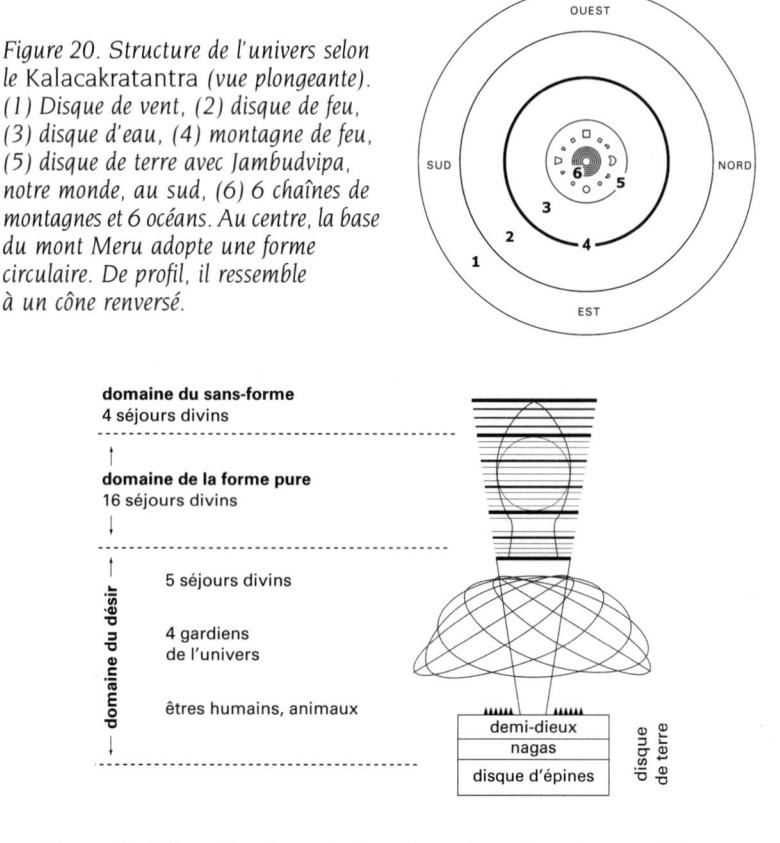

Figure 20. Structure de l'univers selon le Kalacakratantra *(vue plongeante). (1) Disque de vent, (2) disque de feu, (3) disque d'eau, (4) montagne de feu, (5) disque de terre avec Jambudvipa, notre monde, au sud, (6) 6 chaînes de montagnes et 6 océans. Au centre, la base du mont Meru adopte une forme circulaire. De profil, il ressemble à un cône renversé.*

Figure 21. Répartition des trois domaines suivant l'axe du mont Meru.

L'enseignement des analogies structurelles

Le mandala de Kalacakra comprend deux dimensions imbriquées : le mandala extérieur qui symbolise l'univers (dimension macrocosmique) et le mandala intérieur (le palais) qui symbolise l'être humain (dimension microcosmique). Compte tenu des isomorphismes et des correspondances entre le corps-parole-esprit et le corps de l'univers, il est impossible d'envisager séparément ces deux dimensions. Le mandala déploie le principe de la continuité entre les « niveaux » de la réalité.

Le mandala intérieur (le palais) comprend cinq étages qui représentent : le mandala du corps, le mandala de la parole, le mandala de l'esprit, le mandala de la conscience primordiale, le mandala de la félicité suprême comportant un lotus à huit pétales. Kalacakra réside au cœur de ce lotus. Il est représenté sous la forme d'un vajra bleu et sa parèdre Vishvamata sous la forme d'un point jaune orangé placé à sa droite. Ils reposent sur cinq couches de couleurs (successivement : vert, blanc, rouge, bleu, jaune) ; seule la dernière, jaune, est visible.

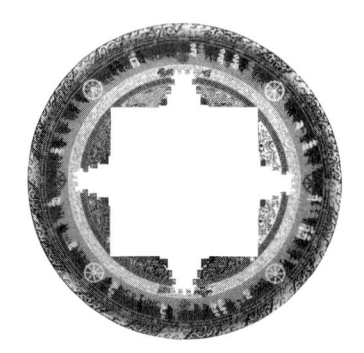

Figure 22. Le mandala de Kalacakra.
À droite, les six disques du mandala extérieur représentant l'univers.
Le mandala intérieur (le palais) a été soustrait.

À la périphérie du mandala extérieur, se trouve un disque composé de flammes, symboles du feu de la sagesse. S'ensuit le disque de l'espace orné de vajras, symboles de la pureté indestructible de l'esprit. Ces deux premiers niveaux symbolisent le cercle de protection qui dissipe l'ignorance, empêchant ainsi la pénétration de la confusion et des vues erronées au sein du mandala. Viennent ensuite, dans l'ordre : le disque de vent, le disque de feu, tous deux parcourus d'un mantra et de dix roues du Dharma, puis le disque d'eau et le disque de terre.

L'imbrication des deux mandalas – intérieur et extérieur – est une mise à plat des coïncidences significatives entre la structure du corps humain et la structure de l'univers, comme le montre la figure ci-dessous.

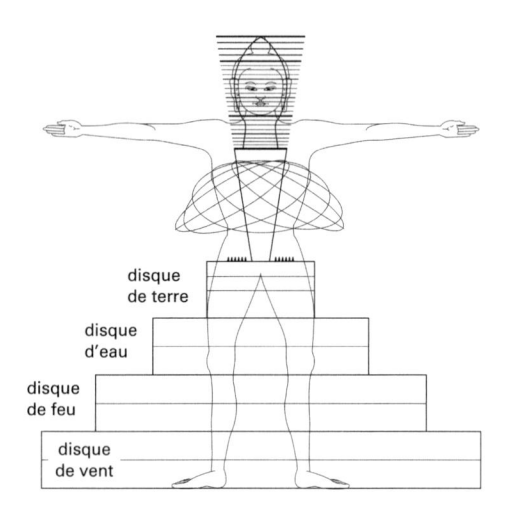

Figure 23. Corrélations structurelles entre l'univers et le corps.

Même lorsqu'elles sont présentées de façon aussi extérieure et profane que maintenant, ces corrélations montrent que l'apprenti est engagé dans une réforme complète de ses perceptions. Toute comparaison mise à part, il se trouve presque dans la position d'Arjuna dans la célèbre *Bhagavad Gita*[1], au moment où Krishna lui confère le regard divin qui lui permet de contempler l'univers entier dans son corps. C'est la vision de Vishavarupa, la forme universelle de Vishnu/Krishna, qui fait dire à Arjuna : « Je te vois partout, infini dans ta forme, sans fin, ni milieu, ni commencement. Je vois, ô seigneur suprême, quelle forme a l'univers. »

Sofia Stril-Rever, la traductrice du « Tantra de Kalacakra », a sur l'infinitude des mots très éclairants[2] :

> Le mandala de Kalacakra est infini. Infini, au sens de non fini. L'iconographie est purement indicative. Le mandala de sable, ou le mandala figuratif des thangkas (peintures sur étoffe), sont un schéma, une carte. Ils dessinent

---

1. Le « Chant du Bienheureux Seigneur », partie spéculative du *Mahabharata*, le plus long poème épique de l'Inde, composé sans doute entre le IVe siècle avant notre ère et le IIIe siècle.
2. *Traité du mandala. Tantra de Kalacakra. Le Livre de la sagesse*, p. 27-30.

la table de notre orientation. Le mandala s'accomplit au rythme de nos souffles. Il se vit aussi naturellement que la respiration. Il nous transforme de l'intérieur à mesure que, par la pratique, son infini de sagesse nous devient inséparable. (...)
Réaliser le caractère non fini du mandala implique de passer dans la dimension de l'inconcevable, qui est le fondement de l'enseignement. Ainsi, dans le *Sutra du lotus*, le Bouddha déclare à l'assemblée des bodhisattvas que le nombre d'années, depuis qu'il a atteint l'Éveil, est supérieur aux atomes de poussière présents dans toutes « les centaines de mille de myriades de koti[1] d'univers ». (...) La logique est ici celle de l'inter-être qui permet d'imaginer un nombre incalculable d'univers, car la référence de la pensée est la vacuité ; (...) La vacuité est l'énergie créatrice des mondes. (...) Quand la pensée amorce la réalisation de la vacuité, elle voit « sur un atome, autant de bouddhas qu'il y a d'atomes dans l'univers ». Ou bien elle voit l'univers dans un grain de riz.

◻ *Véhicule de la cause et véhicule du fruit*

D'après la voie adamantine, il existe deux types de véhicules : le véhicule de la cause, assimilé au véhicule des sutras ou Sutrayana, et le véhicule du fruit, le Vajrayana. Cette classification permet de distinguer les approches fondées sur les sutras de celles qui prennent appui sur les tantras.

Le Sutrayana (véhicule de la cause)

Il englobe le « véhicule fondamental » (Hinayana) et le « grand véhicule » (Mahayana). Les approches fondées sur les sutras considèrent que l'éveil se produit au terme d'un long cheminement.

Le Hinayana insiste sur l'élimination des souillures et des toxines mentales. Le désir avide doit être tari. Dans ce but, l'apprenti abandonne les comportements pathogènes. D'où l'importance des vœux de « libération individuelle par élimination des facteurs engendrant la souffrance » (pratimoksha). La discipline du corps et des pensées, et la pratique de la non-violence ont ici une grande importance.

Considérant que tous les êtres disposent de la nature de bouddha (tathagatagarbha), l'apprenti du Mahayana renonce aux comportements négatifs, développe les bienfaits et la sagesse. Cette démarche active l'épanouissement du potentiel d'éveil que les textes comparent à la crème contenue en puissance dans le lait. Pour atteindre son but, l'apprenti cultive l'esprit d'éveil (bodhicitta), pratique en particulier les quatre états sublimes (équanimité, bienveillance, compassion, joie) et les six perfections (paramitas).

---

1. Un koti est une mesure égale à 10 millions.

D'une façon générale, le Sutrayana trace un chemin qui part de l'état de confusion (la *base*). Grâce au triple apprentissage (la *voie* : auto-discipline, méditation et connaissance supérieure), l'apprenti se délivre des obstacles à l'obtention du *fruit*. En ce sens, la *voie* est la cause de l'éveil. Une image traditionnelle compare les diverses approches de la pratique au traitement réservé à une plante toxique, symbole des émotions négatives. La démarche du Sutrayana consiste à la déraciner ou à la brûler.

Le Vajrayana (véhicule du fruit)

Il est nommé « véhicule du fruit » parce qu'il utilise la condition éveillée (le *fruit*) comme support de la *voie*. La nature de bouddha (tathagatagarbha) est pleinement accomplie et parfaitement pure. Le tantrika se dispose ainsi à vivre le potentiel sublime de chaque instant. Son effort initial consiste donc en un abandon à la plénitude absolue omniprésente en tout. Tout en est saturé, des choses les plus insignifiantes, les plus viles, aux plus sublimes, car les phénomènes sont la dimension du dharmadhatu, le domaine de la vacuité immuable. Dès lors, nul besoin de se libérer du monde habituel ou de rejeter l'activité du désir, puisque le tantrika se sait fondamentalement libre.

Cette vision n'implique nullement l'égalité du vice et de la vertu, mais postule que l'éveil est la nature de notre existence présente. Elle suppose une intelligence capable d'entrer en relation profonde avec la réalité de l'ordinaire, capable d'établir une relation directe avec la richesse de la simplicité et la spontanéité de l'expérience non duelle. C'est pourquoi Chögyam Trungpa dit à propos de la nature de bouddha qu'elle « dévore de l'intérieur au lieu d'être atteinte en retirant les couches de l'extérieur[1] ».

Comme il est difficile d'actualiser spontanément la condition éveillée, l'apprentissage consiste à se familiariser de plus en plus avec cet état en le « mimant ». C'est le propos en particulier du sadhana. Le tantrika envisage dans le symbole d'une déité le *fruit* du cheminement. Il entre en la présence de la déité (représentation symbolique de l'éveil) et imagine qu'elle se substitue à son expérience illusionnée. Rééduquant ainsi sa perception, il réalise que le monde est un espace sacré où tous les phénomènes sont la manifestation de l'éveil atemporel. Au cours de son entraînement, les émotions conflictuelles et les pensées négatives sont transmutées en leur nature pure. Cette nature pure se manifeste sous la forme des cinq sagesses, la grande pureté

---

1. Chögyam Trungpa, *Folle sagesse*, p. 40.

qui est la *base* de toutes choses. La pratique culmine dans une contemplation dénuée de forme en laquelle l'esprit, libre de l'ego et des projections mentales, demeure dans son état de simplicité naturelle. Il réalise l'expérience de Mahamudra, sa condition réelle. La pratique comprend deux voies principales : la voie de l'*intelligence immédiate** et la voie des méthodes. La pratique d'une déité appartient à la voie des méthodes spécifiquement tantriques alors que la contemplation dénuée de forme caractérise la voie de l'intelligence immédiate. En reprenant l'image de la plante toxique, la démarche du Vajrayana consiste à transformer les poisons que contient la plante en remèdes pour soi et autrui.

En guise d'aide-mémoire, le tableau 11 synthétise l'ensemble des remarques précédentes.

• Le Mahamudra et le Dzogchèn

En mentionnant précédemment la voie de l'intelligence immédiate, nous venons d'évoquer le Mahamudra, le « Grand Sceau » ou le « Grand Symbole ». Alors qu'il constituait une tradition à part entière, le Mahamudra a été progressivement intégré aux pratiques de transformation du Vajrayana. Il en va de même du Dzogchèn, la « Grande Perfection ». Ces deux traditions demeurent vivantes au sein des écoles tibétaines où elles représentent l'enseignement ultime du Bouddha, le sommet du cheminement, l'accomplissement de toutes les pratiques. Selon Kalou Rinpotché, la « Grande Perfection » et le « Grand Sceau » sont « le cœur et la quintessence du Dharma ». Il précise :

> Ils sont l'expérience de la non-dualité, la réalisation de la vacuité, la nature fondamentale de l'esprit. Cette réalisation est la dissipation de tous les voiles recouvrant la nature de l'esprit, la nature du bouddha. Quels que soient l'existence que nous pouvons avoir menée et le cheminement que nous avons pu faire, si nous arrivons à cette réalisation, elle est une et unique, et en elle se trouve accompli le fruit ultime. (…) Étant l'aboutissement de toutes les pratiques, on peut conventionnellement dire qu'ils sont la plus haute forme de méditation[1].

Le caractère ultime de Mahamudra est suggéré dans le terme sanskrit lui-même. *Maha* a le sens de « grand » mais aussi de « vaste ». *Mudra* signifie « sceau » et désigne le « sceau » de la nature de bouddha qui « scelle » toute expérience. Ce sceau est vaste parce que rien n'existe en marge de Mahamudra puisque Mahamudra est la véri-

---

1. *La voie du Bouddha selon la tradition tibétaine*, p. 306.

	Sutrayana véhicule de la cause renoncement / ouverture	**Vajrayana** véhicule du fruit transformation / transmutation
Dynamique de la voie	(schéma : FRUIT en haut, BASE en bas, flèches vers l'extérieur) Partir de la confusion (base) pour atteindre la sagesse (fruit). Développer les causes qui permettront l'actualisation de l'éveil.	(schéma : FRUIT en haut, BASE en bas, flèches vers l'intérieur) Le fruit de la pratique (l'état éveillé, notre nature) est la fondation de la voie. La pureté est la base de toutes choses.
Enseignement	**Hinayana** Les quatre nobles vérités L'impermanence Le non-soi (anatman) **Mahayana** La vacuité de tous les phénomènes. La nature de bouddha, les trois natures, « tout est l'esprit un ».	Reprend la vue du Mahayana en mettant l'accent sur la connexion directe avec la nature de bouddha au moyen de méthodes habiles, incluant la pratique des déités et le repos en l'état naturel.
Approche	**Hinayana** — Renoncement - Motivation individuelle : se libérer de la souffrance. - Renoncer aux actes négatifs et cultiver les actes positifs. - Méditer sur la précieuse existence humaine, l'impermanence, le caractère défectueux du samsara, les conséquences des actes (karma). **Mahayana** — Ouverture - Motivation altruiste : cultiver la bodhicitta, l'esprit d'éveil qui œuvre pour le bien des êtres. - Compréhension de l'interdépendance et de la vacuité. - Méditer sur l'amour et la compassion.	- *Vision pure* Percevoir la perfection de toutes choses, le caractère sacré du monde. Les causes de l'éveil sont présentes dans chaque situation. - *Principe de continuité et de non-dualité* Les apparences sont des manifestations de l'état absolu. - *Principe de transmutation* Transmuter les émotions en leur nature pure qui est sagesse.
Symbolique	Déraciner ou brûler la plante toxique, symbole des émotions négatives.	Transformer les poisons de la plante toxique en remèdes pour soi et autrui.

Tableau 11. Quelques aspects du Sutrayana et du Vajrayana.

table nature de tout phénomène. Du point de vue de l'expérience méditative, Mahamudra est l'expérience primordiale, celle de notre esprit dans son état naturel, avant la manifestation de l'ego, de la dualité, des passions et des fabrications mentales. L'expression « Grande Perfection » porte le même sens. Ici le mot « perfection » désigne la nature ultime de l'esprit, nature pleinement accomplie et par conséquent impossible à améliorer. Ainsi transcende-t-elle les notions de perfection et d'imperfection.

□ *Un fonds spirituel atemporel*

Mahamudra et Dzogchèn constituent un fond spirituel primordial dont on ne saurait dater l'origine même si, comme nous allons le voir, une des lignées du Mahamudra remonte au bouddha Shakyamuni. Des yogis n'ont cessé de puiser dans ce fond mais ils n'ont pas cherché à institutionnaliser cette approche qui revêt un aspect fondamental. On ne doit pas perdre de vue le point essentiel du Mahamudra et du Dzogchèn qui est la reconnaissance de l'état de pureté primordiale et la transmission des moyens permettant de découvrir directement la nature de l'esprit.

Le Mahamudra comprend deux lignées majeures : la lignée lointaine et la lignée proche. La lignée lointaine prend sa source dans les enseignements que le bouddha Shakyamuni a dispensés vers la fin de sa vie, mais sans jamais employer la terminologie propre au Mahamudra. Ces enseignements, compilés dans certains sutras et tantras, ont été transmis au yogi Saraha qui les a reçus des bodhisattvas Ratnamati et Sukhanata, deux émanations des grands bodhisattvas Manjushri et Avalokiteshavara. Saraha a joué un rôle capital dans la diffusion du Mahamudra en Inde. Il a transmis les instructions orales à Nagarjuna et Shavari. Ce dernier, qui vivait dans le sud de l'Inde, reçut également une transmission visionnaire des bodhisattvas Ratnamati et Sukhanata. Au XIe siècle, Maitripa devint le dépositaire de cette transmission.

La lignée proche débute avec Tilopa (988-1069) qui reçut directement les enseignements de Mahamudra du bouddha primordial Vajradhara. Naropa, chancelier de la grande université de Nalanda, reçut une prophétie de Cakrasamvara* et des dakinis l'informant qu'il devait se rendre auprès de Tilopa. Après des années passées à ses côtés, Naropa réalisa Mahamudra et devint un mahasiddha. Les lignées lointaine et proche gagnèrent ensuite le Tibet à la faveur du yogi laïc Marpa (1012-1097), venu recueillir les précieux enseignements auprès de Naropa et de Maitripa.

Dans le Dzogchèn, l'origine de la transmission remonte aussi au bouddha primordial nommé ici Samantabhadra. Le premier maître humain fut Prahevajra (IVe s. av. J.-C ou Ier s. ?, mieux connu sous son nom tibétain, Garab Dordjé). Il fut ensuite transmis par une lignée de maîtres dont Manjushrimitra (disciple de Garab Dordjé), Shri Simha, Padmasambhava et Vimalamitra. Certains d'entre eux se trouvant à la frontière de l'histoire et de la légende, tout repère biographique précis s'avère impossible.

□ *Les points communs*

Il est difficile de dissocier les deux traditions tant elles ont de points communs. Tout d'abord, et comme nous venons de le voir, la transmission émane d'une source non humaine, le bouddha primordial. Elles partagent ensuite la même vision de la nature de bouddha (la *base*), la majorité des pratiques méditatives (la *voie*) et la même interprétation de la réalisation (le *fruit*) qui est l'actualisation des trois corps d'un bouddha (dharmakaya, sambhogakaya, nirmanakaya).

L'expérience de Mahamudra se trouve en amont des conceptions. En celle-ci, les phénomènes apparaissent tels qu'ils sont dans leur extraordinaire richesse et beauté, leur perfection primordiale et naturelle. C'est ce qu'on entend aussi dans le mot tibétain rigpa, une notion essentielle dans le Dzogchèn. *Rigpa* désigne l'état naturel. Son équivalent dans le Mahamudra est appelé « esprit ordinaire ». Libre de toute souillure et spontanément accompli, l'état naturel est riche d'une dynamique créatrice qui se déploie en qualités éveillées. Rigpa transcende l'*état dualiste habituel** prisonnier des concepts et de l'opacité mentale. À la racine de la confusion se trouve l'ignorance qui masque l'état naturel dans le jeu obscur des perceptions dualistes. Toutefois, l'essence des moments de conscience dualistes n'est autre que rigpa.

L'état naturel ou esprit ordinaire se trouve au cœur des enseignements de Mahamudra-Dzogchèn, alors que les enseignements des autres véhicules se situent au niveau de l'état dualiste habituel.

□ *Des approches fondées sur l'autolibération**

Ces deux traditions nous apprennent à voir ce qui est sous nos yeux et que nous ne savons pas voir. Le plus secret, c'est l'évidence de ce qui demeure au grand jour. De ce fait, quatre obstacles barrent la route à l'expérience de Mahamudra. Elle est dite trop proche, trop profonde, trop simple et trop merveilleuse. Trop proche pour être reconnue ; trop simple pour être crue ; trop profonde pour être saisie ; trop merveilleuse pour être comprise.

Pour souligner la spécificité du Mahamudra et du Dzogchèn, les maîtres prennent parfois l'exemple d'un homme pauvre qui aurait construit sa hutte à l'endroit même où est enfoui un trésor inestimable. Les jours passent sans que l'homme en ait conscience jusqu'à ce qu'un clairvoyant lui dise de creuser sous sa hutte pour découvrir le trésor qui exaucera tous ses souhaits. Il doit faire confiance au clairvoyant mais surtout creuser. Sans effort, le *fruit* ne se manifeste pas. Mais l'effort dont il s'agit distingue le Mahamudra et le Dzogchèn des véhicules comme le Hinayana, le Mahayana et le Vajrayana. Avec ceux-ci, l'apprenti a l'impression d'apprendre quelque chose, d'entériner des notions (autodiscipline*, compassion, vacuité, etc.) et de s'améliorer en les mettant en pratique.

Dans l'approche du Mahamudra-Dzogchèn, la *voie* est fondée sur l'état naturel, libre et détendu, en lequel les passions et les pensées s'autolibèrent dès qu'elles se manifestent. Rien n'est à délaisser, à cultiver, à développer, à transformer ou à transmuter. La sagesse fondamentale est déjà là, au cœur de l'expérience (la *base*). Mais des obscurcissements et des conditionnements nous empêchent de la reconnaître. Le maître va présenter l'état naturel à son disciple. Celui-ci va découvrir ce qu'il est déjà. Pour l'essentiel, les pratiques vont consister à reconnaître l'évidence de cette présence fondamentale. Ensuite, le disciple va se familiariser avec cette expérience : la laisser vivre, l'intégrer dans les actions journalières de sorte qu'elle devienne de plus en plus celle de sa vie quotidienne, quoi qu'il fasse et où qu'il soit. Lorsque l'intégration est parachevée, que toute la vie est devenue l'état de présence, c'est l'éveil, le *fruit*.

◻ *L'émergence des apparences selon le Dzogchèn*

Voici la dernière partie du petit tour d'horizon des modèles cosmologiques bouddhiques. Contrairement aux autres visions, l'approche Dzogchèn ne s'intéresse pas aux détails de la cosmologie proprement dite. D'autre part, alors que la vision cosmologique du bouddhisme des origines présente un espace souillé auquel correspondent les six conditions de la conscience, la Grande Perfection parle de la pureté primordiale de l'univers et ne s'intéresse qu'à la description de la manifestation des apparences.

Cette présentation figure en particulier dans : *Le miroir du cœur de Vajrasattva*, un tantra du Dzogchèn ; *La liberté naturelle de l'esprit*, un traité de Longchenpa (1308-1363), un grand maître de l'école Nyingmapa ; *Myriad Worlds (Buddhist Cosmology in Abhidharma, Kalacakra and Dzog-chen)* de Djamgeun Kongtrul Lodreu Thayé (1811-1899), grand maître de l'école Kagyupa*.

Les informations qui suivent constituent une présentation très simplifiée de ce qu'il conviendrait d'appeler la non-cosmologie du Dzogchèn.

Selon la Grande Perfection, la cause racine de l'illusion n'est pas le karma, au sens où l'entendent les autres modèles, ni le résultat des interactions entre la compassion des bouddhas et les besoins des êtres égarés, mais rigpa, l'état naturel. Pour comprendre cela, il faut prendre en compte ce que Longchenpa appelle le « mode d'émergence des apparences de la base ». Il existe une base primordiale (tib. *ye-gzhi*) de l'esprit à la fois intemporelle et indifférenciée, vide et lumineuse. Cette base, riche d'un potentiel de manifestation, forme une unité et correspond à l'état antérieur à l'apparition de tout phénomène.

Lorsque ce potentiel s'exprime, des manifestations lumineuses apparaissent sous la forme des cinq lumières cardinales. C'est rigpa qui produit ces manifestations en même temps qu'il en est conscient. La base primordiale s'est comme fissurée sous l'effet de ce dynamisme. On l'appelle alors « base d'émergence » manifestant l'ensemble des potentialités phénoménales. Si rigpa reconnaît le jeu de son propre rayonnement et ne tombe pas sous l'emprise du jugement et des pensées, il réintègre la base et s'accomplit dans l'état du bouddha primordial Samantabhadra, l'état pleinement éveillé.

Dans le cas contraire, obscurci par l'attachement aux manifestations qui se déroulent et qu'il perçoit comme « autres » que lui-même, rigpa demeure prisonnier de l'ignorance et ne se reconnaît pas. L'esprit perçoit alors les cinq lumières cardinales comme les cinq éléments qui, en se combinant, forment les apparences de ce monde. Il s'égare dans le dualisme et se voile sous l'effet de la vision karmique. Il en résulte le samsara. La base d'émergence fonctionne alors comme base d'égarement. Ainsi, « d'une base unique, naissent deux voies et deux fruits, selon que l'on reconnaît ou non sa nature essentielle ».

En résumé, tous les phénomènes de l'existence conditionnée n'existent pas en dehors de la base primordiale. Ils sont semblables à des rêves qui ne se sont produits qu'au cours du sommeil. Tous les phénomènes composés n'existent donc pas au sens où nous l'entendons, c'est-à-dire comme entités indépendantes. Ils ne sont que les apparences vivantes de l'énergie de rigpa. Ainsi, bien qu'accaparé par les pensées et les émotions, l'état dualiste habituel n'est qu'une distorsion de l'état de présence claire et pure (rigpa).

> L'éléphant qui ne s'approprie rien, écrit Longchenpa[1], erre librement dans la plaine.
> Sa démarche est celle de la liberté naturelle, et il se pare des filets de la non-dualité.
> Il a victorieusement traversé les marais de l'acceptation et du rejet, de l'espoir et de la crainte,
> Et fort de son pouvoir de réalisation, il plonge dans l'océan de la non-dualité.

ଔ

---

1. *La liberté naturelle de l'esprit*, p. 212.

5

Déclin et renaissance du Dharma

La tradition du Bouddha s'est enracinée dans le riche terreau de l'indianité, véritable jungle de populations, de cultures, de croyances et de langues, mosaïque complexe et polychrome dont il est difficile de cerner la profonde unité. Force invisible qui se nourrit de sa propre diversité, elle adopte le principe d'inclusion et de contradiction positive, se plaisant à concilier des antinomies qui nous paraissent évidentes, enfantant une multiplicité de traditions et de visions de la réalité, parfois diamétralement opposées les unes aux autres.

Dans sa coloration hindoue, elle prend l'apparence d'un gigantesque vortex constamment mobile. Voudrait-on s'en dégager qu'elle déploie aussitôt sa puissance et use de sa souplesse extraordinaire pour réintégrer coûte que coûte celui qui s'en écarterait. Elle perçoit finalement des similitudes là où nous ne voyons que dissemblances. La tradition du Bouddha ne pouvait manquer de fléchir sous le joug de cette tendance devenue presque naturelle.

Après une période très prospère qui s'étend du Ve au VIIIe siècle, le bouddhisme se heurte au renouveau de l'hindouisme avant d'être balayé par les envahisseurs turco-afghans.

Le déclin du bouddhisme sur son sol natal signe également la rupture du lien naturel qui unissait l'Orient et l'Occident. L'islam a dressé une frontière entre l'Inde et le monde méditerranéen. Claude Lévi-Strauss, errant parmi les ruines qui jonchent le site de Taxila, à la limite du Cachemire et du Gandhara, se rappelle que sur ce site ont vécu côte à côte les plus grandes traditions spirituelles de l'Ancien Monde : hindouisme, zoroastrisme, bouddhisme et hellénisme. « Que serait aujourd'hui l'Occident, se demande-t-il, si la tentative d'union entre le monde méditerranéen et l'Inde avait réussi de façon durable ? Le christianisme, l'islam, auraient-ils existé[1] ? »

---

1. *Tristes tropiques*, Presses-Pocket, 1984, p. 475.

Depuis 1960, le visage de l'Inde change à nouveau. Devenue terre d'asile pour des centaines de milliers de Tibétains, l'Inde contemporaine connaît un regain d'intérêt pour une tradition qui avait disparu sept siècles plus tôt. Toutefois, la situation n'a plus rien à voir avec le passé glorieux car on ne compte aujourd'hui guère plus de 1 % de bouddhistes dans la péninsule.

1. LE BOUDDHA, NEUVIÈME AVATAR DE VISHNU ?

◻ *L'argument de fond*

L'hindouisme ne conçoit pas que le bouddhisme puisse lui être extérieur et encore moins que la figure du Bouddha puisse se démarquer du grand courant formé par les penseurs visionnaires des *Upanishads*. Contrairement à l'islam ou au christianisme, l'hindouisme n'est pas une religion historique. Elle se régénère de l'intérieur lorsque des êtres exceptionnels viennent revivifier une vérité atemporelle que les hommes négligent dans les périodes sombres de la vie universelle. Le Bouddha est l'un d'eux. Il incarne cette vérité et la rétablit en fonction du niveau des êtres et de leurs besoins propres. Dans cette perspective, le bouddhisme est une résurgence de la vérité éternelle, au cœur d'un immense processus visant à pérenniser les idéaux spirituels fondamentaux. Plusieurs facteurs viennent corroborer cette vision.

◻ *Le Bouddha comme leurre*

Selon la mythologie indienne, conforme à une certaine orthodoxie religieuse, les dieux du panthéon hindou, en passe d'être renversés par des titans, demandèrent à Vishnu de leur venir en aide. Vishnu est l'une des trois figures centrales du riche panthéon issu de la synthèse opérée entre l'héritage purement védique et les traditions autochtones. Les deux autres sont Brahma, créateur sans limites, personnification masculine de l'Absolu, et Shiva, dieu polymorphe, patron des yogis, qui incarne le principe destructeur et régénérateur du monde.

Vishnu, dieu solaire aux mille noms et qualités, est le protecteur de l'univers. Il peut « descendre » parmi les hommes pour les aider à échapper à la confusion et à la décadence. La thématique de la descente sur terre n'est pas sans rappeler le premier acte du Bouddha gagnant le monde des hommes après avoir quitté le ciel de Tushita. Dans un cycle cosmique d'une durée de 432 000 ans, Vishnu est appelé à se manifester à plusieurs reprises. La tradition indienne lui attribue dix avatars. La doctrine des avatars de Vishnu trouve son pendant bouddhique dans la vision des différents bouddhas du passé et de l'avenir soucieux de venir en aide aux hommes.

Lorsque débute la phase cosmique d'entropie nommée Kali-Yuga, l'âge des conflits et des aberrations, nous sommes aux environs de l'an − 3102, année où disparaît Krishna, héros de la *Bhagavad Gita*, et surtout huitième avatar de Vishnu. C'est après l'intervention de Krishna que la tradition hindoue situe les batailles cosmiques entre les dieux du panthéon et les titans. L'aide de Vishnu est une nouvelle fois requise. Pour circonscrire le pouvoir des titans, Vishnu décide d'incarner un être qui saura attirer leur faveur en se détournant de l'héritage védique. Il prend l'apparence de celui que l'on appellera le bouddha Shakyamuni.

Le stratagème fonctionne à merveille puisque les titans adhèrent aux vues de ce maître inédit. Mais ils apprennent à leurs dépens qu'en abandonnant la tradition du *Veda* ils perdent du même coup leur pouvoir guerrier. De surcroît, le neuvième avatar n'est pas sans poser quelques problèmes. Il outrepasse ses fonctions en gagnant en autonomie. Les titans ne sont pas les seuls à être leurrés : un nombre croissant d'Indiens se met à suivre la voie spirituelle qu'il propose.

Le rapprochement entre le Bouddha et Vishnu relève aussi de la conception du cakravartin, le monarque universel. Le « souverain à la roue » brahmanique prend la figure de Vishnu. L'un de ses attributs est un disque solaire, symbole de l'intelligence cosmique, qui justifie sa fonction de protecteur de l'univers. Le monarque universel règle toute chose conformément à la loi qu'il préserve et qu'il actualise sans cesse. L'usage bouddhique du symbolisme du Dharmacakra, ou roue du Dharma, souligne la très forte parenté entre le monarque universel et le Bouddha. Cette parenté doit beaucoup à la dévotion populaire qui, si l'on en croit le récit légendaire des funérailles du Bienheureux, a voulu jouxter pouvoir séculier et pouvoir spirituel dans le principe de la royauté sacrée. De là à trouver un autre fondement aux relations entre Vishnu et le Bouddha, il n'y a qu'un pas.

◻ *Bouddhisme et hindouisme :*
   les ensemencements mutuels

Que cache cette volonté d'intégrer le Bouddha dans le panthéon hindou ? Est-ce une manœuvre judicieuse des brahmanes pour tenter de vaincre « l'hérétique » en l'absorbant dans son propre système ? Pareille conclusion serait hâtive et dresserait hindouisme et bouddhisme l'un contre l'autre. Souvenons-nous de la légende bouddhique : Brahma et d'autres divinités du panthéon brahmanique supplient le Bouddha de transmettre sa découverte comme l'ont fait les bouddhas du passé. La présence des dieux du panthéon védique dans le tissu légendaire bouddhique prouve que les deux traditions s'interfécondent.

La cosmologie bouddhique, qui a emprunté beaucoup d'éléments à la cosmologie hindoue, a intégré nombre de divinités dans sa vision de la réalité relative. C'est pourquoi elles figurent dans les structures des univers qu'elle dépeint. Le Bouddha lui-même n'a jamais rejeté l'existence des états divins. Mais leur statut change au sein d'une tradition pour qui la condition humaine demeure privilégiée. Comme on l'a vu, ils appartiennent désormais à l'architecture du samsara et la condition qui les caractérise se trouve en correspondance avec des expériences méditatives moins duelles à mesure qu'on s'élève dans la hiérarchie des plans de conscience.

Le bouddhisme tantrique a également incorporé les principaux dieux des temps védiques et du panthéon brahmanique. Le modèle cosmologique du *Kalacakratantra*, par exemple, inclut le paradis d'Indra comme ont pu le faire les modèles cosmologiques du « Trésor de l'Abhidharma » ou du « Sutra de l'ornementation fleurie des bouddhas ». On retrouve également Vishnu dans l'un des cercles du mandala, mais sa symbolique a été retravaillée. Il manifeste le principe de compassion et, à ce titre, il est l'un des aspects du Bouddha. Ces adoptions plus tardives – le « Tantra de Kalacakra » n'est rédigé pour la première fois qu'au Xe siècle[1] – témoignent de la perméabilité qui existait entre la tradition du Bouddha et les traditions hindoues.

Nous savons également que l'émergence du tantrisme dès le IVe siècle va jouer le rôle d'une véritable lame de fond qui imprégnera et renouvellera un très grand nombre de secteurs de la vie spirituelle indienne. Elle modifie le paysage dans son ensemble en colorant en profondeur tant l'hindouisme que le bouddhisme. Il devient parfois artificiel de bâtir une frontière précise et totalement hermétique entre le tantrisme hindou et le tantrisme bouddhique tant les apports semblent avoir été mutuels.

Au niveau « philosophique », le phénomène demeure aussi assez frappant. Avant le milieu de l'ère Gupta, soit la période antérieure à 450 ap. J.-C., un climat d'émulation conduit à des influences récipro-

---

1. Il aurait été transmis oralement au Ve siècle avant notre ère.

ques. À titre anecdotique, les Sarvastivadins, l'une des premières écoles bouddhiques issues de la branche mère des Anciens ou Sthaviras, sont influencés par les conceptions atomistes du Vaisheshika*, l'une des six formes que prend la « vision de la réalité » (darshana*) dans l'Inde traditionnelle, avec la Mimansa*, le Samkhya, le Yoga, le Nyaya* et le Vedanta*. Autre exemple : les maîtres bouddhistes Nagarjuna (v. IIe s.) et Vasubandhu (IVe s.) ont recours aux procédés logiques du Nyaya qui s'efforce de démontrer l'existence de l'atman, permanent et transmigrant.

2. LA QUÊTE DE L'IDENTITÉ SPIRITUELLE

• Le plan philosophique

Les échanges fructueux entre penseurs hindous et bouddhistes vont laisser place peu à peu à une recherche d'autonomie et surtout à une prise de conscience de plus en plus aiguë de ce qui les différencie. Il semble que les joutes oratoires se soient multipliées jusqu'au VIIIe siècle, permettant aux deux camps de déterminer avec plus de précision leur identité propre. En simplifiant à l'extrême, on dira que l'une des oppositions majeures s'articule autour de la notion d'atman, l'entité souveraine éternelle « cachée dans la caverne du cœur » (*Katha Upanishad*). Cette vision upanishadique repose sur un puissant théisme que symbolise parfaitement la Trimurti ou triade du panthéon brahmanique : Brahma, Vishnu, Shiva. La démarche spirituelle vise, pour l'essentiel, à retrouver l'essence divine en soi-même par l'union avec sa déité d'élection.

▫ *Le rejet du théisme*

Selon les bouddhistes, l'homme crée des hypostases sans réalité propre en dehors de la conscience qui spécule leur existence. Poser l'existence d'une entité autonome et indépendante dans la personne est, à bien des égards, analogique à la croyance qui consiste à développer des figures divines douées d'une réalité propre.

La réfutation bouddhique d'un absolu transcendant entraîne du même coup le rejet de toute forme de théisme. Ce rejet révèle l'importance capitale qu'un bouddhiste accorde au processus de rétribution des actes (karma) et donc au sens de la responsabilité individuelle. Du même coup, il ne peut admettre l'approche créationniste brahmanique. Affirmer l'existence d'un Dieu, cause ultime de l'univers et régisseur du devenir commun, est un acte de foi dénué de fondement tangible. Des penseurs de renom, comme Vasubandhu ou Nagarjuna, vont s'efforcer d'en révéler l'illogisme.

Comment expliquer, par exemple, le décalage entre une volonté divine bienfaitrice et la souffrance à laquelle sont confrontés les êtres qui en procèdent ? Si l'on remonte la cascade des causes et des effets, comment peut-on trouver une cause qui soit cause d'elle-même ? L'idée d'une vérité fondatrice n'est au demeurant qu'un postulat sur lequel l'entendement n'a aucune prise. Elle relève de la croyance. Or l'approche bouddhiste n'est pas confessionnelle et ne nécessite pas l'adhésion à un credo. Il ne s'agit pas de se positionner par rapport à une « puissance » qui nous serait extérieure, mais bien de vérifier, dans une démarche expérimentale, la validité de l'expérience ultime qu'ont connue le Bouddha et tous les éveillés du passé.

◻ *La remise en cause de l'atman et l'avènement du Vedanta non dualiste*

La remise en cause de l'atman (le soi ou l'âme) touche à l'un des principes essentiels des six « points de vue sur la réalité » brahmaniques, les darshanas. Jusqu'au Xe siècle, elle conduit les penseurs hindous à déployer une vaste stratégie offensive. Parfois, on assiste à des assimilations qui rendent floue, par exemple, la différence notable entre le Madhyamaka (la voie du Milieu) et l'Advaïta-vedanta* de Shankara (v. VIIe-IXe s.), le Vedanta non dualiste.

Advaïta signifie « non-dualité » ou « un sans second ». Les advaïtavadins professent que l'unique réalité n'est autre que Brahman (l'Absolu) ou paramatman (le soi suprême). L'atman est le paramatman. Les autres composés de la personne humaine – l'ego (ahamkara), les formations mentales, le corps, etc. – dépendent du devenir et ne sont que des surimpositions. Elles enferment la nature primordiale dans une coquille relative ou la masquent sous le voile de l'illusion. Nous allons voir qu'il existe indéniablement des équivalences entre le Vedanta non dualiste et la position bouddhiste.

Une réalité et deux ordres de réalité

Pour Nagarjuna, le fondateur du Madhyamaka, la réalité est fondamentalement « non-deux ». Cependant, on peut l'envisager selon deux ordres : la réalité relative ou superficielle et la réalité ultime (voir chap. 13, p. 607). La réalité relative correspond aux phénomènes tels qu'ils nous apparaissent lorsque nous leur accordons une existence propre. La réalité ultime de ces mêmes apparences est perçue par l'œil éveillé, l'œil qui a réalisé l'interdépendance de toute chose, la vacuité. Il n'y a donc pas d'opposition insurmontable entre les deux ordres mais un constat sur deux niveaux de perception distincts.

Les thèses de Shankara sont fort proches de cette vision. Le grand philosophe hindou soutient trois propositions : [1] le trinôme Brahman-paramatman-atman est réel ; [2] l'univers que nous percevons est pure illusion (maya) ; [3] Brahman est l'univers. La troisième proposition paraît contredire les deux premières. En fait, pour Shankara, les apparences sont pure illusion si nous les percevons comme étant séparées du soi (atman). L'impression de séparation est le produit de l'ignorance (avidya). En revanche, si nous parvenons à percevoir l'univers comme un déploiement du soi, l'illusion de la multiplicité et de la séparation se dissipe. Dès que la connaissance de soi se lève, elle ruine l'illusion dualiste.

Imaginons un homme assoiffé en plein désert. Il perçoit une étendue d'eau mais reconnaît qu'il s'agit d'une illusion d'optique. Le mirage ne disparaît pas. L'homme a simplement cessé de croire en ce qu'il projette au loin. C'est pourquoi il ne se précipite pas vers une eau dont il sait qu'elle n'existe pas. La réaction de l'homme assoiffé illustre l'idée que l'illusion se trouve du côté du sujet lorsqu'il demeure ignorant de la véritable nature des phénomènes.

Comme les bouddhistes, Shankara soutient que l'ignorance nous pousse à vivre dans un espace purement mental composé des pensées et des objets extérieurs. Les relations qui se tissent entre les deux pôles forment notre expérience du monde. Au cœur de cette dualité, se produisent des séries d'identifications erronées. L'atman s'identifie avec l'intelligence douée de la faculté de raisonner (la buddhi), cette intelligence s'identifie à son tour avec le mental (manas), le mental avec l'ego, l'ego avec le corps. L'individualité ainsi constituée ne cesse à chaque instant d'entériner l'apparente existence objective du monde extérieur. En considérant l'univers comme pure illusion, Shankara souhaite couper court à cette méprise de sorte que l'ego s'élève au-dessus de lui-même et regagne sa source, le soi (atman). Au niveau ultime, il n'y a donc ni ego ni ignorance. Pour celui qui s'éveille du songe de l'ignorance, la multiplicité disparaît au même titre que les apparences oniriques se dissipent dès que nous nous réveillons. Auparavant, l'ignorant et le rêveur demeuraient convaincus que tout existait. Pour illustrer le manque de discrimination, les advaïtavadins citent volontiers le cas d'un homme qui s'endort après un copieux repas et se met à rêver qu'il a faim. Pour apaiser son appétit, il repasse à table en rêve. Notre situation a cela de paradoxal que notre véritable nature demeure toujours présente alors que nous vivons l'expérience douloureuse de son absence.

Dans ses débats avec certains moines bouddhistes, le maître hindou paraît parfois si proche de leur position qu'il est critiqué et accusé d'être un « bouddhiste déguisé ». Ce jugement erroné repose sur la confusion entre maya et avidya, illusion et ignorance. Encore une fois, les textes bouddhiques ne parlent pas d'un monde illusoire (maya) et le mot maya n'est jamais employé à la place d'avidya. L'illusion est du côté du sujet. Les phénomènes existent bel et bien mais pas de la façon dont nous les percevons habituellement.

Nature de bouddha et « suprême soi »

Les hindous ont eu tendance à considérer le bouddhisme comme une doctrine de la pure vacuité. Ce serait là sa spécificité. Or, les sutras du troisième cycle d'enseignement posent la présence d'un « embryon » de bouddha (tathagatagarbha) ou nature de bouddha en l'homme. Ils soutiennent l'idée d'une participation de tout être vivant à l'essence de la bouddhéité. Pour parler de façon très simple, l'expérience de la vacuité ne correspond pas à un état où « il n'y aurait plus rien du tout ». Elle ne se réduit pas à un constat sur l'absence d'existence propre des phénomènes et sur le dépassement des catégories de l'être et du non-être. Ce constat et ce dépassement dévoilent la présence des qualités éveillées en l'homme. C'est en ce sens que l'on peut parler de la plénitude de la vacuité.

Dans le « Sutra du grand passage dans l'au-delà de la souffrance » (*Mahaparinirvanasutra*), on lit que l'atman (le soi) est la nature de bouddha. Selon les hindous, il existe une contradiction de fond entre l'enseignement sur le non-soi et la vacuité, et celui sur la nature de bouddha. On pourrait tout aussi bien relever une analogie significative entre la vision hindoue d'un Absolu (Brahman) dont on ne peut qu'énoncer la triple qualité sat-cit-ananda (soi-connaissance-béatitude), et celle d'une félicité infinie inhérente à l'expérience de la vacuité immuable.

Le rapprochement avec les thèses du Vedanta non dualiste prend un caractère encore plus troublant lorsque l'on se penche sur la vision du « suprême soi » (paramatman) exposée dans « La suprême continuité » (*Ratnagotravibhaga*) d'Asanga (IVe s.). Parlant du dharmakaya, le corps absolu, qui est pur par nature, Asanga précise : « il est le suprême soi car il est pacifié, ayant détruit les vues duelles du soi et du non-soi[1]. » L'une des particularités du bouddhisme étant l'enseignement sur le non-soi (anatman), on peut être surpris de rencontrer cette notion fréquemment employée par Shankara. Au vrai, Asanga utilise une formulation paradoxale pour dire que la nature essentielle de la réalité échappe à toutes les catégories conceptuelles et aux huit déterminations : ni une ni multiple, ni apparue ni disparue, ni éternelle ni non éternelle, sans origine et sans cessation. L'emploi paradoxal de la notion de « suprême soi » surmonte les modes d'expression relatifs pour suggérer une expérience indicible.

Pour rendre cette explication plus claire, imaginons que nous ayons à dessiner une tasse de café. Si on l'observe de profil, on dessinera une forme rectangulaire. Vue du dessus, on tracera plutôt un cercle. Dans une première approche, le cercle et la forme rectangulaire paraissent contradictoires. Mais cette contradiction se résout dans l'expérience de la troisième dimension, au moment où l'on saisit la tasse. Au niveau duel, le soi exclut le non-soi comme le tracé du cercle exclut le rectangle lorsqu'on soutient que la forme de la tasse correspond à un rond. La notion de « suprême soi » n'a de prise sur nous qu'au moment où nous vivons ce qu'elle suggère, cette expérience qui excède le langage et la pensée. Avant cela, il n'y a rien derrière cette expression, si ce n'est les significations contingentes que nous lui attribuons.

Shankara invite aussi ses disciples à vivre cette expérience non duelle lorsqu'il écrit dans « Le plus beau fleuron de la discrimination » (*Viveka-cuda-mani*) : « L'univers n'est, en définitive, pas autre que l'atman. Le soi est Brahma ; le soi est Vishnu ; le soi est Indra ; le soi est Shiva ; le soi est tout cet univers. Il n'existe rien d'autre que le soi. » Identifié à tous les existants, le suprême soi *est tout* et ne relève donc d'aucune catégorie dualiste. Ainsi, en se défaisant de toutes les surimpositions, dit Shankara, il ne subsiste que le suprême soi identifié à Brahman, l'Absolu, en qui s'abolit toute différenciation. Le maître hindou précise que le paramatman « réside au-delà du mental et du langage ». On ne peut donc l'éprouver que dans une expérience directe.

Ces remarques mériteraient d'amples précisions du fait que la terminologie bouddhique emprunte à la terminologie hindoue. S'il existe une parenté de vue entre les enseignements du Bouddha et ceux de Shankara, il convient de se montrer prudent pour ne pas gommer les

---

1. *Le message du futur Bouddha ou la lignée spirituelle des trois joyaux*, p. 120.

spécificités propres à chacun. D'une façon plus générale, l'approche hindouiste, avec sa dominante théiste et sa vision d'une cause immuable de l'univers, se distingue très nettement du Dharma que l'on qualifie parfois de tradition « sans » Dieu.

Ces propos soulignent les difficultés et les confusions qui se présentent à nous lorsque nous abordons l'enseignement bouddhique sur l'absence d'être-en-soi (anatman). Ces quelques traits rapidement esquissés suffisent à montrer que le problème réside en particulier dans l'emploi incertain du terme sanskrit « atman ». Les confusions ont conduit les hindous à assimiler des thèses qui leur paraissaient plus ou moins jumelles des leurs.

□ *L'affaiblissement de l'élite intellectuelle bouddhiste*

Entre le VIIe et le XIIe siècle, Candrakirti (VIIe s.), Shantideva, Haribhadra, Kamalashila (VIIIe s.) et Atisha (XIe s.) – pour ne citer que quelques grands maîtres du Mahayana – maintiennent un « bouddhisme de lettrés » qui parvient à prospérer dans les nouveaux îlots d'érudition que sont les universités monastiques de Somapuri, d'Odantapuri et de Vikramashila.

En réalité, les prémices d'un affaiblissement du Dharma sur le sol indien sont concomitantes à la fin du règne d'Harshavardhana (606-647). Bien que la dynastie Pala (750-début XIe s.) perpétue le mécénat royal dans le Centre et l'Est, les souverains des autres régions apportent désormais leur soutien aux penseurs hindous et jaïns. Le Vedanta shankarien et le Nyaya, soutenus par des souverains shivaïtes, triomphent dès la fin du Xe et dans le courant du XIe siècle. L'une des causes du fléchissement bouddhiste est interne à la communauté elle-même. Le départ de nombreux érudits en Extrême-Orient et au Tibet, à partir du VIIIe siècle, joue incontestablement en la défaveur du Dharma en Inde. Il est probable que la montée en puissance du Vedanta shankarien soit partiellement imputable à l'affaiblissement de l'élite intellectuelle bouddhiste.

Ainsi, à la fin du premier millénaire, les darshanas ont tracé leurs contours et les vues philosophiques bouddhiques sur la vacuité ont réussi également à se développer et à se singulariser. Chacun a finalement conscience de son identité propre et commence à reconnaître ce qui le démarque des autres. Au climat d'émulation et d'échange initial s'est peu à peu substituée une atmosphère d'opposition peu favorable à la pérennité du Dharma sur son sol natal.

• Le plan socioreligieux

L'attitude dévotionnelle qui gagne l'Inde dans le courant du Ier siècle avant notre ère favorise le développement de deux courants théistes, le vishnuïsme et le shivaïsme. Mais alors que la dévotion reste modérée dans le brahmanisme, elle va prendre parfois des tournures passionnelles et devenir, dans ces deux grands mouvements de la spiritualité indienne, la voie de délivrance par excellence.

Cette évolution va exercer une influence sur la communauté bouddhique en modifiant en profondeur la perception que les adeptes ont du Bouddha. Dès les Ier et IIe siècles de notre ère, période où apparaissent les premières représentations anthropomorphes de l'Éveillé, débute un véritable culte du Bienheureux, inconnu dans le bouddhisme des origines. Il est vrai que le Mahayana n'y est pas étranger. Selon ses vues, le bouddha Shakyamuni est avant tout l'émanation de son essence, l'éveil omniprésent et atemporel. L'expansion de la ferveur mystique va prendre une ampleur considérable dans les milieux populaires. La dévotion rapproche dans un lien d'amour le fidèle et son « objet » d'élection. Cette attitude en rapport avec l'énergie du cœur se démarque d'une scolastique sèche réservée à l'élite intellectuelle bouddhiste et hindouiste.

Le véritable « renouveau » de l'hindouisme débute véritablement aux VIIe et VIIIe siècles, lorsque le culte de Krishna, avatar de Vishnu, se répand dans toutes les couches de la population. Avec Shankara, la pratique de la dévotion commencera à reléguer la « voie du sacrifice et du rite » (karma-marga) et la « voie de la connaissance » (jnana-marga) au second rang. Des textes comme le *Bhagavata Purana* (IXe-XIe s.) et des mystiques comme Ramanuja (XIe-XIIe s.) vont intensifier cette tendance. Le shivaïsme connaît lui aussi un développement important qui s'inscrit historiquement en parallèle avec le culte de Vishnu. Au Cachemire, son rayonnement sera tel qu'il va remplacer peu à peu le bouddhisme aux environs du IXe siècle. Parallèlement au culte des déités masculines (dont Shiva, le Suprême) s'est développé celui de leurs aspects féminins ou shakti. Les déités centrales du shaktisme sont Devi, Kali et Durga, trois manifestations de l'énergie féminine de Shiva.

Ces cultes, qui ont fortement coloré le Tantra, se sont très tôt montrés transgressifs et parfois peu respectueux du système des castes. Par certains côtés, leur profil ressemble à celui d'un bouddhisme dévotionnel. La ferveur mystique populaire qui traverse toute l'indianité va gommer peu à peu les différences les plus superficielles entre un bouddhisme mahayaniste et un hindouisme revitalisé sur le plan philosophique par les thèses de Shankara. Lorsqu'il n'est pas question d'absorption, on peut parler de répression. Ainsi, les shivaïtes du Sud et du Bengale se sont efforcés d'éliminer physiquement les bouddhistes, les premiers au VIIe siècle et les seconds vers 600, puis au XIe siècle.

3. L'EFFET DÉVASTATEUR DES INVASIONS MUSULMANES

Lorsqu'il a été question des dynasties et des souverains bienveillants à l'égard de la tradition du Bouddha, on a vu que la dynastie Pala, fondée en 750, faiblit dès le XIe siècle. Ce fléchissement favorisa les invasions des musulmans venus d'Afghanistan. Elles furent à l'origine de plusieurs famines et provoquèrent l'émigration de nombreux moines en Indonésie et au Tibet. Dès le XIIe siècle, le sangha se trouva limité au Magadha, la province centrale. Aucune puissance hindoue ne fut assez forte pour contenir les envahisseurs et, en 1192, Delhi tomba sous le pouvoir des sultans turco-afghans.

À la fin du XIIe siècle, de nouveaux pillages affaiblirent tous les royaumes hindous de la plaine gangétique. Les occupants détruisirent de nombreux monastères bouddhistes et temples hindous, et massacrèrent un très grand nombre de moines. Ainsi, les grandes universités mahayanistes et tantriques de Nalanda, d'Odantapuri et de Vikramashila furent entièrement rasées. Seules les transmissions tantriques réussirent à se maintenir grâce aux apprentis laïcs. Lorsque le voyageur vénitien Marco Polo passa en Inde à la fin du XIIIe siècle, la tradition du Bouddha était absente de sa terre d'origine.

On peut se demander comment l'hindouisme a réussi à survivre à de tels événements alors que la pratique bouddhique a globalement disparu. L'hindouisme était fondé sur un ordre social rigoureux. Mises à part les quelques institutions monastiques fondées par Shankara, il n'existait pas de grandes organisations communautaires comme dans le bouddhisme. En détruisant les grandes universités monastiques, qui comptaient des milliers de moines, les musulmans ont anéanti le cœur même de la transmission du Dharma. Contrairement aux hindous, qui du fait de leur vénération pour le *Veda* bénéficièrent du statut inférieur mais protégé de « gens du Livre » à l'instar des juifs, des chrétiens et des zoroastriens, les bouddhistes furent persécutés sans relâche.

4. Renaissance du bouddhisme au XXe siècle

La renaissance du bouddhisme en Inde est l'œuvre d'un homme : Bhimrao Ramji Ambedkar (1891-1956). Ministre de la justice sous Nehru, il est l'auteur d'une grande partie de la Constitution. Bien qu'appartenant à l'une des plus basses castes indiennes qui forme le groupe des « intouchables » (dalits), il bénéficia d'une bourse qui lui permit d'étudier aux États-Unis et d'obtenir un doctorat en littérature.

Au service des « intouchables »

Fort de son expérience occidentale, Ambedkar rejeta en bloc le système des castes, estimant que les exclus en sont les sous-produits. Face à une vive opposition, il ne put mener à bien toutes les réformes qu'il avait envisagées. Devenu l'emblème de l'émancipation des intouchables, il exerça un poids politique considérable. Ses efforts entraînèrent de profondes modifications dans les structures sociales. Grâce à lui, les intouchables furent intégrés au sein de la société et purent accéder à des fonctions qui leur étaient jusque-là refusées.

La pensée d'Ambedkar est également animée par la volonté d'émanciper des peuples autochtones qui ont su conserver une part de leur identité après la vague des Aryas dans toute la plaine indo-gangétique. La tendance actuelle à donner la parole aux masses non brahmaniques se fonde, entre autres, sur les enseignements d'Ambedkar. Le clivage entre les groupes de populations se ressent très nettement dans les différences culturelles et spirituelles qui existent entre les dalits et les brahmanes. Nombreux sont les intouchables qui n'ont jamais entendu parler de Krishna ou de Vishnu avant de se rendre à l'école. Ils ont leur panthéon et leurs coutumes propres. La vive remise en cause de la culture traditionnelle brahmanique par le mouvement virodhi (rebelle) et la montée en puissance de la « dalitisation » face à l'« hindouisation » accentuent cette disparité.

L'accent porté sur les implications sociales de l'enseignement du Bouddha

L'engagement de Bhimrao Ramji Ambedkar doit beaucoup à son intérêt pour le bouddhisme. Il voyait dans la voie du Bouddha une tradition d'ouverture récusant les inégalités de par le contenu même de son message de compassion et de sagesse. Le Bouddha lui-même considérait le système des castes comme une donnée purement culturelle justifiée par une idéologie et une croyance. Il souligna simplement que l'homme était supérieur à tout système. En étendant le principe de fraternité aux femmes et surtout aux gens de basses castes, il reconnut que tous les êtres sans exception étaient égaux sur le plan spirituel et pouvaient s'engager sur une voie d'éveil. En même temps, le sangha, d'inspiration démocratique, était un exemple de vie sociale fondée sur le principe d'égalité.

Bien qu'Ambedkar reconnût que la voie du Bouddha, telle qu'elle avait été consignée dans le corpus pali, était une voie de libération, il mit l'accent sur ses implications sociales. On a dit d'ailleurs que le bouddhisme d'Ambedkar était essentiellement une philosophie éthique et sociale. Sans doute est-ce un jugement quelque peu hâtif que récuserait certainement Walpola Rahula qui écrit :

> L'enseignement du Bouddha n'est pas seulement destiné aux moines qui vivent dans les monastères ; il s'adresse aussi aux hommes et aux femmes ordinaires qui vivent chez eux avec leur famille. (…) Il peut convenir et être agréable à certains de mener une vie de retraite dans un lieu tranquille, loin du bruit et de l'agitation. Mais il est certainement plus louable, et cela demande plus de courage, de pratiquer le bouddhisme en vivant au milieu de ses semblables, les aidant et leur rendant service. (…)
> Le bouddhisme vise à créer une société qui renoncerait à la lutte ruineuse pour le pouvoir, où la tranquillité et la paix prévaudraient sur la victoire et la défaite ; où la persécution de l'innocent serait dénoncée avec véhémence ; où l'on aurait plus de respect pour l'homme qui se conquiert lui-même que celui qui conquiert des millions d'êtres par la guerre militaire et économique ; où la haine serait vaincue par l'amitié et le mal par la bonté ; où l'inimitié, la jalousie, la malveillance et l'avidité n'empoisonneraient pas l'esprit des hommes ; où la compassion serait le moteur de l'action ; où tous les êtres, y compris la plus humble chose vivante, seraient traités avec justice, considération et amour ; où dans la paix, l'amitié et l'harmonie, en un monde où règnerait le contentement matériel, la vie serait dirigée vers le but le plus élevé et le plus noble, l'atteinte de la Vérité Ultime, du nirvana[1].

Ambedkar, soucieux de la conduite éthique individuelle et collective, espérait sans doute que le bouddhisme parvienne à accomplir pareil idéal de vie humaine. Peu avant sa mort survenue le 6 décembre 1956, il invita les intouchables à adopter le bouddhisme. Dans plusieurs États de l'Inde, les conversions furent nombreuses. Cependant, les nouveaux bouddhistes ne tardèrent pas à connaître des difficultés du fait de l'absence de maîtres confirmés. D'autre part, les autorités hindoues avaient trouvé une parade en considérant que tout ancien « intouchable » se tournant vers le bouddhisme renonçait automatiquement à

---

1. Extrait de « La morale bouddhiste et la société », dans *L'enseignement du Bouddha d'après les textes les plus anciens*, p. 105-107 et 120-121.

plusieurs des privilèges que les institutions hindouistes avaient daigné leur accorder en réponse aux revendications d'Ambedkar.

Udit Raj, ancien haut fonctionnaire, poursuit activement l'œuvre de Bhimrao Ramji Ambedkar. Il incite les intouchables à entrer en refuge, menant ainsi un combat non violent contre un système qui entretient les injustices sociales. Mais ces actions se heurtent à la montée en puissance du nationalisme hindou et à une opinion publique peu favorable au mariage inter-caste.

L'arrivée des réfugiés tibétains

L'invasion du Tibet par la Chine communiste a contraint de nombreux Tibétains à gagner l'Inde. Parmi eux, se trouvaient le jeune Dalaï-Lama et des lamas des différentes écoles. Leur arrivée au mois d'avril 1959 marqua un nouvel essor du bouddhisme en Inde. Les colonies d'accueil se multiplièrent et le Dalaï-Lama s'engagea dans une vaste campagne de communication vouée à sensibiliser l'opinion internationale sur le sort tragique du peuple tibétain. Il fonda la *Library of Tibetan Works and Archives* pour préserver la culture tibétaine.

Au cours des années 60, les grands maîtres rétablirent en terre d'asile les principaux monastères[1]. Le drame du peuple tibétain et son exil eurent pour effet de révéler au monde les différents visages de la tradition tibétaine. À cette époque, la guerre du Vietnam reflétait la crise profonde des valeurs que traversait aussi la vieille Europe. Dans l'espoir d'un renouveau, des intellectuels américains se sont tournés vers l'Orient, entraînant dans leur sillage toute une jeunesse contestataire qui portait haut le drapeau de la contre-culture. À leurs yeux, l'Inde était le réceptacle de véritables modèles spirituels. Héritiers de l'illusion déçue de 1968 et bénéficiant d'une certaine abondance matérielle, les jeunes des classes privilégiées mais aussi des classes moyennes empruntèrent les chemins de Katmandou à la rencontre des gurus et des maîtres tibétains. En Europe, certains, comme Arnaud Desjardins, Matthieu Ricard, Denis Esseric (futur Lama Denys Teundroup) ou Stephen Batchelor, se sont engagés dans une recherche sincère et profonde qui les a conduits auprès des plus grands maîtres. Face à cette demande croissante et au sérieux de certaines démarches, les lamas ont réalisé que l'Occident pouvait accueillir la transmission et participer ainsi à la sauvegarde des traditions tibétaines.

On ne saurait trop insister sur la générosité indienne. Malgré des engagements pris avec la Chine en 1954, l'Inde, au fait des abus et des

---

1. Avec l'aide du roi du Sikkim, le XVIᵉ Karmapa fit édifier le monastère de Rumtek et Kalou Rinpotché celui de Sonada, près de Darjeeling.

crimes commis par les autorités chinoises, vint au secours d'un peuple fragilisé. Il faut saluer plus particulièrement les efforts du premier ministre Indira Gandhi qui apporta son soutien aux communautés tibétaines, confortant ainsi leur avenir en terre indienne.

Si le renouveau du bouddhisme est bien réel, on ne peut passer sous silence des phénomènes encore périphériques mais qui risqueraient de prendre de l'ampleur avec la fascination croissante qu'exerce le modèle occidental : commercialisation des biens spirituels, attrait de certains moines pour les plaisirs matériels, comportements de quelques routards occidentaux en manque de spiritualité qui réinterprètent à merveille les enseignements du Bouddha dans un savant mélange d'hédonisme, de matérialisme et de compassion.

಄ ಁ

DEUXIÈME PARTIE

Le bouddhisme dans le monde

Vue générale

Si l'enseignement du Bouddha a contribué à la richesse littéraire et artistique de l'humanité, il n'a pas laissé une empreinte profonde sur le tissu social et spirituel indien. Du vivant même du Bienheureux, l'enseignement ne concerne pour l'essentiel que la partie nord-orientale de l'Inde. On compte tout de même une petite communauté rassemblée autour de son disciple Purna, un riche armateur originaire de l'actuelle Sopara, une ville située au nord de Bombay, sur la côte occidentale.

Il faut attendre le IIIe siècle avant notre ère pour que le bouddhisme gagne le Sri Lanka avant de suivre la trace du brahmanisme dans le Sud-Est asiatique. Sous le règne de l'empereur Ashoka (IIIe s. avant notre ère), il atteint également les royaumes hellénistiques du Gandhara et de Bactriane, régions situées dans le nord des actuels Pakistan et Afghanistan. Ces régions vont jouer un rôle capital dans la diffusion des enseignements bouddhiques vers l'Asie centrale. L'Himalaya étant alors infranchissable, on comprend aisément que l'expansion bouddhique ait remonté le Gange, longeant les contreforts himalayens jusqu'à l'ouest de l'Hindou Kouch. De Purushapura et de Shrinagar au Cachemire, des passages sont ouverts dans les massifs montagneux, donnant accès à la branche sud de la route de la soie, entre le royaume de Khotan, dans l'actuel Xinjiang, et l'oasis de Dunhuang au nord-ouest des hauts plateaux du Tibet, non loin de la Grande Muraille.

Progressivement, le bouddhisme se déploie en Chine (Ier s. de notre ère), avant de passer en Corée et au Japon. Via le royaume de Khotan, lieu d'échanges entre l'Inde et la Chine, l'influence bouddhiste commence à se faire sentir au pays des Neiges[1]. Mais c'est l'ouverture des

---

1. Les Tibétains appellent leur pays *Bo* et parfois *Khawajen* ou « pays des Neiges ».

grands cols himalayens aux environs du VIIe siècle qui favorise la diffusion du Dharma dans les territoires népalais, bhoutanais et tibétains. Des hauts plateaux, le bouddhisme traverse le désert de Gobi et gagne la Mongolie au XIIIe siècle. De là, il atteint la Mandchourie puis la Bouriatie au XVIIIe siècle et se diffuse ensuite jusqu'en Kalmoukie. Sous l'influence des Bouriates, le Dharma se diffuse dans les régions ouest de la Russie au début du XXe siècle.

Les prémices d'une réelle introduction en Occident remontent à l'époque d'Alexandre et de ses successeurs du royaume du Gandhara. Mais c'est au XXe siècle que son essor devient considérable. L'histoire du bouddhisme connaît alors un tournant décisif. Tout en menaçant gravement sa survie en Asie, le communisme totalitaire a déclenché une vaste expansion des enseignements du Bouddha en Europe et aux États-Unis.

Le déploiement du bouddhisme dans le monde coïncide à bien des égards avec une répartition géographique assez précise des trois grandes traditions qui se sont développées sur le sol de l'Inde. Le Theravada, la seule école du bouddhisme des origines à être encore vivante aujourd'hui, s'est répandue dans le sud de l'Inde et tout le Sud-Est asiatique. Le Mahayana, fondé sur le corpus sanskrit et ses traductions tibétaines et chinoises, a connu un succès retentissant en Chine et au Japon. Quant au Vajrayana, il a trouvé avec le Népal, le Tibet, la Mongolie ou le Bhoutan des terres d'élection. Ces trois courants sont désormais représentés en Occident. Toutefois, cette répartition ne doit pas être systématisée compte tenu de l'influence qu'a exercée le Mahayana, voire la voie tantrique dans les pays concernés. Ainsi le Vajrayana a-t-il pénétré également la Chine et le Japon. Le chemin du Sud-Est asiatique a été foulé par le « grand véhicule » et le « véhicule adamantin », avant d'adopter définitivement le Theravada.

L'acclimatation du bouddhisme s'est toujours produite dans le respect du principe de non-violence. Le prosélytisme est étranger à la tradition du Bouddha. Ainsi, chaque fois qu'elle migre au-delà de sa terre d'origine, elle fait preuve d'une grande capacité d'adaptation, sans que sa souplesse nuise à ses fondements. Au lieu de rejeter les traditions spirituelles existantes, le bouddhisme a tendance à assimiler certains de leurs éléments. Cette capacité d'acculturation souligne son extraordinaire vitalité et ce besoin de découvrir constamment un nouveau regard sur le cœur des enseignements.

Pour autant, il n'existe pas à proprement parler plusieurs bouddhismes, mais de multiples façons de vivre un modèle unique. Les nuances tiennent pour une grande part à la diversité des peuples, des civilisations, des cultures et des langues qui composent ce que nous appelons l'« Asie » sous le couvert d'une homogénéité virtuelle et réductrice.

L'unité fondamentale de la tradition du Bouddha a donc su s'adapter à une variété de mentalités.

La diversité du paysage n'a d'égale que sa complexité. L'influence exercée par les politiques coloniales en Asie et la pénétration très profonde de la pensée bouddhique en Europe et aux États-Unis ont conduit à de multiples interactions qui sont la cause, de part et d'autre, d'un certain nombre de difficultés. L'une des plus frappantes repose sur la juxtaposition de deux imaginaires foncièrement distincts. Le phénomène est particulièrement significatif en Occident quand on évoque, par exemple, la place prépondérante du maître et surtout la pratique des déités au sein des écoles tibétaines. Lorsque l'imaginaire occidental tente de se fondre dans ces modèles exogènes, ce n'est pas sans confusion. Les névroses, les projections sur la personne du maître ou son idéalisation entraînent parfois une distorsion de l'enseignement. Lorsque la greffe atteint sa plénitude, les résultats sont particulièrement probants. Les centres du Dharma dans le monde tracent désormais les contours d'un Tibet virtuel qui vient en aide à un peuple et à une culture aujourd'hui sans territoire.

Les influences mutuelles ont abouti en Asie à revitaliser un bouddhisme de plus en plus imprégné des valeurs occidentales. Dans le même temps, la mondialisation des échanges a rapproché des écoles que l'éloignement géographique laissait dans un état de méconnaissance mutuelle (les écoles tibétaines, le Zen et le Theravada, par exemple). Ce phénomène contribue aussi à une situation totalement nouvelle. Devant les excès de l'ultra-libéralisme et le non-respect des droits de l'homme, bon nombre de grands représentants du Dharma issus d'horizons très divers s'associent au nom d'un bouddhisme mondial dit « engagé ». Ils tentent de prôner les valeurs démocratiques et une conscience planétaire à même de corriger les méfaits de l'affairisme, du matérialisme, de la violence et du désastre écologique. Cette initiative prend la forme de l'International Network of Engaged Buddhists que parrainent entre autres le XIVe Dalaï-Lama et le maître vietnamien Thich Nhat Hanh. La consultation des sites Internet recensant l'ensemble des actions permet de se rendre compte qu'aujourd'hui le Dharma est loin d'être indifférent à la vie publique et à la politique de certains pays[1].

Compte tenu de sa participation à l'histoire des civilisations, il y a longtemps que le bouddhisme exerce une influence sur les États. Ces derniers ont su parfois en tirer profit. D'un point de vue traditionnel, ce phénomène demeure périphérique et s'inscrit souvent dans le contexte d'une aide réciproque fort complexe. Il conviendrait de distinguer ce qui

---

1. Consulter par exemple le site www.dharmanet.org/engaged.html.

relève réellement du souffle naturel de la transmission et ce qui s'apparente à bien des égards à l'instrumentalisation des enseignements. Opération délicate, mais ô combien utile pour abandonner une vision édulcorée et doucereuse du Dharma.

Pour la mener à bien, il faudrait relever les abus éventuels en parvenant à se défaire d'une lecture purement occidentale imprégnée des valeurs laïques et démocratiques. Dans le même temps, il conviendrait d'observer le profond sillon de la transmission tracé dans la matière dense de l'histoire. On en repérerait quelques traces dans l'extraordinaire art bouddhique et dans le rayonnement des œuvres des grands commentateurs. Une telle entreprise dépasse les limites de cet ouvrage. On ne trouvera ici qu'un survol des territoires où le Dharma a essaimé. Ce coup d'œil panoramique laisse entrevoir bien sûr les relations du bouddhisme et de la politique. Il permet surtout d'aborder la richesse de cette tradition dans la diversité de ses expressions.

Ce survol du bouddhisme dans le monde est l'occasion de présenter plusieurs écoles. Ces présentations succinctes s'inscrivent dans le récit chronologique des événements. Voici, par pays, celles qui font l'objet de courtes remarques ou d'une fiche un peu plus étoffée. Dans le corps du texte, ces fiches apparaissent en caractères plus petits, avec le nom de l'école accompagné du symbole 📖.

PAYS	ÉCOLES
Sri Lanka	Theravada
Vietnam	Thiên (forme vietnamienne du Chan)
Chine	■ Chan ■ Tiantai (les Terrasses du ciel) ■ Huayan (Ornementation fleurie) ■ Jingtu (école chinoise de la Terre pure)
Japon	■ Zen (Rinzai et Sôtô) ■ Tendai (les Terrasses du ciel) ■ Shingon (École des mantras ou de la « parole vraie ») ■ Jôdo-shû (« École de la Terre pure ») ■ Jôdo-shinshû, (« Véritable école de la Terre pure ») ■ L'école Nichiren
Tibet	■ Nyingmapa ■ Youngdroung Bön ■ Sakyapa ■ Kagyupa ■ Guélougpa

6
Le chemin du Sud et de l'Asie du Sud-Est

Après le concile de Pataliputra, et en vue de favoriser le rayonnement du Dharma, Ashoka envoie une mission au Sri Lanka. Elle atteint l'« île resplendissante » aux environs de − 250. Après le Magadha et presque dans le même temps que le Gandhara, le Sri Lanka devient un foyer essentiel du bouddhisme, qui sert de base à la diffusion du véhicule fondamental en Indonésie et en Birmanie, via l'océan Indien. De la région d'Amaravati* (Andhra Pradesh), centre bouddhiste très dynamique entre le IIIe siècle avant notre ère et le IIIe siècle de notre ère, des moines se rendent en Malaisie où l'enseignement s'estompe sous la pression de l'islam dans la première moitié du XIVe siècle. Depuis Sumatra, la tradition du Bouddha gagne les rives de l'actuel Vietnam au IIIe siècle.

Pour pénétrer en Asie du Sud-Est, elle a également emprunté les voies terrestres. Le lien géographique naturel entre le delta du Gange et le golfe du Bengale a permis aux Indiens du Ier siècle avant notre ère de s'avancer dans les territoires de l'Asie du Sud-Est en quête de pierres précieuses et d'épices. Les routes commerciales favorisent la progression géographique des croyances et des idées nouvelles. On ne saurait donner avec précision la date où la tradition du Bouddha atteint le sol de l'actuelle république de Myanmar (Birmanie), ni dire avec certitude quelle fut la première route empruntée. De là, le Theravada atteint le Siam (Thaïlande) et le Cambodge au Ve siècle, avant de gagner le Laos dès le VIIe siècle.

Si la robe monastique de couleur safran est le symbole de la simplicité et du contentement que cultive le moine, cette image de pureté paraît aujourd'hui relativement désuète. Sans toutefois généraliser le phénomène, il est vrai que le Theravada traverse une crise profonde dans certains pays où il est devenu religion d'État. La corruption associée à un matérialisme tentaculaire et à une occidentalisation croissante ont parfois considérablement amoindri la portée de l'ordination monastique. En 1976, Jack Kornfield, formé dans la tradition de la forêt (Theravada), notait déjà l'impressionnant recul de la pratique méditative. « Parmi les moines bouddhistes, écrit-il, seul un petit pourcentage, peut-être moins de 10 %, pratique la méditation. Les autres étudient, enseignent, organisent les cérémonies et d'autres se contentent de profiter de ne pas avoir à travailler[1]. »

- **Sri Lanka**

À bien des égards, l'histoire du bouddhisme à Sri Lanka pourrait se résumer à un aspect essentiel : l'implication politique de la communauté monastique et sa relation avec la puissante institution royale. Comparativement, la lutte d'influences entre les apprentis du Theravada et du Vajrayana passe au second plan. Elle se résume à des tentatives répétées des différents monastères pour obtenir les faveurs du roi au pouvoir.

IIIe siècle avant notre ère :
Introduction du Dharma

Au IIIe siècle avant notre ère, le roi Devanampiya-tissa, favorable à l'introduction du Theravada sur l'île, accueille Mahinda, le fils présumé de l'empereur Ashoka. Vers – 240, Mahinda fonde le « Grand Monastère » (Mahavihara) dans la capitale Anuradhapura. Sa sœur, la nonne Sanghamitta, ne tarde pas à le rejoindre, apportant avec elle une bouture de l'arbre de la Bodhi et quelques reliques du Bouddha. L'arrivée des reliques est un fait majeur. Pour le Theravada, la présence du maître défunt demeure indirecte et d'une certaine façon virtuelle. Elle se manifeste via son enseignement et ses restes mortuaires. Les reliques vont être l'objet d'un culte à bien des égards comparable à celui des reliques des saints dans le christianisme. L'exemple le plus frappant de la persistance de ce culte est la procession de la « Dent sacrée », à Kandy, dans le sud montagneux de l'île. Chaque année, au mois de juillet ou d'août, et durant une semaine, a lieu une gigantesque et fastueuse cérémonie en l'honneur de cette dent dont on dit qu'elle serait arrivée à Sri Lanka aux environs du IVe siècle. Soigneusement préservée dans une châsse somptueuse, elle repose dans un grand sanctuaire

---

1. *Dharma vivant*, p. 28-29.

qui porte son nom. Elle demeure un symbole de l'imbrication très forte entre l'institution royale et le sangha. On estime en effet que le pouvoir des rois n'était légitime que s'ils s'étaient mis sous la protection de la relique.

IIe et Ier siècle avant notre ère :
Naissance du corpus pali et dissensions internes

Au IIe et Ier siècles avant notre ère, l'invasion tamoule et des dissensions internes à la communauté décident les moines du Mahavihara à coucher par écrit les enseignements mémorisés et transmis jusque-là oralement par des lignées de récitants. Les premières écritures sacrées bouddhiques en langue palie sont finalisées sans doute à cette époque.

En remerciement pour son aide dans un conflit qui l'oppose à ses généraux, le roi Vattagamani offre à un moine de province appelé Mahatissa un domaine et un monastère au sein même de la capitale. Bien que les moines du Mahavihara voient d'un mauvais œil ce don et expulsent Mahatissa, le second monastère, l'Abhayagirivihara, est édifié vers – 24. Réservant un accueil favorable au Mahayana et tentant lui aussi d'obtenir les faveurs du roi, l'Abhayagirivihara va devenir le rival du Mahavira durant onze siècles. Avec l'introduction du Vajrayana au VIIIe siècle, les dissensions s'accentuent. Le Mahavira devient le garant des valeurs theravadines alors que l'Abhayagirivihara témoigne de la profonde influence des vues mahayanistes. La concurrence disparaît au XIIe siècle lorsque le Mahavihara parvient à imposer ses vues avec l'aide du roi Parakkamabahu Ier. De nouveaux monastères voient le jour et les approches Mahayana/Vajrayana sont contraintes de se fondre dans l'école du Mahavihara. Ces efforts d'unification font du Theravada l'unique représentant du bouddhisme à Sri Lanka.

La fonction « sociale » assignée au moine et l'hégémonie de celle-ci sur la culture peuvent surprendre dans l'histoire de cette île comme dans celle de bon nombre de pays de l'Asie du Sud-Est. Elle prolonge, amplifie et, dans une certaine mesure, modifie les relations avec les laïcs.

Les moines : des modèles parfois ambigus pour la nation

Très tôt, les institutions royales reconnaissent que les moines sont de véritables modèles de conduite pour la nation. Forts de cette position, ceux-ci se voient assigner plusieurs rôles : assurer les services cérémoniels, prêcher, enseigner l'écriture et la lecture, développer la recherche théorique sur le bouddhisme. Ces tâches ancrent de plus en plus profondément le sangha dans la société rurale sri-lankaise. Ce phénomène s'intensifie lorsque les moines deviennent propriétaires terriens et participent à la production agricole. On sait qu'au XIIe siècle, avant l'arrivée des envahisseurs tamouls venus de l'Inde du Sud, les monastères constituent les plus grandes propriétés foncières de l'île et les anciens des communautés deviennent alors de véritables seigneurs féodaux. Une telle situation semble bien éloignée des prérogatives minimales dont jouissait le sangha à ses débuts sur sa terre natale.

Ces nouvelles fonctions tendent à gommer de plus en plus les différences entre l'univers monastique et le monde séculier. Les savants admettent que les problèmes apparaissent lorsque les moines engagés dans de telles responsabilités, conscients de leur influence économique et politique, se comportent en oubliant qu'ils travaillent au renforcement de l'idéal éthique du sangha et de la communauté sri-lankaise. Cette montée en puissance du sangha va de pair avec l'accroissement de son pouvoir politique. Dès les premières invasions tamoules, les moines se font les défenseurs du nationalisme. Ils s'arrogent ensuite le droit de nommer les rois et, au fil des siècles, s'immiscent de plus en plus dans les affaires de l'État.

Cette situation ne concerne pas l'ensemble du sangha. Si certains moines adhèrent à une communauté de village parfaitement établie, deviennent des spécialistes des cérémonies, d'autres se retirent dans les forêts pour se consacrer essentiellement à la pratique de la méditation. Le pays offre ainsi un contraste assez frappant entre une vie érémitique et une vie monastique socialement et politiquement engagée. Cependant, il n'existe pas de clivage au sein d'un sangha riche d'une très grande diversité de capacités et qui repose de plus en plus, dès le XVIIIe siècle, sur une transmission héréditaire de maître à disciple. Au fil du temps, ces familles de transmission[1] s'affirment comme de petites fraternités soucieuses de leur survie. Il n'est plus question de concurrence pour s'octroyer les faveurs du roi, car la royauté sri-lankaise a progressivement faibli sous le poids de l'occupant. Seul Kandy parvient à résister aux Tamouls qui fondent un royaume indépendant dans la presqu'île de Jaffna dès le XIVe siècle, aux Portugais qui installent des comptoirs côtiers au XVe siècle et aux Hollandais qui évincent les Portugais au XVIIe siècle. C'est l'annexion de l'île par la Grande-Bretagne en 1796 qui met un terme à l'institution royale sri-lankaise.

---

1. La plus importante jusqu'à aujourd'hui se nomme Siyam Nikaya.

XXᵉ siècle-début XXIᵉ siècle :
Engagement politique et tendance à l'orthodoxie

Au début du XXᵉ siècle, le Theravada s'associe étroitement à l'émergence du nationalisme sri-lankais qui conduit à l'indépendance en 1948. Le sangha retrouve alors un rôle économique et politique important, suite à une période d'affaiblissement sous l'occupation étrangère. Il faut préciser que durant la période coloniale anglaise, la communauté sri-lankaise souffre d'une intense activité missionnaire protestante et catholique. La contestation n'est donc pas uniquement économique et sociale, mais elle revêt également un caractère profondément religieux. Elle justifie l'engagement et la position dominante du sangha dans le mouvement visant à instaurer l'autonomie politique. Des moines participent directement à la scène politique en se faisant élire député, par exemple.

Aujourd'hui, les moines du très influent Mahavihara s'en remettent à une vision orthodoxe du Theravada et cherchent à influencer les autres tendances theravadines du Sud-Est asiatique afin d'écarter tout élément mahayaniste ou tantrique persistant. Cette orthodoxie vaut parfois au Sri Lanka d'être appelé l'« île de la doctrine ». La rigidité se traduit par un cloisonnement très net entre moines et laïcs. Une rigidité qui n'est sans doute pas partagée par tous, à en croire la désertion des monastères suite à l'annonce de mesures visant à encourager les familles à concevoir des enfants pour contrer le vieillissement de la population.

• Birmanie (Myanmar)

Vᵉ siècle :
Introduction du Dharma

Le bouddhisme, sous ses formes Theravada, Mahayana et Vajrayana, pénètre en Asie du Sud-Est entre le IIIᵉ et le Vᵉ siècle. Il s'implante véritablement en Birmanie dès le Vᵉ siècle, au début de l'âge d'or de la période mön. Ce sont d'ailleurs les Möns d'origine indochinoise qui introduisent le Theravada, propageant le corpus pali et le culte des reliques sacrées. Ce peuple, qui parle une langue apparentée au khmer, est resté proche des cultures de l'Inde du Nord, assimilant ainsi le brahmanisme et la tradition du Bouddha. Avec les peuplements birmans venus du plateau tibétain au début du IXe siècle, le Vajrayana connaît une plus forte implantation.

XIe siècle :
Choix du Theravada

Le Mahayana et le Vajrayana sont très influents entre le VIIe et le XIe siècle, avant que le Theravada ne soit définitivement adopté dans le courant du XIe par le roi Anawratha de Pagan, une ville fondée en 849 dans la vallée de l'Irrawady. Le choix de la tradition palie repose sans conteste sur une volonté de centralisation politique et culturelle. On cherche à asseoir l'autorité royale en couplant la vénération du Bouddha historique à la figure d'un roi devenu le maître de l'ordre du monde, le pendant terrestre du Bienheureux. Dans une certaine mesure, on assiste à l'instrumentalisation du bouddhisme qui sert non seulement la politique expansionniste du royaume de Pagan, au nom d'une « nécessité religieuse », mais permet en même temps d'affaiblir la portée du Mahayana, du Vajrayana et des cultes animistes locaux. Mais cet affaiblissement ne signifie pas leur mort. Ainsi voit-on aujourd'hui, dans des hauts lieux du Theravada, des dévots qui rafraîchissent avec de l'eau de petites statues du Bouddha et celles de génies locaux que le bouddhisme a fini par intégrer.

Suite aux conquêtes, la main-d'œuvre est devenue abondante et le royaume de Pagan de plus en plus prospère. Les rois bâtisseurs vont multiplier les constructions. En moins de deux siècles et demi, quelque cinq mille édifices vont voir le jour, dont le stupa de Shwezigon (v. 1086) à forme de cloche et le temple Ananda (v. 1091). L'hommage à l'Éveillé trouve aussi ses plus belles et opulentes expressions à Rangoon, la « ville des mille bouddhas », avec l'immense complexe Shwedagon dont le stupa principal (XVe s.), doré à l'or fin et d'une hauteur de 99 mètres, est devenu le prototype du stupa bouddhique en Indochine.

Devenu en 1058 le protecteur des corpus sacrés et le garant de la pérennité de la tradition palie, le roi Anawratha annonce donc l'avènement d'une civilisation dominante vouée à la vénération du Bouddha. On ne saurait trop insister sur l'importance du bouddhisme dans l'affirmation de la langue birmane, l'assimilation des cultures écrites (sanskrite, palie, möne, khmère) et la formidable juxtaposition d'arts plastiques (sculpture, peinture, orfèvrerie) et de techniques architecturales. Mais ce rayonnement conséquent doit aussi son existence au développement des méthodes agricoles et des procédés d'irrigation.

XIIIe siècle : Chute du royaume de Pagan

Cette prospérité connaît aussi son déclin lorsque le royaume de Pagan est mis à sac par les Mongols de Kubilaï Khan en 1287. Les restes des multiples constructions architecturales qui firent la gloire de l'immense capitale donnent une idée de l'activité spirituelle et économique qui régnait entre le XIe et le XIIIe siècle. Des quelque cinq mille édifices faits de grès et de briques, ne demeurent aujourd'hui qu'environ deux mille temples, stupas, pagodes et monastères, dans un état qui parvient malgré tout à refléter la splendeur de la cité d'antan. Le site qui s'étend sur 42 kilomètres carrés a été classé patrimoine mondial de l'humanité par l'Unesco.

Fin du XIXe siècle-XXe siècle : Être birman, c'est être bouddhiste

À la fin du XIXe siècle, la présence anglaise en Asie du Sud-Est augure une période sombre pour la Birmanie. Voulant mettre un frein à la poussée birmane, les Anglais déclenchent trois guerres qui leur permettent d'asseoir leur présence dans la région. Au lieu d'affaiblir directement la communauté bouddhiste, ils évangélisent les peuples non birmans qui vivent à la périphérie du royaume et font venir un nombre important de fonctionnaires indiens, hindouistes ou musulmans. Ces nouvelles données religieuses dénaturent peu à peu le sentiment d'une identité birmane. Le peuple sent bien que cette identité ne relève pas d'une simple appartenance ethnique ou d'une adhésion à telle ou telle valeur culturelle. Elle dépend grandement de l'adhésion au bouddhisme. On se trouve dans une configuration quasi semblable à ce que connaît le Sri Lanka à la même époque. Le dicton : « Être birman, c'est être bouddhiste » souligne clairement l'imbrication très forte entre la volonté d'indépendance et l'affirmation d'une identité spirituelle ancestrale face à la propagation du christianisme et de l'islam. Des moines sont devenus de véritables héros nationaux pour s'être engagés dans une lutte parfois fratricide, reniant, au nom de la révolte contre le pouvoir britannique, les règles monastiques les plus élémentaires.

Après la Seconde Guerre mondiale-début du XXIe siècle : Le bouddhisme et la junte militaire

Lorsque la Birmanie recouvre son indépendance politique, le 4 janvier 1948, des centres de méditation se développent grâce à des maîtres de grande envergure comme Mahasi Sayadaw et Sunlun Sayadaw. Le 2 mars

1962, le coup d'État opéré par le général Ne Win bouleverse la situation politique. En 1988, la junte militaire réprime dans le sang les manifestations d'étudiants et de moines réclamant l'avènement de la démocratie. Aung San Suu Kyi, fille du général Aung San, héros de l'indépendance assassiné le 19 juillet 1947, va devenir l'emblème de la lutte pacifique contre le régime des généraux. À la tête de la Ligue nationale pour la démocratie, accusée de constituer une menace pour la souveraineté et la sécurité de l'État, elle sera placée en résidence surveillée à son domicile dès 1989. En 1991, elle reçoit le prix Nobel de la paix et s'efforce depuis d'alerter l'opinion internationale sur le sort de la Birmanie. Dans la droite ligne d'un bouddhisme engagé, elle tente d'œuvrer pour le bien de son peuple. Les quelque 300 à 400 moines qui ont essayé de soutenir cet élan pour la liberté et la démocratie ont été emprisonnés.

La dictature militaire a voulu faire du bouddhisme un instrument de propagande politique. Lors du « Sommet mondial du bouddhisme pour la paix dans le monde » (Rangoon, décembre 2004), le général Than Shwe, numéro un de la junte, s'est incliné devant les hauts dignitaires bouddhistes. Dans le même temps, le gouvernement a maintenu une forte pression sur les communautés monastiques pour que les centres de méditation participent à l'entrée des devises étrangères en accueillant de nombreux Occidentaux. La brutalité du régime a atteint son paroxysme lors des manifestations qui ont débuté le 19 août 2007, suite à la hausse du prix des carburants. Plus de 30 000 bonzes ont quitté leurs temples pour soutenir le mécontentement du peuple réclamant la libération d'Aung San Suu Kyi et des prisonniers politiques, la baisse des prix à la consommation et la réconciliation nationale. La répression sanglante a fait plusieurs victimes.

Début du XXIe siècle :
Vitalité d'un bouddhisme populaire

Aujourd'hui, le Theravada, auquel se mêlent de nombreuses croyances issues des cultes antérieurs à l'indianisation, tente d'asseoir des valeurs de paix et de non-violence face à un régime dictatorial. La vitalité du bouddhisme s'exprime par le maintien d'une tradition de la méditation et par une ferveur populaire sur les hauts lieux de la civilisation bouddhique, dont le stupa de Shwezigon, la légendaire pagode Shwedagon, les alignements de stupas blancs et les nombreuses pagodes de bois doré de Mandalay où se multiplient les offrandes de fleurs et d'encens. 80 % de la population souscrit aux enseignements du Theravada, mais l'idéal de réalisation spirituelle paraît inaccessible à bon nombre de gens souvent plus soucieux d'accumuler des mérites que de parvenir à la paix du nirvana.

• Thaïlande

Aux Ve-VIIe siècles, des Birmans auraient introduit le Theravada qui se diffuse jusqu'au Xe en côtoyant les pratiques hindoues shivaïtes et vishnuïtes. Le culte des reliques est alors une pratique dominante. Le Mahayana fait son apparition au VIIe siècle, se répand entre le XIe et le XIIIe siècle sous la domination de populations khmères venues du Cambodge, et finit par se mêler étroitement au shivaïsme.

L'année 1292 marque un tournant. Des populations thaïes fuyant les Mongols fondent Sukhothaï, la première et antique capitale du Siam. La grande influence des moines birmans en fait un royaume Theravada. L'influence de l'école ancienne s'accroît avec la venue au XIVe siècle de moines sri-lankais. Ils aident leurs frères de Sukhothaï à s'organiser selon leur modèle monastique et développent l'étude du corpus scripturaire. Jusqu'au XIXe siècle, les rois qui se succèdent n'ont de cesse d'intervenir dans les affaires de la communauté monastique.

XXe siècle-début XXIe siècle :
Instrumentalisation de la communauté bouddhique

C'est avec le roi Rama IV Mongkut (règne : 1851-1868), qui fut moine durant vingt-sept ans, que les relations entre l'État et la religion deviennent plus étroites. Elles concourent à justifier certaines actions politiques par le respect de principes bouddhiques. L'exemple le plus flagrant reste l'allocution du patriarche suprême pour justifier l'entrée du Siam dans la Première Guerre mondiale. On assiste donc à une instrumentalisation de la communauté directement placée sous l'autorité de l'État. Ainsi les principaux hiérarques et le patriarche de la communauté sont nommés par le roi. L'organisation du sangha en une institution nationale est désormais le propre non seulement de la Thaïlande mais aussi du Cambodge et du Laos.

Le bouddhisme devenant un élément de l'appareil d'État et l'une des dimensions de l'identité nationale thaïe, les autorités s'efforcent d'éliminer les cultures populaires fondées sur la magie et la superstition. Dans l'entre-deux-guerres, elles entreprennent d'affaiblir les religions non autochtones comme l'islam des Malais du Sud ou le protestantisme des Moïs. Dans les dernières décennies du XXe siècle, le bouddhisme est considéré comme une force d'intégration des communautés musulmanes et animistes qui s'efforcent tant bien que mal de préserver leur identité. Au sein de la sphère bouddhiste, le climat d'intolérance à l'égard des autres traditions a conduit dans certains cas à rapprocher les moines et les laïcs. Des observateurs s'accordent à reconnaître que le bouddhisme a joué le rôle de ciment du tissu social, permettant aux moines plus proches du peuple de retrouver une de leurs fonctions ancestrales qui consiste à guider les laïcs dans leur vie spirituelle. Parallèlement, l'étatisation du sangha entraîne sa rationalisation et l'institutionnalisation de l'enseignement. Son impact sur le statut de l'étude et de la pratique méditative est considérable. Étudier une voie spirituelle comme on étudierait une science provoque un affaiblissement de la valeur accordée à la pratique méditative dont on sait qu'elle n'est pas quantifiable.

Persistance de la tradition de la forêt et crise des vocations

Dès le XXe siècle, les monastères deviennent de plus en plus des « phénomènes urbains », mais la tradition de la forêt, essence du bouddhisme des origines, se perpétue. Le grand maître Ajanh Chah, disparu le 16 janvier 1992, a contribué à ce maintien ainsi qu'à son rayonnement en Occident. Dans cette mouvance, Wat Pah Nanachat voit le jour en 1975. Ce monastère international de forêt est dirigé par et pour des moines de langue anglaise. Jusqu'en 1977, le Vénérable Ajahn Sumedho, disciple américain d'Ajanh Chah, en a été le supérieur. Il dirige aujourd'hui le centre bouddhique Amaravati en Angleterre.

À ce jour, plus de 90 % de la population est bouddhiste dans un pays où le bouddhisme est la religion d'État. 95 % des monastères sont situés en ville et l'on ne compte pas moins de 200 000 moines. Toutefois, il existe une véritable crise des vocations sincères dans un pays où le statut de moine sert de passeport pour accéder aux études supérieures. Ensuite, en fonction de la réussite académique, quelqu'un peut se voir confier l'administration d'une province sans avoir de compétences spirituelles particulières ni la capacité d'enseigner. La belle tradition de la forêt qui ne compte que 5 % des moines échappe à ce phénomène bureaucratique. Elle a su préserver son authenticité malgré les nombreux scandales qui ternissent les institutions spirituelles.

La menace islamiste

Depuis 2004, le rôle de ciment du tissu social assigné au bouddhisme ne trouve guère d'écho dans les trois provinces du Sud peuplées à 80 % de musulmans d'origine et de culture malaises (Pattani, Yala et Narathiwat). Dans cette région accolée à la Malaisie musulmane, sévit un terrorisme islamiste qui prend pour cible les dépôts d'armes, les postes de police, les temples mais aussi les bonzes considérés comme les symboles du soutien à la monarchie. Désormais, les moines disposent d'escorte armée pour recueillir les offrandes matinales et les laïcs se constituent en milices d'autodéfense. Cette flambée de violences s'inscrit dans la mouvance des revendications à l'indépendance de l'ex-sultanat de Pattani annexé par le royaume de Siam en 1902. Mais l'insurrection indépendantiste des années 70 a pris une tout autre tournure au lendemain du 11 septembre 2001. Les prédicateurs wahhabites qui prônent un islam radical ont été entendus. Ces événements dramatiques soulignent les failles d'une politique d'instrumentalisation du bouddhisme dans un pays où la Constitution garantit la liberté religieuse. Dans les faits, il existe une crainte du pluralisme religieux. Avec la refonte des programmes de discrimination positive en faveur des Malais de souche et les initiatives de certaines provinces pour inscrire dans la loi les principes islamiques, l'instabilité ne cesse de croître. Compte tenu de la complexité de la situation et des enjeux politiques, les actions terroristes sont le reflet de profondes tensions communautaires. Elles ne peuvent être imputées uniquement à la médiatisation du djihadisme au niveau mondial et aux liens supposés que les groupuscules terroristes thaïlandais entretiendraient avec Al-Qaida.

• Cambodge

V^e-XIIe siècle :
Introduction du Dharma et influence hindoue

Au Ve siècle, la population möne-khmère adopte conjointement le bouddhisme et l'hindouisme. Dans un Cambodge tolérant, le Mahayana fait son apparition à la fin du VIe siècle alors que le shivaïsme est la religion d'État. La tendance bascule au XIIe siècle lorsque le roi Jayavarman VII soutient le Mahayana. Il fait édifier les palais et les temples d'Angkor Thom en l'honneur du bodhisattva Avalokiteshvara. Sous son règne, apparaissent une esthétique et une conception iconographique nouvelles qui trouvent leur expression majeure dans des structures architecturales imposantes, les temples-montagnes, et les modelés sensibles tout en arrondis des portraits du roi. Mais l'influence de l'hindouisme demeure extrêmement prégnante puisqu'elle donne lieu à un syncrétisme où se mêlent culte shivaïte et tradition du Bouddha. Ce syncrétisme prend place dans le cadre du culte du « roi divin » (devaraja) qui constitue l'une des caractéristiques de la culture cambodgienne.

XIVe siècle :
Choix du Theravada

Le XIVe siècle marque une fracture dans le paysage cambodgien. Avec la conquête d'Angkor par un royaume thaï et surtout les injustices sociales croissantes générées par les dépenses faramineuses pour l'entretien des temples voués au culte du « roi divin », le peuple se tourne vers un Theravada qu'il estime plus égalitaire. Le pali devient la langue des rites et le Theravada est proclamé religion d'État.

XIXe-début XXIe siècle :
De l'âge d'or au désastre : la délicate renaissance

Au cours du XIXe siècle, voulant échapper à la menace expansionniste de l'empire d'Annam et du Siam, le Cambodge se place sous la protection de Napoléon III. La colonisation française permet d'assurer la pérennité d'une société khmère pour laquelle bouddhisme et monarchie sont indissociables. L'âge d'or du bouddhisme au Cambodge a lieu certainement sous le règne de Norodom Sihanouk (chef d'État en 1960) et jusqu'en 1970, année de son renversement par un coup d'État. Sous le régime fanatique et dévastateur des Khmers rouges, qui va durer quatre ans et développer une haine farouche contre le bouddhisme, 90 000 moines sont assassinés, 65 000 autres sont condamnés à travailler dans les rizières, et plus de 2 300 pagodes sont détruites. Des savants affirment que 80 % des écrits consignés sur des feuilles de palmier ont été brûlés ou utilisés pour la fabrication de paniers ou de chapeaux.

Le véritable renouveau de la voie du Bouddha date des années 90. Elle est rétablie comme religion d'État, les temples sont restaurés et le sangha se reconstitue peu à peu. Les moines retrouvent leur rôle d'éducateurs, de médiateurs et de guides spirituels dans un pays où plus de 60 % de la population demeure analphabète. Ils se répartissent entre deux ordres : l'ordre Mohakinay proche du pouvoir en place et qui regroupe plus de 90 % des moines, et l'ordre Tomayuth. Aux dires de nombreux observateurs, des manipulations politiques affaiblissent la communauté et tendent à asseoir un bouddhisme « opium du peuple ». Le peuple serait en effet plus attiré par un bouddhisme « religieux » s'appuyant sur le culte du Bouddha et la diversité des cérémonies rituelles. Dans ce climat, le niveau des bonzes aurait énormément faibli et la discipline monastique se serait considérablement relâchée sous l'influence des valeurs hédonistes de la société civile. Ainsi, la renaissance du bouddhisme au Cambodge se poursuit dans un contexte particulièrement fragile. On peut penser que l'influence culturelle occidentale n'est pas étrangère à cette situation. Le cas de la cité d'Angkor est révélateur. Pour répondre à l'afflux massif des touristes, les hôtels se sont multipliés. L'enrichissement d'une petite frange de la population[1] va de pair avec la dégradation de la principale destination touristique du Cambodge : aucun système de tout-à-l'égout, fragilisation des temples due à une fréquentation trop importante, assèchement de la nappe phréatique en réponse à une consommation croissante avec le risque de mettre en péril une cité édifiée sur du sable humide.

● Laos

La présence du Theravada est attestée aux alentours du VIIe siècle, mais il est probable que le bouddhisme soit arrivé antérieurement sur le territoire du futur Laos, alors qu'il est sous l'occupation du peuple mön-khmer qui adopte le Dharma au Ve siècle. Entre les VIIIe-XIIIe siècles, le pays reçoit l'influence spirituelle du syncrétisme d'Angkor.

Quand le Laos affirme sa souveraineté au milieu du XIVe siècle, le Theravada devient rapidement la religion officielle, côtoyant des cultes hindous et animistes. On notera qu'au XIXe siècle, le Laos connaît les mêmes menaces que le Cambodge et se voit contraint de passer sous protectorat français. Cette situation conforte le bouddhisme dans son association au système monarchique. Indépendant en 1953, le Laos n'allait pas tarder à connaître les affres de la deuxième guerre d'Indochine dès 1964, avant de souffrir, dès 1975, de la dictature communiste. Malgré des interdits et un contrôle très strict du parti, la vitalité du sangha se maintient bon an mal an grâce en particulier à l'influence économique de Bangkok.

● Vietnam

IIe siècle :
Introduction du Dharma et domination du Thiên

Le bouddhisme, issu de l'Inde et de la Chine, pénètre au Vietnam au IIe siècle. Des moines indiens appartenant à la tradition des Anciens s'installent au centre du pays. Dans le Sud-Est, se développe le

---

1. En 2005, un tiers de la population cambodgienne vit au-dessous du seuil de pauvreté.

Mahayana à la faveur d'un moine qui aurait étudié en Chine. Dès 580, le Thiên, la forme vietnamienne du Chan*, se développe et ne tarde pas à dominer face à la présence discrète des communautés issues de l'enseignement des Anciens. Comparativement aux autres États de l'Asie du Sud-Est, le Vietnam est un cas particulier puisqu'il est le seul pays où le Mahayana s'est maintenu jusqu'à nos jours, accompagnant le Theravada implanté au Sud.

Le Chan, né au VIe siècle en Chine, met l'accent sur le recueillement méditatif pur et nu. L'éveil n'est pas un état qu'il faudrait atteindre et dès lors nul besoin de recourir à des artifices, car tout est déjà présent dans la pratique elle-même. Cette école se détourne des méthodes graduelles visant à apaiser la pensée discursive et à dissoudre progressivement les obstacles à la réalisation du plein éveil. De ce fait, elle place au second rang l'étude et l'analyse intellectuelle. L'expérience directe de la nature ultime de l'esprit consiste en la présence authentique à ce que nous vivons.

Généralement, le Thiên, qui est associé aux structures monastiques et à l'élite intellectuelle, recourt à trois pratiques principales : la méditation, l'usage des *gong an* (kôans* en japonais, énoncés qui tranchent la confusion du mental et pointent le réel indicible au-delà de la pensée conceptuelle qui juge, analyse et étiquette), et les rituels de récitation de sutras issus des *Prajnaparamitasutras*, dont le « Sutra du cœur » et le « Sutra du diamant coupeur ».

Parallèlement au Thîen, l'école de la Terre pure se développe discrètement dans les couches populaires. Tous deux auront à souffrir de l'invasion chinoise au XVe siècle et des persécutions des néo-confucianistes[1]. Au XVIIe siècle, après une période de crise qui fait suite aux invasions mongoles, deux tendances thîens colorent le paysage spirituel vietnamien : l'école Lam-tê et les écoles du Nord. La première se répand dans le Centre et le Sud. Elle met l'accent sur l'éveil subit et spontané, et généralise le travail sur la résolution des formules énigmatiques. À l'inverse, les écoles du Nord privilégient une approche graduelle.

*XVIIIe-début XXIe siècle :
Déclin, lutte pacifique et survie*

Dans la période qui couvre les XVIIIe-XIXe siècles, le Dharma décline sous une idéologie nationale néo-confucianiste qui précède le colonialisme et l'avancée du catholicisme. Un grand nombre de bonzes deviennent fonctionnaires. Ceux qui souhaitent se consacrer exclusi-

---

1. Cf. l'entrée *Confucianisme* dans le glossaire.

vement à la pratique se retirent dans des ermitages de montagne. Dès le début du XXᵉ siècle, l'école de la Terre pure connaît un développement considérable et les Vietnamiens s'efforcent de réactualiser le bouddhisme dans sa pureté.

Aux débuts des années 60, le président Ngô Dinh Diêm, de confession catholique, néglige les racines bouddhistes et taoïstes de son peuple. S'ensuit une vague de violences et de répressions policières à l'encontre des bouddhistes. Elle conduit le moine Thich Quang Duc à s'immoler par le feu en plein cœur de Saigon. Les images saisissantes de son immolation interpellent l'opinion publique internationale et contribuent à l'effondrement du régime catholique dictatorial.

En 1964, des adeptes du Mahayana et du Theravada se rassemblent sous l'égide de l'Église bouddhique unifiée au Sud-Vietnam. De nombreux bonzes s'engagent dans la lutte pacifique contre la guerre qui sévit dans leur pays. Plusieurs d'entre eux s'immolent par le feu pour attirer l'attention de l'opinion publique. Thich Nhat Hanh, célèbre maître thiên, est obligé de s'exiler en France après avoir multiplié les actions en faveur du développement rural et de la réforme sociale, et plaidé pour la paix à l'ONU en 1966. Ce n'est qu'au début de l'année 2005 qu'il a été autorisé à fouler de nouveau la terre de ses ancêtres.

En 1975, avec la réunification du Vietnam et la mainmise de l'athéisme marxiste, une campagne de rééducation des moines fut entreprise et tous les temples furent fermés. Dans les années 90, la situation s'assouplit quelque peu. Aujourd'hui, le bouddhisme reste sous contrôle bien que les autorités affirment que le Vietnam respecte la liberté des communautés religieuses. L'Église bouddhiste unifiée du Vietnam (EBUV) est interdite depuis 1981 et ses responsables sont fréquemment accusés d'activités subversives. Malgré une politique répressive, visant à limiter le nombre de traditions officielles, le communisme n'est pas parvenu à éradiquer le Dharma dans un pays qui compte des millions de bouddhistes. Le Dharma demeure le symbole de la résistance du peuple vietnamien et incarne un idéal de liberté et de démocratie.

• Indonésie et Malaisie

Les écoles anciennes du bouddhisme atteignent Java et Sumatra dès le IIIᵉ siècle à la faveur de l'expansion de l'hindouisme dans l'Asie du Sud-Est. Elles connaissent un fort développement avant l'introduction du Mahayana et du Vajrayana aux environs du Ve siècle. Le temple-montagne de Borobudur, immense stupa-mandala édifié à Java vers l'an 800, témoigne de l'influence du « grand véhicule » et de la voie des tantras. Du XIIe au XIIIe siècle, tant à Java qu'à Sumatra, on assiste à l'élaboration d'un syncrétisme mêlant Vajrayana et shivaïsme tantrique. Caractérisé par l'identité de Shiva et du Bouddha, ce syncrétisme est apparenté à celui que connaît le Cambodge à la même époque.

Le paysage spirituel change complètement avec l'arrivée de l'islam au XVe siècle. S'ensuit une intense islamisation qui conduit à la disparition quasi totale du bouddhisme et de l'hindouisme. La tradition hindoue survit dans le théâtre d'ombres et la mystique javanaise. Les mystiques musulmans malais et javanais retiennent la notion mahayaniste de vacuité qui influence profondément l'idée qu'ils se font de Dieu.

À l'époque moderne, la tradition du Bouddha renaît grâce aux efforts du moine Jinarakkhita Thera qui fonde à Java plusieurs monastères et centres de méditation Theravada. Dans cette mouvance, des associations bouddhiques voient le jour et des moines thaïlandais et sri-lankais viennent transmettre leurs enseignements. Suite à une controverse sur la notion de nirvana, la communauté se scinde en deux groupes. L'un, minoritaire et soucieux de souscrire à la loi indonésienne qui stipule la nécessité de la croyance en Dieu, interprète le nirvana comme étant l'équivalent de l'Absolu transcendant des religions théistes. L'autre groupe, dirigé par Jinarakkhita Thera, considère que l'équivalent bouddhique de l'Absolu transcendant est le bouddha primordial ou Adibuddha[1]. Sa présence ici atteste de la juxtaposition du Theravada et du bouddhisme javanais ancien, à la fois Mahayana et Vajrayana, dans ce qui a été appelé le Bouddhayana.

Un deuxième mouvement, le Kasogatan, se veut plus nostalgique. Né dans les années 70, il essaie de faire renaître le bouddhisme javanais pré-islamique à l'origine de Borobudur. Enfin, l'importante communauté chinoise a créé l'Association du Tridharma qui combine en un syncrétisme la tradition du Bouddha, le confucianisme* et le taoïsme*. En 1978, ces diverses tendances se sont regroupées pour former la Fédération des organisations bouddhiques d'Indonésie. Aujourd'hui, dans un archipel qui compte 212 millions d'habitants dont les trois quarts vivent au-dessous du seuil de pauvreté et dont 87 % sont musulmans, les bouddhistes sont très minoritaires. Là encore, on est proche de ce qui a été relevé pour le Cambodge. L'influence touristique occidentale pèse de tout son poids et attise les convoitises. Le site de Borobodur en est l'illustre exemple. Sa restau-

---

1. Notion née au sein du Vajrayana.

ration dans les années 80 a entraîné une cascade de problèmes : expropriation de milliers de paysans, mainmise du Bureau du tourisme, rivalités entre les groupes bouddhistes.

Theravada

Le Theravada est l'école des Anciens, *thera* étant un titre attribué à ceux qui ont accompli dix ans de pratiques monastiques. Issue de la branche sthaviravada du bouddhisme des origines, elle en est aujourd'hui l'unique représentante. La forme actuelle que nous lui connaissons au Sri Lanka est celle qui fut instituée au Ve siècle par les moines du « Grand Monastère » (Mahavihara) fondé dans la capitale Anuradhapura, aux environs de – 240. Elle accorde une grande importance à la vie monastique que les laïcs défendent et soutiennent par leurs dons.
S'appuyant sur le très riche corpus rédigé en pali, le Theravada constitue une voie complète d'éveil, en aucun cas réductible au Hinayana. Certes, sa dominante repose sur les enseignements du véhicule fondamental, mais il comporte dès l'origine des notions et des approches que le Mahayana s'est plu à développer avec plus d'insistance. Dans les pays où cette école s'est répandue, elle a reçu des influences profondes des enseignements mahayanas.
L'arahant, le disciple accompli, représente le modèle d'une communauté qui reconnaît le caractère exceptionnel de l'éveil d'un bouddha parfait. La notion de bodhisatta (skt. *bodhisattva*), l'être voué à l'éveil pour le bien d'autrui, existe aussi dans le Theravada au même titre que la notion de *tathagatagarbha*, la bouddhéité inhérente à tous les êtres. Le grand érudit Môhan Wijayaratna précise dans *Les entretiens du Bouddha* (p. 36) : « Devenir bodhisatta afin de devenir un jour bouddha est un espoir noble, beaucoup plus noble que d'atteindre l'état d'arahant. Également, selon le bouddhisme pali, tout le monde a la potentialité de devenir un jour bouddha (...). Or, "tout le monde peut l'atteindre" ne signifie pas "tout le monde veut l'atteindre" ou "tout le monde doit l'atteindre". Nombreux sont ceux qui veulent profiter de l'enseignement du Bouddha dont le but final vise : la cessation de dukkha [la dysharmonie]. »
Très réaliste sur la condition humaine, le Theravada ne repousse pas non plus ceux qui souhaitent demeurer dans le samsara. En revanche, il les conseille pour qu'ils adoptent un comportement favorable à une vie meilleure et à une renaissance propice. Il ne déprécie pas davantage le « bouddha solitaire » (pratyekabuddha). Compte tenu de cette position fondamentalement humble, les theravadins essaient avant tout de devenir de bons disciples du bouddha Shakyamuni afin de parvenir à couper les racines du mal-être.
Pour bien comprendre les nuances qui existent entre la tradition palie et les traditions subséquentes, il est important d'avoir en tête ses particularités. Ne sont mentionnées ici que les plus essentielles.

- Le Bouddha historique est l'unique référence. Il fut bodhisattva mais a atteint l'éveil au cours de sa dernière renaissance, en tant que simple être humain. Bouddha Gautama n'est pas le seul bouddha, six l'ont précédé au cours d'ères cosmiques particulièrement fortunées et il aura des successeurs dont Metteya (Maitreya), le futur bouddha, qui réside dans le ciel de Tushita. Bouddha Gautama est l'Éveillé « adapté » à notre monde et à notre situation, c'est pourquoi

il est vénéré plus que tout autre bouddha. Ses reliques et son enseignement assurent la continuité de son rayonnement parmi les hommes, car après le parinirvana il ne peut plus exercer une influence directe sur la société humaine.
- Compte tenu de la primauté du Bouddha historique, seules ses paroles consignées dans le corpus pali font autorité. Bien que les enseignants, qui ont pérennisé la tradition jusqu'à aujourd'hui, aient rédigé des commentaires, ils s'en réfèrent toujours aux textes racines et s'effacent totalement devant l'enseignement du Bienheureux. L'ensemble des textes est généralement pris en compte. Il est rare de se référer à quelques suttas voire à un seul, car le corpus est établi sur un réseau de correspondances. Un thème est présenté sous un certain angle dans un sutta, amplifié ou adapté au niveau de l'auditeur dans un autre, rappelant que l'enseignement du Bouddha est toujours circonstancié.
- Dans les suttas du corpus pali, il est fait mention d'une compassion en germe qui annonce le caractère « plus universel » du Mahayana. On relève ainsi dans le *Majjhimanikaya* : « Tout comme une vache, même en paissant, garde toujours un œil sur son petit veau, il convient de garder un œil sur tout ce que nous pouvons faire pour les autres qui suivent la voie[1]. » Dans *L'enseignement du Bouddha d'après les textes les plus anciens*, Walpola Rahula montre bien également que l'arahant, libre de désirs égoïstes, de haine, d'orgueil, de violence, est pur et doux, empli d'un amour universel et ne cherche qu'à servir les autres en vue de leur bien, totalement oublieux de son intérêt propre.
- Ceux qui suivent la tradition palie sont souvent frappés par l'importance accordée au maître dans le Vajrayana. Ici, les enseignants ne sont pas des émanations de maîtres défunts. Ils sont de simples conseillers spirituels respectés en tant que modèles de vie vertueuse et les personnes qui les écoutent sont avant tout disciples du Bouddha.
- L'idéal de la communauté est l'état d'arahant. Il ne peut être atteint que par les moines et les nonnes puisqu'il implique comme préalable d'avoir abandonné la vie mondaine. Les laïcs soutiennent la communauté via la pratique du don et des offrandes. Celle-ci permet d'orienter l'esprit vers des actions positives qui auront pour fruit de faciliter le cheminement spirituel jusqu'à la libération. Générosité et sens du don participent au développement des bienfaits, qui est parallèle à celui de la compréhension via l'étude et la pratique méditative.
- Les pratiques méditatives visent à purifier l'esprit des fixations, des peurs et des confusions grâce à la compréhension de leur nature transitoire et impersonnelle. *Samatta-vipassana*, la pratique de l'apaisement et de la vision claire, constitue un cadre qui intègre de nombreux « exercices de purification » visant à stabiliser le flux de l'esprit et à renoncer aux passions perturbatrices comme l'égoïsme ou la vanité. En voici quelques-uns : concentration sur des formes (une lumière, un son, l'espace infini…) et des attitudes intérieures (tendresse, bienveillance, équanimité…), observation des états mentaux, psalmodie des écritures, récitation de mantras ou de certains passages de sutta, pratiques dévotionnelles et rituels permettant de développer l'amour et la compassion, méditations dans l'action (enseignement, charité…) manifestant le renoncement à la convoitise. Certains de ces exercices sont issus d'autres traditions, c'est le cas de la récitation des mantras, par exemple.
Comme l'explique Ajahn Tiradhammo, moine occidental et supérieur du centre monastique Dhammapala, en Suisse, les techniques de « dépollution » sont par-

---

1. Cf. *Le Bouddha parle*, p. 129.

fois couplées « à la culture de "moyens habiles" tels que la douceur et l'acceptation de soi afin de contrecarrer la tendance au dénigrement de soi, le respect et la gratitude envers le Bouddha, nos maîtres et la communauté pour contrecarrer la tendance à l'individualisme, et un sens de l'humour pour contrecarrer la tendance à prendre nous-mêmes et nos problèmes trop sérieusement[1] ».
La grande variété des techniques méditatives tient pour une grande part à la sensibilité et au caractère des maîtres qui les enseignent. Dans *Dharma vivant*, Jack Kornfield présente justement des enseignements qui peuvent paraître contradictoires. Un maître prescrit une manière d'aborder la pratique qui est contredit un chapitre plus loin par un autre maître. « Ce paradoxe, écrit-il, ne fait que révéler l'existence de nombreuses approches de la même vérité fondamentale. » Elle montre aussi que si la référence au texte est essentielle, on ne trouve véritablement le Dharma que dans l'expérience.

Remarque sur la tradition de la forêt – Une lumière safranée plonge Sukhothaï dans un rêve translucide où les robes orangées des moines glissent parmi les reliquaires et les bouddhas. Sukhothaï, l'« aube de la félicité », première et antique capitale du Siam, se rappelle les jardins merveilleux, les lacs et les étangs de sa splendeur. Fondée en 1292, elle retourne à la jungle d'où elle avait émergé lorsqu'en 1872 Bangkok devient la capitale de la Thaïlande. Inscrite aujourd'hui au patrimoine mondial de l'Unesco, les ruines savamment entretenues et les bouddhas de pierre à nouveau resplendissants ne masquent pas la forêt qui les avait recouverts.
La forêt tropicale est un appel à la vie simple, loin de l'agitation et de la convoitise de la vie urbaine, loin des fastueux temples et des bouddhas dorés. La forêt incarne la pérennité de la nature sauvage. Elle rappelle combien le bouddha Shakyamuni fut l'ami des arbres. Sa mère accoucha dans le parc de Lumbini en appuyant sa main droite à la branche d'un figuier. Il y eut ensuite le figuier de l'éveil, les manguiers et les arbres sala sous lesquels il dispensa ses enseignements, et enfin l'arbre sous lequel il rendit son dernier souffle. Cette omniprésence des arbres nous rappelle l'amour et le culte que les Indiens vouaient aux arbres. Aujourd'hui, dans les pays de l'Asie du Sud-Est où la déforestation bat son plein, il arrive que des moines se rendent au chevet d'une forêt menacée.
L'existence sylvestre est au cœur de la pratique bouddhique. Elle en est l'essence. La tradition de la forêt s'inscrit dans la continuité des formes de vie érémitique qui existaient déjà au temps du Bouddha. Elles offraient les conditions propices à la transformation de l'esprit. En Asie, l'attrait des valeurs matérialistes d'une occidentalisation galopante a bouleversé le sens de la vie monastique. Ajahn Chah, grand maître thaïlandais de la tradition de la forêt, l'avait anticipé en fondant des communautés monastiques dans les forêts les plus reculées. Cette tradition s'est également maintenue au Sri Lanka. La distinction entre vie dans la forêt et vie dans les villages ou les villes est une métaphore de la distinction entre nirvana et samsara.
Les moines qui se retirent dans leur ermitage ne quittent pas le monde. Ils emportent dans leur cœur l'élan de compassion qu'ils seront amenés à exprimer une fois qu'ils se seront délivrés d'eux-mêmes et de leurs craintes. Grâce au développement de l'attention et du calme mental, soutenu par l'examen du désir, des attachements et des peurs, ils voient que le corps, les sensations,

---

1. Cité dans l'espace thématique "Les maîtres de la tradition de la forêt" du site Internet Buddhaline.com.

l'esprit et ses objets sont vides d'existence propre comme les arbres qui les entourent. En étant délivré de la croyance en l'atman (le soi), la compassion s'épanouit.

Dans *La marche vers l'éveil* (chap. VIII), Shantideva consacre plusieurs passages à la solitude des bois. Ses propos nous aident à comprendre la motivation qui anime le moine de la tradition de la forêt.

> Dans les forêts, les oiseaux, les animaux sauvages et les arbres ne disent jamais rien de désagréable ; ils vivent ensemble si paisiblement. Quand pourrai-je vivre parmi eux ?
>
> Demeurant dans un temple désert, au pied des arbres ou dans les grottes, quand m'en irai-je indifférent, sans regarder derrière moi ?
>
> Dans les libres et larges retraites naturelles, quand demeurerai-je indépendant et détaché ?
>
> Riche seulement d'une écuelle de terre et d'une robe inutile aux voleurs, quand demeurerai-je affranchi de toute crainte sans avoir à protéger mon corps ? (...)
>
> La solitude des forêts est délicieuse, exempte de peines, écartant toute dissipation ; je veux m'y consacrer toujours.
>
> Délivré de tout autre souci, concentré sur mon but, je m'efforcerai de garder mon esprit en méditation et de le maîtriser.

Par l'exemple de sa propre existence, le moine de la tradition de la forêt montre que la transformation de l'esprit conduit à réaliser pleinement combien nous sommes inclus dans le vaste réseau du monde vivant et non pas séparés de lui. Découvrir l'harmonie en soi développe la vision du sacré dans la nature. Le mode de vie du moine devrait nous inciter à réfléchir à l'ampleur de notre impact sur le monde non humain, à la valeur intrinsèque du bien-être et de l'épanouissement de la vie non humaine dans toute sa diversité, à la qualité de la vie et à la possibilité d'un réenchantement du monde.

༄

7

Le chemin du Nord

Le chemin du Nord comprend deux tracés, l'un à l'ouest, l'autre à l'est. Sous le règne d'Ashoka (IIIe s. avant notre ère), des moines sthaviravadins, représentant la tradition des Anciens, sont envoyés au Cachemire, en Bactriane et dans le Gandhara. À la même période, l'un des fils du souverain fonde le royaume de Khotan qui adopte le bouddhisme au Ier siècle avant notre ère. Ces quatre centres vont jouer un rôle essentiel dans la transmission du Dharma en direction de l'Asie centrale puis des hauts plateaux du Tibet.

Malgré la carence des données historiques, on ne peut écarter également le rôle tenu par l'Oddiyana, un royaume semi-mythique situé au nord du Gandhara et dont il ne restait que des ruines au VIIe siècle selon le témoignage du pèlerin et traducteur chinois Xuanzang. Dans le Vajrayana, l'Oddiyana serait le point de départ de la transmission des tantras dans le monde humain.

Le second tracé qui mène au nord débute dans l'actuel Bihar. Mais c'est surtout du Bengale que le bouddhisme va atteindre le Népal. Au VIIIe siècle, lorsque sont ouverts les grands cols himalayens, la terre natale du Bouddha devient la principale route bouddhiste en direction du Tibet, permettant au Dharma de rayonner au Bhoutan et de s'étendre ultérieurement en Mongolie.

1. Le chemin du nord-ouest

• Cachemire

Sous le règne de Kanishka (78 à 110) de la dynastie Kushana, certaines branches de l'école Sarvastivada prennent un essor considérable. Mais c'est surtout aux Ve-VIe siècles que le Cachemire devient une région très active pour le Dharma, comme en témoigne la présence de nombreux moines venus étudier les enseignements du Bouddha et le sanskrit afin d'apporter leur contribution aux efforts de traduction qui se multiplient en Chine. Les centres bouddhistes restent opérants jusqu'à ce que des sultans musulmans occupent le pouvoir dès le IXe siècle.

• Gandhara

Située au nord-est de l'actuel Afghanistan, au nord du Pakistan, du Cachemire et des vallées de l'Indus atteintes par les armées d'Alexandre le Grand en – 326, cette région est un lieu d'échanges entre les populations hellénisées et indiennes. Sous l'autorité de peuplades indo-grecques jusqu'au milieu du Ier siècle avant notre ère, elle passe ensuite aux mains des Kushanas qui vont fonder le deuxième grand empire indien après celui des Mauryas. Lieu de rencontres fertiles entre artistes indiens et grecs, elle voit se développer l'un des plus anciens styles d'art bouddhique, l'art gréco-bouddhique appelé art du Gandhara.

Le Dharma commence à se répandre dans cette région au IIIe siècle avant notre ère. Après le Magadha, elle deviendra la seconde région-phare pour la tradition du Bouddha comme en témoignent les dépôts de manuscrits et les vestiges de stupas récemment découverts en Afghanistan. Elle constituera également un carrefour culturel favorisant de nouveaux apports qui modifieront les modèles indiens et hellénistiques. Elle verra également apparaître le tantrisme shivaïte et bouddhiste. Il semblerait que le rayonnement bouddhiste du Gandhara et de la Bactriane remonte à l'empereur Ashoka (IIIe siècle avant notre ère). Selon la légende, il aurait envoyé des moines jusqu'à Khotan, une des principales oasis de l'Asie centrale située sur la branche sud de la route de la soie.

• Bactriane

En − 145, les Yue-Tche, des nomades venus du nord, mettent un terme à la domination grecque qui avait commencé sous l'empire d'Alexandre le Grand. Le Mahayana pénètre et se diffuse en Bactriane au Ier siècle de notre ère. C'est le début d'une période faste qui voit la construction de plusieurs édifices. La tradition figurative de la Bactriane va favoriser le développement de l'art plastique bouddhique à Mathura et dans le Gandhara. L'art très abouti de la Bactriane témoigne, comme l'art du Gandhara, de la convergence de deux civilisations, mais aussi de l'assimilation des traditions figuratives locales.

La région est restée célèbre grâce à Ménandre (pali, Milinda), le plus célèbre des souverains indo-grecs de Bactriane, à qui l'on doit les *Entretiens de Milinda et Nagasena* (*Milinda-panha*), ouvrage intégré au corpus pali.

• Khotan

Le royaume de Khotan adopte le bouddhisme au Ier siècle avant notre ère et devient un point de passage très important sur la branche sud de la route de la soie. Avec d'autres oasis, comme Kachgar ou Tourfan sur la branche nord, cette région de l'Asie centrale ne tarde pas à devenir le carrefour d'une culture hybride sino-indienne. Centre essentiel du Mahayana entre le IIIe et le Ve siècle, Khotan compte de nombreux monastères et une communauté de plusieurs milliers de moines qui va jouer un rôle fondamental dans la transmission des enseignements du Mahayana et du Vajrayana. Cette oasis permet au Dharma d'atteindre les villes cosmopolites du Gansu (région centrale) avant de gagner la Chine des vallées de la Wei et du fleuve Jaune. Dès la fin du VIIe siècle et jusqu'au IXe siècle, Khotan est sous la domination tibétaine. Durant cette période, le Tibet connaît pour sa part des conditions favorables à l'introduction du bouddhisme.

2. Par la route de la soie vers les mers de Chine et du Japon

Traversant les immenses plaines, les déserts ou les territoires montagneux de l'Asie centrale, la route de la soie reliait la Méditerranée à la Chine, et existait sans doute dès le IIe siècle avant notre ère. L'expression « route de la soie » ne révèle pas l'étendue des échanges entre l'Orient et l'Occident. Toutes sortes de marchandises circulaient entre Antioche et les bords du fleuve Jaune : or, pierres précieuses, bronzes, huiles, encens, fourrures, jade, verrerie, céramiques, plantes médicinales, mais aussi soieries somptueuses... Les plus hauts degrés de raffinement côtoyaient les pires horreurs, car la route fut aussi le vecteur de conquêtes sanguinaires. Elle établissait enfin un lien culturel et spirituel profond entre les peuples asiatiques, les peuples orientaux et les peuples occidentaux. Les idées accompagnant les marchandises dans leur pérégrination, le Dharma a bénéficié de cette situation. La route de la soie fut ponctuée de grands monastères bouddhiques, véritables centres culturels et spirituels, témoins du rayonnement d'un enseignement voué à la paix.

• Chine

Ier siècle :
Assimilation au taoïsme

Aux environs du Ier siècle de notre ère, la route de la soie favorise la pénétration des enseignements du Bouddha dans une Chine taoïste et confucianiste. Un premier texte du véhicule fondamental est traduit en 67. Selon la légende qui veut que Lao-tseu, le fondateur de la voie du Tao, soit parti enseigner aux peuples barbares de l'Ouest, le bouddhisme est tout naturellement assimilé au taoïsme et ne connaît alors qu'un faible développement[1]. Il est fort probable que l'esprit du *Tao te King*, le *Livre du Tao et de sa vertu*, et l'œuvre du grand sage taoïste Tchouang-tseu (V-IVe s. avant notre ère) aient influencé ultérieurement les écoles bouddhiques chinoises et en particulier le Chan.

---

1. Le rapprochement entre les deux voies est tel que bouddhistes et taoïstes se nomment *daoren*, hommes du Tao.

IIe-IVe siècle :
Effort de traduction et sinisation du bouddhisme indien

Dès le IIe siècle, les traductions des textes sanskrits vont se multiplier et permettre la lente diffusion du Mahayana. Avec le grand traducteur Kumarajiva (v. 350-413) et son collaborateur Daosheng (v. 360-434), la sinisation du bouddhisme indien devient effective. Les traductions atteignent peu à peu un niveau d'exactitude inégalée. Les grands sutras du Mahayana et quelques traités du Madhyamaka, la voie du Milieu fondée par Nagarjuna, vont asseoir l'identité bouddhiste face aux autres traditions spirituelles et favoriser amplement sa diffusion. Enfin, la naissance de l'imprimerie au VIIIe siècle va jouer un rôle capital dans le phénomène de propagation. La première impression du corpus bouddhique en langue chinoise date de 972. Revenons maintenant en arrière et observons les événements les plus saillants.

Après l'éclatement de la dynastie Han en 186, la Chine traverse une période de chaos politique et spirituel. Elle va se diviser politiquement en deux parties. La Chine du Nord est occupée par des peuplades barbares contraignant l'élite chinoise à se réfugier dans le Sud. Au Nord justement, le bouddhisme connaît un fort développement à partir du IVe siècle, malgré deux périodes de persécution (445 et 574-578). Ce premier succès doit beaucoup à la croyance en la rétribution des actes. Des textes datant du IIIe siècle offrent des descriptions effrayantes des supplices que l'homme peut subir dans les enfers. Michel Strickmann parle d'une anxiété généralisée qui a elle-même favorisé la pratique du don et la multiplication des cultes et rituels pour remédier à la cruauté d'un avenir incertain[1]. Au Sud, l'élite chinoise demeure majoritairement taoïste. La tradition du Bouddha commence toutefois à se répandre grâce à la dynastie Wei (IVe s.) qui en favorise la diffusion malgré un confucianisme réfractaire.

VIe-VIIIe siècle :
Développement des écoles chinoises

Entre le VIe et le VIIIe siècle, la réunification par les Sui (581-618) puis la dynastie des Tang (618-907) favorisent un bouddhisme imprégné de valeurs de paix, qui s'harmonise avec l'éthique sociale confucianiste et la conception taoïste de l'homme. À cette époque, taoïsme, confucianisme et bouddhisme s'interpénètrent et participent au dynamisme d'une pensée chinoise en continuelle transformation. Ces traditions

---

1. *Mantras et mandarins. Le bouddhisme tantrique en Chine*, p. 62.

vont également imprégner en profondeur les créations artistiques. Dans un climat d'unité retrouvée, la dynastie des Tang se montre favorable aux autres traditions étrangères comme l'islam, le nestorianisme et le manichéisme. Le bouddhisme connaît alors son âge d'or et exerce une influence profonde sur le tissu social. Soucieux de mettre en pratique la compassion, moines et laïcs viennent en aide aux pauvres, construisent des hôpitaux, participent finalement au développement d'infrastructures améliorant le bien-être public.

Chan

VIe SIÈCLE : NAISSANCE DU CHAN

Le Chan aurait été introduit dans le sud de la Chine aux alentours de 520 par un moine d'origine indienne, Bodhidharma*. Durant neuf ans, Bodhidharma aurait médité en silence devant un mur, au monastère de Shaolin[1]. Cette anecdote souligne l'importance que revêt la pratique assise pure et nue, et les qualités de détente, stabilité, persévérance et détermination qui lui sont associées. Le terme *Chan* révèle d'ailleurs cette prépondérance puisqu'il est la transcription chinoise du sanskrit *dhyana* que l'on traduit généralement par « méditation ». Lorsque le Chan atteindra le Japon, ce vocable deviendra le Zen.

LES QUATRE LIGNES DIRECTRICES DU CHAN

La propagation de l'enseignement via le silence est le fondement du Chan. Elle donna lieu à quatre lignes directrices essentielles qui déterminent la nature de toute transmission et résument le message de Bodhidharma :

    1. une transmission particulière par-delà les écritures,
    2. ne dépendre ni des concepts ni des mots,
    3. une pratique qui révèle directement l'esprit originel,
    4. contempler sa nature propre et ainsi réaliser l'état de bouddha.

Bodhidharma est considéré comme le successeur d'une lignée de vingt-sept maîtres indiens remontant à Mahakashyapa, l'un des grands disciples du

---

1. Fondé en 495, le monastère est célèbre pour la pratique des arts martiaux. À l'origine, l'art des moines de Shaolin prendrait sa source dans les exercices respiratoires et gymniques prodigués par Bodhidharma (470-543) pour améliorer la condition physique de ses disciples qui passaient de longues heures en posture assise. Ces exercices comprenaient des techniques de combat à mains nues. Après la mort de Bodhidharma, ces techniques sortirent de Shaolin, sans doute après l'incendie de 844 qui ravagea le monastère. Dans une Chine troublée, parsemée de brigands, cet art ne tarda pas à prendre une connotation plus guerrière. À la fin des années 80, Shaolin a ouvert ses portes, proposant notamment des cours. Aujourd'hui, les moines se produisent en spectacle dans le monde entier.

Bouddha, qui reçut de l'Éveillé la transmission silencieuse du Dharma, d'esprit à esprit, de cœur à cœur. L'histoire de cette transmission possède une dimension merveilleuse et inspirante.
Le Bouddha se trouvait au sommet du pic des Vautours non loin de Rajagriha. Entouré de nombreux disciples, il se recueillait dans le silence. Ce jour-là, des enfants avaient déposé des fleurs aux pieds de l'Éveillé et s'étaient assis devant lui. Tous attendaient les paroles du maître. Mais il resta silencieux. Il prit simplement une fleur et délicatement la montra à la communauté. Il demeura ainsi quelques instants, parcourant d'un regard bienveillant toute l'assemblée. Immobiles et stupéfaits, les disciples ne comprenaient pas ce geste inaccoutumé. Seul le visage de Mahakashyapa s'illumina d'un sourire qui répondait à celui du Bouddha. Tous remarquèrent que Mahakashyapa avait percé le secret du geste. En voyant simplement la fleur, Mahakashyapa se serait éveillé.
L'anecdote montre que le processus initiatique sert à mettre en place une situation favorable à la transmission. Ici, l'espace ouvert sur la plaine et les collines rocailleuses en contrebas, la présence intense du ciel, les enfants, les fleurs, l'assemblée attentive et l'Éveillé silencieux créent une atmosphère propice à l'expérience directe de la nature ultime de toute chose. Nous touchons là au cœur de la transmission, ce moment où brusquement tout s'ouvre, où il n'y a plus ni maître ni disciple. Cette *expérience immédiate** et spontanée, libre du carcan des mots, situe l'importance accordée à la pratique assise dénuée de toute attente et de toute intentionnalité, et, dès la dynastie des Song (960-1279), au développement des formules (jap. *kôan*) qui permettent d'observer l'esprit délivré des élaborations mentales.
Comparativement au Chan, les approches qui mettent l'accent sur la compréhension intellectuelle, les rites, la dévotion et une démarche intérieure visant à dévoiler progressivement la nature essentielle de l'esprit paraissent secondaires. Pareille vision doit beaucoup à Daosheng, le collaborateur du grand traducteur Kumarajiva. Pour Daosheng, tous les êtres sont porteurs de la nature de bouddha et peuvent l'actualiser instantanément dans un éveil dit « subit ». Toutefois, si la libération de l'illusion et l'expérience de la nature fondamentale peuvent être immédiates, la préparation minutieuse du terrain semble un préalable indispensable. Cette préparation repose essentiellement sur le développement de l'attention au moment présent.

L'ÉCOLE DU NORD ET L'ÉCOLE DU SUD

Le Chan contrecarre la dérive scolastique des autres écoles. Il comprend deux branches principales : l'école du Nord et l'école du Sud. Fondée par Chen-sieou (605-706), la première cherche à équilibrer l'étude et la pratique méditative. Elle est dite « école de l'Éveil graduel » parce qu'elle conçoit l'éveil comme une expérience ultime, fruit d'une lucidité grandissante.
L'école du Sud, fondée par Houei-nêng (638-713), considère que l'éveil est la réalisation spontanée de notre véritable nature, une réalisation qui ne dépend ni des mérites accumulés ni des heures passées à méditer. C'est pourquoi cette école est appelée « école de l'Éveil subit ». Notre véritable nature, la bouddhéité, est comparée à un miroir dont la clarté demeure exempte de toute souillure. Il n'y a donc rien à enlever ; simplement laisser s'actualiser la pureté primordiale de l'esprit. Cette pureté étant sous-jacente à toutes nos expériences, elle est réalisable à tout moment.

Avant d'étudier le Dharma et de recevoir du maître une explication sur les sutras fondamentaux comme le « Sutra du diamant coupeur » (*Vajracchedika prajnaparamitasutra*) par exemple, Houei-nêng soutient qu'il est essentiel d'avoir au préalable une expérience de notre véritable nature. Cette expérience est favorisée par la pratique intense de la méditation en posture assise (jap. *zazen**), même si, comme je le disais plus haut, elle n'en dépend pas.

L'école du Sud est considérée comme la forme définitive du Chan. D'elle, naquirent deux lignées distinctes : la lignée Linji et la lignée Caodong. Au Japon, la première deviendra le Zen Rinzai et la seconde le Zen Sôtô.

« ÉVEIL GRADUEL » ET « ÉVEIL SUBIT »

La nuance entre les deux approches de l'éveil apparaît nettement dans une anecdote que relate Houei-nêng. Hong-jen, le cinquième patriarche du Chan, soumit la communauté à une épreuve : composer une stance sur la nature primordiale de l'esprit. Le moine dont le texte révélerait l'accomplissement de la compréhension se verrait confier la pérennité de la lignée. Chen-sieou, supérieur du monastère, rédigea cette stance sur les murs d'une galerie :

Mon corps est l'arbre de l'éveil ;
Mon esprit ressemble à un clair miroir.
De tout temps, je m'efforce de le faire briller
Sans le laisser se couvrir de poussière[1].

Hong-jen déclara que l'auteur de ce texte n'avait pas « vu son essence originaire ». Houei-nêng, qui ne savait ni lire ni écrire et travaillait dans les cuisines, entendit un frère convers chantonner la stance. Il comprit lui aussi que son auteur n'avait pas réalisé la « Grande Idée » mais alla s'incliner devant le mur de la galerie où elle avait été inscrite. En l'entendant encore une fois, il eut soudain la compréhension de sa nature et des mots lui vinrent à l'esprit. Un moine consigna ses paroles sur le mur :

Il n'y a jamais eu d'arbre de l'éveil ;
Guère plus que de clair miroir.
La bouddhéité est toujours immaculée :
Où y trouverait-on de la poussière ?

Tous les phénomènes, y compris les mots, ne sont pas distincts de l'état naturel. Il n'y a rien à ajouter, rien à enlever. Houei-nêng avait compris l'essence de la pratique. Hong-jen reconnut la profondeur de sa réalisation et en fit son successeur. La suite de l'histoire montre clairement que le Chan ne réfute pas les textes et la compréhension intellectuelle, mais les replace dans le champ de l'expérience ultime. Il n'existe point de séparation entre l'enseignement, la pratique et l'éveil. Le cinquième patriarche convoqua Houei-nêng et lui expliqua le « Sutra du diamant coupeur », l'indicible connaissance transcendante. « À peine l'eus-je entendu que je m'illuminai, dit Houei-nêng, et, cette nuit-là, j'héritai de la Méthode. » Une « Méthode », comment le cinquième patriarche, qui se transmet d'esprit à esprit et permet de s'illuminer ».

---

1. Cf. Fa-hai, *Le Soûtra de l'estrade du sixième patriarche Houei-nêng (638-713)*, p. 19-26.

L'approche « subitiste » attribue à la méditation en posture assise une autre fonction que la démarche progressive de type shamatha-vipashyana (la pratique de l'apaisement et de la vision claire) enseignée dans d'autres écoles comme le Tiantai. Elle a souvent été mal comprise parce qu'elle a été associée à l'idée que l'éveil s'obtient en un laps de temps très court. L'école du Sud ne dit pas qu'il faut faire l'impasse sur toute forme de préparation. Elle souligne simplement que la reconnaissance de l'état naturel est un acte soudain, au-delà de la pensée discursive. Il ne saurait être le résultat de notre volonté ou de notre investissement pour l'atteindre. Les maîtres emploient parfois les expressions « crever la toile » ou « percer le mur », et parlent de l'expérience de non-pensée, soulignant simplement que les pensées ne sont jamais refoulées, mais simplement reconnues dans leur transparence sans que le méditant ne fixe son attention sur leur contenu qui est vacuité. Cette expérience directe de la nature ultime de l'esprit est le cœur de la transmission. Cette vision souligne enfin que la méditation est l'actualisation de l'éveil à tout instant.

Le dépassement de la distinction

Heze Shen-hui (686-760), l'un des cinq principaux disciples de Houei-nêng, chercha à dépasser toute polémique en juxtaposant les deux approches de l'éveil selon un ordre qui lui semblait naturel. Il dit : « Ceux qui étudient la voie doivent être éveillés subitement. Ce n'est qu'après qu'il leur faut pratiquer graduellement afin d'obtenir la délivrance. Une mère ne met-elle pas son enfant au monde subitement ? Ensuite, elle lui donne le sein, le nourrit et peu à peu la sagesse de l'enfant s'accroît spontanément. Il en va de même pour l'éveil. La vue de la nature de bouddha survient brusquement. La grande sagesse (prajna) s'accroît ensuite d'elle-même. »

Trois autres écoles spécifiquement chinoises

Sur un plan plus intellectuel, les traductions des traités « philosophiques » du Mahayana donnent naissance au VIIe siècle à la version chinoise du Yogacara, le Faxiang ou « école des Caractéristiques des phénomènes », et au Sanlun ou « école des Trois Traités », équivalent chinois du Madhyamaka. Ces deux tendances n'ont pas survécu mais ont influencé le Chan et les trois autres écoles du bouddhisme mahayana spécifiquement chinoises qui, comme le Chan d'ailleurs, ont prospéré au cours de cette période : le Tiantai*, le Huayan et le Jingtu. Les deux premières représentent le versant « intellectuel » du bouddhisme et se sont adressées à un public de lettrés. Le Jingtu a mis en place des pratiques fondées sur la dévotion et la simplicité de son approche de la voie l'a rendu populaire. Ces trois écoles sont présentées succinctement ci-après.

Tiantai (les Terrasses du ciel)

Fondée par Zhiyi (539-597), cette école opère une synthèse complexe des enseignements théoriques et pratiques du bouddhisme. Elle établit dans les textes une hiérarchie, estimant que l'enseignement ultime du Bouddha a été consigné dans le « Sutra du lotus » (*Saddharmapundarikasutra*), l'un des plus importants et des plus anciens sutras du Mahayana. Dans ce texte[1], le Bouddha expose plusieurs méthodes habiles adaptées à la diversité des êtres et à leurs multiples besoins. Aux uns, il recommande, par exemple, de suivre les enseignements hinayana, insistant sur la pratique de la discipline monastique et la compréhension du non-soi. À d'autres, il conseille d'adopter les vues du Mahayana et de suivre le chemin de la connaissance et de la compassion. Selon Zhiyi, la réalité de l'éveil étant fondamentalement une, les trois véhicules (le véhicule des auditeurs [Shravakayana], celui des bouddhas-par-soi [Pratyekabuddhayana], et celui des bodhisattvas [Bodhisattvayana]) ne sont que des moyens provisoires qui s'interpénètrent, des méthodes adaptées aux différents niveaux de réceptivité.

S'appuyant sur les thèses de Nagarjuna, la vue philosophique de l'école Tiantai se fonde sur la théorie de la triple vérité : réelle, apparente, médiane. Selon la première vérité, les phénomènes ne possèdent aucune existence indépendante, aucune réalité autonome. Ils sont interdépendants et composés de combinaisons d'éléments eux aussi corrélés. Telle est la vacuité de « ce qui est ainsi », la réalité telle quelle (tathata*). Au contraire, nos sens et notre perception semblent confirmer que les phénomènes existent de manière indépendante bien qu'ils soient impermanents. Telle est la vérité apparente. La troisième vérité, ou vérité médiane, dépasse les deux précédentes en soulignant l'absence de contradiction entre les deux, les phénomènes tels qu'ils nous apparaissent étant indissociables de leur vacuité.

Bien que l'école accorde une grande importance à la pratique méditative (shamatha et vipashyana) et préconise aussi la dévotion au bouddha Amitabha, la complexité de son système d'enseignement a provoqué une tendance à l'intellectualisme.

Huayan (Ornementation fleurie)

École fondée par Fashun (557-640) qui doit son nom à l'importance qu'elle accorde à l'enseignement consigné dans le long « Sutra de l'ornementation fleurie des bouddhas » (*Avatamsakasutra*) et plus particulièrement à la partie finale de celui-ci (le *Gandavyuhasutra*) qui expose le mode d'existence réel des phénomènes, le domaine de la vacuité immuable (dharmadhatu). L'un des thèmes de cet enseignement est l'interdépendance de toutes choses, illustrée par le phénomène d'omnipénétrabilité. Aucun phénomène n'est autonome et séparé des autres. Chaque partie d'un phénomène inclut sa totalité ; n'importe

---

1. Il est présenté dans la section consacrée aux sutras du deuxième tour de la roue du Dharma (voir p. 419).

quel phénomène contient en lui tous les autres[1]. Les maîtres du Huayan estiment qu'en l'*Avatamsakasutra* repose l'enseignement intégral du Mahayana. Le Bouddha l'aurait transmis alors qu'il se trouvait encore sous l'arbre de l'éveil. Tous les autres enseignements en découlent et n'ont été transmis que pour aider les êtres à développer leur compréhension. Comme pour le Tiantai, la complexité de son système d'enseignement a provoqué une tendance à l'intellectualisme.

Jingtu (école chinoise de la Terre pure)

École qui prône la dévotion au bouddha Amitabha, le bouddha « Lumière Infinie », comme moyen de renaître en sa Terre pure (Sukhavati, la « Terre pure de l'Ouest »). Cette pratique avait commencé à se répandre en Chine dès le IVe siècle, mais c'est Shandao (613-681) qui la formalise et la structure. Elle s'appuie sur trois sutras qui décrivent le monde merveilleux de Sukhavati et les moyens d'y renaître[2] : le « Sutra de la contemplation de vie infinie » (*Amitayurdhyanasutra*), le grand *Sukhavativyuhasutra* (« Sutra des ornements de la terre bienheureuse ») et le petit *Sukhavativyuhasutra*, dit « Sutra d'Amitabha ».

Comparativement au Chan, l'école chinoise de la Terre pure considère que les conditions de vie sur terre ne sont pas propices à la réalisation de l'éveil et qu'il est donc difficile de compter uniquement sur ses propres efforts. S'en remettre avec ferveur au bouddha Amitabha, c'est admettre le pouvoir de sa grâce salvatrice, reconnaître ses propres faiblesses et espérer obtenir après la mort cette vie en Sukhavati qui rendra possible le plein éveil. Car dans sa mansuétude infinie, Amitabha a créé ce royaume sacré afin de venir en aide au monde souffrant. Le cœur de la pratique repose sur la récitation de la formule d'hommage au bouddha « Lumière Infinie » : « Namu Amituofo. »

VIIe-VIIIe siècle :
Diffusion de la littérature tantrique

Après les efforts de Yi-tsing (635-713), qui séjourna dix ans à l'université monastique de Nalanda en Inde et consacra la fin de sa vie à traduire les textes sanskrits qu'il avait ramenés, Shubhakarasimha (637-735), Vajrabodhi (671-741) et Amoghavajra (705-774), trois maîtres indiens spécialistes du Tantra, portent à son apogée la diffusion en Chine de la littérature tantrique. Les deux premiers forment plusieurs disciples et se lancent dans la traduction du *Mahavairocanasutra*, l'un des textes fondamentaux du Zhenyan, l'école chinoise du

---

1. Texte présenté dans la partie consacrée aux sutras du troisième tour de la roue du Dharma (chap. 11, p. 421-423).
2. Voir les extraits dans le chap. 11, p. 427-429.

Vajrayana, qui apparaît au VIIe siècle. Cette école des mantras ou de la « parole vraie » n'a pas pu se maintenir plus d'un siècle. Elle a disparu avec la proscription qui frappe le bouddhisme chinois en 845. En revanche, elle va se développer au Japon sous le nom de Shingon, grâce au moine japonais Kûkai qui reçut la transmission de Huigo, le septième patriarche du Zhenyan.

Alors que les maîtres vajras occupent une place de plus en plus importante à la cour, le Chan prend réellement forme et les temples, monastères et écoles savantes se multiplient dans les villes et les campagnes. Dans les milieux populaires, prime la dévotion à Amitabha et à Guanyin, la forme féminine d'Avalokiteshvara (le bodhisattva de la compassion). La représentation qu'en a le peuple dénote l'aspiration au salut personnel et à la renaissance définitive en un paradis, mais aussi le besoin de bénéficier de la compassion des bouddhas et bodhisattvas.

Avec la fin du VIIIe siècle, s'achève une période très favorable au développement du bouddhisme qui annonce également le déclin de l'empire Tang. Le Dharma s'est déployé non sans quelques travers : enrichissement démesuré des monastères et corruption d'un clergé devenu trop puissant et trop riche. Le pouvoir va réagir violemment et les tensions entre bouddhistes et confucianistes vont être ravivées, sous le couvert de l'origine étrangère et « barbare » du bouddhisme.

IXe siècle :
Proscription des traditions spirituelles non chinoises

Entre 842 et 845, la proscription des traditions spirituelles non chinoises est à l'origine d'une répression très dure qui entraîne la destruction de nombreux monastères et œuvres d'art. Les moines et les nonnes sont contraints de retourner à la vie laïque. Seules l'école de la Terre pure et l'école Chan du Sud vont continuer à se développer. D'autres seront très affaiblies, c'est le cas du Tiantai ; certaines, comme le Zhenyan et le Huayan, disparaîtront.

XIe-XIXe siècle :
Déclin du Dharma

Le déclin effectif du Dharma en Chine débute sous la dynastie des Song (960-1279) aux alentours des XIe-XIIe siècles avec la prédominance des valeurs néo-confucéennes. Il ira en s'accentuant sous les dynasties des Ming (1368-1644) et des Qing (1644-1911). Ce déclin est de nature qualitative, car les masses continuent de pratiquer un bouddhisme populaire.

XIXe-XXIe siècle :
Un bouddhisme à l'état résiduel

Au XIXe siècle, l'accroissement démographique, la stagnation économique et la corruption généralisée conduisent à des crises internes marquées, entre autres, par la poussée de l'Occident, les guerres de l'opium et l'insurrection des Taipings, un mouvement paysan de révolte contre l'autorité impériale qui détruisit une grande partie des édifices bouddhistes et chrétiens.

Malgré l'empreinte profonde laissée dans la mentalité religieuse et intellectuelle chinoise, le Dharma demeure à l'état résiduel jusqu'au XXe siècle. Les tentatives pour faire renaître les études bouddhiques et réorganiser le sangha conduisent à la création, en 1929, de l'Association bouddhique chinoise. Avec la montée du marxisme-léninisme, l'établissement du communisme en 1949 puis la Révolution culturelle, la tradition bouddhique est peu à peu contrainte au silence lorsqu'elle ne subit pas le courroux des partisans de la modernisation des masses. Le Dharma, considéré comme le reliquat d'une Chine arriérée, est contraint à la discrétion malgré le rétablissement de la liberté de culte. Il se développe essentiellement parmi les populations de Taïwan et de Hongkong. Mais une nouvelle Association bouddhique chinoise, fondée en 1949, parvient, avec le soutien des Chinois d'outre-mer, à mener à bien des projets de restauration et de reconstruction de temples et de monastères qui connaissent une fréquentation croissante. C'est sans conteste à Taïwan que le bouddhisme est le plus actif et le plus prospère. On y rencontre le plus grand nombre de nonnes, tous pays confondus. L'engagement social des institutions bouddhiques est particulièrement significatif. À titre d'exemple, le Vénérable Hsing Yun, fondateur du monastère Fo Kuang Shan, a également fondé un orphelinat, des maisons de retraite, des écoles et des services médicaux gratuits pour les indigents.

Remarque sur le Falun Gong – Il serait trop long d'évoquer le cas du mouvement Falun Gong. Créé dans les années 80 par Li Hongzi, le Falun Gong est d'inspiration bouddhiste. Il se définit comme un art de vivre combinant conduite éthique, pratiques méditatives (Falun Dafa) et mouvements de qigong. Visant à établir l'harmonie dans le corps et l'esprit, le Falun Gong s'est développé dans une Chine où l'accès aux soins médicaux a connu un recul considérable. Grâce à des exercices, simples qui font appel à des techniques de longue vie et d'hygiène mentale essentielles, les membres du Falun Gong apprennent à prendre en charge leur santé.

Le Falun Gong ne se limite pas à une thérapie physique et psychique scellant l'harmonie retrouvée de l'homme et de l'univers. Il se présente comme une voie spirituelle menant à l'éveil et permettant d'incarner les valeurs universelles de paix, sagesse et compassion. Interdit par le président Jiang Zemin en juillet 1999, les membres du Falun Gong continuent de subir une politique de répression allant souvent à l'encontre des droits les plus fondamentaux. Ce mouvement non violent, qui compte aujourd'hui en Chine plus de vingt millions de membres, est présent et pratiqué dans plus de quarante pays.

Enfin, comment ne pas mentionner les relations sino-tibétaines en signalant simplement que, si les autorités chinoises font tout pour éradiquer le bouddhisme dans un Tibet annexé et défiguré, des amitiés entre les deux peuples se tissent. Il n'est pas improbable qu'un jour l'un des vœux les plus chers du Dalaï-Lama se réalise : donner à Pékin, place Tiananmen, l'initiation de Kalacakra, le « Tantra de l'insurpassable union » dédié à la paix dans le monde.

Ier siècle	■ Introduction du Dharma et traduction des premiers sutras.
IVe siècle	■ Kumarajiva et Daosheng : début de la sinisation du bouddhisme indien. ■ La dynastie Wei favorise la diffusion du Dharma dans le Sud.
VIe siècle	■ Réunification de la Chine par les Sui. ■ Bodhidharma, introducteur du Chan. ■ Zhiyi, fondateur du Tiantai (les Terrasses du ciel). ■ Fashun, fondateur du Huayan (Ornementation fleurie).
VIIe siècle	■ Shandao, fondateur du Jingtu (école chinoise de la Terre pure). ■ Émergence du Chan sous la dynastie des Tang. ■ Chen-sieou, fondateur de l'école Chan du Nord (approche gradualiste). ■ Houei-nêng, fondateur de l'école Chan du Sud (approche subitiste).
VII-VIIIe siècle	■ Introduction de la littérature tantrique. ■ Émergence du Zhenyan, l'école chinoise du Vajrayana.
fin VIIIe siècle	■ Situation de corruption.
842-845	■ Proscription du bouddhisme.
972	■ Première impression du corpus bouddhique en langue chinoise.
XIe-XIIe siècle	■ Déclin du bouddhisme sous la pression du néo-confucianisme.
début XXe siècle	■ Renaissance fébrile.
dès 1949	■ Affaiblissement sous le régime communiste.

Tableau 12. Le bouddhisme en Chine : rappel chronologique.

• Corée

Au IVe siècle, le bouddhisme venu de Chine gagne un pays empreint d'une forte tradition chamanique. C'est sous le royaume du Silla (668-935) que Mahayana et Vajrayana deviennent influents parallèlement au confucianisme. Un assez grand nombre d'écoles se côtoient alors, les plus importantes étant le Hwaom (ch. Huayan), l'école de l'Ornementation fleurie et le Chan rebaptisé Sön.

Deux sensibilités animent la communauté. La tendance Kyo, qui regroupe en particulier le Faxiang et le Hwaom, présente un cheminement plus progressif et plus scolastique que le Sön qui met l'accent sur l'approche méditative dite « subitiste ». Ces différences de méthode se résolvent au XIIe siècle dans une synthèse qu'opère le maître Chinul.

L'horizon s'assombrit pour le bouddhisme dès l'avènement de la dynastie Yi en 1392. Le néo-confucianisme devient religion d'État et la communauté bouddhiste est rapidement dépouillée de ses temples et monastères. Il faut attendre la fin du XIXe pour assister à un renouveau que va soutenir plus tard l'occupant japonais. De 1905 à 1945, l'impérialisme japonais tente d'effacer la langue et la culture coréennes en se servant du bouddhisme. Il met en place une communauté de moines autorisés à se marier et chargés de contrôler les différentes écoles. Favorisant l'expansion du Dharma, les Japonais veulent anéantir le confucianisme.

Avec la division du pays en 1948, le bouddhisme est réduit au silence en Corée du Nord. Le régime communiste s'est efforcé d'éradiquer le Dharma. Le développement de l'athéisme et du matérialisme, couplé à l'essor industriel, a parachevé ce travail. En Corée du Sud, face à un protestantisme croissant, les moines achèvent la traduction du corpus chinois. On continue de pratiquer le Sön et le nom du bouddha Amida retentit toujours dans les campagnes.

• Japon

Au cours du VIe siècle, le Dharma gagne le Japon à la faveur des échanges commerciaux avec la Corée. Son succès initial doit beaucoup à sa popularité au sein des classes dominantes. La cour impériale joue aussi un rôle déterminant car elle pense trouver dans cette nouvelle tradition les moyens de se maintenir tout en protégeant l'archipel.

Le bouddhisme rencontre la voie des *kamis** ou *Shintô**. Bien que teinté d'un certain nationalisme hostile aux influences étrangères, le Shintô ne freine pas l'essor du Dharma perçu comme une voie spirituelle à tendance universaliste. L'histoire du Shintô révèle d'ailleurs des tentatives pour concilier les deux voies. Au cours de la période de Meiji (1868-1912), le Shintô retrouve une totale autonomie et devient culte national. Durant cette période, le Japon s'ouvre et fait son entrée dans le monde moderne. Entre-temps, le bouddhisme, devenu protecteur de la nation, s'est développé, donnant naissance à une diversité d'écoles dont le Zen, les écoles de la Terre pure, le Shingon et l'école Nichiren.

Pour tenter d'avoir une vision synthétique du Dharma au Japon, il est utile d'indiquer brièvement les différentes époques qui constituent son histoire « récente ». Entre le IIIe siècle et l'époque contemporaine, on distingue généralement neuf périodes réparties en quatre ères historiques : antique, féodale, pré-moderne et amorce de l'ère contemporaine. Le tableau ci-dessous va nous permettre d'avoir une vision d'ensemble de ces différentes phases afin de pouvoir situer ensuite plus facilement l'avènement de telle ou telle école bouddhique.

Périodes	Dates	Ères/Caractéristiques principales
Kofun	300-552	**Ère antique**
Asuka	593-710	Le bouddhisme est introduit au VIe siècle.
Nara	710-784	Influence des modèles coréens et chinois. Rencontre avec le Shintô.
Heian	784-1185	Xe siècle, le bouddhisme se diffuse dans les classes aristocratiques. Apparition d'un syncrétisme Shintô-Dharma.
Kamakura	1185-1333	**Époque féodale**
Muromachi	1333-1573	Gouvernement militaire des shôguns. Guerres civiles. Âge d'or du bouddhisme.
Momoyama	1573-1603	**Fin de la féodalité**
Edo	1603-1868	**Époque pré-moderne**
Meiji	1868-1912	**Amorce de l'époque contemporaine** Autonomie du Shintô devenu culte national.

Une entrée par la voie diplomatique

Des immigrants coréens auraient fait pénétrer le bouddhisme au Japon avant 552, date de son introduction officielle et de la fin de la période de Kofun. Selon le témoignage écrit le plus ancien datant du VIIIe siècle, nommé *La Chronique du Japon* (*Nihon Shoki*), cette date met en évidence le fait que l'arrivée de la tradition du Bouddha aurait eu lieu au plus haut niveau diplomatique. À cette époque, l'empereur Kinmei entretenait de bonnes relation avec la Corée, comme en atteste la statue du bouddha Shakyamuni dont lui fit cadeau le roi Song-myong du royaume coréen de Paekche. Après 587, le clan dominant des Soga soutient l'implantation de la tradition du Bouddha. Cet événement souligne la constance de l'un des traits particuliers du Dharma au Japon : sa relation avec un État qui lui demande de protéger le territoire national par des rites propitiatoires.

Au cours de la période d'Asuka, les relations avec la Chine et la Corée s'intensifient sur le plan spirituel. Les enseignements consignés dans le « Sutra du lotus » et le « Sutra d'Amitabha » sont exposés et commentés devant la cour.

De la période de Nara (710-784)
à la période de Kamakura (1185-1333)

La période de Nara doit son nom à la première capitale du Japon, édifiée par l'impératrice Gemmei. Les modèles coréens et chinois intensifient leur influence. Lorsque l'empereur Kammu décide de transférer la capitale à Kyôto (alors dénommée Heian-kyô), il inaugure la période de Heian (784-1185). Les temples et les monastères se sont multipliés. Mais soucieux de vivre en bonne harmonie avec la tradition Shintô, le bouddhisme intègre des kamis dans leurs sanctuaires. Dès la période de Nara (710-784), apparaissent déjà des syncrétismes qui assimilent des bodhisattvas à des kamis.

Certaines écoles, comme le Faxiang ou « école des Caractéristiques des phénomènes », le Sanlun ou « école des Trois Traités » et le Huayan ont été évoquées dans l'histoire du bouddhisme en Chine. Cette présentation simplifiée et chronologique ne doit pas être prise à la lettre car certaines écoles se maintiennent d'une époque à l'autre. C'est le cas par exemple de l'école Tendai. Fondée en 805 (époque de Heian), elle exerce l'une des plus fortes influences sur le Japon pendant la période de Kamakura (1185-1333).

Époque de Nara (710-784)

Écoles à dominantes hinayanistes

- Jôjitsu : école de la Satyasiddhi ou de « l'établissement des vérités ». Elle s'appuie sur le *Satyasiddhishastra*, une œuvre de l'Indien Harivarnam (IIIe-IVe s.) qui expose les quatre nobles vérités et une théorie de la vacuité.
- Kusha : école fondée sur le « Trésor de l'Abhidharma » (*Abhidharmakosha*), une œuvre du philosophe indien Vasubandhu (IVe s.).
- Ritsu : école de la discipline fondée par Jianzhen, un Chinois arrivé au Japon en 754 et dont le nom reste attaché à l'observance stricte du Vinaya.

Écoles mahayanistes

- Hossô : (ch. Faxiang), ou « école des Caractéristiques des phénomènes ».
- Sanron : (ch. Sanlun), ou « école des Trois Traités », équivalent chinois du Madhyamaka.
- Kegon : (ch. Huayan), ou « école de l'Ornementation fleurie » qui se réfère essentiellement à l'enseignement consigné dans le long « Sutra de l'ornementation fleurie des bouddhas » (*Avatamsakasutra*).

Époque de Heian (784-1185)

- Tendai (« les Terrasses du ciel », ch. Tiantai) : école fondée en 805 par Saichô (767-822) qui a reçu en Chine la transmission Tiantai. Il accorde la prédominance au « Sutra du lotus » et à la pratique de shamatha-vipashyana (la pratique de l'apaisement et de la vision claire). Il y adjoint des enseignements du Chan et du Zhenyan, le tantrisme chinois. Saichô s'efforce de fédérer tous les courants du Mahayana et de se rapprocher du Shintô.
- Shingon (école des Mantras ou de la « parole vraie », ch. Zhenyan) : fondée en 806 par Kûkai (774-835). Voir p. 294.

Époque de Kamakura (1185-1333)

Avec l'époque Kamakura, le Japon entre dans l'ère féodale. La classe des guerriers, les samouraïs, renverse une aristocratie décadente et instaure le shôgunat, le système de gouvernement militaire. Heian, demeure la capitale officielle du Japon, mais l'empereur se contente désormais d'incarner la tradition. Le nom Kamakura vient de la capitale du shôgunat fondé en 1185.

Très attirés par l'école Zen Rinzai (voir p. 295), les samouraïs se détournent du ritualisme et des élaborations intellectuelles des anciennes écoles du bouddhisme. Le dépouillement, l'éthique et la discipline rigoureuse du Zen Rinzai plaisent à ces guerriers dont la vie, empreinte d'austérité et de sobriété, s'anime en un continuel face-à-face avec la mort. Sous l'inspiration de cette école bouddhique, ils élaborent leur code éthique et chevaleresque, le Bushidô. Les samouraïs retrouvent également dans la pratique du Zen le sens profond du service qui anime la mentalité chevaleresque. Le terme « samouraï » vient d'ailleurs de *saburau* qui signifie « servir ».

- Écoles du Zen : approche mettant l'accent sur le recours à « ses propres forces » (jap. *ji-riki*) pour actualiser l'éveil. Selon la tradition, l'origine du Zen remonte à Bodhidharma, premier patriarche de l'école Chan en Chine. Eisai Zenji (1141-1215) fonde le Zen Rinzai et Dôgen Zenji (1200-1253) est à l'origine du Zen Sôtô. Voir p. 295.
- Écoles de la Terre pure : approche mettant l'accent sur le recours aux « forces de l'Autre » (jap. *ta-riki*), cet « Autre » étant le bouddha Amitabha (jap. Amida). La pratique du bouddha Amitabha était déjà répandue durant l'époque de Nara, en particulier dans l'école Tendai. Elle va donner lieu à deux écoles distinctes : la Jôdo-shû et la Jôdo-shinshû. Au Japon, la Jôdo-shinshû compte aujourd'hui environ treize millions de fidèles contre six millions pour la Jôdo-shû. Voir p. 301.
- École Nichiren : approche mettant l'accent sur le recours aux « forces de l'Autre », cet « Autre » étant un texte, le « Sutra du lotus ». École typiquement bouddhique fondée par Nichiren (1222-1282). Voir p. 301.

Les maîtres des nouvelles écoles, dont Eisai Zenji, Dôgen et Nichiren, dénoncent la corruption qui affecte le système religieux japonais et subissent la persécution des écoles florissantes installées de longue date. Eisai, Dôgen et Nichiren ont connu une pauvreté extrême, ce qui donne à leur œuvre une ampleur considérable parce qu'ils ont su préserver coûte que coûte les valeurs transmises par le Bouddha. Sans doute trouverait-on dans cette situation très difficile sur le plan matériel une des justifications possibles de la sobriété du Zen.

Remarque sur les approches ji-riki et ta-riki – Zen, d'une part, Terre pure et école Nichiren, d'autre part, caractérisent deux méthodes bien distinctes. Le Zen correspond à l'approche *ji-riki*, littéralement « s'éveiller par ses propres forces ». Cette méthode nous place au pied du mur. Les résultats sont fonction de la motivation et de l'énergie investie dans la pratique assise. L'œuvre de Dôgen caractérise bien cette approche abrupte et sans concession. La Terre pure et l'école Nichiren proposent de simplifier la pratique en la rendant plus accessible au peuple. Ces écoles s'apparentent à des voies plus « humides » parce qu'elles sont de nature dévotionnelle. Se fondant davantage sur l'idée d'un recours à un support, elles correspondent à l'approche *ta-riki* qui consiste à s'en remettre aux « forces de l'Autre ».

De la période de Muromachi (1333-1573) à la période de Meiji (1868-1912)

Dans un Japon où les monastères jouent un rôle politique très influent et où ils reçoivent des aides de l'État, les périodes de Muromachi (1333-1573) et de Momoyama (1573-1603) sont marquées par des guerres civiles et des conflits entre l'école Nichiren et l'école Tendai. Kyotô est incendiée en 1477. Ces incendies n'épargnent pas les temples du pays et des massacres sont perpétrés afin de faire fléchir le pouvoir des moines. Malgré cette sombre situation, l'époque de Muromachi a été très féconde pour les arts japonais.

Au cours de la période d'Edo (1603-1868), l'aristocratie guerrière des samouraïs connaît son âge d'or. Les shôguns Tokugawa gouvernent l'archipel, conseillés par des moines de l'école Zen Rinzai, école qui joue alors un rôle politique majeur. Bien qu'au XVIIe siècle, le moine chinois Yinyuan Longqi (jap. Ingen Ryûki) fonde la secte Ôbaku, le néo-confucianisme et le retour progressif au Shintô mettent un frein au renouveau du Dharma.

La période de Meiji (1868-1912), littéralement « politique éclairée », marque un tournant décisif. Suivant le modèle occidental, une nouvelle organisation administrative et industrielle voit le jour. Les fiefs militaires disparaissent et les samouraïs perdent alors tous leurs privilèges. La pacification du territoire rend la voie chevaleresque du guerrier (jap. *Bushidô*) totalement obsolète. Avec l'avènement des enseignements martiaux, en particulier le kendô (la voie du sabre), et le kyudô (la voie de l'arc), elle deviendra le *Budô*, la voie de la transformation et du perfectionnement intérieurs.

Dans le dernier quart du XIXe siècle, au moment où Guimet se rend au Japon avant de fonder son musée en 1879, le pays du Soleil Levant tente de retrouver un Shintô originel. Les temples shintôs sont dépouillés de leur influence bouddhiste. Le rétablissement de la voie des kamis doit beaucoup au coup d'État de 1868 qui met fin au shôgunat et installe sur le trône l'empereur Mutsuhito, le descendant du kami Amaterasu, déesse du Soleil.

Pendant la première moitié du XXe siècle

Au cours de la Seconde Guerre mondiale, les écoles Zen Sôtô et Zen Rinzai ainsi que l'amidisme* ont favorisé l'instrumentalisation du Dharma par l'État en vue de soutenir l'effort de guerre. Les maîtres ont utilisé les enseignements sur le détachement ou la vacuité pour prôner l'égalité de la vie et de la mort, justifiant ainsi l'esprit de sacrifice et la fidélité absolue à l'empereur. Pour essayer de comprendre ce phénomène, on doit le replacer dans le contexte historique de l'époque de Kamakura. Au cours de cette période de guerres civiles, le Zen marque de son empreinte l'esprit et le comportement des guerriers. Au fil du temps, le Zen et le Bushidô seront perçus comme l'essence de la culture japonaise. La militarisation de la société à l'époque Meiji, la volonté de donner au Shintô une place de premier plan en le séparant du bouddhisme et la modernisation du pays tournée vers l'Occident ont entraîné une profonde réflexion sur la survie du Japon ancestral incarnée justement par le Bushidô.

Mais comment en est-on arrivé à l'apparition d'un Zen de l'État impérial et d'un Zen martial ? Comment le Zen a-t-il pu servir des idéologies extrémistes en étant perçu comme gardien de l'État et non plus comme voie de libération ? Comment des maîtres du Zen, pratiquement sans exception, ont-ils pu s'impliquer dans la manipulation mentale des citoyens et accorder leur soutien au militarisme ? Brian Victoria tente de répondre à ces questions dans *Le Zen en guerre*. On peut trouver, écrit-il, dans des interprétations d'enseignements et de pratiques zen l'ossature conceptuelle qui a permis d'adapter le Dharma à l'idéologie militaire. Même si on replace l'instrumentalisation du Dharma dans le contexte culturel du culte de l'empereur ou qu'on l'aborde à la lumière de la vision de la mort telle que l'a véhiculée la voie chevaleresque du guerrier, il n'en reste pas moins vrai que l'oubli des valeurs fondamentales aux sources même du bouddhisme (le respect de la vie, la non-violence, la compassion universelle) a donné lieu à une période sombre et sordide de l'histoire du bouddhisme.

Après la Seconde Guerre mondiale

Avec l'avènement de la liberté religieuse et le mouvement de diversification spirituelle, le Shintô perd sa place privilégiée. Le Dharma dans sa coloration japonaise connaît alors un vif intérêt dans les pays occidentaux.

Aujourd'hui, « être bouddhiste » au Japon recouvre un sens très vague même si 80 % des Japonais s'affirment comme tels. Le Shintô continue d'être très influent et l'ensemble de la mentalité en est imprégnée. Avec l'industrialisation massive et rapide du pays, la situation s'est complexifiée. L'exode rural et l'établissement de grandes cités ont modifié la relation des Japonais au bouddhisme ancestral, affaiblissant progressivement sa vitalité.

Dans ce contexte, de nouvelles tendances sont nées après-guerre. Reniant souvent les écoles traditionnelles, elles ont répondu de manière pragmatique à la détresse matérielle et morale. La Sôka-Gakkaï (l'Association créatrice de valeurs) fondée en 1930 ou la Rissho Koseikai (Société pour l'établissement de la droiture et les relations amicales) fondée en 1938 constituent des exemples significatifs. Le cas de la Sôka-Gakkaï demeure assez particulier parce qu'elle mène une forte activité missionnaire qui peut surprendre eu égard à l'absence de prosélytisme si caractéristique du Dharma dans ses fondations. Elle suscite d'ailleurs beaucoup de réserves de la part des gouvernements occidentaux. Dans les années 60, elle a créé un parti politique et aujourd'hui elle est à la tête d'un syndicat, d'universités, d'écoles et de journaux. Son émancipation a fait reculer d'autant le Zen ou le Shingon, par exemple, qui ne représentent désormais plus que 8 % et 11 % des bouddhistes. Écoles anciennes et nouvelles se côtoient dans une atmosphère où se mêlent également pratiques profondes et superficielles.

Shingon

École des mantras ou de la « parole vraie » fondée en 806 par Kûkai (774-835) qui reçut en Chine la transmission de Huiguo, septième patriarche du Zhenyan. Le terme *shingon* est l'équivalent en japonais du sanskrit *mantra*, c'est dire ici l'importance de ces clés vibratoires. La pratique opère la transmutation des énergies dualistes en énergies éveillées, permettant d'actualiser la nature ultime de l'esprit que le Shingon identifie à Mahavairocana[1] (jap. Dainichi Nyorai), le « Grand Illuminateur » ou « Grand Soleil » en lequel vivent les qualités de la bouddhéité. Dans la réalité relative, on distingue deux plans qui sont l'émanation de Mahavairocana. Le premier est le « plan de la matrice », le pôle passif et féminin. Expression de la compassion, il symbolise la perfection du monde phénoménal composé des cinq éléments : terre, eau, feu, air,

---

1. Vairocana dans le modèle des cinq familles de bouddhas (voir tableau 10, p. 212).

espace. Le second est le « plan du vajra » ou « plan adamantin ». Pôle actif et masculin, il représente la capacité que nous avons de comprendre par le moyen de la raison, de l'analyse et de l'intelligence immédiate. Ces deux plans, qui font l'objet d'une initiation, sont l'expression de deux voies complémentaires. Le pratiquant les cultive conjointement, unissant le masculin et le féminin, réalisant à terme l'indissociabilité de la compassion et de la sagesse.
Le Shingon est resté longtemps inconnu de l'Occident. Selon certains savants, il aurait cherché à se préserver, estimant que sa propre pratique est fondée sur l'ésotérisme le plus pur, évitant ainsi toute dérive et perte de son intégrité. Aujourd'hui, le Shingon compte désormais douze millions de pratiquants et douze mille temples. Il est implanté en Asie, en Amérique du Nord et du Sud, à Hawaii et en France. Il comprend quarante-huit branches correspondant à différentes lignées de transmission de maître à disciple.

Zen

« Parler du Zen est comme chercher des traces de poisson dans un lit de rivière asséché[1]. » Toute parole n'est au mieux qu'un effleurement – une tentative pour ressentir la présence des poissons sur les galets, comme on dit la mémoire de l'eau. La parole ramène à l'évidence de l'expérience : « Devenir la montagne, la fleur, l'eau, le nuage[2]... » Le Zen, c'est l'esprit de tous les jours.

ZEN RINZAI, ZEN SÔTÔ ET ZEN ÔBAKU : LEUR CONTRIBUTION À LA CIVILISATION JAPONAISE

C'est à l'époque de Kamakura (1185-1333), avec l'introduction du Chan sous le gouvernement militaire des shôguns, que le bouddhisme connaît son âge d'or et prend une coloration réellement japonaise. En 1195, le moine Eisai, de l'école Tendai, fonde le Zen Rinzai, prolongement de la lignée Linji de l'école Chan du Sud.
Un autre moine portant le nom de Dôgen (1200-1253) va entrer dans l'histoire du Zen. Après une formation dans le Tendai et le Zen Rinzai, il séjourne en Chine de 1223 à 1227 afin de recueillir l'enseignement du bouddha Shakyamuni transmis par Bodhidharma, le vingt-huitième patriarche. Il reçoit du maître Rujing (1163-1228) la transmission de la lignée Caodong, deuxième lignée de l'école Chan du Sud. L'enseignement de Rujing accordait une place centrale à la discipline monastique et à la pratique du zazen, la méditation en position assise. Dôgen connaît auprès de lui une expérience d'éveil décisive. Il regagne son pays natal les mains vides, sans aucun texte. Riche de sa seule expérience et de sa volonté de transmettre zazen, il lui faudra plusieurs années avant de

---

1. Propos d'un ancien maître repris par les traducteurs du *Shôbôgenzô*, l'œuvre maîtresse de Dôgen. Cf. *Shôbôgenzô. Yui butsu yo butsu / Shôji, Seul bouddha connaît bouddha / Vie-mort*, p. 53.
2. Taisen Deshimaru, *La pratique du Zen*, p. 42.

pouvoir fonder un monastère près de Kyôto, alors capitale du Japon. Dôgen ne s'est jamais présenté comme l'initiateur ou le créateur d'une nouvelle école bien que traditionnellement on le considère comme le fondateur de l'école Sôtô au Japon. Dôgen a toujours rejeté l'appellation « école Zen », estimant que ses efforts visaient uniquement à revenir aux sources de l'enseignement tel qu'il a été transmis à Mahakashyapa en silence, de cœur-esprit à cœur-esprit (jap. *i shin den shin*).

Au milieu du XVIIe siècle, le moine Yinyuan Longqi (jap. Ingen Ryûki) fonde la secte Ôbaku dont l'une des pratiques centrales consiste à associer la méditation à la récitation du *Nembutsu*, la formule d'hommage au bouddha « Lumière Infinie » (Amitabha, jap. Amida). Les écoles Sôtô*, Rinzai* et Ôbaku* constituent les trois grands courants du bouddhisme zen japonais.

Zen et esprit de service

Les devoirs des moines zen ne comprennent pas uniquement la pratique personnelle, les cérémonies et rites funéraires. La participation directe au bien-être commun en fait partie. D'où l'importance du travail manuel (samu), non seulement comme service rendu à la communauté monastique mais comme actualisation de l'amour et prolongement de la pratique plus formelle. Cette tradition du samu s'est maintenue en Occident. Elle connaît des extensions qui prennent la forme d'aide allouée à des organismes sociaux secourant les délaissés ou d'accompagnement des grands malades et des personnes en fin de vie.

Zen et évolution culturelle

Le Zen Rinzai contribue également au développement d'un esprit raffiné se démarquant des mœurs dissolues de la cour impériale. Se dessine peu à peu une véritable révolution culturelle où sont mises en avant l'unité du corps-esprit, la conjonction de l'esthétique et du spirituel. Elle touche principalement la « voie de l'écriture », que nous appelons calligraphie, et la poésie avec le haïku qui va connaître une grande renommée grâce à son maître incontesté, le poète Bashô (1643-1715). Durant la période de Muromachi (1333-1573), l'esthétique zen infléchit le développement d'arts nouveaux comme la « voie du thé » (*chadô*), la « voie des fleurs » (*ikebana*), le théâtre nô, la peinture de paysage, les jardins de méditation.

Nuances entre le Zen Rinzai et le Zen Sôtô

Avec l'école Rinzai, la méditation sur les formules éveillantes (*kôans*), qui s'était développée en Chine, prend une importance capitale[1]. On doit au maître Hakuin Zenji (1686-1769) l'un des plus célèbres kôans : « Quel est le son d'une seule main ? »

---

1. Une partie du chapitre 12 est consacrée aux kôans (voir p. 504).

De son côté, Dôgen n'accorde pas grand intérêt à la concentration sur le kôan, mais ne la rejette pas pour autant. Au fil du temps, l'école Sôtô la délaisse avant de l'abandonner totalement au XVIIIe siècle. Elle insiste sur la pratique méditative en posture assise, soulignant l'inséparabilité de la pratique et de l'éveil. « Juste s'asseoir en silence » (*shikantaza*) dans une posture parfaite, mimant le Bouddha sous l'arbre de la Bodhi, en étant libre de toute fixation mentale et de toute pensée, sans but ni esprit de profit[1] (*mushotoku*), là demeure la pratique essentielle (*zazen*). L'étude et le chant des sutras, l'offrande d'encens, la récitation des mantras, d'une façon générale les rituels, apparaissent comme réellement secondaires.

À la question « Quelle différence entre le Sôtô et le Rinzai ? », maître Deshimaru a répondu : « Dans l'école Rinzai, zazen est une voie pour obtenir le *satori** (l'expérience de l'éveil), alors que, dans le Sôtô, zazen lui-même est satori[2]. »

Il est important de noter cependant que les distinctions opérées entre les deux grandes écoles du Zen ont un caractère relativement artificiel. Les écoles ne sont pas des « institutions » imperméables. L'essentiel repose sur la transmission via la lignée de maître à disciple. Chaque maître apporte sa tonalité propre. La diversité des approches forme ainsi une vaste palette de nuances. Celle-ci constitue l'une des richesses du Zen et caractérise son extraordinaire vitalité, toutes écoles confondues.

L'amitié spirituelle a généralement plusieurs facettes. Le disciple reçoit la transmission d'un maître qui ne se considère pas comme le détenteur unique de l'enseignement. L'éducation spirituelle se complète au contact d'autres enseignants recommandés par le maître initial. Dans ces conditions, la richesse des lignages fructifie et la transmission se nourrit des différentes approches de l'enseignement.

Les sept principes du Zen selon maître Dôgen

L'enseignement de maître Dôgen repose sur sept principes essentiels[3] :

1. *La pratique et le satori sont unité.* La pratique n'est pas une technique ou un moyen pour atteindre l'éveil. Zazen, littéralement « la présence en posture assise », c'est l'éveil lui-même. Rien n'est à atteindre. Le méditant exerce simplement son habileté. Le *satori* peut jaillir à chaque instant. Il ne s'apprend pas.
2. *Tous les êtres et Bouddha sont unité.* Entendu au niveau ultime qu'est le satori.
3. *Zazen, la plus grande vérité.* La transmission passe par la pratique de zazen. Zazen est le processus en lequel l'esprit se découvre tel quel, non terni par le colorant des pensées et des émotions. L'esprit retrouve sa source, l'expérience directe et naturelle de *ce qui est*. Cette expérience allie la quiétude à la compréhension de la véritable nature du réel.
4. *Le samadhi* de zazen.* (Le mot *samadhi* désigne un état de recueillement qui résulte de l'apaisement du mental.) Plus on entre en intimité avec soi-même, plus on se quitte, plus on est heureux d'appartenir à l'illimité, plus s'actualise l'expérience au-delà de la pensée, la *non-pensée* (*fushiryô*). Le Zen, surtout

---

1. Maître Dôgen disait à ses disciples : « Dès que vous vous mettez en quête du Dharma, vous vous en éloignez. »
2. *La pratique du Zen*, p. 65. Depuis trois siècles, l'école zen Sôtô n'emploie plus le terme « satori ».
3. Cf. *Le trésor du Zen. Textes de maître Dôgen* (XIIIe siècle), p. 58-62.

depuis Dôgen, établit une distinction entre plusieurs états : la *pensée (shiryô)*, le *penser-non-pensé (hishiryô)* et la *non-pensée (fushiryô)*. Le *penser* désigne la pensée discursive, analytique et discriminante. Le *penser-non-pensé*, c'est l'état de conscience qui survient spontanément en zazen : état transparent et insaisissable par l'intellect. La *non-pensée* désigne l'expérience d'immédiateté antérieure à toute conceptualisation. L'authenticité de la parole du Bouddha et des maîtres tient au fait qu'elle découle de la *non-pensée*.

5. *L'enseignement, la pratique et le satori sont unité.* L'enseignement que transmettent oralement les maîtres et l'enseignement consigné dans les textes ne sont pas séparés de la pratique. La pratique elle-même n'est pas séparée du satori. Il y a continuité de ces trois aspects parce qu'ils sont fondamentalement une seule et même chose.

6. *Au-delà de Bouddha.* Trouver Bouddha (l'éveil) en soi-même et ne pas s'attacher à la représentation que nous en avons. « À chaque instant, dit Taisen Deshimaru, il faut créer d'une manière fraîche la vraie sagesse. »

7. *Le corps et l'esprit sont unité.* La voie n'est ni un matérialisme, ni un spiritualisme, ni la somme des deux. C'est par convention que l'on distingue le corps et l'esprit. La médecine traditionnelle traite une unité et non pas un corps. En zazen, l'unité se manifeste d'elle-même.

Point d'« éveil subit » sans apprentissage de la voie

Au sein du Chan en Chine, la distinction entre « éveil graduel » et « éveil subit » a entraîné l'établissement de l'école du Nord et de l'école du Sud. Une interprétation extrémiste de l'« éveil subit » consisterait à penser qu'il suffit simplement de s'asseoir en zazen pour réaliser l'expérience ultime. Dans cette optique, la pratique du Zen se résumerait à l'assise, dans un état de non-agir propice au surgissement soudain de l'éveil.

Plusieurs histoires balaient cette interprétation. Deux d'entre elles sont très célèbres et les maîtres se plaisent à les rappeler. La première est celle d'un moine qui se montrait particulièrement brillant en rhétorique. Un jour, son maître le mit à l'épreuve en lui posant cette question : « Qu'est-ce que tu étais quant tes parents n'étaient pas encore nés ? » Le moine ne put répondre et alla consulter tous ses livres. Incapable d'argumenter, il brûla sa bibliothèque et partit vivre dans un ermitage. Un matin, alors qu'il balayait l'entrée de sa hutte, son balai propulsa un caillou qui heurta un bambou. À la simple écoute du son, il s'éveilla dans l'instant.

La seconde histoire relate un épisode de la vie du maître Lingun Zhixian qui s'était astreint à trente ans de pratique intense sans résultat ultime. Un jour, alors qu'il était en pèlerinage, il s'assit pour se reposer. Alors que la nostalgie de son village s'élevait en lui, il vit les fleurs d'un pêcher au cœur d'une lumière printanière. Voyant cela, il s'éveilla. D'emblée, le caractère instantané de l'expérience nous attire et l'on est oublieux des années d'étude et de pratique qui l'ont précédée.

Maître Dôgen éclaire le sens profond de ces deux histoires :

> Comment le bambou serait-il sagace ou stupide, comment serait-il illusionné ou éveillé ? Comment les fleurs seraient-elles superficielles ou profondes, sages ou stupides ? Les fleurs s'ouvrent tous les ans, mais ce n'est pas pour autant que tout le monde appréhende l'éveil. Le bambou résonne

parfois et pourtant ceci ne veut pas dire que ceux qui l'entendent appréhendent l'éveil.
Simplement, ils ont appréhendé l'éveil et ils ont fait la lumière dans leur esprit en conséquence du mérite d'avoir poursuivi longtemps leur apprentissage et leur pratique. C'était aussi la rétribution de leur assiduité à pratiquer l'éveil. Cela ne leur est pas arrivé grâce au seul son du bambou. Cela ne tenait pas non plus à la profondeur particulière de la couleur des fleurs. On a beau dire que le son du bambou est merveilleux, mais il ne l'émet qu'après en avoir attendu la cause. On peut dire que la couleur des fleurs est splendide, mais elles ne s'ouvrent pas seules. Elles voient la lumière quand arrive le printemps. (...) Un homme devient vertueux par un exercice répété. (...) Quel est l'homme qui a du succès dès sa première intention ? (...) L'homme doit nécessairement s'exercer. Faites-vous humbles et ne relâchez pas votre apprentissage de l'éveil[1].

Cet apprentissage se fait dans un état d'esprit que définit le *Shin Jin Mei*, le *Poème sur la foi en l'esprit* :

> Pénétrer la voie n'est pas difficile, mais il faut ni amour, ni haine, ni choix, ni rejet.
> Il suffit qu'il n'y ait ni amour ni haine pour que la compréhension apparaisse, spontanément claire, comme la lumière du jour dans une caverne.
> S'il se crée dans l'esprit une singularité aussi infime qu'une particule, aussitôt une distance illimitée sépare le ciel et la terre.
> En vérité, parce que nous voulons saisir ou rejeter, nous ne sommes pas libres.
> Le gain, la perte, le juste, le faux,
> Je vous en prie, abandonnez-les[2].

L'abandon se trouve au cœur du non-agir et le non-agir est la posture du corps-esprit en zazen. Le non-agir ne supprime rien et n'ajoute rien : il est l'essence de l'action faite sans but ni esprit de profit. Ce dialogue entre le moine Baso et son maître en rend compte :

> Baso était en zazen quand son maître Nangaku lui demanda :
> « Que fais-tu ?
> — Je fais zazen.
> — Quelle idée ! Pourquoi fais-tu zazen ?
> — Je veux devenir Bouddha. »
> Le maître prend alors une tuile d'un toit et se met à la polir. (Au Japon, les tuiles ne sont pas rouges, mais noires.) Alors Baso demande :
> « Maître, quelle est votre idée ? Que faites-vous ? Pourquoi polissez-vous cette tuile ?
> — Je veux en faire un miroir !
> — Comment peut-on faire un miroir d'une tuile ?
> — Est-il possible de devenir Bouddha en pratiquant zazen[3] ? »

---

1. *Les enseignements du maître zen Dôgen. Shôbôgenzô Zuimonki*, p. 168-169.
2. Versets 1, 2, 3, 8 et 45. Voir Taisen Deshimaru, *L'esprit du Ch'an. Aux sources chinoises du Zen*.
3. *Ibid.*, p. 32.

UNE NAPPE DE SABLE BLANC

Le monastère et la pratique de vie qui s'y impose constituent l'environnement dépouillé caractéristique de « l'esprit zen ». L'environnement offre les conditions propices à la compréhension de la nature des phénomènes et à l'actualisation de l'expérience ultime. C'est pourquoi, au Japon, le Zen est avant tout une tradition monastique.
Le cœur de tout monastère est le dojo, le lieu où se pratiquent les *sesshins**, les retraites intensives de méditation, et où se vit l'expérience du zazen. Dans le dojo, les moines zen Sôtô pratiquent zazen face au mur alors que les moines zen Rinzai lui tournent le dos. Sur cette photo, on voit un moine de l'école Rinzai méditer dans la pénombre du préau en bois du monastère Daitokuji à Kyôto. Devant lui, le jardin sud du Daisenin, un jardin de pierre : une nappe de sable blanc ratissé. Le clair-obscur donne à son corps drapé dans la robe monacale (jap. *kesa*) la forme d'un triangle sombre. Il porte le kesa comme il porte en lui la lumière de sa métamorphose. Son corps tranche sur le sable blanc à l'arrière-plan. Avec le jeu de la perspective, les deux petits monticules coniques encadrent le corps du méditant. La vue d'ensemble laisse dominer, dans une sobriété absolue, les trois formes triangulaires – trois montagnes – qui se jouent du contraste noir-blanc.
Le moine s'oublie en sa propre quiétude. Il est la tranquillité du jardin minéral, celle du cosmos. Zazen n'a besoin de rien. L'éveil se lève en lui à mesure que les traces des pensées habituelles s'estompent. Demeure l'essentiel : un non-état, une pensée dépouillée de ses modes, un ciel sans nuage qui voit tout et ressent tout. Dans le « Sutra du diamant coupeur », le Bouddha s'adresse à son disciple Subhuti en ces termes : « Lorsqu'un bodhisattva ne dépend plus des concepts, il est comme un homme à la vue pénétrante qui marche sous la lumière éclatante du soleil. Celui-là peut voir toute forme et toute couleur. »

Jôdo-shû

« École de la Terre pure » fondée par Hônen (1133-1212). Selon lui, la période de troubles que traversait le Japon n'était pas favorable aux pratiques traditionnelles, en particulier celles du Tendai dans lesquelles il avait été formé. Recherchant une voie d'éveil pour les gens simples et incapables de méditer, il considéra que la récitation du *Nembutsu*, la formule d'hommage au bouddha « Lumière Infinie » (jap. Namu Amida Butsu) était la mieux adaptée et constituait une voie complète. Il en fit sa pratique unique. On a vu qu'elle permet de renaître en Sukhavati, la Terre pure d'Amitabha qui offre les conditions adéquates pour réaliser le plein éveil.

Jôdo-shinshû

« Véritable école de la Terre pure », fondée en 1224 par Shinran (1173-1263), formé dans le Tendai et disciple de Hônen. Cette école représente une forme plus radicale que la Jôdo-shû. Shinran, voyant que les efforts personnels ne lui permettent pas d'atteindre l'éveil, mais renforcent l'orgueil et l'égoïsme, se tourne vers des pratiques dévotionnelles. On lui doit cette célèbre formule : « Les bons vont en Terre pure, à plus forte raison les méchants. » Elle indique tout simplement qu'en vertu des vœux d'Amitabha, l'éveil est accessible à tous ceux que l'on considère comme étant les plus démunis spirituellement : les voleurs, les criminels, les prostituées… Il a été l'un des premiers moines à se marier et à constituer une famille. Contrairement à son maître Hônen, Shinran estime que la récitation du *Nembutsu* n'est que l'expression d'une gratitude envers Amitabha. En vertu du vœu que fit le bouddha « Lumière Infinie », tout repose sur l'intensité de la foi.

École Nichiren

École purement japonaise fondée par Nichiren (1222-1282). Son enseignement repose essentiellement sur le « Sutra du lotus » et le *daimoku*, la pratique qui consiste à réciter la formule « Namu Myôhô Renge Kyo », « Hommage au Sutra du lotus de la bonne loi ». Par l'importance qu'elle accorde à la dévotion, elle entretient des parentés avec les écoles de la Terre pure, mais ce n'est pas un bouddha qu'elle vénère mais un texte dont la puissance dépasse très largement sa signification. Dans ce contexte, Nichiren estime que l'étude du « Sutra du lotus » n'est pas nécessaire pour en recevoir les bienfaits. De ce courant, plusieurs écoles dissidentes sont nées au XXe siècle, dont la Sôka-Gakkaï internationale (l'Association créatrice de valeurs) qui compte plus d'un million de membres. Comme on l'a déjà noté, son prosélytisme suscite aujourd'hui beaucoup de réserves de la part des gouvernements occidentaux.

3. Vers les hauts plateaux tibétains et le désert de Gobi

• Népal

Lieu où prennent leur source plusieurs affluents du Gange sacré et terre natale du Bouddha, le Népal s'éveille très timidement au bouddhisme sous l'impulsion d'Ashoka. Avec l'ouverture des grands cols himalayens aux environs du VIIe siècle, le pays reçoit véritablement l'influence indienne et des vallées comme celle de Katmandou vont devenir des escales sur les chemins escarpés menant au Tibet. Au XIIe siècle, le Népal accueille hindous et bouddhistes qui fuient une Inde aux mains des sultans turco-afghans.

Bien que pluriethnique, le Népal compte deux grands peuples : les Gurkhas et les Newars. Les Gurkhas représentent la communauté hindoue. Peuple venu du Rajasthan, il s'est peu à peu mêlé aux tribus locales. Leur expansionnisme est tel qu'ils se heurtent aux Tibétains qui bénéficient alors de l'appui de la Chine. La Chine veut affirmer sa puissance dans une région qui constitue pour elle une porte ouverte sur l'Inde. La lutte étant inégale, le Népal se voit contraint d'accepter le protectorat anglais en 1816. Les Gurkhas n'ont cessé d'émigrer, s'installant au Bhoutan ou au Sikkim, royaume fondé par les Tibétains au XVIIe siècle. Sous protectorat de l'Inde en 1950, le Sikkim devient un petit territoire bouddhiste.

Le deuxième grand peuple du Népal est la communauté tibéto-birmane Newar, installée dans la plaine de Katmandou et bouddhiste depuis le Xe siècle. Compte tenu de la forte hindouisation, le bouddhisme pratiqué par les Newars possède une diversité d'aspects allant des formes traditionnelles du Vajrayana à des mélanges avec le tantrisme shivaïte ou des cultes hindous, donnant lieu à un syncrétisme que les savants qualifient parfois de « bouddhisme népalais ». Le phénomène est d'autant plus étonnant que les monastères newars ont su préserver des pratiques fondamentalement bouddhiques. Cette communauté constitue l'élite intellectuelle et compte quelques-uns des plus grands artisans ayant contribué dès le XIIIe siècle à la magnificence de la statuaire tibétaine et chinoise.

Deux régions, le Dolpo et plus à l'est le Mustang, sont restées complètement tibétaines. On ne saurait oublier enfin les Sherpas, célèbres en Occident comme guides et alpinistes. Cette population descendant d'immigrés tibétains demeure profondément attachée aux enseignements du Vajrayana.

Après l'invasion chinoise au Tibet (1959), une communauté de Tibétains exilés s'est constituée, notamment à Katmandou. Temples et monastères ont été édifiés, permettant ainsi la préservation de la tradition tibétaine dans le seul royaume hindouiste au monde. Aujourd'hui, sur 23 millions d'habitants, on compte environ 1,5 million de bouddhistes.

• Bhoutan

À l'est du Sikkim, s'étend le Bhoutan, minuscule territoire himalayen enclavé entre les deux colosses de l'Asie, la Chine et l'Inde. Compte tenu de sa position, il a été l'objet de nombreux enjeux géopolitiques sous la pression du Népal, du Tibet et du Sikkim. Passant de la théocratie (XVIIe-début XXe s.), à la monarchie en 1907 puis à un statut d'État indépendant en 1950, les conflits ont pris la forme de querelles identitaires internes entre les autochtones bouddhistes et les Népalais immigrés hindouistes. Fragilisé, le pays a opéré un repli identitaire qui s'est traduit par des mesures sévères à l'encontre des Népalais et un affermissement de l'identité bouddhiste. Aujourd'hui, le Bhoutan est préoccupé par sa survie et la préservation de son identité distincte, dans une zone où il sert de tampon entre les deux colosses de l'Asie.

Deux particularités font du Bhoutan un pays unique au sein de la région himalayenne. Il abrite tout d'abord un vaste patrimoine artistique bouddhique comprenant deux mille monastères et treize mille stupas, témoins de l'empreinte du Vajrayana, religion d'État. Il se caractérise ensuite par une topographie originale. Passant d'une altitude de trois cents mètres à sept mille mètres en cent kilomètres, et se trouvant sur la même latitude que le Maroc, ce territoire très escarpé jouit d'une grande diversité climatique et écologique qui constitue désormais sa grande richesse. Aujourd'hui, 80 % de la population vit en zones rurales.

À cette spécificité, il faudrait ajouter la dimension sacrée de la terre bhoutanaise, mariant poétiquement le géographique et le spirituel. Matthieu Ricard évoque fort joliment la lecture des signes qui transparaissent dans les spectacles renouvelés de la nature, relevant les métaphores qui, en parler tibétain, désignent plaines, montagnes, lacs ou pans de ciel : « Les plaines sont des "lotus à huit pétales" (symboles de pureté) et les montagnes, des "éléphants couchés" (symboles de force) (…). Les lacs sont des "vases d'abondance" ou des "coupes d'ambroisie". Les pans de ciel aperçus entre les rochers sont assimilés à des "spirales de joie" (galkyl) ou à des dagues représentant la destruction des trois poisons fondamentaux (désir, haine, ignorance)[1]. »

Le bouddhisme a réussi à gagner des terrains aussi accidentés grâce à Padmasambhava, le « précieux maître » connu sous le nom de Guru Rinpotché, introducteur du Dharma au Tibet au VIIIe siècle. Il y aurait séjourné et transmis plusieurs enseignements avant de gagner le pays des Neiges. Des trésors spirituels (termas*) de l'illustre maître ont été retrouvés au XVe siècle. L'école Nyingmapa* (la lignée ancienne) y exercera dès lors une grande influence spirituelle. Au XVIIe siècle, la lignée Drukpa* de l'école tibétaine Kagyupa s'établit au Bhoutan grâce à Ngagwang Namgyal (1594-1651). Elle rayonne très largement au point de donner son nom officiel[2] – le « pays du Dragon » – à ce petit territoire. Les hiérarques Drukpa cessent de gouverner lorsque le souverain héréditaire du royaume reprend le pouvoir en 1905.

Limitant aujourd'hui son ouverture au monde et résistant tant bien que mal à une modernisation croissante, le pays reste un territoire privilégié où la tradition tibétaine riche de nombreux monastères a su être préservée en étant placée sous la responsabilité de Jé Khenpo, le patriarche du Bhoutan.

• Tibet

Compte tenu de sa situation géographique, le Tibet ne s'ouvre au bouddhisme qu'au VIIe siècle. Suite à une période de violentes persécutions menées à son encontre par le roi Langdharma au milieu du IXe siècle, le Dharma connaîtra une seconde diffusion au XIe siècle. À la même époque, l'Inde commence à plier sous les invasions musulmanes et la dynastie Pala décline au Bengale.

Le bouddhisme se répand sur le Toit du monde dans un climat d'instabilité politique. Des luttes intestines pour le pouvoir fragilisent le pays et favorisent l'ingérence des empires mongol et chinois. L'intervention officielle de la Chine dans les affaires politiques du Tibet se produit au XVIIIe siècle. La province d'Amdo est placée sous protectorat chinois et l'armée s'établit dans les grandes villes, dont la capitale

---

1. *Himalaya bouddhiste*, p. 108.
2. Le terme tibétain *druk* a le sens de « dragon ».

Lhassa. Le génocide perpétré au XXe siècle et le transfert massif de population chinoise sur les hauts plateaux réduisent les Tibétains à une minorité. La destruction du patrimoine naturel, culturel et spirituel ainsi que la corruption accentuent l'ampleur du drame.

Afin de guider la lecture dans le panorama historique du Tibet et baliser le récit de l'avènement des grandes écoles bouddhiques, il convient d'effectuer une rapide synthèse des principaux vecteurs de la transmission.

Les principaux vecteurs de la transmission

Le pays des Neiges est le réceptacle de l'ensemble de la transmission du Dharma. Souvenons-nous que cette transmission comporte deux versants complémentaires : la transmission de l'expérience et la transmission des richesses scripturaires dont le Vinaya, les sutras, l'Abhidharma, les tantras, les textes et commentaires des grands maîtres indiens. Elle intègre également les trois niveaux d'autodiscipline : la discipline d'attention (vœux de libération individuelle/Hinayana), la discipline de l'intelligence altruiste (vœux de bodhisattva/Mahayana) et la discipline secrète (lien sacré/Vajrayana).

De nombreuses traditions yogiques informelles sont les principaux vecteurs de cette transmission. Huit d'entre elles vont tenir une place capitale, jouant le rôle de passeur entre le sol natal du bouddhisme et le Tibet. Parce qu'elles véhiculent les connaissances spirituelles et les méthodes de réalisation transmises de maître à disciple et de génération en génération, on les appelle les *huit chars de la pratique** ou les huit lignées majeures d'accomplissement : Nyingmapa[1], Kadampa*, Marpa-Kagyu, Changpa, Lamdré[2], Chidjé, Djordruk, Dordjé Nèldjor. La plupart d'entre elles disparaîtront en tant que tradition indépendante mais leurs enseignements imprégneront les grandes écoles qui naîtront sur le sol tibétain.

Ces écoles représentent le versant institutionnel des lignées-racines. En tant qu'institutions, elles offrent les conditions favorables à la transmission, l'étude et la pratique. Elles s'appuient sur des infrastructures matérielles et économiques puissantes : terres, paysans/éleveurs, donateurs, système hiérarchique, monastères, temples, bibliothèques. Compte tenu de leur puissance et de l'imbrication du pouvoir spirituel et du pouvoir temporel, elles vont influer sur la politique tibétaine. Quatre d'entre elles vont connaître un rayonnement exceptionnel : les

---

1. Ce nom ne sera attribué qu'au XIe siècle, période de la seconde diffusion du Dharma.
2. Voir la fiche sur l'école Sakyapa, p. 322.

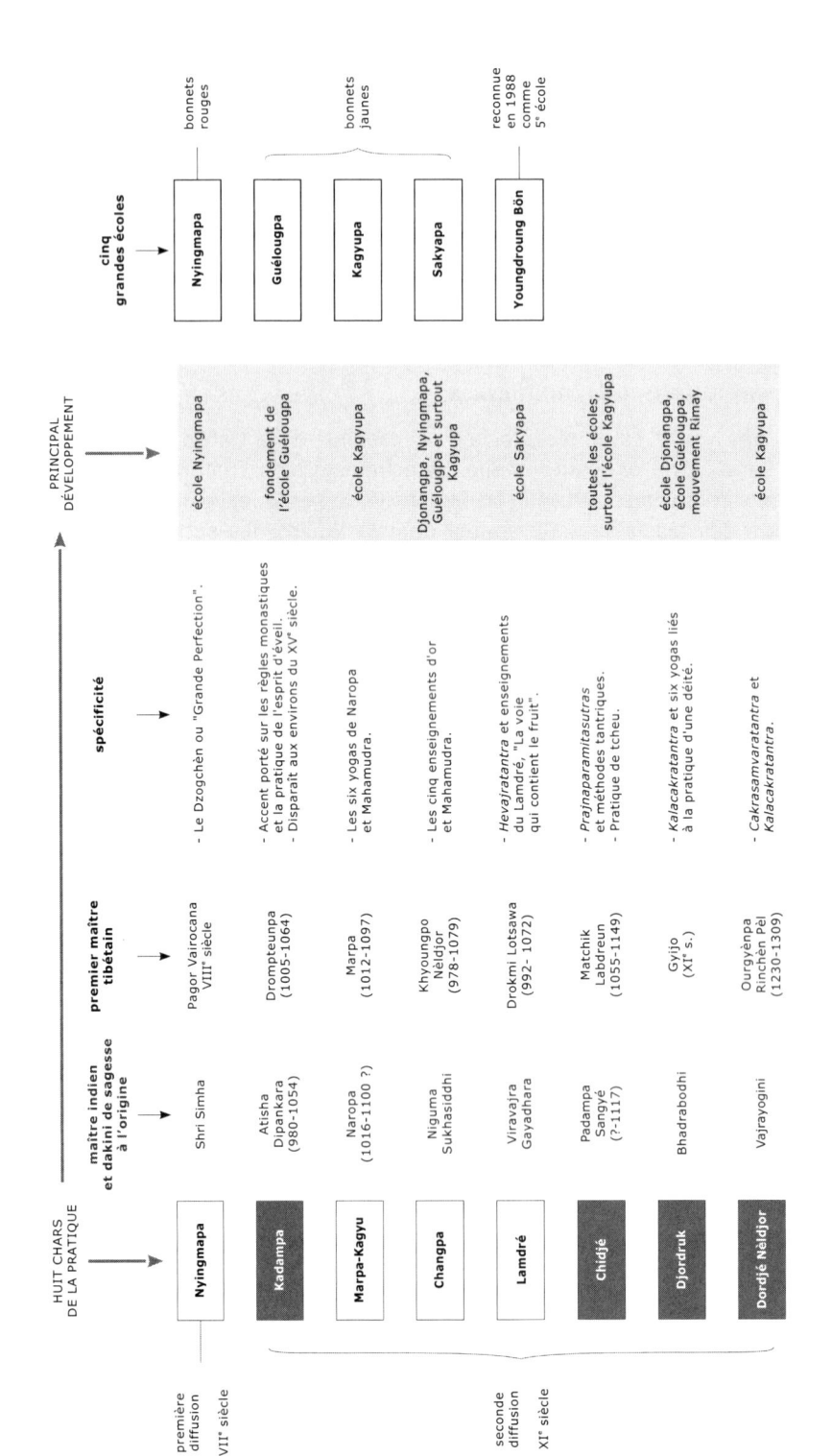

Figure 24. Principales données relatives aux « huit chars de la pratique » ou lignées majeures d'accomplissement.

HUIT CHARS DE LA PRATIQUE	maître indien et dakini de sagesse à l'origine	premier maître tibétain	spécificité	PRINCIPAL DÉVELOPPEMENT	cinq grandes écoles	
Nyingmapa	Shri Simha	Pagor Vairocana VIIIe siècle	- Le Dzogchèn ou "Grande Perfection".	école Nyingmapa	**Nyingmapa**	bonnets rouges
Kadampa	Atisha Dipankara (980-1054)	Drompteunpa (1005-1064)	- Accent porté sur les règles monastiques et la pratique de l'esprit d'éveil. - Disparaît aux environs du XVe siècle.	fondement de l'école Guélougpa	**Guélougpa**	bonnets jaunes
Marpa-Kagyu	Naropa (1016-1100 ?)	Marpa (1012-1097)	- Les six yogas de Naropa et Mahamudra.	école Kagyupa	**Kagyupa**	
Changpa	Niguma Sukhasiddhi	Khyoungpo Neldjor (978-1079)	- Les cinq enseignements d'or et Mahamudra.	Djonangpa, Nyingmapa, Guélougpa et surtout Kagyupa	**Sakyapa**	
Lamdré	Viravajra Gayadhara	Drokmi Lotsawa (992-1072)	- *Hevajratantra* et enseignements du Lamdré, "La voie qui contient le fruit".	école Sakyapa	**Youngdroung Bön**	reconnue en 1988 comme 5e école
Chidjé	Padampa Sangyé (?-1117)	Matchik Labdreun (1055-1149)	- *Prajnaparamitasutras* et méthodes tantriques. Pratique de tcheu.	toutes les écoles, surtout l'école Kagyupa		
Djordruk	Bhadrabodhi	Gyijo (XIe s.)	- *Kalacakratantra* et six yogas liés à la pratique d'une déité.	école Djonangpa, école Guélougpa, mouvement Rimay		
Dordjé Neldjor	Vajrayogini	Ourgyènpa Rinchèn Pèl (1230-1309)	- *Cakrasamvaratantra* et *Kalacakratantra*.	école Kagyupa		

première diffusion VIIe siècle

seconde diffusion XIe siècle

LÉGENDE : ▓ Lignées qui ne se sont pas maintenues en l'état.

écoles Nyingmapa, Kagyupa, Sakyapa et Guélougpa. Ces institutions représentent la face apparente de la tradition. Les lignées initiatiques constituent le cœur de la transmission, sa dimension essentielle où se propage la vitalité de l'influx spirituel.

La figure 24 ci-contre synthétise quelques données importantes pour la présentation des deux diffusions du Dharma au Tibet.

VIIe SIÈCLE : PREMIÈRE DIFFUSION DU DHARMA

Lorsque les enseignements du Bouddha atteignent le pays des Neiges au VIIe siècle, Lhassa est la capitale d'un empire puissant qui va dominer l'Asie centrale pendant deux siècles. Songtsèn Gampo, trente-troisième roi de la dynastie Tcheugyal, règne sur un vaste territoire qu'il a réussi à unifier. Il épouse une princesse népalaise et une princesse chinoise, toutes deux ferventes du Dharma. Chacune apporte en dot une statue du Bouddha. Celle de la princesse chinoise, le Jowo Yidzhin Norbu, se trouve encore dans le Jokhang, le temple principal de Lhassa.

Avant cette période, nous savons peu de chose d'un Tibet fondé sur une tradition orale et des références symboliques et mythologiques. Cependant, il serait erroné de penser qu'avec l'apport du Dharma l'Inde va constituer un modèle de civilisation. Nombre d'érudits tibétains ont eu cette tendance. Leur dévotion pour le Dharma était telle, qu'ils sacralisaient la terre du Bouddha, au point de dévaloriser le fond culturel tibétain. Il existe pourtant une culture tibétaine pré-bouddhique qu'il est important de prendre en considération[1].

Rencontre avec la tradition bön

Sur les hauts plateaux, le bouddhisme rencontre une tradition indigène, le Bön, qui, faute de sources suffisantes et à cause d'un épais brouillard de légendes, reste encore fort mal connu. Il s'appuierait sur le culte des dieux-montagnes et des tombes royales, et ses pratiques, fondées sur les relations avec les déités et les démons locaux, seraient de nature magico-religieuse. D'une façon générale, on distingue deux grandes tendances dans le Bön : le Bön héritier d'un lointain âge chamanique tibéto-mongol et le Bön du Shang Shoung[2] appelé Youngdroung Bön. Afin d'échapper à la proscription imposée par le pouvoir royal bouddhiste dès le IXe siècle, ce dernier s'est efforcé d'incorporer

---

1. Cf. Namkhaï Norbu Rinpotché, *Le collier de gZI. Une histoire culturelle du Tibet.*
2. Le Shang Shoung est un ancien royaume situé à l'ouest du Tibet.

dans son système les classifications et les notions propres à la tradition du Bouddha. En 1988, Le Dalaï-Lama consacre le Youngdroung Bön cinquième école[1] de la tradition tibétaine à côté des écoles Nyingmapa, Sakyapa, Kagyupa et Guélougpa. Cette reconnaissance vise essentiellement à souligner la place capitale du Bön dans la culture tibétaine et son importance dans la connaissance de l'histoire ancienne du Tibet. Avec le recul, force est de reconnaître que les écoles bouddhistes ont elles-mêmes puisé dans ce fond autochtone.

VIIe-VIIIe siècle : Les soutiens politiques –
L'œuvre de Padmasambhava – L'activité de traduction

Selon la tradition, Songtsèn Gampo, sous l'influence de ses deux épouses, fait construire plusieurs temples dont le Jokhang. Il envoie au Cachemire son ministre Teunmi Sambhota accompagné de quinze assistants pour élaborer une écriture et une grammaire qui permettront de traduire les textes sanskrits. Une longue période d'échanges entre l'Inde et le Tibet prend forme. Elle concourt à l'abandon progressif de l'influence culturelle chinoise même s'il est probable que le Chan ait été introduit dans le courant du VIIIe siècle.

Sous l'impulsion du souverain Trisong Détsèn (742-797), et malgré la réticence de ses ministres böns, le bouddhisme sera définitivement implanté. Le roi poursuit l'œuvre de son prédécesseur et invite le maître Shantarakshita de l'université de Nalanda afin qu'il établisse le monastère de Samyé au Tibet central. Shantarakshita se heurte à de tels obstacles qu'on fait appel à l'aide du grand maître tantrique Padmasambhava originaire de l'Oddiyana. Une fois les forces hostiles jugulées, Samyé est édifié. Commence alors la traduction des sutras et des tantras dans un tibétain entièrement calqué sur le sanskrit.

Padmasambhava, Vimalamitra (maître indien du Dzogchèn) et Pagor Vairocana (traducteur tibétain) transmettent les enseignements Dzogchèn, le cœur de la *lignée-racine Nyingmapa*. Prévoyant que le Dharma aurait à souffrir d'un roi hostile, Padmasambhava cache nombre d'enseignements sous forme de trésors spirituels[2] (tib. *termas*) en divers lieux secrets. Ses futures émanations seront chargées

---

1. On emploie généralement ce terme bien qu'il n'ait aucun équivalent en tibétain. En effet, on parle de « systèmes » ou de « traditions de Dharma » (tib. *chos-lugs*). Il ne s'agit pas de structures fermées sur elles-mêmes mais de « systèmes » ouverts qui interagissent tout en maintenant leur spécificité propre.
2. L'un de ces trésors spirituels est le célèbre *Livre tibétain des morts. La grande libération par l'audition dans le bardo*. Il a été découvert au XIVe siècle par Karma Lingpa, grand découvreur de trésors spirituels.

de les retrouver et d'en révéler le contenu au cours de périodes propices.

Selon les sources traditionnelles, Padmasambhava a déposé dans l'esprit de ses disciples un potentiel latent qui est demeuré intact lors de leurs différentes vies successives, potentiel qui leur a permis de découvrir et d'interpréter les trésors spirituels. Ces futures émanations du grand maître, chargés de découvrir et de décrypter les termas, sont nommés *terteuns*. Au XIIe siècle, les premiers enseignements de Padmasambhava sont redécouverts. On pense qu'il en existe encore au pays des Neiges. L'existence des termas et leur découverte ont quelque chose d'extraordinaire. Qu'il s'agisse d'objets sacrés, de textes directement compréhensibles, de fragments cryptés ou de révélations qui apparaissent dans l'esprit de personnes réalisées, le phénomène devint presque courant au Tibet.

La fin du VIIIe siècle marque un tournant dans l'histoire du pays des Neiges. Tout d'abord, devant l'animosité manifeste du Bön, Trisong Détsèn proclame le bouddhisme « religion d'État ». Ensuite, afin de régler la controverse philosophique teintée de préoccupations politiques entre le bouddhisme indien et le Chan, il prend parti pour le premier et invite les représentants de la tradition chinoise à quitter le pays. L'approche dite « progressive » du cheminement l'emporte sur l'approche dite « subitiste »[1].

Padmasambhava.

---

1. Aujourd'hui, de nombreux spécialistes explorent les éventuelles convergences entre le Chan, le Dzogchèn dans l'école Nyingmapa et le Mahamudra dans l'école Kagyupa, postulant que Dzogchèn et Mahamudra sont deux noms désignant la quintessence du Chan.

Le dernier des trois grands rois à soutenir le Dharma est Tri Rèlpachèn. Au cours de son règne (815-832), il standardise les méthodes de traduction. Le corpus tibétain comporte déjà cent huit volumes de textes originaux et à peu près le double de commentaires. Sous l'égide du roi, un vaste travail de révision et de reformulation est mené à bien. On recherche l'exactitude terminologique par rapport au sanskrit et on s'efforce de maintenir un très haut niveau d'érudition.

IXe-Xe siècle : Destructuration de l'empire – Tantras anciens et école Nyingmapa

Tri Rèlpachèn est assassiné en 832. Son frère aîné pro-bön Langdarma monte sur le trône et s'engage dans une action contraire à celle de ses prédécesseurs. Il entreprend la destruction systématique des monastères à une époque où, ne l'oublions pas, le bouddhisme est proscrit en Chine. Les institutions monacales disparaissent du Tibet central pendant plus d'un demi-siècle. Les nombreux yogis laïcs engagés dans le Vajrayana parviennent à poursuivre secrètement leurs pratiques, principalement au Tibet oriental. Ils transmettent les enseignements au sein de lignées familiales. La tradition monacale du Vinaya se maintient également dans cette région grâce à trois grands moines qui réussissent à fuir les persécutions.

Avec l'assassinat de Langdarma en 842, le Tibet ne dispose plus d'une autorité centrale. Le grand empire se morcelle en plusieurs provinces qui acquièrent leur indépendance et sont gouvernées par des seigneurs féodaux. Au milieu du Xe siècle, les monastères du Tibet central reprennent leur activité et les travaux de traduction se poursuivent. Dans les écrits historiques tibétains, les tantras traduits au cours de cette première diffusion sont appelés « tantras anciens ». L'école qui fonde ses enseignements sur ces textes se nomme l'école Nyingmapa (la lignée ancienne) ou école des « bonnets rouges », institutionnalisation de la lignée-racine qui porte le même nom. La couleur de leur coiffe, attribut de certains rituels, est un emblème qui les distingue des « bonnets jaunes » composés des trois écoles ultérieures : Sakyapa*, Kagyupa* et Guélougpa*.

L'école Nyingmapa se veut à l'origine des enseignements Dzogchèn (ou « Grande Perfection ») sur la compréhension et la réalisation de la perfection primordiale. Le Dzogchèn, dont le premier maître humain fut Prahevajra (mieux connu sous son nom tibétain Garab Dordjé), fut transmis au Tibet au cours du VIIe siècle. Les nyingmapas considèrent que la « Grande Perfection » est l'enseignement ultime du Bouddha et le sommet de leur voie fort complexe qui débute avec

le Hinayana, se poursuit avec le Mahayana pour atteindre les différents niveaux du Tantra.
Il faut noter que le Dzogchèn tient une place identique dans le Youngdroung Bön. Bien que les écoles ultérieures aient connu elles aussi de grands pratiquants de la « Grande Perfection », les plus importantes lignées du Dzogchèn se trouvent dans l'école Nyingmapa et le Youngdroung Bön*.

Nyingmapa

La lignée ancienne (école des « bonnets rouges »). La plus ancienne des cinq écoles de la tradition tibétaine. Elle remonte à Padmasambhava, « le précieux maître », qui a introduit les enseignements tantriques au Tibet au VIIIe siècle. Son enseignement se fonde sur une progression en neuf véhicules que l'on ramène à trois catégories principales :

- Le Sutrayana ou « véhicule des sutras » qui insiste sur le développement d'un comportement sain et l'abandon des attitudes négatives ;
- Le Tantrayana ou « véhicule des tantras » qui enseigne la transmutation des émotions conflictuelles en leur véritable nature de sagesse ;
- Le Dzogchèn ou « Grande Perfection », sommet de l'édifice, propose de reconnaître simplement que toutes les productions de l'esprit manifestent le dynamisme de la nature de bouddha.

Deux modes de transmission caractérisent cette école. L'une est appelée « transmission orale longue » (kama). Elle remonte au Bouddha, selon une filiation ininterrompue de maître à disciple. La seconde, ou « transmission des trésors spirituels » (terma), est dite « courte » parce que, comparativement à la précédente, elle constitue un raccourci. Ces trésors spirituels ont été dissimulés dans divers supports par Padmasambhava. Ce dernier a initié vingt-cinq disciples qui seront ses futures émanations et découvreurs de trésors spirituels.

Youngdroung Bön

Fondée par Tönpa Shenrab Miwoché, un éveillé qui se serait manifesté en ce monde il y a environ dix-huit mille ans, le Youngdroung Bön se démarque du Bön ancien, héritier d'un lointain âge chamanique tibéto-mongol, et du Böngsar, une tradition hybride entre la vision et les pratiques nyingmapas et celles propres au Bön des origines.
Le Youngdroung Bön n'est pas à proprement parler bouddhiste bien que cette tradition reprenne l'ensemble des sutras et des tantras, et partage avec l'école Nyingmapa la transmission du Dzogchèn, ou « Grande Perfection ». Encore mal connue, cette tradition est parfois quelque peu méprisée par les membres

des autres écoles qui la considèrent comme une imitation du bouddhisme. En 1988, le Dalaï-Lama a estimé qu'il était important d'ajouter le Youngdroung Bön aux quatre écoles tibétaines : Nyingmapa, Sakyapa, Kagyupa et Guélougpa. Cette reconnaissance en tant que cinquième école estompe les dissensions et les heurts entre le Bön et le Dharma qui ont émaillé l'histoire du Tibet. Dans une situation d'exil forcé, cette initiative a également l'avantage de renouer avec les racines les plus profondes de la culture tibétaine.

Du fait de certains traits chamaniques et de son rapprochement avec la transmission du Dzogchèn nyingmapa, les méthodes böns ne sont pas développées dans le chapitre 14 consacré à l'apprentissage spirituel. En revanche, on trouvera ci-après quelques données essentielles issues des enseignements de Tenzin Wamgyal Rinpotché.

Les enseignements böns s'organisent en trois cycles : [1] les Neuf Voies du Bön ; [2] les Quatre Portails et le Trésor unique ; [3] les préceptes extérieurs, intérieurs et secrets.

1. LES NEUF VOIES DU BÖN se répartissent en deux catégories : la « voie des causes » et la « voie du fruit ». La première repose en partie sur un fond chamanique tibéto-mongol et comprend quatre corps de pratiques :

- *La voie de la pratique de prédiction shen :*
Objectif : Protéger les trois portes (corps, parole, esprit) de toutes les formes de négativité. Rétablir l'équilibre énergétique de l'individu et de la nature.
Moyens : Divination, astrologie, géomancie, rituels, diagnostic médical, thérapies.

- *La voie shen du monde manifesté (ou la production des signes visibles) :*
Objectif : Communiquer avec les énergies des apparences afin de se protéger des facteurs qui troublent l'existence (invoquer les dieux, repousser les démons).
Moyens : Démonologie, exorcisme et rituels pour apporter des bienfaits. Rituels permettant de vaincre les influences néfastes. Offrandes pour le rachat de victimes visant à éliminer les traces karmiques accumulées en payant les « dettes karmiques » contractées auprès des autres êtres. Pratiques et rituels adressés aux esprits de la nature, aux différents protecteurs et déités.

- *La voie shen des pouvoirs magiques :*
Objectif : S'allier les forces de la nature pour l'agriculture et écarter les ennemis.
Moyens : Conjuration, pratique de vénération du maître spirituel, des parents et amis. Rituels comportant récitations de mantras, visualisations, invocations pour dissiper les forces négatives.

- *La voie shen de l'existence :*
Objectif : Guider l'esprit des défunts à travers l'état qui suit le décès et les protéger des perturbations dues aux esprits maléfiques.
Moyens : 360 rituels funéraires et calculs astrologiques.

Les cinq volets de la « voie du fruit » soulignent très clairement la parenté du Youngdroung Bön et du bouddhisme puisqu'elles comprennent les méthodes de purification par la conduite éthique (vœux des laïcs et vœux monastiques), la voie des tantras et les enseignements de la « Grande Perfection », le Dzogchèn.

2. Les Quatre Portails et le Trésor unique comportent cinq parties :

- *Le bön de l'eau blanche des mantras courroucés* : pratiques tantriques comprenant la récitation de mantras courroucés.
- *Le bön de l'eau noire des tantras de l'existence* : divers rituels pour la purification (rituels magiques, pronostiques et divinatoires, funéraires, rédemptoires, etc.).
- *Le bön du sutra des cent mille versets du pays de Phan* : règles pour les moines et les laïcs, accompagnées d'explications philosophiques.
- *Le bön des indications orales et des instructions secrètes du sage maître* : méthodes propres au yoga du corps subtil dans la *phase de complétude** (pratique d'une déité), enseignements et préceptes des pratiques Dzogchèn bön.
- *Le bön du trésor, qui est le plus élevé et embrasse tout* : contient l'ensemble des aspects essentiels des Quatre Portails. C'est pourquoi on l'appelle « Trésor unique ».

3. Les préceptes extérieurs, intérieurs et secrets, qui constituent le cycle final, comprennent :

- *la voie de la renonciation selon les enseignements des sutras* : préceptes extérieurs ;
- *la voie de la transformation selon les enseignements des tantras* : préceptes intérieurs ;
- *la voie de l'autolibération correspondant aux enseignements du Dzogchèn* : préceptes secrets.

XIe SIÈCLE : SECONDE DIFFUSION DU DHARMA

Au début du XIe siècle, période qui coïncide avec les invasions musulmanes et le déclin de la dynastie Pala au Bengale, des initiatives visent à renouer les liens fructueux avec la tradition tantrique indienne. Soutenu par le roi Djangtchoub Eu du royaume de Gougué situé dans l'ouest du Tibet, Rinchèn Zangpo (958-1051), premier grand traducteur de la seconde diffusion, se rend en Inde recueillir les enseignements. À son retour, il fonde plusieurs temples et monastères, et invite le maître indien Atisha Dipankara (980-1054). Atisha constate que les Tibétains se dispersent en effectuant la pratique d'un grand nombre de déités sans en réaliser le fruit. Jusqu'à sa mort, le maître indien ne cessera de revitaliser le Dharma en recentrant la pratique sur l'essentiel.

« Nouveaux tantras » – Lignées majeures et écoles nouvelles : Kadampa, Marpa-Kagyu, Changpa, Lamdré, Djordruk, Djonangpa

La totalité du corpus bouddhique est préservée en tibétain au moment où le Dharma disparaît de sa terre d'origine, et avec lui, la quasi-totalité des originaux sanskrits. Les nombreux textes traduits sont appelés « nouveaux tantras ». Suivant l'exemple de Rinchèn Zangpo, plusieurs Tibétains empruntent les chemins qui traversent l'Himalaya jusqu'à l'Inde pour étudier et pratiquer auprès des maîtres indiens.

Ainsi Dromteunpa (1005-1064) gagne le sous-continent et devient le disciple principal du maître indien Atisha Dipankara. À son retour, il transmet les enseignements de la lignée majeure Kadampa dont il est le premier maître tibétain. Cette lignée disparaîtra aux environs du xve siècle mais ses enseignements seront revivifiés dans les écoles ultérieures, notamment dans l'école Guélougpa fondée par Tsongkhapa au xive siècle.

Un yogi laïc nommé Marpa (1012-1097), contemporain d'Atisha, reçoit les enseignements des grands accomplis indiens Naropa et Maitripa. Ces enseignements portent sur les *six yogas de Naropa** et la « voie de l'intelligence immédiate » ou Mahamudra, voie de méditation non duelle sur la nature de l'esprit. Marpa est le premier maître tibétain de la lignée-racine Marpa-Kagyu. De retour au Tibet, il transmet les enseignements à son célèbre disciple, l'ermite-poète Milarépa (1052-1135), qui initie l'école Kagyupa, dite « lignée de la parole ».

Milarépa, « Celui qui est vêtu de coton ».
Il prête l'oreille au chant des dakinis ou, dit-on parfois,
aux chants de la nature.

Rétchoungpa et surtout Gampopa Seunam Rinchèn[1] assurent la succession spirituelle de Milarépa, transmettant parallèlement la voie graduelle de la lignée Kadampa et les instructions sur le Mahamudra. Les quatre principaux disciples de Gampopa fondent les quatre branches majeures de l'école Kagyupa.

---

1. On trouvera une présentation de l'une de ses œuvres majeures, *Le précieux ornement de la libération*, page 471.

Au sein de cette école, la « voie de l'intelligence immédiate », ou Mahamudra, va prendre une grande importance. La tradition du Mahamudra, le « Grand Sceau », telle qu'elle existait en Inde, est intégrée aux pratiques de transformation du Vajrayana. Pour les écoles nouvelles, le Mahamudra représente l'accomplissement de toutes les pratiques.

À la même époque, apparaît la lignée majeure Changpa établie par Khyoungpo Nèldjor (978-1079 ?) qui reçut en Inde les enseignements de cent cinquante maîtres dont Niguma, une yogini née au Cachemire, et Sukhasiddhi, une dakini. La particularité de cette tradition repose sur son origine féminine et sa dimension profondément yogique. On en parle d'ailleurs comme d'une véritable lignée de yogis dont la transmission concerne pour l'essentiel les *Cinq enseignements d'or** et le Mahamudra. Ayant peu mis l'accent sur les institutions monastiques, ses enseignements se sont petit à petit diffusés dans d'autres écoles, surtout l'école Kagyupa. La lignée Changpa est très liée à la branche Karma-Kagyu (lignée des Karmapas*) de l'école Kagyupa[1].

C'est aussi dans le courant du XIe siècle que Drokmi Lotsawa (992-1072) reçoit en Inde, de Viravajra puis de Gayadhara, la transmission issue des enseignements du mahasiddha Virupa appelée la lignée majeure Lamdré. Ces instructions concernent les tantras d'Hevajra, les enseignements du Lamdré (« la voie qui contient le fruit ») et leur pratique (les « neuf étapes du chemin »). Kheun Keuntchok Gyalpo, disciple de Drokmi Lotsawa, bâtit en 1073 un monastère au sud du Tibet central. Il le nomme Peldèn Sakya, lieu-dit qui désigne la couleur claire de la terre où s'élèvent les bâtiments. Ce monastère deviendra la « cellule-mère » de l'école Sakyapa, l'école de la Terre claire.

Gyijo, traducteur et disciple du maître Bhadrabodhi, est à l'origine de la lignée majeure Djordruk. Il offre au Tibet une première traduction du « Tantra de Kalacakra » (*Kalacakratantra*) en 1027. L'enseignement de ce tantra et six yogas, qui constituent la dernière phase de la pratique d'une déité, caractérisent cette lignée. Elle se perpétue dans l'école Djonangpa (voir ci-après) puis l'école Guélougpa et sera revivifiée au XIXe siècle par les lamas du mouvement Rimay[2].

À la même époque, Youmowa Mikyeu Dordjé, un grand maître du *Kalacakratantra*, fonde l'école Djonangpa. Cette école adopte la vue du Madhyamaka shèntong* mise en forme et développée par Dolpopa Shérab Gyaltsèn (1292-1361). Cette vue philosophique soutient que la nature de bouddha présente en tout vivant n'est pas seulement vide de toute

---

1. L'école Kagyupa comporte deux branches : la lignée Changpa-Kagyu et la lignée Marpa-Kagyu, celle qui remonte au yogi Marpa. Voir la fiche sur cette école p. 323.
2. Les principales caractéristiques de ce mouvement sont présentées p. 320-322.

souillure et de toute dualité, mais possède les qualités lumineuses de l'éveil. La nature de bouddha n'est donc pas un potentiel qui se développe au fur et à mesure de l'apprentissage spirituel, mais la bouddhéité elle-même parfaitement accomplie.

L'un des grands défenseurs du Madhyamaka shèntong est le grand érudit Taranatha Kunga Nyingpo (1575-1634). Esprit non sectaire, pratiquant et enseignant une grande diversité d'enseignements tantriques de différentes lignées, Taranatha dépense une énergie considérable à expliquer le Shèntong. En dépit de tous ses efforts et de sa dévotion pour Dolpopa, l'approche shèntong est considérée à tort comme une forme d'éternalisme par l'école Guélougpa, alors en position de force sur le plan politique.

Au milieu du XVIIe siècle, les monastères djonangpas sont confisqués et transformés en centres guélougpas. Si l'école Djonangpa cesse en tant que tradition indépendante, ses pratiques et l'héritage spirituel du Madhyamaka shèntong se répandent très largement. Dans le courant du XIXe siècle et sous l'impulsion du mouvement Rimay, les écoles Nyingmapa et Kagyupa deviennent les principaux réceptacles de la vue shèntong.

Au-delà d'un conflit d'ordre « philosophique », la réaction de l'école Guélougpa témoigne de l'imbrication profonde du pouvoir spirituel et du pouvoir temporel.

XIIe-XIIIe siècle :
Lignées majeures Chidjé et Dordjé Nèldjor

Au XIIe siècle, sous l'impulsion de Padampa Sangyé (?-1117), un grand maître du sud de l'Inde qui se rend à plusieurs reprises au Tibet, se développe au Tibet la lignée majeure Chidjé. Elle correspond à un corps d'enseignements fondé sur la vue des *Prajnaparamitasutras* et les méthodes tantriques. Elle se couple avec la pratique de tcheu, une pratique qui consiste à couper la racine des illusions afin de vivre une expérience directe de la vacuité. Tcheu est considérée comme l'application tantrique de la prajnaparamita, la connaissance transcendante qui libère de la confusion.

Le huitième « char de la pratique » est la lignée majeure Dordjé Nèldjor, dont les enseignements principaux reposent sur le *Kalacakratantra* et le *Cakrasamvaratantra*. Le grand accompli Ourgyènpa Rinchèn Pèl (1230-1309) est le premier maître tibétain de cette lignée. Il se rendit en Oddiyana où il reçut les enseignements oraux de cette tradition directement de Vajrayogini, l'une des plus importantes déités d'élection (tib. *yidam*). Les enseignements de ces deux traditions-racines perdurent au sein de l'école Kagyupa et notamment dans la branche Karma-Kagyu.

Pouvoir spirituel et pouvoir temporel

Les quatre écoles en présence au XIe siècle – Nyingmapa, Kadampa, Kagyupa, Sakyapa – ne sont pas institutionnalisées. Leur développement va être lié à leur alliance avec le système féodal, à l'édification de puissants monastères et à leur engagement économique et politique. Pour comprendre l'imbrication du pouvoir spirituel et du pouvoir temporel, nous devons essayer de comprendre les grandes lignes du « système des tulkous » qui lui est sous-jacent.

Au sein de l'école Kagyupa, Dusoum Khyènpa (1110-1193) fonde la lignée des Karmapas (branche Karma-Kagyu) en initiant ce système. Un tulkou* est l'émanation de l'esprit d'un grand maître défunt. La reconnaissance en un enfant des qualités spirituelles de grands lamas du passé ne commence réellement qu'à partir du XIIIe siècle. Le système des tulkous est une institution qui s'inscrit dans une vision globale et unifiante de la société humaine, à un moment où le Tibet, dénué de pouvoir central, est morcelé en de nombreux royaumes. L'atout majeur de ce système, fondé sur la continuité de la transmission spirituelle, est de garantir la pérennité des biens spirituels et temporels d'une lignée ou d'une école, en évitant les problèmes de succession par le sang en vigueur chez les Kadampas.

Remarque sur le mot « tulkou » – Dans les institutions tibétaines, ce terme désigne à la fois le corps de manifestation d'un bouddha mais aussi un titre honorifique. Le système des tulkous n'existait pas dans l'Inde ancienne, ni dans les premiers siècles qui ont suivi la première diffusion du Dharma au Tibet. On attribue la reconnaissance de l'émanation de grands lamas défunts à Karma Pakshi (1204-1283), le IIe Karmapa. Cependant, les prémisses de cette institution débutent avec Dusoum Khyènpa, Ier Karmapa, qui laissa à sa mort une lettre où étaient mentionnées les circonstances de sa renaissance.

À la mort d'un grand maître, les hauts représentants d'une lignée recherchent son émanation en un enfant. Pour cela, ils s'appuient sur des visions ou des rêves. Une fois qu'un enfant a été choisi parce qu'il manifeste les qualités spirituelles du défunt, plusieurs méthodes sont utilisées pour vérifier l'« authenticité » du tulkou. L'une consiste à lui présenter des objets identiques dont certains ont appartenu à son « prédécesseur », objets qu'il doit reconnaître. Lorsqu'il est prouvé que l'enfant est la « continuité » de l'esprit du maître, il est intronisé et reçoit une éducation qui fera mûrir rapidement son vaste potentiel, permettant ainsi de laisser rayonner son activité éveillée.

Le tulkou occupe une place centrale au sein de la lignée, car il assure la pérennité de l'ensemble de son patrimoine spirituel et matériel. On comprend dès lors que les tulkous aient pris une telle importance dans le système de succession à la tête des monastères et des écoles tibétaines.

L'ambiguïté de la notion réside essentiellement dans l'étroite imbrication du spirituel et du temporel, dans une vision « réincarnationniste » de l'émanation, et dans notre difficulté à reconnaître l'intelligence qui fonde un pouvoir sacré. Elle se complexifie devant la diversité des tulkous, eu égard aux multiples niveaux de réalisation. Pour les Occidentaux, elle devient très intrigante lorsqu'on sait que la plupart d'entre eux n'ont aucun souvenir de leur « existence passée » ou ne ressentent aucune connexion particulière avec l'esprit du maître défunt.

Ce système n'est pas sans poser quelques problèmes. « L'affaire » de la succession du XVIe Karmapa décédé en 1981 en est un exemple frappant. Quatre régents avaient été chargés de retrouver son émanation. Deux enfants ont été reconnus alors que cette lignée ne compte qu'un seul hiérarque. L'un des régents a soutenu son « candidat » en la personne de Trinlé Thayé Dordjé. Les trois autres ont reconnu Orgyèn Trinlé Dordjé (né en 1985), un enfant issu d'une famille pauvre de nomades de l'est du Tibet. Face à cette situation exceptionnelle, les deux parties ont fait appel au XIVe Dalaï-Lama, l'autorité suprême en la matière. Ce dernier a reconnu Orgyèn Trinlé Dordjé comme le tulkou du XVIe Karmapa. Contestant l'avis du Dalaï-Lama, le régent de la partie adverse continua de maintenir sa position[1], ce qui entraîna une vive polémique et des incidents sans précédent.

Dans une certaine mesure, ces faits s'inscrivent dans la continuité des luttes intestines pour le pouvoir qui, comme on va le voir, ont émaillé l'histoire du Tibet. Les conflits internes reflètent l'esprit de corps animé par le comportement de personnages parfois ambitieux, au sein d'un système rendu complexe par l'inclusion de l'ordre féodal dans la « lamacratie[2] », avec toutes les confusions possibles liées au couplage du pouvoir spirituel et du pouvoir temporel, sans oublier les polémiques philosophiques visant à affirmer un point de vue au détriment des autres.

---

1. Le régent contesta l'avis du Dalaï-Lama, estimant qu'il n'était pas réellement habilité à trancher la question, car le système de réincarnation en un enfant chez les Karmapas est antérieur à celui en vigueur dans la lignée des Dalaï-Lamas.
2. Néologisme préférable à théocratie car le Dalaï-Lama est abusivement assimilé à un dieu vivant.

XIIIe-XIVe siècle : L'ingérence mongole –
Les Sakyapas au pouvoir – Fondation de l'école Guélougpa

Le XIIIe siècle marque un tournant dans l'histoire du Tibet. L'école Sakyapa reçoit le soutien des Mongols lorsque le moine Chogyal Phagpa devient le maître spirituel de Kubilaï Khan (1214-1294), petit-fils de Gengis Khan, devenu empereur en 1260. Pour le remercier, l'empereur le plus puissant d'Asie lui demande de régner sur les différentes provinces du Tibet. Cet événement joue un rôle décisif dans l'unification du pays placé sous l'autorité spirituelle et politique des Sakyapas. Dès lors, le Tibet sera gouverné par des moines jusqu'en 1959.

Après Chogyal Phagpa, une série de gouverneurs sakyapas régissent le pays des Neiges pendant presque un siècle. En 1349, Changchub Gyaltsèn du clan des Phagmodrupas favorable aux Kagyupas renverse les Sakyapas. Alors que monastères et écoles s'entredéchirent, le célèbre érudit Tsongkhapa (1357-1419) s'inspire des Kadampas pour fonder l'école Guélougpa. En plus des nombreux traités qu'il rédige, mettant en avant la stricte observance de la discipline monacale et des enseignements fondamentaux du Dharma, il s'attelle à la construction de plusieurs grands monastères près de Lhassa, dont Gandèn, Drépoung et Séra.

XVIe siècle : Les Guélougpas au pouvoir –
Dalaï-Lamas et Panchèn-Lamas

Au XVIe siècle, alors que les luttes d'influence se poursuivent, Seunam Gyatso, héritier de Tsongkhapa, apporte son aide à l'empereur Altan Khan désireux d'arracher le peuple mongol à l'obscurantisme et à la violence. En retour, il reçoit une protection extérieure qui met fin au règne des Sakyapas. Forte de cette alliance avec les Mongols, l'école Guélougpa s'installe au pouvoir. Altan Khan confère à son maître Seunam Gyatso le titre de Talaï, signifiant « Océan » dans la langue mongole et se référant à sa profonde sagesse. Ce terme est entré rapidement dans l'usage courant sous la forme « Dalaï-Lama ». Quelques années plus tard, l'abbé de Tashilhunpo, Lobsang Tcheukyi Gyaltsèn (1570-1662), reçoit le titre de Panchèn-Lama* ou « Grand Érudit ». Les Panchèn-Lamas[1] vont devenir la deuxième autorité – autorité purement spirituelle – après les Dalaï-Lamas.

---

1. Un Dalaï-Lama est considéré comme la manifestation de Tchènrézi (Avalokiteshvara), alors qu'un Panchèn-Lama est la manifestation d'Amitabha, le maître de Tchènrézi. Ce sont les Dalaï-Lamas qui reconnaissent les Panchèn-Lamas. Leur choix est guidé par des songes, des présages et des visions. Ils consultent également l'avis de grands maîtres.

L'histoire des Dalaï-Lamas, pour ce qui relève des premières périodes, souligne la relation étroite entre cette institution et les princes mongols[1]. En 1642, Gushri Khan, chef des tribus mongoles Khoshots, offre le gouvernement du Tibet à Ngawang Lobzang Gyatso, le Ve Dalaï-Lama. Cet homme, remarquable chef d'État, être spirituel d'exception qui initie la construction du Potala à Lhassa, fait honneur à la tradition tibétaine et inaugure une période de stabilité. À sa mort survenue en 1682, son régent Sangyé Gyatso cache son décès jusqu'en 1695 alors que son émanation fut découverte en 1685. Éduqué dans le plus grand secret, Tsangyang Gyatso (1683-1706), le VIe Dalaï-Lama, est le seul à renoncer aux vœux de moine et à mener une vie de plaisirs. Grand maître tantrique pour les uns, libertin s'adonnant à la poésie amoureuse pour les autres, il reste une figure iconoclaste de la spiritualité bouddhique tibétaine. À sa mort, les descendants de Gengis Khan imposent un faux VIIe Dalaï-Lama dont les Tibétains ne reconnaissent pas l'autorité.

XVIIIe siècle : *L'ingérence effective de la Chine*

L'influence mongole disparaît dès 1720, au moment où est intronisé Kelzang Gyatso, le véritable VIIe Dalaï-Lama. À cette époque, la Chine s'immisce dans les affaires tibétaines. Il existait préalablement entre les deux pays des relations fondées sur une protection réciproque ressemblant à bien des égards à ce qui avait été institué avec les Mongols. La Chine installe à Lhassa des représentants impériaux, les *ambans*. Alors que le Tibet ne semble préoccupé que par les questions spirituelles, la Chine s'efforce de développer ses relations internationales et commence à prendre conscience de la position stratégique que représentent les hauts plateaux tibétains. Au cours du XVIIIe siècle, elle met en place un protectorat purement nominatif. Le pouvoir des ambans va déclinant et l'ingérence de la Chine paraît plus fantoche que réelle. Il est clair cependant qu'elle souhaite étendre sa zone d'influence en faisant du Tibet le vassal de l'empire.

XIXe siècle : *Le mouvement Rimay*

Comme toute institution, les grandes écoles de la tradition bouddhique tibétaine connaissent des formes de sclérose et de repli sur soi. Les enseignements prennent parfois une tournure doctrinale. Dans ce contexte de plus en plus sectaire, on s'oppose, on rivalise, des controverses naissent sur des sujets relativement superficiels. Mais dans un

---

1. Cf. Roland Barraux, *Histoire des Dalaï-Lamas. Quatorze reflets sur le lac des visions.*

pays où, comme on l'a déjà remarqué, l'osmose entre le spirituel et le temporel est très profonde, l'esprit partisan fait beaucoup de tort à l'unité et à la vitalité du Dharma.

Cette situation aboutit à un système de cloisonnement et génère une atmosphère délétère. Chaque école tente de renforcer son identité propre, souhaitant pérenniser ses transmissions. L'attitude protectionniste et parfois hégémonique va de pair avec une certaine rigidité teintée d'esprit partisan. Elle entraîne un oubli des références fondamentales liées à l'expérience spirituelle essentielle vécue au cœur de la pratique méditative. À cela s'ajoute la volonté d'accumuler des *transmissions de pouvoir** et des bénédictions. Chögyam Trungpa en parle comme de la maladie du collectionneur qui confond réelle transmission et « confirmation de sa propre existence[1] ».

Au XIXe siècle, Djamgeun Kongtrul Lodreu Thayé (1811-1899), un grand maître de l'école Kagyupa, s'insurge contre les divisions sectaires et dogmatiques dont il a souffert dans sa jeunesse. Fort d'une éducation Nyingmapa et Kagyupa, il étudie auprès de cent trente-cinq maîtres de lignées différentes. Lui aussi reçoit de nombreuses transmissions mais son esprit n'est pas celui d'un collectionneur. Avec le maître sakyapa Djamyang Khyentsé Wangpo (1820-1892) et le découvreur de trésors spirituels Tcheugyour Détchen Lingpa (1829-1870) de l'école Nyingmapa, il parcourt le Tibet pour recenser pratiques, initiations et enseignements dont certains risquent de tomber dans l'oubli. Il les compile dans une gigantesque encyclopédie des connaissances traditionnelles. La vision qui sous-tend cet énorme travail est à l'origine du mouvement Rimay*.

Né dans le Tibet oriental, ce mouvement non sectaire s'amplifie rapidement lorsqu'un grand nombre de chefs spirituels de toutes obédiences le rejoignent. *Rimay* signifie « impartial » ou « sans parti pris ». Il ne s'agit pas d'une nouvelle école ni d'un syncrétisme, mais d'un réseau de maîtres s'efforçant de mettre en lumière l'unité de l'inspiration spirituelle qui anime la diversité des transmissions. Aucune organisation temporelle n'a été chargée de le représenter. Seuls ont existé, dès l'origine, des liens spirituels profonds entre ses principaux animateurs, puis leurs disciples. Ces liens, qui se sont propagés dans le temps, expriment cet état d'esprit qui concourt à relativiser les polémiques doctrinales superficielles et à instaurer des échanges harmonieux entre les écoles.

La ligne de conduite du mouvement Rimay pourrait se résumer à cette seule phrase : dégager l'essence des enseignements qu'est l'état

---

1. *Voyage sans fin. La sagesse tantrique du Bouddha*, p. 120.

de bouddha, fond commun à toutes les lignées. Sa méthode correspondrait à ces trois points : emphase sur l'expérience méditative la plus intérieure, primat accordé à l'expérience effective de la nature ultime de l'esprit, abandon des partis pris.

Le mouvement Rimay sera très largement diffusé au Tibet. Contribuant au rafraîchissement de la transmission et à la sauvegarde des lignées spirituelles menacées de disparition, il s'avérera une réponse parfaitement adaptée aux tensions provoquées par le cloisonnement entre les écoles. Les descendants de ses principaux représentants ont été parmi les plus importants artisans de la diffusion du Dharma en Occident. Au XXe siècle, la diaspora tibétaine a constitué un véritable amplificateur de l'orientation Rimay. Depuis l'exil, la fraternité spirituelle entre les grands maîtres n'a fait que s'intensifier. Et aujourd'hui, l'activité du XIVe Dalaï-Lama porte témoignage de la vitalité de cette approche impartiale.

Les trois fiches ci-après concernent les écoles dites « nouvelles », issues de la seconde diffusion du Dharma au Tibet (XIe s.). On les appelle les écoles des « bonnets jaunes ».

Sakyapa

« Sakya » : terre claire (couleur du paysage où fut bâti en 1073 le premier monastère sakyapa dans le sud du Tibet central). Cette école prend sa source dans les enseignements du mahasiddha Virupa, que Drokmi Lotsawa (992-1072) reçut en Inde de Viravajra puis de Gayadhara. Aujourd'hui, Sakya Tridzin Ngawang Kunga (né en 1945), quarante et unième détenteur de la transmission sakyapa, est l'autorité suprême de cette école.
Celle-ci se caractérise par une importante lignée de yogis mariés, appartenant à de puissantes dynasties familiales. Elle est fondée sur « la voie qui contient le fruit » (tib. *lamdré*). La base est la vue de l'union du samsara et du nirvana ; elle combine les approches du Sutrayana et du Tantrayana dans trois pratiques progressives qui comprennent le développement de la perception pure. La voie consiste en la présentation de la nature de l'esprit qui est clarté-vacuité et en quatre transmissions de pouvoir donnant accès à la pratique d'une déité. Le fruit est l'actualisation des cinq sagesses et des cinq corps[1].

---

1. Dharmakaya, corps absolu ; sambhogakaya, corps d'expérience parfaite ; nirmanakaya, corps d'émanation ; abhisambodhikaya, corps de l'éveil manifeste ; vajrakaya, corps de diamant.

Kagyupa

Ka, « parole » ; *gyu*, « lignée ». Littéralement, « lignée de la parole ». Comme son nom l'indique, l'école Kagyupa accorde une grande importance à la transmission yogique directe de maître à disciple. Remontant à Marpa Lotsawa, célèbre sous le pseudonyme de Marpa le Traducteur (1012-1097), on dit qu'elle a été fondée par son disciple Milarépa.

L'une de ses quatre branches principales est la lignée Karma-Kagyu, la lignée des Karmapas, fondée par Dusoum Khyènpa (1110-1193), le Ier Karmapa. Cette lignée constitue le principal réceptacle de la transmission du Mahamudra qui remonte aux mahasiddhas Saraha, Tilopa, Naropa et Maitripa. Spécificité de l'école Kagyupa, cette transmission est une tradition méditative à part entière. Ces enseignements et instructions de pratique introduits par Marpa ont été reçus par Milarépa qui les a transmis à son tour à Gampopa. Dusoum Khyènpa les a lui-même reçus de Gampopa. Puis vinrent Karma Pakshi (1204-1283), le IIe Karmapa, renommé pour la profondeur de sa pratique et sa capacité à réaliser des miracles, et Rangjoung Dordjé (1284-1339), le IIIe Karmapa, qui fut un grand érudit, auteur d'écrits majeurs sur la pratique méditative. Chaque Karmapa a transmis les enseignements du Mahamudra jusqu'à Orgyèn Trinlé Dordjé, l'actuel XVIIe Karmapa né en 1985.

Via la branche des Karmapas, l'école Kagyupa a reçu la transmission de la lignée majeure Changpa. Fondée par Khyoungpo Nèldjor (978-1128 ou 990-1139 ?), cette lignée a une dimension profondément yogique. Remontant à Niguma, une yogini née au Cachemire, et à Sukhasiddhi, une dakini, elle transmet les « Cinq enseignements d'or », un éventail de tous les enseignements essentiels du Vajrayana. Compte tenu de cette conjonction, on considère volontiers que l'école Kagyupa comprend deux branches importantes : la lignée Marpa-Kagyu et la lignée Changpa-Kagyu.

Globalement, les enseignements kagyupas mettent l'accent sur la transmission du Mahamudra, la pratique des *Anuttarayogatantras* (« Tantras de l'union insurpassable »), les six yogas de Naropa et l'entraînement de l'esprit à la compassion. Sur le plan de l'étude, quatre traités fondamentaux font autorité : *Le précieux ornement de la libération* de Gampopa Seunam Rinchèn ; « La suprême continuité » (*Ratnagotravibhaga*, tib. *Gyu Lama*), texte inspiré par Maitreya et consigné par Asanga (voir chap. 11, 3) ; « Le profond sens intérieur » (tib. *Sabmo Nangteun*), composé par le IIIe Karmapa Rangdjoung Dordjé qui expose ici l'aspect théorique du Vajrayana ; et l'*Hevajratantra*, l'un des tantras-mères des *Anuttarayogatantras*, avec son commentaire, qui présente la pratique des tantras (voir chap. 11, 2).

Pour avoir une idée de la complexité des filiations spirituelles au sein de l'école Kagyupa, on consultera le fragment de la lignée Marpa-Kagyu (voir figure 25).

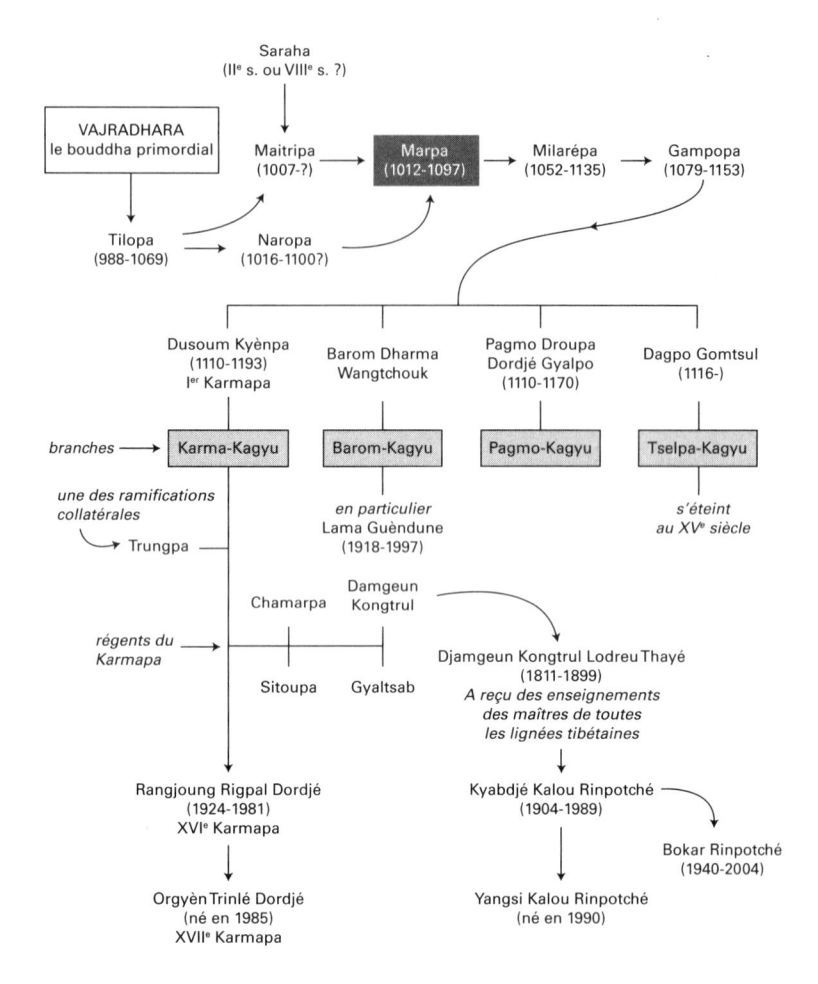

```
                        Saraha
                     (IIe s. ou VIIIe s. ?)
                            │
                            ▼
 ┌─────────────────┐    Maitripa      ┌────────┐     Milarépa      Gampopa
 │   VAJRADHARA    │    (1007-?)  ──▶ │  Marpa │ ──▶ (1052-1135) ─▶ (1079-1153)
 │le bouddha primordial│              │(1012-1097)│
 └─────────────────┘                  └────────┘
         │
         ▼
      Tilopa      ──▶   Naropa
     (988-1069)        (1016-1100?)
```

```
                              │
    ┌─────────────────┬───────────────────┬────────────────────┐
 Dusoum Kyènpa    Barom Dharma      Pagmo Droupa        Dagpo Gomtsul
  (1110-1193)      Wangtchouk       Dordjé Gyalpo          (1116-)
  Ier Karmapa                        (1110-1170)
       │                │                 │                    │
branches ──▶ Karma-Kagyu │  Barom-Kagyu │  Pagmo-Kagyu │   Tselpa-Kagyu

une des ramifications        en particulier                s'éteint
collatérales                 Lama Guèndune                au XVe siècle
     ↘ Trungpa               (1918-1997)
```

```
                         Damgeun
              Chamarpa   Kongtrul
                 │          │
régents du ──▶   │          │      Djamgeun Kongtrul Lodreu Thayé
Karmapa          │          │            (1811-1899)
              Sitoupa   Gyaltsab    A reçu des enseignements
                                    des maîtres de toutes
                                    les lignées tibétaines
                                             │
                                             ▼
      Rangjoung Rigpal Dordjé        Kyabdjé Kalou Rinpotché
           (1924-1981)                    (1904-1989)
           XVIe Karmapa                        │
                                               ▼
                                        Bokar Rinpotché
                                          (1940-2004)
                                               │
      Orgyèn Trinlé Dordjé            Yangsi Kalou Rinpotché
         (né en 1985)                    (né en 1990)
         XVIIe Karmapa
```

Figure 25. Fragment de l'arbre de la lignée Marpa-Kagyu (école Kagyupa).

📖 Guélougpa

Guéloug, « tradition vertueuse ». Née sous l'impulsion du grand maître et érudit Tsongkhapa (1357-1419), l'école Guélougpa est la principale héritière de la tradition-racine Kadampa. École purement monastique, elle met l'accent sur la pureté de la discipline, l'étude et une approche graduelle de la voie. Elle comprend la lignée des Dalaï-Lamas (autorité politique depuis 1642) et celle des Panchèn-Lamas, deuxième plus haut dignitaire au Tibet.

Les études peuvent s'étaler sur une période de quinze à vingt ans, voire plus. Elles conduisent, pour les moines les plus aptes, au titre de guéshé (docteur en scolastique bouddhique). Au niveau de la pratique, les Guélougpas adoptent en grande partie les méthodes enseignées par Atisha dans la tradition Kadampa. Ils pratiquent à la fois les sutras et les tantras selon l'approche graduelle, commençant par les pratiques préliminaires, l'équivalent des ngöndros* dans l'école Kagyupa. Ici, le yoga du lama (guru-yoga) est centré sur la figure des bouddhas Shakyamuni, Maitreya ou celle de Tsongkhapa.
Le moine s'adonne à la pratique du *Lamrim Tchènmo* (« Les degrés de la voie »). Cet ouvrage de Tsongkhapa lui sert de guide dans la compréhension et la mise en application des caractéristiques du Sutrayana[1]. Puis vient l'entrée dans la dimension du Tantrayana avec l'étude du *Ngarim Tchènmo* (« Les étapes de la voie des tantras ») et la pratique des principaux tantras dont le *Cakrasamvaratantra*, l'*Hevajratantra* et le *Kalacakratantra*.

XIXe-début XXIe siècle : La tragique ombre chinoise

Au milieu du XIXe siècle, la guerre qui oppose le Tibet au Ladakh et aux Gurkhas hindouistes du Népal annonce les oscillations de la tutelle chinoise et ce jusqu'en 1949 ; la Chine n'intervenant pas directement dans le conflit, elle reconnaît implicitement l'indépendance du Tibet. Dans les faits, il en va tout autrement. S'appuyant, entre autres, sur l'histoire du protectorat sous l'empire des Qing (celui-ci prend fin en 1911), la jeune République de Chine souhaite garder le contrôle de la région. Sous l'autorité du XIIIe Dalaï-Lama, le Tibet déclare en 1913 son indépendance. Cependant, la volonté chinoise d'asseoir sa domination croît avec la valeur géopolitique des hauts plateaux tibétains. Les Britanniques puis les Soviétiques s'intéressent également de près à ce château d'eau de l'Asie[2], doté d'une importante réserve minière et forestière.

La colonisation du Toit du monde

Au début du XXe siècle, les monastères sont devenus les plus grands propriétaires terriens et vont avoir tendance à se constituer en clans rivaux. Cette fragmentation politique est liée à leur éparpillement géographique sur un vaste territoire. Les grandes distances qui les séparent et les difficultés de communication ont toujours renforcé la tendance à la décentralisation. En l'absence d'un pouvoir centralisé, le

---

1. On peut distinguer trois caractéristiques : les quatre pensées qui détournent l'esprit du samsara ([1] réaliser combien la précieuse existence humaine libre et qualifiée est fragile et difficile à obtenir ; [2] l'impermanence et la mort ; [3] la réalité du karma ; [4] toute existence dans les six mondes (les six conditions de la conscience dans le samsara) est source de dysharmonie) ; les vœux de bodhisattva et l'entraînement à l'esprit d'éveil (bodhicitta) ; la pratique de shamatha (l'apaisement) et de vipashyana (la vision claire).
2. Le Brahmapoutre et le fleuve Jaune y prennent leur source.

régime tibétain est fragilisé. Cette situation rejaillit sur le plan international puisqu'elle ne permet pas de définir le statut véritable du pays des Neiges. À cela, il faut ajouter enfin la pression croissante du communisme à l'ouest.

Le contrôle de la Chine sur le Tibet va être progressif. Mao Zedong souhaite rétablir la souveraineté chinoise, écarter l'influence anglaise et arracher les paysans tibétains à leur soumission traditionnelle et féodale au lamaïsme. Il espère surtout faire main basse sur une zone politiquement stratégique et forte de ses richesses naturelles. Sur le plan international, le Tibet se trouve complètement isolé : l'Inde souhaite préserver ses relations avec la Chine, et le début de la guerre de Corée est l'unique préoccupation des Américains et des Anglais. Sous la pression de la Chine, le XIVe Dalaï-Lama signe un accord en dix-sept points qui a le désagrément d'offrir au Tibet l'opportunité de rallier la République populaire, sous le couvert d'une apparente autonomie politique. Les choses vont ensuite s'accélérer en faveur de la Chine qui envoie des troupes en 1951. Elle commence à réorganiser les infrastructures du Tibet et à détruire la culture tibétaine. À ce sujet, bon nombre d'intellectuels chinois, même des réfugiés politiques, pensent que les Tibétains eux-mêmes, lassés de la « lamacratie », sont grandement responsables de la destruction de leur patrimoine[1].

Avant 1959, la Chine parvient à contrer les mouvements de rébellion soutenus par la CIA et procède à une modification du territoire, ce qui lui permet de rattacher des provinces ancestrales aux régions chinoises voisines. L'administration lance ensuite une vaste politique de colonisation du Toit du monde qui va entraîner de multiples persécutions. Finalement, sur les conseils de l'oracle de Nétchoung[2], le Dalaï-Lama se voit contraint de quitter le pays en 1959. Sous son impulsion, les Tibétains en exil s'organisent et commencent à œuvrer, avec le soutien d'une partie de la communauté internationale, à la préservation d'un vaste patrimoine spirituel. Alors que les États-Unis s'engagent au Vietnam, le Dalaï-Lama commence une série de nombreux voyages en vue de mobiliser l'aide internationale en faveur des communautés en exil. Il tente également de maintenir le monde en éveil sur le sort tragique de son pays.

---

1. Cf. Wang Lixiong, « Réflexions sur le Tibet », *Courrier international* n° 629, du 21 au 27 novembre 2002 et la réponse de Tsering Shakya, « Le Tibet sous la botte », *Courrier international* n° 630, du 28 novembre au 4 décembre 2002.
2. Nom du monastère où réside l'oracle d'État, protecteur du gouvernement des Dalaï-Lamas qui le consultent sur des questions très graves. L'oracle de Nétchoung est un moine médium qui, lors de transes spectaculaires, devient l'intermédiaire entre les hommes et les puissants protecteurs du Tibet.

Au début des années 60, les institutions tibétaines sont remplacées par une dictature militaire. La répression est d'autant plus forte que la résistance s'efforce de contrer l'hostilité chinoise. En 1964, lors des traditionnelles festivités de Mönlam, le Xe Panchèn-Lama, Kelzang Tstéten (1938-1989), déclare devant un vaste public que l'unique autorité du Tibet est le Dalaï-Lama. Cette déclaration lui vaut d'être enfermé dans une prison de haute sécurité où il va subir durant plus de dix ans un programme de « rééducation politique ». Il faut noter que son incarnation, Guèndune Tcheukyi Nyima (né en 1990), est détenu en Chine depuis l'âge de cinq ans : il a été kidnappé le 17 mars 1995, quelques jours après avoir été reconnu par le Dalaï-Lama. Depuis cette date, les autorités chinoises ont reconnu un « faux Panchèn-Lama ». À l'heure où j'écris ces lignes, Guèndune Tcheukyi Nyima est toujours gardé dans un lieu tenu secret et les autorités chinoises se contentent de dire qu'il mène une vie heureuse.

L'intensification de la politique de colonisation

En 1965, le Tibet devient la région autonome du Xizang. L'année suivante, les gardes rouges de la Révolution culturelle font leur apparition à Lhassa. En l'espace de vingt ans, plus d'un million de Tibétains ont trouvé la mort. Sur six mille cinq cents monastères, on n'en compte plus que quelques dizaines en 1970.

Au cours des années 70, la politique de colonisation s'intensifie. À la profanation des biens et des personnes, à la violation des droits de l'homme, s'ajoutent le pillage de l'environnement, la décimation d'espèces naturelles, le stockage de déchets ultimes. Sous la pression de l'opinion publique internationale, la Chine va tenter de masquer l'ampleur des dégâts en faisant croire en la restauration des valeurs culturelles et spirituelles tibétaines. Désormais, le Tibet est devenu pour la Chine une « terrasse » géostratégique, un bastion de son armement nucléaire. Forte de son pouvoir économique et peu à l'écoute des conseils frileux des autorités internationales, elle s'efforce toujours de faire passer l'idée selon laquelle le Tibet est une province chinoise. La situation n'a guère changé sous le régime de Hu Jintao, qui connaît bien le Tibet pour avoir dirigé là-bas le parti communiste chinois (PCC) de fin 1988 à 1992. À la fin des années 80, il réprima dans le sang les manifestations des indépendantistes tibétains à Lhassa.

Le Dalaï-Lama a élaboré un plan en cinq points qui propose de faire du Tibet une zone de paix. L'une de ses fonctions serait d'éviter les conflits entre les grandes puissances de cette région du monde. Lors de son discours du prix Nobel de la paix, le 10 décembre 1989, il a indiqué que ce plan prévoyait :

1. la transformation de tout le Tibet, y compris les provinces d'Amdo et du Kham à l'est, en une zone d'*ahimsa* (non-violence) ;
2. l'abandon par la Chine de sa politique de transfert de population ;
3. le respect des droits fondamentaux et des libertés démocratiques du peuple tibétain ;
4. la restauration et la protection de l'environnement au Tibet ;
5. l'amorce de véritables négociations sur le futur statut du Tibet et sur les relations entre les peuples tibétain et chinois. (...) J'ai proposé que le Tibet devienne une entité politique démocratique pleinement autonome[1].

Jusqu'à présent, ce plan n'a connu aucune application concrète.

Esquisse de la situation au début du XXIe siècle

Pour l'heure, le Tibet est défiguré sous le poids de la corruption et d'une idéologie matérialiste. Le Potala est devenu un musée. Le pays des Neiges n'est toujours pas un sanctuaire de l'écologie, de la démocratie et de l'humanitarisme. Le gouvernement chinois n'entend pas qu'il le devienne.

La voie ferrée Quinghai-Lhassa, inaugurée en juillet 2006, risque d'amplifier le phénomène de la migration des Chinois et de renforcer la présence militaire au Tibet. Selon les autorités, ces 1 100 kilomètres de chemin de fer vont apporter la prospérité aux provinces tibétaines isolées, désenclaver les immenses et pauvres régions occidentales de la Chine. Pour les Tibétains, la ligne servira surtout à exporter les richesses minérales, accentuant ainsi l'épuisement des ressources. On n'en évalue pas encore les conséquences sur les écosystèmes, en particulier l'impact sur les sources des principaux réseaux fluviaux de la Chine et les espèces rares comme l'antilope des hauts plateaux et le léopard des neiges. Pour beaucoup d'observateurs, ce chemin de fer – le plus haut du monde – multipliera les méfaits d'une civilisation tournée vers la consommation.

L'augmentation de la prostitution en est déjà l'un des signes les plus flagrants. Il existerait au moins un millier de bordels à Lhassa. La plupart des femmes qui vendent leurs charmes dans des « instituts de beauté », des boîtes de nuit, des bars et autres karaokés viennent de Chine. Mais la prostitution touche aussi les jeunes filles tibétaines issues des milieux ruraux. L'extension massive du phénomène rappelle

---

1. Le discours du prix Nobel figure dans *Le pouvoir de la bonté*.

la difficile condition de la femme en Chine et illustre l'émiettement d'une société traditionnelle sous les coups d'une politique qui s'efforce d'imposer une véritable mystique de l'argent.

Le Dalaï-Lama rappelle très fréquemment aux siens et aux Occidentaux que les Chinois ne doivent pas être traités comme des ennemis et qu'il ne convient pas d'éprouver de la rancœur à leur égard. L'attitude de haine n'est pas juste et va à l'encontre du comportement non violent prôné par le Bouddha. Le plus inquiétant sans doute pour l'avenir du peuple tibétain et de son pays sera la disparition de cet homme extraordinaire et mondialement connu qui n'a de cesse de parcourir le monde en prônant l'altruisme et la paix. Sans doute cette crainte justifie-t-elle l'urgence d'une négociation avec les autorités chinoises.

On se demande enfin si l'on assistera un jour aux vœux formulés par le gouvernement tibétain en exil : un Tibet partiellement autonome et sous contrôle de Pékin pour les questions économiques, militaires et de relations étrangères ; le retour des cent trente mille Tibétains en exil. Pour les Tibétains, il en va de la survie de l'identité spirituelle et culturelle des habitants des hauts plateaux. Pour la Chine, qui revendique la stature d'une superpuissance, il s'agit de faire bonne figure face à la communauté internationale. Nul doute que le contexte économique évolue en sa faveur.

On peut néanmoins se montrer optimiste et penser que les changements attendus seront le fruit d'une pression interne à la Chine elle-même : aujourd'hui, de plus en plus de Chinois s'intéressent au bouddhisme et au sort du Tibet.

• Mongolie

La Mongolie représente un cas assez frappant de l'impact du politique sur la diffusion de valeurs spirituelles. Il semblerait que les relations très intenses que la Mongolie a tissées avec le Tibet soient à l'origine de l'introduction du Dharma dans cette région de l'Asie centrale[1]. En 1239, répondant à la demande pressante de Godan Khan désireux de recevoir la transmission, Sakya Pandita Kunga Gyaltsèn de l'école Sakyapa se rend à la cour mongole. Tout laisse à penser qu'en cas de refus du maître tibétain, Godan Khan aurait envahi le pays des Neiges.

---

1. Toutefois, il est possible que le bouddhisme se soit répandu en Mongolie beaucoup plus tôt, dès le IIe siècle sous l'empire des Xiong-nu.

Sakya Pandita sauve le khan d'une maladie incurable et devient son maître spirituel. À la faveur de cette situation, les Sakyapas se voient autorisés à gouverner le Tibet.

Avec Kubilaï Khan, le rayonnement de la Mongolie en Asie s'intensifie dès 1260. L'empire réunit sous son autorité le Tibet et la Chine qu'il envahit en 1267. Plus tard, il réussit même à occuper la Corée et l'Indochine. On se souvient également qu'il amplifie le soutien mongol à l'égard de l'école Sakyapa après la rencontre avec son maître, le moine Chogyal Phagpa.

XVIe siècle :
Le recul des pratiques chamaniques

En 1368, la chute de la dynastie mongole des Yuan au profit des Ming entraîne le déclin du Dharma à la cour impériale. La Mongolie retrouve un chamanisme ancestral qui avait conservé toute sa vitalité dans les milieux populaires. Au cours de la seconde moitié du XVIe siècle, et à la faveur de Seunam Gyatso de l'école tibétaine Guélougpa, maître de l'empereur Altan Khan, le bouddhisme connaît une seconde période propice. Ce renouveau s'accompagne de l'interdiction des sacrifices humains, perpétrés lors du décès d'un chef de famille, et des sacrifices d'animaux. Le rayonnement du Dharma fait reculer le chamanisme et l'on assiste en 1586 à la fondation du premier monastère.

XVIIe-XIXe siècle :
L'interaction entre la Mongolie et le Tibet

Jusqu'à Gushri Khan (XVIIe s.), les transmissions des enseignements se multiplient. Il existait entre Tibet et Mongolie un accord plus ou moins tacite favorisant des échanges. Les Mongols, puissants militairement, offraient leur protection aux Tibétains qui en retour apportaient un soutien spirituel. L'interaction très forte entre les deux peuples se traduit, entre autres, par la reconnaissance de Yeunten Gyatso (1589-1617), petit-fils d'Altan Khan, comme IVe Dalaï-Lama. Il est envoyé à Lhassa et l'on nomme Ondür Gegen, un moine mongol, chargé de le représenter. Ondür Gegen parachève ses études du Dharma au Tibet et reçoit du IVe Dalaï-Lama le titre de *Jebtsundamba Khutukhtu*. La lignée des réincarnés *Jebtsundamba* sera considérée comme la plus haute autorité spirituelle de Mongolie.

CHEMIN DU SUD ET DE L'ASIE DU SUD-EST

	Écoles anciennes	Mahayana	Voie tantrique	Tendance actuelle
Sri Lanka	IIIe siècle avant notre ère	v. Ier-IIe siècle	VIIIe siècle	Theravada
Birmanie	IIIe-Ve siècle	IIIe-Ve siècle	IIIe-Ve siècle	Theravada
Thaïlande	V-VIe siècle	VIIe siècle	influence dès le VIIe siècle	Theravada
Cambodge	Ve siècle	fin VIe siècle		Theravada
Laos	VIIe siècle	VIIIe siècle	VIIIe siècle	Theravada
Vietnam	IIe siècle	VIe siècle	influence dès le VIIe siècle	Theravada majoritaire Mahayana
Indonésie Malaisie	IIIe siècle	Ve siècle	Ve siècle	bouddhisme, très minoritaire

CHEMIN DU NORD

NORD-OUEST

	Écoles anciennes	Mahayana	Voie tantrique
Cachemire	Ier siècle	v. IIIe-IVe siècle	env. VIIe siècle
Gandhara	IIIe siècle avant notre ère	Ier siècle	
Bactriane	IIIe siècle avant notre ère	Ier siècle	
Khotan	Ier siècle avant notre ère	IIIe siècle	

MER DE CHINE ET DU JAPON

	Écoles anciennes	Mahayana	Voie tantrique
Chine	Ier siècle	IIe siècle	VIIe siècle
Corée	–	IVe siècle	VIIe siècle
Japon	–	VIe siècle	IXe siècle

TIBET ET DÉSERT DE GOBI

	Mahayana Voie tantrique
Népal	Env. VIIe siècle
Tibet	1re diffusion : VIIe siècle 2e diffusion : XIe siècle
Mongolie	XIIIe siècle
Bhoutan	VIIIe siècle

Tableau 13. Repères chronologiques.

À cette époque, les Dzoungares, une tribu belliqueuse, contraignent les Mongols à se placer sous la protection chinoise. C'est le début d'un affaiblissement économique et d'une tutelle excessive de la Chine. Cependant, le bouddhisme ne cesse de se propager à la faveur d'un peuple exsangue qui cherche refuge dans les institutions monastiques placées sous le contrôle des Mandchous. La traduction du corpus tibétain, finalisée au XVIIIe siècle, va accroître l'expansion du Dharma.

Au XIXe siècle, on compte près de six cents monastères pour cent mille moines. Les Mongols adoptent le système des tulkous dans la transmission des enseignements.

XXe siècle :
Les méfaits du stalinisme

Après son indépendance en 1911 et l'établissement d'un régime théocratique jusqu'en 1924, la Mongolie devient un véritable maelström du fait de la présence politique des Chinois, des Japonais, des Russes tsaristes et communistes qui se livrent bataille.

Finalement, c'est la puissance soviétique qui l'emporte. Elle place la Mongolie sous la tutelle de son gouvernement communiste. L'instauration du régime communiste provoque une politique particulièrement répressive à l'égard du bouddhisme, sans doute par crainte de voir dans le Dharma le ferment du nationalisme mongol. L'année suivante, le Parti révolutionnaire du peuple mongol (PRPM) effectue une purge sans précédent. Outre la gravité et l'étendue des crimes perpétrés, c'est tout le système lamaïque qui disparaît avec la condamnation de ses plus hauts dignitaires et la destruction de la quasi-totalité des monastères. Avant la Seconde Guerre mondiale, Staline fait massacrer des milliers de moines et en envoie quatre-vingt mille dans les kolkhozes.

Cependant, le communisme n'est pas parvenu à éradiquer le Dharma qui a survécu dans un silence forcé. On cache les objets sacrés comme on cache quelques bribes d'enseignements au plus profond de son cœur.

La quête d'une identité mongole

En 1972, deux cent mille personnes assistent aux enseignements du Dalaï-Lama. L'événement révèle l'ampleur des besoins spirituels.

Dès 1990, le pays s'efforce de retrouver son identité. Il mène son action suivant deux axes. Le premier plonge dans les racines du peuple mongol et, dans un élan nostalgique, tente de raviver l'image d'un Gengis Khan présenté comme le père de la nation. Le second vise à affirmer le retour à ce que l'on a appelé le lamaïsme, expression d'une partie de la culture ancestrale. Force est de reconnaître que la ferveur ne pallie pas les nombreuses carences : rupture dans la transmission, manque cruel de traductions en mongol, nécessité d'élever le niveau de formation et de compréhension en recourant, en particulier, aux compétences de lamas tibétains[1].

Après soixante-quinze ans de persécution et avec l'aide financière de bouddhistes japonais et taïwanais, on commence à reconstruire les monastères détruits pour accueillir près de trois mille moines. Les Tibétains en exil et les Bhoutanais s'associent à cette cause dans un élan de solidarité sans précédent. L'aide de pays occidentaux joue un rôle capital. Américains et Japonais soutiennent l'aide publique au développement pour accroître la stabilité de l'un des rares pays de l'Asie centrale à avoir adopté un régime démocratiques. La tentative pour retrouver un passé perdu se heurte cependant à de délicats équilibres politiques et à des ambitions économiques néolibérales qui pénètrent parfois l'enceinte des temples.

De son côté, la Chine a compris qu'en apportant son aide au sangha, elle faisait reculer d'autant l'influence directe du Dalaï-Lama. Ainsi offre-t-elle des objets rituels manquants en Mongolie et autorise-t-elle des lamas à se rendre en Chine pour recopier des sutras. Par ces actions, elle semble favoriser le développement du Dharma. C'est surtout une excellente stratégie pour insinuer que le Dalaï-Lama se contente de faire de la politique sans apporter d'aide significative.

ଊ

---

1. La Fondation pour la préservation de la tradition Mahayana (FPMT en anglais), une ONG fondée en 1975 par Thoubtèn Yéshé, joue un rôle très actif dans cet effort de formation.

8
Le chemin du soleil couchant

- Russie

De la Mongolie, le Dharma gagne la Bouriatie au XVIIIe siècle et se diffuse ensuite jusqu'en Kalmoukie, territoire qui s'étend sur les bords de la mer Caspienne. Bouriates et Kalmouks sont deux rameaux du peuple mongol. Sous l'influence des Bouriates, le Dharma dans sa coloration tibétaine atteint les régions de l'ouest de la Russie au début du XXe siècle. Agvan Dorjev, tuteur du XIIIe Dalaï-Lama et grand érudit, fait édifier un temple à Saint-Pétersbourg. Confisqué sous la période communiste, utilisé comme base radio pendant la Seconde Guerre mondiale, avant de devenir un centre d'études zoologiques où l'on pratique l'expérimentation animale, ce temple rouvre finalement ses portes à la pratique du Dharma en 1990.

La Bouriatie, la Kalmoukie et Touva, trois républiques dont la population est de souche mongole, ont réussi à conserver leur tradition bouddhiste malgré les persécutions dont elles ont fait l'objet sous Staline et au cours de la Seconde Guerre mondiale. La répression s'est étendue jusqu'à une période récente. Qu'il s'agisse donc de la partie orientale comprenant la Sibérie ou de la partie occidentale regroupant les régions de Moscou, de Saint-Pétersbourg, l'Ukraine et la Biélorussie, le Dharma n'a jamais vraiment disparu. En dépit du pillage, de la destruction des temples et des écrits, et de l'assassinat des moines durant la répression communiste, ses racines ont perduré. De grands maîtres ont été longuement internés dans les goulags mais sont tout de même parvenus à transmettre l'enseignement. Un célèbre lama, lama Dandaron, est mort dans un camp de travail en 1974.

Avec un million de pratiquants, il existe aujourd'hui un renouveau indéniable du bouddhisme en Russie. Toutefois, son homogénéité ne peut être garantie compte tenu de la situation de marasme social et économique. De plus, la Chine exerce une pression très forte sur les autorités russes avec lesquelles elle entretient des relations de partenariat. Ainsi la visite du Dalaï-Lama en 2002 fut-elle interdite.

● L'appel de l'Occident[1]

L'expansion du Dharma en Asie est la conséquence d'une migration de pèlerins partis s'installer dans des pays où ils ont reçu le soutien des souverains en place. Il en va tout autrement en Occident. Sa diffusion est liée à une demande émanant de populations soucieuses de retrouver une véritable vie de l'esprit. Elle se conjugue avec l'arrivée de nombreux réfugiés politiques bouddhistes en provenance des pays de l'Asie du Sud-Est et du Tibet.

Pour la tradition du Bouddha, le chemin du soleil couchant reste encore parsemé d'embûches. Suivre son tracé sinueux nécessiterait de dresser l'histoire d'un imaginaire occidental plutôt houleux. Un imaginaire qui tente de s'approprier un contenu qui parfois le déroute tant ses formes les plus extérieures lui sont étrangères : symboles, déités et rites par exemple. Certes la plasticité de l'imaginaire a favorisé l'adoption souvent sentimentale d'une pluralité d'éléments qui sont apparemment nécessaires à sa vitalité. Mais alors qu'on a rejeté les rites chrétiens jugés désuets, que l'on a perdu l'intelligence du symbolisme roman et de son caractère opératif, on a parfois rapidement embrassé ce qu'un sceptique appellerait un « autre carcan » et un cynique d'autres formes de « bondieuseries ».

Il importe de rappeler que le bouddhisme ne fait pas seulement appel à la dévotion en l'homme et à la pratique des rites. Il s'adresse également aux facultés d'analyse, à la logique, à la réflexion profonde et à la sensibilité. Il équilibre ce qui semble encore contradictoire à bon nombre d'Occidentaux qui ignorent parfois l'exigence intellectuelle de ce mode de vie. L'écoute et l'étude du Dharma, le développement du discernement né de la réflexion sur le sens des enseignements constituent des pratiques à part entière au même titre qu'un art

---

1. La diffusion du bouddhisme en Occident a été maintes fois traitée. N'en sont présentés ici que les traits majeurs. Pour des informations détaillées sur la question, voir les ouvrages mentionnés en bibliographie dans la section « Bouddhisme et Occident ».

de vivre bienveillant ou la méditation. Ces pratiques se fécondent mutuellement. Mener à bien chacune accroît l'efficacité des autres.

L'intellectuel pur a trouvé satisfaction en puisant dans la dimension « philosophique » du bouddhisme. C'est ainsi, par exemple, que de grands esprits comme Tolstoï, Huxley, Jung, et plus près de nous l'ethnologue Claude Lévi-Strauss, l'écrivain argentin Jorge Luis Borges ou le sociologue Edgar Morin se sont ressourcés au contact de la pensée pragmatique du Bouddha, tout en conservant leur propre grille de lecture. Ils ont fait quelques émules dans les milieux universitaires. Et pour le grand public, le bouddhisme de lettrés a su passer par Hollywood et le star system[1]. En sont ressorties quelques grandes notions, des visions plates et des clichés que la publicité sait aujourd'hui largement exploiter. À l'opposé, et en marge quasiment de toute recherche intellectuelle, l'homme souffrant d'une vie intérieure en friche a « fait » du bouddhisme l'objet d'une foi parfois aveugle.

Dans le cadre de la tradition tibétaine, par exemple, les personnes qui ont aujourd'hui la responsabilité de la transmission ont encore à surmonter ces difficultés liées à sa réception et à la représentation que nous en avons. Extérieurement tout d'abord. L'inadéquation entre les modèles culturels a conduit à une vision du décorum traditionnel qui s'est teintée de folklore et d'exotisme au contact d'une civilisation à dominante matérialiste. Intérieurement ensuite. L'approche thérapeutique et pragmatique du Dharma diffère de la sensibilité occidentale moderne plus spéculative. À cela s'ajoute l'arrière-plan théologique et métaphysique occidental qui est en décalage avec l'expérience du dépassement de l'ego et la libération qui s'ensuit. Cet arrière-plan a laissé des traces profondes dans les mentalités, au travers des notions d'« être » ou de « Dieu », conçu comme une entité à part entière. Tous ces éléments ont eu un impact considérable sur la transmission.

L'approche occidentale de la discipline, souvent auto-agressive et culpabilisante, déforme parfois l'assise non violente et apaisante de la conduite éthique. La notion de vacuité se charge de connotations nihilistes qui n'ont aucun rapport avec ce qu'elle désigne. Enfin, le Vajrayana se teinte de visions théistes ou d'anthropomorphismes psychologiques proches du christianisme populaire. Incompris dans son essence, le Vajrayana peut alors dériver vers des visions déistes, animistes ou magiques qui sont étrangères à sa pure tradition. Toutefois, la situation change considérablement suite aux mises au point qui ont

---

[1]. Tina Turner, Sharon Stone, Uma Thurman, par exemple, ont à plusieurs reprises confié que les enseignements bouddhiques influençaient leur vie. Mais c'est surtout Richard Gere, bouddhiste depuis 1978 et ami du Dalaï-Lama, qui a contribué à faire connaître la tradition du Bouddha à un large public.

été faites, aux enseignements et aux multiples publications. Examiner dans ses grandes lignes l'introduction du bouddhisme en Occident permet de mieux comprendre l'impact de ces différents facteurs en ce début de XXIe siècle.

◻ Aperçu historique

Au XIIIe siècle, le *Livre des merveilles du monde* de Marco Polo offre à l'Europe la première documentation précise sur les pays et les peuples d'Orient. À cette source d'information se mêlent des récits enjôleurs où il est question d'un personnage légendaire portant le nom de Bouddha. À la même époque, Guillaume Van Ruysbroeck, missionnaire flamand, envoyé par Saint Louis auprès du grand khan de Mongolie, relate la présence influente de lamas tibétains. Ses récits souvent porteurs d'un caractère fabuleux ont auréolé d'images plus déformantes que réalistes les pays où le Dharma s'est diffusé. Le rôle majeur de l'enseignement du Bouddha dans cette partie orientale du monde n'a pas été perçu.

L'approche intellectuelle

Au cours du XVIIe siècle, lorsque les jésuites se penchent sur le « phénomène », le jugeant sans jamais vraiment le comprendre, ils dressent un portrait teinté de nihilisme qui va entraîner le désintérêt des Occidentaux à l'égard du Dharma, et même sa dépréciation. La « re-découverte » a lieu au début du XIXe siècle grâce à l'indianiste Eugène Burnouf qui explore la littérature sanskrite bouddhique et découvre l'importance du pali dans la compréhension du bouddhisme des origines. La connaissance de la tradition tibétaine doit beaucoup aux travaux du Hongrois Alexander Csoma de Körös, le seul chercheur à se rendre sur le terrain de 1823 à 1942. D'autres savants en France et en Russie développent les études bouddhiques chinoises. Les ouvrages de ces érudits ne dépassent guère le cénacle des intellectuels, mais ils demeurent essentiels en ce qu'ils révèlent l'ampleur de la tradition du Bouddha dans son unité et sa diversité.

Le bouddhisme va fasciner les écrivains et philosophes de l'époque. Citons en particulier Schopenhauer en Europe et Thoreau, Whitman ou Emerson aux États-Unis. L'approche purement intellectuelle a le défaut de ne pas être éclairée par une compréhension issue de la pratique méditative. On se méprend alors sur le sens du mot « nivarna » que l'on interprète dans son sens le plus littéral d'extinction de tout attachement au monde. On assimile également la vacuité (shunyata) au néant.

Ainsi Schopenhauer (1788-1860) accorde le bouddhisme à son pessimisme foncier. Le philosophe allemand va suivre de près l'évolution des recherches sur le Dharma. En 1818, paraît son œuvre magistrale *Le monde comme volonté et représentation*. Il essaie d'expliquer philosophiquement ce que les mystiques ont compris au cours d'une expérience spirituelle très profonde, et tente ainsi d'éclairer le mystère de l'existence.

Pour Schopenhauer, l'homme demeure prisonnier du désir. Le désir d'être heureux étant un manque insatiable, l'expérience du bonheur s'avère impossible. Ce que nous appelons le bonheur n'est que l'absence passagère d'une souffrance. Ainsi la sagesse inhérente à l'expérience mystique ne peut être que le fruit d'une négation du « vouloir-vivre », une fuite devant l'angoisse et l'ennui, un creux laissé par le désir momentanément absent. Une telle sagesse ne peut exister sans l'annihilation du principe d'individualité en lequel s'anime le désir. Or, le lien entre le désir et la vie est si ténu et si puissant que le candidat à la sagesse doit renier sa propre existence. La vie possède donc un caractère monstrueux que la mort révèle avec force en rendant perceptibles la futilité et le caractère aberrant de l'existence humaine. Alors que le bouddhisme parle d'une existence rendue malade par le désir et l'ignorance de notre véritable nature, le philosophe condamne la vie dans son entier. Ces deux vues sont foncièrement différentes[1]. Il convient en effet de ne pas confondre la « vie comme souffrance » et la vie considérée comme « souillée par la souffrance ».

Dans une Europe gagnée par l'idéalisme romantique, Schopenhauer acquiert une telle renommée que sa grille de lecture du bouddhisme va façonner les esprits au point qu'ils verront dans la tradition du Bouddha l'expression d'un pessimisme oriental. De là, cette erreur persistante qui greffe dans les mentalités l'image d'une « religion sans Dieu », réduite à un simple culte du néant. Nietzsche (1844-1900) emboîte le pas de Schopenhauer, clamant dans *L'Antéchrist* que le bouddhisme est la religion des cultures qui ont épuisé leurs ressources et n'aspirent plus qu'au repos dans l'anéantissement.

La crise spirituelle

Si les études bouddhiques académiques touchent un cercle très restreint, la Société théosophique fondée à New York en 1875 parvient à populariser un bouddhisme passé au crible de l'occultisme et présenté dans un jargon pseudo-ésotérique. Dans la crise spirituelle qui accom-

---

1. Dans l'annexe 5 (Passerelles), je nuance cette affirmation. Voir *Bouddhisme et philosophie*, p. 794.

pagne le déclin des valeurs religieuses et l'avènement de l'ère industrielle sur fond de scientisme, H. P. Blavatsky, l'un des membres fondateurs de la Société théosophique, prétend avoir été initiée par des sages tibétains. Dans sa « synthèse de la science, de la religion et de la philosophie », la tradition tibétaine, déformée par son spiritisme et l'absence de tout rattachement traditionnel authentique, répond aux besoins d'un public en mal de merveilleux. Cette attitude contribue à jeter sur le Dharma un voile mystérieux qui accentue le mythe d'un Tibet magique. L'exploratrice française Alexandra David-Néel (1868-1969) emboîte le pas[1], mais elle veut se débarrasser de l'ésotérisme et du syncrétisme pour faire découvrir aux Occidentaux un enseignement vivant, « adéquat, dit-elle, à la mentalité moderne ». Son œuvre immense lui vaut les louanges d'un vaste public et a le mérite de présenter le bouddhisme comme un véritable art de vivre.

Déjà en 1911, Alexandra David-Néel sent que le monde occidental est en pleine décadence. Elle voit dans le bouddhisme un moyen de responsabiliser l'homme pour qu'il prenne en charge son devenir et tente de mettre un frein à la dégénérescence en se transformant en profondeur. De grands écrivains vont rendre compte de cette crise spirituelle. La Grande Guerre a mis en évidence, selon la formule de Romain Rolland, la « conscience chaotique de l'Occident ». Ce chaos, Paul Valéry le traduit en 1922 en « crise de l'esprit ». Hermann Hesse et René Daumal soulignent également la dimension tragique dans laquelle est plongée la mentalité occidentale, montrant qu'elle est le fruit d'une rupture profonde avec toute forme de transcendance.

Dans la foulée de Hermann Keyserling (1880-1946) – premier intellectuel à tenter de concilier la civilisation occidentale avec les valeurs spirituelles orientales –, Hesse comme Daumal invitent leurs contemporains à tourner leur regard vers l'« Orient natal » pour retrouver l'universalité de ses pensées, réapprendre les chemins de l'Asie en quête de modèles spirituels. Les travaux de C. G. Jung ouvrent également de nouveaux horizons à la psychologie en révélant le caractère précieux d'un Orient qui, dit-il, « nous donne une compréhension autre, plus vaste, plus profonde et plus haute, la compréhension par la vie ». L'œuvre de René Guénon va être aussi capitale. Délivrant un message qui se situe au cœur de toutes les traditions, on mesure mieux aujourd'hui l'étendue de sa vision et l'importance de ses écrits qui donnent des points de repère concrets sur ce qu'est un cheminement spirituel authentique.

---

1. *Mystiques et magiciens du Tibet*, Plon, 1929. Voir Jacques Brosse, *Alexandra David-Néel, Aventure et spiritualité*, Albin Michel, 1991.

La mort a continué à hanter un XXᵉ siècle qui a fini par accoucher du sentiment tragique de l'absurde. Dans l'Europe de l'après-guerre, le désir de Dieu ne suffit plus à justifier son existence. Dieu est-il à l'écoute et sensible à la souffrance humaine ? L'homme d'Occident découvre la possibilité de se tourner vers ses propres ressources. Sans doute est-ce l'œuvre d'Albert Camus qui a synthétisé le plus nettement la profonde aspiration à l'unité et au bonheur, dans un monde fragmenté et irraisonnable. Elle a éclairé plusieurs générations et certainement contribué à préparer les esprits à l'avènement du bouddhisme. Importance de la vie contemplative, contact avec la beauté et l'infini de la nature, sens du sacré, altruisme et sens aigu de la responsabilité sont quelques thèmes d'une action en quête d'une vérité au cœur même de la petitesse humaine. Dans *La peste*, son œuvre mythique parue en 1947, il imagine une épidémie qui frappe la ville d'Oran. Métaphore de l'état de guerre, elle symbolise tout ce qui vient signifier aux hommes la fragilité de leur condition. Elle met en scène de véritables bodhisattvas, Tarrou et Rieux, qui posent le problème du mal-être et de la souffrance dans une perspective purement humaine, faisant fi de toute idéologie ou théologie. À la question du docteur Rieux qui demande à Tarrou quel est son code moral, ce dernier réplique : « La compassion. »

Les orientalistes et l'arrivée des maîtres

Le début du XXᵉ siècle voit également apparaître une génération exceptionnelle d'orientalistes : W. Y. Evans-Wentz puis Edward Conze en Angleterre, Étienne Lamotte en Belgique, le tibétologue Giuseppe Tucci en Italie et Paul Demiéville en France, pour n'en citer que quelques-uns. Tous jouent un rôle déterminant en favorisant le développement d'une sensibilité et ouverture d'esprit à l'égard des cultures orientales et plus particulièrement du Dharma.

L'arrivée de grands maîtres va accélérer le processus de diffusion. En 1893, le Parlement mondial des religions de Chicago met en lumière l'intérêt des Occidentaux pour les lointaines traditions d'Orient. Pour le Zen et le Theravada, l'événement est considérable parce qu'il marque les prémices d'une implantation à l'Ouest. Tout commence aux États-Unis avec la création du premier centre en 1931. Les écrits de Daisetz Teitaro Suzuki (1870-1966), savant japonais pratiquant le Zen Rinzai, seront déterminants.

Dès les années 60, des maîtres japonais fondent plusieurs grands centres. Avec les écrits de Suzuki, ils exercent une influence notable sur des écrivains et poètes comme Alan Watts, Jack Kerouac, Allen Ginsberg, Gary Snyder et l'ensemble de la *beat generation* avant d'atteindre les mouvements hippies. Le Zen Center de San Francisco deviendra le centre le plus florissant. Sa direction spirituelle sera confiée à Richard Baker, le premier occidental à recevoir le titre d'abbé à la mort de son maître Shunryu Suzuki en 1971. D'autres Occidentaux, parfaitement formés, vont transmettre sans relâche l'« esprit du Zen ». Le rôshi* Robert Aitken établit un centre zen sôtô à Hawaii en 1959. Son activité exemplaire souligne l'extraordinaire conciliation entre une pratique très profonde ancrée dans le terreau de la transmission et son rayonnement dans le monde. Ce rayonnement, qu'il appelle « la réalisation au service de tous[1] », prend la forme d'un bouddhisme engagé : aide aux plus démunis et participation active aux mouvements pacifistes et écologistes.

Publiés en français dès 1940, les travaux de Suzuki vont faire connaître le Zen sur le vieux continent. Mais son succès en Europe incombe au maître Taisen Deshimaru de l'école Sôtô, successeur spirituel de Kôdô Sawaki, l'un des plus grands maîtres zen du XXe siècle. Il arrive en France en 1967. Avec lui, le Zen va connaître un rayonnement considérable puisqu'il fonde en Europe plus de cent dojos* sous le patronage de l'AZI, l'Association Zen Internationale. Des centres vont également être créés sous l'impulsion d'autres maîtres japonais et autour d'enseignants occidentaux reconnus dans leur tradition. Soulignons en particulier les efforts et l'œuvre de Jacques Brosse, dont la qualité et la profondeur ont largement contribué à la diffusion du Zen dans un esprit d'ouverture sur les autres voies spirituelles, dont la tradition contemplative chrétienne.

C'est aussi dans les années 60 que le Theravada s'installe véritablement aux États-Unis. En Grande-Bretagne l'intérêt existait déjà au XIXe siècle grâce à la Pali Text Society en charge de la traduction en langue anglaise du corpus pali et de l'English Buddhist Society qui publiait la *Buddhist Review*. En France, au début des années 50, Paul Demiéville accueille le moine Walpola Rahula, auteur de *L'enseignement du Bouddha d'après les textes les plus anciens*. Des monastères de tradition palie sont peu à peu édifiés, surtout après l'afflux de réfugiés du Sud-Est asiatique. Dans les années 70, sous l'impulsion du grand maître thaïlandais Ajahn Chah, la tradition palie de la forêt va largement se diffuser en Occident. Le noyau de cette communauté est constitué par le monastère de Chithurst et le centre bouddhique Amaravati en Angleterre, ouvert en 1985.

En France, l'ostracisme des médias vis-à-vis de la tradition des Anciens, moins colorée et réputée plus austère, a contribué au désin-

---

1. *Agir zen. Une morale vivante*, p. 221.

térêt de nos contemporains à son endroit, malgré l'importante communauté laotienne et cambodgienne. Il est vrai que le Theravada demeure très silencieux et que les communautés monastiques ne cherchent pas toujours à s'ouvrir au monde séculier[1]. L'aura de discrétion et l'importance que la communauté asiatique accorde aux cérémonies et rituels dans une langue inaccessible à la plupart des Occidentaux ont rendu plus difficile l'accès aux enseignements ayant trait à la méditation. Aujourd'hui, les choses ont tout de même bien évolué, même si les monastères de la forêt thaïlandaise demeurent un passage obligé pour qui veut approfondir pratique et compréhension.

Thich Nhat Hanh, moine vietnamien, fondateur de l'université bouddhique Van Hanh de Saigon, inlassable défenseur de la paix, fait connaître le Thiên aux États-Unis en 1965. Martin Luther King le propose pour le prix Nobel de la paix en 1967. Réfugié politique en France depuis 1972, il a fondé une communauté, le village des Pruniers, à Loubès-Bennac en Dordogne. Également poète et écrivain prolifique, Thich Nhat Hanh a donné accès au bouddhisme à des milliers de personnes dans le monde.

Suite à l'exil de nombreux Tibétains en Inde dès 1959, le vrai visage de la tradition bouddhique tibétaine apparaît aux yeux d'Occidentaux souvent émerveillés. En France, les documentaires télévisés d'Arnaud Desjardins dévoilent au grand public des maîtres exceptionnels. À la fin des années 60, des Occidentaux se rendent auprès d'eux. Des contacts sont établis et, en réponse à une demande sans cesse croissante, de grands lamas vont parcourir la planète. Les maîtres Kagyupa Chögyam Trungpa Rinpotché, Khyabjé Kalou Rinpotché et le XVIe Karmapa fondent de nombreux centres. Tarthang Tulkou, Dudjom Rinpotché de l'école Nyingmapa et Lama Thoubten Yéshé de l'école Guélougpa ont eu également un rayonnement considérable en Occident. Dagpo Rinpotché, de l'école Guélougpa, est le premier grand maître à s'installer en France dès 1960. Il enseignera de nombreuses années à l'Inalco, avant de fonder un centre en région parisienne. Mais c'est sans conteste le XIVe Dalaï-Lama qui reste la figure emblématique d'une tradition florissante. Je passe sous silence les noms de tous ceux qui œuvrent à côté de ces grandes personnalités mais leur rôle n'en est pas moins important.

---

1. En 1977, Ajahn Chah a inauguré le monastère Bodhiyanarama à Tournon-sur-Rhône, en basse Ardèche.

La nécessité d'une adaptation

Ces grands maîtres ont très vite compris la nécessité d'adapter leur pédagogie à des mentalités ancrées dans une civilisation matérialiste et technique. À ce titre, l'œuvre de Chögyam Trungpa Rinpotché et de Tarthang Tulku demeure exemplaire. Tous deux ont abandonné la robe de moine. Tarthang Tulku gagne les États-Unis en 1968. Il fonde un centre nyingmapa qui comprend un institut où l'étude du sanskrit et du tibétain est encouragée afin d'accéder directement aux sources. Cet institut a aujourd'hui une réputation mondiale pour la qualité de ses travaux sur le Dharma.

Après des études à Oxford, Trungpa Rinpotché fonde le Centre de méditation de Samyé Ling en Écosse en 1967. Il est le premier enseignant à s'adresser aux étudiants occidentaux, sans l'aide d'un interprète. Il s'installe aux États-Unis en 1970 et fonde plusieurs centres dont le centre Dharmadhatu de Boulder (Colorado) et le célèbre Naropa Institute. Au moment où les civilisations orientales exercent une fascination sans précédent sur la jeunesse occidentale, son succès en Amérique du Nord puis en Europe s'amplifie. Comme le précise son biographe, Fabrice Midal, « il ne tente pas, comme tant de ses compatriotes, de reconstruire un Tibet disparu ». Il dénonce « le matérialisme spirituel et la tentative de faire de la spiritualité un lieu de confort et de sécurité ultime ». Il incite ses auditeurs à développer leur intelligence critique, à réaliser que la voie spirituelle est le quotidien : « Tout geste, toute parole peut être le lieu de la plus haute expérience. »

Une activité bouillonnante

Après l'effet de mode, l'engagement sérieux de nombre d'Occidentaux vient confirmer l'implantation du bouddhisme. Aujourd'hui, la grande majorité des écoles sont représentées en Occident. Des Occidentaux parfaitement formés prennent le relais pour assurer la continuité de la transmission. Dans la droite ligne des orientalistes du début du xxe siècle, est apparue une nouvelle génération d'érudits et traducteurs. Leurs travaux donnent accès à des textes essentiels qui permettent d'approfondir la connaissance du Dharma. Les instituts, centres, temples, dojos et monastères se sont multipliés, soutenus par la reconnaissance gouvernementale et des organismes comme l'Union bouddhiste d'Europe (UBE) et l'Union bouddhiste de France (UBF).

Cependant, et malgré le soutien d'une population de plus en plus ouverte aux enseignements du Bouddha, nombreux sont les centres qui se trouvent encore dans des conditions matérielles difficiles. Ils doivent leur survie à quelques généreux donateurs ainsi qu'à de nombreux bénévoles. On est encore loin de ces centres américains qui génèrent des bénéfices considérables en multipliant leurs activités dans des domaines aussi variés que l'édition, la restauration ou la boulangerie. En France, l'intégration la plus démonstrative coïncide avec le nombre croissant de congrégations reconnues par le ministère de l'intérieur suivant les mêmes principes que le culte catholique. Pour un néophyte, le problème du choix se pose avec moins d'acuité que dans les années 80. Il existe désormais moult formations, publications, revues, documentations sur les centres et guides du bouddhisme[1], sans parler d'Internet, d'une courte émission de télévision dominicale sur la chaîne publique France 2 qui fête ses dix ans d'existence en 2007, et d'une chaîne privée de télévision numérique sur le réseau Internet[2].

☐ Les éléments d'une « réussite »

La « réussite » du bouddhisme en Occident repose grandement sur l'image positive qu'il véhicule. Il soutient les initiatives démocratiques et souscrit au principe de la laïcité. D'ailleurs, on le présente volontiers comme un modèle de sagesse laïque et humaniste. N'ayant jamais réellement pris fermement position face aux choix de société (organismes génétiquement modifiés, clonage, politique énergétique, enfouissement des déchets ultimes ou fracture Nord-Sud, par exemple), le bouddhisme n'a jamais remis en cause l'ordre établi et ne représente donc aucune menace politique, suivant en cela ce qui se passait déjà en Inde au temps du Bouddha.

N'étant pas prosélyte, il n'a jamais eu de réactions identitaires. Et parce qu'il s'adresse en premier lieu à l'individu en proposant une démarche très pragmatique, il obtient un écho important au sein de sociétés qui ont valorisé l'individualisme et les approches scientifiques. Il bénéficie également des effets que provoque le système marchand sur des personnes qui ne croient pas au seul bonheur matériel, des consciences fatiguées par un mode de vie harassant et des environnements de moins en moins propices au recueillement et à l'étude contemplative.

Enfin, il a su s'adapter aux puissantes infrastructures de communication. Les performances du Dalaï-Lama à ce niveau sont saisissantes. Son approche est double : extérieure et intérieure. L'approche extérieure correspond à une présentation « grand public » des enseignements. Elle ne requiert aucun engagement particulier. Le Dalaï-Lama

---

1. Cf. Bibliographie, section « Compléments ».
2. www.buddhachannel.tv

répond aux aspirations de nombreuses personnes en quête de valeurs fondamentales et de solutions simples aux difficultés qu'elles rencontrent. Cette présentation autour de thèmes à valeur universelle, comme la non-violence ou le bonheur, est aujourd'hui ultra-médiatisée, au risque de transformer le Dalaï-Lama en un pur produit marketing. Il va sans dire que son succès repose grandement sur la vénération – pour ne pas dire parfois l'idolâtrie – dont il fait l'objet. L'aspect plus intérieur nécessite une réelle connaissance de l'enseignement, un lien de cœur avec le Dharma et une compréhension du caractère sacré de la transmission.

À ces deux volets, il faut ajouter le dialogue avec les scientifiques et les autres traditions spirituelles en vue de promouvoir une culture de paix et de non-violence inspirée par la vision d'une société éveillée.

◻ L'enjeu du bouddhisme en Occident

Dans *La paix, un art, une pratique*, Thich Nhat Hanh écrit que « le bouddhisme, pour être véritable, doit être approprié à la psychologie et à la société qu'il sert ». L'enjeu du bouddhisme en Occident repose certainement sur ses capacités d'adaptation à des environnements culturels parfois peu propices à l'émergence des valeurs qu'il véhicule. Le système marchand a la capacité de niveler par le bas tout ce qu'il absorbe. La publicité en rend compte lorsqu'elle met en scène des moines pour assurer la promotion d'un thé ou d'une nouvelle voiture, ou lorsqu'elle utilise abusivement le mot « zen » ou conforte l'image d'un parfum comme Samsara. On façonne un imaginaire en occultant la profondeur des réalités spirituelles sous des amalgames souvent trompeurs. Dans le cas du parfum, le contresens est éloquent. Dans des ambiances de temples tibétains, le mot « samsara », langoureusement chuchoté, évoque la réincarnation d'une femme parfumée. Or, nous savons que le samsara n'est pas le paradis suggéré, mais la confusion et la souffrance dont les bouddhistes veulent s'affranchir. La « publiculture » avait déjà participé au pillage des mots et des images de l'univers amérindien, elle risque de poursuivre son œuvre en réduisant le bouddhisme à l'état de caricatures et de clichés superficiels.

On oublie souvent que la médiatisation du bouddhisme ne retient que ses aspects les plus apparents, les plus spectaculaires et les plus accessibles à ceux qui luttent contre les méfaits du surmenage et recherchent une sérénité au quotidien. Sans doute doit-il sa modernité à son aptitude à offrir des solutions douces. L'émiettement de l'enseignement ne retient donc que les éléments adaptables à nos besoins. Il faut reconnaître que pour incarner ce mode de vie en respectant les exigences de sa discipline, de vastes plages de temps sont nécessaires. Il semble bien que nous allions au plus pressé. Sans doute est-ce la porte ouverte à des syncrétismes ou à une forme de « bouddhisme à la carte[1] ». Edgar Morin l'admet volontiers quand il confesse : « Moi-même, j'ai écrit que je me considérais comme "néo-bouddhiste". Cela signifiait que, ne pouvant adhérer à son substrat métaphysique, la métempsycose, je considérais que le message de compassion pour la souffrance – pas seulement humaine, mais de tout être vivant –, qui est le message fondamental de Siddhartha, pouvait et devait être incorporé en nous. Ainsi il coïncide avec le message évangélique, évidemment toujours recouvert par le dogmatisme des Églises, qui est celui du *Sermon sur la montagne* et des *Béatitudes*. (...) Par conséquent, je peux intégrer en moi les deux messages en un syncrétisme philosophico-éthico-culturel, prenant dans ce métissage ce qui me convient[2]. »

On entend dire justement dans la bouche de philosophes ou d'essayistes que « le bouddhisme, pour qui n'est pas moine, pour qui, donc, ne le prend pas au sérieux, pourra-t-il jamais être plus qu'une diététique spirituelle[3] ? ». Cette opinion est discutable. Que veut dire « prendre au sérieux » ? Dans la bouche des philosophes médiatisés, persiste l'idée que le bouddhisme est une « affaire de moines » parce qu'il reposerait essentiellement sur un détachement complet du monde, seul garant d'une véritable liberté. Par conséquent, sans un engagement radical et sans compromis, sans un certain conformisme, point de bouddhisme... Nous savons aujourd'hui que le modèle asiatique n'est pas transposable en l'état parce qu'il répond à des données culturelles et à des conditions mentales qui ne sont pas celles des Occidentaux. Une vision conservatrice et orthodoxe aborde le bouddhisme comme une institution taillée dans le marbre et ne prend pas en compte la réalité du terrain, celle de ces hommes et de ces femmes qui, comme l'écrit Fabrice Midal, « veulent pratiquer la méditation quelles que soient les circonstances de leur vie[4] ». Le cheminement spirituel ne peut avoir un modèle unique.

De plus, la vision conservatrice et orthodoxe restreint la dimension monastique à des signes purement extérieurs. Or, le monachisme est aussi une dimension intérieure qui ne trouve pas nécessairement d'échos visibles dans le monde des formes. Sans porter la robe, cer-

---

1. Sur l'analyse de cette « tentation », voir Paul Magnin, *Bouddhisme : unité et diversité*.
2. *Amour poésie sagesse*, Le Seuil, 1997, p. 57-58.
3. Luc Ferry, *L'homme-Dieu ou le sens de la vie*. Il reprend la même idée dans *Apprendre à philosopher* mais cette fois en parlant du deuil d'un être aimé. Pascal Bruckner dans *L'euphorie perpétuelle* soutient la même vision en parlant d'un bouddhisme servi « sous forme *light*, digeste pour nos estomacs délicats, nos ego survoltés ».
4. *Quel bouddhisme pour l'Occident ?*, p. 380.

taines personnes peuvent vivre dans le monde *sans être du monde*. Elles peuvent vivre les enseignements dans le silence de leur cœur sans qu'aucun signe extérieur le laisse transparaître. Chaque jour, elles demeurent en la présence de leur humanité fondamentale et s'efforcent de laisser rayonner l'expérience de la simplicité. Il n'est donc pas nécessaire de renoncer aux affaires mondaines. Plutarque le disait en son temps : la renonciation même est souvent un obstacle à la sérénité. Ce qui importe, affirmait-il, « ce n'est pas la multitude ou le petit nombre des occupations, c'est ce qu'elles ont en soi d'honnête ou de laid, qui détermine la sérénité ou le découragement ». Le maître tibétain Kalou Rinpotché a fourni involontairement une réponse très claire à la position de Luc Ferry en affirmant :

> Il ne faut surtout pas penser qu'il est impossible de pratiquer correctement sans être moine ou hors d'une retraite de trois ans : ce serait une grave erreur. Il ne s'agit pas que tout le monde devienne moine ou fasse une telle retraite ; et il est tout à fait possible d'arriver à l'éveil autrement. Dans la tradition du Vajrayana, il y eut de nombreux accomplis tels que Tilopa, Naropa, et bien d'autres, qui n'étaient pas moines et n'ont jamais fait de telles retraites. Certains sont même arrivés à l'éveil en ayant une conduite tout à fait non conformiste, des activités « folles ». Leur mode de vie fut non conformiste, ils se sont adonnés à de nombreuses activités extravagantes et sont néanmoins arrivés à l'éveil[1].

Je reviens sur cette idée de « prendre le bouddhisme au sérieux ». L'expression prête à sourire tant elle revêt un caractère péremptoire contraire à l'esprit même du bouddhisme. Sans faire de surenchère, on sait à quel point le sérieux est une tension. On sait le manque d'humour et de détachement de celui qui prend tout au sérieux. Ce peut être aussi la porte ouverte à l'intolérance voire au dogmatisme. Lorsqu'on croit que le bouddhisme appartient à un groupe de personnes garantes de son authenticité[2], on veut le protéger et l'on croit savoir ce qu'est un « vrai apprenti » de la voie. Ces positions trahissent un manque de confiance en la justesse de l'enseignement. Elles sont parfois à l'origine d'un esprit clanique source de rivalités regrettables entre les communautés. Le maître chan Lin-tsi[3] (IXe s.) a dit : « Si vous rencontrez le Bouddha sur votre chemin, tuez-le ! » Tuez l'attachement

---

1. *La voie du Bouddha selon la tradition tibétaine*, p. 354.
2. On ne doit pas confondre le cœur de la transmission dont les maîtres ont la responsabilité et le revêtement qui l'entoure, revêtement souvent très culturel. C'est ce revêtement qui donne parfois au bouddhisme une tonalité religieuse. Sur le rôle des personnes qui ont la responsabilité de la transmission, on lira avec intérêt la conférence que fit Sogyal Rinpotché aux États-Unis en mai 1998 sur le thème de l'avenir du bouddhisme. Voir *L'avenir du bouddhisme et autres textes*, p. 9-47.
3. À l'origine de l'école Linji qui deviendra l'école Zen Rinzai au Japon. Cf. *Entretiens de Lin-tsi*.

aux représentations pour voir l'*homme* sous le manteau des apparences. Ce qu'il conviendrait d'abolir, c'est aussi la haute estime que l'on a de soi, se croire important parce qu'on est entré en relation avec l'enseignement, croire de ce fait qu'on est dans le vrai et les autres dans l'erreur.

J'en viens maintenant à la question de la « diététique spirituelle » dont parle aussi Luc Ferry. Dans le contexte agité de ce début de XXIe siècle, en quoi une « diététique spirituelle » serait-elle nocive ? N'est-il pas souhaitable d'essayer d'éprouver la paix en nous dans les circonstances qui sont les nôtres ? N'est-il pas bénéfique de surveiller actes, pensées et paroles comme on surveille son poids pour éviter tout excès négatif ? N'est-ce pas une façon d'accroître le civisme que de corriger des comportements ancrés dans l'égoïsme ? N'est-ce pas enfin un prélude à la connaissance de soi et à l'établissement de la sérénité intérieure ? Si les enseignements bouddhiques peuvent aider nos contemporains à mieux vivre, en quoi cela est-il répréhensible ?

Plus capital sans doute est de comprendre que le Dharma n'est pas un système clos et achevé. Ses propriétés intrinsèques et sa plasticité se révèlent dans la tentative pour incarner dans sa vie l'enseignement des quatre nobles vérités. La tentative constitue déjà en elle-même un grand pas. Le respect du plus élevé des engagements – se relier à l'état naturel et à tous les aspects de notre expérience – ne concerne certainement qu'une petite frange des apprentis. Sans doute ceux qui sont les mieux disposés servent-ils de modèle à tous ceux qui ne se trouvent pas dans les conditions d'un tel accomplissement.

Dans *Le moine et le philosophe*, Matthieu Ricard, ordonné moine bouddhiste en 1978 et interprète du Dalaï-Lama depuis 1989, a véritablement recentré le débat sur l'essentiel :

> Il ne faut pas s'attendre que le bouddhisme soit pratiqué en Occident comme il l'a été en Orient, notamment sous son aspect monastique et érémitique, mais il semble disposer des moyens nécessaires pour instaurer la paix intérieure en chacun de nous. Il ne s'agit pas de créer un « bouddhisme occidental », affadi par de multiples concessions aux désirs de chacun, mais d'utiliser les vérités fondamentales du bouddhisme afin d'actualiser le potentiel de perfection que nous avons en nous.

Ces propos sont à mettre en parallèle ou à confronter avec ceux de Fabrice Midal qui soutient l'avènement d'un « bouddhisme occidental ». Les lecteurs intéressés par le sujet liront avec intérêt son ouvrage *Quel bouddhisme pour l'Occident ?*. L'auteur fait incontestablement avancer le débat. Son livre s'articule en particulier autour de cette idée : « Le bouddhisme occidental n'est pas une déformation du bouddhisme, mais la seule possibilité durable de le préserver. » En critiquant le regard que nous portons sur la tradition du Bouddha et en montrant clairement comment le bouddhisme est instrumentalisé, Fabrice Midal cerne bien les enjeux de la rencontre effective du bouddhisme et de l'Occident.

L'aperçu historique nous montre qu'il est important de se demander comment l'intelligence de l'enseignement et son idéal du bien peuvent venir en aide au monde dans lequel nous vivons. Pour l'heure, la situation est ambivalente. Beaucoup de nos contemporains regardent avec inquiétude vers l'avenir et prêtent l'oreille aux propos sages des maîtres. Beaucoup de personnes sont soucieuses de leur épanouissement spirituel et les initiatives positives se multiplient. Cependant, les enjeux financiers continuent de dicter la marche du monde. La déification de la techno-science paraît sans limites. Dans ces conditions, et en faisant preuve de réalisme devant les complications grandissantes liées en particulier à la surpopulation, au saccage du monde vivant, au réchauffement climatique et à la montée des extrémismes, on ne voit pas comment pourrait naître, ne serait-ce qu'à l'horizon 2020, une économie réellement altruiste soucieuse du bien-être des êtres vivants et respectueuse de la Terre qui les abrite. Cette économie supposerait de mettre un frein à l'ultralibéralisme et de réguler l'émancipation des nouveaux géants comme l'Inde et la Chine, sans mettre en péril le fragile équilibre mondial. Elle impliquerait une « sobriété heureuse », selon la formule de Pierre Rabhi, nécessitant elle-même un changement radical de mentalité et un niveau de conscience élevé. Sans tomber dans une définition stricte des besoins au risque de sombrer dans la dictature, les conditions environnementales vont certainement contraindre les pays les plus riches à prendre des mesures urgentes et concrètes pour préserver leurs acquis et l'avenir de l'humanité. En prenant en compte ce contexte délicat, nous pourrons réfléchir de nouveau à l'apport du bouddhisme en Occident. Nous le ferons dans l'épilogue. Préalablement, il est souhaitable de dérouler les grandes lignes de l'enseignement qui feront l'objet de la troisième et de la quatrième partie.

☙❧

TROISIÈME PARTIE

Parole, encre, silence

Vue générale

Libre de toute ambition personnelle, la parole du Bouddha procède du silence de l'éveil. Radiance spontanée de sa bienveillance et de sa compréhension accomplies, elle dit simplement ce qui est juste ainsi[1]. Les disciples retiennent les cascades de mots et de silences en une coulée d'encre. La tradition scripturaire prend forme sans altérer la vitalité de la tradition orale. Au fil du temps, les maîtres prolongent le même souffle de l'éveil et le même amour. C'est pourquoi il existe une si grande richesse scripturaire. Commentaires, traités, contes, paraboles, hymnes, chants et poèmes ornent l'enseignement du Bouddha ou l'exposent sous un jour nouveau.

Bien que l'expérience ultime se trouve hors d'atteinte du pouvoir descriptif de la langue, la transmission ne saurait s'effectuer sans l'appui des écritures et sans le dialogue entre le maître et le disciple. La question du langage et de la pensée s'avère capitale.

Les écrits et le dialogue ont une portée thérapeutique parce qu'ils développent la compréhension en libérant l'esprit de la toute-puissance de l'ego. L'étude et la réflexion sur le sens de l'enseignement constituent donc de véritables exercices spirituels. Sans l'étude des enseignements et la réflexion sur leur signification, la pratique méditative risque de manquer d'un fondement fiable.

03

---

[1]. « Tout ce que le Bouddha a dit entre la nuit de l'éveil suprême et la nuit où il mourut, tout ce qu'il a dit ou exposé, c'est "ainsi" et non autrement, et pour cela il est nommé Tathagata », *Dighanikaya*, III.

9

Le langage et son envers

> « Le langage est fermé. (...) Le langage est une magie. C'est-à-dire un pacte associant l'homme et l'univers. »
> J.M.G. Le Clézio, *Haï*
>
> « Les mots nous disent ce que nous, en tant que société, nous croyons qu'est le monde. »
> Alberto Manguel,
> *Dans la forêt du miroir*

1. LE DOUBLE POUVOIR DU LANGAGE

Langage et perception du monde

Notre relation à la langue ne ressemble guère à ce que les traditions orales les plus anciennes connaissaient. Nous ne parlons pas aux arbres, aux plantes, aux pierres, aux cours d'eau. Nous ne contrefaisons pas la voix des animaux pour percer un mur dans les limites de la raison et laisser venir à nous les forces extérieures. Nous ne chantons pas pour entrer en communication avec les espaces invisibles. Nous ne traçons pas de signes magiques pour témoigner de notre fraternité avec le monde. Dans les anciennes cultures orales, le langage élargissait la perception en intégrant toute la richesse de l'expérience sensorielle.

Dès l'enfance, notre esprit se fond dans les méandres d'une langue où la réciprocité de l'homme et de la nature a disparu. À la langue des Anciens devenue désuète, s'est substitué un langage plus cérébral, un langage avec lequel nous avons écrit la légende du monde mort. Cette légende, qui nous fait oublier la dimension sacrée de la Terre, structure en profondeur notre esprit et le conditionne avec une efficacité redoutable. Nous ne nous rendons pas toujours compte à quel point notre usage de la langue influence notre perception du monde.

L'effet miroir

En même temps, le langage possède la qualité de réfléchir sa propre image. On ne peut parler du langage qu'à l'aide du langage. On le retourne ainsi contre lui-même pour démasquer l'illusion qu'il abrite. Que remarquons-nous ? Nous voyons comment les mots nous coupent d'une expérience directe du réel. Ils reconstruisent ce que nous avons vécu au moment de l'expérience sans pouvoir l'exprimer totalement. Nous connaissons tous cette impression lorsque nous disons à quelqu'un : « Je ne trouve aucun mot pour traduire ce que j'ai ressenti à cet instant » ou : « Ce n'est pas vraiment ce que j'ai voulu dire... »

Le langage participe au sentiment d'incomplétude lorsque nous ressentons profondément que les mots sont très en deçà de notre expérience ou la trahissent. Mais ce sentiment est en même temps très positif parce qu'il est possible de connaître sans langage. L'expérience de l'éveil relève de cette capacité innée. Les silences du Bouddha montrent que les facultés de représentation mentale et d'abstraction peuvent être suspendues sans aucune altération des fonctions cognitives. Cela est d'autant plus intéressant à la lumière de nos connaissances actuelles. Désormais, on sait que le développement de l'intelligence ne dépend pas du développement des facultés d'expression. Des personnes, souffrant de lésions des centres nerveux cérébraux liés à la capacité de parler ou de comprendre des messages oraux ou écrits, peuvent faire preuve d'une grande intelligence. On sait aussi que les intuitions créatrices de grands artistes n'ont aucun rapport avec leur niveau de langue et de conceptualisation.

Langage et expérience

Il nous arrive aussi de nous trouver fascinés par la verve d'un orateur ou de tomber sous le charme d'un texte rédigé avec brio. On s'attache aisément aux scintillements des mots au risque de se laisser prendre à leurs jeux, leur emploi astucieux, aux masques du sophisme, à la rhétorique gymnique, aux jargons prétentieux. On aide ainsi le langage à acquérir une formidable autonomie. On s'oublie en la magie de son monde lorsqu'il se pétrifie dans la phraséologie, les formules pétillantes ou les slogans publicitaires qui hurlent sur les murs. On oublie l'homme qui produit la parole quand la parole souveraine le rend oublieux de lui-même. Dans ces conditions, comment le langage peut-il se prétendre instrument d'une connaissance authentique ? La question se pose encore quand on réalise que la pensée succède toujours à l'expérience. Elle l'interprète mais ne parvient jamais à réduire l'écart ou son retard par rapport au vif de l'expérience. À l'image de ses étoiles dont nous percevons la lumière alors qu'elles sont mortes depuis longtemps. La pensée joue avec l'effet de rémanence. Elle ne nous renseigne que très partiellement sur la réalité d'un phénomène et ne constitue donc qu'une petite partie de la cognition humaine.

Un tissu de conventions

Signes linguistiques, mots et concepts sont arbitraires. Ils forment un code de désignation conventionnel imprégné de valeurs sociales et culturelles. La sonorité d'un mot n'a souvent aucun rapport avec l'objet qu'il désigne. Le peintre René Magritte l'a illustré dans son œuvre *Ceci n'est pas une pipe*, phrase qui fait office de légende à la représentation fidèle d'une pipe. C'est encore plus frappant dans *La clef des songes* où des objets ont pour légende des noms qui ne leur correspondent pas. Sous le dessin d'une chaussure, par exemple, Magritte a écrit « la lune ». L'artiste nous enseigne par l'image que le langage construit une représentation mais ne livre pas la réalité de l'objet. En écho, Saint-Exupéry fait dire au renard dans *Le petit prince* : « Le langage est source de malentendu. » C'est ce que s'efforce aussi de montrer Ludwig Wittgenstein dans son célèbre *Tractatus logico-philosophicus*[1].

Dans le « Sutra du diamant coupeur », le Bouddha précise à son disciple Subhuti que « le "concept" ou l'"idée de phénomène" n'est rien d'autre qu'une désignation ». Les dénominations nous retiennent dans des interprétations relatives et hasardeuses. Pour le prouver, Taisen Deshimaru prend l'exemple de quatre personnes qui regardent une flamme : « Quelqu'un dit : "La flamme bouge." Un autre dit : "Non, ce n'est pas la flamme, c'est le vent qui bouge." Un autre, plus intelligent, dit : "Ce n'est ni la flamme, ni le vent, c'est votre esprit qui bouge." Et enfin une autre personne dit : "Ce n'est ni le vent, ni la flamme, ni votre esprit"[2]... »

Le « je » s'enracine dans la langue

C'est dans et par le langage que nous nous percevons comme sujets indépendants. Le simple recours au pronom personnel « je » rétrécit

---

1. Wittgenstein était autrichien. Né à Vienne en 1889, son *Traité* a paru en allemand en 1921 et a connu un retentissement considérable en Angleterre et aux États-Unis. Cf. *Tractatus logico-philosophicus*, Gallimard, Tel, 1993.
2. Cf. Marc de Smedt, *Sur les pas du Bouddha*, p. 109-110.

le champ ouvert de nos expériences au cadre étroit de la subjectivité. Les opérations de la pensée amplifient ce phénomène en circonscrivant dans des définitions précises des réalités ouvertes et interdépendantes. Par conséquent, en forgeant le concept d'« ego », l'illusion dualiste devient réellement consistante. Dans le *Tractatus* de Wittgenstein, on lit cette proposition éclairante : « Les frontières de mon langage sont les frontières de mon monde » (5, 6). Ainsi, lorsque nous nous heurtons aux limites du langage, nous découvrons les limites du sujet que nous sommes, séparé du monde qu'il perçoit.

Cette polarité résume un état en lequel la compréhension directe et immédiate cesse d'être opérante. À partir de là, de nombreux schémas dualistes prennent forme. Eux-mêmes servent de base au développement des passions douloureuses qui soutiennent des actes animés par un moi aveugle et inconséquent. Certains d'entre eux nous plongent dans le dédale des angoisses métaphysiques (esprit/matière, moi/univers, existence/essence, être/non-être) ; d'autres nourrissent des antagonismes qui nous privent de tout élan spontané en modélisant des comportements parfois funestes (blanc/noir, juif/musulman, etc.).

De proche en proche, le langage prend l'apparence d'une carte qui occulte le terrain de l'expérience. On le remarque très bien lorsque l'inflation verbale est en total décalage avec l'univers où nous agissons[1]. Nous pouvons adopter la figure du héros en paroles et celle du pleutre dans les actes.

Le jugement de certains jeunes à l'égard de l'enseignement de la philosophie, envisagée comme un exercice purement spéculatif, rejoint, sous une forme un peu caricaturale, ce que je pointe ici du doigt. Il est vrai que l'hégémonie de la conception soutient un héroïsme de la pensée. Il n'intéresse que les personnes se délectant dans la jonglerie verbale ou celles qui considèrent que la philosophie consiste « à inventer des concepts », selon la formule de Gilles Deleuze[2], en faisant un usage aberrant du langage. On ne peut pas nier que le monde élaboré par le jargon philosophique ne fonctionne par-

---

[1]. Le Bouddha se trouve à l'opposé. Il est l'Éveillé parce que entre autres « ce qu'il dit, il le fait, et ce qu'il fait, il le dit. Et il va selon sa parole et sa parole selon le cours de sa marche », *Dighanikaya*, III.
[2]. Cf. *Qu'est-ce que la philosophie ?*, Éd. de Minuit, 1991, coécrit avec Félix Guattari. On ne peut nier le « bon » aspect de ces inventions. Dans le cas des écrits de Heidegger, par exemple, les innovations sont capitales. Ce que nous appelons « sujet », le philosophe allemand le nomme « être-là » : la désignation de l'être humain tel qu'il s'appréhende dans sa précarité, son caractère mortel, sa dynamique propre fondée sur une existence sans cesse gagnée dans l'épreuve de l'imminence permanente de la mort et dans ce contact avec le monde vécu auquel il appartient. Ce n'est qu'un mince exemple, mais il montre comment une nouvelle notion surmonte une abstraction (l'être individuel) pour nous aider à ressentir notre participation au monde vivant (l'être-au-monde) : l'homme comme élément d'un monde qui le contient en lui-même.

fois que dans l'étroit domaine des réalités linguistiques. Il est rare en effet que les facultés intellectuelles et les efforts de raisonnement soient perçus comme des instruments passagers de libération au service d'une lucidité salvatrice. Plus rare aussi d'entendre que l'usage de ces instruments devrait conduire celui qui les manie à réaliser combien ils sont habituellement asservis aux émotions et à l'ignorance. Extrêmement rare enfin la vision consistant à les envisager comme un tremplin se dissolvant en une expérience de présence lumineuse au monde, délivrée du galop de la pensée discursive et de la pesanteur des élaborations mentales.

Le processus d'exclusion

Le langage est aussi un système de représentations qui procède par exclusion. Nous nommons une chose sans nous rendre compte qu'au cours de cette opération nous excluons toutes les autres. Lorsque nous disons « j'ai faim », nous prêtons rarement attention aux implications profondes d'une telle affirmation. À la manière d'un écho assourdi, nous ne percevons pas l'extension de cette sensation douloureuse dans les pays où des gens meurent réellement de faim. Notre faim ressemble à la parodie dérisoire d'une expérience atroce. En étant plus attentifs, le petit inconfort peut stimuler en nous la prise de conscience de « la Faim » comme l'un des signes du mal-être universel.

Dans d'autres circonstances, la langue gomme le caractère unique des choses. L'infinie diversité qui forme la richesse du vivant disparaît derrière un terme générique. Supposons que nous soyons en train d'herboriser. On s'arrête devant une plante qui porte des fleurs roses. Ne la connaissant pas, nous voyons une plante avec des fleurs roses. Dans notre bouche, le mot *plante* fait disparaître la spécificité de ce végétal. Versés dans la botanique, les amis qui nous accompagnent voient un épilobe à épi, une plante vivace de montagne qui porte effectivement des fleurs roses ou mauves. Ils nous expliquent les différences entre un épilobe romarin, hérissé, lancéolé, cilié ou un épilobe des coteaux. Dans leur bouche, les mots établissent des distinctions significatives. Cependant, même les catégories les plus fines occultent le caractère unique de chaque plante. L'épilobe à épi que nous contemplons n'est pas identique à celui qui vit quelques mètres plus loin. À l'intérieur de chaque variété chaque plante possède un profil unique et une beauté particulière. Ce caractère et cette beauté uniques disparaissent aussi dans le mot *épilobe* qui désigne un genre. Le mot attire notre attention sur un tout et estompe les caractéristiques propres à chaque plante.

La voie et ses représentations

Nous pouvons maintenant appliquer ces remarques à l'expression « la voie du Bouddha ». Comment vivons-nous le mot « voie »? La question est loin d'être vaine. La réponse détermine en grande partie notre représentation mentale de la démarche spirituelle. Et cette représentation influe à son tour sur notre compréhension et notre attitude dans la pratique.

Que nous envisagions un chemin qui invite à la paix et à la joie, un sentier sinueux, pentu et exigeant, une route avec ses carrefours multidirectionnels comme les allées d'un supermarché (un peu de pratiques tantriques, un soupçon de chamanisme[1], etc.), une autoroute avec ses indispensables et strictes exigences, ou alors, et de manière moins triviale, une suite de procédures à suivre pour se guérir du mal-être et nous ouvrir plus intensément à *ce qui est juste ainsi*, dans tous les cas de figure, nous sous-entendons une suite d'actions et de comportements orientés vers une fin.

En se positionnant de la sorte, nous risquons de rêver la fin et d'envisager le cheminement sur un mode strictement linéaire : un début et une arrivée. Ce type de représentation affecte en profondeur notre esprit. Généralement, le début correspond à un état imparfait ou incomplet. La fin désigne un accomplissement grandiose : l'éveil. Ainsi, nous pensons que nous devons constamment améliorer notre existence. D'emblée nous prédisposons notre esprit à une forme subtile d'avidité. Toutes nos énergies vont s'orienter vers la quête d'un résultat probant. Nous ne voyons pas, enseigne Chögyam Trungpa, que « le mouvement qui nous porte à rechercher quelque chose est, en lui-même, un blocage[2] ».

La signification que nous attribuons au mot *voie* risque donc de tendre notre esprit au lieu de l'apaiser. Nous nous imaginons emprunter un chemin dans le but de trouver quelque chose. Plus nous cherchons, plus ça s'éloigne. Le symbolisme de la montagne, omniprésent dans de nombreuses traditions, exerce une influence profonde sur nos mentalités. Nous pensons aller de bas en haut en quittant un passé obscur pour atteindre un futur radieux. La vision de l'espace et du temps linéaires nous empêche de voir que les choses du haut sont à trouver dans les choses du bas. Elle nous prive d'une expérience intense et qualitative de l'instant présent, fut-il le plus anodin. Ainsi, nous ne

---

1. Ce type de bricolage est l'une des formes du matérialisme spirituel que Chögyam Trungpa s'est efforcé de dénoncer et de combattre. Cf. *Pratique de la voie tibétaine. Au-delà du matérialisme spirituel.*
2. *Ibid.*, p. 51.

nous rendons pas toujours compte à quel point nos expériences quotidiennes constituent la voie.

Autrement dit, un apprenti du Dharma n'emprunte pas la voie du Bouddha. Il applique un certain nombres de conseils et en ressent la pertinence dans l'expérience. En agissant, la voie apparaît non pas comme une donnée extérieure à son expérience mais comme un vécu tangible dont la signification émerge dans la pratique, de la même manière qu'un sentier au préalable inexistant apparaît dans le maquis à mesure qu'on débroussaille en progressant.

On aura compris que le dualisme « moi/la voie » nous prive d'une expérience personnelle du cheminement fondé sur un état sans espoir, sans désir, sans attente, un état de profond détachement. Cet état n'est pas inertie ou léthargie, mais plénitude de l'activité. Il correspond à ce que Lao-tseu entendait par *wu-wei*, le non-agir, ou ce que Carlos Castaneda appelait le « non-faire du faire » – ne pas troubler l'action par l'action, épouser le cours du monde dans son déroulement. L'action libre de l'ego vampirique demeure dans le flux naturel de vie. À une disciple qui lui relate son expérience lors d'une retraite de méditation, le maître zen Seung Sahn lui apporte ce conseil : « Laisse tout tomber. » « Laisse tout tomber. (...) Alors, tu comprendras la vraie voie, le vrai nous et le vrai amour[1]. »

Évaluer le poids du langage et de la pensée

Ces réflexions nous conduisent au constat suivant : le langage nous constitue et nous rend dépendants de lui. Dans une certaine mesure, nous existons dans le langage. Les mots solidifient nos émotions et notre usage de la langue opère en elle des transformations incessantes. Nous ne percevons pas toujours le bourdonnement continu des mots en nous parce que « la merveille du langage, écrit Merleau-Ponty[2], est qu'il se fait oublier ». La plupart du temps, ajoute-t-il, nous ne saisissons notre pensée et notre existence qu'à travers le medium du langage. C'est pourquoi nous éprouvons parfois tant de difficultés à nous dégager des noms que nous plaquons sur nos expériences. La pratique de shamatha, le recueillement qui consiste à se reposer dans la grande paix naturelle, permet de réaliser à quel point l'esprit se cloisonne dans la conceptualisation.

Vu de l'extérieur, un méditant paraît très tranquille assis sur son coussin. En réalité, il vit peut-être un état de grande agitation qui réduit son expérience à un tohu-bohu de mots. Sans même une prati-

---
1. *Cendres sur le Bouddha*, p. 177.
2. *Phénoménologie de la perception*, Gallimard, 1990, p. 459.

que de la méditation, nous connaissons cette condition de la conscience. On a beau être silencieux, un commentateur se lève en nous et discute tout ce qui se produit. Réflexions et préoccupations virevoltent et se bousculent. La pratique de shamatha met en lumière le galop souvent incontrôlable de la pensée discursive. L'amoncellement rapide de mots et de concepts forme un filtre qui brouille l'état de présence claire à la simplicité naturelle.

En constatant ces mécanismes, en les observant sans s'investir en eux, on parvient à évaluer le poids qu'exercent le langage et la pensée sur la qualité de notre vécu. Cette prise de conscience permet d'orienter son influence dans des directions opposées. Se lever tous les matins en se disant « la vie est souffrance » conduit à une existence pénible et insupportable. En revanche, si l'on pense « la vie est précieuse et merveilleuse », sans vision idyllique et naïve, chaque instant peut devenir riche de sens.

En substituant aussi un vocabulaire positif à un vocabulaire négatif, on constate que notre comportement s'en trouve profondément modifié. Le vocabulaire positif soutient la confiance et une volonté d'aller de l'avant. Le vocabulaire négatif comporte des mots semblables à des puits sans fond desquels il est difficile de ressortir. Si à la suite d'un échec, on se dévalorise ou se mortifie, on se ferme. Au lieu de se dire : « Je suis incapable, incompétent, etc. », on peut tout aussi bien penser : « Voilà une chance qui m'est offerte d'orienter différemment ma vie » ou : « Cette situation ne me convenait pas, je vais certainement trouver mieux. » L'horizon s'ouvre considérablement et l'on se détend parce que l'on a cessé de s'attacher à une réalité improbable.

Le langage, une métaphore de la vacuité

La langue peut aussi nous aider à vivre en pleine conscience. Supposons que nous ayons soif. On tourne un robinet ou on ouvre une bouteille : le verre rempli, on boit. Les gestes cessent d'être mécaniques si nous parvenons à entendre les résonances qui tintent dans le vocable « eau ». Nous pouvons ressentir la terre qui la recueille et l'abrite, les nuages qui donnent la pluie. En buvant un verre d'eau, le monde s'offre à nous. Ce don précieux pénètre en nous. L'eau des sources et des nuages se marie à l'eau qui nous compose. Boire en pleine conscience éveille nos sens et laisse poindre en notre esprit la valeur inestimable du trésor porté à notre bouche. En introduisant une courte formule de remerciement, prononcée dans le silence du mental, la reconnaissance se développe et la sensation de vie augmente.

On peut introduire cette approche dans l'éducation des enfants. Elle complète des jeux ludiques avec le langage : écrire des calligrammes[1] comme le faisait Guillaume Apollinaire ou dresser des mandalas, des organigrammes de mots. C'est une façon de commencer à substituer à la légende du monde mort celle du monde vivant.

On écrit, par exemple, « eau » au centre de la page et on demande aux enfants de trouver tous les mots qui renvoient à ce terme[2]. On les place ensuite dans une structure concentrique en commençant par les qualités de l'eau, puis les formes qu'elle prend dans le corps pour arriver à de plus vastes ensembles : les mers, les océans, etc. Cette configuration souligne bien l'effet de rayonnement : une pluie de mots ordonnée autour d'un centre. Le tissu de relations entre les plans de l'existence devient évident. La vision du monde s'amplifie parce que le regard sur les phénomènes s'élargit à la hauteur du principe de continuité. C'est pourquoi dans la figure 26, j'ai placé chaque mot dans un cercle dont le tracé est en pointillés. L'enfant voit l'objet ou ressent la qualité désignée comme nous le faisons tous habituellement, mais il voit aussi que chaque phénomène est une bulle ouverte qui existe en relation avec toutes les autres.

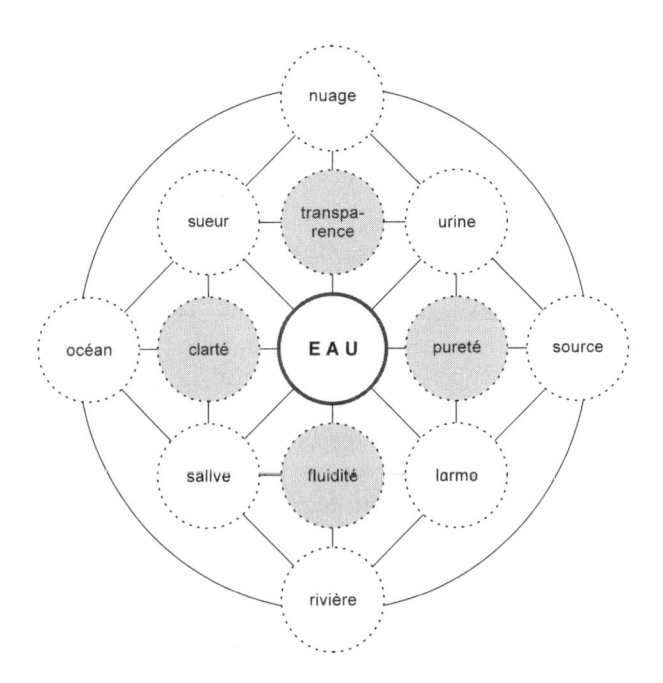

Figure 26. Quelques éléments du mandala de l'« eau ».

---

1. La disposition typographique des mots figure le sens du poème.
2. Cela revient à retrouver le champ lexical du mot.

On va du centre à la périphérie et inversement. L'envers du langage se révèle : dimension ouverte en laquelle tout s'interpénètre et se répond. On arrive même à démultiplier le processus en faisant de chaque mot écrit sur la page le centre d'un nouveau mandala. On entre ainsi dans le système de résonance du langage. Une fois que les mots couvrent de grandes pages, le centre et la périphérie disparaissent. Cet élargissement nous permet de comprendre comment chaque mot renvoie à tous les autres. En ce réseau de relations, la perception devient plus fluide, plus mobile et plus réjouissante. À partir d'un seul mot, on découvre le monde qui se tisse dans la langue.

Si l'on arrivait à faire entrer le dictionnaire dans des séries de mandalas, on se rendrait compte que cette mise à plat trace la surface d'une île. Même immense, elle est un univers délimité. On réaliserait alors l'impossibilité de définir le langage autrement que par le langage lui-même. Sa réalité n'existe qu'à l'intérieur de ses propres limites. Et lorsqu'on gagne le terrain de l'expérience, ce constat devient encore plus flagrant. On voit clairement que l'expérience de la présence à la simplicité naturelle ne tient pas dans les mots parce qu'elle est sans nom ni forme. Mais si l'on voulait encore jouer avec la langue – pour l'épuiser davantage – on dirait comme le fait Seung Sahn :

> Parfois, son nom, c'est toi, parfois moi, parfois nous, parfois terre, parfois amour, parfois un coup, parfois l'arbre qui n'a pas de racines, et la vallée qui n'a pas d'écho, parfois trois livres de lin, parfois de la crotte séchée sur un bâton, parfois « ainsi », et parfois « juste ainsi ». Qu'est-ce que c'est[1] ?

Le tracé du mandala de l'eau et ses implications nous montrent implicitement que le langage est une métaphore de la vacuité. Les mots ne sont que des signes dessinés sur une feuille, des sons captés par nos oreilles et dont le sens émerge en relation avec nos facultés cognitives. Ils sont dénués de toute substance. Les phénomènes qu'ils désignent ont la même nature. Ils sont vides d'indépendance. En entendant le mot « eau », on entend les rivières, la pluie, le ressac, la fluidité des choses qui signale leur impermanence.

En lisant ces lignes, on voit que la phrase qui s'écrit trouve son sens dans l'agencement de ses constituants. Enlever un seul terme la rend infirme. Chaque mot appelle tous les autres. De cette amitié entre les mots naît l'harmonie de la phrase et sa signification. La sonorité et le sens de chaque mot sont un écho de la totalité du langage. Ce constat se superpose à celui que l'on peut faire sur les sensations et les perceptions. Baudelaire l'a ressenti en écrivant dans *Correspondances* : « Comme de longs échos qui de loin se confondent (...), les parfums,

---

1. *Cendres sur le bouddha*, p. 177.

les couleurs et les sons se répondent. » Rien n'est isolé. Par analogie, vivre pour soi-même en se croyant une entité séparée de la totalité du vivant, c'est introduire une dissonance au cœur de la mélodie du monde. La voie, par une série d'accords aux consonances harmonieuses, relie l'esprit à la dynamique relationnelle de la vie.

S'ouvrir à l'intelligence de la langue nous conduit à cet univers de résonances où la lune, l'oiseau, l'arbre, le nuage se parlent et nous parlent dans l'intime de notre conscience. Les phénomènes nous pratiquent et nous éveillent. C'est pourquoi la moindre parole, la moindre pensée a son importance. Elle porte en elle le chant du monde et participe à la magnificence de sa mélodie.

Au final...

Un effort de réflexivité accroît la prise de conscience du double pouvoir du langage. Avec un peu d'attention, on remarquera aisément qu'au cours d'une soirée entre amis on a bavardé pour ne rien dire. Ou alors on a parlé pour dire ce que le silence ne serait peut-être pas parvenu à rendre intelligible : un mot d'amour, un mot d'amitié pure, une parole d'éveil. On ne peut donc perdre confiance en les mots. Socrate nous l'a montré par son art d'accoucher les esprits dans le dialogue.

On sait que le langage et la pensée nous aident à comprendre les notions fondamentales du bouddhisme. Par l'analyse, on peut se défaire des chaînes de l'ignorance et du désir, commencer à dissiper l'illusion qui réside dans la pensée. On sait également combien les vertus de la rhétorique ou du débat exercent un poids considérable dans ces espaces où les conflits peuvent espérer se régler à travers le discours et où se joue parfois le sort de la société contemporaine : au tribunal ou dans les grandes institutions de l'État. On sait enfin que le langage porte en lui l'harmonie du monde. Il peut nous conduire à l'émerveillement. On se méfie simplement de ce que Paul Valéry appelle « l'abus de langage ». Un abus que les sophistes ont chéri au point de défendre des causes proprement indéfendables.

On voit clairement qu'à l'aide de la seule connaissance intellectuelle nous ne pourrons jamais vivre l'expérience d'éveil. Conscient de cette situation, on devient moins esclave du langage et des pensées. Plus profondément, l'attention à ce que nous pensons, l'attention aux paroles prononcées, nous aide à nous frayer un chemin dans la réalité silencieuse sur laquelle les concepts n'ont aucune prise : l'expérience d'une tranquillité immense et d'une clarté radieuse. Le paradoxe du Dharma se trouve ici même : art de s'appuyer sur des formes pour que le sans forme s'éveille.

2. LA TRANSPARENCE DE LA CONCEPTION

Une langue pour se « défasciner » de soi

Le Bouddha s'adresse aux hommes dans une Inde où la dimension sacrée de la parole demeure vivante. Elle s'enracine dans une tradition de la *vision*. Cette tradition remonte aux voyants de l'aube des temps qui ont su entendre le *Veda* et le rendre perceptible dans une langue poétique. Entre la *vision* et le dire, opère la manifestation d'un pouvoir, celui du souffle éveillé qui s'exprime en signes sanskrits pour vibrer dans la parole poétique.

L'origine supra-individuelle du sanskrit évite d'en polluer les formes et le fond. Prenant sa source dans l'expérience de l'éveil atemporel, le sanskrit permet de communier avec les qualités positives inhérentes à cette expérience. En élargissant notre vision, est « langue sacrée » toute langue qui dispose d'une fonction libératrice apte à transmuter notre mentalité et notre compréhension habituelles en leur nature réelle. Recourant à la polysémie, aux jeux de mots, aux sous-entendus et aux paradoxes, elle invite l'apprenti à l'abandon de toute représentation mentale, au point de l'aider à se « défasciner » à l'égard du moi illusoire.

Une telle langue rend perceptible la transparence de la conception. Au-delà de leur caractère arbitraire et limité, les mots nous rendent sensibles à la réalité indicible. Elle miroite sur leur surface limpide. Une fois reconnue, notre parole n'a plus aucun désir pour elle-même. Elle restitue au monde l'amour qui coule naturellement en elle. Le monde cesse alors d'être le produit de notre interprétation.

Un maître du Chan, Qingdeng, a remarquablement illustré cette transformation dans l'aphorisme suivant :

> Au commencement, les montagnes sont des montagnes, et les rivières sont des rivières ;
> Au milieu, les montagnes ne sont plus des montagnes, ni les rivières des rivières ;
> À la fin, les montagnes sont à nouveau des montagnes, et les rivières des rivières.

« Au commencement » désigne l'état habituel en lequel le monde nous apparaît comme un ensemble d'éléments indépendants détachés de nous. Les mots collent aux phénomènes et les phénomènes aux mots sans même que nous ayons conscience du langage et de sa capacité à envelopper la complexité des apparences en des unités fermées : les montagnes, les rivières, les arbres, etc. La perception ordinaire dresse une frontière entre le dedans et le dehors, le moi et les autres.

Chaque pôle de la dualité semble posséder sa propre existence. L'œil ne perçoit que la partie visible des phénomènes. Le « milieu » correspond à la voie. Le rapport entre l'énoncé et la réalité cesse de se figer. Le lien qui nous unit au langage se relâche. L'esprit ressent l'immense flux de vie au sein duquel il est inclus. La dualité sujet-objet s'estompe. Nous cessons alors de percevoir les phénomènes à partir du langage. Ce que nous appelons par convention *montagnes* et *rivières* se révèle en dépendance du regard qui les perçoit. L'œil commence à distinguer l'invisible caché au sein du visible. L'œil n'est plus seulement l'œil de chair, mais l'intelligence qui ressent l'interdépendance de toute chose, l'*intelligence primordiale** qui comprend la nécessité de dépasser toutes les formulations pour *voir* correctement le monde.

« À la fin » évoque un retournement : l'*œil éveillé* s'actualise. Le moi-sujet se sent inclus dans l'universel. Le sujet vit au cœur du monde et le monde au cœur du sujet. En les montagnes et les rivières résonne la vie de l'univers tout entier. Au cœur du visible, l'*œil éveillé* perçoit l'invisible ; au cœur de l'invisible, l'*œil éveillé* retrouve le visible. Pour *lui*, visible et invisible sont une seule réalité. Telle est la non-dualité. En l'expérience immédiate, les phénomènes *sont* tels qu'ils *sont, juste ainsi*. Les mots témoignent désormais de cette présence spontanée et inaltérée.

Au début, au milieu, à la fin : trois phases qui résument le processus spirituel.

Le silence, ultime possibilité du discours

Le Bouddha ne rejette pas en bloc l'intellection et ne défend pas un anti-intellectualisme primaire. Il s'efforce de corriger des vues. À cette fin, il utilise avec précision le raisonnement déductif pour aider ses auditeurs à réaliser le caractère erroné d'un langage et d'une pensée usés dans la dualité*. Lorsqu'il s'agit, par exemple, de montrer l'erreur cognitive à l'origine de la croyance qu'il existe en l'homme une entité permanente et indépendante, le Bienheureux recourt à un langage très démonstratif constitué d'une succession de séquences logiques très rigoureuses.

Le *Mulapariyayasutta*[1] en est un exemple frappant. Le Bouddha s'adresse à la conscience de rationalité et éclaire le processus d'appropriation et d'attachement à tel ou tel objet sensoriel. La démonstration redondante parvient à faire plier les résistances pour que l'esprit reconnaisse à quel point l'égocentrisme nous égare. La précision de la langue du Bouddha porte une lumière qui nous fait comprendre pourquoi toute parole bien dite est parole d'éveil. Bien nommer les choses apporte au bonheur du monde.

---

1. Cf. la traduction de Môhan Wijayaratna dans *La philosophie du Bouddha*, p. 170-177.

Dans le « Sutra de la maîtrise du serpent » (*Alagaddupamasutta*), la conception est comparée à un serpent que l'on voudrait attraper. Si on le saisit de manière inappropriée, il mordra. Il faut faire preuve d'un réel discernement et d'une grande habileté dans l'usage de la pensée. Au IIe siècle de notre ère, Nagarjuna amplifiera les développements logiques du Bienheureux. Il montrera qu'en poussant la pensée spéculative et raisonnante dans ses ultimes retranchements, on aboutit à des contradictions. Tout enseignement qui utilise le vecteur de la parole s'avère donc naturellement porté au silence. Le silence s'impose comme l'ultime possibilité du discours.

Une médecine de paroles-et-discours

L'enseignement utilise les concepts pour les circonscrire et désencombrer l'esprit. Pour justifier le recours à la parole, Seung Sahn dit : « Selon la médecine orientale, quand vous avez une maladie par effet de chaleur, vous devez prendre un médicament chaud. La plupart des gens sont très attachés aux paroles et aux discours. C'est pourquoi nous guérissons cette maladie avec une médecine de paroles-et-discours[1]. » La maladie est du côté d'une pensée devenu un système clos de miroirs où les mots ne renverraient qu'aux mots. C'est en se perdant dans les abstractions et en se coupant du terrain de l'expérience que la pensée se trouve prisonnière d'elle-même, possédée par sa propre puissance.

Les maîtres qui utilisent les kôans s'appuient sur le fil de la méthode évoquée par Seung Sahn : des formules, rendues si tranchantes par une logique de non-dualité, se coupent elles-mêmes et par-là s'annulent. Fengxue (Xe s.), premier maître chinois de l'école Chan à utiliser les kôans, répond à l'un de ses disciples qui lui demande comment se libérer du mental :

> Je pense toujours à Chiang-nan en mars.
> Des perdrix y chantent au milieu des buissons chargés de fleurs parfumées.

Trois siècles plus tôt, en Inde, Candrakirti, dans son commentaire aux *Stances du milieu par excellence* de Nagarjuna, recourt à un procédé presque identique. Il cite une définition remarquable du nirvana : « Le nirvana n'est pas le nirvana. C'est un nœud formé sur l'espace vide et dénoué par le même espace. » Quand bien même on souhaiterait encore réifier le nirvana, en faire un état, on ne le pourrait pas. Le nœud ressemble à un nuage se déliant avant de se fondre dans la transparence de l'espace. Le nœud existe-il ? Le jeu de l'antinomie dissipe toute fixation mentale pour que l'esprit demeure sans appui.

---

1. *Cendres sur le Bouddha*, p. 7.

Transmettre le sens ultime en s'appuyant sur les ressources du langage

Lorsque la langue retrouve ses racines et que l'illusion se dissipe, l'esprit, libéré des concepts, parvient à rendre éclatante la continuité de la parole et de l'expérience ultime. L'expression verbale devient le reflet d'un accomplissement. Saraha écrit dans ses chants mystiques : « Ce n'est que libre de paroles qu'on fait tourbillonner les paroles[1]. » Parlant du silence comme étant notre nature profonde, Taisen Deshimaru dit qu'être silencieux, c'est revenir à la source de la nature humaine. Et il précise : « Faire appel au silence : à partir du silence, parler. La parole devient profonde, le mot juste[2]. »

Le *Shôbôgenzô*, le « Trésor de l'œil du vrai Dharma », de maître Dôgen en porte témoignage. Lui aussi fait tourbillonner les paroles en revisitant entièrement les termes traditionnels bouddhistes, associant les phénomènes de la nature à diverses peintures d'états mentaux. Dôgen semble dire que nous ne pouvons pénétrer le sens ultime sans prendre appui sur l'usage ordinaire de la vie et l'*intelligence conceptuelle**. Son habileté dans le maniement des métaphores, des analogies et des images naturalistes sert à dévoiler la vue éveillée. Mais les effets poétiques conciliés aux efforts de la raison ne font que pointer la place centrale de zazen, la méditation silencieuse en posture assise, seule capable de libérer l'esprit de la clôture des mots et de donner à ressentir l'unité de la vie.

Les rédacteurs des tantras et les grands accomplis de l'Inde ancienne ont eux aussi fait preuve d'une créativité extraordinaire en protégeant les enseignements hermétiques réservés aux initiés dans une langue énigmatique, usant d'expressions à double sens et de sous-entendus. Ce langage ambigu et nébuleux porte les qualificatifs de « crépusculaire » ou « intentionnel ». « Crépusculaire » parce qu'il a la qualité de l'aurore et de la brune : entre-deux, demi-jour, demi-nuit. La langue cache son sens dans ses propres méandres et pénombres. Allusion également au crépuscule du mental discursif. Un texte tantrique appelle donc une lecture polysémique. On peut l'aborder avec la grille de lecture familière au sens commun. On peut aussi l'entendre ou le lire en demeurant libre du mental discursif. Alors, et en fonction de la compréhension et du degré de réalisation de l'apprenti, d'autres niveaux de signification se révèlent. Ainsi le texte tantrique laisse apparaître ses profondeurs au fur et à mesure que le méditant se dévoile à lui-même. Révélation simultanée qui ponctue la dynamique de la progression spirituelle.

---

1. *Le bouddhisme* (sous la direction de Lilian Silburn), p. 345.
2. *La pratique du Zen*, p. 40.

« Langage intentionnel » enfin puisqu'il détourne l'œil ordinaire du sens profond en lui livrant une signification littérale parfois d'apparence provocante. Nous en trouvons déjà un bel exemple dans « Les dits du Bouddha » (*Dhammapada*, versets 294-295, j'ai placé la signification intentionnelle entre parenthèses) :

> Ayant tué la mère (*la soif du devenir*), le père (*l'égotisme, l'ignorance*), deux rois guerriers (*opinions sur l'éternalisme et le nihilisme*) et ayant détruit un pays (*les sens et leurs objets*) avec son gardien du trésor (*l'attachement*), imperturbé va le Brahmane (*l'arhat, le disciple pleinement accompli*).
> Ayant tué la mère et le père (*idem*), deux rois brahmines (*éternalisme et nihilisme*) et ayant détruit le périlleux cinquième (*le doute stérile*), imperturbé va le Brahmane (*idem*).

Un écho de cette méthode figure dans l'injonction déroutante du maître chan Lin-tsi : « Si vous rencontrez le Bouddha, tuez le Bouddha ! » L'éveil est inconcevable. Il en va de même du Bouddha, l'Éveillé. L'éveil n'est pas *quelque chose*. Le Bouddha n'est pas *quelqu'un*. L'un et l'autre ne sont pas des entités extérieures à notre expérience et ne peuvent être objets d'un quelconque attachement.

Plus proche de nous, le maître tibétain Chögyam Trungpa a lui aussi fait preuve de créativité mais dans un registre différent. Il a innové en abandonnant les modèles fixes et stéréotypés de la scolastique traditionnelle, estimant qu'ils risquaient de voiler la dimension d'expérience de l'enseignement. Sans jamais quitter « l'esprit de la tradition », il est parvenu à échapper au canevas conceptuel propre à sa lignée, à jouer avec lui en l'intégrant à des présentations originales. En s'adaptant à la demande, en renouvelant son point de vue sur un même sujet, avec cette capacité remarquable à relier son exposé à l'expérience la plus profonde, il a réussi à atteindre directement le cœur des gens.

Au lieu, par exemple, de présenter les trois poisons de l'esprit en s'appuyant sur le trinôme habituel désir-colère-ignorance, de dérouler ensuite les commentaires classiques qui s'adossent à cette thématique, il n'hésitait pas à utiliser le trinôme étonnant sexe-pouvoir-argent. Au fond, il parlait de la même problématique mais avec des outils reliés à l'expérience brute de tout un chacun. L'étendue de sa créativité souligne l'étonnante plasticité du Dharma qui le rend apte à s'adapter à des univers culturels très variés. Chögyam Trungpa a également montré que la transmission ne repose pas sur un artifice de communication.

Ouverture

Il est important de rappeler que le bouddhisme ne propose pas une régression en deçà de la pensée. Il ne met pas au rebut le pouvoir du langage et de la conception. Il considère l'activité de la pensée comme un exercice spirituel à part entière. Rappelons que la réflexion sur le sens de l'enseignement est l'une des étapes de la compréhension. Les autres sont l'écoute ou l'étude de l'enseignement, et la pratique de la méditation qui permet d'en réaliser le sens et d'en acquérir la compréhension directe. Les développements théoriques, la dialectique et le raisonnement sont donc nécessaires à condition qu'ils soient utilisés pour accroître la lucidité et le discernement, renforcer la conduite de vie, maîtriser le discours intérieur et apaiser l'esprit. « Travaillons donc à bien penser », écrivait Pascal[1].

Dans l'exercice de la pensée, la pensée chemine pour découvrir par elle-même sa propre essence qui n'est autre que la sérénité. Celle justement que goûte l'apprenti assis sur son coussin de méditation ou plongé dans les activités quotidiennes quand il se relie à la présence ininterrompue de l'état naturel. Lorsque l'apprenti a changé son rapport au langage, la pensée peut accueillir l'expérience et se retirer pour la laisser advenir. Par « changé son rapport au langage », j'entends qu'il a libéré le langage habituel, usé dans la dualité, pour le rendre disponible au silence de la conscience spacieuse, pleinement ouverte à la poésie du monde. Il a réalisé que le langage *parle, se dit lui-même*, mais aussi *appelle* et *porte* le monde. Quand la mer *retentit* dans les poèmes de Paul Valéry ou d'Arthur Rimbaud, quand les bleus et les roses des nuages viennent en feuilles d'or *se déposer* dans la langue de Marcel Proust, le langage cesse d'exprimer ou de représenter le monde car dans sa transparence le monde *se donne à ressentir* à travers lui.

Dans ce vécu de la transparence de la conception, se révèle le pouvoir thérapeutique d'une pensée qui cesse de s'abîmer en la dualité. En ce sens, la pensée participe du processus global de transformation de la personne humaine. Elle va de pair avec la sensibilité, l'imagination ou la mémoire. Grâce à la mémoire, on apprend à retenir les grandes lignes de force de l'enseignement : l'impermanence, la dysharmonie, le non-soi ou l'interdépendance, par exemple. Par la réflexion, on en perçoit le sens profond. Les arcanes de l'enseignement deviennent vivants et actuels quand on parvient à se les formuler à soi-même dans son propre langage. On peut ensuite s'entraîner à les mettre en œuvre de manière efficace dans les situations que nous vivons chaque jour. Mais surtout, cet entraînement vise à *sentir* un plus de vie en soi, à augmenter la sensation de vie.

☙

---

1. *Pensées*, 200-347.

10
Les chemins de la parole

> « Chaque discours est une prière, chaque parole contient l'univers, la graine de tout. »
> Raimon Panikkar

1. LA TRIPLE TRESSE :
ÉNONCÉS, SENS, TRANSMISSIONS

Aucun savant n'est capable aujourd'hui d'affirmer avec certitude que le Bouddha s'exprimait dans tel ou tel dialecte ancien. Parlait-il le magadhi puisqu'il pérégrinait essentiellement dans le Magadha ? Parlait-il le koshali puisque le clan des Shakyas, dont il dépendait, se trouvait dans une situation de vassal vis-à-vis du roi du Koshala, un État princier au nord du Bihar ? Parlait-il des langues autochtones puisqu'il s'adressait également à des hommes qui n'avaient pas la connaissance des langues aryennes ? Utilisait-il le pali ou le sanskrit puisque ces deux langues ont donné naissance à deux corpus ? Est-il donc possible de privilégier une langue au détriment d'une autre ? Faudrait-il connaître la langue des anciennes écritures du bouddhisme méridional pour accéder véritablement à l'enseignement alors que des recherches en linguistique ont récemment démontré que le pali dérivait certainement du sanskrit ou alors d'un dialecte moyen-indien encore inconnu ?

Absolutiser le caractère relatif du verbe risquerait d'entraîner des positions dogmatiques. La stricte adhésion aux écritures palies, par exemple, impliquerait le rejet des textes jugés apocryphes : les sutras du Mahayana et les tantras rédigés en sanskrit, par exemple. Le grand orientaliste Étienne Lamotte a écarté ce type de problématique en soulignant que les textes recensant les enseignements ne reflètent en rien l'état des langues que le Bienheureux employait. Il paraît également évident qu'il cherchait à être compris par le plus grand nombre et non à plier ses paroles aux normes d'une quelconque langue sacrée réservée à l'élite brahmanique. D'ailleurs dans le corpus pali, il est dit que le Bouddha recommandait aux moines d'apprendre l'enseignement dans leur propre dialecte.

Le flou persistant qui entoure la question de la langue du Bouddha nous montre l'ascendant que prend la transmission orale par rapport à la transmission écrite ultérieure. Les textes véhiculent la lettre et la bénédiction du Bouddha. Les maîtres des différentes lignées, qui ont acquis la parfaite réalisation des enseignements consignés, transmettent l'esprit[1].

Eu égard à la durée de la transmission orale, à l'expansion géographique de la communauté qui a amené l'édification de plusieurs types de tradition, et bien sûr à la diversité des langues écrites, il est difficile de négliger les éventuelles altérations, modifications ou additions qui ont pu se produire. Nombre de savants demeurent sceptiques quant au message initial du Bouddha prononcé de son vivant. Rappelons que si le Theravada est présent aujourd'hui, les autres écoles anciennes ont disparu et avec elles un très grand nombre de textes auxquels elles se référaient.

Les volumineux corpus bouddhiques ne sont qu'une partie d'un très vaste ensemble. Ils mêlent, sans qu'il soit encore possible de les distinguer nettement, les paroles émanant du Bienheureux, les reflets fidèles de son enseignement et l'« œuvre » collective et anonyme de ses disciples qui se sont efforcés de pérenniser ce qui a été entendu. Le bouddhisme n'étant pas une tradition du Livre, cette problématique n'a toutefois pas l'ampleur de celle qui concerne l'enseignement du Christ[2].

---

[1]. « Tous les enseignements du Bouddha ont ainsi été transmis dans la lettre par ces textes, mais aussi dans l'esprit par la réalisation des lamas de la lignée », Kalou Rinpotché, *La voie du Bouddha selon la tradition tibétaine*, p. 39.

[2]. Sur la question du message initial du Christ prononcé de son vivant, voir Éric Edelmann, *Jésus parlait araméen*, les Éditions du Relié, 2000. En se référant à la *Peshitta*, évangile écrit en araméen, et en s'appuyant sur des études sur les langues sémitiques anciennes, l'auteur montre que des paroles célèbres du Christ apparaissent sous un jour nouveau. Son message prend une dimension hautement initiatique et les Évangiles exposent ainsi le chemin d'une transformation intérieure pour laquelle amour et connaissance sont indissociables.

• Trois types d'énoncé et trois niveaux de sens

La perspective traditionnelle ne se soucie guère des distinctions que nous venons d'évoquer car elle n'accorde pas forcément la prééminence aux paroles issues de la bouche même du Bouddha. Tout repose sur la définition que l'on accorde au mot « bouddha ». La position du Mahayana est ici essentielle. Elle montre que l'approche historique et la vision de l'éveil atemporel s'interpénètrent. Le terme « bouddha » désigne l'Éveillé, le bouddha Shakyamuni, l'initiateur d'une voie spirituelle. Il désigne aussi la manifestation de l'éveil atemporel et universel dont témoigne la multiplication des bouddhas dans les quatre orients. Dans l'un et l'autre cas, il importe finalement de comprendre que les enseignements émergent d'une source totalement impersonnelle. La transmission ne suit donc pas nécessairement les canaux que nous estimons habituellement les plus fiables et les plus authentiques. Ainsi le Mahayana a classé les paroles du Bouddha en fonction de trois types d'énoncé : les paroles prononcées par le Bouddha, les paroles inspirées, les paroles authentifiées et investies d'autorité.

Les paroles prononcées par le Bouddha

Les paroles prononcées par le Bouddha correspondent aux instructions qu'il a lui-même formulées et qui ont été mémorisées par ses disciples. Outre de nombreux sutras, on compte l'exceptionnel *Dhammapada*, une compilation de propos mémorables, qui constitue pour la tradition des Anciens une synthèse de l'enseignement.

Les paroles inspirées

Les paroles inspirées sont des propos directement insufflés par le Bouddha. L'exemple le plus connu est le « Sutra du cœur » (*Prajnaparamitahridayasutra*), le premier enseignement majeur du Mahayana. Au début du sutra, le Bienheureux entre dans un très profond recueillement méditatif. Par le pouvoir inhérent à son état, il va susciter un dialogue entre Shariputra, l'un de ses plus grands disciples, et Avalokiteshvara, le bodhisattva de la compassion. Le premier, qui représente ici l'intellect discursif, interroge Avalokiteshvara sur la méthode à suivre afin de parvenir à l'expérience de la profonde perfection de sagesse. Lorsque le sutra arrive à son terme, le bodhisattva conclut simplement : « C'est excellent, c'est excellent, c'est cela, fils de noble famille, c'est comme cela. Il convient de pratiquer la profonde perfection de connaissance transcendante comme tu viens de l'enseigner[1]. » Si le bouddha Shakyamuni se contente d'entériner le contenu de l'entretien, sa présence et son état d'absorption ont été les facteurs spirituels qui ont inspiré cette rencontre et contribué à faire jaillir l'enseignement.

Les paroles authentifiées et investies d'autorité

Les paroles authentifiées et investies d'autorité regroupent des énoncés qui n'ont été formulés ni par le Bouddha, ni même en sa présence, mais dont il a reconnu la véracité et la crédibilité.

Les trois niveaux de sens de la parole du Bouddha

Lorsqu'on lit les textes qui rapportent les propos de l'Éveillé, il est très utile de s'ouvrir aux trois niveaux de sens de sa parole :

- le sens qui fait appel à la raison et au bon sens ;
- le sens qui s'adresse à l'intellect éclairé et participe au développement de la compassion et de la compréhension ;
- le sens analogique réservé à l'intelligence immédiate qui s'actualise dans l'expérience directe et nue de la pratique méditative, laquelle permet de découvrir la véritable nature des phénomènes.

Les deux premiers niveaux correspondent à une compréhension conceptuelle. L'apprenti a besoin d'étudier les textes et d'écouter les enseignements des maîtres. Il a besoin d'un « support extérieur » fait de mots auxquels il a facilement accès. Le troisième niveau est le « sens ultime » qui se manifeste dans la présence à la simplicité naturelle. L'apprenti va ainsi des concepts à l'expérience, de l'expérience à la réflexion. Cette dynamique constitue la pratique. Avec l'expérience, il peut vérifier par lui-même si les textes et les maîtres disent juste. On ne connaît la saveur du miel de bruyère qu'en le goûtant. Mais l'expérience peut le surprendre par sa fraîcheur et son caractère inattendu. Lorsqu'il revient aux textes ou qu'il confie à son ami spirituel ce qu'il a vécu, il fait la lumière sur cette expérience. C'est ainsi qu'elle gagne en amplitude et que ses forces libératrices rayonnent.

Un adage illustre ce propos. Le doigt qui montre la lune, dit-on, n'est pas la lune. Le doigt symbolise les textes, la parole des maîtres et le travail de réflexion. La lune représente l'expérience. Il importe de saisir l'intention du doigt tendu pour contempler la lune. Saisir l'intention, c'est être capable de ressentir dans la matière imparfaite des mots ce souffle

---

1. Trad. de Lama Denys Teundroup, *Le Sutra du cœur*, p. 20.

éveillé qui pointe l'expérience sans nom ni forme. Ainsi, les niveaux de sens, loin de s'opposer, sont étroitement reliés les uns aux autres.

Prenons l'exemple de l'enseignement sur la non-violence. Dans le 130ᵉ verset du *Dhammapada*, le Bouddha dit : « Comparant les autres avec soi-même, on ne doit jamais tuer ou être cause de mort. » Nous appartenons tous à une même famille. Comment pourrions-nous blesser ou tuer nos frères et sœurs ? Comment pourrions-nous leur faire subir des souffrances que nous ne voudrions pas qu'ils nous fassent subir ? Il en va de même avec les animaux et l'ensemble du monde vivant. Là se trouve le fondement d'une éthique universelle. La haine et la violence engendrent des conséquences négatives qui dilapident les bienfaits d'une existence déjà si brève. Pareille prise de conscience nous relie au caractère éminemment précieux de la vie humaine.

Pour ceux qui ne comprennent pas ce niveau élémentaire, le véhicule fondamental stimule la crainte d'un avenir peu radieux. Tôt ou tard, et conformément à la rétribution des actes, nous aurons à assumer les conséquences de nos méfaits. D'où ces images sordides des enfers qui ont été évoquées dans le chapitre 2. Souvenons-nous qu'elles ne visent pas à attiser la culpabilité ou la peur, mais à réaliser les implacables souffrances de l'humanité dont l'homme est la cause. Cette réalisation permet de corriger nos comportements, nos paroles et nos pensées de sorte à en faire des instruments d'éveil. « Un fou qui pense qu'il est un fou est pour cette raison même un sage », lit-on dans le 63ᵉ verset du *Dhammapada*.

Ces efforts concourent à stimuler les ressources positives dont nous sommes investis. Faire le bien, par exemple, nous procure une joie immense. Au moyen de l'investigation intérieure, nous voyons clairement qu'une vie plus radieuse et plus juste dépend du fléchissement des passions destructrices et de l'égoïsme qui les soutient. La paix se déploie à mesure que nous réalisons clairement que notre bonheur ne saurait exister pleinement sans le bonheur d'autrui. Alors, et comme le précise le Dalaï-Lama : « Le bonheur individuel cesse d'être un effort conscient de recherche égoïste ; il devient un état bien supérieur qui découle tout naturellement du fait d'aimer et de servir son prochain[1]. »

Enfin, la pratique méditative nous aide à ressentir la douceur et l'énergie de bonté en nous. Elle n'a pas pour objet de développer un état d'esprit non violent, parce que la paix est toujours présente. La méditation nous permet de réaliser la non-existence de l'ignorance. Cette dernière apparaît lorsque nous nous identifions à l'ego ; elle disparaît lorsque le moi égoïste se dissout en l'expérience simple et nue

---

1. *La paix mondiale. Une approche humaine*, publié par les bons soins de la Journée de la Paix, Nations unies, Genève, 1985, p. 14.

de notre véritable nature. Cette nature authentique existe sans l'ego ; l'ego ne peut exister sans elle. La paix, la non-violence, la bonté sont synonymes de cette présence inaltérée. Méditer, c'est la laisser vivre.

Par la continuité de la pratique assise et la culture de la non-violence, en se délivrant de la pensée « je suis celui qui agit », la véritable santé se fait jour, tel un reflet radieux de notre nature ultime. C'est donc bien dans l'expérience vécue que la parole du Bouddha trouve son accomplissement.

Les trois niveaux de sens de la parole du Bouddha sont aussi une métaphore des trois joyaux (Bouddha, Dharma, Sangha). Le sens qui fait appel à la raison et au bon sens correspond au Sangha. Le discernement permet d'écarter les attitudes pathogènes et de cultiver les comportements positifs qui renforcent la fraternité entre les êtres et favorisent l'unité spirituelle de la communauté.

Le sens qui s'adresse à l'intellect éclairé nous place encore plus dans le sillage de l'enseignement, Dharma. La voie parle à nos facultés de compréhension. Par la réflexion et l'introspection, nous réalisons pourquoi il est nécessaire de nous corriger si nous voulons que la situation change. Les paroles du Bouddha consignées dans les textes deviennent les traces de son esprit, les traces de sa présence. Nous suivons ses traces. La confiance en l'infini pouvoir de l'esprit éveillé s'intensifie. Notre existence devient le support de l'éveil. Nous allons à la rencontre de la bouddhéité et la bouddhéité nous reconnaît. Seul Bouddha connaît Bouddha[1].

● Trois plans de transmission

La tradition tibétaine a introduit une autre classification qui permet de situer les paroles du bouddha Shakyamuni en fonction d'une transmission qui s'effectue sur trois plans : l'esprit, la gestuelle symbolique, le verbe.

Le plan le plus subtil est celui de l'esprit – Un maître peut recevoir des enseignements directement des bouddhas par le canal des rêves ou des visions[2]. L'activité spontanée d'un éveillé est comparable à celle

---

1. Expression extraite du « Sutra du lotus » et reprise par maître Dôgen dans son *Shôbôgenzô*.
2. C'est le cas de la révélation des trésors de l'esprit dans l'école tibétaine Nyingmapa. Rappelons que les trésors de l'esprit sont l'une des trois formes de trésors spirituels avec les trésors matériels et les trésors de la terre.

du soleil. Sans avoir recours à l'usage de paroles ou de signes, le courant de grâce qui émane de sa personne peut pénétrer ceux dont l'esprit demeure libre de la confusion et des émotions perturbatrices. Si des impuretés persistent, elles agissent comme des nuages qui voilent la lumière solaire. On parle ici en termes dualistes. En réalité, le courant de grâce se trouve déjà dans le cœur du disciple mais il ne le sait pas. La présence du maître facilite son jaillissement. Cette transmission directe est la plus importante.

Le deuxième plan est celui de la gestuelle symbolique – Nous en avons vu un exemple avec la transmission silencieuse que Mahakashyapa aurait reçue du Bouddha.

Enfin, la transmission par le canal de la parole ou du verbe – Elle remonte au bouddha Shakyamuni selon une filiation ininterrompue. Ce canal opère chaque fois qu'un maître donne des enseignements ou qu'un apprenti procède à l'étude contemplative des textes.

Même si les paroles des maîtres et les textes sont porteurs du souffle de l'éveil, même s'ils disent tous une seule et même chose : « Éveillez-vous ! », l'éveil ne peut être trouvé dans les livres ou dans les discours. Ainsi, le bouddhisme établit une distinction entre la transmission scripturaire et la transmission de l'expérience. La première repose sur l'étude des textes et la réflexion sur la signification des enseignements ; la seconde repose sur la pratique de la méditation qui permet d'expérimenter le sens des enseignements et d'en acquérir la compréhension directe.

2. Le cercle enchanté et les semences d'éveil

En Inde, Hanuman, le dieu-singe, modèle de la dévotion accomplie et chef de l'armée des singes dans le *Ramayana*[1], illustre par la richesse de son symbolisme la dynamique de la langue, prolongement de celle de l'univers en ses métamorphoses. La mythologie indienne a hissé Hanuman au rang de premier grammairien et archétype du poète. Fils du dieu du vent Pavana, Hanuman est le souffle, l'émetteur de sons doués de sens, le poète qui porte en lui la semence de toutes les inventions phonétiques et sémantiques. Hanuman incarne la force et la maîtrise de soi, la virilité et la chasteté. Le principe de non-contradiction

---

1. « La marche de Rama », grand poème épique de l'Inde rédigé sans doute au début de notre ère, mais dont les thématiques remontent à l'époque védique.

auquel il est associé souligne bien le pouvoir malléable de la langue. Elle a la puissance de créer des mondes, de fasciner en recourant à l'imaginaire, voire de singer l'expérience du réel, et en ce sens elle est trompeuse. En revanche, sa maîtrise, qui nécessite de percevoir clairement les limites inhérentes aux concepts, sert l'idéal élevé de la réalisation spirituelle.

D'une certaine façon, le bouddhisme reprend cette vision mythique avec l'image du jeune Siddhartha que la légende présente comme un érudit maîtrisant cinq cents types d'alphabets. Le « futur » Bouddha ne suit pas seulement un apprentissage en mathématiques ou dans les arts de la guerre, il est aussi initié à la poésie et à la grammaire. La grammaire est à elle seule une voie de réalisation spirituelle dans un monde où la récitation des textes sacrés se devait de libérer la puissance d'éveil que recèle la parole. Pleinement éveillé, on dit que le Bouddha possédait le don des langues.

Ces visions extraordinaires nous aident à réaliser que la parole du Bouddha détient le pouvoir d'être entendue par tous les êtres. Sur le linteau supérieur de la porte nord du grand stupa de Sanci, on voit des éléphants vénérer l'arbre symbolisant le Bienheureux. Sur d'autres bas-reliefs, des singes font des offrandes au trône vide, signe de sa présence invisible. Ailleurs, ce sont des êtres célestes qui lui rendent hommage alors qu'il est simplement évoqué par une pierre horizontale lévitant au-dessus du trône et de l'arbre sacré. La voix du Bouddha résonne dans tous les domaines du samsara, semblable à un chant sacré qui traverserait la perméabilité de l'univers. La récitation des mantras ou la psalmodie des sutras prolonge la vibration du silence premier. Il importe de conserver à l'esprit la dimension essentiellement merveilleuse de sa parole : une métaphore de la régénération continue de la nature.

Elle prend de multiples formes : paraboles, anecdotes, discours de nature philosophique et psychologique. Dans tous les cas, la finalité reste la même : exercer simultanément l'entendement, l'imagination et la réflexion, provoquer un choc éclairant, un émerveillement – autant d'instruments favorables à la libération. Les textes rapportent que la parole du Bouddha produisait souvent un effet immense sur ses auditeurs. Non seulement l'Éveillé était convaincant, mais il inspirait, instruisait, encourageait, donnait l'enthousiasme, apportait la joie et rendait heureux. Les symboles impersonnels puis anthropomorphes ont prolongé cette bénédiction : lotus, roue, trône vide, arbre, empreintes de pied, stupas et statues comportant les marques et signes d'un grand homme.

Le Bouddha laisse couler les flots de paroles et de silences qui tracent naturellement un cercle enchanté autour de ses auditeurs. Un courant de forces spirituelles constitue l'environnement sacré dans lequel se déploie son activité. Cette atmosphère contribue à libérer le sens de ses paroles ou la puissance de son silence. Une personne s'assoit près de lui et se contente simplement de le regarder. Qu'a-t-elle vu, entendu et ressenti pour qu'elle retourne chez elle avec une vision complètement différente de la vie ? Nombre de nos contemporains qui s'intéressent au bouddhisme ou qui s'engagent sur la voie ont connu cette expérience auprès d'un maître. Le courant de forces spirituelles existe bel et bien. On parle parfois d'une ondée de grâce. Même une personne hermétique à toute forme d'enseignement peut soudainement être touchée au plus intime de son cœur.

De telles expériences permettent de comprendre qu'entrer en refuge consiste aussi à se rendre disponible aux auras spirituelles. La personne pénètre plus avant au cœur de ce cercle comme si elle entrait dans un bain sacré. Les paroles et les silences se diffusent en ceux qui les accueillent. Ils tissent une trame de douceur infinie, de tolérance sans borne et d'ouverture d'esprit sans limites. Ils sont la voix de la bienveillance et de la non-violence fondamentale : « N'aie pas peur de faire le bien, dit le Bouddha. C'est un autre nom du bonheur, un autre nom de tout ce qui nous est cher et délicieux que ces trois mots : faire le bien[1]. » Chaque fois qu'un maître donne un enseignement, le cercle enchanté s'actualise, le souffle silencieux de l'éveil se diffuse. Les nouveaux courants de transmission et les nouvelles écoles apparus au fil du temps sont les résurgences de ce souffle atemporel.

Se rendre disponible à l'inspiration n'est pas suffisant. Un travail d'envergure est nécessaire. Un bouddhiste sait pertinemment qu'il lui faut multiplier les efforts pour se libérer de l'ignorance qui entrave la réalisation ultime. Prendre conscience du potentiel d'éveil sans l'actualiser pleinement est une expérience initiale mais limitée. Les maîtres zen, par exemple, disent volontiers que nous sommes parfaits, et pourtant nous pouvons nous perfectionner à l'infini. À la langue habituelle, soumise au pouvoir de l'ego et à la tyrannie de la dualité, le bouddhiste va substituer la langue de l'apprentissage. Cette langue lui offre une nouvelle description de la personne humaine, l'informe sur la marche à suivre, lui apprend comment aller des mots au silence de l'expérience. Il entre ainsi en contact avec l'enseignement dans sa dimension didactique. Il découvre des paroles qui sont des semences d'éveil.

La langue de l'apprentissage est celle en laquelle se vit la guérison, les tentatives pour se corriger, devenir plus aimant, plus attentif, plus ouvert et compréhensif. Dans cette opération, l'apprenti remarque qu'il se transforme au fur et à mesure que sa langue elle-même se métamorphose. Il découvre la puissance subtile de la conception et son

---

1. *Itivuttakasutta*. Cf. Anne Bancroft, *Le Bouddha parle*, p. 123.

caractère relatif. Désormais, il connaît mieux la portée des mots et leur pouvoir réducteur. Il abandonne cet usage de la langue où les paroles sont autant de semences perdues. Il évite les mots qui alourdissent l'esprit et créent des blessures. Il cultive ceux qui favorisent la concorde et l'harmonie. En la langue de l'apprentissage se noue également la relation à l'expérience du *réel que nous sommes*. Elle permet de développer une pensée qui évite toute interprétation littérale, devançant la lettre pour découvrir l'esprit. Dotée d'un pouvoir d'éveil, elle aide à découvrir la présence nue et pure de la simplicité naturelle.

Comprenons bien enfin que les langues de l'éveil et de l'apprentissage ne sont pas supérieures à la langue habituelle. Ces classifications n'ont de sens qu'au niveau relatif. Les discours de tous les jours et les paroles qui alimentent le commentateur en nous possèdent la même nature. Ils se sont simplement alourdis dans le mécanisme épuisant de la dualité. Le cheminement spirituel ravive la parole ordinaire et la féconde. On croit apprendre, abandonner un personnage ancien, découvrir un homme nouveau. En réalité, on ne fait que changer de regard sur *ce qui est là*. La qualité de notre regard consacre la vie.

La figure 27 reprend quelques éléments qui entrent en jeu dans cette vision du cercle enchanté.

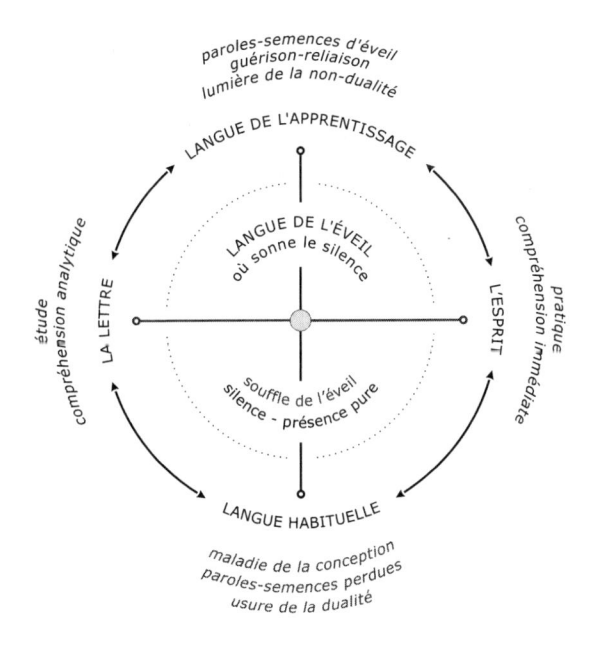

Figure 27. Le cercle enchanté et les niveaux de langue.

3. LA PAROLE GUÉRISSEUSE

Un jour, le Bouddha se rendit dans une région où sévissait un criminel appelé Angulimala. L'assassin recherchait sa millième victime. Personne n'osait s'aventurer seul dans les rues. L'hôte du Bouddha insista pour qu'il ne quitte pas la maison. Il ne tint pas compte de ce conseil et continua tranquillement son chemin, longeant les habitations aux portes closes, traversant des rues désertes.

Angulimala ne tarda pas à repérer le moine errant. Armé de son épée, il le suivit. L'Éveillé remarqua qu'un individu se portait à sa hauteur. Il comprit qu'il s'agissait de l'assassin tant redouté, mais il poursuivit paisiblement sa marche. Surpris d'une pareille attitude, Angulimala lui ordonna de s'arrêter. Le Bouddha n'en fit rien. Devant l'insistance du criminel, qui s'était placé devant lui pour lui barrer la route, il s'adressa à lui avec douceur : « Angulimala, je me suis arrêté il y a déjà bien longtemps. C'est vous qui ne cessez de vous agiter dans un brasier de haine, de colère et de désirs fiévreux. » Surpris par cette remarque, Angulimala scruta le visage du Bienheureux. Il ne releva aucune trace de peur. D'habitude, tout le monde fuyait devant lui. Personne n'aurait osé lui adresser la parole. Devant l'expression de la sagesse et de l'amour infini, il se sentit complètement nu. Il comprit qu'il avait emprunté le chemin du malheur. Il s'agenouilla devant le Bouddha et fit le vœu d'abandonner sa vie malfaisante. Il devint un disciple empli de sérénité et de bonté. La tradition rapporte que sa transformation fut si radicale que les membres de la communauté l'appelèrent Ahimsaka, le Non-violent[1]. Le propos central de cette anecdote est bien résumé dans le 100e verset du *Dhammapada* : « Meilleur que mille mots sans utilité est un seul mot bénéfique, qui pacifie celui qui l'entend. » Le Bouddha ne s'est pas adressé au criminel mais au véritable Angulimala.

Il nous est difficile d'être authentique dans l'instant, de nous présenter aux autres dans un état de nudité absolue. Nous avons tendance à calculer, à manipuler, à être sur la défensive ou au contraire à nous montrer agressifs. Si nous prenons soin de développer une conscience-

---

1. Cette histoire est très célèbre dans la littérature bouddhique. Elle sert aussi à illustrer une guidance spirituelle totalement néfaste. En effet, Angulimala était devenu criminel sur les conseils de celui qu'il considérait comme son maître. Ce dernier avait été abusé par sa femme qui, vexée parce que Angulimala ne cédait pas à ses avances, prétendit qu'il avait essayé de la mettre dans son lit. Le soi-disant maître pensa que la meilleure façon de se libérer de cette faute consistait à faire le vœu de tuer mille personnes.

témoin au moment où nous parlons, nous distinguerons clairement les rôles que nous tenons. Nous remarquerons également à quel point ils influencent notre langage et l'intonation de notre voix. Cette auto-observation renforce la vigilance qui permet de faire des choix allant dans le sens de la paix. Chemin faisant, les graines de colère deviennent stériles et disparaissent.

Au VIe siècle avant notre ère, les joutes dialectiques se multiplient. Le Bouddha fait remarquer l'intolérance qui règne parfois entre les défenseurs de telle ou telle position philosophico-religieuse. Certains brahmanes, dit-il, se disputent et « se blessent les uns les autres par les armes de la langue ». La colère, l'orgueil, la méchanceté, tous les poisons qui entachent l'esprit, ne cessent de souiller quotidiennement le véhicule de la parole.

Nous savons tous par expérience à quel point les paroles sont le vecteur d'une extraordinaire puissance. Des mots bienveillants amènent la concorde. Les sarcasmes, l'ironie et le cynisme blessent ceux qui les subissent. Un proverbe touareg dit justement qu'une blessure faite par le feu se guérit, une blessure faite par la langue ne se guérit pas dans l'âme. Le Dharma insiste sur la prise de conscience du caractère ambivalent de la parole, tour à tour destructrice et conciliatrice selon l'usage que nous en faisons.

À plusieurs reprises le Bouddha mentionne l'importance de l'attention que le moine doit développer dans le maniement de la parole. Ces conseils s'appliquent à tout un chacun parce qu'ils ont une valeur universelle. Pour que la parole n'exprime ni le désir ni la haine, il convient de s'exercer à la maîtriser. Le Bouddha a distingué quatre attitudes à cultiver :

1. dire la vérité ;
2. réconcilier en venant en aide aux autres ;
3. parler à bon escient et avec douceur sans colporter des rumeurs, ni critiquer ce que disent ou font nos semblables ;
4. parler à bon escient en adoptant un discours sensé.

Ces quatre activités fondent la parole juste qui est l'un des huit aspects du noble octuple sentier. En travaillant ainsi sur la parole, notre comportement diffuse dans notre environnement immédiat la bonté fondamentale en nous. On comprend aisément qu'en vivant une quiétude délivrée de la dépendance des mots, de l'arrogance, de l'avidité et de l'orgueil, on rejette tout conflit. La parole juste, libérée de la domination de l'ego, émane du cœur. Elle manifeste la volonté de servir autrui et non pas de lui nuire. Douce, agréable, pertinente et modérée, elle reflète la sagesse, la paix et l'harmonie de l'état naturel. Évoquant l'attitude du moine, le Bouddha précise :

> Il ne parle qu'en vue de réconcilier ceux qui sont désunis ou d'accroître la concorde. Il se plaît dans l'harmonie, il trouve son plaisir dans l'harmonie, il trouve sa joie dans l'harmonie. Ayant abandonné la parole grossière, il s'abstient de la parole grossière. Il ne prononce que des paroles irréprochables, agréables à l'oreille, affectueuses, allant au cœur, courtoises, aimables à beaucoup de gens, plaisantes à beaucoup de gens. Ayant abandonné les paroles frivoles, il s'abstient de propos frivoles ; il ne prononce que des paroles opportunes, véridiques, sensées, conformes à la doctrine et à la discipline, dignes d'être conservées, raisonnables, correspondant au but final, profitables[1].

Selon l'adage populaire, nous devrions tourner sept fois notre langue dans la bouche avant de parler. Le bouddhisme dit aussi que nous devrions accueillir en notre esprit la patience et la bienveillance, et les cultiver. Ainsi la parole sera douce. Et même face à ceux qui nous persécuteraient, le Dharma nous enjoint de manière intelligente à porter notre regard à la source des conflits. Comme l'écrit Shantideva : « On ne s'irrite pas contre le bâton, auteur immédiat des coups, mais contre celui qui le manie ; or cet homme est manié par la haine : c'est donc la haine qu'il faut haïr[2]. » À ces propos, on peut ajouter ces précieux conseils de Nagarjuna :

> Exprime la vérité, parle avec douceur aux êtres,
> Dis ce qui est naturellement agréable,
> Difficile à découvrir, use de méthode,
> Abstiens-toi de déprécier, sois indépendant et parle bien[3].

Si nous parvenons à faire fructifier la douceur en nous, ce sera au prix de l'abandon de nos aspects les plus tranchants et les plus grossiers. La douceur nous guérira comme elle guérira nos relations avec le monde en rendant nos gestes et nos regards plus aimants. Nombre d'événements simples de la vie peuvent nous y aider : un chat ou un chien particulièrement affectueux, l'amabilité d'une personne inconnue, de nos voisins, de nos amis ou des membres de notre famille.

On trouvera aussi dans le Dharma des sources d'inspiration ne figurant dans aucun livre. On peut, par exemple, contempler les rondeurs d'une statue du Bouddha. Les yeux errent à la surface de la pierre et se laissent gagner par la tendresse qui se dégage des formes. La contemplation des rondeurs voluptueuses libère un paysage mental riche d'une paix bienfaisante, et dépourvu de cruauté, d'aveuglement,

---

1. Extrait du *Mahatanhasankhayasutta*, trad. de Môhan Wijayaratna, *La philosophie du Bouddha*, p. 69.
2. *La marche vers l'éveil*, p. 44.
3. *Conseils au roi*, verset 494.

de barbarie et de haine. Elle nous plonge dans l'atmosphère du parc des Gazelles à Sarnath, là où le Bouddha donna son premier enseignement. Même si l'on n'est jamais allé à Sarnath, on peut imaginer les gazelles d'antan allant et venant paisiblement à l'ombre des arbres. En se rendant dans un centre du Dharma, on aura plaisir à contempler, au-dessus des portes des tcheutèns ou en bordure des toits des temples, le couple de gazelles encadrant la roue, symbole de l'enseignement. Autant de liens tissés avec les chevreuils qui parcourent nos forêts, autant de présence à la bonté de tels animaux, autant de communions avec l'état d'absence de toute querelle et d'extrême humanité. Ces images simples nous relient à la bonté fondamentale en nous, à la beauté du monde, à cet accord sans cesse renouvelé avec tous les êtres.

༃

11
Le miroir d'encre

> « Ce qui se dit dans le langage sans que le langage le dise, c'est-à-dire ce qui réellement se dit, est ce que le langage tait. »
> Octavio Paz

> « Dès que l'encre est séchée, nos formules sont fausses. »
> Formule chan

1. TRADITION ORALE ET ÉCRITURE

• La transmission du sens et de l'esprit

Le Bouddha n'a jamais écrit. De sa mort en – 480 jusqu'aux environs du Ier siècle avant notre ère, la transmission des enseignements demeure exclusivement orale. Le développement de la tradition littéraire répond à la nécessité de préserver l'enseignement du maître contre les aléas du temps. La communauté, sujette à quelques dissensions et de plus en plus dispersée géographiquement, a également besoin d'une référence commune et reconnue.

L'esprit de la tradition orale avec ses lignées de récitants est certainement ébranlé par la transcription des paroles du Bouddha. Depuis l'Inde védique, la véritable formation spirituelle est toujours orale. Seule la parole permet d'échanger, de poser des questions et de recevoir une réponse adaptée. En cela, nous sommes très proches des positions de la philosophie grecque antique pour laquelle le dialogue est un exercice spirituel formant l'esprit du disciple. On ne cherche pas à imposer une certitude absolue, on n'enseigne pas des thèses ou des théories. On propose des méthodes pour mieux vivre. D'où cette méfiance à l'égard de l'écrit, cet écrit qui se sépare du temps propre à la parole vivante, ce temps concret du partage, du débat, de l'échange, où les jeux de langage, les hésitations et les répétitions lui donnent tout son sens et révèlent sa portée éveillante. De ce point de vue, les textes demeurent de simples aide-mémoire.

L'apparition des écrits en Inde est un long processus. Il s'échelonne sur une période qui couvre environ dix siècles après la mort du Bienheureux. La réalisation du corpus pali débute au IIIe siècle avant notre ère pour atteindre sa forme définitive au Sri Lanka à la fin du Ier siècle de notre ère. De nouveaux textes, cette fois en sanskrit (les *Prajnaparamitasutras*), apparaissent entre le Ier siècle avant notre ère et le Ier siècle de notre ère. Quant à la rédaction des tantras, elle ne débute qu'au VIIe siècle. Cet étalement dans le temps prouve que la transmission purement orale s'est poursuivie conjointement de manière intacte en conservant une valeur primordiale, et la lente cristallisation du corpus scripturaire s'explique par le fait que l'enseignement le plus intérieur a été préservé dans le giron d'une transmission limitée et strictement orale. D'ailleurs, ce caractère vivant s'est maintenu jusqu'à nous puisque les enseignements les plus profonds du Vajrayana ne sont transmis qu'oralement.

Le processus de cristallisation ne prétend pas non plus à l'exhaustivité. Selon la vision du Mahayana, on ne dira pas que les moines ont cherché à faire basculer dans une base de données l'ensemble du contenu de la tradition orale. Ils ont plutôt souhaité préserver l'esprit et l'inépuisable sens de l'enseignement. D'où l'importance d'envisager les mots comme de pures représentations. Et pour le Dharma, il n'est pas de représentation sans interprétation, ni de texte sans contexte. Ainsi, de nombreux commentaires et développements analytiques viennent s'adosser aux corpus pour les éclairer en profondeur.

L'empreinte de la tradition orale

Les membres du sangha ont pris soin de mémoriser un enseignement en l'ordonnant parfois en chants, en stances poétiques émaillées de récits narratifs. Lorsqu'on entend des moines theravadins « chanter » un sutra pali, par exemple, on mesure l'importance du timbre de la voix dans la transmission. Le texte est un support d'étude en même temps qu'une coquille dans laquelle passe le souffle du récitant. Ce souffle anime un réseau ordonné de sonorités dont la texture influe sur le vécu immédiat. Les ondes sonores et les modulations entrent en résonance avec le souffle de l'éveil que la psalmodie ne cesse de réactualiser.

Le caractère fluide de la tradition orale a laissé une empreinte profonde sur les sutras sous la forme de tournures introductives (« Ainsi ai-je entendu... ») et de formules récurrentes qui ponctuent le corps du discours. Elles consistent en des constructions suggestives qui rappellent le caractère mélodieux de l'oralité et constituent le support méthodique d'un mode de transmission opérant. Dans le « Sutra des quatre établissements de l'attention » (*Satipatthanasutta*), par exemple, le Bouddha ponctue chacune de ses explications par la phrase : « C'est ainsi que le pratiquant demeure établi dans l'observation du corps dans le corps. » La formule revient à l'identique pour l'attention aux sensations, à l'esprit et aux contenus mentaux. Ce type de structure forme une ossature puissante qui soutient le contenu essentiel de l'enseignement.

Face au corpus scripturaire, nous ne sommes pas vraiment devant des livres, mais devant un océan de textes non écrits. Car la parole du Bouddha appelle essentiellement une audition. C'est pourquoi la lecture murmurée ou à haute voix s'avère si précieuse. On lit et dans le même temps on demeure à l'écoute. L'audition relie l'esprit du lecteur au souffle du Bouddha qui prononce son enseignement.

La notion d'esprit-réceptacle

La transmission repose sur une condition particulière de l'esprit que la tradition qualifie d'esprit-réceptacle. Tout d'abord, et comme l'explique Gampopa Seunam Rinchèn dans *Le précieux ornement de la libération*, le disciple se considère comme un malade qui vient requérir un traitement (la pratique) auprès d'un médecin (l'ami spirituel). Lorsqu'il reçoit l'enseignement, il se trouve dans un état de réceptivité totale. Il ne cherche pas à s'accaparer l'enseignement mais à s'en imprégner, comme un tissu vierge reçoit une coloration. L'action qui consiste à se rendre totalement disponible suppose un silence de l'individualité égoïste. Un tel silence témoigne d'un profond détachement à l'égard des désirs et des élaborations mentales susceptibles de distordre la nature même de l'enseignement.

Cette vision s'avère essentielle dans la transmission du Zen et des tantras. Elle suppose une réciprocité accomplie entre le maître et le disciple, réciprocité qui joue le rôle de protecteur puisque l'enseignement ne saurait être opérant en dehors de cette union. Comme l'écrit Saraha : « L'enseignement du maître est nectar d'immortalité. Qui n'en boit pas très vite meurt de soif dans les steppes désertiques des innombrables traités. » L'esprit-réceptacle est un prélude à la mise en pratique correcte des enseignements. Il ne s'agit nullement d'emmagasiner des masses d'informations. Le 19ᵉ verset du *Dhammapada* est très clair sur ce point :

> Quoiqu'il récite beaucoup les textes, il n'agit pas en accord avec eux ; cet homme inattentif est comme un gardien de troupeaux qui compte le troupeau des autres ; il n'a aucunement part aux béatitudes de l'ascète.

Les richesses scripturaires relient l'esprit à la puissance spirituelle de la bénédiction du Bouddha. Elles fournissent un canevas conceptuel rigoureux qui canalise les forces en jeu dans le mental discursif, évitant les errances et les déviations. Les étudier est donc une façon de « changer » d'esprit puisque l'épanouissement de la compréhension ouvre des perspectives nouvelles. Mais seule la pratique méditative permet d'en réaliser le sens profond. Ainsi peut-on envisager les richesses scripturaires comme des balises sur la voie de la méditation.

La multiplicité des formes de transmission et leur enracinement dans l'expérience spirituelle nous rappellent enfin que l'esprit ne cesse de féconder la lettre. Il n'existe donc pas de transmission écrite sans transmission orale. En l'absence d'une transmission orale, le texte devient lettre morte : l'intelligence vivante de l'expérience cesse d'animer les mots. Les textes sacrés deviennent alors des livres morts. Ce ne sont plus les dires du Bouddha que nous lirons mais nos propres pensées dans les affirmations du Bienheureux. C'est pourquoi le bouddhisme insiste tant sur la nécessité de recourir à un maître vivant qui fait don de l'enseignement. Il pourra nous empêcher de déformer ses propos ou corriger notre interprétation du sens profond de la transmission.

Dans les écrits de Tchouang-tseu, on trouve un bon exemple de ces considérations. Le sage taoïste, que l'on pourrait comparer à bien des égards à un maître zen, relate une anecdote mettant en scène le duc Houan et Pien, un charron de soixante-dix ans, toujours occupé à fabriquer des roues malgré son âge avancé. Alors que le duc est en train de lire les paroles des saints, le charron lui demande si les hommes dont il lit les mots sont toujours en vie. Le duc répond qu'ils sont morts. Pien rétorque : « Alors ce que vous lisez ne représente que la lie des Anciens. » Le duc rétorque : « Je lis, un charron n'a pas à me donner son avis. Je te permets toutefois de t'expliquer. Si tu n'y arrives pas, tu seras mis à mort. » Le charron s'explique : « Voici ce que le métier de votre serviteur lui a permis d'observer. Quand je fais une roue, si je vais doucement, le travail est plaisant, mais n'est pas solide. Si je vais vite, le travail est pénible et bâclé. Il me faut aller ni lentement ni vite, en trouvant l'allure juste qui convienne à la main et corresponde au cœur. *Il y a là quelque chose qui ne peut s'exprimer par les mots.* Aussi n'ai-je pu le faire comprendre à mon fils qui, lui-même, n'a pu être instruit par moi. C'est pourquoi à soixante-dix ans je travaille toujours à faire mes roues. Ce que les Anciens n'ont pu transmettre est bien mort et les livres que vous lisez ne sont que leur lie[1]. »

L'importance de la transmission orale s'avère particulièrement significative dans le Tantrayana, les tantras n'étant efficaces et intelligibles que dans le cadre d'une initiation. Que dire enfin de la subtile tradition des trésors spirituels (tib. *termas*) au sein de l'école tibétaine Nyingmapa ? Elle contourne à la fois les traditions orale et scripturaire. À sa source, cette transmission dite « courte »[2] est accessible uniquement à ceux qui ont été habilités par Padmasambhava à en décrypter le sens. Les découvreurs de trésors (tib. *terteuns*) ne diffuseront l'enseignement qu'après en avoir vérifié sur eux-mêmes les bienfaits. Plus on s'écarte des niveaux exotériques, plus on s'aperçoit que les textes s'autoprotègent sous le sceau du secret.

● L'effort « civilisateur »

Lorsque le Bouddha enseigne, il arrive qu'à la même interrogation, mais dans des circonstances différentes, il offre des explications apparemment divergentes ou se contente de garder le silence. Charge aux disciples de mettre en ordre l'ensemble des propositions entendues. Pour y voir clair et éviter un trop grand nombre de controverses, il a fallu répertorier les points relatifs à la conduite éthique (Vinaya) et les enseignements proprement dits (sutras). Le Bouddha a rendu ce défrichage encore plus complexe en donnant à la même question une hiérarchie de réponses adaptées aux différents niveaux de ses interlocuteurs.

Le besoin s'est également fait sentir de présenter l'enseignement de manière scolastique en l'organisant sous forme de listes d'éléments (Abhidharma) en relation les uns avec les autres : les cinq agrégats ou skandhas, les cinq éléments, les douze liens interdépendants, etc. À l'origine, l'Abhidharma ressemble à une liste de termes jouant le rôle d'une grille de lecture permettant de comprendre les sutras et de s'y retrouver dans les enseignements. En outre, l'analyse de la réalité en termes d'éléments, de facteurs mentaux ou de processus cognitifs va

---

1. Tchouang-tseu, *Œuvre complète*, chap. XIII, « La Voie du Ciel », Gallimard/Unesco, 1969, p. 118.
2. Elle est ainsi nommée parce qu'elle saute des étapes dans la chronologie temporelle, comparativement à la longue transmission des paroles du Bouddha.

avoir une valeur hautement didactique. L'univers n'est plus une réalité extérieure mais un contenu de l'esprit. Les phénomènes mentaux et physiques coexistent.

Cette vision va grandement favoriser un changement de perspective. Tout d'abord, on ne parle plus de réalité objective au sens propre. Et le sujet n'est plus doté d'une existence intrinsèque puisqu'il se compose d'un conglomérat d'éléments et de processus divers dépendant les uns des autres. De glossaire technique, on est donc passé à une analyse élaborée de la réalité et de l'esprit : classifications des facultés mentales, des modalités de connaissance, des émotions, etc. Par souci d'intelligibilité et de lisibilité, la fluidité et l'aspect « sauvage » de l'enseignement oral, répondant à des conjonctures, ont été peu à peu soumis à un effort « civilisateur » obéissant cette fois à des normes structurelles.

● Le caractère transitoire de l'enseignement

Le Bouddha est pleinement conscient du caractère fragile et périssable de son enseignement. D'ailleurs, lorsqu'il le compare à un radeau dans le *Mahatanhasankhayasutta*, c'est aussi pour relever sa nature transitoire. Les derniers mots qu'il adresse à ses disciples avant de passer dans le parinirvana sont eux-mêmes très explicites : « Tout ce qui est créé est forcément provisoire. Persévérez sans relâche dans votre effort vers l'éveil. » L'enseignement n'échappe pas à cette réalité. Cette situation est jugée très positive. En effet, le corpus appelle des commentaires et impose aux maîtres de toujours chercher de nouvelles explications en fonction du contexte et de l'auditoire. D'où cette incessante tentative pour manier de nouveaux concepts à même d'offrir un point de vue plus éclairé sur les enseignements. Certes, les enseignements se suffisent en eux-mêmes, mais dans le même temps ils sont un support aux explications des maîtres.

Le caractère transitoire de l'enseignement est censé le protéger contre toute forme de vénération. Rappelons-nous ces paroles du Bouddha : « Mon enseignement n'est ni un dogme ni une doctrine, mais certaines personnes le considéreront comme tel. (…) Mon enseignement est un moyen pratique qu'il ne faut pas vénérer. » La réalité ultime est au-delà des noms, des images, des formes et des symboles. Elle ne saurait être réductible à un quelconque énoncé qui prétendrait révéler la « vérité absolue ». Ces propos éclairent les actes de ces maîtres qui, comme Houei-nêng (638-713), déchirent des sutras. Son attitude n'est pas irrespectueuse. Le sixième patriarche du Chan s'adresse d'une façon spectaculaire à tous ceux qui se complaisent dans la phraséologie canonique.

Face à l'irréversible usure des sociétés humaines, aux risques de parodie et de subversion, les enseignements paraissent d'une fragilité sans nom. Cette apparente précarité révèle aussi leur caractère extrêmement précieux. Conscients de ce trésor, plusieurs peuples ont pris grand soin de le protéger. Ainsi les Tibétains l'ont-ils préservé dans leurs monastères au cœur de trois supports : le support du corps qui se réfère aux images et à la statuaire ; le support de la parole qui concerne les textes classiques essentiels ; et le support de l'esprit éveillé qui prend la forme des monuments symboliques que sont les stupas.

Les écrits sont parfois devenus de véritables trésors et chefs-d'œuvre de la calligraphie. Bien que le Dharma ne soit pas une tradition du Livre, les principaux monastères des différentes écoles tibétaines ont conservé les recueils complets du *Kangyur*, la « traduction des paroles du Bouddha » en cent volumes, écrits à l'encre d'or. Cette reconnaissance de la valeur inestimable de l'enseignement est tout aussi frappante dans la tradition theravada. En 1872, à Mandalay au Myanmar, sous l'impulsion du roi Mindon, l'ensemble du corpus bouddhique en langue palie a été sculpté sur sept cent vingt-neuf stèles de marbre, chacune étant placée au cœur d'un petit stupa blanc.

● La lecture contemplative

La tradition orale imprègne un océan d'encre qui appelle une lecture contemplative. La lecture est un exercice spirituel. Elle nécessite un apaisement et une transparence intérieure sans lesquels on ne parvient pas à ressentir la profondeur de l'expérience dont les textes témoignent.

Lire quelques lignes : accueillir les mots et les laisser s'épancher en soi. On nous parle. L'exposé, le poème ou le chant entre en nous, travaille en nous dans le silence à soi que nous lui accordons. On demeure à l'écoute, méditant calmement le sens qui peu à peu s'actualise. On relit en silence, à voix basse ou à haute voix. Le souffle continu de la tradition orale s'anime de nouveau, imprègne notre propre souffle.

La lecture contemplative nourrit la réflexion sur le sens de l'enseignement, élève l'esprit au-delà de ses préoccupations, l'invite à apprécier la valeur infinie de chaque instant, l'aide à demeurer en la quiétude et la clarté de son état naturel. Le travail « plus intellectuel » soutient les efforts pour intégrer dans notre vie quotidienne la douceur à l'égard de soi, la bonté envers autrui, le détachement et les constats essentiels tels que l'impermanence ou l'absence d'existence en soi.

2. LES CORPUS SCRIPTURAIRES

De nombreux auteurs et traducteurs emploient le terme de « canon » pour désigner les corpus bouddhiques. Dans un contexte judéo-chrétien, il désigne l'ensemble des textes normatifs admis comme divinement inspirés. Dans le bouddhisme, cette signification n'a pas lieu d'être puisque les textes ne sont pas révélés et n'ont pas un caractère définitif. Pour souligner d'ailleurs l'aspect non dogmatique de la transmission, on dit que le Bouddha a transmis 84 000 enseignements en réponse aux 84 000 formes d'émotions conflictuelles. Dans la tradition tibétaine, on considère que chaque corpus (Vinayapitaka, Sutrapitaka, Abhidharmapitaka et tantras) est un remède approprié à 21 000 formes de perturbations spécifiques[1].

Les textes qui rapportent les paroles du Bouddha sont anonymes. Ils représentent un océan de mots, huit à dix fois plus volumineux que la Bible. Seules quatre langues écrites ont servi de réceptacle aux paroles du Bouddha : le pali, le sanskrit, le tibétain et le chinois. Des recherches récentes menées en Inde montrent que la tradition bouddhique s'est perpétuée non seulement grâce au pali, mais surtout grâce au sanskrit.

Dès le Ier siècle avant notre ère, le sanskrit est la principale langue sacrée et savante de la péninsule et va devenir le véhicule essentiel de la culture bouddhique. On a tendance à considérer que la première recension des enseignements a été rédigée en pali. Ce corpus, appelé la *triple corbeille** (Tipitaka), atteint sa forme définitive à la fin du Ier siècle de notre ère et fait autorité dans les pays theravadins. Or toute une littérature en sanskrit s'est développée conjointement.

De ce corpus sanskrit, il ne reste aujourd'hui que quelques bribes provenant de différentes découvertes faites en Asie centrale, au Cachemire et au Népal. Des chercheurs occidentaux ont également retrouvé dans les années 30 des textes en Afghanistan. Un petit nombre d'entre eux avaient été transmis au Tibet, en Chine et au Japon. Parmi les éléments qui subsistent, on trouve des fragments du corpus émanant des

---

1. 21 000 x 4 corpus = 84 000 (émotions conflictuelles).

Sarvastivadins, des Mulasarvastivadins et des Mahasanghikas, trois des nombreuses écoles anciennes qui se sont constituées en Inde. Nous connaissons le corpus sanskrit grâce aux traductions en chinois et surtout en tibétain. Le corpus tibétain, finalisé au début du XIIe siècle, est un calque du corpus sanskrit. La comparaison des restes des originaux sanskrits avec la version tibétaine prouve cette similitude. Aujourd'hui, il n'existe plus que trois grands corpus du Dharma : les corpus pali, tibétain et chinois[1].

Le point de vue traditionnel ne tient pas vraiment compte d'une chronologie linéaire chère à l'esprit occidental. Il porte d'ailleurs un regard sceptique sur les méthodes philologiques visant à dater l'apparition des textes. Lorsqu'un écrit est jugé postérieur à un autre, les philologues occidentaux considèrent généralement que le plus récent résulte forcément des changements opérés sur la base du manuscrit antérieur. C'est d'ailleurs la raison pour laquelle les indianistes ont souvent privilégié le corpus pali des theravadins. Il existe une tendance à considérer le corpus pali comme le reflet le plus fidèle de la source parce qu'il serait le plus ancien. Pour Môhan Wijayaratna, l'un des plus grands spécialistes du bouddhisme des origines, la compilation de presque tous les textes de ce corpus a été réalisée au IIIe siècle avant notre ère. Tout porte à croire cependant que les travaux de finalisation se sont étendus sur une période beaucoup plus vaste.

Dans la perspective du Mahayana, les méthodes de datation restent pour le moins contestables. En effet, ce sont généralement les textes les plus populaires et les plus accessibles qui ont été rédigés les premiers à des fins de diffusion. Ainsi, considérer que la transcription des paroles les plus ésotériques[2], longuement préservées au cœur de la transmission orale, représente une forme altérée de l'enseignement est un jugement erroné. La problématique de la datation n'a guère de valeur dans le cadre traditionnel même si elle conserve un intérêt scientifique incontestable. Son poids est encore plus faible si le Bouddha est perçu comme manifestation de l'éveil atemporel.

---

1. Le corpus chinois est traduit en coréen.
2. Dans le sens noble et étymologique du terme (*esotêrikos*, *esô*, dedans), c'est-à-dire ce qui est proprement « intérieur » et donc préservé, voire caché. Non pas volontairement caché, mais qui ne peut être transcrit dans une langue usuelle du fait de l'incapacité de l'intelligence conceptuelle à le comprendre. J'évoque ici les tantras.

• La classification en trois corbeilles

Nous ne connaissons pas l'origine précise de la répartition de l'enseignement en trois corbeilles. Rappelons qu'au moment du concile de Rajagriha (v. – 479), les moines auraient distingué les enseignements relatifs à la conduite éthique, des enseignements de nature plus philosophique correspondant aux exposés circonstanciés que le Bouddha donna sur telle ou telle notion. À cette occasion, Mahakashyapa, l'un des grands disciples du Bouddha, récita les prémices de l'Abhidharma. Nous savons que la tradition orale avait pris soin de répertorier les paroles du Bouddha en neuf catégories. Cette répartition permettait de différencier les sujets traités et la forme littéraire adoptée. On a ainsi distingué, par exemple, les dialogues ou les longs exposés, des récits des vies antérieures du Bouddha ou des récits décrivant les événements miraculeux qui émaillent sa vie.

À partir de ces neuf sections, auraient été rédigés sur des feuilles de palmier des textes dont on prit soin de distinguer le contenu en les rangeant dans trois corbeilles (pali *Tipitaka*, skt. *Tripitaka*). L'une concernait les textes sur la discipline (pali et skt. *Vinayapitaka*) ; une autre, les dialogues, discours ou exposés circonstanciés du Bouddha (pali *Suttapitaka*, skt. *Sutrapitaka*) ; et la troisième, les écrits présentent l'enseignement dans sa quintessence, son organisation et son analyse (pali

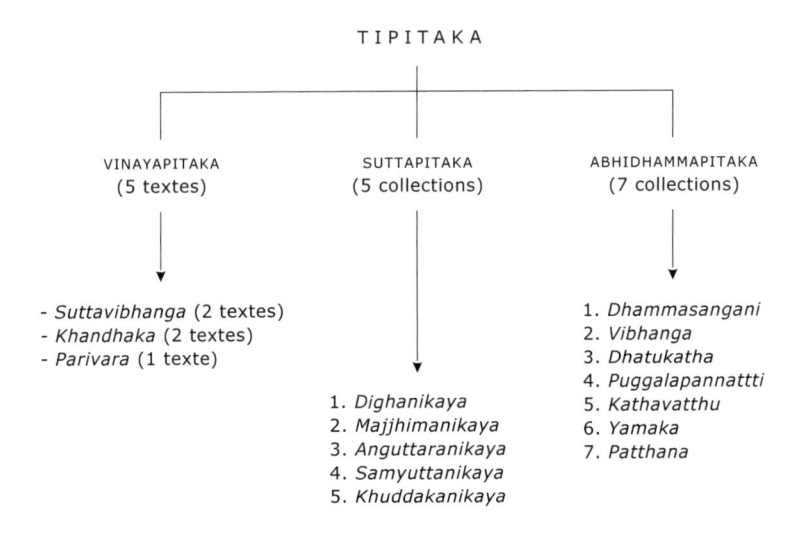

```
                              TIPITAKA
                                 │
         ┌───────────────────────┼───────────────────────┐
         │                       │                       │
    VINAYAPITAKA            SUTTAPITAKA           ABHIDHAMMAPITAKA
     (5 textes)            (5 collections)         (7 collections)
         │                       │                       │
         ▼                       │                       ▼
- Suttavibhanga (2 textes)       │                1. Dhammasangani
- Khandhaka (2 textes)           │                2. Vibhanga
- Parivara (1 texte)             │                3. Dhatukatha
                                 ▼                4. Puggalapannattti
                         1. Dighanikaya           5. Kathavatthu
                         2. Majjhimanikaya        6. Yamaka
                         3. Anguttaranikaya       7. Patthana
                         4. Samyuttanikaya
                         5. Khuddakanikaya
```

Figure 28. Organisation du corpus pali ou Tipitaka.

Abhidhammapitaka, skt. *Abhidharmapitaka*). Cette richesse scripturaire constitue le fondement des différents corpus bouddhiques.

La classification tripartite n'a rien d'artificiel. Tout d'abord, elle trace un chemin qui va du plus extérieur au plus intérieur : de la discipline (Vinaya) à la connaissance des fonctionnements de l'esprit (sutras, Abhidharma). Ce chemin nous apprend comment sortir de notre état de confusion et de torpeur. Il nous aide à changer notre vision du monde et à nous transformer dans chaque action de la vie quotidienne.

Cette classification révèle également les différentes spécialisations au sein de la communauté, spécialisations qui correspondent elles-mêmes aux penchants naturels des moines pour tel ou tel aspect de l'enseignement. Elle souligne aussi la volonté d'ordonner rationnellement un discours protéiforme parce que circonstancié et donc toujours adapté au niveau des interlocuteurs. Enfin, elle répond aux diverses modalités de l'intelligence humaine, faisant appel au raisonnement analogique, à l'analyse comparative, à l'imagination ou à l'intuition.

Lorsque l'on souhaite tisser une correspondance entre les écrits et les trois portes de l'enseignement que sont le corps, la parole et l'esprit, on dit parfois que le Vinaya est en relation avec le corps, les sutras avec la parole et l'Abhidharma avec l'esprit. Mais cette répartition quelque peu linéaire ne doit pas faire disparaître les relations croisées et interdépendantes entre les écrits, ainsi que leur unité fondamentale sous-jacente.

L'école Theravada s'appuie sur le corpus pali (*Tipitaka*) qui nous est parvenu dans son intégralité. À cet ensemble ont été intégrés divers ouvrages dont les *Entretiens de Milinda et Nagasena* (*Milinda-panha*). Ce texte, dont quelques extraits ont déjà été cités, est réellement représentatif de la tradition des Anciens. Il relate une discussion qui eut lieu au IIe siècle avant notre ère entre Nagasena, un moine de l'école Sarvastivadin, et le roi indo-grec Ménandre (pali Milinda) de Bactriane. Ce dialogue particulièrement vivant est devenu un manuel d'instructions célèbre dans les milieux bouddhistes des premiers siècles de notre ère.

Notons également qu'en marge du corpus pali, quelques ouvrages ultérieurs font autorité dans le Theravada. Il s'agit de commentaires dont le plus connu est certainement le *Visuddhimagga* (« Le chemin de la pureté ») de Buddhaghosha (Ve s.). Ce texte est également une référence pour qui souhaite aborder les pratiques méditatives enseignées dans l'école Theravada.

La distinction entre le corpus pali et les autres corpus tient pour l'essentiel à leur mode d'organisation et à la nature de leur contenu. Ainsi les corpus tibétains et chinois comprennent les tantras que certains considèrent volontiers comme une quatrième corbeille. À cette richesse scripturaire, viennent s'ajouter les nombreux commentaires philosophiques (les shastras) des grands maîtres indiens.

Le corpus chinois est divisé en seize sections principales. Dans ces sections sont ventilés les textes du Vinaya, des sutras et de l'Abhidharma, les tantras ainsi que divers traités indiens. Quant au corpus tibétain, il comprend deux grandes collections : le *Kangyur* et le *Tèngyur*. Le *Kangyur* est la « traduction des paroles du Bouddha » répartie en sept sections qui intègrent le Vinaya (les règles de conduite), les sutras et les tantras. Le *Tèngyur* est un immense recueil qui comprend en particulier la littérature de l'Abhidharma et les commentaires philosophiques des grands maîtres indiens (voir tableau 14). Par rapport au corpus pali, les différences relèvent également de sutras distincts[1], de recours à des versions différentes du Vinaya[2] et, bien sûr, à la recension des tantras.

L'océan de textes étant tellement vaste, les Tibétains ont élaboré des manuels pédagogiques concis. Dans l'école Kagyupa, par exemple, on étudie le *Dagpo Targyèn, Le précieux ornement de la libération*, du maître et érudit Gampopa Seunam Rinchèn (1079-1153). Cet ouvrage, dont il

Kangyur 100 volumes / sept sections	Tèngyur 225 volumes / trois sections
1. Vinaya (discipline monastique, 13 vol.)	1. Hymnes et louanges (1 vol.)
2. Prajnaparamitasutras (21 vol.)	2. Commentaires de tantras (86 vol.)
3. Avatamsakasutra (6 vol.)	3. Commentaires des sutras et traités de grands maîtres (138 vol.) Dans ces commentaires, on compte en particulier la littérature de l'Abhidharma (dont l'*Abhidharmakosha* de Vasubandhu), des traités de logique, les ouvrages des grands maîtres indiens, dont Nagarjuna, Aryadeva, Candrakirti, Shantideva et Asanga, et des ouvrages sur la grammaire, la poésie, la médecine et l'alchimie, sans oublier les biographies traditionnelles du Bouddha (le *Buddhacarita*, « La carrière du Bouddha » et le *Jatakamala* (« La guirlande des naissances »).
4. Ratnakuta (49 sutras en 6 vol.)	
5. Sutras (270 textes en 30 vol.) Seuls 47 sutras viennent des écoles appartenant au véhicule fondamental.	
6. Mahaparinirvana (2 vol.)	
7. Tantras (22 vol.)	

Tableau 14. Le corpus tibétain selon l'édition de Narthang (XIIIe s.).

---

1. La deuxième section du *Kangyur*, par exemple, est constituée des « Sutras de la connaissance transcendante » (*Prajnaparamitasutras*). Ces sutras, qui appartiennent au deuxième cycle d'enseignement du Bouddha, ne sont pas reconnus par la tradition palie.
2. On parle de sept versions du Vinaya. Les écoles tibétaines utilisent le Vinaya des écoles du nord de l'Inde, en particulier celui des Mulasarvastivadins.

a déjà été question à plusieurs reprises, constitue une synthèse très structurée où se rejoignent l'approche graduelle du Mahayana selon la présentation de l'école Kadampa et les instructions sur Mahamudra transmises par Milarépa.

◻ La corbeille de la discipline (pali et skt. Vinayapitaka)

La corbeille de la discipline rassemble les préceptes qui gouvernent la vie au sein du sangha. Elle énumère les manquements à la règle et les moyens de purification. Elle codifie également tous les détails de la vie monastique sur la base des actes et des cérémonies relatives à son bon fonctionnement. Le code de conduite a été calqué sur la manière d'agir du Bouddha. Il emprunte également au fonds éthique auquel se conforme l'ensemble des communautés de renonçants. De nouvelles règles ont été introduites au gré des circonstances. Plusieurs d'entre elles concernent les laïcs confrontés dans la vie quotidienne à des choix éthiques décisifs. L'essence du Vinaya repose, comme on l'a vu dans la première partie de cet ouvrage, sur les vœux de pratimoksha dits de « libération par élimination des facteurs engendrant la souffrance ». Il existe différents niveaux d'ordination et des vœux réservés aux laïcs.

Le Vinaya traite globalement des attitudes positives à développer et des comportements néfastes à écarter. L'attitude intérieure juste permet d'établir l'harmonie et une bienheureuse simplicité au cœur de la vie quotidienne. Le Vinaya renforce la compréhension, la raison et la volonté. Grâce à ces trois facultés, l'apprenti se défait des réactions pulsionnelles et passionnelles. Chemin faisant, le corps, la parole et l'esprit demeurent en leur équilibre naturel. S'apaisant, ils révèlent leur nature fondamentalement spirituelle. Cette réorganisation des comportements ne constitue pas une fin en soi. Elle prépare les membres de la communauté à vivre dans une plus grande paix avec eux-mêmes et leur environnement. Le Vinaya transmet l'art de cultiver la responsabilité personnelle et la bienveillance. Compte tenu de l'importance de la vie monastique, il constitue une tradition vivante dans de nombreux pays.

◻ Les dialogues, discours ou exposés circonstanciés (pali Suttapitaka, skt. Sutrapitaka)

La corbeille des dialogues, des discours ou exposés circonstanciés du Bouddha ou de ses disciples immédiats rassemble de très nombreux textes. Par « dialogues, discours ou exposés circonstanciés », on entend littéralement que ces paroles procèdent de circonstances particulières. Mais on veut également préciser que le Bouddha sait embrasser les exigences de chaque situation et donc s'adapter à chaque cas rencontré parce qu'il a un rapport ouvert au monde.

Dans le corpus pali, ces textes appelés suttas sont classés principalement en fonction de leur longueur et de leur thématique. Bon nombre de ces textes semblent former un tout complet. Ajahn Sumedho, grand enseignant theravadin, fait remarquer que le premier enseignement du Bouddha consacré aux quatre nobles vérités (*Dhammacakkappavattanasuttas* ou « Sutta de la mise en mouvement de la roue du Dhamma ») a été pendant vingt-huit ans le guide principal de sa pratique. Il est ainsi possible de passer des années, peut-être même une vie entière, à étudier et mettre en pratique le contenu du sutra avec lequel on a développé une réelle affinité. Il constitue alors, à lui seul, une présentation générale et globale de l'enseignement.

La classification en fonction de la longueur des textes relève d'un souci pédagogique. Les écrits amples figurant dans le *Dighanikaya* (« Recueil des longs suttas ») et le *Majjhimanikaya* (« Recueil des suttas moyens ») nécessitent un réel investissement dans l'étude. Leur lecture et leur compréhension s'avèrent difficiles compte tenu des redondances et de la complexité des sujets abordés. Les réflexions sur l'absence d'entité autonome, indépendante et perdurante dans la personne, l'entraînement de l'esprit à l'attention et au recueillement méditatif font l'objet de développements conséquents. Les exposés plus concis, ou des textes comme le *Dhammapada* (« Les dits du Bouddha ») usent d'un style incisif, de constructions elliptiques et d'images suggestives qui font appel à la vivacité d'esprit, au surgissement d'une compréhension presque intuitive. Ils constituent de véritables aide-mémoire. Dans le corpus tibétain, les textes des écoles anciennes sont en position mineure et en nombre moindre par rapport aux sutras mahayanistes répartis en quatre grandes sections dans le *Kangyur*, dont celle réservée aux *Prajnaparamitasutras*, les « Sutras de la connaissance transcendante ».

Entre les suttas palis et les sutras sanskrits, il existe une réelle continuité mais aussi une différence sensible. Les sources palies présentent l'idéal de l'arhat et une libération individuelle dans un contexte essentiellement monastique. En revanche, les sutras sanskrits du Mahayana font l'éloge de l'idéal du bodhisattva qui œuvre pour le bien de tous les êtres sans nécessairement tourner le dos à la vie dans le monde. Les adeptes du véhicule fondamental auraient-ils réalisé une présentation de l'enseignement jugée à l'époque trop monacale ? Ce n'est pas impossible. À cet égard, les sutras sanskrits, surtout les plus anciens, pourraient apparaître comme une réaction face aux textes palis. Au-delà des divergences et par simple comparaison avec les suttas palis initiaux, les sutras du Mahayana constitueraient une universalisation et une amplification de la transmission. C'est ce qui apparaît dans la classification indo-tibétaine de l'enseignement du Bouddha en trois cycles d'enseignement complémentaires.

Les sutras des trois tours de la roue du Dharma

À plusieurs reprises, on a vu que le Mahayana indo-tibétain distingue dans l'enseignement du Bouddha trois cycles traditionnellement appelés les trois dharmacakras, les *trois tours de la roue du Dharma**. Ces cycles correspondent à différentes pédagogies et approches de l'enseignement. Bien que chacune possède sa spécificité et sa pertinence propres, ce sont des facettes complémentaires marquant les étapes de la progression dans la compréhension et l'entraînement de l'esprit. Parallèlement, cette vision tripartite sert à classifier les sutras, chaque cycle possédant son corpus de textes spécifiques. Le premier tour de roue correspond à l'approche Hinayana, alors que le deuxième et le troisième correspondent aux diverses étapes caractéristiques du Mahayana.

Après la présentation de ces trois cycles et un schéma qui souligne leurs spécificités, on trouvera quelques extraits significatifs accompagnés d'un commentaire introductif.

Sutras du premier tour :
quatre nobles vérités, non-soi

Ces textes recensent « les éléments véritablement nécessaires et utiles à l'éveil[1] ». Ces éléments forment la thématique du premier enseignement que le Bienheureux donna au parc des Gazelles à Sarnath : les *quatre nobles vérités** et le *noble octuple sentier**. Il n'est pas inutile de les rappeler :

1. La vérité de la souffrance ;
2. la vérité de la cause de la souffrance (le désir avide, les émotions conflictuelles qui découlent de l'ignorance de notre véritable nature) ;
3. la vérité de la cessation de la souffrance (la guérison et la réalisation du bien-être véritable, l'accès à la paix du nirvana) ;
4. la vérité de la voie (le noble octuple sentier : le mode de vie que l'on doit suivre pour que cesse la souffrance et que la paix du nirvana puisse être réalisée).

---

1. Extrait du *Majjhimanikaya*, 128, dans Thich Nhat Hanh, *Sur les traces de Siddharta*, p. 254.

Jusqu'à la fin de ses jours, le Bienheureux n'eut de cesse de revenir à cet enseignement et d'en détailler les implications. La plus essentielle concerne le questionnement de l'identité. Qu'est-ce que ce « je » ? Sommes-nous véritablement une unité stable dotée d'une substance permanente et indépendante que l'on appelle le soi* (atman) ? Les enseignements du premier tour nous convient à examiner cette impression. Pour le Bouddha, le soi n'est qu'une construction mentale. S'attacher à cet édifice illusoire nous enferre dans nos propres conditionnements douloureux. En apaisant le jeu des émotions et en développant les attitudes bienveillantes, l'égoïsme* décroît. En déconstruisant l'image que nous avons de nous-mêmes par l'examen détaillé des cinq agrégats transitoires, le caractère fictif du soi apparaît.

Si le premier cycle d'enseignement nous rend également sensibles à l'impermanence de tous les phénomènes, à la puissance du karma, au caractère défectueux du samsara, il nous incite à prendre conscience de la précieuse existence humaine. Notre existence actuelle n'est qu'une brève étape d'un pèlerinage qui comprend des millions de vies. Nous nous trouvons actuellement dans une situation bénéfique car nous sommes des êtres humains. Mais nous ne devons pas oublier que depuis des temps sans commencement notre continuum de conscience erre dans le samsara. Notre condition actuelle est très précieuse parce que extrêmement rare. On se souviendra de la parabole déjà citée : « Il est plus difficile pour un animal d'obtenir un état humain que pour une tortue de passer la tête dans l'ouverture d'un joug de bois flottant sur l'océan. »

Il importe aussi de réaliser la chance que nous avons de vivre dans un monde où beaucoup parmi nous savent que le bonheur ne dépend pas seulement de l'accroissement des richesses matérielles ; un monde où l'on sait que faire souffrir un être humain ou un animal a une conséquence directe sur celui qui commet un tel méfait. Nous avons la chance de ne pas être gagnés par le doute* sceptique et le cynisme qui empêchent de garder un esprit ouvert et réceptif à la pratique spirituelle. La présence du Bouddha en ce monde est le signe que nous vivons dans une époque fortunée donnant accès à un enseignement libérateur. De plus, si nous ne sommes pas atteints de troubles mentaux sévères ou accablés par un terrible handicap physique, et si nous vivons sous un régime politique qui ne fait pas obstacle à la pratique spirituelle, nous bénéficions de facteurs favorables à notre épanouissement. Nous devrions nous en réjouir.

Le Bouddha a jugé nécessaire de considérer que samsara, nirvana, actes positifs et négatifs, le sujet qui les commet, en éprouve les résultats et dont le continuum de conscience transmigre de vie en vie, le chemin pour se libérer du samsara, tout cela est finalement bien réel.

C'est une façon de souligner le caractère efficient du karma et d'inciter les disciples à renoncer au samsara pour qu'ils aspirent réellement à la paix du nirvana. Sans ce premier cycle d'enseignement, qui constitue la base du véhicule fondamental (Hinayana), les disciples auraient eu des difficultés à distinguer les vues justes des vues erronées, les actions positives des actions négatives. Ils n'auraient pu s'engager pleinement sur la voie de la pratique, cultivant les unes et abandonnant les autres. On comprend donc aisément pourquoi le discernement est une des notions clés de ce premier tour de la roue du Dharma.

Ces enseignements ont été recueillis dans les suttas qui figurent intégralement dans le *Suttapitaka* du corpus pali, et partiellement dans le corpus tibétain et chinois. La troisième corbeille du corpus bouddhique (pali *Abhidhammapitaka*, skt. *Abhidharmapitaka*) en présente la dimension la plus profonde en s'appuyant sur l'examen détaillé de l'expérience humaine.

Toutes les écoles reconnaissent l'authenticité des suttas palis. Bien qu'un bouddhiste puisse étudier pendant de longues années un sutta particulier, les textes et leur thématique se répondent et se complètent. Le sens littéral du mot *sutta* (fil) indique le caractère opérant de ce principe de continuité. Pour certains, il paraît inopportun d'isoler deux ou trois suttas pour en faire un unique objet d'étude en pensant qu'ils comporteraient la quintessence de l'enseignement. Dans cette optique, la tradition palie s'en remet à l'ensemble du corpus.

Sutras du deuxième tour : vacuité, interdépendance

Sur la base du renoncement au samsara et de l'aspiration au nirvana, de la compréhension du processus de cause à effet (karma), le deuxième tour de roue du Dharma amplifie la vue du premier cycle d'enseignement. Il propose aux disciples d'analyser en profondeur leurs expériences afin qu'ils se délivrent de l'attachement à soi et aux phénomènes.

Non seulement le Bouddha constate l'absence d'une entité permanente et indépendante dans la personne, mais il ajoute que tous les phénomènes que nous percevons sont également dénués d'existence propre. Nous savons que les phénomènes existent en apparence et conformément à la réalité objective que nous leur attribuons. Mais au niveau ultime, ce ne sont pas des entités autonomes existant par elles-mêmes. Ne possédant pas de réalité propre, ils existent suivant un processus de cause à effet au sein d'une interdépendance globale. Cette vision plénière de la vacuité (shunyata) expose simultanément la vacuité de la personne (pudgalashunyata) et celle des phénomènes (dharmashunyata).

La notion de vacuité n'est pas une vue de l'esprit, encore moins une idéologie. Elle sert simplement de levier à l'esprit pour qu'il développe la compréhension du mode d'être authentique de tout phénomène, au-delà de toute affirmation ou négation, au-delà finalement de l'attachement à l'existence ou à la non-existence.

Une expérience véritable de la vacuité induit une attitude d'esprit non égocentrée, réceptive, disponible et bienveillante pour tous les êtres. La connaissance supérieure (prajna*) ne saurait donc être séparée de la compassion (karuna). Parvenir à concilier sagesse et compassion, c'est ce à quoi tend l'apprenti du Mahayana. L'union des deux actualise l'éveil, l'expérience de *tathata** (littéralement, « comme c'est »), l'état de bouddha.

Cet enseignement, donné par le Bouddha essentiellement au pic des Vautours à Rajagriha, a été recueilli dans les *Prajnaparamitasutras* ou « Sutras de la connaissance transcendante ». Ces textes, qui comportent plusieurs versions plus ou moins longues, commencent à apparaître au milieu du Ier siècle avant notre ère. La connaissance transcendante correspond à l'expérience directe de la vacuité. En ce sens, ce terme désigne le fruit d'un effort lucide qui consiste à laisser transparaître la perfection de notre état de simplicité naturelle.

Selon la tradition, bon nombre de disciples du Bouddha n'étaient pas suffisamment préparés pour accepter cet enseignement. La version longue des *Prajnaparamitasutras* fut alors confiée à la garde des nagas avant que Nagarjuna au IIe siècle n'en reçoive la transmission en ayant pour tâche de les réintroduire dans le monde humain. Nagarjuna reste célèbre pour ses *Stances du milieu par excellence*, un texte fondateur du Chan et du Zen, qui éclaire en profondeur la notion de vacuité exposée dans les « Sutras de la connaissance transcendante ». La vue du Madhyamaka se fonde sur cet ouvrage dont l'influence reste inégalée[1].

Parmi les versions courtes des *Prajnaparamitasutras*, deux sutras ont une valeur éminente : le « Sutra du diamant coupeur » (*Vajracchedika prajnaparamitasutra*), qui tient une place centrale dans le Chan et le Zen, et le « Sutra du cœur » (*Prajnaparamitahridayasutra*), le plus populaire des *Prajnaparamitasutras*. Il existe également une version quintessenciée de la prajnaparamita, en une lettre : A. Le A représente l'éveil, la nature véritable de toute chose, le son de la vacuité[2]. En ce sens, il est le son

---

1. Voir extrait, p. 464-465.
2. Par analogie, ce symbolisme opérant s'exprime dans la constitution de l'alphabet syllabique devanagari, l'écriture moderne du sanskrit. Le « a » est la base fondamentale de cet alphabet parce qu'il permet de prononcer les trente-trois signes représentant les consonnes (ka, kha, ga, gha, na, ha, par exemple). Il est comme un fil qui court dans toute la langue, une trame continuellement sous-jacente à partir de laquelle s'opèrent toutes les modifications qui donnent naissance aux mots.

primordial, symbole de l'inséparabilité de l'éveil et du monde manifesté.

Figurent également, dans cette collection de sutras, d'autres textes importants comme le « Sutra des enseignements de Vimalakirti » (*Vimalakirtinirdeshasutra*) et le « Sutra du lotus » (*Saddharmapundarikasutra*) qui tient une place centrale dans le Tendai et surtout dans l'école japonaise Nichiren. Certains sutras sanskrits intègrent des mantras et constituent une présentation générale et globale de l'enseignement. On les considère comme de véritables supports d'étude et de pratique. De ce fait, plusieurs écoles se sont focalisées sur un seul sutra ou un petit groupe de sutras.

Sutras du troisième tour : nature de bouddha, les trois natures, « tout est l'esprit un »

Dans le troisième tour, la vacuité n'est pas seulement une « voie négative » pour se libérer des illusions ou la nature ultime des phénomènes, ou encore la plus haute qualité de l'apparence. Elle est aussi la fondation qui rend possible l'expression de tous les phénomènes que nous percevons, un peu à la manière de l'espace qui permet aux phénomènes de se déployer dans leur infinie diversité. Cette vision dynamique de la vacuité nous incite à envisager les phénomènes au-delà de la caractéristique d'être vides ou de n'être pas vides, au-delà de l'être et du non-être, au-delà de toutes les étiquettes.

L'enseignement sur la vacuité évacue toutes les constructions mentales. En résulte une expérience libre de références et de conceptions. En l'absence de point d'appui, se vit l'état de présence authentique. Étant vide d'observateur, vide de dualité, mais riche de plénitude, on emploie l'expression « la plénitude de la vacuité » pour qualifier cette expérience qui est celle de notre nature primordiale appelée *tathagatagarbha*, « nature de bouddha ». Les sutras du troisième tour introduisent cette notion capitale. On se rappellera que *tathagata* signifie « qui vient de nulle part et ne va nulle part » – expression que le Bouddha emploie pour se désigner.

L'éveil est sans commencement ni fin, sans localisation, omniprésent, présent pur. Nous en portons tous le potentiel (garbha). Pour cette raison, nous parviendrons un jour à actualiser l'éveil d'un bouddha. Dans le Mahayana indo-tibétain, on soutient ainsi que la nature de l'esprit est vide d'impuretés mais riche des sublimes qualités de l'éveil : sagesse et compassion accomplie, par exemple.

En clarifiant la notion de vacuité, le Bouddha montre aussi comment l'appliquer à plusieurs catégories de phénomènes. Le troisième tour de la roue du Dharma expose ainsi l'enseignement sur les trois natures ou les trois caractéristiques de tout phénomène : [1] la nature entièrement imaginaire, [2] la nature dépendante et [3] la nature parfaitement établie. Lorsque la conscience reconnaît un phénomène en lui apposant un nom, le phénomène paraît exister à l'extérieur et indépendamment de la conscience. Ce livre, par exemple. Cette réalité autonome que nous lui attribuons est sa nature imaginaire. Elle est purement conceptuelle. Au vrai, ce livre est le produit de causes et de conditions. Il n'existe pas par lui-même mais en dépendance d'autres phénomènes (papier, encre, imprimerie, etc.). Telle est sa nature dépendante. Bien qu'un phénomène extérieur semble différent de l'esprit, la conscience qui le perçoit et l'objet lui-même sont dénués d'existence en soi et indifférenciés dans la vacuité. Telle est la nature parfaitement établie du phénomène.

Les sutras du troisième tour de roue exposent surtout cette vision capitale : tout ce que nous percevons et concevons n'est autre que l'esprit. Le « Sutra des dix terres » (*Dashabhumikasutra*, chap. 6, 3) l'exprime en ces termes : « Tout ce qui existe dans les trois mondes n'est autre que l'esprit un. » Ce sutra constitue le 31ᵉ chapitre de l'*Avatamsakasutra*.

L'enseignement qui expose la notion de tathagatagarbha a été consigné dans plusieurs sutras qui apparaissent dès le IIIᵉ siècle de notre ère : le *Tathagatagarbhasutra*, le « Sutra de la reine Shrimala sur le rugissement du lion » (*Shrimaladevisimhanadasutra*), puis le « Sutra de l'ornementation fleurie des bouddhas » (*Avatamsakasutra*), très souvent cité dans le Zen. Il sera étayé philosophiquement dans « La suprême continuité » (*Ratnagotravibhaga*[1]), un texte du IVᵉ siècle que Maitreya, le futur bouddha, transmit à Asanga qui s'était rendu dans le séjour céleste de Tushita.

Parmi les sutras du troisième cycle, on compte également le « Sutra de l'entrée à Lanka » (*Lankavatarasutra*), qui, selon Bodhidharma, premier patriarche chinois du Chan/Zen, pouvait servir de référence à la transmission de la pratique méditative en Chine. Figurent aussi le « Sutra du dévoilement du sens profond » (*Sandhinirmocanasutra*), l'un des textes fondateurs de la vue du Cittamatra (l'école de l'Esprit seul), et le « Sutra du grand passage dans l'au-delà de la souffrance » (*Mahaparinirvanasutra*). Ces textes constituent une sorte de prélude à l'enseignement des tantras sur la nature vide et pure des apparences.

---

1. Voir, p. 465-467.

1er TOUR	2e TOUR	3e TOUR
anatman	**shunyata**	**tathagatagarbha**
quatre nobles vérités	vacuité	nature de bouddha
non-soi	interdépendance	trois natures
		tout est esprit

1er TOUR :
- le samsara a la souffrance pour nature
- l'extinction de l'illusion du soi est nirvana

base de la vision du Hinayana

- "Sutta de la mise en mouvement de la roue du Dhamma" *Dhammacakkasutta*
- "Sutta des quatre établissements de l'attention" *Satipatthanasutta*
- "Les dits du Bouddha" *Dhammapada*

2e TOUR :
- samsara et nirvana ont la vacuité pour nature
- vacuité : nature ultime des phénomènes

base de la vision du Mahayana

- "Sutra de la pousse de riz" *Shalistambasutra*
- "Sutra de la connaissance transcendante" *Prajnaparamitasutras*
- "Sutras des enseignements de Vimalakirti" *Vimalakirtinirdeshasutra*

3e TOUR :
- présence inaltérée des qualités éveillées
- plénitude de la vacuité

base de la vision du Vajrayana

- "Sutra de l'entrée à Lanka" *Lankavatarasutra*
- "Sutra de l'ornementation fleurie des bouddhas" *Avatamsakasutra*
- "Sutra du dévoilement du sens profond" *Sandhinirmocanasutra*
- "Sutra du grand passage dans l'au-delà de la souffrance" *Mahaparinirvanasutra*

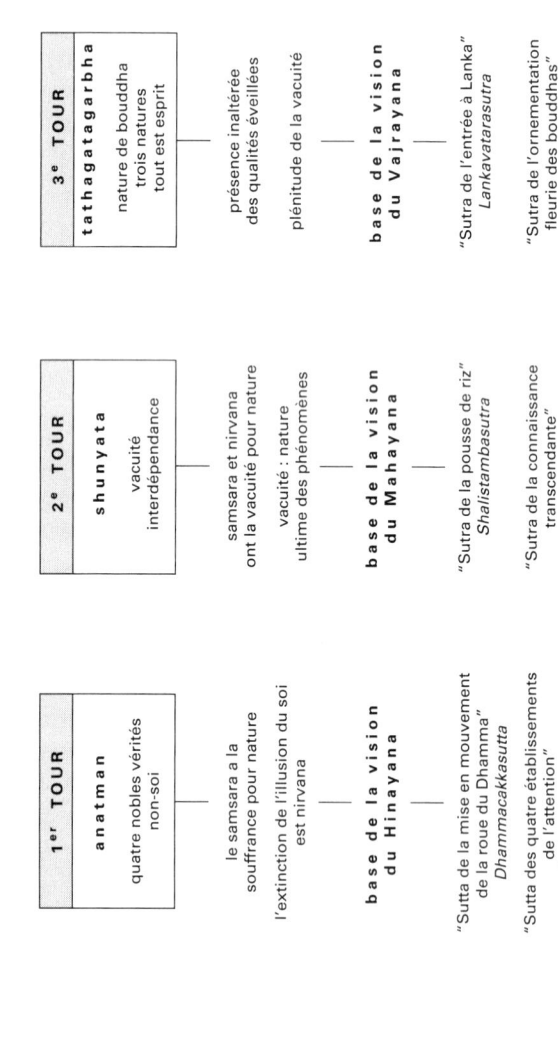

Figure 29. Les trois tours de la roue du Dharma : contenu, notions essentielles, quelques-uns des principaux textes.

La complémentarité des trois tours de la roue du Dharma

L'approche du premier tour se veut réaliste parce que dans les premières étapes du cheminement tout paraît consistant et exister de façon objective. D'ailleurs, le Bouddha décrit les vies passées et futures, les causes et les résultats karmiques, la souffrance du samsara et la libération du nirvana comme s'ils étaient réels, sans analyse de leur véritable nature. Il donne cet enseignement afin d'aider ses disciples à mettre en pratique l'idéal du bien. En rejetant les actes négatifs, en cultivant la simplicité et les actes positifs, et en renonçant au samsara pour aspirer à la paix du nirvana, ils développent un *ego sain** et bienveillant. Dans ce cadre, la réalisation du non-soi est un remède à l'habitude qui consiste à greffer l'idée d'un soi (atman) autonome et permanent sur les cinq agrégats transitoires. Ce remède a pour effet d'amenuiser l'égoïsme et d'établir une sagesse heureuse.

Dans une deuxième phase (deuxième tour), le Bouddha enseigne que tous les phénomènes qu'il a décrits précédemment n'existent pas tels qu'ils nous apparaissent. Il vient rompre la croyance en leur existence objective en enseignant l'interdépendance de toute chose. Il montre que la vacuité est la nature ultime des phénomènes.

Pour que ses disciples ne développent pas une vision erronée de la vacuité en s'attachant à l'idée de non-existence, le Bouddha tourne une troisième fois la roue. Il dit alors que la réalité authentique transcende les constructions mentales et les idées d'existence ou de non-existence, d'apparence et de vacuité. Au-delà de ce que l'intellect peut décrire et concevoir, elle est riche des qualités éveillées. Le troisième tour évacue toutes les illusions pour que se révèle cette présence inaltérée. Vacuité et qualités éveillées sont donc deux aspects indissociables, unis au sein même de la nature vide et lumineuse de l'esprit.

Dans la tradition indo-tibétaine, ces trois cycles d'enseignement vont donner lieu à différentes interprétations. L'école de l'Esprit seul (Cittamatra), par exemple, mettra l'accent sur le troisième tour ; le Madhyamaka, la voie du Milieu initiée par Nagarjuna, accordera une importance capitale au deuxième tour.

EXTRAITS DE SUTTAS ET SUTRAS

Premier tour de roue

📖 « Sutta de la mise en mouvement de la roue du Dhamma[1] »
(*Dhammacakkapavattanasutta* ou *Dhammacakkasutta*)

Sutta fondamental qui correspond au premier enseignement du bouddha Shakyamuni donné au parc des Gazelles à Sarnath. Le texte comporte plusieurs parties. Le Bouddha présente tout d'abord les deux extrêmes à éviter : se complaire dans les jouissances terrestres et cultiver l'ascèse morbide. Dans les deux cas, il s'agit de deux formes d'attachement : l'attachement à l'existence qui sert de fondement à l'éternalisme et l'attachement à la non-existence qui peut conduire au nihilisme.

Le Bienheureux expose ensuite la voie médiane qui conduit à la paix. C'est l'octuple sentier composé des huit pratiques interdépendantes qui sont autant de facteurs de guérison. Puis viennent le diagnostic de notre situation et la présentation du remède précédemment énoncé. Ce sont les quatre nobles vérités : la souffrance, sa cause, la possibilité d'y mettre un terme pour recouvrer la santé (nirvana) et le moyen (l'octuple sentier) pour y parvenir. S'ensuit la présentation des douze aspects de la sagesse. Il s'agit de trois formes de compréhension, couplées à chacune des quatre nobles vérités. Prenons le cas de la première vérité. Le premier niveau de compréhension consiste à prendre conscience que les cinq agrégats transitoires sont source de souffrances et d'insatisfaction. Nous nous y attachons parce que nous leur accordons une réalité qu'ils n'ont pas. Ce sont simplement des processus en continuelle transformation dénués d'existence propre. Cette compréhension surgit comme une évidence grâce à la pratique de la vision claire (pali *vipassana* ; skt. *vipashyana**). C'est comme si dans un paysage familier nous découvrions un arbre qui avait toujours été là mais que nous n'avions encore jamais distingué par manque d'attention.

Le deuxième niveau repose sur un examen plus détaillé de ce constat. La vision claire s'intensifie et aboutit à une expérience plus lumineuse du sentiment d'incomplétude et du caractère inquiétant de la souffrance. L'examen détaillé révèle clairement le lien entre la nature de la dysharmonie et les deux autres caractéristiques des phénomènes

---

1. Extrait de Môhan Wijayaratna, *Sermons du Bouddha*, p. 93-94.

composés : l'impermanence et l'absence d'une existence en soi. L'origine de la souffrance n'est donc pas à trouver dans les cinq agrégats mais dans le processus d'attachement qui nous lie à eux et qui masque la compréhension de leur nature. Le troisième niveau est le fruit de tous les efforts précédents couplés à l'accomplissement des pratiques du noble octuple sentier. La nature de la souffrance est réellement comprise. La compréhension est celle d'un éveillé. Non duelle, elle est dite spontanée et immédiate.

Avant de proclamer son éveil, le Bouddha précise que la réalisation des douze aspects de la sagesse est indispensable pour atteindre l'expérience libératrice. Le sutta se termine par deux remarques importantes. La première concerne le Vénérable Kondanna qui parvint à réaliser le sens ultime de cet enseignement dès sa première audition. Est ainsi mis en évidence le pouvoir éveillant de l'écoute attentive. La seconde remarque sert à établir la fonction et la position du bouddha Shakyamuni. Son enseignement n'est pas entendu seulement par les hommes, mais aussi par les déités du panthéon brahmanique qui se réjouissent d'un tel événement. Le rôle du Bouddha au sein du samsara est incomparable : il actualise un potentiel, rouvre un sentier « qu'aucun ascète, brahmana, deva, mara ou brahma n'a pu exposer en ce monde ».

L'extrait ci-après correspond à l'exposé des quatre nobles vérités.

Voici, ô bhikkhus, la vérité noble dite *dukkha* (la souffrance). La naissance aussi est *dukkha*, la vieillesse est aussi *dukkha*, la maladie est aussi *dukkha*, la mort est aussi *dukkha*, être uni à ce que l'on n'aime pas est *dukkha*, être séparé de ce que l'on aime est *dukkha*, ne pas obtenir ce que l'on désire est aussi *dukkha*. En résumé, les cinq agrégats d'appropriation sont *dukkha*.
Voici, ô bhikkhus, la vérité noble dite l'apparition de *dukkha*. C'est cette « soif » produisant la ré-existence et le re-devenir et qui est liée à une avidité passionnée, qui trouve une nouvelle jouissance tantôt ici, tantôt là, c'est-à-dire la soif des plaisirs sensuels, la soif de l'existence et du devenir, et la soif de non-existence.
Voici, ô bhikkhus, la vérité noble dite la cessation de *dukkha*. C'est la cessation complète de cette « soif », c'est la délaisser, y renoncer, s'en libérer, s'en débarrasser.
Voici, ô bhikkhus, la vérité noble dite le Sentier conduisant à la cessation de *dukkha*. C'est la Noble Voie octuple, à savoir le point de vue correct, la pensée correcte, la parole correcte, l'action correcte, le moyen d'existence correct, l'effort correct, l'attention correcte et la concentration mentale correcte.

📖 « **Sutta des quatre établissements de l'attention**[1] »
(*Satipatthanasutta*)

Ce sutta est l'un des fondements de la pratique de vipassana (skt. *vipashyana*), la vision claire. *Sati* signifie « rester dans l'attention », « vivre dans la présence ». Le Bouddha expose les méthodes qui permettent de vivre en pleine conscience au cours du recueillement méditatif puis dans toutes les situations quotidiennes qui engagent le corps, la parole et l'esprit. « Quels sont les quatre établissements de l'attention ? dit le Bienheureux. Ce sont les quatre méthodes d'observation du corps en tant que corps, des sensations en tant que sensations, de l'esprit en tant qu'esprit et des objets de l'esprit en tant qu'objets de l'esprit. »

L'attention au corps consiste à être conscient du souffle, des positions du corps dans l'espace, des parties qui le constituent, des quatre éléments (terre, eau, feu, air) qui le composent et enfin à imaginer sa décomposition. L'attention aux sensations revient à demeurer pleinement conscient de la manifestation, du maintien et de la disparition d'une sensation agréable, déplaisante ou neutre. L'attention à l'esprit repose sur la capacité à observer ses fluctuations. Être conscient lorsque l'esprit demeure prisonnier du désir, par exemple, ou inversement, lorsqu'il en est totalement libre. Ainsi en va-t-il avec la confusion, la tension intérieure, la dispersion et les états où ces facteurs perturbateurs sont absents. Enfin, l'attention aux objets de l'esprit consiste à être conscient des cinq obstacles qui peuvent apparaître (désir, colère, inertie/torpeur, agitation, doute), des cinq agrégats d'attachement, des organes et de leurs objets, des facteurs pouvant conduire à l'éveil et des quatre nobles vérités. Mais toute l'observation peut devenir très épurée et se réduire à de simples constats : « il y a ici un corps », « il y a ici une sensation », « il y a ici l'esprit », « il y a ici un objet de l'esprit ».

En observant et en examinant chaque objet d'attention, le pratiquant réalise la nature impermanente, dénuée d'un soi et interdépendante de la personne. Il apprend aussi à cultiver le détachement, la sérénité, l'ouverture, de sorte à partager sa détente et sa joie avec autrui. En même temps, il découvre qu'une meilleure compréhension des constituants de son expérience l'aide à réaliser à quel point la libération s'inscrit dans ce corps et en cette présence attentive au monde.

Le *Satipatthanasutta* est fondamental parce qu'il peut constituer en lui-même une voie favorisant le développement de l'équanimité, l'un des « quatre illimités » ou « états sublimes* » avec la bienveillance, la compassion et la joie. Suivre ces recommandations, c'est abandonner les

---

1. Version figurant dans le *Majjhimanikaya*, n° 10 (Theravada). Extrait de la deuxième partie, traduction de Thich Nhat Hanh dans *Transformation et guérison*.

illusions, s'affranchir des peines et parvenir à la paix du corps et de l'esprit. Cette voie permet d'atteindre le plus haut niveau de compréhension et la pleine libération. Shariputra, l'un des dix grands disciples, annonça à la communauté que l'enseignement du Bouddha consigné dans ce sutta était le plus important. Il encouragea moines et nonnes à l'étudier, à le mémoriser et à le pratiquer.

Dans le domaine de l'apprentissage à la méditation et à la connaissance supérieure, le Theravada ajoute au *Satipatthanasutta* l'étude de l'*Anapanasatisutta* (« Sutta de la pleine conscience de la respiration ») et du *Visuddhimagga*[1] (« Le chemin de la pureté »). La deuxième partie de ce texte capital datant du Ve siècle présente l'ensemble des méthodes associées à la pratique de samatta et vipassana.

Le passage du *Satipatthanasutta* cité ici est extrait de la version figurant dans le *Majjhimanikaya*. Il existe une version plus longue de cet enseignement dans le *Dighanikaya*. Elle comprend une étude détaillée des quatre nobles vérités. Le sutta mentionne également la pratique méditative ayant pour objet d'attention la dysharmonie et son origine. Le pratiquant se doit de méditer sur des données tangibles relevant de sa propre expérience conditionnée. Observant l'un des cinq agrégats et réalisant la réalité du mal-être, il développe une vision profonde qui lui permet de comprendre simultanément les trois autres nobles vérités. C'est en parcourant l'octuple sentier, en développant la conduite éthique et la pratique de la méditation qu'il est possible de parvenir à la compréhension de la véritable nature des phénomènes. La cause de la dysharmonie est ainsi déracinée et le nirvana pleinement actualisé.

L'extrait ci-dessous concerne « l'observation du corps dans le corps ».

> Comment un pratiquant demeure-t-il établi dans l'observation du corps dans le corps ? Il va dans la forêt, au pied d'un arbre, ou dans une pièce vide, s'assied jambes croisées dans la posture du lotus, le corps droit, et établit l'attention devant lui. Il inspire, conscient d'inspirer. Il expire, conscient d'expirer. Quand il inspire longuement, il sait : « J'inspire longuement. » Quand il expire longuement, il sait : « J'expire longuement. » Quand il inspire brièvement, il sait : « J'inspire brièvement. » Quand il expire brièvement, il sait : « J'expire brièvement. » (...)
> De plus, quelle que soit la position de son corps, le pratiquant passe en revue les éléments constituant le corps : « Dans ce corps, il y a l'élément terre, l'élément eau, l'élément feu et l'élément air. » De même qu'un boucher habile ou un apprenti boucher, après avoir abattu une vache, s'assiérait à un carrefour pour la dépecer en de nombreuses parties, le pratiquant passe en revue les éléments formant son propre corps : « Dans ce corps, il y a l'élément terre, l'élément eau, l'élément feu et l'élément air. »

---

1. Les références de ces textes figurent dans la Bibliographie, section « Pratiques de shamatha et vipashyana », p. 892. Cf. l'extrait du *Visuddhimagga*, p. 467-468.

De plus, le pratiquant compare son propre corps à un cadavre qu'il imagine jeté dans un charnier et gisant là depuis un, deux ou trois jours, enflé, bleuâtre et suppurant, et il observe : «Mon corps est de la même nature. Il finira de la même manière ; rien ne peut lui éviter cet état. »

📖 Alagaddupamasutta[1]

L'*Alagaddupamasutta* figure dans le *Majjhimanikaya*, le recueil des suttas de taille moyenne. Il est important parce que le Bouddha aborde la question du non-soi. Il précise également le bon usage qu'il convient de faire de son enseignement, rappelant qu'il est semblable à un radeau permettant simplement de traverser l'océan des peines et non de s'en saisir.

La réflexion du Bienheureux part du processus d'appropriation. L'homme illusionné ne cesse de dire : « Ceci est à moi, je suis ceci, ceci est mon atman (soi). » Le Bienheureux montre simplement que l'attachement au soi est source de souffrance parce qu'il implique de manière inhérente une dépendance au sentiment d'une permanence en l'homme. Le problème réside dans la dépendance elle-même mais surtout dans son fondement : la croyance en la pérennité des choses et l'appropriation.

Pour contrecarrer les effets de cette vision erronée, l'Éveillé met simplement en évidence un illogisme flagrant. Un individu est la coalescence de cinq agrégats transitoires : comment pourrait-on trouver une existence propre, indépendante et perdurante dans ce qui demeure fondamentalement éphémère ? De ce fait, s'attacher aux agrégats apparaît réellement insatisfaisant. On ne peut donc rien saisir et l'affirmation « ceci est à moi, je suis ceci, ceci est mon atman (soi) » ne tient pas. En bref, pour éviter à ses disciples les tourments de l'appropriation, le Bouddha leur propose de renoncer à voir le permanent dans et à partir de l'impermanent.

À l'intention des brahmanes qui l'accusent de soutenir des thèses nihilistes, le Bouddha explique que le renoncement au désir, à l'ignorance, au puissant sentiment de l'individualité ou à l'identification avec les cinq agrégats d'attachement n'est qu'une thérapie au mal-être et en aucun cas une incitation à l'annihilation de la personne humaine. C'est pourquoi l'une de ses conclusions est la suivante : « J'enseigne uniquement ces deux choses : la dysharmonie et la cessation de la dysharmonie. »

Le Bouddha prend l'exemple d'un homme face à une étendue d'eau. La rive où il se trouve est dangereuse, tandis que l'autre rive est sûre. En l'absence de bateau et de pont, il confectionne un radeau avec des branchages et des herbes, puis il traverse.

---

1. Traduction de Môhan Wijayaratna, *La philosophie du Bouddha*.

« À cet homme qui a ainsi traversé et est ainsi arrivé sur l'autre rive, vient cette idée : "Vraiment ce radeau me fut très utile. C'est avec l'aide de ce radeau et celle de mes propres pieds et mains, que je suis parvenu sain et sauf sur cette rive. Il faut que j'emporte ce radeau avec moi là où je vais, en le portant sur ma tête ou sur mes épaules." Maintenant qu'en pensez-vous, ô bhikkhus ? Réagissant ainsi, est-ce que cet homme ferait ce qu'il faut faire avec un radeau ?
– Certainement non, Bienheureux.
– Alors, ô bhikkhus, en réagissant de quelle façon cet homme fera-t-il ce qu'il faut faire avec ce radeau ? Ayant traversé et étant arrivé sur l'autre rive, cet homme pense : "C'est avec l'aide de ce radeau et celle de mes propres pieds et mains, que je suis parvenu sain et sauf sur cette rive. Maintenant, il faut que je tire ce radeau vers la terre ferme ou bien que je le laisse sur l'eau et puis que j'aille où je veux." C'est en réagissant ainsi, ô bhikkhus, que cet homme fera ce qu'il doit faire avec un radeau. De même, ô bhikkhus, j'ai enseigné une doctrine semblable à un radeau, afin de traverser, mais non pas de s'en saisir. Vous, ô bhikkhus, qui comprenez que l'enseignement est semblable à un radeau, vous devriez abandonner même les bonnes choses et combien plus encore les mauvaises. »

📖 « Les dits du Bouddha »[1] (*Dhammapada*)

Le *Dhammapada* fait partie du *Khuddakanikaya*, le « Recueil des petits suttas » (cinquième collection du *Suttapitaka*). Dans cette collection, figurent aussi les *Jatakas**, 547 textes consacrés aux vies antérieures du bouddha Shakyamuni.

« Les dits du Bouddha », dont j'ai déjà cité plusieurs extraits, se composent de 423 stances en vers de différents mètres. Ces paroles mémorables, comportant des recommandations et des instructions pratiques, sont réparties en vingt-six chapitres qui correspondent à des thèmes précis : la vigilance, la vieillesse, le moi, le bonheur, les afflictions, par exemple. Le *Dhammapada* représente un condensé de l'enseignement du Bouddha. Son extrême concision favorise la mémorisation et amplifie sa vigueur persuasive. Les courtes maximes frappent l'attention et tracent les contours d'un mode de vie que l'on peut rapidement mettre en pratique après l'avoir médité. C'est incontestablement l'efficacité qui prédomine : éviter au pratiquant de se perdre dans les détails de l'enseignement en gardant toujours à l'esprit la vision du noyau essentiel ; envisager la lecture, la mémorisation, la récitation des formules, la réflexion sur leur signification et leur mise en pratique comme autant d'exercices spirituels.

Dans cet extrait des « Versets conjugués », les conseils prodigués dépassent la communauté monastique et bon nombre s'adressent à toute personne de bonne volonté.

---

1. Extrait du chap. I, « Versets conjugués », original pali traduit et commenté par le Centre d'études dharmiques de Gretz.

Jamais la haine n'éteint les haines en ce monde. Par l'amour seul les haines sont éteintes. C'est une ancienne loi.
Les autres ne connaissent pas qu'ici nous périssons, ceux qui connaissent cela en ont leurs querelles apaisées.
Celui qui demeure contemplant le plaisant, avec des sens non contrôlés, immodéré en nourriture, paresseux, inerte, celui-là, en vérité, Mara[1] le renversera comme le vent renverse un arbre frêle.
Celui qui demeure contemplant le déplaisant, avec des sens bien contrôlés, modéré en nourriture, avec confiance et effort soutenu, Mara ne peut le renverser comme le vent ne peut renverser une montagne de roc. (...)
De même que la pluie ne pénètre pas dans une maison au chaume en bon état, ainsi le désir ne pénètre pas dans un cœur bien entraîné.

Deuxième tour de roue

📖 « Sutra de la pousse de riz[2] »
(Shalistambasutra)

Peut-être l'un des plus anciens sutras du Mahayana (v. IIe s. avant notre ère), le « Sutra de la pousse de riz » développe principalement la notion de production conditionnée (ou interdépendance) constituant la vacuité même des phénomènes. Ce texte a eu un impact considérable sur les thèses soutenues par le Madhyamaka. Dans ses *Stances du milieu par excellence*, Nagarjuna affirme que la production conditionnée est synonyme de vacuité (sunyata). Ce sutra a également inspiré Candrakirti (VIIe s.), le commentateur de Nagarjuna, qui reprend dans son œuvre majeure (*L'entrée au milieu*) l'exemple de la pousse et de la graine pour illustrer sa démonstration de la vacuité.

Figure ici le début du sutra, ce moment où Shariputra demande au bodhisattva Maitreya de l'éclairer sur l'enseignement que vient de donner le Bouddha au pic des Vautours et qui se résume à la phrase suivante : « Ô moines, quiconque voit la production interdépendante voit le Dharma. Quiconque voit le Dharma voit le Bouddha. » Maitreya fournit ces explications :

Qu'est-ce que la production interdépendante extérieure ?
Voici : de la graine provient la pousse ; de la pousse provient le cotylédon ; du cotylédon provient la tige ; de la tige naît une excroissance ; de l'excroissance surgit le bourgeon ; du bourgeon provient la fleur ; et de la fleur provient le fruit. Sans graine, la pousse ne surgira pas ; et il en sera de même jusqu'à la fleur qui, si elle manque, ne permettra pas la production du fruit.

---

1. Mara, personnification de l'ignorance, du désir, de l'attachement, de la colère et de la jalousie.
2. Extrait de *Soûtra du diamant et autres soûtras de la Voie médiane*.

Que la graine existe et la pousse sera effectivement produite ; et ainsi de suite jusqu'à la fleur qui, si elle est présente, donnera un fruit. Mais la graine ne pense pas qu'elle va produire une pousse, de même que la pousse n'a pas l'idée qu'elle a été manifestée par le pouvoir de la graine. Ainsi de suite jusqu'à la fleur qui ne pense pas qu'elle va donner un fruit, et au fruit qui ne pense pas qu'il a été produit par le pouvoir de la fleur. Et cependant, s'il y a une graine, la pousse sera effectivement produite, et ainsi de suite jusqu'à la fleur qui, présente, donnera un fruit. Telle est la production interdépendante extérieure, laquelle montre que la production est liée à des causes.

« Sutra du diamant coupeur[1] » (Vajracchedika prajnaparamitasutra)

Vajracchedika prajnaparamitasutra se traduit exhaustivement par « Le sutra de la compréhension parfaite, tranchante comme le diamant ». Le terme *vajra* revêt un sens très important et renvoie à une symbolique très riche. Compte tenu de sa dureté exceptionnelle, mais aussi de sa brillance et de sa transparence, le diamant symbolise la pureté indestructible de la nature ultime de l'esprit. Le diamant est l'image d'une vacuité fondamentalement lumineuse dont le pouvoir tranchant se manifeste dans sa capacité à couper à la racine les illusions, conceptions et visions erronées.

Ce sutra se compose d'un dialogue entre le Bouddha et son disciple Subhuti. Son contenu s'élabore à partir de la question initiale de Subhuti qui porte sur la manière dont les bodhisattvas peuvent parvenir à maîtriser leur pensée. Il met en œuvre la dialectique de la prajnaparamita* pour démontrer le caractère illusoire de la conception et du principe d'identité. Réaliser la nature interdépendante de toute chose, y compris du langage, permet de ne plus être prisonnier d'un dualisme qui nous coupe de la véritable générosité et du véritable amour. Le terme *prajnaparamita* prend ici tout son sens.

Subhuti, ainsi pensera celui qui est entré dans le véhicule de bodhisattvas : il y a tellement d'êtres en ce monde qui méritent le qualificatif d'êtres animés : ceux qui naissent d'un œuf, ceux qui naissent d'une matrice, ceux qui naissent de l'humidité et de la chaleur, ceux qui naissent miraculeusement, ceux qui sont pourvus d'une forme et ceux qui n'en ont pas, ceux qui ont des représentations mentales et ceux qui n'en ont pas, et enfin ceux chez qui l'on ne trouve ni présence ni absence de représentations mentales. Tous ces êtres qui peuplent les domaines de l'univers et que l'on nomme « êtres animés », tous, sans exception, quel que soit leur nombre, je les guide à présent vers le nirvana pour qu'ils accèdent à la dimension de l'au-delà de la souffrance. Et cependant, bien que d'innombrables êtres passent ainsi complètement au-delà de la souffrance, le bodhisattva pensera qu'aucun être animé ne s'est jamais affranchi de la souffrance. Pourquoi ?

---

1. Extrait du chapitre III, de *Soûtra du Diamant et autres soûtras de la Voie médiane*.

Parce que, Subhuti, si un bodhisattva venait à croire qu'il existe des êtres animés, il ne mériterait pas le nom de bodhisattva. En effet, Subhuti, s'il concevait l'idée d'un être animé, de la vie ou d'un individu, il ne mériterait plus le nom de bodhisattva.

📖 « Sutra du cœur[1] » (*Prajnaparamitahridayasutra*)

Au début du sutra, le Bouddha entre dans un recueillement méditatif très profond. Par le pouvoir inhérent à son état, il va susciter un dialogue entre Shariputra, l'un de ses plus grands disciples, et Tchènrézi (Avalokiteshvara), le bodhisattva de la compassion. Shariputra interroge Tchènrézi sur la méthode à suivre afin que s'accomplisse la compréhension ultime. Le mot « cœur » dans « Sutra du cœur » désigne justement cette expérience, essence des enseignements de la prajnaparamita et résumé de ceux-ci. La réponse du bodhisattva invite le pratiquant à réaliser que les cinq agrégats sont vides de nature propre. S'ensuit cet enseignement-clé : « La forme est vide, la vacuité est forme. Autre que forme il n'est de vacuité. Et aussi, autre que vacuité, il n'est de forme. »

On remarquera que ce sutra illustre l'inséparabilité de la prajnaparamita, la connaissance transcendante, et de l'amour*-compassion. C'est Tchènrézi, manifestation de la compassion, qui donne un enseignement sur le sens de la véritable compréhension. La compréhension ne pouvant exister sans compassion et inversement.

L'extrait est suivi d'un petit commentaire.

> Shariputra, n'importe quel fils ou fils de noble famille qui aspire à faire l'expérience de la profonde prajnaparamita doit contempler parfaitement que les cinq agrégats sont vides de nature propre. La forme est vide, la vacuité est forme. Autre que forme, il n'est de vacuité. Et aussi, autre que vacuité, il n'est de forme. De même les sensations, les perceptions, les formations mentales et la conscience sont vides.
> Ainsi Shariputra, tous les dharmas sont vacuité : sans caractéristiques, non nés, sans cessation ; ni souillés ni libres de souillures ; sans décroissance ni croissance. C'est pourquoi Shariputra, en la vacuité il n'est ni forme ni sensation ni perception ni formation mentale ni conscience ; ni œil ni oreille ni nez ni langue ni corps ni mental ; ni forme ni son ni odeur ni saveur ni contact ni objet du mental ; ni dhatu de l'œil... jusqu'à ni dhatu du mental et ni dhatu de la conscience mentale. Il n'y est ni ignorance ou cessation de l'ignorance... jusqu'à ni vieillesse et mort ou cessation de la vieillesse et de la mort. De même il n'y est ni souffrance ni origine ni cessation ni chemin ni expérience primordiale ni obtention ni non-obtention.
> C'est pourquoi, Shariputra, les bodhisattvas n'ayant rien à obtenir s'en remettent à la prajnaparamita et demeurent en celle-ci. Leur esprit sans

---

1. Traduction de Lama Denys d'après la version tibétaine dans *Le sutra du cœur*.

voile est sans peur ; et lorsque l'errance est complètement dépassée, c'est l'ultime nirvana. Tous les bouddhas des trois temps, s'en étant remis à la prajnaparamita, ont véritablement atteint l'état de parfait bouddha, l'insurpassable et parfait éveil.
C'est pourquoi le mantra de la prajnaparamita, le mantra de la grande connaissance, le mantra insurpassable et sans égal, le mantra qui apaise complètement toute douleur n'est pas mensonger et doit être connu comme vrai. Ainsi se récite le mantra de la prajnaparamita : *Teyatha aum gate gate paragate parasamgate bodhi svaha.*
Shariputra, c'est ainsi qu'un bodhisattva-mahasattva doit s'entraîner à la profonde prajnaparamita.

Commentaire – Tchènrézi débute sa réponse à la question de Shariputra en affirmant : « La forme est vide. » Elle est vide d'essence, vide de nos représentations, vide des caractéristiques que nous projetons sur elle, vide de tout ce que nous surimposons à l'expérience : images mentales, sensations, jugements, déterminations. Rien ne correspond à l'idée que nous avons quand nous employons le mot « forme ».

Dans le fait de voir un arbre, par exemple, c'est la vision nue qui est essentielle ; ce que l'on voit est secondaire. La vision nue est une contemplation sans intention, sans conception. Ce que l'on voit est déjà une détermination ; la saisie simultanée d'un sujet qui observe et d'un objet perçu. Le sutra reprend aussi l'analyse effectuée dans le premier tour de roue du Dharma. La forme est vide parce que rien n'existe en soi, tout est interdépendant et impermanent. Le phénomène « arbre » n'existe pas indépendamment du processus cognitif qui prétend le connaître ni des éléments non-arbres, comme l'eau, la terre, l'espace. Dans une certaine mesure, la conscience assemble tous ces éléments en une image cohérente puis dépose l'étiquette « arbre » sur cette expérience.

Tchènrézi retourne ensuite la proposition : « La vacuité est forme. » Si nous prêtons attention, nous ressentons l'absence d'existence en soi dans l'expérience que nous faisons au moment même où nous pensons à l'arbre. En examinant le processus, nous voyons l'activité conceptuelle saisir la forme comme un phénomène réellement existant et substantiel. Puis elle positionne l'expérience en élaborant des pensées telles que « c'est beau », « c'est harmonieux », « c'est coloré », etc. L'expérience devient de plus en plus consistante. Ce processus est très opérant au cours du rêve. Dans *La marche vers l'éveil*, Shantideva prend l'exemple d'un magicien qui éprouve du désir pour une femme fantasmagorique qu'il a créée. Par conséquent, « la vacuité est forme » signifie que la vacuité rend possibles les formes. Les apparences apparaissent comme le reflet de la vacuité. Autrement dit, le sutra ne dit pas que les formes n'existent pas. Elles existent dans leur dépendance aux causes, effets et conditions. Certes, on distingue bien des formes mais leur nature ultime est la vacuité. Cette deuxième affirmation (« la vacuité est forme ») est très difficile à comprendre. Elle remédie un peu plus à la perception d'un monde qui serait composé d'entités autonomes et nous libère de l'attachement qui s'ensuit. Elle nous aide à aborder tous les phénomènes de l'existence sans quitter le ressenti de l'interdépendance.

Enfin on lit : « Autre que forme il n'est de vacuité. Et aussi, autre que vacuité, il n'est de forme. » La symétrie et la réversibilité des propositions se poursuivent pour dire que le ressenti de la vacuité ne peut se faire en dehors de l'expérience de la forme. La réalité ultime n'existe pas indépendamment de la réalité des apparences. La réalisation accomplie de la vacuité implique la compréhension de l'union de l'apparence et de la vacuité.

Il en ressort que la vacuité n'est pas un néant, pas plus qu'un « ailleurs », une réalité suprasensible ou une entité. Penser le contraire reviendrait à réifier la vacuité. Shantideva précise qu'elle n'est qu'une notion-instrument au service de la libération. : « En se répétant que tout est dépourvu de réalité, l'idée même de la vacuité finit par disparaître. Lorsqu'on dit que rien n'existe, l'objet de la réalité ne peut être appréhendé ; comment la non-réalité, ainsi privée de support, se présenterait-elle à l'esprit ? Quand ni la réalité, ni la non-réalité ne se présentent plus à l'esprit, alors en l'absence de toute autre démarche possible, l'esprit libéré des concepts s'apaise[1]. »

On aboutit à cette affirmation : « Tous les dharmas sont vacuité. » Ce qui résulte de l'examen de la forme s'avère également vrai pour tous les agrégats. Viennent ensuite une série de négations concernant l'existence inhérente de tous les constituants de l'expérience dualiste : les cinq agrégats, les douze *domaines psychosensoriels** (ayatanas), les dix-huit *éléments cognitifs** (dhatus). Une déclaration comme « [Il n'est] ni œil ni oreille ni nez ni langue (…) », par exemple, ne signifie nullement qu'il n'y ait pas l'apparence de l'oreille, du nez et de la langue, mais plutôt que ces éléments du corps sont vides d'essence. Est également niée l'existence en soi des douze liens interdépendants et de la voie de libération. Sont ainsi réfutées les réalités mentionnées dans le premier tour de la roue du Dharma et qui font l'objet des classifications de l'Abhidharma. Au niveau ultime, il n'y a donc ni chemin, ni voyageur, ni fruit, ni absence de fruit. Ainsi, la prajnaparamita n'est pas objet de désir. Si l'on souhaite la réaliser, c'est en cessant de vouloir l'obtenir que l'on y parviendra.

Le sutra expose donc l'enseignement sur la vacuité, son expérience, la pratique qui conduit à sa réalisation, avant de laisser place au mantra de la prajnaparamita : *Teyatha aum gate gate paragate parasamgate bodhi*

---

1. *La marche vers l'éveil*, p. 94.

svaha. La formule ne se traduit pas mais approche ce sens en français : *Allé, allé, allé au-delà, allé complètement au-delà, éveil, qu'il en soit ainsi.*

« *Allé au-delà* » (*paragate*) pourrait sonner comme un rappel du 85e verset du *Dhammapada* : « Peu parmi les hommes vont à l'autre rive, le reste des humains court çà et là sur cette rive. » Tchènrézi nous enjoindrait à quitter la rive de l'illusion, à franchir le fleuve du samsara, pour atteindre la rive du repos et de la béatitude bienheureuse : tel serait le but du sage. Selon la vue du Madhyamaka, la voie du Milieu, qui s'appuie sur les enseignements du deuxième tour de la roue du Dharma, il s'agit plutôt d'épuiser l'illusion dualiste et de dépasser toute distinction conceptuelle, l'expérience ultime demeurant au-delà des mots. Alors que le sutra se contente de transmettre l'enseignement sur la vacuité dans un style concis et elliptique, le Madhyamaka fournit l'appareillage dialectique et l'argumentation logique permettant de déconstruire tous les points de vue et de gommer tous les appuis conceptuels pour laisser libre la voie de l'expérience immédiate.

📖 « Sutra du lotus »[1] (*Saddharmapundarikasutra*)

Composé entre le Ier siècle avant notre ère et le IIe siècle de notre ère, le « Sutra du lotus » (« Sutra du lotus blanc du Dharma sublime » dans son appellation intégrale) est l'un des plus vieux sutras du Mahayana[2]. Il tient une place capitale en Chine dans l'école Tiantai et dans plusieurs écoles japonaises (Tendai, Nichiren, Zen). Le Bouddha présente ses enseignements comme étant des moyens habiles mais provisoires destinés à préparer les êtres à l'expérience ultime. Il introduit la notion de « véhicule unique » (ekayana), insistant ainsi sur le caractère homogène du Dharma et la nécessité de dépasser les visions qui le fragmentent en courants séparés. La réalité de l'éveil étant fondamentalement une, les véhicules qui permettent de l'actualiser (Shravakayana, Pratyekabuddhayana, Bodhisattvayana) s'interpénètrent et ne sont que des méthodes adaptées aux différents niveaux de réceptivité. Le passage cité dans ce livre illustre cette idée capitale.

Parmi les vingt-sept chapitres que compte la version sanskrite et tibétaine, on trouve d'importantes réflexions sur la confiance, la compréhension juste, la transmission du Dharma ou les pouvoirs miraculeux du Bouddha. Ce sutra se caractérise également par les prophéties du Bienheureux annonçant l'éveil de nombre de ses disciples. Le texte est émaillé

---

1. Traduction d'E. Burnouf dans *Le bouddhisme*, textes réunis, traduits et présentés par Lilian Silburn.
2. Il en existe une traduction à partir de la version chinoise. Cf. Jean-Noël Robert, *Le Sûtra du lotus*.

de paraboles qui illustrent de manière allégorique les fonctions essentielles de son enseignement. D'accès aisé, les paraboles ont favorisé la diffusion du Dharma dans de larges couches de la population. Le « Sutra du lotus » montre clairement que le bouddhisme n'a pas opposé les genres littéraires mais a plutôt cherché à les associer. Ainsi Nagarjuna a-t-il plongé dans ces sources populaires, puisant dans cette matière extrêmement vivante les images qui illustrent nombre de ses démonstrations.

> *Parabole des plantes médicinales*
> C'est, ô Kashyapa, comme si un nuage s'élevant au-dessus de l'univers le couvrait dans sa totalité, en cachant toute la terre. (…) Rempli d'eau, entouré d'une guirlande d'éclairs, ce grand nuage, qui retentit du bruit de la foudre, répand la joie chez toutes les créatures. Arrêtant les rayons du soleil, rafraîchissant la sphère du monde, descendant assez près de terre pour qu'on le touche de la main, il laisse tomber ses eaux de toutes parts. C'est ainsi que répandant d'une manière uniforme une masse immense d'eau, et resplendissant des éclairs qui s'échappent de ses flancs, il réjouit la terre.
> Et les plantes médicinales qui ont poussé à la surface de cette terre, les herbes, les buissons, les rois des forêts, les arbres et les grands arbres ; (…) ce nuage les remplit de joie ; il répand la joie sur la terre altérée (…). Pompant l'eau par leur tronc, par leur tige, par leur écorce, par leurs branches, par leurs rameaux, par leurs feuilles, les grandes plantes médicinales poussent des fleurs et des fruits. Chacune selon sa force, suivant sa destination et conformément à la nature du germe d'où elle sort, produit un fruit distinct ; et cependant c'est une eau homogène, que celle qui est tombée du nuage. (…) C'est avec une seule et même voix que j'expose la loi, prenant sans cesse pour sujet l'état de la bodhi [éveil], car cette loi est uniforme ; l'inégalité n'y trouve pas place, non plus que l'affection ou la haine.

📖 « Sutra des enseignements de Vimalakirti »[1]
(*Vimalakirtinirdeshasutra*)

Ce vaste sutra, composé en sanskrit, mais qui n'existe plus qu'en version chinoise et tibétaine, se présente comme un roman poético-philosophique en plusieurs chapitres. Il est exceptionnel car il est consacré aux enseignements de Vimalakirti, un bodhisattva laïc qui œuvre au bien des êtres en recourant à de multiples méthodes salvifiques. Ce sutra s'efforce également de transmettre l'inconcevable et de faire goûter l'expérience de la liberté fondamentale via un lyrisme extraordinaire. Bien qu'il traite essentiellement de la vacuité selon la vue du Madhyamaka, un grand nombre de thèmes sont abordés comme la pratique des six perfections (paramitas), des quatre états sublimes (équanimité, amour bienveillant, compassion, joie), l'esprit d'éveil, la non-dualité.

---

1. Extrait du chapitre v du *Soûtra de la liberté inconcevable. Les enseignements de Vimalakîrti*.

L'omniprésence du merveilleux ne manquera pas d'interpeller le lecteur. Dans le chapitre VIII (« Vision des êtres »), par exemple, une déesse s'adresse au grand disciple Shariputra et lui raconte que la chambre de Vimalakirti est le siège de prodiges inouïs : des lumières dorées brillent de jour comme de nuit ; des êtres divins et maints bodhisattvas venus d'autres espaces s'y rassemblent ; on y entend les plus sublimes musiques divines et humaines ; on y trouve des coffres tels des joyaux magiques qui comblent tous les souhaits ; les bouddhas viennent y donner leurs instructions secrètes et essentielles ; les ornements, les joyaux, les pavillons et les temples des dieux, de même que les terres pures des bouddhas y apparaissent.

L'extrait ci-dessous correspond au moment où Vimalakirti, malade, reçoit la visite du grand bodhisattva Manjushri* qui s'enquiert de son état. Ce dernier lui demande quelle est la cause de son mal et comment il cessera. Vimalakirti répond par des paroles qui expriment la motivation profonde de celui qui voue sa vie à l'éveil pour le bien du monde.

> Mon mal vient de l'ignorance et de la soif. Je suis malade parce que tous les êtres sont malades, et mon mal ne cessera que le jour où tous les êtres seront guéris. Pourquoi ? Parce que c'est pour les êtres que le bodhisattva plonge dans le cercle des morts et des renaissances. Et entre la naissance et la mort, il y a la maladie. Si les êtres trouvaient moyens de s'affranchir de tous leurs maux, le bodhisattva ne serait plus jamais malade.
> Quand le fils unique du maître de maison tombe malade, ses parents tombent malades eux aussi, et ils guérissent dès que leur enfant guérit. De même, le bodhisattva qui aime chacun des êtres comme son unique enfant est malade quand les êtres sont malades. Les êtres guéris, le bodhisattva guérit aussi.
> Tu me demandais quelle était la cause de ma maladie. Eh bien, la maladie du bodhisattva n'a d'autre cause que la grande compassion.

Troisième tour de roue

📖 « Sutra de l'ornementation fleurie des bouddhas »[1]
(*Avatamsakasutra*)

Ce sutra de grande taille est la collection de plusieurs sutras correspondant chacun à un chapitre. Le cœur de ce texte est constitué du récit de Sudhana, un voyageur en quête de vérité. Il traverse l'Inde, suit un pèlerinage à caractère initiatique et reçoit successivement divers enseignements de cinquante-trois maîtres spirituels. Il rencontre enfin

---

1. Extrait de la partie finale intitulée *Gandavyuhasutra*, à partir d'une traduction effectuée pour le comité de traduction Lotsawa d'après *The Flower Ornament Scripture*, trad. par Thomas Cleary, chapitre 39 dans la version anglaise intitulé « Entrée dans le domaine de la réalité », Shambhala, Boston et Londres, 1987.

Manjushri qui le guide sur la voie de l'éveil. Ce sutra très inspirant, particulièrement riche et très imagé développe amplement le thème de l'ami spirituel.

Le *Gandavyuhasutra*, le « Sutra du pendant de l'oreille », représente un quart de l'*Avatamsakasutra*. Dans celui-ci, on assiste au pèlerinage de Sudhana guidé par le bodhisattva Maitreya, « Celui qui est amour ».

L'extrait ci-après correspond au moment où Maitreya révèle à Sudhana le mode d'existence réel des phénomènes, le domaine de la vacuité immuable (dharmadhatu). Sudhana découvre que le monde est un vaste réseau où tous les phénomènes sont interdépendants et en situation d'omnipénétrabilité[1]. Chaque partie d'un phénomène inclut sa totalité ; n'importe quel phénomène contient en lui tous les autres. Bien qu'ils soient tous interdépendants dans le domaine de la vacuité immuable, aucun ne perd la richesse de ses caractéristiques propres. Tous sont nécessaires et se répondent les uns les autres. De la plus infime poussière à la plus gigantesque planète, de la bête sanguinaire au fragile papillon. Tous *sont* la nature de bouddha. Ainsi lit-on que « toutes les images du dharmadhatu se manifestent à l'intérieur d'un seul grain de poussière ».

Le sutra recourt à une profusion d'images kaléidoscopiques et fractales très inspirantes pour illustrer la thématique de l'interdépendance et la vision holographique de l'univers. L'imagination visuelle nous aide à entrevoir ce que notre confusion et notre opacité nous masquent. Tout se passe à l'intérieur d'une tour, véritable métaphore du dharmadhatu. Sudhana y pénètre. Doté de la vision pure et atemporelle des êtres éveillés, il voit la totalité des apparences dans les trois temps. Il remarque que l'absolu et le relatif ne sont pas différenciés. Un moment de conscience est le miroir de tous les autres et se reflète à l'infini en eux. Ce vertige de la démesure et de l'ouverture infinie expose métaphoriquement la nature ultime de l'esprit fondamentalement non duelle. Cette vision est soutenue par un regard sur les splendeurs du monde. Regard émerveillé dont on trouve un écho dans le récit enchanteur qui figure au début du deuxième chapitre de *La marche vers l'éveil*, le long poème de Shantideva. L'*Avatamsakasutra* nous éduque à la vue juste. Par mimétisme, nous apprenons à *voir* avec les *yeux* de Sudhana.

Maitreya s'adresse à Sudhana
« Tu me demandes comment un héros pour l'éveil (bodhisattva) doit s'adonner à sa pratique. Va dans cette grande tour contenant les ornements de

---

1. Des explications sur la vision de Sudhana ont été données dans les développements consacrés au monde réceptacle en forme de lotus selon le « Sutra de l'ornementation fleurie des bouddhas ». Cf. chap. 4, p. 178-179.

Vairocana[1] et regarde – alors tu sauras comment apprendre la pratique des héros pour l'éveil et quelles sortes de vertus sont parfaites en ceux qui l'apprennent. »
Sudhana circumambula respectueusement autour du héros pour l'éveil Maitreya et lui dit : « Veuillez ouvrir la porte de la tour, et j'entrerai. » Maitreya alla jusqu'à la porte de la tour recelant les ornements merveilleux de Vairocana et, de la main droite, il claqua des doigts. La porte s'ouvrit et Maitreya pria Sudhana de bien vouloir entrer. Perplexe et émerveillé, il pénétra dans la tour. La porte se referma derrière lui.
Il vit que la tour était immense, large de plusieurs milliers de kilomètres, sans limite, comme le ciel, aussi gigantesque que l'espace tout entier, ornée d'innombrables attributs, dais, bannières, fanions, joyaux, guirlandes de perles et de pierres précieuses, lunes et demi-lunes, rubans multicolores, filets de joyaux, filets d'or, [...]. À l'intérieur de cette tour immense, il remarqua la présence de centaines de milliers d'autres tours disposées de façon analogue. Celles-ci étaient aussi vastes que l'espace, régulièrement réparties dans toutes les directions, et pourtant ces tours n'empiétaient pas l'une sur l'autre, chacune étant distincte des autres tout en paraissant se réfléchir dans chacun des objets, sans exception, de chacune des autres tours. [...]
Au centre de la grande tour contenant les merveilleux ornements de Vairocana, il remarqua une tour qui était plus grande encore, parée d'ornements qui surpassaient ceux de toutes les autres. Dans cette tour gigantesque, il vit un univers d'un milliard de mondes[2] en lequel il pouvait distinguer cent millions de groupes de quatre continents. [...] Il vit le héros pour l'éveil Maitreya en train de naître du calice d'un lotus. Il le vit également faire sept pas sous l'œil attentif d'Indra et de Brahma, regarder dans les dix directions, faire rugir le lion, montrer toutes les étapes de l'enfance, dans le palais, dans le jardin, partir ensuite en quête de l'omniscience, s'adonner à l'ascétisme, renoncer au jeûne, se rendre au lieu de l'éveil, conquérir Mara, s'éveiller, fixer fermement l'arbre de l'éveil du regard, entendre Brahma lui demander d'enseigner puis tourner la roue de l'enseignement, aller dans les demeures célestes [...]. Et partout où il se trouvait, Sudhana se percevait lui-même comme étant aux pieds de Maitreya. [...]
Les murs en damiers des tours, composés d'innombrables joyaux, étincelaient. Dans chaque case faite de gemmes, il vit Maitreya s'adonner à toutes les pratiques des héros pour l'éveil [...]. Dans l'une d'elles, Maitreya offrait sa propre tête, dans une autre il offrait ses vêtements, [...] dans une autre [...] il exposait les enseignements des bouddhas, les récitait, y réfléchissait profondément, [...] assis sur le siège léonin, il parlait de l'enseignement, révélait l'éveil des bouddhas. Sudhana vit que chaque case des murs en damier réfléchissait les pratiques des six perfections auxquelles s'était adonné Maitreya pendant des ères cosmiques innombrables. Dans l'une des tours, il vit les déploiements magiques de tous les guides spirituels que Maitreya avait suivis. Il se perçut lui-même en leur présence, accueilli par eux avec bienveillance et s'entendant dire de ne pas être las, afin de soutenir du regard cette merveille qu'est le héros pour l'éveil.

---

1. L'un des cinq « bouddhas victorieux » (dhyani-buddhas). Cf. tableau 10, p. 212.
2. Un trichiliocosme.

📖 « Sutra de l'entrée à Lanka »[1]
(Lankavatarasutra)

Ce sutra rapporte les réponses que donne le Bienheureux au bodhisattva Mahamati. Composé de dix chapitres, il véhicule des notions essentielles pour le Cittamatra (l'école de l'Esprit seul) : la nature de bouddha (tathagatagarbha), le nirvana, la vacuité, la pratique du recueillement méditatif, les trois natures et les huit consciences : les six consciences des sens (dont l'une est mentale), la conscience mentale souillée (klistamanas) par la fixation égocentrique et la conscience fondamentale (alayavijnana) qui sert de réceptacle aux empreintes karmiques.

Après que Mahamati a louangé les vertus du Bouddha en résumant de manière concise les enseignements selon la vue du Mahayana, l'Éveillé décrit sa « réalisation intérieure ». C'est le thème essentiel de ce texte. L'exposé intéresse au premier chef le Zen et la tradition tibétaine du Mahamudra, car il présente l'éveil non pas comme le résultat de l'élimination des illusions adventices mais comme l'actualisation de sa présence inaltérée. La présentation du fonctionnement des huit consciences vient étayer les explications du Bouddha sur sa condition[2].

Dans cet extrait, le Bouddha enseigne l'au-delà de tout attachement, de toute discrimination entre être et non-être, de toute dualité. Pour cela, il importe de réaliser l'état de solitude, l'état où l'esprit demeure en sa simplicité et plénitude, en l'absence de toute distraction et vaine agitation.

> Mahamati, incommensurable est notre profond attachement à l'existence des choses, ces choses que nous cherchons à comprendre par les mots. Il y a, par exemple, profondément enraciné, un attachement aux marques de l'individualité, à la causalité, à la notion d'être et de non-être, à la discrimination entre naissance et non-naissance, de cessation et de non-cessation, de véhicule et de non-véhicule (...). Il y a l'attachement à la discrimination elle-même, l'attachement à l'illumination, l'attachement à la discrimination être et non-être de laquelle les philosophes dépendent tellement, et l'attachement au triple véhicule et au véhicule unique qu'ils distinguent.
> (...) Mais en réalité, Mahamati, il n'y a ici pas de signes d'attachement profond ni de détachement. Toutes choses doivent être vues comme résidant dans la solitude où il n'y a aucun processus de discrimination. (...)
> De plus, Mahamati, lorsqu'il comprend que l'existence et la non-existence du monde extérieur proviennent de la vue du mental lui-même qui les voit – le Bodhisattva peut alors parvenir à l'état sans image où il n'y a que le mental cosmique et où il peut pénétrer du regard dans la solitude, principe

---

1. Cf. *Soûtra de l'entrée à Lanka. Lankâvâtara.* chap. II, « Compendium de tous les enseignements ». D. T. Suzuki, *Manuel de bouddhisme zen*.
2. La présentation des huit consciences figure dans le chap. 13, p. 533.

fondamental de la discrimination de toutes choses (être et non-être) et également principe de l'attachement profond qui découle de la discrimination. Ceci étant, il n'y a, en toutes choses, aucun signe d'attachement ou de détachement. Ici, Mahamati, personne n'est asservi, personne n'est émancipé ; sauf ceux qui, par une sagesse faussée, acceptent l'asservissement et l'émancipation. Pourquoi ? Parce que, en aucune chose, il ne faut voir l'être ou le non-être.

📖 « Sutra du dévoilement du sens profond »[1]
(*Sandhinirmocanasutra*)

Ce sutra, dont la rédaction remonterait au IIIe siècle, est l'un des textes fondateurs de la vue du Cittamatra (l'école de l'Esprit seul). Il relate un entretien entre le Bouddha et le bodhisattva Lever de la Réalité Absolue. Comme l'explique le traducteur dans son introduction, ce sutra « comprend dix chapitres de taille inégale qui traitent les uns de la réalité absolue, les autres de la pratique des bodhisattvas et des qualités des bouddhas. » Figure ici un extrait du chapitre VII qui a pour titre « Enseignement définitif sur la réalité absolue ». Le Bouddha répond aux questions du bodhisattva Lever de la Réalité Absolue sur le sens profond de cette déclaration : « Tous les phénomènes sont dépourvus d'essence, sans naissance ni cessation, ils sont apaisés dès l'origine et naturellement au-delà de la souffrance. » Dans cet extrait, le bodhisattva relate le contenu des trois tours de la roue du Dharma. Suite à cet exposé, le Bouddha confirme que l'enseignement du troisième tour est de sens ultime, c'est-à-dire incontestable. Comme le précise le traducteur, il « serait donc définitif, en ce sens qu'il rétablirait l'équilibre entre le premier tour de roue à penchant réaliste et le second jugé trop vacuitiste ».

Il ne s'agit pas de délaisser les enseignements des deux autres tours mais de les intégrer dans une vision plénière de la réalité. En ce sens, la position du troisième tour se veut intégrative et s'adresse à « tous ceux qui sont engagés dans les trois véhicules » (Shravakayana, Pratyekabuddhayana, Bodhisattvayana). Tout cela s'inscrit en écho aux caractéristiques du véhicule unique (Ekayana) dont il a été question lors de la présentation du « Sutra du lotus » (voir *Deuxième tour de roue*).

Le bodhisattva Lever de la Réalité Absolue dit alors au Bienheureux :
« Initialement, au parc des Gazelles, non loin de Bénarès, le Bienheureux enseigna les Quatre Nobles Vérités à ceux qui étaient entré dans le premier véhicule, et cette roue de la doctrine était merveilleuse. Avant cela, personne parmi les dieux et les hommes n'avait dans ce monde fait tourner la roue de pareil enseignement. Pourtant, ce premier tour de la doctrine du

---

1. Traduction P. Cornu dans *Soûtra du dévoilement du sens profond*.

Bienheureux était sujet au dépassement, provisoire, de sens interprétable et sujet à controverse.

Alors, en enseignant l'absence d'essence des phénomènes, leur absence de naissance et de cessation, leur apaisement dès l'origine et le fait qu'ils se trouvent naturellement au-delà de la souffrance, le Bienheureux proclama la vacuité pour ceux qui étaient vraiment entrés dans le grand véhicule, et cette seconde mise en mouvement de la seconde roue de la doctrine était encore plus merveilleuse que la première. Toutefois, ce tour de la roue de la doctrine du Bienheureux était encore sujet au dépassement, provisoire, de sens interprétable et sujet à controverse.

Enfin, en enseignant l'absence d'essence des phénomènes, leur absence de naissance et de cessation, leur apaisement dès l'origine et le fait qu'ils se trouvent naturellement au-delà de la souffrance, le Bienheureux donna un troisième tour de roue parfaitement explicité et très merveilleux à l'intention de tous ceux qui sont réellement engagés dans tous les véhicules. Ce [dernier] tour de la roue de la roue de la doctrine du Bienheureux, était, cette fois, insurpassable, définitif, de sens certain et non sujet à controverse.

📖 « Sutra du grand passage dans l'au-delà de la souffrance »[1]
(Mahaparinirvanasutra)

Ce sutra relate les derniers événements qui précèdent le décès du Bouddha. Il s'attache également à définir la nature de bouddha en tentant de dépasser l'opposition entre l'absence d'une entité dans la personne (pudgalashunyata) et la croyance en le soi (atman) répandue dans les milieux brahmaniques. Il compare la nature de bouddha à un trésor. Dans une certaine mesure, on peut mettre en parallèle cette vision avec celle du *Ratnagotravibhaga* qui présente le dharmakaya (corps absolu) comme un « suprême soi ».

> L'atman, c'est le tathagatagarbha. Tous les êtres possèdent la nature de bouddha : voilà ce qu'est l'atman. Cet atman, dès le début, est toujours couvert par d'innombrables passions : c'est pourquoi les êtres ne parviennent pas à le voir. C'est comme si, dans la cabane d'une pauvre femme, il y avait un trésor d'or pur sans que dans sa famille, absolument personne ne le sache (...). Le Tathagata aujourd'hui révèle aux êtres ce trésor précieux, à savoir la nature de bouddha. Quand tous les êtres l'ont vue, ils éprouvent une grande joie et prennent refuge dans le Tathagata. Celui qui excelle en moyens salvifiques, c'est le Tathagata ; la pauvre femme représente les innombrables êtres ; le trésor d'or pur, c'est la nature de bouddha.

---

1. Traduction E. Lamotte dans *Le bouddhisme*, sous la direction de Lilian Silburn, p. 115.

Trois sutras de la Terre pure

En présentant le bouddhisme en Chine (voir p. 276-286), nous avons vu que le Jingtu, l'école chinoise de la Terre pure, prône la dévotion au bouddha Amitabha, le bouddha « Lumière Infinie », comme moyen de renaître en sa terre pure (Sukhavati, la « Terre pure de l'Ouest »). Au Japon, cette vision et les pratiques qui lui sont associées ont pris la forme de la Jôdo-shu et de la Jôdo-shinshû (« Véritable école de la Terre pure »).

L'école de la Terre pure s'appuie sur trois sutras du Mahayana dit « Sutras de la Terre pure » parce qu'ils décrivent le monde merveilleux de Sukhavati et les moyens d'y aller renaître. Il s'agit du « Sutra de la contemplation de vie infinie » (*Amitayurdhyanasutra*), du grand *Sukhavativyuhasutra* (« Sutra des ornements de la terre bienheureuse ») et du petit *Sukhavativyuhasutra*, dit « Sutra d'Amitabha ». Ces sutras ont été traduits en français par Jean Eracle dans *Trois soûtras et un traité sur la Terre pure*. Jean Eracle fut le fondateur et le président de la Société bouddhique suisse Jôdo-shinshû et recteur du temple de la Foi Sereine (Shingyôji) à Genève.

📖 « Sutra des ornements de la terre bienheureuse »
(ou grand *Sukhavativyuhasutra*)

Ce texte contient le message essentiel des trois sutras. Dans la première partie, le bouddha Shakyamuni raconte à Ananda la carrière exemplaire du bodhisattva Dharmakara devenu le bouddha Amitabha. Celui-ci prononça quarante-huit vœux en faveur de tous les êtres vivants. Ces vœux portent sur trois thèmes : la description de la « Terre pure de l'Ouest », les qualités du bouddha Amitabha, les méthodes assurant la renaissance dans sa terre pure.

Parmi l'énoncé des qualités d'Amitabha, figure surtout sa lumière qui lui vaut son nom « Lumière Infinie » et sa longévité. Ce nom renvoie au vœu 12. Le bodhisattva Dharmakara promet que la lumière du futur Bouddha se répandra sans obstacles dans les mondes infinis. Cette lumière a deux aspects. Elle symbolise sa sagesse illimitée et la connaissance que les êtres reçoivent. Cette connaissance vient stimuler leur potentiel et les aide à se développer jusqu'au plein éveil. Quant à sa longévité mentionnée dans le vœu 13, elle renvoie à l'idée que ce bouddha ne cesse de prolonger son existence en Sukhavati pour venir en aide aux êtres, manifestant ainsi une compassion sans limites. Ce qui lui vaut son deuxième nom, Amitayus (« Vie Infinie »).

Parmi les méthodes assurant la renaissance en Sukhavati, le bouddha Shakyamuni insiste tout particulièrement sur la conduite éthique, répétant à plusieurs reprises combien il est essentiel de maîtriser son esprit et sa parole, de cultiver les actions positives et de rejeter toutes celles qui ne sont pas conformes à l'idéal du bien. Sur cette base, se développe la dévotion qui comprend en particulier la récitation du nom d'Amitabha, le fait de lui rendre hommage en pensée, de s'ouvrir à sa grâce, d'étudier les sutras et en particulier le « Sutra des ornements de la terre bienheureuse » et de développer les activités d'un bodhisattva.

La première version sanskrite de ce sutra remonterait au Ier siècle avant notre ère.

> J'émets un vœu qui surpasse le monde :
> Nécessairement, j'atteindrai la Voie insurpassable ;
> Mais tant que ce vœu ne sera pas réalisé,
> Je promets de ne pas devenir un bouddha parfaitement accompli.
>
> Si, durant des âges innombrables,
> Je ne suis pas un grand bienfaiteur,
> Servant partout les pauvres et les malheureux,
> Je promets de ne pas devenir un bouddha parfaitement accompli.
>
> Quand je serai parvenu à l'état de bouddha,
> Mon nom traversera les dix quartiers[1].
> Si finalement il devait ne pas être entendu,
> Je promets de ne pas devenir un bouddha parfaitement accompli.

📖 « Sutra d'Amitabha »
(petit *Sukhavativyuhasutra*)

Dans ce sutra très concis, le bouddha Shakyamuni expose brièvement à son disciple Shariputra les qualités de Sukhavati. Ce sutra, supposé plus ancien que le grand *Sukhavativyuhasutra*, est devenu très populaire en Chine et au Japon.

Voici un extrait du passage où le Bouddha loue la dévotion au bouddha Amitabha (jap. Amida).

> Dans cette Terre de Bouddha, les êtres vivants, une fois nés, sont tous des sans-recul. Parmi eux, nombreux sont dans l'état où il n'y a plus qu'une seule naissance. (…)
> Fils de Châri (Shariputra) ! s'il y a des fils de bien ou des filles de bien qui entendent parler du bouddha Amida et gardent Son Nom, que ce soit un

---

1. Les dix directions de l'espace : les quatre directions cardinales (est, sud, ouest et nord) ; les quatre directions intermédiaires (sud-est, sud-ouest, nord-ouest, nord-est) ; le zénith et le nadir.

jour, que ce soit deux jours, que ce soit trois jours, que ce soit quatre jours, que ce soit cinq jours, que ce soit six jours, que ce soit sept jours, avec un cœur unique et sans confusion, quand ces êtres approchent de la mort, le bouddha Amida, avec une foule de saints, apparaît devant eux. Ces êtres, au moment de la fin, ont un cœur qui ne se trouble pas et ils obtiennent aussitôt d'aller renaître dans la Terre du Suprême Bonheur du bouddha Amida.

Fils de Châri ! moi, j'ai vu ce profit ; c'est pourquoi je dis ces paroles : s'il y a des êtres vivants qui entendent ce que je dis, ils doivent émettre le vœu de renaître en cette Terre-là.

📖 « Sutra de la contemplation de vie infinie »
(*Amitayurdhyanasutra*)

    Ce sutra contient l'enseignement que le Bouddha donna à Vaidehi, l'épouse du roi Bimbisara. Tous deux ont été emprisonnés par leur fils Ajatashatru. Vaidehi, désespérée, implore l'aide du Bienheureux qui se trouve au pic des Vautours en compagnie de nombreux moines et bodhisattvas. Ressentant la détresse de Vaidehi, il lui vient en aide en se manifestant dans sa cellule. Assis sur une fleur de lotus, il est accompagné de ses disciples Ananda et Maudgalyayana. Indra, Brahma et les dieux protecteurs du monde sont là dans l'espace, présentant des offrandes et répandant des fleurs.

    À la requête de Vaidehi, qui souhaite renaître en la terre pure d'Amitabha, le Bouddha explique comment contempler la « Terre pure de l'Ouest » pour y parvenir. Seize contemplations sont proposées. Elles débutent par la vision des ornements et des qualités de la Terre pure en référence à des éléments du monde sensible (soleil, terre, eau, arbre, palais, musique) et culminent dans la vision du bouddha Amitabha en sa nature lumineuse et radiante, et en la récitation de la formule d'hommage qui lui est consacrée. Nombre de précisions sont fournies sur les pratiques comportementales à mener à bien, mêlées à la description très lyrique d'interventions merveilleuses. Il est vrai qu'en prenant ces visions au premier degré, on risque fort de les réifier. On ne verra pas, par exemple, que le merveilleux traduit de manière dynamique l'aspect apparent de la vacuité et que tout est ordonné finalement à la vibration salvatrice du nom d'Amitabha.

    Ce sutra aurait été élaboré par l'école Cittamatra, l'école de l'Esprit seul, aux alentours du IVe siècle, sur la base de textes très anciens. Les rédacteurs auraient pris soin d'y intégrer les méthodes de méditation alors en vigueur dans cette école.

- *La corbeille présentant l'enseignement dans sa quintessence ainsi que dans son organisation et son analyse*
(pali Abhidhammapitaka, skt. Abhidharmapitaka)

L'Abhidharma s'inscrit en écho aux enseignements consignés dans les sutras du premier tour de la roue du Dharma. Il en exprime la quintessence dans une mise en ordre rationnelle qui accorde une large place à l'examen des facteurs mentaux qui nous constituent. L'analyse approfondie des phénomènes physiques et mentaux s'effectue à la lumière de l'enseignement sur le caractère illusoire et erroné de l'attachement à la fiction d'un soi autonome et permanent. Derrière un monde qui nous semble familier, fait d'objets distincts les uns des autres, l'Abhidharma dévoile un réseau de structures en relation les unes avec les autres. En les inventoriant, il dresse la carte de l'expérience humaine telle qu'elle s'inscrit dans la trame de la vie.

Origine de l'Abhidharma

Les moines qui entouraient le Bouddha ont eu le souci de classifier les enseignements selon une grille thématique particulièrement cohérente. L'Abhidharma est le résultat de cet effort colossal. Bien qu'un peu abstraite et austère, cette systématisation a l'avantage de dresser une cartographie rigoureuse des notions essentielles qui courent dans les enseignements du Bouddha. Au sein de la culture monastique bouddhique, cette systématisation répond à la nécessité de donner une forme plus institutionnelle aux enseignements. Elle fournit en même temps un cadre très précis qui va contribuer largement à la formation des moines. N'oublions pas que le bouddhisme se développe dans un climat d'émulation entre les traditions, en vue d'obtenir parfois la protection et le soutien des puissants. Il a donc besoin d'énoncer clairement ses spécificités dans un milieu où certains renonçants sont rompus à l'art du débat.

Lors des différents conciles, ont été répertoriées des séries d'exposés du Bienheureux traitant de sujets très précis comme les cinq agrégats, les cinq éléments ou les douze liens interdépendants. Ces classifications portent le nom de matrikas. Ces matrikas avaient une fonction normative et mnémotechnique. Elles étaient en quelque sorte des grilles de lecture des sutras et permettaient de s'y retrouver dans l'ensemble des enseignements. *Matrika* a également le sens de « matrice ». Ainsi, avant la mise à l'écrit, les matrikas constituent des repères fondamentaux, des matrices de compréhension qui « travaillent » au cœur de la personne qui les a mémorisées et les récite.

Les efforts pour comprendre les données de l'expérience et élucider les modalités de la connaissance ont donné lieu à de nombreux débats. Les différents conciles ont permis d'affiner ces classifications. Leurs élaborations successives ont assuré la structuration rigoureuse de l'enseignement oral. Cette forme très élaborée a engendré la littérature de l'Abhidharma qui est devenue au fil du temps la base de la logique bouddhique et des différentes perspectives philosophiques.

Signification du mot « Abhidharma »

Le préfixe *abhi* signifie « supérieur » et *dharma*, « phénomène » ou « plus petite unité élémentaire dont nous pouvons faire l'expérience ». Abhidharma pourrait être traduit littéralement par l'expression « analyse supérieure des phénomènes ». L'emploi de l'adjectif « supérieure » nous renvoie à l'activité de prajna, la connaissance supérieure à même de dissiper la vision substantialiste des phénomènes qui nous fait voir le monde comme une collection d'objets-entités. La méthode de l'Abhidharma consiste à examiner chaque phénomène en relation avec les causes et les conditions karmiques qui prévalent à leur manifestation, mais également en relation avec tous les autres phénomènes. Car aucun dharma n'existe isolément. Ainsi l'Abhidharma met l'accent sur une approche de la connaissance qui révèle un réseau de relations dénué de fondement propre. Cette absence de fondement est appelée anatman, l'absence d'existence en soi ou non-soi.

Ce que nous imaginons stable, le soleil par exemple qui se lève chaque matin, est composé d'une série d'innombrables événements instantanés. Tout dharma se manifeste et disparaît. Le soleil d'hier n'est pas celui d'aujourd'hui. Le chant d'un oiseau existe en dépendance du volatile lui-même, de l'air qui transmet des vibrations à nos oreilles, de la conscience auditive, etc. Le mot « phénomène » nous renvoie donc notions d'interconnexion, d'interdépendance et d'impermanence. Cependant, chaque dharma est doué de caractéristiques propres. Le son d'une guitare n'est pas le même que celui d'un violon. Un sentiment bienveillant est totalement différent d'un sentiment de haine. Les caractéristiques propres des phénomènes sont déterminées par la façon dont ils se manifestent en dépendance de la conscience qui les perçoit. Cela signifie également que l'univers est constitué de la conjonction des phénomènes physiques et mentaux.

Les deux types de phénomènes

La tradition du Bouddha distingue les phénomènes composés des phénomènes incomposés. Les premiers sont le résultat de causes et de conditions, et leur association forme le monde habituel, le cycle des existences conditionnées (samsara). Les seconds sont insubstantiels ou dépourvus d'origine, de fin et de durée : le nirvana et l'espace, par exemple. Dans les textes, l'image d'un espace pur de tout nuage symbolise la sérénité inhérente au nirvana. Cette distinction entre les phénomènes corrobore la vision cosmologique du bouddhisme des origines qui différencie l'espace souillé fruit de l'ignorance et du désir, et l'espace pur exempt de toute imperfection.

L'ensemble des phénomènes composés peut être ramené à deux modèles essentiels : les cinq agrégats (voir p. 80) et les douze liens interdépendants (voir p. 549).

Les cinq agrégats sont corrélés à des facteurs constitutifs de toute connaissance dualiste : les douze domaines psychosensoriels (ayatanas) et les dix-huit éléments cognitifs (dhatus). Les douze domaines psychosensoriels désignent six organes des sens et six objets des sens qui se correspondent. Ils constituent la source de la connaissance dualiste. De leur contact naissent les sensations. Au total, on dénombre trente-cinq éléments en interaction qui dessinent le territoire de l'individualité. Le tableau 15 et la figure 30 donnent une idée de cette organisation. Cet ensemble pourrait être affiné si l'on détaillait les différentes formes de perceptions/notions, formations et phénomènes mentaux, par exemple.

Les douze liens interdépendants[1] expriment, entre autres, la façon dont se constitue et se dissout l'expérience de l'individualité sous l'effet du karma. Avant de procéder à la décomposition de cette expérience en une cascade d'événements, nos expériences et le processus de connaissance nous paraissaient assez simples et homogènes. Désormais le paysage est nettement plus complexe. L'examen minutieux de ces différents éléments permet de décrire avec précision les mécanismes en cause dans le développement d'une connaissance dualiste. L'Abhidharma montre comment des structures ne cessent de se conditionner mutuellement pour former, par imbrication, un réseau cognitif complexe. Leur analyse met surtout en évidence l'absence d'un noyau indépendant et autonome dans la personne. On ne trouve rien qui puisse permettre de soutenir l'affirmation : « *je suis* ceci ». On ne peut pas dire « *je suis* l'œil », « *je suis* les perceptions », « *je suis* la pensée », etc. On découvre ainsi ce que signifie le non-soi (anatman).

---

1. [1] l'ignorance, [2] les formations karmiques, [3] la conscience, [4] le nom et la forme (composé psychophysique), [5] les six domaines (cinq sens et le mental), [6] le contact (entre l'organe et son objet), [7] la sensation, [8] la soif ou le désir, [9] l'appropriation, [10] le devenir, [11] la naissance, [12] la vieillesse et la mort.

5 AGRÉGATS (SKANDHAS)	12 DOMAINES PSYCHOSENSORIELS (AYATANAS)	
	SUJET organes des sens	OBJET objets des sens
– forme (corps) – sensations – perceptions/notions – formations karmiques – conscience	– œil – oreille – nez – langue – corps – organe mental	– formes – sons – odeurs – saveurs – objets tangibles – phénomènes mentaux
18 ÉLÉMENTS COGNITIFS (DHATUS)		
6 consciences des sens	6 facultés sensorielles	6 objets des sens
– conscience visuelle – conscience auditive – conscience gustative – conscience olfactive – conscience tactile – conscience mentale	– faculté visuelle – faculté auditive – faculté gustative – faculté olfactive – faculté tactile – faculté mentale	– formes visibles – sons – saveurs – odeurs – objets tangibles – phénomènes mentaux

Tableau 15. Les éléments inhérents à l'expérience dualiste.

Figure 30. Cartographie des relations entre les éléments inhérents à l'expérience dualiste.

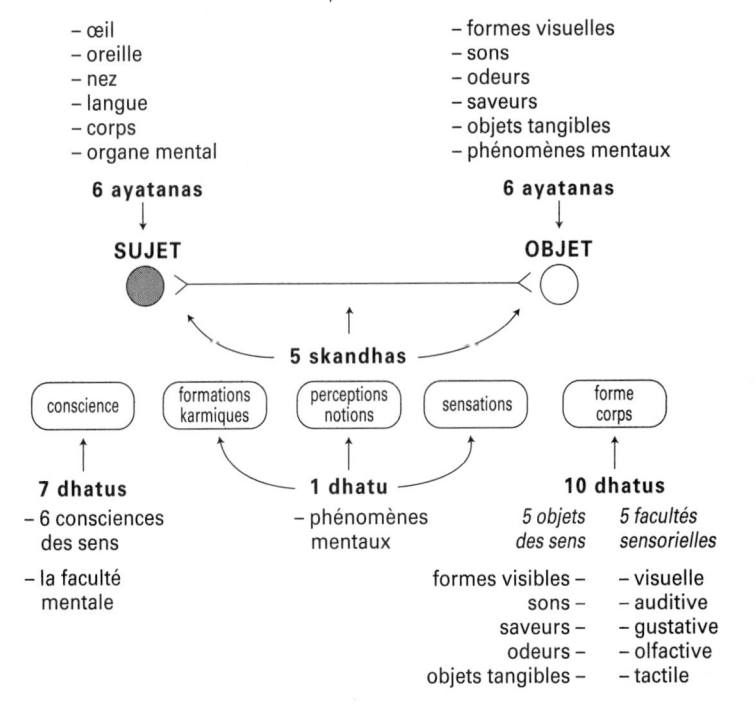

– œil
– oreille
– nez
– langue
– corps
– organe mental

– formes visuelles
– sons
– odeurs
– saveurs
– objets tangibles
– phénomènes mentaux

6 ayatanas
SUJET

6 ayatanas
OBJET

5 skandhas

| conscience | formations karmiques | perceptions notions | sensations | forme corps |

7 dhatus
– 6 consciences des sens
– la faculté mentale

1 dhatu
– phénomènes mentaux

10 dhatus
5 objets des sens
formes visibles –
sons –
saveurs –
odeurs –
objets tangibles –

5 facultés sensorielles
– visuelle
– auditive
– gustative
– olfactive
– tactile

L'Abhidharma, une science de la cognition

En offrant un examen détaillé des structures profondes en jeu dans toutes nos expériences, l'Abhidharma se présente comme une « science de la cognition », ou plus simplement une manière très précise d'examiner l'esprit[1]. Cet examen exhaustif du fonctionnement de l'esprit n'est pas que théorique ou intellectuel. Il favorise le développement de l'acuité et du discernement de sorte que nous puissions découvrir la nature véritable des éléments qui nous constituent et parvenir ainsi à mieux comprendre ce que nous sommes à chaque instant.

Après une phase de déconstruction qui fait apparaître les différents agents inhérents à l'expérience dualiste (voir tableau 15), on procède à leur inventaire, à leur présentation puis à leur examen détaillé sans oublier d'analyser leurs interactions et leurs relations causales.

Prenons l'exemple de la présentation de l'agrégat des formations karmiques dans le « Compendium de l'Abhidharma » (*Abhidharmasamuccaya*) d'Asanga. Ces formations sont des automatismes mentaux et des habitudes de pensée. Elles accompagnent le mental et le dirigent vers les objets perçus de sorte à conditionner la vision particulière que nous avons du monde. Parmi l'ensemble des formations, on distingue six formes de volition, des représentations conceptuelles et quarante-neuf facteurs mentaux (voir annexe 2) comme l'attention, la volition, la détermination, la mémoire, la concentration, la confiance, l'équanimité, l'attachement, l'orgueil, etc. Chaque facteur se trouve associé à une fonction très précise. L'inertie mentale, par exemple, a pour but de souiller l'esprit ; la paresse, de s'opposer aux pratiques ayant le bien pour but ; la concentration, de donner une base à la connaissance, etc. Le pratiquant apprend ainsi à identifier les facteurs mentaux perturbateurs qui entretiennent la souffrance et ceux qui nourrissent l'harmonie et le bien-être. L'Abhidharma développe ainsi les rudiments d'une « psychologie de l'éveil ». Dans un premier temps, il permet de voir comment des positions mentales se conditionnent les unes après les autres et comment elles se perpétuent. Il permet surtout de comprendre comment interrompre ce processus, comment libérer l'esprit du pouvoir des émotions aliénantes et le conduire à la transformation de son fonctionnement, connue sous le nom d'éveil.

La mise à plat des différents éléments en jeu dans la cognition ne s'arrête pas à une cartographie de la psychologie humaine. Elle montre clairement qu'agrégats, domaines sensoriels, éléments cognitifs ou liens interdépendants sont vides de ce qu'ils donnent l'impression

---

1. Expression empruntée à Chögyam Trungpa, *Regards sur l'Abhidharma*, p. 3.

d'être. Ainsi, la méthode de déconstruction questionne l'institution du moi pour en révéler la complexité, le caractère illusoire et douloureux. L'édifice de l'individualité, avec son apparente cohérence et continuité, est ébranlé. Il apparaît désormais sous l'aspect d'une peinture pointilliste où toutes les touches de couleurs se répondent en demeurant dénuées de substance propre : flux d'expériences multiples et évanescentes qui se manifestent en vertu de causes et de conditions karmiques, cohabitent, s'interpénètrent, se composent et se décomposent dans une mutuelle dépendance.

Étant constitués d'une succession d'événements transitoires, nous ne saurions trouver dans cette animation instable une quelconque entité indépendante et permanente. Ainsi, le moi n'a pas de sens en lui-même. L'aspect solide de l'ego résulte de l'oubli de la réalité essentielle. La démarche de déconstruction se veut libératrice puisqu'elle interrompt un processus hallucinatoire. L'effondrement des vues superficielles et erronées entraîne le fléchissement de l'attachement aux différents mirages de l'existence. Libérée des passions égoïstes, l'intelligence du cœur s'épanouit. Son rayonnement nourrit un mode d'être au monde plus ouvert et plus harmonieux. C'est pourquoi Chögyam Trungpa dit que l'Abhidharma nous apprend aussi à communiquer avec autrui.

Abhidharma et pratique méditative

L'examen approfondi de la psychologie humaine justifie l'importance de la pratique méditative. Chögyam Trungpa parle d'ailleurs de l'Abhidharma comme d'une « philosophie de la méditation », l'exposé d'une méthode favorisant une meilleure connaissance du fonctionnement de l'esprit et permettant de voir la réalité telle quelle. Il ne suffit pas de s'adonner à un examen intellectuel, au risque de se complaire dans une gesticulation conceptuelle. La démarche intellectuelle devrait conduire à réaliser l'importance de la pratique méditative.

En examinant et en analysant ses expériences en termes de combinaisons d'éléments transitoires, le méditant ne trouve aucun fondement stable et permanent. Il perçoit des choses qui s'évanouissent aussi rapidement qu'elles se manifestent, comme la vapeur d'eau dans l'air : rien qu'il ne puisse saisir, rien à quoi s'attacher. L'agitation et la rigidité de la fixation dualiste fléchissent. Des espaces apparaissent dans le mouvement de la pensée. Le méditant est de moins en moins accaparé par le jeu des projections mentales qui s'apaise de lui-même. La vision devient plus panoramique, et gagne en netteté et en précision. En prêtant attention aux espaces qui se manifestent dans la texture de l'expérience, le méditant commence à ressentir la fluidité sous-jacente à l'activité des agrégats. Il abandonne tout point d'appui, y compris la référence subtile à soi, ultime îlot qui le retenait encore. Il laisse ainsi s'épancher la simplicité, la clarté et l'ouverture propres à l'état primordial non duel.

La littérature de l'Abhidharma

Les traités nommés « Abhidharmas » rendent compte de l'analyse rapidement esquissée précédemment. Cette analyse suit une logique formelle qui les apparente à des études systématiques de l'expérience humaine. D'où le caractère austère de ces textes qui dressent des inventaires et des séries de définitions avec un souci de rationalité et d'objectivité. On est loin de l'écriture des sutras qui dévoilent un Bouddha adaptant son discours au gré des circonstances, usant parfois d'images et de paraboles pour se tenir au plus près de ses auditeurs.

Deux écoles de la tradition des Anciens se sont attachées à développer l'Abhidharma : les Sarvastivadins et les Theravadins. Lorsque l'on parle de l'*Abhidhammapitaka* pali, on se réfère aux sept traités d'Abhidhamma sur lesquels s'appuie le Theravada. Chaque traité correspond à une thématique précise : inventaire détaillé des constituants de l'univers et de la personne humaine, par exemple, description des différents types de personnalité, étude des relations causales. La réalité est analysée en termes d'éléments ou d'agrégats, ce qui permet de mettre au jour la nature composite de nos expériences. Tout phénomène que l'on voit est constitué de l'objet visuel, de la faculté visuelle, du support de la faculté, de la conscience visuelle, etc. Cette approche élémentaire de l'interdépendance va permettre d'abandonner la saisie habituelle des phénomènes perçus en termes d'entités autonomes et perdurantes. Elle fournit la matière aux réflexions majeures sur la vacuité telles qu'elles ont été développées au IIe siècle par Nagarjuna.

En parallèle aux traités fondamentaux des écoles Sarvastivada et Theravada, sont apparus des commentaires, des manuels d'initiation et des ouvrages de synthèse. Au IVe siècle ap. J.-C., Vasubandhu écrit le « Trésor de l'Abhidharma » (*Abhidharmakosha*[1]), une synthèse de l'Abhidharma tel qu'il est enseigné par l'école Vaibhashika* du Cachemire. Ce texte fait autorité dans les traditions tibétaines et chinoises. Asanga, frère aîné de Vasubandhu, rédige le « Compendium de l'Abhidharma » (*Abhidharmasamuccaya*[2]), version mahayana de l'Abhidharma.

---

1. Le terme sanskrit *kosha* désigne des lexiques très spécialisés qui étaient réservés aux poètes, médecins et apothicaires.
2. *Samuccaya* a le sens de compendium, un traité qui dresse le résumé d'une science.

Extrait de l'Abhidharmasamuccaya

Ce court extrait de l'*Abhidharmasamuccaya* permet de réaliser à quel point la présentation des différents composants de la personne humaine est rigoureuse et systématique. Il se termine par l'affirmation de l'anatman, le fait que le soi n'est qu'un phénomène imaginaire. La comparaison finale reprend la thèse développée dans les sutras du premier tour de roue. Quand bien même on chercherait une entité stable et permanente dans les agrégats, on ne la trouverait pas.

📖 « Compendium de l'Abhidharma »[1]
(*Abhidharmasamuccaya* d'Asanga)

Dans cette section, consacrée en particulier à la définition des agrégats (skandhas), Asanga définit les sensations, puis il précise à la fin du chapitre que les cinq agrégats sont vides d'existence propre.

Quelle est la définition de l'agrégat des sensations ? Les six groupes de sensations : la sensation produite par le contact de l'œil, les sensations produites par le contact de l'oreille, du nez, de la langue, du corps et de l'organe mental. Et ces six groupes de sensations sont agréables, ou désagréables ou ni agréables ni désagréables. (...)
Comme le Bouddha l'a dit : la matière est semblable à une masse d'écume, la sensation à une bulle, la perception à un mirage, les formations à un bananier, et la conscience à une illusion.
Quel est le sens des mots depuis « la matière est semblable à une masse d'écume » jusqu'à « la conscience est semblable à une illusion » ? Ils signifient l'absence du soi, l'impureté, manque de satisfaction, absence de solidité et de substantialité.

● Les tantras

Nous avons vu que le Tantra est une voie très ancienne transmise dans le cadre de la tradition orale. Il connaît un développement réellement important dès le VIIe siècle, période où se répandent les textes tantriques (tantras) dont la rédaction va s'étendre au moins jusqu'au XIIe siècle. La mise à l'écrit des enseignements tantriques souligne cer-

---

1. *Le compendium de la super-doctrine (philosophie) (Abhidharmasamuccaya)* d'Asanga. Extrait du Livre I, « Le compendium des caractéristiques », chap. 1, Ire section.

tainement la volonté de revenir à l'expérience la plus profonde à un moment où la pratique du Mahayana accorde une grande importance aux développements philosophiques, au risque de s'attacher aux formulations conceptuelles au détriment de l'expérience.

On ne s'étonnera pas de l'apparent décalage entre la période de transmission orale et la mise à l'écrit. Le *Kalacakratantra*, par exemple, a été transmis au Ve siècle avant notre ère et sa première rédaction n'a commencé qu'au Xe siècle. Avec les tantras, on entre de plain-pied dans la vision de l'espace-temps exposée, par exemple, dans le « Sutra de l'ornementation fleurie des bouddhas ». Le temps historique que nous concevons est comme imbriqué dans le non-temps du nirvana ou présence pure de l'éveil atemporel. Aussi le temps spirituel de la transmission se dilate ou adopte des formes récurrentes.

Deux points de vue sur la source des tantras

Lorsqu'on envisage l'enseignement comme une unité composée de plusieurs facettes complémentaires marquant les différentes étapes de l'entraînement de l'esprit, on classe parfois les tantras bouddhiques parmi les textes dits du « troisième tour de la roue du Dharma ». Les tantras sont alors considérés comme implicitement présents dans les paroles du Bouddha.

Selon une autre interprétation, les enseignements tantriques auraient été diffusés ultérieurement. L'Oddiyana, royaume semi-mythique dont la projection géographique se situerait dans l'actuel Pakistan, serait le foyer de cette diffusion. Dans ce cas, les tantras revêtent un caractère particulièrement merveilleux. Ils correspondent aux enseignements du Bouddha en tant qu'archétype de l'éveil suprême, le bouddha primordial, personnification du dharmakaya ou corps absolu. Ainsi distingue-t-on les tantras des sutras dont on dit qu'ils émanent du Bouddha en tant que nirmanakaya, corps de manifestation perceptible par les êtres humains.

Les sutras comme fondation de la voie tantrique

Les enseignements consignés dans les sutras constituent la fondation indispensable à la voie tantrique. Les sutras du premier tour apprennent à mettre un terme à la fiction du soi (atman) et aux confusions douloureuses qu'elle entraîne. Les enseignements sur la vacuité libèrent de l'attachement aux concepts et conduisent le méditant à goûter l'expérience d'ouverture libre d'élaborations mentales. Les enseignements du troisième tour sur la nature de bouddha lui révèlent que tout est accompli depuis toujours. Or, les méthodes du Vajrayana consistent pour l'essentiel à vivre chaque moment de la vie dans la présence inaltérée de l'accomplissement, la nature de bouddha. Prolongement naturel du Mahayana, le véhicule de diamant met en pratique les enseignements fondamentaux des sutras au sein d'un contexte où méditation et mode de vie yogiques sont déterminants.

L'importance des méthodes habiles et de l'initiation

La vocation des tantras est essentiellement pratique. S'ils exposent la vue et le fruit du Vajrayana, ils insistent surtout sur la voie, c'est-à-dire les méthodes habiles permettant l'actualisation de l'éveil. Les méditations très spécifiques s'appuient sur des instructions iconographiques précises concernant les bouddhas et bodhisattvas auxquels le méditant se consacre quand, par un effort d'imagination, il substitue l'un deux à sa propre image. Ces pratiques de substitution constituent l'une des d'eux principales méthodes pour demeurer en la présence de la nature de bouddha. La seconde est la transmission de la vue du Mahamudra ou du Dzogchèn, et des moyens pour demeurer en l'état naturel. Dans certains tantras, ces deux méthodes forment les deux aspects complémentaires d'un même sadhana, la pratique rituelle d'une déité d'élection.

Comme cette voie mobilise de puissantes énergies psychiques, elle s'adresse aux personnes douées des facultés les plus vives, capables de travailler au niveau le plus pur. Comparativement, les sutras et leurs méthodes semblent accessibles au plus grand nombre. Cette spécificité des tantras signifie qu'ils véhiculent un enseignement destiné à des disciples soigneusement choisis par le maître. La transmission suppose donc une initiation. Sans elle, la personne demeure totalement extérieure à la pratique. L'initiation donne accès à une dimension de l'esprit plus vaste que l'espace mental habituel auquel nous avons été accoutumés depuis notre plus jeune âge.

Les Occidentaux semblent avoir parfois oublié ces impératifs. Si les maîtres parlent aujourd'hui d'une dégénérescence de la transmission, c'est parce que les tantras figurent en bonne place sur le vaste marché des spiritualités et que la large diffusion des pratiques tantriques a engendré des comportements déviants. L'un de ses comportements les plus caractéristiques consiste à collectionner les initiations.

◻ *Les deux classifications des tantras selon la tradition tibétaine*

Il existe de nombreux tantras. Chacun propose, autour d'une déité d'élection qui lui donne généralement son nom, une pratique spécifique constituant une voie complète d'éveil. N'oublions pas que les déités correspondent aux aspects infinis que peut revêtir la vacuité dans sa dimension de compassion et de connaissance transcendante. Les tantras se distinguent les uns des autres par l'approche qu'ils privilégient et les familles de déités auxquelles ils sont associés.

Dans la tradition tibétaine, il existe deux types de classification coïncidant avec les deux introductions du Dharma au pays des Neiges. Ces classifications ont été établies en fonction de la réceptivité des pratiquants, de leurs penchants pour tel ou tel aspect de la pratique et de leurs capacités plus ou moins grandes à subjuguer les poisons de l'esprit.

L'école Nyingmapa, issue de la première diffusion, distingue six classes de tantras, alors que les écoles nouvelles (Sakyapa, Kagyupa et Guélougpa) n'en comptent que quatre (voir figure 31). Cependant, la quatrième classe comprend trois formes de textes : les tantras-pères, les tantras-mères et les tantras non duels.

Dans l'une et l'autre classification, les groupes de tantras se répartissent en deux catégories : les tantras externes et les tantras internes. Cette répartition correspond à une intériorisation de plus en plus profonde, à un passage du duel au non-duel. Si les tantras externes sont communs à toutes les écoles, il existe des parentés et des différences entre les tantras internes. Les *Anuyogatantras* dans la classification de l'école Nyingmapa, par exemple, ne sauraient être comparables aux tantras-mères des *Anuttarayogatantras*, car ces *Anuyogatantras* sont une spécificité nyingmapa.

Retenons que dans les deux premières classes (*Kriyatantras* et *Caryatantras*), l'accent est mis sur le comportement et la relation extérieure avec la déité. Avec les *Yogatantras*, l'intériorisation s'accentue et l'union avec la déité devient effective. Les tantras internes ouvrent la voie à l'approche fondamentalement non duelle d'où les expressions « union parfaite » ou « union insurpassable ».

Présentation des tantras externes et internes

Ne figurent ici que quelques grandes lignes pour tenter de suggérer modestement l'intelligence qui les anime. L'exposé détaillé des prati-

```
CLASSIFICATION DE L'ÉCOLE ANCIENNE (NYINGMAPA)          CLASSIFICATION DES ÉCOLES NOUVELLES (SAKYAPA, KAGYUPA, GUÉLOUGPA)

Atiyoga — Yoga suprême / Grande Perfection
Anuyogatantras — Tantras de l'union parfaite
Mahayogatantras — Tantras de la grande union
        ↑
  tantras internes

Anuttarayogatantras — Tantras de l'union insurpassable
  ├─ tantras non duels
  ├─ tantras-mères
  └─ tantras-pères
        ↑
  tantras internes

Yogatantras — Tantras de l'union
Caryatantras — Tantras du comportement
Kriyatantras — Tantras de l'action
        ↑
  tantras externes

6 classes de tantras          4 classes de tantras
```

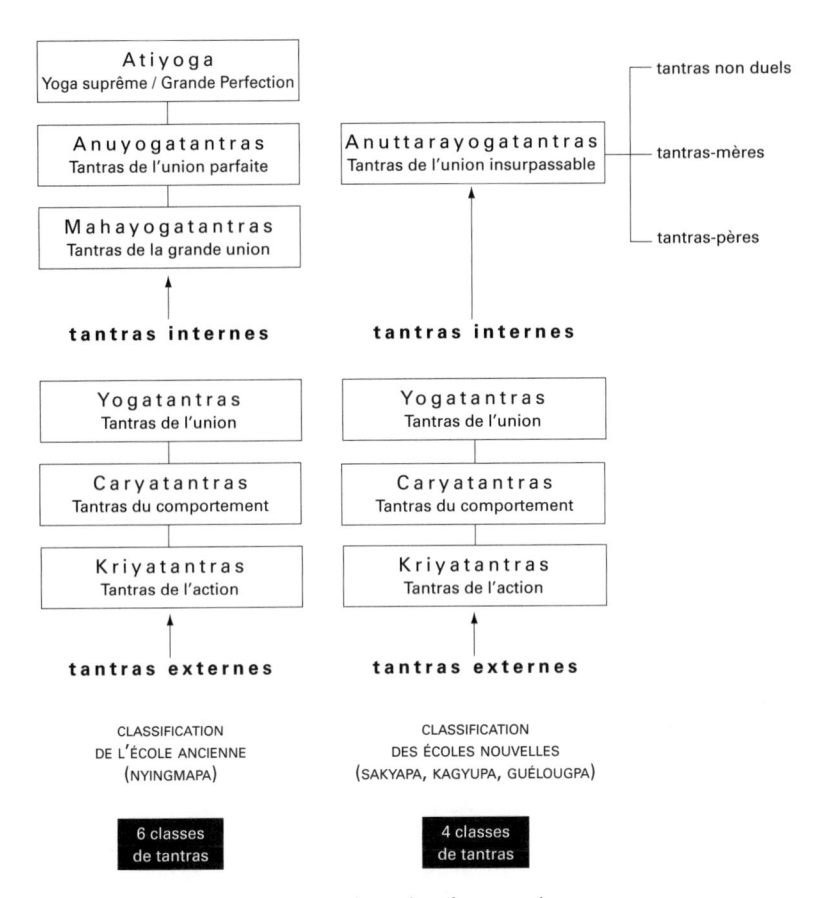

Figure 31. Les deux classifications des tantras.

ques sorties de leur contexte profondément initiatique revêt un caractère purement théorique. Sans une transmission authentique de maître à disciple, les textes très hermétiques le demeurent. Ils se protègent d'ailleurs eux-mêmes des yeux non initiés par une sorte de « langage des oiseaux » qui permet de jouer sur les niveaux de sens, réels ou métaphoriques.

Le cas est frappant quand il est fait mention explicitement d'un rite sexuel. L'union peut être symbolique ou tout à fait réelle. Bien évidemment, la question ne se pose pas dans le cadre des institutions monastiques. Dans le contexte séculier, ces pratiques demeurent réservées à de rares initiés. Nous sommes bien loin de la vision habituelle de la sexualité et des pratiques sexuelles à connotation New Age, dont l'objectif serait l'accès à une « conscience cosmique ». L'*Hevajratantra* met clairement en garde le pratiquant : « Cette pratique d'aspect redoutable n'est pas enseignée pour qu'on y trouve son plaisir, mais pour soumettre l'esprit à l'examen, éprouver si la pensée est stable ou vacillante. » L'approche de ces rituels nécessite d'écarter deux attitudes erronées : les envisager comme étant purement théoriques ou les considérer comme des cultes orgiaques.

Il n'existe pas de « Tantra en dix leçons ». Quand bien même on posséderait une présentation fouillée des pratiques et de la richesse du symbolisme, il serait imprudent de les mettre en œuvre. Le personnage clé est le vajracarya*, le maître vajra détenteur de la transmission. Lui seul peut soulever le sceau du secret et autoriser la pratique d'une déité. Sans lui, la voie demeure inopérante. Toute forme de bricolage n'est donc pas sans danger. Toutes les visions exotiques et fantasmagoriques autour des tantras procèdent d'un regard totalement extérieur et limité.

Les tantras externes

Les tantras externes établissent la distinction entre la *réalité conventionnelle** et la *réalité ultime**. Dans la pratique, les déités ne sont pas perçues en relation avec leur parèdre. L'objet de ces tantras est la purification des perceptions du corps et de l'environnement.

Kriyatantras – Tantras de l'action

La vue
Au niveau ultime, tous les phénomènes ont la même nature. Au niveau relatif, le pratiquant sert la déité qu'il considère comme son maître.

Spécificité
Accent mis sur les activités rituelles et la purification du corps, de la parole et de l'esprit. Ceux-ci s'appuient sur des supports extérieurs : le respect de règles alimentaires (végétarisme, pas d'alcool ni d'aliments stimulant l'activité des sens et polluant le corps subtil[1]*), la purification du corps et de la parole par les ablutions, et la récitation de mantras, par exemple. Ces tantras s'adressent aux pratiquants moins enclins à la vie contemplative.

Relation à la déité
Dans le recueillement méditatif, le pratiquant imagine la déité devant lui. La relation est comparable au dévouement d'un disciple pour son maître. Le pratiquant fait des offrandes à la déité et s'ouvre à sa présence. En retour, il reçoit sa bénédiction et sa purification sous la forme de rayons lumineux qui irradient de son cœur.

---

1. Ail, oignon, café, par exemple.

Caryatantras – Tantras du comportement

La vue
Identique aux précédents.

Spécificité
Tantras qui concernent les actes du corps, de la parole et de l'esprit. Ils harmonisent les activités rituelles et la méditation permettant de réaliser l'état naturel de la déité.

Relation à la déité
La déité est imaginée reposant devant soi et le méditant entretient avec elle une relation fraternelle ou amicale. Sur cette base, s'opère le processus de substitution qui permet au pratiquant de se découvrir comme *étant* la nature de la déité.

Yogatantras – Tantras de l'union

La vue
Au niveau ultime, tous les phénomènes sont pure vacuité, libres de représentations conceptuelles. Au niveau relatif, ils sont le déploiement du mandala de la déité.

Spécificité
Ces tantras mettent l'accent sur l'union spirituelle des principes masculin et féminin : les moyens habiles et la connaissance supérieure. L'état naturel est partagé avec la déité, parce que l'esprit éveillé de la déité se substitue à la conscience conditionnée.
La transmission de ces tantras repose sur sept initiations ou transmissions de pouvoir qui permettent au méditant d'entrer en résonance avec sa déité d'élection.

Relation à la déité
La pratique méditative est ici de moins en moins duelle puisque le méditant s'imagine lui-même comme *étant* la déité et l'environnement dans lequel elle se trouve, son mandala. Après une première phase au cours de laquelle le pratiquant « devient » la déité, s'ensuit une phase méditative sans support. L'esprit demeure dans la présence non duelle à ce qu'*il est*.

Le fruit du *Kriyatantra* et du *Caryatantra* est la réalisation de l'état de Vajradhara* (Adibuddha), soit la réalisation du dharmakaya, le corps absolu, « l'épuisement de toutes les erreurs », pour reprendre la formule de Milarépa. Selon le tantra, cette réalisation est plus ou moins rapide. Le fruit du *Yogatantra* est l'éveil parfait dans le champ pur d'Akanishta[1].

---

1. « La terre de lumière des cinq sagesses où demeurent les bouddhas des cinq familles en sambhogakaya avec l'entourage de disciples, leurs propres reflets », P. Cornu, *Dictionnaire encyclopédique du bouddhisme*, p. 116.

Les tantras internes

Ils révèlent la profondeur de la voie tantrique. C'est pourquoi on les qualifie parfois de « tantras supérieurs ». Contrairement aux tantras externes, leur approche est fondamentalement non duelle. Ainsi la réalité conventionnelle et la réalité ultime demeurent inséparables. L'état naturel de la déité et celui du méditant n'ont jamais été distincts.

Le terme « yoga », utilisé dans les désignations des tantras internes, souligne clairement l'importance que revêt l'expérience d'union spirituelle symbolisée par l'alliance des déités et de leurs parèdres. Dans cette perspective de non-différenciation, tout peut devenir support de la voie, des choses les plus subtiles aux choses les plus viles, comme les poisons de l'esprit. Ainsi le rituel intègre l'utilisation symbolique de la viande et de l'alcool. Aux sept initiations du *Yogatantra*, s'ajoutent quatre autres initiations spécifiques visant, entre autres, à préparer le corps, la parole et l'esprit à la réalisation des trois corps d'un bouddha.

L'objet de ces tantras est la transformation des aspects impurs (les émotions conflictuelles) en leurs aspects purs (les sagesses).

La classification des tantras internes selon l'école Nyingmapa

Comme on le voit sur la figure 31, la classification Nyingmapa des tantras internes distingue les *Mahayogatantras*, les *Anuyogatantras* et l'*Atiyoga*.

Mahayogatantras – Tantras de la grande union

La vue
– Indivisibilité des apparences et de la vacuité.
– Les phénomènes sont perçus comme des manifestations de la déité.

L'accent est mis sur la *phase de génération** dans la pratique de la déité.

La phase de génération (skt. *utpattikrama*, tib. *kyérim*)
Le méditant génère la représentation symbolique détaillée de la déité et celle de son environnement éveillé ou mandala. Elle s'accompagne de la récitation du mantra de la déité qui, rappelons-le, est l'expression sonore de l'éveil qu'elle manifeste. Ce mantra scelle l'union spirituelle : l'expérience éveillée du yidam se substitue à l'expérience conditionnée du méditant. Utpattikrama permet au méditant de percevoir son environnement comme le déploiement des qualités inhérentes à l'éveil.

La phase de complétude (skt. *sampannakrama*, tib. *dzorim*)
Elle fait suite à la phase précédente et se caractérise par la dissolution de la déité et de son environnement. Il s'agit de ne pas réifier ce qui a été vécu mais d'en vivre la profonde vacuité. Le symbole de la divinité gagne en transparence

et s'estompe au fur et à mesure que l'expérience habituelle du méditant se transmute en expérience éveillée.

L'aboutissement de cette transformation réciproque coïncide avec l'expérience immédiate de la claire lumière, en une présence pure dénuée de forme. Au cours de cette phase, le méditant pratique les yogas du corps subtil qui laissent place à une méditation sans support et sans artifice.

Anuyogatantras – Tantras de l'union parfaite

La vue
– Indivisibilité des apparences et de la vacuité.
– Les apparences sont le mandala de la déité.
– Les phénomènes sont la manifestation spontanée de rigpa, l'état naturel.

L'accent est mis sur la phase de complétude dans la pratique de la déité.

Cette phase est couplée aux yogas du corps subtil, du sommeil et du transfert de conscience.

Spécificité
L'*Anuyoga* transforme l'énergie du désir et permet d'actualiser l'état naturel (rigpa), qui perçoit directement et comprend spontanément la vacuité.

Atiyoga – Yoga suprême (Grande Perfection)

La vue
– Tous les phénomènes sont perçus comme la manifestation de dharmata*, leur nature réelle, vide et lumineuse.
– Contrairement aux approches prenant l'esprit habituel confus comme « support de travail », l'enseignement de l'*Atiyoga* prend pour base l'état naturel.
– Il s'agit pour l'essentiel de s'éveiller à l'évidence de cette condition primordiale. Voilà pourquoi on parle d'autolibération de tous les poisons et voiles* de l'esprit en l'expérience non duelle de la simplicité naturelle.

Spécificité
– L'*Atiyoga*, sommet de tout cheminement selon l'école Nyingmapa, constitue en même temps un système à part.
– Bien qu'il prenne appui sur les pratiques antérieures que sont le *Mahayoga* et l'*Anuyoga*, il n'est pas considéré comme un véhicule tantrique, car il ne propose pas de méthodes visant à transmuter la perception habituelle en perception pure.
– Le terme *Atiyoga* est l'équivalent sanskrit du tibétain *Dzogchèn*, la Grande Perfection.

« Véhicules de la cause » et « véhicules résultants » selon l'école Nyingmapa

Cette distinction a déjà été mentionnée lorsqu'il a été question des caractéristiques générales du Vajrayana (voir p. 222). La figure 32 dresse la synthèse de ce que nous venons de voir sur la classification Nyingmapa et constitue un rappel des remarques faites sur les différents véhicules.

On se rappellera que le terme « cause » sert à désigner les approches Hinayana et Mahayana qui reposent sur le renoncement, la douceur, le développement de bienfaits et de la connaissance supérieure (prajna). Le terme « résultant » désigne les approches pour qui le *fruit*, l'éveil, déjà présent dans la *base*, est le principe du cheminement. Pour l'école Nyingmapa, cette vue rassemble le véhicule des tantras (Tantrayana) qui met l'accent sur la transmutation des émotions conflictuelles en sagesse, leur nature véritable, et le Dzogchèn pour qui toutes les productions de l'esprit s'autolibèrent dès leur apparition puisqu'elles sont la manifestation du dynamisme de rigpa, l'état naturel. L'autolibération survient par la reconnaissance lucide de ce processus.

Il est important de comprendre que les approches des « véhicules de la cause » et des « véhicules résultants » demeurent complémentaires. En effet, si la vue et les pratiques du Dzogchèn restent fondamentales et premières, le recours à la démarche progressive pour éliminer les souillures adventices s'avère indispensable..

La classification des tantras internes selon les écoles nouvelles

Les écoles nouvelles classent dans la catégorie des tantras internes les *Anuttarayogatantras* ou « Tantras de l'union insurpassable ». Ce groupe de tantras insiste sur la conjonction indissociable des moyens habiles (upaya) et de la connaissance supérieure (prajna). Leur vue repose sur l'union de la réalité relative et de la réalité ultime, tous les phénomènes étant la manifestation de la claire lumière.

Ces tantras se répartissent en trois catégories : les tantras-pères, les tantras-mères et les tantras non duels. Parmi les principales déités d'élection des *Anuttarayogatantras*, figurent entre autres Hevajra (« Joie vajra »), Cakrasamvara (« Roue de la sublime félicité »), Yamantaka aussi appelé Vajrabhairava (« Vajra terrifiant », forme courroucée de Manjushri, le bodhisattva personnifiant la connaissance supérieure) et Kalacakra (« Roue du temps »).

- *Tantras-pères.* Ils privilégient les moyens habiles et mettent l'accent sur la phase de génération, la pratique des souffles subtils et des mantras. Deux tantras tiennent ici une place centrale : le *Vajramahabhairavatantra* et le *Shri Guhyasamajatantra*, le plus ancien d'entre tous.

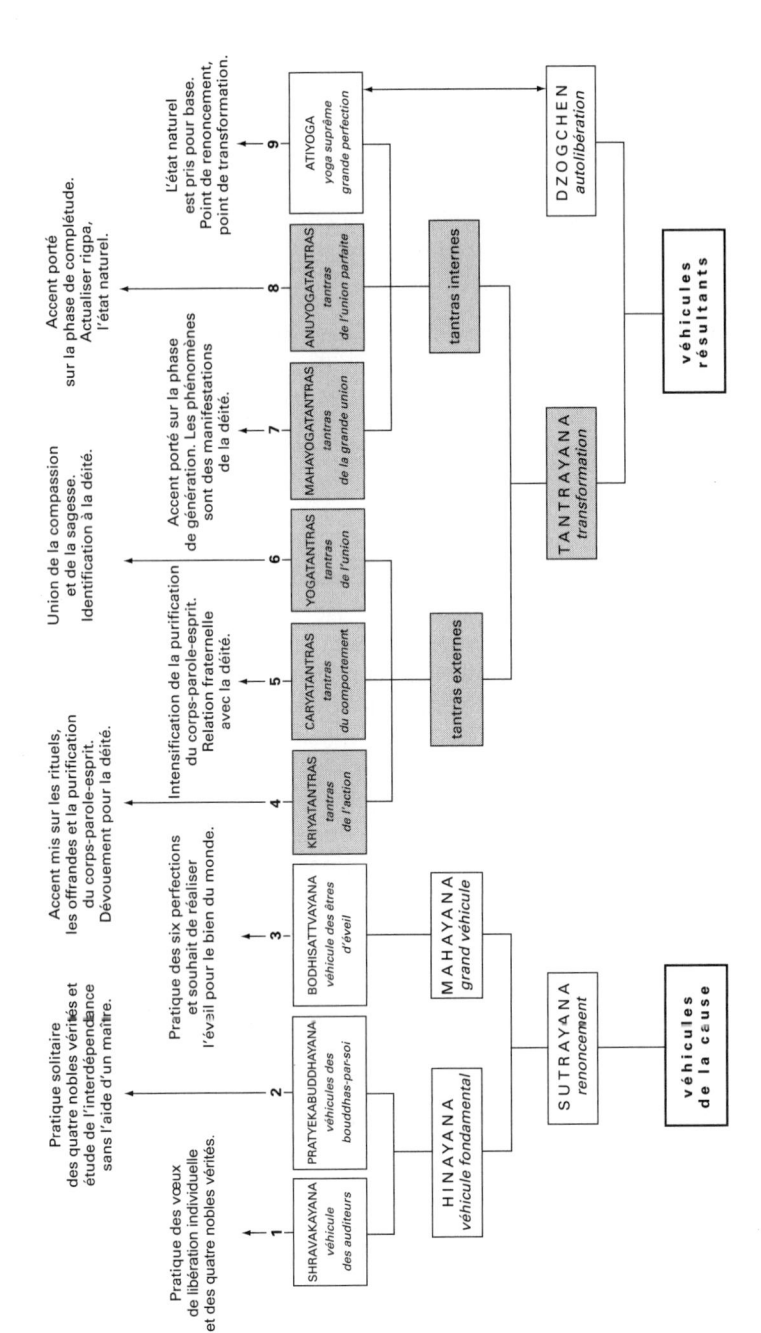

Figure 32. L'organisation des neuf véhicules de l'école Nyingmapa en relation avec la classification des tantras.

- *Tantras-mères*. Ils mettent l'accent sur la connaissance supérieure (prajna), la phase de complétude via les yogas du corps subtil. Parmi ces tantras, on compte le *Cakrasamvaratantra* et l'*Hevajratantra*.
- *Tantras non duels*. Ils exposent l'union indivisible des moyens habiles (upaya) et de la connaissance supérieure (prajna) qui opère la transmutation de l'ignorance fondamentale. Cette union, fruit des yogas du corps subtil, conduit à l'expérience de la grande félicité (mahasukha). Le *Kalacakratantra* et son commentaire le *Vimalaprabha*, qui remontent au Xe-XIe siècle, font partie de ces tantras non duels.

La pratique des méthodes des *Anuttarayogatantras* débouche sur un recueillement sans appui. On parle alors de l'expérience de Mahamudra qui scelle l'union de la vacuité et de la plénitude.

Extraits de tantras

📖 Hevajratantra[1]

L'*Hevajratantra* doit son nom à la déité Hevajra, forme courroucée du bouddha Akshobhya, symbole de l'essence pure de tous les phénomènes. Rédigé aux alentours du VIIe siècle, l'*Hevajratantra* est qualifié de « roi des tantras » parce qu'il permet de comprendre les processus mis en œuvre dans la pratique des déités. Il sert ainsi de base à la compréhension des phases de génération et de complétude, avec tous les supports utilisés (mantras, syllabes-germes, mandalas, mudras*).

L'étude de ce tantra a pour objet de permettre au pratiquant de réaliser l'inséparabilité de l'existence conditionnée (samsara) et de l'existence éveillée (nirvana), de la forme et de la vacuité. Ce tantra comportait entre vingt et trente parties. Il n'en reste aujourd'hui que deux. Le chapitre 2 de la IIe partie expose l'utilité de la phase de génération, le lieu approprié pour sa pratique, et l'attitude du yogi dans la vie quotidienne. La phase de complétude est également présentée ainsi que l'intégration du monde comme support de pratique.

L'extrait ci-après fait suite à l'exposé sur la manière de rester uni avec Nairatmya (la dakini parèdre d'Hevajra) ou avec Shri Heruka (désignation d'Hevajra). Quelle que soit l'activité de celui qui s'exerce à la plus haute réalisation, son esprit demeure en état d'union, sans distraction.

> Sans cesse adonné à la pratique, ayant acquis la perfection des pouvoirs, parfaitement maître de lui, l'adepte des *mantras* doit poursuivre ses efforts

---

1. Extrait de la IIe partie, chap. 2, traduction d'André Padoux dans *Le bouddhisme*, sous la direction de Lilian Silburn.

ainsi en secret pendant un mois, jusqu'à ce qu'il obtienne une mudra [partenaire féminine du rite]. Il est alors instruit par les *Yoginis* de ce qu'il doit faire : « Prends cette *mudra*, ô porteur de *vajra*, et agis dans l'intérêt de toutes les créatures ! » Il prend donc cette jeune fille, qui est nubile, et il la consacre avec la bodhicitta. Il lui enseigne la doctrine en commençant par les dix règles de bonne conduite ; il lui apprend comment l'esprit doit rester fixé sur la forme de la divinité et concentré sur un seul objet. (...). Quoi qu'il en soit, il doit la prendre avec lui et accomplir le rite en étant convaincu qu'il gardera tout son sang-froid. En effet, cette pratique d'aspect redoutable n'est pas enseignée pour qu'on y trouve son plaisir, mais pour soumettre l'esprit à l'examen, éprouver si la pensée est stable ou vacillante. (...)

Ainsi l'Éveillé n'est ni existence ni non-existence. Il a une forme, avec un visage et des bras. Mais il est sans forme dans la suprême félicité. Donc, l'univers entier est l'Inné, car l'Inné est son essence. (...) Comme l'eau entrée dans l'oreille peut être chassée par de l'eau, ainsi la notion d'existence peut être purifiée par les apparences. (...) Ce qui sert à enchaîner les êtres de mauvaise conduite, cela même sert à d'autres pour s'affranchir des liens de l'existence. Par l'attraction le monde est enchaîné ; par l'attraction aussi il est libéré – mais cette méthode de renversement des actes est inconnue des bouddhistes des autres écoles.

📖 *Kalacakratantra*[1]

Le « Tantra de Kalacakra » aurait été transmis oralement dès le Ve siècle avant notre ère. Il n'apparaît sous forme de texte qu'au Xe siècle. Ce tantra est d'une grande importance dans l'univers tibétain parce qu'il constitue à lui seul une tradition intégrale. Considéré comme l'un des fondements de l'approche tantrique, en même temps que sa dimension la plus élaborée, ce tantra offre une vision de la vacuité d'une profondeur inégalée.

Pour les Tibétains, les enseignements du *Kalacakratantra* proviennent du royaume de Shambhala qui exerce sur notre monde un rôle de souveraineté spirituelle. Notre monde, Jambudvipa, se compose de quatre royaumes mythiques principaux. Shambhala est le royaume du Nord. Le Dalaï-Lama explique que Shambhala « n'est pas un lieu ordinaire, plutôt un état d'esprit ou de conscience, qui ne peut être vécu ou expérimenté qu'en fonction de liens karmiques individuels[2] ». Les forces de l'ignorance le maintiennent dans l'occultation.

La tradition rapporte qu'un an après son éveil, alors qu'il enseignait ce qui allait devenir les « Sutras de la connaissance transcendante » (*Prajnaparamitasutras*) au pic des Vautours non loin de Rajagriha, le Bouddha se manifesta sous la forme de Kalacakra, près de l'actuel Amaravati dans

---

1. Extrait du Livre II consacré au corps subtil. Cf. *Tantra de Kalachakra. Le Livre du corps subtil*.
2. *Tibet, la roue du temps – pratique du mandala*, p. 52.

le sud-est de l'Inde, pour y enseigner le *Kalacakratantra* devant une vaste assemblée de bodhisattvas, de dakinis, de devas et de nagas. Il le fit à la demande de Sucandra, seigneur de la lune parfaite (symbole de l'esprit d'éveil dans les tantras) qui était alors le roi de Shambhala. Sucandra incarne le modèle du disciple, l'esprit-réceptacle dont la parfaite ouverture et disponibilité lui permettent de recueillir l'enseignement sans qu'il soit distordu par les désirs égotiques et les constructions mentales

Comme tout tantra, la transmission du *Kalacakratantra* nécessite une initiation. Celle-ci introduit le méditant à l'intelligence de son profond symbolisme et des rituels subtils qui lui sont associés. La cérémonie d'initiation permet de « pénétrer » dans le mandala et de recevoir les autorisations de pratiquer le « moyen d'accomplissement » (sadhana) qui conduit à la purification de la triade corps-parole-esprit et actualise le niveau subtil de la claire lumière, nature fondamentale de l'esprit.

Le *Kalacakratantra* est un tantra exhaustif qui couvre de très nombreux domaines. Il a pour particularité d'être divisé en trois sections : le *Kalacakra externe*, le *Kalacakra interne* et le *Kalacakra secret* ou *alternatif*. Le *Kalacakra externe* décrit le macrocosme. Il traite en particulier d'astronomie, de cosmologie, d'histoire et de géomancie.

Le *Kalacakra interne* traite du microcosme que constitue l'être humain. Il décrit l'anatomie du corps subtil. Il en présente la formation et l'évolution, du moment de la conception à celui de la mort. La circulation des souffles-énergies dépend étroitement des cycles temporels des planètes et des étoiles, car le *Kalacakra externe* et le *Kalacakra interne* demeurent en étroite correspondance. Comme l'expliquent les moines du monastère de Namgyal, chargés depuis le XVIIIe siècle de préserver la tradition de Kalacakra, tous deux sont « les produits de notre évolution individuelle et collective, souillée, comme nos esprits, par les trois poisons. Ce sont des roues du temps impures[1] ». Le *Kalacakra interne* comporte également un traité d'alchimie et de démonologie auquel se réfèrent les praticiens de la médecine tibétaine. Seules la purification et la transmutation des trois poisons fondamentaux de l'esprit (ignorance, colère, désir-attachement) en sagesse non duelle confèrent l'éveil.

Le *Kalacakra secret* ou *alternatif* expose les pratiques spirituelles permettant de purifier les *Kalacakras externe* et *interne*. Une fois purifiés, l'un et l'autre sont en situation de parfaite continuité. Ils se révèlent fondamentalement non deux. Comme l'écrit Sofia Stril-Rever : « La nature de bouddha, qui est en nous, est aussi à l'extérieur de nous. »

Le Dalaï-Lama dit souvent que le pouvoir du *Kalacakratantra* est de réduire les tensions dans le monde. Sans doute est-ce la raison pour

---

1. *Tantra de Kalachakra*, p. 433.

laquelle il donne cette initiation quasi annuellement. Répandant sur l'assemblée la puissance des énergies de l'éveil, elle dépose dans le continuum de conscience des participants un potentiel éminemment positif. Ceux qui le cultivent par le yoga de la déité Kalacakra dépasseront les modes de pensée habituels et parviendront à actualiser la bouddhéité pour le bien du monde.

J'ai choisi l'extrait qui m'a semblé le plus accessible en dehors de son contexte initiatique. J'ai écarté les commentaires de Pundarika, deuxième roi Kalkin de Shambhala, pour permettre simplement de mesurer la concision et le caractère elliptique du texte-racine.

Chapitre 2. « L'origine de l'existence »
STROPHE 29 – L'existence est dans le corps et le corps est à l'intérieur de l'existence, ils sont un, comme le ciel. Les adeptes du yoga doivent connaître cela, conformément aux principes essentiels des substances primordiales et en fonction de la couleur des différents éléments. Le jaune est dans la terre, le noir dans l'air, le rouge dans le feu et le blanc dans l'eau. Le bleu sombre représente la connaissance non duelle et le vert, l'espace, qui proviennent de la différenciation du corps et de l'existence.
STROPHE 30 – Dans le précieux corps humain, la sagesse et la méthode sont les os et la chair, le sang est l'eau et l'urine, le feu. Les excréments sont l'air, l'essence blanche père[1] est la vacuité, et l'essence rouge mère l'esprit. Le son dépend de l'ouïe et ainsi de suite pour les autres sphères sensorielles. Le principe de la parole et des organes de l'action provient des lignées de bouddhas triomphants. Les déesses et les bouddhas qui les enlacent doivent être connus comme les domaines et les seigneurs du mandala.

📖 *Le miroir du cœur de Vajrasattva. Tantra du Dzogchèn*[2]

Comme l'explique le traducteur du *Miroir du cœur de Vajrasattva*, ce texte est l'un des dix-sept tantras appartenant à la troisième catégorie des enseignements Dzogchèn, la série essentielle (le *men ngak dé*) qui

---

1. L'esprit d'éveil est conjoint à un support physiologique père qui, sous forme ordinaire, non purifiée correspond au sperme. Dans sa forme purifiée, l'essence blanche se manifeste lors de l'absorption méditative. Le pratiquant fait circuler dans les lotus et les veines subtiles le liquide de l'esprit d'éveil, sous forme de gouttes blanches qui s'accumulent dans la veine centrale du corps subtil. Le but visé est l'extinction des tendances karmiques afin que le corps ordinaire transformé puisse devenir le véhicule de l'éveil. Il existe un second support physiologique conjoint à l'esprit d'éveil. On l'appelle l'essence rouge mère. Dans sa forme non purifiée, elle correspond au sang menstruel. L'union des gouttes rouges et blanches dans la veine centrale forme l'union des principes masculin et féminin, l'union de la connaissance supérieure et de la vacuité essentielle des phénomènes, dont l'archétype est représenté par Kalacakra uni à sa parèdre Vishvamata. Réalisant pleinement la vacuité, le méditant vit alors l'état vide et lumineux de la grande félicité (mahasukha). (Ces explications reprennent la présentation des gouttes principielles du corps subtil avec une terminologie quelque peu différente, cf. chap. 4, p. 204).
2. Extrait du chapitre I.

comprend quatre cycles : extérieur, intérieur, secret et secret insurpassable[1]. Ces dix-sept tantras sont tous inclus dans le cycle « secret isurpassable ». Dans un style très poétique, à dominante épique, *Le miroir du cœur de Varjasattva* aborde des sujets importants pour la compréhension de la Grande Perfection et révèle la profondeur de la littérature mystique tibétaine.

Le court extrait proposé ici fait partie du prologue qui expose l'hommage au bouddha Vajradhara, le bouddha primordial, se manifestant sous son aspect courroucé. Au niveau essentiel, cet hommage est rendu à l'état naturel (rigpa) inhérent à tous les êtres – état de présence éveillée, spontanément accomplie, sans naissance et sans cessation, qui transcende l'état dualiste habituel.

Voici donc un passage du début de ce tantra. Dans un premier temps, on découvre la situation sacrée dans laquelle va prendre place l'enseignement ainsi que la requête adressée à Vajradhara, nommé ici « le Jeune Héros athlétique ». Viennent ensuite ses explications. Ne figure ici que l'enseignement concernant « la claire lumière de l'espace né de lui-même ».

> Écoutez, ô grands seigneurs courroucés ! Mes enseignements sont inconcevables ; écoutez bien, car je vais vous en révéler le sens :
> De la dimension spontanée surgit l'espace du rigpa de claire lumière.
> Ce rigpa non né et pur depuis l'origine est l'esprit d'éveil.
> Le Corps de Sagesse du rigpa sans naissance
> Est semblable à l'arc-en-ciel, sans interférences, absolument parfait.
> Dans le mandala du cœur, la Sagesse se manifeste en lumière ;
> Et la Sagesse se dilate en lumière dans un ciel vide et parfaitement pur pour se résoudre non duellement dans l'indistinction de la clarté et de la vacuité.

• La tradition des chants de réalisation

Pour situer la tradition des chants, il faudrait certainement remonter aux temps védiques, cette période où, comme on l'a vu (voir chap. 1), les voyants de l'aube des temps retranscrirent en des hymnes et des chants la vibration divine qu'ils avaient perçue. « Chanter » évoque un enchantement car le chant repose sur le pouvoir magique du souffle qui véhicule l'énergie de l'éveil. Les moines disciples du Bouddha ont très tôt chanté l'enseignement. La saison des pluies était une période propice. À l'abri des eaux, ils chantaient en chœur les enseignements

---

[1]. Pour la présentation des trois séries d'enseignement Dzogchèn, voir chap. 14, p. 746-749.

du maître, laissant vibrer en eux le Dharma. Dans la communion des souffles, les liens fraternels se renforçaient. Aujourd'hui cette pratique s'effectue dans les temples, lors d'enseignements ou de rituels. Les apprentis du Theravada, de la Terre pure ou du Zen, par exemple, chantent les sutras que leur tradition vénère. Les apprentis du Vajrayana chantent des prières aux lamas des différentes lignées, des hommages et des souhaits, les airs qui accompagnent le sadhana d'une déité, les chants de réalisation des grands maîtres.

La tradition des chants de réalisation s'est répandue en Inde, en Chine et au Tibet. Dans un langage souvent simple, orné parfois d'images poétiques, un maître s'adresse de manière très directe à tous ceux qui aspirent à échapper à la confusion pour actualiser l'éveil. Au-delà du sens des mots, le rythme de la récitation et les combinaisons sonores permettent parfois de ressentir intuitivement le sens profond de son enseignement.

▫ Les chants de la non-dualité

L'expérience de Mahamudra[1], l'état de simplicité naturelle, se trouve au cœur de tous les enseignements et en constitue le niveau ultime. Cette expérience de la non-dualité a été exposée très tôt dans des textes qui dateraient de plus de quatre mille ans.

Constitués de séries d'instructions, ces écrits inspirants permettent d'effleurer le cœur essentiel et le fruit de toutes les pratiques, en particulier des pratiques tantriques. Ils relatent sur un mode dépouillé l'essence des enseignements telle qu'elle s'exprime sous des habillages différents dans le Chan, le Zen, le shivaïsme cachemirien, le Dzogchèn nyingmapa ou la tradition méditative du Mahamudra dans l'école tibétaine Kagyupa. Ces traités viendraient confirmer les possibles convergences entre des traditions moins étanches qu'il n'y paraît.

Il convient cependant d'adopter une attitude circonspecte pour éviter toute confusion. En effet, si ces textes très anciens tiennent une place capitale dans le shivaïsme cachemirien, pour autant le tantrisme cachemirien n'est pas érigé en père des autres traditions tantriques. On devrait se méfier des tendances culturo-centrées qui visent à hindouiser ou à bouddhéifier telle ou telle source.

---

1. Se reporter à la fin du chap. 4 où figure une présentation du Mahamudra.

📖 *Malini Vijaya Tantra*[1]

Ce sont ces enseignements qui auraient été écrits voici plus de quatre mille ans. Ils comportent cent douze instructions que Shiva*, la pure conscience, offre en réponse aux questions que Devi[2] lui pose sur la nature de l'univers, la vie au-delà des apparences, et sur la façon d'entrer pleinement dans un état de conscience sans limites.

Les premières stances relatent la relation entre l'attention aux diverses phases du souffle et l'expérience de la complétude. Viennent ensuite des exercices qui font appel à l'imagination et au ressenti des carrefours de canaux subtils (cakras).

> (...)
> Portant l'attention entre les sourcils, laissez l'esprit être avant la pensée. Laissez la forme se remplir de l'essence de la respiration jusqu'au sommet de la tête, et là se *répandre en lumière*.
> Ou bien, imaginez que les cercles aux cinq couleurs de la queue d'un paon sont vos cinq sens dans un espace illimité. Laissez leur beauté se fondre à l'intérieur. De même, utilisez n'importe quel point de l'espace ou d'un mur – jusqu'à ce que le point se *dissolve*. Alors votre souhait pour autrui se réalise.
> Les yeux fermés, voyez votre être intérieur en détail. *Voyez* ainsi votre vraie nature.
> (...)
> Douce Devi, entrez dans la *présence* éthérique qui s'étend bien au-dessus et au-dessous de votre forme.
> Placez la matière de l'esprit dans un état de subtilité indicible au-dessus, au-dessous et *dans votre cœur*.
> Considérez toute partie de votre forme présente comme un *espace illimité*.
> Sentez votre substance, os, chair, sang, saturée *d'essence cosmique*.
> (...)
> Sentez la conscience de chaque personne comme votre propre conscience. Ainsi, abandonnant le souci de soi, *devenez chaque être*.

📖 *Spandakarika, Le chant du frémissement*[3]

Apparu en Inde au IXe siècle, le *Spandakarika* est l'un des textes essentiels du shivaïsme cachemirien. On s'étonnera sans doute de trouver ici un écrit de cette nature. Selon Daniel Odier, qui présente et commente ces cinquante-deux stances, « *Le chant du frémissement* est l'exposé de Mahamudra, qui deviendra célèbre par la lignée de

---

1. Enseignements figurant dans *On ne peut pas voler la lune et autres histoires zen*, compilées par Paul Reps et Nyogen Sensaki, La Table Ronde, 2004.
2. L'aspect dynamique du principe ultime. La manifestation de l'énergie féminine de Shiva mais également sa partenaire. Il importe ici de dépasser les imprégnations culturelles de ces noms.
3. Cf. Daniel Odier, *L'incendie du cœur. Le chant tantrique du frémissement*, Éd. du Relié, 2004.

transmission tibétaine et qui est l'ultime enseignement de l'école Kagyu ». Son commentaire du *Spandakarika* met au jour les possibles filiations entre les textes tantriques cachemiriens et ceux des mahasiddhas indiens, des yogis et yoginis tibétains ainsi que des maîtres du Chan.

> La vénérée Shankari (Shakti), source de l'énergie, ouvre les yeux et l'univers se résorbe en pure conscience, elle les ferme et l'univers se manifeste en elle.
> Le frémissement, lieu même de la création et du retour, est dépourvu de toute limite, car sa nature est dépourvue de forme.
> Même au sein de la dualité le tantrika plonge à la source non duelle, car la pure subjectivité demeure toujours immergée en sa propre nature.
> Toutes les notions relatives liées à l'ego retrouvent leur source paisible profondément enfouie sous les différents états.
> Au sens absolu, plaisir et souffrance, sujet et objet ne sont rien d'autre que l'espace de la conscience profonde.
> Saisir cette vérité fondamentale, c'est voir partout la liberté absolue. Ainsi le mouvement des sens lui-même réside en cette liberté fondamentale et s'épanche à partir d'elle.
> Alors, celui qui retrouve ce frémissement essentiel de la conscience échappe à l'obscurcissement du désir limité.
> Ainsi libéré de la multiplicité des impulsions liées à l'ego, il fait l'expérience de l'état suprême.
> Alors le cœur réalise que la nature innée est à la fois l'agent universel et la subjectivité qui perçoit le monde. Ainsi immergé dans la connaissance, il sait et agit selon son désir.

▫ Les chants de réalisation des grands accomplis de l'Inde ancienne

Depuis le Bouddha historique, la parole des grands maîtres a exprimé l'expérience indicible. Les grands accomplis de l'Inde ancienne, les mahasiddhas, l'ont aussi chantée. Leurs chants exposent le trésor des instructions orales, l'aboutissement de toutes les pratiques.

Saraha (IIe ou VIIIe s. ?)

Extrait du *Chant royal de Saraha*[1]

> Comme un fou qui louche
> voit deux lampes là où il n'y en a qu'une,
> le mental divise le sans forme,
> alors que sujet et objet sont Un.

---

1. Traduction d'Érik Sablé figurant dans Saraha, *L'essence lumineuse de l'esprit*.

De cette Unité,
emplie de la perfection du Bouddha,
tous les êtres naissent et se développent spontanément.
Et pourtant, elle n'apparaît jamais et demeure invisible.

La conscience, le mental et tout le contenu de l'esprit sont « Cela »
De même, l'univers et tout ce qui semble être distinct de lui sont « Cela »
Toutes les choses qui peuvent être perçues et celui qui perçoit,
même l'obscurité, la haine, le désir et l'intelligence sont « Cela ».

Si vous restez dans l'opposition de l'un et du multiple,
l'unicité ne se révélera pas car elle est donnée aux êtres libres de la dualité.
Le joyau est latent au cœur de l'esprit.
Il est révélé par la méditation.
La conscience indestructible est votre véritable essence.

▫ *La tradition des chants de réalisation au Tibet*

Les chants de réalisation de grands maîtres tibétains s'inscrivent dans la continuité des chants des mahasiddhas de l'Inde ancienne. Ils transmettent eux aussi la quintessence des instructions orales. Souvent brefs et poétiques, rédigés dans une langue simple, ils sont faciles à mémoriser.

Marpa (1012-1097, maître de Milarépa)

Chant extrait de *Marpa, maître de Milarépa. Sa vie, ses chants*. À la demande des disciples de son ami Hadou le Blanc, Marpa parle de la vue ultime, telle qu'il en a l'expérience.

Pour les ignorants, vacuité égale nihilisme.
Or, cet extrême anéantit une accumulation de mérites.
Ceux qui désirent des fleurs célestes
Détruisent une moisson de vertus
Par la grêle d'une vue erronée.
(…)
Libre de toute supposition
La vérité ne se fixe pas.
Cette pleine compréhension conduit à la perfection de la sagesse.
Sans demeurer dans les extrêmes de l'existence et de la paix,
La compassion contient l'essence de la vacuité
Et unit méthode et sagesse,
Comme un tout spontané et simultané. (…)

La compassion sans référence
Et la vacuité pure depuis toute origine
Sont inséparables dans la simplicité naturelle.
Comprenez qu'il en est ainsi de tous les phénomènes. (…)

Milarépa (1040-1123)

Le grand yogi et poète Milarépa est certainement l'auteur de chants de réalisation le plus connu. Il a porté l'art du chant mystique à son comble. Ses *Cent mille chants* réunissent ses enseignements improvisés sous forme versifiée, que ses disciples prenaient soin de noter. Compilés par Tsang Nyeun Heruka (1452-1507), ils ont été imprimés en xylographie entre 1488 et 1495. Ces chants continuent de faire l'objet d'une grande vénération. Marie-José Lamothe, la traductrice des *Cent mille chants*, explique qu'en « chantant, Milarépa transmet une expérience venue du cœur. La mélodie est agréable aux auditeurs et l'enseignement prend une forme poétique propre à ouvrir le cœur de ceux qui l'écoutent. La beauté qui s'exprime par la musique et les mots est comme un feu qui purifie les scories intérieures. (...) Dans les *Cent mille chants*, les fluctuations prosodiques et musicales d'un poème à l'autre dévoilent les fluctuations du souffle, du cœur de Milarépa, quand il chante. Alors le ton musical, le son peut-être, s'accorde au rythme donné par le souffle créateur. (...) Toute pratique spirituelle tendant à la maîtrise du souffle d'énergie se retrouve dans la récitation des *Chants*[1] ». Pour Milarépa, la nature joue un rôle capital parce qu'elle rappelle symboliquement l'omniprésence des enseignements.

Extrait du chapitre 46, « Sur le mont Bönpo ».

> Où que vous demeuriez ascètes vêtus de coton,
> Cette montagne enneigée, la connaissez-vous ?
> Si vous ne la connaissez pas,
> C'est la déesse de bon augure et de longue vie.
> Au-delà de sa taille, sa haute cime
> Semble l'offrande d'un coquillage nacré.
> L'eau à sa gorge forme des colliers d'argent,
> Sur le diadème de ses boucles cristallines,
> Les rayons du soleil très tôt apparaissent,
> Et les blanches nuées suspendent leurs ornements.

> Au-dessous de sa taille, sa base
> reste toujours ombrée de brumes et de brouillards,
> Et la bruine sans cesse et doucement tombe.
> De splendides arcs-en-ciel éclairent les nuages.
> Là se montrent des signes auspicieux pour les bêtes,
> Là vagabondent des troupeaux d'antilopes.
> Sur les pâturages, fleuris de mille essences,
> Naissent des plantes aux pouvoirs bienfaisants.

---

1. « Entre Vues avec Marie-José Lamothe », revue *Dharma*, n° 24, Institut Karma Ling, p. 46-48.

Voilà un éloge de la montagne divine.
C'est pour moi le meilleur endroit où pratiquer.
Vous les anachorètes qui posez des questions,
Je vous prie de garder ce chant à l'oreille.

Longchenpa (1308-1363)

Célèbre maître tibétain, Longchenpa consacra sa vie à l'étude, à la pratique et à la transmission de l'enseignement sans jamais se soucier de sa propre existence. Son érudition était considérable. Il maîtrisait aussi bien les sutras, les tantras que les enseignements dzogchèn. Mais il était aussi un grand yogi qui avait réalisé les fruits de l'expérience méditative la plus profonde. Ici, il commence à rendre hommage au bouddha primordial (Samantabhadra* dans le Dzogchèn), la source non humaine des enseignements. Puis il expose la vue et la méditation selon la Grande Perfection. L'extrait cité ci-après concerne la vue. Rappelons que la vue représente l'approche théorique. Elle expose les choses telles qu'elles sont ultimement et fournit à l'esprit l'orientation correcte en vue de la pratique.

Extrait de *La liberté naturelle de l'esprit* :

> Bien qu'il n'y ait pas de substance dans l'esprit,
> De multiples apparences s'y élèvent en vertu des conditions objectives,
> Comme des formes reflétées dans un immense miroir.
> Son essence est vacuité, mais son expression naturelle est incessante,
> Et le jeu miraculeux des perceptions, varié à l'infini :
> Ce qui est un dans la nature de l'esprit jaillit duellement en tant que samsara et nirvana,
> À l'exemple d'un cristal qui change de couleur quand on le pose sur un tissu blanc ou noir.

> Cette base d'émergence (du multiple) est en elle-même immuable, mais au gré des perceptions comme circonstances,
> Elle semble se modifier dès que l'on perçoit différentes apparences.
> En vérité, rien ne change, comme dans un pur cristal.
> Vide depuis toujours et sans origine, la nature de l'esprit
> N'est pas affectée par la perception des phénomènes du samsara et du nirvana.

Shabkar (1781-1851)

Les chants de ce yogi errant font souvent appel aux images de la nature comme c'est le cas chez Milarépa. La nature, par sa beauté et son immensité, inspire le poète, participe à l'expérience de l'accomplissement par une éducation à la vision enchantée du monde.

> Merveille !
> Derrière, les parois rocheuses,

Belles et massives.
Devant, la neige sur les cimes
De la chaîne majestueuse.
Aux quatre orients monte la brume,
Apparaissent les arcs-en-ciel.

L'oiseau divin, la belle perdrix des neiges,
A cherché l'herbe des prairies et l'eau des cascades.
Maintenant, elle demeure à la limite des neiges éternelles ;
Dans la brume des cimes résonne son appel musical.

Nyoshül Khen Rinpotché (1932-1999)

Il fut l'un des grands maîtres du dzogchèn (la « Grande Perfection »). Cet extrait du « Miroir des clefs » dans *Le chant d'illusion et autres poèmes* est un éloge de la vacuité :

Regarde ce qui vient au jour
Dans chacun des dix orients ;
Quel qu'en soit l'aspect,
La réalité, son essence,
Est la vacuité, esprit de l'abîme.

Toutes choses étant de la nature du vide,
Puisque c'est le vide qui observe le vide,
Qui videra ce qui est à vider ?

L'illusion magique est témoin de l'illusion magique,
Et l'égarement observe l'égarement :
Dès lors que faire des nombreuses catégories
Telles que le « vide » et le « non-vide » ?

Le chant qui clôt cette section est issu de la lignée Changpa-Kagyu[1]. Comparativement aux précédents, il correspond à un genre différent parce qu'il expose quelques points clés de la pratique méditative. L'ensemble des chants de réalisation des maîtres de la lignée Changpa a été compilé par Djamgeun Kongtrul Lodreu Thayé, grand maître du XIXe siècle. Bien qu'il s'agisse d'enseignements spontanés, ils se plient aux règles de la versification tibétaine.

Khyoungpo Nèldjor (978-1128 ou 990-1139 ?)

Présentant la nature de la réalité, ce chant est un conseil donné aux méditants. Khyoungpo Nèldjor reçut également des enseignements du

---

1. Khyoungpo Nèldjor est à l'origine de cette lignée.

bodhisattva Avalokiteshvara, manifestation de la compassion universelle. Extrait des *Chants de l'immortalité*[1] :

> Ce qui vous attire ou vous répugne naît de votre esprit.
> Dans votre expérience méditative,
> Reconnaissez comme illusions
> Les formes des cannibales et des démons de la mort
> Qui brandissent des armes variées
> Et se disposent à prendre votre vie à l'instant même ;
> Vous en serez libérés.
>
> Si, voyant de ravissantes déesses couvertes de bijoux
> Qui chantent et font de la musique
> Dans un plaisant décor,
> Vous avez la certitude que votre propre expérience est illusion,
> Vous n'en serez pas prisonniers.

▫ *Le chant de l'immédiat satori (Shôdôka)*

Avec le *Shôdôka*, nous gagnons la Chine de la seconde moitié du VIIe siècle, au début de la dynastie des Tang. Cette époque voit fleurir l'école Chan du Sud fondée par Houei-nêng (638-713). Souvenons-nous qu'elle est appelée l'« école de l'Éveil subit » parce qu'elle considère l'éveil comme la réalisation spontanée de notre véritable nature, une réalisation qui ne dépend ni des mérites accumulés ni des heures passées à méditer.

Le *Shôdôka*, *Le chant de l'immédiat satori* ou *Chant de l'éveil* illustre les principes essentiels de la transmission de cœur à cœur, d'esprit à esprit. Même si la communication silencieuse reste fondamentale dans le Chan/Zen, les instructions du maître sont indispensables pour parvenir à écarter les vues erronées et les préjugés, afin que, dans la pratique assise, le disciple se trouve dans la plus grande nudité, face à face avec son *visage originel**, l'état primordial avant que ne soient réunies les conditions de l'illusion dualiste.

Le chant de l'immédiat satori a été composé par Yongjia Xuanjue (jap. Yoka Gengaku ou Yoka Daishi [665-713]). Yongjia Xuanjue étudia les écrits de Confucius et de Lao-tseu, et reçut une formation initiale dans l'école Tiantai (les Terrasses du ciel). Pratiquant la méditation shamatha-vipashyana et étudiant les corpus bouddhiques, il connut une première expérience d'éveil en lisant le « Sutra des enseignements de Vimalakirti » et le « Sutra du grand passage dans l'au-delà de la souf-

---

1. *Chants de réalisation des maîtres de la lignée Shangpa.*

france ». On le surnomma le « maître de l'éveil d'une nuit » car il actualisa l'éveil au cours de la nuit où il rendit visite à Houei-nêng. Après cette brève entrevue, sa renommée fut considérable et il eut de nombreux disciples, mais sa lignée ne s'est pas maintenue.
Le *Shôdôka* est un des quatre textes essentiels du Zen avec le *Hokyo Zan Mai* (*Samadhi du miroir du trésor*) de Tôzan Ryôkai (807-869), le *San Do Kai* (*L'essence et les phénomènes s'interpénètrent*) de Sekito Kisen (700-790) et le *Shin Jin Mei* (*Poème sur la foi en l'esprit*) datant du VIIIe siècle et attribué à tort à maître Sôsan (VIe s.), troisième patriarche après Bodhidharma[1].
Maître Taisen Deshimaru, à qui l'on doit une traduction du *Shôdôka*, affirme que « si l'on veut saisir le Zen à travers les livres, il faut d'abord connaître ces quatre ouvrages[2] ».
Ne figurent ici que quatre chants sur un ensemble qui en compte 76. Ils sont accompagnés d'un commentaire de Taisen Deshimaru.

Chant 8
Il n'existe ni faute, ni bonheur,
ni perte, ni gain.
Dans la paix de cet achèvement absolu,
nous ne devons rien rechercher.

COMMENTAIRE : « Il est dit que les phénomènes ne diffèrent pas de *ku*, la vérité cosmique, et de même *ku* ne diffère pas des phénomènes. *Ku* ne signifie pas le vide, le rien ; c'est l'existence sans noumène. C'est *jakumetsu*, qui se traduit par "paix de l'achèvement absolu" ou annihilation des passions. (…) C'est l'existence humaine considérée du point de vue de la vérité cosmique, *ku*. (…) Pendant zazen, n'existent plus ni profit, ni perte, ni bonheur, ni malheur, mais seulement la concentration sur la posture, la respiration, l'abandon des pensées conscientes, de la volonté et des illusions. »

Chant 23
Accepte les critiques et soumets-toi
aux calomnies des autres.
Ils finissent par se fatiguer eux-mêmes
à vouloir enflammer le ciel
avec une torche.
Lorsque tu les écoutes,
c'est comme si tu buvais un doux nectar.
Il se dissout instantanément
et entre dans le mystère.

Chant 24
Si tu comprends que les paroles
mauvaises deviennent des mérites,
alors elles deviennent pour toi

---

1. Les références de ces textes figurent dans la Bibliographie, section « Textes traditionnels fondamentaux dans le Zen Sôtô ».
2. *Le chant de l'immédiat satori*. *Shôdôka*, p. 9.

un maître de la Voie.
Si, par les critiques, tu ne t'éveilles pas
Au-delà de la notion d'ami ou d'ennemi,
comment pourras-tu réaliser
les pouvoirs illimités (*musho*)
de la compassion
et de la persévérance (*jinin*).

COMMENTAIRE DU CHANT 24 : « *Musho* et *jinin* sont deux aspects importants du bouddhisme Mahayana. *Musho*, littéralement le "non-né", sans naissance, donc sans mort, l'éternel, l'illimité. *Jinin* : compassion et persévérance qui caractérisent le bodhisattva. (…) Ce poème explique son rôle. En général, les critiques provoquent en nous la colère. Pourquoi ? La critique peut également nous éduquer, c'est un enseignement du ciel. L'ami devient l'ennemi et l'ennemi, l'ami. Si vous avez un ennemi qui désire vous tuer ou vous nuire, vous êtes tendu, sur la défensive, votre vie devient importante, concentrée, profonde et authentique. Ici et maintenant, vous existez avec force.
La vie se montre souvent injuste, est-ce mauvais ? Trop de chaleur ou de bonheur fait fondre comme un sucre notre corps et notre esprit. Seul, il faut être honnête envers soi-même, sévère avec soi-même, et pratiquer réellement, en soi-même. Ainsi, la personne qui vous critique devient votre maître plus que celle qui vous admire.
Les deux derniers vers du poème sont très importants. Si par la critique nous allons au-delà de l'ami et de l'ennemi, si nous ne nous opposons pas à ceux qui nous critiquent, si nous ne nous lions pas trop avec ceux qui nous admirent, sûrement nous pourrons réaliser le pouvoir illimité de la compassion et de la persévérance. Ce pouvoir de compassion et de persévérance est l'expérience de l'immortel, de l'illimité, de l'infini. »

Chant 37
Seulement saisir la racine originelle,
ne pas se préoccuper des branches,
cela est comme capter
le reflet de la lune
dans un joyau pur.

COMMENTAIRE : « Chaque poème du *Shôdôka* est un important kôan. Mon Maître revenait toujours à ce poème-là qui contient, selon lui, l'essence du *Shôdôka* : seulement saisir la source originelle et ne pas se préoccuper des branches (…) La pratique de zazen représente la racine, la source. Mais on aime mieux étudier, analyser, disséquer avec son cerveau que pratiquer avec son corps. Pour pratiquer, il faut posséder la vraie foi.
Saisir le reflet de la lune dans le joyau pur signifie que l'esprit est en harmonie avec la vie cosmique, avec l'ordre cosmique. La lune symbolise le système cosmique et le joyau pur, le véritable ego, l'ego du zazen, pur et limpide, non obscurci par les illusions. Par la pratique de zazen, inconsciemment et automatiquement, votre esprit devient pur. Dôgen écrit dans un poème : « Même si tu bouges, le clair de lune apparaît pendant zazen, même si les illusions surgissent, le clair de lune apparaît pendant zazen. Ainsi le clair de lune se reflète-t-il toujours dans le joyau pur de votre esprit. Pendant zazen, votre esprit est comme un miroir où vous pouvez vous voir vous-même. (…) La lune est immense, le cristal, petit, et pourtant il peut refléter la lune entière. Même une goutte de rosée peut contenir la lune. »

3. Huit grands maîtres...
huit trésors

Les écrits bouddhiques ne sauraient se réduire à l'enseignement fécond du bouddha Shakyamuni. Au fil du temps, une gigantesque œuvre collective a vu le jour. Les maîtres qui ont pérennisé l'enseignement l'ont commenté à la lumière de leur propre expérience, ont élaboré de nouvelles approches, approfondi des notions et des pratiques essentielles. De très nombreux traités et commentaires, toutes écoles confondues, viennent s'adosser aux différents corpus.

On trouvera ci-après une brève présentation chronologique d'ouvrages significatifs accompagnée d'un court extrait. Ces fragments donnent un aperçu des développements qui contribuent aux richesses scripturaires bouddhiques. Ils soulignent également la diversité des visions et des approches. Il va de soi que ce choix demeure arbitraire et très limité.

- **Nagarjuna**
(IIe s., maître indien fondateur du Madhyamaka)

Nagarjuna est considéré par le XIVe Dalaï-Lama comme le deuxième bouddha après le bouddha Shakyamuni. Il fut abbé de la grande université monastique de Nalanda et surtout le fondateur de la voie du Milieu ou Madhyamaka, l'une des deux grandes perspectives philosophiques du Mahayana.

Les *Stances du milieu par excellence* constituent son œuvre maîtresse. Ce texte constitue un commentaire des enseignements du deuxième tour de la roue du Dharma. Pour qui souhaite développer sa compréhension de la vacuité, l'étude de cet ouvrage s'avère capitale. Elle s'accompagne généralement de l'étude des *Soixante-dix stances sur la vacuité* (*Shunyata-saptati*), un autre ouvrage majeur de Nagarjuna, et de *L'entrée au milieu* (*Madhyamakavatara*) de Candrakirti.

📖 *Stances du milieu par excellence* ou *Madhyamaka-karikas*[1]

Les *Stances du milieu par excellence* se présentent sous la forme d'un résumé très concis en 449 stances distribuées en vingt-sept examens critiques de concepts qui intéressent l'ensemble de la communauté bouddhique : examen critique de l'idée d'être en soi, du moi, du temps, du nirvana, par exemple. Examens critiques car, comme l'explique Guy Bugault, le traducteur des *Stances*, le raisonnement de Nagarjuna « part du discours des autres, des discours explicites de la scolastique », de tous ceux qui s'appuient sur les nomenclatures des Abhidharmas.

De nombreux thèmes sont ainsi discutés et réfutés sans que Nagarjuna ne soutienne une quelconque position et n'avance aucune proposition. Sa dialectique se veut purement abolitive. Elle consiste à dissoudre toute opinion spéculative et toute position figée dans les concepts d'identité et d'altérité.

Nagarjuna ne discute pas des phénomènes en eux-mêmes mais des énoncés qui ont le pouvoir de les réifier. Il s'attaque avec une logique abrasive à la perception que nous avons de la réalité sous l'effet de la médiation du langage. Madhyamaka ou voie du Milieu, car Nagarjuna soutient que la véritable nature des phénomènes est libre des extrêmes qu'il est possible de concevoir intellectuellement : être et non-être, existence et non-existence, « il y a » et « il n'y a pas ».

Ce texte possède une dimension hautement thérapeutique. Celui qui l'étudie, y réfléchit et le médite peut se guérir des élaborations conceptuelles et de la douloureuse dualité (moi-autre, accepter-rejeter), parvenir ainsi à ne plus prendre l'irréel pour le réel. Un chemin s'ouvre dans les modes de représentation habituels. Il consiste à s'abstenir de toute affirmation et négation. Dès lors, les mots de Nagarjuna appellent le silence. Ce silence de la pensée au cœur de l'expérience méditative, là où se révèle la pure présence du réel tel quel.

Pour évaluer l'ampleur du caractère elliptique de la pensée de Nagarjuna, on trouvera ci-après les cinq premières stances à l'état brut sur l'« Examen critique de l'idée d'être en soi ».

15, 1. Qu'un être en soi vienne à l'existence en raison de causes et conditions est contradictoire. Un être en soi engendré par des causes et conditions serait, en réalité, un être fabriqué.

---

1. Chapitre 15, « Examen critique de l'idée d'être en soi », traduction de G. Bugault.

15, 2. Et puis comment fabriquer un être en soi ? Car un être en soi est non construit et ne dépend pas d'autre que soi.
15, 3. En l'absence d'être en soi, comment y aura-t-il être différent ? Car ce qu'on appelle être différent n'est que l'être en soi d'un autre être.
15, 4. En outre, hormis « être en soi » et « être différent », comment y aura-t-il « être » tout court ? Car c'est seulement s'il y a « être en soi » ou « être différent » qu'un être est possible.
15, 5. Si l'être n'est pas fondé, le non-être non plus. Car ce que les gens appellent non-être n'est rien que le changement d'état d'un être.

• Asanga
(IVe s., maître indien fondateur du Cittamatra)

Nous avons vu qu'Asanga est l'auteur du « Compendium de l'Abhidharma » (*Abhidharmasamuccaya*), un traité d'abhidharma version mahayana. Il est aussi connu pour être le fondateur du Cittamatra, l'école de l'Esprit seul, la seconde grande perspective philosophique du Mahayana. La tradition tibétaine considère qu'Asanga reçut en vision les enseignements de Maitreya, sa déité de méditation. Ses enseignements consignés par écrit se nomment les *Cinq traités de Maitreya*. « La suprême continuité » est le cinquième. Rédigé au IVe siècle, ce texte disparaît pendant six siècles avant d'être redécouvert au XIe siècle par Maitripa, l'un des quatre-vingt-quatre mahasiddhas de l'Inde.

📖 *Ratnagotravibhaga* ou *Mahayana uttara tantra shastra*[1],
« La suprême continuité » (tib. *Gyu Lama*)

Le *Ratnagotravibhaga* appartient aux enseignements du troisième tour de la roue du Dharma. Il développe la notion de « nature de bouddha » et expose les qualités de la bouddhéité. L'ouvrage s'organise en sept points vajra :

1. le Bouddha,
2. le Dharma (l'enseignement),
3. le Sangha (la communauté),
4. la nature de bouddha (l'état naturel fondamental),
5. l'éveil (l'actualisation effective de la nature de bouddha libre de voiles),
6. les qualités de l'éveil,

---

1. Section 13, traduction de F. Chenique dans Asanga, *Le message du futur Bouddha ou la lignée spirituelle des trois joyaux*.

7. l'activité de bouddha (la capacité d'accomplir le bien de tous les êtres).

Ce texte tient une place centrale dans la tradition tibétaine parce qu'il donne les bases théoriques sur la nature ultime de l'esprit et la notion de claire lumière. Ces bases préparent le méditant à la pratique des méthodes du Vajrayana et lui permettent d'acquérir la compréhension du Mahamudra. Il constitue donc un trait d'union entre les enseignements des sutras et ceux des tantras, entre le Mahayana et l'approche tantrique propre au Vajrayana. C'est d'ailleurs ce que suggère son deuxième titre *Mahayana uttara tantra shastra* (shastra, traité ; uttara, suprême). *Tantra* a le sens de fil ou de trame, renvoyant à la présence continue de la nature de bouddha, depuis le début de notre existence et jusqu'à l'éveil. Alors que la dialectique abolitive de Nagarjuna nous apprend à ne plus prendre l'irréel pour le réel, le *Ratnagotravibhaga* élimine l'erreur qui consisterait à nier la réalité de la sagesse accomplie.

L'enseignement sur la nature de bouddha a aussi une fonction pédagogique dans la mesure où il contrecarre notre tendance à douter de nos capacités à actualiser l'éveil. Ce sentiment d'impuissance constitue un obstacle. Parvenir à comprendre par l'analyse la présence de la nature de bouddha en tout être vivant permet de développer la confiance en nos dispositions naturelles. Cette confiance constitue une source d'inspiration capitale et un moyen de dépasser les peurs liées au doute métaphysique.

On n'oubliera pas enfin la fameuse formule d'Asanga présentant le dharmakaya, pur par nature : « Il est le suprême soi car il est pacifié, ayant détruit les vues duelles du soi et du non-soi[1]. » On se souvient que cette vision du « suprême soi » (paramatman) pouvait dresser un pont entre l'approche bouddhique et celle de l'Advaïta-vedanta de Shankara, à un moment où hindous et bouddhistes tentent d'affirmer leur identité propre[2]. Rappelons que cet emploi vise à souligner le caractère aléatoire des élaborations conceptuelles quand il s'agit de nommer une expérience inconcevable et fondamentalement non duelle. Les formulations paradoxales et métaphoriques montrent clairement que la nature essentielle de la réalité échappe aux noms et aux formes.

Comme l'indique le troisième paragraphe ci-dessous, bien qu'exempte d'impuretés, la bouddhéité n'en est pas moins riche des qualités éveillées. Ainsi l'expression « suprême soi » suggère simplement que la nature humaine est dotée d'une richesse intrinsèque. Cette vision très positive va inspirer le Madhyamaka shèntong, l'interprétation de

---

1. *Le message du futur Bouddha ou la lignée spirituelle des Trois Joyaux*, p. 120.
2. Cf. chap. 5, p. 238-240

la vue du Madhyamaka de Nagarjuna, développée par le maître tibétain Dolpopa Shérab Gyaltsèn (1292-1361).

La bouddhéité est dite claire lumière par nature car elle est à connaître comme semblable au ciel et au soleil qui sont couverts par le voile et le filet de la troupe des nuages, mais ce ne sont que des souillures passagères ; elle est dotée de toutes les qualités pures des bouddhas ; elle est éternelle, perpétuelle et immuable ; sa réalisation dépend de l'attitude de sagesse non conceptuelle et de sagesse discriminative à l'égard des phénomènes. [II.3]

La bouddhéité est comme l'eau claire d'un lac parce que la boue des désirs troubles a disparu et que l'eau de la méditation s'écoule en pluie sur les disciples semblables au lotus. [II.8]

Cette essence de la bouddhéité est vide des impuretés passagères dont les caractéristiques sont complètement séparées d'elle ; cette essence cependant n'est pas vide de qualités insurpassables dont les caractéristiques ne sont en rien séparées d'elle. [I.155]

• Buddhaghosha
(Vᵉ s., maître indien de l'école Theravada)

Buddhaghosha est l'un des plus grands maîtres du Theravada. Il est l'auteur du « Chemin de la pureté » (*Visuddhimagga*), une somme des enseignements bouddhiques, fidèle à la tradition des origines et qui s'adresse essentiellement aux moines.

📖 « Le chemin de la pureté » ou *Visuddhimagga*[1]

Avec les suttas palis, ce texte imposant constitue une référence dans le Theravada. Il traite du triple apprentissage : autodiscipline, méditation et connaissance supérieure. Sur la base d'un comportement harmonieux au niveau du corps, de la parole et de l'esprit, il est possible de pacifier le mental et d'offrir ainsi les conditions favorables à l'épanouissement de la lucidité. Ensuite, l'examen détaillé des arcanes majeurs de l'enseignement permet le développement de la compréhension. Celle-ci dépasse la perception des simples apparences pour pénétrer les caractéristiques des phénomènes (impermanence, dysharmonie, absence d'entité autonome) et en particulier des instants de conscience. Ce processus forme un chemin qui permet de surmonter graduellement les obstacles, d'éli-

---
1. Deuxième partie : « La concentration », chap. IV, traduction de C. Maës.

miner les souillures et finalement de réaliser l'expérience directe du réel, le nirvana.

Malgré le recours à des images et des histoires vivantes, l'ouvrage est d'un abord difficile. La deuxième partie consacrée aux pratiques de samatta (skt. *shamatha*) et vipassana (skt. *vipashyana*) en est un exemple frappant. Elle se présente comme un traité recensant avec une grande précision des techniques très élaborées. Cette sophistication souligne bien le rôle que jouent la rigueur et l'énergie pour faire cesser les divagations de l'esprit en situation de pratique méditative.

En écho à ce qui a été dit plus haut sur l'importance du « Sutta des quatre établissements de l'attention », le passage ci-après traite de la pratique de l'apaisement et en particulier de l'art d'appliquer une attention ni trop tendue ni trop lâche.

> Regarder l'esprit de façon neutre en temps utile.
> Quand l'esprit n'est plus indolent, agité ni apathique, que la contemplation de l'objet est régulière et suit la voie de la quiétude, il ne faut plus s'occuper de ressaisir l'esprit, de le relâcher ou de le stimuler, mais agir avec lui comme le cocher avec des chevaux qui gardent une allure régulière. (…)
>
> Qu'il amène l'esprit sur le signe[1]
> et le délivre constamment des états d'indolence et d'agitation
> à l'instar de l'abeille qui cherche du pollen (…)
>
> Explicitons le sens de ces vers.
> L'abeille *faiseuse de miel* maladroite vole avec trop d'empressement lorsqu'elle sait qu'un arbre est en fleurs, elle va trop loin, doit revenir en arrière, et il n'y a plus de pollen quand elle atteint l'arbre. Une autre maladroite vole trop lentement et n'arrive qu'une fois le pollen épuisé. Mais l'abeille experte vole à vitesse constante, atteint aisément l'arbre en fleurs, butine autant de pollen qu'elle veut, fabrique le miel et en goûte la saveur. (…)
> De même arrive-t-il qu'un moine, voulant obtenir rapidement l'insertion[2], déploie beaucoup de vigueur lorsque le signe lui apparaît. L'excès d'énergie plonge son esprit dans l'agitation et l'empêche d'atteindre l'insertion. Un autre voit le défaut de trop de vigueur, et doute de l'intérêt de l'insertion. Il diminue tellement son énergie que son esprit manque de vigueur et tombe dans l'indolence. Lui non plus ne peut atteindre l'insertion. Mais le moine qui libère son esprit de tout état d'indolence – même léger –, de tout état d'agitation, et qui fait face au signe en fournissant un effort régulier atteint l'insertion. Il faut donc s'exercer en fournissant un effort régulier. (…)

---

1. L'objet d'attention une fois qu'il ne fait plus qu'un avec la conscience. Il sert alors de support pour manifester spontanément l'état de contemplation. Parmi les objets d'attention, Buddhaghosha mentionne un « disque de glaise, couleur de l'aube, bien pure » sur lequel le méditant pose son regard. Toute l'activité du moine doit favoriser la production du signe et son maintien. Sans lui, la vigilance est irrégulière et l'esprit instable.
2. L'état de recueillement.

• Candrakirti
(VIᵉ-VIIᵉ s., maître indien du Madhyamaka)

Candrakirti fut moine à l'université de Nalanda avant d'en devenir le recteur. Il étudia les œuvres du grand maître Nagarjuna qu'il s'efforça de clarifier. Il défendit la méthode dialectique qui consiste à réduire à l'absurde toute conceptualisation. Cette méthode donna lieu à une école nommée Madhyamaka prasangika*.

📖 *L'entrée au milieu (Madhyamakavatara)*[1]

L'entrée au milieu est une introduction générale à l'œuvre de Nagarjuna et un commentaire du deuxième tour de la roue du Dharma. Il présente la vacuité comme étant l'expérience résultant de l'union de la connaissance supérieure (prajna) et de son aspect dynamique, la compassion universelle (karuna) et l'activité qu'elle engendre. L'ouvrage est organisé en dix chapitres traitant chacun de l'une des dix terres de bodhisattva. Dans le sixième, qui couvre le thème de la prajnaparamita (la connaissance transcendante), Candrakirti s'applique à démontrer l'absence d'être-en-soi dans la personne et les phénomènes en suivant la méthode dialectique de réduction à l'absurde. Cette approche constitue, pour lui et ses suivants, la pensée ultime de l'Éveillé Shakyamuni et de Nagarjuna.

La vacuité de la vacuité
L'absence d'être en soi des phénomènes, les sages la nomment vacuité. Cette vacuité est aussi déclarée vide de la nature de la vacuité.
Toute vacuité appelée vacuité est acceptée comme vacuité de la vacuité. Elle a été enseignée afin d'empêcher que les êtres conçoivent la réalité de la vacuité.

Commentaire – La simple absence d'être-en-soi des phénomènes les sages la nomment vacuité. Et la non-réalité ou vacuité de nature de la vacuité elle-même est dite vacuité de la vacuité. Tout phénomène est obligatoirement qualifié par la vacuité, donc, la vacuité aussi, qui est un existant, se trouve dénuée de nature propre. La vacuité de la vacuité a été enseignée dans la prajnaparamita afin que les êtres s'écartent de la conception que la vacuité – la nature des phénomènes – existe réellement. Dans sa « Louange au Supramondain », Nagarjuna dit : « Vous avez enseigné l'ambroisie de la vacuité pour dissiper toute imagination. Mais vous blâmez fortement quiconque s'y attache. »

---

1. Extrait du chapitre VI, traduction de G. Drissens, p. 320.

• Shantideva
(VIIIᵉ s., maître indien du Madhyamaka)

Shantideva (v. 685-763) a été moine dans la grande université monastique de Nalanda. Il consacrait ses nuits à étudier et à écrire en secret plusieurs traités. Ses journées, il les passait à dormir. Son comportement diurne, jugé méprisable, lui valut les moqueries de ses compagnons et de ses maîtres qui voulurent l'expulser du monastère. Comme on le croyait stupide et paresseux, on essaya de trouver un motif radical d'expulsion en le sommant d'enseigner. On ne lui demanda pas de commenter un texte connu mais de donner un enseignement inédit.

Nul n'avait connaissance de son degré de réalisation spirituelle. Un trône d'une hauteur incroyable fut installé. Shantideva manifesta alors son haut degré d'éveil. Il lévita et vint s'asseoir sur le trône. Il donna ce jour-là l'enseignement consigné dans *La marche vers l'éveil*. Au cours de son exposé consacré à la connaissance transcendante (chapitre IX), il s'éleva dans les airs aux côtés du bodhisattva Manjushri. Son corps se dissipa ensuite dans l'espace. L'assemblée n'entendit plus que sa voix. Shantideva quitta le monastère et arpenta l'Inde, venant au secours du plus grand nombre. L'enseignement de *La marche vers l'éveil* a été préservé au Tibet et a fait l'objet de nombreux commentaires.

📖 *La marche vers l'éveil* ou *Bodhicaryavatara*[1]

Ce long poème émouvant relate merveilleusement l'idéal du bodhisattva. Shantideva évoque les souffrances qui affectent tous les êtres, puis il indique le chemin à suivre pour actualiser l'éveil insurpassable. Voici un extrait de la fin du chapitre IX, consacré aux fruits de la méditation sur la vacuité.

> *Détachement des huit préoccupations mondaines*
> Les choses étant vides d'existence propre, qu'y a-t-il à perdre ou à gagner ?
> Qui est là pour nous honorer ou nous mépriser ?
> D'où viendraient le plaisir et la douleur ? Qu'est-ce qui peut être agréable ou odieux ? En quête de l'absolu, qu'y a-t-il à désirer, qui désire ?
> Si on examine le monde des vivants, qui meurt ? qui naîtra ? qui est né ? qu'est-ce qu'un parent, un ami ?
> Comprenez comme moi que tout est pareil à l'espace !

---

1. Extrait du chapitre 9.

- **Gampopa Seunam Rinchèn
 (XIᵉ-XIIᵉ s., maître tibétain,
 écoles Kadampa et Kagyupa)**

📖 *Le précieux ornement de la libération (Dagpo Targyèn)*[1]

   Ouvrage classique de la littérature bouddhique tibétaine, *Le précieux ornement de la libération* de Gampopa Seunam Rinchèn (1079-1153) est le principal lamrim de l'école Kagyupa. Un *lamrim* est un traité qui expose de manière synthétique les différentes étapes du cheminement vers l'éveil. Ce texte rassemble les enseignements de l'école Kadampa et ceux de la tradition du Mahamudra. D'une manière générale, les enseignements kadampa caractérisent l'approche graduelle, celle de la voie universelle, le Mahayana. Cette approche met l'accent sur le développement de bienfaits et d'intelligence immédiate qui entraîne simultanément le retrait des voiles de l'ignorance et des émotions conflictuelles. L'accent est porté, par exemple, sur l'étude des corpus bouddhiques et la pratique des paramitas (la générosité, l'éthique, la patience, l'énergie, la concentration et la connaissance transcendantes). Les instructions sur le Mahamudra représentent la quintessence des tantras. Elles concernent l'une des ultimes pratiques de méditation par laquelle on reconnaît et réalise la pureté naturelle de l'esprit. Cette approche est fondée sur une expérience première et directe de la réalité avant que celle-ci ne soit distordue par le filtre de l'ego et tout l'appareillage conceptuel. Gampopa a reçu les instructions du Mahamudra du grand yogi Milarépa.

   Composé de six parties, *Le précieux ornement de la libération* expose l'enseignement selon les sutras du Mahayana de manière pédagogique en le structurant en trois volets appelés la base, la voie et le fruit. La base, c'est la nature de bouddha, la précieuse existence humaine et l'ami spirituel qui aide le méditant à progresser sur le chemin de l'éveil. La voie regroupe les instructions sur l'impermanence, la causalité karmique, la structure défectueuse des existences conditionnées, et les pratiques telles que le renoncement, la pratique des quatre états sublimes (équanimité, bienveillance, compassion, joie). Le fruit correspond à l'éveil complet, ou état de parfait bouddha, qui est réintégration dans notre condition naturelle. La dernière partie est consacrée à l'activité

---

1. Exorde, traduction Christian Bruyat et le comité de traduction Padmakara.

qui s'ensuit, c'est-à-dire à l'accomplissement spontané du bien d'autrui.

On trouvera ci-après un court extrait de l'exorde, l'entrée en matière, suivi de quelques commentaires qui viennent éclairer les points les plus importants.

> Tout peut se ramener à deux choses : le samsara et le nirvana. Ce qu'on appelle « samsara » a pour essence la vacuité, pour apparence la méprise, et pour attribut premier la souffrance. Ce qu'on appelle « nirvana » a pour essence la vacuité, pour apparence la fin de la méprise, et pour attribut premier la libération de la souffrance.

Gampopa précise que toutes nos expériences – expériences éveillées et expériences confuses – se ramènent au samsara et au nirvana. Ces deux termes désignent des états d'esprit qui ont la même nature, la vacuité. Le premier caractérise la présence de l'incompréhension ; le second son absence. Le samsara est sous le signe de la méprise car il repose sur un malentendu. Une erreur se manifeste qui induit une distorsion fondamentale que Gampopa compare au sommeil ou au rêve. L'esprit produit son monde. Dans son fonctionnement, il développe la dualité sujet-objet, spectateur et spectacle. Au cours du rêve, l'esprit ne réalise pas qu'il est obnubilé par ses projections. Il oublie que l'écran sur lequel se déroulent les images n'est autre que la claire lumière du sommeil. Ce manque de lucidité le plonge dans les diverses conditions de la conscience conditionnée par l'ignorance.

La méconnaissance est la cause première de cette situation. Mais on ne doit pas confondre cause et origine. Il n'y a pas tout d'abord l'état d'éveil et secondairement l'opacité et la confusion. La particularité de l'état d'esprit conditionné consiste à ne pas réaliser ce qui se passe. La situation est ainsi. La question d'un début de l'ignorance reviendrait à demander à une personne qui ne connaît pas le solfège : « Depuis quand ne savez-vous pas lire une partition ? » L'esprit ignorant sa nature ne peut se placer en marge du processus de causalité auquel il participe.

Ce qui s'applique à l'incompréhension s'applique également au samsara. Ainsi est-il sans commencement ni fin. En somme, les questions métaphysiques qu'appelleraient ces notions ne nous seraient d'aucun secours pour mettre un terme à la souffrance induite par la méprise. Gampopa clôt ses propos en nous incitant à « tout mettre en œuvre (...) pour atteindre l'éveil insurpassable », seul remède permettant de dissiper le malentendu. La situation s'avère donc très positive. Nous sommes conscients de notre ignorance. Et il existe en nous une sensibilité inaltérée, un désir profondément sain de changer d'état d'esprit. Cette sensibilité inaltérée correspond à la nature de bouddha.

Si nous ne l'avions pas, tous nos efforts se montreraient inadéquats et nous n'aspirerions pas au plein éveil. Dès lors, nous comprenons que l'ignorance peut être convertie en sagesse, car la sagesse est la véritable nature de l'ignorance.

• Dôgen Zenji
(XIIIᵉ s., maître zen à l'origine du Zen Sôtô)

Dôgen[1] a reçu une éducation traditionnelle portant sur les arts et la littérature. Cette éducation l'a prédisposé à élaborer une langue particulièrement imagée, lyrique, poétique, vive et déroutante qui n'est pas sans rappeler parfois le style elliptique du kôan. Dôgen emprunte quelques images de la nature à la poésie extrême-orientale non à des fins lyriques mais pour sublimer cette langue argumentative, riche en métaphores, qui tisse la rhétorique complexe du *Shôbôgenzô*, « Le trésor de l'œil du vrai Dharma », son œuvre maîtresse en soixante-quinze ou quatre-vingt-quinze chapitres, selon les versions.

Le *Shôbôgenzô* est le fruit de sa relation profonde avec son disciple et ami Ejô. Ejô consacre sa vie à transcrire les paroles de Dôgen. Cette tâche l'accapare au point qu'il s'efface presque totalement en elle. Il succédera à Dôgen dans la lignée japonaise du Zen Sôtô.

📖 *Shôbôgenzô*[2]

Le *Shôbôgenzô* est un guide à l'intention de disciples profondément engagés dans la voie. Ces disciples de Dôgen ont fréquenté les écrits des maîtres chinois, les sutras des trois tours de la roue du Dharma (voir p. 405) et les écrits de Nagarjuna. Cependant, l'étude ne consiste pas à accumuler des connaissances mais à ressentir comment les textes, l'existence humaine, l'univers et tous les êtres se répondent et participent d'une même unité. C'est pourquoi le *Shôbôgenzô* s'adresse surtout à ceux qui pratiquent zazen. En zazen se révèle la continuité entre les mots et la vie.

Même si certains thèmes s'apparentent au questionnement philosophique, cette œuvre à multiples facettes n'est pas un traité sur

---

[1]. En relatant la diffusion du Dharma au Japon, il a déjà été fait mention de ce grand maître zen. Cf. chap. 7, p. 295 et 297.
[2]. Section *Yui butsu yo butsu*. *Seul Bouddha connaît Bouddha*, traduit du japonais et annoté par Eidô Shimano Rôshi et Charles Vacher.

le bouddhisme ou un manuel de philosophie aux raisonnements abscons. Le *Shôbôgenzô* rassemble des pensées éparses, des analyses de textes, des commentaires de citations des maîtres du passé, des exposés sur la méditation assise. N'oublions pas enfin que les écrits de Dôgen ne sont qu'un fragment d'un enseignement très vaste où l'étude, les travaux quotidiens, l'art de se nourrir, de prendre soin de son corps constituent la pratique. Zazen, la méditation en position assise, demeure le cœur de toutes ces activités. Finalement, l'un des buts du *Shôbôgenzô* est de justifier l'importance capitale de zazen et de transmettre la vue pure de l'Éveillé, « l'œil du vrai Dharma ».

> Ratiociner sur l'éveil est inutile, car l'éveil authentique n'est pas ce que vous pensez. Étant inconcevable, imaginer ce qu'il pourrait être ne sert à rien. Une fois que vous avez connu l'éveil, vous n'avez aucune idée de la manière dont il vous est venu. Vous devez donc comprendre que vos pensées d'avant l'éveil, quelles qu'elles soient, sont inutiles à l'éveil.
> (...) Si l'éveil était le produit des pensées qui le précèdent, il ne serait pas authentique. L'éveil ne dépend d'aucuns moyens préexistants ; il vient de bien plus loin. L'éveil est éveillé directement par la force de l'éveil. Vous devez le savoir : il n'y a ni illusion, ni éveil[1].
> Quiconque se trouve dans un état de suprême sagesse s'appelle Bouddha. Quand un Bouddha se trouve dans un état de suprême sagesse, il est la suprême sagesse elle-même[2].

• Chögyam Trungpa Rinpotché
(1939-1987, maître tibétain, école Kagyupa)

Né au Tibet en 1939, détenteur des enseignements et des pratiques des écoles Nyingmapa et Kagyupa, Chögyam Trungpa Rinpotché est un maître exceptionnel. Descendant du fameux *Guésar de Ling** et reconnu comme l'héritier de la lignée des Trungpa, il reçoit une éducation tibétaine traditionnelle. Le récit de sa vie[3] révèle sa prédisposition à transmettre le Dharma en Occident en repensant intégralement le bouddhisme. Dès son arrivée en Europe, il s'efforce d'entrer

---
1. Position non dualiste correspondant à la vue du Madhyamaka, la voie du Milieu.
2. Par ces deux phrases, Dôgen nous dit d'abord : lorsqu'une personne connaît la sagesse suprême (Bouddha), il est Bouddha. Autrement dit, non-Bouddha devient Bouddha en (re)connaissant Bouddha. Ensuite, il nous dit que lorsque Bouddha (re)connaît la sagesse suprême, il est la sagesse suprême elle-même. En d'autres termes, seul Bouddha connaît Bouddha : combustion complète.
3. Cf. la postface à *Né au Tibet*. Cf. chap. 8, p. 343. Mais c'est surtout la lecture de l'excellente biographie de Fabrice Midal qui s'impose : *Trungpa (Biographie)*.

en amitié avec les Occidentaux, devient étudiant à l'université d'Oxford où il se passionne pour l'histoire, la théologie chrétienne, le judaïsme, l'art moderne, la musique classique dont celle de Bach et Mozart. « Si j'insiste sur l'importance de l'intelligence critique, écrit-il, ce n'est pas parce que le bouddhisme en est à ses premiers balbutiements en Amérique et en Occident. Ce n'est pas parce que j'ai l'impression de m'adresser à des élèves plus faciles à duper. (...) Les Occidentaux n'ont pas besoin d'un traitement spécial parce qu'ils ont inventé l'aéronef ou l'électronique. Tous les êtres humains présentent des caractéristiques psychologiques analogues : ils pensent de la même manière et ils ont les mêmes besoins en tant qu'élèves. Il suffit simplement de se demander comment enseigner, quel que soit le lieu d'origine de l'élève[1]. » Son attitude, apparemment peu conventionnelle – il renonce à ses vœux monastiques et se marie à une Occidentale –, lui vaut le courroux d'une partie de son entourage tibétain. Aux États-Unis, il connaîtra un succès considérable qui rejaillira sur le plan international.

Ses efforts seront encouragés par de grands maîtres dont le XVIe Karmapa, hiérarque de la branche Karma-Kagyu dans l'école Kagyupa, Dudjom Rinpotché (1904-1987) et Dilgo Khyentsé Rinpotché (1910-1991), successivement chef spirituel de l'école Nyingmapa. Dans le souci de montrer que les enseignements n'appartiennent pas en propre à la culture tibétaine, Chögyam Trungpa Rinpotché s'efforce de ne jamais imposer sa tradition d'origine et nomme un Américain comme futur détenteur de la lignée. Mais c'est surtout dans son approche de la transmission que sa position s'avère la plus marquée. Il présente l'ensemble du cheminement spirituel (Hinayana, Mahayana, Vajrayana) du point de vue ultime, c'est-à-dire à la lumière du Dzogchèn, les instructions fondamentales sur la nature de l'esprit, cœur de la tradition.

Selon lui, une tradition demeure vivante à condition que les personnes garantes de la transmission soient capables de la régénérer et d'en renouveler le sens profond. Esprit particulièrement ouvert et non sectaire, il s'intéresse aux diverses traditions bouddhiques, en particulier le Theravada et le Zen dont l'esthétique l'inspire profondément. Il se consacre également à la philosophie et aux arts. Ami des poètes de la *beat generation*, il connaît une intense activité créatrice. Ses performances, poèmes, pièces de théâtre, calligraphies ou photographies font de lui un artiste de premier plan.

---

1. *Voyage sans fin. La sagesse tantrique du Bouddha*, p. 72-73.

La richesse et le champ d'action de sa transmission sont immenses. Sa grandeur repose sur sa capacité à conjuguer la nécessité d'une discipline curative, dans le strict respect des engagements traditionnels, et une faculté à s'ouvrir à la splendeur et à la magie renouvelées du monde vivant. Toutes les méthodes qu'il met en place consistent pour l'essentiel à rendre possible une expérience virginale de la vie. En l'absence de tout point d'appui, s'actualisent la douceur du cœur, la perception pure de la nature ultime des phénomènes et notre authentique humanité.

Bien qu'il décède à l'âge de quarante-huit ans, son œuvre est gigantesque. S'il est impossible de cerner l'étendue de son enseignement, on peut envisager deux grands volets dans sa transmission du Dharma en Occident[1]. Le premier s'inscrit dans la continuité de la vision tibétaine de la progression spirituelle en trois véhicules ou yanas (véhicule fondamental [Hinayana], Mahayana, Vajrayana), le tout fondé sur la pratique de la méditation, et plus particulièrement shamatha (la pratique de l'apaisement) et vipashyana (la vision claire). Le second, cœur de sa transmission, concerne les enseignements shambhala. Bien que pénétrant la vision du *Kalacakratantra*, ces enseignements ne sont pas à proprement parler « bouddhistes ». Très jeune, Chögyam Trungpa Rinpoché a des visions du royaume de Shambhala. Il ne le tient pas « pour un lieu du monde extérieur, mais pour le fondement et la racine de l'éveil et de la santé qui existent en puissance chez tout être humain ». En 1976, il commence à présenter les enseignements shambhala. Puis, au cours des années qui suivent, il prononce plus de cent conférences sur des thèmes reliés à cette vision de la voie sacrée du guerrier. Parallèlement, un programme nommé « Apprentissage shambhala » voit le jour.

La voie sacrée du guerrier relie les hommes à leur nature fondamentale de bonté et à une vision sacrée du monde. Le mot « guerrier » ne renvoie à aucune forme de violence ou d'agressivité, mais à une tradition de la vaillance, du courage et de l'absence d'égoïsme. « Le secret de l'art du guerrier – et le principe même de la vision shambhala – est de ne pas avoir peur de qui l'on est », écrit Chögyam Trungpa. En expérimentant la bonté fondamentale dans notre propre vie, nous pourrons réellement venir en aide au monde et participer à l'émancipation d'une société éveillée. En nous corrigeant nous-mêmes et en cultivant les actes positifs, une transformation profonde se produira. Elle résultera en une présence au monde très qualitative parce que dépouillée du pouvoir de l'ego et des fixations mentales. Chögyam Trungpa la

---

1. Cette vision est réductrice et ne vise qu'à situer succinctement les enseignements shambhala et l'apprentissage qui en découle.

nomme « présence authentique ». Pour la cultiver et l'approfondir, le guerrier pratiquera la voie des quatre dignités : [1] l'humilité (simplicité, bienveillance, modestie, vigilance), [2] le vif (absence de doute, bonne humeur inconditionnelle, énergie élevée), [3] le démesuré (victoire sur la peur, détente, liberté et capacité à œuvrer pour le bien du monde), [4] l'insondabilité (conséquence des trois autres phases : expérience plénière de l'existence, de la santé fondamentale et de la spontanéité).

📖 *Shambhala. La voie sacrée du guerrier*[1]

Shambhala. La voie sacrée du guerrier est la compilation de plusieurs conférences et articles. Le texte ci-après consiste en plusieurs extraits du premier chapitre. Il fournit le cadre de cette vision profonde et séculière qui met l'accent sur la célébration de la vie, la reconnaissance de la beauté du monde phénoménal et le sens de la responsabilité.

Découvrir la bonté fondamentale n'est pas une expérience particulièrement religieuse. Cela consiste plutôt à nous rendre compte que nous pouvons faire directement l'expérience de la réalité et du monde dans lequel nous vivons réellement, que nous pouvons aussi les travailler directement. Faire l'expérience de la bonté fondamentale de notre vie nous fait sentir que nous sommes des personnes intelligentes et correctes et que le monde ne constitue pas une menace. Lorsque nous avons le sentiment que notre vie est authentique et bonne, nous n'avons plus besoin de nous duper ni de duper autrui. Nous pouvons voir nos défauts sans nous sentir coupables ou dévalorisés, et en même temps nous prenons conscience de notre capacité à étendre cette bonté aux autres. Nous pouvons dire la vérité sans ambages, être complètement ouverts et fermes à la fois.

L'essence de l'art du guerrier, l'essence de la vaillance humaine, est le refus de désespérer d'une personne ou d'une situation. Nous ne pouvons jamais dire que nous sommes tout simplement en train de perdre tous nos moyens, pas plus que nous pouvons le dire de quelqu'un d'autre ou du monde. Au cours de notre vie, il y aura de grands problèmes dans le monde ; mais assurons-nous qu'au cours de notre vie il n'y aura pas de catastrophes. Nous avons le pouvoir de les empêcher. Il n'en tient qu'à nous. Et pour commencer, nous pouvons sauver le monde de la destruction. C'est la raison d'être de la vision Shambhala. C'est une idée millénaire : en servant le monde, nous pouvons le sauver. Cependant, il ne suffit pas de sauver le monde, nous devons encore nous efforcer de bâtir une société humaine éveillée.

---

1. Traduit de l'américain par Richard Gravel, Éd. du Seuil, 1990.

4. La voie des contes et des paraboles

Paraboles et contes sont disséminés dans tout le corpus bouddhique. En même temps, ces textes constituent un genre littéraire à part entière. Leur beauté réside dans leur capacité à susciter l'intuition de *ce qui est réellement*. Ils suggèrent une vision claire, une évidence libérée de la tension qu'impose le jeu des questions et des réponses. Ils s'adressent directement à l'intelligence du cœur et non pas au mental. D'accès aisé, ils ont contribué à la diffusion du Dharma dans de larges couches de la population. Dans un style plaisant et récréatif, où l'humour rehausse souvent la profondeur du message, ces textes constituent un témoignage de la mentalité traditionnelle indienne et des ressources de son imaginaire. On trouvera ci-après un des textes choisis par Pierre Crépon et publiés sous le titre *Les enseignements du Bouddha. Contes et paraboles*.

📖 *Les aveugles et l'éléphant (extrait)* – Sur l'ignorance

Des moines partis mendier assistent à un conflit qui oppose deux groupes de brahmanes au sujet de leur connaissance des livres sacrés. Le débat est si haineux qu'ils s'injurient. De retour auprès du Bouddha, ils leur rapportent l'événement. Le Bouddha raconte alors cette histoire.

> Il y a fort longtemps, il y avait un roi qui comprenait la Loi bouddhique mais dont les sujets, ministres ou gens du peuple, étaient dans l'ignorance, se référant à des enseignements partiels, ayant foi dans la clarté du ver luisant et mettant en doute la clarté du soleil et de la lune. Le roi, désirant que ces gens cessent de rester dans des mares et aillent naviguer sur le grand océan, décida de leur montrer un exemple de leur aveuglement. Il ordonna donc à ses émissaires de parcourir le royaume pour rassembler ceux qui étaient aveugles de naissance et les amener au palais.
> Quand les aveugles furent réunis dans la salle du palais le roi dit : « Allez leur montrer des éléphants. » Les officiers menèrent les aveugles auprès des éléphants et les leur montrèrent en guidant leurs mains. Parmi les aveugles, l'un d'eux saisit la jambe d'un éléphant, un autre saisit la queue, un autre saisit la racine de la queue, un autre toucha le ventre, un autre, le côté, un autre, le dos, un autre prit une oreille, un autre, la tête, un autre, une défense, un autre, la trompe.
> Les émissaires ramenèrent ensuite les aveugles vers le roi qui leur demanda : « À quoi ressemble un éléphant ? » Celui qui avait tenu une jambe répondit : « Ô sage roi, un éléphant est comme un tuyau verni. » Celui qui avait tenu la queue dit que l'éléphant était comme un balai ; celui qui avait saisit la racine de la queue, qu'il était comme un bâton ; celui qui avait touché le ventre, qu'il était comme un tambour ; celui qui avait touché le côté, qu'il était comme un mur ; celui qui avait touché le dos, qu'il était comme une table élevée ; celui qui avait touché l'oreille, qu'il était comme

un plateau ; celui qui avait tenu la tête, qu'il était comme un gros boisseau ; celui qui avait tenu une défense, qu'il était comme une corne ; quant à celui qui avait tenu la trompe, il répondit : « Ô grand roi, un éléphant est comme une corde. »
Les aveugles se mirent alors à se disputer, chacun affirmant qu'il était dans le vrai et les autres non, disant : « Ô grand roi, l'éléphant est réellement comme je le décris. »
Le roi rit alors aux éclats et dit : « Vous tous, comme ces aveugles vous êtes. Vous vous disputez vainement et prétendez dire vrai ; ayant aperçu un point, vous dites que le reste est faux, et à propos d'un éléphant, vous vous querellez. »
Le Bouddha dit aux moines : « Ainsi sont ces brahmanes. Sans sagesse, et à cause de leur cécité, ils en arrivent à se disputer. Et à cause de leur dispute, ils restent dans l'obscurité et ne font aucun progrès. »

5. LA VOIE DE LA POÉSIE

● **L'expérience poétique**

Se relier à la mémoire des lieux, à la présence du monde

La lecture d'un sutra débute par une courte introduction qui campe le décor dans un style lapidaire. On la franchit comme une petite marche conduisant au cœur du sujet.

Dans l'*Uttiyasutta*, par exemple, on lit : « Ainsi ai-je entendu : Une fois, le Bienheureux séjournait au bord de l'étang aux lotus à Gaggara, près de la ville de Campa. » D'emblée, on ne saurait situer Gaggara ni Campa. On a simplement une image minimaliste, presque abstraite : une ville inconnue de l'Inde ancienne ; non loin, un étang aux lotus.

À peine la marche franchie, on souhaite partir à la rencontre d'idées profondes. On ne prête guère attention à la présence continue du site à l'arrière-plan : bords du Gange, étangs, bois aux essences variées, parcs peuplés de daims et de gazelles, forêts de manguiers, ombre bienfaisante des arbres, beauté de la nuit dont la pénombre éveille des senteurs exquises, ruelles d'un village ou d'un bourg.

Pourtant, le lieu est omniprésent dans le déploiement de la parole du Bouddha. Il inspire au Bienheureux des analogies évocatrices, des images qui suscitent la compréhension, soutiennent une démonstration rigoureuse, des gestes ou des silences décisifs. La présence des lieux nous aide à nous unir au paysage mental des premiers disciples. Se relier à la mémoire des lieux au moment de la lecture revient, par un effet de résonance subtil, à se mettre en accord avec la mélodie éveillante. Cette attitude est une bénédiction. Elle ouvre le chemin de la grâce.

Consultons, par exemple, le « Sutta de la mise en mouvement de la roue du Dhamma » (*Dhammacakkappavattanasutta*) qui relate le premier enseignement du Bouddha. Nous lisons : « Ainsi ai-je entendu : une fois, le Bienheureux se trouvait au parc des Gazelles, à Isipatana (le Séjour des Sages) près de Varanasi. » Nous sommes près de Bénarès, la ville sainte de l'Inde, en un lieu où séjournent des personnes apaisées et éclairées. Même si l'on ne s'est jamais rendu en Inde, on peut imaginer et ressentir la qualité spirituelle de l'atmosphère. La présence des arbres et surtout des gazelles intensifie la paix du site. Imaginons les mouvements tranquilles de ces animaux, leur innocence, leur regard doux. Nous goûtons l'espace d'un instant à l'ondée de non-violence qui se répand en nous. De la parole du Bouddha émane aussi cette sérénité, l'accord avec la splendeur du monde. Nous nous relions à cette présence. L'opération nous la rend plus sensible et peut-être plus intelligible. La terre n'est jamais coupée de la parole. Le Bouddha prend la terre à témoin de son éveil et ses disciples empruntent le sentier de l'éveil pour parcourir les chemins de la connaissance entre ciel et terre.

Observons maintenant une image plus intimiste. Lisons le 401e verset du *Dhammapada* : « Comme l'eau sur la feuille de lotus, comme une graine de moutarde sur la pointe d'une aiguille, celui qui ne s'attache pas aux plaisirs des sens, lui, je l'appelle un brahmane. »

On imagine la goutte d'eau en équilibre et la rondeur de la graine de moutarde reposant sans blessure sur l'extrémité aiguë de l'aiguille. Aucun effort, aucune tension. Juste un laisser-faire : une adaptation parfaite à la situation sans que la graine ou l'eau perdent leur nature.

La première image est peut-être la plus parlante. Le lotus se nourrit de la vase, émerge des eaux troubles et donne une fleur qui s'épanouit en pleine lumière. L'état d'éveil n'est pas séparé des turpitudes de la condition humaine mais il en est préservé. L'accomplissement est de ce monde. La goutte est comme une perle pouvant rouler sans heurt. Parfaitement lisse en son propre arrondi, rien ne la retient. La glissade donne l'impression que l'eau et le végétal sont à jamais séparés. Pourtant, ce délicat effleurement réciproque, la finesse du grain qui rend ces matières onctueuses, parfaitement polies, laissent deviner une intense communion.

Dans le contexte de la tradition des Anciens, on parle d'un reniement des plaisirs et non d'un refus des sens dans leur dimension sacrée. Le yogi n'est pas hanté par les plaisirs et les plaisirs ne le pénètrent pas. L'activité sensorielle ne repose plus sur le moi et l'appropriation. Il a aidé son corps à se révéler comme simple instrument d'éveil. L'expérience ouverte et plénière des sens se vit dans la joyeuse délectation issue de la compréhension que notre corps et le corps du monde sont un seul et même corps. Peau contre peau. Une seule et même peau ; un seul et même souffle.

La compréhension se déploie pour atteindre l'immense horizon que dévoile le Mahayana. Et l'on voit que tout ce qui vient d'être exposé est une façon de parler de la grande compassion qui s'épanouit dans l'expérience de la vacuité. En osant une image, on dira que la thématique de la subtile onction est une manière de ressentir l'étendue de son rayonnement. Tout glisse, tout se caresse, tout s'interpénètre, rien n'est séparé. L'action devient juste, douce, parfaitement non violente. La compréhension est au cœur de l'amour et l'amour au cœur de la compréhension. Dans la perspective de la mystique érotique, l'amour révèle l'état d'union au sein d'une pureté édénique. D'ailleurs, le mot sanskrit pour amour, *maitri*, signifie étymologiquement « devenir un ». De même, la grande compassion n'est pas seulement une réponse spontanée des éveillés à la souffrance des êtres, mais le révélateur de cette caresse de paix et de bienveillance, enveloppante et régénératrice, que tous aspirent à recevoir.

Des mots qui rêvent, dansent et méditent sur le silence

L'Éveillé habite pleinement le monde. Le monde habite sa parole ; elle l'appelle. Dans le *Phenasutta*, le Bouddha, installé au bord du Gange, compare quatre des cinq agrégats – respectivement les formes, les sensations, les perceptions/notions et les formations karmiques – à une écume, une bulle d'eau, un mirage et un bananier dénué de cœur et de moelle. Les comparaisons illustrent l'enseignement sur l'absence d'entité substantielle dans les agrégats. Elles montrent aussi que le développement de la compréhension s'effectue en relation aux images qui l'éclairent. Le caractère opérant de l'image poétique dévoile un dédale de liens entrelacés à l'intérieur desquels l'homme et le monde communient.

La parole poétique suggère. Elle n'explique pas mais nous aide à ressentir ce tissage. Elle nous conduit à l'expérience qui la délie elle-même, la révélant comme tout aussi transitoire que les phénomènes qu'elle désigne. En leurs plis et replis, tours et détours, les mots cessent d'être un filtre déformant, posé entre nous et le monde. « Les mots rêvent », écrit Gaston Bachelard[1]. La parole poétique s'accomplit comme transparence. Ainsi nous rend-elle à l'évidence éclatante de

---

1. *La poétique de la rêverie*, PUF, 1974, p. 16.

l'expérience du non-deux : nous traversons le monde, le monde nous traverse ; tout se répond dans une profonde unité.

> Une parcelle de poussière
> contient tout l'univers ;
> Quand une fleur s'épanouit
> le monde entier se lève.
>
> Puisez de l'eau et la lune
> est entre vos mains.
> Saisissez des fleurs et votre
> vêtement en sera parfumé[1].

La parole poétique est tissée de mots qui rêvent et méditent sur le silence. Des mots qui ne vont nulle part. Des mots comme une danse. Ils tracent des arabesques avec des analogies et des métaphores. Et la pensée se fait plus légère, plus diaphane. On *voit* directement. Les mots se suffisent à eux-mêmes. Ils ressemblent à des traits de lumière qui vont et viennent parmi les choses. Des mots que l'on regarde comme des volutes d'encens se fondre dans l'espace.

Le langage accompli est celui qui laisse le monde advenir. Il prend forme dans la parole poétique. Quand on dit que le poète se tient au plus près du silence, on souligne cette expérience d'authenticité et de proximité qui est un vécu immédiat de la présence non altérée de l'éveil. « Le poète écrit des silences », disait Rimbaud. Le Bouddha est le grand poète, le Mahamuni, le « grand silencieux ». Il montre le silence. Ceux qui s'engagent sur la voie boivent ce silence ; il les repose. Ils ressentent la splendeur d'un instant, d'une image, d'un son. Une expérience sublime se libère qui les aide, selon la belle formule de Gaston Bachelard, « à habiter le bonheur du monde[2] ».

Respiration des mots, respiration du monde

La parole poétique, comme la pensée contemplative, échappe au filtre conceptuel déformant. Elle établit un lien direct avec la situation qu'elle expose. C'est pourquoi le lecteur ou l'auditeur se retrouve plongé au cœur de l'immédiateté telle que le poète a pu la vivre. Et cette actualisation du présent pur signe les prémices d'une expérience d'éveil. Sans doute est-ce la raison pour laquelle certaines poésies nous inspirent[3] et nous réjouissent, car elles nous font vivre un intense moment de satisfaction. Ainsi peut-on parler d'une véritable pratique poétique, tant par l'écriture que par la lecture. Cette pratique stimule

---

1. Deux extraits du *Zen-rin-kushu* (« Recueil de brindilles pour le Zen »), une anthologie de poèmes compilée au XVIe siècle. Cf. Jacques Masui, *L'exercice du kôan*.
2. *La poétique de la rêverie, op. cit.*, p. 90.
3. Éluard disait que « le poète est celui qui inspire bien plus que celui qui est inspiré ».

une attention vive au présent. L'usage de formes poétiques qui ramassent et condensent la présence à l'instant la renforce. La « poésie zen » en a fait un outil très efficace. Ici, la parole poétique prolonge le jeu du monde en ses continuelles métamorphoses. Elle est le double d'un monde semblable à une page de calligraphie : l'*écriture-monde*.

L'intelligence poétique nous aide à mieux comprendre l'activité du bodhisattva. Parvenir à envelopper de son amour compatissant des milliards d'êtres vivants nécessite un déploiement de la sensibilité qui échappe à l'entendement habituel. Pour le bodhisattva, le monde est le divers, le proche et dans le même temps l'infini lointain, l'inconnu et l'inconnaissable, le visible et l'invisible. Le monde est surtout un espace commun appelant à une vie plus intense. La transparence des frontières est le sceau de l'interdépendance. Notre existence véritable, libre de toute élaboration conceptuelle, transparaît finalement dans cette évaporation de la polarité moi-autre, moi-monde.

L'intelligence poétique tente de restituer cet éclat dans la chair des mots avec une précision qui retient l'intensité et la lumière de l'expérience. Celle-ci est plus spatiale que géographique. Les phénomènes désignés renvoient à l'espace qui les enveloppe, les mots à l'espace qu'il suggère : un peu comme dans la peinture zen où les traits minimalistes laissent résonner l'ampleur de la page blanche. La lecture actualise le lent mouvement de respiration des mots. Au moment où le regard les capte, ils inspirent l'immense espace qui nous baigne. Au moment où on les prononce, ils restituent sur l'expiration l'infini du monde. Abandonnant la pesanteur de l'univers mental, l'esprit dans son expansion est invité à jouir de sa propre spatialité, écho de la blancheur du papier et de l'évocation poétique du silence.

Maître Dôgen nous convie à cette expérience :

Dans le vaste ciel
Je contemple la lune
Image de l'esprit pur
M'enivre sa blancheur
Éclatante dans l'obscurité[1].

Vivre l'état poétique

Très tôt, la parole poétique s'impose en Inde comme le véhicule littéraire par excellence pour exposer l'enseignement spirituel. Dès la période védique, les rishis qui retranscrivent l'inspiration visionnaire sont des poètes. Le Bouddha aurait encouragé l'élan naturel qui pousse les hommes à s'exprimer dans une langue célébrant la vie. Comme le

---

1. Extrait du recueil *Sanshô Dôei*, « Les chants de la voie du pin parasol ». Cf. *Polir la lune et labourer les nuages*, p. 235.

note Rainer Maria Rilke dans ses *Cahiers de Malte Laurids Brigge*, « pour écrire un seul vers, il faut connaître les animaux, il faut sentir comment volent les oiseaux et savoir quel mouvement font les petites fleurs en s'ouvrant le matin ».

En Inde, la poésie n'est pas séparée des rythmes de la vie. Elle n'est pas cantonnée à un genre littéraire. Plus important encore que la formulation poétique elle-même est l'état poétique. Le poète ne crée pas seulement une œuvre d'art avec des mots. Il condense un état d'esprit diffus dans la population en quête d'une vérité indicible. Il restitue cette part d'indicible pour amplifier une expérience ineffable. Il apprend aux autres hommes à *voir*, à écouter, à découvrir dans la profusion des phénomènes la présence silencieuse et sublime. D'où la dimension mystique d'une poésie dont les circonvolutions multiples se sont prolongées au-delà des affres de l'histoire : des premiers moines et nonnes bouddhistes jusqu'à Kabir, et, plus récemment, Rabindranath Tagore.

Dans le corpus pali, figurent deux recueils de stances, le *Theragatha* et le *Therigatha*. Ces textes ont été écrits par des moines et des nonnes qui voulurent témoigner de leur expérience spirituelle. D'une grande beauté poétique, ils rendent compte de leur enthousiasme et de leur joie d'avoir adopté la vie monastique. Le *Theragatha* et le *Therigatha* constituent des sources d'inspiration pour des auditeurs aspirant à s'engager sur la voie. Quelques poèmes traitent le thème de la nature et constituent une initiation à la vision que l'on retrouve dans la peinture de paysage en Chine et au Japon. En Chine, tout particulièrement, la peinture, la calligraphie et la poésie de paysage s'interpénètrent et se complètent. Elles apparaissent même comme une seule et même discipline. On parle ainsi de la poésie comme « peinture invisible » et de la peinture comme « poème muet ».

Dans son ermitage au bord du fleuve Ajakarani, un moine jouissant du bonheur de la vie sauvage, témoigne de sa compassion à l'égard des grenouilles, ses compagnons de solitude :

> Lorsque la grue étire son cou
> Et qu'elle fuit les nuages noirs,
> Pleine de peur se cache dans une niche,
> L'Ajakarani me réjouit.
> Qui ne se réjouirait pas de voir sur les deux rives
> La splendeur des pommiers roses
> Juste derrière ma caverne là-bas ?
> Écoute le lourd coassement des grenouilles
> Quand la troupe vorace des oiseaux s'en va[1].

---

1. Fragment d'un poème cité par H. W. Schumann, *Le Bouddha historique*, p. 215.

Dans le *Theragatha*, plusieurs strophes sont attribuées à Mahakashyapa, l'un des grands disciples du Bouddha. Ascète accompli, il est aussi un poète sensible à la beauté de la nature qu'il a contemplée en préférant les forêts et les montagnes à la vie dans les premiers monastères. Sans doute a-t-il aussi inspiré cette poésie bouddhique ouverte aux splendeurs du monde vivant.

> Sous les nuances du bleu sombre des nuages,
> Là où les rivières fraîches et claires dévalent,
> Recouvertes d'insectes indagopaka,
> Ces montagnes rocheuses m'enchantent.
> (…)
> Elles sont semblables aux fleurs de lin bleues,
> Semblables au ciel d'automne couvert de nuages,
> Parées de nuées de toutes sortes d'oiseaux,
> Ces montagnes rocheuses m'enchantent.
>
> Les foules de laïcs ne visitent pas ces collines,
> Mais elles sont peuplées de hardes de biches,
> Parées de nuées de toutes sortes d'oiseaux,
> Ces montagnes rocheuses m'enchantent.
>
> Voici de larges gorges où l'eau s'écoule,
> Que fréquentent les singes et les biches,
> Recouvertes d'un frais tapis de mousse,
> Ces montagnes rocheuses m'enchantent[1].

Ces quelques réflexions se terminent par un florilège de textes[2]. Même s'il s'agit de traductions, le souffle silencieux de l'éveil n'est pas altéré. Certes, il est très difficile de traduire la puissance de signification d'une langue monosyllabique comme le chinois, par exemple. La concision et la portée immense d'un mot bien choisi suffisent à exprimer l'essentiel sans qu'il soit nécessaire de recourir à des ornements encombrants.

Le poème ne dit que lui-même. Il laisse l'esprit s'épanouir en une expérience de clarté, d'ouverture et de sensibilité pures. Nous accueillons l'infiniment autre que nous-mêmes et dans le même temps nous le découvrons en nous, dans le lieu de notre personne.

Lire un poème et découvrir la présence de l'ultime dans l'intime de notre vie. Après chaque lecture, on peut éprouver de la joie à laisser l'esprit quelques instants en son repos naturel.

---

1. Cf. Nyanaponika Théra et Hellmuth Hecker, *Les grands disciples du Bouddha*, tome I, p. 215-216.
2. Se reporter à la Bibliographie, sections « Chants de réalisation » et « Poésies / Haïkus » pour les textes sans référence.

Florilège de textes et poèmes

Domaine indien

Vasubandhu

Auteur de traités expliquant la vue du Mahayana selon l'école de l'Esprit seul (Cittamatra), Vasubandhu (IVe s.) est surtout connu pour son « Trésor de l'Abhidharma » (*Abhidharmakosha*). Le *Poème exprimant le souhait de renaître en la terre pure* présente en vingt-quatre strophes les chapitres du « Sutra de la contemplation de vie infinie » (*Amitayurdhyanasutra*), l'un des trois sutras fondamentaux de l'école de la Terre pure. Vasubandhu s'attache à décrire avec lyrisme les ornements de la « Terre pure de l'Ouest » (Sukhavati), chante les qualités d'Amitabha et les œuvres de ceux qui le vénèrent. Ce poème accompagne l'essai consacré à la mise en pratique des seize contemplations figurant dans ledit sutra.

|str. 1|
Honoré du Monde ! de tout mon cœur,
Je prends refuge dans le Réalisé
Dont la lumière sans obstacles pénètre les dix quartiers,
Et je souhaite renaître au Pays du Bonheur paisible.

|str. 3|
Je contemple les marques de cet univers (Sukhavati) :
Il dépasse les destinées des trois mondes[1].
Pour tout dire, il ressemble à l'espace :
Il est vaste, grand, sans limites !

|str. 10|
Il pleut des fleurs, des vêtements et des parures ;
Il s'exhale de partout des parfums innombrables.
La sagesse du Bouddha brille comme un pur soleil,
Dissipant les ténèbres de la sottise du monde[2].

---

1. Les trois domaines du monde réceptacle : le domaine du désir, le domaine de la forme pure, le domaine du sans-forme. Cf. chap. 2, p. 63 et 66.
2. Extrait de *Trois soûtras et un traité sur la Terre pure*, traduction de Jean Eracle.

Domaine vietnamien

Van Hanh Nguyên (?-1018)

    Nous sommes éphémères tel l'éclair
    Comme les arbres, au printemps dix mille s'épanouissent, l'automne venu, tous se dessèchent
    N'éprouvez aucune crainte, laissez la vie disposer des moments de prospérité ou de déclin
    Car ces instants sont aussi brefs, aussi fragiles que la goutte de rosée sur la pointe d'une feuille d'herbe.

Trân Nhân Tông (1258-1308)

    Dans l'épais buisson de saules fleurissant, chantent lentement les oiseaux
    Sur la terrasse, se dessine l'ombre de ma maison, dans le ciel voguent les nuages du soir
    Ceux qui me rendent une visite amicale ne me questionnent pas sur les choses de ce monde
    Nous nous sommes simplement accoudés au balcon, portant nos regards sur les vapeurs bleutées coiffant les montagnes.

Huong Hai (1627-1715)

Voici deux poèmes qui expriment bien l'attitude d'accueil et de détachement, caractéristique de la pratique de la méditation.

    Un oiseau argenté
    vole sur le lac d'automne.
    Lorsqu'il est passé,
    la surface du lac n'essaie pas
    de retenir son image.

    Le vent souffle dans le bambou
    Et le bambou danse.
    Quand le vent s'arrête,
    Le bambou pousse en silence.

Domaine tibétain

Ne figurent ici que quatre poèmes du VIe Dalaï-Lama et de Shabkar, et un du XVIIe Karmapa Orgyèn Trinlé Dordjé. La tradition poétique se mêle profondément à la tradition tibétaine des chants d'éveil. Mais d'une façon générale la forme poétique est courante. On la retrouve dans les tantras et les textes de nature « philosophique ».

*Tsangyang Gyatso (VI*ᵉ *Dalaï-Lama, 1683-1706)*

Le baiser du givre sur l'herbe
porte l'haleine du vent froid
il est venu souffler le lien
qui unit la fleur à l'abeille

Celui qui ne sait méditer
sur l'impermanence et la mort,
fût-il le plus savant des hommes,
celui-là est pareil au fou !

Aux rives du lac enchanté
l'oie seule aimerait s'attarder.
Mais quand l'eau se glace en cristal,
elle s'envole sans regret !

Le sceau imprimé sur tes lettres
ne peut refléter ta pensée.
Préfère le sceau de l'esprit
qui partout appose le vrai !

Shabkar (1781-1851)

Il faut demeurer dans la vastitude,
alerte et lucide,
le regard embrassant l'infini du ciel,
comme sis au sommet
d'une montagne ouverte
à tous les horizons.

Dans la vastitude du ciel
sans milieu ni pourtour,
le soleil brille, illuminant
toutes choses sans élection.
« Ainsi dois-tu aider les êtres. »

Ton premier but
doit toujours être
d'engendrer et de nourrir
en ton cœur un amour
tel que la douleur d'autrui
te soit insupportable.
Fais ainsi jusqu'à la naissance
d'une vraie compassion,
naturelle et spontanée.

Blesser autrui
revient à se blesser soi-même ;
L'aider revient à s'aider soi-même.
Étaler les fautes d'autrui
revient à exhiber les nôtres ;
Souligner ses qualités
revient à révéler les nôtres.

Orgyèn Trinlé Dordjé (XVIIᵉ Karmapa, né en 1985)

Les deux poèmes ci-dessous sont des supports de méditation. Le premier concerne Mahamudra et le second rend hommage à la nature égale de tous les phénomènes (forme et vacuité étant inséparables).

> Tout comme le monde que nous voyons est semblable à une création magique,
> La cause du mental est l'esprit inaltéré par les élaborations.
> Il n'est touché ni par l'action, ni par la libération, ni par la réalisation.
> L'état où l'esprit est dénué de référence,
> C'est cela qu'on appelle Mahamudra.

> De l'espace universel immaculé s'épanche la sagesse profonde et claire,
> Dont l'essence primordiale est à jamais pure simplicité ;
> C'est un espace égal que ne troublent ni les concepts
> Ni le monde [samsara] et l'au-delà [nirvana] advenant d'eux-mêmes,
> Et je lui rends hommage.

Domaine chinois

Les dynasties des Tang (618-907) et celle des Song (960-1279) sont considérées comme l'âge d'or de la poésie classique chinoise. Celle-ci est nourrie de taoïsme, de confucianisme et de bouddhisme.

Ne figurent ici que des textes de poètes de la période tang. Leur poésie est une poésie de paysage qui nous éblouit par son ambiance silencieuse. Il existe une telle coïncidence entre le poète, la nature et la poésie que l'homme n'est plus simplement homme mais homme-paysage.

Li Po (699-762)

Après avoir reçu une formation taoïste, cultivant l'accord avec le cours naturel des choses, Li Po se consacre à l'étude et à la pratique du Chan.

> Aux Rives d'automne il y a beaucoup de gibbons blancs
> Ils se balancent, comme de la neige s'envolent
> Ils guident leurs petits à travers les branches,
> Pour aller boire et jouer avec la lune dans l'eau.

> L'eau, comme un ruban de satin blanc,
> Ici se mélange au ciel
> Mon désir, sous la lune claire,
> Monter dans une barque à vin, aller regarder les fleurs.

Pourquoi habiter la montagne de Jade ?
L'esprit libre, je ris sans répondre.
Silence de l'eau, les fleurs de pêcher glissent.
Monde au-delà du monde.

Wang Wei (701-761)

Vers la fin de sa vie, Wang Wei fut adepte du Chan. Il consacre ses dernières années à la poésie et à la peinture.

Les fleurs d'osmanthe chutent dans la paix du monde.
Calme est la nuit, vide le mont du printemps.
Oiseaux de montagne s'effraient de la lune naissant –
À travers les vallées, leurs cris intermittents se répondent...

Seul assis au milieu des bambous,
Je joue du luth et je siffle à mesure ;
Ignoré de tous, au fond des bois.
La lune s'est approchée : clarté.

La brise des pins me dénoue la ceinture ;
La lune caresse les sons de ma cithare.
Quelle est, demandez-vous, l'ultime vérité ?
Chant de pêcheur, dans les roseaux, qui s'éloigne...

Repos de l'homme. Chute des fleurs de canneliers.
Nuit calme, de mars, dans la montagne déserte.
Surgit la lune ; effrayé l'oiseau crie :
Écho des cascades printanières...

Wei Ying-wu (736 ?-830 ?)

De lui-même le monde est sonore
Et le vide à jamais silence.
Ce qui se lève au cœur du calme
Au cœur du calme se dissout.

Au bord de l'eau, seul à chérir les herbes cachées ;
Un loriot jaune chante au profond des feuillages.
Chargée de pluie, monte, au soir, la crue printanière.
L'embarcadère désert : une barque à la dérive...

Wen T'ing-yun (818-872 ?)

Le matin froid glisse de la montagne proche :
Devant mon refuge s'ouvrent les vapeurs de givre.
Nudité des forêts, soleil à ma fenêtre –
Au plein étang, le silence de l'eau.

Les fruits tombent au passage des singes,
À la foulée des biches, les feuilles craquent,
Le luth blanc apaise le bruit des pensées,
La source pure est ma compagne de la nuit.

Domaine coréen

Won'gam, XIIIe siècle

Sans se lasser, contempler
La montagne jour après jour.
Sans se lasser, écouter le chant du ruisseau.
Ainsi se clarifient écoute et regard.
Son et couleur enfantent la joie sublime.

Ch'wimisuch'o

La montagne ne m'a pas invité.
Moi aussi, je l'ignore.
Quand la montagne et moi s'oublient
Joie d'un instant libre !

Mugan, XVIIIe siècle

Le vent agite les sourcils du saule,
le cœur tremble.
De chaque vallée montent les nuages,
dans le cœur se lève la poussière.
Inutile de poursuivre les vagues du monde.
Éveillé, l'homme vrai comprend l'univers.

Kyongho, XIXe siècle

Qu'est-ce que l'illusion ?
Qu'est-ce que la vérité ?
Ni l'un ni l'autre ne sont vraies.
Brume levée, feuilles tombées,
l'automne est immaculé,
Face à la montagne immuable,
Je perçois la vérité.

Manhae (1879-1944)

Si l'attachement amoureux est un rêve,
Alors en est-il de la libération.
Si les rires et les larmes sont des rêves,
Alors en est-il de l'illumination du non-esprit.
Si les lois qui régissent toutes vies ne sont qu'un rêve,
Alors j'atteindrai l'immortalité dans le rêve d'amour[1].

---

1. Extrait de *Everything Yearned For. Manhae's Poems of Love and Longing*, Wisdom Publications, 2005. Traduit de l'anglais par nos soins.

Domaine japonais

Sôsan (?-606)

La Voie est ronde et parfaite comme l'espace
Rien ne lui manque, rien n'est en trop.
En vérité, c'est parce qu'on prend et qu'on rejette
Qu'on oublie ce qu'elle est.

Ne courez pas après les phénomènes
Ne demeurez pas dans la vacuité
Si l'esprit est unifié dans la paix
Cette dualité d'elle-même disparaît.

Si l'esprit n'est pas soumis aux différenciations,
Toutes les existences du cosmos deviennent une unité.
Tout est rien.
L'existence est *mu*, rien.
Le rien est l'existence.
Bouddha est un être ordinaire.
Un être ordinaire est Bouddha.

Saigyô (1118-1190)

Multiplier mille fois le corps
pour voir les fleurs s'épanouir
et s'unir à elles une à une
sur toute branche
en toute montagne

Sur un arbre debout
dans l'escarpement
d'un champ désolé
une tourterelle appelle l'ami
cri éperdu dans le crépuscule

Au plus profond du mont
la lune claire
lumière absolue
elle absorbe tout souvenir
et il ne reste rien

Dôgen (1200-1253)

Sur les eaux de l'esprit
la lune paisiblement s'épanouit
qu'une vague les trouble
elle pénètre jusqu'au fond
et la boue devient lumière.

Ce monde
à quoi le comparer ?
à la goutte qui tombe
du bec de l'oiseau d'eau,
et réfléchit le clair de lune.

Sous la neige
ont disparu les herbes de l'hiver
un héron blanc
cache son corps
à l'ombre de la blancheur.

Tout son qui atteint mon oreille
est une voix.
là, à l'instant,
c'est mon ami !
il n'est rien qui ne me parle.

● Les haïkus

Créé au sein de la bourgeoisie japonaise du XVIe siècle, le haïku est devenu avec Bashô (1644-1694) la forme littéraire zen par excellence. Poème en trois vers de dix-sept syllabes (5/7/5), le haïku est l'expression du satori. En un minimum de paroles, et sur un ton parfois enjoué, le poète tente d'exprimer spontanément l'harmonie parfaite entre l'homme et la nature. Il le fait sans fioritures, sans préciosité, car le créateur de haïkus aime la vie simple. Captant la magie du monde ordinaire, il puise dans la banalité du quotidien matière à son art.

Un haïku n'explique rien, mais suggère. Par sa brièveté et l'aspect minimaliste des descriptions, il n'offre aucune prise à l'intellection. Sa force repose sur l'intensité, la simplicité et la précision des images. Le haïku se contente d'« évoquer quelque chose » avec un œil qui perçoit l'harmonie de l'univers dans un détail infime. Ici la parole poétique ne surgit pas seulement du silence contemplatif dans lequel est plongé le poète, elle montre la présence de l'éveil dans l'infinie variété des apparences. « Cette attention portée à l'infime, nous disent les traducteurs de l'*Anthologie du poème court*[1], cette tendresse envers le monde et toutes les créatures vivantes, principe bouddhi-

---

1. *Haïku*, p. 9.

que s'il en est, participe aussi d'un souci constant du détail, caractéristique de l'art japonais. »

Le haïku témoigne aussi d'un rapport intense au souffle. Au moment de la lecture, on commence à inspirer calmement. Le regard se rapproche de la première lettre. Courte pause. Puis sur le déroulement de l'expiration se produit la récitation du poème. La respiration s'épuise en même temps que le filet de mots disparaît. On distingue donc trois phases. Tout d'abord un grand silence. Au moment de la récitation, l'intense présence du monde et la présence à soi. Puis de nouveau le silence... Effet de miroir. Le haïku propose au lecteur ou à l'auditeur d'examiner sa propre vie en pénétrant dans la profondeur des choses. Bashô décrit ainsi l'essence du haïku : « Une branche de saule touchée par une brise légère et qui, pendant un court instant, se balance. »

Petites étincelles d'éveil faites de mots sans ombre, les haïkus sont une œuvre ouverte et ouvrante. Des images pures se dressent vivement devant l'esprit et font surgir l'évidence qu'elles désignent. En s'effaçant, les mots laissent deviner dans la fluidité du temps qui passe la présence d'un invariant au cœur de l'instant. Cet invariant, c'est la nature essentielle de l'homme et ce qui semble stable dans la nature. Si la posture de méditation est la lettre sublime d'un alphabet du corps, le haïku est la posture méditative que prend le langage.

Matsuo Bashô (1644-1694)

Au printemps qui s'en va
les oiseaux crient –
les yeux des poissons en larmes

La cloche se tait –
les fleurs en écho
parfument le soir !

Au nectar d'orchidée
le papillon
parfume ses ailes

Dans le champ de colza
les moineaux font mine
de contempler les fleurs

Nuit d'été –
le bruit de mes socques
fait vibrer le silence

Sur le sentier de montagne
le soleil se lève
au parfum des pruniers

Ueshima Onitsura (1661-1738)

À l'entrée du jardin
fleurit le blanc
d'un camélia

Fraîcheur du vent –
la voix des pins
emplit le ciel vide

Yosa Buson (1715-1783)

Le printemps qui s'éloigne
hésite
parmi les derniers cerisiers

Dans les jeunes herbes
le saule
oublie ses racines

Pluie de nacre
sur les tables –
les pruniers perdent leurs fleurs

On laboure les champs –
même le nuage immobile
s'en est allé

Nuit brève –
la chenille retient
les gouttes de rosée

Les montagnes au loin –
reflet des prunelles
d'une libellule

Saryû (?- ?)

Le saule
peint le vent
sans pinceau

La brise du matin
courbe les poils
d'une chenille

Ryôkan (1758-1831)

Le voleur parti
n'a oublié qu'une chose –
la lune à la fenêtre

À la surface de l'eau
des sillons de soie –
pluie de printemps

Sans souci
sur mon oreiller d'herbe
je me suis absenté

Le monde
est devenu
un cerisier en fleurs

Kobayashi Issa (1763-1827)

Un monde
qui souffre
sous un manteau de fleurs

L'automne vient –
le chiot qui ne le sait pas
est un Bouddha

Dans la rosée blanche
je m'exerce
au paradis

Sur la feuille de lotus
tourne
la rosée du monde

12

L'ondée de silence

« Moines, deux choses participent de la connaissance : le silence tranquille et l'intériorité. »

Le Bouddha

« La personne en état de silence et de paix reste dans son état naturel. »

Ramana Maharshi

1. Une guirlande de mots et de silences

Au VIe siècle avant notre ère, l'Indien connaît la valeur du silence. L'éducation au silence dans les ermitages rend sensible à d'autres langues. Le Bouddha montrera une fleur, des feuilles ou la lune en guise d'enseignement. Il fera des gestes que la sculpture va codifier et les rituels tantriques utiliseront les mudras, ces danses des mains d'où rayonnent des ondes de forme. Un regard ou le repos du corps dans sa plénitude seront parfois des actes plus accomplis que la parole. Plongé dans le plus profond recueillement, le Bienheureux laissera sa seule présence au monde suggérer l'évidence. On lit dans le « Traité de la grande perfection de compréhension » (*Mahaprajnaparamitashastra*) : « Le Bouddha plongé en samadhi n'est pas agité par les choses du monde. (…) Il émet des sons et répond à la façon d'un écho. Telle une musique divine qui émet des sons automatiquement (…), le Bouddha parle automatiquement par tous les pores de son corps[1]. » On pense à la réponse de Socrate aux attaques

---

1. Trad. Lilian Silburn, *Le bouddhisme*, p. 495.

du sophiste Hippias : « Je ne cesse de faire voir ce qui me paraît être juste. À défaut de la parole, je le fais voir par mes actes. »

D'où nous sommes, le silence du Bouddha est le signe d'une reliaison. Dans le silence, on ne se représente rien. On vit en se sentant plus heureux d'appartenir à l'infini de la vie qu'à soi-même. Le silence est vivant. Ce que l'on dit vieillit et meurt dès que les mots sont prononcés. La naissance de la parole la conduit à sa propre mort. Le silence ne voyage pas dans la linéarité. D'où les efforts de la musique indienne pour *faire sentir* la rondeur du silence.

La parole du Bouddha va de pair avec la profondeur de son silence. Il a tressé une guirlande de mots et de silences. Il est très important de ressentir la relation entre les mots et l'enseignement par le silence. N'oublions pas que le Bouddha est le Mahamuni, le « grand silencieux ». Il parle à partir du silence et en même temps sa parole conduit au silence. En répondant à ceux qui sont en quête de sens, il utilise l'outil commun : la parole. Mais jamais il ne sombre dans les abus de langage ou les emplois hasardeux. Il parle en toute conscience avec le souci constant d'aider ses interlocuteurs en leur faisant découvrir leurs possibilités intérieures. Vient un moment où le discours devient incapable d'exprimer l'essentiel. Le Bouddha gagne alors le silence pour faire entendre l'autre grand pan de la voie bouddhique : la réflexion personnelle, la méditation sur le sens de l'enseignement et la pratique d'un mode de vie qui apaise l'esprit et permet de mieux vivre. L'usage de la parole ne vise donc pas à informer mais appelle le silence qui éduque à la portée et au sens de la transformation intérieure.

L'initiation par le silence a souvent été considérée comme la plus parfaite. Elle est l'expression de la non-dualité. Toutes les autres formes d'initiation qui font appel au regard, au toucher, à la parole, exigent la relation dialectique du sujet et de l'objet. Comparativement, elles demeurent secondaires. Le silence de l'éveil parle de cœur à cœur et s'adresse à celui qui écoute avec le cœur. C'est le langage le plus pur parce qu'il dissout dans l'esprit du disciple la pensée qu'il est différent du maître.

Cependant, rares sont les disciples qui s'éveillent en écoutant simplement l'enseignement, plus rares encore en demeurant présents au silence du maître. Pour parvenir à contrecarrer les effets de l'ignorance – oubli du *réel que nous sommes* et obstacles à son actualisation –, les disciples écoutent maintes et maintes fois la parole éveillante[1], réflé-

---

1. Maître Dôgen, s'adressant à des apprentis de l'éveil, leur dit : « Relisez et réécoutez les textes sacrés, encore et encore, même si vous les connaissez déjà. Et même si vous avez déjà entendu les paroles du maître, réécoutez-les encore et encore. Votre esprit s'approfondira de plus en plus », *Les enseignements du maître zen Dôgen*, p. 204-205.

chissent au contenu des enseignements et pratiquent la méditation afin d'en acquérir la compréhension directe. Ces trois étapes forment une boucle dynamique qui favorise l'épanouissement de la connaissance supérieure. Sa maturation conduit à réaliser la continuité du silence, de la parole et de l'écrit. Ainsi dans le « Sutra des enseignements de Vimalakirti », la déesse qui apparaît pour instruire et aider tous les êtres dit au grand disciple Shariputra : « La parole et l'écrit sont libération (…) parce que la libération n'est ni intérieure ni extérieure, et ne se trouve pas entre les deux. De même, le langage n'est ni intérieur, ni extérieur, ni intermédiaire, si bien qu'on explique la libération sans renoncer au langage, parce que tous les phénomènes sont "libération"[1]. »

2. Déposer les questions

• Décantation

Au temps du bouddha Shakyamuni, nombre d'ascètes et de maîtres défendent diverses théories métaphysiques et philosophico-religieuses. Au fil de ses pérégrinations, le Bienheureux aurait été amené à se démarquer de positions théistes, matérialistes, éternalistes ou nihilistes[2]. Son propos consiste essentiellement à souligner les limites inhérentes aux opinions souvent spéculatives que l'entendement humain est toujours en mesure de réfuter. Conceptuellement, il est possible de soutenir toutes sortes de thèses et d'abstractions. Cependant conduisent-elles à la véritable paix ?

Le propos du Bouddha n'est pas de critiquer les positions d'autrui ou de débattre avec un quelconque « adversaire ». Il n'y a pas plus d'ego à défendre que d'idéologies, de systèmes de croyance, de points de vue philosophiques. Il s'agit d'apprécier l'utilité de la pensée mais aussi de percevoir ses limites. Utilité indiscutable puisqu'elle peut soutenir la démarche spirituelle. Grâce à elle, le discernement se déve-

---

1. *Soûtra de la liberté inconcevable. Les enseignements de Vimalakîrti*, p. 112.
2. Les textes anciens, dont le *Samannaphalasutta*, mentionnent les positions de six grands maîtres qui auraient été débattues par les bouddhistes de la première génération. Cf. Môhan Wijayaratna, *La philosophie du Bouddha*, p. 37 et s. Le *Brahmajalasutta* qui débute le corpus des suttas (*Suttapitaka*) signale que le Bouddha aurait réfuté jusqu'à soixante-six opinions distinctes.

loppe et la compréhension ouvre des perspectives plus larges à l'esprit. Cependant, au cours de son usage, elle découvre elle-même son impuissance lorsqu'elle bute devant le caractère énigmatique de la réalité. On peut s'interroger continuellement sur le sens de l'existence et passer sa vie à trouver des palliatifs à la peur. Par conséquent, la pensée ne peut constituer un fondement totalement fiable à la connaissance. Sous l'emprise de l'ego, elle est capable de tricheries, de stratégies nocives, d'inventions totalement virtuelles. Ainsi peut-on élaborer de vastes constructions conceptuelles, cheminer dans les labyrinthes de la réflexion et s'y perdre.

Le questionnement n'existe que dans la langue

Quatorze questions d'ordre métaphysique interpellent les penseurs du VIe siècle avant notre ère : [1] L'univers est-il éternel ? [2] L'univers est-il non éternel ? [3] L'univers est-il à la fois éternel et non éternel ? [4] L'univers est-il à la fois ni éternel ni non éternel ? [5] L'univers est-il fini ? [6] L'univers est-il infini ? [7] L'univers est-il à la fois fini et infini ? [8] L'univers est-il à la fois ni fini ni infini ? [9] Le principe vital et le corps sont-ils identiques ? [10] Le principe vital et le corps sont-ils deux choses distinctes ? [11] L'être libéré existe-t-il après la mort ? [12] L'être libéré n'existe-t-il plus après la mort ? [13] L'être libéré existe-t-il et n'existe-t-il pas à la fois après la mort ? [14] L'être libéré est-il à la fois ni existant ni non existant après la mort ?

Face au questionnement métaphysique, le Bienheureux se présente en fin pédagogue. Le disciple Malunkyaputta pose plusieurs de ces questions au Bouddha[1]. Celui-ci ne répond pas directement et se contente d'affirmer qu'elles n'ont aucun intérêt dans la perspective de la libération spirituelle. De ce fait, elles doivent être considérées comme des « questions auxquelles le Bouddha n'a pas apporté de réponse ». Les spéculations ne seraient-elles que de simples abus du langage ? Prenons l'exemple de la première interrogation. Le questionneur suppose qu'il existe « quelque chose » que l'on peut appeler l'univers. Avant de pouvoir définir sa qualité, s'est-il posé la question de savoir ce qu'*est* vraiment l'univers ? A-t-il une origine, un commencement et une fin ? Est-il un phénomène autonome ? Des astrophysiciens comme Stephen Hawking ou Trinh Xuan Thuan nous ont appris qu'il existait autant d'univers que de théories et de descriptions sur ce que nous appelons, par un formidable raccourci, l'*univers*.

---

1. Voir le *Cula-Malunkya-sutta* (« Les questions inutiles ») traduit par Môhan Wijayaratna dans *Sermons du Bouddha*, p. 129-137.

Si la réalité de l'univers n'est pas concevable en marge d'une théorie qui décrirait son histoire, ses lois et ce qu'il contient, cela implique qu'il existe une part énorme d'indicible. Ainsi, le langage n'offre qu'une représentation très partielle et partiale du phénomène. Cette représentation co-émerge avec le sujet qui la conçoit. Par conséquent, l'univers dont nous parlons existe en relation avec la conscience qui le perçoit comme tel. Cela implique une adéquation profonde entre le monde et le langage qui soutient toute représentation. D'une certaine façon, la réalité de l'univers s'exprime par euphémisme dans la langue. Nous n'obtenons qu'un reflet infime d'un phénomène inexplicable. « Quelque chose se produit », « quelque chose » que nous nommons l'univers et dans lequel nous sommes complètement inclus. C'est justement par cette appartenance à la totalité du vivant que la question « l'univers est-il éternel ? » reste un mystère et non pas un problème que l'on pourrait résoudre. Elle supposerait en effet que l'on se pose simultanément les questions attenantes : « L'homme est-il éternel ? », « Qu'est-ce que l'homme ? » et bien sûr « Qu'est-ce que l'éternité ? ».

Par son silence ou ses réponses indirectes, le Bouddha montre à son interlocuteur que ses propositions interrogatives comportent des signes (verbe « être », « univers », « éternel ») dont il n'a pas éclairé la signification et les implications. Le verbe « être », par exemple, réifie la réalité qu'il désigne. En posant la question « l'univers est-il éternel ? », Malunkyaputta postule involontairement que l'univers *est*, au sens où il serait une totalité et posséderait une existence perdurable et indépendante, en dehors de la conscience qui le nomme. Le Bouddha n'affirme pas l'existence ou l'inexistence de l'univers. Sa position médiane est fort bien résumée dans ce poème du *Zen-rin-kushu* : « Vous devez vider "être" de sa signification, et ne pas considérer "n'est pas" comme réel[1]. » Si Malunkyaputta se montrait cohérent, il conviendrait qu'il commence par clarifier l'usage qu'il fait du langage. Car ce qui importe au fond, ce n'est pas de savoir ce qu'implique l'interrogation « L'univers est-il éternel ? » Ce qui compte, c'est de comprendre qu'on ne peut exprimer l'irreprésentable et que nous sommes ensorcelés par l'usage que nous faisons des mots, usage qui nous pousse à nous enfermer dans la seule compréhension intellectuelle. Les dix questions sont donc laissées telles quelles parce que dans leurs termes elles détruisent la possibilité de toute réponse. L'impossibilité de répondre annule la réalité de la question. Finalement, se fondant sur la représentation dualiste du réel, le questionnement n'existe que dans la langue – la langue et cette représentation

---

1. Voir J. Masui, *L'exercice du kôan*, p. 71.

demeurant inséparables. Le silence du Bouddha invite le questionneur à éprouver cette réalité.

Le silence épuise la logique dans laquelle nous enferme la volatilité de la pensée discursive. Il met un terme au déroulement de la dialectique en dévoilant l'une des particularités d'un langage qui « ne parle pas des choses ni du monde mais parle de lui-même et avec lui-même[1] ». Les silences du Bienheureux constituent une méthode pour désamorcer tout le processus de la pensée discursive en invitant le questionneur à élucider sa position initiale et son rapport au langage. Par conséquent, les silences ne « disent » pas quelque chose mais reflètent une posture de l'esprit. Cette posture devient lisible dans la présence que le corps du Bouddha donne à voir, frémissement inaudible de l'éveil. Dans une certaine mesure, ce comportement fonde la dialectique abolitive employée par Nagarjuna, dialectique qui consiste pour l'essentiel à ne dégager aucune thèse mais à dissoudre toutes les catégories conceptuelles en les poussant à leur terme pour laisser vivre une expérience libre des mots.

Des questions vaines

L'*Uttiyasutta* intensifie cette réflexion en proposant une issue pratique. Uttiya, un jeune homme appartenant à un groupe d'ascètes brahmaniques érudits et très ouverts aux visions autres que les leurs, a souhaité rencontrer le Bouddha pour lui poser dix des quatorze questions métaphysiques. Après chaque interrogation, Uttiya ajoute : « Pensez-vous que cette opinion seule est la vérité, que le reste n'est qu'absurdité ? » À chaque fois, le Bouddha répond par la négative. Pressé par le jeune homme qui aimerait connaître ce qu'il a vraiment dit, l'Éveillé affirme simplement qu'il « enseigne la doctrine aux auditeurs et cette doctrine-là a pour but la pureté [par rapport aux souillures mentales], la suppression du chagrin et du désespoir, la fin de la souffrance et de la dépression, l'obtention de la haute sagesse et la réalisation du nibbana[2] [nirvana] ». Uttiya ne semble pas encore satisfait puisqu'il surenchérit : « Dites-moi, honorable Gautama, par cette doctrine, est-ce que le monde sera sauvé complètement, ou sera-t-il sauvé à moitié, ou bien seulement au quart ? » Et là, le sutta indique qu'à cette question, « le Bienheureux garda le silence ».

Il est dit qu'un maître parfaitement accompli peut saisir intuitivement le mouvement de la pensée, connaître l'état de conscience et les intentions de la personne qui l'interroge. Le Bouddha cesse de répondre

---

1. Expression d'Octavio Paz, *Le singe grammairien*, Flammarion, 1972, p. 20.
2. Môhan Wijayaratna, *Les entretiens du Bouddha*, p. 68.

aux questions voyant qu'Uttiya ne parvient pas à une compréhension libre de toute conception. Son silence scelle l'impasse dans laquelle le jeune brahmane s'est faufilé. Le fidèle disciple Ananda assiste à la scène. Pressentant qu'Uttiya repartira insatisfait et déçu, il prend la parole en ces termes pour justifier le silence du Bienheureux :

> Ô ami Uttiya, je vous raconterai une parabole (...). Supposons, ô ami Uttiya, qu'un roi ait une ville frontalière bien protégée avec des fondations fortes, une grande muraille et des tours, mais seulement une seule porte. Cette porte a un gardien très intelligent, savant et attentif, et il empêche d'entrer ceux qui n'ont pas une identité précise, il laisse entrer ceux qui ont une identité établie. Quand il fait son tour de contrôle, il ne voit aucune fissure dans la muraille ni de trou assez grand pour que même un chat puisse y pénétrer. Toutefois, il ne tente pas de savoir combien de gens sont entrés dans cette ville ou combien en sont sortis. Mais il sait sûrement que tous les êtres qui sont entrés dans cette ville et qui en sont sortis l'ont fait par cette unique porte. De même, ô ami Uttiya, la question : « la doctrine sauve-t-elle le monde entier, ou bien une moitié ou un quart ? » n'est pas un cas important pour le Tathagata[1].

La porte dont parle Ananda représente ce qu'il est bon de cultiver et d'abandonner[2]. Il mentionne, entre autres, les *sept facteurs d'éveil** à développer : l'attention, le discernement, l'effort, la joie, la sérénité, le recueillement et l'équanimité.

Revenir au terrain de l'expérience

Le Bouddha suggère de revenir au terrain de l'expérience. Il renvoie constamment son interlocuteur à l'état au-delà de la pensée discursive, là où le recueillement de la parole est un prélude à la quiétude infinie. Il l'incite à observer la valeur de son questionnement une fois placé sous l'angle d'une perspective thérapeutique. Pour cela, il prend l'exemple d'un homme blessé par une flèche empoisonnée. Si le patient refuse que le chirurgien le soigne avant de connaître le nom de l'archer, son aspect physique, la corde employée sur l'arc, cet homme mourra avant d'obtenir une réponse à ses questions. Le Bouddha agit en thérapeute. Il laisse ces interrogations sans explication parce que dit-il :

> La connaissance de ces choses ne fait faire aucun progrès dans la voie de la sainteté, parce que cela ne sert pas à la paix et à l'illumination. Ce qui sert à la paix et à l'illumination, voilà ce que le Bouddha a enseigné aux siens : la vérité sur la douleur, l'origine de la douleur, la suppression de la douleur, le chemin qui mène à la suppression de la douleur[3].

---

1. *Ibid.*, p. 68-69.
2. Voir le tableau 6. Les différents obstacles à surmonter et les qualités permettant d'y parvenir (chap. 4, p. 157).
3. *Cula-Malunkya-sutta*, trad. de E. Lamotte dans *Histoire du bouddhisme indien*, p. 53.

Efficacité et préservation de l'énergie vitale

Dans d'autres circonstances, alors qu'il est en retraite près d'une vaste forêt d'arbres simsapa sous lesquels il aime méditer, il lève une poignée de feuilles à bout de bras et interroge les moines :

> « Bhikkhus, le nombre de feuilles dans ma main est-il supérieur à celui des feuilles de toute la forêt ?
> – Non, répondirent-ils en chœur.
> – De la même façon, ce que je vois est plus vaste que ce que j'enseigne. Pourquoi ? Car je n'enseigne que les éléments véritablement nécessaires et utiles à l'éveil[1]. »

La démarche du Bienheureux vise l'efficacité : délaisser l'inutile et ne recourir qu'au nécessaire pour amorcer un processus dont les effets conduisent à se libérer avec une certaine aisance des obstacles au nirvana. De ce point de vue, la connaissance métaphysique, même si elle devient un exercice jubilatoire, demeure une activité sans fin : une gesticulation suspendue au-dessus de l'abîme de l'inconnaissable, un combat contre des énigmes, et au final, une lutte épuisante et vaine[2].

La parole la plus efficace est présence pure – un silence incitatif. Le Bouddha place le questionnement métaphysique face au silence pour que le questionneur entende qu'il devra progresser par lui-même. Si une interrogation demeure et se substitue à toutes les autres, c'est bien celle-ci : « Que dois-je connaître et faire pour m'éveiller ? » La vie du Bouddha nous a montré que le chemin des extrêmes (ascèse morbide et hédonisme) anéantissait la vitalité. Le questionnement métaphysique emboîte le pas de cet épuisement. Mais il ne s'agit pas de tourner le dos ou de fuir le questionnement. Si le maître-mot est l'efficacité, il convient simplement d'intégrer l'activité de la pensée à un mode de vie permettant d'apaiser l'esprit et d'éveiller la compréhension. Cette intégration laisse apparaître les relations profondes entre les trois étapes de la compréhension (l'écoute ou l'étude des enseignements, la réflexion sur leur signification, la méditation qui permet d'en acquérir la compréhension directe).

Fluidité et effacement

Face au questionnement métaphysique, le Bouddha demeure sans parti pris car la sagesse adapte sa réponse pour aider l'esprit qui questionne à s'extraire du doute négatif, de l'opacité et de la torpeur. L'atti-

---

1. Extrait du *Majjhimanikaya* (128) selon la traduction de Thich Nhat Hanh, *Sur les traces de Siddharta*, p. 254.
2. Dans ses *Pensées*, Pascal fait écho à ce point de vue en écrivant que « la maladie principale de l'homme est la curiosité inquiète des choses qu'il ne peut savoir ».

tude sans parti pris consiste à ne s'attacher à aucune position intellectuelle, à demeurer sans position arrêtée, à ne rien figer dans des représentations mentales, pour ne pas se laisser posséder par des idées et manipuler par le mental discursif. Ainsi permet-elle de se soustraire aux querelles stériles et aux bavardages. Aucune idée n'est privilégiée au détriment des autres. Aucune idée n'est posée comme définitive. Cette attitude est aussi une expression de non-violence fondamentale et d'amour infini. Le Bouddha n'impose rien et ne s'impose pas. Il s'efface. Le silence accentue cet effacement. Tel un masque, il rend le Bouddha insaisissable. Mais en même temps, il fait sentir au questionneur combien sa position risque de disperser sa pensée et de le conduire dans une impasse.

Le questionneur éclairé devient alors un observateur attentif. Il comprend que les questions émanent d'un moi oppressé cherchant à étancher sa soif de sécurité. Il sait désormais que s'il persiste dans cette direction, il va s'enferrer dans la clôture du moi. Il constate aussi qu'en présence du Bouddha silencieux le souci de la connaissance s'éteint. Dès lors, son questionnement paraît sans fondement. Le retrait du questionneur l'éveille à l'évidence que « tout est là » : rien à ajouter, rien à retirer.

La clôture s'ouvre. L'interlocuteur cesse d'être celui qu'il était avant la rencontre. Il entre en communion silencieuse avec l'Éveillé. Il découvre qu'il n'y a rien à apprendre mais à ressentir ce que c'est d'exister. Ce procédé le conduit à décider s'il redevient celui qu'il a été ou si, au contraire, il accepte d'atteindre un niveau d'existence qui mène à la compréhension du sage. Ramana Maharshi disait : « Mauna (le silence) est l'initiation la meilleure et la plus puissante. (…) Le silence initiatique change le cœur de tout homme[1]. »

● Kôan et *sans-penser*

L'examen de ce que nous sommes nécessite de grandes plages de silence. Ce silence est une force communiante, une reliaison avec la vie. Pour entraîner l'esprit à goûter sa présence, on apprend à délaisser les filets de la pensée discursive. Nous avons vu le rôle que peut jouer ici la pratique poétique et l'abandon du questionnement métaphysique.

Le travail sur l'énergie de la pensée, avant que celle-ci ne soit un acte et ne donne lieu à des formulations, est une approche que les

---

1. *L'enseignement de Ramana Maharshi, op. cit.*, § 381, p. 372.

maîtres des traditions Chan et Zen ont méticuleusement développée. On trouve au sein des richesses scripturaires bouddhiques une littérature qui illustre le passage d'une économie de l'abondance verbale à celle d'une ascèse mesurée. D'origine chinoise, cette littérature prend une place capitale dans le Zen au point que son étude et sa compréhension sont presque plus cruciales que celles des sutras importants[1], de leurs volumineux commentaires et des traités madhyamakas.

Cette « littérature » typiquement zen, appelée *roku*, rassemble, sous forme d'anthologies, des anecdotes, des bribes d'entretiens (jap. *mondo*) et des kôans. Elle a l'avantage d'aller directement au « cœur du sujet » et de pointer la présence avant tout jugement et toute parole. L'humour, les outrances, voire les grossièretés[2], déroutent la pensée dualiste pour déjouer les habitudes et les fixations mentales. L'humour et les paradoxes apparents qui animent le kôan coupent court à une logique linéaire et cherchent à montrer l'inexprimable. Une parole qui poserait une vérité toute faite et définitive, ou qui laisserait la possibilité de s'appuyer sur un concept ne serait pas une parole d'éveil. Taisen Deshimaru nous l'explique :

> Quand les maîtres zen répondent aux questions de leurs disciples par une énigme qui ressemble à une blague absurde, il ne s'agit pas d'une plaisanterie. Le maître s'efforce toujours d'amener l'élève à aller au-delà. Il ne soutient pas une thèse, mais présente l'autre extrémité de la proposition, afin que l'interlocuteur trouve de lui-même le juste milieu. Si je dis : « Quand on meurt, toute chose meurt », ce n'est pas hors de la vérité, mais ce n'est pas toute la vérité. Nous devons aller au-delà ! À la question : « Qu'est-ce que l'essence du Bouddha ? », Houang-Po répond : « Le balai des toilettes. » Je dis parfois : « Cette statue de Bouddha devant laquelle je m'incline n'est que du bois, elle n'est rien, elle peut brûler, cela n'a aucune importance : cependant je m'incline avec le plus profond respect par trois fois devant elle, car elle symbolise l'absolue bouddhéité, la nature divine. » Il s'agit de voir toutes les faces d'un phénomène. (...) Le Zen est éducation silencieuse. Dans le silence s'élève l'esprit immortel et sans parler la joie vient[3].

Voici quelques exemples qui illustrent ces propos :

Nan-in, maître japonais sous le règne des Meiji (1868-1912), reçut un jour un professeur de l'université venu s'informer sur le Zen. Comme il servait le thé, Nan-in remplit la tasse de son visiteur à ras bord et continua à verser. Le professeur regarda le thé déborder, jusqu'à ce qu'il s'écrie, excédé :

---

1. Le « Sutra du diamant coupeur », le « Sutra du cœur », le « Sutra du lotus », le « Sutra de l'entrée à Lanka » ou le « Sutra de l'ornementation fleurie des bouddhas », par exemple.
2. Les méthodes d'enseignement zen sont parfois plus que radicales. Lin-tsi, un grand maître du XVe siècle, rotait au visage de ses disciples pour les inciter à conserver une attitude juste.
3. *La pratique du Zen*, p. 28.

« Plus une goutte, ma tasse est pleine !
– Tout comme cette tasse, dit Nan-in, tu es rempli de tes propres opinions. Comment pourrais-je te montrer ce qu'est le Zen ? »

« Quel est votre visage originel, celui que vous aviez avant même votre naissance ? » demande Houei-nêng[1] au moine Ming qui le presse de lui révéler le secret du Zen.

Quelqu'un demanda au maître zen Dong Shan : « Qu'est-ce que Bouddha ? » Dong Shan répondit : « Trois livres de lin. »

Cas 9 – Kôan 24 du *Wumenguan* (jap. *Mumonkan*, « La passe sans porte ») du maître Chan Wumen Huikai (1183-1260) :
Un bonze demanda à Fengxue : « La parole et le silence sont tous les deux le fonctionnement interne et externe de l'esprit, comment s'en sortir sans se tromper ? »
Fengxue répondit : « Je me rappelle toujours la lune sur le fleuve Jiang, les perdrix y chantaient, les dix mille fleurs embaumaient l'air. »

Cas 13 – Kôan 37 du *Wumenguan* :
Un bonze demanda au maître Zhaozhou : « Quelle est la signification de la venue en Chine du premier patriarche [Bodhidharma] ?
– Le cyprès dans le jardin », dit Zhaozhou.

Cas 47 de *La flûte de fer (cent kôans zen commentés)* :
Un jour, Tcha-tcheou visita la salle d'enseignement d'un frère moine. Il monta sur l'estrade, portant avec lui son grand bâton, et tourna la tête d'est en ouest, puis d'ouest en est.
« Que fais-tu là ? demanda le frère moine.
– Je mesure l'eau, répondit Tcha-tcheou.
– Il n'y a pas d'eau. Pas une seule goutte. Comment pourrais-tu la mesurer ? » s'étonna le moine.
Tcha-tcheou posa son bâton contre le mur et s'en alla.

Quatre kôans « classiques » illustrant l'expérience de la non-dualité :
- L'homme regarde la fleur, la fleur sourit.
- L'homme regarde le miroir, le miroir regarde l'homme.
- Un poing fermé ne peut rien prendre, une main ouverte peut tout recevoir.
- Quel est le son d'une seule main ?

Six kôans transmis à Taisen Deshimaru par son maître Kôdô Sawaki (commentaire entre crochets de T. Deshimaru) :
- Une seule main, pas de son. [*Unir les contraires.*]
- Le bambou existe au-dessus et en dessous de son nœud. [*Le Zen est une voie sans impasse.*]
- Le vent calmé, les fleurs tombent encore. [*Les phénomènes, les illusions sont inclus dans le calme.*]

---
1. Sixième patriarche chinois (638-713) du Chan/Zen.

- Sur le zafu[1] personne, sous le zafu pas de sol. [*Zazen*]
- Un cercle, la belle lune illuminée brille sur l'esprit du Zen. [*Le cercle : le Tout.*]
- Au milieu de la nuit dernière, la lune merveilleuse à la fenêtre. [*La vie cosmique est venue me voir, est entrée en moi en zazen.*]

Le maniement du kôan :
une braise incandescente au creux de la main

Dans le Zen Rinzai, chaque étudiant reçoit de son maître un kôan. Selon une image traditionnelle, le disciple, délivré de toute pensée, jette le kôan au fond de son esprit, comme on lancerait une pierre au centre d'un étang. Il observe ensuite l'effet produit. Une brèche peut apparaître dans sa conscience. Parfois, dans un état libre de dualité, survient le satori, l'expérience de l'éveil.

Le kôan ressemble à la surface limpide d'un miroir. Si l'étudiant tente d'esquisser une explication, il voit surgir des paradoxes ou des contradictions comme autant de reflets disgracieux. Prenons le troisième exemple dans la série citée plus haut : « Quelqu'un demanda au maître zen Dong Shan : "Qu'est-ce que Bouddha ?" Dong Shan répondit : "Trois livres de lin." » La réponse de Dong Shan établit une parenté inattendue qui rompt les réflexes de la pensée établie. Comment peut-on soutenir que l'Éveillé est l'équivalent de trois livres de graines oléagineuses ? L'un a-t-il la même valeur que l'autre ? Et pourquoi pas quatre livres au lieu de trois ? La construction inverse tient-elle ? Dong Shan aurait-il répondu « Bouddha » si la personne lui avait demandé : « Qu'est-ce que trois livres de lin ? » On pourrait ainsi poursuivre le questionnement et laisser le mental discursif s'enferrer dans son propre bavardage sans que la lumière soit faite sur la réponse.

La forme de l'énoncé brise la cohérence des significations attendues sans mettre en accusation le langage ou la pensée. Le kôan ne se fie pas à la parole pas plus qu'il ne s'en défie. C'est un jeu de langage qui invite le mental au repos en révélant les limitations de la conception et les clivages qu'elle engendre. Si l'étudiant aspire à comprendre par le biais d'opérations purement mentales, le kôan cesse alors d'être opérant. Il perd sa propriété essentielle : conduire l'esprit jusqu'aux portes du silence, au seuil de l'expérience indicible de l'éveil.

Affirmer l'indifférenciation de « Bouddha » et de « trois livres de lin » consiste à gommer les différences entre les deux signifiants. Ils s'annulent mutuellement. Le langage évoque et ne représente rien. Position incongrue pour l'entendement, d'où s'élève une apparente confusion. Les mots cesseraient-ils de coller aux choses qu'ils sont

---

1. Coussin de méditation.

censés désigner ? Les signifiants seraient-ils purement aléatoires ? La réponse opère un renversement. Elle questionne la question en demandant implicitement à l'étudiant : « Qu'est-ce que questionner ? », « que peux-tu savoir ? », « qu'est-ce que savoir ? », « où es-tu et qui es-tu quand tu poses ta question ? », « que se passe-t-il derrière ou en amont de ta question ? » La réponse joue avec la vie des mots pour relier le disciple au vif et à la nudité de l'expérience. Pousser à ressentir directement plutôt qu'à concevoir.

Au niveau relatif, la différence entre « Bouddha » et « trois livres de lin » relève du bon sens. Au niveau ultime, tous les efforts d'imputation paraissent artificiels. Les concepts ne peuvent appréhender la nature de la réalité. Le kôan tente simplement de la faire affleurer en provoquant la rupture des points d'appui mentaux. « Bouddha » n'est pas plus important que « trois livres de lin » ou que la question initialement posée par le disciple.

Dans le contexte du kôan, le langage s'ouvre à l'expérience. En tant que méthode d'élucidation, le kôan devient une action éveillante, libérant l'esprit du jugement pour qu'il reconnaisse sa propre clarté. Là, Bouddha *est* le lin et le lin, Bouddha. Là… tintent les voix du silence.

Lorsque l'apprenti manie le kôan, il alterne entre des phases de repos et des phases d'analyse. Lorsqu'il médite, l'intelligence analytique s'efface. Elle s'active lorsqu'il examine le fruit de sa pratique et relate au maître sa compréhension du kôan. Une méditation qui ne passerait pas au tamis de la sagesse discriminante rendrait la pratique stérile. Inversement, une compréhension purement intellectuelle qui ne serait pas cuite au feu de la pratique méditative risquerait de murer l'esprit dans l'artifice des élaborations conceptuelles.

Ne pas parler, c'est la parole même du Bouddha

Des sutras aux kôans, se produit un épuisement, une apparente raréfaction et agonie de la parole. Mais l'effondrement visible signe la vitalité extrême d'un sursaut qui est un condensé de forces. Le phénomène débute déjà avec la forme symbolique de l'enseignement ramassé dans la version en une lettre (le A) des « Sutras de la connaissance transcendante ». Cette version fait écho aux précisions données dans le « Sutra des enseignements de Vimalakirti » : « Le Bouddha ne recourt qu'à un seul son pour expliquer le réel, et tous les êtres animés, chacun selon son espèce, en acquièrent la compréhension[1]. » La forme minimaliste de l'enseignement est un catalyseur d'énergies. Elle soulève la question cruciale de la transmission : comment transmettre l'inconce-

---

1. *Soûtra de la liberté inconcevable*, p. 22.

vable ? Peut-on trouver un mode d'expression qui dépasse les contingences de la langue et surmonte l'écueil des tendances dualistes ? Enseigner ne serait-ce pas épuiser l'enseignement lui-même de sorte que l'auditeur ne s'attache à rien ? Finalement, ne serait-ce pas laisser apparaître l'obligation du silence ?

De prime abord, on pourrait penser que les immenses corpus ont peu de rapport avec l'aspect épuré des formules éveillantes. En réalité, si l'esprit parvient à demeurer à l'écoute de la parole éveillante qui, comme le continuo d'une pièce musicale, ne cesse de désigner l'expérience ineffable sous un océan de notions, alors il entendra dans les sutras la même note qui tinte au cœur du kôan.

Pour comprendre cette continuité entre les deux « genres littéraires », il importe de se référer à l'affirmation décapante du Bouddha recueillie dans le « Sutra de l'entrée à Lanka » : « De son éveil à sa totale extinction, le Tathagata n'a pas prononcé une seule parole ni n'en prononcera, car ne pas parler c'est la parole même du Bouddha. » Le réel est indicible. Tout est apaisé et pur depuis toujours. Samsara et nirvana ne sont que des désignations. Il n'y a rien à quitter, rien à gagner, rien à ajouter et finalement rien à dire. L'ultime réalité est muette. Le Bouddha s'est finalement tu parce que l'essentiel ne peut être dit. Son attitude est pour nous une invitation au silence. Sutras et kôans ne doivent donc pas être l'occasion d'élaborer d'amples contenus verbaux. Ils ne sont que des moyens permettant de réaliser l'expérience qu'ils indiquent. L'un et l'autre nécessitent un effort considérable pour se mettre en résonance avec l'expérience inexprimable qui a précédé l'énoncé. C'est tout le sens du premier principe du Chan/Zen : une transmission particulière par-delà les écritures. Lorsque le kôan a produit son effet, il n'est plus d'aucune utilité.

Une pratique du « non-esprit »

Le Chan/Zen est une pratique du « non-esprit » ou du « sans-penser », l'expérience d'immédiateté avant toute attitude intentionnelle, toute objectivation, toute conceptualisation. La connaissance supérieure (prajna) assoit l'état de présence à l'expérience directe de notre véritable nature, sans que jamais cette expérience ne soit affectée par la production des pensées. Notre nature essentielle n'est pas impliquée dans l'activité du mental discursif. Ainsi que l'écrit Houei-nêng, le fondateur de « l'école du Sud » :

> Amis dans le bien, dans notre méthode, la méditation assise n'a en principe pas recours à l'esprit, ni à la pureté (...). Loin de la pensée trompeuse, notre état naturel est pur dès l'origine. (...) La pureté n'a pas de forme, et ceux qui lui en inventent une en prétendant que c'est là tout leur travail spirituel

cultivent une opinion propre à masquer leur essence originelle. Ils sont prisonniers de la pureté[1].

Plus loin, il explique ce qu'il faut entendre par « absence de pensée » :

> L'« absence de pensée » consiste à ne s'attacher à aucun phénomène bien que les percevant tous, à se trouver partout sans s'attacher à aucun lieu. (...) Néanmoins, si vous pensez vraiment à rien et si vous persistez à bloquer vos pensées, prisonnier d'une méthode, vous tomberez dans la partialité. Qui comprend la méthode de l'absence de pensées communique avec toute chose[2].

Le Chan/Zen considère simplement que lorsque notre esprit demeure fixé sur des émotions, des impressions, des pensées, nous nous écartons automatiquement de la source de nos expériences. Le « non-esprit » ne signifie donc pas « absence de pensée », mais fonctionnement totalement libre de l'esprit en l'absence justement de toute fixation sur le flux des pensées. Nous savons très bien qu'au lieu d'être simplement présents aux choses telles qu'elles sont, et cela directement, nous sommes inattentifs. La carence d'une attention souple et fluide conduit à la perte de la spontanéité et du naturel.

Le pratiquant du kyudo, la « voie de l'arc », connaît ce phénomène. S'il décoche la flèche sous l'emprise de la moindre intention – vouloir atteindre à tout prix la cible, par exemple, ce qui caractérise une forme de convoitise –, le geste et le souffle sont contrariés. En revanche, s'il est pleinement présent en la détente du corps et de l'esprit, libéré de lui-même, les gestes s'effectueront d'eux-mêmes comme en un jeu, dans un état qui peut être proche de la quiétude. Comme l'écrit E. Herrigel, initié au kyudo, « quand tout découle de l'oubli total de soi et du fait qu'on s'intègre à l'événement sans aucune intention propre, il convient que, sans aucune réflexion, direction ou contrôle, l'accomplissement extérieur de l'acte se déroule de lui-même[3] ». D'où la réalisation apparemment facile de gestes d'un très haut niveau technique. Tous les exercices, préludes indispensables au geste pur, permettent de vivre pleinement cette fluidité qui ne s'attache à rien. Au cours de l'apprentissage, est mise en évidence la capacité réflexive du corps-esprit qui parvient à se maîtriser lui-même.

Si nous observons les situations courantes de notre vie, nous verrons à quel point nous ne sommes guère réceptifs à la qualité de notre état naturel. C'est pourquoi maître Dôgen insiste tant sur zazen, la méditation en posture assise. Zazen atténue la dilution de l'esprit dans les innombrables circonvolutions de la pensée, parce que zazen est en

---

1. *Le Soûtra de l'estrade du sixième patriarche Houei-neng*, p. 39.
2. *Ibid.*, p. 64.
3. *Le Zen dans l'art chevaleresque du tir à l'arc*, p. 56-57.

lui-même le « sans-penser », le « non-agir ». En zazen, le méditant va de l'agitation à la quiétude, il infléchit ce retour à la source. S'ouvrant simplement dans une attention vive à l'instant, il se reconnaît comme présence pure. Nous pouvons apprendre à ramener toutes les activités de la vie à notre état naturel, fussent-elles les plus anodines, à les traiter finalement comme une expression de la réalité ultime.

Attention à ne pas se faire prendre par la méthode...

Pour clore ces réflexions sur une tonalité amusante, voici l'histoire du débat avorté entre le maître tibétain Kalou Rinpotché et le maître zen coréen Seung Sahn. Cette histoire illustre tout ce qui vient d'être dit. Elle se passe aux États-Unis dans les années 70. Les étudiants américains attendent beaucoup de cette rencontre de deux êtres rompus à l'étude du Dharma et à la pratique méditative. Chaque maître est accompagné d'un groupe de moines, tous ont revêtu la tenue traditionnelle propre à leur école. On imagine le caractère à la fois sérieux et quelque peu « théâtral » de la mise en scène.

Le maître zen coréen introduit la discussion. Il recourt à la méthode qui consiste à interpeller ses étudiants avec des séries de questions pour les contraindre à « voir correctement » et demeurer ainsi dans l'expérience du « ne sais pas ». Il sort une orange de sa robe et demande à Kalou Rinpotché : « Qu'est-ce que c'est ? » L'assemblée remarque qu'il est prêt à bondir sur la réponse qui lui serait proposée. Le maître tibétain demeure tranquillement assis sans rien dire. Seung Shan insiste : « Qu'est-ce que c'est ? », en approchant l'orange sous le nez de Kalou Rinpotché. Le maître tibétain et son traducteur échangent des propos à voix basse. Puis le traducteur s'adresse à l'assistance : « Rinpotché* dit : "Où est le problème ? Ils n'ont pas d'orange dans son pays ?" »

3. LA SIMPLICITÉ DE L'ORDINAIRE

• *Voir* la fleur

En relatant l'arrivée du Dharma en Chine, j'ai évoqué la transmission que Mahakashyapa aurait reçue du bouddha Shakyamuni. Revoyons rapidement l'événement. Le Bouddha, entouré de nombreux disciples, se recueille dans le silence. Tous attendent la parole du maître. Des enfants ont déposé des fleurs à ses pieds et se sont assis devant lui. Le Bouddha souriant prend une fleur entre ses doigts et la montre à l'assemblée. Personne ne comprend ce geste. Seul le visage de Mahakashyapa s'illumine. En voyant simplement la fleur, le grand disciple se serait éveillé. Alors le Bouddha aurait dit : « J'ai en ma possession l'Œil du Trésor du Dharma, l'ineffable et subtile vue du nirvana qui ouvre la porte de la vision du sans-forme, ne dépend ni des écrits ni des mots et se transmet en dehors de toute doctrine. Ce Trésor, je le remets à Mahakashyapa. » On a beaucoup écrit sur cette anecdote qui relate une transmission émancipée des mots et participe à la fondation du Zen.

Que veut dire « voir la fleur » ? Nous pouvons la voir comme floraison, comme graine, comme bouquet et disserter sur sa beauté. Pour le botaniste, le biologiste ou le fleuriste, la fleur est un objet que l'on peut étudier ou vendre. Pour la personne versée dans le symbolisme, elle représente le cycle vital et la perfection : une image totalisante où se manifeste la présence de la terre (racine), de l'espace (le bouton) et l'entre-deux (la tige).

Les enfants ne se préoccupent guère de ces considérations. Ils sont purs du savoir des hommes, de ce savoir que nous avons des choses et qui nous enferme en nous-mêmes. Les enfants cueillent les fleurs, les offrent, se recueillent en silence, et surtout accueillent spontanément la beauté de la vie, sans jamais la saisir ni la retenir. Voir véritablement la fleur, c'est reconnaître que la vie réelle se manifeste hors de toute représentation. Mahakashyapa la voit sans s'interroger sur sa fonction, son origine, ce qu'elle va devenir. Il voit la fleur avec un regard qui ne s'approprie rien, un regard neuf. La fleur, le Bouddha, le disciple : trois fait un. La diversité se fond subitement en l'unité d'une même expérience. L'unité du divers exprime le nirvana. Et pourtant, chacun conserve ses caractéristiques propres. La fleur reste la fleur ; le Bouddha demeure l'Éveillé ; Mahakashyapa est bien le disciple du Bienheureux.

Au niveau ultime, tout échappe à la compréhension intellectuelle parce que depuis toujours tout est apaisé et complètement réalisé. Seul le temps de l'éveil existe. Tout le reste est une surimposition. Pourtant, une distinction s'avère nécessaire. Sans elle, il n'y aurait pas de quatrième noble vérité, point de chemin. Quelle distinction doit-on opérer ? Une même chose appartient à l'ordre du samsara lorsqu'elle est perçue comme entité. Elle relève du nirvana lorsqu'elle se résorbe dans la présence libre de tout conflit et de tout dualisme. Ainsi, l'actualisation de la paix du nirvana ne nous fait pas « devenir une autre personne ». Elle est à comprendre dans la continuité du conditionné et de l'inconditionné : l'expérience éveillée étant simplement la présence

claire et lumineuse en l'absence de l'opacité du moi égoïste. Le silence est nirvana, apaisement absolu. Rien à dire, rien à ajouter. Tout est là.
 Devant l'assemblée, le Bouddha silencieux ressemble à une corde qui vibre. Le son qu'elle produit n'est pas audible. L'assemblée est sourde. Elle ne parvient pas à demeurer dans une attention sans choix, sans attente et dénuée d'intention. Devant lui, seul Mahakashyapa demeure complètement relâché, absent à ses pensées et ouvert à la présence éveillée. Il vibre à son tour comme le ferait une autre corde, par effet de résonance. Le cœur de la transmission est un continuum de vibrations. La simple fleur tournant entre les doigts du Bouddha laisse « vibrer l'éveil ». Lorsqu'on devient capable de voir le monde en dehors de l'enchaînement causal, sans doter les phénomènes d'une quelconque entité indépendante et permanente, on a la vue de Mahakashyapa. Il voit toute chose en leur simple présence dans l'instant constamment renouvelé. Dans un éclairement foudroyant, il voit la splendeur – il est la splendeur. Il est debout sur les montagnes dont il a chanté la beauté dans ses poèmes : montagnes « semblables aux fleurs de lin bleues, semblables au ciel d'automne couvert de nuages, parées de nuées de toute sorte d'oiseaux, peuplées de hardes de biches, traversées de larges gorges où l'eau pure s'écoule ». Il invite au profond recueillement tous ceux qui, assis, se fondent en leur propre silence. Le coussin de méditation est le bord de la falaise où se tient le grand disciple du Bouddha. Il suffit de se pencher un peu dans le vide pour distinguer l'immense paysage où tout parle vrai. Les enfants dansent la ronde devant un monde enchanté. Mahakashyapa sourit... Et comme le dit si bien Christian Bobin, « le meilleur de nous arrive toujours à notre insu ».
 Voix des fleurs, des arbres, des forêts... Yeux des animaux, des pierres... Caresses des cours d'eau, du vent, du soleil... Fracas des pluies torrentielles... Chant du monde. Tout parle. Comme le disait Kôbô Daishi, fondateur du Shingon : « Les chants des oiseaux, le courant de l'eau, les bruits du vent, tous disent constamment la vérité éternelle. » Et maître Dōgen écrit dans *Polir la lune et labourer les nuages* :

> Dans le vent du printemps
> Avec les pétales est tombée
> Une parole que je venais de citer
> Ne pourrait-on imaginer
> Que c'était le chant de la fleur ?

Le geste du Bouddha *dit* que le monde pleinement vivant parle à l'intérieur de nous. *Voir* la fleur ou vivre l'interdépendance fondamentale, la vacuité. Nous voyons une plante, elle nous regarde. Nous plongeons dans l'océan, l'océan nous enveloppe. Nous entendons le bourdonnement d'une abeille, elle chante à nos oreilles. En cette réciprocité continue, les frontières s'estompent. Le cri de la chouette nous dit que nous ne sommes pas si différents de la lune, du ciel et des étoiles. Les phénomènes nous poursuivent et nous pratiquent.

> En élevant une fleur
> Il montra la queue du serpent[1].

• L'effacement

L'expérience d'ouverture que l'on vient d'évoquer va de pair avec celle de la simplicité. Le comportement quotidien du Bouddha l'exprime spontanément. Le « Sutra du diamant » donne une double indication essentielle à ce sujet. Dès les premières lignes, le Bouddha est présenté comme un simple moine partant mendier sa nourriture, s'alimentant puis se rafraîchissant, avant de s'asseoir à l'ombre d'un arbre, l'esprit parfaitement maîtrisé.

Homme simple, qui connaît la souffrance et la mort, il marche, parle, se tait, répond aux sollicitations des puissants et des gens modestes, encourage, apaise, accueille les doutes et les peurs, allège des existences appesanties. La vie coule en lui sans retenue et se répand sur les assemblées, le moine ou la nonne en retraite, le philosophe inquiet, le marchand insouciant, l'enfant attentif. Sa parole est le souffle invisible et inaudible de l'expérience ultime. Elle s'énonce dans le samsara par amour pour tous les vivants. Ce souffle naturel de vie, vers lequel nous tendons la joue, comme attirés par un délassement infini, ne cherche rien. Il est la chaleur enveloppante qui par nature soulage, éveille à la joie, dissipe spontanément les troubles. Et l'on est émerveillé devant un tel degré d'effacement.

Le Bouddha est une transparence infinie. Le silence offre ce vertige d'une existence que rien ne limite et qui n'impose rien. Une vie sans origine, sans devenir, non née, présent pur, éternel présent. Tathagata, un silence infini où se révèle ce qui est ainsi, cela même, la réalité telle quelle (tathata).

Dans le chapitre cinq du « Sutra du diamant », le Bouddha demande à Subhuti si un Tathagata peut être reconnu par le truchement des trente-deux marques majeures et des quatre-vingts signes mineurs qui parent le corps des grands êtres. Le disciple répond qu'il n'est point

---

[1]. Formule de Wumen Huikai (1183-1260), maître de la tradition Chan. Extrait de son *Wumenguan*, « La passe sans porte ».

de marques d'excellence, sous-entendant qu'il ne faut pas voir le Bouddha dans sa forme humaine mais dans son enseignement. Et le Bouddha d'ajouter : « Subhuti, tout ce qui comporte des marques est trompeur. Tout ce qui est dépourvu de marques ne recèle aucune tromperie. Ce n'est donc pas à ces marques que l'on reconnaîtra le Tathagata, car dans ce qu'on appelle "marques", on ne trouvera rien de tel que des marques[1]. » La réalité ultime est au-delà des apparences et des formes. Dans le même temps, elle est pleinement là, dans la simplicité de l'ordinaire.

Souvenons-nous encore des paroles du « Sutra de l'entrée à Lanka » : « De son éveil à sa totale extinction, le Tathagata n'a pas prononcé une seule parole ni n'en prononcera, car ne pas parler, c'est la parole même du Bouddha. » En écho, Nagarjuna écrit : « Béni est l'apaisement de tout geste de prise, l'apaisement de la prolifération de mots et des choses. Jamais un quelconque point de doctrine n'a été enseigné à quiconque par le Bouddha. » Au niveau ultime, l'Éveillé *n'a rien dit* car le réel parle en son mutisme. L'Éveillé est insaisissable. L'éveil est indicible. En l'absence d'une écoute attentive, nous projetons nos propres paroles sur un miroir vide, le silence du Bienheureux.

● Une demeure de silence

Dans le « Sutra du dévoilement du sens profond » (chap. II), le Bouddha dit : « C'est parce qu'ils se complaisent dans les discours depuis fort longtemps, parce qu'ils prennent un plaisir évident à discourir que les êtres ordinaires sont incapables d'imaginer, d'inférer ou d'apprécier le bonheur des êtres sublimes qui jouissent du silence intérieur. »

Le corps apaisé du Bouddha est une demeure de silence. Le disciple *voit* le Bienheureux quand il parvient à accorder sa présence à la sienne. Ne demeure alors qu'une seule et même présence, qu'un seul et même silence. La statuaire bouddhique s'est efforcée de nous convier à une telle expérience lorsqu'il s'agit de représenter l'éveil sous la forme du Bouddha assis en méditation, esquissant le sourire de la grande félicité.

Ceux qui ont vécu dans l'aura de ces hommes et femmes dont le regard traverse la peau des apparences, ceux-là connaissent les impres-

---

1. *Soûtra du diamant*, p. 25.

sions qu'ont ressenties les premiers disciples ou les rédacteurs des sutras qui ont essayé de mettre en scène la présence formidable du Bienheureux. Arnaud Desjardins, relatant son séjour auprès du XVIe Karmapa au moment où eut lieu la cérémonie du port de la coiffe noire, signe de sa très haute dignité, écrit :

> Gyalwa Karmapa a un visage majestueux aux traits mongols accentués qui prend souvent une expression d'immobilité hiératique où se révèlent toute sa maîtrise et toute sa puissance intérieure. (…) Avec une noblesse et une dignité indicibles, surhumaines, Karmapa se démet de son bonnet lamaïque et pose lentement sur son crâne rasé la tiare sacrée. (…) Alors l'expression de Karmapa se transfigure et il rend éclatant, éblouissant aux yeux de tous, le plan de conscience sur lequel il est en permanence situé. Son regard, fixe, dirigé au loin vers l'infini, prend la profondeur d'un appel. Il semble que la conscience de Karmapa, transcendant toutes les limites, s'étende bien au-delà de ce qui est pour nous sa forme corporelle, pénètre tout et tous autour de lui et révèle à ceux qui sont prêts à la reconnaître l'Unité que voile la variété illimitée des apparences[1].

Dans *Siddhartha*, le roman initiatique[2] de Hermann Hesse, on retrouve la même impression. Dans une langue poétique, l'auteur décrit le corps du Bouddha. Cette peinture éduque notre regard. Nous parvenons à reconnaître qu'un infime mouvement des doigts contient un enseignement, exhale la réalité et la reflète comme un miroir. Le corps sublimé par la radiance du silence est la langue première du Bouddha. Quand l'ego s'est dissous, explique Dilgo Khyentsé Rinpotché, les éveillés « accomplissent sans cesse le bien des êtres, même par le plus banal de leurs actes : un geste de la main, un clignement de paupière[3] ».

ଓ ଧେ

---

1. *Le message des Tibétains. Le vrai visage du tantrisme*, p. 33-34. Dans *Ashrams. Grands maîtres de l'Inde* (1961, réédité chez Albin Michel en 1982), on trouve des passages semblables et très inspirants. A. Desjardins relate son émerveillement devant le regard éblouissant de plusieurs saints indiens. On regardera aussi avec intérêt les films qu'il a réalisés sur les mêmes sujets et qui sont disponibles en DVD (cf. Bibliographie).
2. Sorte de parabole autobiographique, ce roman met en scène deux jeunes brahmanes en quête de vérité, Siddhartha et Govinda. Le second suivra l'enseignement du Bouddha alors que Siddhartha, indépendant d'esprit, partira seul accomplir le cycle de son évolution.
3. *Le trésor du cœur des êtres éveillés*, p. 96.

QUATRIÈME PARTIE

Principales notions et pratiques

Vue générale

Le bouddhisme s'apparente à un mode de vie lié à une transformation profonde de la manière de voir l'existence et la personne humaine. Cette transformation permet de découvrir la richesse inhérente à toutes nos expériences et au monde dans lequel nous vivons. Elle s'appuie sur des méthodes qui favorisent le développement des qualités humaines positives, tout en remédiant à la confusion, aux émotions aliénantes et à la souffrance qu'elles induisent pour soi et autrui. Ainsi devient-il possible de vivre en bonne harmonie avec son environnement pour le bien de tous les êtres vivants.

L'esprit se trouve au cœur de tout ce processus, car tout ce que nous expérimentons est notre esprit. Nous savons que sans paix et sans joie intérieures, nous n'éprouvons aucune satisfaction même si nous vivons dans un palais merveilleux. En revanche, si notre esprit reste calme et détendu, les événements les plus affligeants de notre existence nous sembleront moins néfastes. En entraînant l'esprit, il est possible de s'établir dans la sérénité et d'obtenir la compréhension de notre véritable nature. Mais pour réaliser la valeur et la portée de l'apprentissage spirituel (chapitre 14), il importe de faire le point sur notre situation en dressant la carte de notre expérience (chapitre 13).

Observation sur la méthode employée – La plupart des grandes notions bouddhiques ont été mentionnées au fil du texte. Certaines (samsara, karma, cinq agrégats, quatre voiles) ont déjà été présentées dans les chapitres 1 et 2. Elles sont sous-jacentes à ces nouveaux développements. On pourrait inclure l'explication de toutes ces notions dans l'exposé d'une seule d'entre elles, car elles sont interdépendantes.

Pour garder à l'esprit la vision de l'ensemble, de courtes stances introduisent les principales sections du chapitre 13. Dans un souci de clarté, la présentation des pratiques suit la séquence Hinayana, Mahayana, Vajrayana, Mahamudra-Dzogchèn. Quoique très utile, cette présentation revêt un caractère un peu artificiel car les quatre niveaux se fécondent mutuellement. L'approche fondamentale (Mahamudra-Dzogchèn) vivifie et amplifie les approches extérieure, intérieure et sacrée (Hinayana, Mahayana, Vajrayana). Réciproquement, l'approche extérieure est le fondement de l'approche intérieure qui constitue elle-même l'assise des approches sacrée et fondamentale.

☙

13

La carte de notre expérience

« Ce que nous cherchons n'est pas en dehors de nous-mêmes. »
Thich Nhat Hanh

« Je suis un champ, je suis une expérience. »
Merleau-Ponty

Le Bouddha a établi une carte de l'expérience humaine. Les notions essentielles qui forment la matrice de son enseignement sont autant de repères et de chemins qui nous aident à comprendre ce que nous sommes à chaque instant. En consultant cette carte, nous apprenons à lire en nous-mêmes. Nous découvrons des méthodes qui peuvent utilement éteindre les émotions perturbatrices avant qu'elles ne s'embrasent. Ainsi, nous voyons plus clairement comment cultiver le positif et éroder le négatif en nous. En étudiant régulièrement cette carte, nous nous préparons mentalement. Le jour où des situations difficiles se manifesteront, notre action n'en sera que plus efficace. De même que le chien fougueux et violent ne répond qu'aux ordres du maître dont il reconnaît la voix, de même, seul un langage ami connaissant la véritable nature des émotions négatives parvient à en apaiser l'ardeur et le tumulte.

La lecture attentive de la carte produit des effets dans l'exercice de notre quotidien. L'usage de la raison et de la réflexion éclaire des zones d'ombre, des pans oubliés et des blessures encore ouvertes. Elle amplifie et corrige nos vues en nous aidant à éviter les impasses. En ce sens, la compréhension intellectuelle nous guide. Elle sert de base à une pratique saine et d'autant plus harmonieuse que cette compréhension distingue ses propres limites. Car la carte n'est pas le terrain. Elle n'en est qu'une représentation. On ne peut ni contempler ni éprouver l'ampleur et la beauté d'un paysage en ayant les yeux rivés sur une carte. C'est pourquoi nous ne cessons d'aller et venir de la carte au terrain pour mieux discerner ce qui nous échappe encore. Dans ces allers et retours, l'intelligence conceptuelle s'efface peu à peu devant l'expérience directe de l'esprit qui survient au cours de la pratique méditative. Ainsi, ce parcours au cœur des notions bouddhiques essentielles est en étroite relation avec le chapitre 14 qui présente les exercices spirituels rendant possible cette expérience.

1. L'ESPRIT, SA NATURE

> L'esprit est sans origine, sans cessation et sans localisation.
> En l'état naturel, transparaît sa pureté essentielle.
> Ignorant cette simplicité nue et perdant la vision de la totalité,
> Se développe l'illusion d'un sujet et d'un pôle objet.

Le corps, la parole et l'esprit constituent ce que le bouddhisme appelle les « trois portes ». Trois « ouvertures » que le pratiquant s'efforce de purifier pour en dévoiler la nature authentique.

Nous savons tous qu'il est aisé de laisser le corps et la parole au repos, mais beaucoup plus difficile de rester tranquille en esprit. Le Dalaï-Lama explique que « si nous prêtons quelque attention aux opérations de notre esprit, nous ne pouvons que nous étonner en découvrant son importance. L'esprit est son propre créateur, à chaque instant. De là sa responsabilité, qui est essentielle ». Dilgo Khyentsé Rinpotché donne de plus amples précisions en écrivant :

> L'esprit est de passage dans le corps comme un visiteur dans une maison. À travers le corps, c'est lui qui est conscient des formes, des sons, des saveurs, des sensations. Quand l'esprit s'en va, le corps devient un cadavre. Il ne se soucie plus du beau et du laid, des injures et des louanges. Il ne se réjouit pas d'être habillé de brocarts ni ne souffre d'être incinéré. En tant que tel, le corps est un objet peu différent de la terre ou des pierres. Quand le corps et l'esprit se séparent, la parole, qui se trouvait quelque part entre les deux, disparaît elle aussi, comme s'évanouit un écho. Du corps, de la parole et de l'esprit, c'est donc bien l'esprit qui compte et c'est lui qu'il convient de transformer en pratiquant le Dharma[1].

Le Dalaï-Lama souligne enfin que lorsque « la paix règne dans l'esprit, on est toujours content, même si, à l'extérieur, les conditions ne sont

---

1. *Le trésor du cœur des êtres éveillés*, p. 116-117.

pas les meilleures. Le corps peut accéder à la santé, mais, sans la paix de l'esprit aucun bonheur n'est possible, même dans les conditions les meilleures. (…) Il n'y a que par l'entraînement de l'esprit que l'on parvient à la paix de l'esprit[1] ». C'est au cœur de cette expérience de paix que la nature véritable de toutes nos expériences peut être découverte.

● Prudence !

Quand bien même nous voudrions circonscrire l'esprit, nous ne le pourrions pas. Lorsque nous essayons de l'examiner, nous ne savons pas trop ce que nous examinons car nous ne savons pas précisément à quoi il correspond ni où il se trouve alors que « nous l'utilisons » constamment. Nagarjuna dit que « l'esprit est simplement une appellation ; il n'existe nulle part en dehors de cette appellation ». L'esprit n'a pas de forme, de couleur, ni de caractéristiques conformes à celles d'un objet. Il n'est ni masculin, ni féminin, ni neutre. Dès lors comment pourrions-nous l'appréhender avec des concepts ? Il est, selon l'astucieuse formule de Lama Denys Teundroup, « le secret le mieux gardé qui soit car ce qui le cache est ce qui le cherche[2] ».

L'absence de localisation

La plupart des traditions ont assimilé l'esprit au souffle de vie qui pénètre tout être et toute chose, et les relie : *spiritus* ou *anima* (âme) en latin, *pneuma* et *psukhê* en grec, *rouah*, le souffle divin dans la pensée hébraïque ancienne, et *atman* en sanskrit. Sous l'influence des monothéismes, nous nous sommes habitués à l'idée selon laquelle l'esprit serait une substance incorporelle, un principe immatériel que l'on oppose délibérément au monde naturel et à la matière[3]. Le progrès

---

1. *Pacifier l'esprit*, p. 17-18.
2. *Introduction à Mahamudra*, p. 6.
3. Le puissant enracinement de cette opposition doit beaucoup à l'un des axiomes fondamentaux de la chrétienté qui est l'antagonisme irréductible de l'esprit et de la chair, pure catégorie religieuse du péché. Le malentendu repose sur la confusion du corps et de la chair. Dans sa *Lettre aux Romains*, l'apôtre Paul ne condamne pas le corps, mais ce qui en lui est de l'ordre du désir, ce qui empêche de marcher « selon le souffle », selon l'esprit. Et l'esprit compose, avec l'âme et le corps, la personne humaine dans sa totalité. Ainsi l'apôtre Paul écrit-il à la fin de la *Première lettre aux Thessaloniciens* : « Que le Dieu de paix vous sanctifie lui-même tout entier, et que tout votre être, l'esprit, l'âme et le corps, soit gardé sans reproche. » Sur l'importance de la vision ternaire, voir Michel Fromaget, *Corps, Âme, Esprit – Introduction à l'anthropologie ternaire*, Question de n° 87, Albin Michel, 1991 ; et J.-P. Schnetzler, *Corps-âme-esprit*, Éd. le Mercure Dauphinois, 2002.

des sciences et la découverte des structures et des conditionnements mentaux ont contribué à offrir une description de l'homme en marge de toute référence confessionnelle. Cette description est très éloignée de la vision hiérarchique tripartite des civilisations traditionnelles – l'esprit intégrant et dirigeant le domaine physique et psychique. Elle a ouvert de nouvelles voies permettant d'abandonner la vision cartésienne qui limitait l'esprit à la seule « chose pensante ».

L'extrait d'un dialogue entre le maître zen Seung Sahn (Soen-sa) et un étudiant met en relief les limites du couplage cerveau/esprit :

> Soen-sa dit : « Où est l'intérieur ? Où est l'extérieur ?
> – L'intérieur est ici dedans, l'extérieur est là dehors.
> – Comment peux-tu séparer ? Où est la frontière ?
> – Je suis à l'intérieur de ma peau, et le monde est à l'extérieur. »
> Soen-sa dit : « C'est la peau de ton corps. Où est la peau de ton esprit ?
> – L'esprit n'a pas de peau.
> – Alors où est l'esprit ?
> – À l'intérieur de ma tête.
> – Ah, ton esprit est très petit[1]. »

Nous savons combien il est artificiel de relier l'activité de l'esprit à une zone particulière du corps. Les mécanismes psychosomatiques ou l'intelligence dont font preuve les moyens de défense naturelle renforcent cette idée parce qu'ils laissent entendre que l'esprit serait un processus cognitif concernant l'ensemble de l'organisme.

Chögyam Trungpa disait que les Occidentaux étaient piégés par le fait que le mot « esprit » est un nom. Il ajoutait qu'il serait souhaitable de l'envisager comme un verbe d'action afin de percevoir sa fluidité et sa plasticité, déplaçant ainsi notre attention de la notion de « chose » à celle de « tissu de relations ». Il prenait l'exemple de l'anglais « minding ». En français, « l'action de prêter attention à ». À la lumière d'une telle remarque, il serait adéquat d'employer le mot composé « esprit-expérience » pour laisser entendre que notre esprit peut être envisagé avant tout comme un maillage complexe d'expériences.

• Les deux modalités de l'esprit

D'après les enseignements bouddhiques, il convient de distinguer l'état naturel et l'état dualiste habituel. Depuis des temps sans commencement et sous l'effet de l'ignorance innée, nous croyons que ce

---

1. *Cendres sur le Bouddha*, p. 29.

corps et cette existence sont « notre corps » et « notre existence ». Nous ramenons toutes nos perceptions au grain minuscule de la fixation égocentrique, avec son cortège de joies et de désordres temporaires prenant la forme de la confusion, de l'inquiétude et de la souffrance. Même si cette condition semble bien réelle tant sont efficaces les émotions négatives qui nous perturbent, elle n'est que secondaire. Sous-jacente à toutes nos expériences vit une source inépuisable de paix, d'amour et de sagesse que l'on appelle l'état naturel.

La métaphore qui revient souvent pour représenter l'état naturel est celle d'un ciel radieux. Sous l'effet de l'ignorance innée, des nuages apparaissent et finissent par masquer les rayons du soleil et la clarté de l'azur. Du voile obscur de l'ignorance, découlent les voiles de la saisie dualiste, des émotions conflictuelles et du karma (voir p. 78-79). Ces nuages plus ou moins denses constituent les facteurs principaux de la condition secondaire appelée l'état dualiste habituel.

□ *L'état naturel*

En l'absence de la saisie d'un « moi » et d'un corps qui est « mien », en l'absence de toutes les conceptions superflues et de toutes les émotions aliénantes, lorsque la saisie dualiste d'elle-même se libère et que l'ignorance se dissipe, transparaît la pureté essentielle de l'esprit.

Cette présence sous-jacente à toutes nos expériences est une simplicité nue, la plus « ordinaire » qui soit. Si simple et si proche que nous ne la percevons pas. Aussi, dans la tradition du Mahamudra de l'école tibétaine Kagyupa, l'appelle-t-on l'esprit ordinaire (tib. *thamèl gui chépa*), au sens où elle demeure libre de tout artifice, dénuée de toute illusion et complication, exempte de toutes les surimpositions du mental. Dans le Dzogchén, on la qualifie d'état naturel ou d'état inné de simplicité naturelle (tib. *rigpa*). Cet état de présence éveillée se trouve, dit le grand accompli Saraha, « là où les sens se résorbent et où l'ego s'efface ». On le compare volontiers à un miroir, clair et limpide, à jamais libre des reflets qui jouent à sa surface, pouvant produire toutes les expériences possibles sans que les miroitements n'affectent sa clarté.

Trois aspects fondamentaux caractérisent l'état naturel : la vacuité, la luminosité et la compassion infinie.

■ *La vacuité*. L'état naturel est vide des impuretés adventices ; sa nature est dépourvue d'être-en-soi et au-delà de toute désignation conceptuelle. Par vacuité, on entend aussi que l'esprit est vaste et spacieux.

- *La luminosité.* L'état naturel est riche de la présence spontanée des qualités de la bouddhéité. Cette luminosité désigne aussi la capacité de l'esprit à penser et à connaître.
- *La compassion infinie.* C'est l'énergie de l'état naturel.

On se souvient que rigpa, ou esprit ordinaire, se trouve au cœur des enseignements du Mahamudra-Dzogchèn, alors que les enseignements des autres véhicules se situent au niveau de l'état dualiste habituel.

Dans la terminologie des sutras du troisième tour de la roue du Dharma, la notion d'état naturel correspond à celle de nature de bouddha (tathagatagarbha). Cette notion appelle plusieurs questions auxquelles les grands commentateurs des enseignements ont apporté des réponses.

Comment justifier la présence de la nature de bouddha en tous les êtres ?

Le précieux ornement de la libération de Gampopa et *La suprême continuité* (*Ratnagotravibhaga*) d'Asanga fournissent plusieurs justifications. En bref, il est dit que les êtres possèdent la nature de bouddha parce que le corps absolu, la vacuité, les imprègne tous sans exception ; parce que dans l'espace absolu, libre d'élaborations conceptuelles, il n'est pas de distinctions ; parce que tous les êtres disposent du potentiel de s'éveiller ; et parce que la sagesse du Bouddha (buddhajnana*) est le fondement de toutes nos expériences.

Comment peut-on être assuré de sa présence ?

Nous l'avons tous ressentie lorsque nous manifestons tendresse et bonté vis-à-vis d'autrui, lorsque nous sommes émerveillés devant la splendeur d'un paysage ou emplis de joie en nous montrant généreux avec ceux qui sont dans le besoin. Mais dès qu'une situation défavorable se présente, nous perdons rapidement cette qualité de présence aux autres et au monde. Le lien avec notre nature fondamentale disparaît sous le poids des émotions conflictuelles.

De prime abord, la nature de bouddha semble une présence plus mentale qu'effective. En osant une image, on se trouve dans la situation de celui qui hume les saveurs d'un plat délicieux sans le voir ni pouvoir le goûter. On ne peut guère faire l'impasse sur cette présence d'absence. On pourrait trouver là l'une des raisons qui animent tous ceux qui, mus par une recherche sincère de paix, aiment à se trouver dans l'aura d'un maître. L'amour inconditionnel qu'il manifeste et sa capacité effective à aider autrui viennent confirmer ce dont ils n'avaient eu jusqu'alors qu'une conscience très vague.

Si la nature de bouddha n'existait pas, disent les maîtres, nous n'aspirerions pas à la paix du nirvana. Tous nos efforts seraient vains et presque absurdes. De plus, si elle était quelque chose de nouvellement acquis par la pratique, elle serait un phénomène composé et donc soumise à la naissance et à la mort. Enfin, si la nature de bouddha n'était pas spontanément présente chez tous les êtres, les efforts spirituels permettant d'écarter les voiles de la confusion n'auraient d'autre fonction que l'annihilation, semblables en cela à de l'eau qui s'évapore et dont il ne reste rien.

Comment peut-on la concevoir ?

Asanga utilise plusieurs métaphores : celle du joyau rendu imperceptible par la gangue de terre qui le recouvre ; celle de l'espace masqué par des nuages ; celle de l'eau dont les impuretés ne peuvent changer sa nature.

La gangue de terre, les nuages et les impuretés désignent les souillures adventices : notre égoïsme, notre anxiété, notre colère et toutes les autres toxines mentales. Aucune tempête, aucun nuage ne peut détruire la nature claire et spacieuse du ciel. Pourtant Asanga affirme que l'éveil est sans perturbations mais à purifier. Au vrai, doivent être purifiées les souillures qui le voilent parce qu'elles ne lui appartiennent pas en propre.

L'image du joyau nous aide à comprendre que la nature de bouddha est parfaite depuis toujours. Toutes les qualités de la bouddhéité sont déjà présentes en nous. Ainsi, comme l'écrit Nagarjuna dans sa *Louange à la vacuité* : « De même que, en été, l'eau est dite "chaude" et, en hiver "froide", ce qui, pris dans les filets des émotions négatives, est appelé "être ordinaire", c'est cela même qui, libéré des émotions, est appelé "bouddha". » L'image de l'eau conservant sa nature quelle que soit la saison rappelle la présence continue de l'état naturel. La distinction entre l'état dualiste habituel et l'état naturel n'a donc qu'une fonction didactique, car l'essence de tous les moments de conscience dualistes, les émotions, les pensées, etc., n'est autre que l'état inné de simplicité naturelle, la présence claire et pure. Autrement dit, nous sommes éveillés bien que nous ne parvenions pas encore à le réaliser. Cette situation paradoxale provoquée par notre aveuglement, Nagarjuna l'exprime avec cette image : « De même que, dans le ventre de sa mère, l'enfant est invisible, prise dans les émotions négatives la dimension absolue aussi est invisible. »

Ce point de vue est très important dans la perspective des tantras et du Mahamudra-Dzogchèn. Il a été développé au Tibet par Dolpopa Shérab Gyaltsèn (1292-1361), un grand maître de l'école Djonangpa, à l'origine du Madhymaka shèntong dont il sera question à la fin de ce chapitre. Ce point de vue nous aide à comprendre pourquoi les yogis et les yoginis considèrent que le fruit (l'éveil), doté de toutes les qualités accomplies, demeure présent dans la base (l'expérience dualiste habituelle).

Et l'image de la graine ?

Dans le vocable « tathagatagarbha », *garbha* signifie « graine », « germe » ou « embryon ». *Tathagata* (« celui qui est désormais cela ») est le terme que le Bouddha utilise pour se désigner. Le « cela » est « ce qui est ainsi » (tathata), la réalité telle quelle. Tathagatagarbha peut être traduit littéralement par « graine de bouddha » ou « embryon de bouddha ». L'image de la graine correspond bien à la voie graduelle qui est celle du Sutrayana. Selon cette voie, le tathagatagarbha va s'épanouir en parfaite bouddhéité au gré du développement des mérites et de la connaissance supérieure (prajna). Les choses se passent comme dans un jardin. Si l'on ne crée pas les causes spécifiques en vue de l'obtention du résultat, la graine ne deviendra pas la plante qui donnera son fruit. Le fruit ne pouvant exister sans la graine, on dit que la nature de bouddha est la cause première de l'éveil.

De ce point de vue, la pratique spirituelle offre les conditions nécessaires au développement du potentiel qui parviendra à la bouddhéité. Contrairement à ce que nous venons de voir précédemment, la nature de bouddha n'est pas considérée ici comme étant complète et parfaite.

Ces visions distinctes de la nature de bouddha ont donné lieu à de nombreux débats au sein des écoles tibétaines. Les écoles Sakyapa et Guélougpa, par exemple, ont eu tendance à envisager la nature de bouddha en tant que graine pouvant donner son fruit (l'éveil) au terme de la voie. L'école Guélougpa a exercé son autorité sur l'école Djonangpa qui défendait l'autre approche, au point de confisquer ses monastères dans le courant du XVIIe siècle.

Nature de bouddha ou... nature ?

En épurant l'expression nature de bouddha, comme l'ont fait les traducteurs du *Shôbôgenzô* de Dôgen[1], notre compréhension s'approfondit. Pour Dôgen, parler de « nature de bouddha » revient à imaginer une

---

1. Section « *Busshô. La nature, donc Bouddha* ». Version parue aux éditions Encre marine.

nature absolue au cœur de la personne. En supprimant la préposition, on annule cet effet. On demeure proche de l'anglais « buddha nature ». Par omissions successives, on pourrait donc passer de « nature de bouddha » à « nature-bouddha » puis tout simplement à « nature », le réel « tel quel », « ce qui est ainsi » (*tathata*). Contrairement à ce que l'on pourrait penser, il ne s'agit pas d'une gesticulation intellectuelle. Par ricochet, cette remarque permet de mieux comprendre la notion d'éveil (voir p. 541).

▫ *L'état dualiste habituel*

L'état dualiste habituel correspond généralement à l'esprit pensant que le sanskrit nomme *citta* et le tibétain *sems*. Cet état nous est familier. Il correspond à l'expérience des plaisirs, de l'effort intellectuel, de la confusion, de l'opacité mentale, de l'instabilité, etc. L'état dualiste opère lorsque nous perdons la vision de la totalité. Cette perte survient en particulier au moment où, souhaitant accroître notre propre satisfaction, nous nous crispons autour des objets que nous nous accaparons, nous attachant de surcroît à une vision de la réalité étroite et suffocante. L'influence des quatre voiles (ignorance, saisie dualiste, émotions conflictuelles, karma) se montre parfois si puissante que nous ne pouvons même pas imaginer l'existence de l'état naturel.

Cette expérience se manifeste lorsque l'organisation et la combinaison des cinq agrégats constitutifs de la personne atteignent un niveau optimal. Elle résulte de la saisie d'un « moi » conçu comme autonome face au monde qu'il perçoit.

Doué d'une extraordinaire plasticité et fluidité, l'esprit en proie au dualisme ne cesse de fluctuer. Il peut passer de la satisfaction à la colère, comprendre ses expériences, corriger son fonctionnement et s'autoconnaître en observant son environnement mais aussi ses propres mouvements tels que les pensées, les émotions, les passions, les intuitions, etc. Grâce à cette capacité réflexive se développe la conscience de soi.

Une triple activité le caractérise :

- L'activité subconsciente liée aux diverses imprégnations karmiques.
- L'activité mentale, intellectuelle et volitive, avec ses processus tumultueux et ses nombreux conditionnements qui produisent de multiples composés instables : idées, opinions, souvenirs, soucis, projets, jugements…
- L'activité de l'intelligence primordiale* sous-jacente conçue comme faculté d'éveil, qui pousse l'esprit à s'interroger sur sa véritable

nature. Sous son influence, il peut se transformer en esprit d'éveil (bodhicitta).

Comme l'expérience dualiste coïncide avec la saisie d'un « moi », il est intéressant de discerner ses différents aspects. On peut en distinguer trois principaux : le réflexe identitaire inné et irréfléchi, l'ego et la fixation égocentrique. Ces considérations ont leur importance pour comprendre l'enseignement du Bouddha sur l'anatman, l'absence d'existence en soi dans la personne et les phénomènes[1].

Le réflexe identitaire inné et irréfléchi

Ce réflexe apparaît très tôt chez l'enfant qui commence à maîtriser la parole. À la question « que fais-tu ? », il répond spontanément : « Je joue », sans savoir précisément ce que le « je » représente. Ce sens inné et irréfléchi du « je » nous permet aussi de converser avec autrui et de définir notre état lorsque nous disons, par exemple, « j'ai mal à la tête ». La perception chancelle parfois lorsque nous nous réveillons en pleine nuit, avec cette impression de ne pas savoir qui nous sommes et où nous sommes. Mais sous l'effet de quelques souvenirs et de la vision d'objets familiers, les traits originaux de notre moi se recomposent d'eux-mêmes. Ce réflexe est un pivot indispensable à la constitution de notre identité. Nous sommes uniques pour nous-mêmes et il nous est nécessaire de nous percevoir comme une unité fonctionnelle agissant et connaissant. D'ailleurs cette opération répond à la logique de l'individu soumis à des lois biologiques. Toutefois, selon le bouddhisme, ce réflexe identitaire inné est le premier signe tangible de la confusion. Il s'élabore sur la base des cinq agrégats mais surtout il est inhérent aux formations karmiques. Il devient plus « consistant » avec le couplage corps-conscience, lorsque la conscience de soi s'élabore en relation avec l'impression d'être une entité physique solide, séparée des autres et du monde.

L'ego

Lorsque nous nous posons la question : « qui suis-je ? », nous constatons que pour nous-mêmes nous sommes tout. Comme sujet, nous pouvons penser à tout, tout imaginer, tout concevoir et agir sur le cours de notre existence. Le simple référent linguistique « je » nous aide à façonner le concept de sujet qui se résume à une expérience d'appropriation. Nous appréhendons, par exemple, un « superviseur » qui pense, raisonne, exerce un contrôle sur les agrégats mentaux et

---

1. Voir dans ce chapitre la section 4, p. 590-605.

physiques, alors que les automatismes du corps fonctionnent sans le référent sujet et que des rêves aléatoires se produisent durant le sommeil.

Par un processus de concrétion, de crispation et d'attachement, le simple réflexe identitaire s'est transformé en une entité close qui s'empare de toutes les expériences et résorbe en elle la réalité extérieure. Le propre de notre condition habituelle est bien de conglutiner la succession des moments intenses de subjectivité de sorte à produire l'impression de durée et d'unité substantielle. Une synergie de forces met en place l'ego. Sous l'effet de ce processus, on passe d'un réflexe fonctionnel élémentaire à l'unité ontologique : le « je suis » qui aboutit à la clôture du moi psychologique, la bulle de l'ego percevant son unité à force de s'isoler de la totalité de la vie pour chercher en elle-même sa propre justification. En cela, l'ego est une abstraction au sens précis du terme, le résultat d'une coupe faite à travers un tissu de relations. L'ego n'est donc qu'une illusion, un ensemble de réflexes, d'habitudes, de pensées, de craintes, d'espoirs, de projets, de rêves, de productions mentales évanescentes.

La fixation égocentrique

Lorsque la certitude que « quelque chose » existe bel et bien au-delà des transformations incessantes, la bulle de l'ego est devenue très consistante et elle exerce son emprise sur toutes nos expériences. Le souci de sécuriser cet état se renforce. « Le moi est le protecteur du moi », dit le Bouddha dans le *Dhammapada* (160e verset). Conscient de sa fragilité, il s'efforce de se préserver au milieu de l'adversité et face aux forces qui ne dépendent pas de lui : celles de la nature et les volontés étrangères aux siennes. D'où cette propension à accorder plus d'importance à son propre bien-être qu'à celui de n'importe quel autre être vivant. La fixation égocentrique repose sur ce souci constant de préservation qui conduit à l'inflation du moi et à la fascination de soi animée par les divers types d'émotions : se faire le centre de tout et parfois tyranniser autrui.

Dans cette configuration, l'esprit prisonnier de la dualité développe différentes stratégies. Il peut se montrer indécis, calculateur, manipulateur, en proie au doute et à la crainte, à la fierté et à toutes sortes de complications. L'intensité des actions négatives dépend de la force avec laquelle nous nous attachons à cette fixation. Celle-ci peut prendre des tournures plus subtiles lorsqu'on s'enferre dans les concepts et les schémas purement intellectuels, au point de glorifier la pensée. Certes, dit le bouddhisme, nos pensées peuvent contenir une part de vérité mais nous ne devrions pas nous laisser duper jusqu'à croire que la complexité de l'activité dualiste est la vérité. On comprend donc pourquoi l'esprit bloqué dans cette disposition ne puisse être le réceptacle approprié à la transmission des enseignements. Souvenez-vous de la rencontre entre un professeur d'université et le maître zen Nan-in :

– Maître, pourriez-vous m'expliquer le principe du Zen ? demande l'universitaire.
Le maître ne répondit pas, occupé à préparer le thé. Il posa une tasse sur la table et la remplit, mais il continua de verser. La tasse débordait et le thé se répandait sur le sol.
– Maître, la tasse déborde !
– Vous êtes comme cette tasse, votre tête est pleine de concepts et d'idées. Si vous ne videz pas d'abord la tasse qui est dans votre esprit, il ne sert à rien que je vous parle du Zen[1] !

L'esprit dualiste dans la perspective de l'Abhidharma

Dans la perspective du premier cycle d'enseignement, et plus particulièrement dans l'Abhidharma, l'esprit dualiste s'apparente à un courant d'instants de conscience s'animant dans les états de veille, de sommeil et de rêve. Ce flux porte les diverses imprégnations karmiques qui façonnent nos réactions. On l'assimile ainsi à l'agrégat de la conscience couplé aux formations karmiques et à la volition. En présentant l'agrégat de la conscience[2], nous avons vu qu'il comprend : les cinq consciences des sens (visuelle, auditive, gustative, olfactive, tactile) et la conscience mentale (manovijnana) qui identifie l'objet perçu et l'étiquette en projetant un nom sur la perception brute. Couplée aux facultés des sens et à la faculté intellectuelle ainsi qu'aux organes correspondants, cette conscience mentale caractérise le principe pensant. Elle coordonne et organise l'activité des cinq autres consciences.

Nous savons également que ces six consciences ne sont pas véritablement continues puisqu'elles dépendent de causes et de conditions transitoires. Elles s'activent ou se désactivent au gré des circonstances, se contentent de saisir la diversité des apparences sensibles, s'adaptant à telle ou telle situation. Au cours d'un évanouissement, par exemple, elles sont comme anesthésiées.

Le système des six consciences ne permet donc pas de résoudre la problématique que pose la transmigration ou la continuité des états de conscience. En effet, qu'est-ce qui fait qu'un lien se tisse d'une existence à l'autre ? Qu'est-ce qui assure la continuité entre le sommeil profond et l'état de veille ? Comment se fait-il que nous ne mourions

---

1. Cf. *Le goût du Zen*, p. 15 et *infra*, p. 505.
2. Voir chap. 2, p. 84.

pas lorsque nous dormons profondément alors que les six consciences sont inactives ? L'école de l'Esprit seul (Cittamatra) apporte une réponse à ces questions.

Le modèle des huit consciences selon l'école de l'Esprit seul (Cittamatra)

Dans la classification cittamatra, l'esprit comprend huit aspects. Au système des six consciences, le Cittamatra ajoute une conscience mentale souillée (klishtamanas) et une conscience fondamentale individuelle (alayavijnana). La relation entre ces différents aspects est la suivante : conditionnée par des habitudes néfastes accumulées depuis la nuit des temps, l'alayavijnana donne naissance aux sept autres consciences et à l'ignorance. Servant de base au déploiement des six premières consciences et de support à la conscience mentale souillée, elle est nommée « conscience base-de-tout ». Telle une trame de fond ininterrompue, elle assure le lien entre les différents états impermanents que nous expérimentons. Plus précisément, c'est le continuum de conscience – le courant continu de l'alayavijnana – qui garantit la continuité de la personnalité lorsque les sept autres consciences sont désactivées.

Créatrice de la dualité, la conscience mentale souillée est un peu le mouton noir de tout le système. Produit de l'ignorance innée, elle prend l'alayavijnana pour le soi (atman) et établit ainsi la polarité moi-monde et la fixation égocentrique. Elle s'attache aux apparences sensibles, éprouve aversion ou indifférence à leur égard. Elle joue donc un rôle déterminant dans la production du karma et la perpétuité du samsara. Concrètement, klishtamanas est ce mental calculateur, critique, manipulateur, déformateur, plaintif et insatisfait, toujours prêt à ressasser le passé ou à se projeter dans le futur, ce mental qui s'accroche à tout parce qu'il ne veut surtout pas perdre le contrôle. Les apprentis en connaissent des formes subtiles lorsqu'ils s'attachent à la personne du maître, à sa parole, à leur propre statut de disciple, lorsqu'ils privilégient la règle au détriment de l'esprit, lorsqu'ils accumulent les pratiques, les rites, les initiations, les retraites de méditation et les expériences spirituelles avec une mentalité de trésorier.

Le fonctionnement des huit consciences

Le système des huit consciences permet de comprendre comment le processus d'auto-illusionnement se maintient. En proie à l'ignorance, l'esprit confus ne réalise pas que le monde qu'il perçoit n'est autre que ses propres projections. « Tout ce qui existe dans les trois mondes [entendez les trois domaines du samsara] n'est autre que l'esprit un », nous dit le « Sutra des dix terres » (*Dashabhumikasutra*). D'où le terme Cittamatra, l'école de l'Esprit seul.

Lorsqu'une situation apparaît, les cinq consciences des sens et la conscience mentale (manovijnana) s'activent pour appréhender les apparences. Prenons un exemple. Nous voyons passer un nuage. Alors que nous le contemplons, l'esprit expérimente sa propre nature, sans que soit opérée de distinction entre ce qui est connu comme étant le nuage, et ce par quoi l'on connaît, c'est-à-dire l'esprit lui-même. Mais très rapidement intervient la conscience mentale souillée (klishtamanas). Alors que les consciences des sens ne font que percevoir un objet sans opérer de distorsion, la conscience mentale souillée génère l'attachement, l'aversion ou l'indifférence avec les conséquences karmiques que cela entraîne. Il en est ainsi parce qu'elle s'accompagne, nous dit Asanga, de quatre passions-racines* ou émotions négatives : la conception d'un soi indépendant et permanent (atman), l'ignorance causant l'illusion du soi, l'orgueil du soi et l'amour du soi. La conscience mentale souillée vient donc corrompre les six premières consciences et perturber la conscience fondamentale qu'elle prend pour le soi.

Cette conscience mentale souillée ne cesse de nous convaincre qu'il existe bel et bien un monde extérieur totalement indépendant. Elle joue le rôle d'un législateur qui s'approprie les six premières consciences et les fait fonctionner de sorte à entériner l'impression de séparation. Le monde nous paraît d'autant plus solide et consistant que nous parvenons à lui attribuer des caractéristiques, des qualités et des noms. Simultanément, nous sommes convaincus de l'existence de notre « monde intérieur » comme étant distinct de l'environnement dans lequel nous évoluons.

Un moment de conscience dualiste consiste donc en un objet-observé et un sujet-observateur. Mais il comporte aussi un aspect auto-connaissant qui est la manifestation sourde de la conscience fondamentale. Il s'agit d'une expérience directe et non duelle, non parasitée par le pouvoir de l'ego. Mais la puissance du processus d'illusion est telle que cette expérience passe inaperçue.

Chaque fois que nous agissons, ce processus se produit. La conscience fondamentale demeure présente, mais elle reste à l'arrière-plan. Nos actes et nos pensées laissent alors des traces subtiles appelés « parfums » (vasanas) qui viennent l'imprégner. L'alayavijnana ressemble ainsi à une plaque photosensible, vierge et neutre, qui reçoit les traces de la lumière et les conserve. En persistant, ces « parfums » deviennent des semences (bijas) que l'alayavijana prend soin d'emmagasiner, jouant cette fois un rôle actif. En mûrissant, lesdites semences disposent d'un potentiel qui s'actualise lorsque les conditions s'avèrent adéquates, comme des graines germent en présence de l'eau et de la chaleur. Ces formations karmiques produisent ainsi le fruit du karma, c'est-à-dire une nouvelle situation que nous percevons comme étant le monde extérieur. Ces formations sont positives ou négatives en fonction de la nature de l'acte antérieur. Lorsqu'elles sont vertueuses, en résultent les existences heureuses. Dans le cas contraire, les existences douloureuses se manifestent et le samsara se perpétue.

On compare parfois l'alayavijnana à l'océan pour dire que tous les autres aspects de l'esprit en procèdent et sont semblables aux vagues qui se déploient à sa surface. Conformément à cette image, le progrès spirituel se traduit par un apaisement de la houle, ici la conscience mentale souillée. Celle-ci disparaîtra définitivement lorsque la conscience fondamentale dont elle dépend cessera d'être le support des empreintes karmiques négatives. Cette cessation, appelée « révolution du support », se produit lorsque le méditant atteint la huitième terre de bodhisattva qui correspond à l'état d'arhat, le disciple pleinement accompli du bouddhisme des origines.

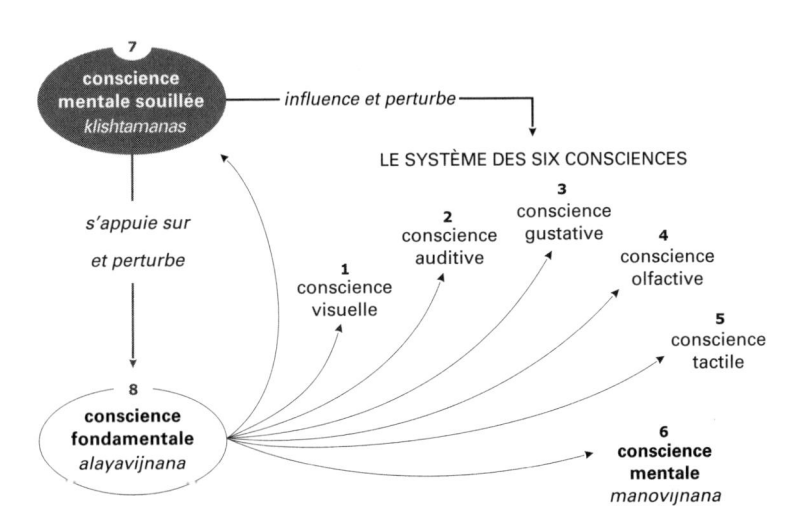

Figure 33. Les huit consciences selon l'école de l'Esprit seul (Cittamatra).

L'exemple du rêve

Pour comprendre le processus d'auto-illusionnement, montrer comment les objets extérieurs et l'esprit qui les perçoit semblent exister comme des entités séparées, le Cittamatra recourt à l'exemple du rêve.

Au cours du rêve, les six premières consciences s'intériorisent dans la conscience fondamentale. Sous l'effet des empreintes karmiques et

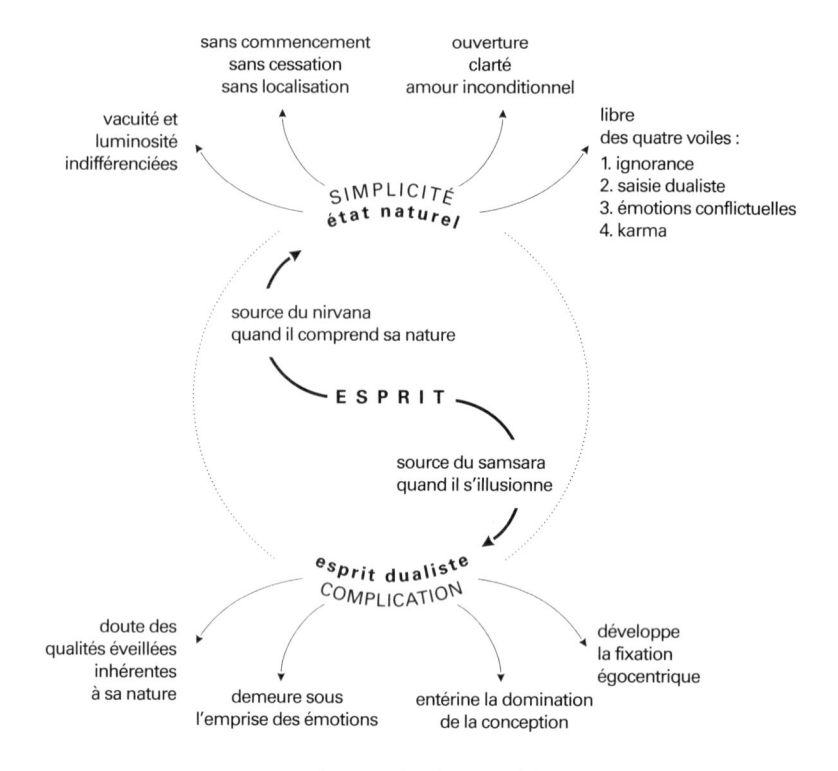

```
                    sans commencement      ouverture
                    sans cessation         clarté
                    sans localisation      amour inconditionnel
   vacuité et                                              libre
   luminosité                                              des quatre voiles :
   indifférenciées                                         1. ignorance
                         SIMPLICITÉ                        2. saisie dualiste
                         état naturel                      3. émotions conflictuelles
                                                           4. karma

              source du nirvana
              quand il comprend sa nature

                      ESPRIT

              source du samsara
              quand il s'illusionne

                      esprit dualiste
                      COMPLICATION

   doute des                                              développe
   qualités éveillées                                     la fixation
   inhérentes                                             égocentrique
   à sa nature      demeure sous      entérine la domination
                    l'emprise des émotions   de la conception
```

Figure 34. Synthèse sur les deux modalités de l'esprit.

de son dynamisme interne, elle crée un sujet et des objets virtuels que nous appelons le monde onirique.

Le sujet qui fait l'expérience du rêve est suffisamment lucide pour prendre connaissance des situations et agir. De son côté, le monde onirique possède une certaine clarté. Bien qu'il fasse nuit à l'extérieur, notre rêve peut se dérouler en plein jour et nous pouvons percevoir en rêve la lumière diurne. L'esprit comporte de manière inhérente cette qualité de clarté-lucidité. Bien que sujet et monde onirique soient comme des mirages dans le désert, l'esprit les croit bien réels. C'est pourquoi certaines manifestations du rêve, comme les cauchemars, peuvent avoir un pouvoir conditionnant, aliénant et douloureux. Si un tigre féroce bondit sur nous et tente de nous dévorer, à la peur pourront s'ajouter d'atroces souffrances.

Tout ce que nous expérimentons au cours du rêve est contenu dans l'esprit. Les conditions extérieures n'affectent pas le rêve. Nous n'avons pas conscience, par exemple, d'être allongés sur notre lit en pleine nuit alors que nous nous voyons attaqués par un tigre. Le rêve est esprit, rien qu'esprit.

Lorsque se produisent des moments de confusion entre l'état de rêve et l'état de veille, on peut se demander quelques instants où nous en sommes. Le sage taoïste Tchouang-tseu (v. IVe s. avant notre ère) a écrit à ce propos :

> Tchouang Tcheou rêva qu'il était un papillon voltigeant et satisfait de son sort et ignorant qu'il était Tcheou lui-même. Brusquement il s'éveilla et s'aperçut avec étonnement qu'il était Tcheou. Il ne sut plus si c'était Tcheou rêvant qu'il était un papillon, ou un papillon rêvant qu'il était Tcheou[1].

Pour le Cittamatra, l'exemple du rêve montre clairement, qu'au niveau ultime, il n'existe pas de dualité sujet-objet. La scission apparaît au niveau relatif. À ce moment-là, l'esprit appréhende sujets et objets en tant que manifestations de lui-même.

▫ *La continuité des deux modalités*

L'approche du Cittamatra nous permet de comprendre que toutes nos expériences, des plus confuses aux plus lumineuses, n'ont d'autre réalité que l'esprit. Cette vue nous aide à nous familiariser avec le principe de continuité dans le Tantra. La continuité est une amplification de l'interdépendance qui révèle l'indissociabilité des expériences habituelles et des expériences éveillées. De ce point de vue, il n'existe pas de séparation entre les différentes modalités de l'esprit, puisque l'état dualiste n'est qu'une distorsion de l'état naturel. Ces deux modalités correspondent à l'aspect éveillé et à l'aspect non éveillé d'un seul et même esprit.

Grâce à des méthodes de transformation profondes, la voie tantrique s'efforce de bouleverser notre vision ordinaire en éveillant le niveau le plus subtil de l'esprit, de sorte que nous puissions ressentir l'accomplissement de notre véritable nature et vivre une béatitude illimitée, libre des émotions conflictuelles. Ce niveau hypersubtil correspond à la claire lumière.

Dans la tradition bouddhique tibétaine, on parle de claire lumière lorsqu'on envisage l'état naturel en son double aspect de vacuité-clarté. Dans le contexte des pratiques tantriques, il est dit que l'énergie de la claire lumière se manifeste dans les gouttes principielles (skt. *bindu*, tib. *tiglé*) du corps subtil. Cette manifestation ne fait qu'entériner la présence spontanée de l'état naturel. Dans son aspect de pure vacuité, l'état naturel est cependant dénué de localisation.

---

1. *Œuvre complète*, NRF Gallimard/Unesco, Connaissance de l'Orient, 1992, p. 45.

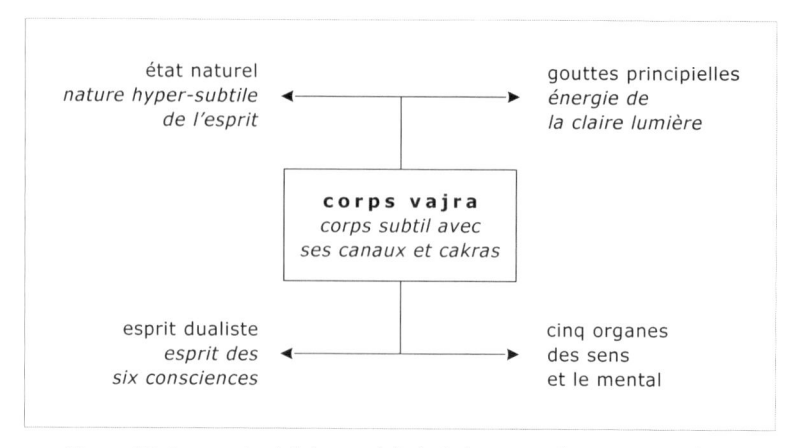

```
                état naturel                          gouttes principielles
        nature hyper-subtile  ◄────────►      énergie de
              de l'esprit                             la claire lumière

                            ┌─────────────────────┐
                            │   corps vajra       │
                            │  corps subtil avec  │
                            │ ses canaux et cakras│
                            └─────────────────────┘

              esprit dualiste                         cinq organes
                 esprit des     ◄────────►            des sens
              six consciences                         et le mental
```

Figure 35. La continuité des modalités de l'esprit et leur correspondance avec les niveaux de ressenti.

◻ *La présentation de l'esprit dans* Les souhaits de Mahamudra

Les souhaits de Mahamudra, le sens définitif des enseignements, composés par le IIIe Karmapa Rangdjoung Dordjé (1284-1339), est un texte concis et très profond qui expose en vingt-cinq stances tous les aspects du Mahamudra, le « Grand Sceau ». Rangdjoung Dordjé étudia les enseignements de plusieurs traditions bouddhiques tibétaines et fut le réceptacle des transmissions du Dzogchèn et du Mahamudra de l'école Kagyupa. Il souligna la convergence de ces deux courants en introduisant dans le Mahamudra le vocabulaire dzogchèn.

Les stances 9 à 14 de ces *Souhaits* exposent les principes d'où procède la pratique. Cet exposé se nomme traditionnellement la vue. Pour l'essentiel, il consiste en la présentation de l'esprit et constitue une synthèse de ce qui a été abordé jusqu'à présent. Ces six stances sont accompagnées d'un petit commentaire inspiré des enseignements de Bokar Rinpotché[1].

9.
Tous les phénomènes sont projections de l'esprit.
Quant à l'esprit, il n'est pas d'esprit ; l'esprit est vide d'essence ;
Vide, il est illimité et tout peut y apparaître.
L'examinant parfaitement, puisse s'interrompre ce qui le fonde.

Aucune apparence phénoménale n'existe de façon indépendante. Tout procède de l'esprit comme l'enseigne le Cittamatra. Cette vision

---
1. Cf. *L'aube du Mahamoudra. Esprit, méditation et absolu.*

est fondamentalement non duelle. « Il n'est pas d'esprit », parce que l'esprit est indéterminé ; il n'est pas un objet que nous pourrions saisir. Dépourvu de caractéristiques, il demeure semblable à l'espace, or l'espace ne se trouve nulle part. Cette comparaison avec l'espace vise aussi à dire que l'esprit n'a pas de nature propre.

En même temps qu'il est vide d'essence et illimité, il n'est pas un néant car, encore une fois, toute manifestation en procède. Sa vacuité est inséparable de sa capacité à rendre possible l'avènement de tous les phénomènes, tels les reflets sur un miroir qui n'existent qu'en dépendance de la surface limpide. Ainsi, enseigne Bokar Rinpotché, l'esprit est l'union de la vacuité et de la manifestation. En même temps, le IIIe Karmapa nous renvoie à l'enseignement contenu dans les sutras du troisième tour de la roue du Dharma. L'esprit est vide de réalité substantielle – telle est sa vacuité – mais il est riche des qualités éveillées – telle est la plénitude de la vacuité.

10.
N'expérimentant pas leur réalité,
Mes propres apparences m'illusionnent comme objets.
Dans l'ignorance, l'intelligence auto-connaissante
Développe l'illusion d'un sujet.
Sous l'emprise de cette saisie dualiste,
J'erre dans la sphère des existences.
Puissent s'éliminer ces illusions de l'ignorance.

Cette stance relate le processus d'émergence de la dualité. L'intelligence auto-connaissante correspond à la qualité lumineuse de la nature ultime de l'esprit. Sa lucidité parfaite, altérée par l'ignorance innée, est prise pour un « moi ». Sous l'effet de cette distorsion, sa clarté naturelle est elle-même perçue comme un monde extérieur. Lorsque la polarité se constitue apparaissent les voiles des émotions conflictuelles et du karma. Ils viennent colorer les relations tissées entre le moi et le monde.

11
L'esprit n'existe pas : même les bouddhas ne le voient.
Il n'est pas inexistant : fondement de tout, samsara comme nirvana.
Sans contradiction, en l'union transcendante de la « voie du Milieu »,
Puisse, par-delà toutes représentations, sa nature fondamentale être réalisée.

Échappant à toutes les catégories et représentations, l'esprit demeure au-delà de ce que les sens peuvent saisir, au-delà de l'alternative existant ou non-existant, au-delà des extrêmes, de l'éternalisme ou du nihilisme : c'est la vision de la voie du Milieu (Madhyamaka) en laquelle apparences et vacuité sont indissociables. Ce milieu n'est donc pas un compromis entre les extrêmes, mais un au-delà des extrêmes. Bien que l'esprit soit immatériel, toute manifestation en est issue : qu'il s'agisse des apparences du samsara ou des corps de bouddha, des terres pures et des sagesses.

> 12.
> Rien ne peut l'exprimer comme étant « cela ».
> Rien ne peut la limiter comme n'étant pas « cela ».
> Cette nature transcendant l'intellection est inconditionnée ;
> Puisse le sens ultime devenir certain.

La nature fondamentale de l'esprit échappe aux conceptions qu'élabore l'intellect. Demeurant fondamentalement dualiste, le langage ne peut la circonscrire. On ne peut donc affirmer « c'est cela ». Et lorsque les maîtres disent que l'esprit est non né, sans forme, sans localisation et sans cessation, ces expressions de l'exclusion ne font que retirer des vues erronées, mais les « ce n'est pas cela » ne dévoilent rien de plus. Il en découle que la plus haute transmission demeure silencieuse.

> 13.
> Celle-ci n'étant pas réalisée, la ronde samsarique tourne ;
> Celle-ci réalisée, bouddha n'est ailleurs ;
> Elle est tout, et rien n'est autre.
> Réalité fondamentale, substrat universel,
> Puisse ce qui l'altère être compris.

Si l'on ne reconnaît pas la nature fondamentale de l'esprit, on entre dans la ronde des six conditions de la conscience. Lorsqu'elle est réalisée, l'état de bouddha ne se trouve pas dans un ailleurs lointain. Il est simplement notre condition véritable. La nature fondamentale de l'esprit est ainsi la base de tout, samsara comme nirvana.

> 14.
> Les apparences sont esprit, le vide l'est aussi ;
> La réalisation est esprit, l'illusion est notre esprit ;
> L'origine est esprit, la fin l'est aussi ;
> Puissent toutes les conceptions superflues se résoudre en l'esprit.

Cette stance est une synthèse des enseignements précédents. L'ignorance de notre nature fondamentale produit les apparences du samsara. Sa réalisation produit celles du nirvana. Dans l'un et l'autre cas, tout est esprit. Rien n'est autre que l'esprit un. Dans le dernier vers, le IIIe Karmapa formule le souhait que les visions erronées, les recouvrements conceptuels, les pensées se dissolvent instantanément en l'état non duel, comme les flocons de neige disparaissent en se posant sur une pierre chauffée par le soleil.

● L'éveil

Le Bouddha n'a pas été très prolixe sur son éveil. Aucun concept ne pouvant définir l'ampleur de cette expérience, il s'est contenté de dire que c'était un état de grande quiétude dénué de complexité, vaste et profond comme l'océan, mais difficile à comprendre. Il en a dit beaucoup plus sur les circonstances et les méthodes qui conduisent à cette expérience irréversible, libre de confusions et de tensions, mais riche d'une quiétude et d'une lucidité incomparables. En ce sens, le nirvana n'est pas un anéantissement mais la plénitude accomplie ; la condition de l'esprit dualiste, un enchevêtrement d'illusions.

L'éveil n'entretient aucun rapport avec la transe des chamans ni avec les états de conscience altérée provoqués par des psychotropes. D'ailleurs le bouddhisme n'accorde guère d'importance aux expériences visionnaires comme à la manifestation des pouvoirs spirituels qui risquent de détourner le pratiquant de sa véritable quête. Les visions de formes géométriques ou de lumières, qui surviennent parfois au cours de la pratique méditative, montrent simplement que l'esprit se détend et se défait de la torpeur. L'éveil ne dépend pas non plus de notre niveau intellectuel ou culturel ; il se situe au-delà du savoir. On se souvient de Houei-nêng, sixième patriarche du Chan. Pauvre, analphabète, inculte, Houei-nêng a fait de sa vie un trésor, montrant que l'éveil ne dépend d'aucun statut, d'aucune sorte de formation.

N'oublions pas également, comme l'enseigne Chögyam Trungpa, que « le bouddhisme ne promet rien. Il nous apprend à être ce que nous sommes, là où nous sommes, constamment, et il nous enseigne à établir des relations en conséquence avec les situations de notre existence ». Par conséquent, chaque fois que nous sommes moins dépendants des émotions, chaque fois que nous nous montrons bienveillants et faisons preuve de sagesse, chaque fois que nous sommes authentiques et pleinement vivants, notre nature véritable affleure aux yeux du monde.

Toutefois, nous savons qu'il existe une très nette différence entre tout un chacun et un être pleinement accompli. Comment peut-on expliquer cette différence ? Tant que nous demeurons dans l'oubli de notre vraie nature, nous sommes comme des enfants fascinés par un film, certains que les images qui défilent sur l'écran sont réelles. L'écran est l'état naturel qui n'a jamais cessé d'être là. L'éveillé perçoit aussi ces images. Mais pour lui, ce sont des apparitions éphémères, un jeu d'ombres et de lumières visible dans l'obscurité de l'ignorance. Lorsque les lumières de la salle de cinéma s'allument, distinguant alors nettement l'écran, les images perdent leur éclat et leur pouvoir de fascination. Lorsque la compréhension s'épanouit, la présence de l'état naturel devient manifeste.

La signification de l'éveil et les moyens de l'actualiser varient selon les véhicules et les écoles. Pour l'essentiel, ces variations ne concernent que des nuances d'expression. Sur le fond, l'éveil, la réalisation de la non-dualité, est fondamentalement un. On se place ici sous le regard bienveillant de Kalou Rinpotché qui insistait sur l'unité des trois approches (Hinayana, Mahayana, Vajrayana). Dans la perspective Ekayana, celle du véhicule unique tel que l'enseigne le « Sutra du lotus », les trois véhicules sont trois facettes complémentaires d'une même voie. Trois façons d'adapter l'enseignement aux diverses réceptivités des êtres. Les différences les plus marquantes relèvent des méthodes et des moyens mis en œuvre.

Après la présentation des nuances établies par les apprentis des différents véhicules, on donnera quelques précisions sur la vision éclairante du Zen, en particulier celle de maître Dôgen.

Niveau du Hinayana

On se souvient que les sources palies distinguent quatre degrés de libération et trois types d'éveil (voir p. 159). On distingue l'éveil de l'arahant, le disciple pleinement accompli qui a vaincu les émotions aliénantes et demeure en la paix du nirvana ; l'éveil d'un bouddha-par-soi ; et l'éveil d'un bouddha parfait, qui ne saurait être confondu avec les degrés antérieurs. L'apprenti du Hinayana s'efforce de réaliser le shravaka bodhi, l'éveil que réalise l'auditeur qui, en ayant atteint le fruit du noble octuple sentier, devient arahant (skt. *arhat*).

Niveau du Mahayana

La réalisation de l'état de bouddha est le sommet de l'accomplissement spirituel. Obtenu à partir de la dixième terre de bodhisattva, il correspond à l'actualisation des trois corps de Bouddha. Le corps absolu ou corps de vacuité (dharmakaya) est réalisé pour son bien propre. Les deux corps formels (le corps d'expérience parfaite [sambhogakaya] et le corps d'émanation [nirmanakaya]) se manifestent pour le bien d'autrui.

Le « plein et parfait éveil » s'actualise lorsque le développement de bienfaits (la compassion à l'égard d'autrui) et d'intelligence immédiate (la sagesse réalisant la vacuité) ont atteint leur degré le plus extrême.

Ainsi la plupart des textes du Mahayana établissent une distinction entre le nirvana, l'état de paix réalisé par les arhats (les « méritants ») correspondant à la huitième terre des bodhisattvas, et la bodhi, l'éveil ou le parfait accomplissement des bouddhas. Le nirvana résulte de l'extinction des causes de la souffrance, extinction rendue possible par le processus de la libération individuelle. Bien que délivré des toxines mentales, l'esprit des arhats ne serait pas entièrement dégagé d'une ignorance subtile. Les mahayanistes qualifient leur nirvana de « nirvana statique » parce qu'il ne comporte pas l'élan spontané de compassion à l'égard du monde souffrant, ni la richesse des qualités qui permettent aux bouddhas d'aider les êtres et de les guider jusqu'à la libération.

Au sein de cette approche, le Chan/Zen occupe une place particulière parce qu'il se détourne quelque peu de la voie progressive. Nous avons vu que pour l'« école de l'éveil subit » fondée par Houei-nêng (voir p. 279) et le Zen Sôtô au Japon, l'éveil est notre condition primordiale. Étant sous-jacent à toutes nos expériences, l'éveil est réalisable à tout moment, pas seulement lors de la méditation en posture assise (zazen), mais aussi dans les actes les plus anodins de la vie pour peu que nous demeurions présents à l'essentiel de notre nature.

Niveau du Vajrayana

L'approche du Vajrayana reprend la vue du Mahayana mais elle met l'accent sur la connexion directe avec notre nature de bouddha et insiste sur les méthodes de transmutation des émotions en leur nature pure, la sagesse. Le niveau hypersubtil de l'esprit, union de la compassion et de la sagesse réalisant la vacuité, constitue la fondation de la voie. L'état de bouddha s'actualise lorsque toutes les consciences momentanées se sont éteintes en la dimension de la claire lumière et n'en rejaillissent plus, l'esprit demeurant alors constamment en elle.

Niveau du Mahamudra-Dzogchèn

Dans les approches fondées sur la pureté primordiale et l'autolibération, l'éveil consiste en la reconnaissance de l'esprit ordinaire (dans le Mahamudra) ou état naturel (dans le Dzogchèn). Il correspond à la pleine intégration de cette expérience au cœur de la vie quotidienne. On lit dans *La suprême continuité* (*Ratnagotravibhaga*) : « Ici il n'y a rien à enlever, ni quoi que ce soit à ajouter ; la réalité doit être contemplée telle qu'elle est : celui qui contemple la réalité devient libre[1]. » En langage Dzogchèn, on dit que nous sommes des éveillés potentiels et que nos facultés cognitives sont simplement obscurcies. L'état naturel (rigpa) étant notre véritable nature, à tout instant nous pouvons le

---

1. Verset I. 154, traduction de F. Chenique, *Le message du futur Bouddha*, p. 228.

reconnaître et réintégrer l'unité indifférenciée, la base primordiale. Cette réintégration conduit à l'actualisation du fruit, la bouddhéité en son triple aspect, les trois corps d'un bouddha.

La vision du Zen

Une personne qui s'interrogeait sur la différence entre la confusion et l'éveil demanda au maître japonais Yasutani : « Quelle est la différence entre vous et moi ? » Le vénérable Yasutani répondit : « Il n'y a aucune différence, sauf que je le sais[1]. » Les maîtres n'ont rien à nous apprendre sur ce que nous sommes déjà. Aussi n'acquiert-on pas l'éveil. On ne peut rien provoquer. L'éveil ne dépend pas de notre volonté à nous éveiller. Dit autrement, on ne fait pas de soi un éveillé. Celui qui partirait en quête de l'éveil, comme d'autres se fixent un plan de carrière, développerait une avidité insatiable. Pour briser toute forme de convoitise, Dôgen dit à ses disciples : « Vous devez le savoir, il n'y a ni illusion, ni éveil. (...) Une fois que vous avez connu l'éveil, vous n'avez aucune idée de la manière dont il vous est venu[2]. » Du point de vue de la non-dualité, il n'y a ni illusion ni éveil. Il ne sert donc à rien de disserter sur la distinction entre « éveil graduel » et « éveil subit »[3].

Le satori (l'éveil) est à portée de main et en même temps nulle part, d'où l'importance du lâcher prise, de l'abandon dans le silence de zazen qui est l'expression et la réalisation de notre nature originelle.

> Apprendre le Zen, c'est nous trouver,
> Nous trouver, c'est nous oublier,
> Nous oublier, c'est trouver la nature de bouddha,
> Notre nature originelle[4].

Nos idées sur l'éveil ne seront jamais l'éveil. Dans le *Shôbôgenzô*, Dôgen écrit que « l'éveil est seulement soutenu par la force de l'éveil ». Pour aider ses disciples à se libérer des idées qu'ils peuvent avoir sur le sujet, il leur dit :

> Par exemple, avant de rencontrer quelqu'un, on imagine quel est son visage, quels sont ses yeux. De même, quand on regarde les fleurs et la lune, on désire davantage de lumière et des formes-couleurs. Et pourtant, le printemps a le cœur du printemps tel quel, l'automne a la beauté et la tristesse de l'automne telles quelles, et il n'y a pas lieu de les écarter. Partant, réfléchissez sur vous-mêmes ; ce que vous ne voudriez pas pour vous-mêmes sera toujours le vôtre. Prenez-en conscience aussi : ces voix du printemps

---

1. Voir Albert Low, *Aux sources du Zen*, p. 77. Yasutani fut le maître d'Albert Low.
2. *Shôbôgenzô*. Yui butsu yo butsu / Shôji. Seul Bouddha connaît Bouddha / Vie-mort, p. 61.
3. J'ai relaté cette distinction en présentant la naissance du Chan. Cf. chap. 7, Chine.
4. Propos de maître Dôgen cités par Taisen Deshimaru, *La pratique du Zen*, p. 27.

et de l'automne dont vous voudriez quelles soient les vôtres ne le sont pas. Vos idées ne sont ni accumulées ni ne demeurent en vous.

Je veux dire qu'aucun des quatre éléments, ni aucun des cinq agrégats de ce moment ne doit être considéré comme le vôtre et qu'il n'y a pas lieu non plus de chercher à qui ils appartiennent. S'il en est ainsi, les formes-couleurs que les fleurs et la lune donnent à vos cœurs ne sont pas non plus à considérer comme les vôtres[1]. Et pourtant, vous considérez comme les vôtres ces choses qui ne vous appartiennent pas. Qu'à cela ne tienne ! Lorsque vous clarifiez le fait que les formes-couleurs que vous repoussez ne sont pas à être colorées selon votre préférence, c'est alors que ne se cachent plus le visage et les yeux originels de l'homme qui simplement pratique la Voie au quotidien.

Au niveau de la compréhension intellectuelle, la seule approche possible semble celle de la métaphore. Dans le *Shôbôgenzô*, la lune, métaphore de l'éveil, joue un rôle crucial. Dès le lever du jour, elle s'estompe dans le ciel et nous cessons de l'apercevoir. Dès le soir venu, elle apparaît d'elle-même. La lune exprime le caractère spontané de l'accomplissement. Le cœur du maître demeure dans l'éveil comme le reflet de la lune à la surface de l'eau. De même que l'eau conserve ses caractéristiques propres, de même la lune se reflétant à la surface de l'eau n'est pas mouillée. La lune peut se réfléchir à la surface d'une goutte d'eau, d'un lac, d'une flaque, sans jamais perdre sa clarté. Ainsi, l'éclat de l'éveil n'altère pas la personnalité des maîtres. Aussi l'éveil demeure-t-il inchangé car le support où il se manifeste n'altère pas sa luminosité.

Au-delà de toute détermination, l'éveil est sans commencement ni fin, semblable à un processus sans origine. Cette vision positive rend claire l'affirmation de Nagarjuna dans sa *Louange à la vacuité* : « L'éveil n'est ni lointain ni proche ; il ne va ni ne vient. Il est là, dans la cage des émotions où certains ne le voient pas. » En écho à la vision de la nature de bouddha telle que l'expose Asanga, l'éveil demeure présent dans l'ordinaire de notre vie. Ce n'est pas un ailleurs. C'est pourquoi à la question « Où se trouve le lieu de l'éveil ? », Bodhidharma, le premier patriarche du Chan, a répondu :

> Le lieu où l'on marche est le lieu de l'éveil, le lieu où l'on est couché est le lieu de l'éveil, le lieu où l'on est assis est le lieu de l'éveil, le lieu où l'on se tient debout est le lieu de l'éveil. Lever ou abaisser le pied, tout cela constitue le lieu de l'éveil[2].

En cette attention ouverte et réceptive, l'esprit demeure détendu dans l'appréciation spontanée de chaque instant. Cette attention est

---

1. Les impressions laissées par la vision des fleurs et de la lune ne sont que des impressions transitoires. Elles ne sont pas la propriété de notre cœur. La citation est extraite du *Shôbôgenzô. La vraie Loi, trésor de l'œil*, tome I, p. 200-201.
2. *Le traité de Bodhidharma*, p. 107.

comme une porte par laquelle pénètre la grâce du maître. Les textes comparent l'activité de l'ami spirituel à la radiance spontanée du soleil qui réchauffe, éclaire et fait s'ouvrir au bien l'esprit des êtres. Dôgen dit qu'en fréquentant de près quelqu'un de bon, nous deviendrons bons nous-mêmes sans nous en rendre compte. Nous deviendrons cette personne qui « marche dans la rosée sans s'apercevoir qu'il mouille son vêtement[1] ». La présence éveillée éveille *l'éveil que nous sommes*.

En présence du maître, les idées sur l'éveil s'estompent. Dans le silence du mental, le disciple reconnaît la trace sans trace des éveillés et devient capable de la suivre, comme l'oiseau dans le ciel reconnaît spontanément la trace invisible de la migration. « C'est en mesurant la trace des éveillés, écrit Dôgen, que j'arrive à clarifier ma propre trace. » Avec cet instinct de l'éveil, on devient semblable à l'oiseau de mer, qui, écrit encore Dôgen dans *Les chants de la voie du pin parasol*, « ne laisse aucune trace ; pourtant, jamais, il ne perd son chemin ».

Dans cet élan naturel, le disciple réalise que ce n'est pas « lui » qui actualise l'éveil, mais « lui » et tous les phénomènes, tous les vivants, la vaste terre entière, parce que l'éveil ne saurait être séparé du corps de la réalité. Souvenons-nous de la parole du Bouddha se remémorant l'expérience de l'éveil : « Lorsque est apparue l'étoile du matin, j'ai réalisé la voie avec la vaste terre et tous les vivants. »

L'esprit est « l'herbe et les arbres »

Dans le *Genjôkôan*, Dôgen écrit : « C'est lorsque les dharmas [les phénomènes] nous poursuivent et nous pratiquent qu'il y a éveil[2]. » Les phénomènes « nous pratiquent » parce que les montagnes, les cascades, les rivières, les océans, la terre, les animaux et l'espace infini ne sont pas différents de l'esprit. On entend le cri d'une buse. Le son nous poursuit. Il nous *parle* de la non-dualité. Point de séparation entre le corps et l'esprit, notre corps et les corps des autres, le chant d'une rivière, le chant des grillons, le frémissement de notre respiration et le vaste univers. S'éveille celui qui réalise la présence des choses telles qu'elles sont, sans distinction de moi et d'autre. On comprend mieux pourquoi le vénérable Yasutani disait à son disciple qu'il n'y avait aucune différence entre eux.

---

1. Propos de maître Dôgen commentant l'assertion de Isan Reiyu (771-853) : « Quand on marche dans la rosée, la robe se mouille sans qu'on s'en rende compte ». *Les enseignements du maître zen Dôgen. Shôbôgenzô Zuimonki*, p. 165 et 204.
2. Le *Genjôkôan* est un chapitre capital du *Shôbôgenzô*. Cf. *Polir la lune et labourer les nuages*, p. 93.

Dôgen donne cet autre conseil à ses disciples : « Vous êtes convaincus que l'esprit est "une activité cérébrale" ou "une vision omnisciente", et vous ne croyez pas que l'esprit est "l'herbe et les arbres"[1]. » Il écrit aussi dans le *Shôbogenzô* :

> Nous devons étudier que, dans le monde entier, il y a des myriades d'êtres vivants et des centaines de brins d'herbe, et que chacun des êtres vivants et chaque brin d'herbe est le monde entier. Avec cette sagacité commence notre pratique[2].

D'où l'importance de ressentir la non-différence entre soi et la totalité du vivant. Non par le seul exercice de la pensée ou de l'imagination, mais dans l'expérience d'immédiateté dénuée de toute conceptualisation, la *non-pensée* qui n'est autre que zazen.

Tout s'éclaire enfin dans le poème d'adieu de Ryôkan, le moine au cœur d'enfant :

> Voici ce que je laisse en souvenir :
> Les fleurs du printemps,
> Le rossignol de l'été,
> Les fleurs d'érable de l'automne[3].

En l'acceptation de sa mort prochaine, Ryôkan s'est réalisé comme présence, comme fleurs, comme oiseaux, comme arbres. Telle est aussi la voie/voix des fleurs, des oiseaux et des arbres : donner naissance à la sagesse ; *voir* l'éveil dans le jeu merveilleux des apparences. « Même dans une seule goutte d'eau, écrit Dôgen, se réalisent comme présence d'innombrables terres du royaume[4]. » Vie infinie, éveil sans commencement ni fin. Le maître zen précise encore :

> Apprentis de l'éveil, seriez-vous même éveillés, ne cessez jamais de pratiquer l'éveil sous le prétexte que vous supposeriez en avoir atteint le plus haut degré. L'éveil est illimité. Pratiquez encore plus l'éveil, surtout si vous avez appréhendé la vérité[5].

> Les poissons nagent et nagent, mais il n'y a pas de fin à l'eau ;
> Les oiseaux volent et volent, mais il n'y a pas de fin au ciel.

---

1. *Les enseignements du maître zen Dôgen. Shôbôgenzô Zuimonki*, p. 166.
2. *Shôbôgenzô. Uji. Être-temps*, p. 49.
3. *Contes Zen. Ryôkan, le moine au cœur d'enfant*, p. 215.
4. *Shôbôgenzô. La vraie Loi, Trésor de l'œil*, tome 1, p. 117.
5. *Les enseignements du maître zen Dôgen*, p. 57.

2. LA PRODUCTION CONDITIONNÉE OU L'INTERDÉPENDANCE*

> Quand ceci est, cela est ; ceci apparaissant, cela apparaît.
> Quand ceci n'est pas, cela n'est pas ; ceci cessant, cela cesse.

Pendant la nuit de son éveil, le Bouddha eut la vision de l'enchaînement des causes et des effets qu'il synthétisa de manière très simple par cette formule : « Quand ceci est, cela est ; ceci apparaissant, cela apparaît. Quand ceci n'est pas, cela n'est pas ; ceci cessant, cela cesse[1]. »

Les phénomènes du samsara n'existent qu'en dépendance de causes et de conditions. Chacun se trouve en interrelation avec tous les autres. Tous sont interdépendants. Un phénomène ne peut donc exister par lui-même puisque son existence dépend d'autres phénomènes. Le Bouddha nous parle d'un processus en lequel des conditions produisent d'autres conditions, toutes dépendantes les unes des autres. Il ne s'agit pas d'une théorie de la causalité au sens où nous l'entendons. En effet, quand un phénomène apparaît, il devient la cause d'un autre phénomène tout en étant l'effet d'un tiers phénomène. On ne peut attribuer un commencement à ce processus qui fonctionne en boucle fermée, les phénomènes se conditionnant mutuellement.

La cause ne précède donc pas l'effet comme nous avons tendance à le penser. Tous deux sont produits de manière interdépendante. Cette vision est capitale parce qu'elle inclut deux enseignements fondamentaux : l'impermanence de toutes choses et le non-soi. Tout phénomène est transitoire. Rien ne possède une entité éternelle (un soi indépendant et inaltérable).

Comme tous les facteurs en cause dans la production conditionnée dépendent les uns les autres, si l'un vient à disparaître le processus s'interrompt. C'est le sens de la deuxième partie de sa formule : « Quand ceci n'est pas, cela n'est pas ; ceci cessant, cela cesse. » Lorsque la croyance en l'idée d'un moi stable et permanent cesse, le samsara s'éteint et avec lui son lot de souffrances et de difficultés. « Quand la liberté est là, enseigne Thich Nhat Hanh, ce qui semblait être de la souffrance devient une "vie merveilleuse". »

---

1. *Mahatanhasankhayasutta*, voir Môhan Wijayaratna, *La philosophie du Bouddha*, p. 65-66.

• Les douze liens interdépendants

En vertu de l'enchaînement des causes et des effets, le Bouddha a illustré le processus d'émergence du samsara ainsi que sa continuité sous la forme de douze liens interdépendants* se conditionnant les uns les autres :

LES DOUZE LIENS INTERDÉPENDANTS	SANSKRIT
1. ignorance	*avidya*
2. formations karmiques	*samskaras*
3. conscience	*vijnana*
4. nom et forme (composé psychophysique)	*nama rupa*
5. six domaines (cinq sens et le mental)	*ayatanas*
6. contact (entre l'organe et son objet)	*sparsha*
7. sensation	*vedana*
8. soif ou désir	*trishna*
9. appropriation	*upadana*
10. devenir	*bhava*
11. naissance	*jati*
12. vieillesse et mort	*jaramarana*

Après la disparition du Bouddha, plusieurs écoles du bouddhisme des origines ont élaboré leur propre liste. Le *Visuddhimagga* (« Le chemin de la pureté ») de Buddhaghosha, un maître de l'école Theravada, en apporte témoignage. Dans cet ouvrage, figure une liste de vingt-quatre conditions. Les rédacteurs des suttas palis et des sutras sanskrits ont le plus souvent ramené leur nombre à douze[1]. Dans la roue de la vie, on voit combien ce choix est judicieux puisque la structure de la représentation se fonde sur des multiples de trois : trois poisons fondamentaux, six conditions de la conscience, douze liens interdépendants.

Ces douze liens tracent le domaine clos dans lequel fonctionne l'esprit dualiste prisonnier de l'illusion et de la souffrance. Ils exposent

---

[1]. La portée symbolique de ce chiffre a été rapidement esquissée dans l'introduction aux douze œuvres du Bouddha Shakyamuni. Cf. p. 103-104.

également le principe de naissance et renaissance dans le samsara, montrant comment notre existence passée forme la cause de notre existence présente qui, elle-même, conditionne notre future renaissance. Mais c'est surtout l'illustration sensible de l'interdépendance. On voit, sous la forme d'un arrêt sur image, une conjonction de facteurs imbriqués qui ne tiennent pas en eux-mêmes puisqu'ils dépendent tous les uns des autres. Il ne s'agit donc pas de réifier les éléments de la production conditionnée en pensant que l'ignorance, les formations karmiques, etc., sont des entités douées d'existence propre. Méditer ce modèle aide l'apprenti à se défaire de l'illusion du soi (atman) et donc à réaliser le fruit de la voie.

Il existe plusieurs versions de cet enseignement. On peut citer en particulier celles consignées dans le *Mahatanhasankhayasutta* et le *Mahanidanasutta* du corpus pali[1], et dans le « Sutra de la pousse de riz » (*Shalistambasutra*), un sutra du deuxième tour de la *roue du Dharma**.

Figure 36. Le moyeu de la roue de la vie (les trois poisons) et le cercle périphérique (les douze liens interdépendants).

Chaque lien peut être décrit sommairement comme suit avec la mention de son tableautin, tel qu'il figure dans la figure 36. Certains de ces liens représentent aussi des agrégats. Il s'agit des sensations,

---

1. Cf. Môhan Wijayaratna, *Les entretiens du Bouddha*, p. 211. Pour ce qui concerne le « Sutra de la pousse de riz », voir l'extrait p. 414-415.

des formations karmiques et de la conscience. Ceux-ci ayant été présentés dans le chapitre 2 (p. 80), on n'apportera ici que quelques précisions adaptées au contexte.

▫ *Brève présentation des douze liens interdépendants*

1. Ignorance (avidya)

> Une vieille femme aveugle cherche son chemin à tâtons en s'appuyant sur un bâton – Vidya est la lumière, métaphore de la connaissance. Avidya désigne l'absence de lumière, l'incapacité à reconnaître la véritable nature de l'esprit et des phénomènes. Ainsi voit-on une vieille femme souffrant de cécité avancer à l'aide d'un bâton. Compte tenu de son handicap, elle n'a pas la possibilité d'entrer directement en contact avec le réel.

Comme elle, par manque de discernement et de lucidité, par aveuglement, nous interprétons le réel de façon erronée[1]. L'ignorance primordiale consiste à attribuer une existence absolue à de simples désignations. Nous ne voyons pas que les phénomènes, tels qu'ils nous apparaissent, n'existent qu'en dépendance de certaines causes et conditions. Sous le coup d'une méprise, nous leur accordons une réalité absolue, attribuant une entité (atman) aux personnes et aux choses. Nous établissons l'existence d'un moi qui appréhende un monde extérieur lui-même considéré comme objectif. La polarité étant établie, nous nous épuisons dans la dualité, donnant vie aux émotions conflictuelles, ne cessant finalement de produire du karma. La femme âgée représente aussi cette usure.

L'ignorance primordiale est la cause principale des douze liens en même temps qu'elle est incluse en eux puisqu'elle demeure omniprésente tant que la compréhension n'est pas développée. Tous les défauts de l'état dualiste habituel en découlent. Lorsque les conditions lui sont favorables, sa puissance et son efficacité deviennent effectives. L'ignorance prend alors une forme tangible lorsque, par exemple, nous sommes aveuglés par une passion dévorante, ancrés dans une opinion, accaparés par le souci de notre être propre.

Ce premier lien est essentiel parce qu'il montre que l'esprit a le choix entre deux postures distinctes. Il peut s'enferrer dans l'erreur, en attribuant une existence propre aux phénomènes. Mais il peut également percevoir le mode d'existence authentique des objets, leur nature insubstantielle, la vacuité d'existence réelle. Dans le premier cas, il se

---

1. Voir la parabole *Les aveugles et l'éléphant* qui illustre bien ce propos (p. 478).

méprend à propos de la réalité. Il s'attache à la manière dont les choses apparaissent. Ce malentendu peut cesser car l'esprit ignorant n'a pas pour support un moyen de connaissance avéré. Un changement de niveau d'observation révèle son erreur. Prenons un exemple. Lorsque nous observons la montagne que nous voyons chaque matin depuis notre enfance, elle nous paraît de prime abord insensible aux changements. Si on l'examinait au niveau atomique, on verrait qu'elle se désagrège à chaque instant. Ce simple exemple prouve que l'ignorance n'est pas la nature de l'esprit et qu'elle cesse d'exister en présence de son antidote.

2. Formations karmiques (samskaras)

Un potier fabrique un vase sur un tour – Les formations karmiques sont le fruit de l'accumulation des empreintes laissées dans la conscience fondamentale par nos actions passées. Elles représentent des tendances à agir héritées du passé qui infléchissent le cours de nos actions présentes et futures. Généralement, les formations karmiques sont assimilées à la volition, fondement de tout le processus du karma. La fonction de cette volition consiste à diriger l'esprit dans le domaine des activités favorables, défavorables ou neutres, par les canaux du corps, de la parole et de l'esprit. C'est pourquoi les samskaras façonnent des automatismes comportementaux, notre mode de pensée, nos traits de caractère. Leur finalité est d'élaborer la vision de l'existence conditionnée. Ainsi voit-on un potier qui, à partir d'une pâte argileuse informe, élabore un vase en ayant l'intention de lui donner telles ou telles caractéristiques.

3. Conscience (vijnana)

Un singe saute de branche en branche pour tenter de saisir un fruit – Constituée par le karma de la personne, la conscience est le processus qui entérine la polarité sujet-objet. Sous l'influence des formations karmiques, elle prend connaissance du terrain de l'expérience dualiste, renforçant la saisie d'un moi et l'appréhension d'un monde extérieur. Avant d'être un processus cognitif développé, elle se trouve à l'état embryonnaire. Dans le contexte des douze conditions interdépendantes, cette conscience embryonnaire assure le lien entre les renaissances. Le propre de la conscience étant de passer constamment d'un objet à un autre, le bouddhisme a comparé son comportement à l'agitation d'un singe avide.

4. Nom et forme (composé psychophysique, nama rupa)

Cinq personnes sont installées sur une barque – Les cinq personnes symbolisent l'émergence des cinq agrégats (skandhas), conditions indispensables à une nouvelle existence. Pour se développer, la nouvelle conscience a besoin d'un support organique et psychique. L'agrégat matériel, le corps, correspond à la forme (rupa). L'association des quatre autres agrégats immatériels (sensations, perceptions, formations karmiques et conscience) constitue le domaine psychique. Nous arrivons au stade où la structure psychophysique de base nécessaire à l'existence humaine est prête à flotter sur le fleuve du samsara, emportée par le courant karmique. Nous avons vu que la combinaison des cinq agrégats constitue la base fluctuante et transitoire à partir de laquelle émerge le sentiment d'individualité et sur laquelle nous greffons l'idée d'un soi autonome et permanent.

Selon l'embryologie tibétaine, l'émergence des cinq agrégats est rendue possible par la conjonction de trois facteurs. Le corps de la future mère doit se trouver dans une condition optimale à la conception. L'homme et la femme doivent s'unir et il faut qu'une conscience, se trouvant dans le bardo* du devenir tente de renaître dans une situation karmique propice à sa propre condition. Lorsque tout coïncide, l'esprit destiné à renaître a la vision de ses futurs parents en train de s'unir. À l'instant où un spermatozoïde parvient à traverser la membrane de l'ovule, la conscience s'unit au processus pour former un embryon. Au cours du bardo et lors de la vision des parents en état d'union, si l'esprit est destiné à renaître en tant que femme il éprouvera un dégoût pour sa mère et de l'attirance pour son père et, inversement, un dégoût pour son père et de l'attirance pour sa mère s'il est destiné à renaître en tant qu'homme.

5. Six domaines ou six sources des sens (ayatanas)

Une maison vide à six fenêtres – Les six fenêtres représentent les cinq sens – vue, odorat, ouïe, goût, toucher – auxquels le bouddhisme ajoute le mental qui modifie la sensation brute en perception. On emploie le mot « source » parce que ces sens vont permettre la rencontre avec des domaines sensoriels externes qui leur correspondent : forme visuelle, son, odeur, goût, contact, phénomènes mentaux. Mais à ce stade du développement de l'embryon, les sens ne fonctionnent pas encore. Les six domaines n'existent qu'à l'état de potentiel. La maison vide symbolise cette situation.

6. Contact (sparsha)

Un couple tendrement enlacé – Les six sens se développant, la rencontre des facultés sensorielles avec leurs objets va pouvoir se produire. Le couple enlacé signale l'union par contact qui s'opère avec les objets perçus. Plusieurs facteurs sont impliqués. Lorsqu'on entend un son, par exemple, le son lui-même, la conscience auditive et la faculté auditive sont mis en relation.

7. Sensation (vedana)

Un homme hébété tient dans sa main droite la flèche fichée dans son œil – La sensation est une réponse physiologique à des stimuli internes ou externes, que la conscience interprète comme douloureuse, plaisante ou neutre. La sensation détermine en partie la manière dont nous nous représentons les objets avec lesquels nous entrons en relation.

La représentation d'un homme tenant la flèche plantée dans son œil surprend par son caractère très violent. La blessure est douloureuse et détruit la vision. Ce choix graphique insiste sur la vue parce qu'elle est le sens le plus communément développé chez l'homme. En même temps, le mot « vue » possède dans le Dharma un vaste champ sémantique. Il désigne, par exemple, l'exposé des principes d'où procèdent toutes les pratiques. Plus d'un texte recourt aussi à l'image d'un œil malade percevant des mouches et des poussières dans son champ visuel. Dans le premier cas, sur la base d'une compréhension juste de la réalité, il s'agit d'indiquer la véritable nature de l'esprit dans le contexte de la transmission des moyens d'éveil. Nous y reviendrons lors de la présentation des quatre approches de l'apprentissage (voir chap. 14). Dans l'image de l'œil malade percevant des événements illusoires, il s'agit au contraire de représenter la vision erronée de la réalité. Plus la compréhension est troublée ou limitée, plus la condition de la conscience s'avère décevante.

Ces remarques ne sont pas sans rapport avec le tableautin qui nous intéresse. En effet, l'homme blessé à l'œil illustre le caractère insatisfaisant et douloureux de toute expérience dans le samsara. Même les sensations les plus douces portent en elle le germe de la déception parce qu'elles ne durent pas et sont généralement contaminées par les poisons de l'esprit, en particulier le désir. Le bouddhisme veut montrer à quel point la diversité des sensations forme un mélange inextricable où plaisirs et peines alternent et se conditionnent mutuellement.

8. Soif ou désir (trishna)

Un homme se désaltère – La soif est un manque insatiable, un appétit avide, un désir brûlant que l'on s'efforce en vain de satisfaire. Pour montrer à quel point elle tarit la vie, le Bouddha enseigne :

> Juste comme un arbre aux racines non endommagées et solides, qui, quoique coupé, fera des rejets, de même, si la soif latente n'est pas déracinée, ce chagrin s'élèvera encore et encore[1].

Le terme métaphorique « soif » désigne la soif des plaisirs des sens, la soif de l'existence et la soif de la non-existence. On pourrait évoquer également la « soif de la soif ». Le fait est que ce processus d'avidité insatiable s'auto-alimente. Ainsi, dans le tableautin, bien que l'homme en train de se désaltérer représente le besoin de calmer l'ardeur de la soif, il illustre aussi le mécanisme croissant et pathologique du désir avide. Comme l'exprime Milarépa : « Les désirs réalisés augmentent la soif comme de l'eau salée. » On pourrait comparer cette amplification à ce qui se produit dans certaines formes d'alcoolisme sévère : boire pour pouvoir boire toujours plus. Cette comparaison illustre le point de vue que soutient Asanga dans le « Compendium de l'Abhidharma » (*Abhidharmasamuccaya*) : la soif est la cause primordiale du samsara parce qu'elle imprègne tout et ne peut jamais être apaisée par les moyens ordinaires.

La soif des plaisirs des sens : la vision d'un objet nous attire, nous repousse ou nous laisse indifférents. Il en va de même d'un son, d'une odeur, de tout ce qui met en jeu l'activité sensorielle. Lorsque nous éprouvons une sensation agréable, nous voudrions qu'elle dure. Lorsqu'elle cesse, nous avons le désir qu'elle se reproduise. Nous nous attachons alors aux objets sensoriels qui provoquent le désir. Dans le cas d'une sensation désagréable, nous allons tout faire pour qu'elle disparaisse. Sous-jacent à l'aversion, demeure en puissance l'attachement à ce que nous souhaitons repousser au loin. C'est pourquoi l'aversion envers le désagréable relève également du désir. À chaque fois, nous essayons de combler un manque et nous le faisons souvent avec avidité. Même si la sexualité est souvent traitée à part dans les textes, elle est une des dimensions du désir sensuel. Ce domaine comprend également les pensées, les opinions, toutes les productions du mental. Nous nous attachons à nos idées, à des positions philosophiques, politiques ou religieuses, par exemple.

La soif de l'existence : la soif de l'existence ou du devenir consiste à croire en la vie éternelle dans l'espoir de perpétuer le puissant senti-

---

1. 338e verset du *Dhammapada*.

ment d'individualité. Elle traduit la volonté qu'a l'ego de se protéger constamment et d'accroître son hégémonie. Elle débouche sur les thèses éternalistes. Cette forme de soif repose sur la conviction qu'il existe en la personne une entité permanente, le soi (atman), qui transmigrerait de vie en vie. Elle dépend de l'ignorance innée qui empêche de reconnaître la véritable nature de l'esprit et des phénomènes. Au moment de la mort, il arrive que l'ego refuse de céder devant l'inévitable. Le désir de continuer à vivre peut alors devenir particulièrement intense et douloureux puisque les conditions ne lui sont plus favorables.

La soif de la non-existence : la soif de la non-existence ou de l'annihilation repose sur la volonté de supprimer en partie ou totalement l'individualité. Nous la connaissons tous même si nous n'avons pas expérimenté d'état mental suicidaire. Sur le plan philosophique, cette position négative peut engendrer la conviction que la mort s'ouvre sur un néant (thèse annihiliste). Elle peut nous amener à penser que nos actions sont dénuées de conséquences, voire à réfuter la continuité du flux existentiel (le continuum de conscience) opérant dans le cycle des renaissances. La soif de l'annihilation peut aussi accaparer une personne à l'agonie, alors même que tous les désirs sensuels se sont éteints.

Nous pouvons repérer assez aisément la soif de l'existence et la soif de la non-existence dans les activités quotidiennes. Prenons l'exemple de quelqu'un qui aspire à « refaire sa vie ». Il observe sa situation présente avec le souhait qu'elle disparaisse à jamais. Dans le même temps, il aspire à ce que sa « nouvelle vie » se stabilise et perdure. Dans les deux cas, l'opération mentale s'appuie sur la certitude qu'un noyau d'individualité demeure inchangé et ne souhaite qu'améliorer son bien-être.

Ce huitième maillon est capital parce qu'il constitue le seuil de deux voies. La personne qui se laisse entraîner par la soif renouera avec les mêmes schémas qui l'ont portée jusque-là, et elle poursuivra son voyage dans le samsara. En revanche, si elle parvient à apaiser les désirs perturbateurs en évitant qu'ils se lèvent en elle, elle cessera d'être prisonnière des rouages de l'existence conditionnée. La pratique bouddhique vise ainsi à ruiner les désirs mondains pour asseoir notre liberté foncière.

9. *Appropriation ou attachement (upadana)*

Un singe s'empare d'un fruit – Lorsque l'on s'empare de l'objet convoité, le désir atteint son accomplissement. À ce stade, la conscience représentée par le singe a acquis une grande habileté et la dualité est devenue pour elle un terrain familier. L'existence dans le samsara repose grandement sur l'attachement : attachement aux pensées, aux opinions, au corps, à l'idée d'un moi permanent, à notre propre existence.

Selon l'embryologie traditionnelle, cette étape correspond à l'entrée dans la matrice de la mère.

10. Devenir (bhava)

Une femme enceinte – Dans son élan, la préhension fait naître une nouvelle situation. Cela paraît proche du principe de l'action-réaction. De nouvelles structures se mettent en place et se combinent. Nous sommes dans la phase de la gestation. Toutes les conditions sont réunies pour créer les causes de la naissance et perpétuer le devenir. Mais le devenir ne signifie pas seulement le passage d'un état à un autre, mais un cycle d'événements, un flux de phénomènes récurrents. C'est pourquoi le mot sankrit *bhava* est souvent synonyme de samsara. On le retrouve dans bhavacakra, la roue de la vie, véritable mise à plat des mécanismes en jeu dans le samsara.

11. Naissance (jati)

Une femme qui accouche – L'image paraît banale, mais elle est très forte. La femme devient mère et le couple se transforme en une triade. Il n'est plus possible de revenir en arrière. Ce maillon souligne le caractère totalement irréversible de la nouvelle situation, entièrement conditionnée par le karma antérieur. À ce stade, la personne humaine est constituée, sous l'aspect des cinq agrégats.

12. Vieillesse et mort (jaramarana)

Un homme porte un cadavre dans un charnier – Toute naissance porte en elle les germes de sa propre fin. Tout ce qui est composé arrive à maturité et doit irrémédiablement disparaître. Les cinq agrégats s'assemblent à la naissance, se séparent dans la mort.

Le bouddhisme nous dit qu'apprendre à bien vivre, c'est apprendre à se préparer à bien mourir. Pourquoi ? Si la mort d'une expérience est la condition causale d'une nouvelle situation, le déroulement de notre vie et nos derniers instants déterminent ce que nous deviendrons.

◻ Les deux niveaux d'application des douze liens interdépendants

Le modèle des douze liens interdépendants s'applique à deux niveaux :

- *Le cycle instantané d'état de conscience en état de conscience.* À chaque instant, nous sommes entraînés dans ce processus par manque d'attention à notre véritable nature.

- *Le cycle de vie en vie.* Sous l'impulsion de l'ignorance persistante, le karma accumulé nous propulse dans le va-et-vient des errances douloureuses. Ainsi, les liens 1 et 2 constituent les conditions du passé qui vont déterminer l'état présent (3-10). Cet état présent comprend les effets actuels (3-7) et la production de nouvelles causes (8-10) qui vont induire une nouvelle situation (11-12, les effets ultérieurs).

La figure 37 représente cet enchaînement et illustre la vision d'une temporalité homogène close sur elle-même.

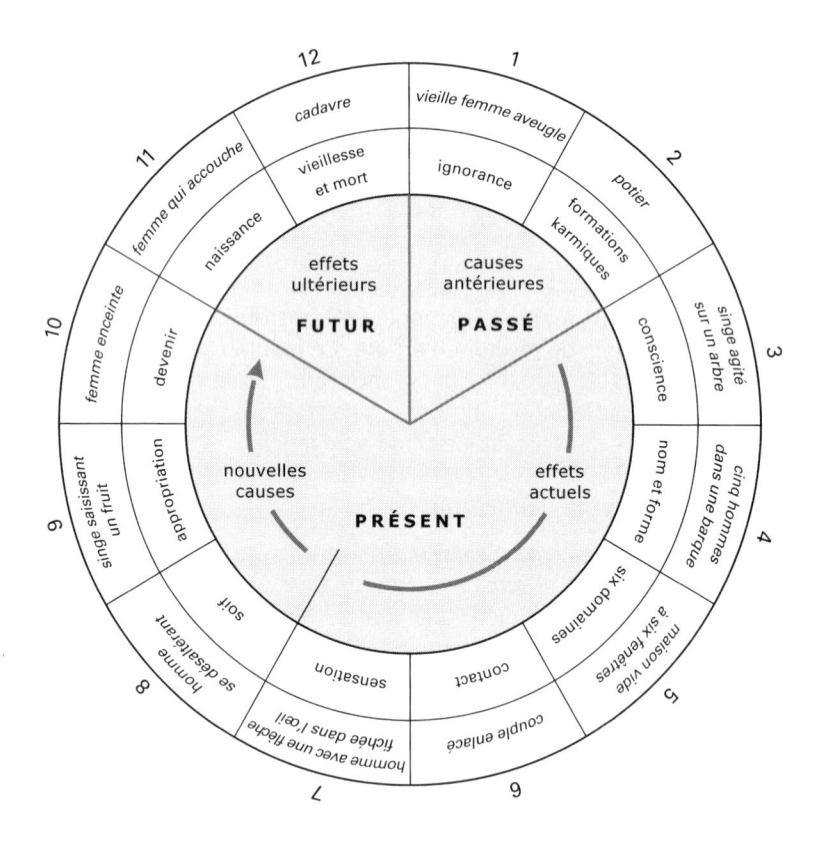

Figure 37. Les douze liens interdépendants dans le cycle de vie en vie.

La juste vision

Réfléchir aux implications des douze liens interdépendants développe la compréhension du véritable mode d'existence des phénomènes. Lorsque la compréhension se clarifie, la fixation égotique s'affaiblit. Nous sommes alors plus ouverts, plus disponibles et réceptifs, plus aimants et bienveillants. Ainsi, méditer sur la production conditionnée et les douze liens interdépendants aide à développer la bodhicitta, l'esprit d'éveil.

Cet examen nous aide aussi à demeurer sans attachement et ainsi à cultiver l'équanimité. Comme tout procède de causes et de conditions interdépendantes, qu'il n'existe donc pas de cause ultime, que tout change en continu, sans début ni fin, on peut ressentir la fluidité de la vie, percevoir la totalité et la valeur infinie de chaque instant. Nous retrouvons certaines implications spirituelles du modèle cosmologique que nous avions mentionnées en parlant de la pulsation de vie et de la vision systémique (voir p. 75). Ainsi, nous pouvons découvrir l'aspect positif des douze liens interdépendants. L'objectif de l'apprentissage spirituel consiste à inverser la tendance : entrer dans le processus du « Quand ceci n'est pas, cela n'est pas ; ceci cessant, cela cesse ».

Dans la partie finale du « Sutra de la pousse de riz », Maitreya dresse sur le sujet une synthèse très éclairante. Il souligne en particulier que le déploiement des phénomènes n'existe qu'en termes de relations. Rien n'existe en soi. Cependant, au niveau relatif, chaque phénomène, chaque acte produit un effet. Au niveau ultime, l'absence d'existence en soi de tout phénomène justifie leur non-apparition. Finalement, point d'être et de non-être ; rien ne naît, rien ne meurt. La causalité n'est donc qu'une vue de l'esprit. Lorsque la nature ultime des choses est réalisée, les choses ont un goût unique.

> Les éléments qui composent le cycle de la production interdépendante n'ont fondamentalement pas de propriétaire, pas de soi, pas de « prendre ceci pour rejeter cela ». Ils sont comparables à l'espace vide, ou encore, à un spectacle de fantasmagorie. Mais s'il n'existe vraiment rien de réel, jamais ne se perdent les effets de nos actions bonnes et mauvaises. (...)
> Ces éléments ne sont pas éternels ; ils ne sont pas nuls ; ils sont indéfectibles ; ils obéissent à la tendance proliferatrice des effets karmiques ; et ils procèdent par affinités.
> Ils ne sont pas éternels parce que les agrégats de la vie suivante naissent lorsque cessent les agrégats de cette vie-ci. Cesser et naître sont des processus foncièrement différents. Dès lors, ces éléments ne peuvent pas durer éternellement.
> Ils ne sont pas nuls non plus, parce que, à l'image des plateaux d'une balance dont l'un se trouve forcément en haut si l'autre est en bas, quand

ceci cesse, cela naît. Si bien que ces éléments ne peuvent pas non plus être nuls.

Ils sont indéfectibles parce que les êtres ordinaires ne cessent jamais de créer du karma causal.

Ils sont proliférateurs parce que, à l'image des travaux des champs, les causes élaborées au niveau ordinaire peuvent, à force d'effort et de persévérance, se multiplier en produisant une récolte surabondante.

Ils obéissent à certaines affinités parce que tel karma causal ne peut pas entraîner des fruits, ou des effets, qui lui soient foncièrement différents[1].

Voilà donc pourquoi, ô Shariputra, le Bouddha a déclaré que voir les douze éléments de la production interdépendante, c'était bien cela, « la juste vision de la juste sagesse ». Quelle est la nature de cette juste vision ?

Elle consiste à contempler ce qui s'est produit dans le passé, se produira dans le futur et se produit à l'instant présent sans émettre de jugement d'existence ou d'inexistence. Ces phénomènes ne viennent de nulle part et nulle part ils ne vont. Les religieux bouddhistes et non bouddhistes, de même que les profanes qui peuvent contempler ce Réel, lequel ne naît pas, ne cesse pas, ne fait pas, n'est pas conditionné, n'adopte pas, ne rejette pas, n'est pas distordu, mais paisible, tranquille, arrêté, au repos, sans essence – bref, ceux qui peuvent ainsi voir les choses, ceux-là sont apaisés, tranquilles ; ils comprennent et savent qu'il n'y a pas de maladie, qu'il n'y a pas de plaie.

Chasser la croyance au soi un seul instant, c'est comme décapiter un palmier *tâla*, lequel ne repousse jamais. C'est cela, atteindre le Réel qui ne naît ni ne cesse[2].

• Les trois formes d'interdépendance

On distingue généralement trois formes d'interdépendance : l'interdépendance grossière, l'interdépendance relationnelle et l'interdépendance subtile.

L'interdépendance grossière

Elle correspond à la compréhension extérieure de l'interdépendance. Lorsque nous buvons un thé, nous pouvons imaginer la terre fertile où poussent les arbres à thé, le climat propice, l'eau de pluie, les efforts des cultivateurs, des cueilleurs et des transporteurs. Les cueilleurs ont besoin d'eau, de nourritures, d'un logement et d'un revenu. Ils sont eux-mêmes le fruit de l'amour parental. Tout se tient. Et c'est parce que tout se tient ainsi et que nous disposons d'eau que

---

1. Du blé produit du blé. Un acte violent engendre souffrance et discorde. Cette similitude justifie l'importance de la culture des actes positifs.
2. Dans *Soûtra du diamant et autres soûtras de la Voie médiane*, p. 138-140.

nous pouvons boire une tasse de thé. Le monde est donc bien un être vivant dans lequel existent des fonctions régulatrices puisque tout a rapport avec tout.

On peut découvrir la même cohésion et les mêmes interrelations avec un objet mental : l'impression de beauté que nous ressentons à la vue d'une fleur, par exemple. Là aussi, on mettra en évidence la cascade d'événements qui interagissent et se conditionnent les uns les autres pour aboutir à cette impression. Tous les phénomènes composés sont dans un rapport de dépendance mutuelle. Tour à tour, comme on l'a vu avec le modèle des douze liens interdépendants, les phénomènes sont des causes et des effets. Comprendre ce premier niveau, celui de la causalité, permet de renoncer à la perception habituelle des phénomènes qui nous pousse à les envisager comme des entités fixes.

L'interdépendance relationnelle

Cette interdépendance relève des catégories de la perception et des notions qui nous permettent de classer les phénomènes par couple d'opposés : grand-petit, bas-haut, court-long, naître-mourir, etc. Lorsque nous affirmons avoir tracé sur une feuille un grand trait, c'est que nous avons en tête l'image et la notion de « petit trait ». Si nous avons froid, c'est que nous avons l'expérience de la chaleur. Reconnaître la gentillesse suppose que nous ayons en mémoire l'expérience de l'agressivité. Dans toutes les paires d'opposés, l'un ne peut pas être présent sans l'autre, même si cet autre n'est que la trace infime d'une image mentale. Chaque opposé est relatif à l'autre. Les opposés se conditionnent mutuellement. Maintenant la perception de leur rapport varie en fonction de l'expérience, des dispositions, des circonstances, des conditions karmiques et de la culture.

L'interdépendance relationnelle nous permet de comprendre comment naissent le sentiment du moi et la dualité. Le *tu* est nécessaire pour qu'il y ait un *je*. Nous nous déterminons par rapport à ce qui nous semble *autre* et cette détermination commence dans la langue, dès que nous sommes capables de tracer le territoire mental de notre individualité.

L'interdépendance relationnelle met aussi en évidence le clivage de l'expérience entre favorable et défavorable, clivage qu'instaure l'affirmation de l'individualité refermée sur elle-même. Le souci de notre être propre aboutit à distinguer ce qui est « bon-pour-soi » et ce qui est « mauvais-pour-soi ». Cette distinction modélise nos comportements au point que nous dépensons beaucoup d'énergie à protéger nos intérêts sans pour autant faire disparaître la sourde insatisfaction toujours renaissante.

Le bouddhisme distingue huit distorsions mentales ou préoccupations mondaines réparties en quatre couples d'opposés (quatre formes d'espoir et quatre formes de crainte) : plaisir/souffrance, gain/perte, louange/blâme, renommée/disgrâce. Nous recherchons le premier élément du couple d'opposés ; nous fuyons le second. En présentant *La marche vers l'éveil* (voir p. 470), nous avons cité un extrait du chapitre IX où Shantideva montre en quoi l'expérience du non-soi (anatman) est le remède à ces huit formes de préoccupation.

> Les choses étant vides d'existence [propre], qu'y a-t-il à perdre ou à gagner ? Qui est là pour nous honorer ou nous mépriser ?
> D'où viendraient le plaisir et la douleur ? Qu'est-ce qui peut être agréable ou odieux ? En quête de l'absolu, qu'y a-t-il à désirer, qui désire ?
> Si on examine le monde des vivants, qui meurt ? qui naîtra ? qui est né ? qu'est-ce qu'un parent, un ami ?
> Comprenez comme moi que tout est pareil à l'espace !

L'interdépendance subtile

Elle consiste à prendre conscience de la manière dont nous imputons des caractéristiques aux phénomènes que nous percevons. Nous avons vu que le rôle de la conscience mentale (manovijnana) consiste à étiqueter les phénomènes à l'aide des concepts. L'objet dans notre conscience vit en dépendance du nom et des propriétés que nous lui attribuons. Réaliser l'interdépendance subtile nous permet de comprendre que les représentations mentales distordent la perception du monde. Au lieu de vivre de manière « brute » les expériences sensibles, nous les concevons, ce qui nous fait perdre l'expérience immédiate de la vie.

S'adressant à des moines le Bouddha a dit : « Quiconque voit la production interdépendante voit le Dharma. Quiconque voit le Dharma voit le Bouddha. » C'est dire l'importance de cet enseignement qui sert de fondement à l'exposé des quatre nobles vérités que nous allons examiner maintenant. En présentant les quatre sceaux du Dharma, nous verrons également la portée de cette vision dans la perspective de la compréhension du non-soi (niveau Hinayana) et de la vacuité (niveau Mahayana).

3. Les quatre nobles vérités

> La vérité de la souffrance.
> La vérité sur l'origine de la souffrance.
> La vérité de la cessation de la souffrance.
> La vérité de la voie.

En relatant les douze œuvres du bouddha Shakyamuni, nous avons vu qu'il consacre son premier enseignement à l'exposé des quatre nobles vérités (voir p. 117) dont l'expression exacte est les « quatre vérités des êtres nobles ». Souvenons-nous que l'adjectif « noble » ne qualifie pas ces réalités mais ceux qui, grâce à l'acuité de leur discernement, parviennent à réaliser leur caractère véridique. Rappelons également que le mot « vérité » met en évidence la nature objective de ces constats. Il ne revêt pas une connotation dogmatique.

Avant de les examiner, il n'est pas inutile de les rappeler en les mettant en relation avec l'approche thérapeutique employée par le Bouddha :

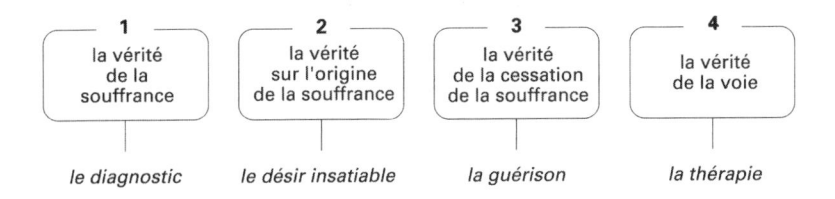

1	2	3	4
la vérité de la souffrance	la vérité sur l'origine de la souffrance	la vérité de la cessation de la souffrance	la vérité de la voie
le diagnostic	le désir insatiable	la guérison	la thérapie

L'énoncé de ces quatre vérités s'inscrit dans un jeu de causes à effets. Les deux premières concernent les états négatifs que nous cherchons à éviter : mis à part les maux physiques inévitables, les souffrances sont les effets du désir insatiable et d'une incompréhension. Ainsi le Bouddha expose le résultat (la souffrance) avant la cause car il s'agit d'être réellement convaincu, surtout quand tout va bien, que l'existence conditionnée par le désir s'avère insatisfaisante.

Les deux dernières vérités concernent des états positifs que nous souhaitons actualiser : la paix du nirvana résulte de l'arrêt des effets néfastes ; l'octuple sentier (la thérapie) est la cause qui rend possible la santé véritable (la guérison, le bien-être). Cette approche thérapeutique et pragmatique justifie l'épithète de « grand médecin » souvent attribuée au Bouddha. Cependant, limiter la voie à cette interprétation peut entraîner de nombreuses confusions entre le spirituel et une psychologie du mieux-être, surtout si l'on ne prend pas soin de préciser que le bouddhisme ne consiste pas en une course effrénée au bonheur. En effet, l'épanouissement de la personne humaine semble dépendre d'un dépassement de toute forme de but, du fait même que tendre vers une fin accroît les tensions intérieures, pour ne pas dire la souffrance et les risques de déception. Plutôt que d'imaginer un quelconque bonheur, on parlera plus volontiers de se rendre disponible à l'éveil.

● La souffrance

La première noble vérité met en évidence le caractère problématique et douloureux de notre situation. De la naissance à la mort, nous traversons des circonstances difficiles, qu'il s'agisse de la maladie, de la vieillesse, de la perte de nos proches et de nos amis, des conflits relationnels, de l'insatisfaction, des névroses ou des angoisses les plus profondes. La formule lapidaire *sarvam dukkham* – « tout est souffrance » – résume ce constat. Rarement en Occident parole aura fait l'objet d'autant de malentendus. Nietzsche n'y est pas étranger. S'aventurant à comparer christianisme et bouddhisme, alors qu'il vient de condamner le premier, le philosophe allemand voit dans l'enseignement du Bouddha l'expression d'un pessimisme et d'un nihilisme fonciers, une doctrine dans laquelle « l'égoïsme devient un devoir », la manifestation d'une religion de « décadence (…), une religion pour hommes tardifs, pour des races débonnaires, douces, devenues hypercérébrales, qui ressentent trop aisément la souffrance (…), une religion faite pour l'aboutissement, la lassitude de la civilisation[1] ». On a vu combien les interprétations erronées des intellectuels allemands du XIXe siècle ont marqué de leur empreinte la vision d'un bouddhisme qui renierait la vie dans son entier (voir p. 338). Encore une fois, il convient de ne pas confondre la « vie comme souffrance » et la vie considérée comme « souillée par la souffrance ».

Au vrai, *sarvam duhkham* indique qu'une existence crispée sur le souci de notre être propre est imparfaite ou insatisfaisante. C'est l'existence dans le samsara. Existence insatisfaisante parce qu'elle ne peut se départir de la tension continue qu'impose la soif, huitième maillon des

---

1. *L'Antéchrist*, § 20 et 22.

douze liens interdépendants. En instaurant l'opposition entre ce qui est « bon-pour-soi » et ce qui est « mauvais-pour-soi », l'ego croit qu'en cherchant à s'autosatisfaire, il ruinera les forces hostiles. La stratégie du « bon-pour-soi » lui fait oublier qu'étancher la soif ne l'empêche pas de renaître sans cesse, prenant la forme du sentiment d'incomplétude. Ainsi, comme on l'a vu, même les plaisirs sont ternis par le mécontentement parce qu'ils ne durent pas. Pour autant, le bouddhisme ne les récuse pas en ce qu'ils contiennent de positif. Cette vision signifie simplement que le terme « souffrance » a ici un large champ sémantique qui inclut l'alternance des opposés chagrins/joies, plaisirs/douleurs, leur réciprocité, leur incessant enchevêtrement et le fait même que nous entretenions nos conflits intérieurs. La souffrance dont parle le Bouddha recouvre donc une réalité beaucoup plus complexe que la souffrance ordinaire. Elle ne peut être comprise sans la référence à la croyance en notre être propre (atman). Même lorsque cette référence s'atténue, au cours des expériences méditatives, par exemple, elle n'en demeure pas moins efficace. C'est la raison pour laquelle les états méditatifs sont eux aussi conditionnés par le manque. En décrivant ces états (voir tableaux 2 et 3, p. 69 et 70), nous avons vu que le méditant s'attache à la félicité subtile, non pour fuir la pesanteur du samsara, mais parce qu'il trouve dans cette expérience la douceur d'un repos en lequel il aimerait se fondre à jamais. Mais cette aspiration s'accompagne de la conscience d'une retombée dans les états plus denses, car ces absorptions n'ont aucun caractère définitif, conviction qui maintient une sourde inquiétude propice au déséquilibre intérieur. Tant que persiste la dichotomie « bon-pour-soi » et « mauvais-pour-soi », les états conditionnés par la souffrance demeurent opérants.

La première noble vérité ne fait que souligner la nécessité d'un examen objectif de la condition humaine. Nous voyons à quel point l'opposition constante que le « moi » établit entre « ce qui est bon » et « ce qui est néfaste » constitue un mode de fonctionnement attisant les tensions et l'insatisfaction. Dans la recherche de « ce qui est favorable pour lui », voulant se protéger davantage en défendant ses propres intérêts, il renforce la fixation égocentrique et le dualisme.

Le Bouddha distingue huit sources d'insatisfaction :

1. la naissance,
2. la vieillesse,
3. la maladie,
4. la mort,
5. l'union avec les choses et les êtres que nous n'apprécions pas,
6. être séparé des choses et des êtres que nous aimons,

7. ne pas obtenir ce que nous désirons,
8. le fait d'être la coalescence provisoire des cinq agrégats d'attachement (forme, sensations, perceptions/notions, formations karmiques, conscience).

Ces huit types de situation douloureuse peuvent être ramenées à trois catégories essentielles : la souffrance ordinaire (duhkha duhkha) ; la souffrance liée à l'impermanence (viparinama duhkha) ; la souffrance omniprésente (samskara duhkha).

La souffrance ordinaire (n°s 1-5)

Si l'on traduisait littéralement *duhkha duhkha*, on parlerait de « souffrance de la souffrance ». C'est la souffrance liée au simple fait d'exister et à notre constitution, en particulier la dégradation irréversible de l'agrégat de la forme (notre corps). Les cinq constituants psychophysiques étant voués à disparaître, le souci de notre être propre ne peut qu'engendrer le mal-être et le désespoir. Ainsi, dans son premier enseignement, le Bouddha affirme que « les cinq agrégats d'attachement sont souffrance ».

La souffrance issue du changement (n°s 6-7)

Nous voudrions rester jeunes, conserver toutes nos facultés et toute notre vitalité, mais l'impermanence est inscrite dans les agrégats qui nous composent. Nous voudrions garder auprès de nous ceux que nous aimons et obtenir tout ce que nous désirons. Mais tout s'en va et tous nos désirs ne peuvent être comblés. L'impermanence du monde et des situations est inévitable. Quand nous éprouvons de la joie et qu'elle vient à disparaître brutalement, nous faisons l'expérience d'un manque. Le changement met à mal l'attachement aux biens que nous possédons. Tous les états de bonheur temporaire occasionnent ainsi une souffrance. La conscience même de cette impermanence est douloureuse.

La souffrance omniprésente liée à l'état conditionné (n° 8)

Toutes nos expériences sont conditionnées par les formations karmiques (samskaras). Nous sommes assujettis au caractère transitoire des cinq agrégats. Le karma étant la force motrice des états conditionnés, c'est dans la nature même du samsara que d'être insatisfaisant. La souffrance omniprésente est une souffrance subtile qui affleure lorsque la vie nous semble imparfaite et que nos actions nous paraissent vaines et dénuées de significations ultimes. Elle peut prendre la forme d'une angoisse existentielle tenace ou d'un sentiment de frustration au cours de ces ruminations mentales qui se heurtent aux interrogations sur le sens de la vie. Nous voudrions séparer à jamais les joies et les peines, faire qu'elles ne coexistent pas pour laisser triompher la béatitude aux dépens de l'insatisfaction. Mais c'est le propre de l'individualité que de vivre ce paradoxe, ces enchevêtrements incessants de bonheurs et de douleurs, avec la tension sous-jacente qu'impose ce constant dualisme.

Ce troisième aspect de la souffrance est très important dans l'optique de l'apprentissage spirituel. Le fait de le reconnaître entraîne un profond désenchantement à l'égard des expériences habituelles en même temps qu'une aspiration à se libérer de l'existence conditionnée. C'est la base du renoncement tel que l'envisage le véhicule fondamental.

Cette première vérité laisse pressentir que tout ce mécanisme repose sur une méprise. Par ailleurs, la souffrance n'échappe pas à l'impermanence. Elle n'est donc pas une réalité en soi, immuable. Cette première vérité annonce donc à mots couverts que nous pouvons découvrir les causes du mal-être, et comprendre ainsi que la guérison et la paix véritable existent bel et bien en ce monde.

● L'origine de la souffrance

Pour se libérer de la souffrance, il faut en premier lieu en connaître l'origine. C'est le propos de la deuxième noble vérité. La cause essentielle, dit le Bouddha, « c'est le désir, lié au plaisir et à la convoitise, qui produit les renaissances ». Sous-jacente au désir se trouve l'ignorance de notre véritable nature. Comme nous l'avons vu dans la présentation des douze liens interdépendants, lorsque le karma et l'ignorance persistent, la roue de la vie continue à tourner. L'ignorance est la cause des formations karmiques ; les formations karmiques sont la cause de la conscience et ainsi de suite jusqu'au désir brûlant (la soif) qui provoque l'attachement. Celui-ci nous pousse à commettre des actes physiques ou mentaux inconséquents. Il induit des émotions négatives. Le tout donne lieu à de nouvelles situations karmiques, elles-mêmes douloureuses.

Pour justifier le caractère dévastateur de la soif et montrer combien nous sommes esclaves de notre avidité et torturés par l'espoir, le Bouddha mentionne la cascade de problèmes qu'elle provoque :

Lorsqu'il y a soif, se produit le besoin de chercher les choses. Lorsqu'il y a le besoin de chercher les choses, se produit le gain. Lorsqu'il y a le gain, se produit le désir passionné concernant ce gain. Lorsqu'il y a le désir passionné concernant ce gain, se produit l'attachement. Lorsqu'il y a l'attachement, se produit une possession. Lorsqu'il y a la possession, se produit une jalousie. Lorsqu'il y a la jalousie, se produit un besoin de protéger. Lorsqu'il y a le besoin de protéger, se produit un besoin de chercher des bâtons, des armes et aussi se produisent des bagarres, des disputes, des querelles, des contestations, des calomnies, des mensonges et bien d'autres choses mauvaises et inefficaces[1].

En examinant les douze liens, nous avons également noté que le Bouddha distingue la soif du plaisir des sens, la soif de l'existence et la soif de l'annihilation. La première correspond aux attitudes que nous déployons pour lutter contre la souffrance ordinaire, pensant trouver là une échappatoire. La seconde apparaît lorsque nous cherchons une parade à la souffrance issue du changement. Quant à la soif de l'annihilation, elle peut être une réaction de dépit face à la souffrance omniprésente liée à l'état conditionné.

● La cessation de la souffrance

Le Bouddha est porteur d'une bonne nouvelle lorsqu'il affirme que nous pouvons éviter la souffrance. La souffrance ne nous est pas imposée par une puissance extérieure. Certes, nous ne pouvons pas échapper aux quatre premières sources d'insatisfaction et tout particulièrement à la souffrance physique, mais la plupart des autres maux dépendent de notre état d'esprit. Sa propre expérience d'éveil en porte le témoignage. Souvenons-nous que ses disciples l'appellent le Bienheureux (Bhagavat) parce qu'il demeure dans un état de grande quiétude. De plus, le Bouddha ne dit pas que cette cessation de la souffrance est passagère. Il affirme qu'elle est définitive.

Nous ne serons plus sujets au mal-être le jour où sa cause – la soif – disparaîtra. Ce jour-là, les émotions négatives ne se manifesteront plus. Pour que cette libération se produise, nous devons cesser de croire que nous sommes des entités autonomes et indépendantes. Nous devons nous guérir de cette illusion en réalisant l'expérience du non-soi (anatman). Les textes bouddhiques emploient volontiers la métaphore du fardeau. Le souci de notre être propre, la lutte dans

---

1. *Anguttaranikaya*, IV, 400-401, traduction de Môhan Wijayaratna, *La philosophie du Bouddha*, p. 85-86.

laquelle nous sommes engagés pour préserver nos intérêts et l'opposition incessante qu'instaure notre individualité entre ce qui est « bon-pour-soi » et ce qui est « mauvais-pour-soi » constituent un véritable fardeau. Il s'alourdit lorsque les circonstances ne sont pas favorables, lorsque l'intégrité du sujet est remise en cause sous l'effet de la maladie, par exemple. Lorsque tout semble bien aller, le fardeau est presque imperceptible comme peut l'être un excès de poids devenu familier. Il ne disparaît pas pour autant. Cette forme de neutralité, nous la confondons souvent avec le bonheur véritable. Pour le bouddhisme, cela correspond plutôt à un état de souffrance muette. Un bruit de fond discordant persiste, couvert par le vrombissement continu de l'individualité accaparée par ses objets de satisfaction et son agitation inhérente. Cette neutralité reste perméable à la souffrance parce qu'elle demeure sous l'influence de causes et de conditions hors de notre contrôle.

La cessation de la souffrance se dit *nirodha* en sanskrit. Elle n'est pas l'envers de la souffrance, ni une joie décuplée sur le modèle des expériences heureuses qui nous sont familières, pas plus d'ailleurs qu'une régression en deçà de la joie simple et de la souffrance. Elle ne peut faire l'objet d'un attachement puisqu'elle est délivrée du fardeau dont nous parlions. En ce sens, elle est une joie sans objet que les concepts ne peuvent circonscrire. Elle conduit à la paix du nirvana, la réalisation du bien-être suprême, la santé véritable. Entrer dans l'état de nirodha, c'est donc « toucher le nirvana avec son corps ».

On distingue le nirvana avec résidus et le nirvana sans résidus (parinirvana). L'éveil du nirvana sans résidus survient avec la mort du corps et l'épuisement du karma passé. Avec la mort, l'esprit cesse de dépendre de la coalescence des cinq agrégats d'attachement qui constituent, comme on l'a vu plus haut, l'une des huit sources d'insatisfaction et de souffrance.

● La voie : le noble octuple sentier

« Il nous faut marcher sur un sentier spirituel, écrit Chögyam Trungpa. Il faut que l'ego s'use comme une vieille chaussure, voyageant de la souffrance à la libération[1]. » La quatrième vérité décrit ce sentier. Elle énonce la thérapie qu'il convient de suivre pour mettre un terme

---
1. *Pratique de la voie tibétaine*, p. 159.

à la souffrance et au mal-être. Le remède comporte huit pratiques à mener simultanément.

1. compréhension juste
2. pensée juste
3. parole juste
4. action juste
5. moyens d'existence justes
6. effort juste
7. attention juste
8. concentration juste

Ces pratiques se nourrissent mutuellement. Elles permettent de comprendre la souffrance, d'éradiquer sa cause pour finalement vivre la paix du nirvana, être ce que nous sommes véritablement.

L'image employée par Chögyam Trungpa a une valeur pédagogique. Elle laisse entendre que le chemin a un commencement (notre confusion) et une fin (la libération). En effet, il nous faut un point de départ. Dans l'enseignement des quatre nobles vérités, ce point de départ correspond à la première de ces vérités. Si nous ne ressentons pas qu'un malaise profond et parfois indicible mine notre existence, nous ne pouvons développer le souhait de nous en libérer. Nous devons aussi consentir à faire des efforts. Si certaines pratiques nous semblent naturelles, d'autres nécessitent de la persévérance avant de devenir spontanées.

Dans le même temps, souvenons-nous que l'octuple sentier a pour symbole la roue à huit rayons. Les rayons convergent vers un moyeu vide, l'expérience de l'éveil au-delà de toute représentation mentale. La convergence des huit pratiques nous rappelle que la paix du nirvana n'est pas quelque part, dans un ailleurs lointain qu'il faudrait conquérir. Elle est notre condition naturelle. La voie est sous nos pieds. Parcourir le sentier, c'est s'appliquer à reconnaître cette évidence et parvenir à comprendre comment les illusions dualistes viennent troubler la clarté et la pureté de l'état naturel.

Le noble octuple sentier se présente comme une corde à huit brins. Ces huit brins sont présents tout au long du cheminement, car ces pratiques sont menées conjointement. Lorsqu'on veut insister sur l'importance de la compréhension, on suit l'organisation chronologique telle qu'elle figure dans le « Sutta de la mise en mouvement de la roue du Dhamma » (*Dhammacakkasutta*), le premier enseignement du Bouddha. Si, comme dans le Theravada, on considère que la connaissance supérieure (ou la sagesse) résulte pour une large part des autres pratiques, on tient compte des trois aspects du sentier qui forment le triple apprentissage : l'autodiscipline, la méditation et la connaissance supérieure :

shila	samadhi	prajna
autodiscipline	méditation	connaissance supérieure
parole juste action juste moyens d'existence justes	effort juste attention juste concentration juste	compréhension juste pensée juste

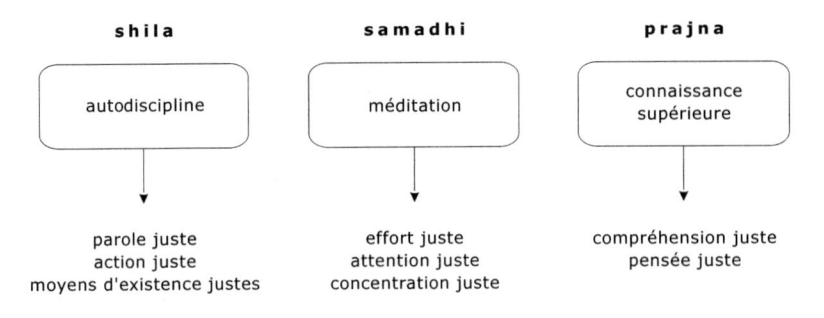

Ici, la présentation des huit aspects du sentier suit l'organisation initiale. Le chapitre 14 présente les différentes approches de l'apprentissage spirituel.

La compréhension juste

J'indiquais plus haut que lorsque nous commençons à comprendre que nous manquons de l'essentiel et que l'existence ainsi vécue est insatisfaisante, nous aspirons à nous libérer de ce malaise. En l'absence d'une vue objective de notre situation, nous risquerions de manquer de discernement et finalement de ne jamais nous engager dans un processus qui transformera positivement notre vie. Cette compréhension initiale mûrit lorsque nous nous efforçons de saisir la signification profonde des quatre nobles vérités.

D'emblée, le Bouddha montre l'importance qu'il accorde à l'analyse raisonnée de la réalité et à la vision cohérente des causes de la souffrance et des moyens de s'en affranchir. L'activité intellectuelle est donc indispensable. Bien que l'apprenti en connaisse les limites, elle est soigneusement cultivée parce qu'elle permet d'accéder au sens de l'enseignement et aide à mieux comprendre le fonctionnement de l'esprit. Elle éclaire aussi les autres aspects de la pratique, en particulier la méditation qui nécessite de dépasser les limites de la pensée. En libérant l'esprit des idées arrêtées et des visions erronées, elle aide l'apprenti à discerner le juste de l'injuste, de sorte qu'il agisse conformément à l'idéal du bien pour servir au mieux le monde.

Il convient de distinguer ces opérations intellectuelles des « perceptions spirituelles », libres de la dualité et des concepts. Au moyen de la méditation, l'apprenti transforme en une expérience immédiate ce qui n'était encore qu'une compréhension indirecte.

La pensée juste

L'une des caractéristiques de la pensée est sa mobilité. Elle peut se déployer en maintes directions, mais deux ont ici un caractère essentiel : l'examen de soi à la lumière des enseignements et la présence aux autres.

La pensée vouée à l'examen de soi soutient l'activité de la compréhension juste. Nourrie par le courage et la volonté, elle est comme aimantée par le souhait de parvenir à découvrir et à réaliser le sens profond des enseignements. Dans le domaine de la pratique méditative, l'apprenti est convié à développer une attitude saine à l'égard de la pensée. En mentionnant les sept principes du Zen selon maître Dôgen (voir p. 297), nous avons vu qu'il ne s'agissait pas de faire cesser intentionnellement le processus de la pensée, mais de demeurer dans l'expérience d'immédiateté avant toute attitude intentionnelle et toute objectivation. Le méditant peut donc ressentir le mouvement initial de la pensée, son frémissement, mais sans qu'il se déploie en une construction sophistiquée. Finalement, il ne ressent que le dynamisme inhérent à l'esprit, un dynamisme dénué de forme, libre de l'étiquetage conceptuel.

La pensée n'a pas seulement pour objet la connaissance, nous l'utilisons aussi pour nous représenter autrui. Si nous observons notre façon de nous comporter avec les autres, nous remarquons que par habitude nous avons tendance à critiquer autrui, à ressasser des pensées négatives en songeant à ceux qui nous ont fait du tort, à calculer pour tirer le meilleur profit d'une situation quitte à blesser nos semblables. La pensée juste s'inscrit à contre-courant de ce penchant. Elle consiste à cultiver l'intention de venir en aide aux autres et de leur apporter joie, bonheur et contentement. Cela suppose d'abandonner les attitudes égoïstes, de renoncer à l'attachement, à la colère, à la jalousie et à la médisance. Cela implique de se soucier du bien-être d'autrui, et de cultiver l'amour et la non-violence.

En résumé, la pensée juste comporte un double mouvement : celui de l'intelligence raisonnante, patiente et attentive dans son labeur pour découvrir ce que nous sommes ; et celui de l'intelligence du cœur qui se manifeste en la pensée compatissante à l'égard de tous les êtres. Le premier se rapporte à la vue juste. Le second correspond à la mise en œuvre de cette vue dans l'activité de la compassion.

Compréhension juste et pensée juste fondent la connaissance supérieure (prajna) qui déconstruit la fiction de la permanence, démasque l'illusion dualiste, les catégories de l'être et du non-être, lesquels font obstacle à l'actualisation de l'éveil

La parole juste

La parole suppose de communiquer avec autrui. Elle nous engage et en même temps elle a un effet considérable sur notre environnement. Dans le chapitre 10, nous avons vu que la parole pouvait être souillée par les poisons qui polluent l'esprit. Dans ces conditions, nous tenons des propos injurieux et nous blessons autrui par les armes de la langue. A contrario, sous l'aile de l'amour et de la non-violence, la parole juste peut manifester son pouvoir de guérison. Nous citions alors le 100e verset du *Dhammapada* : « Meilleur que mille mots sans utilité est un seul mot bénéfique, qui pacifie celui qui l'entend. » Nous avions également mentionné les quatre attitudes à cultiver :

- dire la vérité ;
- réconcilier, cultiver des relations de paix avec autrui ;
- parler avec douceur sans colporter de rumeurs, ni critiquer ce que disent ou font nos semblables ;
- réciter des mantras.

Ces quatre attitudes positives supposent l'abandon des comportements contraires :

- mentir ;
- attiser les discordes et la haine en médisant, en injuriant et en employant des paroles grossières ;
- employer des paroles blessantes ;
- tenir des discours futiles.

L'action juste

Semblable à la parole juste, l'action juste est celle qui ne cause aucun tort à autrui. Elle s'accomplit sans l'intervention de l'égoïsme. Ainsi est-elle libre de la négligence, du manque d'attention ou de la méchanceté délibérée. Le Bouddha dit que l'action juste consiste à éviter de tuer, de voler et s'abstenir de toute inconduite sexuelle ou usage erroné des sens. Éviter finalement d'être trop nuisible. En ayant un corps, nous sommes irrémédiablement amenés à tuer des êtres vivants sans que cet acte soit volontaire et commis sous l'emprise de la colère.

Ici, le premier entraînement porte sur le respect de toute forme de vie. Dans ce contexte, le végétarisme prend tout son sens. Le deuxième entraînement consiste à ne pas prendre ce qui ne nous appartient pas, à ne pas effectuer de transactions malhonnêtes et à cultiver la générosité. Le troisième entraînement concerne directement la soif du plaisir des sens. Si nous nous laissons submerger par les pulsions sexuelles, nous risquons d'engager notre corps dans des relations dénuées d'amour. Il ne s'agit pas de rejeter l'acte sexuel en lui-même, mais de l'envisager au sein d'un rapport amoureux sincère, respectueux de notre partenaire et engagé sur le long terme.

Les moyens d'existence justes

En fournissant quelques points de repère au début de ce livre, nous avons vu qu'on pouvait envisager le bouddhisme comme un mode de vie fondé sur la non-violence et l'idéal du bien. Cette cinquième pratique le montre clairement. La réflexion sur les moyens d'existence justes découle des considérations sur l'action juste.

En s'efforçant d'œuvrer avec amour et compassion, on essayera de trouver des moyens de subsistance qui soient bénéfiques à tous les êtres vivants, ou tout au moins qui ne les tourmentent pas. Aujourd'hui, dans un climat de guerre économique, de chômage, de marchandisation de l'homme et de dévastation du monde, le choix devient difficile. Pour garantir le niveau de vie et de confort dans les pays économiquement puissants, l'activité industrielle représente à elle seule une source de nombreux déséquilibres. On a beau être le maillon infime d'un vaste ensemble, on participe tout de même aux orientations qui ont été prises. D'où le sens de la responsabilité que le bouddhisme s'efforce ici de mettre en évidence.

Selon le Bouddha, il convient d'éviter de vivre du commerce des armes et des intoxicants ou de transactions frauduleuses. Vivre de la mort des animaux est aussi un moyen d'existence incorrect. Dans ce cas précis et sans culpabiliser quiconque, on voit très bien qu'un métier ne dépend pas seulement des souhaits de celui qui l'exerce mais de la pression d'un milieu. Ainsi, les personnes qui consomment de la viande et qui de ce fait rendent possible la profession de boucher, ces personnes sont tout aussi responsables de la mort des animaux que celui qui vit d'un tel commerce.

L'effort juste

L'effort juste est l'effort lucide entrepris pour mener à bien les pratiques du noble octuple sentier. Si cet effort n'est pas fondé sur l'humilité, la douceur aimante, l'intelligence et la joie, il se montre stérile. D'où l'importance ici de la compréhension. Une personne peut investir beaucoup d'énergie dans la pratique, mais si cette énergie renforce l'orgueil, la fierté et l'avidité, ou la coupe de la réalité et des autres, cette énergie ne fait qu'entretenir les poisons de l'esprit confus.

L'effort juste s'applique dans quatre domaines particuliers :

- abandonner les habitudes mentales néfastes et les actes négatifs déjà commis en évitant de les reproduire ;
- empêcher l'apparition d'états mentaux négatifs et éviter les actes négatifs que nous n'avons pas encore commis ;
- faire advenir les actes et les états positifs que nous n'avons pas encore commis, en particulier ceux qui concernent le développement de la compréhension, de l'attention et de la concentration ;
- cultiver les états mentaux et les actes positifs déjà présents en les menant à leur plein accomplissement.

L'attention juste

L'attention est le premier facteur d'éveil. Les six autres sont le discernement, l'effort, la joie, la sérénité, le recueillement et l'équanimité. L'attention juste est une attitude de présence ouverte au monde et à soi-même. Sans attention, nous ne sommes qu'à moitié vivants. « Le négligent est comme s'il était déjà mort », dit le Bienheureux[1].

Il existe une importante tradition d'attention à la respiration qui s'appuie sur le « Sutta de la pleine conscience de la respiration » (l'*Anapanasatisutta*). On la retrouve en partie dans l'attention au corps, l'un des quatre entraînements avec l'attention aux sensations, à l'esprit et aux objets mentaux. L'exposé de ces quatre entraînements figure dans le « Sutta des quatre établissements de l'attention » dont nous avons vu un extrait[2].

L'observation du corps permet de vivre pleinement sa simple réalité sans le considérer comme un objet d'attachement. L'observation des sensations et de l'esprit consiste à observer les expériences qui apparaissent en demeurant dans un état de vigilance sans jugement. L'observation des objets mentaux permet de prendre conscience des fluctuations internes incessantes tout en « aiguisant » l'attention sur les arcanes majeurs de l'enseignement dont les *sept facteurs d'éveil** et les quatre nobles vérités.

Dans la présentation des pratiques hinayanistes (voir chap. 14, 3), on trouvera quelques précisions sur ces quatre entraînements. Tous permettent d'actualiser la pleine conscience qui dissout les obstacles à l'établissement dans la paix du nirvana. La pleine conscience consiste à vivre le présent pur, sans attente ni intention. Ce présent n'est pas un instant infinitésimal mais la durée dans laquelle s'exerce l'attention. Découvrir ainsi la valeur infinie du présent consiste à restaurer l'harmonie en soi-même puisque l'inquiétude pour le passé et

---
1. 21ᵉ verset du *Dhammapada*.
2. Cf. chap. 11, p. 410.

pour l'avenir n'existe plus. Simplement considérer l'action qui s'accomplit, ce qui est ressenti, *l'expérience que nous sommes* dans son dénuement. Mais le méditant ne se contente pas de la joie d'exister dans un état de grande quiétude. L'établissement du calme intérieur et du lâcher prise constitue le fondement de la vision claire (vipashyana) qui suscite la compréhension de l'impermanence et du non-soi (anatman).

La concentration juste

La pratique de la concentration juste consiste à maintenir l'esprit dirigé vers un seul objet, évitant ainsi de le laisser papillonner. L'esprit est dit « concentré en un seul point » (ekagracitta), non pas au sens d'une fixation rigide mais plutôt d'une observation ouverte, libre de toute agitation, de toute dispersion et de tout attachement aux objets des sens. L'esprit souple et clair fait simplement l'expérience de ce qui est tel quel.

Pour mener à bien son entraînement, l'apprenti dispose d'un grand nombre de supports. Il peut choisir entre maintenir son attention sur des disques de couleur, observer son souffle ou des événements qui se produisent en lui et s'évanouissent à chaque instant, ou encore méditer sur un objet pour lequel il a le plus d'affinités, une représentation du Bouddha ou une fleur, par exemple. Dans le premier cas, il accueille l'expérience et la laisse naturellement s'effacer, à l'image de la surface d'un lac qui ne retient jamais le reflet de l'oiseau volant dans le ciel. Lorsque cette concentration se maintient sans interruption, l'esprit s'absorbe dans son objet au point que toute dualité disparaît. Dans le second cas, le pratiquant ne perçoit plus que l'objet choisi. Il laisse sa forme envahir son champ visuel et occuper sa conscience, au point que les pensées disparaissent d'elles-mêmes. Le recueillement gagne en intensité lorsque l'image de l'objet peut être perçue les yeux fermés puis à l'état de simple concept.

Lorsque l'état de paix profonde demeure stable, les émotions négatives et tout autre facteur perturbateur ne se manifestent plus. Le pratiquant fait l'expérience de la relaxation, du bien-être et de l'apaisement (shamatha). Il peut alors goûter aux états méditatifs qui correspondent au monde de la forme pure et du sans-forme (voir tableaux 2 et 3, p. 69 et 70). Nous avons vu que ces états d'absorption ne représentent pas une fin en soi. Ils constituent la base du développement de la vision claire (vipashyana) qui permet de réaliser l'impermanence, la dysharmonie inhérente au samsara et le non-soi.

En guise de conclusion à l'exposé des quatre nobles vérités

L'enseignement des quatre nobles vérités nous apprend que la souffrance et la quiétude ont en commun de se manifester en dépendance de leurs causes et de leurs conditions. La souffrance que nous voulons éviter découle du désir insatiable ; la quiétude que nous recherchons s'actualise au terme de la pratique du noble octuple sentier. Ces interactions apparaissent plus clairement si l'on reprend le schéma linéaire initial en rendant plus lisible la relation de cause à effet.

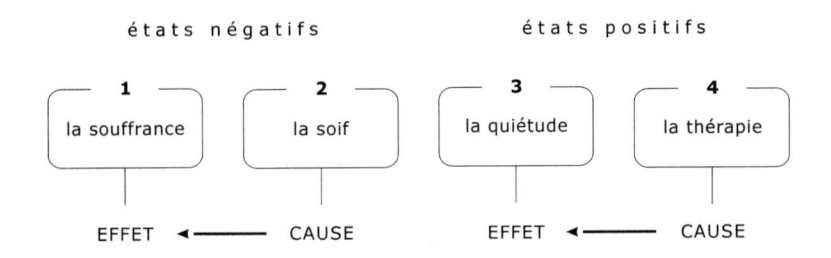

états négatifs		états positifs	
1 la souffrance	2 la soif	3 la quiétude	4 la thérapie
EFFET ◄────	CAUSE	EFFET ◄────	CAUSE

Il est important de se rappeler le processus de dépendance mutuelle. La cause ne précède pas l'effet, tous deux étant produits de manière interdépendante. Dès que se manifeste le moindre désir avide, la souffrance apparaît simultanément. Dès qu'une action positive se produit, le bien-être est déjà là. Dans une certaine mesure, la souffrance est inhérente au désir qui lui-même est inhérent à l'ignorance primordiale. De même, le bien-être est inhérent à l'action positive, elle-même étant une manifestation de l'esprit éveillé. Le principe de la production conditionnée sert donc de fondement à l'exposé des quatre nobles vérités.

Encore une fois, ce premier enseignement du Bouddha n'a rien de négatif ni de nihiliste. Il met simplement en évidence des rapports logiques afin que nous puissions comprendre que la souffrance cesse si l'on parvient à mettre un terme aux causes et conditions qui lui ont donné naissance. Ces constats objectifs constituent un formidable encouragement pour tous ceux qui réalisent qu'il en va de leur responsabilité d'abandonner les états négatifs et de cultiver les états positifs.

4. Les quatre sceaux du Dharma

> Tous les phénomènes composés sont impermanents.
> Tout ce qui est lié aux toxines mentales est souffrance.
> Aucun phénomène n'a d'existence propre (non-soi, vacuité).
> La paix existe au-delà de la souffrance (nirvana).

Les quatre sceaux du Dharma représentent les caractéristiques majeures de l'enseignement du Bouddha. Tout enseignement dit bouddhique doit porter leur marque. L'unité foncière de toutes les écoles s'exprime dans ces quatre sceaux. Les nuances qui apparaissent entre elles reposent sur la façon dont elles interprètent la troisième assertion : « Aucun phénomène n'a d'existence propre. »

Les trois premiers sceaux énoncent les trois caractéristiques de tous les phénomènes du samsara, c'est pourquoi on les appelle les *trois marques de l'existence**. En réfléchissant à ces constats et en les prenant comme support de méditation, l'esprit parvient à se défaire de l'attachement aux illusions.

On remarque la corrélation très forte entre les quatre sceaux et les quatre nobles vérités. Mais alors que les quatre vérités mettent l'accent sur la pratique libératrice, les quatre sceaux insistent davantage sur la qualité même de l'existence, les trois premiers constats n'ayant d'autre objet que de mettre en évidence la nature réelle des phénomènes. Si l'on parvient à comprendre et ressentir l'impermanence, à ne plus dépendre des émotions négatives et à réaliser le non-soi, on goûtera la paix qui existe au-delà de la souffrance, au-delà de toute dualité, celle du nirvana. Le nirvana est la qualité optimale de l'existence. « La vague n'a pas besoin de mourir pour devenir l'eau, dit Thich Nhat Hanh. Elle est déjà l'eau. Le nirvana est l'essence de tout ce qui est. »

• Tous les phénomènes composés sont impermanents

> « Nous sommes des touristes, des touristes qui font des expériences ; nous ne faisons que passer. (...) Quand nous réfléchissons à la mort et à l'impermanence de la vie, notre esprit commence automatiquement à s'intéresser aux accomplissements spirituels. »
>
> Le XIVe Dalaï-Lama

> Toute chose est transitoire.
> Tout ce qui est composé se décompose.
> Tout ce qui naît est voué à la mort et donc se transforme.

Lorsque nous regardons un phénomène, quel qu'il soit, nous observons le résultat d'un grand nombre de causes et de conditions. C'est en ce sens que l'on parle de « phénomène composé ». Le présent livre a cette nature. Demain, lorsque vous le reprendrez, vous aurez le sentiment qu'il est toujours le même. « La succession d'éléments semblables, comme dans une chute d'eau, donne l'apparence de la durée », écrit Gampopa Seunam Rinchèn. L'impression de continuité consiste à faire fusionner tous les instants du continuum de l'objet et de la conscience de sorte que nous ayons la certitude de la durée. Le fruit de cette opération n'est qu'une représentation mentale. En réalité, et nous le savons bien, le livre et son lecteur ne sont jamais les mêmes d'instant en instant. Tout s'inscrit dans le flux continu de la transformation universelle. Héraclite nous l'enseigne dans son célèbre aphorisme : « On ne peut entrer deux fois dans le même fleuve. » Le fleuve et nous-mêmes changeons continuellement. Le bain aussi nous modifie et notre présence dans l'eau transforme le fleuve. En cette dynamique de l'universelle métamorphose, où rien n'est fixe, où rien n'est immuable, il convient de distinguer la façon dont les choses apparaissent, la manière dont nous nous les représentons et ce qu'elles sont en réalité.

L'enseignement sur le caractère transitoire de toute chose n'a pas pour seule fonction de justifier la souffrance, en particulier celle liée au changement. Il serait erroné de penser que cet enseignement véhicule une vision sombre de l'existence. Au contraire, il donne tout son sens aux méditations sur la mort, dont la fonction est profondément libératrice. Mais la compréhension de l'impermanence (anitya) de tous les phénomènes composés est surtout une porte ouverte sur la réalisation du non-soi (troisième sceau) et du nirvana (quatrième sceau).

L'impermanence grossière et l'impermanence subtile

Le bouddhisme distingue deux formes d'impermanence : l'impermanence grossière et l'impermanence subtile. La première correspond au changement que nous percevons aisément avec nos yeux : les rides qui apparaissent sur notre visage, une fleur qui se fane. On peut aussi ajouter les conclusions sur l'entropie universelle auxquelles sont arrivés les astrophysiciens : dans 4,5 milliards d'années environ, le soleil s'éteindra. Mais avant cet événement, il aura consommé toutes ses réserves d'hydrogène et d'hélium. Il se dilatera et se transformera en une gigantesque boule rouge occupant une grande partie du ciel. Les forêts brûleront. Les océans et les lacs s'évaporeront. La terre deviendra un désert de feu. On se trouvera dans la situation décrite par la cosmologie bouddhique traditionnelle.

L'impermanence subtile est le changement invisible à l'œil nu, le fait qu'à chaque instant infinitésimal, les phénomènes se transforment. Le premier sceau de l'enseignement fait référence à cet aspect de l'impermanence.

Dans le cas de l'impermanence grossière, nous distinguons généralement les causes qui concourent à la manifestation de l'objet de celles qui entraînent sa disparition. En réalité, lorsqu'on se place à l'échelle du flux des instants infinitésimaux qui se succèdent, au moment où un phénomène apparaît, il est déjà en voie de disparition. Au niveau de l'impermanence subtile, l'idée qu'il puisse exister des causes favorables à l'apparition et des causes propices à la destruction n'a donc pas lieu d'être. Notre vie s'altère au moment où elle apparaît. Nos actions se défont tandis qu'elles s'accomplissent. La représentation circulaire des douze liens interdépendants nous le montre bien. Les conditions de la vieillesse et de la mort sont déjà présentes dans la conscience embryonnaire. La disparition d'un phénomène extérieur (notre corps) ou intérieur (nos pensées) ne nécessite donc aucune condition secondaire.

Dans le « Sutra du diamant coupeur » (*Vajracchedika prajnaparamitasutra*), le Bouddha résume l'enseignement sur l'impermanence en un quatrain :

> Comme les étoiles, les mouches volantes ou la flamme d'une lampe,
> Comme une illusion magique, une goutte de rosée ou une bulle,
> Comme un rêve, un éclair ou un nuage :
> Ainsi devrait-on voir tous les phénomènes conditionnés[1].

Selon lui, la réflexion sur l'impermanence est essentielle. Il précise dans le « Sutra du grand passage dans l'au-delà de la souffrance » (*Mahapariniravanasutra*) : « De toutes les empreintes de pas, celles de l'éléphant sont les plus larges ; de toutes les réflexions, la plus importante est celle qui porte sur l'impermanence. »

---

1. *Soûtra du diamant*, p. 74.

Quelques exercices

Comme les implications spirituelles des modèles cosmologiques nous l'ont montré, la méditation sur l'impermanence et la mort intensifie la prise de conscience de notre finitude et de la valeur infinie de chaque instant. Elle ne peuple pas l'esprit d'idées noires mais, en ramenant notre attention sur l'essentiel, elle permet de goûter l'existence dans une sorte d'intemporalité merveilleuse. L'humeur joviale des yogis tibétains qui ont médité dans les charniers témoigne de l'aspect très positif de ces pratiques.

Dans le contexte occidental, la prise de conscience régulière de l'impermanence et de la mort permet de se préparer aux événements les plus pénibles de notre existence. En effectuant régulièrement quelques exercices, la pensée ne trouve plus rien d'inattendu et la mort cesse d'être perçue comme un accident pour devenir la simple continuité de la vie. L'esprit trouve dans cette disposition un moyen de s'élever au-dessus des contingences et de la souffrance.

Plusieurs ouvrages d'importance font état de ces pratiques. J'en ai mentionné quelques-uns et cité des extraits dans le chapitre 11. Pour ce qui concerne la tradition des Anciens, je veux parler des « Versets sur le vieillissement » dans le *Dhammapada*, du « Sutta des quatre établissements de l'attention » (*Satipatthanasutta*) et du « Chemin de la pureté » (*Visuddhimaga*, chap. VIII et XVI) de Buddhaghosa. Dans la tradition tibétaine, on peut se référer à deux textes : Shantideva, *La marche vers l'éveil* (chap. II et VIII) et Gampopa Seunam Rinchèn, *Le précieux ornement de la libération* (4ᵉ partie, Méditation sur l'impermanence).

Réfléchir aux quatre sceaux de l'impermanence

Nous vivons en sachant que la mort est notre horizon indépassable. L'épuisement de notre vitalité nous rappelle constamment notre fragilité extrême. Rien ne parviendra à soustraire le corps à la vérité de sa dégradation. La maladie ou la disparition d'un proche nous le rappellent. « En embrassant ton enfant, disait Épictète, dis-toi en ton for intérieur : demain peut-être, il mourra. » Et son interlocuteur lui répondait : « Mais c'est de mauvais augure ! » Épictète ajoutait : « Non, c'est l'indication d'un fait naturel. Sinon, il serait de mauvais augure de dire que les blés seront fauchés » (*Entretiens*, III, 86). Ce qui nous fait le plus souffrir ce n'est pas l'impermanence mais le fait de vouloir que les choses soient éternelles. Nous voudrions posséder quelque chose qui ne meure pas. Pour se défaire de ce vouloir ou de cet espoir, le bouddhisme propose de réfléchir aux quatre sceaux de l'impermanence :

- Tout ce qui a été réuni se sépare.
- Tout ce qui naît meurt.
- Tout ce qui a été construit s'écroule.
- Tout ce qui est composé se décompose.

En s'exerçant à ressentir l'impermanence au plus intime de soi, l'impression de la permanence du « moi égoïste » décline. Plus elle décline, moins les émotions négatives se manifestent car elles vivent en dépendance de cette impression. Ainsi, le rejet des actes négatifs et la culture des comportements positifs sont renforcés par la prise de conscience du caractère transitoire de toute chose. En ressentant de plus en plus profondément l'impermanence, elle deviendra un outil pour faire jaillir la douceur envers soi et la bonté envers les autres. Si nous sommes en bonne santé, nous apprécierons davantage la chance que nous avons et nous prendrons soin de nous. Nous chérirons toujours plus ceux que nous aimons. L'amour de tous les êtres vivants motivera nos actions. Dans *La marche vers l'éveil*, Shantideva montre que la réflexion sur l'impermanence et la mort développe l'attention que nous portons à la justesse de nos actions.

> Le plaisir et le déplaisir ont été maintes fois pour moi des occasions de méfaits.
> J'oubliais qu'un jour il faudrait tout laisser là et partir.
> Ceux qui me déplaisent ne seront plus, ceux qui me plaisent ne seront plus, moi-même je ne serai plus, et rien ne sera plus.
> Je suis de passage sur la terre : voilà ce que je n'ai pas compris.
> L'égarement, l'affection, la haine m'ont fait commettre bien des fautes.
> Par attachement à cette vie éphémère, par ignorance du danger, par frivolité, j'ai fait beaucoup de mal, ô Protecteurs ! (chap. I, stances 34-35, 38, 42)

Méditer sur la dégradation du corps

Cet exercice répond à l'un des enjeux majeurs du vieillissement : essayer de ne pas s'attacher aux transformations irrémédiables en demeurant présent à la vie de l'esprit ; mais surtout, cesser de voir dans le corps le refuge du « moi ».

En effet, comment pourrions-nous trouver refuge dans ce corps qui s'altère de jour en jour ? Sommes-nous ce corps dont le fonctionnement peut s'arrêter à l'improviste ? En dormant, la certitude d'être un homme doté d'un corps disparaît. Retenons l'enseignement du sommeil profond et essayons de placer dans un état de sommeil éveillé le corps et le mental qui produisent la pensée du « je ». C'est une façon de prendre conscience que le corps participe à une expérience beaucoup plus vaste en laquelle il est inclus, une expérience qui ne nous appartient pas.

Pour modifier notre système de représentation, les textes recommandent d'employer le rappel, l'imaginaire et le raisonnement analytique. Chaque fois que nous sommes témoins de la mort d'un proche, chaque fois que nous entendons parler d'un décès, nous devons réaliser que nous sommes identiques à ce trépassé. Réfléchissons à l'inéluctable et à la disparition de la force-de-vie qui l'animait. Imaginons son corps étendu, inerte et sans vie. Ce que nous voyons est vécu intérieurement et appliqué à nous-mêmes. On se dit : « Chaque minute, chaque jour, ma force vitale s'épuise. Bientôt mon souffle s'arrêtera. Je serai comme ce défunt. Aucune chose à laquelle je me suis attaché ne me sera utile. » Le travail analytique sur le corps se poursuit par un examen détaillé : « Enlève d'abord par la pensée cette enveloppe de peau ; puis, avec le couteau de l'analyse, sépare la chair de son squelette ; romps les os eux-mêmes, regarde la moelle qui est à l'intérieur et demande-toi ce qu'il y a d'essentiel là-dedans », écrit Shantideva. Puis on observe la putréfaction du corps et sa disparition.

Dans le « Sutta des quatre établissements de l'attention » (*Satipatthanasutta*), la déconstruction de l'agrégat de la forme fractionne le corps jusqu'à atteindre les quatre éléments : air, eau, feu, air. La mise en évidence de l'interdépendance du corps et de l'univers déplace le centre de gravité de notre attention de l'appropriation au détachement. C'est pourquoi le corps devrait, dit Shantideva, être placé continûment sous la lumière de l'esprit de sorte à le percevoir comme un instrument au service de l'éveil.

Se familiariser avec le processus de la mort dans la tradition tibétaine

Le XIVe Dalaï-Lama insiste souvent sur l'importance d'étudier le processus de la mort et de se familiariser avec lui. « Quand la fin est proche, dit-il, il est essentiel de tourner ses pensées vers la pratique. L'état d'esprit à ce moment précis est déterminant pour ce qui va suivre. Ces derniers instants sont chargés d'une telle puissance que le mérite acquis pendant la vie ne fait pas le poids[1]. » On dit que le dernier instant de conscience revêt une importance cruciale parce qu'il détermine la teneur du premier instant de conscience de la vie suivante. L'entourage joue aussi un rôle fondamental. Il convient en particulier de ne pas susciter dans l'esprit du mourant le regret en lui remémorant des souvenirs ; de n'éveiller en lui aucune émotion ; de veiller à prononcer des paroles d'amour et de réconciliation pour qu'il demeure calme et détendu ; de le tranquilliser en écartant tout jugement et toute situa-

---

1. *Cent éléphants sur un brin d'herbe*, p. 195.

tion qui provoqueraient en lui un attachement à une idée ou à une opinion.

Pour justifier l'importance d'une connaissance du processus de la mort, Sa Sainteté prend l'exemple d'une bataille que nous aurions à mener en une contrée inconnue. Si nous n'étudions pas préalablement la carte, nous risquons d'être incapables de nous repérer et de mener à bien nos actions. Et ce d'autant plus que persistent au sein du continuum de conscience du mourant des résidus de peurs provenant des existences passées et de celle qui se termine.

La tradition tibétaine a développé une vision très approfondie du processus de la mort et des états qui s'ensuivent. Elle a élaboré des pratiques pour agir adroitement le moment venu. Dans son ouvrage *Le livre tibétain de la vie et de la mort*, Sogyal Rinpotché, maître de la tradition Dzogchèn dans l'école Nyingmapa, a effectué un travail très important pour dévoiler cette vision aux Occidentaux.

Le bardo du moment de la mort

L'impermanence se manifeste sous la forme d'une succession de périodes existentielles spécifiques, appelées *bardos** en tibétain. Ces états intermédiaires ou ces « entre-deux » correspondent à toutes les phases transitoires formant le flux de la conscience. Une pensée apparaît, se maintient, se dissout, puis vient une période de repos avant la naissance d'une autre pensée, et ainsi de suite. Ce rythme quaternaire n'est pas sans rappeler la respiration de l'univers telle qu'elle opère dans la structure d'un mahakalpa, l'une des subdivisions d'un cycle cosmique (voir p. 71).

La tradition tibétaine distingue six grands bardos, le bardo du moment de la mort est le quatrième : [1] le bardo de la naissance à la mort (notre existence), [2] le bardo du rêve (qui inclut le sommeil profond), [3] le bardo de la méditation, [4] le bardo du moment de la mort, [5] le bardo de la vacuité ou de la réalité absolue (expérience de la pureté primordiale de l'esprit), [6] le bardo du devenir (le processus qui conduit à une nouvelle naissance). Le bardo du moment de la mort revêt une grande importance pour les raisons précisées plus haut par le Dalaï-Lama et parce qu'il offre, à ceux qui sont suffisamment préparés, l'opportunité d'actualiser l'éveil.

Pour un apprenti du Vajrayana, ce bardo a une valeur capitale si tant est qu'il puisse appliquer les techniques auxquelles il aura pu s'exercer durant sa vie. Certaines d'entre elles permettent d'obtenir, si ce n'est l'éveil, une renaissance favorable à la pratique du Dharma. Dans les monastères tibétains, lorsqu'un moine se meurt, son maître ou son entourage l'introduit à la nature essentielle de son esprit. La reconnaissant, il s'efforce d'en stabiliser l'expérience et de se fondre en elle. S'il y parvient, la mort est l'ultime libération du samsara. Plusieurs témoignages confirment qu'en ces instants cruciaux, les grands maîtres demeurent en posture méditative pendant trois jours après le constat de leur mort clinique. Les quatre premiers éléments (terre, eau, feu, air) qui constituent le corps se sont dissous naturellement, alors que l'énergie de l'élément espace persiste dans la région du cœur. Ils effectuent alors l'ultime méditation, celle de Mahamudra, l'esprit demeurant sans distraction dans la vacuité. Dans le Dzogchèn, les pratiquants avancés réussissent parfois à transmuter les cinq éléments en leur contrepartie de lumières subtiles. On dit qu'ils accomplissent le « corps d'arc-en-ciel » ou « corps de lumière » en manifestant dans le monde sensible la quintessence des cinq éléments. Namkhaï Norbou Rinpotché explique que l'activité d'un tel être s'exerce pour le bien du monde. Seules des personnes dotées d'une vision parfaitement pure de la réalité peuvent les percevoir.

Lorsque le méditant n'est pas suffisamment avancé dans la maîtrise des énergies de l'esprit pour parvenir spontanément à stabiliser l'expérience de l'état naturel et se fondre en la claire lumière, il peut effectuer la pratique de po-wa, le yoga du transfert de la conscience[1]. Cette pratique lui permet de gagner une terre pure, il dispose alors des conditions optimales pour actualiser le plein éveil. Le mourant s'efforce de s'en remettre au pouvoir de la dévotion et des bénédictions des êtres éveillés. Tout est fait pour qu'une empreinte très positive demeure dans le continuum de conscience.

Au moment où se produit la dissolution des cinq éléments, un lama peut aussi murmurer à l'oreille du mourant les enseignements du *Livre tibétain des morts*, le *Bardo-Thödol Chenmo* (littéralement, « La grande libération par l'audition pendant le bardo »). Attribué à Padmasambhava, le *Bardo-Thödol Chenmo* décrit tous les états intermédiaires qu'expérimente le mourant et présente une pratique complète.

La résorption des cinq éléments se produit en sens inverse à celle de la formation du corps. Lorsque l'élément terre se dissout dans l'élément eau, le mourant se sent comme écrasé sous un rocher. Lorsque l'élément eau se résorbe dans l'élément feu, il a l'impression de se noyer. Quand l'élément feu se résorbe dans l'élément air, il ressent des brûlures atroces comme s'il était jeté au milieu d'un brasier. Lorsque l'élément air se résorbe dans l'espace, la respiration peut devenir haletante ou s'interrompre, et le mourant se sent emporté par le souffle d'une tempête. Au fur et à mesure de la résorption, les sens deviennent

---

1. Cf. chap. 14, 3, p. 722.

inactifs et les fonctions corporelles rattachées aux cinq éléments s'amenuisent puis disparaissent. Au moment de la dissolution de l'élément terre dans l'élément eau, par exemple, la rate cesse de fonctionner. Dès que l'eau se résorbe dans le feu, les reins deviennent inopérants. En termes Cittamatra, l'école du Seul esprit, on parle de la résorption des sept consciences dans la conscience fondamentale (alayavijnana).

L'écoute des enseignements du *Livre tibétain des morts* permet au mourant de ne pas perdre confiance en le soulageant des doutes persistants. Elle clarifie surtout ses expériences visionnaires en le guidant vers la libération. Il s'agit pour lui de ne pas réifier ces visions, mais de percevoir leur impermanence et leur vacuité. La récitation du *Livre tibétain des morts* n'a de sens que si l'agonisant s'y est préparé durant son existence en reproduisant les états que va traverser son esprit au moment de la résorption des énergies subtiles. Cette préparation comprend en particulier la maîtrise de la pratique des déités intervenant dans le processus de la mort et une connaissance du Dzogchèn, la voie de la « Grande Perfection », à laquelle les visions décrites sont reliées.

Simplement vivre, simplement mourir : le Zen et la mort

Une histoire zen raconte qu'un roi voulait mettre à l'épreuve tous les sages de son royaume. Les ayant rassemblés, il donna l'ordre de les exterminer jusqu'au dernier. Pris de panique, tous s'enfuirent à l'exception d'un moine resté parfaitement immobile. Le roi lui demanda pourquoi il n'avait pas peur. Le moine répondit : « Vivre, c'est mourir d'instant en instant. Pourquoi commencerais-je à avoir peur aujourd'hui[1] ? »

Si nous mourons d'instant en instant, nous renaissons aussi d'instant en instant. Le moine souligne l'unité apparemment contradictoire de la vie et de la mort. Vie et mort coexistent et sont indissociables. Nous apparaissons et disparaissons avec la respiration de l'univers. Notre corps est le corps de l'univers, sans début ni fin. Dans le dépouillement de zazen, le méditant vit cette régénération. Ainsi, tout demeure présent dans l'instant pleinement vivant que nous sommes. La mort n'est donc rien quand on vit parce qu'elle n'est pas et quand nous sommes morts elle n'est pas non plus. Lors d'un ultime enseignement, Taisen Deshimaru a dit : « La mort ne dérange pas la vie. La vie et la mort ne sont pas en dualité. Les gens du commun ne le comprennent pas. Comme il est dit dans le *Genjokoan*, la relation entre la

---

1. Ichien Muju (1226-1312) dans *Le goût du Zen*, p. 58.

vie et la mort est la même que celle entre le bois et la cendre. Le bois ne peut pas voir la cendre et la cendre ne peut pas voir le bois[1]. »

Cette position suppose d'avoir acquis la certitude que la nature du temps est vacuité. Pour le moine à genoux devant le roi, hier, aujourd'hui, demain ne sont guère différents. Le temps n'existe qu'en dépendance de situations et de conditions. Nous le savons bien pour avoir tous vécu des expériences de dilatation ou de contraction du temps. Bien que le temps soit imperceptible en lui-même, nous pouvons réfléchir à l'immensité du temps où nous n'étions pas nés et, par symétrie, à l'immensité du temps qui suit notre disparition. Mais lorsque nous dormons profondément, la conscience de la temporalité s'éteint et avec elle la peur de la mort. Cette dissipation va de pair avec le fléchissement de l'instinct de conservation ou le souci du devenir. En effet, nous nous endormons dès lors qu'aucune angoisse du néant ni aucune volonté de survie n'accaparent notre esprit. Passé, présent et futur n'ont donc de réalité que lorsque le mental s'active. Ils sont des catégories mentales qui demeurent tant que nous conservons le souci de notre être propre.

Lorsque nous cessons d'objectiver un temps s'écoulant linéairement, nous devenons de moins en moins nostalgiques et de moins en moins attachés aux résultats ultérieurs de nos actions. Vivre, mourir, renaître cesse d'accaparer notre esprit. On comprend mieux dès lors cette forme de radicalité que l'on trouve parfois dans la bouche des maîtres zen en réponse à des kôans universels : quelle est la nature profonde de notre vie ? Que devient-on après la mort ? Ainsi, ce n'est pas la réalité de la mort qui nous inquiète mais l'idée que la mort est redoutable. Taisen Deshimaru, commentant des textes de Dôgen, affirme sur un ton presque péremptoire : « Quand on meurt, il faut mourir ; et quand on vit, vivre. Il ne sert à rien d'être anxieux au sujet de la mort[2]. » Dôgen disait qu'il fallait accepter la mort avec calme. Dans le *Shôbôgenzô*, il note :

> C'est une erreur de penser que la vie se transforme en mort. La vie est la condition d'un moment, toujours et déjà avec un avant et un après. Donc dans le Bouddha Dharma, la vie est sans naissance. La mort aussi est la condition d'un moment, aussi avec un avant et un après. Donc la mort est sans fin. Quand il y a vie, il n'y a que vie. Quand il y a mort, il n'y a que mort. Quand la vie est là, laissez la vie être vie. Quand la mort arrive, faites-lui face et offrez-vous à elle. Ni aimez l'une ni haïr l'autre[3].

---

1. Marc de Smedt, *Le rire du tigre. Dix ans avec maître Deshimaru*, p. 233-234.
2. *Le trésor du Zen*, p. 155.
3. *Shôbôgenzô. Yui butsu yo butsu / Shôji. Seul Bouddha connaît Bouddha / Vie-mort*, p. 126-127.

Mort et innocence

Il est important de se dire qu'à chaque nouvelle situation, à chaque nouvelle pensée, nous pouvons naître à l'esprit éveillé. « Naître sera pour vous entrer dans un jardin. » Cette assertion nous rappelle que les bodhisattvas formulent le vœu de renaître dans le samsara pour venir en aide aux êtres, et ils le font avec une joie immense.

Dans le bouddhisme, l'extinction du samsara est la véritable mort. L'enseignement sur l'impermanence a une grande importance parce qu'il permet de comprendre que nous avons la possibilité de transformer une énergie négative en une énergie de paix et de contentement. Rien n'étant figé, à tout moment l'occasion nous est donnée d'actualiser le potentiel dont nous sommes investis. Cette vision très positive suppose d'envisager tous les phénomènes de l'existence avec l'esprit frais et neuf d'un enfant.

• Tout ce qui est lié aux toxines mentales est souffrance

> « Une visite dans un hôpital et, au bout de cinq minutes, on devient bouddhiste si on ne l'est pas, et on le redevient si on avait cessé de l'être. »
>
> Cioran, *Aveux et anathèmes*.

> Tout ce qui est conditionné est souffrance.
> Tant que nous demeurons prisonniers de l'ego et de ses passions, l'existence reste insatisfaisante et source de souffrances.

Parfois, la souffrance n'est pas mentionnée comme sceau du Dharma. Le maître vietnamien Thich Nhat Hanh, par exemple, dit que la souffrance est une simple sensation et non un élément de base de l'existence, précisant que le Bouddha n'a jamais dit que la peine était toujours présente.

Le constat sur la souffrance inhérente à toute existence dans le samsara constitue la première noble vérité. Le deuxième sceau correspond bien sûr à cet enseignement mais il insiste sur une approche plus psychologique comme le souligne l'emploi du mot « conditionné » dans la stance initiale. Dans ce contexte, « conditionné » s'applique à tout phénomène, dépendant de causes et circonstances, pollué par les *toxines mentales** qui se développent sur le terreau de l'ignorance. D'une manière plus précise, les phénomènes concernés sont les formations karmiques. Prenons un exemple. Dans le monde de l'entreprise, un salarié faisant preuve de jalousie peut détériorer des relations amicales au sein d'une équipe. Des tensions apparaissent et il s'ensuit une situation douloureuse. Même si la jalousie n'a pas lieu d'être, la personne jalouse perçoit l'objet de son émotion comme existant de manière inhérente. Cela prouve que la toxine mentale se manifeste sous l'effet de l'ignorance qui la sous-tend et la nourrit. Si l'environnement dans lequel nous nous trouvons exerce une pression considérable sur notre état d'esprit au point de devenir la cause d'expériences pénibles, notre dépendance à l'égard des émotions aliénantes a des effets très importants non seulement sur nous-mêmes mais sur notre entourage immédiat. C'est la raison pour laquelle le Bouddha s'occupa essentiellement des dispositions intérieures.

La pratique bouddhique permet de se défaire de l'influence nocive des émotions négatives et de reconnaître leur nature réelle. Étant des phénomènes mentaux dépendant directement de l'individu qui les éprouve, elles n'ont pas d'existence propre. En présentant la différence entre le Sutrayana, le véhicule de la cause, et le Vajrayana, le véhicule du fruit, nous avons vu qu'il existe trois approches dans l'art de travailler avec les émotions négatives. Ces approches, qui correspondent aux trois véhicules (Hinayana, Mahayana, Vajrayana), sont détaillées dans les développements concernant les diverses facettes de la discipline[1].

Le mal-être, facteur de transformation

Selon le bouddhisme, les difficultés qui jalonnent le cours de la vie servent parfois d'aiguillon. Plus on est conscient de la souffrance, plus on aspire à la surmonter, plus on renonce au samsara. Plus on évite les comportements pathogènes, plus l'aptitude à vivre sereinement se développe. Chemin faisant, les facultés positives s'épanouissent et l'esprit s'oriente vers la libération. Ainsi, dans un jeu de clairs-obscurs, l'expérience de la souffrance peut rendre sensible à la présence voilée de notre nature éveillée, fondamentalement pure.

La prise de conscience du mal-être motive aussi la compassion. « La douleur est un grand bienfait, écrit Shantideva : c'est un ébranlement qui provoque la chute de l'arrogance, la compassion envers les êtres, la crainte des actes nuisibles, l'amour de la vertu. (…) Je dois combattre

---

1. Voir chap. 14, 3, p. 663 et suiv.

la douleur d'autrui, parce qu'elle est douleur, comme la mienne. Je dois faire du bien aux autres, parce qu'ils sont des êtres vivants comme moi[1]. » La maladie, la dépression, les difficultés liées au changement agissent comme des facteurs pouvant libérer le potentiel de guérison en nous. Le docteur Bernie Siegel, un chirurgien américain qui a accompagné des patients souffrant d'un cancer, s'est rendu compte que « la maladie peut être un catalyseur de changement pour ceux dont la vie n'a été qu'une longue négation d'eux-mêmes », et que « la guérison, définie par le corps médical comme un retour à la condition antérieure à la maladie, se présente au contraire comme une transformation générale de l'être ». Dans une psychologie de l'amour et de la joie, « le plus important, dit-il, ce n'est pas le cancer, la mort ou le deuil, c'est l'amour et la "guérison", et nous finissons par voir dans la souffrance une occasion d'aimer plus, d'aimer mieux[2] ».

● Aucun phénomène n'a d'existence propre

> « Les agrégats ne sont pas le soi, ils ne sont pas en lui,
> Il n'est pas en eux, n'est pas sans eux,
> Il n'est pas mêlé aux agrégats comme le feu et le bois ;
> Par conséquent, comment le soi existerait-il ? »
> Nagarjuna, *Conseils au roi*, stance 82.

> Un phénomène est l'assemblage provisoire d'éléments transitoires.
> Rien n'existe de façon autonome et permanente.
> Tout est interdépendant et en devenir.
> Ainsi parle-t-on du non-soi et de la vacuité.

L'enseignement sur la production conditionnée et sur l'impermanence sert de fondement au troisième sceau. Tous les phénomènes étant interdépendants, comment pourraient-ils exister par eux-mêmes ? Tous étant soumis à une continuelle transformation, comment pourraient-ils comporter une substance stable et immuable ? Ce qui n'existe que par rapport à autre chose – tel est le sens premier de

---
[1]. *La marche vers l'éveil*, VI, 21 et VIII, 94, p. 41 et 77.
[2]. *Messages de vie. Le seul échec, c'est de ne pas vivre tant qu'on est vivant*, Éd. Robert Laffont, 1991, p. 204-206.

la vacuité (shunyata) – ne peut exister en soi-même – tel est le sens d'anatman ou non-soi.

Dans l'approche du véhicule fondamental (Hinayana), on parle du non-soi de la personne car aucune entité indépendante et permanente (le soi, atman) ne peut être trouvée dans les composants de l'existence (les cinq agrégats), ni dans leur combinaison ni en dehors d'eux. Cette insubstantialité du sujet est également appelée « vacuité de la personne » (pudgalashunyata).

Dans l'approche du Mahayana, la vision s'élargit à tous les phénomènes composés. Ils existent en apparence et conformément à la réalité objective que nous leur attribuons. Cependant, lorsqu'on les examine avec une plus grande attention, on remarque qu'ils n'existent pas en eux-mêmes et par eux-mêmes, mais suivant un processus de cause à effet au sein d'une interdépendance globale. On parle alors de la « vacuité des phénomènes composés » (dharmashunyata). D'une façon générale, le mot « vacuité » désigne l'absence d'une entité permanente dans la personne et dans tous les phénomènes, la réalisation que le soi est une illusion fondée sur l'ignorance de notre véritable nature.

Plutôt que de combattre un soi qui n'a jamais existé, l'apprenti s'entraîne à faire cesser l'habitude qui consiste à s'attacher à cette illusion. Il recourt à la réflexion et à la pratique de la méditation. L'expérience d'ouverture au-delà des projections du mental amenuise la fixation égocentrique, libérant la capacité à s'ouvrir à la souffrance d'autrui. Lorsqu'on comprend plus en profondeur l'interdépendance, la compassion se renforce. Ainsi l'approche du Hinayana conduit à celle du Mahayana pour qui compassion (karuna) et connaissance supérieure (prajna) constituent les deux pôles du cheminement.

◻ *Approche hinayana : le non-soi au niveau de la personne*

Pour comprendre l'enseignement sur l'absence d'existence propre au niveau de la personne, il est nécessaire dans un premier temps de clarifier la notion de soi (atman) dont on a vu l'importance en présentant la vision des *Upanishads* (voir chap. 1). Sur cette base, on réalise mieux ce que le bouddhisme réfute.

Le soi (atman) dans les systèmes brahmaniques : du souffle à l'entité

Le sens initial d'atman est bien « soi » mais envisagé comme souffle vital. On a peu à peu assimilé cette notion à une entité inaltérable, une substance autonome, libre de la souffrance. Dans les visions indiennes non bouddhiques, il existe de nombreuses variantes de l'idée du soi. Elles englobent la notion d'âme immortelle et d'entité suprême créatrice de l'univers.

Selon certaines croyances, le soi est présent au plus intime des êtres. Il est à la fois relié aux agrégats durant notre passage en ce monde et en même temps séparé de ceux-ci parce qu'il est permanent et existe en lui-même. Selon d'autres croyances, l'atman est indépendant des cinq composants de l'individualité humaine : le corps grossier, l'énergie vitale, le mental, l'intellect et la félicité. Ce principe permanent transmigre d'une vie à l'autre. On peut le purifier pour obtenir la libération.

Selon le bouddhisme, ce « soi » dans l'homme correspond à l'impression d'un pivot stable qui ressent, pense et analyse en se différenciant de ce qu'il perçoit. C'est l'idée d'un « moi » invariable et permanent qui prend la forme du réflexe identitaire inné, de l'ego et de la fixation égocentrique. Cette méprise donne forme aux voiles de la dualité et des émotions conflictuelles, à la source de notre insatisfaction et de nos souffrances.

Ce que le bouddhisme réfute

Le versant métaphysique – Le bouddhisme soutient que l'impression d'un soi immuable se constitue en fonction de la perception des cinq agrégats. On ne peut ainsi poser l'existence d'un soi qu'en dépendance des agrégats transitoires. C'est donc en toute logique que le Bouddha réfute les points de vue brahmaniques qui admettent l'existence d'un soi éternel et immuable, existant en dehors des cinq agrégats ou qui reposerait temporairement en eux, comme un parfum imprègne un vêtement. Il estime qu'il s'agit d'une création arbitraire, d'une simple imputation. La réfutation répond à une logique très complexe. Ne figurent ici que deux arguments de base.

- *Argument n° 1.* Puisque les agrégats constituent l'intégralité de l'existence individuelle, et que l'existence du soi est posée en dépendance des agrégats, comment un soi pourrait-il exister à l'extérieur de l'homme ?
- *Argument n° 2.* Comme ce qui est impermanent est cause de souffrance, comment un agrégat transitoire ou la combinaison des cinq skandhas pourraient-ils être liés à ce soi, par essence libre de tourment ? On ne peut trouver dans l'homme aucune des qualités spécifiques au soi immuable et éternel.

Le versant psychologique – Le Bouddha remet aussi en question l'idée d'un « moi » stable et permanent auquel nous nous identifions tout au long de notre vie. Il ne nie pas le « moi ». Ce serait absurde et en contradiction avec la perception de tout un chacun. Il convient de bien faire la distinction entre quelque chose qui n'existe pas réellement et quelque chose qui n'existe pas du tout. Lorsque nous avons présenté l'état dualiste habituel, nous avons détaillé les trois aspects de la saisie d'un « moi », en montrant comment se façonne la bulle de l'ego qui croit avoir le contrôle sur les agrégats et cherche en elle-même sa propre justification (voir p. 530-531).

■ *Argument.* Dans le *Phenasutta*, le Bouddha compare la forme matérielle à une écume, les sensations à une bulle d'eau, les perceptions à un mirage, les formations karmiques à un bananier et la conscience à un spectacle illusoire. Quelle substance stable ou quelle essence peut-on trouver dans ces phénomènes ? Si l'on observe, par exemple, le corps au niveau des particules atomiques qui le composent, aucune identité définie ne peut être trouvée. On ne peut donc identifier le « moi » au corps. Notre expérience d'un « je » est celle d'une subjectivité constamment défaite et refaite. Dans ces conditions, comment des composants de l'existence ou leur combinaison pourraient-ils être le « moi » puisqu'ils sont impermanents ? On en déduit que le sentiment du « moi » n'est qu'une convention qui se constitue dans le bavardage du mental habituel.

Comprendre le non-soi (l'analyse)

Le non-soi est un outil qui permet de déraciner les schémas de pensée et les habitudes comportementales conditionnés par la fixation égocentrique. À la lumière de la production conditionnée (interdépendance) et de l'analyse des agrégats, on parvient à comprendre que la véritable nature du soi n'est autre qu'une imputation sur la base des cinq agrégats d'attachement. L'approche de l'Abhidharma, avec sa déconstruction de l'expérience humaine en différents facteurs, vient à l'appui de cet examen en nous aidant à ne plus nous identifier à une image figée et lisse de nous-même. La pratique des quatre attentions[1] telle qu'elle est expliquée dans le « Sutta des quatre établissements de l'attention » (*Satipatthanasutta*) fournit aussi la preuve de l'absence d'existence en soi. L'analyse aboutit à une réfutation que le Bouddha exprime ainsi en parlant des cinq agrégats : « Ceci n'est pas mien, je ne suis pas ceci, ceci n'est pas mon atman[2]. »

Ce volet analytique ne se réduit pas à un simple exercice intellectuel coupé de l'expérience sensible. Il a une valeur thérapeutique parce que

---

1. L'observation du corps en tant que corps, des sensations en tant que sensations, de l'esprit en tant qu'esprit et des objets de l'esprit en tant qu'objets de l'esprit.
2. Extrait de l'*Anattalakkhanasutta* cité par Kamaleswar Bhattacharya, *L'atman-Brahman dans le bouddhisme ancien*, p. 12.

quelque chose commence à changer dans la perception. Il se produit le même effet lorsque l'on examine notre expérience au moment où nous employons le pronom impersonnel « il » dans des locutions comme « il neige », « il vente », « il fait beau ». Qui est ce « il » ? À quoi se rapporte-t-il ? Quand nous prononçons ces locutions, nous sommes peu engagés dans la saisie d'un « je » aux contours bien délimités parce que le pôle objet est lui-même flou. Se crée momentanément une sorte de dissipation fugace du sujet dans un présent anonyme. En commençant ainsi à *se décaler de soi*, la perception s'ouvre et le potentiel de bienveillance se libère. On ressent à quel point notre personne authentique est un tissu de relations relié à la totalité du monde vivant. Comme le dit maître Dôgen : « Le soi-même dont parle l'Éveillé n'est autre que la vaste terre entière[1]. »

Réaliser le non-soi (l'expérience)

La pratique méditative est la méthode permettant de suspendre l'habitude que nous avons prise de nous attacher à l'idée d'un soi. Le pratiquant alterne des phases d'analyse et des phases où l'esprit demeure libre de toute forme d'introspection. Lorsque l'activité mentale cesse et que l'état de calme se prolonge, l'expérience gagne en transparence et l'identification au soi s'étiole. Même si des pensées apparaissent, il n'y a *personne* pour se les approprier. Elles flottent quelques instants puis s'évanouissent en la présence tranquille, comme des flocons de neige sur une pierre chauffée par le soleil. L'esprit demeure dans l'espace vide du non-soi, une simple expérience de connaissance et de clarté.

Plus l'expérience d'ouverture, de fluidité et de transparence se maintient, plus l'état naturel s'actualise. En revanche, si une intention intervient, et que se développe un schéma mental du type : « Je dois combattre l'idée du soi », tout le processus de *désidentification* s'effondre. Cette remarque corrobore la pratique du « non-esprit » dans le Chan/Zen, telle qu'elle a été présentée en prenant l'exemple du kyudo, la « voie de l'arc » (voir p. 510). La biologie et les sciences cognitives s'inspirent de ces constats. Tout comme le système nerveux et le système immunitaire ne sont régis par aucun système central, le méditant peut maintenir un état harmonieux en se passant de la saisie d'un quelconque soi, supposé posséder une existence inhérente.

---

1. *Shôbôgenzô. La vraie Loi, trésor de l'œil*, tome 1, p. 204.

L'erreur à ne pas commettre

Le Bouddha ne dit pas « il n'y a pas d'atman ». Comme on l'a vu, il affirme simplement en parlant des cinq agrégats qui constituent la dimension psychophysique de l'homme : « Ceci n'est pas mien, je ne suis pas ceci, ceci n'est pas mon atman. » L'expérience du non-soi ne consiste pas à nier ou à éliminer l'ego, à engendrer une forme de mollesse intérieure ou une passivité psychologique fondée sur une dépréciation de soi. Il s'agit au contraire de parvenir à la juste estimation de soi qui concourt dans un premier temps à l'épanouissement d'une personnalité harmonieuse que l'on pourrait appeler un *ego sain**. En entrant en amitié avec soi-même, on favorise l'état apaisé qui découle du comportement éthique, de l'étude et de la pratique méditative. Sur cette base de non-violence fondamentale et de bienveillance à l'égard du monde vivant, les passions égoïstes sont délaissées. Ajahn Chah, maître de l'école Theravada, dit que lorsque nous voyons au-delà du moi, nous ne sommes plus attachés au bonheur, et lorsque nous ne sommes plus attachés au bonheur, nous pouvons véritablement être heureux.

Non-soi et nirvana

La réalisation plénière du non-soi correspond à l'expérience du nirvana. Lorsque le bouddhisme dit que le nirvana résulte de la cessation des causes de la souffrance et de toutes les imprégnations karmiques, il ne dit pas qu'« il n'y a plus rien du tout ». Lorsque le Bouddha décrit son éveil comme étant un état de grande quiétude dénué de complexité, vaste et profond comme l'océan, c'est bien pour souligner que *le nirvana est quelque chose* et non une simple extinction. Mais cette *chose* est non composée et inconcevable parce que le nirvana ne naît pas en dépendance de causes et de conditions, et ne relève pas des catégories de l'être et du non-être, demeurant libre de tout le processus conceptuel. Cette vision, propre au grand véhicule (Mahayana), marque l'amorce des considérations sur la nature de bouddha, la participation de tout être à l'essence de la bouddhéité.

Au-delà du soi et du non-soi

Le non-soi est un remède pour se guérir d'une méprise. Ce n'est pas une théorie. À l'ascète Vacchagotta qui l'interroge sur l'existence ou la non-existence d'un atman, le Bouddha répond par le silence. Après le départ de l'ascète, le fidèle disciple et serviteur Ananda lui demande pourquoi il s'est tu. Le Bienheureux lui explique que s'il avait répondu

« il y a un soi », l'ascète aurait embrassé le point de vue des éternalistes. S'il avait répondu « il n'y a pas de soi », Vacchagotta se serait rangé du côté de ceux qui soutiennent la théorie annihiliste.

La démarche du Bouddha n'est pas incohérente. Elle a pour but de montrer que parler du soi et du non-soi, c'est réanimer en l'esprit l'opposition incessante qu'instaure notre individualité entre le « bon-pour-soi » et le « mauvais-pour-soi ». Le concept d'« existant » naît en dépendance du concept de « non-existant » ; la notion de « non-soi » existe en dépendance de la notion de « soi ». Dans d'autres circonstances, le Bouddha affirme : « Pourquoi le soi des théories non bouddhistes ne serait-il pas un exemple de la nature de l'esprit qui, avec ou sans naissance, est toujours claire lumière ? (…) La conscience fondamentale se trouve dans les agrégats comme l'or et l'argent dans le minerai. Il faut fondre et purifier le minerai pour que les précieux métaux révèlent leur éclat. » Cet extrait du « Sutra de l'entrée à Lanka » (chap. X, stance 136) correspond à la vue Cittamatra. Elle a soulevé la problématique que nous avons relatée dans le chapitre 5, lorsque nous avons examiné les parentés entre les notions de nature de bouddha et de « suprême soi » (voir p. 238).

Quoi qu'il en soit, on voit très clairement à quel point le langage maintient l'esprit dans le jeu des contraires. Pour éviter cela, le Bouddha invite parfois ses disciples à s'éloigner du langage et des idées fictives. Dans le « Sutra de l'entrée à Lanka », il conseille à Mahamati de procéder ainsi. Cette recommandation justifie le silence du Bouddha comme unique réponse possible à la question de l'ascète Vacchagotta. Le silence reflète l'attitude sans parti pris. Le Bouddha n'impose rien. Son silence suspend tout clivage. Il désigne l'expérience de connaissance et de clarté qui transcende toutes les catégories conceptuelles.

□ *Approche mahayana : le non-soi comme vacuité*

La notion de vacuité (shunyata) est exposée dans les « Sutras de la connaissance transcendante » qui constituent le cœur du deuxième tour de la roue du Dharma. Dans ce deuxième cycle d'enseignement, le Bouddha montre que les cinq agrégats, les douze domaines psycho-sensoriels (ayatanas[1]), les dix-huit éléments cognitifs (dhatus[2]) et les

---

1. Les organes des sens : œil, oreille, nez, langue, corps, mental – leurs objets : formes, sons, odeurs, objets tangibles, phénomènes mentaux.
2. Six objets des sens (formes, sons, saveurs, odeurs, objets tactiles, objets mentaux), six facultés sensorielles et six consciences des sens.

douze liens interdépendants[1] n'existent pas en eux-mêmes et par eux-mêmes, mais se produisent en dépendance les uns des autres. En citant un extrait du « Sutra du cœur » et en le commentant (chap. 11), on a remarqué qu'il ne s'agit pas de nier, par exemple, l'apparence de l'œil, la conscience, l'existence des formes sensibles, mais de reconnaître qu'ils sont vides d'essence. Ainsi, la vacuité désigne l'absence d'existence en soi des personnes et des phénomènes, conçus comme fondamentalement interdépendants. Dans cette perspective, la vacuité est la nature ultime des phénomènes ou la plus haute qualité de l'apparence. En ce sens, l'enseignement sur la vacuité ne consiste pas à vider notre existence de sa richesse intrinsèque mais à la révéler.

La vacuité est semblable à l'espace

La physique quantique a montré que la réalité des phénomènes ne correspond pas à la façon dont ils nous apparaissent. Lorsque nous percevons un pin, par exemple, il nous semble exister objectivement en tant qu'arbre. Nous distinguons ses caractéristiques propres (sa forme, sa couleur, sa dimension), ce qui nous permet de ne pas le confondre avec d'autres conifères. Mais nos capacités sensorielles limitées ne nous permettent pas, par exemple, de ressentir la circulation de la sève dans les fibres du bois, de discerner le mouvement constant des particules élémentaires qui le constituent, leur création et leur destruction sans fin, ainsi que leur échange avec le milieu. Le témoignage de nos yeux semble aller de soi. Quand bien même nous imaginerions ces particules, nous les *verrions* sans doute avec un regard réaliste. Elles nous apparaîtraient sous forme de billes, comme les représentent souvent les dictionnaires illustrés. Les structures apparemment stables qui forment le monde matériel sont le fruit des interactions de particules. Les particules elles-mêmes ne sont pas des entités physiques isolées mais des systèmes dynamiques indissociables d'un réseau d'interrelations.

Nous ne nous rendons pas compte que nous « construisons » des composés en réduisant l'infinie richesse de la vie à des entités simplifiées sur lesquelles nous apposons des étiquettes : un arbre, une pierre, une rivière... Notre perception n'est qu'un aperçu figé d'une *réalité* dynamique. Ce que nous appelons « le pin » n'est qu'une image substituée à la *réalité du pin*. Il existe donc un fossé entre la manière dont les choses apparaissent à la pensée et leur mode d'existence

---

1. Pour mémoire : [1] l'ignorance, [2] les formations karmiques, [3] la conscience, [4] le nom et la forme, [5] les six domaines (cinq sens et le mental), [6] le contact, [7] la sensation, [8] la soif ou le désir, [9] l'appropriation, [10] le devenir, [11] la naissance, [12] la vieillesse et la mort.

réelle. « Le fait que la recherche analytique demeure infructueuse, écrit le Dalaï-Lama, montre [que les phénomènes] n'ont pas d'existence en soi. Les phénomènes se révélant vides de l'existence concrète qu'ils paraissent avoir, tout existe dans le contexte du vide d'existence en soi et possède ce caractère de vacuité[1]. »

En cela, la vacuité est semblable à l'espace que l'on ne peut saisir, qui ne se trouve nulle part mais en qui tout peut apparaître sans que sa nature en soit altérée. Ainsi, selon Nagarjuna, l'esprit dénué de concepts est un état qui possède les caractéristiques de l'espace. Méditer sur la vacuité, précise-t-il, c'est méditer sur l'espace.

Comme l'espace en qui tout peut apparaître, la vacuité est le potentiel de manifestation infinie de tous les phénomènes. D'une certaine façon, la symétrie et la réversibilité des propositions du « Sutra du cœur » l'expriment fort bien : « La forme est vide, la vacuité est forme. Autre que forme, il n'est de vacuité. Et aussi, autre que vacuité, il n'est de forme. » En l'absence de l'union de l'apparence et de la vacuité, tout serait irrémédiablement figé, le dynamisme et les processus de transformation au sein de l'univers n'existeraient pas. C'est ce que montre aussi la vision de l'espace non duel du dharmadhatu, le domaine de la vacuité immuable[2], dans le « Sutra de l'ornementation fleurie des bouddhas ».

On trouve aussi dans le « Sutra des enseignements de Vimalakirti », un bel exemple de l'union de la vacuité et des apparences[3]. Regardant le monde souillé par les passions, Shariputra ne voit qu'un ensemble de reliefs, de ravins et de montagnes. En pressant un orteil sur le sol, le Bouddha manifeste la magnificence de notre « univers d'un milliard de mondes » paré de « précieux ornements par centaines et par milliers ». Cette vision issue de la connaissance transcendante permet de réinvestir les formes avec la vue juste de leur nature. Lorsque Shariputra découvre la magnificence du monde, il fait une expérience sans le voile déformant des représentations mentales. Lorsque le Bouddha cesse de presser le sol et que le monde revient à son état antérieur, l'expérience de la vacuité demeure indissociable du monde contingent. Dans *La liberté naturelle de l'esprit*, Longchenpa écrit : « L'eau et le reflet de la lune dans l'eau sont indistincts dans la mare. Apparences et vacuité sont une dans la réalité absolue[4]. »

---

1. *Cent éléphants sur un brin d'herbe*, p. 219-221.
2. Voir l'extrait dans le chap. 11, p. 421-423. En présentant le modèle cosmologique du « Sutra de l'ornementation fleurie des bouddhas », il en a aussi été question (voir chap. 4).
3. Cf. *Soutra de la liberté inconcevable*, p. 88.
4. Cf. p. 207.

Encore une fois, la physique quantique nous est d'un grand secours pour comprendre ce que l'on entend ici par espace ou par « union de la vacuité et des apparences ». À notre échelle, en contemplant le ciel et le cosmos, nous avons l'impression de voir un espace vide peuplé de corps célestes, d'objets et d'êtres. Ce qui semble en mouvement, ce sont tous ces corps « solides ». Lorsque les physiciens changent d'échelle pour observer une région infime de l'espace, ils découvrent une activité incessante. Selon la physique quantique, au niveau de l'infiniment petit *tout est vibration*. Le *vide physique* n'est pas un pur néant, mais un *vide plein*. Comme le dit le physicien Fritjof Capra, le *vide physique* « contient la potentialité de toutes les formes du monde particulaire. Ces formes, à leur tour, ne sont pas des entités physiques indépendantes, mais simplement des manifestations transitoires du vide fondamental sous-jacent[1] ».

La vacuité transcende les limites conceptuelles

Il importe de ne pas réitérer avec le mot « vacuité » ce que nous faisons communément avec les autres, c'est-à-dire confondre le mot avec la chose. Le terme « vacuité » est un piège pour l'entendement car la vacuité demeure insaisissable. Non parce qu'elle désignerait le vide, entendu au sens nihiliste, c'est-à-dire un absolu négatif, mais parce qu'elle n'appartient pas aux catégories duelles de l'être et du non-être.

Nous avons vu que réaliser l'interdépendance ruine la possibilité d'un être-en-soi. En l'absence d'être, la notion de non-être perd elle-même son sens. D'un phénomène qui n'existe pas en soi, mais en dépendance d'autres phénomènes, on ne peut dire qu'il existe ou n'existe pas. La chose est métaphoriquement vide. La vacuité implique donc une absence de parti pris, un silence qui désigne dans son pur dépouillement l'expérience qui procède de l'effritement de tout appui conceptuel.

Si l'on devait décrire le pin dont nous parlions en tant qu'*être*, il faudrait effectuer une coupe dans le réel et le traiter comme une entité en omettant son interaction avec tous les autres éléments. Maintenant si l'on ressent sa dépendance avec l'ensemble du monde vivant, le pin n'existe pas sans tous les éléments *non-pin* : terre, eau, espace. Le pin n'est donc pas à proprement parler un *pin* mais un ensemble d'éléments interdépendants et transitoires regroupés par un concept. En réalité, il *inter-est*, selon la formule de Thich Nhat Hanh, lorsqu'il est perçu sans que nous soyons dupes du concept qui lui attribue une exis-

---

1. *Le Tao de la physique*, p. 226.

tence objective. D'où l'affirmation capitale de Nagarjuna : « C'est la production conditionnée que nous entendons sous le nom de vacuité. C'est là une désignation métaphorique, ce n'est rien d'autre que la voie du Milieu. Puisqu'on ne trouve rien qui se produise hors conditions, il n'existe rien non plus qui en soit, en fait, vide[1]. »

La formule du « Sutra du cœur » invite à ce dépassement : « la forme est vide, la vacuité est forme. » La première assertion permet d'éviter le piège de l'éternalisme. Nous existons au même titre que les phénomènes que nous percevons, mais nous existons de manière interdépendante. Dès lors, il ne saurait y avoir d'existence autonome et indépendante dans la personne et les phénomènes. Cette vue nous aide à rompre avec notre façon habituelle de considérer les choses comme si elles existaient de manière inhérente depuis toujours. La seconde assertion évite le piège du nihilisme. Le danger serait de croire que rien n'existe. Voilà une vision erronée de la vacuité ! Il s'agit plutôt de voir les phénomènes à partir de l'interdépendance. Ceci étant, leur caractère illusoire ne contredit en rien leur efficacité. L'exemple le plus flagrant est sans doute celui du karma. Il n'a pas d'existence propre puisqu'il est le produit de nos actes et n'existe qu'en dépendance de notre ignorance. Pourtant, il est opérant.

Une voie de la négation directe

Dans le « Sutra du cœur », Avalokiteshvara (Tchènrézi) dit à Shariputra qu'en la vacuité, « il n'est ni forme ni sensation, ni perception ni formation mentale ni conscience ; ni œil ni oreille ni nez ni langue ni corps ni mental ; ni forme ni son ni odeur ni saveur ni contact ni objet du mental (…) ». Avalokiteshvara utilise la négation directe pour libérer l'esprit de sa tendance à réifier les phénomènes en leur attribuant une existence objective. La négation directe consiste à nier l'existence intrinsèque d'un phénomène sans affirmer l'existence de quoi que ce soit d'autre à la place. Elle signale que toutes les possibilités concernant l'existence de l'être ont été épuisées. La déclaration « il n'y a pas de pain sur la table », par exemple, nie simplement l'existence d'un pain sans affirmer l'existence d'autres aliments. On comprend mieux ce dont il s'agit en comparant ce type de déclaration avec une négation affirmative. Lorsqu'on dit « le chat n'est pas mort », on nie la mort en affirmant de façon implicite que le chat est bien vivant. La négation directe, elle, ne pose rien. Elle constate une absence en évacuant tous les concepts qui pourraient servir de point d'appui.

---

1. *Stances du milieu par excellence*, chap. 24, stances 18 et 19, p. 311.

Mais Avalokiteshvara va encore beaucoup plus loin en niant les couples d'opposés : « Ainsi Shariputra, tous les dharmas sont vacuité : sans caractéristiques, non nés, sans cessation ; ni souillés ni libres de souillures ; sans décroissance ni croissance. (...) C'est pourquoi Shariputra, en la vacuité (...) il n'y est ni ignorance ou cessation de l'ignorance... jusqu'à ni vieillesse et mort ou cessation de la vieillesse et de la mort. De même il n'y est ni souffrance ni origine ni cessation ni chemin ni expérience primordiale ni obtention ni non-obtention. » Toutes les illusions dualistes sont ainsi évacuées.

Suspension du jugement

Nagarjuna reprend ces enseignements en développant tout leur potentiel. Au niveau de la logique, il prouve que tous les phénomènes connaissables du samsara et du nirvana existent relativement, comme de simples apparences mutuellement dépendantes. Il parvient ainsi à se défaire des vues extrêmes de permanence et de nihilisme. Sa méthode consiste également à déconstruire toutes les perspectives bouddhiques et non bouddhiques qui défendent l'existence ou la non-existence des phénomènes. Il pousse toutes ces perspectives dans leurs ultimes conséquences et les réduit à l'absurde en mettant en évidence leur contradiction interne, sans rien affirmer et sans poser aucune thèse. Dans ce cadre, on parle de dialectique abolitive.

Cette opération n'est pas un exercice de jonglerie verbale à la manière des sophistes. Elle épuise l'illusion dualiste pour échapper au plan de la dialectique. Le langage se retourne contre lui puis s'effondre devant son impuissance à discourir sur lui-même. La pensée discursive *prend conscience* de son inanité. La vacuité est donc une notion-remède qui concerne davantage les constructions mentales que les phénomènes eux-mêmes. C'est pourquoi elle relève du métalangage. Outre sa vertu purgative, la dialectique abolitive est une invitation à goûter l'expérience du silence, vibration de l'ultime en nous.

L'outil de cette dialectique abolitive repose sur les quatre propositions du tétralemme* (A / B / A et B à la fois / ni A ni B), un outil très utilisé par les logiciens indiens. Dans ses *Stances du milieu par excellence*, Nagarjuna l'emploie à plusieurs reprises. On lit, par exemple, dans le chapitre 22 :

22, 11.
À vrai dire, on ne devrait jamais déclarer d'une chose qu'elle est vide, non vide, les deux à la fois, ni l'un ni l'autre. Ce sont là manière de parler, désignations métaphoriques.

Le tétralemme ne peut donc s'appliquer au Bouddha.

22, 12.
Comment donc pourrait s'appliquer à Celui qui est apaisé le tétralemme « éternel, non éternel, etc. » ? Comment s'appliquerait à Celui qui est apaisé le tétralemme « ayant une fin, n'ayant pas de fin, etc. ? »

Il répond enfin aux disciples qui se demandent si le Tatagatha existe après sa mort, ou n'existe pas après sa mort, etc.

22, 13.
Quant à celui qui tombe dans l'erreur grossière de croire que le Tatagatha existe, il doit aussi, prisonnier du dilemme, croire qu'il n'existe plus une fois nirvané.

Nagarjuna conclut :

22, 14.
Étant donné que le Bouddha est foncièrement vide, il n'est pas pertinent de se demander s'il existe ou pas après le trépas.

Les deux premières propositions du tétralemme s'inscrivent dans la compréhension de l'interdépendance et le dépassement des points de vue extrêmes (éternalisme / nihilisme, être / non-être). Elles font écho à ce qu'il énonce dans le chapitre 15 :

15, 10.
Dire « il y a » c'est prendre les choses comme éternelles, dire « il n'y a pas » c'est ne voir que leur anéantissement. C'est pourquoi l'homme clairvoyant ne s'attache ni à l'idée d'être ni à l'idée de non-être.

La troisième proposition du tétralemme « A et B à la fois » pose un dilemme que renverse le « ni A ni B » car il annule les deux éléments constitutifs du dilemme. Le jeu des contraires et leur annulation évacuent la saisie conceptuelle. En dernier lieu, le quatrième niveau est lui-même dépassé puisque s'opère la suspension du jugement en l'absence de tout appui conceptuel.

Ainsi, la dialectique abolitive fait table rase de toute forme de représentations mentales en se débarrassant aussi du dilemme et du tétralemme. L'idée même de vacuité disparaît. Il n'y a rien de pire, précise Nagarjuna, que de s'attacher à la vacuité comme s'il s'agissait d'un point de vue ou d'une fin en soi. Il indique à ce sujet : « La vacuité est l'affranchissement de tous les points de vue, ont proclamé les Victorieux. Quant à ceux qui font de la vacuité un point de vue, ils les ont déclarés incurables[1]. »

Dans l'ordre du discours, la présence du mot « shunyata » révèle donc la précarité des significations. Le terme vacuité « ne dit rien » :

---

1. *Stances du milieu par excellence*, chap. 13, stance 8.

les choses sont ce qu'elles sont. « Celui qui pense "Il n'y a pas" suit un chemin funeste, dit Nagarjuna, celui qui s'abstient de penser "Il n'y a pas" suit un chemin propice. Celui qui s'affranchit des deux, connaissant les choses telles qu'elles sont, atteint la libération[1]. »

Sentir le point d'équilibre

Sur le plan de l'expérience, la dissolution de tous les appuis conceptuels est un ressenti de l'équilibre. La posture assise en donne un aperçu. Quand se produit un déséquilibre, les tensions apparaissent et l'on souffre. Le déséquilibre maintient en vie l'observateur, la solidité du sujet. L'assiette du corps l'aide à retrouver sa grâce naturelle, sa fluidité, son souffle. Là, se vit l'absence du sujet. Il y a aussi une posture de l'esprit, un point d'équilibre où l'on sent combien la parole est une illusion du silence. Sentir le point d'équilibre, sentir que tout se suffit, conduit à un profond repos parce que toutes résistances et contractions disparaissent. « Quand ni la réalité, ni la non-réalité ne se présentent plus à l'esprit, écrit Shantideva, alors en l'absence de toute autre démarche possible, l'esprit libéré des concepts s'apaise[2]. »

Le point d'équilibre est la vigilance incarnée, l'ouverture à la réalité de l'instant présent. Nous n'aspirons pas à être ce que nous avons été mais ne sommes plus. Nous n'aspirons pas à devenir ce que nous ne sommes pas encore. Délivrés de tous les tiraillements, nous sommes simplement pleinement vivants. Chögyam Trungpa explique que « si nous voyons les choses telles qu'elles sont, nous n'avons plus à les interpréter ou à les analyser, nous n'éprouvons plus le besoin de les comprendre en leur surimposant une expérience spirituelle ou des idées philosophiques. Comme a dit un fameux maître zen : "Quand je mange, je mange ; quand je dors, je dors[3]." » La suspension du jugement libère l'esprit de la saisie d'un sujet et d'un objet, rendant possible l'expérience à laquelle rien ne manque, présence pure et nue à ce qui est « simplement ainsi ».

Vacuité et compassion

Parlant de celui qui ne voit pas le caractère illusoire des choses, Shantideva écrit : « N'ayant pas compris la vacuité, j'ai peu de forces pour le bien. » Plus l'expérience spirituelle s'approfondit, plus la réalisation de la vacuité devient effective, plus le souci de notre être pro-

---

1. Nagarjuna, *Ratnavali*, I, 57. Voir la traduction française de ce texte paru sous le titre *Conseils au roi*.
2. *La marche vers l'éveil*, p. 94.
3. *Pratique de la voie tibétaine*, p. 196.

pre s'estompe au profit de celui d'autrui. Les bouddhistes reconnaissent que la concrétisation effective de l'éveil est l'empathie spontanée. Ils ne parlent pas d'une compassion naïve mais d'une suprême générosité, libre de toute mentalité de transaction.

Avec l'expérience, l'esprit s'éveille à la sagesse qui a toujours été là. On la nomme parfois « bonté fondamentale ». La moindre expérience d'éveil se traduit donc par la manifestation naturelle de l'infinie compassion qui signe la présence de la nature de bouddha en nous-mêmes. C'est pourquoi le Mahayana insiste sur l'union de la compassion et de la connaissance supérieure (prajna) sans laquelle il ne peut y avoir de compréhension et de réalisation de la vacuité.

La vacuité (shunyata) et la compassion (karuna) sont les deux faces d'une même expérience. L'une ne va jamais sans l'autre. Cultiver l'expérience de l'une, c'est développer l'expérience de l'autre. Cela se comprend car en l'expérience de la non-dualité, il n'y a plus la saisie d'un « moi » et d'un « mien ». En l'absence ultime de distinction, mon semblable n'est pas différent de moi. Nous ne pouvons aller vers l'autre, l'aider et l'aimer véritablement qu'à la condition que nous soyons capables de dépasser le souci de notre être propre.

Même s'il existe des pratiques qui favorisent le déploiement de la compassion, à la racine elle ne dépend pas d'une intention à « vouloir aider l'autre ». Elle est fondamentalement sans condition et non duelle dans la mesure où l'expérience du non-soi concerne non seulement *la personne que nous sommes* mais aussi *la personne que sont les autres*.

Vacuité et « suprême soi »

Dans les sutras du deuxième tour de la roue du Dharma, la vacuité est le mode d'existence réelle de tous les phénomènes et le fondement de leur manifestation. La libération de tous les conditionnements et de tous les points d'appui permet ensuite au Bouddha d'introduire la notion de « nature de bouddha », la présence du *réel que nous sommes*, délivré des voiles de la confusion et des émotions aliénantes. C'est l'un des thèmes du troisième tour de la roue du Dharma.

La nature de bouddha contient en elle-même la richesse de toutes les qualités éveillées. On peut en parler comme de la plénitude de la vacuité. Dans le « Sutra du grand passage dans l'au-delà de la souffrance » (*Mahaparinirvanasutra*), le Bouddha affirme : « L'atman, c'est le tathagatagarbha. Tous les êtres possèdent la nature de bouddha : voilà ce qu'est l'atman[1]. »

Par rapport à ce que nous avons vu jusqu'à présent, cela n'a rien de déroutant. Le Bouddha n'a jamais dit qu'il n'y avait pas de soi. Il a

---

1. Cité dans *Le bouddhisme* (sous la direction de Lilian Silburn), p. 115.

simplement montré que le soi n'est pas comme les gens le conçoivent. Cette vision est clairement établie dans « La suprême continuité » (*Ratnagotravibhaga*) d'Asanga qui soutient en parlant du corps absolu (dharmakaya) : « Il est le suprême soi car il est pacifié, ayant détruit les vues duelles du soi et du non-soi. »

Comme on l'a vu, cette expression a soulevé bien des problèmes en Inde (voir p. 238). On y a vu une façon d'hindouiser et de védantiser le bouddhisme. Les Tibétains ont hérité de cet enseignement et l'acceptent non parfois sans embarras. En réalité, les problèmes n'existent que si l'on s'attache aux formulations sans tenir compte de leur dimension métaphorique. C'est l'expérience indicible qui est suggérée. Cette expérience, exempte d'impuretés et riche des qualités éveillées, se trouve au-delà de toutes les catégories conceptuelles et des huit déterminations qui nous font souffrir : ni une ni multiple, ni apparue ni disparue, ni éternelle ni non éternelle, sans origine et sans cessation.

Vacuité et nature de bouddha dans le Vajrayana

L'approche des tantras repose sur la complémentarité des deuxième et troisième tours de la roue du Dharma, mais elle s'appuie principalement sur la vue du troisième tour. Ici, la vacuité désigne le principe féminin, le domaine incréé et sans fin, omniprésent comme l'espace, la matrice de tous les phénomènes. Cette matrice est fécondée par l'aspect dynamique et masculin de la claire lumière ou nature de bouddha. Leur union non duelle, vide lumineux ou luminosité vide, est la plénitude du pur esprit.

La nature de bouddha est considérée comme la « perfection vide d'altérité », la perfection absolue à laquelle rien n'est autre. Elle est envisagée dans la représentation symbolique d'une déité (tib. *yidam*). Dans la mesure où la nature de bouddha possède une infinité de qualités éveillées, il existe une multiplicité de déités qui en sont les reflets.

● La paix existe au-delà de la souffrance

« Il n'y a pas de bonheur plus haut que la paix. »
Dhammapada, 202ᵉ verset

Libéré de l'ignorance et de tous les conditionnements douloureux, l'esprit demeure en l'état de paix profonde appelé nirvana.

Nous savons que la cessation de la souffrance survient avec la disparition du désir insatiable et des émotions négatives. Cette cessation révèle la présence d'un profond apaisement appelée nirvana. Construit sur la racine *va* (« souffler »), *nirva* signifie « être éteint ». Littéralement, *nirvana* est l'extinction de toute matière inflammable. L'image souvent employée dans les textes est justement celle d'une flamme qui disparaît d'elle-même par épuisement du combustible. Le combustible, c'est l'illusion d'un soi (atman) autonome et indépendant, l'attachement douloureux aux cinq agrégats de l'existence et aux visions dualistes qui segmentent la réalité en couples d'opposés : être et non-être, naissance et mort, soi et autrui, identique et différent[1].

Le nirvana coïncide avec l'épuisement de tout le processus cognitif qui garantit le maintien de cette construction fictive appelée le soi. En ce sens, il n'est pas à proprement parler un résultat ni le produit de causes et de conditions. Traditionnellement, on compare le soi à une vague et le nirvana à l'eau. Lorsque la vague se forme, se soulève et s'abaisse en se déplaçant, elle paraît posséder son propre dynamisme et sa propre puissance. Lorsqu'elle vient se briser sur le rivage, elle se fond dans l'océan dont elle ne s'est jamais dissociée. La vague a la nature de l'eau. Phénomène passager, dépendant de la conjonction de différentes forces naturelles, la vague est marquée du sceau de l'impermanence et du non-soi. Ainsi en comprenant ces deux caractéristiques majeures de l'enseignement du Bouddha, en les ressentant dans sa propre existence, on commence à se relier à la présence inaltérée du nirvana.

Ce mot sanskrit désigne la santé véritable, le déploiement d'un état de plénitude qui a toujours été là. Dans le contexte du Zen, Taisen Deshimaru précise que « le tréfonds du nirvana est la profondeur absolument paisible de *fushiryô*, la non-pensée du zazen », l'expérience d'immédiateté antérieure à toute conceptualisation. Pour essayer de nous aider à comprendre qu'il s'agit d'un phénomène non composé et atemporel, les textes recourent à des termes négatifs comme amrita (non mort), anutpanna (non né) ou asamskrita (inconditionné, incomposé). L'emploi de ces négations souligne l'impuissance du pouvoir descriptif de la langue. Le nirvana ne correspond à rien que l'on puisse concevoir puisqu'il demeure hors d'atteinte de la compréhension habituelle. En revanche, pour insister sur sa nature éminemment positive, et tenter de suggérer la béatitude et la sérénité inhérentes à cette expérience, les textes emploient de nombreuses comparaisons et qualificatifs en relation avec le climat de l'Inde :

---

1. Autre variante des huit déterminations qui nous font souffrir et que j'ai citées p. 605 : ni une ni multiple, ni apparue ni disparue, ni éternelle ni non éternelle, sans origine et sans cessation.

une île échappant aux inondations, une grotte à la fraîcheur apaisante, un nectar merveilleux ou un ciel pur de tout nuage.

Si nous parvenions à nous rappeler le plus souvent possible les expériences de paix que nous avons pu vivre, si nous arrivions à amener dans l'état de veille l'apaisement ressenti dans le sommeil, nous verrions très distinctement que la paix profonde est le terrain vierge de l'esprit, le signe de notre santé primordiale qui ne disparaît pas. Plus nous nous relierons à cette paix, plus nous la ressentirons, plus elle s'actualisera dans notre vie et plus les autres états s'atténueront.

Cette paix profonde n'est pas perçue comme l'opposé de la souffrance. Si l'on éprouvait ce sentiment d'opposition, on demeurerait dans la tension pénible qu'impose l'individualité entre le « bon-pour-soi » et le « mauvais-pour-soi ». En réalité, les pôles s'émoussent, les extrêmes se dissipent : la joie est moins extravagante, la souffrance perd son caractère tranchant et douloureux. Se manifeste désormais cette joie sans objet : un délassement infini, une douceur vivifiante, signe diffus de la bonté fondamentale donnant forme à ce plissement infime au bord des lèvres du Bouddha, ce léger sourire si caractéristique de la statuaire bouddhique.

> Ce matin, je me réveille et découvre
> Que j'ai utilisé les sutras comme oreiller.
> J'entends les bourdonnements excités des abeilles qui s'affairent
> À reconstruire l'univers.
> Mes amis, le travail de reconstruction
> Prendra peut-être des millions de vies,
> Mais il est accompli
> Depuis déjà autant[1].

5. Les deux réalités

> Toute chose existe selon deux modes :
> L'apparent et le mode d'existence réelle.
> L'existence des apparences et leur vacuité
> Ont en essence une saveur unique.

---

1. Poème de Thich Nhat Hanh, « Des papillons au-dessus des champs de moutarde dorée » dans *Une flèche, deux illusions*.

L'enseignement de la production conditionnée (l'interdépendance) et de l'absence d'existence en soi nous permet de comprendre que tout phénomène composé existe selon deux modes : la *réalité relative*, les phénomènes tels qu'ils nous apparaissent ; la *réalité ultime*, la nature de ces mêmes phénomènes (leur vide d'existence propre) que l'on découvre en les examinant plus attentivement.

Dans la perspective du véhicule des sutras* (Sutrayana*), cette distinction est importante pour éviter les confusions et les visions purement égalitaristes du type « le samsara est le nirvana ». Dans ses *Stances du milieu par excellence*, Nagarjuna souligne clairement la nécessité de discerner la ligne de partage entre les deux. Pour bien les distinguer, on dit parfois qu'ils sont comme l'ombre et la lumière. Nagarjuna précise également qu'il est indispensable de s'appuyer sur la réalité conventionnelle pour actualiser la paix du nirvana :

> 24, 10.
> Faute de prendre appui sur l'usage ordinaire de la vie, on ne peut indiquer le sens ultime. Faute d'avoir pénétré le sens ultime, on ne peut atteindre à l'extinction (nirvana).

L'exposé des deux réalités[1] est l'une des présentations les plus importantes du Dharma. Distinguer réalité relative et réalité ultime, puis réaliser que toutes les deux ont en essence une saveur unique, permet de comprendre la relation entre le développement de la sagesse et de la compassion, d'éviter une vision erronée de la vacuité et d'aborder le sens profond de la pratique d'un yidam*, une déité tantrique. Cet exposé fait aussi office de synthèse de toutes les notions présentées jusqu'à présent. Il aurait pu tout aussi bien les introduire car il les contient toutes.

Les écoles bouddhiques ont développé diverses approches de ces deux réalités. J'essaie ici de présenter à grands traits les principales perspectives philosophiques dans le souci de montrer comment les bouddhistes ont cherché à approfondir la vision de la nature ultime des phénomènes. Cette présentation est le versant théorique de la pratique de vipashyana (la vision claire) telle qu'elle se développe dans les différents véhicules (voir chap. 14).

---

1. On emploie aussi le terme « vérités ».

● La réalité relative

La réalité relative ou conventionnelle (samvritisatya) correspond à ce que saisit l'esprit habituel dualiste, appelé aussi l'esprit pensant. Il perçoit les phénomènes comme des entités objectives, distinctes les unes des autres. Les objets matériels ont pour lui une position et une structure déterminées dans l'espace. Ils semblent indépendants de la connaissance qu'il peut en avoir. En les comparant avec d'autres, il peut les classer comme beaux ou laids, agréables ou désagréables, grands ou petits, leur attribuer une diversité de caractéristiques et de propriétés. Il peut donc les évaluer, les mesurer, les classer, traiter finalement le réel sous forme d'abstractions en dressant, par exemple, des cartes détaillées de chaque région, de chaque pays, en élaborant des mappemondes, des cartographies de l'univers.

Dès que nous pouvons entrer directement en contact avec des objets matériels et exercer sur eux une action, cette réalité nous semble très consistante. Le réel que nous percevons a alors une « densité de vérité » incontestable dans l'expérience que nous en avons. Lorsqu'on se cogne par exemple, l'objet que nous avons heurté existe bel et bien pour nous. Dans le même temps, la douleur que nous ressentons confirme l'existence de notre corps. L'expérience du contact révèle d'ailleurs les interactions incessantes qui se produisent entre les phénomènes mais dévoile aussi le processus de la causalité. Un orage éclate, la pluie se met à tomber et apporte au sol l'humidité indispensable à la germination des graines. Nous enflammons des bûches dans la cheminée, le bois qui se consume va donner sa chaleur bienfaisante. Les phénomènes contingents ne cessent de manifester leur efficience.

En essayant d'exposer la vacuité, je me suis appuyé sur le point de vue de la physique quantique et j'ai pris l'exemple du pin afin de bien montrer que nos sens et nos représentations mentales participent grandement à nous faire croire en la solidité du monde manifesté. Dans la perspective bouddhique, ce type de processus cognitif est important pour « fonctionner » dans la vie ordinaire et « garder les pieds sur terre », mais il est limité et source de problèmes. Lorsqu'on commence à prendre conscience du caractère limité de ce processus, il devient possible de remettre en doute notre attachement aux apparences. Comme l'écrit Dilgo Khyentsé Rinpotché[1] : « C'est parce que

---

1. *Le trésor du cœur des êtres éveillés*, p. 116.

nous sommes convaincus de la réalité et de la solidité du monde manifesté, que nous éprouvons tant d'attraction et de répulsion envers les choses. Sans cette croyance, notre esprit ne serait plus sujet à l'illusion et c'en serait fini du samsara. »

• La réalité ultime

La réalité ultime (paramarthasatya) est la dimension authentique de la réalité relative en l'absence de toute dualité sujet-objet. C'est l'expérience de la vacuité. Les mêmes apparences sont perçues par l'œil éveillé, soit l'intelligence qui réalise l'interdépendance de toute chose. Aussi, en connaissant le mode d'existence ultime des phénomènes, on peut agir avec justesse dans le cadre de la réalité conventionnelle.

Pour justifier l'importance de la thématique de la *vue*, les rédacteurs des sutras se plaisent à citer l'exemple d'un homme atteint de troubles visuels[1]. Du fait de sa maladie, il voit des mouches, des brindilles noirâtres, des ombres qu'un œil sain ne distingue pas. L'œil sain ne les perçoit pas car ces phénomènes sont de pures surimpositions qui captent l'attention de celui qui les subit. Cet exemple sert à comparer la réalité d'apparence aux événements illusoires que capte l'œil malade. La vision claire, non parasitée, est une métaphore de la réalité ultime. Seules la santé de l'œil et la qualité du regard sont déterminantes. Cette importance de l'œil transparaît dans le *Shôbôgenzô*, l'œuvre maîtresse de maître Dôgen[2]. L'Œil du Bouddha n'est plus l'œil de chair qui fonctionne en mode dualiste mais « l'Œil qui voit et "entend" la résonance de l'univers ».

• L'œil du réel

L'œil du réel est une expression métaphorique pour désigner l'indissociabilité de la réalité relative et de la réalité ultime. Au moment de l'éveil, l'*œil sain* voit la réalité telle quelle sans opérer de distinction. La symétrie

---

1. L'anecdote figure en particulier dans le « Sutra de l'entrée à Lanka », *Lankavatarasutra*.
2. *Shôbôgenzô* signifie *La vraie Loi, trésor de l'œil*.

et la réversibilité de l'affirmation capitale du « Sutra du cœur » – « La forme est vide, la vacuité est forme » – l'exprime à sa façon.

Nagarjuna nous donne des précisions éclairantes sur le sujet. La dynamique du non-appui et l'affranchissement de tous les points de vue le conduisent à exposer la vue de la « saveur unique » ou la non-différenciation entre conditionnement et non-conditionnement, samsara et nirvana. Nagarjuna précise : « Ce qui est considéré comme "dépendant de" ou "conditionné par" est le va-et-vient du monde, cela même, hors conditions, hors dépendance, est enseigné comme étant le nirvana » (25, 9). Proposition qui s'inscrit en écho au verset 37 de sa *Louange à la vacuité* : « Ce qui, pris dans le filet des émotions négatives, est appelé "être ordinaire", c'est cela même qui, libéré des émotions, est appelé "bouddha". » Viennent ensuite ces célèbres stances :

> 25, 19.
> Il n'y a aucune différence entre le samsara et le nirvana. Il n'y a aucune différence entre le nirvana et le samsara.
> 25, 20.
> Ce qui délimite le nirvana délimite le samsara. On ne peut trouver entre les deux fût-ce le plus subtil intervalle.

Le nirvana n'est pas un au-delà du samsara. L'un et l'autre « n'existent pas » au sens où nous entendons « exister » parce que, encore une fois, le concept d'« existant » naît en dépendance du concept de « non-existant ». Du point de vue ultime, existence et inexistence sont de simples constructions mentales. La non-différence de la réalité ultime et de la réalité relative n'est autre que l'absence de réalité ultime et de réalité relative, l'absence de samsara et de nirvana. Point d'illusion, point de deux. Ainsi que le chante le yogi-poète Milarépa :

> Du point de vue de la réalité ultime
> Démons et même bouddhas n'existent pas,
> Pas de méditant ni de méditation,
> Ni terres, ni chemins parcourus, ni signes,
> Ni résultat, ni kaya (corps) et ni sagesse,
> Ainsi le nirvana n'existe pas.
> Seulement des mots et des noms pour désigner
> Les trois sphères, le monde et ses habitants.
> (…)
> Du point de vue de la réalité relative
> Le samsara, nirvana, tout existe.
> Ainsi sont les enseignements du Bouddha.
> L'existence des choses qui apparaissent
> Et leur non-existence, leur vacuité,
> Ont en essence une saveur unique[1] (…).

---

1. « Portrait authentique de la voie du Milieu », dans *Chants de réalisation*, p. 23.

Remarque sur la « saveur unique » dans les tantras et le Dzogchèn : La perspective de la « saveur unique » sert de fondement à la vue des tantras qui ouvre l'esprit à la nature vide et pure des apparences. Au niveau le plus élevé de la classification des tantras selon les écoles nouvelles tibétaines, celui des « Tantras de l'union insurpassable » (*Anuttarayogatantras*), tous phénomènes du samsara comme du nirvana sont perçus comme le déploiement de la claire lumière. Réalité conventionnelle et réalité ultime demeurent donc une en essence. La déité dans le sadhana exprime cette non-dualité, avec la conviction que l'état naturel du yidam et celui du méditant n'ont jamais été distincts.

Dans le Dzogchèn ou « Grande Perfection », l'expérience de la « saveur unique » trouve son pendant dans l'expression symbolique de l'indissociabilité des deux réalités. Le symbole utilisé est le miroir. La pureté et la limpidité du miroir correspondent aux qualités de la réalité ultime. Les images qui apparaissent à sa surface ne sont que des reflets dénués de substance. Elles représentent le caractère illusoire de la réalité relative. Toutefois, la fonction même du miroir consiste à réfléchir la lumière, à produire l'image des personnes et des choses. Sans image, le miroir n'est plus totalement miroir, et sans miroir les images n'existent pas.

• Les points de vue sur la réalité

Si le Bouddha a laissé derrière lui un grand nombre de conseils et de réponses circonstanciées, il n'a jamais systématisé ses propos, mis à part la structure logique des quatre nobles vérités et la présentation des douze liens interdépendants. Ainsi le troisième sceau du Dharma (aucun phénomène n'a d'existence propre) a fait l'objet de diverses interprétations. Ces interrogations sur la nature de la réalité sont à l'origine de différentes perspectives philosophiques ou points de vue sur la réalité. Cette dernière expression est plus ouverte en ce qu'elle évite de questionner le sens accordé au mot « philosophie »[1].

Les visions bouddhiques de la réalité n'ont pas pour fonction d'établir une vérité dans un énoncé. Leur dimension expérimentale, qui s'inscrit dans une perspective « thérapeutique » de libération, est la grande absente des principaux courants philosophiques occidentaux qui sont, en raison de leur nature, plus spéculatifs et donc plus pré-

---

1. Voir l'annexe 5, *Passerelles (Bouddhisme et philosophie)*, p. 794.

occupés à construire des systèmes théoriques irréprochables[1]. Dans le contexte bouddhique, l'analyse dialectique ne se cantonne pas dans l'univers des formulations intellectuelles mais demeure au service de l'entraînement spirituel dont le socle est la pratique méditative.

La notion de « point de vue »

Les expressions « points de vue sur la réalité » ou « visions » essaient de rendre le sanskrit *darshana* et son équivalent tibétain *droup ta*. Le mot sanskrit *darshana* dérive de la racine *drsh-* que l'on traduit généralement par « voir, regarder ». Il signifie littéralement « vue, point de vue, perspective ». Ces significations sont essentielles parce qu'elles soulignent combien la pensée philosophique indienne a mis l'accent sur l'idée qu'il fallait apprendre à *voir directement de nos propres yeux*, nous ouvrir à des perceptions spirituelles qui relèguent l'activité de la pensée discursive à l'état de connaissance indirecte. En même temps, on entend qu'il existe une diversité d'angles de vue sur une réalité indicible.

Dans le contexte brahmanique, Samkhya, Yoga, Nyaya, Mimansa, Vaisheshika et Vedanta sont les six formes que prend la quête de la *vision du réel*. Les bouddhistes vont réfuter ces points de vue qui posent l'existence de l'atman éternel, mais ils vont parfois conserver quelques-unes de leurs méthodes en les incluant à leur panoplie d'instruments d'analyse qui comprennent des aspects épistémologiques, logiques et phénoménologiques importants. Ils vont surtout conserver cette idée de la vision, au sens d'une expérience directe qui dépasse la pensée dialectique.

Les limites de la pensée dialectique

Les points de vue bouddhiques sur la réalité nous parlent de ce que nous sommes au niveau relatif et ultime. Ils nous aident à développer la compréhension qui s'épanouira totalement au cœur de la pratique

---

[1]. Ce jugement mérite quelques nuances car certains philosophes contemporains, inspirés parfois par la sagesse indienne, ont vu que la philosophie ne nous intéresse que lorsqu'elle nous aide à mieux vivre et à nous connaître. D'où leurs efforts pour la réintégrer au cœur de notre vie quotidienne et la présenter comme une dimension constitutive de l'existence humaine qui nous concerne tous. Cf. Roger-Pol Droit, *101 expériences de philosophie quotidienne*, Michel Hulin, *La mystique sauvage*, André Comte-Sponville, *Présentations de la philosophie*, Marcel Conche, *Vivre et philosopher* et, récemment, Luc Ferry, *Apprendre à philosopher. Traité de philosophie à l'usage des jeunes générations*. On pourrait également citer certains livres de Michel Onfray, dont *La puissance d'exister*. Les travaux de Pierre Hadot sur la philosophie antique ont été déterminants pour montrer qu'à l'origine la philosophie est une attitude concrète, un mode de vie. Voir en particulier de Pierre Hadot, *Exercices spirituels et philosophie antique*, Albin Michel, 2002.

méditative. Cette compréhension s'appuie sur l'analyse de l'insubstantialité des phénomènes. Nagarjuna nous a appris que la pensée dialectique, qui s'appuie sur une démarche analytique, sert de pratique purgative pour relâcher les crispations mentales, se libérer de l'attachement aux concepts et réaliser ce que nous sommes au cœur de l'expérience. Remède passager à l'ignorance, elle ne débouche pas sur une métaphysique.

Un haut niveau de compréhension intellectuelle est excellent, mais il demeure toujours insuffisant. Houei-nêng (638-713) est devenu le sixième patriarche du Chan en réfléchissant et en pratiquant alors qu'il travaillait dans les cuisines du monastère. Il ne passait pas son temps à étudier ou à débattre sur le contenu de l'enseignement. Il était illettré. Pourtant, en une seule stance, il sut résumer l'état de simplicité naturelle de l'esprit. En comparaison, le yogi indien Naropa (1016-1100 ?) était un grand érudit, beaucoup plus savant que son maître le mahasiddha Tilopa. Il avait été chancelier de la grande université de Nalanda. Tilopa n'a pas eu besoin de lui transmettre un quelconque enseignement car Naropa connaissait tout. Pour s'accomplir, il lui manquait un peu d'expérience. Voilà ce qu'il a trouvé auprès de son maître.

Plusieurs approches sont donc possibles. Le Dharma n'en rejette aucune. Il les intègre dans une éducation globale, s'animant dans la relation maître-disciple. D'une façon générale, ce type d'éducation est caractéristique des traditions orientales. Sans doute a-t-elle conduit les cultures occidentales à s'interroger sur l'existence possible d'une « pensée indienne »[1].

▫ *La vue du Theravada*

Pour le Theravada, le domaine de la réalité relative recouvre les énoncés conventionnels que nous employons presque par habitude, affirmant notre propre existence et celle des êtres vivants. Lorsque nous déclarons « j'existe », par exemple, l'énoncé n'est que partiellement vrai. En tout cas, il masque la nature composite du « je », du « corps », finalement de l'ensemble des agrégats. Maintenant si nous souscrivons totalement à cet énoncé, nous entérinons une vue erronée, prenant le non-soi pour le soi. La réalité ultime d'un énoncé s'accorde avec la réalité effective des phénomènes. Celle-ci ne correspond pas

---

[1]. Sur la question du dénigrement des perspectives philosophiques orientales dans l'enseignement de la philosophie en France, voir Roger-Pol Droit, *L'oubli de l'Inde. Une amnésie philosophique*, PUF, 1989.

au témoignage de l'œil qui nous dit que l'arbre, la pierre, le soleil existent en tant que tels, mais elle correspond aux propriétés intrinsèques et transitoires des phénomènes telles que la cohésion, la solidité, la souplesse, l'adaptabilité, le mouvement et l'impermanence. Le nirvana, seul phénomène incomposé, objet de la conscience des accomplis (les arahants), rend manifeste la nature ultime des phénomènes et des expériences.

□ **Les cinq points de vue sur la réalité selon les traditions tibétaines du Mahamudra et du Dzogchèn**

En tibétain, les points de vue sur la réalité ou méditations sur la vacuité sont appelées *droup ta*. *Droup* a le sens de « réalisation » et *ta* peut se comprendre au sens d'« expressions » ou de « déterminations ». Littéralement, on pourrait traduire *droup ta* par « expressions de la réalisation » pour laisser entendre l'importance que ces approches accordent à une expérience dépassant toutes les formulations intellectuelles.

Selon les traditions tibétaines du Mahamudra et du Dzogchèn, on distingue cinq points de vue sur la réalité :

- le Vaibhashika, l'école des Particularistes ;
- le Sautrantika, l'école des Tenants des sutras ;
- le Cittamatra, l'école de l'Esprit seul ;
- le Madhyamaka rangtong, l'école de la voie du Milieu qui met l'accent sur le modèle « vide de soi » ;
- le Madhyamaka shèntong, l'école de la voie du Milieu qui met l'accent sur le modèle « vide d'altérité ».

L'ensemble des vues philosophiques hinayanistes a été réduit aux deux premiers points de vue (Vaibhashika et Sautrantika). Souvenons-nous que le bouddhisme indien des origines ne compte pas moins de dix-huit courants principaux. La perspective Vaibhashika telle que l'exposent les Tibétains correspond au point de vue des Sarvastivadins du Cachemire, point de vue à dominante réaliste.

On peut établir un rapport entre ces cinq points de vue, les trois niveaux de la progression spirituelle et les trois tours de la roue du Dharma. L'approche traditionnelle considère en effet qu'ils ont tous été enseignés par le Bouddha et qu'ils trouvent donc leur origine première dans les trois cycles d'enseignement (voir figure 38).

	APPROCHES	POINTS DE VUE CORRESPONDANTS	
NIVEAU DU VAJRAYANA	plénitude de la vacuité claire lumière 2ᵉ et 3ᵉ tours de roue	**Madhyamaka shèntong** Voie du Milieu modèle "vide d'altérité"	
NIVEAU DU MAHAYANA	vacuité / non-appui 2ᵉ tour de roue	**Madhyamaka rangtong** Voie du Milieu modèle "vide de soi"	**Prasangika** recourt au raisonnement par l'absurde
	idéaliste 3ᵉ tour de roue	**Cittamatra** École de l'Esprit seul	**Svatantrika** recourt au syllogisme
NIVEAU DU HINAYANA	réaliste substantialiste 1ᵉʳ tour de roue	**Sautrantika** École des Tenants des sutras **Vaibhashika** École des Particularistes	

Figure 38. Synoptique des cinq points de vue sur la réalité selon l'école Kagyupa.

L'intérêt de cette organisation repose sur l'idée même de la progression. Dans l'école Kagyupa, ces points de vue sont envisagés comme des modèles cognitifs se complétant et correspondant à différentes étapes du cheminement. L'apprenti part des aspects les plus extérieurs (niveau du Hinayana) pour atteindre les niveaux les plus subtils (niveau du Vajrayana).

La présentation qui suit tente d'aller à l'essentiel. Elle écarte volontairement tous les détails fastidieux sans grand intérêt dans le contexte de la pratique méditative.

LE VAIBHASHIKA (L'ÉCOLE DES PARTICULARISTES)

Le terme sanskrit « Vaibhashika » signifie « ceux qui suivent la Vibhasa », un traité de base de l'école Sarvastivadin appelé la *Mahavibhasa*, la « Grande Exposition détaillée » généralement attribuée à Vasumitra (IIᵉ siècle). Cet ouvrage a été résumé dans l'œuvre de Vasubandhu, le « Trésor de l'Abhidharma » (*Abhidharmakosha*). Ce point de vue porte le nom d'« école des Particularistes », parce qu'il suit l'explication des particularités (ou éléments) mentionnées dans la « Grande Exposition détaillée » et considère que les phénomènes existent au niveau des particules élémentaires, leurs états passés, présents et futurs étant réels[1].

---

1. Principaux maîtres du Vaibhashika : Vasumitra (Iᵉʳ-IIᵉ siècle), Vasubandhu (IVᵉ siècle).

Réalité relative

La réalité relative embrasse tous les phénomènes composés que nous percevons. Les phénomènes physiques sont constitués de particules élémentaires insécables qui s'agglomèrent pour former ces objets doués d'une efficience et auxquels nous attribuons par convention tel ou tel nom. L'activité psychique et les facteurs mentaux qui l'accompagnent forment apparemment un tissu homogène mais sont eux aussi la combinaison d'une succession de moments atomiques de conscience eux-mêmes indivisibles. Le karma des êtres rend possibles tous ces assemblages. Dans ce contexte, la pensée est le produit d'un contact avec le monde sensible. Le monde n'est donc pas une construction de l'esprit. Dans le « Trésor de l'Abhidharma », Vasubandhu affirme : « Si les phénomènes n'existaient pas, la conscience mentale qui les a pour objet ne naîtrait pas. »

Selon l'école Vaibhashika, lorsque l'univers entre dans la phase de dissolution, tous les phénomènes composés sont anéantis. En revanche, les particules élémentaires insécables sont dispersées dans l'espace où elles demeurent en suspension. Sous l'effet du karma des êtres, un vent se lève et les particules s'assemblent pour former un nouvel univers. Ce qui se produit à l'échelle de l'univers se produit dans le corps et dans l'esprit. Dans le corps, tout est instable et transitoire. Dans l'esprit, les pensées vont et viennent. Ces aspects impermanents relèvent de la réalité relative.

Réalité ultime

Les particules matérielles indivisibles et les moments atomiques de conscience constituent la réalité ultime des apparences. Dans la mentalité indienne ancienne, on les imagine sous la forme de « briques fondamentales ». Relèvent également de la réalité ultime les autres incomposés : l'espace, le nirvana, la cessation d'un phénomène par insuffisance de causes et de conditions assurant son existence.

La vision du Vaibhashika est proche de celles de physiciens « réalistes » qui déduiraient l'existence évidente d'une particule de rayonnement cosmique en relevant l'empreinte flagrante qu'elle dépose dans une « chambre à traces ». Pour eux, la particule ne serait pas un « être de pensée » mais bien un objet concret qui existait déjà comme tel avant sa traversée dans la chambre. En réalité, la trace ne *dit rien* de la réalité du phénomène. Dans ce cas précis, les évidences visibles à l'œil ne correspondent pas à la réalité du phénomène appelé « particule de rayonnement cosmique ». Mais c'est un autre débat[1]...

Exemple au niveau physique

Si l'on brise un vase ou si on le déconstruit mentalement en séparant distinctement tous les éléments qui entrent dans sa composition (glaise, eau, etc.), la conscience qui perçoit le vase ou qui pense « vase », cette conscience cesse de se manifester en l'état. Le vase et la pensée « vase » disparaissent. En revanche, l'esprit demeure conscient des particules constitutives de l'objet « vase ». Ces phénomènes atomiques qui persistent représentent la réalité ultime de l'objet « vase ». Quant à l'objet lui-même que nous percevons avec nos yeux ou en le touchant avec nos mains, sa « réalité de vase » n'est qu'une réalité d'apparence.

Exemple au niveau mental

Si nous arrivions à observer très attentivement le déroulement d'une pensée, nous verrions qu'elle se compose d'une série de fragments infimes d'événements psychiques qui se succèdent à très grande vitesse. Selon l'Abhidharma, il s'en produit 60 ou 64 dans le temps d'un claquement de doigts. L'infime correspond ici à un moment atomique de conscience. Par l'analyse, on ne peut fractionner davantage ce bref instant. À ce niveau, la présence du sujet (le penseur conscient qu'il pense) est quasiment inexistante. Ces particules de conscience sont dites porteuses d'une réalité ultime.

LE SAUTRANTIKA (L'ÉCOLE DES TENANTS DES SUTRAS)

Selon la tradition tibétaine, des moines Vaibhashikas, insatisfaits des thèses trop réalistes de leurs frères, devinrent dissidents et créèrent leur propre école aux environs du Ier siècle de notre ère, l'école des Tenants des sutras. En pratique, on fait remonter le Sautrantika* à Kumaralata (v. -380). Le nom « Sautrantika » a été adopté pour signaler que cette école suit principalement l'autorité des sutras considérés comme étant la parole même du bouddha Shakyamuni, comparativement aux traités d'Abhidharma[2].

---

1. Cf. Bernard d'Espagnat et Étienne Klein, *Regards sur la matière. Des quanta et des choses*, chap. 7.
2. Principaux maîtres du Sautrantika : Vasubandhu (IVe siècle), Dharmakirti (VIIe siècle).

Les Sautrantikas sont également considérés comme « réalistes » parce qu'ils accordent un certain niveau d'existence propre aux phénomènes et considèrent eux aussi que les objets extérieurs sont indépendants de l'esprit qui les connaît. Ici, la réalité ultime et la réalité relative se comprennent en relation avec la saisie conceptuelle.

Réalité relative

Contrairement aux Vaibhashikas, la conscience ne perçoit pas l'objet lui-même mais une image. Il n'existe pas de contact direct avec l'objet de connaissance, parce que la conscience et les objets ne sont pas de même nature. L'activité conceptuelle reconstruit l'expérience brute et singulière que nous avons du monde. Nous n'avons donc de l'objet qu'une représentation illusoire. Il faut donc distinguer le mode d'existence qu'un phénomène possède par lui-même, sa simple apparition à la conscience, et ce qu'en font les représentations mentales. Ainsi, les objets inclus dans les concepts et dans les jugements constituent une réalité relative.

Réalité ultime

La réalité ultime, c'est le mode d'existence qu'un phénomène possède par lui-même et sa simple apparition à la conscience, avant la saisie conceptuelle. Les particules élémentaires insécables et les atomes de conscience indivisibles, inaccessibles par les sens, ont une existence ultime.

Exemple

Lorsque nous regardons un nuage, sa réalité singulière, extérieure à notre expérience et à l'interprétation que nous en avons, représente la réalité ultime du nuage. Dans un moment où nous cessons d'interpréter le monde à l'aide du langage, la simple apparition « nue » de sa pure singularité, sous la forme d'une image « silencieuse » dans notre conscience, relève de la réalité ultime. Maintenant, lorsque nous ramenons cette expérience à des désignations, l'incluant dans le concept « nuage » ou la figeant dans un jugement : « qu'il est beau ce nuage ! », nous quittons le plan brut de la perception immédiate. Cette réalité du singulier et du particulier, réduite au concept et au jugement, est la réalité relative du nuage.

Le Cittamatra (l'école de l'Esprit seul)

Fondée au IVe siècle par Asanga et son frère Vasubandhu[1], l'école de l'Esprit seul s'appuie sur les sutras du troisième tour de la roue du Dharma dont le « Sutra du dévoilement du sens profond », le « Sutra de l'entrée à Lanka », le « Sutra de l'ornementation fleurie des bouddhas » qui comprend le « Sutra des dix terres » dans lequel figure l'affirmation capitale : « Tout ce qui existe dans les trois mondes [les trois domaines du samsara] n'est autre que l'esprit un. » Le « Sutra de l'entrée à Lanka » ajoute que le nirvana se trouve en chaque individu et constitue, avec les trois mondes, le champ d'expérience de notre esprit. Selon les cittamatrins, les sutras du troisième tour de la roue du Dharma sont de *sens définitif** parce qu'ils dévoilent le cœur essentiel du Dharma et ne nécessitent aucune interprétation. Comparativement, les *Prajnaparamitasutras* ou « Sutras de la connaissance transcendante » (sutras du deuxième tour) sont de *sens provisoire**.

Pour le Cittamatra, les apparences que nous percevons procèdent de l'esprit et n'existent qu'à la manière des illusions oniriques ou magiques. L'esprit projette sa propre animation en un faisceau d'images comme le fait un appareil de projection ou la conscience qui produit l'état de rêve. Dans le même temps, et sous l'effet de l'ignorance, atteint d'une forme de dédoublement, l'esprit s'imagine être un spectateur convaincu de la réalité du spectacle qui se déroule sous ses yeux. Le spectateur est le « moi » dans l'état de veille ou le rêveur dans le rêve ; le spectacle, le monde extérieur ou les objets perçus en rêve. Pour expliquer la subtilité de ce processus, on a vu que le Cittamatra désigne une conscience mentale souillée (klishtamanas) qui vient perturber l'édifice des sept autres consciences en instaurant la dualité et tout le mécanisme des émotions conflictuelles. Les sept autres consciences sont les six consciences des sens et du mental et la conscience fondamentale individuelle (alayavijnana) qui véhicule les tendances karmiques du passé. Le Cittamatra adopte une approche dite « idéaliste » parce qu'il privilégie l'esprit et ses représentations qui viennent se greffer dans les relations entre sa forme altérée (le « moi ») et le monde extérieur qu'il projette.

Conformément aux enseignements du troisième tour de roue, le Cittamatra dit également que tout phénomène a trois aspects ou trois

---

1. Au départ, ce dernier souscrivait aux vues hinayanistes, c'est pourquoi on retrouve son nom associé aux écoles Vaibhashika et Sautrantika. À la suite d'Asanga et de Vasubandhu, Dignaga (IVe-Ve siècle) et Dharmakirti (VIIe siècle) sont parmi les principaux maîtres du Cittamatra.

natures. Elles ont été mentionnées dans la présentation des sutras du troisième tour (voir p. 404-405). Cette classification est la manière dont l'école de l'Esprit seul rend compte de la réalité relative et de la réalité ultime ainsi que de leur articulation.

La nature entièrement imaginaire

Elle est purement conceptuelle et illusoire. Elle correspond aux phénomènes qui n'existent que sous la forme de concepts et n'ont d'autre réalité que la pensée elle-même. Dans le chapitre VI du « Sutra du dévoilement du sens profond », le Bouddha prend l'exemple d'un cristal placé sur un support de couleur bleue, puis rouge, verte et jaune. Par erreur, l'observateur le prend pour un saphir, un rubis, une émeraude et de l'or. Ces concepts ne sont que des étiquettes car il n'y a point de saphir, de rubis, d'émeraude et d'or. Toutefois cette fiction donne à penser que le phénomène désigné est autonome et extérieur à la conscience qui l'observe.

La nature dépendante

Comme le cristal change d'aspect en fonction de la couleur du support, le phénomène perçu est le produit de causes et de conditions. Il existe donc en dépendance d'autres phénomènes (ici la couleur). Telle est sa nature dépendante. Prenons également l'exemple d'une corde sur un chemin prise à tort pour un serpent. La première image produite dans la conscience a une certaine réalité car le mental ne lui a pas encore surajouté un concept ou un jugement. Sur le plan relatif, on ne trouve au départ qu'une simple apparence. Mais cette apparence va servir de support à l'illusion de la dualité sujet-objet une fois qu'elle va être saisie par un concept et prise à tort pour un serpent. Bien que la représentation mentale soit imaginaire, on voit combien une illusion peut être la cause de souffrance. La peur elle-même est de nature dépendante car elle dépend de l'apparence de la corde, de la perception erronée qui surgit dans la conscience et du concept « serpent » accompagné de sa charge émotionnelle.

La nature parfaitement établie

En observant attentivement le cristal, l'observateur constate que saphir, rubis, émeraude et or ne sont que des surimpressions illusoires. Leur dissipation révèle la nature parfaitement établie du phénomène. Dans l'exemple de la corde prise à tort pour un serpent, une fois que la personne réalise la méprise, l'illusion disparaît et l'évidence reconnue correspond à la nature parfaitement établie du phénomène dépendant qu'est la corde. Au niveau de la vacuité, la conscience et le phénomène sont indifférenciés et dénués d'existence propre. Cette nature ultime ou parfaitement établie, subtile et profonde, transcende l'argumentation conceptuelle et les débats d'idées.

Les trois natures et les deux réalités

L'apparition d'un phénomène en tant que produit de causes et conditions (niveau de la nature dépendante) et sa reconnaissance par les concepts (niveau de la nature imaginaire) constituent la réalité relative dudit phénomène. Au niveau de la réalité ultime, il est dénué d'existence en soi, étant de la nature même de l'esprit. Le mental souillé le perçoit comme extérieur et lui attribue à tort une existence propre et des désignations dont il est ultimement dépourvu. Ainsi, considéré en dehors de la construction d'un sujet et d'un objet, ce phénomène relève de la réalité ultime car, dit Khènpo Tsultrim Gyamtso Rinpotché, « il est effectivement réel en tant qu'expérience subjectivement éprouvée ».

L'examen des trois natures permet de comprendre que l'esprit est vide de la dualité sujet-objet. La connaissance supérieure issue de la méditation débouche sur la réalisation de son unique existence. Percevant sa nature de claire lumière, on dit que l'esprit se connaît et s'illumine lui-même.

LES VOIES DU MADHYAMAKA

La distinction entre réalité relative et réalité ultime est le propre du Madhyamaka ou voie du Milieu pour qui la réalité ultime échappe aux extrêmes de l'être et du non-être. Son approche s'appuie sur les enseignements du deuxième tour de la roue du Dharma, selon lesquels tous les phénomènes sont vacuité[1]. En tant qu'« école philosophique », le Madhyamaka s'élabore progressivement sous l'impulsion de Nagarjuna. Plusieurs méthodes pour démontrer la vacuité conduisent ensuite à l'apparition de deux branches : le Madhyamaka svatantrika (la « voie du Milieu des autonomes ») et le Madhyamaka prasangika (la « voie du Milieu des conséquentialistes »).

Le maître Shantarakshita de l'université de Nalanda introduit le Madhyamaka au Tibet dans le courant du VIIIe siècle. Six siècles plus tard, Dolpopa Shérab Gyaltsèn (1292-1361), maître de l'école Djonangpa et grand praticien du « Tantra de Kalacakra », développe une interprétation

---

1. Cette notion a déjà fait l'objet d'une présentation dans le cadre de l'exposé du troisième sceau du Dharma. Voir p. 596-605.

pertinente de la vacuité. Il dit en substance que ce qui est conditionné, impermanent et souffrance n'a pas d'existence propre et demeure par conséquent illusoire et vide de soi (tib. *rangtong*). En revanche, ce qui est non conditionné, invariant et plénitude est la réalité ultime. L'esprit confus qui s'attache aux représentations conceptuelles ne peut rien trouver en elle qu'il puisse saisir. Aussi la réalité ultime est-elle exempte de ce qui est autre qu'elle-même, soit vide d'altérité (tib. *shèntong*). La vacuité se rapporte ici à l'absence de visions erronées ou d'obstructions mentales et ne suggère en rien une absence de réalité et de béatitude. Dans l'œuvre de Dolpopa Shérab Gyaltsèn, la réalité ultime correspond à la nature de bouddha parfaite, complète et présente en tout être. Seules les impuretés transitoires qui la voilent sont vides de nature propre.

La tradition « philosophique » issue des enseignements de Dolpopa envisage donc le Madhyamaka en deux écoles : le Madhyamaka rangtong* et le Madhyamaka shèntong. Le Madhyama rangtong comprend le Madhyamaka svatantrika et le Madhyamaka prasangika.

Détaillons maintenant ces différentes voies.

Le Madhyamaka rangtong

L'approche rangtong insiste sur le vide d'existence propre des phénomènes. On parle du modèle « vide de soi » ou « vide de nature propre ». Ce point de vue considère que l'éveil est le fruit de l'évacuation graduelle des impuretés qui souillent l'esprit. Le Madhyamaka rangtong opère une distinction entre des moments de conscience purs et d'autres impurs.

Selon lui, les deux réalités sont clairement établies : la réalité des apparences (*réalité relative*) et leur nature réelle qui est vacuité (*réalité ultime*). Ici, les sutras du deuxième tour de la roue du Dharma (les *Prajnaparamitasutras*) sont considérés comme étant de sens définitif alors que ceux du troisième tour de roue sont de sens provisoire. Cette position est contraire à celle du Cittamatra.

Le Madhymaka svatantrika – La « voie du Milieu des autonomes » naît de l'œuvre du maître indien Bhavaviveka (IIIe ou Ve siècle) qui utilise la logique et le syllogisme autonome (svatantra-anumana) pour démontrer la vacuité. Le syllogisme est un raisonnement déductif qui s'inscrit dans ce type d'énoncé : la personne envisagée comme sujet n'existe pas en soi [prédicat] parce qu'elle est produite de façon dépendante [raison].

L'approche des svatantrikas remet en question l'existence réelle de cet esprit qui se connaît et s'illumine lui-même, réalité ultime du Cittamatra. Concrètement, la vision cittamatrin s'apparente d'une façon subtile à une interprétation théiste. En effet, par glissement, ce pur esprit peut être assimilé à un principe fondamental, lui-même identifié au principe suprême. Postuler l'existence inhérente de ce pur esprit, implique un observateur qui l'atteste. Or, comme le Cittamatra soutient que cet esprit est exempt de toute dualité sujet-objet, comment peut-on soutenir cette vue sans que l'existence de cette réalité ultime ne soit attestée par un témoin extérieur ?

De la même façon que l'œil ne peut se voir lui-même et le rasoir se couper lui-même, l'esprit ne peut s'expérimenter lui-même[1]. Ainsi, l'affirmation du Bouddha : « Tout ce qui existe dans les trois mondes n'est autre que l'esprit un » est un énoncé qui nécessite interprétation. Il n'est donc pas de sens définitif. Pour les svatantrikas, les phénomènes ne sont pas le produit de l'esprit mais de pures conceptualisations.

D'une façon générale, on dira que :

- la *réalité relative* désigne les phénomènes doués d'efficacité causale, de singularité et de caractéristiques propres ;
- du *point de vue ultime*, ces phénomènes sont de purs concepts et leur essence est vacuité.

Le Madhyamaka svatantrika* se subdivise en deux branches : le Sautrantika madhyamaka svatantrika et le Yogacara madhyamaka svatantrika.

- Le *Sautrantika madhyamaka svatantrika*[2] distingue la réalité relative et la réalité ultime. La réalité ultime est vacuité totale. La réalité relative désigne les phénomènes extérieurs qui existent de par leurs caractéristiques propres comme le soutient l'école réaliste Sautrantika.
- Le *Yogacara madhyamaka svatantrika*[3] estime que les deux réalités sont inséparables. Le monde extérieur n'a pas de consistance (vue du Cittamatra *alias* Yogacara*) et l'esprit n'existe pas en soi.

Le Madhymaka prasangika – La « voie du Milieu des conséquentialistes » naît de l'œuvre du maître indien Bhuddhapalita (Ve siècle) qui utilise le raisonnement par l'absurde (prasanga) pour réfuter les thèses adverses.

---

1. Cette démarche ne consiste pas à renverser le Cittamatra, mais à mettre en lumière ce qui, dans sa position, serait sujet à critique ou à confusion.
2. Principaux maîtres : Bhavaviveka (IIIe ou Ve siècle), Jnanagarbha (VIIe siècle).
3. Principaux maîtres : Shantarakshita (VIIIe siècle), Haribhadra (VIIIe siècle), Kamalashila (VIIIe siècle).

Comme on a pu le voir, on trouve déjà cette démarche chez Nagarjuna. Sa dialectique abolitive aboutit à la suspension du jugement. Suite à la négation des extrêmes de l'être et du non-être, de « vide » et de « non-vide », au dépassement de toutes les catégories conceptuelles, l'esprit ne peut s'attacher à une idée particulière de la vacuité. Cette approche permet un passage dans le silence aconceptuel qui est la véritable expérience de la vacuité.

Ses partisans[1] sont appelés des « conséquentialistes » parce qu'ils utilisent une dialectique qui pousse les développements conceptuels dans leurs ultimes conséquences et les réduisent à l'absurde en mettant en évidence leur contradiction interne, sans rien affirmer et sans poser aucune thèse. Bien qu'ils réfutent l'existence des phénomènes en tant qu'entités indépendantes, ils n'affirment pas que leur vraie nature est la vacuité ou quoi que ce soit d'autre. Pour eux la *réalité ultime* transcende les limites conceptuelles et toutes les fabrications mentales. « Tant que demeure une interprétation de la vérité ultime, précise Khènpo Tsultrim Gyamtso Rinpotché, cette interprétation reste un voile qui en empêche la réalisation directe : affirmer que la vérité ultime est vacuité, ou affirmer que l'esprit est existant sont, dans les deux cas, des fabrications du mental. C'est aussi une production mentale que d'affirmer que la vérité relative est une chose et que la vérité ultime en est une autre. »

Le Madhyamaka shèntong

Comme on l'a vu en introduisant les voies du Madhyamaka, le Madhyamaka shèntong a été mis en forme et développé au Tibet principalement par Dolpopa Shérab Gyaltsèn[2] (1292-1361). Les Shèntong-pas privilégient le troisième tour de la roue du Dharma, estimant que les enseignements sur la nature de bouddha constituent le témoignage le plus authentique de la pensée du bouddha Shakyamuni. Selon eux, les enseignements sur la vacuité (deuxième tour de roue) permettent de comprendre que la réalité ultime ne peut être saisie par l'intellect.

---

1. Principaux maîtres : Buddhapalita (Ve siècle), Candrakirti (VIe-VIIe siècle), Shantideva (VIIIe siècle). Le point de vue prasangika est soutenu par l'école Guélougpa.
2. Autres principaux maîtres du Madhyamaka shèntong : Youmowa Mikyeu Dordjé (XIe siècle), le fondateur de l'école Djonangpa, le IIIe Karmapa Rangdjoung Dordjé (1284-1339), Bouteun Rinchèn Droup (1290-1364), Longchèn Rabjampa (1308-1364), Lama Dampa Seunam Gyaltsèn (1312-1375), Barawa Gyaltsèn Palzang (1310-1391), Kunga Dreulchok (1495-1566) et Taranatha Kunga Nyingpo (1575-1634), lui-même détenteur de la lignée Changpa-Kagyu, Tséwang Norbou (1698-1755, maître nyingmapa), Sitou Panchèn Cheukyi Djoungnè (1700-1774), disciple du précédent, Djamgeun Kongtrul Lodreu Thayé (1811-1899, mouvement Rimay), les deux grands maîtres nyingmapa Dilgo Khyentsé Rinpotché (1910-1991) et Dudjom Rinpotché (1904-1987), et le maître kagyupa Kalou Rinpotché (1905-1989).

L'étude approfondie des enseignements n'est donc pas essentielle bien qu'elle permette de se soustraire au doute et à la confusion. Ainsi le Madhyamaka shèntong combine la vue classique de la vacuité selon le Madhyamaka des premières périodes avec la notion de tathagatagarbha, la nature de bouddha. De ce point de vue, les enseignements consignés dans les sutras du troisième tour de roue sont de sens définitif.

Selon les Shèntongpas, l'esprit est fondamentalement pur, non complexe, non conditionné et non duel. Sa nature est vide des impuretés adventices que sont les illusions de la saisie dualiste. En revanche, la nature de l'esprit n'est pas vide de qualités. Elle est dite vide de ce qui est autre qu'elle-même, c'est-à-dire des phénomènes relatifs, « vide d'altérité » (tib. *shèntong*). Ainsi la nature de l'esprit n'est pas seulement vacuité car elle « comporte » les qualités lumineuses et de plénitude de la nature de bouddha. Ces qualités deviennent pleinement manifestes lorsque l'esprit relâche ses tendances dualistes et demeure en son repos naturel.

On trouve dans « La suprême continuité » (*Ratnagotravibhaga*), l'œuvre du maître indien Asanga (IVe siècle), une stance clé qui exprime bien la vue shèntong :

> Cette essence de la bouddhéité est vide des impuretés passagères dont les caractéristiques sont complètement séparées d'elle ; cette essence cependant n'est pas vide de qualités insurpassables dont les caractéristiques ne sont en rien séparées d'elle. [I.155]

Réalité relative

La réalité relative correspond à la nature entièrement imaginaire et à la nature dépendante dans la classification des trois natures des phénomènes selon l'école de l'Esprit seul (Cittamatra). D'un côté, il s'agit des phénomènes qui n'existent que sous la forme d'étiquettes conceptuelles et n'ont d'autre réalité que la pensée elle-même. De l'autre, il s'agit des phénomènes qui, dans le cadre de la production conditionnée, n'existent qu'en dépendance d'autres phénomènes eux-mêmes vides d'existence propre. Selon Dolpopa Shérab Gyaltsèn, l'approche du « vide de nature propre » (tib. *rangtong*) s'applique à la réalité relative.

Réalité ultime

La véritable nature de l'esprit est la nature de bouddha (ou claire lumière) non née, indestructible et non composée – union inséparable de la vacuité et de la clarté, elle-même vide d'existence propre. La « lumière » désigne la capacité de l'esprit à produire des expériences de connaissance. L'adjectif « claire » souligne sa qualité de transparence, de limpidité et de lucidité parfaite.

La purification des voiles adventices qui recouvrent la nature de bouddha correspond à l'actualisation graduelle de la bouddhéité, l'actualisation du corps absolu (dharmakaya) spontanément riche de toutes les qualités des bouddhas. Selon Dolpopa Shérab Gyaltsèn, l'approche du « vide d'altérité » (tib. *shèntong*) s'applique à cette réalité ultime.

La lecture des trois tours de la roue du Dharma

Le Madyamaka shèntong propose une lecture intéressante des trois tours de la roue du Dharma, qu'elle met en relation avec les trois étapes de l'analyse de la réalité.

À *l'étape de* « *l'analyse moindre* » (niveau Hinayana, premier tour), le Bouddha n'a fait que décrire la situation existentielle en disant que les vies passées et futures, le karma, le samsara et le nirvana sont bien réels. Il n'a pas procédé à une analyse de la véritable nature de ces phénomènes. En revanche, il a insisté sur le comportement éthique pour que ses disciples aspirent réellement à la paix du nirvana et renoncent au samsara. De ce point de vue, *tout existe.*

À *l'étape de* « *l'analyse médiane* » (deuxième tour), il a enseigné que toutes ces caractéristiques de l'existence conditionnée n'existent pas de manière substantielle, mais que la vacuité de nature propre est la vraie nature de la réalité. De ce point de vue, *rien n'existe comme nous le concevons, pas même le Bouddha.*

À *l'étape de* « *l'analyse profonde* » (troisième tour), pour que ses disciples ne s'attachent pas à la notion de non-existence, il a enseigné que la réalité authentique transcende les limites conceptuelles et les distinctions d'existence et de non-existence, d'apparences et de vacuité, ainsi que toute autre conception d'une réalité finalement indicible. Ces deux dernières étapes correspondent, pour l'essentiel, à la vue du Vajrayana. De ce point de vue, *seule existe la claire lumière.*

La figure 39 synthétise ces propos.

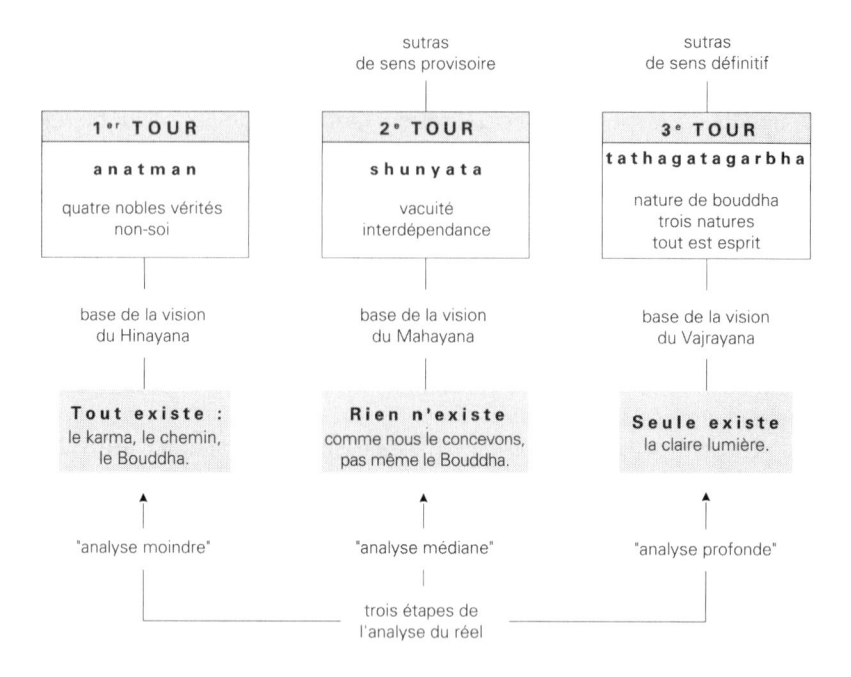

```
                            sutras                    sutras
                       de sens provisoire       de sens définitif
                              |                       |
    ┌─────────────┐    ┌─────────────┐     ┌──────────────────┐
    │  1er TOUR   │    │  2e TOUR    │     │    3e TOUR       │
    │   anatman   │    │  shunyata   │     │  tathagatagarbha │
    │             │    │             │     │                  │
    │quatre nobles│    │   vacuité   │     │ nature de bouddha│
    │  vérités    │    │interdépendance│   │   trois natures  │
    │  non-soi    │    │             │     │  tout est esprit │
    └─────────────┘    └─────────────┘     └──────────────────┘
           |                  |                     |
    base de la vision  base de la vision    base de la vision
       du Hinayana        du Mahayana          du Vajrayana
           |                  |                     |
    ┌─────────────┐    ┌─────────────────┐   ┌──────────────┐
    │Tout existe :│    │ Rien n'existe   │   │ Seule existe │
    │le karma, le │    │comme nous le    │   │la claire     │
    │chemin,      │    │concevons,       │   │lumière.      │
    │le Bouddha.  │    │pas même le      │   │              │
    │             │    │Bouddha.         │   │              │
    └─────────────┘    └─────────────────┘   └──────────────┘
           ▲                  ▲                     ▲
    "analyse moindre"  "analyse médiane"    "analyse profonde"
           └──────────────────┼─────────────────────┘
                       trois étapes de
                       l'analyse du réel
```

Figure 39. Vision des trois tours de la roue du Dharma selon le Madhyamaka shèntong.

Dans la partie consacrée à l'histoire du bouddhisme au Tibet (chap. 7), nous avons vu que la transmission vivante des pratiques djonangpas ainsi que la vue shèntong se sont maintenues malgré les efforts de l'école Guélougpa pour les éliminer. On reprochait au Madhyamaka shèntong de rendre possible une lecture de la nature de bouddha qui tendrait à en faire une « substance » préexistante sous les voiles de la confusion, comme une perle dans sa gangue.

Au sein du mouvement Rimay, le Madhyamaka shèntong exerça une profonde influence. Grâce entre autres à Djamgeun Kongtrul Lodreu Thayé (1811-1899), cette vue philosophique est parvenue jusqu'à nous. Au XXe siècle, les héritiers du mouvement Rimay considèrent cette approche comme l'enseignement le plus profond du Bienheureux. Parmi eux, figurent les grands maîtres nyingmapa Dilgo Khyentsé Rinpotché (1910-1991) et Dudjom Rinpotché (1904-1987), et le maître kagyupa Kalou Rinpotché (1905-1989). Désormais, la vue shèntong est intégrée aux enseignements du Mahamudra (le Grand Sceau) et du Dzogchèn (la Grande Perfection), car sa compréhension est fondamentale pour les pratiques méditatives les plus avancées.

Dans ce contexte, il convient de dépasser les approches rangtong et shèntong dans la compréhension de leur complémentarité et de leur union. L'approche rangtong permet d'écarter les confusions quant à la nature de bouddha, en particulier une lecture éternaliste simpliste. Le shèntong évite l'écueil nihiliste qui pourrait survenir d'une compréhension erronée de la vacuité.

൙

14

L'apprentissage

« On fait un vase avec du jade par un polissage répété. (…) Quelle est la pierre précieuse qui donne son éclat du premier coup ? Quel est l'homme qui a du succès dès sa première intention ? La pierre doit toujours être polie. L'homme doit nécessairement s'exercer. Faites-vous humbles et ne relâchez pas votre apprentissage de l'éveil. »

Maître Dôgen

« Tout ce qui est beau est difficile autant que rare. »

Spinoza, *Éthique*

La carte de notre expérience (chap. 13) transforme notre vision du monde et de nous-mêmes. Ces explications ont donc une grande importance parce qu'elles aident l'esprit à se défaire de l'opacité et lui ouvrent des perspectives nouvelles. Traditionnellement, les explications ne visent pas à informer mais à se former. En ce sens, réfléchir à leurs implications est déjà un exercice spirituel. Mais elles ne sont pas une fin. À deux reprises, j'ai cité l'adage bouddhique : celui qui ne regarde que le doigt et le confond avec la lune ne verra jamais la vraie lune. Le doigt symbolise les textes, la parole des maîtres, l'étude et la réflexion. La lune représente l'expérience directe, libre de tout concept. Shankara, le grand maître de l'Advaïta-vedanta, a donné un conseil avisé dans *Le plus beau fleuron de la discrimination* : « Les maladies ne s'en vont pas toutes seules ! Le patient aurait beau prononcer sans arrêt le nom du médicament, c'est le médicament lui-même qu'il doit avaler[1]. »

Ainsi pour parvenir à se libérer des fardeaux intérieurs et s'ouvrir à l'expérience de l'éveil, un entraînement s'avère nécessaire. Cet entraî-

---

1. Éd. Adrien Maisonneuve, 1981, p. 17.

nement est appelé *bhavana* en sanskrit et en pali, mot que l'on traduit généralement par « méditation* ». Il comporte bien des aspects mais tous concernent directement l'esprit puisqu'en lui se trouve la racine de la dysharmonie mais aussi toutes les qualités positives. L'apprentissage consiste à s'exercer à vivre à un niveau de conscience bien supérieur à celui que nous imaginons habituellement possible. Devenir un apprenti de la voie, c'est s'appliquer à déployer le potentiel de vie heureuse dont nous sommes investis.

En apaisant l'esprit, en l'examinant et en essayant de comprendre son mode de fonctionnement, nous pouvons remédier aux maux dont nous souffrons. Kalou Rinpotché prend un très bon exemple : « Si nous avons l'illusion qu'un malfaiteur est un bienfaiteur, il peut alors nous tromper, nous abuser et nous faire du mal. Mais dès lors que nous le reconnaissons comme malfaiteur, il devient possible de ne pas être dupés : en le démasquant, nous pouvons éviter d'être exposés à ses méfaits. Le malfaiteur est ici l'ignorance de ce que nous sommes véritablement ; ou, plus précisément, l'illusion de l'ego, d'un soi. Et la connaissance qui le démasque est celle de la nature de l'esprit : elle nous libère de ses illusions et de ses conditionnements douloureux. Cette connaissance de l'esprit est la base et le fondement du Dharma du Bouddha, de tous ses enseignements[1]. » La logique et la cohérence de cette démarche expérimentale revêtent une telle importance que la terminologie traditionnelle tibétaine désigne par « science de l'intériorité » ou « science de l'esprit[2] » ce que nous appelons le bouddhisme. Il va de soi que le mot « science » ne limite pas la démarche aux méthodes observées dans les sciences de la nature telles qu'elles sont actuellement constituées, ni d'ailleurs à la place qu'elles accordent à l'investigation intellectuelle. Ce mot nous renvoie à l'idée même de « science sacrée », au sens d'une voie de la connaissance de soi, la connaissance suprême pour qui la compréhension directe de la nature de l'esprit dépasse toutes les formes d'analyses et de représentations conceptuelles.

L'apprentissage comprend trois volets : l'autodiscipline, la méditation et la connaissance supérieure. L'autodiscipline (shila) consiste à simplifier sa vie. Nous apprenons à réguler nos comportements à la lumière de l'idéal du bien et de la non-violence, de sorte à vivre en pleine conscience et en grande intelligence avec nos semblables et le monde vivant. En un sens, s'autodiscipliner, c'est aussi savoir augmenter la sensation de vie. La pratique méditative (samadhi) permet de vivre l'expérience directe de l'esprit. Elle nous ouvre à l'évi-

---

1. *La voie du Bouddha selon la tradition tibétaine*, p. 48-49.
2. *Ibid.*, p. 38.

dence de notre vécu immédiat, à la fraîcheur de l'instant, à la présence de la simplicité nue. Elle remédie aussi aux obstacles mentaux comme la distraction, la torpeur, l'agitation, l'inquiétude, le doute. Elle aide ainsi l'esprit à reposer dans la tranquillité sans laquelle il ne peut découvrir sa véritable nature. La connaissance supérieure (prajna) est une compréhension de ce que nous sommes, au-delà des représentations mentales. Elle se développe lorsque nous commençons à réaliser que tout est impermanent et que les phénomènes n'ont pas d'existence propre. Cette compréhension initiale nous incite à examiner en profondeur ce que nous avons découvert. Cela nous amène naturellement à étudier les enseignements et à percer leur signification. Nous ressentons alors combien l'étude éclaire notre recherche et intensifie notre capacité à vivre en pleine conscience.

Les trois aspects de l'apprentissage se complètent et s'approfondissent simultanément au gré du cheminement. La pratique méditative ne peut s'épanouir harmonieusement sans clarifier les comportements du corps, de la parole et de l'esprit. Son pouvoir libérateur fait appel à nos capacités de compréhension. De même, la connaissance supérieure ne peut advenir sans que nous fassions l'effort de simplifier notre vie, ni s'accomplir sans que nous soyons reliés à l'expérience de présence essentielle vécue au cœur de la pratique méditative. Enfin, vivre en bonne intelligence avec le monde vivant, développer un mode de vie juste qui concourt à un réel mieux vivre, tout cela ne prend forme que si nous demeurons reliés à l'essentiel de notre nature et parvenons à acquérir une meilleure connaissance de ce que nous sommes.

L'ordre de la séquence varie quelque peu selon les écoles. Pour le Theravada, par exemple, la connaissance supérieure est le fruit de l'autodiscipline et de la méditation. Sans l'établissement d'une base éthique solide, le progrès spirituel ne peut s'accomplir. Dans le Vajrayana et le Mahamudra-Dzogchèn, seule la connaissance suprême est en mesure de sublimer les deux autres. Lorsque le disciple a été introduit à la nature de l'esprit et à la pureté primordiale des phénomènes, cette vision vient guider ses actions. À ce moment-là, l'autodiscipline consiste à incarner en acte cette vision au cœur du quotidien.

D'une façon générale, le *triple apprentissage** est la déclinaison en trois segments de l'octuple sentier et des six perfections ou paramitas du Mahayana (voir tableau 16).

Triple apprentissage	Noble octuple sentier	Six perfections du Mahayana	
shila autodiscipline	parole juste action juste moyens d'existence justes	générosité transcendante éthique transcendante patience transcendante	énergie présente dans les trois apprentissages
samadhi méditation	effort juste attention juste concentration juste	concentration	
prajna connaissance supérieure	compréhension juste pensée juste	connaissance transcendante	

Tableau 16. Les trois aspects du noble octuple sentier et des six perfections.

1. Aperçu du triple apprentissage

● L'autodiscipline (shila)

Il s'agit de s'imprégner d'une règle de vie qui consiste à modérer les activités physiques, verbales et mentales sources de dysharmonie, et à développer un comportement paisible et détendu, délivré de l'égoïsme. Il n'est pas question de réprimer des impulsions liées au mental et au corps, mais de se placer dans les dispositions intérieures les plus favorables pour agir avec discernement et sagesse. En ce sens, l'autodiscipline est un savoir-faire et un savoir-vivre. Elle suppose que nous comprenions à quel point la justesse de nos actions dépend d'un fléchissement de la suprématie du moi.

Ce savoir-vivre implique des engagements. Nous avons vu que les membres de la communauté respectaient dès l'origine les règles en vigueur dans les corporations d'ascètes : célibat, vie itinérante, pauvreté et pratique de l'aumône. D'autres préceptes se sont ajoutés à ce noyau de base pour former les vœux de « libération par élimination des facteurs engendrant la souffrance » (pratimoksha, voir p. 132). On a abouti ainsi aux différents vœux monastiques, aux cinq préceptes concernant les disciples laïques[1] et à la culture des actes positifs liés au corps, à la parole et à l'esprit sur la base de l'abstention des dix actes négatifs.

◻ *Douceur et volonté*

Mozart disait à propos de sa démarche musicale : « Je cherche les notes qui s'aiment. » Fondée sur la douceur et la non-violence, l'autodiscipline est un peu du même ordre : accorder ce qui fait naître l'harmonie, unir ce qui favorise la concorde, conforter les attitudes amies pour que rayonnent la sérénité et la bonté fondamentale. La lumière de la sagesse rend cette opération possible. En l'absence de sagesse, l'autodiscipline se transforme en un ensemble de règles formalistes, véritables obstacles à la bienveillance et à la non-violence.

Se corriger soi-même nécessite un sens de la responsabilité et la volonté de libérer le moi de l'aliénation où l'ont entraîné les habitudes néfastes et les émotions perturbatrices. C'est un exercice de délestage, de renoncement et de lucidité qui n'implique pas une tension forte de l'esprit. La corde d'un instrument ne donne un son plaisant qu'à la seule condition d'avoir la tension requise. Trop molle, elle ne produira rien ; trop tendue, elle rompra. Ramana Maharshi utilise aussi une belle image : « Se corriger soi-même, c'est corriger le monde entier. Le soleil brille tout simplement. Il ne corrige personne. Parce qu'il brille, le monde entier est plein de lumière. Se transformer soi-même est un moyen de donner de la lumière au monde entier. »

◻ *S'abstenir, agir*

Tout bouddhiste est censé connaître les *dix actes négatifs** (voir tableau 17). À cette liste, j'ai ajouté d'autres actions néfastes comme les cinq actions à rétribution immédiate[2] (tableau 18), les quatre catégories d'actions lourdes et les huit actions contraires qui concernent les apprentis du Vajrayana.

Si, comme je le disais, tout bouddhiste est censé connaître ces actes, il est surtout censé s'abstenir de les commettre. Il peut se contenter de cette simple abstention. Mais c'est la face neutre de la pratique. Ne

---

[1]. Ne pas tuer, ne pas voler, ne pas commettre l'adultère, ne pas mentir, ne pas prendre d'intoxicants.

[2]. Appelées ainsi parce que dès la mort, elles entraînent une renaissance dans les conditions infernales de la conscience.

LES DIX ACTES NÉGATIFS

Corps	**Parole**	**Esprit**
1. tuer 2. voler 3. avoir une vie sexuelle cause de souffrance *L'adultère, par exemple.*	4. mentir 5. attiser les discordes et la haine en médisant, en injuriant et en employant des paroles grossières 6. employer des paroles blessantes, colporter des rumeurs, critiquer ce que disent ou font nos semblables 7. tenir des discours futiles	8. convoiter les biens d'autrui 9. se montrer malveillant 10. entretenir des vues erronées *Ne pas reconnaître, par exemple, le processus de cause à effet (karma), ou admettre l'existence du soi (atman).*

LES DIX ACTES POSITIFS

Corps	**Parole**	**Esprit**
1. préserver la vie 2. se montrer généreux 3. mener une vie sexuelle responsable et sublimée par l'absence d'égoïsme *La chasteté pour les moines et les nonnes.*	4. dire la vérité 5. réconcilier, cultiver des relations de paix avec autrui 6. parler avec douceur 7. réciter des mantras	8. se réjouir du bien-être d'autrui 9. être altruiste et bienveillant 10. comprendre avec justesse, adopter des vues justes

ZEN – LES DIX PRÉCEPTES MAJEURS

Corps	**Parole**	**Esprit**
1. ne pas tuer 2. ne pas voler 3. ne pas avoir une vie sexuelle cause de souffrance 4. ne pas donner ni consommer d'intoxicants	5. ne pas mentir 6. ne pas parler des fautes d'autrui 7. ne pas se vanter ni rabaisser autrui 8. ne pas se montrer avare des enseignements	9. ne pas se mettre en colère 10. ne pas dénigrer les trois joyaux (Bouddha, Dharma, Sangha)

Tableau 17. Les dix actes négatifs, les dix actes positifs et les dix préceptes majeurs adoptés lors de la prise des vœux de bodhisattva dans le Zen.

Cinq actions à rétribution immédiate	Quatre catégories d'actions lourdes	Huit actions contraires dans le Vajrayana
1. tuer son père 2. tuer sa mère 3. tuer un être réalisé (un arhat) 4. faire saigner le corps d'un éveillé 5. semer la discorde dans la communauté	1. rechercher la vénération alors qu'elle n'est pas méritée 2. le dénigrement *dénigrer quelqu'un méritant le respect, par exemple* 3. la transgression *ne pas tenir sa parole ou ne pas respecter un vœu, par exemple* 4. l'opposition *soutenir coûte que coûte des vues erronées, par exemple*	1. dénigrer les dix actes positifs 2. prôner les actes négatifs 3. perturber l'esprit d'une personne vertueuse 4. interrompre le développement des mérites chez une personne bienveillante 5. répudier son maître 6. répudier sa déité d'élection 7. répudier les membres de la communauté 8. déroger aux engagements sacrés du Vajrayana

Tableau 18. Les cinq actions à rétribution immédiate, les quatre catégories d'actions lourdes et les huit actions contraires dans le Vajrayana.

pas voler, par exemple, n'implique pas forcément la générosité ou ne pas convoiter les biens d'autrui ne suppose pas la capacité à se réjouir de leur bien-être. S'adonner aux *dix actes positifs** nécessite un élan du cœur encore plus puissant que l'abstention ou les pratiques de refrènement. Ainsi, essayer de mener à bien les dix actes positifs constitue une pratique capitale.

Elle doit s'accomplir avec intelligence. Même si elle suppose des efforts, il ne s'agit pas de jouer la comédie en mimant des attitudes bienveillantes, en s'efforçant de parler avec douceur, par exemple. Cela deviendrait totalement artificiel et même insupportable pour l'entourage. En amont du comportement, il importe de réfléchir à ces actes et de ressentir en soi l'énergie qui les fonde. C'est en ressentant la bienveillance et la douceur en son cœur que l'on peut manifester ces qualités dans les relations interpersonnelles. D'où l'importance de la compréhension et de l'expérience méditative pour *toucher* la bonté en nous. Avec l'entraînement, ces actes deviennent spontanés et naturels parce qu'ils sont le reflet de notre véritable nature.

◻ *Les niveaux de l'autodiscipline*

On peut distinguer plusieurs niveaux dans l'autodiscipline. Au niveau le plus extérieur, elle repose sur le bon sens, la raison et parfois la peur. L'apprenti sait qu'en commettant des actes négatifs, il recueillera des fruits eux-mêmes néfastes. Le précepte est alors perçu comme un interdit par un esprit manquant de maturité et de compréhension. Il œuvre à des fins personnelles pour ne pas accumuler de karma négatif. Ce niveau, le plus élémentaire, peut justifier les descriptions des enfers comme moyen pour inciter les disciples les moins éclairés à se détourner des attitudes agressives et égocentrées qui conduisent à l'état de misère.

En réalité, la discipline extérieure s'enracine dans la compassion et la simplicité. C'est pourquoi l'apprenti agit avec l'intelligence du cœur et le sens de l'interdépendance. On le voit très bien à l'égard de l'homosexualité, par exemple. Considérée comme une sexualité secondaire, elle n'est condamnée par aucun texte. Si le Dalaï-Lama s'est montré à plusieurs reprises très virulent sur ce sujet, d'autres ont été plus ouverts. Cette question s'avère plus culturelle que spirituelle. Le spirituel s'occupe du désir à la racine et non des formes dans lesquelles il se déploie.

Pour illustrer cet ancrage dans la compassion, considérons simplement les premier et deuxième actes. Dans le cadre du premier acte, l'apprenti va non seulement éviter de tuer mais s'efforcer de préserver la vie. Il comprend que le respect de la vie est le respect de ce que nous sommes tous : un aspect de la vie universelle. Dans le cadre du deuxième acte, en cherchant à comprendre ce qu'est le vol il ne va pas l'identifier uniquement à l'acte qui consiste à ravir un objet de valeur, de l'argent ou une idée. Il va aussi réaliser qu'une grande partie de la misère et de la souffrance dans le monde repose sur la multiplication de nos besoins. Nous ne nous rendons pas toujours compte que nous volons la vie en décuplant nos superfluités.

Il importe aussi de nuancer les interprétations trop littérales. Appliquer à la lettre « ne pas tuer » nous empêcherait de vivre. En Inde, seuls les ascètes de la secte des digambaras, l'un des deux grands groupes des jaïnas, s'efforcent réellement de tuer le moins possible en respectant scrupuleusement toutes les formes de vie. Allant complètement nus, on les voit ainsi balayer devant eux pour ne pas écraser le moindre insecte ou filtrer l'eau afin de ne pas avaler des animaux microscopiques.

Enfin, il arrive que nous agissions de façon juste sans aucune intention. La bonté fondamentale s'exprime alors spontanément. La protection de la vie, par exemple, devient un acte naturel parce que nous n'avons plus de pensée de destruction. À ce niveau, l'autodiscipline est l'expression de la compassion qui œuvre naturellement pour le bien des êtres vivants. Elle correspond à l'expérience de la bouddhéité.

● La méditation (samadhi)

Beaucoup d'informations étranges circulent encore sur la pratique de la méditation. Il est bon de répéter qu'il ne s'agit pas d'une sorte d'exercice exotique ou ésotérique dans lequel on se couperait de la réalité pour gagner des états de conscience altérés. L'immobilité physique et le relâchement de l'agitation intérieure ne rendent pas léthargique et ne tarissent pas l'existence. Méditer ne consiste pas à demeurer dans une sorte d'inconscience ou d'état d'autohypnose, une expérience d'opacité dépourvue d'intelligence et de lucidité. Enfin, méditer ce n'est pas non plus entrer en guerre contre les pensées en les traitant comme des ennemis qu'il faut s'efforcer coûte que coûte de bloquer.

Nous ne comprenons pas toujours ce qu'implique la détente de l'esprit depuis que l'Occident s'est coupé de l'expérience que saint Bernard de Clairvaux appelle « le transport de la contemplation », une pratique qui trouve ses racines dans la Bible elle-même. Nous savons que lorsque l'expérience est absente, la signification des mots qui la désignent et la décrivent est déformée ou sombre dans l'oubli[1]. De proche en proche, l'oubli des mots et de leur sens conduit à l'abandon et à la méconnaissance des pratiques qu'ils désignaient jadis. Malgré tout, la tradition hébraïque, en particulier kabbaliste, et celle des Pères du désert ont tenté de maintenir vivant l'art sacré de la méditation et de la prière[2].

---

1. Méditer vient du latin *medeor*, « donner des soins à ». Par dérivation, on arrive à *medico*, « guérir ». Méditer, ce n'est donc pas seulement réfléchir, penser profondément à un sujet, mais *se guérir* au sens même où l'entend le Bouddha.
2. Paul Evdokimov a beaucoup fait pour aider ses contemporains à retrouver la voie du silence et de la contemplation en éclairant les richesses trop ignorées de la spiritualité des Églises d'Orient (voir *Les âges de la vie spirituelle*, Desclée de Brouwer, 1964). Plus tard, le prêtre orthodoxe Jean-Yves Leloup et le théologien Raimon Panikkar ont permis de redécouvrir le sens profond de la méditation chrétienne au cœur d'une voie spirituelle authentique qui s'ouvre sur la plénitude de la personne. Voir de Jean-Yves Leloup, *Écrits sur l'hésychasme*, et de Raimon Panikkar, *Éloge du simple*, parus chez Albin Michel.

Devenir simple

Outil du cheminement spirituel, la pratique de la méditation est l'apprentissage d'une relation juste à toutes nos expériences : pensées, émotions, actions en relation avec notre environnement, notre milieu familial et professionnel. Au niveau fondamental, la méditation consiste à vivre l'expérience de l'état naturel dénué de complication. Méditer, c'est devenir simple, dit Chögyam Trungpa, entrer en contact avec la qualité foncière de l'existence ordinaire, « un acte de liberté constant, au sens où l'on n'a ni attentes, ni objectifs, ni buts, ni intentions[1] ». En comprenant cela, nous découvrons l'absence de frontière entre méditation assise et méditation en action, entre expérience assise et expérience de la vie habituelle. Nous aspirons à vivre le même délassement, le même état de présence vigilante dans un corps au repos ou en mouvement, dans la solitude d'une retraite ou au cœur d'une cité bruyante.

□ *La vigilance dans la plénitude de l'instant*

Le principe de la méditation assise consiste à laisser l'esprit dans un état de tranquillité où les activités mentales viennent d'elles-mêmes au repos. En laissant l'esprit tel quel, sans saisir ou rejeter quoi que ce soit, nous réalisons à quel point nous vivons dans nos pensées, nos opinions, nos représentations. L'ensemble de cette activité trépidante concourt à l'organisation du monde de l'ego.

S'exercer à la méditation consiste dans un premier temps à développer une attention ouverte et sans saisie, une attention sans tension, semblable à cette disponibilité que nous connaissons lorsque nous écoutons une musique ou un poème que nous aimons. Nous sommes en situation d'accueil, relâchés, simplement réceptifs à ce qui vient. En cet état d'ouverture, nous réalisons à quel point l'emprise des émotions* est proportionnelle à l'importance que nous leur accordons. La vigilance dans la plénitude de l'instant est une attitude transparente de lâcher prise. Nous ne nourrissons pas les pensées et les émotions qui surgissent. Nous ne tentons pas de les réprimer ou de nier leur existence. Nous ne ressassons pas le passé. Douloureux ou joyeux, il n'existe plus. Nous ne nous projetons pas dans un futur qui n'existe pas encore. En l'absence de fluctuations mentales, nous découvrons l'océan de paix sous-jacent à toutes nos expériences. Les pensées pro-

---

1. *Bardo. Au-delà de la folie*, p. 60.

viennent de cet océan et se propagent telle une houle à sa surface, sans jamais altérer les profondeurs de la tranquillité.

En nous abandonnant ainsi à la paix intérieure, les sens s'épanouissent car la distance que nous mettons habituellement entre nous et les choses s'estompe. Nous avons une perception claire, précise et globale de tout ce qui vit autour de nous. Si nous nous trouvons près d'une rivière, nous entendons l'écoulement des eaux ; si des parfums de fleurs circulent dans l'air, nous les humons. Les parfums, les couleurs et les sons se mêlent en une seule et même expérience. Nous sommes pleinement lucides et disponibles, en état de participation totale à la situation. Si nous percevons un bruit, nous n'écoutons pas avec insistance en nous interrogeant sur sa cause, en développant un discours intérieur. Nous nous arrêtons au niveau premier de l'expérience : « un bruit est entendu. » L'esprit demeure fluide. Ainsi, sur le « plan technique », il est souvent proposé au débutant d'alterner entre l'attention à l'expiration et à la suspension naturelle du souffle qui s'ensuit. Cette pause est justement un moment de conscience dégagée. Pour éviter de se polariser sur l'expiration, la pratique s'élabore donc en pointillés : un trait de vigilance, un trait de pause...

Pour voir au-delà du voile des projections mentales, il est donc important que le mental s'apaise et pour cela que son activité décroisse. L'expérience montre que des processus en nous font obstacle à la tranquillité. La pratique de la méditation avec ses différentes méthodes nous apprend à travailler avec ces résistances afin que nous puissions les maîtriser et goûter à une paix profonde.

De l'esprit contrôlé, le Bouddha dit qu'« il doit être comme la pierre des quatre orients : bien que cette pierre demeure au milieu de la cour, la pluie tombe dessus mais ne la détruit pas, le soleil la chauffe mais ne la fait pas fondre, le vent souffle et ne peut la soulever. Un esprit contrôlé ressemble à cette pierre[1] ». Cette comparaison nous rappelle la nécessité de la stabilité dont il a été question en présentant l'attention et la concentration justes, deux des huit pratiques du noble octuple sentier (voir p. 575-576). Au lieu de s'éparpiller et de se disperser, l'esprit apprend à se tenir tranquille pour ne pas se laisser gagner par des images et des pensées aléatoires. Il essaie de ne pas entrer dans le jeu de la réaction et de l'attachement. C'est en ce sens qu'il cesse de produire des empreintes karmiques. Nous savons que la réaction de la conscience face aux événements active des attitudes « préprogrammées ». Lorsqu'on dit que le cœur de la pratique méditative consiste à trouver l'ouverture, on entend qu'au lieu de réagir, il est pos-

---

[1]. Extrait du *Sutra sur la pratique des Âgamas* dans *Paroles du Bouddha tirées de la tradition primitive*, p. 245.

sible d'expérimenter une clarté et une disponibilité libre des trois relations empoisonnées (attraction, répulsion, indifférence). Le seul fait de cultiver cette clarté, couplée à la disponibilité mais également à l'ouverture, stoppe la production de nouvelles empreintes karmiques. De plus, celles que nous portons déjà en nous s'épuisent petit à petit et se dissolvent.

La pierre est aussi la métaphore d'une double attitude caractéristique du lâcher prise : accueillir et ne rien retenir. Souvenez-vous du poème de Huong Hai[1] qui l'illustre fort bien :

> Un oiseau argenté
> vole sur le lac d'automne.
> Lorsqu'il est passé,
> la surface du lac n'essaie pas
> de retenir son image.

◻ L'esprit d'enfance

Si le progrès spirituel dépend d'une routine, la routine ne doit pas altérer l'esprit d'enfance, ce regard frais et nu sur les choses, libre de jugement, neuf à chaque instant.

Dans les milieux tibétains, il est une histoire célèbre qui relate le dernier enseignement que Gampopa, l'auteur du *Précieux ornement de la libération*, reçut de son maître Milarépa. Après avoir passé des années à recevoir et pratiquer les enseignements, vint le jour où Gampopa dut quitter le grand yogi et poète. Il n'avait pas encore reçu l'ultime transmission. Milarépa la jugeait trop précieuse et le moment inadéquat pour qu'elle fût donnée même à son meilleur disciple. Sur l'insistance répétée de Gampopa, Milarépa finit par acquiescer, releva ses vêtements et lui montra ses fesses. Elles étaient couvertes de callosités qui attestaient des années consacrées à la pratique de la méditation en posture assise.

Même si l'anecdote reflète une situation pour le moins extrême, on retiendra que sans courage, sans enthousiasme, sans une motivation sincère et sans application, point de transformation profonde. Ce qui est vrai dans le travail quotidien, dans nos relations amicales ou amoureuses, est vrai dans la pratique de la méditation. La paresse, le manque d'assiduité, la négligence sont des obstacles. Si les fesses de Milarépa sont usées, son esprit est celui d'un débutant motivé par la découverte, mais libre de toute attente. Cette posture intérieure accentue la fraîcheur de l'esprit d'enfance. N'est-ce pas là également l'un des

---

1. Cité dans le chapitre 13, p. 487.

sens profonds de l'apprentissage : cultiver l'humanité et développer la capacité d'aborder les expériences avec l'émerveillement de la toute première fois ?

▫ *La continuité de la présence*

Sur une journée de vingt-quatre heures, il est naturel que nous consacrions plus de temps à notre vie professionnelle et familiale qu'à la méditation en posture assise, à moins d'effectuer des retraites intensives. Même si l'on est moine ou nonne, la situation reste presque identique. Ceux et celles qui résident dans les centres du Dharma pourraient en témoigner. Ainsi, ayant l'esprit souvent très occupé et le corps en mouvement, nous ne parvenons pas toujours à conserver la saveur de l'expérience découverte dans le silence de la posture assise. Cela est d'autant plus vrai quand nous nous trouvons dans un environnement peu favorable. D'ailleurs, la simplicité de l'état naturel nous semble parfois étrangère à la complexité et aux priorités du monde contemporain. Or, si les enseignements constituent une connaissance vivante, c'est parce qu'ils peuvent nourrir toutes nos activités quotidiennes. Les méthodes qui permettent de maintenir la continuité de l'expérience méditative dans le contexte de la vie habituelle sont donc essentielles et particulièrement bénéfiques.

Généralement, lorsque nous abordons n'importe quel type de situation, nous le faisons sur la base de nos préjugés et de nos *a priori* : depuis les situations conjugales, familiales et professionnelles, jusqu'à celles qui relèvent de la politique ou de l'économie. Obnubilés par nos idées, nous ne percevons pas leur potentiel. Toutefois, par des rappels, nous pouvons laisser s'épancher dans notre quotidien le ressenti que nous avons découvert au cours de la pratique assise. Nous pouvons vivre au cœur de l'action un état de conscience dégagée, un instant de grande transparence et de détente spacieuse. Où que nous soyons, quoi que nous fassions, nous introduisons une pause durant laquelle nous cessons d'être soumis aux tensions issues de notre attachement, de notre aversion ou de notre indifférence à l'égard de ce qui nous entoure. Le rappel crée un *entre-deux* qui induit une expérience intelligente et non agressive au sein même de la situation que nous sommes en train de vivre. À l'aide d'une simple attention aux mouvements de la respiration, nous pouvons multiplier ces rappels de sorte que notre présence au monde s'intensifie sur un mode continu. La présence ouverte n'est pas un état nébuleux coupé du concret, mais bien l'état où nous sommes pleinement là, parce que plus vigilants et plus disponibles. Chögyam Trungpa donne à ce propos une précision capitale :

Dans la méditation assise, la technique et nous sommes un ; et dans les situations vitales le monde des phénomènes fait également partie de nous. Dès lors, nous n'avons pas à pratiquer la méditation en tant que telle, comme si nous étions distincts de l'acte de méditer et de l'objet de la méditation. Si nous sommes un avec la situation vivante telle qu'elle est, notre méditation se produit automatiquement, simplement[1].

▫ Les méthodes et les conditions favorables

En réponse à la diversité des êtres et à la complexité des émotions perturbatrices, il existe une multiplicité de pratiques libératrices. Dans la troisième section de ce chapitre, figure un aperçu de ces méthodes en fonction des différentes approches de l'apprentissage. La pratique méditative joue un rôle central et constitue un tronc commun. Elle comprend deux aspects principaux : le premier (shamatha) permet d'apaiser les turbulences du mental de sorte que l'esprit reste stable et tranquille ; le second (vipashyana, la vision claire) suscite la compréhension de l'impermanence et du non-soi. La pratique de shamatha et de concentration en un seul point, dont il a été question en présentant la concentration juste (voir p. 576), sont des méthodes yogiques d'emprunt que le Bouddha a apprises auprès d'Arada Kalama et de Rudraka Ramaputra, deux maîtres de yoga dont il a suivi les enseignements avant de se lancer dans une ascèse sévère.

Le lieu, l'alimentation et le sommeil

Les textes recommandent de se tenir à l'écart de l'agitation, dans un lieu naturel qui favorise l'épanouissement de la tranquillité et ne provoque pas de distractions. De nombreuses personnes qui ne disposent pas de telles conditions effectuent de courtes ou longues retraites dans des centres dotés d'un environnement favorable. Cependant, se trouver dans la solitude des forêts, par exemple, ne signifie pas que nous parvenons à demeurer en silence. L'esprit peut être beaucoup plus agité qu'en plein cœur d'une grande ville. L'état intérieur ne dépend pas nécessairement de conditions plus ou moins hostiles. Si l'on parvient chez soi à trouver un endroit calme et propice à la pratique assise, il est bon de commencer par effectuer de courtes séances de cinq à dix minutes afin de ne pas fatiguer l'esprit.

Généralement, l'alimentation végétarienne est recommandée parce qu'elle coïncide avec l'élan de compassion pour tous les êtres vivants. En signalant que *se nourrir est une pratique* (voir p. 97), j'ai indiqué que

---

1. *Le mythe de la liberté et la voie de la méditation*, p. 109.

les aliments exercent des effets notoires sur les états de conscience et influent sur les trois humeurs principales du corps. Ces humeurs ont elles-mêmes une incidence sur la circulation des souffles subtils qui sont liés à la production des pensées. L'apprenti ne devrait pas manger en grosse quantité, ni consommer des aliments qui alourdissent l'esprit. Enfin, trop de sommeil accentue la torpeur, l'inverse perturbe l'attention et la vigilance.

Apaiser le corps

Préserver le calme du corps prédispose à la pratique méditative. En revanche, s'agiter en tous sens perturbe la circulation des souffles subtils. Cette perturbation a un retentissement direct sur le mouvement des pensées. C'est la raison pour laquelle les méditants qui s'adonnent de façon intensive à la pratique sur plusieurs semaines, plusieurs mois ou années, évitent tant que faire se peut de produire des efforts importants. Les exercices physiques des yantra yogas[1], spécifiques au Vajrayana, sont d'un tout autre ordre et généralement transmis dans leur intégralité au cours de retraites de trois ans. Ils préparent le méditant aux pratiques avancées des tantras supérieurs. Ces exercices comprennent des pratiques posturales et des symboles gestuels, la présence à l'espace et au mouvement, des récitations de mantras, des techniques de relaxation et de massages dynamiques, l'attention aux souffles subtils et aux cakras, accompagnée de pratiques respiratoires permettant de transférer les souffles périphériques dans le canal central.

La position du corps

L'architecture de la posture assise reflète un grand nombre des remarques théoriques que l'on peut faire sur la méditation. La disposition des membres et la tenue du dos établissent une structure composée d'un triangle formé par les jambes au sol et d'une montagne, le buste. Les jambes repliées et le bassin constituent un socle très solide, symbole de stabilité et de renoncement au mouvement. Cette ligature des membres inférieurs a une incidence sur l'équilibre intérieur. Quant à la droiture du buste, elle favorise la circulation de la colonne du souffle et rend sensible au mont Meru intérieur, le canal central du corps subtil avec son réseau de canaux, de carrefours et de gouttes principielles.

---

1. Kyabdjé Kalou Rinpotché en a présenté une version « universelle », accessible à tous, dans *Yoga tibétain. Nangpé-yoga ou « yoga de l'intériorité »*.

La puissance de l'équilibre dépend essentiellement de la détente naturelle du corps et d'une tonicité musculaire minimale permettant d'assurer le maintien de la posture. Celle-ci comprend sept points :

- Traditionnellement, les jambes sont croisées dans la posture du lotus (pied gauche sur la cuisse droite et pied droit sur la cuisse gauche) ou du demi-lotus (talon gauche logé au niveau du périnée, pied et jambe droite repliés sur le devant). On peut inverser la position des jambes ou utiliser une chaise si la posture est pénible à maintenir. Il importe surtout de se sentir à l'aise. Généralement, la plupart des pratiquants utilisent un coussin appelé zafu qui garantit une meilleure assise. Certains mouvements ou postures issus du hatha-yoga aident à l'étirement des tendons et à l'ouverture du bassin. Ces exercices sont recommandés aux personnes peu souples. Ils accompagnent favorablement la pratique parce qu'ils permettent d'obtenir une position satisfaisante au bout de quelques mois voire quelques semaines.
- La colonne vertébrale est bien droite, la partie lombaire légèrement incurvée pour bien dégager l'abdomen et le diaphragme, et favoriser la tenue des épaules.
- Les épaules sont bien écartées de manière à dégager le thorax. Elles tombent naturellement.
- Le dos de la main droite repose sur la paume de la main gauche, quatre doigts environ au-dessous du nombril. Les pouces se touchent légèrement de sorte à former un replat. En zazen, la position des mains est inversée. Dans d'autres écoles, les paumes de mains peuvent reposer sur les cuisses, non loin des genoux.
- La tête est légèrement inclinée de sorte à ramener le menton vers soi et étirer ainsi la nuque.
- La bouche, la mâchoire et la langue sont détendues. La partie avant de la langue vient s'adosser au palais, la pointe en contact avec les dents.
- Le regard est posé dans le vague vers le bas. Il n'est pas nécessaire de fixer la pointe du nez. Les paupières sont mi-closes. Si les yeux se ferment naturellement, on ne les retient pas.

Ces sept points revêtent une grande importance parce qu'ils soutiennent le placement adéquat de l'esprit. La posture du corps renseigne le méditant sur les tensions mentales qui retentissent dans la structure corporelle. En même temps, par un effet de rétroaction, le corps informe l'esprit sur la justesse de sa propre disposition. Ces étroites connivences font dire à la tradition tibétaine qu'un déséquilibre minime dans la colonne vertébrale engendre un changement dans l'attitude intérieure. Si l'on penche en avant, la torpeur envahit l'esprit.

Si l'on penche vers l'arrière, l'orgueil devient manifeste. Si l'on penche sur la gauche, des désirs apparaissent.

Ces sept points désignent le plan d'un « montage » corporel qui ne doit pas se transformer en un rituel. Prendre la posture doit devenir un processus naturel. Le méditant se sent relié à la terre et ouvert à l'espace. Ainsi, il entre en résonance avec le monde vivant. Ce qui compte, c'est de pouvoir conserver un certain temps le corps immobile afin de mobiliser toutes les ressources de l'esprit.

En appliquant les sept points, le méditant offre à son corps la possibilité de se libérer dans la forme et le souffle. La posture dissipe les empreintes que l'individualité a creusées à la surface de la chair et en ses profondeurs. L'harmonie de l'architecture posturale et l'équilibre des souffles permettent à la structure physique de retrouver sa dimension spirituelle. En réalité, le méditant n'adopte la posture qu'en apparence : il apprend à faire sans faire en laissant s'épanouir la plénitude de l'activité immobile et silencieuse. Dépourvu de volonté propre, il suit le principe chinois du non-agir (wu-wei), de sorte que les propriétés de déconditionnement inhérentes à la posture corporelle œuvrent d'elles-mêmes sans retenue.

Poser l'esprit

Une fois le corps placé dans de bonnes conditions, on adopte une « posture intérieure favorable ». Quel que soit l'environnement où l'on se trouve, on imagine quelques instants que l'on est au sommet d'une montagne, contemplant un paysage immense. Cette vision éveille en nous l'impression de dégagement, d'amplitude et d'espace. Une fois cette sensation acquise, on peut se délivrer de toute représentation. Ce ressenti est lié à la détente spacieuse dans laquelle on apprend à placer l'esprit. On reste ensuite dans l'atmosphère de vigilance dont nous avons parlé préalablement, accueillant toute expérience sans rien retenir, ouvert à l'éclat de l'état naturel.

En tenant compte de toutes ces remarques, on peut aborder la pratique méditative comme un exercice pour apprendre à se placer dans les conditions optimales. Sur cette base, se développent les pratiques telles que shamatha, vipashyana ou zazen. Dès lors, il devient indispensable de recevoir oralement les instructions de méditation d'une personne qualifiée ou d'un maître.

• La connaissance supérieure (prajna)

La connaissance supérieure se développe sous l'effet de trois pratiques appelées les *trois étapes de la compréhension** :
- l'écoute et/ou l'étude de l'enseignement ;
- la réflexion sur sa signification profonde (réfléchir, par exemple à l'impermanence, aux quatre nobles vérités, au non-soi, à la vacuité) ;
- la pratique méditative afin d'en expérimenter le sens ultime et d'en acquérir la compréhension directe.

Ces trois étapes n'ont pas pour objectif de nous rendre érudits mais de nous ouvrir à la réalité de notre véritable nature. On ne doit pas perdre de vue qu'elles constituent une pédagogie spirituelle visant à nous libérer de nos conditionnements, voire du bouddhisme lui-même s'il est devenu un objet d'attachement. Ces trois étapes sont dépendantes et s'approfondissent mutuellement tout au long du cheminement. Les deux premières recourent à l'intelligence conceptuelle et constituent les stades préliminaires. La dernière est libre des constructions mentales. Le silence en soi, qui advient lors de la méditation, conduit à l'expérience immédiate de notre véritable nature. Il arrive parfois que certains êtres très avancés sur le plan spirituel n'aient pas besoin des deux premières étapes. Mais ils sont très rares.

Contrairement à ce que bon nombre d'Occidentaux pensent, les étapes préliminaires concernent la *pratique*. Comme je l'ai dit à la fin du chapitre 11, il n'est nullement question de discréditer le pouvoir de la raison et de la réflexion, car l'une et l'autre servent à éclairer la méditation, à condition bien sûr d'envisager l'activité de la pensée comme un exercice spirituel préparant à l'expérience du silence. En l'absence d'une étude de la voie, l'esprit risque de rêver l'enseignement à la hauteur de ses attentes ou de ses fantasmagories. De plus, on ne verra pas à quel point il est utile de commencer au niveau le plus élémentaire en essayant de mémoriser et de comprendre quelques notions essentielles. Même si cela peut paraître très scolaire, c'est une attitude de profonde modestie. Enfin, l'apprenti ne remarquera pas forcément à quel point l'ego s'enracine dans la langue et la pensée, trop occupé à partir en quête de sensations bienheureuses sur le coussin de méditation.

◻ Les trois étapes de la compréhension

L'écoute et/ou l'étude de l'enseignement

On est ici très proche de ce qui a été dit sur la compréhension juste (voir p. 571). On se souviendra que les premiers disciples du Bouddha, ses cinq anciens compagnons d'ascèse, ont commencé par écouter l'enseignement avant de pratiquer les techniques de méditation. En écoutant un maître ou un enseignant, en lisant des textes et leurs commentaires, on parvient à se faire une idée plus précise de la voie. Le sens se lève en nous sans que nous ayons besoin de recourir à une réflexion critique. C'est l'étape du « venez-et-voyez » qui fait l'objet du sixième point de repère au début du livre. On s'ouvre à l'enseignement et l'on constate tout de suite s'il est parlant pour nous. Avec l'étude, la confiance s'approfondit et l'on commence à assimiler les notions de base. En agissant ainsi, l'esprit se libère peu à peu du voile de la confusion.

La réflexion sur la signification profonde de l'enseignement

En réfléchissant à la signification et à la portée des enseignements, on se familiarise plus profondément avec la voie. Mais l'étude et la réflexion n'ont que peu de rapport avec l'acquisition d'un savoir pléthorique. En réalité, tout dépend des besoins et des dispositions de chacun. On peut essayer d'obtenir une vue panoramique des enseignements. Compte tenu de leur nombre et des capacités limitées de l'intellect, tout semble organisé pour que l'intelligence conceptuelle ne puisse parvenir à les circonscrire. Toutefois, une vision d'ensemble paraît très positive parce qu'elle évite les points de vue partiaux.

Il est également souhaitable d'étudier profondément ce que l'on veut pratiquer afin que l'expérience soit la plus profitable. En tout cas, on peut essayer de bien connaître et ressentir avec son cœur et son corps ce que l'on sait avec sa tête. Quelqu'un peut avoir appris et retenu beaucoup d'informations, mais s'il ne les met pas en pratique, ce sera comme mourir de soif au bord d'un lac.

Le fruit de la réflexion sur la signification profonde de l'enseignement est la dissipation des doutes. Celle-ci libère la clarté de l'esprit et permet d'établir une confiance solide dans les enseignements. Cette confiance, fondée sur la raison, donne une grande stabilité à la pratique méditative.

*La pratique méditative afin d'expérimenter
le sens ultime de l'enseignement et d'en acquérir
la compréhension directe*

La pratique méditative permet de percevoir directement le fonctionnement de l'esprit, de réaliser comment il répond à des habitudes et à des réflexes, et s'enferre dans les névroses et la confusion. Elle le libère surtout de la pensée discursive. L'expérience de pure présence qui en découle éclaire l'état fondamental. *Voir* ainsi l'esprit, c'est comprendre ce que nous sommes sans le filtre des représentations conceptuelles, c'est distinguer la vacuité de tous les phénomènes, s'ouvrir à notre véritable nature. Dans le Mahayana, on parle de connaissance transcendante (prajnaparamita) pour désigner cette expérience directe et immédiate de la vacuité, qui dépasse les conditionnements illusoires et la vision dualiste. Cette réalisation va de pair avec l'accroissement de la compassion pour tous les êtres vivants, car la compréhension profonde de l'interdépendance et l'expérience de la bonté fondamentale sont indissociables. D'où ces deux pôles essentiels de l'enseignement du Bouddha : la connaissance supérieure (prajna) et la compassion (karuna).

Le fruit du triple apprentissage

En dissipant l'obscurité de l'ignorance, le triple apprentissage permet aux trois qualités essentielles de l'esprit éveillé de resplendir : la compassion, la clarté, la sagesse. La perfection de l'autodiscipline est la compassion ; la perfection de la méditation est la clarté ; la perfection de la connaissance est la sagesse inconditionnelle. Le sens de ces affirmations s'éclairera avec la présentation des quatre approches de l'apprentissage.

2. Trois conditions clés

• La confiance

Si nous n'avons pas la conviction que l'état naturel est sain, nous aurons du mal à voir que l'égoïsme, la méchanceté et la cruauté ne lui appartiennent pas. Sans confiance, la motivation demeure fragile voire inexistante. En revanche, en ayant confiance dans les ressources de notre nature, nous aurons le courage d'entrer en relation avec la bonté fondamentale et l'infini pouvoir de l'esprit éveillé. Dans « La suprême continuité », Asanga compare la confiance aux yeux dont nous disposons pour distinguer la lumière : « La réalité ultime de la nature spontanée se réalise dans la confiance. Celui qui n'a pas d'yeux ne voit pas la brillante lumière du disque solaire. »

En reconnaissant le potentiel de bonté et de santé en nous-mêmes, notre vision de la vie sera plus positive. En ayant confiance en la pureté primordiale de l'esprit, nos peurs diminueront et notre existence sera pleine de sens. « Si nous faisons confiance à la nature, nous pouvons être en harmonie avec la voie[1]. » Cette confiance ne repose pas sur une foi naïve mais sur une conviction sereine née d'une compréhension profonde de l'enseignement.

Dans le Zen, on conte l'histoire d'un homme qui avait une confiance absolue en un moine. Dès qu'il avait le moindre doute sur des affaires de la vie courante, il allait lui demander conseil. Lorsqu'il était souffrant, il prenait le remède que le moine préconisait invariablement : une décoction de nœuds de glycine grillés. Ce moine n'avait reçu aucune formation médicale, mais la confiance du laïc était telle qu'à chaque fois le remède était d'une efficacité exemplaire. Un jour, l'homme vint le solliciter parce qu'il avait perdu son cheval. Une fois encore, le moine lui recommanda de boire une décoction de nœuds de glycine grillés. Même si, dans ce cas précis, le remède lui sembla inapproprié, son cœur ne pouvait douter de la parole du moine. Ne disposant plus de glycines aux alentours de sa demeure, il se rendit au pied de la montagne pour récolter quelques plants. À peine arrivé, il aperçut son cheval au fond de la vallée.

Cette histoire nous montre bien que la confiance envers le maître et l'enseignement ne peut naître si nous recherchons le gain personnel et nous montrons orgueilleux. Parce qu'il fait preuve de retenue et d'humilité, l'homme ne doute pas de la qualité des conseils du moine. En même temps, la confiance n'est pas une foi aveugle ou une impulsion béate du cœur. Elle doit être une expérience vécue et raisonnée, fondée sur la compréhension. C'est ce à quoi nous convie le *Shin Jin Mei*, les *Stances sur la confiance en l'esprit*[2], un texte du Chan.

Traditionnellement on distingue trois aspects de la confiance : la confiance de l'inspiration, la confiance de l'aspiration et la confiance issue de l'expérience directe.

---

1. 35e verset du *Shin Jin Mei*, Cf. Taisen Deshimaru, *L'esprit du Ch'an*, p. 85.
2. Le *Shin Jin Mei* fut longtemps attribué à Sengcan (vers 600), troisième patriarche du Chan, alors qu'il date du viiie siècle. Voir la traduction accompagnée de commentaires de Taisen Deshimaru dans *L'esprit du Ch'an*.

La confiance de l'inspiration

C'est l'état d'esprit qui naît d'une compréhension initiale des trois joyaux (Bouddha, Dharma, Sangha). Nous entendons parler du Bouddha, de l'enseignement et de la communauté, et tout cela fait sens en nous. Nous nous sentons en accord avec ce que nous entendons. Nous comprenons qu'un progrès spirituel est possible et que l'éveil est de ce monde. Cette découverte s'accompagne souvent d'une grande joie.

La confiance de l'aspiration

Même si nous ne savons pas encore si ce que nous entendons est juste, nous souhaitons aller de l'avant. Parfois au contact d'un maître, notre confiance se renforce parce que nous avons sous les yeux l'exemple vivant du haut degré d'humanité et de bonté qu'un être humain peut atteindre. Nous aspirons alors à suivre son sillage. Cette confiance de l'aspiration est la motivation qui nous pousse à franchir le seuil de l'apprentissage spirituel. Elle doit être cultivée parce qu'au départ elle dépend beaucoup de l'environnement où nous nous trouvons. La pratique est relativement facile tant que nous sommes en compagnie de personnes qui partagent la même aspiration, et que les contraintes sociales et familiales ne sont pas trop lourdes. En revanche, lorsque nous nous trouvons en présence de personnes pour qui méditer est une activité vaine ou lorsque le chaos s'installe dans notre vie quotidienne et que nous nous sentons impuissants à la transformer, il devient indispensable d'avoir une compréhension claire du chemin que nous empruntons de sorte à réaliser à quel point il se montre digne d'intérêt.

La confiance issue de l'expérience directe

Elle se manifeste lorsque les bienfaits de la pratique apparaissent. Elle ne repose pas sur une impression ou une simple conviction comme ce pouvait être le cas avec la confiance de l'inspiration. Par l'expérience, nous avons acquis la certitude que l'enseignement du Bouddha est véridique. Tous les doutes sont alors dissipés.

• Développer une relation juste avec l'enseignement

Le Bouddha a donné quatre conseils pour que ses disciples établissent une relation juste avec l'enseignement et développent ainsi une compréhension correcte. Ces conseils, dont la valeur demeure éminemment contemporaine, ont été consignés dans le « Sutra du grand passage dans l'au-delà de la souffrance ».

Se fier à l'enseignement et non à la personnalité de celui qui enseigne

L'ami spirituel est le réceptacle de la transmission et celui qui la véhicule. Il arrive parfois que ses auditeurs soient sous le charme de sa personnalité au point que le jeu des émotions et des projections mentales les empêche de percevoir directement l'enseignement. Parfois, il adopte un comportement si original et inattendu que son entourage s'en trouve dérouté. Ces hiatus dans la trame lisse de l'image qu'il est censé renvoyer font naître le doute et la suspicion. Plus graves sont les attitudes de soumission ou de dévotion naïve qui poussent certains à croire que ce caractère étonnant reflète l'authenticité de l'enseignement. En réalité, la personnalité n'est qu'un simple habillage. Cet habillage s'avère utile dans certaines circonstances mais il peut aussi devenir un obstacle. Globalement, il convient de voir au-delà de cette forme transitoire pour se relier à la dynamique de l'enseignement. Ce conseil revêt une valeur fondamentale pour nous qui vivons dans un monde où l'image que l'on donne de soi joue un rôle capital.

Se fier au sens des mots et non aux mots eux-mêmes

Afin de ne pas interpréter superficiellement les enseignements, ni se laisser piéger par le scintillement des mots, il convient d'éviter toute interprétation littérale et de devancer la lettre pour trouver l'esprit. *L'enseignement d'Akshayamati* consigné dans le corpus des sutras du Mahayana donne des exemples précis sur la distinction à opérer :

> Les mots enseignent aux êtres dont le comportement est soumis à l'attachement, à l'aversion, à la confusion, à (ces trois) d'influence égale ; le sens est la sagesse fondamentale non troublée, libératrice des êtres. Les mots c'est l'enseignement sur les voiles et les phénomènes obscurcissant, le sens est la sagesse fondamentale libre des voiles et la libération[1].

---

1. *La perfection de sagesse*, p. 305.

Se fier au sens définitif et non au sens provisoire

Le Mahayana considère que certaines paroles du Bouddha nécessitent une interprétation et demandent à être comprises dans leur contexte. Les sutras dits de « sens provisoire » ne montrent qu'une vérité relative et s'inscrivent dans le cadre d'une progression qui prend en compte les capacités de chacun. De même que des aliments parfaitement digestes pour certains seront des poisons pour d'autres, le Bouddha prend en compte l'adéquation de ses paroles et des facultés de compréhension de ses auditeurs. Ainsi, au lieu de donner à voir directement ce qui est réellement « tel quel », sans aucune autre forme d'explication, les énoncés de « sens provisoire » usent de moyens détournés pour conduire progressivement au « sens définitif ».

Les sutras de « sens définitif » portent en eux-mêmes l'expérience de la réalité dans sa dimension d'immédiateté. « Définitif » ne veut pas dire irrévocable mais « sûr », « certain », autrement dit que l'on ne peut contester. La répartition des sutras en fonction de ces deux sens caractérise les écoles du Mahayana. En présentant les points de vue sur la réalité (voir p. 612), on a vu que l'école de l'Esprit seul (Cittamatra) considère les sutras du troisième tour de la roue du Dharma comme étant de sens définitif et ceux du deuxième tour (les *Prajnaparamitasutras*) comme étant de sens provisoire. Le Madhyamaka ou voie du Milieu soutient la vue inverse. *L'enseignement d'Akshayamati* a établi avec précision les distinctions. Ne figure ici que la partie finale de l'exposé :

> Ceux (les sutras) qui, enseignant de nombreux mots et lettres, sont destinés à réjouir l'esprit des êtres sont de sens interprétable ; ceux qui, enseignant peu de mots et lettres, engendrent la certitude dans l'esprit des êtres sont de sens définitif. Ceux enseignant l'existence d'un possesseur et (les objets) de multiples expressions : soi, être vivant, principe vital, principe nourricier, individu, personne, homme, être humain, agent, agent de sensation, sont dits de sens interprétable ; ceux enseignant les portes de la délivrance, la vacuité, l'absence de marques, l'absence d'aspiration, l'absence de composition, la non-production, la non-existence, l'inexistence, le non-soi, l'absence d'être vivant, de principe vital, de personne, l'absence de possesseur sont dits de sens définitif[1].

Se fier à l'intelligence immédiate et non à l'intelligence conceptuelle

La connaissance dualiste naît dans la relation qu'un sujet entretient avec les objets qu'il appréhende. Elle s'appuie sur l'intelligence conceptuelle. L'intelligence immédiate préexiste à l'apparition du processus de saisie et de conception mentale.

---

1. *Ibid.*, p. 308.

Ce quatrième conseil est en relation étroite avec les deux premiers principes du Chan/Zen : 1. une transmission particulière par-delà les écritures ; 2. ne dépendre ni des concepts ni des mots. Par leur nature, écritures, concepts et mots appartiennent nécessairement au domaine du relatif et de la connaissance duelle. C'est pourquoi Shantideva souligne qu'« un esprit attaché à des concepts peut difficilement atteindre le nirvana[1] ». Dans le *Majjhimanikaya*, le Bouddha dit à ses disciples : « Que votre méditation devienne comme de l'eau. Les pensées et les impressions qui vous possèdent, vous les verrez alors partir au fil du courant. » Par analogie, toute parole et tout écrit est une immobilisation, une concrétion de l'instantanéité et de la spontanéité. L'enseignement qui utilise le vecteur de la langue est néanmoins très précieux parce qu'il correspond à notre niveau de conscience et à nos besoins propres. Mais dans le même temps, il se montre limité eu égard à la nature insatisfaisante des concepts et de la pensée discursive. D'ailleurs, l'usage des mots soutient souvent les tentatives répétées pour désigner une expérience qui les transcende. Avec la pratique assise et silencieuse, l'expérience immédiate du réel tel quel se substitue progressivement à la compréhension dualiste habituelle.

Ce quatrième conseil est aussi directement corrélé au second (« Se fier au sens des mots, non aux mots eux-mêmes »). Le mot est de l'ordre de la connaissance duelle, alors que le sens, qui révèle l'esprit et non la lettre, relève de l'intelligence immédiate. Mais là encore, ce sont des catégories qu'il importe de dépasser. Dans sa préface au *Wumenguan*, « La passe sans porte », un recueil de quarante-huit cas de kôans, Wumen Huikai[2] précise justement :

> Dans tous les enseignements du Bouddha, la chose la plus essentielle est de saisir l'esprit. De nombreuses entrées y mènent, mais la plus centrale est dépourvue de porte.

● L'amitié spirituelle

Nous pouvons essayer de progresser sans aide, avec une volonté d'indépendance. Cela donne de la force et rend perspicace. Mais saurons-nous vraiment où nous allons ? Un autodidacte, puisant dans ses lectures et une pratique solitaire, risque de devenir un egodidacte[3].

---

1. *La marche vers l'éveil*, p. 96.
2. Maître du Chan de l'école Linji qui vécut au XIIIe siècle.
3. Terme emprunté à Guy Bugault, *L'Inde pense-t-elle ?*, PUF, 1994, p. 88.

Sans dévotion, l'ego nous possède. Manquant aussi d'une source d'inspiration et de la tendresse chaleureuse de la relation spirituelle, nous pouvons développer une vision erronée de notre personne surtout si l'orgueil se lève en nous. Dans le bouddhisme, comme dans toutes les traditions orientales, l'ami spirituel est capital parce qu'il connaît le terrain de l'expérience et peut prodiguer de très précieux conseils.

En Inde, on dit que le maître apparaît quand le disciple est prêt. Les centres bouddhiques s'étant multipliés en Occident, il est aisé d'entrer en contact avec des enseignants et des personnes héritières d'une lignée spirituelle. Il est devenu aussi très facile de se renseigner au préalable sur telle ou telle école afin de faire un choix avisé. Mais ce qui compte surtout, c'est de ne pas se laisser aller à une première impression, fût-elle positive. Il convient de vérifier les qualités réelles de celui avec lequel une amitié profonde peut être tissée. Disons-le d'emblée : le maître n'a rien d'un chef de bande, installé dans sa superbe, récusant qui lui ferait de l'ombre. Un disciple ne devient disciple qu'après des années de partage, d'échanges, de remises en cause et parfois de heurts.

◻ *Les quatre aspects du maître*

Dans la tradition tibétaine, il est dit que le maître peut revêtir quatre aspects : le maître (personne humaine), la parole du Bouddha, les apparences symboliques, la réalité ultime. Sans une relation avec le maître (personne humaine), il est difficile de ressentir et de vivre les trois autres aspects. Mais détaillons-les avant de parler du maître « en chair et en os ».

Le maître dans la parole du Bouddha

Quand l'apprenti commence à comprendre le fonctionnement de l'esprit et qu'il développe une expérience de la méditation, il devient plus à même d'étudier la parole du Bouddha et les textes des grands commentateurs. En s'imprégnant du sens de la parole de l'Éveillé et des grands maîtres du passé, comme Nagarjuna ou Shantideva, son expérience va s'approfondir. Il verra l'ami spirituel sous un jour nouveau. Peu à peu, il comprendra que le maître fait retentir la parole du Bouddha en laquelle il s'efface. Il montre qu'il n'y a rien à enseigner car ultimement l'ami spirituel *est* les enseignements. Il n'est ni un corps, ni une parole, ni un esprit. Il manifeste la présence de l'éveil au cœur du monde.

Le maître dans les apparences symboliques

Lorsque le disciple a une réalisation de plus en plus profonde de l'interdépendance, il voit que tout est porteur de signes. « Les enseignements sont partout », disait Chögyam Trungpa. Le maître zen coréen Seung Sanh prolonge cette vue en affirmant : « Si tu tranches toutes pensées, alors l'aboiement d'un chien, le vent, les arbres, les montagnes, les éclairs, le son de l'eau – tous sont tes maîtres. » Les signes conduisent au sans-signe, à l'expérience de la transparence.

Si l'on se trouve dans un environnement très citadin, on peut recourir à ce qui nous entoure. Quand l'eau coule d'un robinet, elle peut devenir pour nous le symbole de la compassion. Chaque fois que nous voyons le ciel bleu, sa clarté et sa lumière peuvent devenir à nos yeux les symboles de la connaissance. En même temps, ces éléments naturels relient notre existence à la dimension primordiale de la vie et font office de rappels pour se relier, au plus intime de soi, à l'expérience vécue de l'enseignement.

Le maître, la réalité ultime

Lorsque l'on a une réalisation de l'indissociabilité des apparences et de la vacuité, et une expérience de « l'esprit un », selon l'expression de l'école de l'Esprit seul (Cittamatra), la réalité ultime est devenue le maître spirituel. À ce stade, le disciple réalise que ce qu'il recherche n'appartient à aucun enseignement, à aucun maître (personne humaine). Ce point de vue le plus élevé est le plus essentiel. Il révèle le caractère dérisoire et superficiel de l'esprit partisan et de la mentalité clanique.

▫ *La relation au maître (personne humaine)*

Dans le bouddhisme, le rattachement personnel et profond à un ami spirituel qui incarne la voie s'avère capital. Le bouddha Shakyamuni a quitté ce monde il y a deux mille cinq cents ans. Un apprenti de la voie ne peut entrer en contact directement avec lui. Le maître spirituel, parce qu'il est de ce monde, homme parmi les hommes, parce qu'il voue sa vie aux autres, comprend les errances douloureuses. Réceptacle d'une transmission millénaire dont il a réalisé le fruit, il est la mémoire vivante de la voie, le signe visible de l'accomplissement possible. Parce qu'il incarne la libération de tous les conditionnements et illusions, et qu'il connaît les chemins qui mènent de l'ombre à la lumière, il est le passeur qui donne confiance à ceux qui cherchent le royaume en eux.

L'union de deux esprits

Le véritable maître est un ami, quelqu'un qui nous aide à grandir pour transmuer l'amour de soi en service désintéressé au monde. Nombre de textes insistent sur l'habitude que nous avons prise d'agir de façon négative. Cette tendance est tellement ancrée au fond de nous que nous avons besoin d'une aide pour nous en départir et changer réellement de comportement.

La présence des maîtres évite bien des questionnements stériles. On voit en actes ce que l'on envisageait mentalement. En eux rayonnent des qualités qu'un jour nous avons simplement entrevues en nous-mêmes. C'est pourquoi établir un lien avec un maître est essentiel. En présentant la notion d'éveil selon le Zen (voir p. 544), j'ai cité les belles paroles de Dôgen qui affirmait qu'en fréquentant de près quelqu'un de bon, nous deviendrons bons nous-mêmes sans nous en rendre compte. Nous deviendrons cette personne qui « marche dans la rosée sans s'apercevoir qu'elle mouille son vêtement ». L'amitié spirituelle est le chemin privilégié pour parvenir à la transformation de soi-même. Un maître authentique montre simplement qu'il est possible à tout moment de devenir un meilleur être humain. Cette impression stimulante émanant d'une personne qui incarne un modèle de vie accomplie, les disciples du Bouddha l'ont éprouvée. D'une certaine façon, les guides contemporains comme leurs prédécesseurs pérennisent une telle expérience.

Dissiper la pénombre

En sanskrit, on emploie le mot « guru » pour désigner celui ou celle qui pèse sur la situation de tout le poids de sa sagesse. Au niveau symbolique, « guru » désigne celui qui dissipe la pénombre. Le maître est lié à la lumière. L'obscurité est la métaphore de l'ignorance (avidya) ; la lumière, la métaphore de la connaissance (vidya). Le maître porte un flambeau dans la nuit du samsara. La connexion spirituelle exprime l'idée de pénétrer dans un cercle de lumière. Une lumière qui n'aveugle pas ; une lumière comme celle de l'aube mais dont la chaleur est douce comme les rayons d'un soleil couchant. On perçoit d'un coup la charge inutile que l'on porte sur son dos depuis des années. On se rend compte alors qu'il ne s'agit pas d'acquérir quelque chose mais de déposer au sol ce pesant fardeau.

L'ami spirituel est « quelqu'un de bien » parce qu'il est « l'ami du bien ». Il en a l'expérience et la compréhension. C'est aussi une personne qui nous veut du bien et qui, par son comportement, ses pensées, ses paroles, son amour, nous inspire.

L'amitié spirituelle est le foyer au sein duquel passe l'essence de la transmission. Le maître fait don de l'enseignement. Celui qui le reçoit demeure libre de toute avidité. Il ressent profondément la valeur de ce qu'on lui confie. Chögyam Trungpa souligne à ce propos :

> Aussi faut-il être extrêmement reconnaissant au maître qui donne l'enseignement. (...) Le maître est là comme une entrée et le disciple comme une seconde entrée, et lorsque les deux portes sont ouvertes, il y a le vide complet, une unité parfaite entre les deux. (...) La transmission est tout simplement de s'ouvrir des deux côtés, d'ouvrir tout. On s'ouvre soi-même entièrement de telle sorte que, même si cela doit ne durer que quelques secondes, cela n'en prend pas moins une signification considérable. Cela ne signifie pas qu'on ait atteint l'Illumination, mais on a eu un aperçu de ce qu'est la Réalité. (...) Il y a comme un éclair et c'est tout. (...) Le moment lui-même, l'instant concret, vécu est extrêmement simple, extrêmement direct. C'est la rencontre, tout simplement, la réunion de deux esprits. Deux esprits qui font un[1].

Pour expliquer cette réciprocité, Arnaud Desjardins[2] m'a dit un jour : « Le maître est avant tout disciple : disciple de ses propres disciples, disciple de son maître, de la voie et de la sagesse. » Modèle de santé fondamentale et de compassion, l'ami spirituel est aussi un miroir reflétant la confusion et la sagesse du disciple. Sans le secours de cette présence essentielle, on se trouve dans la situation d'un marcheur solitaire traversant un désert, égaré au milieu d'un océan de dunes.

Les qualités d'un ami spirituel

Selon les sutras et les tantras, il existe une grande diversité de maîtres : de celui qui nous apprend à distinguer les actes négatifs des actes positifs, à celui qui nous introduit à la présence de l'état naturel. On pourrait ainsi établir des nuances en tenant compte du besoin spécifique des êtres et des approches adoptées (Hinayana, Mahayana, Vajrayana, Mahamudra et Dzogchèn).

Dans l'approche du véhicule fondamental – Un ami spirituel est un ancien de la communauté qui a acquis une expérience et une bonne compréhension des enseignements du Bouddha consignés dans le corpus pali. C'est un conseiller qui expose les paroles du Bienheureux et les commente. Il guide aussi ses disciples dans la pratique méditative. Ce rôle est assigné aujourd'hui aux vénérables dans l'école Theravada, même

---

1. *Méditation et action*, p. 63-71.
2. Sage d'Occident né en 1925 qui a fait connaître au grand public les traditions d'Orient par ses documentaires exceptionnels et ses nombreux ouvrages. Il vit en Ardèche, où il anime l'ashram d'Hauteville à Saint-Laurent-du-Pape.

si, encore une fois, cette école n'est pas réductible au seul véhicule fondamental.

Dans l'approche du Mahayana – L'ami spirituel accompli est assimilé au bodhisattva. Il possède huit qualités majeures : il cultive la discipline des bodhisattvas, il a une excellente connaissance des sutras relatifs à la voie, il en a réalisé le sens, il éprouve amour et compassion pour tous les êtres vivants, il ignore la peur, il se montre patient, ne se lasse jamais et peut transmettre l'enseignement à l'aide des mots.

Dans l'approche du Vajrayana – La place du maître est ici capitale. On l'appelle vajracarya (maître vajra). Il est l'autorité spirituelle habilitée à transmettre les enseignements. En plus des qualités susmentionnées, il doit avoir : la connaissance théorique et pratique des tantras, la capacité d'effectuer les rituels des différentes catégories de tantras, avoir préservé le lien sacré (samaya) qui l'unit à ses maîtres, avoir effectué plusieurs retraites de méditation et obtenu une réalisation effective dans la pratique des déités. Il doit aussi se montrer habile dans l'art d'enseigner à ses disciples, utilisant les moyens adaptés à leur réceptivité et à leurs capacités. Réceptacle de l'influence spirituelle de sa lignée, le maître vajra devient pour le disciple la « source privilégiée » de l'enseignement. La confiance totale qui s'établit entre les deux êtres est indéfectible et repose sur l'inspiration spirituelle et la dévotion.

Le disciple trouve dans la personne du maître l'inspiration qui lui permet d'actualiser en lui les qualités éveillées. Il ressent à travers lui la continuité de la grâce qui, depuis le bouddha primordial, s'est transmise sans interruption de personne à personne au cœur de la lignée. La dévotion n'est pas synonyme d'effusion sentimentale. Attitude de respect et d'humilité à l'égard du maître et des enseignements, elle suppose la capacité à renoncer aux fixations égocentriques afin de pouvoir s'ouvrir pleinement à la transmission.

Dans l'approche du Mahamudra et du Dzogchèn – La dévotion est également un facteur essentiel pour permettre à l'esprit de s'ouvrir à l'expérience de Mahamudra et de Dzogchèn, l'expérience la plus nue et la plus informelle. Bien que la place du maître soit fondamentale, il faut se défaire de l'idée qu'un maître du Dzogchèn ou du Mahamudra se doit d'avoir une connaissance accomplie des textes et des rituels ou être capable d'élaborer une dialectique sophistiquée. Changchub Dordjé, le maître principal de Namkhaï Norbu Rinpotché, par exemple, était un simple villageois, vivant avec des moyens très modestes. Il ne connaissait aucun rituel, ne savait pas lire, n'avait donc reçu aucune instruction académique et ne dépendait d'aucune école. En revanche, il avait développé sa pratique de telle sorte qu'il avait réalisé l'état naturel. Sa parole émanait de l'intelligence immédiate et de la clarté naturelle qu'il manifestait spontanément. Son enseignement indissociable de sa vie simple montrait à quel point le Dzogchèn ne dépend aucunement des apparences. « Beaucoup de pratiquants dzogchèn sont comme cela, note Namkhaï Norbu Rinpotché, des gens simples qui, même s'ils n'en montrent aucun signe extérieur, possèdent la connaissance réelle. »

L'essentiel dans la relation au maître, ajoute-t-il, ne dépend pas du fait que l'enseignant et le disciple puissent vivre à proximité ou qu'ils entretiennent des relations sur une longue période, l'essentiel est la puissance de la connexion dont dépend la profondeur de la transmission. « Lorsqu'un maître enseigne le Dzogchèn, poursuit-il, il tente de transmettre un état de connaissance. Le but du maître est d'éveiller l'étudiant, d'ouvrir la conscience de cet individu à l'état primordial. Le maître ne dira pas : "Suivez mes règles et obéissez à mes préceptes", mais il dira : "Ouvrez votre œil intérieur et observez-vous vous-même. Cessez de rechercher une lampe extérieure pour vous illuminer de l'extérieur, mais allumez votre propre lampe intérieure. Alors les enseignements en viendront à vivre en vous et vous dans les enseignements[1]." »

Suivre un ami spirituel

L'exemple que donne le maître de Namkhaï Norbu Rinpotché est très important aux yeux d'Occidentaux parfois prompts à accorder leur confiance à une personne dépourvue de sincérité et d'authenticité. On peut d'autant plus se faire piéger qu'un pseudo-maître bénéficie de titres divers et de tout un décorum parfois impressionnant, sans compter l'aura que lui accorde son cercle d'intimes voués à sa cause par aveuglement et parfois par intérêt.

Avant de suivre les conseils d'un ami spirituel, il est donc indispensable de vérifier s'il possède les capacités requises. S'il recherche les honneurs, le pouvoir, le profit, fait preuve d'égocentrisme, manipule son entourage, transmet les enseignements sans discernement, manifeste fierté et orgueil, écoute et parle avec moquerie, critique sans aucune retenue, manque d'amour et de compassion, alors il convient de s'en détourner. Ne pas examiner le maître est comme boire du poison, aurait dit Padmasambhava. D'où l'intérêt de commencer par se faire une idée des enseignements et d'étudier par soi-même avant de s'engager plus avant.

En revanche, une fois que la certitude de l'authenticité d'un ami spirituel est acquise, alors le doute n'a plus sa place. Simultanément, le disciple doit prendre en considération son comportement et la qualité de son écoute. En s'observant avec soin, il peut découvrir la présence

---

1. *Dzogchèn. L'état d'auto-perfection*, p. 23.

d'un ou de plusieurs des trois défauts (voir ci-après) qu'il conviendra d'éliminer. Il veillera également à développer les attitudes favorables qui permettent de réaliser le caractère hautement précieux de la transmission et de la relation au maître.

Les trois défauts à écarter (le récipient retourné, troué ou contenant du poison)

Le premier défaut correspond à l'absence d'une réelle qualité d'écoute. Malgré sa présence physique, l'esprit du disciple papillonne, ne manifestant aucun intérêt pour l'enseignement dispensé. Outre l'irrespect de cette attitude, ce peut être la continuité d'un comportement habituel. Une personne fascinée par elle-même, par exemple, n'écoutera jamais les autres mais s'en servira comme spectateurs de la pseudo-grandeur du personnage qu'elle s'attribue. L'image qui vient ici à l'esprit est celle d'un récipient retourné. Le second défaut concerne le manque d'attention et de mémoire. Le disciple peut écouter de nombreux enseignements mais il ne retient presque rien et n'en retire aucun bénéfice. Son esprit ressemble à un récipient troué.

On compare le troisième défaut à un récipient contenant du poison. L'image évoque les méfaits d'une motivation erronée et de l'attachement aux émotions négatives, aux opinions et aux jugements. Dans ces conditions, l'esprit déforme et souille ce qu'il reçoit. La motivation erronée est liée à la fixation égocentrique. On associe par exemple l'enseignement à un esprit de compétition et de profit. On le traite comme un produit de consommation, un moyen pour mettre en évidence sa vaste érudition ou un gagne-pain rentable. Il devient aussi le prétexte pour bâtir une identité imaginaire, celle du « bouddhiste idéal », derrière laquelle se cache souvent une profonde lassitude, un épuisement quand ce n'est pas un sentiment d'échec. En ce qui concerne l'attachement aux opinions et aux jugements, j'y ai fait allusion en relatant l'histoire de la rencontre d'un professeur d'université et du maître zen Nan-in (voir p. 532) Nan-in continue de verser le thé alors que la tasse du professeur déborde. Pour justifier son geste, il dit : « Vous êtes comme cette tasse, votre tête est pleine de concepts et d'idées. Si vous ne videz pas d'abord la tasse qui est dans votre esprit, il ne sert à rien que je vous parle du Zen ! »

Les six attitudes favorables à cultiver

Conscient de l'efficacité du karma, du caractère précieux de l'enseignement et de la chance d'avoir rencontré un ami spirituel, le disciple fait preuve d'humilité et de retenue, manifeste sa confiance et sa dévotion, se montre attentif, déploie les efforts nécessaires pour comprendre les enseignements et les mettre en pratique, conserve une grande ouverture d'esprit et fait preuve de courage au cours de l'apprentissage. Il conserve un esprit « frais », exempt de lassitude parce qu'il demeure spontané, authentique, toujours prêt à se questionner et à aller de l'avant.

Ne pas dépendre du maître

Ramana Maharshi, l'un des plus remarquables guides spirituels du XXe siècle, disait que l'utilité du maître réside essentiellement dans sa capacité à nous débarrasser de l'illusion qui consiste à croire que nous ne sommes pas déjà des êtres pleinement réalisés. Le devoir de l'homme accompli est de dire à ceux qui viennent à lui : « Le sadguru (le maître authentique) n'est pas ailleurs qu'en vous-même. (...) Les instructions spirituelles ne sont nécessaires qu'aussi longtemps que vous ne vous êtes pas totalement abandonné à cette présence qui se tient en vous[1]. » Le maître Seung Sahn exprime presque la même idée en réponse à un étudiant qui lui demande s'il est nécessaire d'avoir un guide spirituel. Il lui dit : « Pourquoi es-tu venu ici ? » L'étudiant reste silencieux. Seung Sahn ajoute : « Si tu penses, c'est nécessaire. Si tu as tranché toutes pensées, ce n'est pas nécessaire. Si ton esprit est clair, un maître zen n'est pas nécessaire, le Bouddha n'est pas nécessaire, rien n'est nécessaire[2]. »

De telles remarques ne signifient en rien rejet ou dénigrement du maître. Elles s'adressent à ceux qui manquent de confiance, d'autonomie, d'expérience et vivent dans une réelle dépendance affective à l'égard du maître, une dépendance parfois névrotique. Elles s'adressent surtout aux apprentis ayant acquis un haut degré de maturité, des apprentis désormais capables de ressentir les trois autres aspects du maître présentés au début de cette section consacrée à l'amitié spirituelle.

> Si vous voyez votre lama comme un bouddha, vous recevrez la grâce d'un bouddha.
> Si vous le voyez comme un bodhisattva, vous recevrez la grâce d'un bodhisattva.
> Si vous le voyez comme un sage accompli, vous recevrez la grâce d'un sage accompli.
> Si vous le voyez comme un être ordinaire, un bon ami spirituel, telle est la bénédiction que vous recevrez.
> Si vous n'éprouvez aucune dévotion et aucun respect envers lui, vous ne recevrez absolument aucune bénédiction.
>
> Djamgeun Kongtrul Lodreu Thayé (1811-1899)
> *Le livre des pratiques préliminaires. Le flambeau de la certitude*

---

1. *L'enseignement de Ramana Maharshi*, Albin Michel, 1972, § 383, p. 374.
2. *Cendres sur le Bouddha*, p. 34.

3. Les quatre approches de l'apprentissage

Pour exposer les quatre approches de l'apprentissage, j'ai adopté le paradigme propre à la présentation tibétaine : la vue (ou la base), la pratique (le chemin spirituel) et le fruit (le résultat). Cette déclinaison en trois volets a une valeur pédagogique. Elle met en évidence la spécificité des approches et leur caractère complémentaire. Considérant le véhicule fondamental comme la fondation de la voie, chaque approche s'appuie sur celle qui la précède dans l'optique d'une intériorisation progressive.

Ici, le mot « vue » désigne l'exposé des principes d'où procède la pratique qui permet elle-même d'actualiser le fruit. Il ne s'agit pas d'un « point de vue » au sens philosophique comme on pourrait l'entendre avec les cinq points de vue sur la réalité que nous avons examinés dans le chapitre 13. Bokar Rinpotché précise à ce propos : « La vue n'est pas une simple approche intellectuelle ; elle est importante pour la méditation. Elle nous indique ce qu'est la véritable nature de l'esprit dans laquelle la méditation nous permettra de nous établir. (...) Méditer sans avoir assimilé la vue, c'est un peu se trouver en terre inconnue : on ne sait pas trop où l'on se trouve, ce qu'on fait, ce qu'on cherche. (...) De la même manière, grâce à la vue, dans la méditation on sait où l'on est et l'esprit est à l'aise[1]. »

Quant au fruit, il peut sembler étrange de mentionner un résultat spécifique pour chaque approche alors que la réalisation de la non-dualité est fondamentalement une. Au vrai, les variantes reposent sur la façon de concevoir et d'exprimer l'expérience ultime.

● **Hinayana : la voie du renoncement et du discernement**

Afin de soulager la fatigue des êtres et en réponse à leur désarroi, le Bouddha a enseigné le véhicule fondamental (Hinayana). Correspondant à l'aspiration la plus extérieure, il permet d'acquérir une compréhension des principales notions bouddhiques : les quatre nobles vérités, la précieuse existence humaine, l'impermanence, le caractère

---

1. *L'aube du Mahamoudra. Esprit, méditation et absolu*, p. 113-114.

défectueux et insatisfaisant du samsara, le karma, l'absence d'existence en soi dans la personne. Ses pratiques mettent l'accent sur l'art de réguler nos comportements et nos attitudes intérieures. Le réalisme hinayana pose ainsi le cadre d'une discipline du corps, de la parole et de l'esprit qui vise à gagner en sagesse et en vertu, de sorte à déposer le fardeau de la fixation égocentrique.

Le développement de la connaissance supérieure (prajna) consiste en la réalisation d'anatman (le non-soi). Le développement de bienfaits repose sur l'établissement de conditions karmiques positives. L'autodiscipline (shila) est donc fondée sur l'abandon des dix actes négatifs et l'accomplissement des dix actes positifs, ainsi que la pratique du noble octuple sentier. Au niveau de la méditation (samadhi), l'accent est porté sur l'attention et les différents aspects de la pratique de shamatha et vipashyana.

Ainsi le véhicule fondamental propose-t-il une réorganisation de notre mode de vie et de notre pensée, base de la connaissance de soi. En remettant de l'ordre dans nos comportements et en développant le discernement, nous apprenons à mener une existence pacifique et plus harmonieuse. Ces efforts font appel à la rigueur mais supposent surtout d'entrer en profonde amitié avec soi-même.

▫ *La vue*

L'approche de base est fondée sur la réalité du karma et sur la compréhension de la fiction du soi. Si nous continuons à soutenir la fixation égotique et à agir de façon injuste, nous accumulerons du karma négatif et nous ne pourrons pas nous libérer du samsara. Or, l'expérience ultime est au-delà de tous les conditionnements, au-delà du karma. Si quelque chose doit être rejeté, c'est bien la tendance à vivre centré sur la satisfaction immédiate de l'ego. Le renoncement équilibre un double effort : l'aptitude à demeurer en rapport avec la fraîcheur de l'essentiel en activant nos ressources les plus nobles – ce qui nécessite une grande vaillance ; la capacité à rejeter ce qui alourdit notre vie en nous rendant disponibles à la bienveillance.

Cette vue intègre également la vision de la réalité ultime telle que l'exposent l'école des Particularistes (Vaibhashika) et l'école des Tenants des sutras (Sautrantika). On rappellera simplement que, pour les Vaibhashikas, la réalité ultime est constituée des particules infinitésimales des quatre éléments (terre, eau, feu, air) et des moments atomiques de conscience, tous deux insécables. Pour les Sautrantikas, elle correspond au mode d'existence qu'un phénomène possède par lui-même et sa simple apparition à la conscience, avant la saisie conceptuelle.

Cette vue justifie l'importance accordée à l'entrée en refuge, aux vœux de « libération individuelle » et aux règles de la vie monastique.

◻ *La pratique*

On pourrait ramener l'ensemble des pratiques du Hinayana au modèle du noble octuple sentier. On a vu que ces huit pratiques se déclinent en trois aspects : l'autodiscipline (shila) ; la méditation (samadhi) ; la connaissance supérieure (prajna). L'autodiscipline consiste à pratiquer la simplicité et la bonté aimante en mettant en œuvre la parole juste, l'action juste et en adoptant des moyens d'existence justes. La méditation consiste à demeurer détendu en l'état dénué d'artifices et à découvrir la véritable nature de l'expérience humaine. L'apprenti y parvient par l'effort juste, l'attention juste et la concentration juste. Enfin, la connaissance supérieure permet de réaliser le non-soi de la personne et les quatre nobles vérités. Pour cela, l'apprenti développe la compréhension juste et la pensée juste.

LA DISCIPLINE EXTÉRIEURE

Elle est fondée sur la non-violence, la vigilance et le sens de la responsabilité : se tenir à l'écart des situations problématiques et conflictuelles, se libérer des mauvaises habitudes liées à l'égoïsme. Le comportement doux et harmonieux s'appuie sur les vœux de « libération individuelle par élimination des facteurs engendrant la souffrance » (vœux de pratimoksha). Opter délibérément pour les actions favorables et constructives a pour finalité de retrouver peu à peu l'impulsion spontanée au bien.

L'abstention des dix actes négatifs et la pratique des dix actes positifs[1] participent au développement de bienfaits et manifestent la bonté en nous. Elles consistent à remédier aux comportements pathogènes et à cultiver les attitudes constructives de sorte que l'ego habituel devienne un ego sain. Par ego sain, on entend une personnalité équilibrée en harmonie avec son environnement, non empoisonnée par les émotions conflictuelles, et dont les caractéristiques sont la générosité, la compassion et la compréhension issue d'une intelligence lucide et

---

1. Voir le tableau 17, p. 635.

non violente. En cela, la pratique des dix actes est fondamentalement thérapeutique. Car au fond, il s'agit bien de prendre soin de sa liberté intérieure, des états exempts d'*émotions aliénantes** et des conditionnements issus du passé et de l'environnement. En se reliant à sa nature la plus essentielle, en s'appuyant sur ce qui va bien en lui, en entrant en amitié avec lui-même, l'apprenti favorise la guérison spirituelle.

On relira également les développements concernant le noble octuple sentier (voir p. 569). Dans ce cadre, on ne doit pas oublier que l'autodiscipline interagit avec les cinq autres pratiques : l'effort, l'attention, la concentration, la pensée et la compréhension justes.

L'art de travailler avec les émotions conflictuelles : déraciner la plante toxique

En présentant la différence entre le Sutrayana, le véhicule de la cause, et le Vajrayana, le véhicule du fruit (voir p. 222), nous avons vu qu'il existe trois approches dans l'art de travailler avec les émotions conflictuelles. On compare ces méthodes au traitement réservé à une plante toxique, symbole des émotions négatives.

L'approche Hinayana consiste à neutraliser chaque toxine mentale en utilisant un contrepoison approprié, une attitude saine et constructive. Le pratiquant renonce à entretenir ces émotions en abandonnant les actes négatifs et développe les qualités du cœur par la pratique des actes positifs. Il emploie un antidote* approprié à chaque toxine afin de l'éliminer (voir tableau 19).

ÉMOTIONS NÉGATIVES	ANTIDOTES
ignorance	Réfléchir à l'interdépendance et méditer sur le non-soi afin de réaliser la nature authentique de toute expérience et de tout phénomène.
désir	Méditer sur la souffrance et l'impermanence qui caractérisent l'existence dans le samsara.
colère	Méditer sur l'amour, la compassion et la douceur.
orgueil	Cultiver la simplicité et l'humilité en reconnaissant nos défauts ; apprécier la réussite d'autrui.
jalousie	Apprendre à se réjouir du bonheur d'autrui. La pratique bouddhique reposant en particulier sur le souhait de venir en aide aux autres, ce seul souhait devrait suffire à écarter la jalousie.

Tableau 19. Les émotions négatives et leurs antidotes.

L'ATTENTION (SATI)

La pratique de l'attention est une observation directe de *ce que nous sommes*, dans l'instant, sans questionnement et sans jugement. L'attention se développe au cœur d'un domaine instable et fluctuant composé des désirs, des répulsions, de l'indifférence, des projets, des autocritiques, des jugements de valeur, des souvenirs plaisants ou traumatiques, des discours compensateurs qui défilent dans le champ de la conscience. Le pratiquant apprend à laisser ces productions mentales exister telles qu'elles apparaissent et se libère ainsi du pouvoir de l'attachement, de la répulsion ou de l'indifférence. Il laisse simplement advenir le défilé des phénomènes mentaux sans émettre aucune évaluation, sans se fixer sur aucun événement particulier. Ces événements se restreignent ou s'éteignent d'eux-mêmes faute d'un acteur qui nourrirait leur activité. Dans un état d'équanimité et de lucidité, l'ouverture à la richesse de l'instant présent se produit naturellement. Dans cette disposition intérieure, prend place l'entraînement à l'attention.

Lors de la présentation du noble octuple sentier (voir p. 569), nous avons vu que l'attention constitue le premier facteur d'éveil, les six autres étant le discernement, l'effort, la joie, la sérénité, le recueillement et l'équanimité. Ces sept facteurs désignent des qualités essentielles de l'esprit et constituent les composants majeurs de la pratique. Nous avons vu aussi que les quatre entraînements mentionnés dans le « Sutta des quatre établissements de l'attention » (*Satipatthanasutta*) sont : l'attention au corps, l'attention aux sensations, l'attention à l'esprit et l'attention aux objets de l'esprit. Soit l'attention à l'agrégat de la forme (le corps), à l'agrégat des sensations, à l'agrégat des formations karmiques (l'esprit), aux objets mentaux (objets de l'esprit) qui désignent les différents points d'appui nécessaires aux formations karmiques. Lorsque nous sommes jaloux, en colère, orgueilleux, par exemple, il faut un objet à ces différents facteurs : quelqu'un, quelque chose ou une représentation mentale. Enfin, nous avons indiqué que dans l'entraînement à l'attention au corps, était en partie incluse la pratique de l'attention au souffle, pratique qui s'appuie sur le « Sutta de la pleine conscience de la respiration » (*Anapanasatisutta*).

Dans le déroulement de la pratique des quatre attentions, l'apprenti s'établit dans une observation nue, libre d'intentions. Plusieurs méthodes sont proposées. Au niveau du corps, le pratiquant peut contempler le mouvement naturel de la respiration, demeurer conscient de la position du corps dans l'espace quelle que soit son activité, observer les différentes parties du corps en les décomposant pour atteindre les quatre éléments qui le constituent (terre, eau, feu, air), l'imaginer mort et envisager son état de décomposition afin de ressentir son caractère transitoire, ou simplement constater : « Il y a ici un corps. » Quelle que soit l'approche employée, l'apprenti questionne la nature du corps.

L'attention aux trois formes de sensation (agréable, désagréable, neutre) et à l'esprit consiste à constater ce qui se produit en demeurant dans un état de vigilance sans jugement. Le méditant pose simplement une étiquette sur le processus qu'il reconnaît : « J'éprouve une sensation agréable », par exemple, ou « mon esprit déteste quelque chose », « mon esprit est détendu », etc. Ou alors, il constate simplement : « il y a ici une sensation », « il y a ici l'esprit ».

L'attention aux objets de l'esprit est plus complexe. Dans un premier temps, le pratiquant observe les cinq obstacles : le désir pour les objets des sens, la malveillance, la torpeur physique et mentale, l'inquiétude et le doute. Il observe leur présence, leur absence, leur apparition, leur abandon, leur non-réapparition. Ensuite, il considère comment se produit l'existence, l'apparition et la disparition des cinq agrégats d'attachement (forme, sensations, perceptions/notions, formations karmiques et conscience). Il fait de même avec les six organes des sens et les six objets des sens, soit les douze domaines psychosensoriels (ayatanas), puis avec les sept facteurs d'éveil (l'attention, le discernement, l'effort, la joie, la sérénité, le recueillement, l'équanimité), et enfin avec les quatre nobles vérités. À chaque phase, il peut aussi se contenter de constater : « Il y a ici un objet de l'esprit. »

L'apprenti poursuit ces quatre attentions « jusqu'à ce que viennent la compréhension et la pleine conscience ».

La méthode du simple constat est intéressante. La tournure impersonnelle « il y a », renforcée parfois par l'emploi de l'article indéfini « un » (« il y a ici un corps », « il y a ici une sensation ») signale l'absence totale d'appropriation. Le méditant ne dit pas « je suis ce corps ». Il ne fait que reconnaître des phénomènes d'une manière égale et sans jugement. Il en perçoit la nature impermanente et dénuée de soi. Sur cette base, il peut exercer une action volontaire pour apaiser les agitations et les tensions qui se produisent. « En inspirant, lit-on dans le *Satipatthanasutta*, je suis conscient de tout mon corps. En expirant, je suis conscient de tout mon corps. En inspirant, je calme les activités de mon corps. En expirant, je calme les activités de mon corps. » La paix se répand peu à peu et l'esprit demeure dans l'appréciation de la valeur infinie de chaque instant.

La pratique de l'attention nous aide à comprendre comment fonctionnent notre corps et notre esprit pour que nous puissions nous défaire de l'idée du soi et guérir des passions dévorantes comme la colère, la jalousie ou l'orgueil. La stabilité mentale issue de cet exercice favorise la pratique de l'apaisement (shamatha) et de la vision claire (vipashyana). Dans le Theravada, la pratique des quatre attentions constitue la base de la pratique combinée de shamatha-vipashyana (pali *samatha-vipassana*). Elle donne accès à la compréhension de la nature des phénomènes : leur impermanence, leur absence d'existence propre et leur essence (le nirvana).

Dans la pratique des activités quotidiennes

On peut s'appuyer sur les situations les plus courantes de la vie pour s'exercer à maintenir une attention ouverte.

Lorsque le téléphone sonne, par exemple, on peut s'entraîner à rester présent au silence intérieur au lieu de répondre avec empressement. Dès la première sonnerie, la vigilance se déploie. On se relie à cet état de tranquillité et de délassement que nous vivons au moment de nous endormir. C'est comme si, d'un coup, on palpait la texture du silence. Toutefois, à ce moment précis, il n'y a point de torpeur mais une grande lucidité. Dès la deuxième sonnerie, on entre dans le mouvement du souffle. Inspiration : *fraîcheur* – la conscience au repos baigne dans la quiétude intérieure. Expiration : *tiédeur* – la conscience s'ouvre à l'espace qui enveloppe le corps. Avec l'entraînement, cela devient très rapide. Lorsque la troisième ou la quatrième sonnerie retentit, on répond. Cet exercice tout simple permet d'agir en pleine conscience dans la présence à l'instant.

L'APAISEMENT (SHAMATHA)

La pratique méditative favorisant la quiétude combine les ressources utilisées dans la concentration en un seul point (cittaikagrata) et dans la pratique de l'attention. Toutefois, le propre de shamatha est l'absence de commentaire et de commentateur encore présents dans certaines phases de la pratique de l'attention. Une fois que l'esprit est parvenu à s'immobiliser sur un objet d'observation, il demeure simplement en son repos naturel, sans tension. La pratique s'ouvre par la récitation du refuge.

La méthode consiste à apprendre au mental discursif à moins s'investir dans ses productions et progressivement à rester tranquille. Il s'agit, littéralement, d'apprendre à laisser s'épanouir la quiétude.

Dans ce contexte, maintenir son attention sur un seul objet revêt une grande importance. On peut recourir à un support dit « ordinaire » : la flamme d'une bougie, un petit tas de riz, etc., ou employer un support dit « pur » : par exemple, une image du Bouddha ou une lettre sacrée. Le souffle est également un moyen subtil de maintenir une attention ouverte.

La qualité de la relation qui est entretenue avec le support est plus importante que le support lui-même. L'essentiel consiste à développer une attention dégagée et dépourvue de distractions en utilisant le rappel. On peut également pratiquer shamatha sans support. L'esprit est simplement laissé tel quel, détendu dans le lâcher prise et le non-faire.

Quelle que soit la technique mise en œuvre, la posture du corps respecte les sept points clés[1], on place l'esprit dans une détente spacieuse et on maintient la vigilance dans l'instant présent.

Quelques obstacles à la pratique et leurs remèdes

Plusieurs formes de pensées et de dispositions intérieures font obstacle à l'expérience de la quiétude. Pour chacune il existe un remède approprié. Bien connaître ces obstacles et leurs remèdes permet à l'esprit de libérer des nœuds parfois très ancrés. Par souci de clarté, l'ensemble figure dans le tableau 20.

Les deux premiers obstacles surviennent souvent lorsque la patience décroît et que l'on ne perçoit plus le caractère extraordinaire de la pratique méditative. L'esprit s'agite dans tous les sens ou ressent une impression de grande lourdeur. Il devient alors important de développer le souhait de se libérer du samsara, de réaliser que nous possédons toutes les qualités nécessaires pour y parvenir. Demeurer en amitié profonde avec la pratique suppose de réfléchir de nouveau aux liens que nous entretenons avec l'enseignement, mais surtout de développer prajna, la connaissance supérieure, ne serait-ce qu'en réexaminant les notions essentielles du Dharma telles qu'elles ont été développées, par exemple, dans le chapitre 13. Il se peut aussi que ces obstacles surviennent sous l'effet de notre condition physique, de notre alimentation, des circonstances, en bref d'un ensemble de facteurs qu'il convient de prendre en considération.

---

1. Voir plus haut dans la section 1, « La méditation », p. 645.

Obstacles	Remèdes
L'exaltation, la tristesse et le regret (trois formes d'agitation)	Penser à l'impermanence.
La torpeur	Penser aux qualités positives inhérentes à l'enseignement, à la pratique et à l'éveil.
La léthargie, l'endormissement	Méditer sur la capacité qu'a l'esprit de se connaître en lui-même et par lui-même pour développer la clarté, la précision et l'éclat de l'expérience.
Le doute	L'esprit concentré en un seul point tranche une bonne fois pour toutes les incertitudes plutôt que de délibérer sans cesse.
Les pensées discursives liées à l'attachement et au désir de posséder davantage de biens (manifestations de l'insatisfaction)	Réaliser que les biens matériels ne peuvent offrir une satisfaction ultime et définitive.
Les pensées liées à la colère, à la vengeance et au souhait de blesser quelqu'un qui nous aurait maltraités	Développer un sentiment d'amour à l'égard des autres en souhaitant qu'ils soient heureux et échappent à la souffrance.

Tableau 20. Six obstacles à l'expérience de shamatha et leurs remèdes.

Le rôle de l'observateur abstrait

Au cours de la pratique assise, un observateur abstrait prend acte de la situation. Cet observateur est un aspect de la vigilance. Certains auteurs tibétains l'assimilent à la pleine conscience. Cet observateur sert à guider l'esprit au cours de la pratique en rendant compte de l'égarement ou de l'hébétude, et en rappelant ce qu'il convient de faire. Il peut produire un effort ou activer une intention lorsque nous disons par exemple : « Maintenant, je vais essayer de méditer. » Et lorsque nous sentons que nous nous endormons, l'observateur abstrait intervient : « Attention !! endormissement ! endormissement ! » Dans un second temps, il nous aide à restaurer l'état où s'unissent la relaxation et l'attention spacieuse, état qui assure la continuité de la méditation. Lorsque cet état est maintenu, l'observateur abstrait en devient simplement le gardien. Un gardien transparent qui veille en arrière-plan. Il ne s'active que lorsque l'esprit se laisse emporter par les obstacles qui surviennent.

On remarque ici l'importance de l'étiquetage. À chaque fois qu'une difficulté se manifeste, il la reconnaît et la désigne. C'est une façon d'établir d'emblée une certaine distance avec elle. Le simple fait de nommer la torpeur, par exemple, prouve que la lucidité et la clarté demeurent présentes et qu'il est possible d'appliquer le remède approprié. Au cours de ces opérations, le méditant doit s'efforcer de ne pas céder à la tentation du commentaire sur sa propre expérience, au risque de se laisser envahir par un discours intérieur incessant. L'ensemble de ce processus va discipliner l'esprit et, si l'on ose une image, renforcer son immunité face aux émotions conflictuelles, à la distraction et à la paresse. Traditionnellement, ces facteurs perturbateurs sont assimilés à des voleurs bien décidés à prendre possession de nos biens les plus précieux.

Lorsque les perturbations s'atténuent, les efforts sont de moins en moins nécessaires. La pratique ne rencontre plus de résistance. Dans ce contexte, les pensées sont des amies qui vont et viennent, s'arrêtent, repartent. Elles reflètent le dynamisme naturel de l'esprit. Faisant partie du paysage, elles n'accaparent pas l'attention. On dit alors que l'esprit gagne en souplesse et demeure sans effort dans l'état de calme et de clarté. Cette expérience s'approfondit et des signes de réussite apparaissent. Le méditant peut goûter à des expériences d'allégresse et de ravissement mais sans toutefois s'y attacher.

Pour illustrer ces propos, on peut prendre l'exemple très concret d'un seau d'eau boueuse. Le seau correspond à la posture physique et l'eau au placement de l'esprit. Poser l'esprit et adopter la posture évitent toute dispersion. En l'absence de toute contrainte, la boue se décante et se dépose au fond du seau. L'eau retrouve sa transparence naturelle. En shamatha, le méditant ressent une détente profonde et éprouve une aisance naturelle, une forme de fluidité et de clarté transparente qui lui permettent de prendre connaissance de la situation.

La vision claire (vipashyana)

L'état de tranquillité révèle la possibilité d'une vision beaucoup plus claire, précise et dégagée, et d'une compréhension essentielle de la nature des expériences. Généralement l'apprenti s'exerce à la quiétude pour placer l'esprit dans les conditions favorables au développement de la vision claire.

D'une façon très schématique, la pratique de vipashyana comprend deux aspects : vipashyana analytique et vipashyana contemplatif. Dans un premier temps, le méditant examine le mode d'être du sujet, des objets perçus, de la pensée, des relations entre les uns et les autres. Il examine ainsi les constituants fondamentaux de l'expérience dualiste, recherchant une entité permanente dans les cinq agrégats d'attachement. En observant attentivement le corps, les sensations, les perceptions, la conscience ou divers facteurs mentaux, il remarque qu'aucun d'entre eux n'est le refuge d'une quelconque entité autonome, indépendante et permanente. Il se demande, par exemple, si les éléments physiques du corps – les liquides, les os, les tissus, le feu de la digestion, les cavités, etc. – peuvent être le soi. En aucune manière, le soi n'est trouvé. En examinant l'assemblage de ces agrégats (l'individualité psychophysique), il arrive au même constat. Il se demande ensuite si le soi se trouve à l'extérieur de cette coalescence. Une fois encore le même résultat apparaît. À terme, aucun soi n'est trouvé et l'esprit demeure insaisissable. Chaque agrégat a la nature de la paix et de la sérénité dans laquelle l'esprit reste absorbé, c'est vipashyana contemplatif. Dans cet état, se déploie une lucidité autoconnaissante qui permet à l'esprit de se connaître en lui-même.

Lorsque la pratique s'approfondit, l'expérience de la paix (shamatha) et la vision claire (vipashyana) deviennent indissociables. Sans calme et stabilité intérieure, la capacité à distinguer clairement la nature de l'esprit demeurerait faible et la vision manquerait de précision. Parallèlement, sans clarté et lucidité, shamatha serait opaque. Entre les sessions, il faut réfléchir à l'absence de soi dans chacun des agrégats. En gardant ceci à l'esprit, on ne voit pas comment pourraient naître la colère, la haine ou l'attachement.

Cette approche de la pratique méditative correspond à la vue réaliste du Vaibhashika et du Sautrantika, l'école des Particularistes et l'école des Tenants des sutras (voir p. 616-619).

◻ *Le fruit du Hinayana*

L'apprenti du Hinayana pratique pour obtenir le fruit du noble octuple sentier : la paix du nirvana, soit la libération du samsara. En présentant le bouddhisme des origines (voir p. 151-160), nous avons vu qu'il existait quatre sortes de résultats :

- « celui qui est entré dans le courant »,
- « celui qui ne revient qu'une fois »,
- « celui qui ne revient pas »,
- l'arahant, le disciple pleinement accompli.

Au cours du cheminement, le disciple du Bouddha se détache de l'existence conditionnée. Lorsque les cinq agrégats ne sont plus sous le joug de l'ego, le mal-être cesse. Se produit l'expérience de la joie sans objet, *nirodha*, la cessation de la souffrance (troisième noble vérité), condition préalable à l'expérience de la paix du nirvana. On se souviendra que le nirvana ne dépend pas de causes et conditions mais existe au-delà du monde de la causalité.

• Mahayana : la voie de la connaissance et de l'amour

Dans l'optique d'une intériorisation progressive, le Mahayana est la continuité du Hinayana. La transition qui s'opère de l'un à l'autre concerne le développement d'une attitude intérieure nouvelle. Conscient de sa participation au monde vivant et de l'implication de ses propres actions, l'apprenti formule le vœu de vivre en bodhisattva, s'engageant avec vaillance et courage à actualiser l'éveil pour le bien du monde. Avec cette disposition d'esprit, il s'engage dans la voie de la connaissance et de l'amour.

□ La vue

Les enseignements sur la réalité ultime, la vacuité et ceux sur la nature de bouddha constituent la vue du Mahayana. À cela s'ajoutent les vœux de bodhisattva et le développement de l'esprit d'éveil (bodhicitta). À la différence du hinayaniste qui s'efforce de réaliser le nirvana pour son bien propre, l'apprenti du Mahayana, conscient de la souffrance d'autrui, aspire au plein éveil (la bouddhéité) avec la volonté de libérer tous les êtres vivants. Dans cet esprit, mû par l'esprit d'éveil, il parcourt les cinq voies : la voie du développement, de la jonction, de la vision, de la méditation et de l'accomplissement final.

□ La pratique

LA DISCIPLINE INTÉRIEURE

Sur la base du comportement hinayana, le bodhisattva cultive l'intention d'obtenir la sagesse afin de venir en aide à tous les êtres, sachant que sans elle il ne pourra accomplir son vœu altruiste. D'où l'importance de l'esprit d'éveil dont le cœur est la compassion mêlée aux méthodes habiles qui conduisent à l'accomplissement. Capable de s'ouvrir au monde, d'être réceptif, ouvert et plus libre de la fixation égocentrique, l'apprenti cultive l'expérience de la bonté fondamentale. Il abandonne les dix actes négatifs et les quarante-huit fautes « moins graves » (dont la consommation de viande), évite les trois transgressions majeures[1] et cultive une générosité fondamentale.

L'art de travailler avec les émotions conflictuelles : brûler la plante toxique

Alors que le Hinayana recourt à des antidotes spécifiques à chaque toxine mentale, dans l'approche Mahayana le pratiquant utilise un antidote à large spectre, valable pour toutes les émotions négatives : la vacuité. Par la réflexion et la méditation, le pratiquant va découvrir que les émotions n'existent pas en elles-mêmes. Bien qu'efficientes, elles n'ont donc pas la réalité qu'on leur accorde. Seule l'avidité de l'ego leur confère une puissance et une efficacité redoutables. Alors que le véhicule fondamental recommande de ne jamais engendrer en soi les émotions négatives, il arrive parfois, dans des situations particulières, que les bodhisattvas utilisent une émotion négative, comme la colère par exemple, dans le but de venir en aide aux êtres.

CULTIVER LA BODHICITTA (L'ESPRIT D'ÉVEIL)

Le terme « bodhicitta » désigne l'attitude animée par le souhait de progresser spirituellement afin d'atteindre l'état de bouddha pour le bien de tous les êtres. Caractéristique du Mahayana, cette motivation altruiste est fondée sur l'amour et la compassion, l'un et l'autre ne s'épanouissant que dans la compréhension d'autrui et la réalisation de la vacuité. Ces deux aspects indissociables, bienveillance et intelligence du réel, sont appelés bodhicitta relative et bodhicitta ultime.

La bodhicitta est en elle-même une expérience éveillée qui ouvre l'esprit à la dimension universelle de l'amour. Elle résulte d'une vision profonde de notre réalité essentielle. En déposant le fardeau de notre être propre, la bulle de l'ego se fissure et l'esprit découvre une liberté illimitée. « Il suffit de reconnaître la vacuité, écrit Dilgo Khyentsé Rinpotché, pour que la notion d'ego s'évanouisse sans laisser de traces et que jaillisse spontanément l'énergie qui permet d'aider les êtres[2]. »

---

1. Perdre l'esprit d'éveil, se montrer avare et nuire à autrui, ne pas développer ce qui peut servir au bien-être de tout vivant. Les règles de la discipline des bodhisattvas sont clairement exposées dans le *Soûtra du filet de Brahmâ*. Pour les références, on se reportera à la liste des sutras du Mahayana figurant dans la bibliographie.
2. *Le trésor du cœur des êtres éveillés*, p. 95.

Deux visions erronées de l'esprit d'éveil

Le souhait ou la motivation qui anime l'esprit d'éveil ne correspond pas à un excès de vouloir : vouloir coûte que coûte aider autrui, vouloir à tout prix le bonheur de tous dans les meilleurs délais. Cette attitude irréaliste et jubilatoire renforce l'ego, accentue l'agitation mentale et altère la lucidité. La bodhicitta se développe dans un esprit calme, clair et stable. C'est la raison pour laquelle les pratiques de l'apaisement (shamatha) et de la vision claire (vipashyana) nourrissent et renforcent l'esprit d'éveil.

L'autre erreur consiste à développer une attitude défaitiste et attentiste. Eu égard à l'œuvre accomplie par les éveillés, on se dit qu'il faut tellement de qualités et de capacités pour aider autrui qu'on ne peut finalement rien faire tant que l'on n'a pas une expérience profonde de l'éveil. Avec cet état d'esprit, on adopte une lecture scolaire de l'enseignement et des pratiques. On se dit qu'il faut accumuler des résultats probants en suivant les étapes d'un cheminement graduel. Puis, lorsqu'on sera à un certain niveau, alors seulement on pourra envisager de venir en aide aux autres. C'est tout le danger des présentations systématiques et chronologiques des enseignements qui laissent entrevoir un parcours parfaitement balisé. On le voit par exemple avec la description savante de la progression spirituelle du bodhisattva en cinq étapes, en relation avec les dix terres et parfois la liste des trente-sept auxiliaires de l'éveil[1]. On pourrait dire la même chose de cette quatrième partie. N'oublions pas la remarque introductive du chapitre 13 : la carte n'est pas le terrain. La présentation des principales notions et pratiques n'a qu'une valeur pédagogique. Elle épaule la compréhension. Nous ne devrions en aucun cas l'assimiler à une sorte de planning spirituel.

BODHICITTA ULTIME ET BODHICITTA RELATIVE

L'esprit d'éveil au niveau ultime s'applique à l'expérience de la vacuité ou, en termes plus positifs, à la réalisation de la sagesse avec laquelle nous sommes nés. Son actualisation est liée au développement de la connaissance supérieure (prajna) via l'étude et la pratique de la méditation. L'esprit d'éveil au niveau relatif est la sympathie fondamentale à l'égard du monde. Il se traduit par l'attitude d'esprit empreinte de bienveillance et de douceur, cette capacité à aborder l'existence sans agressivité et sans haine.

---

1. Voir annexe 1, p. 763.

Cette sympathie fondamentale à l'égard du monde n'est pas une compassion naïve ni une forme de sentimentalisme mièvre. C'est une intelligence chaleureuse qui opère dans le tissu relationnel. Elle comprend deux aspects : la bodhicitta de l'intention et la bodhicitta de l'application. La première correspond au souhait altruiste que tous les êtres soient libérés de la souffrance. Elle est soutenue par la pratique des quatre états sublimes (équanimité, amour bienveillant, compassion, joie). La seconde est la mise en pratique de cette aspiration au bien et au bonheur de tous par l'exercice des six perfections (paramitas) et la *pratique de l'accueil et du don** (tib. *tonglèn*). La figure 40 met en évidence l'ensemble de ces aspects et leur interaction.

La bodhicitta relative et la bodhicitta ultime sont une seule et même disposition de l'esprit. L'épanouissement de la sagesse va permettre de ressentir l'importance de la compassion et du caractère libérateur de la discipline intérieure. Inversement, les comportements guidés par la bienveillance vont favoriser le développement de la connaissance supérieure, en libérant l'esprit de l'emprise de l'ego et de ses vues erronées. On dit ainsi que l'énergie compatissante conduit à l'expérience éveillée et que la sagesse rayonne naturellement d'une bonté inconditionnelle et spontanée.

Pour parvenir à un degré élevé de compréhension et de sollicitude, il faut du temps et une pratique soutenue. Des signes positifs apparaissent qui encouragent l'apprenti à poursuivre son cheminement. Il remarque, par exemple, qu'il entretient une relation plus positive avec ses émotions et pensées parce qu'il a développé la compassion envers sa propre fixation égocentrique. De plus en plus libérées des pulsions négatives de l'ego, ses relations avec autrui deviennent claires et sans heurt. Ce décentrage du moi, qui permet d'accomplir des actions sans rien attendre en retour, incarne la prise de conscience progressive de la vacuité du moi et des phénomènes.

```
                              LA PRATIQUE DE
                              L'ACCUEIL ET DU DON
                              (tonglèn)
                                    |
       LES QUATRE          LES SIX PERFECTIONS
       ÉTATS SUBLIMES      1. générosité transcendante
                           2. éthique transcendante          SHAMATHA
       1. équanimité       3. patience transcendante         apaisement
       2. amour bienveillant 4. énergie
       3. compassion       5. concentration                  VIPASHYANA
       4. joie             6. connaissance transcendante     vision claire


              ┌──────────────┐    ┌──────────────┐
              │  bodhicitta  │    │  bodhicitta  │
              │ de l'intention│    │de l'application│
              └──────────────┘    └──────────────┘


                   ┌──────────────┐         ┌──────────────┐
                   │  bodhicitta  │         │  bodhicitta  │
                   │   relative   │         │    ultime    │
                   └──────────────┘         └──────────────┘

                   épanouissement           actualisation
                   de la bienveillance      de la sagesse
                   et de la douceur
```

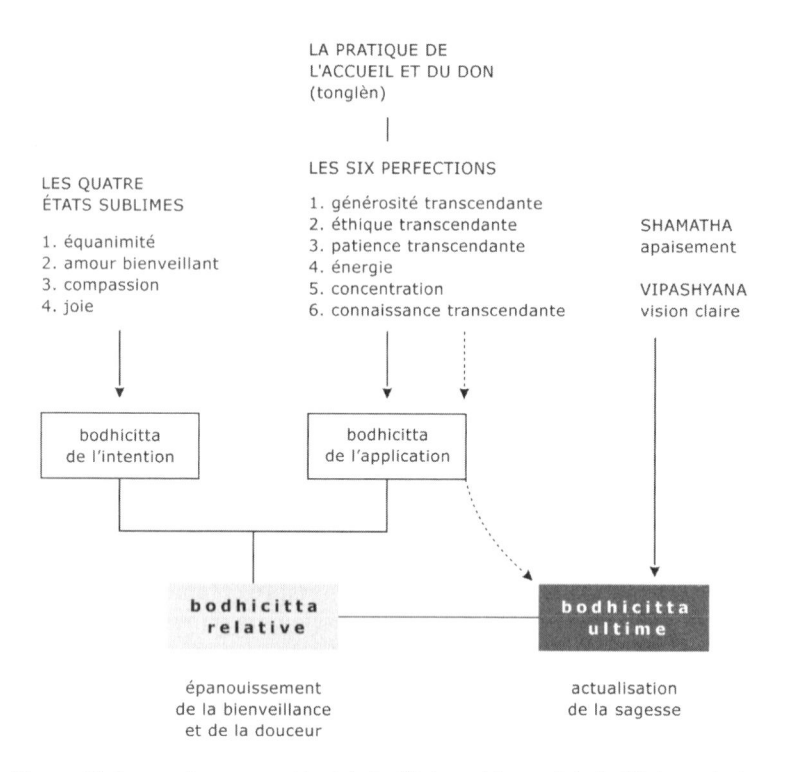

Figure 40. Les pratiques associées à la bodhicitta ultime et à la bodhicitta relative. La connaissance transcendante relie la bodhicitta relative de l'application à la bodhicitta ultime.

LA PRATIQUE DES QUATRE ÉTATS SUBLIMES

La pratique de la bodhicitta de l'intention consiste principalement à familiariser l'esprit avec quatre aspects de la bonté fondamentale : l'équanimité, l'amour bienveillant, la compassion et la joie. On les appelle les « quatre états sublimes » ou les « quatre illimités » parce qu'en les pratiquant leurs bienfaits peuvent s'étendre au monde entier. En cultivant ces qualités au cœur de la vie quotidienne, en méditant sur leur sens profond et leurs implications, nous apprenons à gagner en constance et à adopter une attitude ouverte à l'égard de tous. Ces quatre vertus cardinales sont un remède à l'égoïsme, à la colère, à la jalousie, aux attachements néfastes, à la fierté et à l'orgueil.

Cette pratique est commune à toutes les écoles. La séquence présentée ici suit l'ordre adopté par les courants mahayanistes. L'équanimité introduit la séquence pour éviter toute partialité. Elle constitue ainsi le socle nécessaire au bon mûrissement des trois autres qualités[1]. Cela ne signifie pas qu'elle revêt une valeur supérieure, car ces quatre états sont interdépendants. L'équanimité est réelle si elle porte en elle l'amour bienveillant, la compassion et la joie. Ainsi en va-t-il de même pour les trois autres états. En les pratiquant conjointement, l'esprit d'éveil se développe et l'on acquiert les moyens de venir en aide aux êtres vivants. Cette pratique va de pair avec la vision claire (vipashyana) qui en révèle le sens ultime.

L'équanimité

Le mot sanskrit *upeksha*, que l'on traduit généralement par « équanimité », désigne un état d'équilibre et de confort, celui que l'on ressent lorsque l'esprit n'est pas agité et qu'il parvient à adopter une vision panoramique en toute situation. Lorsqu'on se trouve au sommet d'une montagne, notre regard est aussi ouvert et spacieux que le ciel. Il n'attache pas plus d'importance aux nuages, aux oiseaux, aux rochers, à la plaine au loin. Équanimité ne veut pas dire indifférence, car avec ce regard ouvert et disponible, on ne néglige rien mais on aime toute chose d'un égal amour. L'équanimité est la capacité à embrasser une situation dans son ensemble sans privilégier tel ou tel aspect, sans faire de différence et sans faire preuve d'attachement et de désir dans nos relations, de sorte à agir avec lucidité et en pleine conscience.

Si des préjugés et des partis pris ternissent notre bonté, si l'on privilégie une personne plus qu'une autre, cette bonté n'est pas authentique. Ainsi, face à tous les êtres, amis comme ennemis, êtres humains comme animaux, on adopte une attitude égale, une attitude aimante exempte d'attachement et d'aversion. L'équanimité remédie aux deux positions extrêmes : l'excès et la négligence – l'excès amoureux, par exemple, lorsque nous nous attachons trop aux êtres que nous aimons ; la négligence, lorsque nous éprouvons de la répugnance ou de l'indifférence à l'égard des êtres que nous n'apprécions pas.

Sur le plan relationnel, on s'efforce, par des rappels successifs, de conserver son calme et sa quiétude en essayant de dépasser la distinction « bon-pour-soi » et « mauvais-pour-soi ». On essaie de se contenir, d'être patient, tolérant et généreux en pardons. On apprend ainsi à se relier à la non-violence en nous. Calme et quiétude ne signifient pas passivité, mais renoncement à la haine et à la colère au profit d'un amour impartial. On garde également à l'esprit le caractère imperma-

---

1. Dans le Theravada, l'équanimité clôt la séquence.

nent de toute chose pour conserver une attitude équilibrée face aux biens matériels, aux vêtements, au dernier outil de communication à la mode, etc.

La méditation en posture assise offre une aide considérable. Dans un premier temps, elle peut permettre de réaliser à quel point nous sommes tendus et fermés. Ensuite, lorsqu'on commence à goûter à la quiétude, lorsqu'on parvient à s'abandonner à ce délassement, la constance et la détente se renforcent. De proche en proche, toutes nos activités et toutes nos pensées deviendront les fleurs d'un jardin de tranquillité. Certes, ces attitudes nécessitent beaucoup d'énergie et une grande vigilance. Mais à force d'entraînement, nous parviendrons un jour à porter sur toutes choses le regard de l'équanimité. Une fois que l'équilibre sera trouvé et entretenu, rien ne viendra le rompre. Ce jour-là, la paix s'installera durablement en nous. Lorsque notre mental sera calme et reposé, lorsque nous parviendrons à demeurer en paix en toutes circonstances, alors l'équanimité sera accomplie.

L'amour bienveillant

Dans le *Jatakamala* (« La guirlande des naissances »), on apprend que le futur bouddha Shakyamuni se manifesta à plusieurs reprises sous l'apparence d'animaux. Quelle que soit sa naissance, il manifestait un amour universel. Dans l'un des contes, il est un grand singe empli de compassion à l'égard d'un voyageur tombé dans un ravin. Promis à une mort certaine, l'homme se lamente et réclame des vivres. Ému et fidèle à sa résolution d'atteindre l'éveil pour le bien de tous les vivants, le singe le sort de ce mauvais pas. À peine a-t-il recouvré ses forces que l'individu projette de tuer l'animal, estimant qu'il n'en a pas assez fait pour lui. Il le frappe alors violemment à la tête. Le singe, surpris et épouvanté, grimpe dans un arbre. Aucune pensée de haine ne traverse son cœur. Au contraire, il n'a que de l'amour à l'égard de cet homme.

Cette histoire nous apprend que le désir égoïste ignore la gratitude. L'agressivité de l'ego empoisonne l'amour véritable, favorise l'incivilité. Apaiser la violence nous relie à la bonté que nous devons servir pour enraciner en nous la plus profonde plénitude. Nous ne ferons jamais cesser l'agressivité dont nous souffrons en employant la violence. Nous n'apaiserons jamais la haine par la haine. Le Bouddha dit : « Jamais la haine n'éteint les haines en ce monde. Par l'amour seul les haines sont éteintes[1]. » Il est dans l'ordre des choses que le feu soit

---

1. *Dhammapada*, 5e verset.

éteint par l'eau. L'amour délivré de tout attachement n'apporte que la paix dans le cœur des hommes.

L'amour se dit *maitri* en sanskrit. Le mot possède le même radical que Maitreya, « Celui qui est amour », le bodhisattva destiné à devenir le prochain bouddha dès que les hommes auront oublié l'enseignement du bouddha Shakyamuni. Ce terme est aussi voisin du sanskrit *mitra* qui signifie « ami » et que l'on retrouve dans *kalyanamitra*, l'ami spirituel. On ajoute l'adjectif « bienveillant » pour dire que cet amour est délivré des passions néfastes, de l'attachement et de la convoitise. L'amour bienveillant va de pair avec la compréhension. Si nous ne comprenons pas que nous avons tous besoin d'amour, si nous ne parvenons pas à distinguer clairement les besoins et les peines de ceux que nous aimons, si nous ne percevons pas l'amour des êtres non humains qui participent à notre existence et à la beauté du monde (les pierres, les arbres, les animaux, les plantes, les eaux, etc.), alors notre amour est privé d'une grande part de sa force.

Voir les autres comme notre propre mère – « Bienveillant » est un mot très beau. Il signifie « vouloir le bien » mais aussi « veiller au bien ». Cela suppose d'aimer le bien et de devenir plus ouvert pour que notre rapport au monde soit éclairé par plus de sensibilité et d'altruisme. L'amour bienveillant est donc l'aspiration profonde au bonheur de tous les êtres, mêlée à cet élan du cœur qui nous aide à considérer nos semblables comme notre propre mère. Les enseignements nous enjoignent à développer cette vision au point de verser des larmes en songeant à leur venir en aide du mieux que nous puissions. Mais nous ne pouvons être doux avec les autres et les aimer sans préalablement ressentir de la tendresse à l'égard de soi.

Se mettre à la place d'autrui, voilà ce qu'essaie de faire le sage. En adoptant cette attitude, l'amour bienveillant s'épanouit. Dans la prison du moi, nous ne donnons notre affection et notre tendresse qu'à ceux qui nous sont les plus proches et dont nous avons besoin. Le Dharma dit que nous pouvons étendre le rayonnement de l'amour bienveillant à tous les êtres vivants. Dans cette aspiration au bien de tous, nous prenons aussi conscience de l'interdépendance. Cultiver l'amitié montre la voie. Épicure a sur le sujet une belle formule : « L'amitié encercle le monde par sa danse, conviant chacun à la vie bienheureuse » (Sentences 52).

Dans son *Précieux ornement de la libération*, Gampopa précise : « On médite sur l'amour en s'appuyant sur le sentiment de gratitude. Pensons à la bonté des autres. La personne qui, dans cette vie, nous a manifesté la plus grande bienveillance est notre mère. C'est elle qui nous a conçus, qui s'est dépensée pour nous, nous a maintenus en vie et éduqués. » Nous prenons ainsi conscience de la vie dans toutes ses filiations. Le point de départ est notre mère, mais on peut remonter le cours des événements puisque nous nous manifestons dans le samsara depuis des temps sans commencement. Alors, il se peut que notre mère ait eu de multiples visages. En élargissant notre vue, nous pouvons imaginer que tous les êtres ont été nos mères. La bonté qu'elles nous ont accordée, nous pouvons la leur rendre en retour. Gampopa ajoute : « Cultivons au mieux de nos capacités l'unique et sincère désir de tous les secourir et de les rendre heureux. Quand ce désir nous possédera totalement, ce sera le véritable amour. » Lorsque nous n'aspirerons plus à notre propre bonheur mais uniquement à celui des autres, l'amour bienveillant atteindra son accomplissement. D'intentionnel, il deviendra peu à peu spontané et sans référence.

Développer l'amour bienveillant – Pour favoriser le développement de l'amour bienveillant, on peut de façon très simple redoubler en vigilance. Ainsi à chaque instant, et quelle que soit notre situation, nous veillerons à faire preuve de gentillesse et de douceur à l'égard des autres. Pour cela, il nous faudra renoncer aux actes négatifs et cultiver les actes positifs de la parole et du corps, en particulier : protéger la vie, se montrer généreux, dire la vérité, réconcilier, parler d'une manière douce. Nous essaierons aussi de nous endormir avec une pensée de paix et d'amour pour le monde.

Dans les *Entretiens de Milinda et de Nagasena* (*Milinda-panha*), il est dit que l'amour bienveillant rend bon et que la bonté offre une existence heureuse. Les troubles de la pensée préoccupée n'affectent plus l'être bienveillant. Il s'endort et se réveille heureux. Son esprit gagne en lucidité et en sérénité ; l'orgueil s'éteint.

On peut s'entraîner à orienter sa pensée en suivant les conseils de Gampopa à la lumière de cet extrait du *Mettasutta* :

> Ainsi qu'une mère au péril de sa vie
> surveille et protège son unique enfant,
> ainsi avec un esprit sans limites
> doit-on chérir toute chose vivante,
> aimer le monde en son entier,
> au-dessus, au-dessous et tout autour, sans limitation,
> avec une bonté bienveillante et infinie.
> Étant debout ou marchant, étant assis ou couché,
> tant que l'on est éveillé on doit cultiver cette pensée.
> Ceci est appelé la suprême manière de vivre[1].

On peut aussi s'inspirer de ce poème de Ryôkan, le moine zen au cœur d'enfant :

---

1. Cf. la traduction de Walpola Rahula dans *L'enseignement du Bouddha*, p. 125.

Quand, en état de compassion, on s'adresse à un être vivant avec la même douceur que si l'on s'adressait à un nourrisson, nos paroles sont des paroles d'amour. (...) Les paroles d'amour peuvent augmenter si on aime les prononcer. Alors surgiront des mots d'amour inattendus et inconnus de nous. Pendant toute notre existence, avec la force de notre volonté, il faut prononcer des paroles d'amour. De génération en génération, d'existence en existence, ne jamais abandonner mais toujours prononcer des mots d'amour. Grâce à cette racine de mots d'amour, les ennemis se réconcilient et les hommes sages et vertueux rendent la paix possible. (...) Sachez qu'il y a dans les paroles d'amour assez de force pour faire tourner les astres du ciel[1].

La compassion

La compassion se dit *karuna* en sanskrit. Ce terme désigne l'attitude du cœur qui reflète le fléchissement de la fixation égocentrique et l'ouverture de l'esprit aux souffrances des êtres. Le mot « compassion » est formé du préfixe « com » (avec) et du mot « passion » (douleur). Littéralement compatir, c'est « souffrir avec ». Mais cela ne signifie pas qu'il faille souffrir soi-même. Un médecin gravement malade ne peut rien pour ses patients. En revanche, éprouver l'affliction d'autrui, la ressentir, c'est se soucier sincèrement des autres.

Le bouddhisme distingue trois formes de compassion :

- la compassion en référence aux êtres,
- la compassion en référence à la réalité,
- la compassion sans référence.

La compassion en référence aux êtres opère dans les situations relationnelles. Elle consiste à souhaiter du fond du cœur que tous les êtres soient délivrés de la souffrance. Elle repose sur la gentillesse, la douceur et la capacité à s'ouvrir à la réalité de ceux qui se trouvent empêtrés dans les difficultés de l'existence. Réponse simple au mal-être, on ne doit pas la confondre avec la sensiblerie. De même, cet élan du cœur n'est pas entaché par l'orgueil. Se soucier d'autrui et leur venir en aide devrait être pour nous un moyen d'honorer la nature de bouddha en eux.

La compassion en référence à la réalité repose sur le discernement : comprendre que les phénomènes n'ont pas d'existence propre et ne sont pas permanents. Cette compréhension permet de voir plus distinctement comment les êtres aspirent au bonheur et cherchent à éviter la souffrance dans un état de confusion qui entretient l'illusion et la dysharmonie. Voyant les êtres s'empêtrer dans le filet de leurs projections,

---

1. Extrait de « Ai go : Paroles d'amour » du moine zen Ryôkan. Cf. *Contes Zen. Ryôkan. Le moine au cœur d'enfant*, p. 53-54.

la compassion se renforce et devient de moins en moins duelle. Cela explique pourquoi le Mahayana parle de l'union de la vacuité et de la compassion. Plus l'expérience de la vacuité s'approfondit, plus on se défait de la saisie égotique et plus on devient à même de s'ouvrir à la souffrance d'autrui. Parallèlement, en développant la compassion, on s'oublie au profit des autres et l'on gomme la perception que l'on a de soi-même en tant que sujet indépendant. De ce fait, la compassion devient à son tour un cadre propice à l'expérience de la vacuité.

La compassion sans référence est en quelque sorte le fruit des deux premières. On l'appelle la grande compassion (mahakaruna) parce qu'elle ne repose pas sur un acte de la volonté. Libre de l'ego et de ses dualités, exempte de toute intention, elle est parfaitement spontanée. Elle est dite « sans référence » et caractérise l'activité des éveillés.

Le rôle central de l'amour bienveillant et de la compassion – L'amour bienveillant vibre au cœur des trois autres états sublimes. On est équanime, compatissant et joyeux par amour pour tous les êtres. Le peu de lumière que nous portons une fois délivrés de toute haine et de toute rancœur irradie bien au-delà de notre personne. Le jour de notre mort, l'amour que nous avons offert rayonnera encore en ceux qui l'ont reçu.

Méditer sur l'amour et la compassion remédie à l'attachement à la merveilleuse paix du nirvana. Comme l'écrit Gampopa dans Le *précieux ornement de la libération* : « Quand l'amour et la compassion se sont ancrés en nous, notre affection pour les êtres est telle que nous ne supportons plus d'aspirer à notre seule libération personnelle. »

La joie

Lorsqu'on agit avec bonté au service des autres, on ressent toujours une grande joie. Les personnes que nous avons aidées éprouvent souvent la même allégresse. Dans le partage de cette expérience, nous communions profondément avec autrui. Cette joie n'est pas une jubilation frénétique mais une disposition intérieure très subtile. On en trouve un reflet dans le gracieux sourire des bouddhas.

La joie, *mudita* en sanskrit, exprime un profond changement intérieur. Il se caractérise par le fléchissement des désirs égoïstes et la dissipation de l'angoisse existentielle. La joie est la plénitude de la paix et du contentement. Lorsque la paix rayonne en nous, nous sommes délivrés de la jalousie et de la haine. Nous recherchons la conciliation. Nous nous réjouissons du succès et du bien-être des personnes que nous aimons et de ceux qui ont pu nous faire du tort. Cette attitude permet de comprendre combien le bonheur est interdépendant. La satisfaction et le bien-être des autres favoriseront notre propre bonheur.

La joie se cultive. On peut commencer par apprécier le caractère précieux de chaque situation, découvrir la valeur infinie du moment présent. Par des séries de rappels, on reconnaîtra la chance que nous avons d'être en bonne santé, de pouvoir admirer la beauté du monde, de nous trouver dans des conditions favorables à notre épanouissement. On appréciera les soirées passées entre amis, un geste anodin, le sourire d'un inconnu dans la rue. On parviendra à tisser un fil de joie qui traversera tous les moments de notre existence. On apprendra ainsi à remercier la vie et à se réjouir à l'évocation du bien. En écho à nos propres efforts, on pourra songer à ceux que les êtres éveillés ont multipliés depuis des centaines d'années. On se réjouira des enseignements qu'ils ont dispensés pour venir en aide à autrui.

LA PRATIQUE DES SIX PERFECTIONS (PARAMITAS)

L'entraînement à la bodhicitta relative d'application consiste principalement en la pratique des six perfections[1] ou paramitas. Cet entraînement comprend également la pratique de shamatha-vipashyana et la pratique de l'accueil et du don[2] (tonglèn). Ces six perfections sont : [1] la générosité transcendante, [2] l'éthique transcendante, [3] la patience transcendante, [4] l'énergie, [5] la concentration, [6] la connaissance transcendante (prajnaparamita).

Au début de ce chapitre, on a vu que les six perfections constituaient une variante du triple apprentissage (voir tableau 16, p. 633). Les cinq premières correspondent à l'aspect de la méthode et au développement des bienfaits. La sixième relie la bodhicitta relative de l'application à la bodhicitta ultime. Celle-ci correspond au développement de la sagesse. Elle est de ce fait déterminante. Au début du cheminement, ces actes vertueux demeurent relativement ordinaires. Ils deviennent des « perfections » lorsque la connaissance transcendante atteint sa pleine maturité et leur est associée. Ces actes sont alors accomplis spontanément sans concept de sujet, d'objet et de relation.

1. La générosité transcendante (danaparamita)

La générosité caractérise l'ouverture du cœur, le non-attachement et la fin de l'esprit de mendicité. Quel que soit notre degré de richesse ou de pauvreté, matérielle, intellectuelle, culturelle, affective, nous

---

1. Il existe une liste de dix paramitas qui coïncident avec la vision des dix terres des bodhisattvas. Revoir le tableau 7, p. 165.
2. Ces pratiques sont développées dans les pages suivantes.

disposons en nous de la capacité de donner aux autres, ne serait-ce que notre simple présence. Mais notre ego est aussi structuré pour demander et prendre. Nous sommes aussi capables d'accumuler sans discernement. A contrario, on voit parfois des personnes qui n'ont rien et sont bouleversantes de générosité sans même qu'elles aient conscience de leur vertu. Être capable de donner, c'est demeurer dans le flux de la vie. Lorsque nous mourrons, nous devrons laisser derrière nous tout ce que nous avons acquis.

La pratique de la générosité comporte trois aspects : la générosité matérielle, la générosité spirituelle et le don de protection contre la peur.

La générosité matérielle – Elle consiste à faire don d'objets ou d'argent à une personne qui en a réellement besoin ou à une œuvre caritative, ou encore à la réalisation d'un édifice voué à la transmission des enseignements, par exemple. On peut offrir aussi ce que l'on estime le plus. Le don se fait sans rien attendre en retour, sans attachement. L'attitude intérieure est très importante parce qu'elle fait disparaître les verrous que l'ego installe entre nous et les autres par peur de perdre. Par un effet de résonance, la pratique méditative s'en trouve nourrie parce que le méditant ressent intérieurement ce que signifie le lâcher prise, le fait de s'abandonner simplement à l'expérience.

Les textes relatent aussi le don de son propre corps, don suprême que le Bouddha réalisa dans une incarnation précédente, pour nourrir une tigresse affamée. Mais cela ne concerne que ceux qui sont réellement des bodhisattvas.

La générosité spirituelle – C'est le don de l'enseignement, de « ce qui est vrai » et peut transformer une vie. En ce sens, on peut comprendre l'appellation les « quatre nobles vérités » du Bouddha. Mais travailler à guérir autrui de la confusion n'a de portée effective que si l'on a réalisé l'expérience de ce que l'on enseigne. Ainsi, un véritable enseignant n'hésitera pas à dire qu'il ne connaît pas la réponse à telle ou telle question. Cette générosité va de pair avec l'humilité, la retenue, le don d'un amour bienveillant et l'absence de prosélytisme.

Le don de protection contre la peur – Il consiste à s'engager à protéger, de façon directe ou indirecte, tous les êtres vulnérables et sans défense, tous ceux qui sont angoissés par la peur. Concrètement, cela peut consister à délivrer les animaux de l'abattoir – de manière non violente, évidemment –, à libérer les oiseaux en cage et les poissons. Kalou Rinpotché, par exemple, se rendait parfois très tôt sur les marchés pour acheter des crustacés encore vivants afin de les rendre au milieu marin.

2. L'éthique transcendante (shilaparamita)

Il en a déjà été question à propos de l'autodiscipline au début de ce chapitre et dans les remarques concernant la discipline intérieure du Mahayana. Je rappellerai simplement que la conduite éthique repose sur une culture de la non-violence et de la bienveillance, et une motivation altruiste. Pour l'essentiel, elle consiste à refuser les dix actes négatifs du corps, de la parole et de l'esprit, à pratiquer les dix actes positifs et œuvrer pour le bien de tous les vivants.

3. La patience transcendante (kshantiparamita)

La patience consiste à suspendre son jugement dans un état d'esprit transparent et dégagé, empreint de compassion. Au lieu de s'agiter et de réagir de façon impulsive et émotionnelle à une situation, on se sent pleinement présent au monde, ouvert, sans attente, profondément ancré dans la quiétude et le silence.

La pratique comprend trois aspects :

- *On s'entraîne à cultiver la non-violence et l'idéal du bien en ne répondant pas aux insultes*, aux injures, à la violence et à tous les autres torts causés par autrui. Ici le recours au souffle est très utile. Lorsqu'on éprouve de la colère, notre respiration est rapide et chaotique. Avec l'expiration, on abandonne les tensions et on essaie de retrouver l'ambiance spacieuse des sommets que l'on a développée en apprenant à poser l'esprit (voir « Les méthodes et les conditions favorables à la pratique de la méditation », p. 646).
- *Renonçant à tous les attachements à cette existence, on essaie de supporter* volontairement toutes les difficultés et les privations en vue de pratiquer les enseignements.
- *Ne pas s'inquiéter lorsque les points d'appui mentaux habituels cèdent au contact de l'enseignement sur la vacuité.* L'apparent « saut dans l'inconnu » est comme la prise de conscience de l'infinie immensité dans laquelle nous sommes plongés. Le sens nous échappe mais le merveilleux est là. Il devient important d'apprendre à aimer ces enseignements et à vouloir découvrir le sens profond en dépassant en particulier la distinction « bon-pour-soi » et « mauvais-pour-soi », gain/perte et autres couples d'opposés.

La patience dépend aussi de notre réalisation de la vacuité du temps. Parce que le temps est imperceptible, il est vacuité. Nous ne voyons que des interprétations d'un certain écoulement du temps. Les horloges et les montres s'en chargent à merveille. La vacuité du temps est d'autant plus évidente lorsqu'on réalise que nous ne pouvons le concevoir en dehors de ces instruments de mesure, des repères naturels comme la course du soleil dans le ciel, des impressions que nous en avons, des idées que nous nous en faisons et donc de tous les mécanismes d'imputation. La réalisation de la vacuité du temps aide les pratiquants à ne pas s'attacher à leur pratique ni aux résultats de celle-ci. Évaluer, par exemple, le rapport entre le nombre d'années passées à pratiquer et les fruits obtenus risque de conduire à la fierté, à la déception ou à l'empressement. Le règne de la quantité et le souci de la rapidité pour actualiser l'éveil n'ont ici aucun sens. Ces positions mentales font obstacle à une simple appréciation de la valeur infinie de l'instant présent. En comprenant la vacuité du temps, on réalise aussi pourquoi les bodhisattvas œuvrent pour le bien des êtres jusqu'à ce que tous soient délivrés du samsara.

Dans son commentaire du *Shôdôka, Le chant de l'immédiat satori*, Kôdô Sawaki relate les conseils qu'un maître donne à son disciple Seiko : « La patience, c'est ne pas te réjouir quand tout va comme tu le désires, ni t'irriter quand tout va mal. » Le maître présente la patience en relation avec l'équanimité et la détermination à pratiquer. Il ajoute : « Si ton pouvoir de patience n'est pas assez puissant, c'est comme si tu jetais de la glace dans de l'eau bouillante, non seulement tu n'aideras pas les autres mais tu ne te sauveras pas toi-même. Tu seras un bodhisattva vaincu et anéanti. Si, par contre, ton pouvoir de patience est fort lorsque tu pratiques la compassion, tu te libères de toute servitude et plus aucun lien ne t'entrave pour aider tous les êtres de l'univers. Ta mission est de soulager les hommes de leur souffrance et ainsi de leur apporter la paix et la joie. Si tu en doutes, regarde les plantes : elles naissent au printemps, s'épanouissent en été, donnent des fruits en automne et toutes reconstituent leurs forces dans la froidure de l'hiver, sans jamais douter d'elles-mêmes, elles accomplissent de grandes choses[1]. »

4. L'énergie (viryaparamita)

Pour cheminer sur la voie, l'énergie du moi n'est pas satisfaisante parce qu'il se lasse, se montre insatisfait ou alors content de lui. La véritable énergie est celle de la compassion et de la lucidité. En actes, elle se traduit par la persévérance, l'endurance, le courage et la capacité à se remettre en question et à voir que jamais rien n'est acquis. Elle ne correspond pas à l'énergie d'un labeur pénible et harassant, mais à celle de l'enthousiasme qui repose sur la joie d'accomplir des

---

1. *Le chant de l'Éveil. Le Shôdôka commenté par un maître zen*, p. 131-132.

actes sains et positifs. Souvenons-nous de ces paroles de Dôgen citées à la fin de la section consacrée à l'éveil (voir p. 547) :

> Apprentis de l'éveil, seriez-vous même éveillés, ne cessez jamais de pratiquer l'éveil sous le prétexte que vous supposeriez en avoir atteint le plus haut degré. L'éveil est illimité. Pratiquez encore plus l'éveil, surtout si vous avez appréhendé la vérité.
>
> Les poissons nagent et nagent, mais il n'y a pas de fin à l'eau ;
> Les oiseaux volent et volent, mais il n'y a pas de fin au ciel.

L'énergie soutient l'activité de toutes les autres perfections. Sans elle, rien n'est possible. On en distingue trois aspects :

- *L'énergie comme une armure* consiste à prendre l'exemple des maîtres du passé pour s'engager avec ferveur dans la pratique, sans se laisser décourager ou gagner par la paresse.
- *L'énergie en actes*, c'est s'appliquer avec enthousiasme à la pratique sans remettre au lendemain ce que l'on peut faire le jour même. Cela suppose d'avoir en continu la conscience de l'impermanence et de la fragilité de l'existence.
- *L'énergie insatiable* anime l'esprit de Dôgen quand il tient les propos cités plus haut. Si nous envisageons la voie comme un chemin qui va de A à B, nous allons développer une mentalité de calculateur ou de collectionneur. L'esprit et la voie étant sans commencement ni fin, comment pourrions-nous nous satisfaire de ce qui semble acquis ?

5. La concentration (dhyanaparamita)

Les propos tenus sur la concentration juste, l'une des branches du noble octuple sentier, s'appliquent ici (voir p. 576). Mais dans le cadre de la pratique des six perfections, on désigne spécifiquement trois étapes dans la stabilité méditative : la concentration du débutant, la concentration qui discerne le sens véritable, la suprême concentration des tathagatas. Ces étapes correspondent à des niveaux de détachement de plus en plus profonds. Ce détachement est favorisé par l'atténuation de la distraction et de l'agitation mentales. Et cet affaiblissement résulte des pratiques comportementales visant à simplifier l'existence.

- *La concentration du débutant* désigne les expériences teintées de plaisirs et de clarté ou marquées par une suspension de la pensée. Expériences agréables auxquelles l'apprenti s'attache en cherchant à les renouveler. Cette attitude est un frein au progrès spirituel. Ces expériences doivent être reconnues simplement comme des signes de l'esprit se détendant. L'antidote à cet attachement est la compréhension directe de la vacuité.

- *La concentration qui discerne le sens véritable* suppose que l'apprenti est parvenu à se défaire de l'attachement grossier précédent. Toutefois, il conceptualise la vacuité et ne parvient pas à se défaire de cette opération mentale, comme un malade des nerfs peut devenir dépendant de ses médicaments alors qu'il a recouvré la santé. Il convient alors de revenir à une compréhension saine de la vacuité, celle d'un mot-outil, d'une voie de la négation directe, d'une suspension du jugement.

- *La suprême concentration des tathagatas* survient une fois que l'apprenti cesse de se représenter la vacuité. Elle est l'essence de la stabilité méditative, ce moment où l'esprit se trouve dans l'état de contemplation dénuée de concepts et de représentations mentales. Cet état correspond à l'expérience effective de la nature ultime des phénomènes.

6. La connaissance transcendante (prajnaparamita)

La présentation de cette sixième perfection est liée à la compréhension juste, l'une des branches du noble octuple sentier, et aux « trois étapes de la compréhension » qui permettent le développement de prajna, la connaissance supérieure. On distingue ainsi la connaissance issue de l'écoute ou/et de l'étude de l'enseignement, de la connaissance issue de la réflexion sur sa signification profonde, et enfin, de la connaissance issue de la pratique méditative. Toutefois, ces trois aspects interagissent et se complètent

- *La connaissance issue de l'écoute ou/et de l'étude de l'enseignement* suppose de n'être pas un récipient troué, retourné ou contenant du poison. La pratique consiste à s'ouvrir aux enseignements en faisant un effort pour les retenir et les comprendre à la lumière des explications fournies par le maître.

- *La connaissance issue de la réflexion sur la signification profonde de cet enseignement* consiste, sans s'attacher à la lettre mais en recherchant l'esprit, à réfléchir et à l'examiner de sorte à en assimiler le sens et éliminer les doutes. Lorsqu'un point reste confus ou incompris, il est important de questionner le maître afin d'obtenir les éclaircissements qui écarteront les incertitudes. Sur le plan de la pratique méditative, il convient de bien comprendre ce que l'on fait de sorte à acquérir une réelle autonomie.

- *La connaissance issue de la pratique méditative.* Seule la pratique méditative permet d'expérimenter le sens ultime de l'enseignement et d'en acquérir la compréhension directe. Il s'agit d'une expérience effective de la vacuité dans son double aspect : absence d'être-en-soi dans la personne (non-soi) et absence d'être-en-soi dans les phénomènes. Il en a été largement question dans le précédent chapitre. Cette connaissance se développe sur la base de la pratique des quatre attentions (corps, sensations, esprit, objets de l'esprit) et de la vision claire (vipashyana). Par la pratique méditative, prajna actualise sa véritable nature qui est perfection (paramita). Dans le contexte du Zen, on parle de l'union indifférenciée de la méditation et de la sagesse en le non-esprit (jap. *mushin*), la vacuité de l'esprit en zazen. Par un effet de rayonnement de la puissance propre à la prajnaparamita, les cinq autres actes s'accomplissent eux aussi comme perfections.

LA PRATIQUE DE L'ACCUEIL ET DU DON (TONGLÈN)

L'entraînement à la bodhicitta relative d'application comprend aussi la pratique de l'accueil et du don, *tonglèn* en tibétain (littéralement « échange »). Elle fait partie du vaste corps de conseils et de pratiques méditatives appelé Lodjong*, « l'entraînement de l'esprit », largement diffusé dans toutes les écoles tibétaines[1].

Tonglèn permet de ressentir les similitudes entre la conscience de nos semblables et notre propre conscience. D'une façon générale, la pratique consiste à accueillir les souffrances, les pensées et les actes nuisibles d'autrui, source de violences et de malheurs, et à offrir en échange nos souhaits de bonheur et de paix. Cette pratique contrecarre l'opposition que nous instaurons entre le « bon-pour-soi » et le « mauvais-pour-soi ». L'ego doit faire silence parce que la posture mentale à adopter se trouve à l'opposé de son mode de fonctionnement habituel. Accueillir l'indésirable et offrir en retour ce que nous avons de plus précieux lui semble intolérable.

Le point sensible et l'ouverture inconditionnelle

La pratique des quatre états sublimes et la méditation sur la bienveillance constituent une base importante parce qu'elles permettent de ressentir en nous le point sensible et d'agir à partir de lui et non plus à partir de l'ego perturbateur. En ce sens, tonglèn réoriente les énergies investies dans l'attachement que l'on a pour soi. De prime abord, cela peut sembler déstabilisant. En délaissant notre attitude protectionniste, notre territoire s'ouvre ; on devient plus humble, plus

---

1. Pour les détails de ces pratiques, voir l'annexe 3, p. 768.

réceptif et disponible aux autres. Ils cessent de représenter une menace pour devenir des hôtes. Ainsi, on substitue à une attitude égocentrée une attitude allocentrée. En portant notre attention sur une existence qui n'est pas la nôtre, la crispation sur le moi se relâche. Nous agissons désormais à partir de l'ego sain. En revanche, nous rendrions la pratique erronée en pensant qu'il faut « fusionner » avec l'autre dans un état de totale indifférenciation. Si nous adoptions cette posture mentale, nous sombrerions dans une forme de psychose. Il est vrai cependant que dans la plénitude de l'expérience, au moment où l'échange est très fluide, la différence entre « moi » et « toi » s'estompe.

Cette ouverture correspond à la première phase de la pratique. Aucune émotion n'intervient dans le processus. Pour ressentir l'amplitude de l'ouverture, une expérience de l'interdépendance s'avère nécessaire, mais aussi une expérience de l'espace qui contient et embrasse tout. La conscience spacieuse développée dans la pratique de l'apaisement se montre ici très utile. Elle nous aide à comprendre que si nous souhaitons répandre la joie dans le monde, nous devons commencer à accepter le bonheur en nous. Si nous voulons être doux avec autrui, nous devons éprouver la douceur en nous. Cette attitude correspond à la troisième noble vérité : la souffrance peut cesser parce que la paix demeure en nous.

Le support de la respiration

Dans un deuxième temps, on applique l'accueil et le don à la respiration. On commence par percevoir avec tout son corps la texture de l'ouverture et celle du blocage égotique. Lors de l'inspiration, l'air entre par le nez et par tous les pores de la peau. De même, lors de l'expiration, le souffle emprunte les mêmes portes. L'inspiration est liée à la densité et la lourdeur du blocage égotique. On imagine que l'on inspire une fumée grisâtre et épaisse qui passe par la narine droite. Cette fumée grisâtre représente les forces négatives. On accueille les souffrances dans la transparence du cœur où elles se dissolvent au cours d'une rétention du souffle poumons pleins. Puis du cœur, irradie une luminosité blanche qui sort par la narine gauche et pénètre dans notre environnement pour aider les êtres à actualiser l'éveil. La luminosité blanche représente notre joie, nos bonheurs et nos qualités foncières. S'ensuit une courte rétention du souffle poumons vides et l'on demeure absorbé en un état d'équanimité. Puis, l'alternance respiratoire reprend son cours, suivant le même schéma.

Il s'agit de percevoir l'énergie négative d'une façon globale sans la conceptualiser. Également, on ne comptabilise pas ce que l'on accueille. On ne dit pas : « J'accueille tel chagrin, telle émotion conflictuelle, puis telle douleur, etc. » Cependant on peut « travailler » sur des poisons de l'esprit : la colère, par exemple, l'orgueil ou la jalousie.

L'élargissement du cercle

Pour faciliter l'apprentissage, notre attention se porte en premier lieu sur une personne que nous aimons et qui se trouve dans une situation douloureuse. Ce peut être un parent, un ou une ami(e). La proximité avec l'être cher nous aide à toucher le point sensible en nous. Ensuite, on dépasse le cercle des proches et des amis pour étendre la pratique aux personnes qui nous ont blessés – ceux que nous considérons comme nos ennemis – et tous ceux que nous ne connaissons pas. Finalement, on médite avec tous les êtres, ce qui englobe les six conditions de la conscience plongées dans le samsara. En procédant ainsi, on répand l'énergie de la bienveillance, rayonnement de la bonté fondamentale.

À l'aide du rappel, comme pour toute autre pratique méditative, revenant régulièrement à la qualité de l'expérience vécue, l'intégration se fait peu à peu au sein de la vie quotidienne. La méditation devient méditation dans l'action quand tonglèn se pratique dans les situations concrètes, face à une maladie qui nous handicape ou affaiblit une de nos connaissances, lorsque des blocages relationnels se produisent sur le lieu de travail, au sein de la famille ou dans nos relations amicales. Tonglèn est une réponse compatissante et bienveillante, adaptée à l'agressivité et à la haine qui polluent notre vie.

On peut comprendre que cette pratique puisse nous aider à abandonner la fixation égotique. En revanche, on a parfois plus de difficultés à réaliser qu'elle peut venir en aide au monde souffrant. On se dit qu'une œuvre caritative est plus efficace. Il est difficile de comprendre un domaine d'action indicible dans un monde qui aime les preuves tangibles et quantifiables. Tonglèn est une pratique subtile qui fait appel à l'énergie de la pensée positive et du don. Elle ne peut se développer sur le terrain du scepticisme et du doute. Elle croît sur la confiance en nos possibilités de transformation et notre potentiel de bienveillance.

Nous nous trouvons dans un contexte traditionnel où les notions d'espace et de temps ne correspondent pas à nos vues familières. Et même si l'on admet sans difficultés qu'un téléphone portable puisse nous mettre en relation avec quelqu'un situé à des milliers de kilomètres, on a du mal à admettre que l'énergie de la pensée puisse exercer une action. Dans le contexte traditionnel, la pensée est vivante. Bien que de nature différente, elle « circule » au même titre que l'eau ou le vent peuvent servir de vecteur à la transmission d'enseignements. Les éléments naturels participent du cheminement spirituel. Le mouvement de la pensée est une onde qui peut se propager de proche en proche, comme des prières inaudibles peuvent imprégner l'espace tout entier après que le vent les a récitées en caressant les drapeaux de prière et les bannières sur lesquels elles sont imprimées.

L'APAISEMENT ET LA VISION CLAIRE (SHAMATHA ET VIPASHYNA)

Sur le plan formel, on retrouve ici tout ce que l'on a dit sur ces pratiques dans le cadre du Hinayana : importance du respect de la posture en sept points, placer l'esprit dans une détente spacieuse, maintenir la vigilance dans l'instant présent. La pratique s'ouvre par la récitation du refuge et le méditant développe la bodhicitta, l'esprit d'éveil. Ainsi la pratique méditative s'épanouit dans un état de compassion empathique.

Ce qui change, c'est la méthode d'investigation au cours de vipashyana analytique et le placement de l'esprit dans la phase contemplative. Par rapport aux cinq points de vue sur la réalité selon les traditions tibétaines du Mahamudra et du Dzogchèn (voir p. 615-616), on distinguera l'approche méditative du Cittamatra (l'école de l'Esprit seul) de celle du Madhyamaka svatantrika (la « voie du Milieu des autonomes ») et du Madhyamaka prasangika (la « voie du Milieu des conséquentialistes »).

■ *Approche Cittamatra* – Dans sa méthode d'investigation, le Cittamatra s'appuie sur l'exemple du rêve. Le rêve permet de comprendre comment opère le processus d'auto-illusionnement. Ce processus nous fait croire que les objets extérieurs et l'esprit qui les perçoit existent bel et bien. En réalité, il n'existe pas de dualité sujet-objet. La scission apparaît lorsque l'esprit, en proie à l'ignorance de sa véritable nature, appréhende sujets et objets en tant que manifestations de lui-même. Cet exemple doit permettre au méditant de réfléchir en profondeur sur le fait que l'esprit demeure vide de la dualité d'un sujet qui perçoit et d'un objet perçu. Une fois la conviction obtenue, l'esprit, libre de toute dualité, repose en l'expérience de la vacuité. Entre les sessions, l'apprenti essaie de voir que toute chose, toute situation, toute expérience a la nature d'un rêve. Cette posture mentale aide à désamorcer les émotions conflictuelles.

■ *Approche Madhyamaka svatantrika (la « voie du Milieu des autonomes »)* – L'apprenti examine les dix-huit éléments cognitifs[1] pour réaliser

---

1. Formes, sons, saveurs, odeurs, objets tangibles, objets mentaux, les six facultés sensorielles correspondantes et les six consciences qui leur sont associées.

leur vacuité. Une fois qu'il a acquis la certitude de leur nature vide, le pratiquant demeure dans l'expérience dénuée de toute image mentale. L'espace vide et infini sert de support à la méditation. Ce support permet d'interrompre l'attachement à la réalité apparente des phénomènes. Entre les sessions, l'apprenti réfléchit au fait que tous les phénomènes sont vacuité et espace infini.

■ *Approche Madhyamaka prasangika (la « voie du Milieu des conséquentialistes »)* – Le méditant n'établit pas seulement la vacuité de tous les phénomènes mais prend en compte la vacuité des concepts et de toutes les représentations conceptuelles. Pour l'esprit, réalité relative et réalité ultime ne sont que des désignations. Une fois que toutes les conceptions persistantes disparaissent, l'esprit demeure en vipashyana contemplatif, une méditation libre de référence, d'élaboration et d'interprétation : c'est l'expérience du non-appui.

Cette étape prépare le terrain à la méditation fondamentale au cœur de l'approche du Mahamudra : demeurer dans un état de non-artifice, observer l'esprit en toute simplicité et en réaliser directement la nature, c'est-à-dire l'union de la clarté et de la vacuité. Cette approche capitale dans l'école tibétaine Kagyupa coïncide avec la vue du Madhyamaka shèntong pour qui la véritable nature de l'esprit est la nature de bouddha (ou claire lumière).

Zazen : l'assise silencieuse dans le Zen

Dans le Zen, zazen, l'assise (za) silencieuse, résume entièrement la voie : « Juste s'asseoir en silence » (shikantaza) dans une posture parfaite. Dôgen a dit : « S'asseoir est en soi la pratique d'un bouddha. S'asseoir c'est, tel quel, ne rien devenir. Et cela, c'est, tel quel, la vraie forme de soi-même. Ne recherchez pas la réalité de bouddha hors de vous[1]. »

En zazen, le respect strict des sept points clés de la posture donne au corps une allure solennelle. Alors que dans les autres traditions, le dos de la main droite repose généralement sur la paume de la main gauche, ici la main gauche repose sur la paume de la main droite. La main gauche est assimilée au calme et à l'harmonie ; la main droite au dynamisme et à l'énergie. Symboliquement, cela signifie que la tranquillité et la paix sont le fondement de la pratique assise. La position des mains forme une ouverture au niveau du hara. Situé dans le bas-ventre, le *hara* est le centre de l'énergie et de l'activité. Maître Taisen

---

1. *Les enseignements du maître zen Dôgen. Shôbôgenzô Zuimonki*, p. 136.

Deshimaru affirmait que la pratique de zazen et une respiration juste renforcent la vigueur du hara. Les pouces sont parfaitement alignés. S'ils remontent pour former un triangle, c'est un signe d'agitation. S'ils s'affaissent, c'est que la torpeur gagne l'esprit.

Dans les dojos zen sôtô, le porteur de *kyosaku* (le bâton d'éveil), qui marche lentement dans le dos des méditants, perçoit ces déséquilibres. Un méditant peut faire appel à son intervention pour retrouver l'assise juste. Basculant la tête sur le côté, il reçoit sur l'épaule un coup sec de kyosaku qui a pour effet de calmer et de tonifier. Les clés posturales signalent l'importance du lien entre tonicité et attention, forme et force. Semblable au roseau qui ne fléchit pas tout en gardant sa souplesse, le corps, le souffle et l'esprit apprennent à demeurer en harmonie.

Malgré ces considérations, zazen n'est pas une technique. Zazen, c'est l'éveil. La posture méditative rend le corps-esprit à sa fluidité naturelle. Il se relâche dans ce que Dôgen appelle le « maintenant vivant », le maintenant tel qu'il est. Rappel incessant de la posture adoptée par le Bouddha sous l'arbre de l'éveil, zazen est « la reproduction rituelle de l'éveil du Bouddha[1] ». Ju-ching, le maître de Dôgen, a enseigné : « Pratiquez zazen avec un maître, c'est dépouiller son corps et son esprit en zazen : sans encens, sans prostration, sans invocation, sans sutras. (...) En se recueillant en zazen, les [cinq] désirs disparaissent et les [cinq] souillures sont effacées[2]. »

Le méditant demeure ainsi dans une disposition d'esprit que le Zen appelle *mushotoku*, sans but ni esprit de profit. « Sans but » signifie que l'esprit échappe au devenir et aux tensions qui naissent quand on souhaite atteindre quelque chose. Là, il n'y a rien à atteindre. « Sans esprit de profit », car l'esprit ne cherche pas à s'accaparer un nouvel état, la bouddhéité par exemple. Il ne dépend donc d'aucune image de l'éveil pas plus que de Bouddha lui-même. Mushotoku est l'état d'esprit non-deux, libre de toute dépendance. Les pensées qui surviennent au cours de l'assise sont l'expression de la dynamique de l'esprit. Elles ne sont jamais refoulées mais simplement reconnues dans leur transparence et leur fluidité, sans que leur contenu ne devienne un objet de fixation. À tout moment, peut s'actualiser l'expérience d'immédiateté antérieure à toute conceptualisation, l'expérience de non-pensée (fushiryô).

En zazen, la personne réalise que le corps et l'esprit sont unité. Lors de la présentation de la vision de l'éveil dans le Zen, nous avons vu que le Zen identifie cette expérience unitaire à l'illimité du cosmos.

---

1. Expression de Bernard Faure dans « Les avatars de l'absolu dans le bouddhisme Chan/Zen ». Cf. *Nirvana*, L'Herne, n° 63, p. 319.
2. *Shôbôgenzô. Uji. Être-temps*, p. 19-20.

Taisen Deshimaru, commentant les sept principes du Zen de Dôgen, écrit à ce propos : « Le corps et l'esprit sont unité et reliés à tout le cosmos. Il n'y a pas de séparation. Tout le cosmos est le véritable corps-esprit. Il faut le comprendre à partir du corps, à travers zazen. (...) Lorsqu'on pratique zazen, à ce moment-là, le corps-esprit devient le cosmos lui-même, et vice versa[1]. » L'entendre dire n'est pas suffisant. Il faut le ressentir à partir du corps.

Les positions de Dôgen sur zazen sont éclairantes. Le corps est laissé tel quel. Être assis tout simplement, « le corps libre du corps, parfait comme la pleine lune[2]. » La transmission traverse « peau, chair, os et moelle », sans distinction entre surface et profondeur, intérieur et extérieur, moi et mien, éveil et non-éveil. En son repos, écho du silence de la parole et de l'esprit, le corps manifeste la plénitude de l'instant : le présent pur qui est le non-temps du nirvana. Le méditant est Bouddha. Pratique et éveil ne font qu'un. Dôgen parle ainsi de l'« actualisation du corps » lorsque le corps du méditant se confond, par résonance, avec le corps absolu ou corps de la réalité, dharmakaya. C'est pourquoi le débutant qui vit sincèrement zazen actualise l'éveil même s'il ne comprend pas encore les enseignements donnés par le maître.

Sur la manifestation de la « beauté du corps » sous l'effet de la pratique, Taisen Deshimaru a tenu des propos percutants :

> Maître Dôgen disait : « Aussi le corps est issu de l'étude de la voie et tout ce qui est issu de l'étude de la Voie est le corps. Étudier le corps c'est étudier la voie avec le corps. C'est étudier notre amas de chair rouge. »
> Notre corps est dieu et démon. Dôgen dit que notre corps et notre esprit seuls peuvent être dieu ou démon. Comment pratiquer afin que notre corps, ce tas de viande rouge, devienne Bouddha ?
> Cette enveloppe puante, ce sac d'os puant, plein de pipi et de caca, qui sent parfois l'ail, le fromage... Notre corps n'est pas si merveilleux. Quand je passe dans les rangs en kin hin (la marche méditative), certains sentent le camembert, certains ne se sont pas lavés ; d'autres ont les cheveux sales, le kolomo qui sent mauvais ; certains sentent les gros pets, d'autres l'ail... Cependant, c'est ce corps-là qui devient véritablement beau et sain, le plus élevé.
> Lorsque vous faites zazen, kin hin, il y a certes une petite odeur de camembert, mais la dignité se manifeste, bien plus qu'en d'autres circonstances. Les visages sont purs. Vous pouvez ainsi comprendre ce qu'est *Shin Gakudo* (étudier la voie avec le corps)[3].

---

1. *Le trésor du Zen*, p. 59.
2. *Shôbôgenzô, Busshô, La nature donc Bouddha*, p. 263. Rappelons que la lune est la métaphore de l'éveil.
3. Cf. Marc de Smedt, *Le rire du tigre. Dix ans avec maître Deshimaru*, p. 231.

Kin hin : la marche méditative

La marche méditative revêt une importance particulière dans le Zen[1]. Elle s'effectue dans le même état d'esprit que zazen et favorise le repos du corps demeuré dans la posture assise.

Le pratiquant place le pouce serré dans le poing gauche positionné par la tranche contre le plexus solaire. La main droite l'enveloppe et les avant-bras sont tenus à l'horizontale. La colonne vertébrale est bien droite, le menton légèrement rentré pour étirer la nuque et dégager les épaules, tout cela sans heurt. Durant l'expiration, le méditant presse les deux mains l'une contre l'autre, appuie sur le plexus, rentre l'abdomen pour favoriser l'expulsion de l'air résiduel et avance légèrement le pied droit en appuyant fortement sur le sol comme s'il voulait laisser une empreinte. À ce moment-là, tout le côté droit est mobilisé alors que le côté gauche reste profondément détendu. À la fin de l'expiration, le pratiquant relâche l'ensemble du corps et l'inspiration se fait naturellement. Au cours de l'expiration suivante, il avance le pied gauche et ainsi de suite. À chaque fois, l'expiration par le nez est profonde et lente.

Exposant à ses disciples le kin hin, maître Taisen Deshimaru dit que « c'est une marche rythmée, comme celle d'un canard, faisant alterner tension et détente, temps forts et temps faibles. Les maîtres zen disent qu'il s'agit d'avancer comme le tigre dans la forêt ou le dragon dans la mer. L'appui du pied est sûr et silencieux, comme le pas d'un voleur[2] ! ».

La lenteur des mouvements et l'attitude hiératique du corps donnent à la marche une dimension rituelle. Comme dans zazen, le corps retrouve sa grâce et son harmonie naturelles. Le pratiquant développe le sens du geste juste et le ressenti très puissant de son existence dans l'instant. Le lent déroulement des pieds sur le sol et la régularité du souffle intensifient sa communion avec le monde vivant.

Terre pure : la récitation du nom d'Amitabha

Ce passage à la pratique de la récitation du nom d'Amitabha a un caractère abrupt après ces quelques propos sur zazen. Cette rupture a l'avantage de souligner la variété des modes d'expression et des pra-

---

1. Elle se pratique aussi dans d'autres traditions dont les traditions tibétaines.
2. *La pratique du Zen*, p. 37.

tiques bouddhiques[1]. La Terre pure correspond à ce que certains appellent un « bouddhisme de la foi ».

Réalisée dans des conditions presque similaires à la récitation des dharanis (incantations) et des mantras, la récitation du *Nembutsu*, la formule d'hommage au bouddha « Lumière Infinie » (en japonais, *Namu Amida Butsu*), libère le pouvoir spirituel inhérent au nom du bouddha et conduit à l'apaisement de l'esprit ainsi qu'au développement de l'attention. Pouvant mêler la visualisation des marques majeures d'un bouddha, la foi en les promesses d'Amitabha et en la puissance salvatrice de la psalmodie, cette pratique permet de renaître en Sukhavati, la terre pure d'Amitabha, qui offre les conditions adéquates pour réaliser le plein éveil. Cette pratique figure dans Le « Sutra de la contemplation de vie infinie » (*Amitayurdhyanasutra*), un sutra qui constitue le fondement d'un véritable culte d'Amitabha.

Compte tenu de la dimension de compassion et de l'importance du nom, porteur des vertus d'un mot-force, nous sommes proches, en termes de thérapie libératrice, de la prière du cœur et de la récitation ininterrompue du nom de Jésus dans certains courants érémitiques de l'Église orthodoxe russe.

Dans la « Véritable école de la Terre pure » (Jôdo-shinshû), fondée par Shinran (1173-1263), la récitation du *Nembutsu* est l'expression d'une gratitude envers Amitabha, mais aussi une forme de soutien et d'aimantation de son pouvoir radical et immédiat. Shinran écrit à propos de la pratique :

> La Grande Pratique, c'est de réciter le nom du bouddha Amida, lui dont la lumière est inempêchée.
> Cette pratique inclut en elle toutes les autres pratiques.
> Cette pratique est appelée la « Grande Pratique », parce qu'elle mène extrêmement vite à la Réalisation. (...)
> Réciter le Nom, c'est y appliquer sa pensée ; y appliquer sa pensée, c'est penser au bouddha, c'est-à-dire le Nembutsu, c'est « Namu Amida Butsu » [dans la pratique : « Nam'An'da Bu »].
>
> Dans le passage de l'accomplissement du 17e Vœu, le sutra dit :
> « (...) Tous les êtres vivants qui, par l'audition de son nom, produisent une joyeuse pensée de foi, ne serait-ce qu'une seule fois, et qui, grâce au transfert du Cœur Sincère, souhaitent renaître en son pays, obtiennent aussitôt d'y aller renaître et demeurent dans l'état irréversible. » (...)
> L'expression du sutra « ne serait-ce » désigne un minimum suffisant et l'expression « une seule fois » veut dire aussi « une seule pensée » ou « unité de pensée ».
> Cette seule pensée, c'est un seul cri et ce seul cri, c'est la récitation du Nom. La récitation du Nom, c'est une pensée attentive, c'est la pensée correcte.

---

1. On se souvient que l'école Zen Ôbaku associe la pratique de zazen à la récitation de la formule d'hommage au bouddha Amida.

Enfin, cette pensée correcte, c'est l'acte correct qui fait aller dans la Terre pure.

D'un autre côté, l'expression « ne serait-ce qu'une seule fois » ne désigne pas ici « l'unité de la pensée » obtenue en méditant sur les qualités du bouddha ou en répétant son nom de multiples fois. En, conséquence, l'expression « ne serait-ce qu'une seule fois » veut dire que la pensée et la pratique par lesquelles on obtient d'aller renaître dans la Terre pure ne font, en termes de longueur de temps, qu'un seul instant[1].

□ *Le fruit du Mahayana*

Après avoir parcouru les cinq voies du développement, de la jonction, de la vision, de la méditation et de l'accomplissement final, et expérimenté l'une après l'autre les dix terres de bodhisattva, l'apprenti du Mahayana réalise l'éveil, la bouddhéité ou état de bouddha. La bouddhéité implique la disparition des quatre voiles (ignorance, saisie dualiste, émotions conflictuelles, karma) et l'actualisation de la sagesse parfaite, celle qui connaît la réalité ultime et la réalité relative. On sait également que l'état de bouddha comprend les trois corps : corps absolu (dharmakaya), corps d'expérience parfaite (sambhogakaya) et corps d'émanation (nirmanakaya).

• Vajrayana : l'approche sacrée

Le Varayana se caractérise par la voie des tantras dont la diversité et la puissance des moyens habiles permettent d'accélérer l'actualisation de l'éveil. Cette voie s'inscrit au cœur du Mahayana et consiste en une amplification des principes qui le fondent : amour-compassion, connaissance, pratiques méditatives prenant cette fois une dimension alchimique.

□ *La vue*

La vision de la pureté fondamentale de l'esprit, liée aux enseignements sur la vacuité, le mode d'existence véritable de tous les phénomènes, constitue la vue du Vajrayana. Les apparences du samsara et du nirvana étant ultimement pures et égales, samsara et nirvana sont indivisibles. Il en va de même de l'expérience habituelle et de l'expé-

---

1. *Sur le vrai bouddhisme de la Terre pure*, p. 33-37.

rience éveillée, car la claire lumière est déjà présente en nous. Cependant, étant accaparés par nos émotions et la vision dualiste, nous ne sommes pas capables de percevoir le dharmadhatu, le domaine de la vacuité immuable.

Les méthodes tantriques visent à transformer nos perceptions dualistes en leur nature pure. Ainsi pourrons-nous réaliser, selon l'expression de Lama Thoubten Yéshé, que « le beau visage du réel existe en chaque phénomène, ici et maintenant ». Dans ce contexte, les enseignements du deuxième et troisième tour de la roue du Dharma, ainsi que les vues du Madhyamaka (la voie du Milieu) et du Cittamatra (l'école de l'Esprit seul) revêtent une grande importance.

La transformation des perceptions suppose une progression par étapes qui tient compte du niveau émotionnel et des capacités de chacun. Les états de confusion sont si enracinés en nous qu'il serait déraisonnable d'imaginer que nous puissions transformer en un instant les désirs habituels grossiers en leur nature pure ou que nous soyons à même d'utiliser une énergie supérieure à celle que nous sommes capables de maîtriser. Déroger à ces impératifs ne ferait qu'accroître le trouble et la dysharmonie.

En présentant les tantras (chap. 11), j'ai indiqué pour chaque classification quelle était la vue particulière adoptée en relation avec les spécificités propres à chaque corps de texte.

▫ *La pratique dans la tradition tibétaine*

La discipline sacrée

L'entrée dans le Vajrayana implique de suivre les trois conditions indispensables à la discipline tantrique : éviter d'accomplir des actes qui pourraient nuire aux êtres vivants (niveau du Hinayana, accent porté sur le renoncement), cultiver l'esprit d'éveil, maintenir la vue correcte de la vacuité (niveau du Mahayana, accent porté sur la compassion et la sagesse).

Sur cette base, et conformément à la vue, il s'agit de respecter les engagements sacrés qui ont été pris en consacrant les trois portes (corps, parole, esprit) dans la présence à la nature de l'esprit à laquelle le maître nous a introduits. De façon prosaïque, cela revient à dire que nous considérons l'éveil comme le point de départ du cheminement. Dès lors, nous nous efforçons de ne pas nous laisser entraîner par le flux de l'esprit dualiste habituel, mais nous pensons, parlons et agissons comme si nous étions déjà pleinement éveillés, avec toutes les qualités et vertus que cela comporte.

L'art de travailler avec les émotions conflictuelles :
le paon assimile le poison de la plante toxique

Dans le Vajrayana, l'art de travailler avec les émotions négatives n'a rien de comparable avec les méthodes mises en œuvre dans le Hinayana et le Mahayana. La puissance inhérente aux toxines mentales est utilisée comme voie. Sans se laisser influencer ou dominer par ces toxines, le tantrika applique des techniques qui consistent à utiliser leur formidable énergie pour se libérer de leur influence. On parle d'alchimie des émotions négatives. Cela suppose une capacité à entrer en amitié avec elles. Cette approche justifie l'imagerie symbolique et souvent terrifiante des déités courroucées employée dans certaines pratiques méditatives.

La technique de transmutation consiste tout d'abord à reconnaître l'émotion conflictuelle pour ce qu'elle est, à s'en dégager dans une attitude de témoin et à l'observer dans sa transparence, cessant ainsi de la percevoir comme un obstacle ou une source de conflits. L'énergie qui l'anime, libre de toute fixation, se décharge et n'entrave plus alors la paix intérieure. Comme on l'a vu, la transmutation des cinq émotions négatives consiste à manifester leur nature pure, les cinq sagesses (voir p. 206). Les poisons sont devenus des médicaments, c'est-à-dire des aides dans la pratique.

On compare volontiers cette dernière approche au comportement du paon, traditionnellement réputé pour sa capacité à assimiler le poison contenu dans une plante toxique pour embellir. Cette assimilation naturelle illustre l'autolibération spontanée des émotions, le niveau ultime de la pratique, celui du Mahamudra-Dzogchèn. Ceci étant, aucune des trois méthodes pour traiter les toxines mentales n'est supérieure aux deux autres car elles conduisent au même résultat.

LES PRÉLIMINAIRES (NGÖNDROS)

Les préliminaires, ou *ngöndros* en tibétain, marquent l'entrée dans le cœur de la pratique du Vajrayana. Indispensables, ils préparent le terrain de l'esprit, afin que débarrassé de ses blocages et de ses imprégnations négatives, l'influence de la transmission spirituelle puisse l'ensemencer. Les préliminaires peuvent également constituer une pratique complète suivie tout au long de la vie, sans que la personne s'engage dans les pratiques principales auxquelles ils donnent accès. Ils sont au nombre de huit répartis en deux groupes distincts : les préliminaires communs et les préliminaires spéciaux.

Les préliminaires communs
(Les quatre prises de conscience)

Dans la tradition bouddhique tibétaine, les quatre nobles vérités sont souvent présentées sous la forme de quatre prises de conscience : la précieuse existence humaine libre et qualifiée, l'impermanence et la mort, le karma, la souffrance inhérente au samsara.

Préliminaires communs aux trois véhicules, ces quatre prises de conscience changent l'attitude mentale et l'orientent intensément vers la pratique. Elles préparent ainsi l'esprit à la transmission en le libérant de ses blocages, des imprégnations négatives et des vues erronées. On doit y réfléchir régulièrement et méditer sur leur signification.

La précieuse existence humaine libre et qualifiée

L'exposé de la représentation traditionnelle de l'univers (voir chap. 2) nous a montré qu'il existait six conditions de la conscience dans le samsara. En citant la parabole de la tortue qui parvient à passer la tête dans l'ouverture d'un joug de bois flottant sur l'océan, nous avons vu combien la rareté d'une renaissance dans le monde humain soulignait le caractère extrêmement précieux de l'existence et justifiait l'urgence d'une transformation profonde et libératrice des conditionnements douloureux.

Il convient de réaliser la chance que nous avons de jouir de la liberté et de situations favorables à la pratique du Dharma et à la réalisation du plein éveil. Nous pouvons ainsi réfléchir aux conditions suivantes : 1. être né dans un lieu où l'enseignement existe, 2. disposer de toutes ses facultés physiques et mentales, 3. ne pas être esclave d'actions extrêmement négatives, 4. avoir confiance et respect dans les enseignements, 5. réaliser la chance que nous avons qu'un bouddha soit apparu dans le monde, 6. que ce bouddha ait enseigné le Dharma, 7. que l'enseignement soit toujours vivant, 8. que l'on puisse suivre la voie, 9. qu'un maître vivant puisse exposer le chemin de la libération. L'existence est rendue d'autant plus précieuse par la présence en tout être de la nature de bouddha.

L'impermanence et la mort[1]

On se dit simplement que si nous avons réussi à obtenir un précieux corps humain, aussi difficile que cela soit, il change constamment, s'amenuise et peut périr à tout moment. Dans cette situation d'insta-

---

1. Il en a été déjà été question dans le chapitre 13. Voir p. 578 et suiv.

bilité et de précarité, on ne peut s'attacher à ce qui est transitoire et l'on comprend l'importance de s'engager dans une pratique transformatrice.

Le karma[1]

Nous savons que même si notre corps est destiné à disparaître, rien ne finit à la mort. Nous sommes amenés à subir les effets des actions que nous avons commises au cours de nos nombreuses existences. Réfléchir à cette situation permet de comprendre l'importance d'un comportement visant à devenir un meilleur être humain par le développement des actions positives et le rejet des attitudes négatives.

La souffrance inhérente au samsara[2]

Tant que nous demeurons sous l'influence du karma produit par les actions négatives, nous ne pouvons échapper à la souffrance propre à toute existence dans le samsara. En reconnaissant les défauts du samsara, nous aspirons à y mettre un terme.

LES PRÉLIMINAIRES SPÉCIAUX

Ces préliminaires contribuent à renforcer notre engagement, à dissiper les obstacles et les voiles, à amplifier le développement de bienfaits et de connaissance supérieure, à établir un lien profond avec la lignée afin de recevoir son influence spirituelle. Ces pratiques comprennent : les prosternations, la purification de Vajrasattva, l'offrande du mandala, le guru-yoga. Dans l'école Kagyupa, ces préliminaires sont effectués dans l'ordre que nous venons d'indiquer. Chacun est accompli cent mille fois. Nous ne donnons ici que quelques idées directrices car ces pratiques ne sont transmises qu'oralement.

Les prosternations

Les prosternations consistent en un hommage rendu aux trois joyaux (Bouddha, Dharma, Sangha), qui représentent ici le refuge extérieur, et aux trois racines (maître, déité d'élection et dakini [protecteurs]) qui correspondent au refuge intérieur. Il s'agit de « mettre en scène » mentalement toute la communauté des êtres réalisés (arhats, bodhisattvas,

---

1. Cette notion a été présentée dans le chapitre 1, p. 55-58.
2. Nous en avons également parlé dans le chapitre 13, p. 588-590.

yidams, dakinis, protecteurs), et plus particulièrement les maîtres de sa lignée, regroupés autour du bouddha primordial. On récite à plusieurs reprises la formule du refuge avant d'offrir ses prosternations.

Généralement, on se tient[1] debout face à son autel. Les mains jointes ramenées vers le front, la bouche puis la poitrine, on s'incline pour se mettre à genoux, on place ensuite les mains au sol de sorte à glisser vers l'avant pour s'allonger complètement face contre terre. Puis on revient à la position verticale avant de dérouler une nouvelle séquence. Tout au long de l'exercice, on récite également une variation de la formule du refuge.

Comme toutes les autres pratiques du Vajrayana, les prosternations impliquent le corps, la parole et l'esprit. L'esprit demeure en la présence imaginée de la communauté des êtres réalisés en même temps qu'il s'abandonne à la récitation et au mouvement fluide du corps. L'objet de cette pratique est Vajradhara, l'archétype de l'éveil primordial et atemporel, inséparable du lama-racine, celui qui représente pour nous la source de la transmission. De couleur bleue, Vajradhara symbolise l'espace incomposé qui embrasse tous les phénomènes, mais aussi la sagesse inhérente à la nature primordiale de notre esprit. L'ensemble du processus consiste à faire fléchir la fixation égotique. L'ego est invité à s'incliner devant la véritable nature de l'esprit, ce qui n'est pas sans provoquer des résistances. C'est pourquoi le lâcher prise revêt une si grande importance. Il s'agit simplement de *faire* en s'abandonnant à ce langage particulier du corps-parole-esprit.

La purification de Vajrasattva

Les prosternations purifient la bulle de l'ego avec ses émotions et ses fixations. Elles délestent le corps, la parole et l'esprit de ce qui n'est pas leur nature foncière. La dimension égotique plus enfouie et plus intime est mise au jour. Ce deuxième préliminaire s'adresse à elle. Il consiste en un « nettoyage » du karma négatif accumulé depuis de nombreuses existences et des voiles qui masquent l'expérience ultime.

Vajrasattva, « l'Être adamantin », forme assimilée au bouddha Akshobhya (l'« Immuable »), personnifie la pureté fondamentale de l'esprit, notre nature de bouddha. La première étape de cette pratique consiste à reconstruire mentalement, au sommet du crâne, l'apparence de Vajrasattva assis en posture méditative. Son corps est d'un blanc immaculé. Dans la main droite, il tient un vajra ; dans la main gauche, une cloche. Au niveau de son cœur, se trouve la syllabe-germe HUM, le son primordial de la vacuité. Un nectar purificateur confondu avec l'élixir

---

1. Cf. au début du livre p. 35.

d'immortalité (amrita) s'épanche de cette syllabe-germe. Tout en récitant le mantra à cent syllabes de Vajrasattva, on imagine que le nectar se répand dans notre corps avant d'atteindre le sol. Au départ, le liquide n'est qu'un mince filet. Au fur et à mesure de la pratique, il se transforme en une rivière de sagesse qui entraîne les souillures karmiques. Ce processus repose sur le principe de substitution. Il s'agit d'apprendre à vivre du point de vue de la nature ultime en substituant la vision de Vajrasattva et de son environnement immédiat aux pensées et représentations mentales habituelles. On sait que les apparences, les sons du mantra, les facteurs karmiques et l'esprit sont fondamentalement vacuité.

Le succès de l'opération dépend de l'application d'un certain nombre de facteurs dont le respect du déroulement de la pratique, le regret des actes négatifs et la résolution de ne pas les renouveler.

L'offrande du mandala

Au cours de la purification de Vajrasattva, la suspension des discours intérieurs peut se produire de sorte que les phénomènes sont perçus sans la distorsion opérée par les représentations mentales. Ces expériences positives risquent d'être accaparées par l'ego. Un sentiment de réussite ou de fierté peut alors apparaître. La pratique de l'offrande du mandala vise justement à déraciner la saisie et l'attachement aux objets sensibles et mentaux.

Cette pratique consiste à offrir symboliquement aux trois joyaux et aux trois racines toutes les richesses de l'univers. La lecture du chant qui introduit le chapitre II de *La marche vers l'éveil* de Shantideva est à ce titre très inspirante :

> Toutes les fleurs, et les fruits et les simples, tous les trésors de l'univers, les eaux pures et délicieuses, les montagnes faites de précieuses gemmes, les ravissantes solitudes des bois, les lianes éclatantes parées de fleurs, les arbres dont les branches plient sous le poids des fruits, (...) toutes ces choses qui n'appartiennent à personne, je les prends en esprit et les offre aux bouddhas.

Généralement, le support de l'offrande est un mandala de l'univers. Sa configuration, à quelques variantes près, correspond à la structure du monde réceptacle décrite dans le « Trésor de l'Abhidharma » avec en son centre la montagne axiale, ses différents plans d'existence, qui correspondent aux six conditions de la conscience, et ses continents à la périphérie (voir figure 2, p. 63). Cette structure représente l'univers dans sa totalité avec toutes ses merveilles et ses beautés. Il devient le cadeau le plus précieux qu'il soit possible de faire.

L'offrande du mandala introduit l'esprit au sens du don inconditionnel. Cette pratique n'est pas uniquement symbolique. Elle consiste à découvrir que la générosité est l'une des qualités de la bonté fondamentale propre à la nature de bouddha. Plus concrètement, elle permet d'apprendre à donner sans condition, sans rien attendre en retour. C'est aussi l'expression d'une ouverture d'esprit et d'un amour infini.

Le guru-yoga

Grâce aux trois préliminaires précédents, le tantrika devient un réceptacle digne de recevoir l'influence spirituelle de la lignée. Ces trois ngöndros viennent conforter l'ouverture d'esprit et les qualités développées dès les premières expériences obtenues dans la pratique du véhicule fondamental.

Dans la perspective de la transmission, le guru-yoga ou « union au maître » est une pratique essentielle car le maître est le détenteur de l'influence spirituelle à laquelle s'ouvre l'apprenti. Sans lui, la transformation et la transmission deviennent caduques.

La pratique consiste à se représenter le maître sous la forme de Vajradhara assis en posture méditative au sommet de la tête. Comme dans la purification de Vajrasattva, on récite un mantra approprié et on se représente l'élixir de bénédictions s'écoulant et remplissant le récipient vide de notre propre corps.

S'unir à l'esprit de sagesse du maître et développer conjointement à son égard dévotion et respect, telle est la fonction de la pratique du guru-yoga.

Ces quatre ngöndros ont des implications tout au long de la voie. Ils préparent non seulement à la transmission de pouvoir et aux engagements sacrés, mais trouvent un écho dans la pratique d'une déité. On dit parfois qu'ils constituent l'essence du Vajrayana.

D'une manière générale, les préliminaires rendent solide la relation qui unit le disciple, le maître et l'enseignement. Si le lien est trop ténu, le maître et l'enseignement n'ont aucune prise sur le disciple. La confiance qui naît au cours des ngöndros est comparée à un anneau. L'influence spirituelle, l'enseignement et la compassion du maître sont comparés à un crochet. Pour que la rencontre ait lieu, qu'un réel accrochage se produise, la présence simultanée de l'anneau et du crochet s'avère indispensable. De son côté, le crochet œuvre comme il se doit. Mais si le disciple ne fait pas l'effort d'ouverture, aucune connexion réelle et efficiente ne peut se produire. L'une des fonctions essentielles des préliminaires consiste donc à accroître la réceptivité du disciple de sorte qu'il puisse recevoir la transmission.

L'introduction directe à la nature de l'esprit

Dans les écoles Kagyupa et Nyingmapa, l'introduction directe à la nature de l'esprit est d'une grande importance et revêt généralement un caractère intime et confidentiel. Effectuée par le lama-racine de manière souvent spontanée, elle peut sortir du cadre habituel en se produisant avant ou après la pratique des préliminaires. Il arrive même que cette introduction ait lieu alors que la personne ne connaît aucune pratique méditative. L'essentiel réside dans l'ampleur de la vision partagée avec le maître. Au moment où l'introduction se produit, le maître et le disciple sont en parfaite harmonie et leurs esprits se trouvent en état d'union. Sans même parfois qu'il s'en rende compte, le disciple accède à un état de réceptivité exceptionnel parce que le maître a su créer les conditions adéquates.

En relatant sa vie auprès de son maître Jamyang Khyentsé, Sogyal Rinpoché en a donné deux bons exemples dans le *Livre tibétain de la vie et de la mort*.

> Le premier de ces événements se produisit lorsque j'avais six ou sept ans. Il eut lieu dans cette pièce très particulière où vivait mon maître, devant une grande statue représentant Jamyang Khyentsé Wangpo, son incarnation précédente. C'était une statue solennelle et imposante, surtout lorsque la flamme vacillante de la lampe à beurre placée devant elle éclairait son visage. Avant que je ne réalise ce qui m'arrivait, mon maître fit une chose tout à fait inhabituelle : il me serra soudain dans ses bras et me souleva de terre. Puis il me donna un gros baiser sur la joue. J'en fus si surpris que, durant un long moment, mon esprit s'évanouit complètement ; j'étais submergé par une tendresse, une chaleur, une confiance et une puissance extraordinaires.

La seconde occasion était plus formelle, précise Sogyal Rinpoché. Il se trouvait seul avec son maître dans une grotte où avait médité Padmasambhava. Jamyang Khyentsé déclara : « Maintenant, je vais te donner l'introduction à la "nature essentielle de l'esprit". » Il le fit après avoir psalmodié le nom de tous les maîtres de la lignée. Puis incidemment, il demanda à son disciple : « Qu'est-ce que l'esprit ? » en le fixant du regard. Sogyal Rinpoché demeura interdit. « Mon esprit, écrit-il, avait volé en éclats : il ne restait plus de mots, plus de noms, plus de pensées – en fait, il ne restait plus d'esprit du tout. (…) Le courant de mes pensées avait été tranché net. Dans cet état d'intense saisissement, une brèche s'était ouverte et, dans cette brèche, se révélait une pure conscience claire immédiate de l'instant présent, une conscience libre de toute saisie, simple, nue, fondamentale. Et pourtant, en même temps, de sa simplicité dépouillée rayonnait la chaleur d'une compassion immense. (…)

Je demeurai assis, comme foudroyé d'émerveillement, tandis que jaillissait en moi une certitude profonde et lumineuse, inconnue jusqu'alors. »

À propos de la certitude profonde, Sogyal Rinpoché explique qu'« au cours de cette expérience, le Bouddha, la nature de l'esprit et l'esprit de sagesse du maître fusionnent et se révèlent un. L'étudiant reconnaît alors, dans une explosion de gratitude et sans aucun doute possible, qu'il n'y a pas, qu'il n'y a jamais eu et qu'il n'y aura jamais de séparation entre lui-même et le maître, entre l'esprit de sagesse du maître et la nature de son propre esprit ».

La transmission de pouvoir (abhisheka)

La transmission de pouvoir marque l'entrée effective dans le Vajrayana parce qu'elle confère l'autorisation d'effectuer les pratiques spécifiques des tantras. Cette habilitation relie le pratiquant au maître vajra (vajracarya), représentant vivant de la lignée et manifestation de Vajradhara, le bouddha primordial. L'« union au maître », évoquée précédemment dans le cadre du guru-yoga, révèle ici toute sa profondeur. Au cours d'un rituel, le tantrika est relié à l'état de santé inhérent à la nature de bouddha, la véritable nature des phénomènes. Convié à réaliser la grandeur et la dignité de cette condition primordiale, celle-ci devient la fondation de la voie. Se révèle ainsi à lui la spécificité du Vajrayana nommé « véhicule du fruit » parce qu'il utilise la condition éveillée (le *fruit*) comme support de la *voie*.

On compare parfois la transmission de pouvoir à un sacre symbolique parce qu'elle confère le pouvoir d'être le souverain de notre propre existence. Nous cessons d'être emprisonnés dans la clôture du moi pour gagner notre véritable demeure, le monde des perceptions éveillées. En ce sens, ce sacre représente une renaissance puisque la transmission permet désormais à notre nature authentique de se manifester pleinement.

Chaque transmission de pouvoir se trouve associée à une représentation symbolique, la déité d'élection (yidam). Celle-ci révèle au méditant sa nature de bouddha qu'il réalise à travers elle. Dans l'Inde ancienne, le yogi ne recevait généralement qu'une seule transmission de pouvoir, comme celle de Cakrasamvara, Guhyasamaja ou Hevajra, des déités des tantras internes. À l'époque moderne, la tendance s'est inversée. Les abhishekas se multiplient, prennent parfois une tournure collective au cours de cérémonies impliquant un grand nombre de pratiquants, au point que certains les « collectionnent ». Toutefois, il existe un moyen terme qui permet au disciple d'entrer en relation avec le yidam correspondant à ses dispositions karmiques. Dans l'école Kagyupa, la retraite de trois ans fournit le cadre propice à une telle transmission. D'une façon générale, le maître vajra introduit son disciple au(x) yidam(s) pratiqué(s) dans sa lignée et l'initie à la pratique méditative qui scellera l'union de la compassion et de la connaissance. Si le disciple accomplit la pratique de plusieurs yidams, il pourra donc ultérieurement choisir celui avec lequel il se sent le plus en symbiose. Son esprit se voue à ce yidam, lié par la promesse faite de méditer sur lui par le corps, la parole et l'esprit.

Le pouvoir de transformation inhérent à la transmission de pouvoir vit au travers de la déité, de son mantra et d'un texte liturgique qui invoque sa présence. L'ensemble forme un rituel. Il peut avoir un caractère informel ou s'appuyer sur un protocole symbolique d'une grande richesse.

Le rite comporte quatre subdivisions : l'initiation du vase, l'initiation secrète, l'initiation de connaissance-sagesse, l'initiation du mot précieux. Les trois premières initiations visent à actualiser l'aspect ultime et pur des trois portes (corps, parole, esprit). L'aspect pur de ces trois portes est appelé les trois vajras : le corps, la parole et l'esprit éveillés. La quatrième initiation est en relation avec l'introduction directe à la nature de l'esprit présentée précédemment.

L'initiation du vase

L'initiation du vase met en jeu le principe des cinq familles de bouddhas tel qu'il a été esquissé dans le chapitre 4. En s'ouvrant à l'intelligence des correspondances entre ces cinq énergies (tableau 10, p. 212), l'esprit réalise la nature pure des cinq agrégats et des éléments de l'univers, tous les phénomènes ayant pour source la claire lumière.

Au cours de ce rite, une eau consacrée contenue dans un vase rituel vient baigner symboliquement le disciple. « Tous les composants psycho-physiques de la personne, explique Kalou Rinpotché, sont consacrés en tant que divinités et le disciple reçoit le pouvoir de se méditer sous la forme du corps de la divinité de l'initiation[1]. » Liée aux canaux subtils (nadis), dont l'expression pure correspond au corps d'émanation (nirmanakaya), l'initiation du vase est également appelée « initiation du corps » de la déité.

L'initiation secrète

Appelée aussi « initiation de la parole » de la déité, elle est liée au prana, la force-de-vie qui circule dans les canaux subtils. Son expression pure correspond au corps d'expérience parfaite (sambhogakaya). Kalou Rinpotché précise : « Lorsque est conférée l'initiation secrète,

---

1. *Bouddhisme ésotérique*, p. 42.

est donc donnée, en raison du rapport entre souffles subtils, parole et sambhogakaya, la faculté d'actualiser la parole-vajra du sambhogakaya. » Cette actualisation passe par la transformation des souffles dualistes en souffles de sagesse. J'ai déjà évoqué cette transformation en présentant les « composants » du corps subtil ou mandala secret (voir p. 203-205).

L'initiation de connaissance-sagesse

Appelée aussi « initiation de l'esprit » de la déité, cette troisième initiation est liée aux gouttes principielles (bindus) en lesquelles se manifeste l'énergie de la claire lumière. Il en a été aussi question dans le chapitre 4.

L'initiation du mot précieux

Elle repose sur le principe du « rien qu'esprit ». Les canaux subtils, la force-de-vie, les gouttes principielles et tous les phénomènes perçus comme intérieurs ou extérieurs procèdent de l'esprit. Lors de cette initiation, le disciple est introduit à la nature essentielle de l'esprit telle que l'expose, par exemple, la stance 9 des *Souhaits de Mahamudra* du Karmapa Rangdjoung Dordjé (voir p. 538) ou telle que la présente Sogyal Rinpoché (voir plus haut). Dans le cadre des quatre initiations, cette introduction présente peut-être un caractère plus formel. Dans l'école Kagyupa, elle donne le pouvoir de pratiquer et de réaliser Mahamudra, la nature ultime de l'esprit appelée « esprit ordinaire » ou « état naturel ».

LES ENGAGEMENTS SACRÉS (SAMAYAS)

Au cours de la transmission de pouvoir, la connexion spirituelle entre le maître et le disciple demeure fondamentale. On la compare parfois à un « mariage à vie » que rien ne saurait rompre. Cette connexion détermine les bienfaits que le disciple retirera du rituel lui-même et de la pratique du yidam. D'où la valeur capitale des engagements sacrés qui relient le pratiquant à l'influence spirituelle de l'enseignement, de la déité, de la lignée et surtout du maître vajra.

Aux dires de certains textes tantriques, on dénombre une dizaine de millions d'engagements. La portée symbolique de ce nombre permet d'insister sur leur caractère crucial. Pour l'essentiel, il revient au disciple de respecter la discipline sacrée. Il lui incombe de consacrer son corps, sa parole et son esprit dans la présence à la pureté primordiale à laquelle le maître l'a introduit. S'il parvient à garder en toutes circonstances la vue du caractère sacré de la réalité, on peut dire qu'il maintient ses engagements. Le fondement des samayas est donc le lien indestructible qui unit le disciple à la nature de bouddha.

Le « mariage à vie » trouve son expression dans des vœux spécifiques qui incluent ceux des véhicules précédents, avec en plus de nouvelles exigences et des subtilités qui laissent encore moins de place à l'ego. Sur une liste de quatorze samayas majeurs, les quatre premiers sont essentiels[1] :

- Toujours garder une attitude de respect et de confiance à l'égard du maître et ne jamais adopter une position critique ou négative à son encontre.
- Respecter et se conformer aux enseignements du Bouddha tels qu'ils sont exposés dans les trois véhicules, en adoptant leurs engagements respectifs, en particulier le rejet des actions négatives et l'accomplissement des actes positifs.
- Ne pas entrer en conflit ou se montrer agressif avec des frères et des sœurs du Vajrayana, particulièrement avec ceux et celles qui ont le même maître que soi et qui ont reçu de lui la même transmission de pouvoir.
- Ne pas abandonner l'amour et la compassion. Cela correspond à l'amplification des vœux de bodhisattva. On garde à l'esprit que tous les êtres ont été nos mères dans les existences passées et on souhaite qu'ils puissent être libérés de la souffrance du samsara et connaître le bonheur authentique de l'éveil.

Les engagements sacrés ne visent pas à placer l'esprit dans un carcan mais à le mettre à l'abri des manipulations subtiles de l'ego et des états de confusion telles que les névroses ou les psychoses. Il convient de rappeler que l'on pénètre dans un monde où les données sont comme inversées par rapport au mode de fonctionnement auquel on a été accoutumé depuis toujours. L'entrée dans le Vajrayana ne se fait donc pas sans risque. Les samayas protègent le tantrika contre une utilisation négative des enseignements. Dans le même temps, la transmission spirituelle conserve son intégrité et sa puissance, manifestant ainsi son efficacité dans la mesure où elle ne souffre d'aucune distorsion.

---

1. Les attitudes contraires correspondent aux quatre premières des quatorze transgressions majeures. La première (contredire le maître) est considérée comme la plus grave. Il y a un ordre décroissant dans la gravité des infractions. Parmi ces transgressions, on trouve par exemple : l'activité sexuelle qui risque d'altérer les gouttes principielles (bindus) mises en œuvre au cours de certaines techniques méditatives ; critiquer les vues autres que celle du Vajrayana et de sa tradition ; révéler des enseignements secrets à des personnes incapables de les recevoir ; considérer les agrégats comme impurs et ignobles ; douter de la pratique tantrique ; tomber dans les extrêmes du réalisme ou du nihilisme naïfs ; dénigrer les femmes.

Shamatha-vipashyana

Ce qui a été indiqué jusqu'à présent à propos de l'apaisement et de la vision claire se retrouve intégralement ici. Toutefois, au niveau de vipashyana, le tantrika recourt aux approches spécifiques aux différentes écoles du Mahayana. L'examen de l'esprit conduit à réaliser qu'il ne peut être trouvé parce qu'il est vide d'existence en soi. Ce vide d'existence en soi, le Bouddha l'appelle la vacuité. Comme les émotions positives et conflictuelles procèdent de l'esprit, elles ont elles aussi cette nature de vacuité. Cette découverte provoque un relâchement des tensions habituelles. L'expérience de shamatha s'en trouve approfondie.

Dans le même temps, le méditant voit clairement que l'esprit possède la capacité de penser et de connaître. Comme on l'a vu au début du chapitre 13, cette capacité à connaître se nomme « clarté » ou « luminosité de l'esprit ». Ainsi, bien que l'esprit soit vide d'existence en soi et ne puisse donc être trouvé, il a pour caractéristique cette luminosité. Réaliser l'union de la clarté et de la vacuité est béatitude, expérience de la claire lumière. Pour l'essentiel, la pratique de shamatha-vipashyana consiste à stabiliser cette expérience et à laisser l'esprit demeurer calmement en elle.

J'ai placé un trait d'union entre shamatha et vipashyana parce que les deux pratiques sont inséparables. Shamatha va favoriser la détente et permettre d'éviter que l'esprit demeure instable, allant et venant entre des moments spacieux et des pensées discursives. Sans stabilité, on ne peut voir clairement la véritable nature de nos expériences. Parallèlement, si l'on pratique shamatha sans vision claire, on parviendra sans doute à goûter la paix et la tranquillité, mais nous demeurerons sous l'influence de la confusion et des émotions conflictuelles.

Les approches peuvent varier selon les écoles et les maîtres. Dans l'école Kagyupa, l'apprenti s'appuie généralement sur la vue du Madhyamaka shèntong, le modèle « vide d'altérité » (voir p. 625). Au cours de son éducation spirituelle, il a développé une compréhension profonde du point de vue rangtong (le modèle « vide de soi ») et de l'absence d'existence-en-soi de tous les phénomènes. À ce stade de sa maturation spirituelle, il ne recourt pas nécessairement à une méthode d'investigation poussée des phénomènes afin d'obtenir la ferme conviction de leur vacuité. Il s'efforce de demeurer dans l'expérience de la claire vision, la reconnaissance que l'esprit est l'union de la clarté et de la vacuité.

LES PRATIQUES PRINCIPALES

Dans le Vajrayana, le cœur de la pratique comprend deux voies principales : la voie de l'intelligence immédiate et la voie des méthodes.

La voie de l'intelligence immédiate

Cette voie repose sur une contemplation dénuée de forme en laquelle l'esprit demeure dans son état de simplicité naturelle, expérience directe de la nature ultime de l'esprit. Elle s'appuie sur la pratique du calme (shamatha) et de la vision claire (vipashyana) sans que l'esprit développe une quelconque intention. Libre des pensées discursives, l'esprit ne rejette rien et n'accepte rien. Sans référence, semblable à l'espace, il est Mahamudra.

De prime abord, la voie de l'intelligence immédiate semble « fort simple » parce qu'il « suffit » de rester tranquille en l'état naturel pour ensuite reconnaître la nature primordiale de l'esprit. En réalité, son caractère extrêmement subtil la rend très complexe et parsemée d'embûches. Elle nécessite donc une réceptivité très élevée et une aptitude à déjouer les déviations et les interprétations erronées. Trois conditions particulières s'imposent dès le départ :

- avoir une réalisation du fruit du Mahayana, la voie de la connaissance et de l'amour ;
- entretenir une relation directe et personnelle avec un maître accompli, vecteur de la transmission et des instructions de méditation ;
- être capable d'intégrer et de stabiliser ne serait-ce qu'une bribe d'expérience ultime dans les actions les plus anodines de la vie quotidienne, de sorte que, peu à peu, l'expérience de l'état naturel demeure inaltérée à chaque instant.

Cette voie de l'intelligence immédiate correspond à ce qui sera dit ultérieurement à propos du Mahamudra et du Dzogchèn.

La voie des méthodes

La voie des méthodes comprend les procédés spécifiquement tantriques qui recourent à l'usage de formes. Il s'agit en particulier de la pratique rituelle d'une déité (le sadhana) et des yogas internes tels que les six yogas de Naropa. Moins abrupte que la précédente, elle nécessite elle aussi une relation avec un guide qualifié. Elle fait appel à une pléthore d'outils pour réaliser le fruit de la méditation sans forme. En ce sens, elle constitue un accès à la voie de l'intelligence immédiate dont elle n'est aucunement dissociée.

Les deux approches sont généralement enseignées conjointement. Ceux qui ne parviennent pas à ressentir spontanément la qualité panoramique de l'esprit et à se maintenir dans l'ouverture inconditionnelle, ceux-là apprécieront la voie des méthodes. Elle les guidera jusqu'à l'expérience de l'état naturel. Elle leur permettra surtout d'éviter le piège qui consiste à penser, de façon simpliste, que la voie de l'intelligence immédiate revient à se laisser aller et à ne rien faire. Une personne « douée », capable de vivre spontanément la vastitude de l'état naturel, parcourra aisément cette voie et en réalisera rapidement la finalité.

La voie des méthodes s'inscrit dans la continuité de ce que nous avons vu jusqu'à présent. Tous les processus antérieurs permettent de découvrir le lien qui nous unit à la nature de bouddha. Ce lien va être vécu dans la pratique rituelle d'une déité. Associée au cycle de la transmission de pouvoir, cette pratique met en œuvre le même type de symbolisme et d'actions rituelles, mais elle est menée intégralement. Sa fonction essentielle consiste à dissoudre les scories résiduelles de l'ego en laissant s'épancher l'expérience de l'éveil.

LA PRATIQUE D'UNE DÉITÉ
(L'EXEMPLE DU SADHANA DE TCHÈNRÉZI)

Il existe une grande diversité de déités – masculines ou féminines, paisibles ou courroucées, seules ou en union – et donc une variété de pratiques qui leur sont associées. N'oublions pas que les déités ne sont pas des entités extérieures à notre expérience, comme ce pourrait être le cas dans un système théiste. Dénuées de toute existence objective, elles sont des représentations anthropomorphes et symboliques des qualités essentielles de l'expérience de l'éveil.

Tchènrézi.

Le sadhana de Tchènrézi, le grand bodhisattva de l'amour, de la compassion et de la miséricorde, est une pratique très répandue. Elle ne revêt pas un caractère secret, comme c'est le cas de la pratique d'autres déités, transmise uniquement dans un contexte de retraite.

Tchènrézi (skt. Avalokiteshvara) désigne la nature de bouddha, notre expérience dans son ultime ouverture, son ultime clarté et son ultime amour. La représentation iconographique traduit cette expérience dans le monde des apparences. Ses attributs symboliques expriment les qualités de celle-ci. Les lignes et les volumes du corps, la couleur, les gestes (mudras) et les ornements constituent dans leur ensemble l'aspect tangible. Cette part visible représente la forme subtile, annonciatrice elle-même du corps ultime de la déité. La pratique prend appui sur le corps tangible afin de percevoir le corps ultime. La réalisation de l'indifférenciation des deux corps permet de recevoir l'influence spirituelle de Tchènrézi.

La présentation du sadhana ne donne ici que les grandes lignes. Il est indispensable d'en recevoir la transmission directe de la bouche d'un maître qualifié.

La vacuité du corps, de la parole et de l'esprit

Réaliser la nature ultime de l'esprit, telle est la fonction essentielle de cette pratique. Elle suppose de pouvoir se défaire des représentations que nous avons du corps, de la parole et de l'esprit. La méditation de Tchènrézi amène justement à prendre conscience de l'aspect vide des trois dimensions de notre expérience. Cette prise de conscience entretient un lien direct avec l'enseignement du « Sutra du cœur » (*Prajnaparamitahridayasutra*) : « La forme est vide, la vacuité est forme. Autre que forme, il n'est de vacuité. Et aussi, autre que vacuité, il n'est de forme. De même les sensations, les perceptions, les formations mentales et la conscience sont vides. »

Au niveau du corps, il s'agit de nous identifier à la forme pure, le corps de Tchènrézi. Semblable à un mirage ou à une apparition magique, cette forme pure n'a pas d'existence en soi. Cette identification permet de relâcher l'attachement que nous avons développé à l'égard de notre propre corps et la tendance à nous assimiler à lui.

Même si nos paroles ont un pouvoir incontestable puisqu'elles peuvent apaiser, réjouir ou blesser, elles sont ultimement vides de nature propre, pour la simple raison que, depuis des millénaires, toutes les paroles émises par des milliards d'individus ont disparu à jamais. Au cours de la pratique, il s'agit de remplacer les sons que nous percevons comme réels par le son du mantra de Tchènrézi : OM MANI PADME HUM (Aum ma ni pé mé houng). Au cours de la récitation, on ne s'attache pas à la texture du son ou aux syllabes car le mantra est semblable à un écho ; il manifeste l'union de la vacuité et du son.

Il en va de même pour l'esprit. Les millions de pensées, d'émotions, de savoirs et de rêves n'existent qu'en dépendance de multiples facultés. Comme l'esprit lui-même, ils n'ont pas de forme. Les pensées et tous les facteurs mentaux s'élèvent de la vacuité et se dissipent en elle. Au cours de la méditation, nous prenons conscience que tout ce qui apparaît en l'esprit est conjonction de la vacuité et de la connaissance.

Les phases de la pratique

Plusieurs préliminaires sont à effectuer. Ils comprennent la récitation de l'entrée en refuge, l'éveil de la bodhicitta et la pratique de shamatha-vipashyana (l'apaisement et la vision claire) qui permet d'établir le corps-parole-esprit dans l'expérience spacieuse, claire et réceptive. Vient ensuite la récitation de la description de Tchènrézi pour générer sa présence. La phase de génération s'interrompt pour laisser place à la phase de complétude. Ces deux phases permettent la reconnaissance de la nature vide de la triade corps-parole-esprit.

L'apparence de Tchènrézi

On imagine Tchènrézi reposant dans l'assise adamantine au-dessus de notre tête et de celle de tous les êtres. Cette vision rappelle l'omniprésence de la nature de bouddha au cœur de tous les êtres vivants, une nature vaste, aussi illimitée que l'espace. Sa posture, celle du lotus, exprime le caractère indestructible de son essence et la résolution de toutes les oppositions.

Émanant de la syllabe-germe HRI, il repose sur un lotus blanc, symbole de la nature pure de l'esprit, et un disque de lune, symbole de la bodhicitta relative, l'attitude d'esprit empreinte de bienveillance, de douceur et de compassion. Il possède quatre bras. Dans deux de ses mains, il tient un joyau contre son cœur, symbole de l'accomplissement de tous les souhaits. Les deux autres mains tiennent un mala de cristal (le rosaire bouddhique à 108 perles), symbole de son pouvoir libérateur, et une fleur de lotus blanc, symbole de la pureté primordiale de l'esprit non souillée par le samsara. Paré de soieries et d'ornements précieux, représentant la richesse des qualités éveillées, couronné par Amitabha, le bouddha « Lumière Infinie », dont il est l'émanation, il est adossé à une lune immaculée, symbole de sa perfection.

Après la récitation de la description de Tchènrézi, suit une formule d'hommage qui consiste à s'abandonner à l'influence spirituelle et à manifester notre confiance en l'état naturel.

Phase de génération et phase de complétude

La récitation de la description et l'hommage permettent de générer la représentation symbolique de Tchènrézi. De son corps émane une lumière qui purifie les perceptions et les manifestations du karma. La purification révèle la nature pure de notre monde qui n'est autre, dit le texte, que le « Champ pur de félicité », la « Terre pure de l'Ouest » (Sukhavati) manifestée par Amitabha. L'essence du samsara est le nirvana. On lit ensuite : « Le corps, la parole, l'esprit de tout vivant / Sont les Corps, Parole, Esprit de Tchènrézi / Unis aux formes, sons, et intelligences vides. » Voici évoqué en quelques mots le fruit de l'opération alchimique. La vacuité du corps-parole-esprit se manifeste dans son évidence. En l'absence de saisie d'un moi, la nature ultime demeure inséparable du corps-parole-esprit vide.

La vision de la représentation symbolique de Tchènrézi rappelle la présence de l'éveil au cœur de notre expérience. Par un effort de pensée et d'imagination active, nous nous ouvrons à cette présence et nous nous abandonnons en elle. Cette *phase de génération** s'accompagne de la récitation du mantra de la déité (Aum ma ni pé mé houng), vibration de l'éveil qu'elle manifeste. La récitation en cascade accapare l'esprit et se substitue au discours intérieur habituel. En ce sens, le mantra protège l'esprit de la pensée discursive.

La deuxième phase est une phase silencieuse appelée *phase de complétude**. Tout le travail de conception et d'élaboration préalable s'autolibère. La génération atteint un seuil de saturation qui entraîne le relâchement naturel en l'expérience ultime. Le monde extérieur se dissout spontanément en Tchènrézi et en la vacuité. En cette vacuité, on reste absorbé.

Au sortir de la phase de complétude, s'effectue l'intégration dans la vie. L'expérience a laissé un pli en soi. On connaît maintenant le tracé du chemin qui permet de vivre tout ce qui se manifeste en l'espace immense de l'état naturel. Au départ, l'intégration est un souhait, une tentative répétée pour retrouver la trace de l'ouverture inconditionnelle dans la pratique maintes fois répétée et dans la vie habituelle avec tous les obstacles que l'on connaît.

La pratique de Tchènrézi se termine par une dédicace et le souhait de renaître en la « Terre pure de l'Ouest » (Sukhavati).

Les yogas internes
(les six yogas de Naropa)

Les yogas internes ou « six yogas de Naropa » mettent bien en évidence la vaste palette de moyens habiles dont dispose le Vajrayana. Exposé au XIe siècle par le mahasiddha indien Naropa, ce corps de pratiques a gagné le Tibet grâce à Marpa qui le transmit à son tour à Milarépa. Ces six yogas comprennent : [1] le yoga du « feu intérieur » (tib. *toumo*) ; [2] le yoga du corps illusoire ; [3] le yoga du rêve ; [4] le yoga de la claire lumière ; [5] le yoga du transfert de la conscience (tib. *powa*) ; le yoga du bardo (l'état intermédiaire entre la mort et la renaissance).

Avec la tradition de Mahamudra, les six yogas de Naropa constituent le cœur de la pratique dans l'école Kagyupa. Ce corps de pratiques et les techniques qui permettent de les appliquer sont transmis lors de la traditionnelle retraite de trois ans. Sous la direction d'un maître qualifié, cette retraite offre les conditions optimales pour que ces yogas s'avèrent réellement opérants. Ceux-ci intègrent à la voie tous les états de conscience : les expériences de la veille, du rêve, du sommeil profond, de la mort et des états intermédiaires (bardos) avant une nouvelle naissance. Ainsi certains d'entre eux ont aussi une application directe dans les derniers instants de l'existence. Leurs pratiques conjointes conduisent à la réalisation de Mahamudra, mais la pratique d'un seul peut avoir le même effet.

Bien que cette présentation se situe hors du contexte de la pratique[1], elle a cependant l'avantage de nous rendre sensibles à des approches très particulières du fonctionnement de l'esprit. Ces six yogas internes nous montrent combien les maîtres ont développé une maîtrise très aboutie de processus cognitifs complexes. L'exposé de ces pratiques nous touche parce qu'il nous incite à réfléchir à ce que nous croyons être. Il nous pousse à penser notre vie. En ce sens, face à la certitude de notre mort et l'espoir de nous épanouir en cette vie, il n'est pas vain d'acquérir ne fût-ce qu'une connaissance extérieure et infime de ces pratiques.

---

1. Ce contexte est celui du *Cakrasamvaratantra*, le tantra-mère principal des *Anuttarayogatantras* ou « Tantras de l'union insurpassable ». Dans ce cadre, les six yogas de Naropa constituent la trame de la phase de complétude dans le sadhana d'une déité. Ils représentent les moyens pour accéder à l'expérience non duelle de Mahamudra.

Le yoga du « feu intérieur » (tib. toumo)

Nous savons que notre corps de chair et de sang vit en dépendance d'un corps subtil composé de canaux (nadis), de centres (cakras), de gouttes principielles (bindus), de souffles-énergies (vayus) qui assurent la circulation du souffle d'énergie vitale ou force-de-vie (prana). Ce corps subtil ne répond pas à la géographie anatomique habituelle. Il n'a pas de dimension physique. Pourtant, il est possible d'en prendre conscience, d'en développer un ressenti et d'expérimenter sa réalité dynamique.

Le yoga du « feu intérieur » consiste en un travail sur cette structure subtile. Par des postures physiques, des techniques respiratoires et diverses visualisations, on stimule le « prana du feu » pour le faire monter dans le canal central jusqu'au cakra situé au sommet du crâne. Est ainsi réalisée l'union de la félicité et de l'expérience de la vacuité. On parle de l'expérience de la vacuité-plénitude ou de l'union de la vacuité et de la plénitude : union appelée Mahamudra, le « Grand Sceau ».

Toumo produit un effet secondaire, connu du grand public par son côté spectaculaire. C'est l'obtention d'une chaleur corporelle bienfaisante qui s'accompagne d'une impression de grande quiétude. Dans *Mystiques et magiciens du Tibet*, Alexandra David-Néel rapporte que des maîtres mettaient à l'épreuve leurs disciples pour juger de leurs progrès dans cette pratique. Par une nuit d'hiver, ces disciples étaient invités à sécher à plusieurs reprises, et par le seul dégagement de leur chaleur corporelle, des couvertures préalablement trempées dans l'eau glacée d'une rivière.

Le yoga du corps illusoire

Par la pratique de ce yoga le méditant apprend à considérer toutes les apparences comme le corps illusoire des divinités. Ce yoga rappelle les instructions n°s 2 et 6 données dans la pratique centrale de Lodjong (voir annexe 3) : « Tous les phénomènes sont pensés comme rêves », et entre les sessions : « Sois transparent. »

Simples apparences, les phénomènes n'existent pas comme nous le pensons. Le yoga du corps illusoire permet de les *voir* comme une création magique, un arc-en-ciel. Les phénomènes apparaissent dès lors en dépendance de l'esprit qui les conçoit et se les représente.

Le yoga du rêve

Par le yoga du rêve, on parvient à s'extraire du sommeil de l'illusion en développant lucidité et discernement. On peut ainsi percevoir le caractère insubstantiel des phénomènes qui se produisent au moment de la mort et en reconnaître la véritable nature.

Rares sont les personnes qui demeurent absorbées par leur rêve en ayant conscience qu'elles rêvent. Grâce à cette pratique, on apprend à entrer consciemment en état de rêve et à y demeurer au gré de sa volonté. En cet état, la conscience se maintient subtilement sans qu'interfèrent les cinq sens. Elle produit un semblant de sons, d'objets, de personnes ou d'animaux qui accaparent l'attention. Il faut suivre un entraînement pour parvenir à être témoin de l'émergence du rêve et de sa disparition. Cela suppose de ne pas s'identifier aux productions de l'esprit et de les maîtriser.

On reconnaît qu'au cours du rêve notre esprit projette un monde qui n'a aucune réalité en soi. Cessant d'être accaparé et fasciné par les séries de manifestations qui surgissent, on parvient à maîtriser la dynamique de l'esprit. Lorsqu'en rêve on voit un brasier dans lequel on va être précipité ou un lion qui vient vers nous, on est terrifié. Dans la pratique du yoga du rêve, on ne ressent plus cette crainte, car on sait que ces phénomènes n'existent pas en eux-mêmes. On peut ainsi traverser le brasier sans se brûler et multiplier par dix les lions que l'on perçoit sans éprouver la moindre appréhension.

Dans *Histoires de pouvoir* de Carlos Castaneda[1], on assiste à des exercices apparentés au yoga du rêve. L'apprenti Castaneda « plonge » à plusieurs reprises du sommet d'une falaise. Ce plongeon est un « acte de rêve » qui le conduit à ressentir la désintégration de son corps et la fragmentation du sentiment du moi en une multiplicité de consciences individuelles. L'ordre de la raison cède devant l'expérience de l'indicible. La perturbation du système perceptif et cognitif offre une description du monde beaucoup plus vaste et beaucoup plus dynamique, en laquelle le moi habituel se révèle dans son inconsistance et son étroitesse.

En développant la lucidité et le discernement au cours du rêve, on aura plus de facilités à réaliser que l'état de veille apparaît, à bien des égards, semblable à la condition onirique, l'un et l'autre étant dépourvus de réalité objective. Cette réalisation permet de comprendre que nos pensées créent le monde. Dans une certaine mesure, notre perception des phénomènes et des situations détermine la texture du

---

1. Gallimard, coll. Témoins, 1975, p. 245 et suivantes.

samsara et du nirvana. Par analogie et symétrie entre l'état de rêve et l'état de veille, le bouddha Shakyamuni ou les grands maîtres parviennent à réaliser des prodiges en ce monde, comme se trouver à plusieurs endroits en même temps, voler dans les airs, produire spontanément des objets, par exemple. Intrigué par de tels exploits, Castaneda demande à son maître Don Juan : « "Est-ce qu'un sorcier peut aller dans la lune, par exemple ? – Bien sûr qu'il le peut, répondit Don Juan. Mais il ne serait pourtant pas capable d'en ramener un sac de pierres." Nous éclatâmes de rire, écrit Castaneda, et nous plaisantâmes à ce sujet, mais ses propos avaient été extrêmement sérieux. »

Le yoga de la claire lumière

Dans l'état de sommeil profond, l'esprit est dans une situation de repos opaque et obscure. Il n'a aucune conscience de ce qui se passe et n'a aucun souvenir de cette condition. Entre divers changements d'état, ce phénomène se reproduit : entre deux rêves, deux pensées ou deux émotions. Ces expériences se produisent sans que nous parvenions à distinguer la toile de fond, la claire lumière.

Comme son nom l'indique, le yoga de la claire lumière consiste à se familiariser avec cette présence en substituant la connaissance à l'ignorance. Cette pratique sera capitale au moment de la mort. Lorsque tout s'effondre, et que les éléments fondamentaux du corps se résorbent les uns dans les autres, des images inquiétantes surgissent du fait de nos latences karmiques et de notre attachement. À l'arrière-plan de toutes les productions de l'esprit, se manifeste la claire lumière. Si nous sommes capables de dépasser nos peurs et de la reconnaître, nous pourrons nous fondre en elle et nous aurons alors la possibilité de nous éveiller.

Le yoga du transfert de la conscience (tib. po-wa)

Po-wa permet au mourant de ne plus s'identifier à son corps au moment de la mort. Il abandonne ce support en transférant sa conscience dans l'espace de rigpa, l'état naturel de simplicité, ou dans une terre pure. Habituellement, nous nous sentons très unis à notre corps. Cette dépendance occasionne de grandes souffrances dans les phases du trépas. Avec po-wa, l'esprit s'unit à sa nature ultime, abolissant ainsi l'empreinte profonde laissée par le corps.

Cette pratique nécessite un entraînement très régulier pour s'avérer efficace au moment opportun. Ce moment coïncide avec la cessation de la respiration. Bien que l'arrêt respiratoire se soit produit, les souffles-énergies du corps subtil se maintiennent. Si le mourant ne se trouve pas dans de bonnes dispositions pour effectuer po-wa, un maître pleinement qualifié peut l'accomplir en son nom.

Généralement, ce yoga couple l'invocation du bouddha Amitabha à la technique de transfert proprement dite. Celle-ci fait appel à la prononciation d'une syllabe particulière. Cette technique nécessite la maîtrise du souffle vital qui est lié à l'activité respiratoire et à la conscience. Ce souffle-support est dirigé vers le point de sortie essentiel du corps, la région de la fontanelle correspondant au cakra de la grande félicité[1]. Plusieurs signes attestent le succès de la pratique : un ramollissement de la zone ou une légère ouverture à l'endroit de la suture sagittale, par exemple.

Le yoga du bardo (l'état intermédiaire entre la mort et la renaissance)

Cette pratique se fonde généralement sur le *Livre tibétain des morts*, le *Bardo-Thödol Chenmo*. Après la mort, l'esprit pénètre dans le « bardo du devenir », un état intermédiaire semblable au rêve et dans lequel se manifeste une multitude d'apparences que l'esprit interprète en termes d'agréables ou de désagréables.

Quelqu'un qui ne s'est pas préparé à ce yoga du bardo n'a généralement pas conscience qu'il traverse cet état. Et même s'il comprend qu'il est mort, son angoisse est telle qu'il ne parvient pas à discerner l'aube de la claire lumière dont les rayons finissent par s'estomper dans la profusion de l'activité karmique issue de la vie qui vient de se terminer.

En revanche, le méditant familiarisé avec le yoga du bardo a conscience de cette expérience. Il oriente son esprit de sorte à se maintenir dans un état de présence lucide pour se fondre en l'expérience de la claire lumière et se libérer ainsi du samsara. S'il ne parvient pas à appliquer les techniques nécessaires, il aura toujours la possibilité de gagner une terre pure pour mener à bien son évolution spirituelle.

LES RITUELS (L'EXEMPLE DE LA PRATIQUE DE TCHEU)

Le rituel comme vecteur de communication

Pour pénétrer l'intelligence des rituels, nous devons nous ouvrir à la vision d'un monde entièrement animé, admettre que nous sommes entourés d'inconnaissable, que notre représentation de l'espace-temps est limitée et qu'il existe un « système de résonance » entre les

---

1. Cf. le tableau 9, p. 206.

règnes et les domaines du samsara, du fait même de la perméabilité de ces plans d'existence. Les modèles cosmologiques bouddhiques viennent incontestablement fissurer notre système de représentation. À ce titre, ils s'avèrent très précieux pour reconsidérer nos capacités de perception.

En présentant la pratique de l'accueil et du don (tonglèn), nous avons vu qu'elle repose sur une communication intentionnelle avec les six conditions de la conscience, les êtres visibles et les êtres invisibles (mondes des dieux et des enfers, par exemple). Sur le plan relatif, ces êtres existent et sont plongés, comme nous, dans les difficultés du samsara. Nous avons vu également que la récitation du nom d'Amitabha dans l'école de la Terre pure supposait cette fois une connexion avec un « être » libéré de l'existence conditionnée, le bouddha « Lumière Infinie ». À chaque fois, la notion d'échange s'avère capitale en tant que principe essentiel de la communication.

Cette réalité de la communication tient aussi une place importante dans le Theravada ou le Zen. Dans le Zen, la communication avec les maîtres de la lignée revêt un caractère sacré, comme peut l'être l'acte rituel de la récitation du « Sutra du cœur ». Dans le Vajrayana, les engagements sacrés et la relation au maître mettent en avant l'élégance et la puissance du lien qui s'établit dans les opérations de communication. La pratique d'une déité consiste elle aussi à mettre en œuvre ces principes, mais il s'agit essentiellement de prendre conscience de notre nature éveillée en développant une relation avec une représentation symbolique qui nous aide à reconnaître l'évidence de cette pureté primordiale en nous.

Dans l'établissement d'un contact avec autrui, au sens le plus large, s'actualise pleinement la compassion en acte. La connexion avec les autres formes de conscience revêt dès lors un caractère tangible. Lorsque nous invitons les êtres des mondes invisibles pour leur faire des offrandes, la conscience ouvre son territoire. Étant de moins en moins accaparés par le souci de notre être propre, la compassion élargit son champ d'action. Dans le cadre traditionnel, le vecteur de cette communication compatissante est le rituel.

À titre d'exemple, on peut présenter brièvement la pratique de tcheu, « l'offrande du mendiant », une pratique transmise au Tibet par Padampa Sangyé (?-1117), un grand maître du sud de l'Inde fondateur de la tradition-racine Chidjé. Pour être effectuée, cette pratique nécessite, comme toutes les pratiques tantriques, d'avoir reçu les transmissions de pouvoir et les instructions correspondantes, et de tenir compte des circonstances de temps et de lieu adaptées.

La pratique de tcheu

Tcheu signifie « couper » ou « trancher ». Il s'agit en effet de « couper » les racines qui nourrissent l'attachement à l'ego, autrement dit de couper court à l'illusion qui nous maintient dans la dualité. Version tantrique des enseignements de la prajnaparamita (la perfection de connaissance transcendante), elle consiste à « couper » mentalement son propre corps pour l'offrir aux êtres enfermés dans des conditions de conscience malheureuses afin de les en libérer. En même temps, cette pratique est un puissant moyen habile pour réaliser l'expérience directe de la vacuité.

Les conditions de conscience malheureuses coïncident avec quatre types de démons :

- *Les démons des entraves*, liés à la perception des sens, représentent les trois formes de relations empoisonnées (attachement, répulsion, indifférence).
- *Les démons sans entraves* correspondent aux types de pensées et de souvenirs associés aux cinq émotions conflictuelles (ignorance, désir, colère, orgueil, jalousie), à l'espoir et aux peurs incontrôlées. Ce sont les mouvements de la pensée qui jugent l'expérience en termes de ce qui est « bon-pour-soi » ou de « mauvais-pour-soi ».
- *Les démons de l'autocomplaisance* se rapportent à l'autosatisfaction et à l'orgueil que l'ego développe lorsque des progrès spirituels apparaissent. Autrement dit, l'ego s'attache aux résultats de la pratique et en éprouve du plaisir.
- *Les démons de l'ego* correspondent à la fixation égocentrique continue qui, dans le contexte de la pratique, s'accapare avec fierté les méthodes habiles et leurs résultats.

La fixation égocentrique étant à l'origine de tous les autres démons, c'est bien elle qu'il s'agit de trancher au cours d'un rituel à tonalité dramatique.

Après avoir pris refuge et cultivé l'esprit d'éveil (bodhicitta), le yogi invite ses hôtes principaux : les trois joyaux (les hôtes supérieurs liés au développement des bienfaits), les protecteurs de l'enseignement, les esprits responsables d'empêchement (ceux avec lesquels le yogi a contracté des dettes karmiques), les hôtes de la compassion (les six conditions de la conscience). Il souffle dans le *kangling*, sorte de petite trompette taillée dans un fémur, qui lance des appels plaintifs à tous les hôtes. Cette trompette symbolise l'impermanence et le caractère illusoire des attachements.

Au cours du rituel, le yogi chante un air mélodieux qui relate le processus de dépeçage symbolique du corps et la transformation de ces éléments en nectar de vie. Il s'accompagne de la clochette et du *damaru*, un tambour, à double face et à boules flottantes, fixé sur un manche qu'il fait pivoter dans sa main gauche. Les sons graves produits par le damaru et le tintement subtil des clochettes donnent le rythme. Lorsque le rituel est effectué en groupe, ce jeu de sonorités chaloupées, mêlé aux appels lancinants des kanglings, amplifie le caractère poignant du rituel. Le récitatif est ponctué par la danse des mains (mudras) et entrecoupé de la prononciation du son PHAT (« tranchant ») qui représente l'union des moyens habiles (upaya) et de la connaissance supérieure (prajna).

Tout au long du rituel, le yogi porte son attention non pas sur les mots qu'il chante mais sur l'essentiel de la pratique, l'affranchissement de la fixation égocentrique. Une fois que les hôtes sont rassasiés, le yogi, l'offrande et les hôtes se fondent en la lumière de la vacuité.

▫ La pratique dans le Shingon

Le Shingon est l'école des mantras ou de la « Parole vraie ». Fondée en 806 par Kûkai (774-835), son enseignement est synthétisé dans deux mandalas : le mandala de la matrice de la grande compassion[1] (Garbhadhatumandala ; jap. Taizôkai) et le mandala du plan adamantin[2] (Vajradhatumandala ; jap. Kongôkai). Tous deux soulignent l'importance des formes symboliques dans la transmission. Dans le Kongôkai, Mahavairocana, nature ultime de l'esprit, siège au centre dans la position du lotus, les mains jointes dans le mudra du « point de la connaissance » : l'index de la main gauche dressé au niveau du cœur (symbole de la vie) est inséré dans le poing fermé de la main droite (symbole des cinq sagesses). Ce mudra représente l'union des deux mandalas, l'union du vajra et de la matrice.

Deux textes fondamentaux exposent l'enseignement de ces deux mandalas : le *Mahavairocanasutra* (jap. *Dainichikyô*) et le *Vajrashekharasutra* (jap. *Kongôchôkyô*). Bien qu'intitulés sutras, ils font partie des Yogatantras, les tantras de l'union, troisième classe des tantras. Le *Mahavairocanasutra* présente la vue du Tantra et traite de la pratique, dont l'établissement du Taizôkai. Il expose également des transmissions de pouvoir ainsi que des rituels dont les *gomas* (skt. *homas*) ou rituels de

---

1. Mandala qui abrite 413 déités réparties en douze quartiers. Il symbolise la perfection des apparences manifestées (les cinq éléments), expression de la compassion du Bouddha. Il représente le pôle féminin, le connaissable, l'objet dans la vision dualiste.
2. Mandala composé de neuf mandalas insérés dans un quadrilatère. Il correspond au pôle masculin, le connaisseur, le sujet dans la vision dualiste.

feu qui revêtent une grande importance dans le Shingon. D'ailleurs, l'autel principal d'un temple est justement l'autel de feu dédié à Fudô-myôô (Acalanatha), la forme courroucée de Mahavairocana qui incarne l'immutabilité et le caractère inébranlable de l'éveil. Quant au *Vajrashekharasutra*, il traite des enseignements condensés dans le Kongôkai, le mandala du plan adamantin.

Deux méditations

La contemplation d'une image de la lune

Dans un sutra du Mahayana, le Bouddha est comparé à la pleine lune : « C'est comme en automne, quand la clarté de la lune atteint sa plénitude : il n'est aucune poussière ni aucun brin d'herbe qui ne soit éclairé par elle. (...) Il [l'Éveillé] est comme la lune en sa plénitude, qui éclaire en tous lieux tous les êtres[1]. » La lumière de la lune est un reflet du soleil, ici du « Grand Illuminateur » Mahavairocana. La lune d'automne est la lumière de la connaissance qui dissipe la confusion. L'image d'une lune blanche peinte sur un fond noir sert de support à l'attention. En s'appliquant à porter son attention sur la blancheur, le pratiquant se détend sous l'effet de la forme circulaire et s'éveille simultanément à la nature lumineuse de son esprit, dans la présence combinée à la posture et au souffle.

Image de la lune support du recueillement.

Dans le vaste ciel
Je contemple la lune
Image de l'esprit pur
M'enivre sa blancheur
Éclatante dans l'obscurité.

Maître Dôgen

La méditation sur la lettre A

La lettre A est la première lettre des alphabets indiens, « mère de tous les sons » et mantra de Mahavairocana. Le A représente l'état naturel de l'esprit. Le pratiquant s'assoit devant l'image sacrée qui combine sur un fond noir une lune blanche et le A stylisé.

---

1. *Paroles du Bouddha tirées de la tradition primitive*, p. 226.

| Lettre A sur fond de lune. | Lettre A alphabet ranjana. | Lettre A alphabet tibétain. |

Observant la lune, dont la blancheur symbolise la pureté innée de l'esprit, son esprit vient naturellement au repos alors que son regard s'absorbe dans le A tout en l'invoquant au rythme de sa respiration. Le flux de l'attention devenant régulier, le pratiquant laisse la forme envahir son champ visuel et occuper toute l'étendue de sa conscience. La vibration se substitue au mouvement de la pensée discursive et la lettre remplace peu à peu les objets mentaux habituels.

Le A est comme un point qui, par amplification visuelle, finit par embrasser tout l'espace. Cette expansion correspond à la mise en résonance du petit « moi » avec la nature ultime de l'esprit dont il procède. Le voyant et le vu ne font qu'un ; sujet et objet se sont dissous dans l'expérience. Il ne s'agit donc pas de chasser le « moi », mais de le laisser se fondre en sa source, de sorte que, retrouvant sa vraie dimension et sa véritable place, il cesse d'être le centre organisateur de l'activité consciente. Ainsi, le pratiquant réalise que la puissance éveillée véhiculée par la syllabe-germe A est sa propre nature éveillée.

Deux rituels (le rituel de feu / la pratique des trois mystères)

Les rituels, riches et complexes, revêtent une grande importance dans le Shingon. Ils peuvent inclure des invocations, des offrandes, des purifications, la récitation de textes et de mantras accompagnée de mudras, les gestes symboliques. Nous avions noté dans le chapitre 7 que le Shingon s'est efforcé pendant longtemps de demeurer une voie fermée aux personnes totalement extérieures à la pratique afin d'éviter toute dérive et perte de son intégrité, et plus fermée encore aux universitaires tentant de percer des secrets qui n'entrent pas dans les livres. Selon certains observateurs, dont Michel Strickmann[1] qui séjourna au

---

1. Auteur de *Mantras et mandarins. Le bouddhisme tantrique en Chine.*

Japon dès les années 70, les maîtres shingon « se considéraient comme les dépositaires exclusifs de la vérité doctrinale et de la pratique rituelle correcte ».

Le rituel de feu

Le rituel de feu ou homa, présent également dans la tradition tibétaine, plonge ses racines dans l'ancienne tradition védique indienne. Alors que le bouddhisme des origines se distingue du brahmanisme en rejetant la doctrine du sacrifice et de l'acte rituel, le Tantra a incorporé le homa à ses rituels sans que l'on sache précisément comment cette intégration s'est produite.

L'aspect extérieur du rituel, avec son apparat, ses substances à offrir au feu, l'ordre de son déroulement, est le double apparent d'un rituel interne qui lui donne son sens et son caractère opérant. Ce rituel interne correspond au sacrifice des souillures karmiques et donc à la purification de l'esprit. Mais le but essentiel est d'attiser l'une des quatre activités éveillées qui permettent de venir en aide à autrui. Elles correspondent à quatre des cinq familles de bouddhas (voir tableau 10, p. 212) :

1. l'apaisement des conflits, des tensions, des maladies [famille vajra] ;
2. l'accroissement des mérites, de la sagesse, de la longévité et de la prospérité [famille ratna] ;
3. la magnétisation des bonnes circonstances [famille padma] ;
4. la domination permettant de mettre un terme aux obstacles extérieurs, intérieurs (maladies) et secrets (pensées discursives) [famille karma].

La pratique des trois mystères

Pratique essentielle dans le Shingon, elle combine des gestes symboliques, des mantras et un recueillement méditatif, nécessitant un rite complexe de transmission de pouvoir. Pour l'essentiel, elle consiste à substituer au corps-parole-esprit habituel un corps-parole-esprit éveillé. Cette substitution équivaut à un processus alchimique de transmutation des énergies dualistes produisant les causes du karma.

Le Shingon recourt à 390 sortes de mudras* qui activent le mystère du corps. Dotés d'une signification précise, les mudras s'effectuent sur la base d'un symbolisme associé à chaque main. La main gauche symbolise le plan phénoménal, les cinq doigts correspondent aux cinq éléments. La main droite désigne la sagesse active du plan adamantin et les cinq doigts, les cinq sagesses. À chaque main est associé un objet rituel. La main droite tient le vajra ou « diamant-foudre », symbole des moyens habiles et de la compassion. D'une grande richesse symbolique, le vajra à cinq pointes représente les cinq sagesses et le principe de la transmutation. La main gauche tient une cloche ou ghanta, symbole de la vacuité.

Le mystère de la parole est activé par les mantras, les clés vibratoires, paroles symboliques du Bouddha. Leur récitation permet d'invoquer la déité, support de la pratique, et d'en réaliser les qualités. La visualisation des deux mandalas (Kongôkai et Taizôkai), des déités qui les habitent et des syllabes-germes qui leur sont associées permet au pratiquant d'unir son esprit à celui du Bouddha. La pratique des trois mystères est une voie directe pour réaliser la nature ultime de l'esprit.

□ *Le fruit du Vajrayana*

Comme nous avons distingué la pratique de shamatha-vipashyana des pratiques principales, on peut établir des nuances entre le fruit de ces différents corps de pratiques, bien que les résultats soient au fond semblables.

Le fruit de shamatha-vipashyana est l'expérience de l'éveil. Cependant si l'on différencie les deux pratiques, nous savons que shamatha aide l'esprit à gagner en stabilité, en détente, et le prépare à se libérer de la confusion et des émotions négatives. Vipashyana favorise le développement de la connaissance supérieure (prajna) qui permet d'actualiser la sagesse (jnana), cette capacité à connaître la nature ultime de tout phénomène.

Dans le cadre des pratiques principales, après s'être familiarisé avec l'expérience de la claire lumière, le tantrika découvre la nature ultime de l'esprit, lumineuse et vide. De manière traditionnelle, on parle de la réalisation des trois corps d'un bouddha (trikaya), les trois dimensions de l'éveil. Ce fruit peut être actualisé en quelques vies, selon les tantras externes, ou en une seule, selon les tantras internes. Si nous n'y parvenons pas alors que nous sommes encore en bonne santé et dans de bonnes dispositions, le fruit peut être actualisé, dit la tradition tibétaine, au moment de la mort, voire dans l'état intermédiaire entre deux vies, si nous arrivons à demeurer dans l'expérience de la claire lumière.

Dans le Shingon, le fruit correspond à l'actualisation de la nature ultime de l'esprit identifiée à Mahavairocana (jap. Dainichi Nyorai, Vairocana dans le tableau 10), le « Grand Illuminateur » ou « Grand Soleil » en lequel vivent les qualités de la bouddhéité.

● Mahamudra et Dzogchèn : l'approche fondamentale

Ces deux voies sont principalement véhiculées au sein des écoles tibétaines Nyingmapa pour le Dzogchèn et Kagyupa pour le Mahamudra. Toutefois, elles dépassent largement ce cadre du fait des croisements multiples entre les écoles et les lignées. Aujourd'hui, nombre de maîtres combinent les enseignements nyingmapa et kagyupa, et n'établissent ainsi aucune différence de fond entre le Mahamudra et le Dzogchèn.

D'un point de vue ultime, ces enseignements n'appartiennent à aucune école et ne constituent pas à proprement parler des traditions spirituelles. Namkhaï Norbu Rinpotché affirme même à propos de la « Grande Perfection » qu'elle n'appartient pas vraiment à la planète Terre parce qu'un tantra soutient que l'on peut trouver les enseignements dzogchèn dans treize autres systèmes solaires[1].

Sans doute est-ce parce que les enseignements du Mahamudra et du Dzogchèn dépassent toute forme d'institutionnalisation qu'ils touchent aujourd'hui un grand nombre d'Occidentaux. Cet intérêt croissant tient également à leur caractère opérant, pragmatique et merveilleux. Namkhaï Norbu Rinpotché précise que l'enseignement dzogchèn peut être transmis, compris et pratiqué dans n'importe quel contexte culturel parce qu'il ne dépend d'aucune culture. Il est, souligne-t-il, « un enseignement sur l'essentiel de la condition humaine[2] ». Le *matériau de travail* est notre condition et notre situation actuelles. Rien n'est à rejeter, rien n'est à purifier ou à transformer, car la perfection primordiale est le mode d'existence réel de tous les phénomènes. Cette vue nous permet de comprendre le sens de l'autolibération dans l'état de contemplation.

> Tout ce qui se manifeste dans le champ de l'expérience du pratiquant est laissé libre de se manifester tel quel, sans être jugé bon ou mauvais, beau ou laid. Et à ce moment même, s'il n'y a pas d'attachement, sans effort et même sans volonté, ce qui s'élève, pensée ou événement apparemment extérieur, se libère automatiquement de lui-même et par lui-même. (…) Ainsi, le pratiquant vit sa vie d'une façon ordinaire, sans avoir besoin d'autres règles que sa propre conscience, mais il demeure toujours dans l'unité primordiale et intègre à son état tout ce qui apparaît et dont il fait l'expérience, et sans qu'aucune attitude extérieure signale qu'il pratique.

---

1. *Dzogchèn et Tantra*, p. 42.
2. *Ibid.*, p. 36.

(...) C'est ce que l'on entend par contemplation non duelle, ou simplement contemplation[1].

Abstraction faite des formulations, on peut admettre que parler du Mahamudra et du Dzogchèn en tant qu'expérience ultime revient à évoquer l'expérience fondatrice de toute tradition spirituelle. Les mots qui servent à présenter l'approche fondamentale sont des considérations purement intellectuelles. On comprendra donc aisément que toutes les explications et tous les manuels de méditation s'effacent devant l'étendue et la profondeur d'un enseignement insufflé dans la relation intime qui unit le maître à son disciple. Car ces voies reposent essentiellement sur la transmission qui se noue entre les deux, la dévotion au maître jouant un rôle capital dans la réception de son influence spirituelle. Dans ces conditions, la pratique et la compréhension directe priment sur toutes les formes de spéculations et de descriptions pédagogiques de la voie. L'exemple du maître de Namkhaï Norbu Rinpotché (voir p. 659) le montre fort bien.

Mahamudra (le « Grand Sceau »)

◻ *La vue*

En essayant de montrer pourquoi l'esprit n'est pas un phénomène tangible (voir p. 522-524), j'ai présenté ensuite un extrait des *Souhaits de Mahamudra, le sens définitif des enseignements*, un texte essentiel du IIIe Karmapa Rangdjoung Dordjé. En vingt-cinq stances, tous les aspects du Mahamudra sont relatés. Les stances 9 à 14 exposent la vue. La stance 9 constitue la quintessence de cet enseignement :

> Tous les phénomènes sont projections de l'esprit.
> Quant à l'esprit, il n'est pas d'esprit ; l'esprit est vide d'essence ;
> Vide, il est illimité et tout peut y apparaître. Son examen parfait,
> Puisse s'interrompre ce qui le fonde.

Les apparences que nous percevons comme monde extérieur sont des manifestations de l'esprit. Sous l'emprise de l'ignorance, elles sont perçues comme « autre » et l'esprit développe la croyance au « moi ». Au cœur de cette polarité se manifestent les émotions conflictuelles comme l'attachement, l'aversion ou l'indifférence qui induisent le voile du karma. Les actes négatifs ou positifs que nous accomplissons nous conduisent à errer dans le samsara.

---

1. *Ibid.*, p. 69.

Fondamentalement, l'esprit est non composé, c'est-à-dire sans origine (non né), sans localisation et sans cessation. Dénué de réalité matérielle, on ne peut affirmer qu'il naît à tel ou tel moment, qu'il se situe dans tel ou tel lieu. Étant sans commencement, comment pourrait-il mourir ? Il est sans limite et n'a pas de fin. Nous comprenons ainsi qu'il échappe à toutes les catégories intellectuelles de l'être et du non-être, de l'existence et de la non-existence. De ce fait, il demeure inobservable et vide d'essence. Cependant, en lui tout peut apparaître. Il est ainsi l'union de la vacuité et de la manifestation. En examinant cette situation, cesse la croyance en un esprit qui existerait de manière autonome et permanente.

Mahamudra est l'expérience de la réalité nue, celle de la pureté primordiale, avant qu'elle ne soit passée au filtre de la pensée discursive et contaminée par la saisie dualiste. Nous sommes Mahamudra mais nous n'en avons pas pleinement conscience. Nous ressemblons à ces personnes qui cherchent partout la clé qu'elles ont dans leur poche. La vue doit nous conduire à cette certitude. Toutes les pratiques ont pour but de nous amener à la compréhension et à la réalisation de Mahamudra.

Pour asseoir la certitude dans l'esprit de son disciple, un maître recourt à l'introduction directe. Il en a été question pour l'approche sacrée, le Vajrayana. Ici, elle revêt une grande importance et s'inscrit en dehors de tout cadre conventionnel. Elle peut même avoir un caractère très brutal, inattendu voire incongru. On conte souvent l'histoire de Naropa (1016-1100 ?), l'un des quatre-vingt-quatre grands accomplis de l'Inde. L'événement décisif de son existence se produisit lorsque après avoir été chercher de l'eau, Tilopa, son maître, le saisit par la nuque et lui assena un grand coup de sandale sur le front. Quand Naropa reprit connaissance, il était arrivé à la parfaite réalisation de Mahamudra. Les épreuves qu'il subit avant cet événement avaient éliminé les voiles de son esprit afin qu'il puisse recevoir l'influence spirituelle.

◻ *La pratique*

La pratique prend pour base la présence inaltérée de l'esprit pur appelé « esprit ordinaire », « état naturel » ou encore « nature de bouddha ». Elle repose sur les préliminaires que nous avons présentés plus haut. Ceux-ci constituent une préparation incontournable à l'application des instructions essentielles spécifiques au Mahamudra. Une préparation incontournable parce que la majorité des êtres ne parviennent pas à vivre spontanément la plénitude de la nature de bouddha. L'ego doute de la réalité de cette expérience. On doute et l'on se dit : l'esprit étant si complexe, une telle expérience n'existe pas car elle est bien trop simple ; si elle venait à exister, elle serait trop profonde et trop merveilleuse pour être comprise. De plus, l'apprenti doit avoir entraîné son esprit en pratiquant les méditations sur l'amour et la compassion, les méditations sur la vacuité, et les techniques tantriques.

Cependant, au niveau du Mahamudra essentiel, toutes ces pratiques sont considérées comme secondaires. Leur but est d'amener le pratiquant à la compréhension et à la reconnaissance de l'état naturel. C'est pourquoi l'introduction à la nature essentielle de l'esprit joue un rôle capital puisque les pratiques vont consister à reconnaître l'évidence de cette présence fondamentale. Ainsi, dans l'école Kagyupa, il arrive qu'un maître donne accès à l'enseignement et aux pratiques de Mahamudra à des disciples qui n'ont pas d'expérience dans la pratique d'une déité ou dans les yogas internes.

La suprême discipline

La discipline fondamentale concerne l'attitude d'esprit adoptée pour approfondir l'expérience de Mahamudra. Elle intègre la compréhension claire des comportements acquis dans les véhicules précédents et leur mise en œuvre dans la présence à Vajradhara, l'état pleinement éveillé. L'expression « suprême discipline » est utilisée uniquement pour comprendre que s'appliquer à demeurer en l'expérience de la réalité nue (Mahamudra) et de la saveur unique de l'éveil se substitue à toute attitude de renoncement ou de développement des qualités positives. En ce sens, cette aptitude transcende toute discipline fondée sur une intention et un effort.

Les trois principes pour poser l'esprit

La pratique repose sur trois principes ou trois instructions de méditation qui vont permettre de poser l'esprit : la non-distraction, l'absence d'artifice et la non-méditation.

La non-distraction

La non-distraction consiste à demeurer détendu dans l'instant pur, sans attente, sans anticipation, sans suivre les pensées et les émotions. On laisse l'esprit libre et indépendant, sans attacher un nom ou des caractéristiques à ce qui apparaît. Comme le ferait un jeune enfant qui perçoit des objets sans les concevoir. Ainsi ce qui se manifeste dans le champ des consciences sensorielles apparaît clairement, en l'absence de toute saisie. En même temps, la non-distraction implique une forme de vigilance permettant de discerner avec précision la nature de notre expérience. On voit donc qu'elle est liée à la pratique de vipashyana, la vision claire. Toutefois, si cette vigilance devient excessive, l'esprit s'agite et se tend. C'est pourquoi elle va de pair avec la non-méditation qui apporte stabilité et quiétude.

La non-méditation

La non-méditation pourrait être synonyme de contemplation. L'esprit, laissé tel quel, ne médite pas sur un objet ; il ne cherche pas à stopper sa dynamique naturelle ni à accomplir quoi que ce soit. Il demeure simplement détendu dans l'espace lumineux et radieux qui est sa nature. La non-méditation favorise l'expérience de shamatha, l'apaisement. Cependant, si ce repos ou ce « non-faire » perd sa clarté et son aisance, l'esprit s'engourdit. La non-distraction doit donc accompagner la non-méditation de sorte que l'esprit ne s'abandonne pas à la torpeur. Ainsi parle-t-on de l'union de shamatha et vipashyana en laquelle la non-méditation et la non-distraction se trouvent en situation d'équilibre. Il devient donc essentiel de bien comprendre que l'esprit ne se relâche pas dans une expérience encore polluée par l'ignorance, les émotions ou la pensée discursive. L'expérience authentique correspond à celle de l'esprit laissé libre de toute interférence mais apte à reconnaître sa luminosité vide.

L'absence d'artifice

L'absence d'artifice indique que rien n'est surimposé, ajouté ou retiré à l'expérience. L'esprit étant laissé à lui-même, le méditant n'intervient pas en essayant de « faire comme il faut », d'échapper au mouvement des pensées ou d'établir un état sans pensée. Qu'il y ait présence ou absence de pensées, cela importe peu car les pensées grossières ou subtiles sont l'énergie créatrice de la claire lumière. Par pensées grossières, on entend les analyses élaborées, les cogitations, les opérations mentales concrètes et facilement reconnaissables. Plus ténues et moins perceptibles, les pensées subtiles correspondent à la présence d'un observateur abstrait qui commente l'expérience, à la tension que l'on maintient en se disant sourdement : « Je dois demeurer en la vacuité », « les pensées ne doivent pas apparaître », ou encore au discours intérieur habituel dans sa forme apaisée avec des séries de mots aléatoires qui apparaissent en arrière-plan.

Les premières étapes de la pratique conduisent à la tranquillité de l'esprit (shamatha) et à la vision claire (vipashyana) qui permet à l'esprit de reconnaître sa véritable nature. Dans ce cadre, on parle de shamatha du Mahamudra et de vipashyana du Mahamudra. Pour éviter que la pratique n'empreinte une voie erronée, le méditant doit connaître les trois qualités essentielles à sa réussite : [1] l'expérience de la quiétude doit rester plaisante, empreinte d'une grande lucidité et libre d'élaborations conceptuelles ; [2] la motivation altruiste, fondée sur l'amour et la compassion, qui est la bodhicitta (l'esprit d'éveil), doit être comme une lampe qui éclaire en continu tout le cheminement ; [3] l'expérience du non-soi doit être effective de sorte que la sagesse qui en découle permette d'écarter les émotions perturbatrices.

Shamatha du Mahamudra :
demeurer en la paix de l'état naturel

Les instructions sur la posture corporelle et la tenue du regard sont identiques à celles que l'on a déjà vues. La posture aide à dissiper l'agitation et la torpeur qui sont les deux principaux obstacles à la pratique. Quant à la posture de l'esprit, les instructions portent essentiellement sur la capacité à maintenir la pleine conscience. Lorsqu'elle est effectivement présente, le méditant sait comment conserver un juste équilibre entre l'attention et la détente spacieuse.

La pratique comprend deux étapes complémentaires : le recours à un objet d'attention et la pratique sans référence. La première s'adresse aux débutants et concerne l'utilisation du souffle. Plusieurs méthodes peuvent être adoptées. Il sera question ici de la répétition vajra et de la respiration du vase. La seconde étape suppose que l'expérience de la détente spacieuse se maintient naturellement.

La répétition vajra et la respiration du vase

La répétition vajra consiste à coordonner les mouvements respiratoires avec la récitation mentale des trois syllabes-germes OM AH HUM. OM est récité sur l'inspiration, AH au cours de la courte rétention du souffle poumons pleins et HUM sur l'expiration. Les trois cycles respiratoires sont produits sans effort et sans volonté de prolonger le souffle.

La respiration du vase relie le méditant à la force-de-vie (prana) véhiculée par l'air inhalé. La partie basse de l'abdomen, en dessous du nombril, est perçue comme un vase en lequel le souffle vient lentement se déposer. Après chaque inspiration, le pratiquant s'efforce de l'y maintenir quelques instants comme s'il scellait le récipient, puis le relâche calmement sur l'expiration. Au cours de cette pratique, l'attention se focalise sur la région du vase. Le haut du corps reste très relâché mais ne participe pas au processus, au point que le méditant a l'impression de respirer avec le bas-ventre.

Que l'apprenti applique l'une ou l'autre méthode, il se contente simplement d'exercer l'esprit à suivre le déroulement de la pratique, sans attente et sans intention. Cela suffit à le calmer et à l'empêcher de devenir indolent.

La pratique sans référence

L'étape suivante consiste en l'abandon de toute référence. Sur la base des trois principes pour poser l'esprit (non-distraction, absence d'artifice, non-méditation), le pratiquant laisse l'esprit demeurer tel quel en l'état naturel. Alors, écrit Rangdjoung Dordjé, le IIIe Karmapa :

> Les vagues de pensées subtiles ou grossières d'elles-mêmes s'apaisent.
> Sans agitation, le cours de l'esprit de lui-même vient au repos.
> Non pollué par l'opacité de la torpeur,
> Puisse « l'océan de shamatha » être stable et immobile.

Dans le dernier vers, Rangdjoung Dordjé évoque le stade ultime de la pratique que l'on pourrait appeler le « grand shamatha » (mahashamatha), le repos complet en l'état naturel. Avant que la stabilité atteigne son paroxysme, l'animation des pensées est parfois comparée à un torrent de montagne turbulent, puis à un fleuve majestueux coulant lentement, et pour finir à un vaste océan. Avant la stabilité et l'immobilité parfaites, les pensées ne forment plus que de petites ondulations à la surface de l'eau. À peine sont-elles apparues qu'elles se résorbent d'elles-mêmes en l'océan. Ces images illustrent l'effet de la détente sur l'activité de la pensée.

Vipashyana du Mahamudra : voir clairement la nature de l'esprit

Dans l'état de tranquillité en lequel il demeure, le méditant observe l'esprit. Ainsi prend place la pratique de vipashyana à la lumière de la vue et des instructions transmises par le maître. Dans *Les souhaits de Mahamudra*, le IIIe Karmapa expose deux aspects conjoints de cette pratique : la vision claire et la dissipation des doutes.

La vision claire

Pour ce premier aspect, Rangdjoung Dordjé nous dit :

> Observant encore et encore l'esprit inobservable,
> Vipashyana voit clairement le comment de son sens invisible ;
> Les doutes sur ce qu'il est et n'est pas supprimés,
> Puisse, libre d'illusions, ma propre face être reconnue.

Dès le premier vers, la persévérance est mise en avant dans une tournure paradoxale. Comment observer ce qui n'a ni forme, ni couleur, ni lieu ? On se dit que le méditant doit observer les manifestations dynamiques de l'esprit, le processus d'apparition et de disparition des pensées en l'état de tranquillité, par exemple. S'il procède ainsi, c'est pour réaliser que l'observateur et l'observé n'existent pas au sens où nous l'entendons, que l'esprit est au-delà de l'existence et de la non-existence. Cette investigation débouche sur une sagesse non conceptuelle. Le premier vers signale justement que le méditant découvre à quel point l'esprit est libre de toute élaboration mentale et dénué de complexité. Ainsi médite-t-il directement sur sa véritable nature. Et parce qu'il s'efforce encore et encore de contempler l'inobservable, il en a finalement une *perception directe*.

Le travail qui a pu être effectué en amont avec l'enseignement des sutras sur la vacuité (deuxième tour de la roue du Dharma) s'avère très précieux, mais l'approche adoptée ici n'a plus une dimension analytique. L'esprit n'est plus un processus extérieur ou intérieur que le méditant examinerait avec attention. D'ailleurs l'emploi du verbe « observer » montre bien qu'il s'agit d'une contemplation nue et d'une participation non duelle à l'expérience. D'où l'idée que « vipashyana voit clairement le comment de son sens invisible », c'est-à-dire que la pratique elle-même ne peut-être dissociée de la nature lumineuse et vide de l'esprit. L'esprit se connaît alors en lui-même et par lui-même. Les mots étant prisonniers de la dualité, il devient étrange de dire que le méditant demeure en cet état lumineux et vide. C'est pourtant bien ce qui se produit.

La dissipation des doutes

Pour le second aspect, le IIIe Karmapa précise :

> Les observant, les objets ne sont pas : on voit l'esprit.
> L'observant, l'esprit n'est pas : il est vide d'essence.
> Observant les deux : la saisie dualiste d'elle-même se libère.
> Puisse la claire lumière, ultime état de l'esprit, être réalisée.

Cette stance reprend en partie le thème central figurant dans la stance 9 qui expose la vue : tout se ramène à l'esprit. Mais ici, Rangdjoung Dordjé ne se situe pas au niveau de la théorie mais bien au niveau de l'expérience. Le pratiquant réalise que les objets et l'esprit sont indissociables. Puisque les objets sont des manifestations de l'esprit et que l'esprit n'a aucune existence propre, la dualité sujet-objet cesse d'elle-même. La certitude issue de la vue devient parfaitement tangible. Doutes et illusions disparaissent, en particulier l'illusion qui consiste à croire que les pensées et les phénomènes sont distincts de l'esprit ou que la nature de l'esprit au repos est différente de celle de l'esprit en mouvement qui produit pensées et images.

Puis, dans les stances 20 et 21, Rangdjoung Dordjé expose les expériences qui découlent de la pratique conjointe de shamatha et de vipashyana. L'union de shamatha-vipashyana est la pratique de Mahamudra. Elle permet d'atteindre un état non fabriqué, naturellement libre :

> Sans attachement, la grande félicité ne cesse.
> Sans conceptualisation, la luminosité est sans voile.
> Par-delà l'intellect, la non-pensée est spontanément réalisée.
> Puissent ces expériences, sans contrainte, être ininterrompues.
>
> L'attachement aux bonnes expériences de lui-même se libère.
> L'illusion des mauvaises pensées naturellement se purifie en l'espace de vacuité.
> L'esprit « ordinaire » n'abandonne ni ne prend, ne rejette ni n'acquiert.
> Puisse, au-delà de toute référence, la vérité de dharmata[1] être réalisée.

Les quatre yogas du Mahamudra

Il s'agit de quatre étapes successives dans la réalisation de Mahamudra.

Le yoga de l'absorption unique

Cette expérience repose sur une réalisation effective de la pratique de shamatha du Mahamudra. L'apaisement du mental permet de reconnaître l'état naturel. L'esprit apprend à demeurer absorbé dans l'expérience de sa propre nature. Lorsque cette absorption est devenue stable et qu'elle se maintient en toutes circonstances, c'est le stade supérieur de ce premier yoga.

---
1. La véritable nature des phénomènes, leur vacuité.

Le yoga de la simplicité

Les fruits du yoga de l'absorption unique conduisent naturellement au yoga de la simplicité. Le pratiquant réalise qu'il n'y a rien à ajouter à l'état naturel. Il est parfait, spontané et libre de toutes conceptions. Lorsque tout jugement est suspendu, lorsque le recouvrement conceptuel n'existe plus, à ce moment-là, les expériences qui apparaissent sont *vues* directement dans leur simplicité naturelle. Le méditant réalise peu à peu que les pensées et les phénomènes extérieurs demeurent vides d'existence propre. En cette expérience de la vacuité, la nature fondamentale de l'esprit se vit de façon immédiate et directe.

Le yoga de la saveur unique

Les fruits du yoga de la simplicité conduisent naturellement au yoga de la saveur unique. Réalisant l'absence d'existence propre dans les pensées et les phénomènes, le méditant voit les choses du point de vue de leur nature véritable. Toute forme est vacuité. Pour l'ego, cette découverte s'avère déroutante. Le monde tel qu'il l'interprète et l'assemble s'effondre. Les phénomènes et les pensées ayant une même nature, il lui semble qu'ils sont dénués de caractéristiques propres. Pour lui, le monde des sens perd de son intérêt car les objets ont eux-mêmes perdu leur saveur spécifique. Tout paraît avoir le même goût. Les phénomènes sur lesquels il se fixait ne lui apportent plus les satisfactions liées au changement. Voici la première signification de la saveur unique.

Dans la phase initiale de la pratique, le méditant a tendance à s'attacher à cette expérience. Mais comme l'ego vit en dépendance des objets qu'il saisit, il perd son dynamisme habituel et sa consistance. L'illusion dualiste s'estompant peu à peu, le méditant réalise l'absence de distinction entre l'esprit et les apparences. Dès lors, il ne se fixe plus sur l'expérience de la saveur unique telle qu'elle était vécue par un observateur avec lequel il s'identifiait. Au stade ultime, l'hégémonie de l'ego ayant cessé, le méditant *voit* la multiplicité des apparences depuis leur vacuité. Toute expérience a désormais la saveur unique de l'éveil.

Le yoga de la non-méditation

Les fruits du yoga de la saveur unique conduisent naturellement au yoga de la non-méditation. Ce quatrième yoga porte le nom du troisième principe pour poser l'esprit que nous avons présenté plus haut. Mais ici, la « non-méditation » désigne l'expérience ultime en laquelle les notions de moi et autres, de méditant et de méditation ont disparu. C'est l'expérience fondamentale de la non-dualité.

❑ Le fruit du Mahamudra

Le yoga de la non-méditation conduit au fruit de la pratique de Mahamudra : la réalisation de Vajradhara (tib. Dordjé Tchang), le bouddha primordial, archétype de l'éveil. En sa réalisation, s'actualisent les trois corps d'un bouddha et les cinq sagesses. Pour son bien propre se révèle le dharmakaya, le corps absolu ou corps de vacuité ; et pour le bien d'autrui, se manifestent les deux corps formels : le corps d'expérience parfaite (sambhogakaya) et le corps d'émanation (nirmanakaya). Bokar Rinpotché insiste sur ce point : « Ces différentes qualités et ces différents pouvoirs actualisés dans la réalisation, autant pour le bien d'autrui que pour le nôtre propre, constituent le fruit ultime de la pratique de Mahamudra. »

L'intégration de la pratique dans la vie quotidienne

En présentant le triple apprentissage au début de ce chapitre, j'ai soulevé la question de l'intégration de la pratique dans les activités de notre vie quotidienne. Lorsque nous sommes capables d'opérer cette intégration, nous voyons à quel point les enseignements constituent une connaissance vivante.

Pour y parvenir, Kènchèn Thrangu Rinpotché recommande d'effectuer cette série de rappels[1] : ne pas perdre de vue que la sagesse qui réalise la vacuité de tous les phénomènes a toujours été présente en nous ; ne pas oublier qu'apparences et vacuité existent simultanément ; se souvenir que l'esprit co-émerge avec le monde qu'il perçoit comme extérieur. Ces conseils prolongent certaines instructions mentionnées dans la pratique de Lodjong, l'entraînement de l'esprit (voir annexe 3), en particulier : « tous les phénomènes sont pensés comme rêves » ; « sois transparent » ; « ne sois pas dépendant des conditions extérieures » ; « ne sois pas changeant d'instant en instant » ; « n'attends pas de grands remerciements ». Demeurer transparent et voir les phénomènes comme rêves suppose d'avoir compris que les phénomènes qui apparaissent à nos consciences sensorielles ont une apparence trompeuse car leur nature est vacuité. Seule la conscience mentale douée de la faculté de discriminer parvient à déjouer cette illusion en reconnaissant l'interdépendance de toute chose. « Ne sois

---

1. Cf. *Essentials of Mahamudra.*

pas dépendant des conditions extérieures » aide à mobiliser la pleine conscience. Les deux autres conseils permettent de cultiver l'équanimité, l'humilité et le désintéressement.

Pour illustrer l'importance de ces rappels, Kènchèn Thrangu Rinpotché prend l'exemple d'un feu. Au départ, il faut l'alimenter avec du bois bien sec et l'éventer pour que sa puissance se développe. À un certain degré de chaleur, quoi que l'on dépose sur le feu, cela devient un combustible supplémentaire qui accroît son intensité. À ce stade, la pratique de la pleine conscience en dehors des séances de méditation est devenue si familière que toute forme de pensée et tout phénomène sont perçus comme l'expression spontanée de dharmata, leur véritable nature, leur vacuité. En demeurant dans la paix intérieure, nous apprécierons la valeur infinie de chaque instant et arriverons à nous libérer de l'attachement, de la peur et de tous les comportements pollués par les émotions négatives.

L'intégration de toutes nos pensées et actions en la pleine conscience culmine dans l'activité spontanée. Djamgeun Kongtrul Lodreu Thayé (1811-1899), l'un des principaux acteurs du mouvement rimay, en parle dans cet extrait de *L'ouverture transparente*, après avoir exposé l'attitude à adopter entre les sessions de méditation.

> Que l'esprit soit au repos, en mouvement,
> Heureux, malheureux... et quoi qu'il apparaisse
> Il suffit de cultiver la venue spontanée
> De l'état naturel « restant tel quel »,
> Sans bloquer, activer, fabriquer ou modifier quoi que ce soit ;
> Ce en récitant des textes, disant des mantras,
> Que l'on bouge, reste en place, dorme ou quoi que l'on fasse.
> C'est ce qui est nommé « l'activité spontanée »[1].

Après avoir écrit ces paragraphes sur l'intégration de la pratique dans la vie quotidienne, j'ai ouvert la *Bhagavad Gita*, le merveilleux texte de l'Antiquité indienne, et je suis tombé sur ce passage qui éclaire aussi ce que nous venons de voir : « Celui qui, au milieu de la plus grande activité, peut trouver la paix la plus douce et qui, au milieu du plus grand calme, est le plus actif, celui-là a découvert le secret de la vie. »

---

1. Extrait de *L'ouverture transparente*, trad. Institut Karma Ling. Cf. *Mahamudra-Dzogchèn. La simplicité naturelle*.

Dzogchèn (la « Grande Perfection »)

◻ *La vue*

L'exposé de la vue consiste à développer la compréhension de l'état d'autoperfection, notre condition réelle présente dans toutes les situations de notre vie quotidienne. Cette opération va de pair avec la prise de conscience des obstacles qui nous empêchent de la percevoir : les émotions conflictuelles et l'attachement à la connaissance intellectuelle fût-elle des plus subtiles. En effet, la véritable compréhension de l'état naturel ne vient que d'une expérience directe opérant dans les conditions du plus grand apaisement. Sur cette base, s'établit la pratique contemplative propre au Dzogchèn et se développe une attitude juste dans le comportement habituel.

Ici, le rôle d'un maître parfaitement qualifié s'avère capital. Il peut donner à ses disciples une introduction directe à leur condition réelle. C'est à la fois une confirmation de ce qu'ils ont découvert par eux-mêmes, un éclaircissement et un approfondissement. Relatant comment son maître Changchup Dordjé opéra l'introduction, Namkhaï Norbu Rinpotché note qu'« il parlait à partir de la clarté et non d'une simple compréhension intellectuelle. Ce jour-là, je sus que l'étude, jusqu'alors si importante à mes yeux, n'avait qu'une valeur secondaire. Je compris que le principe de la transmission ne consiste pas à effectuer simplement des rituels ou des initiations, ou à donner des explications intellectuelles. Ce jour-là, mes constructions mentales s'effondrèrent totalement[1] ».

◻ *La pratique*

La remarque initiale aux pratiques de Mahamudra s'applique également au Dzogchèn. Les méditations sur l'amour et la compassion, les méditations sur la vacuité, et toutes les autres pratiques permettant de comprendre et de reconnaître la nature de l'esprit constituent des préparations. Là aussi, elles représentent un entraînement incontournable à l'application des instructions essentielles spécifiques au Dzogchèn. Ces instructions sont réparties dans trois séries d'enseignement : la série de la nature de l'esprit (le semdé), la série de l'espace (le longdé) et la série essentielle (le men ngak dé). Elles

---

1. *Dzogchèn et Tantra*, p. 50.

seront brièvement présentées après quelques commentaires sur la suprême discipline et la contemplation.

LA SUPRÊME DISCIPLINE

La base étant l'esprit ordinaire, libre de tout artifice, dénué de toute illusion et complication, la voie étant la perfection spontanée, et le fruit étant spontanément parfait, il n'y a pas de conduite particulière à adopter. Comme pour le Mahamudra, l'expression « suprême discipline » est utilisée uniquement pour nous aider à comprendre que s'appliquer à demeurer en l'expérience de la pureté primordiale et de la saveur unique de l'éveil se substitue à toute attitude de renoncement ou de développement des qualités positives. En ce sens, ce comportement transcende toute discipline fondée sur une intention et un effort. Cela ne signifie pas la mise à l'écart des conduites adoptées dans les véhicules précédents, mais leur intégration naturelle et spontanée dans la dimension du comportement du bouddha primordial Samantabhadra, l'état non duel qui transcende les limites de l'être et du non-être, de la pureté et de l'impureté.

LA CONTEMPLATION : DEMEURER EN SA CONDITION RÉELLE

Les instructions concernant la pratique représentent des méthodes à appliquer pour que s'opèrent la reconnaissance de notre condition réelle et son maintien dans les divers aspects de la vie quotidienne. Comme l'explique Namkhaï Norbu Rinpotché : « La pratique Dzogchèn est dite "être au-delà de l'effort" et, en effet, il n'y a nul besoin de créer, modifier, ni changer quoi que ce soit, mais de se trouver dans la condition de "ce qui est"[1]. » Il convient donc de différencier méditation et contemplation. La méditation est un exercice préparatoire qui recourt à la dynamique de l'esprit. Le méditant utilise des techniques de fixation du regard pour apaiser l'esprit ou des techniques qui font appel à l'imaginaire pour se représenter un environnement éveillé, dans la pratique tantrique d'une déité, par exemple. La posture corporelle a aussi une importance capitale. Dans tous les cas, la méditation s'apparente à une méthode pour entrer dans l'état détendu de la contemplation.

---

1. Dzogchèn. L'état d'auto-perfection, p. 95.

La contemplation est inhérente à l'esprit, comme l'humidité est la qualité essentielle de l'eau. Elle ne vise aucun but. Il s'agit de reconnaître que l'état auto-accompli est déjà présent. La détente et l'absence d'intention s'avèrent déterminants. En maintenant une présence apaisée et en évitant de se laisser distraire, on demeure en l'état non duel où pensées et émotions s'autolibèrent. Par autolibération, on entend que les pensées se dissolvent instantanément en l'état non duel au fur et à mesure qu'elles apparaissent. Pour prendre trois images, cette autolibération pourrait être comparée à une fumée qui se dissout dans l'espace à mesure qu'elle s'élève dans le ciel, à des flocons de neige qui tombent sur une pierre chaude et fondent sans laisser de trace, à des signes qui, tracés à la surface d'un lac, disparaissent.

Si une personne parvient à se trouver en sa condition réelle, nul besoin d'adopter une posture particulière. « Si je suis dans la position allongée, au moment où je me trouve dans l'état de "ce qui est", écrit Namkhaï Norbu Rinpotché, alors cela est en soit ma position naturelle. (...) La même chose est vraie si je me trouve en contemplation au moment de boire une tasse de café[1]. » Dans un autre ouvrage, il précise : « Dans la contemplation, l'esprit ne s'implique dans aucun effort mental ; il n'y a rien à faire ou à ne pas faire. Ce qui est *est*, tel quel, parfait en soi. (...) On est capable d'intégrer de la même façon le moment de calme sans pensée et les moments où la pensée entre en mouvement, en demeurant pleinement attentif et présent, ni endormi, ni agité, ni distrait. (...) Si l'on ne trouve pas cette pure présence de rigpa, on ne trouvera jamais le Dzogchèn. (...) On dit que le pratiquant est comme un moulin à eau, qui continue simplement à tourner, aussi longtemps que l'eau continue à couler, sans effort, tout naturellement. Sans effort, on intègre les actions du corps, de la voix et de l'esprit, et tout ce qui s'élève dans notre vision karmique, avec l'état de contemplation[2]. »

Le texte de Longchenpa, *La pratique principale ou présentation de la nature de l'esprit*[3], éclaire en profondeur les propos de Namkhaï Norbu Rinpotché. Longchenpa y donne des instructions fondamentales sur l'attitude à adopter pour demeurer en l'expérience de la contemplation. La détente va de pair avec un très haut degré de vigilance et de lucidité. L'écueil consisterait à croire qu'il n'y a rien à faire et qu'il n'existe aucune méthode particulière dans le Dzogchèn. En réalité, il en existe de multiples, adaptées aux capacités de chacun. Toutes amènent le pratiquant à l'expérience de la contemplation. Trois d'entre elles sont

---

1. *Ibid.*, p. 97.
2. *Dzogchèn et Tantra*, p. 124-125 et 235.
3. *La liberté naturelle de l'esprit*, p. 245-247.

considérées comme essentielles : le semdé, le longdé et le men ngak dé. Bien que leur approche soit différente, ces trois séries reposent sur l'introduction directe de rigpa effectuée par le maître et conduisent au même fruit.

La série de la nature de l'esprit (le semdé)

Le *semdé* propose une approche progressive. Elle fait appel à des explications et à des analyses intellectuelles détaillées, et recourt à des pratiques déjà connues telles shamatha et vipashyana. Cette série insiste sur l'aspect lumineux de rigpa, la présence naturelle innée. Quatre yogas, proches de ceux du Mahamudra, permettent d'entrer en contemplation :

- *L'état de calme* (shamatha) qui se développe à partir de l'attention sur un objet. L'esprit se détendant, l'attention se porte sur l'espace ouvert. Lorsque la quiétude demeure stable, elle devient parfaitement naturelle.
- *L'immobilité* qui équivaut à vipashyana, la vision claire. Ici, il n'y a pas d'analyse. L'état de calme n'est plus induit et, en l'état de pure présence, le mouvement des pensées n'est aucunement différent du repos. L'observateur abstrait qui guidait précédemment l'esprit dans l'exercice de l'attention s'est dissous.
- *L'égalité* qui est l'union de shamatha-vipashyana en l'expérience de la non-dualité.
- *La présence spontanée*, au-delà de toute pratique. À ce stade, la contemplation non duelle peut être intégrée dans la vie quotidienne. Namkhaï Norbu Rinpotché précise que le méditant retrouve alors sa condition naturelle. Il ajoute que cela est la pratique de Dzogchèn, la Grande Perfection.

La série de l'espace (le longdé)

Dans la série de l'espace, l'accent est mis sur l'aspect « vacuité » de l'état naturel. Les explications de nature intellectuelle ont disparu au profit de l'exposé des méthodes yogiques. Les instructions sur la position du corps et la respiration vont permettre au pratiquant d'entrer directement dans l'état de contemplation. Je reprends ici la présentation de Namkhaï Norbu Rinpotché :

- *La clarté*. Les yeux sont ouverts, toute la vision est intégrée. Ce n'est pas la même chose que la clarté intellectuelle.

- *La vacuité.* Les yeux ouverts fixent sans ciller l'espace vide. Quelles que soient les pensées qui surgissent, elles ne perturbent pas.
- *La sensation de béatitude.* Le corps est gardé dans une position contrôlée, jusqu'à ce que l'on soit plus avancé dans la pratique, et cependant, c'est presque comme si le corps n'était pas là, bien que l'on soit totalement présent.
- *L'union.* L'union des trois instructions précédentes mène à la contemplation et à la pratique de Dzogchèn. Symbole de cette union, la langue demeure libre dans la bouche, ne touchant ni la base ni le palais. Les quatre instructions sont pratiquées simultanément.

LA SÉRIE ESSENTIELLE (LE MEN NGAK DÉ)

Comparativement à la série de la nature de l'esprit (le semdé), la série essentielle est une transmission plus directe parce qu'elle ne s'appuie pas sur des explications et une analyse détaillée. Namkhaï Norbu Rinpotché indique que « le men ngak dé est extrêmement paradoxal dans sa présentation, parce que la nature de la réalité n'entre pas dans les limites de la logique et ne peut donc être expliquée autrement que par des paradoxes[1] ».

La série essentielle comprend quatre cycles : extérieur, intérieur, secret et secret insurpassable. Le dernier cycle comporte deux pratiques principales : *trektcheu* (« couper court » ou « trancher l'opacité ») et *theugal* (« la pratique lumineuse du franchissement du pic »). Cette série inclut également une pratique du sommeil et de fixation de l'esprit sur un point, mais surtout des retraites dans l'obscurité complète, d'une durée de sept ou quarante-neuf jours. Ces retraites visent à purifier l'esprit et à développer sa clarté. Elles donnent lieu à des expériences visionnaires qui sont des manifestations lumineuses de la condition naturelle de l'esprit. Certaines consistent en la vision de symboles, formes géométriques diverses, rayons lumineux ; d'autres sont fort proches de la réalité concrète qui nous est familière. Ces pratiques pouvant conduire à la démence ceux qui réifient ces visions et s'y attachent, il est indispensable qu'elles soient menées sous la direction d'un maître parfaitement qualifié. Ce maître saura d'ailleurs « lire » ces visions et reconnaître en elles les signes d'une purification accomplie.

Ne figurent ici que les aspects très généraux des pratiques de trektcheu et de theugal, dans des formulations dépouillées des riches

---
1. *Dzogchèn et Tantra*, p. 131.

métaphores qui évoquent, en particulier, les différents aspects du corps en jeu dans les expériences visionnaires.

La pratique de trektcheu (« couper court » ou « trancher l'opacité »)

Fondée sur la pureté primordiale de l'esprit, la pratique de trektcheu est l'approche la plus fondamentale. Elle consiste à se maintenir sans effort dans la présence de l'état naturel. Une fois cette expérience stable, le yogi peut dissoudre en rigpa toutes les émotions et les pensées qui apparaissent. C'est l'autolibération. Pour y parvenir, il s'applique aux « quatre manières de laisser les choses dans leur simplicité naturelle » :

- *De la montagne (concerne la posture du corps)*. Le corps est laissé tel qu'il est. La position du corps, quelle qu'elle soit, est la position de la pratique.
- *De l'océan (concerne les yeux)*. Aucun regard spécifique n'est nécessaire. La position des yeux, quelle qu'elle soit, est la position de la pratique.
- *De l'état naturel (rigpa)*. L'état est tel qu'il est sans correction. Ce « laisser être » est identique au quatrième yoga de la série de la nature de l'esprit et à la quatrième instruction de la série de l'espace.
- *De la vision*. La totalité de la vision est dite « comme un ornement ». On expérimente que toutes nos visions karmiques sont notre propre énergie. Les « quatre manières de laisser les choses dans leur simplicité naturelle » sont pratiquées ensemble en un instant : c'est le Dzogchèn.

La pratique de theugal (« la pratique lumineuse du franchissement du pic »)

Spécificité du Dzogchèn, la pratique de theugal prend place lorsque trektcheu est stabilisé. Fondée sur la présence spontanée (tib. *lhundroup*) de la pureté primordiale de l'esprit, elle consiste à laisser rayonner la luminosité de l'état naturel, qui est celle de la sagesse née d'elle-même. Le rayonnement naturel de rigpa s'effectue en quatre visions que le pratiquant laisse se déployer. L'expérience visionnaire culmine dans la résorption des apparences phénoménales au sein du domaine de la vacuité immuable (dharmadhatu).

Pour que les visions s'élèvent des profondeurs de l'esprit, le yogi se place dans des conditions particulières : le corps adopte des postures spécifiques ; le regard contemple le ciel ou la lumière d'une lampe la nuit, fixe les rayons du soleil ou de la lune, les mains étant placées de telle manière que la lumière filtre entre les doigts ; la pratique peut aussi s'effectuer dans l'obscurité. Diverses positions des yeux sont également utilisées pour accroître les expériences visionnaires. Celles-ci sont des manifestations du corps d'expérience parfaite (sambhogakaya), manifestations lumineuses qui jaillissent du cœur et empruntent quatre canaux subtils particuliers reliant le cœur aux yeux.

Les étapes de la pratique de theugal correspondent à ces quatre visions :

- *La vision de la réalité absolue* constitue la base de l'expérience visionnaire. Des gouttes principielles (skt. *bindus*, tib. *thiglés*) sous forme de disques très lumineux et de tailles diverses apparaissent. Ils peuvent être séparés les uns des autres ou former des tresses ou des chaînes. Tous sont en mouvement. Lorsque la présence à l'état naturel se stabilise, il devient possible de ralentir et de stopper cette animation.
- *La vision de l'accroissement et de l'intensification des expériences visionnaires.* Les visions deviennent plus stables, plus claires et plus équilibrées. Une expérience plus précise des disques lumineux permet de percevoir en eux des lettres, des syllabes, des stupas, des parties du corps de déités et des déités entières, accompagnés des cinq couleurs-lumières (bleu, rouge, vert, blanc, jaune). Ces nouvelles formes paraissent enchâssées dans des structures géométriques complexes aux couleurs d'arc-en-ciel. Quelqu'un qui n'est pas familiarisé avec ces éléments de la culture tibétaine ou qui n'a jamais pratiqué verra des images totalement différentes de celles décrites dans les textes.
- *La vision du paroxysme de rigpa* correspond à la maturation de l'expérience visionnaire. Les phénomènes antérieurs s'enrichissent de la présence de mandalas, de bouddhas en union avec leurs parèdres, de royaumes purs de bouddhas. Les visions du corps d'expérience parfaite se substituent à la vision ordinaire. Au sein de l'état naturel vide, les distinctions dualistes s'éteignent : sujet/objet, samsara/nirvana, illusion/libération, pratique/non-pratique.
- *La vision de l'épuisement des phénomènes dans la réalité absolue (dharmata)* correspond à l'expérience visionnaire ultime. Toutes les manifestations lumineuses, toutes les pensées et toute la matérialité du monde se libèrent en leur source, la base de toute chose (tib. *künshi*), comme une fumée s'évanouit dans l'espace. Cette réintégration n'est pas un anéantissement mais la compréhension de la nature lumineuse de la réalité. La perception de la solidité des phénomènes est la transformation de la lumière sous l'effet de l'ignorance et de la saisie. Celui qui atteint ce stade final de l'expérience visionnaire parvient au fruit de cette pratique, la réalisation du corps de lumière ou corps d'arc-en-ciel du grand transfert.

Les Danses Vajras

Révélée en rêve au maître contemporain Namkhaï Norbu Rinpotché sous forme de trésors spirituels (tib. *termas*), cette pratique comprend trois danses différentes et complémentaires pouvant être pratiquées séparément ou successivement : |1| la Danse Vajra du Chant du Vajra, |2| la Danse Vajra de la Libération des Six Lokas, |3| la Danse des Trois Vajras. Indissociables de la transmission des enseignements de la Grande Perfection, elles sont accomplies depuis 1992 par des membres de la communauté Dzogchèn et des apprentis d'autres écoles qui ont appris et reçu les instructions d'un enseignant habilité.

Les Danses Vajras forment une pratique méditative à part entière alliant le mouvement et le son. Les déplacements du corps dans l'espace et l'exécution de la gestuelle permettent au pratiquant d'harmoniser et de coordonner ses énergies. Il apprend ainsi à intégrer les expériences du corps, de la parole et de l'esprit dans un état de contemplation. S'efforçant de maintenir cette attitude d'ouverture et de relâchement, il consacre sa pratique à la libération des six conditions de la conscience plongées dans le samsara. Au fur et à mesure de l'entraînement, les trois dimensions de l'éveil (vacuité-clarté-compassion) – nature pure de la triade corps-parole-esprit – s'actualisent.

Les danses s'effectuent au cœur d'un espace consacré peint au sol. Ce domaine a l'apparence d'un mandala ou plus exactement d'un yantra, un diagramme de méditation comprenant des formes géométriques comme des triangles entrecroisés ou l'hexagone à six pointes.

À certains égards, cette figure semble entretenir quelques rapports avec la représentation symbolique de l'*anahata cakra*, ce plexus de canaux subtils que la tradition tantrique situe dans la région du cœur et que l'on représente sous la forme de douze pétales de lotus ceinturant un hexagone, avec en son centre le bindu, le point indivisible en lequel se dissout toute dualité.

L'espace du mandala représente la correspondance entre la dimension interne (le corps) et la dimension externe (l'univers) de notre existence. Les cinq couleurs (bleu, blanc, jaune, rouge, vert) rappellent les cinq couleurs-lumières associées aux cinq familles de bouddhas. Les douze rayons qui irradient du centre donnent à la figure l'aspect d'une toile composée de cellules qui sont autant d'étapes dans la suite de mouvements et de pas. La musique, le chant, la grâce de la gestuelle et le doux glissement des pieds sur le sol confèrent à ces danses une beauté indéniable que rehausse la profondeur de la contemplation.

Le mandala des Danses Vajras.

▫ Le fruit du Dzogchèn

Le fruit du Dzogchèn, écrit Namkhaï Norbu Rinpotché est « la réalisation de l'union de notre façon de nous comporter et de l'état de présence, de sorte que notre contemplation et nos activités quotidiennes soient totalement intégrées[1] ». Lorsque l'état naturel (rigpa) est reconnu, se produit une réintégration dans la base de toute chose (künshi), notre condition originelle qui est pureté et présence spontanée. Le fruit de cette réintégration est la bouddhéité en sa triple dimension : corps absolu, corps d'expérience parfaite, corps de manifestation.

Les pratiquants qui accomplissent les quatre visions de la pratique de theugal et parviennent au stade final manifestent le corps de lumière ou corps d'arc-en-ciel. Au moment de la mort, s'opère la transsubstantiation du corps physique en énergie lumineuse. Namkhaï Norbu Rinpotché remarque qu'« un pratiquant qui a manifesté cette réalisation n'est pas "mort" au sens ordinaire du terme – bien au contraire ; son principe d'être demeure actif dans un corps de lumière. L'activité d'un tel être s'exerce pour le bien des autres et il peut être vu par quelqu'un de physiquement incarné, si celui-ci possède une clarté suffisante ». Il mentionne également les *Six vers de Vajra* qui récapitulent l'essence de la vue, de la pratique et du fruit du Dzogchèn.

---

1. *Dzogchèn. L'état d'auto-perfection*, p. 76.

VUE
La nature des phénomènes est non duelle,
Mais chacun, dans son état propre, est au-delà des limites de l'esprit.

PRATIQUE
Nul concept ne peut définir la condition de « ce qui est »
Mais la vision se manifeste : tout est bon.

FRUIT
Tout est déjà accompli, c'est pourquoi ayant vaincu la maladie de l'effort,
On se trouve dans l'état d'autoperfection : c'est la contemplation.

Les remarques relatives à l'intégration de la pratique dans la vie quotidienne au niveau du Mahamudra (p. 741-742) s'appliquent aussi dans ce contexte.

CR ષD

Épilogue

« Impossible de définir ce qui est par-delà les mots. Dans le pinceau ne doit même pas rester une goutte d'encre. »
Maître Dôgen

Dépasser les limites d'une tradition

L'éveil est intemporel, ni oriental ni occidental. Ainsi, même si le Dharma est apparu en Inde, il n'est lié à aucune culture spécifique, à aucun peuple, à aucune époque. Nous avons vu qu'il se présente à nous sous un double aspect : le Dharma scripturaire et le Dharma de la réalisation. Le premier comprend les paroles du Bouddha et des maîtres. Miroir où se reflète une myriade de notions et de conseils inséparables d'un mode de vie guidé par la sagesse et la compassion, il sollicite étude et réflexion. Le second désigne la pratique qui permet d'expérimenter le sens des enseignements et d'en acquérir la compréhension directe. Cette somme d'instruments d'éveil nous rappelle combien l'apprentissage spirituel est exigeant. Il nous enjoint sans cesse à reconsidérer notre existence et notre vision du monde à la lumière de la compréhension qui se fait jour.

Si la question de la rencontre du bouddhisme et de l'Occident se pose encore, c'est parce que nous envisageons le Dharma dans sa forme, ses formulations et sa mentalité, comme une voie spirituelle asiatique, sans jamais nous défaire de la dichotomie Orient-Occident, en persistant à nous attacher à ses manifestations les plus extérieures, en continuant de faire triompher la lettre sur l'esprit, avec cette difficulté récurrente qui surgit chaque fois qu'il s'agit de respecter la tradition* et d'assurer la continuité de la transmission.

La tradition n'est pas un legs du passé, ni un carcan de règles et de codes rigides qu'il conviendrait d'adopter, pas plus d'ailleurs qu'un moyen de fuir les cruautés de l'existence ou de bannir toute réflexion en endossant passivement des us et coutumes, des formes rituelles et des symboles exogènes. « Une personne vraiment intéressée par les enseignements doit comprendre leur principe fondamental sans se laisser conditionner par les limites d'une tradition, dit d'ailleurs Namkhaï Norbu Rinpotché[1]. Les organisations, institutions et hiérarchies qui existent dans les différentes écoles deviennent souvent des facteurs qui nous conditionnent. (…) La véritable valeur des enseignements est au-delà de toutes les superstructures créées par les gens, et afin de découvrir si les enseignements sont vraiment vivants pour nous, nous n'avons qu'à observer dans quelle mesure nous nous sommes libérés de tous les facteurs qui nous conditionnent. »

Au fond, la tradition nous aide à découvrir la richesse de notre vie intérieure en nous reliant aux racines intemporelles de l'expérience humaine. Elle fait appel à notre capacité à demeurer dans un rapport vivant avec la source des enseignements et l'inspiration des lignées qui véhiculent la transmission, un rapport éclairé par la pureté du cœur et non par un esprit empreint de dogmatisme religieux. Le message millénaire n'est donc vivant que s'il nourrit notre propre expérience. Finalement, ce livre n'a de sens que si dans un mot ou un passage nous retrouvons la trace de notre propre existence. Lorsque Pai-tchang Houai-hai (720-814, école Chan) dit au maître Ma-tsou qu'il était venu auprès de lui pour découvrir la vérité du Bouddha, Ma-tsou lui demanda : « Que peux-tu espérer de moi ? Pourquoi feins-tu d'ignorer le trésor qui est dans ta propre maison, et cours-tu au loin pour le trouver ? – Quel est donc ce trésor que je feindrais d'ignorer ? rétorqua Pai-tchang. – Ton trésor est celui qui est en train de m'interroger. Il possède tout, il ne manque de rien, ce qu'il contient est inépuisable. »

ÉVEILLER LE DEVOIR DE RESPONSABILITÉ

Par la profondeur de son message de paix et de non-violence, le bouddhisme a sans doute ouvert plus grands nos yeux sur l'abîme vers lequel nous nous dirigeons. Après les horreurs du XXe siècle, le XXIe siècle débutant emprunte le sentier des errances douloureuses : guerres,

---

1. *Dzogchèn. L'état d'auto-perfection*, p. 22.

terrorisme, génocides, sans oublier les désordres climatiques et l'empoisonnement de la nature[1] dus à la négligence et à l'excédent de puissance humaine, mais aussi le dépérissement existentiel lié aux méfaits du triomphe technologique. Ce n'est pas être pessimiste ou catastrophiste que de parler ainsi. Certes, des progrès importants ont été réalisés, notamment en médecine. Mais des paradoxes inédits et une complexité croissante montrent clairement que nous avons atteint des seuils dangereux voire irréversibles. Pour la première fois, et en quelques années, l'espèce humaine a réussi à créer les conditions de son aliénation et de sa propre inexistence. Nous n'en avons pas toujours conscience car nous n'avons pas encore atteint la limite de la rupture.

Je voudrais insister sur un point crucial mais dont on parle peu, celui de la simultanéité de la détresse intérieure[2] et de l'appauvrissement du patrimoine naturel. Dans l'interprétation mécaniste de la nature, le monde vivant est une machinerie sophistiquée. La culture technicienne et scientifique tente d'expliquer des processus et de mettre à jour des lois. La dimension esthétique de la nature ne l'intéresse guère, pas plus d'ailleurs que sa dimension spirituelle. Par « dimension spirituelle », j'entends sa capacité à produire spontanément des signes qui parlent de l'insaisissable. En vertu de l'interdépendance, la richesse et la beauté du monde vivant participent à un système de résonance au sein duquel nous sommes inclus. À travers des formes, des textures et des couleurs, le monde vivant *réveille* en nous les qualités de notre véritable nature. Prenons l'exemple du bleuet qui peut *appeler* la douceur, la discrétion ou toute autre qualité qui s'anime dès qu'on le contemple. Dès lors que cette fleur aura disparu de nos cultures, la qualité intérieure *réveillée* par sa présence aura une occasion en moins de se manifester. Plus nous détruirons la nature, plus nous altérerons son pouvoir éveillant, plus il deviendra difficile de restaurer l'harmonie, plus l'environnement que nous enfanterons deviendra proprement invivable, plus notre équilibre intérieur sera menacé. Il nous faut bien admettre que les maux dont souffre le monde vivant sont la partie visible du désordre qui sévit au cœur même de l'homme. La cause de ce désordre est purement spirituelle.

---

1. Il existe aujourd'hui plus de cent mille produits chimiques et chaque année mille substances nouvelles sont mises sur le marché. Des dizaines de ces substances toxiques, invisibles et persistantes – PCB, DDT, dioxines, entre autres – se diffusent en silence, migrent de règne en règne. Où que nous vivions, nos graisses corporelles ont accumulé un grand nombre de ces modificateurs hormonaux, causes de cancers et d'effets nocifs encore inconnus.

2. Selon l'Organisation mondiale de la santé (OMS), le XXIe siècle risque de devenir le siècle de la dépression.

Si tant est que nous ayons à réfléchir à l'apport du bouddhisme en Occident, c'est sans doute à l'épreuve de cette incapacité actuelle à nous autoréguler, de ce manque de compassion, de cette violente mise en péril de la planète et des souffrances qu'elle implique, sans oublier l'auto-expropriation de notre dimension humaine. La somme des écologies personnelles, ces « petits peu » individuels indispensables aux changements qui s'imposent, ne peut répondre à elle seule à l'ampleur des défis actuels. De même, le savoir scientifique, économique et politique, bien qu'indispensable, n'est pas suffisant pour répondre au péril physique qui se dessine. Une vision de l'homme, de l'éthique et de la responsabilité s'avère nécessaire pour accroître le niveau de conscience, éprouver la dimension sacrée de la vie et maîtriser la puissance dévastatrice qui est, rappelons-le, l'œuvre de notre culture, du principe de liberté et de notre volonté d'agir sur le monde. Seul un effort spirituel peut nous aider à modérer nos désirs avides et nous guérir de comportements vampiriques. Seule une approche ancrée dans la bonté humaine peut nous dire clairement ce que signifie être bon et préciser en quoi la bienveillance et l'amour sont source de grands bienfaits pour le devenir de tous les êtres vivants. C'est indispensable lorsque nous avons à réfléchir, par exemple, aux évolutions de la biologie humaine qui touchent à notre constitution héréditaire et à l'intégrité de la personne humaine.

Pareils effort et approche sont de pures utopies, dira-t-on. Soyons réalistes ! Sans vision de la grandeur humaine, comment pourrions-nous donner un autre cours aux événements tant redoutés qui se profilent à l'horizon ? Comment pourrions-nous entendre les voix de la raison et de la sagesse, et nous élever au-dessus des faiblesses qui nous accablent ? Comment pourrions-nous encourager et manifester dans nos sociétés l'attitude de compassion universelle ? Comment pourrions-nous incarner le changement que nous voulons voir naître dans le monde ? J'en viens humblement à souhaiter que les quatre nobles vérités et la notion de vacuité soient enseignées en classe de philosophie et que leur étude accompagne la lecture des deux ouvrages que le philosophe Hans Jonas a consacré à l'éthique et à la futurologie[1]. C'est un tout petit pas – certes insuffisant. Mais ce peut être une source considérable d'inspiration pour les jeunes générations. L'éducation est au cœur du changement espéré. Dilgo Khyentsé Rinpotché disait que « pour créer une nouvelle société où brille une lumière de grande paix, il est important que chacun d'entre nous donne naissance à cette vision de l'intérieur. Dès que nous pourrons

---

1. *Le principe responsabilité. Une éthique pour la civilisation technologique*, Éditions du Cerf, 1990 et *Pour une éthique du futur*, Rivages poche. Petite Bibliothèque, n° 235, 2005.

créer cela entre nous, il sera alors très facile de le manifester dans le monde entier ».

Je crois que Marcel Proust avait raison de dire que les vrais paradis sont ceux qu'on a perdus. Soyons heureux de jouir encore du bonheur d'exister, de voir le soleil, de contempler la lune, de manger à notre faim, de boire une eau potable, de circuler librement, de ne pas connaître la guerre. Nous goûterons mieux encore ces joies, si nous imaginons que demain elles nous fassent défaut, si nous envisageons que nos enfants et petits-enfants risquent d'en être privés, si nous nous remémorons souvent combien la santé est précieuse pour un malade, le calme pour ceux que le vacarme accable, la paix pour ceux que la guerre terrorise. Notre peur de perdre ce qui garantit notre propre existence devrait nous inciter à réagir et nous prémunir à la fois contre le pessimisme morbide et l'utopie naïve. Une crainte désintéressée devant les terribles réalités qui risquent de menacer les générations ultérieures devrait motiver un réel élan de compassion. Souhaitons qu'un sursaut général puisse justifier un jour la formule d'Hölderlin : « Là où croît le péril, croît aussi ce qui sauve. »

Offrande

J'aimerais vous inviter à la promenade que nous faisons presque chaque fin d'après-midi, une façon de se tenir au plus près de la vie simple, au plus près d'une joie d'enfant, de consentir à l'indicible et au mystère en nous. J'offre ce délassement à tous ceux dont les circonstances difficiles bloquent ce rien de joie nécessaire pour simplement savourer cette vie vivante que nous aimons sous la peau des apparences trop humaines.

Le chemin se love au sommet de la colline. Sentier des vaches de jadis. Sous l'œil tendre des pins et des hêtres, frémissement des digitales pourpres, tremblements intermittents de lumière sur les tapis de myrtilles. Mouvantes odeurs d'humus et de sève. Pierres familières avec leurs liserés de lichen bleuté. S'oublier dans la contemplation du chemin pour accueillir la nature dans la lumière de notre regard aimant. Demeurer dans la présence à la vie merveilleuse qui se perd à chaque instant et revient comme notre souffle. Au loin, la ligne ondoyante des Cévennes rêve dans la brume. Dans le crépuscule du soir, j'offre au vent cette guirlande de mots qui s'ouvre au silence.

Fluidité

Lorsque les choses désirent venir, accueillez-les sans vous y opposer ; lorsqu'elles désirent partir, laissez-les aller, sans les reconduire.

Bodhidharma

Vision sans objet

Le regard sans perception, le regard qui reflète et réfléchit, le regard épuré d'objets, donne une image de la pureté. N'avez-vous jamais regardé le regard des canetons, pour voir des yeux où le ciel est ciel, l'eau eau, et la feuille feuille ? Et n'avez-vous pas aimé ces yeux qui ne volent pas les objets, qui ne s'emparent pas du monde pour le fondre en eux ? Le ciel qui descend dans les yeux d'un caneton... Image de la pureté : un regard avant la perception ; un regard dans le monde et d'avant le monde. Un regard qui ne voit pas, mais dans lequel on voit.

Jour de printemps d'un calme infini et dans une vaste clairière, une eau étale : un caneton aux yeux gracieux et innocents où le monde cherche le paradis perdu...

Cioran
Le livre des leurres

Augmenter la sensation de vie

L'an dernier, en traversant une cour, je m'arrêtai net au milieu des pavés inégaux et brillants. Les amis avec qui j'étais craignaient que je n'eusse glissé, mais je leur fis signe de continuer leur route, que j'allais les rejoindre ; un objet plus important m'attachait, je ne savais pas encore lequel, mais je sentais au fond de moi-même tressaillir un passé que je ne reconnaissais pas : c'était en posant le pied sur ce pavé que j'avais éprouvé ce trouble. Je sentais un bonheur qui m'envahissait, et que j'allais être enrichi de cette pure substance de nous-mêmes qu'est une impression passée, de la vie pure conservée pure (et que nous ne pouvons connaître que conservée, car en ce moment où nous la vivons, elle ne se présente pas à notre mémoire, mais au milieu des sensations qui la suppriment) et qui ne demandait qu'à être délivrée, qu'à venir accroître mes trésors de poésie et de vie.

Marcel Proust
Contre Sainte-Beuve

Notre vie n'a pas de fin

Si l'on entend par éternité non la durée infinie mais l'intemporalité, alors il a la vie éternelle celui qui vit dans le présent.
Notre vie n'a pas de fin, comme notre champ de vision est sans frontière.

Ludwig Wittgenstein
Tractatus logico-philosophicus, 6.4311

Il n'y a rien à atteindre. Vous êtes toujours tel que vous êtes réellement. Mais vous ne le réalisez pas. C'est tout.

Ramana Maharshi
À l'écoute de Sri Ramana Maharshi

Symbole de l'interdépendance, de l'union de la sagesse et de la compassion, le nœud sans fin relie tous ceux qui pratiquent le Dharma. Il tisse un lien entre les apprentis et l'environnement qui favorise leur cheminement. Il symbolise aussi la connexion qui unit tous les êtres dans un même élan vers le bonheur authentique – non le désir du bonheur pour soi-même, mais le désir de rendre les autres heureux.

En communion avec vous dans votre recherche.

Annexes

Annexe 1. Les 37 auxiliaires de l'éveil en relation avec les cinq voies du bodhisattva

Annexe 2. Les 49 facteurs mentaux mentionnés dans le « Compendium de l'Abhidharma » (*Abhidharmasamuccaya*) d'Asanga

Annexe 3. Lodjong, l'entraînement de l'esprit

Annexe 4. Stupas et statues du Bouddha
- Le stupa : aperçu de son symbolisme et de sa fonction
- Les statues du Bouddha ou les apparences sacralisées

Annexe 5. Passerelles
- Bouddhisme et philosophie
- Bouddhisme et religion
- Bouddhisme et psychothérapie

1

Les 37 auxiliaires de l'éveil

en relation avec les cinq voies du bodhisattva

Pour rendre les enseignements du Bouddha plus accessibles et plus faciles à mémoriser, les disciples les ont peu à peu classifiés selon sept corps de pratiques (en caractères gras dans le tableau). L'ensemble de ces pratiques constitue les 37 auxiliaires de l'éveil. Leur résultat coïncide avec la voie de l'accomplissement final, l'expérience de la bouddhéité, apogée de la progression spirituelle du bodhisattva. La mention des 37 auxiliaires figure en particulier dans le *Mahaparinibbanasutta* qui relate les derniers événements de la vie du Bouddha, avant son entrée dans le parinirvana.

---

1. Voie du développement

Les quatre attentions – *objet : renoncement au corps*
 1. Corps
 2. Sensations
 3. Esprit
 4. Contenus mentaux

Les quatre efforts justes – *objet : renoncement au samsara*
 5. Abandonner les actes négatifs déjà commis.
 6. Rejeter les actes négatifs non encore commis.
 7. Développer les actes positifs non encore commis.
 8. Entretenir et mener à la perfection les actes positifs déjà commis.

Les quatre auxiliaires à la pratique méditative, facteurs de développement des pouvoirs merveilleux – *objet : détachement plus complet vis-à-vis du corps et du monde*
 9. La volonté de parvenir à la concentration en un seul point.
 10. L'énergie nécessaire à la concentration.
 11. La stabilisation du flux des pensées en un seul point.
 12. L'application de l'analyse des enseignements à la stabilisation du flux de l'esprit.

Étape du débutant qui fait l'apprentissage du bien-agir. Celui-ci consiste en trois renoncements :

- *renoncement au corps ;*
- *renoncement au samsara ;*
- *renoncement aux préjugés spirituels.*

Avec les pratiques vertueuses, la compréhension commence à se développer.

2. Voie de la jonction

Étape au cours de laquelle s'opère la jonction avec l'expérience de la réalité fondamentale.

Les cinq facultés pures appliquées aux quatre nobles vérités
13. La faculté de la confiance permettant d'être convaincu de la pertinence des quatre nobles vérités.
14. La faculté de l'énergie permettant de les comprendre et de saisir leur justesse.
15. La faculté de la vigilance permettant de les conserver en mémoire.
16. La faculté du recueillement permettant de les garder constamment à l'esprit.
17. La faculté de la connaissance transcendante permettant d'en saisir le sens fondamental.

Les cinq forces *(correspondent à la maturation des cinq facultés pures et sont désormais des remèdes)*
18. La force de la confiance : remède aux vues erronées.
19. La force de l'énergie : remède à la torpeur.
20. La force de la vigilance : remède à la distraction.
21. La force du recueillement : remède aux émotions conflictuelles.
22. La force de la connaissance transcendante : remède à l'incompréhension du sens ultime des quatre nobles vérités.

3. Voie de la vision

Étape de la vision claire des choses telles qu'elles sont, sur la base d'une véritable expérience du non-soi (anatman).

Les sept facteurs d'éveil
23. l'attention
24. le discernement
25. l'effort
26. la joie
27. la sérénité
28. le recueillement
29. l'équanimité

La pratique de ces sept facteurs donne accès à une compréhension de plus en plus profonde des quatre nobles vérités.

Première expérience d'éveil authentique.

4. Voie de la méditation

Étape qui consiste à stabiliser l'expérience fondamentale. Elle devient familière.

L'octuple sentier
30. Compréhension juste
31. Pensée juste
32. Parole juste
33. Action juste
34. Moyens d'existence justes
35. Effort juste
36. Attention juste
37. Concentration juste

Les branches de l'octuple sentier forment le contenu du triple apprentissage (autodiscipline, méditation, connaissance supérieure, voir tableau 16, p. 633).

5. Voie de l'accomplissement final

L'expérience de la vacuité est stabilisée et continue. La réalisation étant arrivée à maturité, il n'y a plus rien à comprendre. Le bodhisattva est un bouddha.

2

Les 49 facteurs mentaux

mentionnés dans le « Compendium de l'Abhidharma » (*Abhidharmasamuccaya*) d'Asanga

Dans le « Compendium de l'Abhidharma » (*Abhidharmasamuccaya*) d'Asanga, l'agrégat des formations karmiques comprend 49 facteurs mentaux. La sensation et la perception/notion (deuxième et troisième agrégat) ne sont pas prises en compte bien qu'elles soient des facteurs mentaux omniprésents. Dans ce traité d'abhidharma, elles sont considérées comme de purs agrégats. Les facteurs mentaux sont concomitants à citta, l'esprit constitué des six consciences. Ils saisissent les caractéristiques propres du phénomène appréhendé, liant ainsi la conscience aux objets qu'elle perçoit.

Ils sont répartis en six catégories :

- trois facteurs omniprésents
- cinq facteurs déterminants
- onze facteurs positifs
- six passions-racines perturbatrices
- vingt passions perturbatrices secondaires
- quatre facteurs mentaux fluctuants

Les trois facteurs omniprésents

1. La volition
2. L'attention
3. Le contact

COMMENTAIRE

La *volition* correspond à la réaction initiale de l'ego qui engendre la relation entre le sujet et les objets qu'il perçoit. L'intention comprend deux phases : [1] la mise en mouvement de l'esprit ; [2] l'émergence d'un projet, au sens ici de « tendre vers » ou de « se diriger vers ». Cette intentionnalité est la base du karma.

L'*attention* désigne la posture adoptée par le mental au moment de l'expérience.
Le *contact* est le sixième des douze liens de la production conditionnée. Il appelle la sensation et la perception. Celles-ci ne sont pas mentionnées dans cette classification car elles sont considérées comme des agrégats. C'est la raison pour laquelle on ne compte ici que 49 facteurs mentaux sur les 51 généralement répertoriés dans les traités d'abhidharma.

Les cinq facteurs déterminants

4. L'intérêt / l'aspiration
5. La détermination / l'intérêt intensifié
6. La mémoire / le rappel / la vigilance
7. La concentration
8. La compréhension / le discernement

Les onze facteurs positifs

9. La confiance
10. La honte / l'embarras / le scrupule
11. La considération envers autrui
12. Le détachement
13. L'absence de haine
14. L'absence de stupidité
15. L'enthousiasme / l'énergie
16. La souplesse
17. La diligence
18. L'impartialité
19. La non-violence

Les six passions-racines perturbatrices

20. L'attachement
21. L'aversion / la colère
22. L'orgueil
23. L'ignorance (*premier des douze liens de la production conditionnée*)
24. Le doute
25. Les vues erronées / le dogmatisme

Les vingt passions perturbatrices secondaires

26. L'agressivité
27. Le ressentiment
28. L'hypocrisie
29. La malice
30. La jalousie
31. L'avarice
32. La tromperie
33. La dissimulation
34. La suffisance
35. La violence
36. L'absence de honte
37. L'absence de considération pour autrui
38. L'inertie mentale
39. L'agitation
40. Le manque de confiance
41. La paresse
42. La négligence
43. L'oubli
44. L'inattention
45. La distraction

Commentaire

Les cinq facteurs déterminants vont induire l'expérience que nous avons de l'objet. Facteurs omniprésents et facteurs déterminants vont être colorés soit par un ou plusieurs des onze facteurs positifs soit par une ou plusieurs des six passions-racines perturbatrices. Dans le premier cas de figure, l'état d'esprit qui apparaît est positif dans la mesure où il s'oriente vers l'éveil et la libération. Quant aux vingt passions perturbatrices secondaires, elles correspondent à des émotions négatives élémentaires.

Les quatre facteurs mentaux fluctuants

46. Le sommeil
47. Le remords / le regret / le souci
48. La conceptualisation
49. L'analyse

Commentaire

Ces quatre facteurs sont dits fluctuants parce qu'ils ne sont pas en eux-mêmes vertueux ou négatifs. Suivant la façon dont ils sont dirigés, ils peuvent devenir positifs ou négatifs. Si, par exemple, on a fait un don à quelqu'un et que l'on se met à regretter ce geste, à ce moment-là le remords s'imprègne de négativité.

3

Lodjong, l'entraînement de l'esprit

Composé de 59 conseils de conduite et de pratiques méditatives, cet apprentissage spirituel[1] vise à développer l'esprit d'éveil (bodhicitta). Il aurait été transmis par Maitreya ou remonterait au bodhisattva Manjushri qui le transmit à Shantideva, l'auteur de *La marche vers l'éveil*. C'est Atisha Dipamkara qui l'introduisit au Tibet dans le courant du XIe siècle après l'avoir reçu de Serlingpa, un maître qui vécut à Java. Au départ, Lodjong revêtait un caractère secret. Au XIIe siècle, Guéshé Langri Thangpa rédigea *Les huit stances sur l'entraînement de l'esprit*, des versets d'une inspiration puissante, et Guéshé Chékawa mit au point les *Sept points de l'entraînement de l'esprit*, une forme plus accessible de ces enseignements. De là, ils ont été largement diffusés dans toutes les écoles tibétaines.

HOMMAGE AU GRAND COMPATISSANT

I. Les préliminaires

1. D'abord, apprends les préliminaires.

II. La pratique centrale

BODHICITTA ULTIME :
Pendant les sessions de méditation assise
2. Tous les phénomènes sont pensés comme rêves.
3. Examine la nature de l'intelligence non née.
4. L'antidote se libère de lui-même.

---

1. Traduction du texte racine de Lodjong réalisée par le Comité Lotsawa, à l'Institut Karma Ling, avril 2002. Sangha Dachang Rimay, F-73110 Arvillard.

5. Reposer en l'état primordial[1] est la voie en soi.
   Entre les sessions
6. Sois transparent.

BODHICITTA RELATIVE :
Méditation de tonglèn (accueillir et offrir)
7. Pratique alternativement accueillir et offrir, l'alternance chevauchant le souffle.
   Entre les sessions
8. Trois objets, trois poisons, trois sources de vertus.
9. Pour t'inciter au rappel : entraîne-toi avec des maximes en toute activité.
   « Gains et victoires pour les autres, pertes et blâmes pour moi. »
10. La séquence commence avec soi.

III. L'intégration des circonstances adverses comme voie d'éveil

11. Alors que le monde et les vivants sont pleins de négativités : transforme les circonstances adverses en voie d'éveil.

AVEC BODHICITTA RELATIVE :
12. Toutes les fautes se ramènent à une seule.
13. Sois reconnaissant envers tous.

AVEC BODHICITTA ULTIME :
14. La vision des apparences illusoires comme les quatre dimensions de l'éveil est l'insurpassable protection de vacuité.

AVEC DES PRATIQUES PARTICULIÈRES :
15. La meilleure méthode consiste en quatre pratiques :
    Développer la vertu – Dévoiler le négatif – Sacrifier en donnant aux nuisibles – Sacrifier en offrant aux protecteurs du Dharma
16. Applique la pratique à ce qui se présente.

IV. L'apprentissage spirituel comme pratique de toute une vie

DURANT LA VIE :
17. Le résumé de l'essence est l'application de cinq forces :
    Motivation – Entraînement – Vertus – Lâcher prise – Souhaits

AU MOMENT DE LA MORT :
18. Le transfert de conscience du Mahayana est aussi les cinq forces :
    Vertus – Souhaits – Lâcher prise – Souhaits – Motivation – Entraînement

---

1. L'alaya, littéralement le « non-né », l'état primordial au-delà de l'être et du non-être.

V. L'évaluation de son apprentissage

19. L'intelligence de tout le Dharma se ramène à une seule chose.
20. Des deux témoignages, retiens le principal.
21. Avoir toujours l'esprit heureux.
22. Maîtrise l'apprentissage celui qui le pratique même distrait.

VI. Les engagements de l'apprentissage

23. Observer toujours les trois principes fondamentaux :
Serments d'apprentissage – Absence d'arrogance – Impartialité
24. Changer sa motivation sur place.
25. Ne pas faire des défauts un sujet de conversation.
26. Ne pas juger autrui.
27. S'entraîner d'abord avec sa plus grosse passion.
28. Abandonner tout espoir de résultats.
29. Renoncer aux nourritures empoisonnées.
30. Ne pas être rancunier.
31. Ne pas rire des mauvaises histoires.
32. Ne pas être revanchard.
33. Ne pas heurter le point sensible.
34. Ne pas passer la charge du bœuf à une vache.
35. Ne pas avoir l'esprit de compétition.
36. Ne pas corrompre.
37. Ne pas faire choir le dieu en démon.
38. Ne pas espérer pour son bonheur le malheur d'autrui.

VII. Les conseils de l'apprentissage

39. Ramène toutes les pratiques à une seule.
40. Ramène tous les remèdes à un seul.
41. Deux activités, une au début, une à la fin :
Matin et soir
42. Dans les deux cas, sois patient :
Bonheur ou souffrance
43. Observe les deux, fût-ce au péril de ta vie :
Les trois types de vœux et la discipline de Lodjong
44. Entraîne-toi aux trois difficultés :
Reconnaître les passions, s'en détourner, puis les interrompre
45. Cultive les trois causes principales :
Avoir un bon enseignant, pratiquer convenablement, avoir les circonstances favorables
46. Médite sans que déclinent trois qualités :
Dévotion, enthousiasme et discipline
47. Ne te sépare jamais de trois attitudes :
Cultiver les vertus et abandonner les négativités : en corps, parole et esprit
48. Pratique impartialement ; une maîtrise vaste et profonde est importante en toutes circonstances.
49. Médite toujours sur ce qui t'exaspère.
50. Ne sois pas dépendant des conditions extérieures.
51. Pratique maintenant le plus important.
52. Ne comprends pas à l'envers.

53. Ne pratique pas avec intermittence.
54. Sois tout à l'entraînement.
55. Libère-toi avec l'analyse et l'examen.
56. Ne sois pas vantard.
57. Ne sois pas jaloux.
58. Ne sois pas changeant d'instant en instant.
59. N'attends pas de grands remerciements.

ೞ

4

Stupas et statues du Bouddha

Dans la tradition tibétaine, on distingue trois expressions de l'éveil : les statues du bouddha Shakyamuni, les textes et les stupas. Les statues exposent le corps de l'éveil ou corps du Bouddha ; les textes sont les supports de sa parole ; les stupas représentent symboliquement l'esprit du Tathagata.

Les premières représentations anthropomorphes du Bienheureux naissent entre le Iᵉʳ et le IIᵉ siècle de notre ère. Avant cette période, on estime qu'il ne peut être représenté sous forme humaine parce qu'il n'appartient pas au monde du devenir. On se contente de sept symboles impersonnels : fleur de lotus, roue, trône vide, arbre, coussin, empreintes de pieds et stupa. La *fleur de lotus* rappelle le caractère immaculé de la bouddhéité ; la *roue* : l'enseignement ; le *trône vide* : la fonction éminente du Bouddha et l'absence de toute présence égotique ; l'*arbre* : l'axe du monde et le lieu de l'éveil ; le *coussin* et les *empreintes de pieds* : traces de la bouddhéité au sein des apparences et caractère imperceptible de son essence ; le *stupa* : édifice bouddhiste par excellence, symbole en particulier de la voie, de la nature ultime de l'Éveillé en tant que corps absolu (dharmakaya), mais aussi représentation cosmologique.

Dès que l'on s'autorise à rendre visible le visage de l'éveil, on pare le corps du Bouddha des trente-deux marques majeures de prééminence et des quatre-vingts signes mineurs[1]. Dans les sculptures narratives qui figurent sur les bas-reliefs, l'artiste le fond dans des scènes qui relatent tel ou tel épisode de la vie du Bienheureux. En revanche, dans la statuaire, il en fait une unité à part entière lorsqu'il s'agit, par exemple, d'exprimer l'expérience indicible de l'éveil sous la forme du Bouddha méditant.

---

1. Le *Lalitavistarasutra* (« Le jeu en déploiement »), l'une des biographies du Bouddha, est l'un des textes qui dressent la liste des caractéristiques physiques qui lui sont attribuées.

• Le stupa : aperçu de son symbolisme et de sa fonction

À l'origine, le stupa est un monument reliquaire érigé sur les restes mortuaires du Bienheureux. Un prêtre brahmane les aurait répartis équitablement entre les huit rois présents à la cérémonie de crémation. Chacun d'eux, rentré dans son royaume, aurait construit un stupa destiné à conserver les précieuses reliques. La version traditionnelle amène d'importantes nuances. Elle avance que l'une de ces huit reliques a été préservée par Mucilinda, le roi des nagas, alors que les sept autres ont été cachées par les plus anciens disciples dans une chambre souterraine, afin qu'au IIIe siècle avant notre ère Ashoka puisse les disséminer sur l'ensemble du territoire après les avoir redécouvertes. La légende veut que le souverain bouddhiste les ait divisées en un très grand nombre de parts, donnant lieu à l'édification de 84 000 stupas.

Une forme calquée sur celle des anciens tumulus

Alors que les édifices chrétiens, tout particulièrement les abbayes cisterciennes, intériorisent l'espace et la lumière, le stupa indien n'est pas conçu pour être vécu de l'intérieur. Monticule de forme ovoïde[1], il s'inscrit dans un rapport intense à l'espace qui l'entoure. Le grand stupa de Sanci, monument datant du règne d'Ashoka, met en évidence cette forme très particulière. La tradition rapporte que le Bouddha l'aurait déterminée en pliant sa robe, déposant son bol à aumônes par-dessus et plaçant au sommet son bâton pour atteindre la configuration idéale. En procédant ainsi, le Bouddha a indiqué les trois parties principales du stupa : une base carrée, un hémisphère et un pinacle.

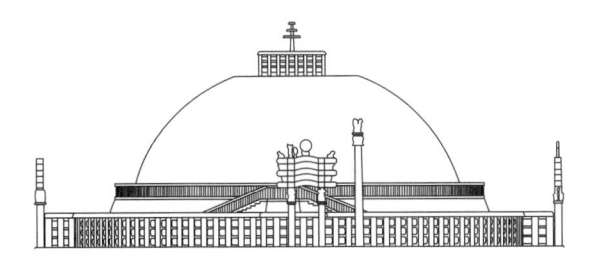

Figure 41. Le grand stupa de Sanci vu de profil.

---

1. Littéralement *stupa* signifie « chignon ». Un synonyme sanskrit pour le moins parlant est *dhatu-garbha* que l'on peut traduire littéralement par la « matrice des éléments ». L'équivalent tibétain de *stupa* est *tcheutèn* qui signifie « support d'offrandes ».

Dans sa forme initiale et la plus élémentaire, le stupa ressemble à un tumulus. La racine sanskrite *stu*, qui signifie « agglomérer », souligne bien qu'une telle architecture naît d'un entassement de matériaux. Le grand stupa de Sanci doit son allure imposante à ce processus d'accumulation. Au noyau d'origine, on a ajouté plusieurs couches de briques avant qu'un parement de pierres ne vienne envelopper l'ensemble.

Les éléments principaux de cette structure comprennent : un soubassement ; une clôture de pierre avec quatre portiques orientés (les toronas) et finement ornés de bas-reliefs illustrant des scènes de la vie du bouddha Shakyamuni ou de ses existences antérieures ; un parcours voué à la circumambulation, aménagé sur le soubassement du stupa ; un deuxième parcours réservé à la circumambulation sur le flanc du dôme, accessible par un double escalier ; un dôme imposant surmonté d'une balustrade carrée qui enclôt une hampe à trois parasols, érigée au centre.

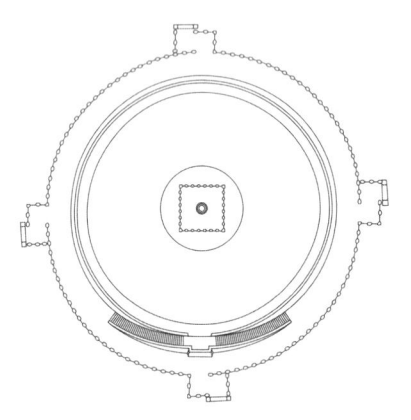

Figure 42. Plan aérien du grand stupa de Sanci. On remarque le double escalier (en bas) et, à la périphérie, la clôture de pierre avec les quatre portiques.

La clôture de pierre marque la frontière entre le domaine profane et l'espace sacré. La forme hémisphérique du dôme symbolise la voûte céleste et rappelle l'œuf cosmique d'où émerge l'univers dans la vision tantrique hindoue. L'urne cinéraire, ou les reliques, était placée dans la partie cubique qui surmonte le dôme, point de jonction entre le monde ordinaire et les plans célestes. Cette position médiane correspond à l'épicentre du rayonnement de l'influence spirituelle. La hampe symbolise l'axe du monde, le mont Meru, traversé de bas en haut par un arbre fabuleux. Il semblerait qu'au IIIe siècle avant notre ère, les trois parasols au sommet de l'édifice représentaient les trois joyaux (Bouddha, Dharma, Sangha). Au fil du temps, on les a interprétés comme les plans du cheminement spirituel ou les trois domaines du samsara (domaine du désir, domaine de la forme pure, domaine du sans-forme).

La diversité des formes

La forme caractéristique du stupa ancien vibre au cœur des imposantes grottes monastiques qui apparaissent dans le Maharashtra (Inde de l'Ouest) après la mort d'Ashoka (v. – 227) : Bedsa, Bhaja, Karla, Kondane, Ellora, Junnar, Kanheri, Nasik et Ajanta. À Karla, par exemple, entre Poona et Bombay, on gravit un long escalier de pierre pour atteindre une série de grottes caractéristiques de l'architecture rupestre de la dynastie des Satavahanas (Ier s. avant notre ère – IIIe s. ap. J. C.). L'austérité des cellules contraste avec l'allure magistrale de l'immense grotte sanctuaire. Là, au fond de la nef centrale, profonde d'au moins trente mètres, repose dans la pénombre un stupa sculpté en ronde-bosse. La grande fenêtre en plein cintre et la monumentale voûte en berceau, avec ses poutres et chevrons ouvragés comme une charpente, s'efforcent d'imiter le modeste squelette en bambou des huttes originelles.

Dans son voyage vers le Sri Lanka, le Laos, la Birmanie ou le Cambodge, le stupa a amplifié son soubassement, affiné les courbes du dôme et effilé en pointe son couronnement. À chaque fois, la forme s'adapte aux styles architecturaux. Ainsi en Chine, en Corée et au Japon, avec l'amplification de la verticalité, le stupa prend parfois une forme phallique et s'apparente à une demeure étagée et ajourée, la pagode.

Ces édifices possèdent de multiples dimensions. Certains sont immenses comme Borobodur, le temple-montagne, sur l'île de Java, le stupa Shwezigon en Birmanie, les stupas de Pagan ou le stupa érigé sur la colline sacrée de Svayambhunat à Katmandou. D'autres sont beaucoup plus modestes voire minuscules, comme ceux placés sur les autels tibétains.

Depuis l'arrivée des premiers maîtres tibétains en Occident, de nombreux centres du Dharma ont érigé un tcheutèn. Mais nous ne sommes pas au Ladakh, au Népal ou au Tibet. Les pierres et les briques recouvertes d'un mélange de terre et de chaux laminé par les intempéries ont disparu au profit du béton. On regrettera sans doute l'abandon des matériaux nobles, aptes à prolonger la mise en résonance de l'édifice et du site où il se trouve. Beaucoup plus élancé et sophistiqué que les formes primitives du stupa, le tcheutèn associe un cube, un dôme, une flèche conique, une ombrelle, un croissant de lune, une sphère solaire et une minuscule goutte flamboyante chapeautant la structure.

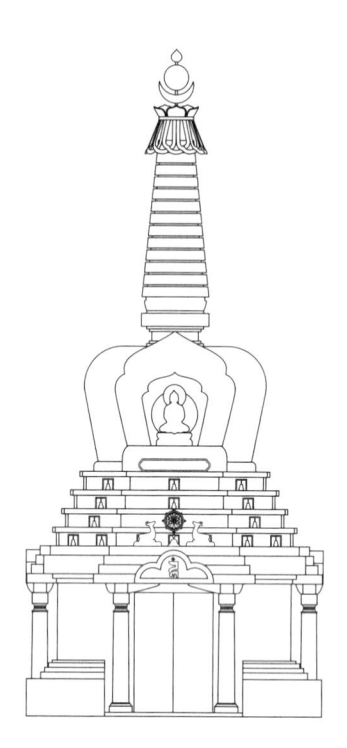

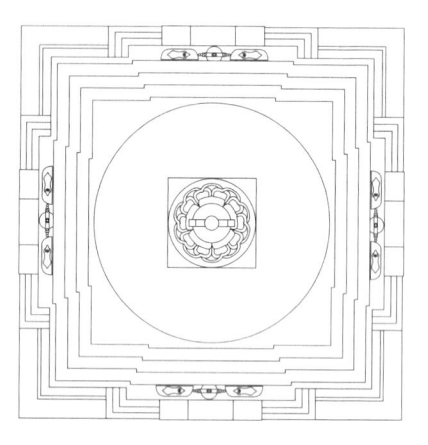

Figure 43. À gauche, plan d'un tcheutèn appelé « tcheutèn de la mise en mouvement de la roue du Dharma », parce qu'il rappelle le premier enseignement du Bouddha au parc des Gazelles à Sarnath.
À droite, le plan aérien du même stupa fait apparaître les formes fondamentales se reproduisant en volume dans le corps de l'édifice. Cette configuration n'est pas sans rappeler quelques-uns des éléments qui composent la structure du mandala.

Aspects du symbolisme

Le symbolisme du centre

Sur le plan aérien du stupa de Sanci (fig. 42), on remarque que le stupa se développe à partir d'un centre géométrique d'où procède la multiplicité et en même temps où elle se résorbe. Le volume du monument se déploie symétriquement le long d'un axe qui part de ce point central. Enfin, l'édifice dans sa totalité est orienté en fonction des quatre points cardinaux. Voici en bref les trois caractéristiques fondamentales de son architecture (voir fig. 44).

Le plan du stupa représente aussi un diagramme géométrique du cycle solaire. Son axe situe les positions successives qu'emprunte l'astre dans sa course. Dans le symbolisme aussi bien brahmanique que bouddhique, le soleil est le centre transcendant du cosmos, le nombril de l'univers. Or il existe une coïncidence significative entre le centre géométrique, identifié au soleil, et le moyeu vide de la roue, symbole du principe de l'éveil. Cette coïncidence rend plausible l'analogie entre le disque solaire, symbole de la royauté (le cakravartin est le « souverain à la roue »), et la roue du Dharma. N'oublions pas que d'un point de vue traditionnel, le Bouddha demeure le cakravartin suprême. Ainsi, la pratique de la circumambulation du stupa rend manifeste ce que l'édifice évoque symboliquement : la quête du centre intérieur, notre véritable nature.

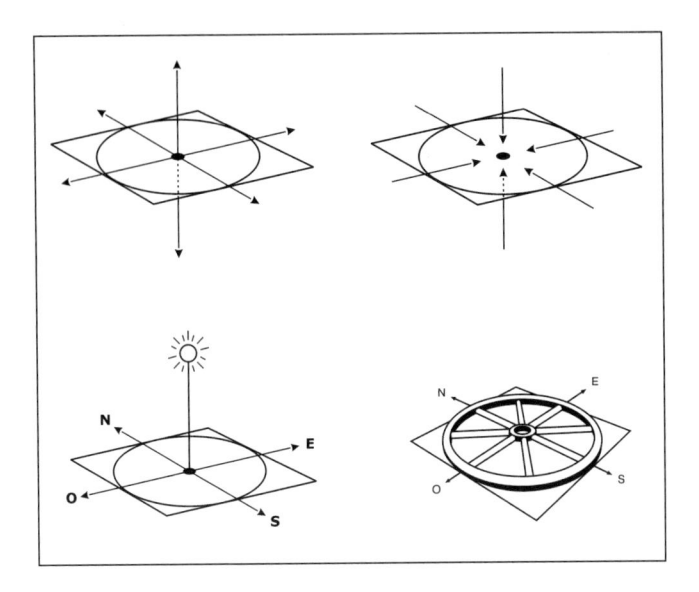

Figure 44. Les différents rapports au centre géométrique dans la configuration spatiale du stupa.

Ces considérations sur le symbolisme du centre soulignent aussi l'importance du rituel de démarcation qui permet d'établir au sol une ère sacrée, d'orienter l'édifice et de le mettre en résonance avec la terre où il se dresse et s'enracine. Seul le rituel de consécration le rend apte à devenir une source de rayonnement spirituel.

Une image de l'univers

Les remarques relatives au dôme et à la hampe du stupa de Sanci soulignent la concordance entre le stupa et l'univers. Par rapport au modèle du cosmos présenté dans le « Trésor de l'Abhidharma » (voir p. 62), la clôture de pierre, qui délimite la frontière entre l'espace profane et l'espace sacré, représente la ceinture de montagnes de fer qui retient le grand océan. On sait également qu'un pilier était placé au centre des stupas indiens, pilier pouvant être assimilé à l'arbre de vie qui relie le ciel et la terre, et traverse de part en part le mont Meru. Le tcheutèn intègre ce symbolisme en plaçant un axe au centre de l'édifice. Le long de cet axe, sont inscrites les cinq syllabes-germes : OM, AH, HUM, TRAM, HRIH. Ces syllabes se trouvent en correspondance avec les cinq premiers cakras qui s'étagent le long du canal central. Il s'agit ici de mettre en évidence les phénomènes d'imbrication révélant l'indissociabilité de l'homme et du cosmos.

Le modèle cosmologique du « Tantra de Kalacakra » expose, de façon significative, l'homologie entre le stupa et l'univers. En prolongeant le profil formé par les pistes de souffles sur lesquels glissent les planètes, on trace un hémisphère régulier qui rappelle la forme du stupa des origines.

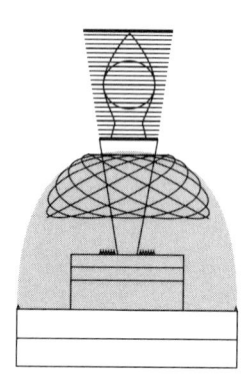

Figure 45. Homologie entre le modèle du cosmos selon le « Tantra de Kalacakra » et le stupa indien.

Le symbolisme de la montagne et celui de l'arbre se confondent dans le symbolisme axial. Ils nous renvoient à la thématique de la progression spirituelle que synthétise remarquablement le temple-montagne de Borobudur[1]. Édifié entre le VIIIe et le XIIIe siècle, ce monument est à la fois un yantra, une structure mathématique dont les relations expriment l'ordre transcendant, un mandala de pierre de 140 m de côté et de 52 m

---

1. *Boro*, trône, temple ; *budur* en javanais vient du sanskrit *bhudhara* qui signifie « montagne », « soutien de la terre ». *Bhu* désignant littéralement ce qui ne tient pas et doit être élevé à un état plus satisfaisant.

de hauteur, un modèle de l'univers sous la forme d'un immense stupa, avec la pyramide décroissante des mondes où s'échelonnent des séries de petits stupas, mais aussi un parcours initiatique qui guide la dévotion et la méditation. Les 1 200 panneaux de bas-reliefs et les 432 sculptures illustrant l'enseignement aident le pèlerin dans son cheminement.

Figure 46. Borobodur. Plan aérien.
Au centre (le sommet) se trouve un stupa terminal entouré de trois cercles concentriques composés eux-mêmes de 32, 24 et 16 stupas ajourés, abritant chacun une statue du Bouddha.

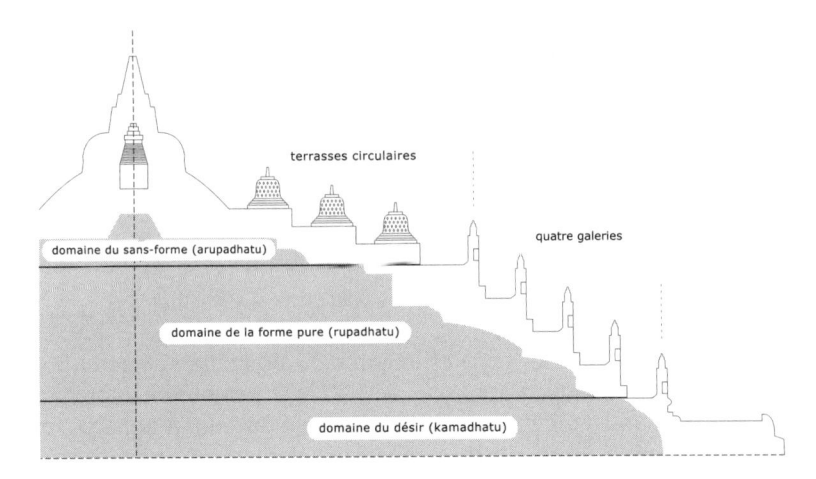

Figure 47. Borobodur. Coupe transversale et dessin simplifié des volumes. Les différentes strates de l'édifice représentent les trois domaines du samsara. Au cœur du stupa terminal, se trouve une sculpture représentant le bouddha primordial (Adibuddha). La partie grisée correspond au soubassement.

L'homologie entre le stupa et le corps du Bouddha

Les considérations sur le centre géométrique et l'axe de la structure dans son rapport à l'arbre de vie conduisent à assimiler le pilier de l'édifice – et ainsi, le mont Meru – à la colonne vertébrale du corps humain. Cette correspondance établit un lien significatif entre la structure du stupa et le corps du Bouddha, envisagé symboliquement comme corps cosmique. Ainsi, en tant qu'édifice initiatique, le stupa est fondé sur le principe de l'anthropocosme. Les yeux du bouddha primordial (Adibuddha) peints sur les stupas du Népal soulignent cette homologie. Ils apparaissent sur les quatre faces de l'*harmika*, la partie intermédiaire entre le dôme et la partie conique (la flèche). D'une façon générale, la base carrée de l'édifice correspond aux jambes, le torse au dôme, le visage et la protubérance crânienne à la flèche. Cette vision nous renvoie aux coïncidences significatives que le tantrisme établit entre la structure du corps et celle de l'univers : l'homme n'étant pas une partie du *réel* mais ce *réel* dans son expression vivante (voir fig. 23, p. 221).

Figure 48. Tracé des correspondances symboliques.

L'homologie entre le stupa et le corps du Bouddha s'avère si prégnante que dans l'iconographie, les deux images demeurent interchangeables. Sur un bas-relief conservé au British Museum à Londres, on voit, par exemple, un couple d'éléphants vénérer un stupa représentant le Bienheureux.

La structure du tcheutèn et quelques correspondances symboliques

Dans l'univers tibétain, la symbolique du stupa est devenue riche et complexe sous l'influence mahayaniste et tantrique. Je ne peux détailler ici l'étendue de son champ d'expression ni d'ailleurs la vaste palette de ses référents. Je n'ai retenu que les points essentiels qui permettent d'acquérir une vision globale. D'ailleurs, une connaissance purement intellectuelle de ces éléments n'a guère d'intérêt. Il est nécessaire de relier cette connaissance à une expérience effective du caractère opérant des symboles.

Pour simplifier la présentation, j'ai repris page suivante le plan de face d'un tcheutèn de la mise en mouvement de la roue du Dharma en indiquant par un numéro les dix parties qui font l'objet d'une correspondance symbolique.

LES TROIS PRINCIPALES FONCTIONS DU STUPA

Le stupa revêt trois fonctions principales. Il est à la fois un monument reliquaire, un mémorial et un support d'offrandes identifié symboliquement au Dharma.

Un monument reliquaire

Nous avons vu qu'à l'origine, le stupa est un monument reliquaire. On a associé aux cendres du Bouddha des objets lui ayant appartenu, mais aussi des sutras, des mantras, des dharanis, des mandalas. D'autres édifices ont été bâtis pour accueillir les cendres de disciples éminents, et selon les mêmes principes, on leur a adjoint divers objets et substances sacrés. Liées au feu, les cendres ont une charge symbolique très forte. Mettant un terme au corps d'émanation (nirmanakaya), le feu n'en laisse qu'un résidu symbolisant la précarité de la chair, incitant ainsi l'apprenti à la plus grande humilité. Mais si le feu anéantit le nirmanakaya, il révèle aussi le corps absolu (dharmakaya), l'accomplissement de soi. Dans le cas du bouddha Shakyamuni, les cendres représentent les traces visibles du processus alchimique inhérent à la transformation spirituelle. D'où l'importance de la thématique du feu dans les tantras ou dans la pratique des six yogas de Naropa, par exemple. Compte tenu de cette charge symbolique, le stupa doit son opérativité aux reliques sacrées qui « donnent vie » à l'édifice.

1. LA PARTIE CUBIQUE
(de bas en haut)

- La plate-forme de base symbolise les dix actes positifs.
- Les trois marches symbolisent les trois joyaux du refuge (Bouddha, Dharma, Sangha)
- Les quatre côtés du trône léonin symbolisent les quatre états sublimes (équanimité, amour bienveillant, compassion, joie).
- Le petit et le grand lotus symbolisent
les six perfections (générosité, éthique, patience, énergie, concentration et connaissance transcendantes)

En correspondance avec la terre, le domaine du désir, l'immutabilité de l'esprit et le bouddha Ratnasambhava.

2. LES CINQ MARCHES
Les quatre marches supérieures sont décorées de 64 portes qui symbolisent
la multiplicité des méthodes d'enseignement.

- la première marche symbolise les quatre attentions (au corps, aux sensations,
à l'esprit, aux contenus mentaux).
- La deuxième marche symbolise les quatre efforts justes :

1. Abandonner les actes négatifs déjà commis.
2. Rejeter les actes négatifs non encore commis.
3. Développer les actes positifs non encore commis.
4. Entretenir et mener à la perfection les actes positifs déjà commis.

- La troisième marche symbolise les quatre pieds miraculeux (la prière, la pensée, la persévérance, l'action).
- La quatrième marche symbolise les cinq facultés pures appliquées aux quatre nobles vérités :

1. La faculté de la confiance permettant d'être convaincu de la pertinence des quatre nobles vérités.
2. La faculté de l'énergie permettant de les comprendre et de saisir leur justesse.

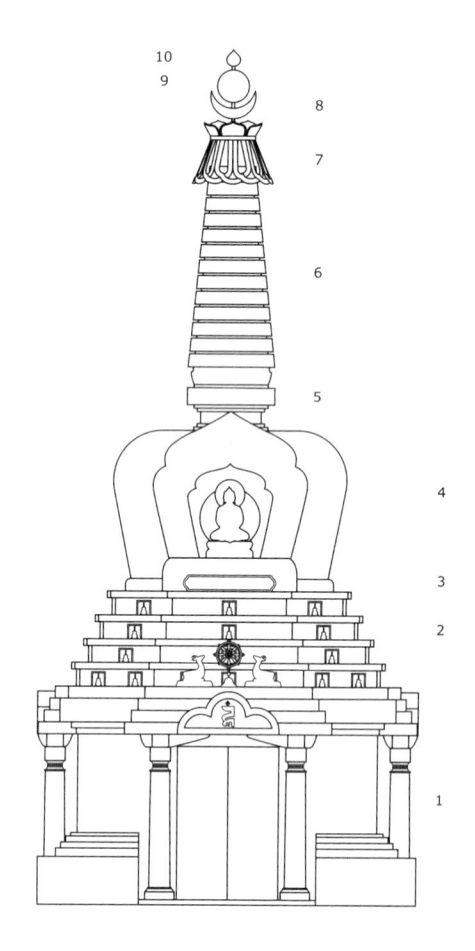

50. Les dix parties du stupa et leurs correspondances symboliques.

3. La faculté de la vigilance permettant de les conserver en mémoire.
4. La faculté du recueillement permettant de les garder constamment à l'esprit.
5. La faculté de la connaissance transcendante permettant d'en saisir le sens fondamental.

3. LA BASE IMMUABLE
Symbolise les cinq forces (la force de la confiance, la force de l'énergie, la force de la vigilance, la force du recueillement, la force de la connaissance transcendante).

4. LE DÔME (OU VASE)
Orné d'une fenêtre qui abrite une statue du Bouddha, il symbolise les sept facteurs d'éveil :
1. l'attention
2. le discernement
3. l'effort
4. la joie
5. la sérénité
6. le recueillement
7. l'équanimité

En correspondance avec l'eau, le domaine de la forme pure, la continuité de l'esprit et le bouddha Akshobhya.

5. L'HARMIKA (BALUSTRADE CARRÉE)
Symbolise le noble octuple sentier :
1. compréhension juste
2. pensée juste
3. parole juste
4. action juste
5. moyens d'existence justes
6. effort juste
7. attention juste
8. concentration juste

6. LA FLÈCHE CONIQUE (13 ANNEAUX ET L'ARBRE DE VIE)
Les 13 anneaux symbolisent les pouvoirs spirituels et les souvenances issus des recueillements méditatifs.
L'arbre de vie qui supporte les anneaux, symbolise les dix connaissances :
- des phénomènes
- de l'esprit
- des enchaînements karmiques
- de l'illusion
- de la souffrance
- de l'origine de la souffrance
- de la cessation de la souffrance
- du chemin qui conduit à cette cessation
- de la dissipation du mal-être
- de la non-apparition du mal-être et des dix perfections (paramitas)

En correspondance avec le feu, le domaine du sans-forme, la lucidité de l'esprit et le bouddha Amitabha.

7. L'OMBRELLE
Symbolise l'état de vainqueur, la non-apparition de la confusion et les dix perfections (paramitas). En correspondance avec l'air et le bouddha Amoghasiddhi.

8. LA LUNE
Symbolise le nirvana, l'extinction de toutes les souffrances.

9. LE SOLEIL
Symbolise le rayonnement de la compassion et de l'éveil.

10. LA GOUTTE FLAMBOYANTE
Symbolise la réalité ultime et la réalisation de tous les souhaits.
En correspondance avec l'espace, la vacuité de l'esprit et le bouddha Vairocana.

Un mémorial

Le stupa est aussi un mémorial érigé en des lieux associés à des événements importants de la vie du Bouddha. Au cœur de ces espaces « spirituellement chargés », le stupa joue le rôle d'un amplificateur d'énergies spirituelles. Le « Sutra du grand passage dans l'au-delà de la souffrance » (*Mahaparinirvanasutra*) mentionne ces emplacements. Le Bouddha en désigne quatre : le lieu de sa naissance, de l'éveil, du premier enseignement et du parinirvana, soit Kapilavastu, Bodh-Gaya, Sarnath (le parc des Gazelles) et Kushinagara[1]. Les lieux de pèlerinage sont passés ultérieurement à huit lorsque quatre autres événements ont été pris en compte : la réalisation de quatre miracles, la manifestation du Bouddha en ce monde suite à sa descente des cieux de Tushita, l'apaisement d'une querelle qui divisait les disciples, le fait que le Bouddha différa son entrée en parinirvana. Ces huit événements constituent la quintessence des douze œuvres. Dans la tradition bouddhique tibétaine, les stupas qui les commémorent forment huit familles d'édifices. Divers détails architecturaux et ornements les différencient.

Un support d'offrandes, diffuseur d'énergies spirituelles

Les correspondances évoquées plus haut entre les parties du tcheutèn et des pans entiers de l'enseignement montrent clairement que la construction d'un tel monument consiste à exprimer le Dharma dans le monde des apparences, à en faire un double des écritures. Dès lors, on comprend aisément que son édification soit un acte hautement méritoire.

Dans la tradition tibétaine en particulier, on l'envisage comme un diffuseur d'énergies spirituelles capables de rayonner sur l'environnement proche et lointain, favorisant ainsi la paix, le bonheur, la prospérité et l'accomplissement des souhaits. L'influence dont il est dépositaire amène une libération en celui qui le voit, le circumambule, étudie son symbolisme ou, dit-on, parce qu'il passe à l'ombre de l'édifice ou est simplement touché par le vent qui l'a caressé. L'idée d'un effet bénéfique, par l'entremise des différents contacts sensoriels, justifie l'utilisation de l'énergie des éléments pour véhiculer au loin son influence. Ainsi trouve-t-on souvent sur un tcheutèn des fanions imprimés de souhaits et de prières, que le vent emporte dans toutes les directions pour le bénéfice de tous les êtres. Certaines fois, on accro-

---

1. Cf. la carte du Maghada, p. 38.

che à son sommet des chaînes avec des grelots, un soleil et une lune, qui dispersent, sous forme sonore, l'activité d'amour et de sagesse. Lorsque la configuration du terrain le permet, on recourt à l'énergie d'une source pour actionner une roue placée à l'intérieur du monument. Cette roue abrite des offrandes nombreuses et variées, des millions de mantras, des formules rituelles, des substances précieuses mais aussi des reliques qui expriment les qualités essentielles de l'enseignement. En l'actionnant, l'eau se trouve imprégnée de l'influence spirituelle de tous ces objets, et devient en quelque sorte un vecteur de la mise en mouvement de l'enseignement qu'elle « distribue » tout au long de son aval.

Dans une approche géobiologique du tcheutèn, on remarque combien le choix architectural revêt une grande importance. La rigueur de la construction géométrique et le rapport harmonieux entre les éléments de la structure favorisent l'émission d'ondes de forme qui se propagent dans l'environnement immédiat de l'édifice. L'architecture sacrée connaît ces principes qui renforcent la puissance d'un haut lieu spirituel, le mettant en résonance avec les énergies de la nature.

En entrant dans la présence du tcheutèn, on peut s'entraîner à les ressentir. On pourra percevoir, par exemple, l'œuf et les couches du dôme invisible qui ceignent le stupa. L'axe central fait office de cheminée cosmo-tellurique. Il assure la respiration de l'édifice dont les « souffles » internes s'imprègnent de l'influence spirituelle des reliques et des offrandes avant d'être redistribués alentour, bénissant les chemins circulaires de la circumambulation. Leur retombée en pluie élève la qualité subtile de l'espace où s'effectue la marche circulaire.

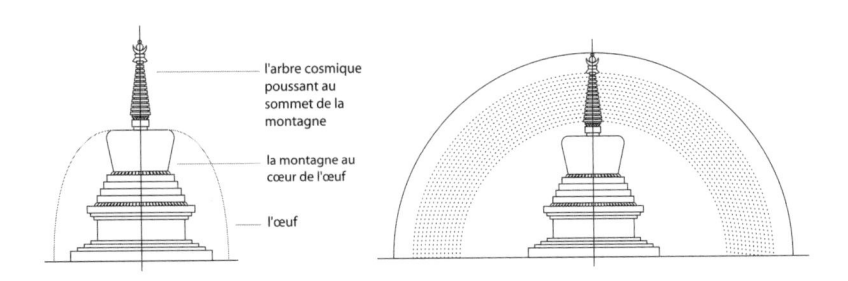

Figure 49. Deux des ondes de forme émises par le stupa : l'œuf et les couches du dôme invisible.

La présence des reliques et le ressenti des ondes de forme aident l'apprenti à ne plus voir dans le mot « stupa » l'image d'une masse de matières inertes mais ce qui fait apparaître l'évidence de son accomplissement possible. Conformément au principe de concentration et de redistribution des énergies spirituelles qui régit la structure du stupa, les mérites que l'apprenti va acquérir par sa pratique, il pourra les offrir en retour aux êtres vivants.

● Les statues du Bouddha ou les apparences sacralisées

Dans le bouddhisme, l'art a une fonction pragmatique : développer un enseignement par l'image qui, comme dans l'hindouisme, devienne le support des pratiques et des rituels. On doit donc le considérer sous l'angle utilitaire. Toutefois, même si nous n'avons pas accès à sa fonction rituelle parce que nous ne pratiquons pas la voie bouddhique, nous pouvons ressentir son caractère opérant alors même que nous arpentons les allées d'un musée des arts asiatiques ou parcourons un ouvrage d'art. Ainsi, la vision d'une statue du Bouddha peut changer notre regard sur nous-mêmes et sur le monde.

Les statues du Bouddha incarnent souvent l'infinie quiétude de l'expérience d'éveil. L'émotion esthétique qu'elles provoquent entretient un rapport étroit avec la profondeur de l'expérience spirituelle. Douée du pouvoir de félicité, cette émotion offre une jouissance inséparable du calme qui l'accompagne. Le contemplatif *voit* à la mesure des lumières que l'œuvre suscite en lui, mais aussi selon son degré de présence à l'expérience contemplative. *Voir* la statuaire dans le silence de la contemplation, c'est retrouver la trace de l'indicible en soi-même. Le pratiquant du Dharma se montre d'autant plus sensible à la splendeur qu'il connaît la fugacité et la précarité de l'émotion esthétique, alors même qu'il recherche, dans la présence à la plénitude de l'instant, une vie éternelle.

La floraison artistique en Inde

La floraison artistique coïncide avec les différentes périodes de mécénat royal en faveur du Dharma. En Inde, les représentations anthropomorphes donnent lieu à des styles variés. Parmi d'autres signes distinctifs, le traitement de la protubérance crânienne permet de les différencier. Au Ier siècle, l'*art du Gandhara*, au nord-ouest de l'Inde, reçoit l'influence gréco-romaine. On la repère en particulier dans le plissé élaboré de la robe monastique sculptée dans le schiste. La chevelure abondante, ramenée en un chignon, annonce la protubérance crânienne.

À la même époque, l'*art de Mathura*, au sud de l'actuel Delhi et non loin d'Agra, affirme son identité purement indienne. La robe est plate et les cheveux lissés sont ramenés en boucles au sommet du crâne. On remarque en particulier la rondeur du visage, la large bouche, les cheveux en multiples boucles orientées vers la droite. Les artistes n'ont pas cherché à modeler le corps en reproduisant moult détails. La simplicité rend sa force à la pierre. Sous la période Gupta (v. 320-510), l'art de Mathura atteint sa maturité. La représentation du Bouddha prend son aspect définitif. Les arrondis gagnent en souplesse, les drapés disparaissent au profit d'une robe monastique qui épouse des formes corporelles épurées et le léger sourire rehausse l'expression de la sérénité.

Entre le IIe et le IIIe siècle, sur la côte est de l'Inde méridionale, se développe l'*art d'Amaravati**. Style beaucoup plus réaliste, il présente le Bouddha comme le modèle du moine pleinement accompli. On a retrouvé la plupart des magnifiques bas-reliefs qui ornaient le stupa édifié au IIe siècle. Ils illustrent des épisodes de la vie du Bouddha dans un style apparenté à celui des sculptures narratives qui couvrent les portiques monumentaux du stupa de Sanci. Ces représentations du Bouddha vont influer sur l'avènement de la *statuaire cinghalaise* au Ve siècle, qui constitue l'apogée du style indien du Sud.

À la même époque, à Sarnath, dans le nord de l'Inde et sous la dynastie Gupta, les traits du Bouddha s'affinent, le visage esquisse le léger sourire que nous lui connaissons, la chevelure et la protubérance crânienne forment de multiples boucles spiralées, la tenue monastique tombe en drapés d'une finesse extrême et dévoile ainsi les formes généreuses que prend le corps du Bienheureux. Tous les éléments de la posture récitent fidèlement l'alphabet graphique recensé dans les corpus anciens. Le langage postural retient quatre postures essentielles : méditation, prise à témoin de la terre, enseignement, entrée dans le nirvana. Le *style Gupta* représente l'apogée du style bouddhique indien.

Plus tardivement, sous la dynastie Pala (VIIIe-XIIe s.), qui assoit son pouvoir dans le nord-est de l'Inde, se développe un nouveau type de statuaire. Bien qu'il reçoive l'influence du style Gupta, le *style Pala* s'en démarque en parant le Bouddha d'ornements royaux, alors que les parures s'adressaient jusque-là aux seuls bodhisattvas. Cette modification profonde de l'apparence du renonçant va être reprise ensuite en Asie du Sud-Est, témoignant dans une certaine mesure de la conciliation du monarque universel et du Bouddha.

Les sept mudras immobiles

Lorsque le Bouddha est présenté isolément, en posture du lotus, l'attitude, la station et surtout les gestes des mains tiennent une place prépondérante. Ils permettent d'indiquer précisément la nature de l'enseignement qu'il dispense et de rappeler de manière très concise un épisode particulier de sa vie. L'iconographie et la statuaire ont retenu sept mudras immobiles. Ces gestes parlent au-delà du symbole qu'ils expriment. Se déployant à l'extrémité du corps, ils sont l'action visible de l'indicible expérience.

Mudra de l'enseignement (dharmacakra mudra)

Les deux mains se font face devant le cœur, l'index touchant le pouce de sorte à former un cercle.

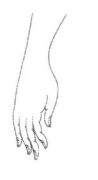

Mudra de la prise de la terre à témoin (bhumiparsha mudra)

La pointe des doigts de la main droite (organe de l'action, pôle masculin) repose sur le genou droit et vient toucher délicatement le sol, alors que la main gauche (pôle féminin), ouverte comme un calice, repose sur le talon droit, au centre du corps.

Mudra de la générosité et de l'accueil (varada mudra)

La position des mains est presque identique au bhumiparsha mudra, sauf que la paume de la main droite est tournée vers l'avant.

Mudra de la méditation (dhyana mudra)

Paumes vers le haut, la main droite repose sur la gauche de façon que les pouces se touchent.

MUDRA DE L'ABSENCE DE CRAINTE (abhaya mudra)

La main droite remonte à hauteur d'épaule, paume vers l'avant, doigts levés et joints.

MUDRA DE L'ARGUMENTATION (vitarka mudra)

Identique au mudra de l'enseignement, mais seule la main droite est devant le cœur, la main gauche reposant au centre du corps.

MUDRA DE L'HOMMAGE ET DE LA SALUTATION (anjali mudra)

Les mains sont jointes devant le cœur, paume contre paume. L'anjali mudra est un hommage à l'éveil dont le cœur est un réceptacle. Il réunit sans les confondre les pôles masculin et féminin pour dire l'unité fondamentale de la personne.

Dans une perspective historique, on associe les cinq premiers mudras au principe central des cinq familles de bouddha (les Cinq Victorieux) et à des événements marquants de la vie du Bienheureux (tableau 21).

Les attitudes et les gestes canoniques vont atteindre une grâce accomplie sous le règne des Guptas, au Ve siècle. On mesure aisément la gageure que représente une telle mise en scène. Comment faire pour que le regard ne soit pas retenu par les apparences ? Comment surmonter l'écueil que le Bouddha lui-même a signalé dans le « Sutra du diamant coupeur » (*Vajracchedika prajnaparamitasutra*) : « Ceux qui me voient dans ma forme ou croient m'entendre dans le son de ma voix, s'engagent dans l'erreur : ceux-là ne me voient pas. Le vrai Tathagata n'est pas un corps humain, c'est l'éveil[1]. »

---

1. *Soûtra du diamant*, p. 65.

Mudras	Événements de la vie du Bouddha	Cinq victorieux
Mudra de l'enseignement (dharmacakra mudra)	Le Bouddha donnant son premier enseignement à Bodh-Gaya et les transmissions ultérieures selon le Mahayana.	Vairocana
Mudra de la prise de la terre à témoin (bhumiparsha mudra)	Exprime le triomphe de l'éveil et la victoire sur Mara.	Akshobhya
Mudra de la générosité et de l'accueil (varada mudra)	Ne renvoie à aucun épisode précis mais exprime le sens de la réceptivité et de la disponibilité.	Ratnasambhava
Mudra de la méditation (dhyana mudra)	Après avoir actualisé l'éveil et durant six semaines, le Bouddha demeure dans la profondeur de son recueillement.	Amitabha
Mudra de l'absence de crainte (abhaya mudra)	Le roi des nagas, le cobra Mucilinda, protège le Bouddha en méditation. C'est en abhaya mudra qu'il accueille Mucilinda.	Amoghasiddhi

Tableau 21. Correspondance entre les mudras, les principaux événements de la vie du Bouddha et les Cinq Victorieux.

Cette langue symbolique tente de rendre compte de l'impression ressentie par tous ceux qui ont assisté aux enseignements de l'Éveillé. Elle doit beaucoup à l'atmosphère dévotionnelle qui débute en Inde dès le Ier siècle avant notre ère. Sans doute l'Indien est-il alors comme Thomas l'apôtre. Voir, toucher, pour conforter l'idée que l'éveil est bien de ce monde. Les écoles anciennes savaient que le corps humain du Bouddha était doublé d'un corps merveilleux pouvant produire de multiples apparences. Les adeptes du Mahayana ont amplifié cette vision avec le trikaya, les trois corps d'un bouddha. Les trente-deux marques majeures de prééminence témoignent d'ailleurs de la présence du corps d'expérience parfaite (sambhogakaya) sous la gangue de chair. La puissance de suggestion et d'évocation du corps sublimé par l'éveil était telle que des hommes ont tenté de la traduire dans le monde des apparences afin de mettre en résonance leur environnement avec l'aura du Bienheureux.

Le sourire du Bouddha, épicentre de l'iconographie

Lorsqu'une image du Bouddha nous vient à l'esprit, nous voyons généralement celle d'un être presque androgyne en posture assise et dont le caractère proprement humain n'est rendu que par les volumes de son corps. Une protubérance crânienne surmonte une coiffe de boucles spiralées. Les yeux sont clos ou mi-clos, et les oreilles s'étirent jusqu'aux épaules. Muscles, tendons, veines et ossature demeurent invisibles. La rondeur des membres, du cou et l'ovale de la face traduisent l'absence de tension nerveuse. Ce langage des formes révèle à quel point le Bouddha a transmué l'agitation névrotique des êtres ordinaires.

Les artistes l'ont humanisé dans l'expression d'un sourire bienveillant. En le magnifiant, ils en ont fait un objet de culte mais également un support de méditation et de libération. Car la représentation de son corps s'apparente à une mise en scène de l'analogie entre la forme humaine sublimée et le corps absolu (dharmakaya). La statuaire tente parfois de suggérer l'impression qu'ont ressentie les premiers disciples. Souvenons-nous que ses compagnons d'ascèse restèrent ébahis devant le Bouddha tant émanaient de sa personne sérénité et beauté. Certainement idéalisée, leur impression montre clairement que l'éveil a transfiguré son corps. Ce corps apparaît dès lors comme un organisme manifestant sa perfection.

Les images et les sculptures qui représentent le bouddha Shakyamuni soulignent combien la forme corporelle rend manifestes l'ampleur et l'efficacité de son enseignement. Quelle que soit la représentation, c'est toujours le même sourire et au fond la même simplicité. Qui n'a jamais vu ce visage poli, dépouillé d'aspérités, où les rondeurs se contentent de laisser glisser la lumière ? Le sourire gracieux et infime du Bouddha laisse deviner les effets obtenus par le travail sur soi : une harmonie et une quiétude empreints d'un plaisir inégalé et d'un contentement sans fin. Contemplant ce visage, on savoure un instant de paix. Sans doute est-ce cette joie douce et diffuse, à laquelle nous aspirons tous, que nous reconnaissons quand nous embrassons du regard les traits du Bienheureux.

Quelques images du Bouddha en méditation irradient plus intensément cette vérité. Les artistes khmers ont su la rendre visible dans le modelé du visage du Bienheureux et dans les multiples visages souriants du bodhisattva Avalokiteshvara, sous les traits du souverain Jayavarman VII, tels qu'ils apparaissent en particulier sur les cinquante-quatre tours du Bayon, le temple-montagne placé au centre de l'enceinte d'Angkor Thom, l'un des plus hauts lieux du Mahayana au Cambodge. La disposition des tours à quatre visages joue avec la course du soleil. Selon les jeux d'ombre et de lumière, les yeux des bodhisattvas paraissent ouverts ou fermés, mais les sourires bienveillants et compatissants demeurent inchangés. Ils se mêlent et se répondent. Le vent prolonge ces enlacements en une bénédiction tout aérienne, portant au loin les ondes de forme rayonnantes.

Douceur et tendresse : les caresses de l'éveil

L'équilibre harmonieux frappe d'emblée celui qui contemple la plastique de la statuaire. Il resplendit lorsque le Bouddha se trouve en posture assise. Les trois parties de son corps – les jambes repliées, le buste arrondi et la tête surmontée de l'*ushnisha* (la protubérance crânienne) – témoignent d'une stabilité parfaite. Même lorsque l'Éveillé fait un geste, on sent, dans l'onctuosité que l'artiste a su rendre, qu'il prolonge une immobilité pure.

Le corps s'inscrit dans un triangle presque équilatéral. Les jambes croisées en posture du lotus en constituent la base. Signe d'une activité tout intériorisée, centrée sur l'essentiel, la posture porte le nom de la fleur merveilleuse dont la beauté immaculée flotte au-dessus des eaux boueuses qui l'ont vu naître. Le bouddhisme voit dans le lotus le symbole de la nature de bouddha à jamais libre du samsara. Il va servir de trône dans la statuaire et la peinture, en particulier dans l'iconographie tibétaine.

De cette base, s'élève un buste formant un bloc presque uniforme, expansion d'un axe invisible et symbolique qui le traverse en son centre : le mont Meru. Bourgeonnement mesuré d'un arrondi initial, le lissé des surfaces laisse deviner un souffle omniprésent dans toute la géographie du corps, un souffle dont la fluidité semble encore polir les contours. Les mains, telles des enluminures, renforcent la logique structurale. Jamais, elles ne s'en dissocient. Quand bien même elles s'élèvent dans l'espace, elles accentuent l'harmonie et la douceur de l'ensemble. Et les doigts, ordonnés à la gestuelle sacrée, prolongent les formes tubulaires des bras et des avant-bras. Ils les démultiplient comme par un effet d'écho, chantant la tendresse en laquelle repose la totalité d'un corps qui nous la rend palpable. On va du détail à la forme globale sans discontinuité, ressentant comment l'expérience ultime tisse sa trame d'un bout à l'autre du corps. L'énergie qui ondule renvoie à la gestuelle lascive des nymphes dansant en compagnie des bodhisattvas sur les frises des temples, à l'éclosion de la vie végétale dans les bas-reliefs, aux volutes des cascades et des nuages dans l'iconographie tibétaine. La beauté des formes est comme une vibration tangible de la sagesse et de la compassion infinies de l'Éveillé. Le rythme fondamentalement un de la vie n'a jamais séparé la sensualité sublimée et la plus haute spiritualité.

L'ovale du visage accuse plus que toute autre partie du corps la plénitude d'une paix qui flotte en ondes diffuses autour de la statue. Sans doute est-ce la raison pour laquelle les Khmers rouges ont décapité nombre de statues d'Angkor. Même dépourvu de chef, on reconnaît pourtant le Bouddha. La décapitation ne soustrait rien à l'expérience dont on relève la présence dans un détail infime. Les Khmers rouges se sont trompés, comme se sont égarés toux ceux qui ont pillé et parfois détruit les richesses de l'art bouddhique. Les formes ne font que balbutier une expérience indicible : minces reflets que l'œil tente vainement de décrypter et dont il ne retient qu'un éclat. Et pourtant, images infiniment précieuses pour celui qui s'engage sur la voie de la connaissance. Elles ne cherchent pas à éclaircir le mystère de l'éveil, mais l'éclairent du dedans en inspirant celui qui les contemple. Elles le poussent ainsi à l'expérience en laquelle s'annulent le dehors et le dedans : le semblable reconnaissant son semblable.

❦

5

Passerelles[1]

• Bouddhisme et philosophie

Certains titres d'ouvrages laissent à penser qu'il existe une « philosophie du Bouddha » et plus généralement des « philosophies bouddhiques »[2]. Mais peut-on réellement parler d'une philosophie du Bouddha, comme on dit la philosophie de Platon ou de Descartes ? Peut-on comparer l'enseignement du Bouddha et les textes des grandes figures de la pensée bouddhique (Nagarjuna, Shantideva, Dharmakirti ou Asanga, par exemple) aux entreprises des bâtisseurs de systèmes rationnels comme Hegel ou Kant ? Ce sont des univers mentaux et culturels très différents et l'on ne peut pas négliger l'écart qui les sépare. Bien sûr, il existe des parentés dans les procédés logiques et dialectiques, voire dans les visions qui conduisent à un certain choix de vie. Ces affinités donnent lieu à des recherches universitaires qui ne dépassent guère le cercle étroit des indianistes et des spécialistes de la philosophie[3]. Elles ont cependant l'avantage de décloisonner les pratiques philosophiques en ouvrant l'horizon au-delà de la ligne de partage que l'on a bien voulu tracer entre l'Orient et l'Occident.

---

1. Les références des ouvrages abordant ces thèmes figurent dans la partie finale de la bibliographie. Les développements qui suivent ne donnent qu'un bref aperçu de ces passerelles. Il s'agit bien de passerelles et non de ressemblances.
2. Voir par exemple Môhan Wijayaratna, La philosophie du Bouddha, E. Guillon, Les philosophies bouddhistes, coll. « Que sais-je ? » n° 3003, PUF, 1995, le hors-série n° 50 (avril-juin 2003) du Nouvel Observateur intitulé « La philosophie du bouddhisme » et « Remarques finales sur la structure matricielle de la philosophie tibétaine » de Stéphane Arguillère dans Mipham, L'opalescent joyau, p. 291-295.
3. Voir un exemple de philosophie comparée (Nagarjuna/Aristote) dans l'ouvrage de Guy Bugault, L'Inde pense-t-elle ? Voir également André Comte-Sponville, Le mythe d'Icare. Traité du désespoir et de la béatitude, PUF, 1984. Le philosophe établit des rapprochements entre Épicure et Bouddha, Spinoza et Nagarjuna.

En se penchant sur les sens accordés au mot « philosophie » et en déterminant sa fonction pratique, on constate qu'il est délicat de plaquer ce terme sur un domaine où il n'a pas véritablement de signification. Certes, les sutras qui recueillent la parole du Bouddha comportent un riche contenu philosophique qui a été commenté par les penseurs du Theravada et des autres écoles. Certes, les points de vue bouddhiques sur la réalité tels qu'ils ont été exposés par les penseurs tibétains répondent à des exigences philosophiques rigoureuses et possèdent une dimension scolastique indéniable. Pour l'heure, s'il existe des structures élémentaires d'une philosophie ne serait-ce que tibétaine, elles restent à mettre au jour[1]. Même si les textes du Madhyamaka, par exemple, révèlent un souci de « construction philosophique », ne serait-ce que dans la réfutation systématique des autres points de vue, leur profondeur et leur subtilité extrêmes ne peuvent être abordées de la même façon qu'un ouvrage occidental qui serait de la même veine. N'oublions pas que tous les enseignements bouddhiques ont un aspect profond qui se rapporte à la vue juste et un aspect vaste qui correspond à l'application de cette vue dans les activités de la compassion. L'aspect profond nécessite de repenser ce que nous appelons la lecture. Car traditionnellement l'accès au sens ne peut se faire sans la transmission orale d'un maître qualifié, sans des années d'étude et de méditation. Quant à l'aspect vaste qui fait appel à l'intelligence du cœur, voilà bien une mise en acte oubliée de la philosophie occidentale. Il faut se tourner vers l'Antiquité pour découvrir une pensée qui ne se contente pas du pur discours philosophique, mais préconise des exercices spirituels visant à demeurer à la fois présent à l'esprit et aux autres, à la lumière du Bien dans lequel le regard s'établit. De telles expériences échappent à toute théorisation et systématisation du fait même que la pensée dialectique s'en trouve naturellement absente.

Matthew T. Kapstein, l'un des grands spécialistes de la langue et de la pensée tibétaines, a donné une explication très claire quant au caractère étrange et hybride de la formule « philosophie bouddhique ». En conclusion de son article *Qu'est-ce que la philosophie bouddhique ?*, il précise : « Quoi que l'on puisse justement affirmer à propos des fortes affinités qui existent entre certaines dimensions importantes de la pensée bouddhique et certaines facettes non moins essentielles de cette entreprise que nous appelons la philosophie, nous devons persister, à certains égards, dans notre perplexité à l'égard de la relation entre bouddhisme et philosophie, même après que nous en sommes venus à accepter la locution "philosophie bouddhique". C'est pourquoi

---

1. Voir les développements intéressants de Stéphane Arguillère sur cette question dans sa postface à *L'opalescent joyau* de Mipham, p. 295.

je veux considérer la philosophie bouddhique non en tant que chose achevée, mais comme une virtualité qui reste à réaliser[1]. »

Les cinq remarques qui suivent justifient la mise en garde qui vient d'être faite. Elles sont suivies par deux développements succincts concernant des analogies significatives entre le Dharma, la philosophie antique et la phénoménologie. D'autres pistes auraient pu être empruntées : celle, par exemple, que parcourt au XXe siècle Ludwig Wittgenstein sur la question des limites du langage, question juste esquissée dans le chapitre 9 et dans le chapitre 12 (p. 498-502) ; celle que trace l'œuvre de Spinoza dont la vison du bonheur, de la joie et de l'amour est proche des enseignements du Bouddha sur la sagesse inséparable de l'amitié pour le monde ; celle enfin de Schopenhauer dont on peut dénier le pessimisme si l'on admet la présence d'une version des quatre nobles vérités dans *Le monde comme volonté et comme représentation*. Encore qu'il faille être prudent car selon le philosophe allemand l'homme ne semble pas pouvoir se défaire du désir, et donc du manque qui le constitue, au point qu'en l'absence de souffrance, ce n'est pas le bonheur qu'il expérimente mais l'ennui, comme si l'être humain était condamné à être toujours insatisfait, voué à toujours espérer.

Première remarque

Des études sociologiques récentes montrent que pour beaucoup d'apprentis et de sympathisants le bouddhisme est un art de vivre, une philosophie, une religion ou une voie spirituelle. Ces oscillations soulignent clairement que l'intégration du Dharma dans l'environnement occidental n'est pas sans poser des problèmes quant à la définition précise de son substrat fondamental. On assiste à un phénomène d'acculturation où la perception des enseignements est déterminée par ce que l'on en dit. À ce titre, les médias jouent un rôle de premier plan. La vision que nous avons du bouddhisme est loin d'être homogène. Considérer le bouddhisme comme une philosophie répond à la volonté de le situer hors des institutions religieuses, dans l'espace plus ouvert des nouvelles formes sécularisées de la spiritualité moderne. Le phénomène est rendu possible parce que le discours philosophique n'est plus la « propriété » des philosophes. Les scientifiques connus du grand public, par exemple, se sont approprié une large part de ce discours, souvent en le diluant et en le débarrassant de son jargon technique.

---

1. Voir le hors-série n° 50 (avril-juin 2003) du *Nouvel Observateur, op. cit.*, p. 7.

Deuxième remarque

Voici deux mille six cents ans, un tyran aurait demandé à l'illustre Pythagore : « Qui es-tu ? » Pythagore aurait répondu : « Un philosophe », c'est-à-dire un « ami de l'intelligence poétique ». Le terme « philosophe » (*philosophia*) n'est attesté que dans les œuvres de Platon (v. – 427-347). Ce n'est qu'après l'illustre Grec que *sophia* a le sens de « sagesse » et que *philosophia* désigne littéralement l'« amour de la sagesse ».

Qu'entendent les Grecs de l'Antiquité par « intelligence poétique » ? Quelques significations émergent de l'enseignement pythagoricien sur la dynamique unitive du vivant. Pair/impair, limité/illimité, unité/multiple, droit/courbe, mâle/féminin, etc., ne sont pas des opposés mais des complémentaires qui révèlent cette dynamique en sa continuité. Ainsi il n'existe pas de discontinuité du corps et de l'esprit : *l'un* est l'harmonie de *l'autre* ; ils participent *l'un* et *l'autre* au même et unique phénomène. Cette vision rayonne jusque dans les formes que prend le savoir humain : l'arithmétique, la géométrie et la physique, par exemple, s'interpénètrent.

L'intelligence poétique perçoit cette absence de distinction comme une trame en laquelle se tissent naturellement des réseaux de continuité et des niveaux d'imbrication. L'approche pythagoricienne est surtout un art de vivre, un art de se conduire en accompagnant le réel, en révélant ses arcanes et sa profonde unité. L'intelligence poétique serait cette capacité à échapper aux exigences de l'étroite pensée habituelle et à l'exiguïté du monde qu'elle produit. Capacité à vivre une expansion de soi dans l'oubli de l'hégémonie du moi relatif. Capacité à laisser poindre un émerveillement lucide, une intense sensation de vie qui coule comme un fleuve : une intelligence semblable à l'eau en sa fluidité, sa continuité, sa souplesse, épousant les formes sans la moindre résistance, sans prise et sans saisie. Une intelligence dénuée de forme mais qui, comme l'eau, adhère aux formes, fait un avec elles, et qui tellement se *con*-forme qu'elle se transforme au gré de l'expérience, aboutissant à l'ouverture du non-deux : ni moi ni monde, mais une présence simple, libre d'artifices, qui ne cesse de se déployer en suivant son propre cours, juste ainsi, sans rien ajouter ni soustraire. C'est pourquoi les présocratiques, Pythagore, Héraclite ou Parménide, par exemple, ont emprunté le chemin de la parole poétique pour énoncer de sages propos. L'homme, par son discours, prolonge l'œuvre de la nature. C'est le sens que l'on peut accorder à l'acte créatif[1].

---

1. Si l'on se réfère à l'étymologie grecque, le poète est un « créateur » qui, littéralement, crée une œuvre d'art avec des mots (*poien*, faire ; *poiêsis*, création ; *poïêma*, poème ; *poïêtès*, poète).

Pour les anciens un choix crucial se posait. « Quel genre d'homme veux-tu être ? » demandait Épictète à tout élève qui s'adressait à lui. Le sage fait incliner sa vie vers la plus grande humanité possible. Au cours de cette opération, il fait reculer d'autant les poisons de l'esprit, la part de démence en l'homme. C'est au prix d'un pareil choix que la sérénité devient possible. Il est vrai que le stoïcisme, l'épicurisme et le socratisme coïncidaient avec une quête de la paix intérieure nécessitant un art de « bien vivre ». Philosopher, c'était tendre vers la sagesse, parler pour cerner ce qu'est le « bien vivre », parler pour faire place au silence. Même chez Descartes, on trouve encore cette exigence personnelle de la libération par la connaissance du bien véritable.

Troisième remarque

L'entrée dans la modernité marque incontestablement une rupture entre la vision ancienne de la sagesse et l'idée que l'on se fait d'une philosophie témoin de l'inquiétude humaine et plus préoccupée de s'investir dans le domaine de la sociologie, de la linguistique ou du politique. Aux procédés de transmission et de régénération complète qui donnaient toute sa portée à la philosophie antique envisagée comme une maïeutique, nous avons opté pour une pratique philosophique engagée, proposant une action directe sur le monde. Dans cette optique, l'existentialisme a eu au XXe siècle un retentissement considérable. L'expérience pure de l'unité du monde vivant, qui reposait sur une pratique de vie bienfaisante donnant son sens à la philosophie comme « amour de l'intelligence poétique », s'est amoindrie au profit d'une expérience plus soumise aux modalités et aux méandres de la technicité, sous couvert d'un héroïsme de la pensée et d'une hégémonie de la conception. Dans *Qu'est-ce que la philosophie antique ?*[1], Pierre Hadot a bien montré que les nécessités de l'enseignement ont conduit à présenter les philosophies comme des activités essentiellement théoriques, rendant accessoires et secondaires la question du mode de vie, l'option existentielle qui, dans la philosophie antique, au moins depuis Socrate, constitue le fondement d'une « réflexion théorique sur les problèmes les plus subtils de la théorie de la connaissance ou de la logique ou de la physique ».

Quatrième remarque

En présentant les points de vue sur la réalité, nous avons remarqué que le Dharma comprend une vaste panoplie d'analyses sur la nature de la réalité, panoplie qui comporte des aspects épistémologiques,

---

1. *Qu'est-ce que la philosophie antique ?*, Folio/essais n° 280, 2004.

logiques et phénoménologiques importants. Au fil du développement des différents véhicules et écoles, s'est constitué un contenu analytique d'une grande richesse. Il a été systématisé au Tibet sous la forme des cinq grandes visions de la réalité qui sont autant de méditations sur la vacuité. Ces visions n'ont pas pour fonction d'établir une vérité dans un énoncé, mais sont des moyens de libération qui s'inscrivent dans une perspective thérapeutique : surmonter l'ignorance à la racine des illusions douloureuses et réaliser la liberté de la condition humaine. Elles sont d'autant plus intéressantes qu'elles contrecarrent la tendance occidentale à opérer une disjonction entre l'effort de la pensée et la pratique. Bien menée, la réflexion sert d'instrument d'éveil car elle participe aux efforts pour maîtriser les mouvements de l'esprit et parvenir à une compréhension de sa nature.

Cinquième remarque

En Occident, les philosophes qui bâtissaient des systèmes s'efforçaient généralement de leur donner une cohérence visant à éviter toute réfutation ou remise en cause. Cet état d'esprit est totalement étranger au Dharma. La cohérence est essentielle mais la notion de complémentarité se substitue à celle de concurrence. Dans la tradition tibétaine et particulièrement dans l'école Kagyupa, nous avons vu que chaque véhicule correspond à un niveau de discipline qui inclut les niveaux précédents. Il en va de même des points de vue sur la réalité qui culminent dans la vision contemplative du Madhyamaka shèntong. Dans cette approche, la systématisation conceptuelle n'est qu'un levier pour aider l'esprit à découvrir sa nature indicible.

Nous devons nous rappeler que, si la tradition du Bouddha s'est dotée au fil du temps d'un appareillage dialectique fort développé, elle prend sa source dans une expérience qui échappe à la connaissance discursive et à l'intuition intellectuelle. Ici, un enseignement qui reposerait sur le seul langage ne serait pas satisfaisant. C'est l'une des grandes différences avec les voies philosophiques occidentales. Dans ce paysage, les propositions décapantes de Ludwig Wittgenstein (1889-1951) sur les limites du langage sont l'une des rares exceptions. Dans son *Tractatus logico-philosophicus*, il affirme que tout ne peut être dit. Ce dont on ne peut parler, il faut le taire. Ainsi il précise que la moitié de son message figure dans le livre ; l'autre moitié a été dite en silence. Il convient donc de distinguer la part dicible de la réalité, celle qui prend forme dans la description que nous en donnent les sciences de la nature, et sa part ineffable, le sens de la réalité que le langage ne peut élucider car il est au-delà de lui.

Dharma et philosophie antique

Les quelques remarques précédentes laissent deviner les affinités qui existent entre le Dharma et, en particulier, le stoïcisme ou l'épicurisme. On trouve en effet dans la tradition du Bouddha la conciliation de la causalité universelle et de la liberté, la culture de l'attention au service de l'auto-connaissance, l'attitude d'équanimité, l'ouverture désintéressée aux autres ou une conduite éthique qui est à elle-même sa propre récompense, comme chez Épictète, Sénèque ou Marc Aurèle. Pour le stoïcien comme le bouddhiste, l'art de vivre consiste essentiellement en une discipline extérieure, intérieure et globale. Extérieure quand il s'agit de l'action qu'il convient de mener pour se défaire des comportements pathogènes et œuvrer pour le bien commun. Intérieure lorsque prend place la culture de l'attention qui est éveil au présent pur et dépassement du désir égoïste qui nous enchaîne. Globale enfin lorsqu'on a compris que l'homme fait partie d'un Tout – Tout de l'univers et Tout de la communauté humaine – en lequel il est inclus. On trouve également, un peu comme chez Épicure, l'idée d'un bien-être qui est le fruit de la dissolution de la souffrance causée par le désir et l'ignorance de notre véritable nature. Ces valeurs soulignent clairement l'existence de modèles universels permettant de parvenir à la quiétude et à la connaissance de soi dans le souci du bien d'autrui. Toutefois, il existe incontestablement une spécificité bouddhique qui possède sa singularité propre. En cela, l'enseignement du Bouddha répondrait aux normes d'une histoire de la philosophie conçue comme une « suite de libres singularités[1] » produisant leur propre voie. En bref, le rapprochement du bouddhisme avec la philosophie antique concerne pour l'essentiel le choix d'un mode de vie lié à la pratique d'exercices spirituels visant à élargir notre vision du monde, des autres et de nous-mêmes. L'idéal du bien éclaire ce mode de vie ; l'éveil en dessine l'horizon et en constitue la source. Les comparaisons entre les discours et leurs arguments peuvent apporter quelques lumières mais relèvent davantage de l'érudition que de la libération.

Dharma et phénoménologie

À l'époque moderne, sans doute est-ce la phénoménologie qui pourrait retenir l'attention d'un apprenti du Dharma. Le terme « phénoménologie » apparaît au XVIIIe siècle, puis sous la plume du philosophe allemand Hegel qui publie en 1807 la célèbre *Phénoménologie de*

---

1. Expression de Marcel Conche, *Vivre et philosopher*, PUF, 1992, p. 116.

l'esprit. Jusqu'au début du XXe, le terme sert à désigner un pan de la philosophie qui étudie la manière dont la réalité « apparaît » à la conscience. On en parle alors comme d'une « science de l'expérience de la conscience ». C'est avec Edmund Husserl (1859-1938) que la phénoménologie devient la philosophie de l'expérience humaine et s'assigne comme objectif d'élargir la notion de science afin d'y inclure l'analyse des relations entre la conscience, l'expérience et le monde vécu. Husserl a l'intuition de l'étroite interaction entre le monde et l'expérience que nous en avons. Champ de manifestation de toutes choses pensables, douée de fonctions cognitives et intuitives, la conscience participe selon lui à la fondation des objets qui nous entourent. Sa démarche repose sur une auto-investigation de ces différentes fonctions. La phénoménologie husserlienne servira de base à de nombreux développements et provoquera de multiples controverses.

Maurice Merleau-Ponty (1908-1961) va donner aux recherches d'Husserl un aspect plus concret en les reliant au vécu sensible du corps et de la parole. Il va ainsi les enrichir de l'apport de la psychologie et de la linguistique. Selon lui, « le monde est cela que nous percevons », notre « corps est comme bâti autour de la perception qui se fait jour à travers lui », nous sommes « un champ d'expériences ». Nous ne cessons de construire le monde à la mesure de notre niveau de perception. Ces réflexions, rédigées en 1945 dans l'avant-propos à sa *Phénoménologie de la perception*, rejoignent les affirmations de Patrul Rinpotché (1808-1887) écrites presque un siècle plus tôt : « Le samsara n'est rien d'autre que votre perception des choses[1]. » En écho, ces paroles du Bouddha : « Tout ce que nous sommes résulte de nos pensées, est fondé sur nos pensées et fait de nos pensées. Avec nos pensées, nous créons le monde[2]. » Le monde extérieur n'existe pas en tant que réalité objective indépendante d'une conscience qui en fait l'expérience. La manière dont l'univers est perçu et interprété dépend du karma des êtres. Il existe ainsi une grande variété de perceptions et de visions d'une réalité qui n'existe pas en elle-même et par elle-même. En témoigne, comme on l'a entr'aperçu dans la première partie de ce livre, la diversité des cosmologies et des représentations de l'univers.

Plus qu'un sujet et des objets, un être et un monde, se trouve un enchevêtrement de paysages : notre chair adhère inextricablement à celle du monde. La question du « qui suis-je ? » s'efface alors devant celle du « que suis-je ? » ou du « qu'y a-t-il ? » et même celle du « qu'est-ce que le *il y a* ? ». Ce glissement est essentiel parce qu'il conduit Merleau-Ponty à admettre que sa démarche est une tentative

---

1. Cité par Dilgo Khyentsé, *Le trésor du cœur des êtres éveillés*, p. 195.
2. *Le Bouddha parle*, p. 111.

pour dévoiler l'esprit brut non conditionné par la culture, les idées figées ou les représentations surannées – une tentative enfin pour parvenir à une science silencieuse. D'où ce paradoxe d'une « philosophie qui est langage et consiste cependant à retrouver le silence ».

Lorsque Merleau-Ponty retrouve l'étonnement qui éclaira l'aube de la philosophie grecque, il ressent plus qu'il ne conçoit. Il se rappelle justement que le langage ne vit que du silence et que les voix du silence ne cessent d'appeler la philosophie. Le langage devient ainsi expérience, s'ouvre au dehors, à l'horizon intérieur des choses, à l'invisible. Il ne s'enferme plus en lui-même, mais déborde au-delà de ses contraintes et de ses frontières lorsqu'il devient capable de montrer plutôt que de dire. Il porte alors la puissance des toiles d'un Klee ou d'un Cézanne qui, nous explique Merleau-Ponty dans *L'œil et l'esprit*, ne nous parlent pas du monde mais nous donnent à vivre l'instant du monde, le « monde de la vie », le monde nu, libre des projections mentales qui s'y sont sédimentées. C'est un peu ce à quoi nous convie aussi l'écriture poétique des maîtres de la tradition Zen. D'une manière générale, les points de vue bouddhiques sur la réalité ne cherchent pas à transpercer la signification de la réalité, mais nous mettent en situation d'être submergés par l'évidence du réel. En cette présence essentielle, nous n'allons jamais vers l'éveil, mais répondons à un appel qui nous expose dans une posture d'ouverture maximale pour que l'éveil s'actualise en nous.

Martin Heidegger (1889-1976), figure atypique de la philosophie allemande, tranche aussi dans le sillon tracé par la phénoménologie. Dans son livre *Le Bouddha*, Jacques Brosse note que l'ermite de la Forêt-Noire a déclaré après avoir rencontré le Zen : « Si je le comprends correctement, voilà ce que j'ai essayé de dire dans tous mes écrits. » Pour comprendre cette confession, il est nécessaire d'esquisser quelques-uns des traits généraux d'une pensée qui tente de maintenir le questionnement sur la vérité de l'Être – questionnement ouvert par les Grecs.

Avec *Être et Temps*, paru en en 1927, Heidegger repense la notion d'Être à partir de ce que nous sommes. Car c'est en nous que se lève la question : « Pourquoi y a-t-il quelque chose plutôt que rien ? » Contrairement à Husserl qui souscrit à la vision d'une conscience purement cognitive et transcendantale, Heidegger revient à l'individu concret et mortel qui s'interroge[1]. Cet existant, cet étant que nous sommes, il le nomme l'*être-là* (*dasein* en allemand). Le *là* souligne le fait que

---

1. Heidegger crée le néologisme « existential » pour désigner la structure ontologique de l'existence humaine et l'on parle de la philosophie de Heidegger comme d'une « philosophie existentiale » parce qu'elle s'occupe justement de la constitution propre de l'existence.

nous sommes au monde, plongés en lui et ouverts aux autres et à nous-mêmes. En ce sens, l'*être-là* n'est pas une entité close, ni d'ailleurs le moi auquel nous attribuons une substance. Il est un processus dynamique, un fait, conscient de sa fragilité, de son impermanence et qui se demande « qui suis-je véritablement ? ». Et s'il se pose la question de sa nature véritable, c'est qu'il aspire à l'Être qui est « le transcendant pur et simple », lit-on dans l'introduction d'*Être et Temps*. L'Être échappe à l'étant que nous sommes. Il semble se dérober ou se dissimuler. L'Être n'est pas une chose et n'est pas dans le temps, et pourtant l'Être participe à l'étant et l'étant à l'Être. Nous aspirons à expérimenter la vérité de l'Être, et pour cela nous devons nous ouvrir à Lui, « parvenir à la proximité de l'Être », faire qu'Il advienne. *Être-au-monde*, c'est incarner la transcendance. C'est pourquoi, « l'"essence" de l'être-là réside dans son existence ».

Plus tard, dans *Lettre sur l'humanisme*[1], Heidegger écrit que « l'Être est Ce qu'Il est. Voilà ce que la pensée future doit apprendre à expérimenter et à dire. L'"Être" – ce n'est pas Dieu, ni un fondement du monde. L'Être est plus éloigné que tout étant et cependant plus près de l'homme que chaque étant, que ce soit un rocher, un animal, une œuvre d'art, une machine, que ce soit un ange ou Dieu. L'Être est le plus proche. Cette proximité toutefois reste pour l'homme ce qu'il y a de plus reculé. L'homme s'en tient toujours, et d'abord, et seulement, à l'étant ». Quelques pages auparavant, Heidegger précise : « Ce qui "est" avant tout est l'Être. La pensée accomplit la relation de l'Être à l'essence de l'homme. Elle ne constitue ni ne produit elle-même cette relation. La pensée la présente seulement à l'Être, comme ce qui lui est remis à elle-même par l'Être. Cette offrande consiste en ceci, que dans la pensée l'Être vient au langage. Le langage est la maison de l'Être. Dans son abri, habite l'homme. Les penseurs et les poètes sont ceux qui veillent sur cet abri[2]. »

La tâche que nous pouvons nous assigner, et qui constitue le *travail philosophique*, repose sur un double fondement : la conscience de notre mort prochaine et le souci qui en découle. Un peu à la manière de l'enseignement des quatre nobles vérités, il s'agit de s'approprier l'inquiétude, au sens de la comprendre afin de la surmonter. Et ce mouvement vers la compréhension est une ouverture sur tous les possibles, une expression de notre liberté qui manifeste la réalité de notre nature essentielle. D'où le fait que l'homme ait à veiller à la vérité de l'Être. Il en est responsable parce que « l'homme, lit-on dans *Lettre sur l'humanisme*, est le berger de l'Être. Dans ce "moins", l'homme ne perd

---

1. Cf. *Questions III*, Gallimard, 1966, p. 101-102.
2. *Ibid.*, p. 73-74.

rien, il gagne au contraire, en parvenant à la vérité de l'Être. Il gagne l'essentielle pauvreté du berger dont la dignité repose en ceci : être appelé par l'Être lui-même à la sauvegarde de sa vérité ». Ces propos s'éclairent à la lumière de l'entretien qu'il a accordé en 1969 et où il dit : « L'idée fondamentale de ma pensée est précisément que l'Être, ou encore le pouvoir de manifestation de l'Être, a *besoin* de l'Homme, et qu'inversement l'Homme n'est Homme que dans la mesure où il se trouve dans le pouvoir de manifestation de l'Être. (…) On ne peut pas interroger l'Être sans interroger l'essence de l'Homme[1]. »

De là, la nécessité de penser le pouvoir envahissant de la technique et des sciences qui s'émancipent dans un oubli de l'Être parce que « l'enracinement dans leur fond essentiel a disparu ». Et c'est un enjeu considérable, car nous sommes devenus esclaves des techniques et de leurs bienfaits, au point, dit Heidegger, qu'elles nous accaparent et ainsi faussent, brouillent et finalement vident notre être. Ainsi s'opère un changement profond dans le rapport de l'homme à la nature, à une époque où pour la première fois les produits de la technique peuvent anéantir le monde. À l'âge atomique, Taisen Deshimaru disait que le plus grand danger ne venait pas de la bombe mais du fait que « les hommes oublient d'être des hommes ».

• Bouddhisme et religion

En 1893, le public parisien se presse aux portes du musée Guimet pour assister à une « messe bouddhiste ». Existerait-il un « catholicisme d'Orient » ? Pour les journalistes de l'époque, la réponse paraît aller de soi. Mais ce jugement est bien antérieur au XIXe siècle. Déjà aux XVIIe et XVIIIe siècles, la fascination qu'exerce le lamaïsme sur les missionnaires jésuites qui se rendent au Tibet concourt à cette assimilation. Il est vrai que les structures monastiques avec leur hiérarchie, le décorum cérémoniel si prégnant dans le Vajrayana, le culte des reliques, les édifices sacrés, les pèlerinages, le panthéon des divinités, le culte rendu aux familles de bouddhas, le statut très particulier de la personne du Dalaï-Lama identifié parfois à un véritable « Dieu vivant », les titres honorifiques (« Sa Sainteté », « Son Éminence», « Précieux »), attribués à de grands lamas*, tout cela donne aux traditions tibétaines une tonalité religieuse.

---

1. Cf. *Le Magazine littéraire*, mars-avril 2006, hors série n° 9, *Martin Heidegger, les chemins d'une pensée*, p. 73.

Ces remarques pourraient très bien s'appliquer également aux écoles de la Terre pure, à certaines formes du Theravada, mais aussi au Zen. Il est clair qu'un tel habillage aux allures d'apparat ou à l'esthétique très recherchée ne coïncide pas réellement avec ce qu'a été la vie de la communauté au temps du Bouddha. On peut comprendre que certains de nos contemporains puissent être agacés par tout ce décorum. L'aspect « religieux » est relayé par les médias. Dans des revues françaises, on présente le Dalaï-Lama comme un « dignitaire religieux » et l'on trouve dans leurs colonnes l'expression « représentant du clergé bouddhiste ». Lors du sommet bouddhiste mondial qui s'est tenu en 2006 à Rangoon en Birmanie, les participants ont fait état de leur volonté de propager les enseignements du Bouddha dans le monde. Une telle volonté relèverait-elle d'une forme de prosélytisme dont on sait qu'il a été jusque-là l'apanage des monothéismes ?

N'oublions pas, et nous l'avons signalé dans l'avant-propos de ce livre, les aspects « religieux » relèvent d'un développement secondaire essentiellement visible en Asie. La gangue que chaque culture a façonnée autour du message fondamental provient principalement des effets de l'accommodement aux institutions sociales et aux divers cultes rencontrés lors de la diffusion du bouddhisme hors de l'Inde. Qu'il s'agisse du culte des ancêtres ou du culte de dieux locaux, voire d'imprégnations « chamaniques », ces effets sont loin de donner l'image d'une tradition spirituelle totalement areligieuse. La périphérie, qu'il importe de ne pas confondre avec le cœur même de la transmission, favorise effectivement des rapprochements avec certains types de pratiques monothéistes. N'oublions pas non plus que, dans le Sud-Est asiatique, la Birmanie, la Thaïlande, le Laos et le Cambodge ont élevé le bouddhisme au rang de religion nationale.

En 1987, les autorités françaises ont reconnu le bouddhisme comme une grande religion, au même titre que le christianisme, le judaïsme ou l'islam. Il est pourtant délicat de le placer sur le même plan que les religions révélées. Juifs, chrétiens et musulmans trouvent les fondements de leur foi dans le Livre sacré qui est celui de la Révélation de Dieu. L'une des particularités majeures du bouddhisme est justement de ne pas être fondé sur un énoncé dont la valeur serait définitive et absolue. Les richesses scripturaires, constituant les différents corpus bouddhiques, sont des supports qui accompagnent la pratique. Les écrits ne sont jamais une fin en soi, mais un tremplin qui ouvre le pratiquant à la dimension d'expérience de l'enseignement. De plus, le Bouddha n'est pas une incarnation divine. Il n'accomplit le dessein d'aucune puissance transcendante et son enseignement n'est en aucun cas une révélation. Il ne donne aucune consigne quant à l'établissement d'un clergé, aucune indication relative aux rites et cérémonies que moines et laïcs seraient censés accomplir.

Force est de reconnaître que nous essayons toujours d'interpréter le bouddhisme en fonction de nos attentes et de nos dispositions. Dennis Gira, auteur de plusieurs ouvrages sur le bouddhisme, l'explique fort bien dans un article[1]. Selon lui, des chrétiens sont souvent convaincus qu'ils devraient trouver dans le bouddhisme « une réalité correspondant à un Dieu personnel qui est amour ». Ainsi, ils « cherchent, parfois désespérément, un espace pour ce qui leur semble indispensable à toute démarche spirituelle, à savoir la rencontre avec Dieu. C'est ainsi que l'édifice bouddhique commence à ressembler peu à peu à l'édifice chrétien qui, lui, est réellement structuré par cette rencontre ». Dennis Gira ajoute que ces types de projection concernent aussi nombre d'Occidentaux qui ne croient plus du tout en Dieu et considèrent que le bouddhisme est une tradition « athée ». Parlant ensuite au nom des bouddhistes nés dans les pays bouddhiques, il conclut par ces propos : « Ils n'apprécient pas que les Occidentaux les obligent, en quelque sorte, à se situer devant une question qui n'est pas la leur : celle de Dieu. En fait, cette question ne les effleure pas : ils ne sont ni "athées", ni "agnostiques", ni "croyants", ils sont ailleurs. Le véritable défi consiste à découvrir cet "ailleurs", à y entrer et à en comprendre la cohérence. Et ce n'est pas toujours facile. »

Interrogeons-nous sur le sens qu'il convient d'accorder ici au mot « religion ». S'il désigne l'adhésion à un dogme ou la croyance en un Dieu créant le monde *ex nihilo*, la tradition du Bouddha ne constitue certainement pas une religion. En revanche, si l'on perçoit l'étymologie du mot (*religere*, relier), le bouddhisme est effectivement un enseignement qui relie à l'ultime en nous, notre nature essentielle, mais aussi une voie qui unit les hommes dans la paix, l'amour et la compassion. C'est au cœur de cette vision fondamentale que s'inscrit le dialogue entre les traditions. Kalou Rinpotché a dit à ce propos : « Toutes les traditions (...) enseignent que la compréhension de ce que nous sommes au niveau le plus profond est le point essentiel : cette compréhension de la nature de l'esprit éclaire de l'intérieur et illumine les enseignements de toutes les traditions. (...) La connaissance de la nature de l'esprit est la clef qui ouvre la compréhension de tous les enseignements. Elle éclaire ce que nous sommes, la nature de toutes nos expériences et révèle la forme la plus profonde d'amour et de compassion[2]. »

---

1. *Le Monde des religions*, n° 18, juillet-août 2006.
2. *La voie du Bouddha selon la tradition tibétaine*, p. 32.

Que faut-il entendre par l'ultime ou l'absolu en nous ? Dans un entretien accordé à ce même numéro du *Monde des religions*, Dom Robert Le Gall, père-abbé du monastère bénédictin de Kergonan en Bretagne, devenu évêque de Mende en 2002, revenant sur la publication de *Le moine et le lama*, précise que Lama Jigmé, directeur du centre Dhagpo Kagyu Ling en Dordogne, pressé par ses questions sur l'absolu, a fini par répondre : « L'absolu, c'est comme l'azur très pur. » Dom Robert Le Gall ajoute : « Il s'en sortait par une image, mais celle-ci m'a rejoint tout de suite, ce qui m'a profondément ému. En effet, après que Moïse eut offert au pied du Sinaï le sacrifice de l'Alliance, il est précisé qu'il monta sur la montagne avec quelques notables : "Ils virent le Dieu d'Israël. Sous ses pieds, il y avait comme un pavement de saphir, aussi pur que le ciel même" (Ex. 24,10). Nous nous retrouvions donc d'une certaine façon grâce à ce bleu intense qui d'après le prophète Ézéchiel est proche du mystère de Dieu (Ez. 1, 26 ; 10, 1). »

Remarques sur les rapports entre l'enseignement bouddhique et la mystique de Maître Eckhart

Thomas Merton, moine cistercien et écrivain célèbre, donna une très forte impulsion au dialogue fécond entre le christianisme et les spiritualités d'Orient. *Zen, Tao et nirvana* et le *Journal d'Asie* témoignent à eux seuls d'un enthousiasme éclairé pour la voie du Bouddha. Depuis, de nombreuses études ont vu le jour sur les similitudes, les complémentarités, mais aussi les divergences des spiritualités chrétiennes et bouddhiques. Le savant japonais Daisetz Teitaro Suzuki (1870-1966) a été le premier à établir des correspondances significatives entre les enseignements du Zen et la mystique de Maître Eckhart (v. 1260-1328). D'une façon générale, il ressort que, pour le bouddhisme comme pour Maître Eckhart : [1] les mots ne peuvent exprimer l'expérience ultime ; [2] notre vie atteint son plein accomplissement lorsque l'esprit accède à la connaissance de sa véritable nature ; [3] l'expérience ultime, l'éveil, est la réalisation spontanée de notre véritable nature, une réalisation qui ne dépend ni des mérites accumulés ni des heures passées à étudier et à méditer (vision de l'école Chan du Sud dite « école de l'Éveil subit »).

Il n'est pas inutile de rappeler que Maître Eckhart fut un dominicain doué d'une ampleur intellectuelle considérable et d'une sagesse rayonnante dont on perçoit la force et l'étendue dans ses enseignements recueillis par les moniales qu'il conseillait et assistait. Son œuvre est le reflet d'un esprit visionnaire qui, en s'appuyant sur les Écritures, s'efforce de parler à partir de l'expérience spirituelle la plus profonde.

Les rapprochements entre les enseignements bouddhiques et l'univers d'Eckhart ne doivent pas nous faire oublier l'enracinement évangélique de la mystique chrétienne, sa perspective théiste et créationniste. Leur intérêt réside non pas dans la curiosité de la démarche comparatiste, mais dans la possibilité d'approfondir le regard porté sur sa propre tradition.

En ne retenant que quelques extraits parmi les 90 sermons publiés[1], voici huit thèmes rapidement esquissés qui laissent entrevoir des parentés possibles.

Au-delà du dire / la méthode apophatique

La nature ultime de l'esprit demeure libre de tout concept. Rien ne peut la désigner comme étant cela ou n'étant pas cela. La réalité ultime relève d'une expérience directe et non duelle de la nature fondamentale de l'esprit. Les mots ne peuvent la circonscrire. L'ultime en l'homme et en Dieu, Maître Eckhart l'appelle le néant, au sens où ce néant est au-delà de l'être et du néant, au-delà des catégories conceptuelles de l'être et du non-être. La méthode apophatique, qui consiste à parler de l'expérience spirituelle et de Dieu en employant des négations, surmonte ces difficultés inhérentes à la langue et aux limitations conceptuelles, permettant ainsi à l'esprit de reconnaître que l'ultime est indicible.

> Dieu est néant ; non point qu'il serait sans être ; il n'est ni ceci ni cela que l'on puisse dire ; il est un être au-dessus de tous les êtres. Il est un être dépourvu d'être. (...) Il est au-delà de tout dire. [Sermon n° 82]
>
> Dieu est une Parole, une Parole inexprimée. (...) Toutes les créatures veulent dire Dieu dans toutes leurs œuvres (...), et il demeure pourtant non-dit. (...) Celui qui connaît quelque chose en Dieu et lui attache un nom quelconque, ce n'est pas Dieu. Dieu est par-delà nom et par-delà nature. [Sermon n° 53]
>
> Dieu est dépourvu de nom, car de lui personne ne peut parler ni entendre. (...) C'est pourquoi saint Augustin dit : « La plus belle chose que l'homme puisse dire de Dieu, c'est de pouvoir se taire en raison de la sagesse de son royaume intérieur. » (...)
>
> « Comment donc dois-je aimer Dieu ? » – Tu dois aimer non spirituellement, c'est-à-dire : de telle sorte que ton âme soit non spirituelle et dénuée de tout caractère spirituel ; car aussi longtemps ton âme est conforme à l'esprit, elle a des images ; aussi longtemps elle a des images, elle a des intermédiaires ; aussi longtemps elle a des intermédiaires, elle n'a pas unité ni coïncidence ; aussi longtemps elle n'a pas coïncidence, elle n'a jamais encore aimé Dieu de façon juste ; car aimer Dieu de façon juste tient à coïncidence. (...) Tu dois l'aimer tel qu'il est Un non-Dieu, Un non-esprit, Une

---

1. Cf. *Traités et sermons*, GF Flammarion, 1995. L'intégralité des sermons de Maître Eckhart a été publiée en français aux éditions Albin Michel (trois volumes dans la collection « Spiritualités vivantes »). Les passages qui suivent sont extraits de l'une ou l'autre édition.

non-personne, Une non-image, plutôt : selon qu'il est un limpide pur et clair Un, séparé de toute dualité, et dans cet Un nous devons nous abîmer éternellement du quelque chose au rien. [Sermon n° 83]

Non-dualité et vacuité

Il découle de ce qui a été dit précédemment que *l'absolu* n'est ni Dieu, ni perfection, ni claire lumière, ni l'indicible ou l'inconcevable. *Il est vacuité et parce qu'il est vacuité, il est toutes choses.*

> [Maître Eckhart débute par une comparaison] S'il advient que mon œil, qui est un et simple en lui-même et se trouve ouvert et porte son regard sur le bois, chacun demeure ce qu'il est, et cependant, dans la réalité de la vision, ils deviennent un au point que l'on peut dire en vérité : œil-bois, et le bois est mon œil. Que si le bois était sans matière et s'il était pleinement spirituel comme l'est le regard de mon œil, l'on pourrait dire en vérité que dans l'opérativité de la vision le bois et mon œil constitueraient un seul être. Cela est-il vrai de choses corporelles, combien plus est-ce vrai de choses spirituelles. (...)
> J'ai parlé quelquefois d'une lumière qui est dans l'âme, qui est incréée et incréable. (...) Cette même lumière saisit Dieu sans intermédiaire et sans couverture et nu, tel qu'il est en lui-même. (...) Cette même lumière ne se contente pas de l'être divin simple impassible, qui ne donne ni ne prend, plutôt : elle veut savoir d'où provient cet être ; elle veut parvenir dans le fond simple, dans le désert silencieux, là où jamais la différence ne pénétra, ni Père ni Fils ni Saint-Esprit ; au plus intime, là où personne n'est soi, c'est là que se trouve contentement cette lumière, là elle est plus intérieure qu'elle n'est en elle-même ; car ce fond est un silence simple qui en lui-même est immobile, et c'est par cette immobilité que toutes choses se trouvent mues et que se trouvent conçues toutes les vies que sont en eux-mêmes les vivants doués d'intellect. [Sermon n° 48]
> Sors entièrement de toi pour Dieu, et Dieu sortira entièrement de Lui pour toi. Et quand ces deux sont sortis, ce qui reste alors, c'est un Un simple. [Sermon n°5b]
> Dieu s'engendre à partir de lui-même dans soi-même et s'engendre à nouveau dans soi. (...) Je dis : Dieu est pleinement Un, il ne connaît rien que soi seul. [Sermon n° 43]
> Dieu n'est pas un être ni n'est doué d'intellect ni ne connaît ceci ou cela. C'est pourquoi Dieu est dépris de toutes choses, et c'est pourquoi il est toutes choses. [Sermon n° 52]

Un seul et même œil / le visage original

Affirmant la possibilité d'une vie éveillée acquise sur la terre, Maître Eckhart, évoquant celui qui est vide, « sorti de lui-même », nous dit :

> Pour que mon œil puisse voir les couleurs, il doit être vide de toute couleur. Quand je vois une couleur bleue ou blanche, la vision de mon œil qui voit la couleur, autrement dit cela même qui voit, est identique à ce qui est vu par l'œil. L'œil dans lequel je vois Dieu est le même œil dans lequel Dieu me voit. Mon œil et l'œil de Dieu sont un seul et même œil, une seule et même vision, une seule et même connaissance, un seul et même amour. [Sermon n° 12]

> Celui qui s'est libéré de toute altérité et de tout être créé, en cet homme, Dieu ne vient pas : Il est déjà en lui essentiellement. [Sermon n° 9]
> Lorsque je me tenais dans ma cause première, je n'avais pas de Dieu, et j'étais alors cause de moi-même ; alors je ne voulais rien ni ne désirais rien, car j'étais un être dépris et me connaissais moi-même selon la vérité dont je jouissais. Alors je me voulais moi-même et ne voulais aucune autre chose ; ce que je voulais je l'étais, et ce que j'étais je le voulais, et je me tenais ici dépris de Dieu et de toutes choses. (...)
> Nous disons donc que l'homme doit être si pauvre qu'il ne soit et qu'il n'ait aucun lieu où Dieu puisse opérer. Là où l'homme garde un lieu, là il garde une différence. C'est pourquoi je prie Dieu qu'il me déprenne de Dieu, car mon être essentiel est au-dessus de Dieu dans la mesure où nous prenons Dieu comme origine des créatures ; car dans le même être de Dieu où Dieu est au-dessus de l'être et de la différence, là j'étais moi-même pour faire cet homme que voici. C'est pourquoi je suis cause de moi-même selon mon être qui est éternel, et non selon mon devenir qui est temporel. Et c'est pourquoi je suis non-né, et selon mon mode non-né je ne puis jamais mourir. Selon mon mode non-né, j'ai été éternellement et suis maintenant et dois demeurer éternellement. [Sermon n° 52]

Seule l'expérience, qui dissout la notion même de « Dieu », importe. C'est tout le propos des leçons de Maître Eckhart sur la pauvreté au sens du non-désir, du non-vouloir et du non-connaître. Se tenir là où nous nous tenions avant d'être prisonnier de la bulle illusoire du moi individuel. Se tenir dans la liberté absolue, dans cette posture d'avant la dualité, d'avant l'élaboration des contenus discursifs, quand Dieu n'était pas ce que nous croyons être Dieu. Là réside la véritable richesse. Le Zen ne dit pas autre chose à propos de la recherche de notre visage originel, l'état fondamental de l'esprit avant que ne soient réunies les conditions de l'illusion dualiste : ramener le moi à sa source en laquelle il se dissout. Certes la méthode et la terminologie diffèrent.

> Tout ce que peut comprendre l'entendement et que peut désirer le désir, cela n'est pas Dieu. Là où l'entendement et le désir finissent, là c'est la ténèbre, là brille Dieu. [Sermon n° 42]

Se connaître soi-même, c'est s'oublier

Nous rêvons notre vie à la hauteur de la méconnaissance de notre véritable nature. Plus nous sommes sous le joug de l'ego, plus la nature ultime de l'esprit demeure voilée. Nous n'existons véritablement que lorsque nous sommes parvenus à nous défaire des quatre voiles[1], à développer les bienfaits[2] et l'intelligence primordiale qui se manifeste avec l'épuisement de la saisie dualiste. En évacuant les toxi-

---

1. Voile de l'ignorance, voile de la saisie dualiste, voile des émotions négatives, voile du karma.
2. Générosité, compassion, compréhension issue d'une attitude lucide, non égoïste et non violente.

nes mentales et toutes les illusions qui en procèdent, nous favorisons l'actualisation de notre nature claire et pure. Cette dialectique du plein par le vide est présente chez Maître Eckhart lorsqu'il définit l'existence authentique, la vraie pauvreté, impliquant la dissolution du désir et des contenus conceptuels et affectifs de l'esprit.

> Plus nous sommes nous, moins nous sommes nous. [Entretiens spirituels XI]
> Un homme qui a du vin à la cave, mais qui ne l'a pas encore bu ni même goûté, ne sait pas qu'il est bon. Il en va de même des gens qui vivent dans l'ignorance. Ils ne savent pas ce qu'est Dieu, mais ils pensent et se figurent qu'ils vivent. [Sermon n° 10]
> Plus tu te donnes à Dieu, plus Dieu se donne en retour à toi ; plus tu renonces à toi-même, plus grande est ta béatitude éternelle. [Sermon n° 27]
> C'est là un homme pauvre celui qui ne sait rien. Nous avons dit parfois que l'homme doit vivre de telle sorte qu'il ne vive ni pour soi-même ni pour la vérité ni pour Dieu. Mais maintenant nous disons davantage, que l'homme qui doit avoir cette pauvreté doit vivre de telle sorte qu'il ne sache pas que d'aucune manière il ne vit ni pour soi-même ni pour la vérité ni pour Dieu ; plus : il doit être si bien dépris de tout savoir qu'il ne sache ni ne connaisse ni n'éprouve que Dieu vit en lui. Car, lorsque l'homme se tenait dans la disposition éternelle de Dieu, en lui ne vivait pas un autre ; plus : ce qui là vivait, c'était lui-même. Nous disons donc que l'homme doit se tenir aussi dépris de son savoir propre qu'il le faisait lorsqu'il n'était pas, et qu'il laisse Dieu opérer ce qu'il veut, et que l'homme se tienne dépris. [Sermon n° 52]

Ces visions traversent aussi le poème *Todo y Nada* (le Tout et le Rien) de saint Jean de la Croix, un poème qui expose le cheminement spirituel[1]. En voici deux strophes :

> Pour parvenir à posséder tout
> Ne cherche à posséder rien de rien
> Pour parvenir à être tout,
> Ne cherche à être rien de rien.
> (...)
> C'est dans ce dénuement que l'esprit trouve son repos,
> Car, ne convoitant rien,
> Rien ne le tire péniblement vers en haut
> Et rien ne l'opprime vers en bas,
> Parce qu'il est dans le centre de son humilité.

La percée / le satori

L'extrême pauvreté, expérience ultime chez Maître Eckhart, correspond à l'état de présence non duel au-delà des noms et des formes, l'absolu sans autre, l'expérience du satori dans le Zen Rinzai qui est une percée au cœur de notre vraie nature. Ainsi l'éveil est parfois comparé à une compréhension immédiate et directe de notre état

---

1. *Œuvres complètes*, Éditions du Cerf, 1990, p. 256-259.

naturel, qui opère par sa radicalité un véritable retournement de l'esprit.

> Dans la percée où je suis libéré de ma propre volonté, libre même de la volonté de Dieu, de toutes ses opérations et de Dieu Lui-même, là je suis au-dessus de toutes les créatures ; et je ne suis ni Dieu ni créature, mais je suis ce que j'étais et ce que je demeurerai maintenant et à tout jamais. (...) Dans cette percée je reçois ceci : que Dieu et moi nous sommes un. (...) Alors Dieu ne trouve plus de lieu en l'homme, car l'homme conquiert par cette pauvreté ce qu'il a été de toute éternité et demeurera toujours. Alors Dieu est un avec l'esprit et cela c'est la plus extrême pauvreté que l'on puisse trouver. [Sermon n° 52]

Au cœur de la compassion

Le bouddhisme enseigne comment cultiver la non-violence. La non-violence fondamentale dissout l'orgueil et les passions agressives. Elle est le cœur de la compassion. Et la compassion révèle l'oubli de soi et le désintéressement qui nous font percevoir les autres comme nos semblables.

> Tu dois aimer tous les hommes comme toi-même, les estimer et les considérer à égalité ; tout ce qui arrive à un autre, en bien ou en mal, cela doit être pour toi comme si cela t'arrivait à toi-même. [Sermon n° 5a]
> Pour pouvoir subsister sans intermédiaire dans le dénuement de cette nature [Maître Eckhart parle ici de la nature une et simple qui est la plénitude en nous-mêmes], il faut être sorti de tout ce qui est sa personne, ce, au point de vouloir autant de bien à celui qui est au-delà des mers, et qu'on n'a jamais vu de ses yeux vu, qu'à celui qui est à côté de nous, et qui est notre ami intime. Tant que tu veux plus de bien à ta personne qu'à un homme que tu n'as jamais vu, tu n'es absolument pas droitement, et tu n'as jamais, ne fût-ce qu'un instant, regardé dans ce fond absolument simple. [Sermon n° 5b]

L'union de la connaissance et de l'amour

La compréhension et l'amour compatissant s'éclairent mutuellement. Leur union est l'actualisation de l'éveil.

> Dieu et moi nous sommes un. Par la connaissance, je reçois Dieu en moi ; par l'amour, j'entre en Dieu. [Sermon n° 6]

Lâcher prise

Lâcher prise, au sens de « laisser vivre » la nature ultime de l'esprit, est le véritable détachement.

> Quand je ne demande rien, je prie véritablement. [Sermon n° 65]

• Bouddhisme et psychothérapie

Dans un dialogue avec des scientifiques sur la nature de l'esprit, le Dalaï-Lama indique qu'« il y a deux domaines généraux pour lesquels le dialogue, ou la communication croisée, entre bouddhisme et psychologie pourrait se révéler de grande valeur. L'un est la recherche sur la nature de l'esprit en tant que tel, sur les processus de penser, sur la conceptualisation. L'autre est une recherche sur le même objet, mais spécifiquement liée à des buts thérapeutiques, s'occupant de personnes sujettes à des dysfonctionnements mentaux[1] ».

Eleanor Rosch, professeur de psychologie cognitive à l'université de Berkeley (Californie), émet des réserves quant au premier domaine. Elle indique que la psychologie occidentale s'occupe essentiellement des images hypothétiques de l'esprit, des éléments qui le constituent ou se penche sur sa façon de traiter les informations provenant du monde extérieur. Elle pense également que la psychologie occidentale demeure foncièrement dualiste, ne cessant d'affirmer que l'homme existe de façon inhérente face à un monde qui lui est extérieur. De plus, qu'il s'agisse de l'introspectionnisme, du behaviorisme ou de la psychologie du traitement de l'information[2], qui toutes procèdent à la dissection de l'esprit, un peu à la manière de l'Abhidharma, aucune ne s'est intéressée, dit-elle, au sens inné du soi ni à l'idée qu'il n'y a pas de soi réel. Dans ce contexte, la méditation n'est jamais envisagée comme un instrument de connaissance, mais plutôt comme un outil de relaxation ou de contrôle de certains mécanismes corporels. « D'une manière ou d'une autre, précise-t-elle, la méditation est sortie de son contexte. » Il reste donc beaucoup à faire pour découvrir, ajoute-t-elle, « ce que la psychologie occidentale pourrait incorporer du bouddhisme, afin de s'occuper de l'esprit réel ». Sur ce point, Chögyam Trungpa avait déjà été très clair en précisant que le psycho-

---

1. *Passerelles* (Dalaï Lama), Entretiens avec des scientifiques sur la nature de l'esprit.
2. En vogue dans les universités allemandes du XIXe siècle, l'introspectionnisme avait adopté une méthode d'analyse des composants de l'esprit et de leurs relations, fort proche de celle employée dans l'Abhidharma. Cherchant à examiner l'esprit « de l'intérieur », l'introspectionnisme est resté une entreprise purement théorique faute de recourir à une technique de méditation appropriée pour observer réellement l'esprit. Suite à ces difficultés, le behaviorisme a proposé d'examiner les comportements, les réactions et les méthodes d'apprentissage. Ce modèle a cessé d'être dominant à la fin des années 80. Quant à la psychologie du traitement de l'information, dont le modèle de l'esprit serait l'ordinateur, elle adopte une approche mécaniste, expliquant l'esprit « en termes de parties ou de mécanismes de moins en moins intelligents et plus mécaniques que l'ensemble », ces mécanismes ayant pour tâche « de rassembler des informations du monde extérieur, de les stocker et de les utiliser ».

logue occidental ne devait pas devenir bouddhiste mais s'efforcer de reconnaître la primauté de l'expérience directe de l'esprit, apprendre ainsi à se relier plus étroitement avec sa propre expérience et pour cela pratiquer la méditation.

En ce qui concerne les buts thérapeutiques – deuxième terrain de dialogue selon le Dalaï-Lama –, les affinités paraissent plus explicites. En présentant les quatre nobles vérités (chap. 13), nous avons vu que le premier enseignement du Bouddha suit une approche thérapeutique conforme à un schéma médical traditionnel. La vérité de la voie (quatrième noble vérité) expose la thérapie qui favorise la guérison. Cette thérapie consiste en un triple apprentissage libérateur de nos conflits intérieurs résultant de la méconnaissance de notre état naturel. Grâce à la pratique de l'autodiscipline, de la méditation et au déploiement de la connaissance supérieure, il devient possible d'atteindre la quiétude et l'harmonie.

Au cours du cheminement spirituel, la reconnaissance de la nature des émotions joue un rôle essentiel. Nous avons noté qu'il existe trois approches principales dans l'art de travailler avec les émotions conflictuelles[1]. Les rapprochements entre la tradition du Bouddha et les psychothérapies ne concernent que le traitement des états de « folie ordinaire » modelés justement par le jeu des émotions négatives, les troubles névrotiques et les états dépressifs légers. D'un point de vue bouddhique, tant que nous ne cessons pas de nous identifier à la construction illusoire qu'est l'ego, nous demeurons prisonniers de cette « folie ordinaire ». Nous sommes également « fous », si nous rejetons d'emblée cette construction avant même qu'elle ne soit bien structurée et équilibrée, avant même que nous en ayons compris les mécanismes. D'ailleurs, il ne s'agit pas de la rejeter mais bien d'en faire l'épreuve de sorte à pouvoir ramener l'ego à sa source – l'état naturel – en laquelle il se dissout.

Toute démarche traditionnelle prend en compte les malaises passagers dont s'occupent les psychothérapies : inflation du moi, sentiment de dépersonnalisation, anxiété, nervosité, par exemple. Ces états sont autant d'étapes initiatiques consécutives à ce que Jean-Pierre Schnetzler, ancien psychiatre des hôpitaux et fondateur de plusieurs centres bouddhistes, appelle le pouvoir « découvrant » de la méditation. Ces troubles signalent la nécessité d'opérer des réajustements dans la pratique et mettent en évidence l'importance d'un accompagnement spirituel assuré par un instructeur de méditation qualifié et compétent. En revanche, ces expériences ne sont pas à confondre avec les pathologies men-

---

1. Se reporter au chapitre 14. Dans « Les quatre approches de l'apprentissage », consulter les sections consacrées aux différents aspects de la discipline.

tales sévères qu'une pratique méditative intensive peut d'ailleurs révéler avec force. Dans des cas de schizophrénies ou de psychoses délirantes, par exemple, l'accompagnement spirituel est insuffisant.

En aucun cas, la tradition du Bouddha ne peut se substituer à une psychothérapie et une psychothérapie ne peut être envisagée comme une voie conduisant à l'éveil. Chacune a sa spécificité, même si l'une comme l'autre visent un état de santé mentale optimal fondé sur une vision juste des choses, même si, comme nous le verrons, elles peuvent agir en synergie, la psychothérapie œuvrant alors de concert avec le travail spirituel en vue d'aider la personne à s'accomplir. La confusion du psychologique et du spirituel est aujourd'hui très répandue. Elle provient pour l'essentiel d'une perte de l'intelligence traditionnelle[1] dans un contexte où le vaste marché du bien-être édulcore les traditions spirituelles. Comparant l'approche bouddhique et l'approche des psychothérapies, Jean-Pierre Schnetzler note justement : « On peut dire que la psychologie contemporaine a étudié en détail et pour un but limité ce que le bouddhisme connaissait en profondeur et en gros pour un but ultime[2]. » Le but limité, c'est soigner un déséquilibre, guérir un dysfonctionnement mental. Le but ultime, c'est l'accomplissement de la personne humaine, l'actualisation de la santé fondamentale présente même lorsque l'esprit est en proie à de multiples souffrances.

Des différences notables apparaissent aussi au niveau de la technique[3]. On remarquera, par exemple et à titre anecdotique, la position du corps dans l'espace si l'on compare une personne pratiquant la méditation et une personne qui suit une analyse. L'analysé se détend en restant allongé alors que le méditant adopte généralement la posture assise traditionnelle. Le premier s'abandonne dans une relation de dépendance à l'analyste ; le second potentialise les énergies de son corps qu'il met au service d'une démarche favorisant la maîtrise de soi. Cette différence posturale a une incidence profonde dans la conduite de l'expérience. L'analysé laisse sa conscience papillonner d'une image à l'autre. Le méditant apprend dans la verticalité à accueillir le repos de la pensée. D'un côté, l'esprit se laisse entraîner au gré des événements qui émergent et que l'intelligence conceptuelle s'efforce de désigner. La parole éclaire ce qui sommeillait dans l'ombre. De l'autre, le calme intérieur

---

1. L'« intelligence traditionnelle » désigne la capacité à demeurer dans un rapport vivant avec la source des enseignements libérateurs et l'inspiration des lignées qui véhiculent la transmission, un rapport éclairé par la pureté du cœur et non par un esprit rigide de conservation des us et coutumes, un esprit nourri de dogmatisme spirituel.
2. « La réception du bouddhisme en Occident. Présent et futur » dans *Lumières sur la voie bouddhique de l'Éveil, Connaissance des religions*, p. 15.
3. Ces différences sont très bien énumérées par J.-P. Schnetzler dans *La méditation bouddhique*, p. 120-128.

estompe la dispersion mentale et laisse poindre une vigilance lucide de plus en plus dégagée du flux des constructions mentales.

Assis sur son coussin, le méditant sait également que s'exercer à demeurer en la présence inconditionnelle est un « travail de laboratoire ». L'effet libérateur de l'expérience dépend pour une large part de ce qui se passe en amont et en aval de la pratique formelle. Ainsi la conduite adoptée dans l'existence quotidienne et le développement de la compréhension et de la sollicitude sont-ils essentiels. D'où l'importance de mener une existence juste couplée à des facteurs comme l'étude et l'examen de soi. Réfléchir au sens de l'enseignement, c'est revenir par la pensée à cette source impersonnelle qui sous-tend toute l'activité de l'esprit. Pratiquer la méditation, c'est s'efforcer d'expérimenter le sens de l'enseignement et d'en acquérir la compréhension directe. C'est enfin être capable d'intégrer dans la vie quotidienne ce qui a été découvert sur le coussin. Il est clair que l'on ne demande pas à l'analysé un tel niveau d'engagement et une telle disposition intérieure. De plus, l'analysé est le client d'un thérapeute. Le méditant, lui, est disciple de la voie, disciple de son maître. La nuance est de taille.

L'inspiration antique

À l'époque moderne, C. G. Jung a été l'un des premiers à souligner l'existence de passerelles entre le bouddhisme et la psychothérapie. Il est probable que sa connaissance des modèles antiques l'ait inspiré pour percevoir les relations entre le monde des sciences et celui de la spiritualité. Expliquant les identités et les différences entre les écoles hellénistiques, et rappelant que pour celles-ci « la sagesse est précisément un certain mode de vie » et « un état de parfaite tranquillité de l'âme », Pierre Hadot ajoute : « Dans cette perspective, la philosophie apparaît comme une thérapeutique des soucis, des angoisses et de la misère humaine. (…) Qu'elles revendiquent ou non l'héritage socratique, toutes les philosophies hellénistiques admettent avec Socrate que les hommes sont plongés dans la misère, l'angoisse et le mal, parce qu'ils sont dans l'ignorance : le mal n'est pas dans les choses, mais dans les jugements de valeur que les hommes portent sur les choses. Il s'agit donc de soigner les hommes en changeant leurs jugements de valeur. Mais, pour changer ses jugements de valeur, l'homme doit faire un choix radical : changer toute sa manière de penser et sa manière d'être. Ce choix, c'est la philosophie, c'est grâce à elle qu'il atteindra la paix intérieure, la tranquillité de l'âme[1]. »

---

1. *Qu'est-ce que la philosophie antique ?*, op. cit., p. 161-162.

Comme le Bouddha prenait soin de ses disciples et leur proposait des méthodes pour que l'éveil puisse advenir, de même le thérapeute ne guérit pas mais crée les conditions indispensables à la manifestation de la guérison. Jean-Yves Leloup, qui présente les thérapeutes d'Alexandrie dans Prendre soin de l'Être[1], note justement que « c'est la nature qui guérit, c'est la Vie qui guérit ». En s'appuyant sur l'étymologie[2], il montre aussi qu'une véritable thérapie soigne l'homme dans sa globalité (corps, parole, psychisme, dimension spirituelle) et pas seulement la psyché comme pourrait le laisser entendre le terme « psychothérapeute ». Embrassant tous les composants de l'être, la thérapie est une voie de connaissance, un processus de re-liaison à notre nature essentielle, cette présence inconditionnelle qui échappe à la morsure du temps. Les blessures intérieures indiquent que nous sommes coupés de cet espace de liberté, d'harmonie et d'amour. Se connaître, c'est accéder en pleine conscience à cette dimension fondamentale de notre existence.

Rapports avec la pratique de la méditation

Depuis plusieurs années, des psychothérapeutes utilisent des techniques méditatives comme outil favorisant la détente, le contrôle des tensions mentales, l'exploration de soi, l'accès aux couches les plus profondes de la psyché, à ces états non ordinaires de la conscience que le psychiatre Stanislas Grof, cofondateur de la psychologie transpersonnelle, nomme des états « holotropiques ». Ces états offrent un accès aux éléments de notre mémoire inconsciente qui conditionnent nos comportements.

Au sujet des relations entre la psychanalyse et la méditation, Jean-Pierre Schnetzler écrit : « La méthode psychanalytique est un cas particulier de la méditation vipassana[3] », la pratique de la vision claire (skt. *vipashyana*) qui permet à l'esprit au repos d'acquérir une compréhension de sa nature. L'analysé cherche lui aussi à se libérer de craintes et de désirs erronés, d'idées fixes, de schémas mentaux pesants et dissonants. Et il y parvient en prenant conscience qu'il n'est pas soumis à un déterminisme psychologique. De compréhensions en compréhensions, d'intuitions en intuitions, il réalise que le contenu mental et les souffrances qu'il induit n'ont pas d'existence en eux-mêmes

---

1. Avec pour sous-titre *Les thérapeutes selon Philon d'Alexandrie*.
2. Le mot grec *therapeuein* a deux sens : « servir, prendre soin, rendre un culte » et « soigner, guérir ». On notera la parenté avec « méditer » qui vient de *meditari*, mot dérivé de *mederi* « donner des soins à », mais aussi « étudier », « s'exercer ». Ce qui justifie la dimension thérapeutique du bouddhisme et la valeur de son remède essentiel, la méditation.
3. *La méditation bouddhique. Une voie de libération*, p. 120.

parce qu'ils sont le fruit de causes et de conditions, et sont fondamentalement impermanents.

Les connaissances psychanalytiques et psychiatriques apportent une contribution à la démarche du méditant qui souffre de séquelles névrotiques. Bon nombre de maîtres orientaux ont pu le constater dans les trois dernières décennies du XXe siècle. Certains, dépourvus de toute connaissance de la mentalité occidentale, ont été déroutés devant des troubles dont ils ignoraient l'existence. Les pratiques en situation de retraite, par exemple, peuvent révéler des tensions refoulées ou des pathologies latentes qui se manifestent au moment où le méditant réalise qu'il lui faut mourir à l'ego pour naître pleinement à sa nature authentique. En l'absence d'une personnalité intégrée et d'un ego pleinement constitué, la pratique spirituelle met en évidence des failles susceptibles d'entraîner une régression à des processus primaires. Il est donc important d'avoir un ego bien structuré et une profonde estime de soi avant de s'exercer à s'affranchir de cette tutelle.

Dans l'autre sens, la tradition du Bouddha peut fournir à la psychanalyse « un cadre spirituel qui lui évite de se fourvoyer, mais encore lui apporter des enrichissements techniques », selon les mots de Jean-Pierre Schnetzler. Pour cela, poursuit-il, il serait souhaitable que les psychothérapeutes aient une pratique méditative et qu'ils proposent à certains de leurs patients des techniques, comme vipashyana. Certaines pratiques méditatives bouddhiques s'avèrent déjà opérantes auprès de personnes sujettes à des déséquilibres mentaux, dus à l'usage de drogues, par exemple. Plusieurs monastères theravada œuvrent beaucoup dans ce domaine, en particulier en Thaïlande.

La psychothérapie contemplative

La psychothérapie contemplative est certainement l'exemple même de la communion croisée de la psychologie occidentale et du bouddhisme. Développée à l'institut Naropa à Boulder (Colorado), l'université créée par Chögyam Trungpa, elle propose une approche thérapeutique susceptible d'aider les personnes qui suivent une voie spirituelle ou qui aspirent à le faire. Dès 1971, le maître tibétain se rend compte que les centres du Dharma attirent des personnes fragiles souffrant de nombreux déséquilibres émotionnels, parfois très graves. Dans leur cas, la pratique de la méditation s'avère peu utile, voire dangereuse. Il développe la « thérapie de l'espace » qui met en application les principes des cinq familles de bouddha[1]. « Dans cette perspective, écrit son

---

1. Cf. les explications de Fabrice Midal sur la pratique de Maitri et la formation de psychologues dans *Trungpa. Biographie*, p. 161-175. Irini Rockwel, disciple de Chögyam Trungpa et qui fut professeur à l'institut Naropa, poursuit ce travail. Elle a fondé et

biographe, Chögyam Trungpa présente les enseignements sur les six royaumes et les bardos, qui sont autant de manières de comprendre différents états psychologiques et le contraste entre la santé fondamentale et la confusion qui la recouvre. »

La psychothérapie contemplative repose sur deux idées majeures. Tout d'abord, elle considère que les problèmes psychologiques et les troubles émotionnels sont pour une grande part de nature spirituelle. Ils révèlent la coupure d'avec notre nature ultime, cette dimension libre de l'ego et de ses passions dévastatrices. Elle s'efforce de montrer comment nous substituons à notre nature véritable des identités illusoires. Ainsi, une thérapie qui se cantonnerait à la seule compréhension du moi, qui soutiendrait des efforts pour restaurer un sentiment de sécurité et de cohérence au sein de cette bulle ou qui proposerait un changement de comportement à court terme, une telle thérapie serait limitée. La seconde idée a trait à la réalité de pratiques spirituelles qui ne prennent pas toujours en compte les schèmes conditionnés et les identités inconscientes qui structurent notre histoire personnelle. La psychothérapie contemplative s'efforce de combiner les deux approches afin de créer des synergies qui accroissent le potentiel de chacune, permettant ainsi à toute personne en recherche de trouver son accomplissement. Cette méthode évite deux écueils : la fuite dans le « tout spirituel » sans aucun discernement, évitant de faire l'épreuve de notre présence authentique au monde et de notre expérience telle qu'elle est avec ses joies et ses conflits ; l'enlisement dans des systèmes explicatifs, dans une analyse et une compréhension purement conceptuelles.

En France, l'université Rimay-Nalanda[1] comprend un département « Psychologie contemplative » animé par John Welwood, docteur en philosophie et en psychologie clinique de l'université de Chicago. Psychothérapeute à San Francisco, et auteur de nombreux ouvrages dont *Pour une psychologie de l'éveil*, il a suivi l'enseignement de Chögyam Trungpa.

Ce département propose un cursus sur trois ans intitulé « Le pouvoir guérisseur de la présence inconditionnelle ». Cette « présence inconditionnelle », John Welwood la définit comme la capacité de rester ouvert à notre vécu, de l'examiner sans idées préconçues, sans programme, sans manipulation d'aucune sorte. Cette présence est essen-

---

dirige l'institut des Cinq Sagesses (Five Wisdoms Institute) qui propose des formations en développement professionnel et individuel basées sur la psychologie/psychothérapie contemplative. Site Web : www.fivewisdomsinstitute.com

1. 73110 Arvillard. Tél. : (33) 04 79 25 78 00. Fax : (33) 04 79 25 78 08. Site internet : www.rimay.net, rubrique « Université Rimay ».

tielle dans le processus de la guérison parce qu'elle permet de voir, de ressentir et d'exprimer la vérité de nos blessures intérieures. Afin d'appréhender de façon adéquate les différents aspects de la découverte de soi et de sa bonne intégration dans le monde d'aujourd'hui, le programme s'articule autour de trois modes d'apprentissage incluant compréhension, expérience et discipline de l'action : des enseignements théoriques qui offrent une compréhension intégrée des questions essentielles, des enjeux et des méthodes de développement psychologique et spirituel ; un travail sur l'expérience qui suscite la réflexion personnelle et le travail en groupe ; la pratique de la méditation qui aide à entrer en amitié avec son expérience et à devenir pleinement présent.

Parmi les thèmes abordés, on peut citer :

- Développer la capacité à vivre la présence inconditionnelle en apprenant à distinguer l'expérience sensorielle du bavardage mental et des jugements qui nous en éloignent.
- Maintenir l'expérience sensorielle avec un esprit de compassion.
- Développer une plus grande sensibilité au corps subtil comme ouverture à la présence inconditionnelle.
- Cultiver cette dimension plus vaste de notre être pour intégrer les blessures émotionnelles et les conditionnements habituels.
- Explorer le rôle central de l'amour dans le développement spirituel et personnel.

☙ ❧

Glossaire

Abhidharma (skt.) / Corbeille de « l'enseignement supérieur »
(Pali *Abhidhamma*) *Abhi* : supérieur, au-dessus ; *dharma*, phénomène. Compilé entre le IIIe siècle avant notre ère et le IVe de notre ère, l'Abhidharma est une collection d'enseignements du Bouddha décrivant, entre autres, les agrégats, les domaines psychosensoriels, les éléments cognitifs, les facteurs mentaux, la cosmologie bouddhique. Cette cartographie du réel et des composants de l'expérience humaine constitue le fondement d'une orientation philosophique et psychologique. On la considère comme appartenant au premier tour de la roue du Dharma. Deux traités d'Abhidharma font autorité :

- l'*Abhidharmakosha* (« Trésor de l'Abhidharma ») de Vasubandhu (IVe s. de notre ère), une version pré-mahayana qui s'inscrit dans l'esprit du bouddhisme des origines ;
- l'*Abhidharmasamuccaya* (« Compendium de l'Abhidharma »), version mahayana rédigée par Asanga, frère aîné de Vasubandhu, et qui comprend un premier essai de logique bouddhique.

Absorption méditative (skt. *samadhi*)
Le mot *samadhi* désigne la condition de l'esprit résultant de la dissolution de la dualité sujet/objet. État de recueillement profond qui découle de l'apaisement du mental et en lequel l'esprit demeure en l'expérience de sa paix, lucidité et infinitude. L'expérience du samadhi correspond à une progression déterminée par huit états de recueillement : les quatre dhyanas de la forme pure et les quatre samapattis (contemplations) du sans-forme.
Dans le cadre du triple apprentissage (autodiscipline, méditation, connaissance supérieure), le mot « méditation » traduit le sanskrit samadhi. Il désigne pour l'essentiel les pratiques de shamatha (l'apaisement) et vipashyana (la vision claire). / *Voir* Méditation.

Advaïta-vedanta (skt.)
Voir Vedanta.

Agrégat (skt. *skandha*)
La « singularité » complexe et provisoire que nous appelons « personne humaine » est le résultat de la combinaison de cinq ensembles psycho-physiques transitoires appelés agrégats : formes ou apparences sensibles (le corps), sensations (expériences sensibles), perceptions/notions, formations karmiques et conscience. Sur cette base fluctuante et impermanente émergent le sentiment d'individualité et la pensée « je suis ». Chaque agrégat est insubstantiel, composite et éphémère. Cette nature mouvante et instable des agrégats génère constamment des réactions en chaîne. Cette dynamique inhérente aux skandhas est le combustible qui permet le fonctionnement du karma.

Amaravati (skt.) / École d'art
Nom d'une école d'art qui se développe dans le sud de l'Inde au cours du IIe siècle avant notre ère. Elle reste associée à la réalisation de remarquables bas-reliefs illustrant des épisodes de la vie du Bouddha. Elle est connue pour sa maîtrise de la perspective et la souplesse dans le rendu des personnages.

Amidisme
Voir Terre pure (école de la).

Amitabha (skt.) / Le bouddha « Lumière Infinie » (jap. Amida)
Bouddha le plus populaire du Mahayana après le bouddha Shakyamuni. Ce bouddha porte deux noms sanskrits : Amitabha (« Lumière Infinie ») et Amitayus (« Vie Infinie »). Expression de la sagesse illimitée, la lumière est associée à l'espace. Elle renvoie à la luminosité hyper-subtile et insubstantielle qui jaillit de son corps (la pureté primordiale) et dont les rayons pénètrent les êtres affectés par la souffrance inhérente au samsara. Elle est donc le symbole de la connaissance que les êtres vivants reçoivent. Cette connaissance vient se confondre avec leur aptitude à se développer jusqu'au plein éveil. La longévité (Amitayus) est associée au temps. Il est dit qu'Amitabha a fait la promesse de prolonger son existence en Sukhavati (« Terre pure de l'Ouest », *voir* Terre pure) pour délivrer tous les êtres vivants des univers de l'espace infini et cela sans limites dans le temps, manifestant ainsi une compassion infinie.

Amour (skt. *maitri*)
Étymologiquement « devenir un », « s'unir ». Expression de la bonté fondamentale, l'amour recouvre les comportements exempts d'égoïsme. La pratique vise à étendre la tendresse et l'affection au-delà du cercle des intimes et des proches, pour embrasser l'ensemble des êtres vivants. L'amour s'épanouit pleinement sur la base d'une réalisation de l'interdépendance et de la vacuité. Antidote de la colère, il caractérise l'activité du bodhisattva, le héros de l'esprit d'éveil, figure emblématique du Mahayana. / *Voir* Compassion.

Antidote
Notion qui désigne l'art de travailler avec les émotions conflictuelles afin de s'en délivrer. Ce travail peut s'effectuer selon trois approches :

- La première approche (niveau du Hinayana) consiste à neutraliser chaque émotion négative en utilisant un contrepoison approprié, une attitude saine et constructive. L'apprenti renonce à entretenir ces émotions en abandonnant les dix actes négatifs et développe les qualités du cœur par la pratique des dix actes positifs (*voir* ignorance, désir, colère, orgueil, jalousie).
- La deuxième approche (niveau du Mahayana) consiste à utiliser un antidote à large spectre, valable pour toutes les émotions négatives : la vacuité. Par le raisonnement et la méditation, l'apprenti va découvrir que les émotions n'existent pas en elles-mêmes et ne sont donc pas aussi consistantes qu'il pourrait le croire. Seule l'avidité de l'ego leur confère leur puissance.
- La troisième approche (niveau du Vajrayana) s'adresse à des personnes très habiles. Elle consiste à utiliser l'énergie des émotions comme un moyen pour se libérer de leur influence. Les émotions deviennent alors des aides à la pratique. Leur autolibération spontanée correspond au niveau ultime de la pratique (niveau du Mahamudra et du Dzogchèn).

Apprenti

(Apprenti de l'éveil) Désigne celui ou celle qui suit l'apprentissage spirituel. Ce mot souligne le caractère artisanal du processus d'épanouissement spirituel. Moins connoté que ceux de « pratiquant » ou d'« adepte », il a été utilisé dans ce livre dans la mesure du possible.

Arahant (pali)

Voir Arhat.

Arhat (skt.) / Méritant

Littéralement « méritant » ou « destructeur de l'ennemi », le plus haut état auquel puissent aspirer les apprentis du Hinayana. Parce qu'il a épuisé les émotions négatives et vaincu les souillures mentales dont l'ignorance, le désir, l'attachement, l'orgueil, les opinions et l'inquiétude, l'arhat a atteint le terme du noble octuple sentier. Il demeure sa vie durant en la paix du nirvana. À sa mort, il ne renaît pas dans le samsara mais atteint l'état inconditionné, le nirvana sans résidus d'existence conditionnée, appelé parinirvana.

Auditeur (skt. *shravaka*)

Désigne un pratiquant qui a suivi les enseignements du premier tour de la roue du Dharma (*voir* Trois tours de la roue du Dharma) et a réalisé l'absence d'être en soi de la personne. Il est ainsi nommé parce qu'il ne peut renoncer aux enseignements d'un maître pour actualiser l'éveil. Sur la base d'un renoncement à tous les objets d'attachement et d'une application stricte des règles monastiques, il est parvenu à se libérer de la souffrance inhérente au samsara. Il a vaincu les émotions négatives, atteint un état de grande quiétude, s'est libéré de l'illusion dualiste mais n'a pas encore l'expérience de la parfaite bouddhéité. Le véhicule des auditeurs (Shravakayana) forme avec le véhicule des bouddhas-par-soi (Pratyekabuddhayana) ce que les apprentis du Mahayana ont appelé le Hinayana ou véhicule fondamental. / *Voir* Bouddha-par-soi *et* Hinayana.

Autodiscipline (skt. *shila*)
L'un des trois aspects du triple apprentissage qui met l'accent sur la conduite éthique, la culture de la non-violence, la simplicité et la bienveillance.

Autolibération
Terme employé dans le Dzogchèn et synonyme de « liberté naturelle ». Désigne la libération spontanée des pensées et des émotions dans l'état de présence claire et pure. / *Voir* État naturel.

Avalokiteshvara (skt.) / Bodhisattva de la compassion universelle
(Tib. *Tchènrézi*) Littéralement « le Seigneur qui regarde d'en haut », c'est-à-dire qui contemple le monde avec bonté et mansuétude. Avalokiteshvara est l'expression de la compassion inhérente à la nature de bouddha. Bodhisattva transcendant, il incarne la vision d'amour et de non-violence fondamentale. Émanation du bouddha Amitabha, il est aussi appelé le « Protecteur du monde » parce que la tradition estime que son action en faveur des êtres s'exerce dans l'intervalle qui sépare la disparition du bouddha Shakyamuni et la manifestation du futur bouddha Maitreya. Il est l'un des bodhisattvas les plus populaires dans toute l'Asie et son mantra aux six syllabes, OM MANI PADME HUM, est réputé favoriser la libération de tous les êtres. Depuis le XIVe siècle, les Dalaï-Lamas sont considérés comme ses émanations.

Bardo (tib.) / État intermédiaire
Terme généralement utilisé pour désigner la période entre une mort et une renaissance. La plupart des traditions bouddhiques l'estiment au maximum à 49 jours. En réalité, tous les instants sont considérés comme des bardos, des « entre-deux ». Dans la tradition bouddhique tibétaine, on distingue souvent six grands bardos : [1] le bardo de la naissance à la mort (notre existence), [2] le bardo du rêve (qui inclut le sommeil profond), [3] le bardo de la méditation (demeurer dans l'état naturel), [4] le bardo du moment de la mort (les phases de l'agonie avec les visions qui apparaissent du fait de la résorption des énergies subtiles), [5] le bardo de la vacuité ou de la réalité absolue (expérience de la pureté primordiale de l'esprit), [6] le bardo du devenir (le processus qui conduit à une nouvelle naissance). Les trois premiers concernent la vie présente, les trois suivants la mort. Le bardo de la vacuité a une grande importance. Au cours de ce processus, le pratiquant défunt peut reconnaître la nature véritable de l'esprit et se libérer. S'il n'y parvient pas, les tendances karmiques latentes produisent des images et des pensées. L'esprit se dirige alors vers une nouvelle existence dans le samsara.

Bhagavat (skt.) / Bienheureux
Qualificatif que l'on trouve fréquemment dans les sutras pour souligner le bien-être foncier dans lequel se trouve le Bouddha et rappeler que le nirvana est l'apaisement ultime.

Bodhicitta (skt.) / Esprit d'éveil
Bodhi signifie éveil, et *citta*, le cœur ou l'esprit dans sa dimension d'ouverture et de compassion. Bodhicitta désigne l'aspiration à atteindre l'état de bouddha

afin de libérer tous les êtres. Caractéristique du « grand véhicule » (Mahayana) et condition préalable à toute pratique des méthodes propres au Vajrayana, cette motivation altruiste est fondée sur l'amour et la compassion. Elle comporte deux aspects : la bodhicitta relative et la bodhicitta ultime.

- La *bodhicitta relative* désigne l'attitude ouverte, chaleureuse et bienveillante à l'égard d'autrui. Elle a deux facettes : la bodhicitta de l'intention et la bodhicitta de l'application. La première correspond au souhait que tous les êtres soient libérés du mal-être. Le second aspect consiste en la mise en pratique de cette aspiration au bien et au bonheur de tous par l'exercice des six perfections (la générosité, la discipline, la patience, l'énergie, la concentration et la connaissance transcendantes) et la pratique de Lodjong, l'entraînement de l'esprit (*voir* annexe 3).
- La *bodhicitta ultime* désigne le dépassement des illusions qui entretiennent la fiction du soi et la saisie dualiste. C'est la réalisation de la véritable nature de tout phénomène, au-delà de la compréhension conceptuelle, l'éveil à notre nature de bouddha.

Lorsqu'il est question d'engendrer l'esprit d'éveil, on entend à la fois le rappel de la finalité de l'existence humaine (actualiser la nature de bouddha) et la ferme résolution de l'accomplir.

Bodhidharma (skt.)

Moine indien dont l'existence revêt un caractère légendaire. Il serait né dans l'Inde du Sud au ve siècle. Fondateur et premier patriarche du Chan en Chine, 28e maître héritier de Mahakashyapa en Inde, il serait resté neuf ans en retraite de méditation au monastère de Shaolin, avant d'accepter son premier disciple.

Bodhisattva (skt.) / Héros de l'esprit d'éveil

Apprenti du Mahayana qui s'emploie à actualiser l'éveil pour le bien de tous les êtres parce qu'il souffre du mal-être d'autrui. Motivé par la bienveillance et la compassion, le bodhisattva engendre l'esprit d'éveil (bodhicitta), pratique en particulier les six perfections (paramitas) et consacre sa réalisation au bonheur du monde. Dans le Mahayana, il représente l'idéal du pratiquant qui s'engage dans la voie de la compassion et de la connaissance supérieure (prajna), voie qui comprend dix niveaux avant la réalisation suprême. On parle des « grands êtres d'éveil » ou bodhisattvas dits transcendants (bodhisattvas mahasattvas, tels Avalokiteshvara ou Manjushri) pour désigner les émanations agissantes des bouddhas. La notion de bodhisattva est déjà présente dans la tradition des origines.

Bouddha (skt. *buddha*)

Titre attribué à un être qui a réalisé l'éveil après avoir purifié toutes les émotions négatives et développé toutes les qualités. Étant sorti du sommeil de l'ignorance, il comprend la véritable nature des phénomènes. Ce titre fut attribué à Siddhartha Gautama par ses premiers disciples. « Bouddha » désigne également l'un des trois joyaux du refuge. Dans l'approche tantrique, les bouddhas peuvent se manifester sous des formes tantôt paisibles, tantôt courroucées, selon la nature de l'enseignement qu'ils vont transmettre. Ils donnent les enseignements les plus avancés sous un aspect terrible. / *Voir* Trois joyaux, Bouddha primordial *et* Déité.

Bouddha-par-soi (skt. *pratyekabuddha*)
Littéralement « Éveillé pour soi-même ». Désigne un pratiquant du Hinayana qui a suivi les enseignements du premier tour de la roue du Dharma (*voir* Trois tours de la roue du Dharma) et a réalisé l'absence d'être-en-soi de la personne. Il a aussi une réalisation partielle de la vacuité des phénomènes. Il s'agit généralement d'un pratiquant solitaire qui, après avoir suivi un maître dans ses existences antérieures, a vaincu les émotions négatives, atteint un état de grande quiétude, s'est libéré de l'illusion dualiste mais n'a pas encore l'expérience de la parfaite bouddhéité. De plus, il n'a pas la capacité ni l'habileté d'expliquer le cheminement qu'il a suivi. Étant sans disciple, on l'appelle aussi « bouddha solitaire ». Selon la tradition, on rencontre des pratyekabuddhas au cours des périodes où l'enseignement d'un bouddha parfait est tombé en désuétude. Le véhicule des bouddhas-par-soi (Pratyekabuddhayana) forme avec le véhicule des auditeurs (Shravakayana) ce que les apprentis du Mahayana ont appelé le Hinayana. / *Voir* Auditeur *et* Hinayana.

Bouddha primordial (skt. *Adibuddha*)
Personnification du dharmakaya, le corps absolu des bouddhas, archétype de l'éveil primordial et atemporel. Cette notion naît au sein du Vajrayana et exprime la source non humaine des enseignements. Dans le Dzogchèn, on le nomme Samantabhadra et Vajradhara dans l'école Kagyupa. / *Voir* Trois corps d'un bouddha.

Bouddha Shakyamuni
Bouddha, « l'Éveillé ; Shakyamuni, "le sage du clan des Shakyas" ». Nom du quatrième des 1 002 bouddhas de notre ère cosmique. Le bouddha historique Shakyamuni naquit prince Siddhartha Gautama au VIe siècle avant notre ère.

Bouddhéité
L'état de bouddha. L'état qu'a réalisé le bouddha Shakyamuni et que nous sommes aussi capables d'actualiser. / *Voir* Tathagata.

Brahma (skt., genre masculin)
Personnification du Brahman. Selon l'hindouisme, l'une des trois facettes de l'Absolu avec Vishnu et Shiva.

Brahman (skt., genre neutre)
Parole sacrée qui est la formule sacrificielle employée dans les rites du brahmanisme, formule dont la puissance confère au sacrifice son efficacité. Par glissement, Brahman désigne le principe universel, l'Absolu, le substrat éternel du monde identifié au soi (atman) de tous les êtres.

Brahmane
Membre de la caste sacerdotale considéré comme un gardien du *Veda*.

Brahmanisme

Stade de la religion et de la culture indiennes (représenté par les brahmanes, la caste sacerdotale) qui, entre le VIe siècle avant notre ère et le début de notre ère, succède au védisme et précède l'hindouisme. Le brahmanisme se caractérise, en particulier, par l'importance accordée aux rites sacrificiels et aux brahmanes chargés de leur exécution.

Buddhacarita (skt.) / « La carrière du Bouddha »

Œuvre poétique composée en sanskrit par le poète Ashvagosha (v. IIe s.). Des 28 chants qui relatent la vie du bouddha Shakyamuni, il n'en reste que 14 en sanskrit, alors que la totalité du poème a été préservé dans les corpus chinois et tibétain. Teinté de légendaire, le *Buddhacarita* a contribué à la dévotion populaire en faveur du Bouddha.

Buddhajnana (skt.)

L'esprit de sagesse d'un bouddha ou l'intelligence primordiale d'un bouddha, apte à répondre spontanément aux nombreux besoins du monde.

Cakra (skt.) / Roue, plexus de canaux subtils

- *La roue et la connaissance* : le terme sanskrit *cakra*, traduit par « roue », sert à désigner une diversité d'objets en forme de disque. Dans l'Inde ancienne, la roue est indissociable du disque. Attribut de Vishnu, deuxième aspect divin de la trinité hindoue (Brahma, Vishnu, Shiva), le disque est l'arme qui tranche les racines de l'illusion et libère la lumière de la connaissance. Par sa circularité, il suggère la complétude et la perfection. Il est avant tout un symbole solaire et partant un symbole de puissance associé aux chefs de clan, à la royauté. Ainsi n'est-il pas étonnant que des relations aient été tissées entre le Bouddha et le cakravartin, le « souverain à la roue » ou « monarque universel » qui précède l'apparition d'un bouddha.
- *Dans l'iconographie bouddhique*, on distingue plusieurs sortes de roue dont : la roue à quatre rayons, symbole des quatre nobles vérités ou des quatre grandes étapes de la vie du Bienheureux (naissance, éveil, enseignement et mort) ; la roue à huit rayons, symbole du noble octuple sentier. Tous les éléments de la roue (les rayons) sont en continuité les uns avec les autres, évoquant la trame qui relie inextricablement le principe de l'éveil (le moyeu vide) à toutes nos expériences. (*Voir* Roue du Dharma)
- *Dans les pratiques tantriques* : éléments de la structure du corps subtil, les cakras peuvent être comparés à des carrefours d'énergie reliant la multiplicité des canaux qui « innervent » le corps subtil. Leur nombre varie en fonction des textes et des présentations. Les principaux se situent au sommet de la tête, au niveau du front, de la gorge, du cœur, sous le nombril et dans la région des organes génitaux.

Cakrasamvara (skt.) / « Roue de la sublime félicité »

L'une des principales déités d'élection des *Anuttarayogatantras* ou « Tantras de l'union insurpassable » qui tient une place importante dans les six yogas de Naropa.

Cakravartin (skt.) / Monarque universel

Littéralement « le souverain à la roue ». Dans l'Inde védique, titre attribué aux souverains qui ont réalisé de vastes conquêtes. Le cakravartin incarne l'archétype de la royauté. Dans le bouddhisme, et selon une vision sacrée de la royauté, le roi se présente comme une réplique diminuée du Dharma.

Chan (ch.)

Forme abrégée de *channa*, transcription chinoise du sanskrit *dhyana* (état de recueillement). Chan a donné le mot Zen en japonais. Le Chan est une école chinoise née au VIe siècle sous l'impulsion du moine indien Bodhidharma. Elle met l'accent sur la pratique assise et l'expérience directe de l'éveil.

Cinq enseignements d'or

Corps d'enseignements issu de la yogini Niguma qui les transmit au maître tibétain Khyoungpo Nèldjor (978-1079 ?). Véhiculé par la lignée Changpa (branche de l'école tibétaine Kagyupa), ce corps présente un éventail de tous les enseignements essentiels du Vajrayana, et cela sous une forme à la fois extrêmement concise, pédagogique et profonde. Il comprend : [1] les six yogas de Niguma (le yoga du « feu intérieur », le yoga du corps illusoire, le yoga du rêve, le yoga de la claire lumière, le yoga du transfert de la conscience, le yoga des états intermédiaires), [2] les instructions sur Mahamudra, [3] les trois méthodes d'intégration, [4] les dakinis Khecari blanche et rouge, [5] sans mort, sans erreur (l'esprit étant primordialement non né, il est sans mort et éminemment libre).

Cinq Victorieux (skt. *jina*)

Appelés également les « Cinq Tathagatas » : Vairocana, Akshobhya, Ratnasambhava, Amitabha et Amoghasiddhi. Représentations de la nature de bouddha présente en chaque être, ils constituent les archétypes des cinq familles de bouddhas [Bouddha, Karma (Action), Vajra (Diamant), Ratna (Joyau), Padma (Lotus)] qui expriment la vision totalisatrice et unifiée des tantras.

Cittamatra (skt.) / École de l'Esprit seul

Une des deux perspectives philosophiques du Mahayana. Elle s'appuie sur les enseignements du troisième tour de la roue du Dharma. Fondé par Asanga (IVe s.) et son frère Vasubandhu, le Cittamatra soutient que tout ce qui existe n'est autre que l'esprit un. Le Cittamatra est parfois nommé Vijnanavada (*vijnana*, conscience) pour mettre en relief le fait que la réalité est de la nature de la conscience. Comme les cittamatrins mettent aussi l'accent sur la pratique yogique permettant la réalisation de la vacuité, le terme Cittamatra devient alors synonyme de Yogacara (« ceux qui pratiquent le yoga »). Ils admettent l'existence de huit consciences : six consciences sensorielles (dont l'une est mentale [manovijnana]), une conscience mentale souillée (klishtamanas) qui produit la dualité et entretient le samsara ; une conscience fondamentale (alayavijnana) qui véhicule les tendances karmiques du passé et comprend le continuum de conscience. Le Cittamatra expose également les trois natures des phénomènes : la nature imaginaire, la nature dépendante, la nature parfaitement établie.

Claire lumière

(Aussi « Clarté lumineuse naturelle innée ») Dans la tradition bouddhique tibétaine, la claire lumière est le niveau hypersubtil de l'esprit. La « lumière » désigne sa capacité à produire des expériences de connaissance. L'adjectif « claire » souligne sa qualité de transparence, de limpidité et de lucidité parfaite. Toutes les consciences, grossières et subtiles, proviennent de la claire lumière et toutes s'éteignent en elle lorsque celle-ci se manifeste au moment de la mort. Bien qu'elle n'ait pas d'existence en soi, naissant et mourant d'instant en instant, n'étant pas non plus la création de conditions momentanées et ne cessant pas en dépendance de l'arrêt de certaines conditions momentanées, elle forme un flux ininterrompu, continuellement présent, sans début ni fin. Se familiariser avec l'expérience de la claire lumière, c'est découvrir la nature ultime de l'esprit, lumineuse et vide. De ce point de vue, l'état de bouddha s'actualise lorsque toutes les consciences momentanées se sont éteintes en la claire lumière et n'en rejaillissent plus.

Colère, aversion, haine, répulsion (skt. krodha)

L'un des trois poisons fondamentaux de l'esprit. Les deux autres sont l'ignorance et le désir. La colère et l'aversion ne se manifestent pas nécessairement sous la forme d'un violent mécontentement accompagné d'une explosion de haine et d'agressivité. Dans sa forme subtile, la colère apparaît comme une émotion sourde qui imprègne l'esprit. Elle prend une forme plus expressive lorsqu'elle rencontre des circonstances qui lui sont propices. Elle est liée à d'autres émotions conflictuelles comme l'animosité, le mépris, la frustration, le ressentiment ou la rancœur. On ne parle pas ici de la colère contrôlée que peut utiliser avec discernement un maître dans le but de contrecarrer les erreurs de ses disciples. / Voir Émotions négatives. / Antidote : méditer sur l'amour, la compassion et la douceur.

Compassion (skt. karuna)

En l'absence de comportements égocentrés, se révèle la capacité à comprendre la souffrance d'autrui, à aider et soulager autant que faire se peut les êtres vivants. Cette notion n'est pas utilisée dans un sens purement altruiste. Elle inclut le souhait d'être soi-même délivré de la souffrance et de ses causes. C'est sur la base de la bonté et de la douceur envers soi-même que se manifestent l'empathie et l'intelligence du cœur qui inclut tous les êtres. De ce point de vue, la compassion est la dimension universelle de l'amour. L'altruisme conduit à la réalisation de la vacuité, et la compréhension de la vacuité développe la compassion. Ce sont les deux pôles du cheminement dans la perspective du Mahayana. La réalisation parfaite de l'un contient celle de l'autre. Antidote de la colère, elle constitue l'un des pans de l'activité du bodhisattva, le héros de l'esprit d'éveil, figure emblématique du Mahayana. / Voir Amour et Vacuité.

Confucianisme

École philosophique et morale chinoise qui s'est développée autour de l'œuvre de Confucius (551-479 avant notre ère), contemporain du bouddha

Shakyamuni. Cette œuvre a pour base l'harmonie du monde et le bon ordre de la société, ordre qui dépend de la noblesse et de la sagesse des individus et des familles. Pour que l'humanité parvienne à un degré d'accomplissement, chacun doit tendre vers la vertu suprême en pratiquant le contrôle de soi et toutes les règles du savoir-vivre, sans omettre le respect des rites religieux et le culte des ancêtres. Cette tradition humaniste réactualise l'héritage de la Chine ancienne à une époque que le philosophe jugeait décadente, tant sur le plan moral que politique. Le confucianisme a traversé les siècles sans que le taoïsme ou le bouddhisme ne le supplantent.

Connaissance supérieure ou *sagesse* (skt. *prajna*)

Le terme sanskrit *prajna* est composé du préfixe *pra* (identique au *pro* grec et latin, qui signifie « en avant ») et de la racine *jna* (semblable au grec *gno* qui donne « gnose », connaissance). Littéralement « connaissance en avant », au sens où elle dépasse la compréhension intellectuelle et les représentations conceptuelles. Elle repose avant tout sur une expérience immédiate, une compréhension directe du réel, libre des fabrications mentales. C'est en ce sens qu'elle est qualifiée de supérieure. Souvent symbolisée par une épée qui tranche les racines du doute et de l'ignorance, prajna est apte à déconstruire la fiction de la permanence, l'illusion dualiste, les catégories de l'être et du non-être. La pratique vise pour l'essentiel à épanouir cette intelligence dont dépend l'actualisation de l'éveil.

- Dans le Hinayana, prajna permet de réaliser le non-soi de la personne et les quatre nobles vérités.
- Dans le Mahayana, elle désigne la connaissance directe de la vacuité. Lorsqu'elle est pleinement épanouie, elle est nommée connaissance transcendante ou perfection de sagesse (prajnaparamita).
- Dans le Vajrayana, prajna représente le pôle féminin de l'expérience spirituelle, la sagesse qui gouverne l'action. En cela, elle est indissociable des moyens habiles (la compassion, le pôle masculin nommé upaya). L'union de prajna et d'upaya actualise l'éveil.

Avec l'autodiscipline et la méditation, prajna désigne l'un des volets du triple apprentissage. / *Voir* Connaissance transcendante, Trois étapes de la compréhension *et* Moyens habiles.

Connaissance transcendante, perfection de sagesse (skt. *prajnaparamita*)

Composé de *prajna*, souvent traduit par « connaissance supérieure » et de *paramita* traduit par « transcendant » ou « perfection ». Notion essentielle dans le Mahayana pour désigner la connaissance directe et immédiate de la vacuité, qui transcende les conditionnements illusoires et la vision dualiste. Sixième paramita, elle permet aux cinq autres paramitas (générosité, éthique, patience, énergie, concentration) de devenir elles-mêmes des actes pleinement vertueux.

- Les enseignements ayant trait à la vacuité de toute chose ont été consignés dans les *Prajnaparamitasutras* qui appartiennent au deuxième cycle d'enseignement du Bouddha. / *Voir* Vacuité *et* Trois tours de la roue du Dharma.

Conscience fondamentale (skt. *alayavijnana*)

Notion capitale dans l'école Cittamatra, synonyme de nature de bouddha dans le « Sutra de l'entrée à Lanka » (*Lankavatarasutra*). Aussi appelée « conscience base-de-tout » parce que c'est à partir d'elle que se déploient les autres consciences (six consciences sensorielles [l'une d'elles est mentale] et une conscience mentale souillée). Elle possède une mémoire qui emmagasine les données des actes antérieurs, graines des actes futurs. Le courant continu de l'alayavijnana, appelé continuum de conscience, assure le lien entre les différents états impermanents que nous expérimentons. Selon certains commentateurs, l'alayavijnana se dissout lorsque les émotions pertubatrices et la vision d'un soi autonome en la personne et les phénomènes ont disparu. Cette dissolution rend manifeste son aspect pur nommé amalavijnana, une notion apparue en Chine dans les courants cittamatrins. Bien que la nature réelle de la conscience fondamentale soit la bouddhéité, on ne la confondra pas avec l'état naturel. / *Voir* Continuum de conscience *et* État naturel.

Continuum de conscience

Courant continu de la conscience fondamentale qui assure la continuité de la personnalité lorsque les sept autres consciences sont désactivées, au cours du sommeil profond par exemple (six consciences sensorielles – l'une d'elles est mentale – et une conscience mentale souillée). Le continuum s'actualise de vie en vie jusqu'au plein éveil, sous la pression de la causalité karmique qui l'imprègne. On le compare à de la limaille de fer qui, lorsqu'elle est placée près d'un aimant, semble dotée d'une énergie inhérente qui assure le mouvement. Bien que dépourvu d'une entité propre, il est l'agent qui perpétue le cycle des existences conditionnées. En tant que simple faculté cognitive, il rend possible l'émergence des moments de conscience.

Corps subtil

Ensemble de souffles-énergies (vayus), de « roues » (cakras), de gouttes principielles (bindus) et de canaux (nadis) dans lesquels circule la force-de-vie (prana) portant en elle l'essence des cinq éléments. Également appelé « corps vajra » (corps de diamant) dans le Vajrayana. La pratique tantrique vise à purifier l'ensemble des souffles, cette purification étant une condition à l'actualisation de l'éveil.

Dakinis (skt.) / « Celles qui voyagent dans l'espace »

Manifestations de l'activité éveillée. Aux yogis possédant une vision parfaitement pure, elles apparaissent sous un aspect féminin. On distingue les dakinis de sagesse et les dakinis ordinaires. Les dakinis de sagesse sont des bouddhas ou bodhisattvas, sous la forme du sambhogakaya, le corps d'expérience parfaite (*voir* Trois corps d'un bouddha). Leur accomplissement spirituel est tel que leur corps éthéré demeure semblable à un arc-en-ciel. Fréquemment mentionnées dans les tantras, elles jouent un rôle considérable dans leur transmission et sont présentées en union avec les déités masculines. Les dakinis ordinaires ont pris naissance dans un corps féminin et sont chargées de protéger les enseignements.

Dalaï-Lama (tib.)
Titre porté par quatorze réincarnations et qui fut attribué pour la première fois par l'empereur mongol Altan Khan au moine de l'école tibétaine Guélougpa Seunam Gyatso (XVIe s.), abbé du monastère de Drépoung dont le rôle fut décisif dans la conversion du peuple mongol au bouddhisme. Devenu chef spirituel et temporel du Tibet au XVIIe siècle, le Dalaï-Lama est reconnu comme la manifestation de Tchènrézi (Avalokiteshvara). Né en 1935, Tenzin Gyatso, actuel Dalaï-Lama, est le quatorzième de sa lignée.

Darshana (skt.) / « vision » ou « point de vue sur la réalité »
« Manière de voir » la réalité dans l'Inde brahmanique, qui donne lieu à d'importants développements philosophiques. On en distingue six formes : le Vaisheshika, la Mimansa, le Samkhya, le Yoga, le Nyaya et le Vedanta.

Déité (tib. yidam)
Dans le Vajrayana, représentation anthropomorphe et symbolique des qualités essentielles de l'expérience de l'éveil. Le mot « déité » peut prêter à confusion car il ne s'agit pas d'entités, ni d'êtres mythologiques, ni d'archétypes, mais d'une « présence pure » représentant la phase finale de l'accomplissement spirituel, une « qualité de présence » dont le pratiquant peut faire l'expérience tangible et qui le relie à l'éveil. Les yidams se présentent sous de multiples aspects : masculines ou féminines, paisibles ou courroucées, seules ou en union. Les déités courroucées sont ornées d'attributs impressionnants (crânes, couperet, hache, épée, trident, etc.) qui soulignent leur rôle de protecteurs. Elles annihilent, par exemple, l'attachement, la discorde et les visions erronées dans l'esprit de l'apprenti. Elles illustrent le maniement de la colère : colère sublimée par l'énergie de l'amour qui leur est indissociable. Il est dit que les aspects des déités sont multiples mais leur nature unique : en réaliser une consiste à les réaliser toutes.

■ La méditation sur les yidams est l'un des moyens habiles utilisés dans le Vajrayana pour actualiser la bouddhéité. Le maître vajra (vajracarya) introduit le disciple au(x) yidam(s) pratiqué(s) dans sa lignée et l'initie à la pratique méditative qui scellera l'union de la compassion et de la sagesse. Si le disciple accomplit la pratique de plusieurs yidams, il pourra ultérieurement choisir celui avec lequel il se sent en affinité. L'esprit du pratiquant est alors voué à ce yidam, lié par la promesse faite de méditer sur lui par le corps, la parole et l'esprit. La déité révèle au méditant sa propre nature de bouddha qu'il réalise à travers elle.

Délivrance (skt. moksha)
Fin de l'ignorance, libération de toutes les fausses identifications (au corps, au psychisme, à l'ego, etc.) ainsi que des heurs et malheurs qui caractérisent l'existence dans le samsara. Cette délivrance repose sur la réalisation du soi. Terme appartenant au vocabulaire de l'hindouisme et à ne pas confondre strictement avec nirvana.

Désir, soif, attachement (skt. trishna)
Huitième maillon de la production interdépendante, le désir est l'un des trois poisons fondamentaux de l'esprit avec l'ignorance et la colère. Il caractérise

l'avidité de l'ego et comprend de nombreux aspects. On distinguera les désirs naturels et nécessaires, utiles à la vie harmonieuse du corps et de l'esprit, des désirs vains qui ne font qu'accentuer les illusions et la souffrance, comme l'attachement aux plaisirs des sens et aux biens matériels ou la convoitise. L'aspect subtil du désir correspond au fait de croire qu'il existe en nous une entité autonome et permanente (le soi), et que les phénomènes sont eux-mêmes des entités solides et indépendantes les unes des autres. / *Antidote* : méditer sur la souffrance et l'impermanence.

Dharanis (skt.) / Incantations
De la racine sanskrite *dhr*, tenir, transmettre. Les dharanis sont des incantations associées à la mémoire et à la protection de l'esprit. Elles ont été consignées dans des recueils répertoriés dans la section des tantras du corpus chinois et tibétain. On en trouve également dans certains sutras comme le « Sutra de l'entrée à Lanka » (*Lankavatarasutra*).

Dharma (skt.) / L'enseignement du Bouddha
(Pali *Dhamma*) Terme polysémique qui remonte à l'époque védique et possède le sens de « règle », de « loi », d'« ordre cosmique et social » dans la pensée bhramanique. Il dérive de la racine *dhri-* qui signifie tenir ou maintenir, et exprime une idée de stabilité.

- Repris par le bouddhisme, ses principales significations se résument traditionnellement à trois catégories essentielles : [1] la réalité authentique, ultime ou absolue ; [2] l'enseignement du Bouddha sur la nature essentielle des choses et des êtres, soit la voie qui conduit à la réalisation de la réalité ultime ; [3] les phénomènes, les données de l'expérience ou les objets de connaissance.
- On distingue le Dharma scripturaire, soit les trois corpus bouddhiques (Vinaya, Sutras, Abhidharma) et le Dharma de la réalisation, soit le triple apprentissage (autodiscipline, méditation et connaissance supérieure). Le Dharma est l'un des trois joyaux du refuge. / *Voir* Trois joyaux *et* Roue du Dharma.

Dharmadhatu (skt.) / Le domaine de la vacuité immuable ou l'espace du réel
La dimension globale de la réalité absolue ou la dimension de la vraie nature des phénomènes telle que la perçoivent les bouddhas en dharmakaya (corps absolu). En l'espace non duel, les phénomènes ne sont plus perçus comme des entités indépendantes mais dans leur dimension réelle qui est vacuité (shunyata). En situation de mutuelle dépendance, ils conservent la richesse de leurs caractéristiques propres. La vision juste ne sépare pas l'apparence des phénomènes et leur véritable nature. On parle ainsi de la conjonction indivisible des apparences et de la vacuité.

Dharmakaya (skt.) / Corps absolu ou corps de la réalité
Voir Trois corps d'un bouddha.

Dharmata (skt.)
La véritable nature des phénomènes, vide et lumineuse. Souvent synonyme de vacuité (shunyata), le terme est aussi traduit par « réalité absolue ».

Dhyana (skt.) / État de recueillement méditatif
La racine *dhyan* signifie « être profondément absorbé » dans un état de stabilité permettant à l'esprit de demeurer sans distraction sur un objet d'attention. Ces états de recueillement correspondent à une progression dans la présence de plus en plus non duelle à la nature de l'esprit. Dans le Mahayana, *dhyana* désigne la cinquième perfection (paramita) qui permet l'épanouissement de la connaissance supérieure (prajna), seule à disposer d'un pouvoir libérateur. *Dhyana* a donné *chan* en chinois et *zen* en japonais.

Dix actes négatifs
Dans le Hinayana (véhicule fondamental), actes à proscrire car ils ne font qu'amplifier la torpeur et le mal-être pour soi et autrui. Il s'agit des dix actes contraires aux dix actes positifs.

CORPS
1. tuer
2. voler
3. avoir une vie sexuelle cause de souffrance (l'adultère, par exemple)

PAROLE
4. mentir
5. attiser les discordes et la haine
6. user de paroles blessantes
7. tenir des propos futiles

ESPRIT
8. convoiter les biens d'autrui
9. se montrer malveillant
10. entretenir des vues erronées (comme celle consistant à croire en la réalité du soi)

Dix actes positifs
Pratiques du Hinayana (véhicule fondamental) fondées sur une culture de la non-violence. Il s'agit des comportements du corps, de la parole et de l'esprit qui favorisent l'actualisation de la paix du nirvana.

CORPS
1. préserver la vie
2. se montrer généreux
3. mener une vie sexuelle responsable et sublimée par l'absence d'égoïsme

PAROLE
4. dire la vérité
5. réconcilier
6. parler avec douceur
7. réciter des mantras

ESPRIT
8. se réjouir du bien-être d'autrui
9. être altruiste et bienveillant
10. comprendre avec justesse, adopter des vues justes

Dix liens
Dix facteurs qui maintiennent l'individu dans le samsara. Liste figurant dans le corpus pali : [1] la croyance en un moi autonome et indépendant, [2] le doute stérile, [3] l'attachement aux rites et règles éthiques, [4] le désir sensuel, [5] l'agressivité / aversion, [6] le désir d'exister dans la sphère de la forme pure,

[7] le désir d'exister dans la sphère du sans-forme, [8] l'orgueil, [9] l'agitation, [10] l'ignorance.

Dojo (jap.)
« Aire d'éveil ». Lieu de pratique dans la tradition zen.

Domaines psychosensoriels ou *sources de connaissance* (skt. *ayatanas*)
Au nombre de douze. Six domaines sensoriels externes (objets des sens) : formes visuelles, sons, odeurs, saveurs, objets tangibles, phénomènes mentaux. Ils sont perçus par les six domaines sensoriels internes (les organes des sens) : œil, oreille, nez, langue, corps, organe mental. La rencontre de ces deux domaines joue un rôle majeur dans l'avènement de la connaissance dualiste « sujet-objet ». Les ayatanas sont liés à l'activité des agrégats et des éléments cognitifs.

Doute
L'un des aspects de la dysharmonie, avec la souffrance physique et la souffrance liée au changement. Le doute repose sur le sentiment d'incomplétude et attise le questionnement sur le sens de l'existence. Le bouddhisme distingue le doute positif et le doute négatif. Le premier correspond à la nuit obscure que l'esprit traverse lorsqu'il se sent perdu au milieu de nulle part et en proie à la peur. Ce doute incite à rechercher la nature véritable de toute expérience et conduit à une plus grande lucidité. C'est du doute que peut surgir la confiance en la nature de bouddha. Le doute négatif consiste à cultiver la nuit obscure et à s'enfermer en elle. Le doute est alors une maladie qui entretient l'angoisse, l'insatisfaction et l'indécision, et altère la confiance. Ce doute négatif est l'une des six passions-racines mentionnées dans les abhidharmas sanskrits. / *Voir* Émotions négatives.

Douze liens de la production conditionnée (skt. *dvadasanga pratityasamutpada*)
Enseignement sur l'enchaînement des causes et des effets qui illustre la notion d'interdépendance. Tous les phénomènes qui caractérisent la vie individuelle se conditionnent les uns les autres, formant une chaîne à douze liens interconnectés : 1. ignorance, 2. formations karmiques, 3. conscience, 4. nom et forme (composé psychophysique), 5. six domaines (cinq sens et le mental), 6. contact, 7. sensation, 8. soif ou désir, 9. appropriation, 10. devenir, 11. naissance, 12. vieillesse et mort. Cette boucle peut être comprise à l'échelle d'une vie, de plusieurs vies ou à l'échelle de la succession des instants de conscience. Les douze facteurs interconnectés forment le cercle périphérique de la roue de la vie. / *Voir* Interdépendance.

Drukpa (tib.)
Druk, littéralement « dragon ». Le terme Drukpa Kagyu désigne une tradition qui forme une branche de l'école tibétaine Kagyupa. Elle remonte au XIIe siècle et comprend de grands maîtres qui ont uni les pratiques de la tradition Kadampa et de Mahamudra, ou uni la maîtrise de Mahamudra et de Dzogchèn, la voie de la « Grande Perfection » de l'école Nyingmapa. À sa tête, se trouve aujourd'hui le XIIe Gyalwang Drukpa, né en 1963.

Dualité
Ou saisie dualiste. C'est l'un des voiles qui masquent la nature de l'esprit. La dualité caractérise l'esprit pensant conditionné par la fixation egotique. Cette fixation fait apparaître la polarité sujet-objet.

Dzogchèn (tib.) / « Grande Perfection »
- L'état de perfection primordiale nommé « Grande Perfection » ou « Grande Complétude ». Les termes « Perfection » ou « Complétude » désignent la nature ultime de l'esprit, fondamentalement pure et simple, et pourvue de toutes les qualités de l'éveil. « Grande » signifie que cet état de complétude ou de perfection primordiale est le mode d'existence réel de tous les phénomènes et de tous les êtres.
- La voie qui conduit à l'actualisation de l'état de perfection primordiale. Les moyens et les méthodes Dzogchèn se trouvent principalement dans la tradition Nyingmapa ainsi que dans la tradition Youngdroung Bön. Dans ces deux traditions, la Grande Perfection constitue le sommet des enseignements. Le Dzogchèn établit une distinction entre l'état dualiste habituel (tib. *sem*) et l'état naturel (tib. *rigpa*). À la différence des autres véhicules qui se situent au niveau de l'état dualiste, les enseignements et les méthodes Dzogchèn se réfèrent à l'état naturel et permettent de reconnaître cet état de présence éveillée. / *Voir* État dualiste habituel *et* État naturel.

Ego
Aspect limité que prend l'esprit sous l'emprise de l'ignorance de sa nature libre et spacieuse. Impression qu'un principe central et indépendant demeure constant au cours de toutes nos expériences. Cette impression de stabilité développe le puissant sentiment d'individualité qui nous permet de nous distinguer de nos semblables et du monde vivant. Ce sentiment est coordonné au langage et à la conceptualisation. C'est ainsi que se développe la pensée « je » et l'affirmation « je suis ». Dans son aspect subtil, l'ego reste à l'état de pensée et de processus. Dans sa forme grossière, il est perçu comme une entité qui englobe le corps auquel nous nous identifions, ainsi que l'activité sensorielle et mentale avec son cortège d'émotions. / *Voir* Soi.

Égoïsme ou fixation égocentrique
Propension à accorder plus d'importance à ses propres satisfactions et à son propre bien-être qu'à celui de n'importe quel autre être vivant. L'inflation du moi est le principal obstacle au développement de l'esprit d'éveil (bodhicitta).

Ego sain
Désigne la transformation positive de l'ego sous l'effet de l'apprentissage spirituel. La fixation égocentrique décroît avec la prise de conscience de l'impermanence, de l'interdépendance et le développement de la douceur, de la bienveillance et de l'esprit d'éveil (bodhicitta).

Éléments cognitifs (skt. *dhatus*)
Au nombre de dix-huit : formes, sons, saveurs, odeurs, objets tangibles, phénomènes mentaux, les six facultés sensorielles correspondantes et les six consciences qui leur sont associées.

Émotions
Animations mentales, réactions ou états affectifs qui mettent l'esprit en mouvement, lui faisant adopter une vision déterminée des phénomènes qu'il perçoit. Cette vision peut être positive, négative ou neutre. On distingue les émotions négatives qui revêtent un caractère destructeur et les émotions positives ou constructives qui concourent au bien-être personnel et collectif. Toute émotion possède un niveau grossier et un niveau subtil. L'aspect grossier du désir, par exemple, correspond à l'attachement aux plaisirs des sens ; son aspect subtil, à l'attachement à la croyance en l'existence d'une entité autonome et permanente en soi.

Émotions aliénantes
Voir Émotions négatives.

Émotions négatives ou *conflictuelles, toxines mentales* (skt. *kleshas*)
(De la racine *klis-*, « faire souffrir ») Facteurs mentaux qui perturbent l'esprit et voilent sa nature pure. Parce qu'ils engendrent des pensées, des paroles et des actes animés par un moi aveugle et inconséquent, ils altèrent la lucidité et entraînent des comportements malveillants, nocifs pour soi et autrui.
Les émotions négatives se déclinent en plusieurs classifications. Celle des trois poisons fondamentaux de l'esprit : ignorance, désir, colère. Celle des cinq émotions conflictuelles : ignorance, désir, colère, orgueil et jalousie. Celle des six passions-racines perturbatrices mentionnées dans les abhidharmas sanskrits : attachement, aversion/colère, orgueil, ignorance (de l'enchaînement causal [karma] et des quatre nobles vérités), doute, vues erronées/dogmatisme (la croyance au soi constitue le fondement de toutes les idées erronées). À partir de ces émotions principales, et parallèlement à leur activité, se développent d'autres émotions aliénantes secondaires comme : ressentiment, malice, avarice, hypocrisie, suffisance, léthargie, agitation, négligence. En tenant compte des combinaisons multiples entre les principales toxines mentales, il en existerait 84 000 types. Les méthodes permettant de s'en libérer sont adaptées à la diversité des dispositions mentales. / *Voir* Antidote *et* Trois poisons.

Émotions positives ou *constructives*
Contrairement aux émotions négatives, les émotions positives vont de pair avec un affaiblissement des comportements égocentrés et une appréciation correcte de la nature des phénomènes (impermanence, interdépendance et vacuité). Motivées par l'altruisme et la bienveillance, elles jouent le rôle d'antidotes aux émotions négatives. La haine, par exemple, peut être amoindrie par l'amour altruiste. C'est la raison pour laquelle le bouddhisme insiste sur le développement des qualités positives de sorte qu'elles imprègnent tous les états d'esprit et concourent à atténuer voire à faire disparaître les émotions perturbatrices. On peut citer pêle-mêle l'amour, l'amitié, la douceur, l'humilité,

la gentillesse, la simplicité, la sincérité, l'équité, l'estime d'autrui, la générosité.

État dualiste habituel ou esprit pensant (skt. citta, tib. sems)

L'esprit en proie à l'ignorance de sa véritable nature engendre la dualité moi-monde ainsi que la fixation égocentrique. Ce processus cognitif comprend huit consciences : les six consciences sensorielles (dont l'une est mentale), la conscience mentale souillée et la conscience fondamentale. Une triple activité le caractérise : [1] l'activité subconsciente liée aux diverses imprégnations karmiques ; [2] l'activité mentale, intellectuelle et volitive, capable de s'interroger sur sa propre nature ; [3] l'activité de l'intelligence primordiale sous-jacente conçue comme faculté d'éveil.

État naturel ou état naturel vide et lumineux (tib. rigpa)

État de présence éveillée, spontanément accompli, sans naissance et sans cessation, qui transcende l'état dualiste habituel prisonnier de l'ignorance, des constructions mentales et de la dualité. Toutefois, l'essence des moments de conscience dualistes n'est autre que rigpa. Ainsi, tout ce qui se produit et s'élève en l'esprit n'est jamais séparé de cette présence et s'y dissout naturellement. Synonyme de nature de bouddha dans la tradition Dzogchèn de l'école tibétaine Nyingmapa. On en parle aussi comme de l'intelligence primordiale, claire et discernante, riche d'une incessante compassion et d'une dynamique créatrice qui se déploie en qualités éveillées. On ne confondra pas l'état naturel avec la conscience fondamentale (alayavijnana).

Éveil (skt. bodhi)

État libre de l'ignorance et des émotions conflictuelles, mais riche de qualités essentielles : la connaissance de la véritable nature des phénomènes (leur réalité ultime) et de leurs caractères conventionnels (leur réalité relative) ; l'amour inconditionnel pour tous les êtres ; la capacité de venir en aide à chacun. Dans le Mahayana, l'éveil ou bouddhéité est actualisé par le développement conjoint de la sagesse réalisant la vacuité et de la compassion à l'égard d'autrui. Les pratiquants du grand véhicule précisent que l'éveil ne doit pas être confondu avec le nirvana, but ultime du Hinayana. / *Voir* Bodhicitta *et* Tathata.

Expérience immédiate ou compréhension directe

Expérience qui ne repose plus sur l'intelligence conceptuelle et qui s'actualise au cours de la méditation. Cette expérience est dite non duelle parce que libre des filtres (projections, conceptions et représentations) qui interfèrent entre l'esprit et les objets qu'il perçoit, entre l'esprit, envisagé comme processus cognitif, et sa nature ultime. Ainsi, la compréhension directe de la réalité désigne le mode de connaissance valide le plus profond et le plus accompli. Le Dharma distingue ce mode de connaissance de celui qui opère au niveau de la réalité relative et qui s'appuie sur la pensée discursive.

Fondement de l'expérience (skt. alaya)

« Terrain » à partir duquel les apparences du samsara et du nirvana se développent. C'est aussi dans l'alaya qu'elles se dissolvent. Terme essentiellement utilisé dans le Dzogchèn de l'école tibétaine Nyingmapa où il peut être synonyme de conscience fondamentale (alayavijnana). On le retrouve également dans la pratique de Lodjong (l'entraînement de l'esprit, voir annexe 3) où il désigne l'état primordial au-delà de l'être et du non-être. Dans ce contexte, on relève le quatrième conseil figurant dans la pratique centrale : « Reposer en l'état primordial est la voie en soi. »

Formations karmiques (skt. samskaras)

L'un des cinq agrégats (skandhas) dont la fonction est d'orienter nos réactions en nous incitant à commettre des actes positifs, négatifs ou neutres, et à discerner la nature de nos actions. Ces formations mettent donc en place la vision karmique propre à chaque être. Cet agrégat englobe quarante-neuf facteurs mentaux qui lient la conscience à ses objets, mais il est constitué surtout de l'activité volitive et des habitudes psychiques subconscientes (automatismes mentaux, habitudes de pensée). L'ensemble forme une structure évolutive très complexe dont la coloration (positive, négative, ou neutre) varie en fonction de l'imprégnation dominante (bienveillance, agressivité ou indifférence, par exemple). / *Voir* Karma.

Gandhara (skt.) / Région du nord-ouest de l'Inde

Située dans l'actuel Pakistan, elle va jouer un rôle essentiel dans la rencontre du bouddhisme et du monde grec. Elle est, après le Magadha, la région où le Dharma connaît un développement très important. Elle constitue également un carrefour culturel favorisant de nouveaux apports qui modifient les modèles indiens et hellénistiques. Elle voit également émerger le tantrisme shivaïte et bouddhiste. C'est dans le Gandhara que naît, au Ier siècle de notre ère, l'art gréco-bouddhiste appelé art du Gandhara. Le Bouddha est sans doute pour la première fois représenté sous forme humaine. Les sculptures mêlent harmonieusement les canons et les thèmes hellénistiques à l'art indien de Mathura. *Voir* Mathura.

Ghanta (skt.) / Clochette

(Tib. *drilbu*) Objet rituel dans le Vajrayana. Représentant le principe féminin, elle symbolise la connaissance transcendante et la vacuité de tous les phénomènes. Les officiants la tiennent dans la main gauche. Elle est associée au Vajra, le double sceptre, symbole de la compassion et des moyens habiles.

Guélougpa (tib.) / L'école de la tradition vertueuse
(l'une des cinq écoles tibétaines)

Guéloug, « tradition vertueuse ». Née sous l'impulsion du grand maître et érudit Tsongkhapa (1357-1419), elle constitue avec les écoles Sakyapa et Kagyupa les écoles dites « nouvelles », issues de la seconde diffusion du Dharma au Tibet (XIe s.). Elle met l'accent sur la pureté de la discipline monastique, l'étude et une approche graduelle de la voie. Elle comprend la lignée des Dalaï-Lamas (autorité politique depuis 1642) et celle des Panchèn-Lamas, deuxième plus haut dignitaire au Tibet. / *Voir* la fiche « Guélougpa » p. 324.

Guésar de Ling

Héros mythique tibétain. Sa légende gagne tous les territoires himalayens et atteint la Mongolie. Il est considéré comme l'incarnation guerrière du grand maître tantrique Padmasambhava. Archétype du guerrier sacré, Guésar incarne l'idéal du bodhisattva, le « héros de l'éveil » luttant avec vaillance contre les démons que sont les émotions négatives. La vision de Guésar couvre une approche du Dharma qui met l'accent sur la transmutation de la vie quotidienne en vie sacrée, sur l'établissement d'une société qui se consacre à l'éveil, telle que peut l'être la communauté des apprentis sur la voie.

Hinayana (skt.) / Véhicule fondamental

Le premier des trois véhicules (yana) du bouddhisme, dont la finalité est la cessation de notre propre souffrance par la réalisation des quatre nobles vérités et la purification de nos comportements. Terme générique utilisé par les pratiquants du Mahayana pour désigner le véhicule des auditeurs (*voir* Auditeur) et des bouddhas-par-soi (*voir* Bouddhas-par-soi). Il a une valeur péjorative puisqu'il signifie littéralement « petit véhicule » ou « moindre véhicule ». Cette dépréciation tient à la position des mahayanistes qui considéraient que l'état de quiétude suprême des arhats ne correspondait pas à l'accomplissement de l'état de Bouddha. Pour eux, bouddhas-par-soi et shravakas suivent une pratique spirituelle tournée exclusivement vers eux-mêmes. Certes, leur réalisation les écarte définitivement des maux du samsara mais leur état de quiétude n'intègre pas l'esprit d'éveil (bodhicitta), la motivation altruiste fondée sur l'amour et la compassion, et leur compréhension de la vacuité demeure partielle. Selon la perspective Ekayana (véhicule unique), Hinayana, Mahayana et Vajrayana sont trois niveaux de pratique complémentaires. Ainsi, le Hinayana, « sentier de la dévotion, de la discipline et de l'étude », étant la base indispensable de tous les autres véhicules, il est juste de le nommer « véhicule fondamental ».

Hindouisme

Terme inventé par les Anglais pour désigner le dernier stade de la religion et de la culture indiennes. Il se caractérise par un renouveau et une transformation du brahmanisme aux environs des premiers siècles de notre ère. Cette transformation repose en particulier sur une simplification des rites et une dévotion pour des personnifications de l'Absolu (Shiva et Vishnu, par exemple).

Huit chars de la pratique ou *Huit lignées majeures*

(Aussi *traditions-racines*) Les huit principaux vecteurs dans la transmission des enseignements du Vajrayana au Tibet : Nyingmapa, Kadampa, Marpa-Kagyu, Changpa, Lamdré, Chidjé, Djordruk, Dordjé Nèldjor. Ces lignées sont toutes apparues en Inde sauf la tradition Chidjé qui est née au Tibet. On ne les confondra pas avec les écoles portant parfois les mêmes noms, écoles qui représentent les institutions spirituelles tibétaines. Généralement, une lignée est rattachée à une école spécifique mais son enseignement a pu être transmis au sein de plusieurs d'entre elles ou en dehors de celles-ci.

Huit préoccupations mondaines

Quatre formes d'espoir et quatre formes de crainte : l'espoir du plaisir et la crainte de la souffrance ; l'espoir du gain et la peur de perdre ; l'espoir de la louange et la crainte du blâme ; l'espoir de la renommée et la crainte de la disgrâce. L'apprenti s'efforce de se défaire de ces préoccupations en pratiquant le contentement, la simplicité, l'humilité et la méditation sur la vacuité.

Huit symboles de bon augure

La conque blanche dextrogyre, le parasol, la bannière de victoire, les poissons d'or, le vase aux trésors, la fleur de lotus, le nœud sans fin et la roue. Dans la mythologie indienne la plus ancienne, ces huit symboles de bon augure font partie des emblèmes liés au monarque universel (cakravartin). Ils ont été associés au Bouddha pour en souligner la grandeur. La *conque blanche dextrogyre* symbolise le Dharma qui se répand de toute part ; le *parasol*, l'activité qui protège des souffrances ; la *bannière de victoire*, la victoire sur l'ignorance, les tendances négatives et tous les obstacles à l'éveil ; les *poissons d'or*, la liberté de mouvement dans l'océan du samsara et l'impossibilité de s'y noyer ; le *vase aux trésors*, longue vie, richesse et prospérité ; la *fleur de lotus*, la pureté et l'activité bénéfique liées à l'état éveillé ; le *nœud sans fin*, l'interdépendance de toutes choses, l'union des moyens et de la connaissance ; la *roue*, la souveraineté du Bouddha et le rayonnement de son enseignement.

Ignorance, aveuglement, confusion (skt. *avidya*)

Blocage dans une disposition qui empêche de réaliser le mode réel d'existence des personnes et des phénomènes. Premier maillon des douze liens de la production conditionnée (voir Interdépendance) et l'un des trois poisons fondamentaux de l'esprit, l'ignorance est la cause racine de la transmigration et de tous les maux dans le samsara. Elle est considérée comme le poison le plus puissant car les deux autres (désir, colère) en procèdent ainsi que toutes les émotions négatives subséquentes. / Antidote : réfléchir à l'interdépendance et méditer sur le non-soi afin de réaliser la nature authentique de toute expérience et de tout phénomène.

Impermanence (skt. *anitya*)

Le fait que tout change et se transforme. On distingue l'impermanence grossière (celle visible à l'œil comme le changement de saisons, l'alternance du jour et de la nuit) et l'impermanence subtile (le changement de chaque instant, le fait qu'à chaque moment infinitésimal tout ce qui semble durer se transforme). Cet enseignement est résumé en les quatre sceaux de l'impermanence : [1] tout ce qui a été réuni se sépare, [2] tout ce qui naît meurt, [3] tout ce qui a été construit s'écroule, [4] tout ce qui est composé se décompose. L'impermanence est l'une des trois marques ou caractéristiques de l'existence conditionnée. Les deux autres étant la souffrance et le non-soi.

Intelligence conceptuelle

Processus cognitif qui repose sur l'usage des concepts et de l'analyse, et qui soutient la pensée discursive ainsi que la connaissance dualiste.

Intelligence immédiate
Processus cognitif libre des élaborations conceptuelles et des productions mentales habituelles. Cette intelligence rend possible une compréhension directe du réel. / *Voir* Expérience immédiate.

Intelligence primordiale (skt. *vidya*)
Voir État naturel.

Interdépendance ou Production conditionnée (skt. *pratityasamutpada*)
Le fait que chaque phénomène n'a pas d'existence propre mais se trouve en interrelation avec tous les autres et n'existe qu'en dépendance de causes et de conditions. L'interdépendance est inséparable de la notion de vacuité. Traditionnellement, l'interdépendance est présentée sous la forme de douze liens. / *Voir* Douze liens de la production conditionnée, Non-soi *et* Vacuité.

Inter-être
Mot inventé par Thich Nhat Hanh (maître d'origine vietnamienne) pour traduire la notion d'interdépendance.

Jaïnisme
Tradition spirituelle indienne née de l'enseignement de Mahavira, vingt-quatrième prophète jaïna et contemporain du boudha Shakyamuni (vi^e s. avant notre ère). Les fidèles jaïnas adoptent un comportement éthique rigoureux, fondé en particulier sur l'abandon de toute violence (volontaire ou non intentionnelle), le respect de toute forme de vie et le don. Ils s'astreignent également au jeûne, à certaines pratiques du yoga, à l'étude des textes, à la méditation et à l'hommage rendu aux éveillés du passé (les tirthakaras). La communauté comprend des renonçants, hommes et femmes, et des laïcs étroitement solidaires. À la différence du bouddhisme, le jaïnisme pose l'existence d'un soi individuel substantiel (atman) prisonnier des facteurs karmiques hérités des existences passées. Par la pratique de la voie, l'atman se délivre de cette gangue et retrouve sa véritable nature, échappant ainsi au cycle des renaissances. Au contact de l'hindouisme, de nombreuses branches du jaïnisme sont apparues au fil du temps.

Jalousie
L'une des cinq émotions négatives avec l'ignorance, le désir, la colère et l'orgueil. La jalousie repose souvent sur notre incapacité à se réjouir de la situation d'autrui. On n'est jamais jaloux de la souffrance qui affecte les êtres. / *Antidote* : apprendre à se réjouir du bonheur d'autrui. La pratique bouddhique reposant en particulier sur le souhait de venir en aide aux autres, ce seul souhait devrait suffire à écarter la jalousie.

Jatakas
Ensemble de 547 récits relatant les vies antérieures du bouddha Shakyamuni. Ces textes figurent dans le corpus pali.

Kadampa (tib.) / L'école des Suprêmes Préceptes

Ka, la parole ; *dam*, la transmission, l'instruction orale. Lignée majeure fondée au XIe siècle par Atisha Dipamkara (980-1054), à l'origine de l'introduction au Tibet de la pratique de Lodjong, l'entraînement de l'esprit (voir annexe 3). Son nom, « école des Suprêmes Préceptes » ou « école de ceux qui pratiquent les paroles (du Bouddha) et les instructions », souligne l'importance qu'elle accorde à l'ensemble des trois corpus bouddhiques (Vinaya, Sutras, Abhidharma). Outre l'enseignement des aspects du Madhyamaka, elle met l'accent sur la stricte observance des règles monastiques, sur la maîtrise de la logique et de la connaissance théorique, et sur la pratique de l'esprit d'éveil (bodhicitta) comme fondement du Vajrayana. Bien que cette lignée ait disparu aux environs du XVe siècle, ses enseignements ont été largement diffusés et intégrés aux autres écoles, en particulier l'école Guélougpa. / *Voir* Huit chars de la pratique.

Kagyupa (tib.) / « Lignée de la parole » (l'une des cinq écoles tibétaines)

Ka, « parole » ; *gyu*, « lignée ». Elle constitue avec les écoles Sakyapa et Guélougpa les écoles dites « nouvelles » car elles sont issues de la seconde diffusion du Dharma au Tibet (XIe s.). L'école Kagyupa accorde une grande importance à la transmission yogique directe de maître à disciple et comprend deux branches importantes : la lignée Marpa-Kagyu et la lignée Changpa-Kagyu. / *Voir* la fiche « Kagyupa » p. 323.

Kalacakra (skt.) / Roue du temps, nom d'une déité

Kala, le temps ; *cakra*, la roue. Le terme *kalacakra* possède deux sens majeurs. Il signifie littéralement « roue du temps » et se rapporte à un calendrier introduit au Tibet par des bouddhistes chinois en 1027. Kalacakra est surtout le nom d'une déité masculine des « Tantras de l'union insurpassable » (*Anuttarayogatantras*) à laquelle est consacré le *Kalacakratantra*, un texte tantrique servant de support à une forme très élaborée du Vajrayana incluant en particulier des considérations sur l'astronomie et la médecine. Transmis oralement pendant des siècles et consigné par écrit au Xe siècle, l'enseignement de ce tantra a été transmis au Cachemire et au Bengale, avant d'être introduit au Tibet.

Kami (jap.)

Dans la tradition japonaise Shintô, le *kami* est une entité supérieure à l'homme, identifiée à un élément de la nature : soleil, lune, montagnes, océans, rivières, rochers, animaux sauvages, arbres, par exemple.

Karma (skt.) / L'acte, sa cause et ses conséquences

Mot construit sur la racine indo-européenne *k(e)re* exprimant les idées de « croissance » et de « semence » (implicitement « faire naître ») et qui a donné des verbes comme *croître* ou *créer*. Le karma désigne l'activité dans tous ses développements, depuis l'intention jusqu'à la réalisation effective de l'acte. Tout acte (du corps, de la parole ou de l'esprit [pensées]) né d'une intention et produisant un certain résultat est karma. Le karma peut être la cause d'un acte et la conséquence de celui-ci. C'est l'enchaînement causal qui existe entre les deux termes.

On parle de trois formes de karma. Les actes nuisibles pour soi et autrui, qui engendrent la dysharmonie, induisent un karma négatif. Les actes procédant du dépassement des attitudes égotiques, et se fondant sur des sentiments tels que la compassion et la bienveillance, induisent un karma positif parce qu'ils favorisent la paix et le bonheur. La troisième forme – le karma d'immobilité – est engendrée par différents états de l'esprit en méditation, et ne dépendant donc pas d'activités physiques, verbales ou mentales, positives ou négatives. Ces niveaux de méditation constituent les conditions de la conscience dans les états divins du domaine de la forme pure ou du domaine du sans-forme. Le monde dans lequel nous vivons et l'ensemble du samsara sont le résultat du karma. Le processus du samsara se maintient et disparaîtra sous l'effet de son action.

Cette notion ne peut être assimilée au déterminisme et à la prédestination. Bien que notre situation présente soit générée par les actions passées, nous avons la liberté de choisir l'orientation que nous souhaitons donner à notre vie. C'est dans l'exercice de cette liberté que les méthodes bouddhiques prennent tout leur sens.

Karmapa (tib.) / « Celui qui met en œuvre l'activité éveillée »

Titre attribué à une succession de hiérarques qui constituent le cœur de la lignée Karma-Kagyu, branche principale de l'école tibétaine Kagyupa. Les Karmapas sont reconnus comme des émanations de Tchènrézi, le bodhisattva de la compassion universelle (*Voir* Avalokiteshvara). Cette lignée s'est développée avec le système des tulkous et a généré différents rameaux collatéraux dont les détenteurs, eux-mêmes tulkous, sont des personnages également très connus : les Sitoupa, les Chamarpa, les Sangyé Nyènpa, les Khyentsé, les Trungpa, les Djamgeun Kongtrul, par exemple. Le premier Karmapa fut Dusoum Kyènpa (1110-1193). Le XVIIe Karmapa, Orgyèn Trinlé Dorjé, reconnu par le Dalaï-Lama et par Taï Sitoupa, est né en 1985. La personnalité et le rayonnement de son prédécesseur, le XVIe Karmapa [Rangdjoung Rigpai Dorjé (1924-1981)], étaient tels qu'il fut reconnu comme le hiérarque de l'école Kagyupa dans son ensemble.

Kôan (jap.)

Énoncé généralement bref ou anecdote posant une « problématique » que l'intellect ne peut résoudre. La résolution du kôan s'opère dans le silence de zazen lorsque l'esprit demeure libre du mental qui calcule, analyse et catégorise toute expérience. Les kôans ne s'apparentent pas à des énigmes, des énoncés irrationnels ou des déclarations absurdes. Ils reposent sur une logique inhabituelle qu'un maître zen emploie pour éveiller ses disciples à une vision et une expérience qui ne peut être saisie par une pensée ou des explications. Ces procédés éducatifs entrent en usage au XIIe siècle et sont systématisés au XVIIIe siècle. Ils correspondent alors à des études de cas, fréquemment accompagnées de commentaires. On en dénombre environ mille sept cents, mais les maîtres n'en utilisent guère plus de cinquante. Le Zen Rinzai leur accorde une grande importance et a pris soin de les répertorier en cinq catégories distinctes. Cette classification suit une progression dans la difficulté. La première catégorie constitue un prélude à l'expérience de la nature ultime de l'esprit, alors que la dernière offre les moyens de confirmer le niveau de réalisation du disciple une fois qu'il est parvenu à « résoudre » les kôans les plus complexes. Il existe plusieurs recueils de kôans. L'un des plus connus est le *Biyanlu*, « Le recueil de la falaise verte » qui fut composé au XIIe siècle. À la même époque, Wumen Huikai (1183-1260) rédigea le *Wumenguan*, « La passe sans porte », qui compte quarante-huit cas de kôans considérés comme plus accessibles que ceux du *Biyanlu*.

Lalitavistarasutra (skt.) / « Le jeu en déploiement »
L'une des biographies du Bouddha qui le présente dans sa dimension cosmique. Rédigée par des moines Hinayana, elle a été profondément remaniée jusqu'au IIe siècle par des pratiquants du Mahayana.

Lama (tib.)
La veut dire supérieur et *ma*, mère. *La* s'interprète comme supérieur dans la connaissance. *Ma* révèle l'amour et la compassion d'une mère pour tous les vivants, ses enfants. Le mot « lama » rend compte des deux pôles fondamentaux de l'enseignement : la sagesse et l'amour. Dans la tradition bouddhique tibétaine, un lama est un enseignant qualifié, un guide spirituel. / *Voir* Vajracarya.

Lignée
Filiation ininterrompue qui assure la transmission spirituelle de la tradition. Dans les écoles tibétaines, la lignée des maîtres est souvent comparée à un rosaire d'or – l'or étant le symbole de l'éveil. Chaque maître de la lignée est une perle séparée des autres mais tous ont la même nature, celle de l'or, et tous sont reliés par le même fil, symbole de la transmission continue de l'expérience éveillée.

Lodjong (tib.) / L'entraînement de l'esprit
Ensemble de 59 conseils de conduite et de pratiques méditatives visant à développer l'esprit d'éveil (bodhicitta). Cet apprentissage comprend la pratique de l'accueil et du don (tonglèn). / *Voir* annexe 3.

Madhyamaka (skt.) / La voie du Milieu
Une des deux perspectives philosophiques du Mahayana. Elle s'appuie sur les enseignements du deuxième tour de la roue du Dharma ayant trait à la vacuité des phénomènes (*voir* Trois tours de la roue du Dharma). Fondé en Inde aux environs du IIe siècle par Nagarjuna et son disciple Aryadeva, le Madhyamaka montre que la réalité ultime échappe aux extrêmes de l'être et du non-être : elle est dite vide d'elle-même et libre de toute détermination. Le Madhyamaka est parfois appelé Shunyatavada parce que la notion de vacuité (skt. shunyata) y tient une position centrale. Mais c'est un mot-outil, une vision libératrice des extrêmes de l'être et du non-être, de l'éternalisme et du nihilisme.

Madhyamaka prasangika (skt.) / La voie du Milieu des conséquentialistes
Selon la tradition bouddhique tibétaine, l'une des deux branches du Madhyamaka rangtong. Née de l'œuvre du maître indien Buddhapalita (Ve s.), elle prend une forme définitive en Inde au VIIe siècle. Elle réfute l'existence substantielle des phénomènes mais n'affirme pas que leur vraie nature est la

vacuité ou quoi que ce soit d'autre. Étant donné que la nature ultime de l'esprit transcende toutes les fabrications conceptuelles, on ne peut rien affirmer sur ce qui est fondamentalement indicible.

■ Ses partisans sont appelés des « conséquentialistes » parce qu'ils utilisent une dialectique qui pousse toutes les conceptualisations dans leurs ultimes conséquences. Ils les réduisent à l'absurde en mettant en évidence leur contradiction interne, sans rien affirmer et sans poser aucune thèse. Nagarjuna la pratique dans ses écrits.

Madhyamaka rangtong

L'une des deux branches du Madhyamaka selon la tradition bouddhique tibétaine. Cette approche fonde sa vue sur le deuxième cycle d'enseignement du Bouddha qui a trait à la vacuité et à l'interdépendance fondamentale. Elle considère que les phénomènes sont « vides de soi » ou « vides de nature propre » (tib. *rangtong*), vides de tout ce qu'ils peuvent donner l'impression d'être en apparence. On dira par exemple, « le livre est vide de livre », parce qu'en le soumettant à l'analyse logique, l'entité « livre » ne peut être trouvée. Ainsi, les phénomènes sont aussi irréels que l'enfant d'une femme stérile. De ce point de vue, réalité relative et réalité ultime (ou vacuité) sont toutes deux « vides de nature propre ».

■ Le Madhyamaka rangtong comprend deux branches : le Madhyamaka svatantrika et le Madhyamaka prasangika.

Madhyamaka shèntong

L'une des deux branches du Madhyamaka selon la tradition bouddhique tibétaine, développée par le maître Dolpopa Shérab Gyaltsèn (1292-1361). Contrairement à la vue du Madhyamaka rangtong, Dolpopa considère que la réalité ultime (ou vacuité) existe sans être « vide de nature propre ». Elle est vide de tout phénomène relatif, c'est-à-dire vide de ce qui est autre qu'elle-même, soit « vide d'altérité » (tib. *shèntong*).

■ L'approche shèntong soutient que la réalité ultime « comporte » les qualités lumineuses et de plénitude inhérentes à la nature de bouddha. C'est pourquoi elle tient pour véritablement définitif le troisième cycle d'enseignement (*voir* Trois tours de la roue du Dharma). Selon cette vue, le Bouddha aurait transmis cet ultime enseignement pour couper tout attachement subtil à la vacuité.

■ Selon Dolpopa Shérab Gyaltsèn, les vues rangtong et shèntong sont complémentaires. La première s'applique à la réalité relative ; la seconde à la réalité ultime. Dans ce contexte, la vacuité est la nature ultime des phénomènes, exempte des extrêmes de l'existence, de la non-existence, des deux à la fois, ou de ni l'une ni l'autre. Dans le cadre de la pratique méditative, la vacuité correspond à une expérience directe de la nature véritable de tous les phénomènes.

■ La compréhension du point de vue shèntong est fondamentale pour toutes les pratiques méditatives incluant les tantras, le Mahamudra et le Dzogchèn. Depuis le XIXe siècle, le Madhyamaka shèntong revêt une importance cruciale dans l'école Kagyupa.

Madhyamaka svatantrika (skt.) / La voie du Milieu des autonomes
Selon la tradition bouddhique tibétaine, l'une des deux branches du Madhyamaka rangtong. Elle apparaît en Inde aux environs du VIe siècle sous l'impulsion de l'œuvre du maître indien Bhavaviveka (IIIe ou Ve s.). Cette école réfute l'existence réelle (c'est-à-dire substantielle) des phénomènes et affirme que la vacuité est la vraie nature de la réalité.

Ses partisans sont appelés des « autonomes » parce qu'ils recourent au syllogisme autonome (svatantra), c'est-à-dire au raisonnement déductif. Exemple : la personne envisagée comme sujet n'existe pas en soi [prédicat] parce qu'elle est produite de façon dépendante [raison].

Mahamudra (skt.) / « Grand Sceau » ou « Grand Symbole »
Terme servant à indiquer que l'état de non-dualité – nature ultime de toute chose, à la fois paix, harmonie et plénitude – marque de son « sceau » tous les phénomènes. L'adjectif « grand » (maha) ne revêt pas une valeur comparative. Il pointe l'expérience de la vacuité (shunyata) pour indiquer que son « sceau » est au-delà de toute limitation. Dans la tradition bouddhique tibétaine, Mahamudra désigne trois corps d'enseignements spécifiques permettant d'actualiser la nature véritable de tous les phénomènes :

- Le Mahamudra des sutras tel que l'expose l'enseignement sur la nature de bouddha inhérente à tous les êtres (tathagatagarbha, notion développée dans les sutras du troisième tour de la roue du Dharma). Le méditant actualise l'expérience ultime en pratiquant les six perfections (paramitas).
- Le Mahamudra des tantras qui désigne le cœur et en même temps la finalité de la pratique d'une déité dans le cadre des *Anuttarayogatantras* ou « Tantras de l'union insurpassable », selon la classification des écoles nouvelles.
- Le Mahamudra essentiel, l'une des ultimes pratiques de méditation par laquelle on reconnaît et réalise la nature ultime de l'esprit appelée « esprit ordinaire », « état naturel » ou « simplicité naturelle ». Les différentes méthodes d'enseignements et pratiques de recueillement qui la caractérisent constituent une tradition méditative associée principalement à l'école Kagyupa. Dans cette voie, le terme « Mahamudra » désigne les pratiques et l'état qui en résulte, état dans lequel toutes les expériences sont transformées en sagesse et moyens habiles. De leur union spontanée procède l'éveil.

Mahasiddhas (skt.) / Grands accomplis
Yogis qui ont atteint l'accomplissement suprême et qui vécurent en Inde entre le VIIe et le XIIe siècle. La tradition indo-tibétaine en dénombre 84. Grands pratiquants et visionnaires, ils furent les dépositaires des enseignements tantriques et de Mahamudra. Souvent issus de basses castes, ils vivaient en marge des universités monastiques florissantes, des courants dominants et se démarquaient totalement des préoccupations qui étaient celles des grands érudits. Ils ont inspiré le Vajrayana et la tradition shivaïte hindoue parce qu'ils incarnaient l'idéal d'accomplissement, que chaque voie recherchait, et parlaient un langage commun aux deux traditions. Ils adoptaient une attitude non confor-

miste, voire extravagante, pour démontrer l'indifférenciation de la réalité relative et de la réalité ultime, en recourant à la folle sagesse de la voie tantrique. Ils se servaient de leur activité professionnelle pour développer la pratique des moyens habiles et transmettre l'expérience directe de la réalité ultime. Tilopa (988-1069), par exemple, passait ses journées à extraire l'huile des graines de sésame. L'huile qui demeure à l'état latent à l'intérieur des graines est analogique de la nature ultime qui nous imprègne. Les mahasiddhas sont particulièrement à l'honneur dans les écoles tibétaines Sakyapa et Kagyupa.

Mahayana (skt.) / Grand véhicule ou Voie universelle

L'un des trois véhicules (yana) du bouddhisme. Né aux environs du Ier siècle avant notre ère dans le nord de l'Inde, il se démarque des écoles antérieures fondées sur l'idéal de l'arhat. Le Mahayana repose sur la compassion universelle (karuna) et la connaissance supérieure (prajna). Il met l'accent sur l'idéal du bodhisattva et l'esprit d'éveil (bodhicitta), et peut revêtir un caractère dévotionnel (école de la Terre pure) ou « philosophique » (Madhyamaka et Cittamatra). Il élargit le champ des pratiques méditatives à l'entraînement à l'esprit d'éveil (bodhicitta) et à des méditations analytiques visant à déconstruire les fixations mentales. On en parle comme d'une « voie ouverte » parce qu'il considère que tout être humain est porteur de la nature de bouddha. De ce fait, le Mahayana s'ouvre très largement au monde laïc, estimant que la vie monastique n'est pas la condition *sine qua non* à l'éveil.

Maitreya (skt.) / « Celui qui est amour »

Selon la tradition des origines, Maitreya est le bodhisattva destiné à devenir le prochain bouddha dès que les hommes auront oublié l'enseignement du bouddha Shakyamuni. Son nom est formé sur le mot *maitri* qui signifie amour ou bonté. En état de samadhi et accompagné de nombreux bodhisattvas, il séjourne en Tushita, le quatrième séjour divin du domaine du désir. Lorsque le bouddha Shakyamuni décida de se manifester sur la terre pour aider les êtres, il demanda à Maitreya de prendre sa succession. Selon le Mahayana, il a atteint la dixième terre des bodhisattvas et a donc presque actualisé l'éveil insurpassable. Il le réalisera dans le ciel d'Akanishta, le dix-septième et plus haut séjour divin du domaine de la forme pure. Le moment de sa venue sur terre fait l'objet de nombreuses prophéties, toutes distinctes les unes des autres. Dans l'iconographie, il est généralement représenté assis sur un siège et non pas dans la posture du lotus.

Mandala (skt.) / Structure sacrée représentant généralement le domaine d'une déité

Le terme *mandala* (tib. *kyil khor*, « centre-périphérie ») désigne une unité structurée dotée d'un centre ou cercle (*manda*) et d'une périphérie qui l'enclôt (*la*). Littéralement *manda* désigne la crème du lait, la liqueur, la quintessence qui repose dans le réceptacle qu'est le mandala. Il détermine un territoire où sont réunies toutes les qualités de l'éveil. Le centre est le principe de l'éveil et la périphérie constitue son déploiement. Expression de la dynamique de l'interdépendance, il est un principe intégrateur de l'absolu et du relatif, des différentes dimensions de l'expérience et de la continuité du sacré dans le monde des apparences. Dans le Vajrayana, le mandala est la base de transmission de l'initiation. Il aide le pratiquant à transmuter sa perception habituelle en perception éveillée.

■ Dans l'iconographie, un mandala est un palais quadrangulaire au centre duquel réside la déité, représentation du principe de l'éveil, entourée de déités secondaires. Des murs d'enceinte protègent l'édifice. Ils sont percés de quatre portes ouvrant sur les quatre points cardinaux. L'ensemble est comme enchâssé dans des séries de cercles dont certains symbolisent la pureté indestructible de l'esprit, la pureté de la perception ou le feu de la sagesse protectrice qui maintient la confusion à l'extérieur de l'enceinte. Il existe une diversité de mandalas mais l'on distingue trois sortes de représentation graphique : les mandalas en trois dimensions, en bois, métal et pierres précieuses ; les mandalas peints sur étoffe – les plus répandus –, et les mandalas élaborés avec des grains de riz, du sable coloré ou des poudres de pierres précieuses ou semi-précieuses. Ces derniers sont des œuvres éphémères dessinées selon un rituel de purification très précis en vue d'une initiation ou tout simplement d'une offrande pour la paix et le bonheur des êtres vivants. Au niveau ordinaire, le mandala sert à décrire la structure traditionnelle de l'univers. Il symbolise alors l'ensemble des choses accessibles à la perception habituelle.

Manjushri (skt.) / Bodhisattva personnifiant la connaissance supérieure (*prajna*)

L'un des plus importants bodhisattvas transcendants du Mahayana. Il est parfois nommé Manjugosha, « Voix mélodieuse ». Sa voix est douce et mélodieuse parce qu'il est libre des voiles des émotions négatives et de la dualité, et possède les soixante mille qualités de la parole éveillée. L'iconographie le représente souvent tenant l'épée flamboyante de la sagesse et un volume des « Sutras de la connaissance transcendante » (*Prajnaparamitasutras*). L'épée, par son aspect tranchant et lumineux, représente les qualités de la connaissance directe et immédiate ; elle est le symbole de la sagesse qui pourfend les illusions et l'ignorance. Le texte symbolise le Dharma scripturaire. Manjushri est un interlocuteur privilégié du Bouddha dans plusieurs sutras dont le fameux « Sutra des enseignements de Vimalakirti ».

Mantra (skt.) / Clé vibratoire, formule sacrée

Un mantra peut comporter une ou plusieurs syllabes. Il est l'expression sonore de l'éveil. Comme l'indique son étymologie (*man*, esprit et *tra*, protection), le mantra protège l'esprit du pratiquant en substituant au bavardage mental la récitation de cette clé vibratoire. La récitation libère une influence spirituelle qui permet d'entrer en contact avec la nature pure de l'esprit. La récitation de mantras est une pratique centrale dans les écoles de la Terre pure, le Tendai, le Shingon et les écoles tibétaines.

■ Compte tenu de l'importance des mantras dans le Vajrayana, la voie adamantine a également été appelée Mantrayana ou « Véhicule des mantras ».

Mathura (skt.) / Ville et école d'art

Ville de l'Uttar Pradesh, sur les rives de la Yamuna, au sud de Delhi et non loin d'Agra. Donne son nom à une école d'art qui débute au Ier siècle de notre ère. Elle s'inspire du modèle gréco-romain mais s'en différencie en faisant triompher les caractéristiques propres à l'art indien.

Maya (skt.) / Illusion cosmique, apparence magique

Littéralement, magie, illusion, grande enchanteresse. Pouvoir créateur de la multitude des formes que nous percevons. Maya produit le monde des apparences et son pouvoir d'obnubilation nous pousse à croire que les phénomènes existent bel et bien tels qu'ils nous apparaissent. Dans le bouddhisme, croire que les êtres et les phénomènes sont dotés d'une réalité objective et autonome est une des formes que prend maya. Mais dans ce contexte, l'illusion perd le statut cosmique et universel acquis dans le védisme et le brahmanisme pour être associée au processus cognitif, prenant ainsi une dimension individuelle que l'on appellera l'ignorance (avidya).

Méditation (skt. *bhavana*)

Bhavana désigne l'entraînement de l'esprit, c'est-à-dire l'ensemble des pratiques qui vont permettre de demeurer en la présence de l'état naturel sous-jacent à toute expérience. Ces pratiques comportent deux aspects : les pratiques en posture assise et les pratiques dans l'action, au cœur de la vie quotidienne.

- Dans le cadre du triple apprentissage (autodiscipline, méditation, connaissance supérieure), le mot « méditation » a le sens du sanskrit *samadhi* (*absorption méditative**). Bien qu'il existe une grande diversité de pratiques méditatives, ce terme désigne pour l'essentiel les pratiques de shamatha et vipashyana. La première favorise la paix de l'esprit. La seconde, la vision claire, permet à l'esprit de développer la compréhension de sa véritable nature.

Mimansa (skt.)

L'un des six darshanas (« visions » ou « points de vue sur la réalité ») brahmaniques. Fondée aux environs du IIe siècle de notre ère et très nettement associée à la caste des brahmanes, la Mimansa est une véritable herméneutique du *Veda* qui cherche à éclairer les propos pouvant prêter à confusion et expose des règles d'interprétation littérale des textes védiques. Dans le courant du VIIe-VIIIe siècle, certains de ses représentants s'opposèrent avec force à l'enseignement du Bouddha.

Moyens de connaissance valides

Le Madhyamaka, la voie du Milieu, reconnaît deux moyens de connaissance valides : [1] la logique qui n'a de poids que dans la réalité relative des apparences ; [2] l'expérience yogique, porte ouverte sur la réalité ultime. La première épuise l'illusion dualiste et permet à la pensée discursive de réaliser ses propres limites. Elle correspond aux deux premières phases de la pratique (*voir* Trois étapes de la compréhension). La seconde rend possible l'expérience de notre véritable nature et correspond à la troisième phase de la pratique.

Moyens habiles (skt. *upaya*)
Dans le Mahayana, il s'agit des méthodes et stratagèmes utilisés par les éveillés pour venir en aide aux êtres. Ces moyens sont ceux de la compassion éclairée par la connaissance supérieure (prajna). Dans le Vajrayana, les moyens habiles forment une panoplie de méthodes puissantes qui recourent au corps, à la parole et à l'esprit, aux sentiments et aux émotions, à la sensibilité comme à l'intelligence, pour les transformer en qualités éveillées. Parmi ces moyens, on trouve en particulier : la pratique rituelle d'un yidam, mantras, mudras, mandalas, yoga du corps subtil.

Mudras (skt.) / Gestes symboliques
(*Mudra* signifie « sceau ») Positions hiératiques des doigts et des mains qui remonteraient à l'époque védique. Dans le monde oriental, les mudras constituent un langage à portée universelle parce qu'il transcende totalement toutes les particularités culturelles. Véritable véhicule qui joue un rôle central dans toute l'iconographie bouddhique et dans la statuaire. Aux gestes hérités de la tradition hindoue ont été ajoutées des positions de mains typiquement bouddhiques comme la prise de la terre à témoin, par exemple.

- Dans le Hinayana, les mudras permettent de distinguer les épisodes de la vie du Bouddha.
- Dans le Mahayana, ils servent, en particulier, à caractériser les cinq victorieux (*Voir* cette entrée).
- Dans le Vajrayana, les mudras sont l'expression extérieure d'une méditation. Outils de communication symboliques, ils servent, par exemple, à convoquer une déité de sagesse ou à requérir son départ. Ils sont aussi des représentations d'offrandes : offrande du mandala ou des éléments du monde sensible en relation avec les cinq sens. Les apparences extérieures sont transfigurées par l'attitude intérieure et le code gestuel. S'établit ainsi une connexion entre le superficiel et le profond, le visible et l'invisible. Ces gestes symboliques codifiés accompagnent chaque déité (tib. *yidam*). Véritable alphabet sacré, les mudras constituent un langage dynamique coïncidant avec la récitation des mantras appropriés lors d'un sadhana. Accompagnées parfois de l'utilisation du vajra (symbole des moyens habiles / compassion) et de la clochette (ghanta, symbole de la vacuité / connaissance transcendante), les mains « dansent » avec fluidité. Cette « danse » permet au yogi de communiquer avec le mandala de la déité auquel il se consacre. Elle possède un pouvoir spirituel très subtil qui scelle l'union profonde du corps, de la parole et de l'esprit. L'esprit perçoit le mandala de la déité, la parole répète son mantra et le corps (les mains) reproduit sa gestuelle symbolique. Il est aussi question de mudras dits « internes ». Le terme possède alors le sens profond de « parèdre ». Il désigne l'union effective avec la « manifestation » de la parèdre qui prend l'apparence d'une pratiquante parfaitement initiée. L'union représente la conscience du méditant réalisant la vacuité et vivant l'expérience de la grande félicité. Cette union peut être effective ou visualisée. Dans les deux cas, ces pratiques sont réservées à des yogis délivrés du désir.

851

Nagas (skt.) / Êtres des régions souterraines dont ils gardent les richesses

Selon la légende, ils auraient protégé les cent mille vers des « Sutras de la connaissance transcendante » (*Prajnaparamitasutras*) que Mucilinda, leur roi, aurait ensuite confiés à Nagarjuna (d'où son nom) pour le remercier de l'avoir guéri d'une maladie. Les nagas sont omniprésents dans l'histoire du bouddhisme et jouent un rôle considérable dans la médecine. Si on les perturbe par des activités irrespectueuses des sols et du milieu aquatique, ils peuvent engendrer des maladies. On dit également qu'ils sont les dépositaires de termas, ces trésors spirituels attribués à Padmasambhava, l'introducteur des enseignements tantriques au Tibet au VIIIe siècle. On les représente souvent avec le corps d'un serpent doté du capuchon d'un cobra protégeant sept têtes d'apparence humaine.

Nature de bouddha (skt. *tathagatagarbha*)

Composé de *tathagata*, « celui qui est désormais cela » (cela étant l'éveil) et de *garbha*, graine, potentiel et parfois embryon. Notion développée par le Mahayana et qui revêt un caractère crucial dans les écoles tibétaines et le Zen. Elle désigne le pouvoir inné de l'esprit de tous les êtres, pouvoir qui leur permet d'actualiser l'éveil. La nature de bouddha n'est pas seulement un potentiel, elle est notre nature véritable et immanente mais obscurcie par les émotions négatives. On en parle comme de la perfection absolue, au-delà des concepts et des représentations, riche des qualités éveillées. Cette notion est exposée dans les sutras du troisième tour de la roue du Dharma et dans un texte d'Asanga (IVe s.), le *Ratnagotravibhaga* (« La suprême continuité »). Cette nature de bouddha est un « invariant » insensible aux variations qui affectent le corps ou l'activité mentale. Pour autant, elle ne doit pas être confondue avec une sorte de nature divine ou d'entité sommeillant au cœur de l'homme et des choses.

■ Dans le Vajrayana, la nature de bouddha est la perfection absolue, aussi appelée claire lumière. Elle est envisagée dans la représentation symbolique d'une déité. Dans le Dzogchèn, la nature de bouddha est synonyme d'état naturel (rigpa). Le Madhyamaka shèntong identifie la nature de bouddha à la buddhajnana, la sagesse accomplie d'un bouddha.

Ngöndros (tib.) / Pratiques préliminaires

Pratiques préliminaires à la transmission du Mahamudra ou du Dzogchèn, et qui marquent l'entrée dans le cœur de la pratique du Vajrayana. Les ngöndros préparent le terrain de l'esprit afin que, débarrassé de ses blocages et de ses imprégnations négatives, l'apprenti puisse être ensemencé par l'influence de la transmission spirituelle. La méditation sur les quatre prises de conscience qui détournent l'esprit du samsara (la précieuse existence humaine, l'impermanence et la mort, le karma, la souffrance du samsara) forme les préliminaires communs aux trois véhicules du bouddhisme. Les préliminaires spéciaux sont plus spécifiquement vajrayana : refuge-prosternations, récitation du mantra de Vajrasattva (personnification de la pureté primordiale de l'esprit), offrande du mandala de l'univers et guru-yoga (les pratiques qui unissent l'esprit du méditant à l'esprit de sagesse du maître).

Nirmanakaya (skt.) / Corps d'émanation
Voir Trois corps d'un boudha.

Nirvana (skt.) / Extinction des causes du mal-être
(*Nirva*, « être éteint » ; racine *va*, « souffler ») Résultat de la cessation des causes de la souffrance et de toutes les imprégnations karmiques qui caractérisent le cycle des naissances et des morts (samsara). Contrairement à l'idée répandue, ce n'est pas un anéantissement ou l'abolition de la personnalité dans une paix doucereuse, une indifférence totale envers le monde, mais la cessation de la confusion et l'au-delà de tous les conditionnements douloureux. De ce fait, le nirvana n'est pas simplement l'extinction du mal-être mais un état de paix suprême. Cette quiétude est le but des pratiques du Hinayana. Dans le Mahayana, le nirvana est considéré comme l'accomplissement de la nature de bouddha, l'essence de la compassion et de la sagesse.

Noble octuple sentier
Quatrième noble vérité (*voir* Quatre nobles vérités). Ensemble d'enseignements et de pratiques permettant de se libérer de la dysharmonie pour actualiser la paix du nirvana : [1] compréhension juste, [2] pensée juste, [3] parole juste, [4] action juste, [5] moyens d'existence justes, [6] effort juste, [7] attention juste, [8] concentration juste.

Non-soi (skt. *anatman*)
Enseignement qui repose sur la réfutation de l'existence postulée d'une entité autonome et inaltérable dans la personne humaine (niveau Hinayana) et en tout phénomène (niveau Mahayana). L'attachement à la fiction d'un soi (atman) est illusoire et source des souffrances dans le samsara. On ne peut trouver une entité indépendante dans la coalescence transitoire des cinq agrégats (corps, sensations, perceptions/notions, formations karmiques, conscience), ni dans les agrégats eux-mêmes, ni en dehors d'eux puisqu'ils constituent les composants de la personne humaine. Notion reliée à celles d'interdépendance et de vacuité.

Nyaya (skt.)
L'un des six darshanas (« visions » ou « points de vue sur la réalité ») brahmaniques fondé aux alentours du IIe ou IIIe siècle de notre ère. Matérialisme rationnel qui se consacre à la dialectique et à la logique. Il établit une théorie des outils de connaissance valides. Il en retient quatre : la perception, l'inférence, la comparaison et la parole védique. Ces outils lui sont utiles pour démontrer l'existence de l'atman (le soi), permanent et transmigrant. Les procédés logiques du Nyaya ont été utilisés par des maîtres bouddhistes comme Nagarjuna (IIe s.) et Vasubandhu (IVe s.).

Nyingmapa (tib.) / La lignée ancienne
(l'une des cinq écoles tibétaines)
La plus ancienne des cinq écoles de la tradition tibétaine. Elle remonte à Padmasambhava, « le précieux maître », qui a introduit les enseignements

tantriques au Tibet au VIIIe siècle. Son enseignement se fonde sur une progression en neuf véhicules. / *Voir* la fiche « Nyingmapa » p. 311 et la figure 32 p. 447.

Oddiyana (skt.)
(Tib. *Orgyèn*) Royaume semi-mythique dont la projection géographique correspondrait à l'actuel Pakistan. Le Vajrayana le considère comme le territoire d'où proviennent les tantras. Padmasambhava, l'introducteur des tantras au Tibet, serait originaire de l'Oddiyana.

Orgueil
L'une des cinq émotions négatives avec l'ignorance, le désir, la colère et la jalousie. L'orgueil repose souvent sur notre incapacité à reconnaître nos propres défauts. Cette émotion se manifeste sous divers aspects : se vanter de sa réussite, se sentir supérieur aux autres en manifestant parfois du mépris à leur égard, ne pas reconnaître les qualités d'autrui, par exemple. / *Antidote* : cultiver la simplicité et l'humilité en reconnaissant nos défauts ; apprécier la réussite d'autrui.

Pali
Langue des anciennes écritures du bouddhisme tel qu'il s'est répandu en particulier au Sri Lanka. On parle de la tradition palie pour désigner les écoles qui se réfèrent à ce corpus. C'est le cas aujourd'hui du Theravada, la tradition des Anciens.

Panchèn-Lama (tib.) / « Maître grand érudit »
Deuxième plus haut dignitaire spirituel du Tibet après le Dalaï-Lama, le Panchèn-Lama est reconnu comme la manifestation d'Amitabha, le maître de Tchènrézi (Avalokiteshvara). Le Ve Dalaï-Lama donna pour la première fois ce titre à son maître Lobsang Tcheukyi Gyaltsèn (1570-1662). Les Panchèn-Lamas se réincarnent et forment une lignée qui fonctionne en parallèle avec celle des Dalaï-Lamas – ils sont parfois leurs tuteurs. Normalement, ils n'assument aucun rôle politique.

Paramitas (skt.) / Perfections
Six qualités ou vertus transcendantes dont le développement accompagne la progression du bodhisattva : [1] générosité transcendante, [2] éthique transcendante, [3] patience transcendante, [4] énergie, [5] concentration, [6] connaissance transcendante (prajnaparamita). Il existe une liste de dix perfections qui coïncident avec la vision des dix terres des bodhisattvas. Viennent s'ajouter aux six précédemment citées : [7] l'habileté dans l'utilisation des moyens permettant de réaliser l'éveil et d'aider autrui à se libérer, [8] le vœu parfait pour atteindre l'éveil et venir en aide aux êtres, [9] la force accomplie qui mêle réflexion et pratique méditative, [10] la sagesse qui permet d'œuvrer au bonheur des êtres. Chacune des perfections désigne l'attitude contraire à une passion dévorante, respectivement pour les six premières : l'avarice, l'immoralité, la colère, la paresse, la distraction et la vue erronée de la réalité. Au début du cheminement, ces actes vertueux demeurent relativement ordinaires. Ils deviennent des « perfections » lorsque la sixième des six paramitas, la connaissance transcendante (prajnaparamita), est pleinement épanouie et

leur est associée. Ces actes sont alors accomplis spontanément sans concept de sujet, d'objet et de relation.

Parèdre
Déesse qui accompagne une déité masculine dans l'iconographie tantrique. Représentée en union intime avec la déité, elle symbolise la vacuité essentielle des phénomènes.

Parinirvana
Nirvana complet qui se produit lorsqu'un éveillé meurt. Son corps venant à sa fin, ne demeure aucun agrégat qui le relie à ce monde.

Passion-racine
Voir Émotions négatives.

Phase de complétude
(Skt. *sampannakrama*, tib. *dzorim*) Dans le Vajrayana, deuxième partie de la pratique d'une déité qui fait suite à la phase de génération. Couplée à des yogas du corps subtil, la phase de complétude conduit à la dissolution de toute représentation et laisse place à un recueillement méditatif sans support et sans artifice. / Voir Sadhana.

Phase de génération
(Skt. *utpattikrama*, tib. *kyérim*) Dans le Vajrayana, première partie de la pratique d'une déité au cours de laquelle le méditant génère l'image symbolique de la déité et de son environnement. Il récite également son mantra, expression sonore de l'éveil qu'elle manifeste, mantra qui permet à l'expérience éveillée de la divinité de se substituer à l'expérience illusionnée du méditant. La phase de génération aide le méditant à réaliser la pureté de tous les phénomènes. / Voir Sadhana.

Pleine conscience
Capacité à abandonner le souci du passé et la crainte de l'avenir pour se placer spontanément dans la paix intérieure et demeurer dans l'appréciation de la valeur infinie de chaque instant. C'est aussi un facteur mental appelé parfois « observateur abstrait » dans le cadre de la pratique méditative. Il permet d'observer le comportement de l'esprit afin de voir s'il se disperse ou s'il est pris par la torpeur. Il aide le méditant à revenir à son objet d'attention et à se maintenir dans un état de relaxation et de vigilance.

Prajna (skt.)
Voir Connaissance supérieure.

Prajnaparamita (skt.)
Voir Connaissance transcendante.

Pratimoksha (skt.) / Vœux de libération individuelle
L'essence des règles du Vinaya, un corps d'enseignements traitant exclusivement de la conduite éthique selon la vue du Hinayana. Libération est à entendre au

sens où le pratiquant se délivre du mal-être et des causes de la souffrance, dont les émotions négatives. Le terme de cette libération est l'extinction, la cessation des causes de la souffrance et de toutes les imprégnations karmiques qui caractérisent le cycle des naissances et des morts (samsara). Cette extinction est appelée nirvana.

Pratique de l'accueil et du don (tib. tonglèn)
(Littéralement « échange ». *Tong*, donner ; *lèn*, accueillir) Pratique du Mahayana qui constitue le cœur de l'entraînement de l'esprit appelé Lodjong (*voir* annexe 3). Elle consiste à accueillir la souffrance des autres et à leur offrir le meilleur de soi-même. Cette pratique aide à se défaire de la prison du moi égoïste pour atteindre une perspective désintéressée et universelle.

Protecteurs/protectrices (skt. dharmapalas)
Divinités courroucées du Vajrayana chargées de protéger les enseignements tantriques contre toute déviation et de venir en aide aux pratiquants en éliminant les obstacles et les facteurs hostiles.

Quatre états sublimes
Quatre aspects de la bonté fondamentale : l'équanimité, l'amour bienveillant, la compassion et la joie. Leur pratique participe au développement de l'esprit d'éveil (bodhicitta) au niveau relatif, correspondant à la culture de la discipline intérieure (abandon des actes négatifs et développement d'une générosité fondamentale).

Quatre nobles vérités
Premier enseignement du bouddha Shakyamuni, qui constitue le contenu essentiel du premier tour de la roue du Dharma. [1] La vérité de la souffrance : le caractère dysharmonieux et douloureux de l'existence dans le samsara ; [2] la vérité de l'origine de la souffrance (le désir avide, les émotions conflictuelles qui découlent de l'ignorance de notre véritable nature) ; [3] la vérité de la cessation de la souffrance : la guérison et la réalisation du bien-être (*voir* Nirvana) ; [4] le noble octuple sentier ou le mode de vie qui permet de se libérer du mal-être et d'atteindre la paix du nirvana.

Réalité relative
(*Ou* vérité relative) Le niveau conventionnel de l'existence, le monde des apparences sensibles telles qu'elles se manifestent lorsque nous les percevons dans le cadre de la saisie dualiste sujet/objet.

Réalité ultime
(*Ou* vérité ultime) La véritable nature des phénomènes qui est vacuité (shunyata). La notion de réalité couplée à celle de vacuité a fait l'objet de diverses interprétations que la tradition bouddhique tibétaine (celle du Mahamudra et du Dzogchèn) a ramenées à cinq méditations essentielles sur la vacuité ou « points de vue sur la réalité ». / *Voir* Sautrantika, Vaibhashika, Cittamatra, Madhyamaka rangtong *et* Madhyamaka shèntong.

Refuge (entrer en)
Pratique fondamentale du bouddhisme qui consiste à placer sa confiance en les trois joyaux (Bouddha, Dharma, Sangha) afin de se protéger contre les méfaits de la dysharmonie et manifester l'intention d'actualiser l'éveil pour le bien du monde. L'une des formules possibles du refuge : « En les Bouddhas, Dharma et Sangha, jusqu'à l'éveil, j'entre en refuge. Par les bienfaits des dons et vertus, que je m'éveille pour le bien de tous les êtres vivants. »

Rimay (tib.) / Le mouvement Rimay
(« Sans parti pris » ou « non partisan ») Associé aux adjectifs « éclectique », « universaliste » ou encore « œcuménique », le mouvement Rimay est une réponse au système de cloisonnement et à l'atmosphère délétère qui régnaient au XIXe siècle entre les écoles et les différentes lignées tibétaines. La volonté de pérenniser les diverses transmissions en renforçant leur identité propre a entraîné un oubli des références fondamentales, une sclérose et une rigidité teintées d'esprit partisan. Le mouvement Rimay a cherché à expurger ce genre d'attitude intellectuelle sèche et « claniste », en retournant au cœur même de l'expérience, bien au-delà de la tendance séparatrice propre à toute formulation. Sa méthode a consisté à prôner un retour à l'expérience méditative dans sa dimension la plus intérieure, à proposer et à enseigner l'abandon des partis pris.

Rinpotché (tib.) / Précieux
Titre honorifique attribué à certains lamas dont la réalisation spirituelle est reconnue par leurs aînés. Ce sont souvent des maîtres incarnés, des tulkous.

Rite (rituel)
Moyen de réalisation qui permet de se maintenir au cœur de la structure naturellement harmonieuse des choses, de réintégrer en soi les dispositions essentielles à l'expérience spirituelle la plus profonde. Le mot « rite » entretient une parenté étroite avec le sanskrit *rita* qui a le sens d'ordre cosmique ou d'harmonie universelle dans le *Veda*. Le rite est tout ce qui est accompli conformément à cet ordre. Ainsi influe-t-il sur l'existence ordinaire dont il permet de percevoir le caractère sacré. Dans le Vajrayana, les rites, nombreux et parfois complexes, tiennent une place importante dans la sacralisation de la vie. Les mantras et les mudras y jouent un rôle essentiel.

Rôshi (jap.) / Vénérable maître
Titre accordé dans le Zen aux personnes d'un âge avancé ayant réalisé l'enseignement et étant capables de le transmettre. En ce sens, le rôshi actualise la présence du Bouddha en tant qu'éveil atemporel.

Roue de la vie (skt. *bhavacakra*)
Diagramme concentrique qui ornait l'entrée des monastères indiens. Il s'agit d'une représentation du samsara qui résume, sous la forme d'une bande dessinée, les relations de cause à effet qui maintiennent les êtres dans la souffrance. Y sont représentés les trois poisons fondamentaux (désir, colère, ignorance), les actions vertueuses et les actions néfastes, les six conditions de la

conscience et les douze liens de la production conditionnée. Cette peinture aurait été commandée par le roi Bimbisara qui l'offrit au roi Utayana.

Roue du Dharma (skt. *Dharmacakra*)
Symbole de la voie qui conduit à la cessation de l'aveuglement et à la libération du samsara. Dans l'iconographie bouddhique, la roue du Dharma est représentée sous la forme d'une roue à huit rayons, symbole du noble octuple sentier. Dans la tradition indo-tibétaine, on parle des trois tours de la roue du Dharma pour évoquer les trois cycles d'enseignement du bouddha Shakyamuni. À chaque cycle correspond une thématique centrale. / *Voir* Trois tours de la roue du Dharma et Cakra.

Sadhana (skt.) / Moyen d'accomplissement
Terme employé dans le Vajrayana pour désigner la pratique rituelle d'un yidam, la déité d'élection. Cette pratique comporte deux phases : la phase de génération et la phase de complétude. Elle vise à substituer l'image habituelle du corps, de la parole et de l'esprit, à celle, beaucoup plus subtile, d'une déité d'élection par laquelle est progressivement actualisée la nature ultime de l'esprit. C'est là le propre du Vajrayana que d'employer une représentation du fruit (l'éveil) comme outil de la transformation au sein de la voie. / *Voir* Moyens habiles, Phase de génération *et* Phase de complétude.

Sagesse (skt. *jnana*)
Terme formé sur la racine *jna* (semblable au grec *gno* qui donne « gnose », connaissance) et fréquemment traduit par sagesse. Fonction cognitive connaissant la nature ultime de tout phénomène, leur vacuité. Bien que présente dans le continuum de conscience, elle doit être nourrie par le développement de la connaissance supérieure (prajna) pour s'actualiser pleinement. On distingue jnana de vijnana, la connaissance dualiste défectueuse.

■ On traduit « jnana » par « sagesse accomplie », au sens de *buddhajnana* (l'esprit de sagesse d'un bouddha) ou omniscience, pour indiquer son rayonnement positif dans l'action et sa parfaite adéquation avec les nombreux besoins du monde.

■ Le Mahayana a mis l'accent sur cette notion en développant la théorie des cinq sagesses qui correspondent à cinq expressions de l'éveil : la sagesse de la vacuité immuable, la sagesse semblable au miroir, la sagesse de l'égalité ou de l'équanimité, la sagesse du discernement, la sagesse tout-accomplissante. Dans le Vajrayana, ces cinq sagesses représentent la véritable nature des cinq émotions conflictuelles.

■ Le maître tibétain Chögyam Trungpa a employé l'expression « folle sagesse » pour désigner une disposition visant à entrer en relation de manière directe avec toutes les situations. Cette disposition, exempte de désirs égoïstes, manifeste la plus haute compassion. Elle est dite « folle » parce qu'elle reflète le caractère intrépide et démesuré de l'expérience éveillée. Expression de la liberté authentique, elle utilise les émotions conflictuelles et la confusion comme autant de possibilités pour développer une compréhension plus vaste de nous-mêmes.

Sahajayana (ou école Sahajiya) (skt.)
Du sanskrit *sahaja* qui désigne la nature ultime de toute chose dans sa dimension de plénitude absolue. Ce terme a aussi le sens d'inné et de spontané. Cette deuxième signification indique que la réalité ultime peut s'actualiser sans artifices, sans pratiques complexes car elle est inhérente à toutes nos expériences. C'est pourquoi le Sahajayana met l'accent sur l'expérience de la non-dualité au cœur de l'instant présent et se détourne des pratiques tantriques sophistiquées répandues dans d'autres lignées. *Sahaja* désigne également l'attitude du pratiquant qui s'efforce de demeurer dans un état de totale acceptation, dénué de jugement, ouvert et spacieux, naturellement détendu dans la spontanéité. Cette tradition tantrique, à laquelle se rattache le grand yogi Saraha, se développa à partir du VIIe-VIIIe siècle au Bengale et dans la région d'Oddiyana. Si la méthodologie graduelle n'est pas prise en compte, le lien sacré avec le maître demeure capital.

Sakyapa (tib.) / L'une des cinq écoles tibétaines
Sakya, terre claire (couleur du paysage où fut bâti en 1073 le premier monastère sakyapa édifié dans le sud du Tibet central). Elle constitue avec les écoles Kagyupa et Guélougpa les écoles dites « nouvelles », issues de la seconde diffusion du Dharma au Tibet (XIe s.). Caractérisée par une importante lignée de yogis mariés, appartenant à de puissantes dynasties familiales, son enseignement se fonde sur « la voie qui contient le fruit » (tib. *lamdré*). / *Voir* la fiche « Sakyapa », p. 322.

Samadhi (skt.)
Voir Absorption méditative.

Samantabhadra (skt.)
Nom attribué au bouddha primordial dans les tantras anciens et le Dzogchèn.

Samaya (skt.) / Lien sacré, promesse, serment
Dans le Vajrayana, lien initiatique qui unit le disciple au maître, à la voie et à la déité d'élection à laquelle il se consacre. Ce lien repose sur une promesse ou un engagement pris au moment de la transmission de pouvoir (abhisheka), transmission au cours de laquelle le maître lève les voiles qui obscurcissent la perception du disciple, révèle son potentiel caché, le plaçant ainsi dans les conditions propices à la pratique tantrique. Avec le samaya, le disciple s'engage à respecter un certain nombre de principes, comme ne pas abandonner la bodhicitta (l'esprit d'éveil) et accomplir la pratique de transformation reçue au cours de l'initiation en récitant plusieurs fois le mantra correspondant. Les trois samayas fondamentaux consistent à considérer le corps, la parole et l'esprit comme étant respectivement la déité, le mantra et l'état du dharmakaya, le corps absolu (*voir* Trois corps d'un bouddha). En l'absence de samaya, aucune pratique tantrique n'est opérante.

Sambhogakaya (skt.) / Corps d'expérience parfaite
Voir Trois corps d'un bouddha.

Samkhya (skt.)

L'un des six darshanas (« visions » ou « points de vue sur la réalité ») brahmaniques, considéré comme le plus ancien de l'Inde. Le Samkhya est une voie dualiste. Il distingue les deux principes ontologiques fondamentaux, éternels et incréés, que sont Purusha et Prakriti. Purusha est l'Esprit ou la Conscience pure, libre et inactive ; Prakriti, la Nature, la cause substantielle de toutes les manifestations du monde phénoménal et de tous les états mentaux. Sous l'impulsion du Purusha, Prakriti agit en se transformant, et produit ainsi l'univers et les êtres. Prakriti représente l'énergie créatrice de la Conscience pure, témoin de cette manifestation empirique. Symboliquement, le couple Purusha/Prakriti représente les pôles masculin et féminin qui sont les deux facettes du divin dans la majorité des traditions indiennes, et particulièrement dans les lignées tantriques. Le Samkhya est associé au yoga. Le premier fournit une explication théorique de la nature humaine, de la délivrance, et de l'enlisement dans le théâtre douloureux du monde. Le second propose des méthodes pour se défaire de l'illusion et se délivrer. Compte tenu de la nécessité de se retirer du monde, le Samkhya est une voie spirituelle réservée aux renonçants.

Samsara (skt.) / Le cycle des existences conditionnées

« Flot de la transmigration ». Notion commune à toutes les traditions de l'Inde. Le continuum de conscience de l'être illusionné, soumis au karma accumulé, renaît au sein des différentes conditions de la conscience. L'iconographie représente le samsara sous la forme d'une roue (la roue de la vie, *bhavacakra*) pour signifier sa finitude et souligner qu'il n'a d'autre réalité que l'incessante répétition des attitudes mentales dualistes que nous entretenons. En ce sens, le samsara n'est qu'un malentendu. C'est pourquoi sa cessation est nirvana : extinction de la confusion, de la crainte et de la souffrance.

Sangha (skt.) / La communauté

La fraternité des moines, nonnes, novices et laïcs qui suit les enseignements du Bouddha et représente une communauté d'entraide et de soutien spirituel. En fréquentant les membres du sangha, le bouddhiste trouve le bonheur dans l'affection mutuelle. Le sangha est l'un des trois joyaux du refuge. / *Voir* Trois joyaux.

Sanskrit

Langue sacrée et savante de l'Inde. Il en existe plusieurs formes. On distingue en particulier le « sanskrit védique » qui a servi à rédiger le *Veda* et le sanskrit classique, langue sacrée du brahmanisme, dont les règles ont été fixées par le grammairien Panini au Ve siècle avant notre ère. Dès le Ier siècle avant notre ère, le sanskrit est la langue principale de la péninsule et va devenir le véhicule essentiel de toute la culture bouddhique. L'enseignement du Bouddha a aussi été consigné dans cette langue. Les pratiquants du Mahayana et des tantras se réfèrent à ce corpus sanskrit. Le corpus tibétain, finalisé au début du XIIe siècle, en est un calque.

Saraha (skt.)
Grand yogi indien rattaché au courant tantrique Sahajayana. Selon certaines sources tibétaines, Saraha aurait été le maître de Nagarjuna. Il aurait donc vécu aux environs du IIe siècle de notre ère. Les spécialistes s'accordent à le situer dans le courant du VIIIe siècle. Son nom est très évocateur de la pratique tantrique. Saraha est un mot composé du vocable « flèche » (sara) et du verbe « décocher » (ha). Saraha décoche la flèche de la connaissance supérieure (prajna) avec l'arc des moyens habiles (upaya). Il est l'auteur de chants mystiques transmis au yogi tibétain Marpa de l'école tibétaine Kagyupa. Avec Tilopa et son successeur Naropa, deux yogis indiens du XIe siècle, il est à l'origine de la transmission dans cette école tibétaine d'une voie de contemplation appelée Mahamudra, le « Grand Sceau », l'une des ultimes pratiques permettant de reconnaître et d'actualiser l'état naturel de l'esprit.

Satori (jap.) / L'éveil
Dans le Zen Rinzai, moment d'expérience directe et non duelle de la réalité ultime, c'est-à-dire l'actualisation de l'état naturel de l'homme en lequel toute dualité est dissipée. Ce terme n'est plus employé par le Zen Sôtô depuis trois siècles. / Voir Éveil.

Sautrantika (skt.) / École des Tenants des sutras
Remontant au Ier siècle avant notre ère, cette école soutient une approche réaliste-substantialiste. Elle doit son nom aux disciples qui suivent les enseignements des sutras du premier tour de la roue du Dharma et ne reconnaissent pas les Abhidharmas comme les paroles du Bouddha. Selon la classification tibétaine, elle est, avec le Vaibhashika, conforme à l'enseignement du véhicule fondamental (Hinayana). Pour les Sautrantikas, l'existence d'un phénomène avant la saisie conceptuelle est établie comme réalité ultime. Ce phénomène correspond aux particules et aux moments atomiques de conscience, tous deux insécables. Le monde que se représente la conscience via l'étiquetage conceptuel constitue la réalité relative.

Sens définitif (skt. nitartha)
Enseignements du Bouddha qui révèlent la signification essentielle du Dharma et peuvent être compris littéralement. Ils ne sont pas à interpréter ou à modifier pour s'adapter au niveau de compréhension des auditeurs. Ils portent en eux-mêmes l'expérience de la réalité ultime dans sa dimension d'immédiateté. Les madhyamikas considèrent les sutras du deuxième tour de la roue du Dharma (les *Pranjaparamitasutras*) comme étant de sens définitif et ceux du troisième tour (sur la nature de bouddha, les trois natures et « tout est l'esprit un ») comme étant de sens provisoire. Les cittamatrins et les tenants du Madhyamaka shèntong au Tibet ont une conception inverse, estimant que seuls les sutras du troisième cycle sont de sens définitif.

Sens provisoire (skt. neyartha)
Enseignements du Bouddha qui doivent être interprétés et ne peuvent être pris au sens littéral. Dans un souci didactique, le Bouddha a parfois utilisé des énoncés adaptés à un groupe particulier d'auditeurs. Ces enseignements

doivent être compris en fonction du contexte et de leur dimension pédagogique. Ils ne révèlent qu'une vérité relative. Selon le Madhyamaka shèntong, au lieu de donner à voir directement ce qui est tel quel, sans aucune autre forme d'explication, le sens provisoire se propose d'user de moyens détournés qui vont cependant offrir secondairement la possibilité d'atteindre la réalisation du sens définitif.

Sept facteurs d'éveil
Il s'agit de sept qualités essentielles de l'esprit, qui sont les composants majeurs de la pratique. Le recueillement, la sérénité, l'équanimité, l'effort, le discernement, la joie et l'attention. Les trois premiers sont dits « passifs » et les trois suivants « dynamiques » ou « énergétiques ». Quant à l'attention, son développement favorise l'épanouissement des six précédents.

Sesshin (jap.)
Dans le Zen, période de retraite intensive de méditation dont la durée varie généralement de trois à sept jours. Les pratiquants effectuent plusieurs heures de zazen, entrecoupées de *mondos* (échanges entre les disciples et le maître sous forme de questions/réponses), de travail manuel (*samu*) et de repas.

Shakyamuni (skt.) / Le sage du clan des Shakyas
Vocable associé au titre Bouddha. *Shakya* désigne le clan d'appartenance du Bouddha historique. *Muni* a le sens de sage. *Muni* donne *mauna*, le silence. Le *muni* est le silencieux. Non pas qu'il n'ait rien à dire, mais aucun mot ne peut traduire la plénitude de son expérience. Cette importance du silence comme vecteur de la transmission s'exprime dans le qualificatif *Mahamuni* (le grand silencieux) employé parfois pour désigner le Bouddha.

Shamatha (skt.) / Apaisement (pratique méditative favorisant la paix de l'esprit)
(Pali *samatta*, tib. *chiné*) *Shama* signifie « la paix » et *tha* « reposer » ou « demeurer ». Littéralement, shamatha se traduit par « demeurer dans la paix ». Shamatha est la pratique qui consiste à conserver une attention dégagée et ouverte sur un support (souffle, image du Bouddha, lettres sacrées telles que le A, etc.) ou sans support. Demeurant détendu et tranquille, l'esprit vigilant s'abandonne à l'expérience de la quiétude. Sur cette base, prend place la pratique de vipashyana, la vision claire, qui permet à l'esprit d'examiner son fonctionnement et de développer la compréhension de sa véritable nature. Selon les écoles et les lignées, le méditant commence par shamatha ou vipashyana, ou pratique conjointement les deux. / *Voir* Vipashyana.

Shambhala (skt.) / Nom d'un royaume éveillé
Pour les Tibétains, Shambhala est un royaume qui incarne le modèle d'une société éveillée, un foyer de sagesse fondamentale susceptible de résoudre les problèmes de notre monde. Sa projection géographique serait située au nord de l'Inde et de l'Himalaya. Le Dalaï-Lama précise : « Quoique Shambhala soit un lieu situé quelque part sur cette planète, c'est un endroit qui ne peut être vu que de ceux dont l'esprit et les propensions karmiques sont purs. » Sym-

boliquement, Shambhala est considéré comme le cœur de l'Orient, voire le cœur du monde, tant sur le plan physique que spirituel. Ce royaume joue un rôle capital dans la perspective des tantras. C'est là qu'a été préservé l'enseignement consigné dans le *Kalacakratantra*.
Le maître tibétain Chögyam Trungpa a développé tout un cycle d'enseignements reposant sur la vision de Shambhala et les valeurs nobles qu'elle incarne. Ces enseignements, qui s'inspirent de la vision sacrée de la chevalerie spirituelle, proposent de découvrir le royaume en nous, pour revivifier le monde à la lumière d'une expérience en laquelle est reconnue la pureté primordiale des phénomènes.

Shingon (jap.) / École tantrique japonaise
École dite des mantras ou de la « parole vraie » fondée en 806 par Kûkai (774-835). / *Voir* la fiche « Shingon » p. 294.

Shintô (jap.)
Tradition première du Japon reposant sur un culte animiste qui compte huit millions de divinités (kamis) nichées dans les cours d'eau, les arbres, les pierres. Le sentiment de symbiose avec une nature vénérée pour sa puissance et sa beauté imprègne le Shintô. On l'appelle aussi « voie des kamis ». / *Voir* Kami.

Shiva (skt.)
Patron des yogis, incarnant le principe destructeur et régénérateur du monde. Une des personnifications de l'Absolu dans l'hindouisme.

Siddhartha Gautama (skt.) / Nom historique du bouddha Shakyamuni
Le prince né à Kapilavastu, dans l'actuel Népal aux environs de – 560. Fils du roi Shuddhodana et de la reine Mayadevi, il renonce à une existence fastueuse après s'être marié et avoir obtenu un fils (Rahula). À 35 ans, il réalise l'éveil et consacre le reste de son existence à transmettre ce qu'il a découvert. Il quitte ce monde à l'âge de 80 ans. Le nom de « Siddharta Gautama » ne figure pas dans les textes anciens et a été attribué tardivement.
- *Siddhartha* : littéralement « qui réalise ses buts ». Ce nom signale qu'il est venu en ce monde pour atteindre un état de sagesse insurpassable (*siddha*). Sa destinée (*artha*) est de se libérer de la souffrance inhérente à l'existence. Siddhartha veut dire littéralement « celui qui accomplit son but ». *Siddha* est formé sur la racine sanskrite *siddh-* de même que le mot *siddhi* qui désigne les pouvoirs extraordinaires acquis par la pratique du yoga. La parenté des deux termes souligne simplement que Siddhartha est celui qui va transcender la condition humaine habituelle, vivre parmi les hommes sans être l'esclave de ce monde, parce qu'il aura réalisé le potentiel merveilleux dont il est porteur.
- *Gautama* : littéralement « meilleure vache ». Nom patronymique qui figure dans les textes en langue palie. Il nous apprend que la lignée du bouddha Shakyamuni était principalement composée d'éleveurs.
« Siddhartha Gautama » situe socialement et historiquement le bouddha Shakyamuni, tout en révélant sa destinée. C'est pourquoi il coïncide avec la première phase de sa vie qui signe son parcours jusqu'à l'éveil.

Six conditions de la conscience
États infernaux, états d'esprit avide, états animaux, condition humaine, états divins, états des dieux jaloux. Fruits du karma des êtres, ces conditions de la conscience caractérisent l'existence dans le samsara. / *Voir* Roue de la vie.

Six yogas de Naropa
Groupe de pratiques exposées par le mahasiddha Naropa (1016-1100 ?) : le yoga du « feu intérieur », le yoga du corps illusoire, le yoga du rêve, le yoga de la claire lumière, le yoga du bardo (l'état intermédiaire entre la mort et la renaissance) et le yoga du transfert de la conscience au moment de la mort. Ces yogas subtils s'inscrivent dans le contexte de la pratique d'une déité et plus particulièrement de la phase de complétude dans les *Anuttarayogatantras* (« Tantras de l'union insurpassable »). Au sein de l'école Kagyupa, ils servent de fondement aux yogas internes du Mahamudra. Nécessitant l'accomplissement de plusieurs pratiques préalables et revêtant un caractère secret, ces techniques yogiques sont transmises dans le cadre de retraites méditatives.

Soi (skt. atman)
Atman est un pronom réfléchi (soi-même). Notion qui remonte à l'Inde védique et qui demeure essentielle dans l'ensemble de la tradition hindoue. Le sens initial d'atman est bien « soi » ou « âme », mais envisagé comme souffle vital. Ce n'est qu'ultérieurement qu'ont été greffées sur cette vision les notions d'entité éternelle et immuable, de principe pensant, de principe conscient éternellement libre.

- *La position du bouddhisme* : le bouddhisme ne reconnaît pas l'existence de l'atman comme entité éternelle et immuable existante dans ou en dehors des cinq agrégats impermanents. Il estime qu'il s'agit d'une construction fictive, d'une simple imputation. Le bouddhisme réfute également l'idée d'un moi stable et permanent, un « superviseur », conçu à partir des cinq agrégats et auquel nous nous identifions tout au long de notre vie. / *Voir* Non-soi *et* Ego.

Souffrance, mal-être (skt. duhkha)
Principale caractéristique du samsara. Littéralement, *duhkha* pourrait se traduire par « ce qui est difficile à supporter ». Le terme désigne ainsi la souffrance, le mal-être, l'incomplétude, finalement tout ce qui s'oppose à l'expérience d'harmonie et de plénitude. Le bouddhisme mentionne huit types de situation source d'insatisfaction : 1. la naissance, 2. la vieillesse, 3. la maladie, 4. la mort, 5. l'union avec les choses et les êtres que nous n'apprécions pas, 6. la séparation d'avec les choses et les êtres auxquels nous sommes attachés, 7. la difficulté de trouver le bonheur auquel nous rêvons, 8. le fait d'être la coalescence provisoire des cinq agrégats d'attachement (skandhas). Ces huit types de situations dysharmonieuses sont généralement réparties en trois catégories essentielles : la souffrance physique et mentale, la souffrance issue du caractère transitoire des phénomènes et des situations, et la souffrance liée à l'existence conditionnée. Cette dernière est très subtile. Elle peut conduire à l'angoisse métaphysique, à l'inquiétude sur le sens véritable de l'existence.

Stupa (skt.) / Monument symbolique et sacré

(Tib. *tcheutèn*) Le stupa est considéré comme support de l'esprit des bouddhas. Son symbolisme extrêmement riche résume la nature de bouddha, sa manifestation et le cheminement qui conduit à l'éveil. Tous les tcheutèns représentent le *dharmadhatu*, le domaine de la vacuité immuable. Ressemblant au départ à un tumulus, il prend ensuite la forme d'un mandala en trois dimensions, combinant le cube, la sphère et l'axe central. Il sert également à diffuser l'influence spirituelle dont il est porteur et fait l'objet d'une pratique contemplative qui prend la forme d'une circumambulation autour de sa base.

Sutras (skt.) / Corbeille des textes

(Pali, *suttas*) Textes qui correspondent à la compilation des enseignements circonstanciés du Bouddha. Selon le Mahayana indo-tibétain, ces textes recensent le contenu des trois cycles d'enseignements du Boudha appelés les *trois tours de la roue du Dharma* (*voir* cette entrée).

Sutrayana (skt.) / Voie des sutras

Dans le Vajrayana, désigne la vue et les pratiques liées aux enseignements des sutras et qui servent de fondation à la voie tantrique. Les étapes pratiques caractéristiques du Sutrayana sont les suivantes : les quatre pensées qui détournent l'esprit du samsara ([1] réaliser combien la précieuse existence humaine libre et qualifiée est fragile et difficile à obtenir ; [2] l'impermanence et la mort ; [3] la réalité du karma ; [4] toute existence dans les six mondes (les six conditions de la conscience dans le samsara) est source de dysharmonie) ; les vœux de bodhisattva et l'entraînement à l'esprit d'éveil (bodhicitta), la pratique de shamatha (l'apaisement) et de vipashyana (la vision claire).

Tantra (skt.)

- Mot dérivé de la racine *tan* qui suggère l'idée d'expansion. Traduit littéralement par « trame », « tissu » ou « fil ». Avec le sens de « continuité », le Tantra désigne un enseignement fondé sur la pureté naturelle de l'esprit et des situations qu'il est amené à vivre. Le Tantra est une tendance très ancienne de l'indianité qui colore aussi bien le jaïnisme, l'hindouisme que le bouddhisme. Il incarne le versant ésotérique de ces différentes voies spirituelles et représente une réaction à l'idéal du renoncement, dans sa tentative pour mettre l'énergie du désir sublimé au service de l'éveil.
- On parle également des tantras, ces traités où sont consignés les enseignements tantriques, en particulier les méthodes spécifiques au yoga de la déité (*voir* Sadhana *et* Vajrayana). Apparus aux alentours du VIe-VIIe siècle, ces textes s'inscrivent en marge des trois corbeilles (Vinaya, Sutras, Abhidharma). Pour certains, ils constituent une quatrième corbeille fondée sur un symbolisme complexe et opérant.

Taoïsme (ou voie du Tao)

Tradition spirituelle chinoise associée à la figure légendaire de Lao-tseu, contemporain du bouddha Shakyamuni et auteur du *Tao Te King* (« Le livre du Tao et de sa vertu »). Le taoïsme prit une tournure religieuse dans la seconde moitié du IIe siècle avant notre ère. *Tao* signifie littéralement voie ou chemin.

Toutefois, cette notion demeure intraduisible et ne peut être exposée rationnellement tant son contenu est riche et ses implications variées. Lao-tseu écrit d'ailleurs : « Le Tao est éternel, il n'a pas de nom. (...) Sans nom, il est à l'origine du ciel et de la terre. Avec un nom, il est la Mère des dix mille êtres. » En tant que principe unifiant, on peut simplement ajouter que le Tao est la source immuable de toute chose et nourrit toute chose. Parvenir à l'accomplissement en suivant la Voie du Tao consiste à vivre à l'unisson du Tao en pratiquant le non-agir (*wu-wei*) : sans attente, s'accorder avec la nature, se laisser porter par le flux infini ; se libérer des soucis du monde en délaissant la vanité du savoir, en abandonnant les passions égoïstes, en cultivant l'altruisme, l'humilité, la douceur, la modestie et la tolérance ; et dans le même temps, pratiquer la méditation et des exercices qui permettront de préserver la vitalité.

Tara (skt.)

(Tib. *Drolma*, « La libératrice ») Déité féminine de la compassion dans le Mahayana et le Vajrayana. Dans les tantras, elle représente aussi la Mère (la sagesse) de tous les bouddhas. Elle comporte différents aspects iconographiques, le principal étant Tara verte. Elle ressemble à une jeune adolescente souriante, à la peau de couleur vert émeraude. Sa main droite, paume ouverte vers l'extérieur et en appui sur le genou droit, fait le geste du don. Sa main gauche au niveau du cœur, le pouce touchant l'annulaire dans le geste du refuge, tient une tige de lotus dont la fleur bleue s'épanouit au-dessus de son épaule gauche. Sa jambe gauche repliée symbolise la maîtrise des désirs et sa jambe droite à demi repliée signifie qu'elle est prête à accourir pour apporter son aide à tous les êtres vivants.

Tathagata (skt.) / « Celui qui est désormais cela »

Terme par lequel le Bouddha se désigne. Littéralement, Tathagata signifierait « parvenu ainsi », « celui qui est désormais cela » (cela étant l'éveil). Le Bouddha précise que ce terme signifie : « Qui vient de nulle part et ne va nulle part ». Tathagata désigne la réalité telle quelle (tathata) qui s'actualise suite à la cessation de la conscience dualiste. *Tathagata* se traduit également par « celui qui est allé ainsi », c'est-à-dire celui qui a suivi une voie déjà ouverte par d'autres. Cette interprétation rappelle que le bouddha Shakyamuni n'est pas un bouddha unique et que son éveil n'est pas un phénomène isolé. Selon le Cittamatra, lorsque la conscience fondamentale (alayavijnana) est totalement purifiée, elle devient tathagata.

Tathata (skt.) / « Comme c'est », « ce qui est ainsi », « cela même », ainsité

La réalité telle quelle est perçue sans médiation par l'intelligence immédiate. Terme connexe au sanskrit shunyata, la vacuité. Lorsque le méditant s'est défait de l'emprise de l'activité fabricatrice de la pensée discursive, qu'il ne perçoit plus la réalité par la médiation de la connaissance discriminatrice, il vit en l'absence de toute distinction, de toute alternative (vrai/faux, etc.) et de toute dualité sujet-objet. Libre de la question de la vérité ou du sens de la vie, il réalise que « c'est ainsi ». Est sage ou éveillé celui qui vit cette expérience et y demeure. / *Voir* Éveil.

Tendai (jap.) / Les Terrasses du ciel
(Ch. *Tiantai*) École japonaise fondée en 805 par Saichô (767-822) qui a reçu en Chine la transmission Tiantai (école des Terrasses du ciel). Le Tendai accorde une grande importance au Madhyamaka (la voie du Milieu) fondé par Nagarjuna et à l'un des plus importants sutras du Mahayana, le « Sutra du lotus » (*Saddharmapundarikasutra*). La pratique est centrée sur les techniques de shamatha-vipashyana (l'art de demeurer dans la grande paix naturelle et la vision claire). Aujourd'hui, le Tendai est l'une des principales écoles du Japon. / *Voir* Tiantai.

Terma (tib.) / Trésor spirituel
Les termas sont le véhicule des enseignements de Padmasambhava, le grand maître tantrique qui a introduit le Vajrayana au Tibet. Ils se présentent sous trois formes : les trésors matériels (statuettes, objets rituels, substances sacrées), les trésors de la terre (textes ou formules cryptiques cachés dans une grotte, une excavation, etc.) et les trésors de l'esprit (révélations spirituelles directes qui apparaissent dans l'esprit de personnes prédisposées). La vocation de ces trésors cachés par Padmasambhava est de servir ultérieurement une fois que les terteuns, les révélateurs de trésors, les ont découverts et décryptés pour le bien des êtres. Cette transmission via les termas est le propre de l'école Nyingmapa, mais elle existe également dans le Youngdroung Bön. Elle joue un rôle de protection considérable puisque ces trésors servent à préserver les enseignements au cours de périodes défavorables. Ils ne sont redécouverts et intelligibles qu'en des temps propices.

Terres des bodhisattvas
(Skt. *bhumi*). Expression métaphorique pour désigner les étapes qui conduisent à l'état de bouddha. Les terres correspondent aux aspects de plus en plus stables de la maturation spirituelle, en l'absence croissante de l'ignorance subtile et des émotions pertubatrices qui voilent l'esprit pur. Les terres, au nombre de dix dans le Mahayana, coïncident avec les trois dernières phases du cheminement spirituel présenté selon une structure quintuple (les cinq voies) : 1. la voie du développement, 2. la voie de la jonction, 3. la voie de la vision (1re terre), 4. la voie de la méditation (2e à 10e terre), 5. la voie de l'accomplissement final (passage de la 10e terre au plein éveil).

Terre pure
Notion propre au Mahayana qui considère que les bouddhas dans leur infinie bonté manifestent des espaces-temps apparitionnels hors du samsara où les êtres qui les ont invoqués pourront renaître, disposant alors des conditions optimales à leur progrès spirituel jusqu'à l'éveil. Ces terres pures ne sont pas des domaines surnaturels ni des lieux au sein de lointaines galaxies, mais des états de paix et de félicité résultant d'une haute réalisation spirituelle et auxquels ne s'applique guère notre conception du temps et de l'espace. Le Mahayana, admettant un nombre incalculable de bouddhas, reconnaît l'exis-

tence d'une infinité de terres pures. L'une des plus importantes se nomme Sukhavati (« Terre pure de l'Ouest »). Manifestée par Amitabha, le bouddha « Lumière Infinie », elle est considérée comme un « quasi-nirvana ».

Terre pure (école de la) ou *amidisme*

Nom générique donné aux écoles du Mahayana répandues en Chine, en Corée, au Japon, au Vietnam et en Occident, et qui se caractérisent par la dévotion au bouddha Amitabha. On parle ainsi de culte d'Amitabha ou d'amidisme. Certaines d'entre elles considèrent que la foi et la seule récitation du nom de ce bouddha suffisent à assurer la renaissance en sa terre pure appelée Sukhavati (« Terre pure de l'Ouest »). La pratique principale de ces écoles consiste en la récitation de la formule *Namo 'mitabhaya Buddhaya* (skt.), « Hommage au bouddha Amitabha ». Au Japon, la formule sanskrite est devenue *Namu Amida Butsu* (« Hommage au bouddha Amida ») et sa pratique est nommée *nembutsu*. Bien que présente en Occident, l'école de la Terre pure est encore fort mal connue.

Tétralemme

Quatre propositions qui englobent l'ensemble des possibilités d'existence conceptuelle : [1] être, [2] non-être, [3] être et non-être à la fois, [4] ni être ni non-être. La proposition n° 3 pose un dilemme et maintient l'esprit dans l'analyse. Elle est renversée par la proposition n° 4 qui annule les deux éléments constitutifs du dilemme. Le tétralemme a une valeur purgative car il permet la suspension de la saisie conceptuelle, le quatrième niveau étant lui-même dépassé. Outil de la dialectique abolitive de Nagarjuna, maître du IIe siècle, à l'origine du Madhyamaka, la voie du Milieu.

Theravada (pali) / La tradition des Anciens ou la parole des Anciens

(Skt. *Sthaviravada*) Formé sur le mot *thera* qui désigne un titre attribué à celui qui a accompli dix ans de pratiques monastiques. Seule ramification existante du bouddhisme des origines, cette école est très répandue au Sri Lanka et dans l'Asie du Sud-Est. Bien qu'à forte coloration monastique, elle n'est en aucun cas réductible au « véhicule fondamental » (Hinayana). Elle a reçu l'influence du Mahayana et du Vajrayana, notamment au Cambodge.

Tiantai (ch.) / Les Terrasses du ciel

École chinoise fondée par Zhiyi (539-597), cette école opère une synthèse complexe des enseignements théoriques et pratiques du bouddhisme. / *Voir* Tendai *et* la fiche « Tiantai » p. 282.

Torma (tib.)

Figurine rituelle composée de farine et de beurre qui représente une déité ou sert d'offrande au cours d'un sadhana dans le Vajrayana.

Toxines mentales

Voir Émotions négatives.

Tradition

Ensemble des moyens qui donnent accès à l'harmonie, la paix, l'intelligence du cœur et le bonheur à leur niveau le plus profond. Au sein des lignées tibétaines, par exemple, l'origine de la tradition est considérée comme non humaine. Elle repose sur l'expérience de l'éveil dans sa dimension universelle et atemporelle. Elle n'est pas une doctrine figée qu'il faudrait apprendre mais une source d'inspiration qu'il convient d'actualiser à chaque instant en découvrant comment elle vit en nous et s'anime dans tous les domaines de notre existence.

Transmission de pouvoir (skt. abhisheka)

En sanskrit, « bain » ou « onction » et « transmission de pouvoir » en tibétain. Terme qui appartient au vocabulaire du Vajrayana et qui désigne une cérémonie d'habilitation rendant possible la pratique des tantras. Elle repose sur la connexion entre l'esprit du maître vajra (vajracarya) et celui du disciple. Pour recevoir la transmission, le disciple doit se présenter dans un état d'humilité et de nudité spirituelle. Pour cela, il abandonne le refuge du moi égoïste et tout a priori. Il devient un récipient vacant en lequel se dépose le pouvoir vivant de la lignée spirituelle. À partir de cette nouvelle situation, il est possible de s'engager dans un sadhana, la pratique d'une déité. En Occident, le terme « initiation » est devenu synonyme de transmission de pouvoir.

Trente-deux marques majeures et quatre-vingts signes mineurs

Marques et signes physiques qui témoignent de la présence du corps d'expérience parfaite ou sambhogakaya (voir Trois corps d'un bouddha). Ils renvoient aux qualités spécifiques au corps universel du Bouddha et illustrent la vision du Mahayana qui le perçoit dans sa dimension d'absolu en tant qu'éveil omniprésent et atemporel. Le symbolisme du corps humain met ainsi en scène l'analogie de la forme humaine et de la dimension universelle, du formel et du sans forme. Ces marques et signes physiques revêtent une grande importance dans l'iconographie, jouant, dans une certaine mesure, le rôle d'un alphabet symbolique. Parmi les trente-deux marques majeures les plus apparentes dans l'iconographie figurent entre autres : grande taille et droiture du corps, pieds et mains marqués d'une roue, longues et belles mains, tête et épaules bien rondes et touffe de poils entre les sourcils (symbole de « l'œil de la vision immédiate »), l'auréole qui entoure la tête et le corps, signe de la dimension sacrée du Bouddha et marque du rayonnement de son énergie spirituelle. Les quatre-vingts signes mineurs donnent des précisions quant à certaines parties spécifiques du corps, sa stature, son élégance : réseau veineux non apparent, peau sans tache ni grain de beauté, chevelure épaisse, ventre non protubérant, démarche gracieuse, par exemple.

Triple apprentissage

Les trois aspects interdépendants du cheminement spirituel : l'autodiscipline (shila), la méditation (samadhi) et la connaissance supérieure (prajna). Pour le Theravada, prajna est le fruit de l'autodiscipline et de la méditation. Sans l'établissement d'une base éthique solide, le progrès spirituel ne peut s'accomplir. Dans le Vajrayana et le Mahamudra-Dzogchèn, seule la connaissance suprême est en mesure de sublimer les deux autres.

Triple corbeille (skt. Tripitaka ; pali Tipitaka)
Les trois grandes parties du corpus bouddhique : le Vinaya (corbeille de la discipline), les Sutras (corbeille des textes), l'Abhidharma (corbeille de « l'enseignement supérieur »).

Trois corps d'un bouddha (skt. trikaya)
Les trois dimensions de l'état de bouddha ou triple manifestation du principe d'éveil.

- Le *dharmakaya*, le corps absolu ou corps de la réalité. Il correspond à l'épuisement des illusions, une fois la vacuité de toute chose réalisée. C'est l'esprit pleinement éveillé qui se manifeste en tant que *sambhogakaya* et *nirmanakaya*.
- Le *sambhogakaya*, le corps d'expérience parfaite ou de béatitude en lequel se vit la plénitude des qualités éveillées. Il ne se manifeste qu'aux personnes ayant un haut degré de réalisation spirituelle.
- Le *nirmanakaya*, le corps de manifestation de l'esprit éveillé ou corps d'émanation qu'adopte un bouddha pour apparaître aux êtres prisonniers du samsara et les aider jusqu'à la réalisation du parfait éveil.

Les trois corps désignent le fruit de la voie et les qualités de la bouddhéité. Le dharmakaya est accomplissement de soi et concerne notre bien propre. Nirmanakaya et sambhogakaya sont voués au bien de tous les êtres et sont appelés le corps de forme (rupakaya). Pour souligner l'unité de ces trois dimensions, on parle du svabhavakaya ou corps d'unité essentielle. Il désigne l'expression de la suprême félicité. Le Vajrayana adjoint parfois deux autres corps au trikaya : le corps de l'éveil manifeste (abhisambodhikaya) et le corps de diamant (vajrakaya).

Trois étapes de l'analyse du réel
Selon le Madhyamaka shèntong et la tradition tibétaine du Mahamudra, ces trois étapes désignent les différentes pédagogies complémentaires adoptées par le Bouddha pour venir en aide aux êtres.

- Étape de « l'analyse moindre » : *tout existe* (base de la vision du Hinayana).
- Étape de « l'analyse médiane » : *rien n'existe comme nous le concevons* (base de la vision du Mahayana).
- Étape de « l'analyse profonde » : *seule existe la claire lumière* (base de la vision du Vajrayana).

Voir Trois tours de la roue du Dharma.

Trois étapes de la compréhension
- l'écoute et/ou l'étude du Dharma (l'enseignement),
- la réflexion sur le sens de cet enseignement,
- la pratique de la méditation afin d'en expérimenter le sens et d'en acquérir la compréhension directe.

Ces trois étapes, menées conjointement, participent au développement de la connaissance supérieure (prajna). Chacune accroît l'efficacité des deux autres. Toutefois, selon les dispositions de chacun, l'accent peut être mis sur telle ou telle phase. Les deux premières font appel à l'intelligence conceptuelle. La dernière repose sur l'expérience immédiate.

Trois joyaux

Bouddha (l'Éveillé, l'éveil, notre réalité essentielle), Dharma (l'enseignement du Bouddha), Sangha (la communauté qui met en pratique cet enseignement). La nature des trois joyaux correspond aux trois qualités de l'éveil : ouverture, clarté, compassion. Les trois joyaux font l'objet de l'entrée en refuge. À la fin de sa vie, le Bouddha a enseigné que les trois joyaux se trouvaient dans le cœur des êtres et qu'il était inutile de les chercher à l'extérieur. / *Voir* Refuge *et* Trois racines.

Trois marques de l'existence conditionnée (skt. *trilakshana*)

Désigne les trois caractéristiques de tous les phénomènes du samsara (ou phénomènes composés) : 1. Tous les phénomènes composés sont impermanents ; 2. Tout ce qui est lié aux toxines mentales est souffrance ; 3. Aucun phénomène n'a d'existence propre (non-soi, vacuité).

Trois natures

Enseignement relatif au troisième tour de la roue du Dharma et exposé en particulier dans le « Sutra du dévoilement du sens profond » (*Sandhinirmocanasutra*) et le « Sutra de l'entrée à Lanka » (*Lankavatarasutra*). Expression qui désigne les trois caractéristiques des phénomènes : la nature imaginaire, la nature dépendante, la nature parfaitement établie. Avec la notion de conscience fondamentale (alayavijnana), cet enseignement constitue l'un des éléments essentiels de l'approche cittamatra de la vacuité. / *Voir* Cittamatra.

Trois poisons

Ignorance (avidya), désir (trishna), colère (krodha) (au niveau relationnel : indifférence, attachement, aversion). Ils constituent les trois poisons fondamentaux de l'esprit symbolisés respectivement dans l'iconographie tibétaine par le porc, le serpent et le coq. Ils figurent au centre de la roue de la vie. Selon la tradition indo-tibétaine, ces souillures n'appartiennent pas à l'état primordial et pur de l'esprit qui est claire lumière. Par conséquent, elles sont superficielles et temporaires. La pratique consiste en particulier à les dissoudre. Alors que le désir et la colère sont passagers, l'ignorance a des racines beaucoup plus profondes et s'avère, par conséquent, plus difficile à surmonter. / *Voir* Ignorance, Désir, Colère *et* Émotions négatives.

Trois racines

Spécificité du Vajrayana, les trois racines constituent le refuge essentiel (*voir* Trois joyaux *et* Refuge). Il s'agit du maître, de la déité d'élection (yidam), des dakinis de sagesse et des protecteurs.

Trois tours de la roue du Dharma

La tradition bouddhique tibétaine considère que le bouddha Shakyamuni a donné durant sa vie trois cycles d'enseignement. Complémentaires, ils marquent les étapes de la progression dans l'entraînement de l'esprit et la compréhension de sa nature. Le premier cycle traite en particulier du non-soi, de l'impermanence et des quatre nobles vérités. Il vise à développer le discernement en vue de mettre fin à la fiction du soi et à l'attachement qu'elle provoque. Le deuxième expose la vacuité et l'interdépendance. Il a pour finalité d'aider les disciples à se débarrasser des fixations dualistes en réalisant le mode d'existence réelle des phénomènes. Lors du troisième tour de roue, le Bouddha a enseigné la nature de bouddha présente en tout être, les trois natures et le « tout est l'esprit un ». Cet enseignement vise à relier l'esprit à ses qualités éveillées, expressions de la plénitude de la vacuité. La compréhension de ce troisième cycle est fondamentale pour les pratiques méditatives incluant les tantras, le Mahamudra et le Dzogchèn.

Tulkou (tib.) / Corps de manifestation d'un bouddha

Tulkou est le composé de *tul* qui signifie « manifestation » ou « émanation », et de *kou* que l'on peut traduire par « corps ». Ainsi, tulkou désigne le corps d'émanation qu'un grand maître défunt rend manifeste pour venir en aide aux êtres. Ce terme désigne aussi un titre honorifique. Le système des tulkous n'existait pas dans l'Inde ancienne. Au Tibet, il est à l'honneur depuis le XIIIe siècle. La lignée des Dalaï-Lamas et des Karmapas, en particulier, repose sur ce processus de transmission.

Upanishads (skt.)

Textes de nature mystique et philosophique, dont les plus anciens se rattachent au *Veda* et contiennent les visions métaphysiques du brahmanisme. Les premières *Upanishads* apparaissent aux alentours du VIIIe siècle avant notre ère. Elles représentent la « voie de la connaissance » (skt. *jnana-marga*) et forment l'assise du Vedanta.

Vacuité (skt. shunyata)

La véritable nature des phénomènes. Aucun phénomène n'est une entité autonome, indépendante et perdurante. Tous les phénomènes résultent d'un concours de causes et de conditions ; ils dépendent tous les uns des autres. En ce sens, toute chose est vide, c'est-à-dire vide d'une nature qui lui soit propre. Cette véritable nature des phénomènes est ultimement vide de toute notion conceptuelle de ce qu'elle pourrait être, y compris la notion de vacuité elle-même. Notion centrale dans le grand véhicule (Mahayana), elle est exposée dans les « Sutras de la connaissance transcendante » (*Prajnaparamitasutras*). Elle a pour corollaire les enseignements sur l'interdépendance et le non-soi.

Dans le Vajrayana, shunyata désigne aussi le principe féminin, le domaine incréé et sans fin, omniprésent comme l'espace, la matrice de tous les phénomènes. Cette matrice est fécondée par l'aspect dynamique et masculin de la claire lumière. Leur union non duelle, vide lumineux ou luminosité vide, est la plénitude du pur esprit.

Vaibhashika (skt.) / École des particularistes
Elle remonte au IIIe siècle avant notre ère et soutient une approche réaliste-substantialiste du réel. Selon la classification tibétaine, elle est, avec le Sautrantika, conforme à l'enseignement du véhicule fondamental (Hinayana). Pour les Vaibhashikas, les particules et les moments infimes de conscience, tous deux insécables, sont établis comme réalité ultime. Les phénomènes composés, facilement perçus par nos sens, ne sont qu'apparences et constituent la réalité relative.

Vaisheshika (skt.)
(De *visheha*, la « particularité ») L'un des six darshanas (« visions » ou « points de vue sur la réalité ») brahmaniques. Point de vue dualiste qui dresse une classification des différents éléments (matériels et mentaux) constitutifs de l'univers et élabore une première conception atomiste.

Vajra (skt.) / Diamant, sceptre
(Tib. *dordjé*) Issu de la mythologie brahmanique, le vajra est un foudre dur comme le diamant. Il sert d'arme aux dieux. Dans le Vajrayana, c'est un objet rituel qui prend la forme d'un double sceptre représentant le principe masculin. Il comporte une, trois, quatre ou cinq pointes. Symbole de la compassion et des moyens habiles, il est tenu dans la main droite au cours des rituels. Le vajra est associé à la clochette (*voir* Ghanta), symbole de la connaissance transcendante et de la vacuité. On parle également de « nature vajra » pour souligner le caractère indestructible et clair de la santé fondamentale, l'état d'éveil.

Vajracarya (skt.) / Maître vajra
Personne investie du pouvoir d'enseigner et de transmettre la tradition du Vajrayana. / *Voir* Lama.

Vajradhara (skt.) / L'un des noms attribués au bouddha primordial
Nom attribué au bouddha primordial dans les tantras de la seconde diffusion du Dharma au Tibet. Il représente l'archétype des cinq « bouddhas victorieux » et des cinq familles de bouddhas. À l'origine de toutes les lignées du Mahamudra, il représente la source non humaine des enseignements dans l'école Kagyupa. Souvent représenté dans les tantras sous l'apparence d'un enfant ou d'un adolescent à la peau d'un bleu profond et vêtu de soieries multicolores. Cette description souligne combien l'éveil est l'éternelle jeunesse, la fraîcheur et la spontanéité libre de toutes les préoccupations du mental, en même temps que la richesse de tous les possibles.

Vajrayana (skt.) / Véhicule de diamant ou Voie adamantine
L'un des trois véhicules (yana) du bouddhisme. *Vajra* est traduit par « foudre » pour insister sur la fulgurance des méthodes tantriques ou par « adamantin » pour rappeler la nature pure, indestructible et très précieuse de l'esprit, semblable ainsi au diamant. Prolongement naturel du Mahayana (grand véhicule), le Vajrayana est fondé sur le principe de transmutation des passions en sagesses, leur véritable nature. Il considère que la claire lumière, nature de bouddha

non née, est d'office présente en notre esprit. Cette nature de bouddha (le fruit de la pratique) devient le support et le moyen de progression. C'est pourquoi on qualifie le Vajrayana de « véhicule du fruit ». Ses méthodes ou moyens habiles, exposés dans les textes nommés tantras, mettent l'accent sur le sadhana, la pratique rituelle d'une déité d'élection. Le Vajrayana permettrait d'atteindre l'éveil en une seule vie. On parle alors de « voie abrupte » pour désigner le caractère radical et tranchant de ses méthodes. Cette efficacité ne laisse pas entendre qu'il s'agit d'une « voie rapide » au sens où nous concevons aujourd'hui la rapidité. Originaire de l'Inde, il s'est répandu au Tibet, en Chine, au Japon et en Asie du Sud-Est.

Varna (skt.)

Désigne les quatre classes fonctionnelles de la société védique au moment où la religion indienne entre dans sa phase appelée *brahmanisme* : les brahmanes, les kshatriyas (guerriers et souverains), les vaishyas (agriculteurs, artisans) et les shudras (serviteurs). Seules les trois premières sont admises au rituel védique et aux initiations.

Veda (skt.)

Littéralement « Savoir ». Corpus de textes qui constituent l'« audition » de la parole sacrée révélée aux voyants de l'aube des temps. Le *Veda* est le livre sacré des peuplades de langue indo-européenne venues d'Asie centrale et qui pénètrent en Inde dès le deuxième millénaire avant notre ère. Composé par développements successifs (de – 1500 à – 500 environ), il comprend pour l'essentiel des prières, des invocations, des hymnes, des mantras qui accompagnent les rituels et des commentaires dont des traités sur les rites sacrificiels mais aussi des textes de nature mystique et philosophique (les *Upanishads* les plus anciennes). On distingue habituellement quatre grands groupes de textes ou quatre *Vedas* : le *Rig-Veda*, le *Sama-Veda*, le *Yajur-Veda* et l'*Atharva-Veda*.

Vedanta (skt.)

Littéralement, « fin du *Veda* » au sens de fin historique et de finalité métaphysique. L'un des six darshanas (« visions » ou « points de vue sur la réalité ») brahmaniques. Le Vedanta représente un courant de pensée où se croisent des points de vue divers façonnés au gré des commentateurs. Les premiers représentants de cette vision privilégient les *Upanishads* qui mettent l'accent sur le caractère illusoire de l'ego, et l'identité foncière de l'atman (le soi) et du Brahman (l'Absolu). Le grand maître de l'Advaïta-vedanta (l'approche non dualiste du Vedanta) est Shankara (v. VIIe-IXe s.). Il n'aura de cesse d'expliquer la non-dualité entre le Brahman et l'atman, et d'affirmer que tout est réalisé. Il n'y a donc aucun but à atteindre, juste à dissoudre l'ignorance qui masque cette évidence. Le fort développement du Vedanta coïncide avec le déclin du bouddhisme en Inde et le renouveau d'un hindouisme en quête de ses racines les plus profondes.

Védisme

Stade le plus ancien de la religion et de la civilisation indiennes formé à l'époque du *Veda*.

Vijnanavada (skt.)
Voir Cittamatra.

Vinaya (skt. et pali) / Corbeille de la discipline
Littéralement « éducation, conduite juste ». Corbeille du corpus bouddhique qui rassemble les règles éthiques indispensables à la vie harmonieuse au sein de la communauté (Sangha).

Vipashyana (skt.) / Vision claire ou vision profonde
(Pali *vipassana*, tib. *lhaktong*) *Vi-*, « supérieur » ; *pashyana*, « vision ». Ce terme désigne une pratique méditative qui est la seule, selon le corpus pali, à pouvoir donner accès au nirvana. Elle vise à susciter la compréhension de l'impermanence et du non-soi. Dans le Mahayana, vipashyana est la pratique méditative qui permet à l'esprit de développer la compréhension de son fonctionnement et de reconnaître sa véritable nature. Cette pratique s'effectue sur la base de l'état de tranquillité (*voir* Shamatha). On distingue « vipashyana analytique » qui permet d'acquérir la certitude que le soi (atman) n'a aucun fondement et « vipahsyana contemplatif » qui correspond à la suspension de l'analyse, le fait de laisser l'esprit dans son état naturel. On parle de l'union de shamatha-vipashyana pour signaler l'importance d'un développement conjoint du calme mental et de l'expérience d'ouverture et de clarté : tranquillité et vision claire étant des caractéristiques de l'état naturel. Le terme vipashyana désigne également la conscience panoramique qui favorise l'épanouissement de la sagesse dans toutes les situations de la vie.

Visage originel (ou *originaire*)
Expression métaphorique employée dans le Zen pour désigner la nature de bouddha présente en tous les êtres. On parle aussi du « visage que nous avions avant la naissance de nos parents », de la « personne originelle » et chez Dôgen du « village natal ». Ces formules renvoient à l'état fondamental de l'esprit avant que ne soient réunies les conditions de l'illusion dualiste.

Vishnu (skt.)
Dieu solaire, protecteur de l'univers, une des personnifications de l'Absolu dans l'hindouisme.

Voiles
Fruits de la confusion, les voiles recouvrent l'état naturel de l'esprit sans jamais affecter sa nature. Ils permettent l'avènement et le maintien du samsara. On en distingue quatre : le voile de l'ignorance (absence de connaissance de la véritable nature de l'esprit) ; le voile de la saisie dualiste (naissance du référent « je » [pôle sujet] et des « autres » [pôle objet]) ; le voile des émotions négatives (les trois types de relation entre les deux pôles [attraction, répulsion, indifférence] correspondant aux trois poisons fondamentaux de l'esprit [désir, colère, ignorance]) ; le voile du karma (produit des actes [négatif, positif, neutre]).

Yama (skt.)
Divinité de la mort dans la mythologie hindoue. Son symbolisme est retravaillé dans les représentations de la roue de la vie. Là, il prend l'apparence d'un monstre au regard courroucé, la tête auréolée d'une couronne de crânes. Symbole de l'impermanence, il maintient la roue dans ses griffes et ses crocs acérés.

Yidam (tib.)
Voir Déité.

Yoga (skt.)
L'un des six darshanas (« visions » ou « points de vue sur la réalité ») brahmaniques dont l'origine serait antérieure aux civilisations de la vallée de l'Indus (Mohenjo-Daro et Harappa, environ IIIe millénaire avant notre ère) qui en attestent la présence. Mot formé sur la racine indo-européenne *juj* que l'on retrouve dans « joug », « joindre » ou « yoke » en anglais qui signifie « attelage ». Fondée sur une approche philosophique qui puise en particulier dans le Samkhya et le Vedanta, cette voie consiste en un entraînement du corps et de l'esprit donnant accès à la délivrance (moksha), à l'état d'union à notre nature véritable. Cet entraînement se fait sous la direction d'un maître. Fondé sur une vie sobre et vertueuse, il s'effectue en des lieux solitaires et implique la maîtrise du souffle et des multiples obstacles mentaux. Cette voie a connu de multiples développements (hatha-yoga, kriya-yoga, raja-yoga, jnana-yoga, etc.), chacun recourant à des méthodes propres.

■ Dans le Dharma, et particulièrement dans la tradition tibétaine, le terme désigne un ensemble d'exercices qui associent le corps, la parole et l'esprit en des méditations dynamiques. Il désigne également certaines méthodes mises en œuvre dans la pratique d'une déité (*voir* Sadhana). Ultimement, il a le sens d'union à l'état naturel de simplicité. / *Voir* État naturel.

Yogacara (skt.)
Voir Cittamatra.

Yogi (skt.)
Apprenti du yoga ou pratiquant d'un sadhana dans le Vajrayana.

Youngdroung Bön (tib.) / L'une des cinq écoles tibétaines
Fondé par Tönpa Shenrab Miwoché, un éveillé qui se serait manifesté en ce monde il y a environ dix-huit mille ans. Cette tradition reprend l'ensemble des sutras et des tantras, et partage avec l'école Nyingmapa la transmission du Dzogchèn, ou « Grande Perfection ». Les enseignements böns comprennent trois cycles : (1) les Neuf Voies du Bön, (2) les Quatre Portails et le Trésor unique, (3) les préceptes extérieurs, intérieurs et secrets. En 1988, le Dalaï-Lama a estimé qu'il était important d'ajouter le Youngdroung Bön aux quatre écoles tibétaines : Nyingmapa, Sakyapa, Kagyupa et Guélougpa. / *Voir* la fiche « Youngdroung Bön » p. 311.

Zazen (jap.)

Pratique de la méditation assise dans le Zen (de *za* « être assis »). Ce terme se compose de deux idéogrammes très évocateurs. Le premier (*za*), qui représente une balance, suggère l'équilibre et la stabilité. Le second (*zen*) évoque la globalité, la communion avec le réel tel quel. Pratique extrêmement dépouillée, zazen consiste à rester assis immobile et en silence dans la posture du lotus ou du demi-lotus, en étant libre de toute fixation mentale, sans attendre aucun résultat, en demeurant simplement présent à l'expérience. Zazen permet de découvrir la richesse insondable de la nature humaine et d'actualiser l'éveil.

Zen (jap.)

Transcription japonaise du terme chinois *chan*, lui-même transcription du sanskrit *dhyana* (état de recueillement). École japonaise issue du Chan chinois qui met l'accent sur la pratique de la méditation assise (*voir* Zazen) et l'expérience directe de l'éveil. Il existe trois courants principaux : le Zen Rinzai, le Zen Sôtô et le Zen Ôbaku.

Zen Ôbaku (jap.)

L'une des trois principales branches du Zen. Fondé au milieu du XVIIe siècle par le moine chinois Yinyuan Longqi (jap. Ingen Ryûki), son enseignement est très proche de celui de l'école Zen Rinzai. L'une de ses spécificités est d'associer la pratique de la méditation assise (zazen) à la récitation du *Nembutsu*, formule d'hommage au bouddha « Lumière Infinie » (Amida). Cette récitation est l'une des pratiques caractéristiques des écoles de la Terre pure. Aujourd'hui, le Zen Ôbaku est la plus petite école du Zen.

Zen Rinzai (jap.)

L'une des trois principales branches du Zen. Fondé à la fin du XIIe siècle par le moine Eisai, de l'école Tendai, le Zen Rinzai accorde une grande importance à l'étude systématique des kôans. Il a donné naissance au code chevaleresque des samouraïs (le bushidô) ainsi qu'à la « voie du thé » (chadô), la « voie des fleurs » (ikebana) et l'art des jardins.

Zen Sôtô (jap.)

L'une des trois principales branches du Zen. Le grand maître Dôgen (1200-1253) est à l'origine de cette école qui insiste sur la discipline et la pratique de la méditation assise (zazen).

Bibliographie

Après les sections « Dictionnaires/Encyclopédies » et « Introduction au bouddhisme », les ouvrages sont classés, dans la mesure du possible, en fonction des quatre parties du livre et des annexes. Pour alléger un peu l'ensemble, je n'ai pas systématiquement cité le nom des traducteurs. Qu'ils m'en excusent.

- **Dictionnaires / Encyclopédies**

    Cornu Philippe, *Dictionnaire encyclopédique du bouddhisme*, Éd. du Seuil, 2001, éd. augmentée 2006.
    Dictionnaire du bouddhisme, Encyclopædia Universalis, 1999.
    Dufour Michel Henri, *Dictionnaire pâli-français du bouddhisme originel*, Éd. Les Trois Monts, 1998.
    Frédéric Louis, *Dictionnaire de la civilisation indienne*, Robert Laffont, 1987.
    Le monde du bouddhisme, sous la dir. d'H. Bechert et R. Gombrich, Thames & Hudson, 2001.
    Tcheuky Sèngué, *Petite encyclopédie des divinités et symboles du bouddhisme tibétain*, Éd. Claire Lumière, 2002.

- **Introduction au bouddhisme**

    Bancroft Anne, *Le Bouddha parle*, extraits recueillis et mis en forme par Anne Bancroft, Publications Kunchab, 2001.
    Bareau André, *La voix du Bouddha*, Philippe Lebaud Éditeur – Éd. du Félin, 2001 (cet ouvrage rassemble plusieurs textes fondamentaux du bouddhisme).
    Chögyam Trungpa, *Le mythe de la liberté et la voie de la méditation*, Éd. du Seuil, 1979.
    – *Méditation et action*, Éd. du Seuil, 1972.
    Conze Edward, *Le bouddhisme dans son essence et son développement*, Petite Bibliothèque Payot, P223, 1995.
    Dalaï-Lama (Sa Sainteté le), *Introduction au bouddhisme tibétain*, Dervy-Livres, 1971-1981.
    – *Cent éléphants sur un brin d'herbe*, Éd. du Seuil, 1991.

– *Océan de sagesse*, Presses Pocket, 1988.
– *Le sens de la vie, réincarnation et liberté*, Dangles, 1996.
– *La voie de la lumière. Une introduction au bouddhisme*, Éd. J'ai lu 5370/K, 2000.
– *Le pouvoir de la bonté*, Presses du Châtelet, 2004.
DESJARDINS Arnaud, *Le message des Tibétains, le vrai visage du tantrisme*, La Table Ronde, 1966, rééd. 1991.
GYALWANG DRUKPA (le XIIe), *Pour comprendre la voie bouddhiste*, Éd. Claire Lumière, 2000.
HARVEY Peter, *Le bouddhisme (enseignements, histoire, pratiques)*, Éd. du Seuil, 1993.
Himalaya bouddhiste, ouvrage conçu par M. Ricard, D & O. Föllmi et B. Nacci, Éd. de la Martinière, 2002.
KHENPO KARTHAR RINPOTCHÉ, *Bases du bouddhisme (tradition tibétaine)*, Éd. Claire Lumière, 1997.
LAMA DENYS TEUNDROUP, *Le Dharma et la vie*, Albin Michel, 1993.
– *La Voie du bonheur*, Actes Sud, 2002.
Pour comprendre le bouddhisme. Une initiation à travers les textes essentiels, rassemblés et commentés par Samuel Bercholz et Sherab Chödzin John, Robert Laffont, 1993.
LAMA KARTA, *Prendre refuge dans le Bouddha*, Éd. Kunchab, 2004.
SILBURN Lilian (textes traduits et présentés sous la dir. de), *Le bouddhisme*, Fayard, 1977 (rééd. sous le titre *Aux sources du bouddhisme*, 1997).
SMEDT Marc de, *Sur les pas du Bouddha*, Albin Michel, 1991.
THICH NHAT HANH, *La paix, un art, une pratique. Approche bouddhique*, Centurion, 1991.
108 perles de sagesse du Dalaï-Lama pour parvenir à la sérénité, recueillies et présentées par Catherine Barry, Presses de la Renaissance, 2006.

Première partie
Le bouddhisme en Inde

• **Perspectives historiques et merveilleuses**

Biographie traditionnelle du Bouddha

Choix de Jâtaka, extrait des vies antérieures du Bouddha, Gallimard, coll. « Connaissance de l'Orient », 1953.
FOUCAUX P. E. (DE), *Le Lalitavistara. L'histoire traditionnelle de la vie du Bouddha Cakyamuni*, Les Deux Océans, 1988.
KSHEMENDRA, *La Liane magique : Les hauts faits du Bodhisattva contés par le Bouddha pour expliquer la production interdépendante*, Éd. Padmakara, 2001 (version tibétaine des « vies antérieures » du Bouddha).
Lalitâvistara, Éd. Sand, coll. « Sagesse et Spiritualité », 1996.
TARANATHA, *Le Soleil de la Confiance, la vie du Bouddha*, Éd. Padmakara, 2003.

Le bouddha Shakyamuni et ses disciples immédiats

BROSSE Jacques, *Le Bouddha*, Éd. Pygmalion/Gérard Watelet, coll. « Chemins d'Éternité », 1997.

COMBRÉ Véronique, *Le Bouddha*, Éd. Desclée de Brouwer, 2000.
FRÉDÉRIC Louis, *Bouddha en son temps*, Éd. du Félin, 1994.
NYANAPONIKA THERA, HECKER H., *Les grands disciples du Bouddha*, 2 tomes, Éd. Claire Lumière, 1999.
SCHUMANN Hans Wolfgang, *Le Bouddha historique*, Éd. Sully, 2001.
S.E. SHARTSÉ TCHEUDJÉ RINPOTCHÉ LONGRI NAMGYEL, *Les douze actes principaux du Bouddha Shakyamuni*, Éd. Dervy, 2000.
THICH NHAT HANH, *Sur les traces de Siddharta*, J.-C. Lattès, 1996.
WIJAYARATNA Môhan, *Le dernier voyage du Bouddha*, Éd. Lys, 1998 (traduction intégrale du *Mahaparinibbana-sutta*, sutta du corpus pali qui relate la dernière année de la vie du Bouddha).

Le bouddhisme en Inde

ALBANESE Marilia, *L'Inde ancienne*, Éd. Gründ, 2001.
BISQUET Gérard et Clarisse, *Voyage dans l'Inde du Bouddha : Bodh-Gaya, Nalanda, Rajgir*, Éd. Claire Lumière, 2001.
LAMOTTE Étienne, *Histoire du bouddhisme indien. Des origines à l'ère Shaka*, Université de Louvain, Institut orientaliste, 1976.

• Cosmologie

JAMGÖN KONGTRUL LODRÖ TAYÉ, *Buddhist Cosmology in Abhidharma, Kalacakra and Dzog-chen*, Snow Lion Publications, New York, 1995.
VASUBANDHU, *Abhidharmakosha*, traduit et annoté par L. de La Vallée Poussin, nouvelle édition par Étienne Lamotte, Institut belge des Hautes Études chinoises, « Mélanges chinois et bouddhiques », Bruxelles, 1980, tome II, chap. 3.
SADAKATA AKIRA, *Cosmologie bouddhique. Origines et philosophie*, Éd. Sully, 2002.
Tibet, la Roue du temps – Pratique du mandala, Actes Sud, 1995.

Deuxième partie
Le bouddhisme dans le monde

Cambodge

TAURIAC Michel, *Angkor. Gloire, chute et résurrection*, Éd. Perrin, 2002.

Tibet

BARRAUX Roland, *Histoire des Dalaï-Lamas. Quatorze reflets sur le lac des visions*, Albin Michel, 1993.
CHÖGYAM TRUNGPA, *Né au Tibet*, Éd. du Seuil, 1991.
DESHAYES Laurent, *Histoire du Tibet*, Fayard, 1997.
LAMA ANAGARIKA GOVINDA, *Le chemin des nuages blancs. Pèlerinages d'un moine bouddhiste au Tibet (1932-1949)*, Albin Michel, 1976.

NAMKHAÏ NORBU RINPOCHÉ, *Le collier de gZI. Une histoire culturelle du Tibet*, Communauté Dzogchèn France, 1991.
STEIN Rolf A., *La civilisation tibétaine*, L'Asiathèque, 1987.
VAN GRASDORFF Gilles, *La nouvelle histoire du Tibet*, Perrin, 2006.

• Bouddhisme et Occident

ALMOND Philip, *The British Discovery of Budhism*, Cambridge University Press, 1988.
BUTIGIEG CORINNE (textes), PARINET ALAIN (photographies), *Les bouddhismes en France*, Éd. Ouest-France, 2001.
BUTIGIEG Corinne (textes), SHAW DORIAN (photographies), *Le Lotus et La Roue. L'émergence du bouddhisme français*, Éd. du Rouergue, 2003.
DE GIVE Bernard, *Les rapports de l'Inde et de l'Occident. Des origines au règne d'Ashoka*, Les Indes Savantes, 2005.
FIELDS Rick, *How the Swans Came to the Lake. A Narrative History of Buddhism in America*, 3e éd., Shambhala, Boston et Londres, 1992.
LENOIR Frédéric, *La rencontre du bouddhisme et de l'Occident*, Fayard, 1999.
– *Le bouddhisme en France*, Fayard, 1999.
MAGNIN Paul, *Bouddhisme : unité et diversité*, Le Cerf, 2003.
SCHNETZLER J.-P., « La réception du bouddhisme en Occident. Présent et futur », dans *Lumières sur la voie bouddhique de l'Éveil*, Connaissance des religions n° 61/64, L'Harmattan, janvier-décembre 2001, p. 1-16.

Réflexions de fond sur la rencontre du bouddhisme et de l'Occident

BATCHELOR Stephen, *Le bouddhisme libéré des croyances*, Bayard, 2004.
MIDAL Fabrice, *Quel bouddhisme pour l'Occident ?*, Éd. du Seuil, coll. « La couleur des idées », 2006.
SOGYAL RINPOCHÉ, *L'avenir du bouddhisme et autres textes*, La Table Ronde, 2003.

Politique/géopolitique

DELVERT Jean, *Le Cambodge*, PUF, « Que sais-je ? », 1998.
FÉRAY Richard, *Le Vietnam*, PUF, « Que sais-je ? », 2001.
GALLAND Xavier, *Histoire de la Thaïlande*, PUF, « Que sais-je ? », 1998.
LOGIER Raphaël, *Le bouddhisme mondialisé. Une perspective sociologique sur la globalisation du religieux*, Ellipses, 2003.
ROSTERMUND Hastmond, *L'Asie orientale et méridionale*, PUF, 1999.
THUAL François, *Géopolitique du bouddhisme*, Éd. des Syrtes, « Le compas dans l'œil », 2002.
VICTORIA Brian, *Le Zen en guerre, 1868-1945*, Éd. du Seuil, 2001.

• Sur les différentes traditions et écoles

Tradition des Anciens (Theravada)

AJAHN CHAH (The collected teachings of), *Food for The Heart*, Wisdom Publications, Boston, 2005.

AYYA KHEMA, *Being Nobody, Going Nowhere. Meditations on Buddhist Path*, Wisdom Publications, Boston, Revised Edition, 2005.
Entretiens de Milinda et Nagasena (trad. du *Milinda-panha*), coll. « Connaissance de l'Orient », NRF Gallimard, 1995.
KORNFIELD Jack, *Périls et promesses de la vie spirituelle*, La Table Ronde, 1998.
L'enseignement de Lêdi Sayadaw (Bouddhisme du Théravâda), Albin Michel, 1961.
Paroles du Bouddha tirées de la tradition primitive, Éd. du Seuil, 1991.
RAHULA Walpola, *L'enseignement du Bouddha d'après les textes les plus anciens*, Éd. du Seuil, 1978.
SAYADAW U PANDITA, *Dans cette vie même. Le chemin de la libération enseigné par le Bouddha*, Éditions Adyar, 2003.

Terre pure

ERACLE Jean, *Un bouddhisme pour tous, l'Amidisme*, Genève, Société bouddhique suisse Jôdo-Shinshû, 1976.
– *La doctrine bouddhique de la Terre pure*, coll. « Mystiques et religions », Dervy Livres, 1973.
– *Trois soûtras et un traité sur la Terre pure*, Éd. Aquarius, 1984 (épuisé).
SHINRAN, *Sur le vrai bouddhisme de la Terre pure*, Éd. du Seuil, 1994.

Chan

CARRÉ Patrick, *Les entretiens de Houang-po, maître Ch'an du IXe siècle*, Éd. du Seuil, 1993.
Entretiens de Lin-tsi, trad. du chinois et com. par Paul Demiéville, Fayard, 1972.
FA-HAI, *Le Soûtra de l'estrade du sixième patriarche Houei-neng (638-713)*, Éd. du Seuil, 1995. Texte fondateur de l'école Chan du Sud.
HERMÈS (ouvrage collectif), *Tch'an et Zen : racines et floraison*, Les Deux Océans, 1985.
KHOA Nguyen Huu, *Petite histoire du Tchan*, Éd. du Seuil, 1998.
NAN HUAI-CHIN, *L'expérience de l'éveil*, Commentaire du *Surangamasutra*, un sutra très prisé dans le Chan, Éd. du Seuil, 1998.

Zen

AITKEN Robert, *Agir zen. Une morale vivante*, Éd. du Relié, 2003.
Le traité de Bodhidharma, trad. et com. par Robert Faure, Éd. du Seuil, 2001.
BROSSE Jacques, *Satori, dix ans d'expérience avec un maître zen*, Albin Michel, 1984.
– *Zen et Occident*, Albin Michel, 1992.
– *Les maîtres zen*, Albin Michel, 2001.
– *L'univers du Zen. Histoire, spiritualité et civilisation*, Albin Michel, 2003.
DESHIMARU Taisen, *La pratique du Zen*, Robert Laffont, 1977, rééd. Albin Michel, 1981.
– *Questions à un maître zen*, Albin Michel, 1984.
– *L'anneau de la Voie*, Albin Michel, 1993.
– *Zen et vie quotidienne : la pratique de la concentration*, Albin Michel, 1995.
– *L'esprit du Ch'an. Aux sources chinoises du Zen*, Albin Michel, 2000.

DESJARDINS Arnaud, *Zen et Vedanta*, La Table Ronde, 1995 (interprétation védantique du *Shin Jin Mei* ou *Poème sur la foi en l'esprit*).
GLASSMAN Bernie, *Comment accommoder sa vie à la manière zen*, Albin Michel, 2002.
HERMÈS (ouvrage collectif), *Tch'an et Zen : racines et floraison, op. cit.*
KHOA Nguyen Huu, *Petite histoire du Tchan, op. cit.*
KASULIS Thomas P., *Le visage originel ou L'individu dans le bouddhisme zen*, Les Deux Océans, 1993.
LOW Albert, *Aux sources du Zen*, Éd. du Relié, 2001.
– *Se connaître, c'est s'oublier. Propos et enseignements zen*, Éd. du Relié, 1998.
MERTON Thomas, *Zen, Tao et nirvâna*, Fayard, 1970.
RECH Roland, *Moine zen en Occident. Entretiens avec Romana et Bruno Solt*, Albin Michel, 1994.
SEUNG SAHN, *Cendres sur le Bouddha*, Éd. du Seuil, 2002.
SHIBATA M., *Les maîtres du Zen au Japon*, Maisonneuve et Larose, 1995.
SMEDT Evelyn de, MOLLET Catherine, *Les patriarches du zen. Une anthologie*, Éd. du Relié, 2004.
SMEDT Marc de, *Le rire du tigre. Dix ans avec maître Deshimaru*, Albin Michel, 1985.
SUZUKI Daisetsu Teitaro, *Essais sur le bouddhisme zen*, 3 vol., Albin Michel, 1972, rééd. 2003.
– *Les chemins du Zen*, Éd. du Rocher, 1990.
– *Le non-mental selon la pensée zen*, Le Courrier du Livre, 1970.
– *Manuel de bouddhisme zen*, Éd. Dervy, 1999.
SUZUKI Shunryû, *Esprit zen, esprit neuf*, Éd. du Seuil, 1977.
WATTS Alan, *Le bouddhisme zen*, Petite Bibliothèque Payot, rééd. 1991.
Zen. Pratique et enseignement. Pratique et tradition. Civilisation et perspectives, Albin Michel, 1993.
Zen, racines et floraisons, Hermès, recueil de textes sur l'expérience spirituelle, sous la dir. de Lilian Silburn, Éd. des Deux Océans, 1995. Ensemble de textes et d'études sur les différents aspects du Chan, suivi d'œuvres de quelques grands maîtres du Zen.

Zen et arts martiaux

CLEARY Thomas, *La Voie du samouraï. Pratiques de la stratégie au Japon*, Éd. du Seuil, Sa 46, 1992.
DESHIMARU Taisen, *Zen et arts martiaux*, Seghers, 1977, rééd. Albin Michel, « Spiritualités vivantes », 1983.
Mystères de la sagesse immobile du Maître Takuan, traduits et commentés par Maryse et Masumi Shibata, Albin Michel, « Spiritualités vivantes », 1987.
PALMA Albert, *Geïdo. La voie des Arts martiaux. Du samouraï à l'artiste martial. Principes de l'esthétique et de la philosophie guerrière du Japon*, Albin Michel, 2001.
HERRIGEL E., *Le Zen dans l'art chevaleresque du tir à l'arc*, Dervy-Livres, 1981.

Traditions tibétaines (Vajrayana)

BLOFELD John, *Le bouddhisme tantrique du Tibet*, Éd. du Seuil, 1976.
BRAUEN Martin, *Mandala. Cercle sacré du bouddhisme tibétain*, Éd. Favre, 2004.

– *Les Dalaï-Lamas. Les 14 réincarnations du bodhisattva Avalokiteshvara*, Éd. Favre, 2006.
Chögyam Trungpa, *L'aube du Tantra*, Albin Michel, 1982.
– *Bardo. Au-delà de la folie*, Éd. du Seuil, 1995.
– *Folle sagesse*, Éd. du Seuil, 1993.
– *Le cœur du sujet*, Éd. du Seuil, 1993.
– *L'entraînement de l'esprit et l'apprentissage de la bienveillance*, Éd. du Seuil, 1998.
– *La sagesse de Shambhala*, Éd. du Seuil, 2002.
– *Shambala. La voie sacrée du guerrier*, Éd. du Seuil, 1990.
– *Voyage sans fin. La sagesse tantrique du Bouddha*, Éd. du Seuil, 1992.
Dalaï-Lama (le XIVe), *Le monde du bouddhisme tibétain. Sa philosophie et sa pratique*, La Table Ronde, 1996.
– *Pacifier l'esprit. Une méditation sur les Quatre Nobles Vérités du Bouddha*, Albin Michel, 1999.
– *Transformer son esprit. Sur le chemin de la sérénité*, Plon, 2002.
– *Vivre la méditation au quotidien*, Éd. Dawatshang, 1991.
Desjardins Arnaud, *Le message des Tibétains. Le vrai visage du tantrisme*, La Table Ronde, 1966 (rééd. en 1991).
Dilgo Khyentsé, *Le trésor du cœur des êtres éveillés*, Éd. du Seuil, 1996.
Kalou Rinpotché, *La voie du Bouddha selon la tradition tibétaine*, Éd. du Seuil, 1993.
– *Bouddhisme ésotérique*, Éd. Claire Lumière, 1993.
– *Instructions fondamentales. Introduction au bouddhisme Vajrayana*, Albin Michel, 1990.
– *Le Bouddha de la médecine et son mandala*, Éd. Marpa, 1997.
– *Yoga tibétain, Nangpé-yoga ou « yoga de l'intériorité »*, Éd. Prajna, Institut Karma Ling, 1998.
Lama Thoubten Yeshé, *L'espace du Tantra. Percevoir la totalité*, Éd. Vajra Yogini, 1994.
Midal Fabrice, *Mythes et dieux tibétains*, Éd. du Seuil, 2000.
– *Trungpa (Biographie)*, Éd. du Seuil, 2002.
Ray A. Reginald, *Indestructible Truth. The Living Spirituality of Tibetan Buddhism*, The World of Tibetan Buddhism, vol. 1, Shambhala, Boston et Londres, 2002.
– *Secret of the Vajra World. The Tantric Buddhism of Tibet*, The World of Tibetan Buddhism, vol. 2, Shambhala, Boston et Londres, 2002.
Tarthang Tulkou, *L'art intérieur du travail. Comment faire de son travail un art de vivre et un moyen d'épanouissement*, Éd. Dervy, 1993.
L'esprit caché de la liberté, Albin Michel, 1987.
Tucci G., *Théorie et pratique du mandala*, Fayard, 1974.

Youngdroung Bön

Tenzin Wamgyal, *Les prodiges de l'esprit naturel. L'essence du Dzogchèn dans la tradition bön originelle du Tibet*, Éd. du Seuil, 2000.

Tantrisme au Japon et en Chine (Shingon)

Coquet Michel, *Shingon. Le bouddhisme tantrique japonais*, Guy Trédaniel, 2004.
Kukaï, *La vérité finale des trois enseignements*, trad. et commentaires par A. George Grapard, Poiesis, 1985.
Maître Matsumoto Jitsudo, *Avec le Bouddha*, Guy Trédaniel, 1988.

Rambach Pierre, *Le Bouddha secret du tantrisme japonais*, Kira, Genève, 1978.
Ryujun Tajima, *Étude sur le Mahavairocanasutra*, Adrien Maisonneuve, 1936.
Strickmann Michel, *Mantras et mandarins. Le bouddhisme tantrique en Chine*, Gallimard, 1996.

Mahamudra et Dzogchèn

Voir la quatrième partie.

Troisième partie
Parole, encre, silence

• Traditions des origines (corpus pali)

The Minor Anthologies of the Pali Canon, The Pali Texts Society, Londres, 1985.
Canon bouddhique pâli (Tipitaka). Suttapitaka. Dîghanikâya, traduction partielle, Librairie d'Amérique et d'Orient, Jean Maisonneuve, 1989.
Crépon Pierre, *Les fleurs du Bouddha. Une anthologie du bouddhisme*, Albin Michel, 1991 (la première partie se compose de textes associés au bouddhisme des origines).
Dhammapada, les dits du Bouddha, Albin Michel, 1993 (nouvelle éd. 2004).
Dr Rewata Dhamma, *Le premier enseignement du Bouddha. Le sermon de Bénarès*, Éd. Claire Lumière, 1998.
Wijayaratna Môhan, *Les entretiens du Bouddha*, La traduction intégrale de 21 textes du canon bouddhique, Éd. du Seuil, 2001.
– *Sermons du Bouddha*, La traduction intégrale de 20 textes du canon bouddhique, Éd. du Seuil, 2006.

• Sutras (Mahayana)

Crépon Pierre, *Les fleurs du Bouddha. Une anthologie du bouddhisme*, op. cit. (la seconde partie comprend la traduction fragmentaire de quelques sutras dont : *Saddharmapundarikasutra* [« Sutra du lotus »], *Vimalakirtinirdeshasutra* [« Sutra des enseignements de Vimalakirti »], *Shurangamasutra* [« Sutra de la marche héroïque »], *Avatamsakasutra* [« Sutra de la guirlande de fleurs »]).
La perfection de sagesse, soutras courts du grand véhicule suivis de *L'enseignement d'Akshayamati*, Éd. du Seuil, 1991.
Le Sutra du cœur, trad. et commentaires de Lama Denys, Éd. Prajna, coll. « Séminaires », 2003.
Le Sûtra du lotus, trad. de la version chinoise par J.-N. Robert, Fayard, 1997.
Le Traité de la grande vertu de sagesse, trad. E. Lamotte, vol. I, 1949.
Soûtra de la liberté inconcevable. Les enseignements de Vimalakîrti, trad. du chinois par Patrick Carré du *Vimalakîtinirdeshasutra*, Fayard, 2000.
Soûtra de l'entrée à Lanka. Lankâvatâra, trad. de la version chinoise de Shikshânanda par Patrick Carré, Fayard, 2006.

Soûtra du dévoilement du sens profond. Sandhinirmocanasûtra, trad. du tibétain par Philippe Cornu, Fayard, 2005.

Soûtra du diamant et autres soûtras de la Voie médiane, trad. de Philippe Cornu et Patrick Carré, Fayard, 2001. (Comprend le « *Soûtra de la pousse de riz* », *Shalistambasutra*.)

Soûtra des dix terres (Dashabhumika), trad. du chinois et présenté par Patrick Carré, Fayard, 2004.

Soûtra du filet de Brahmâ, trad. du chinois et présenté par Patrick Carré, Fayard, 2005.

THICH NHAT HANH, *Le silence foudroyant*, Albin Michel, 1997. (Commentaires du *Sutra de la maîtrise du serpent* et du *Sutra du diamant*.)

- **Zen**

Sutras de référence

Soûtra de l'entrée à Lanka. Lankâvâtara, op. cit. Voir aussi la traduction partielle et le commentaire de D.T. Suzuki dans *Essais sur le bouddhisme Zen*, op. cit.

Sutra du cœur de la bienheureuse Prajnaparamita (Prajnaparamitahridayasutra), cf. *Soûtra du diamant et autres soûtras de la Voie médiane*, op. cit.

Sutra du diamant coupeur (Vajracchedika prajnaparamitasutra), cf. *Soûtra du diamant et autres soûtras de la Voie médiane*, op. cit.

Textes traditionnels fondamentaux dans le Zen Sôtô

Hokyo Zan Mai (Samadhi du miroir du trésor) de Dongshan Liangqie (jap. Tôzan Ryôkai, 807-869), commenté par Taisen Deshimaru, *La pratique du Zen*, Robert Laffont, 1977, rééd. Albin Michel, 1981.

San Do Kai (L'essence et les phénomènes s'interpénètrent) de Shitou Xiqian (jap. Sekito Kisen, 700-790), commenté par Taisen Deshimaru, *La pratique du Zen*, op. cit.

Shin Jin Mei ou *Poème sur la foi en l'esprit*, trad. de L. Wang et J. Masui dans *Tch'an/Zen. Racines et floraisons*, op. cit. Voir le commentaire de Taisen Deshimaru dans *L'esprit du Ch'an*, op. cit. Texte essentiel sur la non-dualité, datant du VIIIe siècle et attribué à tort à maître Sengcan (jap. Sôsan, VIe s.), troisième patriarche après Bodhidharma.

Le Chant de l'immédiat satori. Shôdôka de Yongjia Xuanjue [jap. Yoka Gengaku ou Yoka Daishi (665-713)], traduit et commenté par Taisen Deshimaru, Albin Michel, « Spiritualités vivantes », 1992. Voir aussi le commentaire du maître de Deshimaru : KÔDÔ SAWAKI, *Le Chant de l'Éveil. Le Shôdôka commenté par un maître zen*, Albin Michel, 1999.

COMPLÉMENT

ROMMELUÈRE Éric, *Les fleurs du vide : Anthologie du bouddhisme Sôtô Zen*, Grasset et Fasquelle, 1995.

Œuvres de Dôgen

Les enseignements du maître zen Dôgen. Shôbôgenzô zuimonki. Notes fidèles de paroles entendues du maître zen Ejô, version japonaise la plus ancienne dite de « Chôenji » (1349), Éd. Sully, 2001.
La vraie Loi, Trésor de l'Œil. Textes choisis du Shôbôgenzô, Éd. du Seuil, 2004.
Instructions au cuisinier zen, Le Promeneur, 1994.
Le trésor du Zen, textes de Maître Dôgen commentés par Taisen Deshimaru, Albin Michel, 1986.

Plusieurs larges extraits du *Shôbôgenzô*, le chef-d'œuvre de Dôgen, sont parus aux Éditions Encre marine (édition bilingue) accompagnés d'excellents commentaires des traducteurs :
Shôbôgenzô. Uji. Être-temps, 1997.
Shôbôgenzô. Yui butsu yo butsu / Shôji. Seul bouddha connaît bouddha / Vie-mort, 1999.
Shôbôgenzô, Busshô. La nature de bouddha, 2002.

La traduction intégrale en français du *Shôbôgenzô* par Yoko Orimo est prévue en 7 volumes aux éditions Sully. Voici les trois premiers volumes accompagnés d'une introduction et de notes de la traductrice :
Shôbôgenzô. La vraie Loi, trésor de l'œil, traduction intégrale – tome 1, 2005, tome 2, 2006, tome 3, 2007.

Compléments

Brosse Jacques, *Maître Dôgen : Moine zen, philosophe et poète*, Albin Michel, 1998.
Faure Bernard, *La vision immédiate. Nature, Éveil et tradition selon le* Shôbôgenzô, Le Mail, 1987.

Kôans et anecdotes

Le goût du Zen, recueil de propos et d'anecdotes, Gallimard, 1993.
Le recueil de la falaise verte. Kôans et poésies du Zen, Albin Michel, 2000.
Masui Jacques, *L'exercice du kôan*, Fata Morgana, 1994.
Sensaki Nyogen, *La flûte de fer (cent kôans zen commentés)*, Éd. du Relié, 2004.
Wumen Huikai, *Passe sans porte (Wumenguan)*, Éd. Traditionnelles, 1962.
Voir également les kôans transmis à Taisen Deshimaru par son maître Kôdô Sawaki dans *La pratique du Zen, op. cit.*, p. 103-109.
Jacques Brosse a consacré plusieurs pages à la présentation des recueils de kôans (Xe-XIIIe s.) dans son ouvrage *Les maîtres zen, op. cit.*, p. 192-224.

• Traités d'Abhidharma et commentaires

Asanga, *Le compendium de la super-doctrine (philosophie) (Abhidharmasamuccaya)*, traduit et annoté par Walpola Rahula, École française d'Extrême-Orient, 1980. [Approche Mahayana.]

Chögyam Trungpa, *Regards sur l'Abhidharma d'après un séminaire sur la philosophie bouddhique*, Éd. Yiga Tcheu Dzinn, 1981.

Vasubandhu, *Abhidharmakosha*, traduit et annoté par L. de La Vallée Poussin, nouvelle édition par Étienne Lamotte, Institut belge des Hautes Études chinoises, « Mélanges chinois et bouddhiques, vol. XVI », Bruxelles, 1980. [Approche du véhicule fondamental (Hinayana).]

● Pour éclairer la vision du Mahayana et aborder la vision tantrique et la tradition du Mahamudra

Asanga, *Le message du futur bouddha ou la lignée spirituelle des trois joyaux (Ratnagotravibhaga Mahayanottaratantrashastra)*, Éd. Dervy, 2001.

Buddha Nature. The Mahayana Uttaratantra Shastra With Commentary, Snow Lion Publications, New York, 2000. Version américaine de l'ouvrage d'Asanga, avec les commentaires de Jamgön Kongtrül Lodrö Thayé et les explications de Khènpo Tsultrim Gyamtso Rinpotché.

Gampopa Seunam Rinchen, *Le précieux ornement de la libération*, Éd. Padmakara, 1999.

Ringou Tulkou Rinpotché, *Et si vous m'expliquiez le bouddhisme ?*, Nil Éd., 2001 (L'auteur extrait la quintessence du *Précieux ornement de la libération* et la commente.)

Shantideva, *La marche vers l'éveil* (trad. du Bodhicaryavatara), Éd. Padmakara, 1992.

● Tantras

Tantra de Kalachakra. Le livre du corps subtil, préface de Sa Sainteté le Dalaï-Lama. Texte intégral traduit du sanskrit par Sofia Stril-Rever, Desclée de Brouwer, 2000.

Traité du mandala. Tantra de Kalachakra. (Le livre de la sagesse accompagné de son grand commentaire *La lumière immaculée)*, avant-propos de Sa Sainteté le Dalaï-Lama. Texte intégral traduit du sanskrit par Sofia Stril-Rever, Desclée de Brouwer, 2003.

Le miroir du cœur de Vajrasattva. Tantra du Dzogchèn, traduit du tibétain et commenté par Philippe Cornu, Éd. du Seuil, 1995.

● Chants de réalisation

Chants de réalisation, Comité de traduction Lotsawa et Marpa Institute for Translation, Éd. Prajna, 2003 (Université Rimay-Nalanda, Saint-Hugon, 73110 Arvillard, France).

Djamyang Khandro Ahni, *Les chants des 84 mahâsiddhas : essence de leur réalisation spirituelle*, Éd. Ewam, 1992.

Les chants de l'immortalité. Chants de réalisation des maîtres de la lignée Shangpa, Éd. Claire Lumière, série Tsadra, 2003.

L'ondée de sagesse. Chants de la lignée Kagyu, Éd. Claire Lumière, 2006.

Marpa, maître de Milarépa. Sa vie, ses chants, Éd. Claire Lumière, 2003.

MILARÉPA, *Les cent mille chants*, 3 vol., Fayard, 1986, réédité en 1993.
– *Chants extraordinaires*, Éd. Claire Lumière, 2003.
NYOSHÜL KHEN RINPOCHÉ (Jamyang Dorjé), *Le chant d'illusion et autres poèmes*, Gallimard, « Connaissance de l'Orient », 2000.
SARAHA, *L'essence lumineuse de l'esprit*, Éd. Dervy, 2005.
TSANGYANG GYATSO (VIe Dalaï-Lama), *L'Abeille turquoise. Chants d'amour*, Éd. du Seuil, 1996.

- **Contes et légendes**

BRUNEL Henri, *La grue cendrée. Les plus beaux contes zen*, Calmann-Lévy, 2000.
Contes Zen. Ryôkan, le moine au cœur d'enfant, Le Courrier du Livre, 2001.
CABAUD M.-C., *Contes du Népal. De fleurs et d'or*, Éd. Grancher, 2001.
COYAUD Maurice, en coll. avec Jin-Mieung Li, *Érables rougis* (poésie sijo et contes de Corée), Éd. P.A.F., 1978, 1982.
DAS Surya, *Contes tibétains*, Le Courrier du Livre, 1999.
Le Bol et le Bâton, cent vingt contes zen racontés par Taisen Deshimaru, Albin Michel, « Spiritualités vivantes », 1986.
Les enseignements du Bouddha. Contes et paraboles, textes choisis par P. Crépon, Éd. Sully, 1999.
Les contes de Jataka, vol. I et II, Éd. Padmakara, 1998.
POOPUT Wanee et D'HONT Annie, *Légendes bouddhiques de Thaïlande*, Éd. Grancher, 2001.
THICH NHAT HANH, *L'enfant de pierre et autres contes bouddhistes*, Albin Michel, 1997.

- **Poésies / Haïkus**

BASHÔ, *Cent onze haiku*, Éd. Verdier, 1998.
CHENG François, *Poésie chinoise*, Albin Michel, « Les carnets du calligraphe », 2000.
– *Entre source et nuage. Voix de poètes dans la Chine d'hier et d'aujourd'hui*, Albin Michel, 2002.
COYAUD Maurice en coll. avec Jin-Mieung Li, *Érables rougis (poésie sijo et contes de Corée)*, op. cit.
DÔGEN (Maître), *Polir la lune et labourer les nuages*, Albin Michel, 1998.
– *Poèmes zen de Maître Dôgen*, Albin Michel, « Les carnets du calligraphe », 2001.
Fourmis sans ombre. Le Livre du haïku, anthologie-promenade par Maurice Coyaud, Phébus libretto, 1978, rééd. 2002.
Haïku. Anthologie du poème court japonais, présentation, choix et trad. de C. Atlan et Z. Bianu, nrf Poésie/Gallimard, 2002.
La montagne vide. Anthologie de la poésie chinoise (IIIe-XIe s.), Albin Michel, 1987.
Les mille monts de lune. Poèmes de Corée, Albin Michel, « Les carnets du calligraphe », 2003.
Les 99 haïku de Ryôkan, Éd. Verdier, 1986.
LI PO, *Buvant seul sous la lune*, Moundarren, Millemont, 1988.
MANHAE, *Everything Yearned For. Manhae's Poems of Love and Longing*, Wisdom Publications, 2005 (tradition coréenne).

Paroles du Japon, haïkus présentés par J.-H. Malineau, Albin Michel, « Carnets de sagesse », 1996.
Paroles zen, Albin Michel, « Carnets de sagesse », 1996.
Poèmes tibétains de Shabkar, Albin Michel, « Les carnets du calligraphe », 2001.
Zen poèmes, réunis par Manu Bazzano, Éd. Véga, 2003.

Quatrième partie
Principales notions et pratiques

• Points de vue sur la réalité (anatman, interdépendance, vacuité)

BHATTACHARYA Kamaleswar, *L'atman-Brahman dans le bouddhisme ancien*, École française d'Extrême-Orient, 1973.
CHANDRAKIRTI, *Madhyamakavatara*, « L'entrée au Milieu », Éd. Dharma, Anduze, 1985.
GUILLON Emmanuel, *Les philosophies bouddhistes*, PUF, 1995.
GUÉSHÉ DREYFUS Georges, *Les Deux Vérités selon les quatre écoles*, Vajra Yogini, Marzens, 2000.
KHÈNPO TSULTRIM GYAMTSO, *Méditation sur la vacuité*, éd. Dzambala, 1994.
– *Soleil de Sagesse. Enseignement sur l'Intelligence transcendante, le Traité fondamental de la Voie médiane du Noble Nagarjuna*, Éd. Yogi Ling, 2004.
KHENTCHEN Kunzang Palden et MINYAK Kunzang Seunam, *Comprendre la vacuité*, Éd. Padmakara, 1993 (deux commentaires du chapitre IX de *La marche vers l'éveil*).
MIPHAM, *L'opalescent joyau. Nor-bu ke-ta-ka*, commentaire du neuvième chapitre du *Bodhicaryâvatâra* de Shântideva, présenté et traduit par Stéphane Arguillère, Fayard, 2004.
NAGARJUNA, *Stances du Milieu par excellence (Madhyamaka-karika)*, Gallimard, coll. « Connaissance de l'Orient », 2002.
– *Psychologie bouddhiste de la vacuité. Les soixante-dix versets sur la vacuité*, Éd. Kunchab, 2001.
– *Conseils au roi*, Éd. du Seuil, 2000.
– *La lettre à un ami*, Éd. Dharma, 1981.
– *Louange à la vacuité*, ébauche de traduction à l'attention des enseignements du Dalaï-Lama, Bercy, 2003.
NEWLAND Guy, *Apparence et réalité. Les deux vérités dans les quatre systèmes philosophiques du bouddhisme*, Éd. Kunchab, 2000.
Nirvana, Cahier de l'Herne n° 63 dirigé par François Chenet, Éd. de l'Herne, 1993.
SA SAINTETÉ LE DALAÏ-LAMA, *Tant que durera l'espace*, Albin Michel, 1996.
THICH NHAT HANH, *Interbeing*, Parallax Press, Berkeley, Californie, 1987.
VIVENZA Jean-Marc, *Nâgârjuna et la doctrine de la vacuité*, Albin Michel, 2001.
VIÉVARD Ludovic, *Vacuité (sunyata) et compassion (karuna) dans le bouddhisme madhyamaka*, Collège de France, Publications de l'Institut de civilisation indienne, Éd.-Dif. de Boccard, fascicule 70, 2002.
WIJAYARATNA Môhan, *La philosophie du Bouddha*, Éd. Lys, 2000.

Compléments

Carré Patrick, *Éloge de la vacuité*, Pauvert, 2000.
La voie du bodhisattva, revue dharma, Éd. Prajna, Institut Karma Ling, 2001.
Thich Nhat Hanh, *Le cœur des enseignements du Bouddha*, La Table Ronde, 2000.
– *Une flèche, deux illusions*, Éd. Dzambala, 1998.

- **Pratiques de shamatha (apaisement) et vipashyana (vision claire)**

Textes de référence dans le Theravada

Buddhaghosa, *Visuddhimagga*, « Le chemin de la pureté », Fayard, 2001.
La deuxième partie de cet ouvrage est consacrée à l'art de demeurer dans la grande paix naturelle *(samatta)* et à la vision profonde *(vipassana)*. Avec le *Satipatthanasutta*, il constitue l'ouvrage de référence sur ces pratiques.

Satipatthanasutta ou « *Sutta des quatre établissements de l'attention* », voir :
Thich Nhat Hanh, *Transformation et guérison*, Albin Michel, 1997 (traduction commentée du sutta).
Nyanaponika Thera, *Satipatthana. Le cœur de la méditation bouddhiste*, Adrien Maisonneuve, 1976.
Chögyam Trungpa, *Garuda IV, The Foundations of Mindfulness*, Shambhala Publications, Berkeley et Londres, 1976.

Anapanasatisutta ou « *Sutta de la pleine conscience de la respiration* », voir :
Thich Nhat Hanh, *La respiration essentielle. Notre rendez-vous avec la vie*, Albin Michel, 1996.
Buddhadasa Bhikkhu, *Mindfulness with Breathing. A Manual for Serious Beginners*, Wisdom Publications, Boston, Revised Edition, 2005.

Textes complémentaires

Banthe Henepola Gunaratana, *Eight Mindful Steps to Happiness. Walking the Buddha's Path*, Wisdom Publications, Boston, 2001.
– *Mindfulness in Plain English*, Wisdom Publications, Boston, 2002.
Constant Lounsbery G., *La méditation bouddhique. Étude de sa théorie et de sa pratique selon l'École du Sud*, Librairie d'Amérique et d'Orient, 1979.
Hart William, *L'art de vivre. Méditation Vipassana enseignée par S. N. Goenka*, Éd. du Seuil, 1997.
Kornfield Jack, *Dharma vivant*, Éd. Vivez Soleil, 2001.
Vénérable Henepola Gunaratana, *Méditer au quotidien. Une pratique simple du bouddhisme*, Marabout, 1995.
Weissman Rosemary et Steve, *Méditation vipassana. Compréhension et Compasssion. L'enseignement de dix journées de retraite*, Éd. Médicis-Entrelacs, 1996.

Textes de référence dans les écoles tibétaines

KAMALASILA, *Bhavanakrama*. Voir la traduction et le commentaire du deuxième traité par le XIVe Dalaï-Lama dans *Les étapes de la méditation*, Guy Trédaniel, 2000. Comportant trois traités, le *Bhavanakrama* ou « Étapes de la méditation » présente une approche graduelle de la pratique méditative. Kamalasila l'a rédigé au début du IXe siècle après avoir vaincu lors d'un débat le représentant de l'approche Chan dite « subitiste ».

SHANTIDEVA, *La marche vers l'éveil* (trad. du *Bodhicaryavatara*), *op. cit.*

TEXTES COMPLÉMENTAIRES

BOKAR RIMPOTCHÉ, *La méditation. Conseils aux débutants*, Éd. Claire Lumière, tome 1, 1985 et tome 2, 1990.

DALAÏ-LAMA, *Vivre la méditation au quotidien*. Éd. Dawatshang, 1991.

DÉCHOUNG RINPOTCHÉ, *Le Flambeau de la Libération. Commentaire du calme mental et de la vue pénétrante*, Éd. Yogi Ling, 1997.

KHENCHEN THRANGU, *La méditation bouddhique tibétaine. Pratique du calme mental et de la vision pénétrante*, Éd. Dangles, 1996.

La méditation. Ouverture et présence, revue *DHARMA*, Éd. Prajna, Institut Karma Ling, 2001.

● **Pratiques tantriques**

DALAÏ-LAMA (le XIVe s), *Kalachakra : Enseignements préliminaires et initiations*, Marzens, Vajra Yogini, 1997.
– *L'initiation de Kalachakra. Pour la paix dans le monde*, L'enseignement du Dalaï-Lama et le texte intégral du rituel, avant-propos, traduction, présentation et notes par Sofia Stril-Rever, Desclée de Brouwer, 2001.
– *Kalachakra. Guide de l'initiation et du Guru Yoga*, enseignements de Sa Sainteté le Dalaï-Lama et de Jhado Tulku Rinpoché. Présentation de Sofia Stril-Rever, Desclée de Brouwer, 2002.

DJAMGEUN Kongtrul, *Le livre des pratiques préliminaires. Le flambeau de la certitude*, Éd. Marpa, 1999.

EVOLA Julius, *Le yoga tantrique. Sa métaphysique, ses pratiques*, Fayard, 1971.

KALOU RINPOTCHÉ, *La voie du Bouddha selon la tradition tibétaine*, *op. cit.*
– *Yoga tibétain, Nangpé-yoga ou « yoga de l'intériorité »*, *op. cit.*

MIDAL Fabrice, *La pratique de l'Éveil de Tilopa à Trungpa*, Éd. du Seuil, 1997.

RIVIÈRE Jean M., *Le yoga tantrique hindou et tibétain*, 4e édition, Archè, Milan, 1979.

VÉNÉRABLE GYATRUL RIMPOCHÉ, *Générer la divinité : pratique du tantra bouddhique*, Éd. Yogi Ling, 1987.

- **Mahamudra**

    BOKAR RINPOCHÉ et KHÈMPO DEUNYEU, *L'aube du Mahamoudra. Esprit, méditation et absolu*, Éd. Claire Lumière, 1991.
    CHÖGYAM TRUNGPA, *Sadhana of Mahamudra*, dans *The Collected Works of Chogyam Trungpa*, vol. 5, Shambhala Publications, 2004.
    DALAÏ-LAMA (Sa Sainteté le), *Méditation sur l'esprit*, Dervy-Livres, 1991.
    DALAÏ-LAMA et BERZIN Alexander, *The Gelug/Kagyü Tradition of Mahamudra*, Snow Lion Publications, 1997.
    KHENCHEN THRANGU RINPOCHE, *Essentials of Mahamudra. Looking Directly at the Mind*, Wisdom Publication, Boston, 2004.
    KONGTRUL Jamgon (IIIe), *Cloudness Sky. The Mahamudra Path of the Tibetan Buddhist Kagyü School*, Boston, Shambhala Publications, 1988.
    LAMA DENYS TEUNDROUP, *Introduction à Mahamudra*, Éd. Prajna, Institut Karma Ling, 1990.
    Mahamudra-Dzogchèn. La simplicité naturelle, revue *Dharma*, n° 43, Éd. Prajna, Institut Karma Ling, 2002.
    OUANG TCHOUK DORJÉ (IXe Karmapa), *Le Mahamoudra qui dissipe les ténèbres de l'ignorance*, Éd. Marpa, 1996.
    RANGDJOUNG DORDJÉ (IIIe Karmapa), *Les souhaits de Mahamudra, le sens définitif des enseignements*, traduction de Lama Denys Teundroup révisée par le Comité Lotsawa, éd. Prajna, Institut Karma Ling, 1990.

- **Dzogchèn (école Nyingmapa)**

    CHÖKYI NYIMA RINPOCHÉ, *L'union du Mahamoudra et du Dzogchen*, Éd. Dharmachakra, 1998.
    DALAÏ-LAMA (Sa Sainteté le), *Dzogchèn, L'essence du cœur de la Grande Perfection*, The Tertön Sogyal Trust, 2000.
    LONGCHENPA, *La liberté naturelle de l'esprit*, Éd. du Seuil, 1994.
    NAMKHAÏ NORBU RINPOCHÉ, *Dzogchèn et Tantra. La voie de la lumière du bouddhisme tibétain*, Albin Michel, 1995.
    – *Dzogchèn. L'état d'auto-perfection*, Les Deux Océans, 1994.
    NYOSHÜL KHEN RINPOCHÉ (Jamyang Dorjé), *Le chant d'illusion et autres poèmes*, Gallimard, « Connaissance de l'Orient », 2000. S. Arguillère, le traducteur, présente et annote l'œuvre et lui consacre une étude très profonde.
    PATRUL RINPOCHÉ, *Le chemin de la Grande Perfection*, Éd. Padmakara, 1987.

- **Dzogchèn (école Youngdroung Bön)**

    SHARDZA TASHI GYALTSEN, *Les sphères du cœur*, traduit et commenté par Lopön Tenzin Namdak, Les Deux Océans, 1999.
    TENZIN WAMGYAL, *Les prodiges de l'esprit naturel. L'essence du Dzogchèn dans la tradition bön originelle du Tibet*, Éd. du Seuil, 2000.

– *Guérir par les formes, l'énergie et la lumière. Les cinq éléments dans le chamanisme tibétain, le Tantra et le Dzogchèn*, Éd. Claire Lumière, 2004.

• Préparation à la mort

Bardo-Thödol. Le livre tibétain des morts, présenté par Lama Anagarika Govinda, Albin Michel, 1981.
BOKAR RIMPOTCHÉ, *Mort et art de mourir dans le bouddhisme tibétain*, Éd. Claire Lumière, 1999.
CHAGDUD KHADRO, *P'owa. Le transfert de la conscience*, Éd. Claire Lumière, 1996.
CHAGDUD TULKOU RIMPOTCHÉ, *Préparer la mort. Conseils spirituels, conseils pratiques*, Éd. Claire Lumière, 1998.
DALAÏ-LAMA (Sa Sainteté le), *Vaincre la mort et vivre une vie meilleure*, Plon, 2003.
SOGYAL RINPOCHÉ, *Le livre tibétain de la vie et de la mort*, La Table Ronde, 1993.

Annexe 4

Bien que l'art bouddhique ne soit que partiellement abordé, voici les références de quelques ouvrages consultés.

• Inde et Asie

ALBANESE Marilia, *L'Inde ancienne*, Éd. Gründ, 2001 (riche documentation sur l'art et l'archéologie indiennes).
CERRE P.H. et THOMAS F., *Pagan, L'univers bouddhique. Chronique du palais de Cristal*, Éd. Findakly, 1987.
CHARLEUX I. et PARLIER É., *L'art bouddhique*, Éd. Scala, 2000.
GEOFFROY-SCHNEIDER Bérénice, *Gandhara. La rencontre d'Apollon et de Bouddha*, Éditions Assouline, 2001.
NOU Jean-Louis et FRÉDÉRIC Louis, *Borobodur*, Éd. de l'Imprimerie nationale, 1994.

• Domaine himalayen

BEER Robert, *Les symboles du bouddhisme tibétain*, Albin Michel, 2006.
BRAUEN Martin, *Mandala. Cercle sacré du bouddhisme tibétain*, op. cit.
CHAKRAVERTY Ajan, *Mandalas & Thangkas*, collections privées du monde entier et de Sa Sainteté le Dalaï-Lama, Guy Trédaniel Éditeur, 1998.
FRÉDÉRIC Louis, *Les dieux du bouddhisme. Guide iconographique*, Flammarion, 1992.
GYATSO Nathalie, *Vers l'art sacré du Tibet*, Éd. Claire Lumière, 1994.
Les peintures du bouddhisme tibétain, réunion des Musées nationaux, Musée national des arts asiatiques – Guimet, 1995.
PAL Pratapaditya, *Peintures tibétaines. Étude des thankas tibétains du XIe au XIXe siècle*, Imprimerie des arts et manufactures, Paris, 1988.

Ricard Matthieu, *Moines danseurs du Tibet*, Albin Michel, 1999.

Thanka de l'Himalaya. Images de la sagesse, texte de Jean Eracle, Priuli et Verlucca, Editori, Éd. Olizane, 1993.

• Zen/Chan

Addis Stephen, *L'art zen. Peintures et calligraphies des moines japonais 1600-1925*, Bordas, 1992.

Bertier François, *Le jardin du Ryôanji. Lire le Zen dans les pierres*, Éd. Adam Biro, 1989, 1997.

Cheng François, *Vide et plein. Le langage pictural chinois*, Éd. du Seuil, 1979.

– *Shitao, la saveur du monde*, Éd. Phébus, 2001.

Colombo A., *Secrets des jardiniers japonais. Harmonie et Zen*, Éd. De Vecchi, 2003.

He Qing, *Images du silence. Pensée et art chinois*, L'Harmattan, 1999.

Herrigel Gusty L., *La voie des fleurs. Le Zen dans l'art japonais des compositions florales*, Éd. Dervy, 1981.

Joe Earle (sous la dir. de), *Jardins zen : un art de sagesse*, Flammarion, 2000.

Nan Shan, *Dresser des pierres. Planter des bambous*, Les Deux Océans, 2002.

Ryckmans Pierre, *Les propos sur la peinture du moine Citrouille-amère, traduction et commentaire du traité de Shitao*, Éd. Hermann, 1984 (paru également chez Plon en 2005).

Tanahashi Kasuaki, *Rien qu'un sac de peau : le Zen et l'art de Hakuin*, Albin Michel, 1987.

Zen et arts martiaux

Voir la deuxième partie.

Annexe 5

• Philosophie

Bugault Guy, *L'Inde pense-t-elle ?*, PUF, 1994 (cf. 3e partie, Philosophie comparée [Nagarjuna / Aristote]).

Colloque Bouddhisme et philosophie, 13-14 mai 2005, coffret de 2 DVD, produit par Ass. NANGPA et diffusé par l'UBE / Université bouddhique européenne (http://www.bouddhisme-universite.org).

Droit Roger-Pol, *L'oubli de l'Inde. Une amnésie philosophique*, PUF, 1989.

– *Le culte du néant : les philosophes et le Bouddha*, Éd. du Seuil, 1997.

Kolm Serge-Christophe, *Le bonheur-liberté. Bouddhisme profond et modernité*, PUF, 1982 (cf. 4e partie, Le bouddhisme et la pensée occidentale).

Bhikkhu Nyannajivako, *Schopenhauer et le bouddhisme*, Éd. Prajna, 73110 Arvillard, 2004.

Shri Aurobindo, *De la Grèce à l'Inde*, Albin Michel, 1976 (cf. 1re partie, Héraclite).

- **Sciences (en général)**

    Esprit Science. Dialogue Orient-Occident, collectif comprenant le Dalaï-Lama, Éd. Claire Lumière, 1993.
    La mutation du futur (colloque de Tokyo), présenté par M. Random, Albin Michel, 1996.
    WALLACE B. Alan, *Science et bouddhisme : à chacun sa réalité*, Calmann-Lévy, 1998.

- **Psychologie/psychothérapie**

    Bouddhisme et psychologie moderne, Éd. Prajna, Institut Karma Ling, 1993.
    EPSTEIN Mark, *Thoughts without a Thinker. Psychotherapy from a Buddhist Perspective*, Basic Books, New York, 1995.
    Guérir l'esprit, Question de n° 124 (Actes d'un pèlerinage qui s'est tenu en Inde à Bodh-Gaya avec Lama Denys Teundroup, Faouzi Skali et Jean-Yves Leloup), Albin Michel, 2001.
    JUNG C.G., *Psychologie et orientalisme*, Albin Michel, 1985.
    KORNFIELD Jack, « Psychothérapie et méditation », 17e chap. de *Périls et promesses de la vie spirituelle*, La Table Ronde, 1993.
    LELOUP Jean-Yves, *Prendre soin de l'Être. Les Thérapeutes selon Philon d'Alexandrie*, Albin Michel, 1993.
    Médecines nouvelles et psychologie transpersonnelle, Question de n° 64, Albin Michel, 1986 (voir en particulier l'article de Jean-Pierre Schnetzler, « Le Bouddha comme thérapeute », p. 161-176).
    Méditation et psychothérapie, sous la dir. de J.-M. Mantel, Question de n° 121, Albin Michel, 2000.
    MOACANIN Radmila, *C.G. Jung et la sagesse tibétaine*, Le Relié, 2002.
    Passerelles (Dalaï Lama) Entretiens avec des scientifiques sur la nature de l'esprit, édité par Jeremy Hayward et Francisco Varela, Albin Michel, 1995 (cf. Psychologie cognitive, p. 117).
    ROCKWEL Irini, *Les cinq énergies de sagesse. Comprendre, grâce au bouddhisme, les personnalités, les émotions et les relations humaines*, Éd. Kunchab, 2002.
    SCHNETZLER J.-P., « Le Bouddha comme thérapeute », dans *Médecines nouvelles et psychologie transpersonnelle*, Question de n° 64, *op. cit.*
    – « La méditation bouddhique et la psychanalyse », dans *La méditation bouddhique. Une voie de libération*, Albin Michel, 1994.
    WELWOOD JOHN, *Pour une psychologie de l'éveil. Bouddhisme, psychothérapie et chemin de transformation personnelle et spirituelle*, La Table Ronde, 2003.
    – *Ordinary Magic : Every Day Life as Spiritual*, Shambhala Publications, 1992.

- **Sciences cognitives**

    Passerelles (Dalaï Lama). Entretiens avec des scientifiques sur la nature de l'esprit, *op. cit.*
    VARELA F. J., THOMPSON E., ROSCH E., *L'inscription corporelle de l'esprit. Sciences cognitives et expérience humaine*, Éd. du Seuil, 1993.

VARELA Francisco J., *Invitation aux sciences cognitives*, Éd. du Seuil, 1996.
– *Quel savoir pour quelle éthique ? Action, sagesse et cognition*, La Découverte / Poche, 2004.
WALLACE B. Alan, *Contemplative Science : where Buddhism and Neuroscience Converge*, Columbia University Press, 2006.

● **Sciences de la vie et de la terre, physique et astrophysique**

CAPRA Fritjof, *Le Tao de la physique*, Tchou, 1979.
– *La toile de la vie. Une nouvelle interprétation scientifique des systèmes vivants*, Éd. du Rocher, 2003.
DALAÏ-LAMA (Sa Sainteté le), *Tout l'univers dans un atome. Science et bouddhisme, une invitation au dialogue*, Robert Laffont, 2006.
D'ESPAGNAT Bernard et KLEIN Étienne, *Regards sur la matière. Des quanta et des choses*, Fayard, 1993.
KAWAI Hayao, « La science et le bouddhisme », dans *La mutation du futur*, colloque de Tokyo, *op. cit.*
RICARD Matthieu et TRINH XUAN THUAN, *L'infini dans la paume de la main. Du big bang à l'Éveil*, NiL Éditions / Fayard, 2000.
TRINH XUAN THUAN, *La mélodie secrète. Et l'homme créa l'univers*, Fayard, 1988.
WALLACE B. Alan, *Hidden Dimensions : The Unification of Physics and Consciousness*, Columbia University Press, 2007.

● **Dialogue intertraditions**

Bouddhisme / christianisme

CHENIQUE François, *Sagesse chrétienne et mystique orientale*, Éditions Dervy, 1996.
CORNÉLIS Étienne, « Maître Eckhart et le bouddhisme. "Lorsque saint Paul ne vit rien, il vit Dieu" », *Lumière et Vie*, n° 193, août 1993.
FREEMAN Laurence, *Lettres sur la méditation. Le christianisme face au silence*, Les Éditions du Relié, 2003. (La lettre 5 comprend un dialogue avec le Dalaï-Lama sur le rôle de la méditation dans notre vie.)
GIRA Dennis, MIDAL Fabrice, *Jésus, Bouddha. Quelle rencontre possible ?*, Bayard, 2006.
HENRY Patrick, *Le Dharma de Saint Benoît*, Éd. Kunchab, 2002.
LELOUP Jean-Yves, *La montagne dans l'océan. Méditation et compassion dans le bouddhisme et le christianisme*, Albin Michel, 2000.
MOUTTAPA Jean, *Dieu et la révolution du dialogue. L'ère des échanges entre les religions*, Albin Michel, 1996.
PANNIKAR Raimon, *Le dialogue intrareligieux*, Aubier, 1985.
– *Éloge du simple. Le moine comme archétype universel*, Albin Michel, 1995.
THICH NHAT HANH, *Bouddha et Jésus sont des frères*, Éd. du Relié, 2001 (Poche 2002).
VALLET Odon, *Jésus et Bouddha. Destins croisés du christianisme et du bouddhisme*, Albin Michel, 1996.

Zen / Christianisme

AITKEN Robert, STEINDL-RAST David, *Frères de Terre et d'Esprit*, Éd. du Relié, 2000.
Bouddhisme et franc-maçonnerie, sous la dir. de Jean Mouttapa, Question de n° 101, Albin Michel.
BRETON Jacques, *Vers la lumière. Expérience chrétienne et bouddhisme zen*, Bayard – Centurion, coll. « Religions en dialogue », 1997.
KADOWAKI J. K., *Le Zen et la Bible*, Albin Michel, coll. « Espaces libres », 1992.
LASSALLE Enomiya, *Méditation zen et prière chrétienne*, Albin Michel, 1984.
MERTON Thomas, *Journal d'Asie*, Criterion, 1990.
– *Zen, tao et nirvâna : esprit et contemplation en Extrême-Orient*, Fayard, 1974.
RÉROLLE Bernard, *Le Japon du silence et la contemplation du Christ*, Bayard – Centurion, coll. « Religions en dialogue », 1991.
SMEDT Evelyn de, *Zen et christianisme et l'enseignement de Maître Deshimaru*, Albin Michel, coll. « Spiritualités vivantes », 1990 (réed. 2000).

Traditions tibétaines / Christianisme

BOURGEOIS H., SCHNETZLER J.-P., *Prière et méditation dans le christianisme et le bouddhisme*, Desclée de Brouwer, 1998.
DALAÏ-LAMA, DREWERMANN E., *Les voies du cœur*, Le Cerf, 1993.
Le Dalaï-Lama parle de Jésus, Éd. Brepols, 1996.
DOM ROBERT LE GALL, LAMA JIGMÉ RINPOCHÉ, *Le moine et le lama*, Fayard, 2001 (Le Livre de Poche, 2003).
Convergence du christianisme et du bouddhisme, Éd. Prajna, Institut Karma Ling, 1999.
Guérir l'esprit, Question de n° 124, *op. cit.*

Terre pure / Christianisme

De la croix au lotus ou l'itinéraire spirituel d'un prêtre devenu bonze, sous la responsabilité de B. Crettaz et J. Ducor, coll. « Itinéraires Amoudruz », Musée d'ethnographie – Annexe de Conches, Genève, 1996.

Bouddhisme / Judaïsme

KAMENETZ Rodger, *Le Juif dans le lotus*, Calmann-Lévy, 1997.

Bouddhisme / Islam

IKEDA Daisaku, TEHRANIAN Majid, *Bouddhisme et Islam, le choix du dialogue*, Éd. du Rocher, 2004.
Guérir l'esprit, Question de n° 124, *op. cit.*
Islam-Dharma. Tradition musulmane et tradition du Bouddha. Une rencontre à cœur ouvert, Actes de la Rencontre Islam-Dharma – juin 2003, Éd. Prajna, coll. Inter-traditions, 73110 Arvillard.

Bouddhisme / traditions primordiales

VAN EERSEL P., GROSREY A., *Le cercle des Anciens. Des hommes-médecine du monde entier autour du Dalaï-Lama*, Albin Michel, 1998 et Poche, 2000.

Bouddhisme et écologie

Écologie et Spiritualité, revue Dharma n° 49, Éd. Prajna, 73110 Arvillard.
DE SILVA Padmasiri, *Environmental Philosophical and Ethics in Buddhism*, Macmillan Press LTD, 1998.
Deep Ecology for the 21st Century. Readings on the Philosophy and Practice of the New Environmentalism, éd. par George Sessions, Shambhala, Boston et Londres, 1995.
HENNING Daniel H., *Buddhism and Deep Ecology*, Xlibris Corporation, 2001.
Dharma Rain Sources of Buddhist Environmentalism, publ. par Stephanie Kaza et Kenneth Kraft, Shambhala, Boston et Londres, 2000.

Compléments

Guides

BUSQUET Gérard et Carisse, *Voyage dans l'Inde du Bouddha. Bodh Gaya, Nalanda, Rajgir*, Éd. Claire Lumière, 1997.
Guide du Tibet en France et en Europe, Éd. Claire Lumière, 2003.
RONCE Philippe, *Guide des centres bouddhistes en France*, Éd. Noêsis, 1998.
ROMMELUÈRE Éric, *Guide du Zen*, Hachette, 1997.
CORNU Philippe, *Guide du bouddhisme tibétain*, Hachette, 1998.
Les bouddhismes en France, texte de C. Butigieg et photographies de A. Parinet, *op. cit*. Sont classifiées par écoles toutes les adresses des centres.
SILLARD Alain, *Bouddhismes. Le guide du bouddhisme en France, en Suisse, Belgique*, NIL Éditions et Éditions LESIR, 2002.

DVD / CD

DESJARDINS Arnaud, *Le Message des Tibétains*, 2 parties : *Le bouddhisme, Le tantrisme*.
– *Himalaya, Terre de sérénité*, 2 parties : *Le lac des yogis, Les enfants de la sagesse*, Éditions Alizé Diffusion, 1994, rééd. 2006.
– *Zen*, 2 parties : *Ici et maintenant, Partout et toujours*, Éditions Alizé Diffusion, 1995, rééd. 2006.
MESSONIER Martin, *La Vie du Bouddha*, un film de, ARTE/Video (DVD), 2004.
RICARD Matthieu, *Témoignage d'un bouddhisme vivant*, 3 films de Guido Ferrari, Éditions Alizé Diffusion, 2006.
SA SAINTETÉ LE DALAÏ-LAMA, *Les six paramitas. Un guide vers la liberté, la sagesse la joie et l'harmonie* (4 DVD), TF1 Video, 2005.
Histoire de Sa Sainteté le XIVe Dalaï-Lama, CD audio pour mieux connaître le Dalaï-Lama et les traditions tibétaines (Publimage, 270, av. Pessicart Bt C 06100 Nice).

CB 80

Index des noms propres

Dans l'index des noms propres, le lecteur trouvera les noms de personnes, d'auteurs, de bodhisattvas, de bouddhas et de déités. Les numéros de pages en gras renvoient aux pages les plus significatives.

Adibuddha (le bouddha primordial), 170, 188, 268.
Aitken R., 341.
Ajahn Chah, 262, 271, 341 ; *sur le bonheur*, 595.
Ajahn Sumedho, 262, 399, 399.
Ajahn Tiradhammo, 270.
Ajatashatru, 144, 429.
Akshobhya (bouddha), 168, 210, 212, 448, 705, 783, 790.
Alexandre le Grand, 144, 146, 274-275.
Altan Khan (empereur), 319, 330.
Amaravati (école d'art), 253, 787, 822.
Ambapali (grande disciple), 135.
Ambedkar B. R., 243-245
Amitabha / Amida (bouddha), 168 ; *Cinq Victorieux*, 210, 212 ; *dévotion au -*, 282-284, 287, 291, 486 ; *formule d'hommage*, 296, 301 ; *Panchèn-Lama, manifestation d' -*, 319 ; *Terre pure*, 427-429 ; *la récitation du nom d'-*, 428-429, 698-699 ; 486, 717-718, 723-724, 783, 790 ; *glossaire*, **822**.
Amoghasiddhi (bouddha), 210, 212, 783, 790.
Amoghavajra, 149, 188, 283.

Ananda, 121-122, 130, 133-134, 137-138, 194, 427, 429, 502, 595.
Anawratha (roi), 258.
Angulimala (le Non-violent), 382.
Anirudha, 134.
Apollinaire G., 363.
Arada Kalama, 109, 643.
Arguillère S., 794-795.
Arjuna, 221.
Aryadeva, 397.
Asanga, 239, 323, (tableau 10) 397 ; *Abhidharma*, 436-437 ; 465-467, 526-527, 534, 545, 555, 605, 620, 626, 765, 794.
Ashoka (empereur), 92, 99, 106, 140, 144-146, 249, 253, 273-274, 302, 773, 775.
Atisha Dipankara (*ou* Atisha), 188, 240, 306, 313-314, 325, 768.
Aung San Suu Kyi, 260.
Avalokiteshvara (tib. *Tchènrézi*), 168-169 ; *son mantra*, 196-197 ; 200, 226, 263, 284 ; *Dalaï-Lama, manifestation d' -*, 319 ; 374, 416-417, 419, 460, 600-601 ; *le sadhana de T.*, 715-718 ; 791 ; *glossaire*, 824.

901

Bach, 475.
Bachelard G., 481-482.
Baker R., 341.
Barawa Gyaltsèn Palzang, 625.
Bashô (Matsuo), 296, 493 ; *haïkus*, 494.
Batchelor S., 245.
Baudelaire, 364.
Bernard de Clairvaux (saint), 638.
Bhadrabodhi, 306, 315.
Bhagavat (Bienheureux. Cf. Bouddha Shakyamuni et *glossaire*, 824)
Bhaisajyaguru (bouddha), 168.
Bhavaviveka, 624.
Bhuddhapalita, 624.
Bikkhu Bodhi, 153.
Bimbisara (roi), 44, 119, 124, **143-144**, 429.
Blake W., 180.
Blavatsky H. P., 339.
Bobin C., 513.
Bodhidharma, 278, 405, 461, 545, 758.
Bokar Rinpotché, 324, 538-539, 741.
Borges J. L., 19, 336.
Bouddha Shakyamuni (le Bouddha), 24-26 ; *l'un des trois joyaux*, 34 ; « *héros* », 71, 73 ; *roue de la vie*, 87-88 ; *son historicité*, 91-93 ; *langue du -* ?, 373 ; *12 œuvres*, 103-137 ; *son rôle*, 409 ; *dimension merveilleuse de sa parole*, 379-381 ; *éveil atemporel*, 99-102, 166-167, 173, 374, 394, 789 ; *et le cakravartin*, 141-142 ; *nirmanakaya*, 171 ; *et Mahamudra*, 226, 424 ; *avatar de Vishnu* ?, 232-234 ; *culte du -*, 241 ; *dans le Theravada*, 269 ; *transmission à Mahakashyapa*, 279, 296 ; *yoga du lama*, 325 ; *le « grand silencieux »*, 482, 496-497, 501, 509, 514-515, 595-596 ; *thérapeute*, 502, 563-564 ; *sur l'interdépendance*, 562 ; *sur l'impermanence*, 580 ; *sur l'esprit contrôlé/méditation*, 640, 654 ; *sur l'amour*, 680 ; *stupas et statues du -* 772-793 ; *glossaire* : 826 / *Shakyamuni*, 862.
Bouteun Rinchèn Droup, 625.
Brahma, 46, 115, 232, 235, 239 ; *glossaire*, 826.

Brahman (l'Absolu), 50-52, 238-239 ; *glossaire*, 826.
Brosse J., 341, 802.
Bruckner P., 346.
Buddhaghosha, 396, **467-468**, 549, 581.
Buddhaguhya, 188.
Buddhapalita, 625.
Bugault G., 464, 794.
Burnouf E., 337.
Buson (Yosa Buson), *haïkus*, 495.

Cakrasamvara, 226, 446, 709 ; *glossaire*, 827.
Camus A., 340.
Candrakirti, 240, 368, 414, 463, 469, 625.
Capra F., 75, 599.
Castaneda C., 361, 721-722.
Cézanne P., 802.
Ch'wimisuch'o (poète), 491.
Chandragupta (roi), 144.
Changchub Dordjé, 659, 743.
Changchub Gyaltsèn, 319.
Chen-sieou, 279-280.
Chinul, 287.
Chogyal Phagpa, 319, 330.
Chögyam Trungpa, 67, 185-186, 205, 213, 222, 321, 342-343, 360 ; *et le langage*, 370 ; 435, **474-477**, 524, 541, 569-570, 603 ; *sur la méditation*, 639, 642-643 ; 656 ; *maître-disciple*, 658 ; *psychothérapie*, 813-814, 818-819.
Christ (le), 373.
Cioran, 588, 758.
Comte-Sponville A., 794.
Conche M., 613, 800.
Confucius, 39, 460.
Conze E., 340.
Cornu P., 154.
Crépon P., 478
Csoma de Körös A., 337.
Cunda (le forgeron), 123.

Dagpo Rinpotché, 342.
Dalaï-Lama (XIVe), 169, 185, 217, 245 ; *l'initiation de Kalacakra*, 286 ; 308, 312, 450-451 ; *système des tulkous*,

318 ; *mouvement Rimay*, 322 ; *sur Shambhala*, 449 ; *sur Nagarjuna*, 463 ; *son engagement politique*, 326, 327-329 ; 332-333, 335 ; *en Occident*, 342, 344-345 ; 522-523 ; *l'impermanence et la mort*, 578, 583 ; « *Dieu vivant* », 804 ; 805 ; *bouddhisme et psychologie*, 813-814.
Daosheng, 277, 279.
Daumal R., 339.
David-Néel A., 339, 720.
Deleuze G., 358.
Démétrios Ier (roi grec), 146.
Demiéville P., 340.
Descartes, 794, 798.
Deshimaru T., 297, 341, 357, 461 ; *et art du kôan*, 505-507 ; *sur la mort*, 586-587 ; 606 ; *sur zazen et kin-hin*, 695-698 ; 804.
Desjardins A., 245, 516, 658.
Devadatta, 135.
Devanampiya-tissa (roi), 146, 254.
Devapala (roi), 149-150.
Devaraha (sadhu), 142.
Dharmakara (bodhisattva), 168.
Dharmakirti, 618, 620, 794.
Dharmapala (roi), 149-150.
Dignaga, 620.
Dilgo Khyentsé Rinpotché, 475, 515, 522, 609, 625, 628.
Dipamkara (bouddha), 103.
Djamgeun Kongtrul Lodreu Thayé, 229, 321, 324, 459, 625, 628, 662, 742.
Djamyang Khyentsé Wangpo, 321.
Djangtchoub Eu (roi), 313.
Dogen, 92, 291-292, 295, 297-298 ; *et le langage*, 369 ; 473-474, 483 ; *poésie*, 492-493, 727 ; *l'écoute des enseignements*, 497 ; 510, 528 ; *vision de l'éveil*, 544-547 ; *sur la mort*, 587 ; 594, 610 ; *vision de l'apprentissage*, 630 ; *relation au maître*, 546, 657 ; 689 ; *sur zazen*, 695-697 ; 753.
Dolpopa Shérab Gyaltsèn, 315-316, 467, 528, 622-623, 625.
Dong Sahn, *art du kôan*, 506-507.
Dorjev A., 334.
Droit R.-P., 613.

Drokmi Lotsawa, 306, 315, 322.
Dromteunpa, 306, 314.
Dudjom Rinpotché, 475, 625, 628.
Dusoum Khyènpa (Ier Karmapa), 317, 323.

Eckhart (Maître), 807-812.
Eisai, 291, 295.
Ejô, 92, 473.
Emerson R. W., 337.
Empédocle, 39.
Épictète, 581, 798, 800.
Épicure, 22, 681, 794, 800.
Eracle J., 427.
Evans-Wentz W. Y., 340.
Evdokimov P., 638.

Fashun, 282.
Fengxue, 368.
Ferry L., 346-348, 613.
Fromaget M., 523.
Fudômyôô (Acalanatha), 727.

Gampopa Seunam Rinchèn, 170, 177, 314, 323-324 ; *notion d'esprit-réceptacle*, 388 ; 397 ; 471-473 ; 526, 579, 581, 641, 681-682, 684.
Gandhi Indira, 246.
Ganesh, 46.
Garab Dordjé, 227, 310.
Gayadhara, 306, 315, 322.
Gemmei (impératrice), 289.
Gengis Khan, 319-320, 332.
Ginsberg A., 340.
Giono J., 114.
Gira D., 806.
Godan Khan, 329.
Goenka S. N., 19.
Gopa (épouse du Bouddha), 107-108.
Gopala (roi), 149.
Grof S., 817.
Guanyin, 284.
Guèndune Tcheukyi Nyima (XIe Panchèn-Lama), 327.
Guénon R., 339.
Guésar de Ling, 474 ; *glossaire*, 840.
Guéshé Chékawa, 768.
Guéshé Langri Thangpa, 768.

903

Guhyasamaja, 709
Guimet E., 292.
Gushri Khan (chef mongol), 320, 330.
Gyijo, 306, 315.

Hadot P., 613, 798, 816.
Hakuin, 296.
Hanuman, 46, 378.
Haribhadra, 149, 240, 624.
Harivarnam, 290.
Harshavardhana (roi), 148, 240.
Hawking S., 499.
Hegel, 794, 800.
Heidegger M., 802-804.
Héraclite, 39, 579, 797.
Herrigel E., 510.
Hesse H., 339, 515.
Hevajra, 446, 448, 709.
Heze Chen-hui, 281.
Hippias (sophiste), 497.
Hölderlin, 757.
Hônen, 301.
Hong-jen, 280.
Houang-Po, 505.
Houei-nêng, 279-281, 391-392, 460-461 ; *et art du kôan*, 506 ; 509-510, 541, 543, 614.
Hsing Yun (Vénérable), 285.
Hu Jintao, 327.
Huigo, 284.
Hulin M., 613.
Huong Hai (poète), 487, 641.
Husserl E., 801-802.
Huxley A., 336.

Indra, 104, 177, 234, 239.

Jamyang Khyentsé, 708.
Jayavarman VII (roi), 263, 791.
Jean de la Croix (saint), 811.
Jé Khenpo, 304.
Jianzhen, 290.
Jinarakkhita Thera, 268.
Jivaka (médecin), 96.
Jnanagarbha, 624.
Jonas H., 756.
Ju-Ching, 696.
Jung, C. G., 174, 336, 339, 816.

Kabir, 484.
Kalacakra, 216-217, 220, 446, 449, 451 ; *glossaire*, 843.
Kalou Rinpotché, 204-205, 211, 214, 224, 324, 342, 511, 542, 625, 628, 631, 686 ; *les initiations*, 710 ; *le cœur de toutes les traditions*, 806.
Kama (dieu védique de la sensualité), 113.
Kamalashila, 240, 624.
Kammu (empereur), 289.
Kanakumi (bouddha), 73.
Kanishka (roi), 139, 147, 274.
Kant, 794.
Kapstein M. T., 795.
Karma Lingpa (terteun), 308 n. 2.
Karma Pakshi (IIe Karmapa), 317, 323.
Karmapa XVIe (cf. Rangjoung Rigpai Dordjé)
Kasyapa (bouddha), 73.
Katyayana, 134.
Kelzang Gyatso (VIIe Dalaï-Lama), 320.
Kelzang Tstéten (Xe Panchèn-Lama), 327.
Kènchèn Thrangu Rinpotché, 741-742.
Kerouac J., 340.
Keyserling H., 339.
Khanda (serviteur de Siddhartha), 109.
Khema (grande disciple), 135.
Khènpo Tsultrim Gyamtso Rinpotché, 622, 625.
Kheun Keuntchok Gyalpo, 315.
Khujjutara (grande disciple), 135.
Khyoungpo Nèldjor, 306, 315, 323, 459-460.
Kinmei (empereur), 289.
Klee P., 802.
Kobayashi Issa (auteur de haïkus), 495.
Kôbô Daishi (cf. Kûkai)
Kôdô Sawaki, 19, 341 ; *art du kôan*, 506-507 ; 688.
Kondanna (Vénérable), 409.
Kornfield J., 15, 254, 271.
Krakuccandra (bouddha), 73.
Krishna, 221, 233, 241, 243.
Kubilaï Khan, 259, 319, 330.
Kûkai, 192, 284, 513, 726.
Kumarajiva, 277, 279.

Kumaralata, 618.
Kunga Dreulchok, 625.
Kyabjé Trichang Dorjéchang, 15
Kyongho (poésie), 491.

Lama Dampa Seunam Gyaltsèn, 625.
Lama Dandaron, 334.
Lama Denys Teundroup, 245, 523.
Lama Guèndune Rinpotché, 324.
Lama Jigmé, 807.
Lama Thoubten Yéshé, 342, 701.
Lamothe M. J., 457.
Lamotte É., 340, 373.
Langdharma (roi), 304, 310.
Lao-tseu, 39, 276, 361, 460.
Le Clézio J. M. G., 355.
Le Gall (Dom Robert), 807.
Leloup J.-Y., 638, 817.
Levi P., 28.
Lévi-Strauss C., 336.
Li Hongzi, 285.
Li Po (poète), 489.
Lingun Zhixian, 298.
Lin-tsi, 347, 370, 505 n. 2.
Lobsang Tcheukyi Gyaltsèn (Ier Panchèn-Lama), 319.
Longchèn Rabjampa, 625.
Longchenpa, 229-230, 458, 598, 745.
Louis (Saint), 337.

Magritte R., 357.
Mahadeva, 138.
Mahakashyapa, 134, 137, 278-279, 378 ; *poème de* -, 485 ; 511-513.
Mahamati, 424-425, 596.
Mahaprajapati Gotami (tante du Bouddha), 106, 133.
Mahasi Sayadaw, 259.
Mahatissa, 255.
Mahavairocana, 726-727, 730.
Mahavijiata (roi), 96.
Mahavira, 39, 47.
Mahinda (fils présumé d'Ashoka), 254.
Maitreya (bouddha), 104, 136, 179, 269, 323 ; *yoga du lama*, 325 ; 414, 422-423, 465, 559, 768 ; *glossaire*, 848.

Maitripa (mahasiddha), 188, 226, 323-324, 465.
Malunkyaputta, 499.
Manguel A., 355.
Manhae (poésie), 491.
Manjushri, 168-169, 226, 421, 446, 470, 768 ; *glossaire*, 849.
Manjushrimitra, 227.
Mao Zedong, 326.
Mara, 113.
Marc-Aurèle, 800.
Marpa Lotsawa (*ou* Marpa), 226, 306, 314, 323-324, 456, 719.
Matchik Labdreun, 306.
Ma-tsou, 754.
Maudgalyayana, 134, 429.
Mayadevi (mère du Bouddha), 23, 104, 106.
Ménandre (Milinda ; roi), 146-147, 155, 275, 396.
Merleau-Ponty M., 361, 801-802.
Merton T., 807.
Midal F., 343, 346, 348, 474, 818.
Milarépa, 170, 314, 323-324, 398, 457-458, 471, 555 ; *sur la saveur unique*, 611 ; 641, 719.
Mindon (roi), 392.
Morin E., 336, 346.
Mozart, 475.
Mucilinda (roi des nagas), 115, 773.
Mugan (poète), 491.
Mutsuhito (empereur), 293.

Nagarjuna, 70, 100, 142, 148, 169, 226, 237 ; *et le Tiantai*, 282 ; *prolonge l'œuvre du Bouddha*, 368 ; *conseils sur la parole juste*, 384 ; (tableau 10) 397, 414, 420, 436, 463-465, 501 ; *sur le Bouddha*, 515 ; 523, 527 ; *sur l'éveil*, 545 ; *sur le soi*, 590 ; *sur la vacuité*, 598, 600, 603 ; *dialectique abolitive/tétralemme*, 601-602, 614, 625 ; *sur les deux réalités*, 608, 611 ; *et le Madhyamaka*, 622 ; 655 ; 794.
Nagasena, 147, 155, 396.
Nairatmya (parèdre), 448.
Namkhaï Norbu Rinpotché, 585, 659-660, 731-732, 743 ; *sur la*

contemplation, 744-747 ; 750-751 ; *dépasser les limites d'une tradition*, 754.
Nandabala, 29.
Nangaku, 299.
Nan-in, 505, 532, 661.
Naropa (mahasiddha), 188, 228, 306, 323-324, 614, 733.
Nétchoung (oracle de -), 326.
Ngagwang Namgyal, 304.
Ngawang Lobzang Gyatso (Ve Dalaï-Lama), 320.
Ngô Dinh Diêm, 267.
Nichiren, 291, 301.
Nietzsche F., 21, 338, 564.
Niguma, 306, 315, 323.
Norodom Sihanouk, 264.
Nyoshül Khen Rinpotché, 459.

Odier D., 454.
Ondür Gegen, 330.
Onfray M., 613.
Orgyèn Trinlé Dordjé (XVIIe Karmapa), 318, 323-324 ; *poésie*, 489.
Ourgyènpa Rinchèn Pèl, 306, 316.

Padampa Sangyé, 306, 316, 724.
Padmasambhava, 227, 304, **308-309**, 311, 585, 660.
Pagor Vairocana, 306, 308.
Pai-tchang Houai-hai, 754.
Panikkar R., 127, 372, 638.
Parakkamabahu Ier (roi), 255.
Parménide, 39, 797.
Parvati (parèdre), 46.
Pascal, 76, 371, 503.
Pasedani (roi), 143.
Patrul Rinpotché, 801.
Paul (apôtre), 523.
Platon, 794, 797.
Plutarque, 347.
Polo M., 242, 337.
Prahevajra (cf. Garab Dordjé).
Proust M., 371, 757-758.
Purna, 119, 134, 249.
Pushyamitra (souverain), 143.
Pythagore, 39, 797.

Qingdeng, 366.

Rabhi P., 349.
Rahula (fils du Bouddha), 108, 134.
Rahula W., 244, 270, 341.
Raj U., 245.
Rama IV Mongkut (roi), 261.
Ramana Maharshi, 13, 129, 496, 504, 634, 662, 758.
Ramanuja, 241
Rangdjoung Dordjé (IIIe Karmapa), 323, 538-540, 625, 711, 732, **737-739**.
Rangdjoung Rigpai Dordjé (XVIe Karmapa), 324, 342, 475, **516**.
Ratnamati, 226.
Ratnasambhava (bouddha), 210, **212**, 782, 790.
Rétchoungpa, 314.
Ricard M., 245, 303, 348.
Rilke R. M., 484.
Rimbaud A., 371, 482.
Rinchèn Zangpo, 313.
Rockwel I., 818 n. 1.
Rolland R., 339.
Rosch E., 813.
Rudraka Ramaputra, 109, 643.
Rujing, 295.
Ruysbroeck (Guillaume Van), 337.
Ryôkan (poète), 495, 547, 682-683.

Saichô, 290.
Saigyô (poète), 492.
Saint-Exupéry A., 357.
Sakya Pandita Kunga Gyaltsèn, 329-330
Sakya Tridzin Ngawang Kunga, 322.
Samantabhadra, 188, 227, 229, 458, 744 ; *glossaire*, **859**.
Samavati (reine et grande disciple), 135.
Sanghamitta (sœur de Mahinda), 254.
Sangyé Gyatso, 320.
Saraha (mahasiddha), 187-189, 202, 226, 323-324 ; *le langage*, 369 ; *le maître*, 388 ; 455 ; *glossaire*, **861**.
Saryû (auteur de haïkus), 495.
Schnetzler J.-P., 523, 814-815, 817-818.
Schopenhauer A., 337-338, 796.
Sekito Kisen, 461.
Sénèque, 800.

Sengcan, 650 n. 2.
Serlingpa, 768.
Seunam Gyatso (IIIe Dalaï-Lama), 319, 330.
Seung Sahn (Soen-sa), 361, 364, 368, 511, 524, 656, 662.
Shabkar, 458-459 ; *poésie*, 488.
Shakti, 190, 241.
Shakyamuni (cf. Bouddha Shakyamuni et glossaire, **862**)
Shambhala (cf. Index des notions)
Shandao, 283.
Shankara, 236-237, 239, 241-242, 630.
Shantarakshita, 149, 308, 622, 624.
Shantideva, 100, 240, 272, 384, 417-418, 423, **470**, 562, 581-583 ; *souffrance et compassion*, 589 ; 603, 654-655, 768, 794.
Shariputra, 134, 374, 411, 414, 416-417, 421, 498, 560, 598, 600-601.
Shavari, 226.
Shilabhadra, 149.
Shinran, 301, 699.
Shiva, 46, 190, 232, 235, 239, 241, 268, 454 ; *glossaire*, 863.
Shri Heruka, 448.
Shri Simha, 227, 306.
Shubhakarasimha, 149, 188, 283.
Subhuti, 134, 357, 415-416.
Shuddhodana, 24, 44, 104-108, 133.
Siddhartha Gautama, 23, 39, 47, 51, 101, 107-109, 112-115, 143 ; *et la grammaire*, 379 ; *glossaire*, 863.
Siegel B., 590.
Simonide de Céos, 140.
Sitou Panchèn Cheukyi Djoungné, 625.
Snyder G., 340.
Socrate, 365, 496, 798, 816.
Sogyal Rinpotché, 347, 584, **708-709**, 711.
Song-myong (roi), 289.
Songtsèn Gampo (roi), 307-308.
Sôsan, 461 ; *poésie*, 492.
Spinoza, 630, 794, 796.
Strickmann M., 728.
Stril-Rever S., 221, 450.
Sucandra (roi de Shambhala), 450.

Sudhana, 179-180, 421, 423.
Sukhanata, 226.
Sukhasiddhi, 306, 315, 323.
Sumedha, 103.
Sunlun Sayadaw, 259.
Suzuki D. T., 192, 340-341, 807.
Suzuki S., 341.

Tagore R., 484.
Taranatha Kunga Nyingpo, 316, 625.
Tarthang Tulkou, 342-343.
Tcha-tcheou, 506.
Tchènrézi (cf. Avalokiteshvara)
Tcheugyour Détchen Lingpa, 321.
Tchouang-tseu, 276, 389, 537.
Tenzin Wamgyal Rinpotché, 312.
Teunmi Sambhota, 308.
Thich Nhat Hanh, 31, 115, 137, 181, 251, 267, 342, 345, 548, 578 ; *sur la souffrance*, 588 ; 599, (poème) 607.
Thich Quang Duc (moine), 267.
Thoreau H. D., 337.
Thoubtèn Djigmé Norbou, 26.
Thoubtèn Yéshé, 333 n. 1.
Tilopa (mahasiddha), 188, 228, 323-324, 614, 733.
Tolstoï, 336.
Tönpa Shenrab Miwoché, 311.
Tôzan Ryôkai, 461.
Trân Nhân Tông (poète), 487.
Tri Rèlpachèn (roi), 310.
Trinh Xuan Thuan, 499.
Trinlé Thayé Dordjé (XVIIe Karmapa), 318.
Trisong Détsèn (roi), 308-309.
Tsang Nyeun Heruka, 457.
Tsangyang Gyatso (VIe Dalaï-Lama), 320 ; *poésie*, 488.
Tséwang Norbou, 625.
Tsongkhapa, 314, 319 ; *yoga du lama*, 325.
Tucci G., 340

Ueshima Onitsura (auteur de haïkus), 494.
Upali, 91, 134, 138.
Uttiya, 501-502.

Vacchagotta (ascète), 595-596.
Vaidehi (épouse de Bimbisara), 429.
Vairocana (bouddha), 174, 210, 212, 730, 783, 790.
Vajrabhairava, 446.
Vajrabodhi, 149, 188, 283.
Vajradhara, 188, 228, 324, 452, 709 ; *prosternations*, 705 ; *fruit du Mahamudra*, 741 ; *glossaire*, 873.
Vajrapani, 168.
Vajrasattva, 705-706.
Vajrayogini, 306, 316.
Valéry P., 339, 365, 371.
Van Hanh Nguyên (poète), 487.
Vasubandhu, 60, 290 ; *Abhidharma*, 436 ; 616, 618, 620 ; *poème de*, 486 ; 616-618.
Vasumitra, 616.
Vattagamani (roi), 255.
Victoria B., 293.
Vimalakirti, 168, 420-421.
Vimalamitra, 227, 308.
Viravajra, 306, 315, 322.
Virupa (mahasiddha), 315, 322.
Vishvamata (parèdre), 217, 220.
Vishnu, 46, 221, **232-235**, 239, 241, 243 ; *glossaire*, 875.
Vishvarupa, 221.

Wang Wei (poète), 490.
Watts A., 340.
Wei Ying-wu (poète), 490.
Welwood J., 819.
Wen T'ing-yun (poète), 490.
Whitman W., 180, 337.
Wijayaratna M., 269, 394, 794.
Wittgenstein L., 357-358, 758, 796, 799.
Won'gam (poète), 491.
Wumen Huikai, *art du kôan*, 506 ; 514 n. 1, 654.

Xuanzang, 148-149, 152, 182, 273.

Yama (seigneur de la mort), 87-88 ; *glossaire*, 876.
Yamantaka, 446.
Yangsi Kalou Rinpotché, 324.
Yasa, 128.
Yasutani, 544, 546.
Yeunten Gyatso (IVe Dalaï-Lama), 330.
Yinyuan Longqi, 292, 296.
Yi-tsing, 283.
Yongjia Xuanjue, 460.
Youmowa Mikyeu Dordjé, 315, 625.

Zarathoustra, 39.
Zhaozhou, 506.
Zhiyi, 282.

Index des notions

A (lettre), *prajnaparamita*, 403 ; *méditation sur la lettre -*, 727-728.
Abhidharma, *origine*, 390, 430-431 ; *signification du mot*, 431 ; *les deux types de phénomène*, 431-433 ; *une science de la cognition*, 434-435 ; *et pratique méditative*, 435-436 ; *la littérature de l'-*, 436 ; *extrait*, 437 ; *et « Sutra du cœur »*, 418 ; *et psychologie*, 813 ; *glossaire*, 821.
Absorption méditative, *glossaire*, 821.
Action juste, *aspect de la voie*, 573-574.
Actes, - négatifs (dix) : 634-635, 665, 712 / *et le stupa*, 782 / *glossaire*, 834 ; - positifs (dix), 635, 665, 687, 712 ; *glossaire*, 834.
Adibuddha (cf. Bouddha primordial)
Advaïta-vedanta, *bouddhisme et -*, 236-240, 466 ; *glossaire*, 821.
Agitation (obstacle à la pratique), 668, (tableau 20) 671, 676, 689, 696, 736.
Agrégats (cinq), 80-85, 201, 212 ; *sources de souffrances*, 408 ; *« Sutra du cœur »*, 416-417 ; 432, 433, 530, 566 ; *glossaire*, 822.
Akanishta, 167.
Alaya (cf. Fondement de l'expérience)
Alayavijnana (cf. Conscience fondamentale)
Alimentation végétarienne, 95-99, 145, 573-574, 643-644.
Amaravati (école d'art), 787 ; *glossaire*, 822.

Amidisme (cf. Terre pure)
Ami spirituel (cf. Maître)
Amour, 157, 180-181 ; *cultiver l'-*, 572 ; *amour bienveillant (état sublime)*, 680-683 ; *et connaissance*, 812 ; *glossaire*, 822.
Anatman (cf. Non-soi)
Anthropocosme, 780.
Antidote, 157 ; *aux émotions négatives*, 666, 675 ; *glossaire*, 822-823.
Apparences, 172, 177, 215 ; *vision Dzogchèn*, 228-229 ; *nature vide des -*, 405, 459 ; 422, 515 ; *et vacuité*, 598, 607, 740-741 ; 609 ; *vision du Vajrayana*, 700, 720 ; *niveau du Mahamudra*, 732, 740 ; *- sacralisées*, 786.
Apprentissage spirituel, 17, 312, 316, 519, 559, 567, chap. 14 (630-752). Cf. aussi Triple apprentissage.
Approches *ji-riki* et *ta-riki*, 291-292.
Approches progressive / subitiste, 281, 286 ; *Tibet*, 309 ; *tantrayana*, 446.
Approche thérapeutique, 563-564.
Arahant (cf. Arhat)
Arbre de l'éveil (*ou* arbre de la Bodhi), 112-113, 254 ; *et pratique assise*, 297.
Arbre de vie, *et le stupa*, 778, 780.
Arhat, 94, 119, 121 ; *statut de l'-*, 138-139/156-160 ; 151, 153, 165, 270 ; *sa réalisation*, 542, 615 ; *glossaire*, 823.
Arya(s), 41, 43, 47-48, 93 ; *au sens bouddhique (être noble)*, 97, 117 ; 190.

909

Ascèse, 109 ; *et mortifications*, 111 ; *- morbide*, 117, 503.

Atman (cf. Soi)

Attachement/appropriation, 412 ; *lien interdépendant*, 556-557, 567 ; 690 ; *- à l'ego*, 725 ; *répulsion-indifférence*, 725 ; *libération de l'-*, 739.

Attention, 94, 183 ; *- au moment présent*, 279 ; *pratique des quatre -*, 410-412, 593, 667-669, 691, 763, *et le stupa*, 782 ; *- juste (aspect de la voie)*, 575-576.

Atiyoga (cf. Dzogchèn)

Auditeur, 159 ; *glossaire*, 823.

Autodiscipline, 154, 183-184 ; *transmission au Tibet*, 305 ; **631-638**, 649 ; *niveau Hinayana (discipline extérieure)*, 664-666 ; *niveau Mahayana (discipline intérieure)*, 674-675 ; *niveau Vajrayana (discipline sacrée)*, **701-702** ; *niveau Mahamudra (suprême discipline)*, 734 ; *niveau Dzogchèn (suprême discipline)*, 744 ; *glossaire*, **824**.

Auto-illusionnement, 533.

Autolibération, 227, 313, 445-446, 543, 702 ; *signification (Dzogchèn)*, 731, 745, 748 ; *glossaire*, **824**.

Autoperfection, 743, 752.

Ayatanas (cf. Domaines psychosensoriels)

Ayurveda, 98.

Bactriane (art de la -), 275.

Bardo, *du moment de la mort* et *six -*, 584-586 ; 719, 819 ; *glossaire*, **824**. (Cf. aussi Yogas de Naropa, *Yoga du bardo*).

Base de toute chose (tib. *künshi*), 751.

Base primordiale de l'esprit, 229.

Base-voie-fruit, **31-34**, 199, 223, **225**, 227-228 ; *Sakyapa*, 322 ; *tantrayana*, 439, 446 ; « *Le Précieux O. de la L.* », 471 ; 528.

Béatitude, 170, 205, 211, 537, 567, 713 ; *instructions dans le Dzogchèn*, 747.

Bénédiction, 142 ; *collectionner des -*, 321 ; *du Bouddha*, 373, 379, 389.

Bhakti (cf. Dévotion)

Bhikkhu (cf. Moine)

Bhikkhuni (nonne, cf. Moine)

Bien, *bien commun*, 23, 52, 115, 126, 161-162, 519 ; *ce qui est juste*, 117 ; *ce qui conduit au -*, 27 ; *idéal du -* 34, 56-57, 87, 407, 574, 687, 800 ; *faire le bien*, 380 ; *ami du bien*, 657.

Bien-être, 14, 22 ; *- personnel*, 28, 117 ; *- commun*, 96-97, 145, 278, 349 ; *séjours divins*, 67, 69 ; *au sens de nirvana*, 118 ; *degré de libération*, 157 ; *lié au sambhogakaya*, 170 ; *vie du moine*, 272.

Bienfaits, 142, 159, 270, 528, 542, 665, 678, 711, 729, 810.

Bienveillance, 95, 111, 162 ; *et le Vinaya*, 398 ; 664, 676-677 ; *culture de la -*, 687 ; 693.

Bindus (cf. Gouttes principielles)

Bodhicitta, 163 ; *et les 12 liens interdépendants*, 559 ; 674 ; *cultiver la -*, 675-678 ; *- relative/ultime*, 676-678, 685 ; *entraînement à la bodhicitta d'intention*, 678 ; *entraînement à la bodhicitta d'application*, 685, 691 ; *développer la -*, 694 ; *niveau du Mahamudra*, 736 ; *glossaire*, **824-825**.

Bodhicittas blanche et rouge, 204-205.

Bodhisattva, 89, 114, 119, 136, 159, **160-165**, 174-175, 188, 269 ; *et les sutras sanskrits*, 399 ; *tantras*, 439 ; *son activité*, 483 ; *vivre en -*, 674, 712.

Bodhisattvayana, 162, 184, 282, 419, (figure 32) 447.

Bön, 307, 309-312 ; *Youngdroung Bön* : 305-306, 308 / *fiche*, 311-313 / *glossaire*, **876**.

Bon pour soi / mauvais pour soi, 68, 77, 565, 569, 607, 679, 687 ; *contexte de tonglèn*, 691 ; *contexte de tcheu*, 725.

Bonheur, *- joie / non-violence*, 13, 67, 163, 345 ; *soif du -*, 21-22, 166, 338, 340, 564 ; *ce qui conduit au -*, 27, 35, 67 ; *- de soi et d'autrui*, 30-31, 367, 376, 380, 684 ; *- des dieux*, 68 ; *et sacrifice d'animaux*, 96-97 ; *et liberté*, 102 ; *- matériel*, 108, 344 ; *et bodhisattva*, 162-163 ; *et*

souffles-énergies, 205 ; se libérer du -, 595.
Bonté fondamentale, 27-29, 157, 604, 607, 637, 649, 678, 693, 707.
Bouddha (titre), 24-25, 119 ; glossaire, 825-826.
Bouddhas (les), 26, 35, 73, 103, 115, 121, 136, 160, 167-168, 173-178 ; relation au Bouddha, 374 ; tantras, 439 ; Dzogchèn, 749.
Bouddha-par-soi (cf. Pratyekabuddha)
Bouddha primordial, 170, 188, 226-227, 229, 268, 324 ; source des tantras, 438 ; 452, 458, 659 ; prosternations, 705 ; fruit du Mahamudra, 741 ; Dzogchèn, 744 ; et stupa, 780 ; glossaire, 826.
Bouddhéité, 25, 33, 100-101, 160, 163, 166, 205, 238, 269 ; Chan, 280 ; reconnaissance mutuelle, 377 ; 465, 526-528, 674, 700, 751 ; glossaire, 826. Cf. aussi Éveil.
Bouddhisme, mode de vie, 14, 23, 30-31, 335, 345, 400, 413, 497, 503, 574, 664, 800 ; « engagé », 251 ; « opium du peuple », 264 ; religion d'État : Thaïlande, 14, 253, 262, 805 / Birmanie (Myanmar), 259, 805 / Cambodge, 264, 805 / Laos, 265, 805 / Vajrayana au Bhoutan, 303 / Tibet VIIIe s., 309 ; son apport/intégration en Occident, 343, 345-349, 754-757, 796 ; et philosophie, 794-804 ; et religion, 804-812 ; et psychothérapie, 813-820.
Bouddhisme des origines (ou tradition des origines), 71, 115, 138-139, 151-160, 161-162, 166-167, 182, 337, 394 ; et les plaisirs, 480 ; sur l'impermanence, 581. Cf. aussi Theravada.
Brahmane(s), 43, 108, 119, 128, 233 ; au sens bouddhique, 93-95, 111 ; glossaire, 826.
Brahmanisme, 39, 42, 45-46, 142, 729 ; glossaire, 827.
Buddhacarita, 59, 101 ; glossaire, 827.
Buddhajnana, 526 ; glossaire, 827.
Bushidô, 291-292.

Cakras, 203-204, 644 ; anahata cakra, 750 ; glossaire, 827.
Cakravartin, 105-106, 141, 155, 233 ; et le stupa, 777 ; glossaire, 828.
Calligraphie, 296, 483 ; et poésie de paysage, 484.
Canaux subtils, 203-204, 644 ; et initiation du vase, 710-711 ; 749.
Caodong (lignée), 280, 295.
Castes (système des -), 54, 94, 101, 134, 148, 155, 243.
Causalité, 61, 424, 471-472 ; et interdépendance, 548, 559 ; et nirvana, 674.
Cause ultime (absence de), 61, 236.
Chamanisme (cf. Tradition, - chamanique)
Chan, 266, 276 ; fiche, 278-281 ; les quatre lignes directrices (ou principes), 278 ; Chan du Sud, 284, 295, 298, 460 ; Corée (Sön), 287, 290 ; Japon, 295 ; Tibet, 309 ; et les sutras, 403, 405 ; et art du kôan, 505-509 ; pratique du « non-esprit », 509-511 ; glossaire, 828.
Changpa (tradition-racine), 305-306, 313, 323, 459 ; Changpa-kagyu, 315-323.
Chant(s), védiques, 42, 93, 109 ; des oiseaux, 112, 192 ; de Saraha, 189, 369 ; des sutras, 297, 387 ; des dakinis, 314 ; 353, du monde, 365 ; voix du Bouddha, 379 ; et les enseignements, 387, 392 ; - de réalisation, 452-460 ; - de l'immédiat satori, 460-462.
Chidjé (tradition-racine), 305-306, 316, 724.
Christianisme, 231, 259, 336.
Cinq actions à rétribution immédiate, tableau 18, 636.
Cinq attitudes (à abandonner), 157-158.
Cinq corps, 322.
Cinq éléments, alimentation, 98 ; vision tantrique : 192, 200, 202-203, 211-212, 214-216, 218, 295 / leur résorption, 585-586 ; Dzogchèn, 229.
Cinq émotions négatives, 200, 206-209.

INDEX DES NOTIONS

911

Cinq enseignements d'or, 306, 315, 323 ; *glossaire*, 828.
Cinq facultés (à cultiver), 157, 159, 764 ; *et le stupa*, 782.
Cinq familles de bouddhas, 200-201, 210-212, 729, 789.
Cinq forces, 764 ; *et le stupa*, 783.
Cinq liens (à abandonner), 157-158.
Cinq lumières hyper-subtiles, 200-201 ; *souffles-lumières*, 211 ; **214-216**.
Cinq obstacles, 410.
Cinq sagesses, 200-201, **205-210**, 322, 726, 730, 741.
Cinq Victorieux, 210, (tableau 10) 212, 789 ; *glossaire*, 828.
Cinq voies (du bodhisattva), **163-165**, 674, 700, 763-764 ; *glossaire* (cf. Terres des bodhisattvas), 867.
Circumambulation (du stupa), 774, 777, 784-785.
Cittamatra, 172, 207 ; *et le 3ᵉ tour de la roue du Dharma*, 407 ; *et les sutras*, 405, 424-425, 429 ; 465 ; *les huit consciences* : 533-538 / *moment de la mort*, 586 ; (figure 38) 616, 620-622, 624, 626 ; *approche de vipashyana analytique*, 694 ; 701 ; *glossaire*, **828**.
Claire lumière, *signification*, 203-204, 626-627 ; 211, 213, 450, 537, 701 ; *et état de bouddha*, 543 ; *et vacuité*, 605 ; 612, 622, 730 ; *glossaire*, 829. Cf. aussi Yogas de Naropa, Yoga de la claire lumière.
Clarté, 198, 436, 672 ; *clarté-lucidité*, 536 ; *union -/vacuité*, 695, 713 ; *instructions dans le Dzogchèn*, 746. Cf. aussi Lucidité.
Colère, 30, 208, 678 ; *glossaire*, 829.
Communauté (cf. Sangha)
Compassion, 13 ; *du Bouddha/des bouddhas*, 24, 101, 112-113, 115, 130, 136, 229 ; 30 ; *et entrée en refuge*, 34 ; *et karma*, 56 ; *et cosmologie*, 76 ; *et alimentation végétarienne*, 95-96, 98 ; Ashoka, 145 ; Avalokiteshvara, 168 ; *principe fondamental* : 145, 162, 243-244, 293, 637-638 / *Mahayana*, 182 / *Vajrayana*, 186-187, 190-191, 196-197, 209, 214, 217, 234 / *et rituel*, 724 ; *et hédonisme et matérialisme*, 246 ; *et vacuité*, 162, 456, 469, 481, 604 ; *caractéristique de l'état naturel*, 526 ; *et mal-être*, 589 ; *et connaissance supérieure*, 591, 604, 649 ; *état sublime*, 683-684, 688 ; *glossaire*, 829.
Compréhension, *conceptuelle/intellectuelle*, 280, 375, 500, 512, 545, 571, 654 ; *- directe*, 378, 647, 649 ; *- juste (aspect de la voie)*, 571, 690.
Concentration, *- juste (aspect de la voie)*, 576 ; *- en un seul point (ekagracitta/cittaikagrata)*, 576, 643, 669 ; *: - transcendante (paramita)*, 689-690.
Concile, *de Rajagriha*, 137 ; *de Vaishali*, 138 ; *de Pataliputra*, 139, 146, 151, 253 ; 430.
Condition humaine, 21, 32, 56, 68, 76, 88, 108, 160 ; *et liberté*, 799.
Conduite éthique/code de conduite, 153-155, 158, 312, 390, 398, 428.
Confiance, 94, 157, 186, 209 ; *au moment de la mort*, 586 ; *et l'étude*, 648 ; *ses trois aspects*, 649-651 ; 659, 693 ; *ngöndros*, 707.
Confucianisme, 268, 277, 489 ; *glossaire*, 829-830.
Confusion, *dissipation*, 25, 648 ; *transmutation*, 27 ; *notre condition habituelle*, 51, 53, 73, 125, 142, 197, 199, 207 ; *en lien avec la structure du mandala*, 201-202 ; *en relation avec la nature de bouddha*, 205.
Connaissance supérieure, 120, 164, 182, 207, 217, 572 ; *et compassion*, 403, 649 ; *suttas*, 411 ; 509, 528 ; *Theravada*, 570 ; 632, 647-649 ; *niveau Hinayana*, 664, 670 ; *niveau Mahayana*, 676, 690-691 ; *glossaire*, 830.
Connaissance transcendante, 120, 124, 165, 194, 316 / *lettre A*, 403 / **415-417**, 598, 649, 690-691 ; *version tantrique*, 725 ; *glossaire*, 830.
Conscience, *agrégat*, 84-85, 532 ; *système des six -*, 424, 532-533, (figure 33) 535 ; *système des huit -*,

424, 533-535, 620 ; *lien interdépendant,* 552, 567 ; *pleine conscience* : 29, 98, 575, 632, 668, 742 / *glossaire,* 855 ; - *spacieuse,* 646, 692 ; *les quatre prises de -,* 703-704.
Conscience fondamentale, 207, 424, 533-535, 586, 620 ; *glossaire,* 831.
Conscience mentale, 84, 532, 534-535.
Conscience mentale souillée, 424, 533, 534-535, 620.
Contact (lien interdépendant), 554.
Contes, 353, 478-479.
Contemplation, 690, 786 ; *dans le Dzogchèn,* 731-732, 744-746 ; *dans le Mahamudra (non-méditation),* 735.
Contentement, 30, 94.
Continuité, *base-voie-fruit,* 34-35 ; *et renaissance,* 75 ; *et conscience,* 84 ; *et mandala,* 86 ; *homme-univers :* 104, 180, 213 / *le stupa,* 778, 780 ; *et le Tantra,* 120, 198-199, 537 ; *- des aspects de la voie et de la transmission,* 184, 198-200 ; *- du samsara et du nirvana,* 186 ; *émotions négatives/sagesses,* 206-214 ; *sens du mot « sutta »,* 402 ; *- entre les mots et la vie,* 473 ; *« La suprême continuité »,* 465-467 ; *- de l'expérience méditative,* 642-643.
Continuum de conscience, 57, 200, 533, 556, 584-585 ; *glossaire,* 831.
Corps, 14, 19 ; *vivre l'instant,* 29 ; *présence au monde,* 34 ; *identification/attachement au -,* 51, 53, 81, 117, 237 ; *et le soi,* 80-81 ; *et l'alimentation,* 96, 98 ; *fardeau/plaie,* 110-111, 113, 155 ; *et l'univers,* 114, 202, 206 (tableau 9), 214, 221, 583, 586 ; *renoncement au -,* 124, 129, 164, 582-583 ; *instrument d'éveil,* 99, 155, 202-203, 205, 213, 221-222, 411-412, 481, 583, 644-646, 667-668 ; *et méditation,* 644-646 / *en zazen,* 695-697 / *marche méditative,* 697-698 / *pratique Dzogchèn,* 745-747 ; *pratique de tcheu,* 726 ; *la respiration du vase,* 736-737. Cf. aussi Posture méditative.
Corps-esprit, 111 ; *indifférenciés,* 170 ; *initiation du Kalacakra,* 217 ; 280 ; *harmonie -,* 285 ; *unité du - (Zen)* 296, 298-299, 696 ; 524 ; *et pratique de l'attention,* 669.
Corps d'arc-en-ciel, 585, 749, 751.
Corps-parole-esprit, *et les trois joyaux,* 34 ; 94 ; *actes négatifs du -,* 97 ; *actes positifs du -,* 164, 467, 634 ; *Tantra :* 191, 196, 198-199, 207, 220, 443, 450, 701 / *prosternations* 705 / *aspect pur (les trois vajras)* 710 / *leur vacuité,* 716-718 ; *Youngdroung Bön,* 312 ; *et la triple corbeille,* 396 ; 522, 552, 632 ; *dans la pratique des trois mystères,* 729 ; *danses Vajras,* 750.
Corps subtil, *et alimentation,* 98 ; 203-205, 643-644, 720 ; *glossaire,* 830. Cf. aussi Yoga du corps subtil.
Corps vajra, 538.
Cosmogenèse, 45, 218.
Cosmogramme, 200, 214-216.
Cosmologie, 59-60, 74, 76, 173 ; *Dzogchèn,* 228-229 ; 234 ; *réalité de l'univers,* 499-500 ; *entropie,* 579-580 ; *et rituels,* 724 ; *l'univers et le stupa,* 777-778 ; 801.

Dakini(s), 186, 188, 226 ; *glossaire,* 831.
Dalaï-Lama (titre), 319 ; *lignée des -,* 324 ; *glossaire,* 832.
Damaru, 726.
Danses Vajras, 750-751.
Darshana, 235-236 ; *glossaire,* 832.
Dathus (cf. Éléments cognitifs)
Déconstruction (méthode de), *dans l'Abhidharma,* 434-435, 593.
Déesse mère, 43, 190.
Déité, *et sadhana,* 185-186, 223, 442, 612, 707, 715-718, 734 ; *et syllabe-germe,* 195-198 ; *et mandala,* 201 ; *et les deux réalités,* 608 ; *et transmission de pouvoir,* 709-710.
Délivrance, 51, 95 ; *glossaire,* 832.
Démons (quatres types de -), 725.
Désir (ou soif), *et renonçant,* 54, 108, 130 ; *et conditions de la conscience,* 60, 64-67, 68-69, 77-80, 87-89 ; *et naissance du Bouddha,* 104-105 ; *remède au -,* 117-118 ; 130, 153, 209 ; -

sexuel/sensuel, 94, 107, 111, 113, 139, 158, 637 ; *transformation*, 445 ; *lien interdépendant*, 555-556, 564, 567-568 ; *disparition du -*, 606 ; *glossaire*, 832-833.

Détachement, 111, 689.

Détente, *de l'esprit*, 638, 642, 646, *(détente spacieuse)* 680, 694, 730, 734-735 ; *du corps*, 645 ; *niveau du Dzogchèn*, 745.

Devenir (lien interdépendant), 557.

Dévotion, 13, 26 ; *la bhakti*, 47-48 ; *pour le Bouddha*, 59, 91, 101, 241 ; *pour les arbres*, 112 ; *dans le Tiantai*, 282 ; *dans le Jingtu*, 283 ; *à Guanyin*, 284 ; *école Nichiren*, 301 ; 335 ; *Hanuman*, 378 ; *à Amitabha* (cf. Index des noms propres) ; *au maître*, 659.

Dharani, 192-195 ; *et le stupa*, 781 ; *glossaire*, 833.

Dharma (pali, Dhamma), 34-36 ; *sens védique*, 42 ; 134, 143, 150 ; *quatre sceaux du -*, 578-607 ; *- scripturaire et de la réalisation*, 753 ; *glossaire*, 833.

Dharmadhatu, 178-180, 223, 282, 422, 701, 748 ; *glossaire*, 833.

Dharmakaya, 169-171, 188, 195, 208 ; *et « suprême soi »*, 239, 426, 466 ; *et le stupa*, 772, 781 ; *glossaire*, 833.

Dharmata, 196, 445, 739, 742 ; *glossaire*, 834.

Dhyanas, 69-70, 114, 576 ; *glossaire*, 834.

Dialectique abolitive, 464, 466, 501, 601-602, 625.

Dialogue inter-traditions, 145.

Dieu, 21, 61, 236, 336, 805, 808-812 ; *dans le védisme : - de la mort*, 43 / *Kama (- de la sensualité)*, 113 ; *panthéon brahmanique*, 46 ; *dans le bouddhisme : demi-dieux*, 64 / - *jaloux*, 66, 88 / *séjours divins*, 66-70 (cf. aussi Cause ultime).

Discernement, 182, 683 ; *yoga du rêve*, 721.

Disciple, 656-662 ; *union à la nature de bouddha*, 712, 715. Cf. aussi Maître/ami spirituel.

Dix liens, *glossaire*, 834-835.

Dix terres, 164-165, 168, 700.

Djonangpa (école), 315-316 ; *et nature de bouddha*, 528.

Djordruk (tradition-racine), 305-306, 313, 315.

Dojo, 343, 512, 696 ; *glossaire*, 835.

Domaines psychosensoriels, 418, 432, (tableau 15) 433, 553 ; *glossaire*, 835.

Don, *d'aumônes*, 142, 270, 277 ; *roi Bimbisara*, 143 ; *- réciproque (moine/laïc)*, 154 ; *roi Vattagamani*, 255 ; *- de l'enseignement*, 389, 658, 686 ; *- du corps*, 686 ; *- inconditionnel*, 707. Cf. aussi Tonglèn.

Dordjé Nèldjor (tradition-racine), 305-306, 316.

Doshas, 98.

Douceur, 111 ; *et pratique méditative*, 376 ; *et impermanence*, 582 ; *et nirvana*, 607 ; 676, 682 ; *et statues du Bouddha*, 792-793.

Doute, 26, 94, 115, 124, 139, 151, 157, 671 ; *- négatif*, 503 ; *moment de la mort*, 586 ; *dissipation*, 648, 737-739 ; *glossaire*, 835.

Douze liens interdépendants, 79-80, (figure 8) 87, 89, 103, 549-560, 580 ; *glossaire*, 835.

Drukpa (lignée), *Bhoutan*, 304 ; *glossaire*, 835.

Dualité, 24, 78, 83, 194, 202, 207 ; *mécanisme épuisant*, 381, 551 ; *au-delà de la -*, 424 ; *glossaire*, 836. Cf. aussi Expérience habituelle.

Dysharmonie, 127-128, 269, 412, 576, 631, 683.

Dzogchèn, 224, 226-229, 306, 308 ; *quintessence du Chan*, 309 ; *Y. Bön*, 311-313 ; (figure 32) 447 ; *tantra du -*, 451-452 ; *Longchenpa*, 458 ; *Chögyam Trungpa*, 475 ; *l'éveil*, 543-544 ; *et la mort*, 585-586 ; *et la vue shèntong*, 628 ; *l'apprentissage (vue, pratique, fruit)*, 731, 743-752 ; *glossaire*, 836.

Effort, 94 ; *- juste (aspect de la voie)* : 574-575 / *et le stupa*, 782.

Ego, 27 ; *développement de l'-*, 82-84 ; 155, 236-237 ; *lien avec notre véritable nature*, 376-377 ; 435 ; 530-531, 639 ; *langue et pensée*, 647 ; *egodidacte*, 654-655 ; *dissipation de l'-*, 675, 677, 715 ; *poison*, 680, 685, *(démon)* 725 ; *glossaire*, 836.
Ego sain, 595, 665, 692 ; *glossaire*, 836.
Égoïsme, 27-28, 127, 207 ; *décroissance de l'-*, 401 ; *fixation égocentrique/égotique*, 525, 559, 693 ; 678 ; *blocage égotique*, 692 ; *glossaire*, 836.
Ekagracitta *ou* Cittaikagrata (cf. Concentration).
Ekayana, 419, 425.
Élaborations conceptuelles/mentales, 359.
Éléments cognitifs, 418, 432, (tableau 15) 433, 694 ; *glossaire*, 838.
Émotions négatives (ou conflictuelles), *voile des -*, 78-79 ; *et les quatre nobles vérités*, 117-118 ; *transmutation des -*, 130 ; *dans la vision tantrique*, 199-209 ; 521, 527, 551 ; *déclin*, 582, 589, 606 ; *travailler avec les -* : *niveau Hinayana*, 666 / *niveau Mahayana*, 675 / *niveau Vajrayana*, 702, 725 ; *glossaire*, 837.
Émotions positives, 67 ; *glossaire*, 837-838.
Énergie (paramita), 688-689.
Engagements sacrés (cf. Samaya)
Épicurisme, 798, 800.
Équanimité, *état sublime*, 679-680.
Espoir, *et bouddhisme* : 22-23, 245 / *renaissance*, 153, 168 / *devenir bouddha*, 269 / *obstacle*, 230, 361, 581 / *lié à l'ego*, 531, 555 / *quatre formes d'-*, 562 ; *et brahmanisme*, 46, 53 ; 567, 719.
Esprit, - *réceptacle*, 388-390 ; *nature ultime de l'-*, 205, 539 ; *esprit-expérience*, 524 ; - *d'enfance (méditation)*, 641-642 ; *poser l'- (méditation)* : 646, 672, 687 / *niveau du Mahamudra*, 734-735 ; - *éveillé (ses trois qualités essentielles)*, 649 ; *introduction directe à la nature de l'-*, 708-709, 733, 743 ; *union de la vacuité et de la manifestation*, 733.

Esprit d'éveil (cf. Bodhicitta)
Eprit ordinaire (cf. état naturel)
État dualiste habituel (*ou* esprit dualiste), 227, 230, 529-537, 541, 549, 551, 609 ; *glossaire*, 838.
État naturel, 78, 226-230 ; *et lecture contemplative*, 392 ; *déité et méditant*, 444 ; *et autolibération*, 446 ; 525-529, 537 ; 541, 543, 570, 642, 646 ; *expérience continue*, 714 ; *base de la pratique (Mahamudra)*, 733-734, 736-737, 740, 742 ; *niveau du Dzogchèn*, 745-746, 748-749, 751 ; *glossaire*, 838.
État primordial, 194, 199, 436, 769. Cf. aussi Fondement de l'expérience.
Éternalisme, 172 ; *Madhyamaka shèntong*, 316 ; 539, 600-602, 629.
Éthique transcendante (paramita), 687. Cf. aussi Conduite éthique.
Étude (ou écoute des enseignements), *fiche Guélougpa*, 325 ; 371, 497-498, 503, 626, 632, 647-648.
Éveil, 25, 114, 130, 137, 171, 200, 202, 541-547 ; *actualisation/réalisation de l'-*, 217, 404 ; *trois types d'éveil*, 158-159, 184, 542 ; *- subit et graduel*, 279-281, 298-299, 460 ; *et le sanskrit*, 366 ; *ni illusion, ni -*, 474 ; *indicible*, 515 ; *vision du Zen/Chan*, 544-547, 696-697, 807 ; *les trois dimensions de l'-*, 750 ; *les trois expressions de l'-*, 772 ; *glossaire*, 838.
Existence conditionnée, 46, 80, 155, 168, 229. Cf. aussi Samsara.
Existentialisme, 798.
Expérience d'éveil (*ou - éveillée*), 118, 164, 170, 199.
Expérience habituelle (*ou - dualiste*), 199, 207, 418, (tableau 15) 433-434.
Expérience immédiate (directe *ou* compréhension directe), 279, 356, 367, 509, 522, 571-572, 606, 613, 649, 651, 654, 725 ; *en zazen*, 696 ; *Dzogchèn*, 743 ; *glossaire*, 838.

Facteurs mentaux (quarante-neuf -), 83, 434, 765-767.
Falun Gong, 285-286.
Faxiang (école), 281, 287.

915

Félicité, 22 ; *et séjours divins*, 67, 69-70, 565 ; *expérience de Siddhartha*, 112 ; *et les trois corps*, 170-171 ; *et le corps subtil*, 204-205 ; *grande* -, 211, 448, 451 n. 1, 515 ; *et vacuité*, 238, 720.

Filet cosmique d'Indra, 177-178, 180.

Fixation égocentrique (*ou* égotique), 79, 117, 207, **531-532**, 565, 661 ; *fléchissement*, 705 ; 725-726 ; *glossaire*, 836.

Fleur de lotus, 174-175, 197, 792.

Foi, 177, 301 ; « *bouddhisme de la foi* », 699.

Fondement de l'expérience, 769 n. 1 ; *glossaire*, **838-839**.

Force-de-vie, 203 ; *et initiation secrète*, 710 ; *et la respiration du vase*, 736.

Formations karmiques, *agrégat*, 53, 83, 530, 553, 566 ; *lien interdépendant*, 551, 567 ; *glossaire*, 839.

Forme (agrégat), 80-82, 212 (tableau 10), 271-272. Cf. aussi Corps.

Fractale, 176, 178.

Fraternité, 99, 127, 134-135 ; *avec le monde*, 355.

Gakhyil, 36, 304.

Gandhara (art du -), 146, 275, 786 ; *glossaire*, 839.

Générosité, 270, 707 ; *- transcendante (paramita)*, **685-686**.

Ghanta, 191, 197, 730 ; *glossaire*, 839.

Goût unique (cf. Saveur unique)

Gouttes principielles, 203-204, 537, 644 ; *et initiation de connaissance-sagesse*, 711 ; 750.

Grammaire (voie d'éveil), 378-379.

Guélougpa (école), 306-308, 310, 312, 314-316, 319 ; *fiche*, **324-325** ; *et les tantras*, 440-444, 446-448 ; *et nature de bouddha*, 528 ; 625, 628 ; *glossaire*, 839.

Gunas, 98.

Gupta (art, style), 787.

Guru-yoga, *yoga du lama*, 325 ; *ngöndro*, 707.

Haïku (cf. Poésie)

Haine, *et amour*, 414, 680 ; *et paix*, 684 ; *glossaire (entrée* « Colère »), 829.

Harmonie, *intérieure*, 22, 272, 575, 814 ; 28 ; *Dharma, Sangha*, 34-35, 136-137 ; *but du rituel védique*, 45 ; 83 ; *et alimentation*, 98 ; *- du bien*, 111 ; *noble octuple sentier*, 117 ; *rôle du cakravartin*, 141 ; *et vie monastique*, 272 ; *et pouvoir des mots*, 381 ; *et haïkus*, 493.

Hédonisme, 246, 503.

Hellénisme, 146, 231.

Hinayana, 24, **163**, 183-184 ; *et le 1er cycle d'enseignement*, 402 ; (figure 32), 447 ; *l'apprentissage (vue, pratique, fruit)*, 663-674 ; *glossaire*, 840.

Hindouisme, 46, 152, 231, 233, **241-242**, 263, 268 ; *glossaire*, 840.

Homologie, *univers-être humain*, 220-221 ; *univers-stupa*, 778-779 ; *stupa-corps du Bouddha*, 780.

Hossô (école), 290.

Huayan (école), 281 ; *fiche*, **282-283** ; 284 ; *en Corée (Hwaom)*, 287.

Huit actions contraires, *tableau 18*, 636.

Huit chars de la pratique, 305-306 ; *glossaire*, 840.

Huit déterminations, 605-606 n. 1.

Huit préoccupations mondaines, 131, 562 ; *glossaire*, 841.

Huit sources d'insatisfaction, 565-566

Huit symboles de bon augure, 141 ; *glossaire*, 841.

Humilité, 128, 477.

Identité/subjectivité, 75-76, 180, 358, 401 ; *réflexe identitaire*, **530-531**.

Ignorance, 53, *voile de l'*-, 78-79 ; 89, 199, **208**, 237-238 ; *lien interdépendant*, **551-552**, 567 ; *glossaire*, 841.

Impermanence, 75, 94, 409, 566 ; *grossière et subtile*, 579-580 ; *les quatre sceaux de l'*-, 581-582 ; 679-680, 689 ; *et mort (ngöndro)*, 703-704 ; *son symbole*, 725 ; *glossaire*, 841.

Incomplétude (sentiment d'-), 356, 408, 565.

Individualité (expérience/ sentiment de l'-), 212, 237, 412, 432.
Inertie/torpeur, *et alimentation*, 98 ; 503.
Initiation, *tantras internes*, 444, 450 ; *par le silence*, 497, 504 ; *- du vase*, 710 ; *- secrète*, 710-711 ; *- de connaissance-sagesse*, 711 ; *- du mot précieux*, 711.
Infinitude, 221-222.
Instant, *valeur infinie de chaque -*, 30, 75, 392, 575, 581, 668, 688 ; *parole poétique et présent pur*, 482-483 ; *plénitude de l'-*, 639, 734.
Instrumentalisation (du Dharma), 16, 252 ; *Birmanie*, 258 ; *Thaïlande*, 261-263 ; *Japon*, 293.
Intégration de la pratique, *dans la vie quotidienne*, 31, 741-742.
Intelligence, *critique*, 27 ; *du cœur*, 572, 637 ; *poétique*, 483, 797.
Intelligence conceptuelle (ou raisonnante), 369, 522, 572, 647, 653 ; *glossaire*, 841.
Intelligence immédiate, *la voie de -*, 224 ; *développement d'-*, 542 ; *se fier à l'-*, 653-654 ; 659 ; *glossaire*, 842.
Intelligence primordiale, 367, 529, 810 ; *glossaire*, 842.
Interdépendance, 80, 120, 198, 200, 282, 407, 414, 649 ; *Avatamsakasutra*, 422 ; *approche élémentaire*, 436 ; 513, 548 ; *les trois formes d'-*, 560-562 ; *et quatre nobles vérités*, 577 ; *nœud sans fin (symbole de l'-)*, 759 ; *glossaire*, 842.
Inter-être, 181 ; *glossaire*, 842.
Intolérance, *au temps du Bouddha*, 383.
Intouchables, 243-244.
Islam, 231, 259, 261, 263.

Jaïnisme, 39, 47, 96 ; *digambaras*, 637.
Jalousie, 30, 206-207, **209**, 678 ; *et paix*, 684 ; *glossaire*, 842.
Jambudvipa, 60-64, 66, (figure 20) 219, 449.
Jardins de méditation, 296.
Jatakas, 413 ; *glossaire*, 842.
Jebtsundamba Khutukhtu (titre), 330.

Jingtu (école), 281 ; *fiche*, **283** ; 427.
Jnana-marga (cf. Voie de la connaissance)
Jôdo-shû (école), 291 ; *fiche*, **301** ; 427.
Jôdo-shinshû (école), 291 ; *fiche*, **301** ; 427, 699.
Joie, *sans objet*, 607, 673 ; *état sublime*, 684-685.
Jôjitsu (école), 290.

Kadampa (tradition-racine), 305-306, 313-314, 317, 319, 325, 398, 471 ; *glossaire*, **843**.
Kagyupa (école), *Bhoutan*, 304 ; *Tibet*, 306-308, 310, 312, 314-317, 321 ; *fiche*, **323-324** ; *et les tantras*, 440-444, 446-448 ; 695, 708-709 ; *et initiation du mot précieux*, 711 ; *et shamatha-vipashyana*, 713 ; *le cœur de la pratique*, 719 ; *et Mahamudra*, 731 ; 799 ; *glossaire*, **843**.
Kali-Yuga, 65.
Kalpa, 71-72, 75 ; *mahakalpa*, 584.
Kami, 288-289 ; *glossaire*, 843. Cf. aussi Shintô.
Kangling, 725.
Karma, *ses aspects*, **53-58** ; *ses effets*, 60-61, 167, 214 ; *et conditions de la conscience*, 65, 68, 73-74, 76, 88-89 ; *voile du -*, 78-79, 732 ; *et alimentation*, 95 ; 103, 236 ; « *dettes karmiques* », 312 ; 432, **600**, 725 ; *en lien avec les ngöndros*, 703, 705 ; *glossaire*, **843-844**.
Karma-Kagyu (branche *ou* lignée), 315, 317, 323.
Karma-marga (cf. Voie du sacrifice et du rite)
Karmapa (titre), *lignée des -*, 315, 317, 323 ; *glossaire*, **844**.
Kegon (école), 290.
Kin hin (cf. Marche méditative)
Kôan, 266, 279, 296-297, 368, 462, **504-511**, 587 ; *glossaire*, **844-845**.
Kshatriyas, 44, 47.
Kusha (école), 290.
Kyo, 287.

Lâcher prise, 639, 670, 705, 812.
Lalitavistarasutra, 59, 101, 171, (tableau 14) 397, 772 n. 1 ; glossaire, 845.
Lamacratie, 318, 326.
Lama (titre), glossaire, 845, lama-racine, 705.
Lamdré (tradition-racine), 305-306, 313, 315 ; enseignements du -, 315-316, 322.
Langage, symbolique, 201 ; et perception du monde, 355 ; et expérience, 356-357 ; et subjectivité, 357-359 ; processus d'exclusion ; 359 ; et représentation de la voie, 360-361 ; poids du - et de la pensée, 361-362 ; métaphore de la vacuité, 362-365 ; et transmission du sens ultime, 369-370 ; - « crépusculaire » ou « intentionnel », 369-370 ; - postural, 787 ; ses limites, 799, 807.
Langue, pour se « défasciner » de soi, 366-367 ; - habituelle, de l'apprentissage, de l'éveil, 380-381 ; - symbolique (mudras), 790.
Lecture contemplative, 392-393.
Libération, 55, 88, 150 ; quatre degrés de - (fruit du Hinayana), 156-159, 673. Cf. aussi Éveil.
Liberté, 52, 58, **76-77**.
Libre examen, 27.
Lignée, 24, 185 ; - du Mahamudra, 226 ; lignées majeures (cf. Huit chars de la pratique) ; - des Dalaï-Lamas, 324 ; 317 ; - Jebtsundamba, 330 ; glossaire, 845.
Linji (lignée -), 280, 295.
Lodjong (l'entraînement de l'esprit), 691, 720, 741, **768-771** ; glossaire, 845.
Lucidité, et éveil, 24, 114, 279, 541, 682 ; et pratique de la voie, 30, 32, 679, 688, 721, 736, 745 ; et karma, 57 ; et méditation : 68-69, 638, 672-673 / attention 667, 669 ; et ascèse, 97 ; et prajna, 120 ; et claire lumière, 204, 626-627 ; et raisonnement, 359, 371 ; et conduite éthique, 467, 634 ; qualité de l'esprit, 539 ; et ignorance, 551, 676.

Luminosité, caractéristique de l'état naturel, 526, 735.
Lune, métaphore de l'éveil/nirvana, 88, 783 ; support de méditation, 727-728.

Macrocosme/microcosme, 104, 194, 213-214, 220.
Madhyamaka, 149, 172, 187 ; et Advaïtavedanta, 236-237 ; en Chine, 277, 281 ; et Nagarjuna, 403 ; et le 2e tour de la roue du Dharma, 407, 414, 419 ; 539 ; les voies du -, (figure 38) 616, **622-629** ; 701, 795 ; glossaire, 845.
Madhyamaka prasangika, 469, (figure 38) 616, **622-625**, approche de vipashyana analytique, 695 ; glossaire, 845-846.
Madhyamaka rangtong, (figure 38) 616, **623**, 713 ; glossaire, 846.
Madhyamaka shèntong, 315-316 ; et la vue de « La suprême continuité », 466-467 ; (figure 38) 616, **625-629**, 695, 713 ; 799 ; glossaire, 846.
Madhyamaka svatantrika, (figure 38) 616, **622-624**, approche de vipashyana analytique, 694-695 ; glossaire, 847.
Mahamudra, 205, **224-228**, 306 ; définition du XVIIe Karmapa, 489 ; quintessence du Chan, 309, 455 ; et Kagyupa, 314-315, 323, 454-455, 711 ; et Kadampa, 471 ; présentation de l'esprit, 538 ; l'éveil, 543-544 ; et la mort, 585 ; et la vue shèntong, 628, 695 ; l'apprentissage (vue, pratique, fruit), **731-742** ; la méditation fondamentale, 695, 719 ; glossaire, 847.
Mahasanghikas, 139, 151-152, 394.
Mahasiddhas, 188-189, 455-456, 465 ; glossaire, **847-848**.
Mahayana, 24, 103, 149 ; son émergence, **160-161**, 171 ; lien avec le Tantra et le Hinayana, **182-184** ; 250 ; oasis de Khotan, 275 ; en Chine, 277-287 ; (figure 32) 447 ; l'apprentissage (vue, pratique, fruit), **674-700** ; glossaire, 848.
Maître/ami spirituel, 189, 270 ; maître vajra (vajracarya) : 185-186, 198, 441-

442, 659, 709-710 / *glossaire*, 873 ; *maître-racine*, 297 ; *relation avec le disciple :* 375, 388, 526, 614, 652, 657-658, 660-662, 690 / *guru-yoga*, 707 / *engagements*, 711-712, 724 / *Mahamudra-Dzogchèn*, 732 ; *l'ondée de grâce*, 380 ; *la nécessité du -*, 389, 714 ; *les quatre aspects du -*, 655-656 ; *les qualités d'un -*, 658-660.
Mala, 717.
Mandala, *définition*, 63, **200-202** ; *et roue*, 86 ; *unité des trois -*, 205-206 ; *- des cinq sagesses*, 210 ; *- de Kalacakra*, 217, 220-221 ; *- de l'eau*, 363-365 ; *offrande du - (ngöndro)*, 705-706 ; *dans le Shingon*, 726, 730 ; *Dzogchèn :* 749 / *- des Danses Vajras*, 750-751 ; *et le stupa*, 776, 778-779, 781 ; *glossaire*, **848-849**.
Mandala de l'univers, 116 ; *ngöndro*, 706.
Mantra, 191 ; *et syllabes-germes*, **195-198** ; *- d'Avalokiteshvara (Tchènrézi)*, 196-197, 717-718 ; *secondaire*, 297 ; *Youngdroung Bön*, 312-313 ; *prolongement du silence*, 379 ; *- de la prajnaparamita*, 417 ; *et le stupa*, 781 ; *glossaire*, **849**.
Marche méditative, 697-698.
Marpa-Kagyu (lignée ou tradition-racine), 305-306, 313-315, 323-324.
Matérialisme spirituel, 67.
Mathura (art de -), 146, 275, 787 ; *glossaire*, **850**.
Maya, 51, 237-238.
Méditation (samadhi/bhavana), 27 ; *étymologie (méditer)*, 817 n. 2 ; *selon le Chan*, 281 ; *douceur et paix*, 376-377 ; 631-632, **638-646**, 649 ; *niveau Hinayana*, 664 ; *dans le Shingon*, 727-728 ; *trois instructions de - (Mahamudra)*, **734-735** ; *et psychothérapie*, 817-818 ; *glossaire*, **850**.
Mémorisation, 193, 371, 387, 413, 647.
Mérites (cf. Bienfaits)
Meru (mont), 62-64, 215-216, 218 ; *- intérieur*, 644 ; *et le stupa*, 774, 778, 780 ; *et la statuaire*, 792.

Merveilleux (le), 100-102.
Métaphysique (questionnement -), 499-504.
Méthodes (voie des -), 224.
Méthode apophatique, 808.
Mimansa, 235, 613 ; *glossaire*, **850**.
Moi (le -), 77-78, 592-593, 692.
Moine(s) / nonnes, 13, 23, 92, 96, 123-124 ; *le statut du -*, **128-130**, 132, **153-154** ; 145, 255-257 ; *Theravada*, 270-272 ; *usage de la parole juste*, 384.
Monachisme, 128-129, 189, 346.
Monde réceptacle, 62-71, 173, 176.
Mort, 581 ; *dans la tradition tibétaine*, **583-586** ; *la véritable -*, 588.
Motivation, *altruiste*, 49, 163-164, (tableau 11) 225, 421, 675-676, 687, 736, 769-770 ; *et retrait physique*, 127, 272 ; *plus « individualiste »*, 162, (tableau 11) 225 ; *et énergie*, (tableau 6) 157, 292, 641 ; *et confiance*, 649, 651 ; *- erronée*, 661.
Moyens habiles, 182, 197, 271 ; *et connaissance supérieure*, 446, 448, 726 ; *glossaire*, **851**.
Mudra, 726, 729, **788-790** ; *glossaire*, **851**.
Mulasarvastivadins, 394, 397.

Nadis (cf. Canaux subtils)
Naga(s), 64, 115 ; *glossaire*, **852**.
Naissance (lien interdépendant), 557.
Nature de bouddha, 34 ; *et le sangha*, 95 ; *3ᵉ tour de la roue du Dharma*, 120, 152 ; *présence de la -*, 166, 172, 439, 472-473 ; *et le Tantra*, 198-199, 205, 223 ; *et le soi ou le « suprême soi »*, 238, 426, 465-467 ; *expérience*, 404 ; *dans les sutras*, 405, 424 ; **526-529** ; *vue shèntong*, 626, 628, 695 ; *base de la pratique (Mahamudra)*, 733 ; *glossaire*, **852**.
Négation, *directe et affirmative*, 600 ; *- directe*, 690.
Nembutsu (récitation du -), 296, 301, 699.
Néo-confucianisme, 266.
Névrose, 213-214.

Ngöndros, 325 ; - *communs (quatre prises de conscience)*, 703-704 ; - *spéciaux*, 704-707 ; *glossaire*, **852**.

Nihilisme, 337.

Nichiren (école), 288, 291 ; *approche ji-riki*, 292 ; *fiche*, **301** ; *et le « Sutra du lotus »*, 404, 419.

Nihilisme, 22, 172, 179 ; *et vacuité*, 456 ; 539, 564, 600-602, 629.

Nirmanakaya, 169-170 ; *et initiation du vase*, 710, 781 ; *glossaire*, **853**.

Nirodha, 569, 673.

Nirvana, 25, 90, 157, 161-162, 166, 186, 202, 569 ; *définition inspirante*, 368, 513, 541, 578 ; *inséparabilité avec le samsara*, 448 ; *et nature de bouddha*, 527 ; *nuances*, 542-543 ; *et non-soi*, 595 ; *4ᵉ sceau du Dharma*, 605-607 ; *fruit du Hinayana*, 673-674 ; *glossaire*, **853**.

Noble octuple sentier, 118, 408, 411, 570-577, 665-666, 764 ; *et le stupa*, 783 ; *glossaire*, **853**.

Nœud sans fin, 181 ; *épilogue*, 759.

Non-agir (*wu-wei*), 298-299, 361, 646 ; *zazen*, 511 ; *« non-faire »*, 735.

Non-distraction (Mahamudra), 734.

Non-méditation (Mahamudra), 735 ; *yoga de la -*, 740-741.

Non-pensée, 298, 547, 606, 696 ; *pratique de Mahamudra*, 739.

Non-soi, *sens premier*, 591-592 ; 94, 238-240 ; *et compassion*, 272 ; *réalisation du -*, 407 ; 409 ; *relation à l'Abhidharma*, 431-432 ; *remède libérateur*, 562, 568 ; *le non-soi au niveau de la personne (approche Hinayana)*, 591-596 ; *le non-soi comme vacuité (approche Mahayana)*, 596-605 ; *méditation (Mahamudra)*, 736 ; *glossaire*, **853**.

Non-violence, *une culture de la -*, 28, 572 ; 93, 687, 812 ; *et alimentation*, 50, 96-97 ; *noble octuple sentier*, 117, 574 ; *politique d'Ashoka*, 145 ; *niveau du Hinayana*, 222, 665 ; *principe fondamental*, 250, 293 ; *et sans parti pris*, 503.

Nyaya, 235, 240, 613 ; *glossaire*, **853**.

Nyingmapa (tradition-racine), 305-306, 308.

Nyingmapa (école), *Bhoutan*, 304 ; *Tibet*, 307-310 ; *fiche*, **311** ; 312, 316-317, 321 ; *et les tantras*, 440-447 ; 708 ; *et Dzogchèn*, 731 ; *glossaire*, **853-854**.

Oddiyana, 187, 273, 308, 316, 438 ; *glossaire*, **854**.

Offrande, *du mandala* (cf. Mandala) ; *support d'- (stupa)*, 784-785.

Ordination, 130, 132, 154-155, 254.

Orgueil, 65, **208**, *et amour bienveillant*, 682 ; *glossaire*, **854**.

Ouverture-clarté-compassion (*ou réceptivité*), 169, 199 ; *vacuité-clarté-compassion (trois dimensions de l'éveil)*, 750.

Pagode (cf. Stupa)

Paix, *contexte occidental*, 21, 23 ; *caractéristique du nirvana*, 25, 90, 567, 570, 578, 605-607, 692 ; *éducation à la -*, 28, 31, 35, 680 ; *shamatha*, 67-68, 640 ; *et état d'arhat*, 94 ; *Mayadevi*, 104 ; *l'expérience d'éveil*, 115 ; *et état de moine*, 128 ; *et bonheur d'autrui*, 376, 682, 684.

Pala (art/style), 787.

Pali, *rédaction des 1ᵉʳ suttas*, 161, *corpus -*, 166, 394, 255, 257, 269-270, 387, 392, 394-396, 658 ; *son importance*, 337, 341, 372, 393 ; *tradition -* : 135, 258, 269-270, 341, 402 ; *glossaire*, **854**.

Panchèn-Lama (titre), 319 ; *lignée des -*, 324 ; *glossaire*, **854**.

Parabole(s), *des plantes médicinales*, 420 ; *voie des -*, 478-479.

Paramitas, 163, 632-633 ; *et la bodhicitta de l'application*, 677-678 ; *la pratique des six perfections*, 685-691 ; *et le stupa*, 783 ; *glossaire*, **854-855**.

Paramitayana, 183-184.

Parcours initiatique, *les douze œuvres du Bouddha*, 103 ; *Borobodur*, 779.

Parèdre, 190, 210, (tableau 10) 212 ; *Parvati*, 46 ; *Vishvamata*, (figure 18)

217, 220, 451 n. 1 ; *dans les tantras*, 442, 444 ; *Nairatmya*, 448 ; 749 ; *glossaire*, 855.
Parinirvana, 125, 169, 270, 569, 763, 784 ; *glossaire*, 855.
Parole, *valeur thérapeutique*, 368, 382 ; *trois types de paroles*, 374-375 ; - *juste (aspect de la voie)*, 383-384, 573 ; *illusion du silence*, 603.
Patience transcendante (paramita), 687-688.
Peinture de paysage, 296.
Pèlerinage, *lieux de* -, 784 ; 804. Cf. *aussi* Principaux sites sacrés.
Pensée, *discursive*, 281, 298, 359, 499, 501-502, 504, 601, 613, (tableau 20) 671, 728 ; - *juste (aspect de la voie)*, 572 ; *comme exercice spirituel*, 370-371, *(et ses limites)* 613-614, 647, 649 ; *énergie créatrice de la claire lumière*, 735.
Penser-non-pensé, 298.
Perceptions/notions (agrégat), 83.
Perfection primordiale, 185, 310.
Pessimisme, 338, 564, 757.
Peur(s), 26, 28 ; *et misère humaine*, 76 ; *et l'expérience d'éveil*, 115 ; *et mortifications*, 117 ; *bodhisattva*, 162 ; *se libérer des* - ; 270-271 ; *et images des enfers (terreur)* 67, 376.
Phase de génération / de complétude, 444-445, 448, 718 ; *glossaire*, 855.
Phénomènes composés, 172, 179, 229 ; *leurs trois caractéristiques*, 408-409, 467, 578-605 ; *leur nature*, 669, 720 ; *les deux modèles*, 432 ; *dans « Les souhaits de Mahamudra »*, 538-540 ; 551 ; *et interdépendance*, 559-560 ; *leurs deux modes d'existence/leur efficience*, 608-609.
Phénomènes incomposés, 431-432, 615, 617.
Philosophie, *occidentale*, 612, 358, 386, 475, 612-613, 794-804 ; *de la méditation*, 435 ; *bouddhisme : une philosophie ?*, 14, 17, 244, 794-804 / *points de vue philosophiques*, 612-627.
Plaisir des sens, 107, 111, 117, - 480, 555, 573.

Poésie (voie spirituelle), *présentation*, 479-485 ; *extraits*, 486-492 ; *haïkus*, 296, 493-495.
Poisons de l'esprit, 383. Cf. aussi Trois poisons.
Posture méditative, *les sept points clés*, 645-646, 694 / *en zazen*, 695-696 ; *marche méditative*, 698 ; *spécificité du Dzogchèn*, 745-748.
Pouvoir spirituel, 62 ; *six - supérieurs* (tableau 2) 69 / *obstacles à l'éveil*, 69, 132, 155, 541 ; *et Maudgalyayana*, 134 ; *et royauté sacrée*, 233 ; *et pouvoir temporel (Tibet)*, 305, 316-320 ; *bouddha Amitabha*, 699 ; *et le stupa*, 783.
Prajna (cf. Connaissance supérieure)
Prajnaparamita (cf. Connaissance transcendante)
Prana (cf. Force-de-vie)
Pratimoksha (vœux de -), 132, 154-155, 222, 398, 633 ; *et la vue du Hinayana*, 665 ; *glossaire*, 856.
Pratique de l'accueil et du don (cf. Tonglèn)
Pratique sans référence, 737. Cf. *aussi* Shamatha, - *du Mahamudra*.
Pratyekabuddha, 159, 269, 282 ; *glossaire*, 826.
Pratyekabuddhayana, 162, 184, 419, (figure 32) 447.
Préceptes, *cinq - éthiques (des laïcs)*, 132, 145, 154 ; *dix - majeurs (Zen)*, 635.
Précieuse existence humaine, 70 ; *ngöndro*, 703.
Prières, 174 ; *drapeaux/fanions de -* : 694, *et le stupa*, 782, 784.
Principaux sites sacrés, 124.
Production conditionnée (cf. Interdépendance)
Prosélytisme, *absence de -*, 21, 129, 250, 686 ; *école Nichiren*, 301 ; 344, 805.
Prosternations, *ngöndro*, 704-705.
Protecteur(s), *Vishnu (- de l'univers)*, 232-233 ; - *du Dharma (les seize arhats)*, 122 ; *Vajrayana*, 186, 582, 704-705, 725 ; *Youngdroung Bön*, 312 ; *glossaire*, 856.

Psychologie, *de l'éveil*, 434. Cf. Annexe 5, 813-820.
Pudgalavada (école ancienne), 152.
Pureté primordiale, 34, 198, 202, 214, 226, 279, 543, 724, 733, 748.
Purification, 162 ; *exercices de -*, 270 / *Youngdroung Bön*, 312-313 ; *- de Vajrasattva (ngöndro)*, 705-706.

Quatre attentions (cf. Attention)
Quatre auxiliaires à la pratique méditative, 763.
Quatre catégories d'actions lourdes, 636.
Quatre efforts justes, 763 ; *et le stupa*, 782.
Quatre états sublimes, 157, 163 ; *et le Satipatthanasutta*, 410 ; *et la bodhicitta de l'intention*, 677-678 ; *la pratique des -*, 678-685 ; *et le stupa*, 782 ; *glossaire*, 856.
Quatre nobles vérités, 117-118 ; *guide principal de la pratique*, 399 ; 400-401, 408, 563-577 ; *et Schopenhauer*, 796 ; *glossaire*, 856.
Quatre pieds miraculeux, 782.
Quatre rencontres, 108, 122.
Quatre souillures mentales, 157, 159.
Quatre-vingts signes mineurs, 106, 170, 514-515, 772 ; *glossaire*, **869**.
Quatre voiles, **78-79**, 525, 539, 700 ; *glossaire (entrée « Voiles »)*, 875.
Questions vaines (cf. Métaphysique)
Quiétude, 112 ; *et lecture contemplative*, 392 ; 502, 577, 669, 672, 679-680, 687 ; *niveau du Mahamudra*, 736 ; *statues du Bouddha*, 786 ; 814.

Raison, 521, 648, 721.
Raisonnement par l'absurde, 624.
Rappel, *pratique méditative*, 642, 693 ; *intégration de la pratique*, 741.
Réalité relative et ultime, *- relative*, 237 ; *- ultime*, 52, 196, 237, 391, 515 ; *et le stupa*, 783 ; *présentation des deux*, 607-612 ; *leur inséparabilité*, 444, 446, 610 ; *vue du Theravada*, 614-615 ; *vue du Vaibhashika*, 616-618 ; *vue du Sautrantika*, 618-619 ; *vue du Cittamatra*, 620-622 ; *vue du Madhyamaka rangtong*, 623-625 ; *vue du Madhyamaka shèntong*, 623, 625-627 ; *glossaire*, 856.
Réenchantement du monde, 22, 272.
Réflexion, *et épuisement de l'ignorance*, 97 ; *et éveil*, 161 ; *- sur le sens de l'enseignement*, 335, 353, 371, 647-648.
Refuge, *entrer en*, 33-35, 155, 380 ; *formule du -*, 35 ; *et la vue du Hinayana*, 665 ; *glossaire*, 857.
Reliques, 14, **125**, 254, 270 ; *et le stupa*, 781 ; *culte des -*, 257, 804.
Renaissance, 75, 93, 101, 703.
Renonçant(s), 47-51, 54, 108, **128-129**, 132, 142.
Renoncement, 48, 162, 567, 763.
Répétition vajra et respiration du vase, 736-737. Cf. aussi Shamatha, *- du Mahamudra*.
Responsabilité, 52, 236 ; *et le Vinaya*, 398 ; *sens de la -*, 477, 574, 577, 665 ; *devoir de -*, 754-755.
Rêve, 535-537. Cf. aussi Yogas de Naropa.
Rigpa (cf. État naturel)
Rimay (mouvement -), 316, **320-322**, 628, 742 ; *glossaire*, **857**.
Rissho Koseikai, 294.
Rite / rituel, *védique*, 45, 50, 93 ; *bouddhique* : 120, 158, 174, 183, 191, 204, 217, 270, 296 / *remède*, 277 / *secondaire*, 279, 297 ; *Youngdroung Bön*, 312-313 ; 335 ; *et transmission de pouvoir*, 710 ; 711 ; *tantrique* : **723-730** / *Shingon*, 726, 728-730 ; *et le stupa*, 777 ; *glossaire*, **857**.
Ritsu (école), 290.
Robe monacale (symbolisme), 130-131, 253, 300.
Roi divin, 142.
Rôshi (titre), 341 ; *glossaire*, 857.
Roue, *figure totalisante*, 85-86, 105 ; *symbole du Dharma / roue du Dharma* : 88, 116, 233 / *glossaire : Cakra*, 827 *et Roue du Dharma*, 858.

Roue de la vie, 85-90, 549-550, 557, 567 ; *glossaire*, 857-858.
Rupakaya, 169-170.

Sacrifice, *védique/brahmanique*, 43, 45-46, 50, 95-96, 105, 241 ; *le véritable -*, 96-97 ; *celui du Bouddha*, 123 ; *esprit de - (Japon)*, 293 ; *- humain (Mongolie)*, 330.
Sadhana, 185, 223, 439 ; *- de Tchènrézi*, 715-718 ; *glossaire*, 858.
Sadhus, 135, 142.
Sagesse, 30, 39, 164-165 ; *effet de son épanouissement*, 677 ; *union de la - et de la compassion (symbole)*, 759 ; *glossaire*, 858.
Sahajayana, 187 ; *glossaire*, 859.
Saisie dualiste, *voile de la -*, 79 ; 525, 529, 539.
Sakyapa (école), 306-308, 310, 312, 315, 317, 319 ; fiche, 322 ; 330 ; *et les tantras*, 440-444, 446-448 ; *et nature de bouddha*, 528 ; *glossaire*, 859.
Samadhi (cf. Méditation)
Samapattis, 70 ; *glossaire* (cf. *Absorption méditative*), 821.
Samaya, *lien sacré*, 185, 659 ; *engagements*, 701, 707, 711-712, 724 ; *glossaire*, 859.
Sambhogakaya, 169-170, 195 ; *et initiation secrète*, 710-711 ; 749, 790 ; *glossaire*, 859.
Samkhya, 109, 235, 613 ; *glossaire*, 860.
Sammitiya (école ancienne), 152.
Samsara, *vision brahmanique*, 52-53 ; *composition*, 60-61, 68 ; *les trois domaines du -* : 64, 66-70, 219 / *et le stupa*, 775, (figure 47) 779 ; *portrait (roue de la vie)*, 85-90, 554 ; 158, 166 ; *dans la vision tantrique*, 186, 202, 211, 214-215, 229 ; *inséparabilité avec le nirvana/même nature* 448, 472 ; *caractère insatisfaisant*, 566 ; *son extinction*, 588 ; *glossaire*, 860. Cf. aussi Existence conditionnée.
Samyaksambuddha, 160.
Sangha, *l'un des trois joyaux*, 34 ; 96 ; *caractéristiques*, 127-128, 135-138 ; *sangha féminin*, 133 ; 140, 144, 154-155, 160, 255-258 ; *étatisation du -*, 262 ; *aide de la Chine (Mongolie)*, 333 ; *glossaire*, 860.
Sanskrit, *védique*, 41 ; *liturgique*, 92 ; *littérature -*, 148 ; *rédaction des 1er sutras*, 161, 387 ; *corpus -* : 250, 393-394 / *Chine*, 277, 283 / *Tibet*, 308, 310, 313 ; *langue sacrée*, 366 ; *langue du Bouddha ?*, 372 ; *transmission (son importance)*, 393 ; *glossaire*, 860.
Sans parti pris, 503-504 ; *et le silence*, 596.
Sans-penser (*ou non-esprit*), 509-511, 594, 691. Cf. aussi Expérience immédiate.
Santé fondamentale, 212, 815.
Sarvastivadin (école), 140, 147, 169, 235 ; *sarvastivadins*, 394, 436, 615-616.
Satori, 297-298 ; *et art du kôan*, 507 ; 544, 811 ; *glossaire*, 861. Cf. aussi Éveil.
Sautrantika, (figure 38) 616, 618-619, 664 ; *et pratique méditative*, 673 ; *glossaire*, 861.
Saveur unique, 559, 607, 611 ; *dans les tantras et le Dzogchèn*, 612 ; *yoga de la - (Mahamudra)*, 740.
Secret (notion de/sceau du), 185, 390, 442.
Sens définitif / provisoire, 425, 653 ; *position du Cittamatra*, 620, 653 ; *position du Madhyamaka* : 653 / *shèntong*, 626 ; *glossaire*, 861-862.
Sensation, *agrégat*, 82, *lien interdépendant*, 554.
Sept facteurs d'éveil, 502, 575, 667, 764 ; *et le stupa*, 783 ; *glossaire*, 862.
Sept symboles impersonnels, 772.
Série de la nature de l'esprit, 746.
Série de l'espace, 746.
Série essentielle, 747.
Sérénité, *et amour bienveillant*, 682.
Sesshin, 300 ; *glossaire*, 862.
Shamatha, 67 ; *et conceptualisation*, 361-362 ; *et concentration juste*, 576 ; 646 ; *et pratique de l'attention*, 669 ; *niveau*

INDEX DES NOTIONS

923

Hinayana, 669-672 ; *niveau Mahayana, 694-695 ; 714, 735 ; shamatha du Mahamudra, 736-737 ; dans le Dzogchèn, 746 ; glossaire,* **862**.

Shamatha-vipashyana (pali, samatta-vipassana), *la voie du développement,* 164 ; *Theravada,* 270, 411, 468 ; *Chan,* 281 ; *Tiantai,* 282, 290 ; *et pratique de l'attention (Theravada),* 669 ; 673, (tableau 20) 678 ; *niveau du Vajrayana :* 713 / *leur fruit,* 730 ; *niveau du Mahamudra,* 735 ; *dans le Dzogchèn,* 746.

Shambhala, 173, 449-451 ; *enseignements -,* 476-477 ; *glossaire,* **862-863**.

Shaolin, 278.

Shingon, 192, 195, 288-289 ; *fiche,* **294-295** ; *la pratique dans le -,* 726-730 ; *glossaire,* **863**.

Shintô, 288-290, 292-294 ; *glossaire,* **863**.

Shivaïsme, 192, 241, 263.

Shravaka (cf. Auditeur)

Shravakayana, 162, 184, 282, 419, (figure 32) 447.

Shudras, 43.

Silence, *du Bouddha,* 356 ; *ultime possibilité du discours,* 367-368 ; *et transmission,* 378, 508-509 : *- de la pensée,* 464 ; *chap. 12,* 496-516.

Simplicité, 128, 131, 135, 142, 213, 224, 436 ; *expérience de la -,* 514 ; *yoga de la - (Mahamudra),* 740.

Six conditions de la conscience, **64-70**, 89 ; *glossaire,* **864**.

Six domaines (lien interdépendant), 553.

Six perfections (cf. Paramitas)

Six yogas de Naropa (cf. Yogas de Naropa)

Socratisme, 798.

Soi, 48, 50-51, 80, **235-239** ; *enseignement du 1er tour de roue,* 401 ; *et nature de bouddha,* 426 ; *le soi dans les systèmes brahmaniques,* 591-593 ; *l'examen du soi au cours de vipashyana,* 672-673 ; *glossaire,* **864**.

Soif (cf. Désir)

Sôka-Gakkaï, 294, 301.

Sön, 287. Cf. aussi Chan.

Souffles-énergies, 203, 205, 722 ; *souffles subtils,* 194, 644.

Souffrance, 22-23, 29, 34, 39, 55, 57, 59 ; *et les six conditions de la conscience,* 64-69 ; 71, 81, 95 ; *et l'alimentation,* 97-98 ; 110 ; *noble vérité :* **118**, 564-569 / *les 3 formes de -,* 566 ; 132, 155, 162, 408 ; *mal-être, facteur de transformation,* 589-590 ; *glossaire,* **864**.

Sourire, *du Dalaï-Lama,* 13, 22 ; *de Mahakashyapa,* 279 ; *du Bouddha,* 115, 515, 607, 684, 791-792.

Statuaire cinghalaise, 787.

Statues du Bouddha (cf. Annexe 4, 786-793)

Sthaviras (les « Anciens »), 139, 151-152, 235, 273.

Sthaviravadins (cf. Sthaviras)

Stoïcisme, 798, 800.

Stupa / pagode / tcheutèn, 112, 145, 148-149, 170 ; *en Birmanie,* 258-260 ; *Sanci,* 379 ; *annexe 4,* 772-786 ; *glossaire,* **865**.

Structure gigogne, 176, 178.

Sukhavati, 168, 283, 301, 427-429, 486, 718 ; *glossaire (cf. Terre pure),* **867-868**.

Sutras, *introduction,* 398-400 ; *sutras du 1er tour :* 400-402 / *extraits,* 408-414 ; *sutras du 2e tour :* 402-404 / *extraits,* 414-421 ; *sutras du 3e tour :* 404-406 / *extraits,* 421-426 ; *complémentarité des trois tours,* 407, 425 ; *trois sutras de la Terre pure,* 427-429 ; *fondation de la voie tantrique,* 438-439 ; *glossaire,* **865**.

Sutrayana, 222, 311, 322, **325**, (figure 32) 447, 528 ; *glossaire,* **865**.

Svabhavakaya, 171.

Syllabe-germe, OM AH HUM, 191 ; **194-196**, 200 ; HUM *(Vajrasattva),* 705 ; HRI *(Tchènrézi),* 717 ; A, 728 ; *respiration vajra* (OM AH HUM), 736 ; *et le stupa,* 778.

Syllogisme autonome, 616, 623.

Syncrétisme, 23, 263 ; *Vajrayana/shivaïsme*, 268 ; *bodhisattvas/kamis*, 289 ; « *bouddhisme népalais* », 302.

Tantra (tantrisme), 183, **187-191** ; *signification du mot*, 198, 466 ; *aspects du principe de continuité*, 199-200 ; 205, 210, 213, 234, 241 ; *Shingon*, 726, 729 ; *glossaire*, 865.

Tantras (textes), *source des -*, 437-438 ; *relation aux sutras*, 438-439 ; *méthodes habiles et initiation*, 439 ; *- externes et internes*, 442-444, 447 ; *classification des tantras internes : Nyingmapa*, 444-447 / *écoles nouvelles*, 446, 448 ; *extraits*, 448-452 ; 709 ; *glossaire*, 865.

Tantrayana, 183-184, 311, 322, 325, (figure 32) 447.

Taoïsme, 268, 276, 277, 489 ; *glossaire*, 865-866.

Tara, *glossaire*, 866.

Tathagata, 121, 404, 513, 528, 689-690, 772 ; *et stupa*, 772 ; 789 ; *glossaire*, 866.

Tathagatagarbha (cf. Nature de bouddha)

Tathata, 403, 528-529 ; *glossaire*, 866-867.

Tcheu (pratique de), 306, 316, **724-726**.

Tcheutèn (cf. Stupa)

Tendai (école), 195, 289-292, 295 ; *et le « Sutra du lotus »*, 404, 419 ; *glossaire*, 867.

Terma, 304, **308-309**, 311, 377, **390** ; *Danses Vajras*, 750 ; *glossaire*, 867.

Terre pure, 168, 173 ; *glossaire*, 867-868. Cf. aussi Sukhavati.

Terre Pure (école), 168, 266-267 ; *en Chine*, 284 ; *au Japon*, 288, 291, *approche ta-riki*, 292 ; *instrumentalisation du Dharma*, 293 ; 301 ; *récitation du nom d'Amitabha*, 698-700 ; *et religion*, 805 ; *glossaire*, 868.

Terteun, 390.

Tétralemme, 601-602 ; *glossaire*, **868**.

Thangka, 221.

Théâtre nô, 296.

Théisme, 167, 235, 715.

Theravada, 91, 115, 139, 152, 169, 254-255, 257-262, 265-266, 268 ; *fiche*, **269-272** ; *en Occident*, 341-342 ; 373 ; 396 ; *et les suttas*, 411 ; *et l'Abhidhammapitaka*, 436 ; 475 ; *et les deux réalités*, 614-615 ; 724, 795 ; *et religion*, 805 ; *glossaire*, 868.

Theugal (pratique de -), 748-749, 751.

Thiên, 265-266, 342.

Tiantai (école), 281, 283 ; *fiche*, **282** ; 284 ; *et le « Sutra du lotus »*, 419 ; 460 ; *glossaire*, 868.

Tirthikas, 48.

Tonglèn, *et la bodhicitta de l'application*, 677-678 ; *la pratique de l'accueil et du don*, 691-694 ; *glossaire*, 855-856.

Torma, *glossaire*, 868.

Torpeur (obstacle à la pratique), 25, 68, 94, 98, 503, 645, **671-672**, 735-736.

Tradition (la), 370 ; *épilogue*, 753-754 ; *glossaire*, 869.

Tradition, *orale*, 307, 353, 386-388, 392, 395, 437 ; *- palie* : 135, 258, 269-270, 341, 402 ; *- de la forêt* : 153, 262, 341 / *fiche « Theravada »*, **271-272** ; *- chamanique : Corée*, 287 / *Tibet*, 307, 311-312 / *Mongolie*, 330 ; *- hébraïque et Pères du Désert*, 638 ; *- du Livre*, 373.

Tradition des Anciens (cf. Bouddhisme des origines *et* Theravada)

Tradition tantrique (cf. Tantra)

Tradition tibétaine, *les trois corps d'un bouddha*, 169 ; 181, 195, 245, 303-304, 308, 311, 320 ; *et l'Occident*, 336-339 ; *et la transmission*, **377-378** ; 393 ; *- du Mahamudra*, 424 ; *classification des tantras*, 440-448 ; *- des chants de réalisation/d'éveil*, 456-460, 487 ; *Asanga*, 465-466 ; *l'impermanence*, 581 ; *la mort* ; 583-586 ; *les cinq points de vue sur la réalité*, 615-629 ; *la posture du corps (méditation)*, 645 ; *les quatres aspects du maître*, 655-656 ; *la pratique* : 674-726 / *son fruit*, **730** ; *rituel de feu*, 729 ; 799.

Transmission, 24-25, 27 ; *- scripturaire*, 32, 304, 378 ; *- de l'expérience*, 33, 42,

100, 304, 378 ; - *orale*, 137, 373, 387-390 ; *trois plans de -*, **377-378** ; *au Tibet*, 305-306, 311 ; *Mahayana*, 182 ; *Vajrayana/Tantra*, 188, 703, 705, **707**, 712 ; *Chan*, 278-279 ; *Zen*, 296-297, 388 ; - *de pouvoir* : 321, 322, 707, **709-711**, 724, 729 / *glossaire*, **869** ; - *du sens ultime*, 369-370 ; - *lettre/esprit* ou *sens/esprit*, 373, 381 (figure 27), 386-390, 652 ; *spécificité*, **374-378** ; *Mahamudra/Dzogchèn*, 439, **743** ; *dégénérescence*, 439 ; *l'obligation du silence*, 508-509.

Transmutation, *des émotions négatives*, 207, 210, 702 ; *des trois poisons*, 450 ; *des énergies dualistes*, 729.

Trektcheu (pratique de), 747-748.

Trente-deux marques majeures, 106, 170, 514-515, 772, 790 ; *glossaire*, 869.

Trente-sept auxiliaires de l'éveil, 163, 165, 676 ; *annexe 1*, **763-764**.

Trésor spirituel (cf. Terma)

Trichiliocosme, 63, 176, 423.

Triple apprentissage, 223, 467, 570, 631-649, 685, 814 ; *glossaire*, 869-870.

Trois connaissances supramondaines, 115.

Triple corbeille, 393, **395-397** ; *glossaire*, 870.

Trois corps d'un bouddha (trikaya), 105 ; *comme expérience*, **169-171** ; 196, 199 ; *présence des -*, 206-207 ; *le fruit*, 227, 542, 544, 700, 730, 741, 751, 790 ; *glossaire*, **870**.

Trois cycles d'enseignement (cf. Trois tours de la roue du Dharma)

Trois domaines du samsara (cf. Samsara).

Trois étapes de l'analyse du réel, 627-628 ; *glossaire*, 870.

Trois étapes de la compréhension, 371, 497-498, 503, **647-649**, 690 ; *glossaire*, 870-871.

Trois joyaux, **33-35**, 127, 136, 187 ; *et la parole du Bouddha*, 377 ; 651 ; *hommage au -*, 704 ; 725 ; *et le stupa*, 775, 782 ; *glossaire*, 871.

Trois marques de l'existence, 578 ; *glossaire*, 871.

Trois natures, 120, 404-405, 424, **620-622**, 626 ; *glossaire*, **871**.

Trois poisons, 78-79, 88, 97, 304 ; *variante*, 370 ; *transmutation des -*, 450 ; *glossaire*, 871.

Trois racines, 186-187 ; *glossaire*, 871.

Trois tours de la roue du Dharma, 24, 119-120 ; *les sutras des -*, **400-429** ; *contenu (figure 29)*, 406, 438 ; *leur complémentarité*, 407, 425, (figure 28) 616 ; *vue shèntong*, 627-628 ; *glossaire*, **872**.

Trois transgressions majeures, 675.

Tulkou, *système des -*, 317-318 ; *glossaire*, **872**.

Tushita, 66, 104, 233, 269, 784.

Univers (cf. Cosmologie)

Université monastique, *de Nalanda*, 148-149, 187-188, 226, 242, 283, 463, 469, 614, 622 ; *d'Odantapuri*, 148, 150, 187, 240, 242 ; *de Somapuri*, 240 ; *de Vikramashila*, 148, 150, 187-188, 240, 242.

Université Rimay-Nalanda, 819.

Upanishads, *le soi*, 46, 591 ; *l'apport des -*, 48, 50-51 ; 232 ; *glossaire*, **872**.

Upayas (cf. Moyens habiles)

Vacuité, *sens premier*, 591-592 ; *et prajnaparamita (sutras)*, 120, 150, 171-172 ; - *de la personne*, 172, 402, 426, 591, 691 ; - *des phénomènes*, 172, 402, 407, 591, 691, **740** ; *et compassion*, 162, 456, 469, 603-604, 684 ; 1re *expérience d'éveil*, 164 ; *et dharmakaya*, 170 ; *selon le Tantra*, 183 ; 197-198 ; *et félicité*, 205 ; *énergie créatrice*, 222, 404 ; 238 ; *tathata*, 282 ; *et langage*, 362-365 ; *fonction de levier*, 403 ; *plénitude de la -* ou *vacuité-plénitude*, 404, 539, **720** ; *et qualités éveillées*, 407 ; *éloge de la -*, 459 ; *vacuité de la -*, 469 ; *caractéristique de l'état naturel*, 525 ; *et « suprême soi »/*

nature de bouddha, 604-605 ; - *et dialectique abolitive*, 625 ; *antidote*, 675 ; - *du temps*, 687-688 ; *instructions dans le Dzogchèn*, 746 ; *vacuité-clarté-compassion (trois dimensions de l'éveil)*, 750 ; *non-dualité et -*, 809 ; *glossaire*, **872**.

Vaibhashika, 140, 436, **616-618**, 664 ; *et pratique méditative*, 673 ; *glossaire*, **873**.

Vaisheshika, 235, 613 ; *glossaire*, **873**.

Vajra(s), 183, 191, 197, 201, 220 ; *symbolisme*, 415 ; *les trois -*, 710 ; 730 ; *Danses -*, 750 ; *glossaire*, **873**.

Vajracarya. Cf. Maître

Vajrayana, 24, 116, 149 ; *émergence / caractéristiques*, **182-189** ; *véhicule du fruit*, **222-225** ; *son expansion*, 250 ; 310 ; *en Occident*, 336 ; *huit actions contraires*, (tableau 18) 636 ; *l'apprentissage (vue, pratique, fruit)*, **700-730** ; *glossaire*, **873-874**.

Varnas, 43, 52 ; *glossaire*, **874**.

Vaishya, 44, 47.

Vatsiputrya (école ancienne), 152.

Vayus (cf. Souffles-énergies)

Veda, 41-42, 54, 92, 191, 233, 242, 366 ; *glossaire*, **874**.

Vedanta, 235, 204, 613 ; *glossaire*, **874**.

Védisme (société védique), 43-45, 48, 50 ; *glossaire*, **874**.

Végétarisme (cf. Alimentation végétarienne)

Véhicule de la cause / - du fruit (ou résultant), **222-223**, **445-446**, (figure 32) 447.

Venez-et-voyez, 26-27, 648.

Vesak, 115 n. 2.

Vibhajyavadin (école), 140

Vide, - *de soi (rangtong)*, 623 ; - *d'altérité (shèntong)*, 623, 626 ; *leur dépassement*, 629.

Vieillesse et mort (lien interdépendant), **557**.

Vigilance, 157, 639-641, 644, 665 ; *observateur abstrait*, 671-672, 735 ; 682, 694, 735 ; *niveau du Dzogchèn*, 745.

Vijnanavada (cf. Cittamatra)

Vinaya, 86, 130, 138, 290, 304, 310, 390, 398 ; *glossaire*, **875**.

Vipashyana, 408, **410** ; *et concentration juste*, 576 ; *versant théorique*, 608 ; 646 ; *et pratique de l'attention*, 669, 691 ; *niveau Hinayana*, 672-673 ; *niveau Mahayana*, 679, **694-695** ; 714 ; *vipashyana du Mahamudra*, **737-739** ; *dans le Dzogchèn*, 746 ; *glossaire*, **875**.

Visage originel, 460, 809-810 ; *glossaire*, **875**.

Vishnuïsme, 241.

Vision, - *holographique*, 167, **176-178**, 422 ; - *systémique / holiste*, 75, 167, 559 ; - *tantrique*, 202 ; - *totalisante*, 210, 214 ; - *de la totalité*, 529 ; *dans le Dzogchèn*, **747-749**.

Vision claire (cf. Vipashyana)

Voie, - *de l'écriture (calligraphie), des fleurs (ikebana), du thé (châdo)*, 296 ; - *de l'arc*, 510, 594.

Voie de la connaissance, 48, 50 ; *et de la non-violence*, 96 ; 241.

Voie de l'intelligence immédiate et voie des méthodes, **714-715**. Cf. aussi Mahamudra et Dzogchèn

Voie des kamis (cf. Shintô)

Voie du sacrifice et du rite, 50, 241.

Volition, *liée au karma*, 552.

Vue, *définition*, 663 ; *du Hinayana*, 664-665 ; *du Mahayana*, 674 ; *du Vajrayana* : 700-701 / *tantras externes*, 442-443 / *tantras internes*, 444-445 ; *du Mahamudra*, 732-733 ; *du Dzogchèn*, 743, **752**. Cf. aussi Base-voie-fruit.

Yantra, *à propos de Borobudur*, 778-779.

Yantra yogas, 644.

Yidam (cf. Déité)

Yoga, 51-52, 235 ; *vision du réel (darshana)*, 613 ; *hatha-yoga*, 645 ; *glossaire*, **876**.

Yogas de Naropa (six - ou Yogas internes), 306, 314, 323, 734 ; *Yoga du « feu intérieur »*, 205, 720 ; *Yoga du corps illusoire*, 720 ; *Yoga du rêve*, 721-

722 ; *Yoga de la claire lumière*, 722 ; *Yoga du transfert de la conscience*, 585, 722-723 ; *Yoga du bardo*, 723 ; 781 ; *glossaire*, 864.
Yoga du corps subtil, 203, 448.
Yogas du Mahamudra (quatre), 739-741.
Yogacara, 187.
Yogi, *glossaire*, 876.
Youngdroung Bön (cf. Bön)

Zazen, 280, 295, 297-300, 586, 646 ; *révélation de la continuité entre les mots et la vie*, 473-474 ; *sa place centrale*, 369, 461-462 ; *et art du kôan*, 507 ; *le « sans-penser »*, 510-511 ; *non-pensée/non-esprit*, 547, 691 ; **695-698** ; *glossaire*, 877.
Zen, 13, 130 ; *de « Chan »*, 278 ; *l'expérience fondatrice*, **278-279**, 511-513 ; 288, 291 ; *approche ji-riki*, 292 ; 294 ; *fiche*, **295-300** ; *en Occident*, 340-341 ; *et les sutras*, 403, 405, 419, 424 ; *les quatre textes essentiels*, 461 ; 475 ; *et art du kôan*, 505-511 ; *pratique du non-esprit*, 509-511, 691 ; *sur l'éveil*, 543-547 ; *le Zen et la mort*, 586-588 ; *dix préceptes majeurs*, 635 ; 724, 802 ; *et religion*, 805 / *et Maître Eckhart*, 807, 810 ; *glossaire*, 877.
Zen Ôbaku, 292, 295-297 ; *glossaire*, 877.
Zen Rinzai, 280 ; *et les samouraïs*, 291 ; *rôle politique*, 292 ; *instrumentalisation du Dharma*, 293 ; 295-297, 300 ; *et maniement du kôan*, 507-508 ; *Maître Eckhart (sur le satori)*, 811 ; *glossaire*, 877.
Zen Sôtô, 92, 280, 291 ; *instrumentalisation du Dharma*, 293 ; 295-297, 300, 473 ; *sept principes du Zen (Dôgen)*, 297-298, 572 ; *glossaire*, 877.
Zhenyan (école), 283-284.

Liste des tableaux

Tab. 1	Les six conditions de la conscience dans les trois domaines du samsara	66
Tab. 2	Les 17 séjours divins du domaine de la forme pure	69
Tab. 3	Les 4 séjours divins du domaine du sans-forme	70
Tab. 4a	Principaux événements de la vie du Bouddha Shakyamuni	122-123
Tab. 4b	Principaux sites sacrés bouddhiques de l'Inde	124
Tab. 5	Les dix-huit écoles du bouddhisme indien selon le point de vue des "Anciens"	152
Tab. 6	Les différents obstacles à surmonter et les facultés permettant d'y parvenir	157
Tab. 7	Symétrie des dix terres et des dix perfections	165
Tab. 8	Les classifications possibles des différents aspects de la voie	184
Tab. 9	Les trois mandalas et leurs composants	206
Tab. 10	Principales correspondances dans la classification des cinq familles de bouddhas	212
Tab. 11	Quelques aspects du Sutrayana et du Vajrayana	225
Tab. 12	Le bouddhisme en Chine : rappel chronologique	286
Tab. 13	Repères chronologiques	331
Tab. 14	Le corpus tibétain selon l'édition de Narthang	397
Tab. 15	Les éléments inhérents à l'expérience dualiste	433
Tab. 16	Les trois aspects du noble octuple sentier et des six perfections	633
Tab. 17	Les dix actes négatifs, les dix actes positifs et les dix préceptes majeurs adoptés lors de la prise des vœux de bodhisattva dans le Zen	635
Tab. 18	Les cinq actions à rétribution immédiate, les quatre catégories d'actions lourdes et les huit actions contraires dans le Vajrayana	636
Tab. 19	Les émotions négatives et leurs antidotes	666

Tab. 20 Six obstacles à l'expérience de shamatha
          et leurs remèdes 671
Tab. 21 Correspondance entre les mudras,
          les principaux événements de la vie du Bouddha
          et les Cinq Victorieux 790

Table des illustrations

Fig. 1	L'unité de la tripartition base-voie-fruit	32
Fig. 2	Structure du monde réceptacle selon l'*Abhidharmakosha*	63
Fig. 3	Vue plongeante du grand océan avec le mont Meru au centre	64
Fig. 4	Les subdivisions d'un cycle cosmique	71
Fig. 5	Rythmes spécifiques au kalpa de maintien	72
Fig. 6	Le phénomène des quatre voiles	79
Fig. 7	La roue de la vie (bhavacakra)	86
Fig. 8	Les éléments composant la roue de la vie	87
Fig. 9	La roue symbole de l'enseignement du Bouddha	116
Fig. 10	Les quatre nobles vérités et l'octuple sentier	118
Fig. 11	Structure de l'univers selon le "Sutra de l'ornementation fleurie des bouddhas"	175
Fig. 12	Les trois premiers niveaux d'une hiérarchie gigogne	176
Fig. 13	Nœud sans fin et nœud circulaire (*Livre de Kells*)	181
Fig. 14	Mandala des cinq sagesses	208
Fig. 15	Diagramme simplifié des cinq familles de bouddhas	210
Fig. 16	Schéma cosmologique	215
Fig. 17	Vue plongeante du cosmos selon le *Kalacakratantra*	215
Fig. 18	Kalacakra en union avec sa parèdre Vishvamata	217
Fig. 19	Modélisation informatique du cosmos selon le *Kalacakratantra*	219
Fig. 20	Structure de l'univers selon le *Kalacakratantra*	219
Fig. 21	Répartition des trois domaines suivant l'axe du mont Meru	219
Fig. 22	Le mandala de Kalacakra	220
Fig. 23	Corrélations structurelles entre l'univers et le corps	221
Fig. 24	Principales données relatives aux « huit chars de la pratique »	306
Fig. 25	Fragment de l'arbre de la lignée Marpa-Kagyu	324
Fig. 26	Quelques éléments du mandala de l'« eau »	363

Fig. 27	Le cercle enchanté et les niveaux de langue....................	381
Fig. 28	Organisation du corpus pali ou Tipitaka	395
Fig. 29	Les trois tours de la roue du Dharma............................	406
Fig. 30	Cartographie des relations entre les éléments inhérents à l'expérience dualiste	433
Fig. 31	Les deux classifications des tantras................................	441
Fig. 32	L'organisation des neuf véhicules de l'école Nyingmapa.......	447
Fig. 33	Les huit consciences selon l'école de l'Esprit seul	535
Fig. 34	Synthèse sur les deux modalités de l'esprit....................	536
Fig. 35	La continuité des modalités de l'esprit	538
Fig. 36	Le moyeu de la roue de la vie et le cercle périphérique	550
Fig. 37	Les douze liens interdépendants dans le cycle de vie en vie	558
Fig. 38	Synoptique des cinq points de vue sur la réalité selon l'école Kagyupa...	616
Fig. 39	Vision des trois tours de la roue du Dharma selon le Madhyamaka shèntong	628
Fig. 40	Les pratiques associées à la bodhicitta ultime et à la bodhicitta relative..	678
Fig. 41	Le grand stupa de Sanci vu de profil	773
Fig. 42	Plan aérien du grand stupa de Sanci	774
Fig. 43	Plan d'un tcheutèn	776
Fig. 44	Les différents rapports au centre géométrique du stupa	777
Fig. 45	Homologie entre le modèle du cosmos selon le « Tantra de Kalacakra » et le stupa indien................	778
Fig. 46	Borobodur. Plan aérien	779
Fig. 47	Borobodur. Coupe transversale	779
Fig. 48	Tracé des correspondances symboliques	780
Fig. 49	Deux des ondes de forme émises par le stupa	785
Fig. 50	Les dix parties du stupa et leurs correspondances symboliques...................	782-783

Compléments

Gakhyil ou « spirale de joie »	36
Carte de la région du Magadha.....................................	38
Représentation tibétaine du bouddha Krakuccandra	73
Vajradhara, le bouddha primordial	188
Le mantra OM MANI PADME HUM en écriture tibétaine	196
Avalokiteshvara à quatre bras (Tchènrézi Cha Shipa)	197
Mandala éphémère...	200
Structure de base du mandala	201
Schéma cosmologique (tradition du « Tantra de Kalacakra »)........................	216

Moine pratiquant zazen	300
Padmasambhava	309
Milarépa	314
Tchènrézi	715
Image de la lune support du recueillement (Shingon)	727
Lettre A sur fond de lune / alphabet ranjana / alphabet tibétain	728
Le mandala des Danses Vajras	751
Nœud sans fin (son symbolisme)	759
Les sept mudras immobiles	788-789

Crédits photographiques

p. 86 Tangka tibétain, *La Roue de la vie*, MEG N° 024095 : Musée d'ethnographie de Genève. Photo Jonathan Watts.

Sources des textes

Nous remercions les éditeurs qui nous ont autorisé à reproduire les textes suivants :

p. 408 *Sermons du Bouddha. La traduction intégrale de 20 textes du canon bouddhique*, Môhan Wijayaratna (éd.), coll. « Points sagesses », Éditions du Seuil, 2006, pour la traduction française.

pp. 420, 426, 448-449 *Le Bouddhisme*, de Lilian Silburn, Librairie Arthème Fayard, 1977.

pp. 425-426 *Soûtra du Dévoilement du sens profond*, traduit du tibétain par P. Cornu, Librairie Arthème Fayard, 2005.

pp. 457-458 *Cent Mille Chants*, de Milarépa, Librairie Arthème Fayard, 1986.

p. 468 *Visuddhimagga, chemin de la pureté*, traduit du magadhi par C. Maës, Librairie Arthème Fayard, 2002.

p. 477 *Shambhala. La voie sacrée du guerrier*, de Chögyam Trungpa, coll. « Points sagesses », Éditions du Seuil, 1990, pour la traduction française.

Table des matières

Note liminaire 11

Avant-propos 13
    Objectif de ce livre 13
    Plan et organisation 15

Douze points de repère 19
    1. L'Occident : un terreau favorable 21
    2. L'expérience primordiale 23
    3. Bouddha : vide d'illusions, plein de qualités éveillées ... 24
    4. Le Bouddha, homme et perfection 25
    5. Le Bouddha, les bouddhas 26
    6. Venez-et-voyez 26
    7. La bonté fondamentale 27
    8. Déployer notre potentiel de vie 29
    9. Le bouddhisme comme mode de vie 30
    10. Base, voie, fruit 31
    11. Se relier aux trois Joyaux du refuge 33
    12. L'emploi du mot Dharma 35

Première partie
Le bouddhisme en Inde

    Carte de la région du Magadha 38
    Vue générale 39

I. Le contexte indien du VIᵉ siècle avant notre ère 41

1. L'héritage védique 41

- Le *Veda*, un livre non écrit 42
- L'évolution de la société védique 43
- L'avènement du brahmanisme 45

2. Les « sans demeure » et la voie de la connaissance 48

- Un groupe hétérogène 48
- L'arrêt du sacrifice 50
  - La vision des *Upanishads* 50
  - Le recentrage sur la nature humaine 52
- Le samsara : le cycle des existences conditionnées 52
- Le karma : l'acte, sa cause et ses conséquences 53
- La vision bouddhique du karma 55

2. La vision du cosmos et de ses habitants 59

1. *La respiration de l'univers* 62

- Apparition des mondes réceptacles 62
- La manifestation des six conditions de la conscience 64
- La forme humaine : rareté, urgence et chance 70
- Les cycles cosmiques 71
- Implications spirituelles de ces descriptions et de ces mesures 74

2. *Naître dans un monde ordinaire* 77

- Les quatre voiles 78
- Une conjonction de causes et de conditions 79
- Les cinq agrégats 80
- La roue de la vie 85

3. Le bouddha Shakyamuni et ses œuvres 91

1. *Un puzzle difficile à reconstituer* 91

2. *Un réformateur au cœur de l'Inde brahmanique* 93

3. *L'actualisation du « hors temps » de l'éveil* 99

4. *L'exposé des douze œuvres du Bouddha* 103

- La descente du ciel de Tushita 104
- L'entrée dans la matrice de Mayadevi 104
- La naissance en ce monde 106

- La maîtrise des arts et des métiers mondains 107
- La vie de plaisirs 107
- Le départ du palais 108
- L'ascèse 109
- Le recueillement sous l'arbre de l'éveil 112
- La victoire sur Mara 113
- L'éveil 114
- Les années d'enseignement 115
  - Le premier enseignement : les quatre nobles vérités 117
  - Les autres cycles d'enseignement 119
  - Celui qui vient de nulle part et ne va nulle part 121
- Le parinirvana 121
  La vie du Bouddha en quelques dates 122
  Principaux sites sacrés bouddhiques de l'Inde 124
- Les niveaux de lecture des douze œuvres 125

4. Déploiement de l'enseignement du Bouddha 127

1. La communauté ou sangha 127

- Un sacrement 127
  - Le statut du moine 129
  - La robe monacale et son symbolisme 130
  - Le code de conduite monastique 131
  - Fonctions des grands disciples 134
- Un organisme vivant 135
- Une communauté universelle 136
- Les conciles et la diversification du sangha 137

2. Les soutiens politiques 140

- Bimbisara et Ajatashatru 143
- Ashoka 144
- Les rois grecs Démétrios et Ménandre 146
- Kanishka et l'empire Kushana 147
- La dynastie Gupta 148
- Harshavardhana 148
- Gopala, Dharmapala et Devapala 149

3. La floraison du Dharma 150

- Le bouddhisme des origines 151
  - L'idéal monastique 153
  - Le statut du disciple pleinement accompli 156
  - Le Bouddha : homme parmi les hommes 160
- Le Mahayana 160
  - L'idéal du bodhisattva 162
  - L'omniprésence de la bouddhéité 166

- La plurimanifestation de l'éveil : une multitude de bouddhas
  et bodhisattvas 167
- Les trois corps d'un bouddha 169
- Les *Prajnaparamitasutras* ou l'émergence effective
  du Mahayana 171
- Le modèle cosmologique du « Sutra de l'ornementation
  fleurie des bouddhas » 173
- Implications spirituelles de ces constatations 178
- Le Vajrayana 182
  - Prolongement du Hinayana et du Mahayana 183
  - L'apparition de la tradition tantrique 187
  - Les sources possibles du Tantra 189
  - La vision tantrique 198
  - Le cosmos selon le *Kalacakratanta* 216
  - Véhicule de la cause et véhicule du fruit 222
- Le Mahamudra et le Dzogchèn 224
  - Un fonds spirituel atemporel 226
  - Les points communs 227
  - Des approches fondées sur l'autolibération 227
  - L'émergence des apparences selon le Dzogchèn 228

5. Déclin et renaissance du Dharma 231

1. *Le Bouddha, neuvième avatar de Vishnu ?* 232

   - L'argument de fond 232
   - Le Bouddha comme leurre 232
   - Bouddhisme et hindouisme : les ensemencements mutuels 233

2. *La quête de l'identité spirituelle* 235

   - Le plan philosophique 235
     - Le rejet du théisme 235
     - La remise en cause de l'atman et l'avènement
       du Vedanta non dualiste 236
     - L'affaiblissement de l'élite intellectuelle bouddhiste 240
   - Le plan socioreligieux 241

3. *L'effet dévastateur des invasions musulmanes* 242

4. *Renaissance du bouddhisme au XXe siècle* 243

Deuxième partie
Le bouddhisme dans le monde

Vue générale 249

6. Le chemin du Sud et de l'Asie du Sud-Est — 253

- Sri Lanka — 254
- Birmanie — 257
- Thaïlande — 261
- Cambodge — 263
- Laos — 265
- Vietnam — 265
- Indonésie et Malaisie — 267
  - Theravada — 269

7. Le chemin du Nord — 273

1. *Le chemin du nord-ouest* — 274

- Cachemire — 274
- Gandhara — 274
- Bactriane — 275
- Khotan — 275

2. *Par la route de la soie vers les mers de Chine et du Japon* — 276

- Chine — 276
  - Chan — 278
  - Tiantai (les Terrasses du ciel) — 282
  - Huayan (Ornementation fleurie) — 282
  - Jingtu (école chinoise de la Terre pure) — 283
- Corée — 287
- Japon — 287
  - Shingon — 294
  - Zen — 295
  - Jôdo-shû — 301
  - Jôdo-shinshû — 301
  - École Nichiren — 301

3. *Vers les hauts plateaux tibétains et le désert de Gobi* — 302

- Népal — 302
- Bhoutan — 303
- Tibet — 304
  - VIIe SIÈCLE : PREMIÈRE DIFFUSION DU DHARMA — 307
  - Nyingmapa — 311
  - Youngdroung Bön — 311
  - XIe SIÈCLE : SECONDE DIFFUSION DU DHARMA — 313
  - Sakyapa — 322
  - Kagyupa — 323
  - Guélougpa — 324
- Mongolie — 329

TABLE DES MATIÈRES

939

8. Le chemin du soleil couchant 334

- Russie 334
- L'appel de l'Occident 335
  - Aperçu historique 337
  - Les éléments d'une « réussite » 344
  - L'enjeu du bouddhisme en Occident 345

Troisième partie
Parole, encre, silence

Vue générale 353

9. Le langage et son envers 355

1. *Le double pouvoir du langage* 355
2. *La transparence de la conception* 366

10. Les chemins de la parole 372

1. *La triple tresse : énoncés, sens, transmissions* 372
   - Trois types d'énoncé et trois niveaux de sens 374
   - Trois plans de transmission 377
2. *Le cercle enchanté et les semences d'éveil* 378
3. *La parole guérisseuse* 382

11. Le miroir d'encre 386

1. *Tradition orale et écriture* 386
   - La transmission du sens et de l'esprit 386
   - L'effort « civilisateur » 390
   - Le caractère transitoire de l'enseignement 391
   - La lecture contemplative 392
2. *Les corpus scripturaires* 393
   - La classification en trois corbeilles 395
     - La corbeille de la discipline (pali et skt. *Vinayapitaka*) 398
     - Les dialogues, discours ou exposés circonstanciés (pali *Suttapitaka*, skt. *Sutrapitaka*) 398

LES SUTRAS DES TROIS TOURS DE LA ROUE DU DHARMA	400
EXTRAITS DE SUTTAS ET SUTRAS	408
TROIS SUTRAS DE LA TERRE PURE	427
▫ La corbeille présentant l'enseignement dans sa quintessence	430
EXTRAIT DE L'ABHIDHARMASAMUCCAYA	437
• Les tantras	437
▫ Les deux classifications des tantras selon la tradition tibétaine	440
EXTRAITS DE TANTRAS	448
• La tradition des chants de réalisation	452
▫ Les chants de la non-dualité	453
▫ Les chants de réalisation des grands accomplis de l'Inde ancienne	455
▫ La tradition des chants de réalisation au Tibet	456
▫ Le chant de l'immédiat satori (*Shôdôka*)	460
3. Huit grands maîtres… huit trésors	463
• Nagarjuna	463
• Asanga	465
• Buddhaghosha	467
• Candrakirti	469
• Shantideva	470
• Gampopa Seunam Rinchèn	471
• Dôgen Zenji	473
• Chögyam Trungpa Rinpotché	474
4. *La voie des contes et des paraboles*	478
5. *La voie de la poésie*	479
• L'expérience poétique	479
FLORILÈGE DE TEXTES ET POÈMES	486
• Les haïkus	493

12. L'ondée de silence — 496

1. *Une guirlande de mots et de silences*	496
2. *Déposer les questions*	498
• Décantation	498
• Kôan et *sans-penser*	504
3. *La simplicité de l'ordinaire*	511
• *Voir* la fleur	511
• L'effacement	514
• Une demeure de silence	515

Quatrième partie
Principales notions et pratiques

Vue générale	519

13. La carte de notre expérience 521

1. L'esprit, sa nature 522

- Prudence ! 523
- Les deux modalités de l'esprit 524
  - L'état naturel 525
  - L'état dualiste habituel 529
  - La continuité des deux modalités 537
  - La présentation de l'esprit dans *Les souhaits de Mahamudra* 538
- L'éveil 541

2. La production conditionnée ou l'interdépendance 548

- Les douze liens interdépendants 549
  - Brève présentation des douze liens interdépendants 551
  - Les deux niveaux d'application des douze liens interdépendants 557
- Les trois formes d'interdépendance 560

3. Les quatre nobles vérités 563

- La souffrance 564
- L'origine de la souffrance 567
- La cessation de la souffrance 568
- La voie : le noble octuple sentier 569

4. Les quatre sceaux du Dharma 578

- Tous les phénomènes composés sont impermanents 578
- Tout ce qui est lié aux toxines mentales est souffrance 588
- Aucun phénomène n'a d'existence propre 590
  - Approche hinayana : le non-soi au niveau de la personne 591
  - Approche mahayana : le non-soi comme vacuité 596
- La paix existe au-delà de la souffrance 605

5. Les deux réalités 607

- La réalité relative 609
- La réalité ultime 610
- L'œil du réel 610
- Les points de vue sur la réalité 612
  - La vue du Theravada 614
  - Les cinq points de vue sur la réalité selon les traditions tibétaines du Mahamudra et du Dzogchèn 615

14. L'apprentissage 630

1. *Aperçu du triple apprentissage* 633

   - L'autodiscipline (shila) 633
     - Douceur et volonté 634
     - S'abstenir, agir 634
     - Les niveaux de l'autodiscipline 637
   - La méditation (samadhi) 638
     - La vigilance dans la plénitude de l'instant 639
     - L'esprit d'enfance 641
     - La continuité de la présence 642
     - Les méthodes et les conditions favorables 643
   - La connaissance supérieure (prajna) 647
     - Les trois étapes de la compréhension 648

2. *Trois conditions clés* 649

   - La confiance 649
   - Développer une relation juste avec l'enseignement 652
   - L'amitié spirituelle 654
     - Les quatre aspects du maître 655
     - La relation au maître (personne humaine) 656

3. *Les quatre approches de l'apprentissage* 663

   - Hinayana : la voie du renoncement et du discernement 663
     - La vue 664
     - La pratique 665
     - Le fruit du Hinayana 673
   - Mahayana : la voie de la connaissance et de l'amour 674
     - La vue 674
     - La pratique 674
     - Le fruit du Mahayana 700
   - Vajrayana : l'approche sacrée 700
     - La vue 700
     - La pratique dans la tradition tibétaine 701
     - La pratique dans le Shingon 726
     - Le fruit du Vajrayana 730
   - Mahamudra et Dzogchèn : l'approche fondamentale 731
     - MAHAMUDRA (LE « GRAND SCEAU ») 732
       - La vue 732
       - La pratique 733
       - Le fruit du Mahamudra 741
     - DZOGCHÈN (LA « GRANDE PERFECTION ») 743
       - La vue 743
       - La pratique 743
       - Le fruit du Dzogchèn 751

TABLE DES MATIÈRES

943

Épilogue ... 753

Annexes ... 761

- ANNEXE 1. Les 37 auxiliaires de l'éveil en relation avec les cinq voies du bodhisattva ... 763
- ANNEXE 2. Les 49 facteurs mentaux mentionnés dans le « Compendium de l'Abhidharma » (*Abhidharmasamuccaya*) d'Asanga ... 765
- ANNEXE 3. Lodjong, l'entraînement de l'esprit ... 768
- ANNEXE 4. Stupas et statues du Bouddha ... 772
  - Le stupa : aperçu de son symbolisme et de sa fonction ... 773
  - Les statues du Bouddha, ou les apparences sacralisées ... 786
- ANNEXE 5. Passerelles ... 794
  - Bouddhisme et philosophie ... 794
  - Bouddhisme et religion ... 804
  - Bouddhisme et psychothérapie ... 813

Glossaire ... 821

Bibliographie ... 879

Index des noms propres ... 901

Index des notions ... 909

Liste des tableaux ... 929

Table des illustrations ... 931

Crédits photographiques et sources ... 934

Édition exclusivement réservée aux adhérents du Club
Le Grand Livre du Mois
15, rue des Sablons
75116 Paris
réalisée avec l'aimable autorisation des Éditions Albin Michel

Composition Nord Compo
Impression Normandie Roto Impression s.a.s., octobre 2007
Reliure Pollina
ISBN 978-2-286-03872-4
N° d'impression : 073225
Dépôt légal novembre 2007
Imprimé en France